FOOTBALL IN ENGLAND

1958 to 2024

INTRODUCTION

This book features a statistical history of football in England from 1958 to 2024. For these years, this book contains the results of all League matches, Final League tables, play-off results and F.A. Cup results from the Quarter-final stages onwards. This book also lists the top goalscorers for each season.

The Origins of the F.A. Cup and Football League

The F.A. Cup (or The Football Association Challenge Cup to give the full title) was the first major competition but the roots of organised English football predate this by almost 10 years. Organised football as we know it began with the formation of the Football Association in a meeting in the Freemason's Tavern in Great Queen Street, London on 26th October 1863. At that time there were no universally accepted rules for the playing of the game of football with a number of variations used in different areas of the country. The first revision of the rules for the modern game was drawn up during a series of six meetings held in the social room of this public house between October and December of 1863 and, with relatively minor alterations, these rules are used worldwide to this day!

The F.A. Cup itself was first suggested by C.W. Alcock, then Secretary of the Football Association, at a meeting on 20th July 1871 and the competition was embodied at a later meeting on 16th October 1871. The F.A. Cup remains the oldest and most prestigious domestic cup competition in the world and the 12 clubs who entered in 1872 could scarcely have believed that the Cup would grow to a record entry of 763 clubs for the 2011-2012 competition. The Cup is still played as a strict knock-out competition with no seeding of clubs and this book lists the F.A. Cup results from the Quarter-Final stage onwards including full line-ups and goalscorers for the Final matches themselves.

After the great success of the F.A. Cup, it was inevitable that a League competition would eventually begin and to this end William McGregor, a director of Aston Villa FC, arranged a preliminary meeting on 22nd March 1888 at Anderton's Hotel in Fleet Street. The Football League officially came into existence at a subsequent meeting on 17th April 1888 with 12 members. The Football League is, unsurprisingly, the oldest domestic League competition in the world. Since the first game was played on 8th September 1888, the League has expanded considerably and at it's height consisted of 4 separate divisions containing a total of 92 professional clubs. When the top division of clubs split off to form an independent F.A. Premier League in 1992, the remaining 3 divisions of the Football League continued to run as before and it is still commonplace to refer to the clubs in these two competitions as the "92 League Clubs." In 2004, the Football League changed the names of Division 1, Division 2 and Division 3 to become The Championship, League One and League Two, respectively. In 2016, the Football League rebranded itself to become the 'English Football League', shortened to simply "EFL" in general usage.

In this book, the full names of clubs are used whenever possible with name-changes, mergers etc. shown as and when they occur. The club names are listed in the following format: Club Name (Home Town/City/Village).

British Library Cataloguing in Publication Data

A catalogue record for this book is available from the British Library

ISBN 978-1-86223-536-6

72 St. Peter's Avenue, Cleethorpes, N.E. Lincolnshire, DN35 8HU, United Kingdom

Printed in the UK by 4edge

1958-59

Football League Division 1 1958-59 Season	Arsenal	Aston Villa	Birmingham C.	Blackburn R.	Blackpool	Bolton Wands.	Burnley	Chelsea	Everton	Leeds United	Leicester City	Luton Town	Manchester City	Man. United	Newcastle Utd.	Nottingham F.	Portsmouth	Preston N.E.	Tottenham H.	W.B.A.	West Ham Utd.	Wolves
Arsenal FC		1-2	2-1	1-1	1-4	6-1	3-0	1-1	3-1	1-0	5-1	1-0	4-1	3-2	3-2	3-1	5-2	1-2	3-1	4-3	1-2	1-1
Aston Villa FC	1-2		1-1	1-0	1-1	2-1	0-0	3-1	2-4	2-1	1-2	3-1	1-1	0-2	2-1	2-3	3-2	2-0	1-1	1-4	1-2	1-3
Birmingham City FC	4-1	4-1		3-0	4-2	1-3	2-1	4-1	2-1	4-1	4-2	0-1	6-1	0-4	1-0	0-3	2-2	5-1	5-1	0-6	3-0	0-3
Blackburn Rovers FC	4-2	2-3	3-2		0-0	1-1	4-1	0-3	2-1	2-4	5-0	3-1	2-1	1-3	3-0	3-0	2-1	4-1	5-0	0-0	1-2	1-2
Blackpool FC	1-2	2-1	2-0	1-1		4-0	1-1	5-0	1-1	3-0	2-1	3-0	0-0	2-1	3-0	1-0	1-1	4-2	0-0	1-1	2-0	0-1
Bolton Wanderers FC	2-1	1-3	2-0	3-1	4-0		1-2	6-0	0-3	4-0	3-3	4-2	4-1	6-3	1-1	3-2	2-1	2-1	4-1	2-1	0-2	2-2
Burnley FC	3-1	3-1	0-1	0-0	3-1	0-1		4-0	3-1	3-1	3-3	2-2	3-4	4-2	2-2	0-1	2-1	1-0	3-1	1-3	1-0	0-2
Chelsea FC	0-3	2-1	1-0	0-2	3-1	0-1	1-3		3-1	2-0	5-2	3-3	2-0	2-3	6-5	4-1	2-2	3-1	4-2	0-2	3-2	6-2
Everton FC	1-6	2-1	3-1	2-2	3-1	1-0	1-2	3-1		3-2	0-1	3-1	3-1	3-2	0-2	1-3	2-1	1-4	2-1	3-3	2-2	0-1
Leeds United AFC	2-1	0-0	0-0	2-1	1-1	3-4	1-1	4-0	1-0		1-1	1-1	0-4	1-2	3-2	1-0	1-1	1-3	3-1	0-1	1-0	1-3
Leicester City FC	2-3	6-3	2-4	1-1	0-3	0-0	1-1	0-3	2-0	0-1		3-1	3-1	2-1	0-1	0-3	3-1	2-2	3-4	2-2	1-1	1-0
Luton Town FC	6-3	2-1	0-1	1-1	1-1	0-0	6-2	2-1	0-1	1-1	4-3		5-1	0-0	4-2	5-1	3-1	4-1	1-2	1-1	4-1	0-1
Manchester City FC	0-0	0-0	4-1	0-1	0-2	3-3	1-4	5-1	1-3	2-1	3-1	1-1		1-1	5-1	1-1	3-2	1-1	5-1	0-2	3-1	1-4
Manchester United FC	1-1	2-1	1-0	6-1	3-1	3-0	1-3	5-2	2-1	4-0	4-1	2-1	4-1		4-4	1-1	6-1	0-2	2-2	1-2	4-1	2-1
Newcastle United FC	1-0	1-0	1-1	1-5	1-0	2-0	5-2	1-2	4-0	2-2	3-1	1-0	4-1	1-1		1-3	2-0	1-2	1-2	1-2	3-1	3-4
Nottingham Forest FC	1-1	2-0	1-7	1-1	2-0	3-0	1-2	1-3	2-1	0-3	1-4	3-1	4-0	0-3	3-0		5-0	0-1	1-1	1-1	4-0	1-3
Portsmouth FC	0-1	5-2	1-1	2-1	1-2	0-1	4-2	22	2-3	2-0	4-1	2-2	3-4	1-3	1-5	0-1		1-2	1-1	2-6	1-2	3-5
Preston North End FC	2-1	4-2	3-0	1-2	0-3	0-0	0-4	2-0	3-1	1-2	3-1	0-0	2-0	3-4	3-4	3-5	3-1		2-2	2-4	2-1	1-2
Tottenham Hotspur FC	1-4	3-2	0-4	3-1	2-3	1-1	2-2	4-0	10-4	2-3	6-0	3-0	3-1	1-3	1-3	1-0	4-4	1-2		5-0	1-4	2-1
West Bromwich Albion FC	1-1	1-1	2-2	2-3	3-1	1-1	2-4	4-0	2-3	1-2	2-2	2-0	3-0	1-3	2-2	2-0	1-2	1-1	4-3		2-1	2-1
West Ham United FC	0-0	7-2	1-2	6-3	1-0	4-3	1-0	4-2	3-2	2-3	0-3	0-0	5-1	3-2	3-0	5-3	6-0	1-1	2-1	3-1		2-0
Wolverhampton Wanderers FC	6-1	4-0	3-1	5-0	2-0	1-2	3-3	1-2	1-0	6-2	3-0	5-0	2-0	4-0	1-3	5-1	7-0	2-0	1-1	5-2	1-1	

	Division 1	Pd	Wn	Dw	Ls	GF	GA	Pts	
1.	WOLVERHAMPTON WANDERERS FC (WOLV.)	42	28	5	9	110	49	61	
2.	Manchester United FC (Manchester)	42	24	7	11	103	66	55	
3.	Arsenal FC (London)	42	21	8	13	88	68	50	
4.	Bolton Wanderers FC (Bolton)	42	20	10	12	79	66	50	
5.	West Bromwich Albion FC (West Bromwich)	42	18	13	11	88	68	49	
6.	West Ham United FC (London)	42	21	6	15	85	70	48	
7.	Burnley FC (Burnley)	42	19	10	13	81	70	48	
8.	Blackpool FC (Blackpool)	42	18	11	13	66	49	47	
9.	Birmingham City FC (Birmingham)	42	20	6	16	84	68	46	
10.	Blackburn Rovers FC (Blackburn)	42	17	10	15	76	70	44	
11.	Newcastle United FC (Newcastle upon Tyne)	42	17	7	18	80	80	41	
12.	Preston North End FC (Preston)	42	17	7	18	70	77	41	
13.	Nottingham Forest FC (Nottingham)	42	17	6	19	71	74	40	
14.	Chelsea FC (London)	42	18	4	20	77	98	40	
15.	Leeds United AFC (Leeds)	42	15	9	18	57	74	39	
16.	Everton FC (Liverpool)	42	17	4	21	71	87	38	
17.	Luton Town FC (Luton)	42	12	13	17	68	71	37	
18.	Tottenham Hotspur FC (London)	42	13	10	19	85	95	36	
19.	Leicester City FC (Leicester)	42	11	10	21	67	98	32	
20.	Manchester City FC (Manchester)	42	11	9	22	64	95	31	
21.	Aston Villa FC (Birmingham)	42	11	8	23	58	87	30	R
22.	Portsmouth FC (Portsmouth)	42	6	9	27	64	112	21	R
		924	371	182	371	1692	1692	924	

Top Goalscorer

1) James GREAVES (Chelsea FC) 33

Football League Division 2 1958-59 Season	Barnsley	Brighton & Hove Albion	Bristol City	Bristol Rovers	Cardiff City	Charlton Athletic	Derby County	Fulham	Grimsby Town	Huddersfield Town	Ipswich Town	Leyton Orient	Lincoln City	Liverpool	Middlesbrough	Rotherham United	Scunthorpe United	Sheffield United	Sheffield Wednesday	Stoke City	Sunderland	Swansea Town
Barnsley FC		0-2	4-7	0-0	3-2	7-1	0-0	2-4	3-1	1-0	3-0	1-3	2-2	0-2	1-0	1-1	0-1	1-3	0-1	2-1	0-2	3-1
Brighton & Hove Albion FC	1-1		2-2	1-1	2-2	2-2	3-1	3-0	2-0	2-0	4-1	2-2	2-1	2-2	4-6	3-0	2-1	2-0	1-3	2-2	2-0	2-2
Bristol City FC	3-1	3-0		1-1	2-3	2-4	1-3	1-1	1-0	2-1	3-0	0-1	1-0	1-3	2-2	6-1	0-1	3-1	1-2	2-1	4-1	4-0
Bristol Rovers FC	0-2	2-0	1-2		2-0	2-1	2-1	0-0	7-3	1-1	1-1	1-3	3-0	3-0	3-1	4-1	4-0	1-1	2-1	1-0	2-1	4-4
Cardiff City AFC	0-1	3-1	1-0	2-4		1-2	0-0	1-2	4-1	3-2	1-2	2-1	3-0	3-0	3-2	1-0	0-2	3-1	2-2	2-1	2-1	0-1
Charlton Athletic FC	4-0	2-3	4-1	4-3	0-0		1-2	2-1	2-1	2-1	5-1	4-1	3-2	2-3	1-0	5-2	2-3	1-1	3-3	1-2	3-2	2-1
Derby County FC	3-0	1-3	4-1	3-2	1-3	3-2		2-0	3-0	3-1	3-2	1-2	1-0	3-2	0-3	1-1	3-1	2-1	1-4	3-0	2-0	3-1
Fulham FC	5-2	3-1	1-0	1-0	2-1	2-1	4-2		3-0	1-0	3-2	5-2	4-2	0-1	3-2	4-0	1-1	4-2	6-2	6-1	6-2	1-2
Grimsby Town FC	3-3	1-1	2-0	1-2	5-1	1-5	3-0	2-2		2-1	2-3	4-1	4-2	2-3	3-2	1-1	1-1	1-2	0-2	2-2	1-1	0-1
Huddersfield Town AFC	2-1	3-2	0-1	1-2	3-0	1-0	1-1	2-1	2-0		3-0	0-0	2-1	5-0	5-1	3-0	0-1	0-2	1-2	1-2	1-1	3-2
Ipswich Town FC	3-1	5-3	1-1	0-2	3-3	3-1	1-1	1-2	2-1	0-0		2-1	4-1	2-0	2-1	1-0	3-1	1-0	0-2	0-2	0-2	3-2
Leyton Orient FC	5-1	2-2	4-2	1-3	3-0	6-1	1-3	0-2	0-2	2-5	2-0		0-0	1-3	5-2	2-0	2-1	1-1	0-2	0-1	6-0	0-0
Lincoln City FC	2-1	4-2	0-2	4-1	4-2	3-3	1-4	2-4	4-4	1-1	3-1	2-0		2-1	1-1	1-0	3-3	1-2	0-1	3-1	3-1	1-2
Liverpool FC	3-2	5-0	3-2	2-1	1-2	3-0	3-0	0-0	3-3	2-2	3-1	3-0	3-2		1-2	4-0	3-0	2-1	3-2	3-4	3-1	4-0
Middlesbrough FC	3-1	9-0	0-0	2-2	1-1	1-3	5-0	2-3	1-0	3-1	2-3	4-2	1-2	2-1		1-2	6-1	0-0	2-2	0-0	0-0	6-2
Rotherham United FC	3-0	0-1	1-2	3-3	1-0	4-3	3-0	4-0	2-1	0-1	1-2	1-1	1-0	0-1	1-4		1-0	2-2	1-0	0-0	0-4	3-3
Scunthorpe United FC	1-0	2-3	3-3	0-0	1-0	3-3	2-2	1-2	1-3	0-3	1-1	2-0	3-1	1-2	0-3	2-0		1-3	1-4	1-1	3-2	3-1
Sheffield United FC	5-0	3-1	4-0	5-2	1-1	5-0	1-2	2-0	2-1	0-0	2-0	2-3	6-1	2-0	0-1	2-0	4-1		1-0	2-1	3-1	2-0
Sheffield Wednesday FC	5-0	2-0	2-3	3-1	3-1	4-1	1-1	2-2	6-0	4-1	3-1	2-0	7-0	1-0	2-0	5-0	2-0	2-0		4-1	6-0	2-1
Stoke City FC	2-1	3-0	2-1	2-2	0-1	2-1	2-1	4-1	4-0	5-1	1-0	3-2	1-0	0-2	3-1	3-0	4-3	1-2	3-0		0-0	3-0
Sunderland AFC	2-2	4-1	3-1	3-1	0-2	0-3	3-0	1-2	1-0	1-0	0-2	4-0	2-0	2-1	0-0	1-1	3-1	4-1	3-3	3-1		2-1
Swansea Town AFC	2-1	4-2	1-0	2-1	1-3	2-2	4-4	1-2	1-1	0-1	4-2	3-3	3-1	3-3	5-2	3-0	3-0	0-2	4-0	1-0	5-0	

	Division 2	Pd	Wn	Dw	Ls	GF	GA	Pts	
1.	Sheffield Wednesday FC (Sheffield)	42	28	6	8	106	48	62	P
2.	Fulham FC (London)	42	27	6	9	96	61	60	P
3.	Sheffield United FC (Sheffield)	42	23	7	12	82	48	53	
4.	Liverpool FC (Liverpool)	42	24	5	13	87	62	53	
5.	Stoke City FC (Stoke-on-Trent)	42	21	7	14	72	58	49	
6.	Bristol Rovers FC (Bristol)	42	18	12	12	80	64	48	
7.	Derby County FC (Derby)	42	20	8	14	74	71	48	
8.	Charlton Athletic FC (London)	42	18	7	17	92	90	43	
9.	Cardiff City AFC (Cardiff)	42	18	7	17	65	65	43	
10.	Bristol City FC (Bristol)	42	17	7	18	74	70	41	
11.	Swansea Town AFC (Swansea)	42	16	9	17	79	81	41	
12.	Brighton & Hove Albion FC (Brighton)	42	15	11	16	74	90	41	
13.	Middlesbrough FC (Middlesbrough)	42	15	10	17	87	71	40	
14.	Huddersfield Town AFC (Huddersfield)	42	16	8	18	62	55	40	
15.	Sunderland AFC (Sunderland)	42	16	8	18	64	75	40	
16.	Ipswich Town FC (Ipswich)	42	17	6	19	62	77	40	
17.	Leyton Orient FC (London)	42	14	8	20	71	78	36	
18.	Scunthorpe United FC (Scunthorpe)	42	12	9	21	55	84	33	
19.	Lincoln City FC (Lincoln)	42	11	7	24	63	93	29	
20.	Rotherham United FC (Rotherham)	42	10	9	23	42	82	29	
21.	Grimsby Town FC (Cleethorpes)	42	9	10	23	62	90	28	R
22.	Barnsley FC (Barnsley)	42	10	7	25	55	91	27	R
		924	375	174	375	1604	1604	924	

Football League Division 3 1958-59 Season	Accrington Stan.	Bournemouth	Bradford City	Brentford	Bury	Chesterfield	Colchester United	Doncaster Rovers	Halifax Town	Hull City	Mansfield Town	Newport County	Norwich City	Notts County	Plymouth Argyle	Q.P.R.	Reading	Rochdale	Southampton	Southend United	Stockport County	Swindon Town	Tranmere Rovers	Wrexham
Accrington Stanley		3-2	1-3	1-1	0-2	3-1	1-1	2-0	4-2	0-1	2-0	2-2	0-2	3-0	1-1	2-4	4-3	4-2	0-0	3-0	2-2	0-0	3-1	1-1
Bournemouth & Bos.	5-2		4-0	0-0	2-0	2-1	1-1	1-0	3-0	1-0	3-3	1-1	2-0	0-0	1-1	2-0	0-1	0-0	2-1	1-4	2-0	3-3	4-0	0-0
Bradford City AFC	0-0	0-1		3-0	1-0	1-0	1-3	3-0	1-3	2-1	1-1	1-0	2-2	4-1	0-0	1-0	1-2	7-1	2-3	6-1	4-2	1-2	2-0	3-2
Brentford FC	2-1	1-1	4-0		0-0	1-1	2-1	0-1	2-0	1-1	2-0	3-0	0-4	4-0	3-0	1-0	3-1	2-1	2-0	6-1	1-4	2-2	5-2	2-1
Bury FC	3-1	5-1	2-2	1-1		1-0	0-0	5-0	3-1	2-1	2-2	0-0	3-2	0-1	1-1	3-1	1-1	6-1	1-0	2-3	3-3	0-0	4-2	3-0
Chesterfield FC	0-1	1-0	2-0	1-2	3-0		2-2	2-0	2-3	2-1	3-1	3-1	1-1	1-0	1-2	2-3	1-0	0-0	3-3	4-0	1-0	1-3	3-2	1-1
Colchester United FC	1-0	3-1	3-2	0-4	1-3	1-0		1-0	3-1	1-3	1-3	3-2	2-1	4-1	2-0	3-0	3-1	2-1	1-3	0-1	8-2	1-0	1-1	1-0
Doncaster Rovers FC	3-0	5-1	0-3	1-0	0-1	2-1	2-1		1-2	0-2	0-2	1-0	0-1	2-1	4-6	2-0	2-5	1-1	3-2	2-1	4-1	2-0	2-0	1-1
Halifax Town AFC	0-2	0-1	3-3	0-0	4-2	3-2	4-1	5-1		1-2	0-0	3-1	1-1	1-1	0-1	2-1	4-1	2-1	2-0	1-0	4-3	1-0	3-0	4-1
Hull City AFC	4-2	5-3	4-0	3-1	2-0	3-1	3-0	5-1	4-0		5-2	2-3	3-3	5-0	1-1	1-0	2-0	2-1	3-0	3-2	3-1	0-0	1-0	1-0
Mansfield Town FC	3-2	1-4	2-1	1-1	0-2	2-1	3-2	3-1	4-3	1-1		2-1	1-1	3-0	1-4	3-4	1-0	0-0	1-6	1-4	2-1	0-0	0-2	3-1
Newport County AFC	2-1	4-1	3-2	0-1	1-1	0-1	0-1	3-1	0-2	1-3	1-0		2-2	3-1	0-1	3-1	2-1	1-0	4-2	3-1	2-0	3-0	3-0	2-1
Norwich City FC	2-4	2-2	4-2	4-1	3-2	2-1	1-2	3-0	3-1	0-1	1-0	3-0		3-3	1-1	5-1	1-0	2-1	3-1	4-0	1-3	1-1	0-0	2-2
Notts County FC	1-1	4-3	1-3	0-0	1-1	3-1	0-1	2-2	4-4	1-1	3-4	1-1	1-3		1-2	0-1	3-1	1-1	1-2	1-4	0-2	1-0	1-1	2-0
Plymouth Argyle FC	2-4	3-1	1-1	1-1	3-0	2-0	1-1	4-0	1-1	1-1	8-3	3-2	0-1	3-0		3-2	2-2	2-1	1-0	3-1	2-1	3-2	4-0	2-2
Queen's Park Rangers	3-1	0-4	3-0	1-2	2-1	2-2	4-2	3-1	3-1	1-1	1-1	4-2	2-1	2-1	2-1		2-0	3-0	2-2	1-3	0-0	2-1	1-1	5-0
Reading FC	5-0	2-0	3-2	3-1	1-0	1-2	0-0	2-0	3-0	2-0	3-3	1-3	3-1	3-1	0-2	2-2		3-0	4-1	3-0	2-1	3-1	0-0	2-1
Rochdale AFC	1-0	2-1	0-3	0-0	1-0	0-0	0-1	1-0	1-0	0-1	2-2	1-1	1-2	1-2	0-2	2-2	1-0		1-0	1-1	0-2	1-1	1-4	3-1
Southampton FC	3-1	0-0	1-2	0-6	4-2	0-0	3-0	1-1	5-0	6-1	3-2	3-3	1-1	3-0	5-1	1-0	3-3	6-1		3-2	2-1	1-1	2-3	1-2
Southend United FC	4-2	2-0	1-1	2-0	1-0	2-5	1-1	5-0	3-2	1-1	5-1	1-0	1-0	5-2	0-0	4-0	2-2	3-1	1-1		3-1	0-2	1-3	4-1
Stockport County FC	0-0	3-1	1-1	1-1	0-1	1-1	0-1	2-0	0-1	2-1	4-1	2-1	2-3	1-1	2-2	2-3	0-1	1-0	4-0	0-1		2-0	1-0	2-2
Swindon Town FC	1-2	0-1	2-2	1-1	0-0	1-2	2-0	0-0	0-2	2-0	2-1	2-1	4-3	3-1	3-4	2-0	2-0	2-1	3-1	2-1	3-0		1-2	1-0
Tranmere Rovers FC	9-0	4-0	3-1	1-2	4-0	2-0	3-3	3-0	1-2	1-0	2-2	2-1	0-1	0-3	2-0	2-0	2-1	2-1	2-0	1-1	3-1	3-1		1-2
Wrexham AFC	2-2	1-0	3-3	2-1	0-0	3-4	2-0	2-1	1-1	5-1	2-1	0-0	1-2	3-2	1-1	1-0	0-1	1-0	1-3	3-1	3-1	1-0	2-5	

	Division 3	Pd	Wn	Dw	Ls	GF	GA	Pts	
1.	Plymouth Argyle FC (Plymouth)	46	23	16	7	89	59	62	P
2.	Hull City AFC (Kingston upon Hull)	46	26	9	11	90	55	61	P
3.	Brentford FC (Brentford)	46	21	15	10	76	49	57	
4.	Norwich City FC (Norwich)	46	22	13	11	89	62	57	
5.	Colchester United FC (Colchester)	46	21	10	15	71	67	52	
6.	Reading FC (Reading)	46	21	8	17	78	63	50	
7.	Tranmere Rovers FC (Birkenhead)	46	21	8	17	82	67	50	
8.	Southend United FC (Southend-on-Sea)	46	21	8	17	85	80	50	
9.	Halifax Town AFC (Halifax)	46	21	8	17	80	77	50	
10.	Bury FC (Bury)	46	17	14	15	69	58	48	
11.	Bradford City AFC (Bradford)	46	18	11	17	84	76	47	
12.	Bournemouth & Boscombe Athletic FC (Bournemouth)	46	17	12	17	69	69	46	
13.	Queen's Park Rangers FC (London)	46	19	8	19	74	77	46	
14.	Southampton FC (Southampton)	46	17	11	18	88	80	45	
15.	Swindon Town FC (Swindon)	46	16	13	17	59	57	45	
16.	Chesterfield FC (Chesterfield)	46	17	10	19	67	64	44	
17.	Newport County AFC (Newport)	46	17	9	20	69	68	43	
18.	Wrexham AFC (Wrexham)	46	14	14	18	63	77	42	
19.	Accrington Stanley FC (Accrington)	46	15	12	19	71	87	42	
20.	Mansfield Town FC (Mansfield)	46	14	13	19	73	98	41	
21.	Stockport County FC (Stockport)	46	13	10	23	65	78	36	R
22.	Doncaster Rovers FC (Doncaster)	46	14	5	27	50	90	33	R
23.	Notts County FC (Nottingham)	46	8	13	25	55	96	29	R
24.	Rochdale AFC (Rochdale)	46	8	12	26	37	79	28	R
		1104	421	262	421	1733	1733	1104	

Football League Division 4 1958-59 Season	Aldershot Town	Barrow	Bradford P.A.	Carlisle United	Chester	Coventry City	Crewe Alexandra	Crystal Palace	Darlington	Exeter City	Gateshead	Gillingham	Hartlepools	Millwall	Northampton Town	Oldham Athletic	Port Vale	Shrewsbury Town	Southport	Torquay United	Walsall	Watford	Workington	York City
Aldershot Town FC		0-1	3-3	4-0	1-0	0-4	0-0	1-2	1-4	1-0	8-1	4-2	2-4	4-2	1-3	1-3	0-4	0-0	3-2	1-4	0-5	0-0	2-0	0-1
Barrow AFC	3-4		2-3	1-3	1-2	0-3	0-2	1-0	2-1	1-0	0-3	2-2	1-1	3-1	2-2	2-1	1-2	3-4	3-0	2-2	0-0	0-4	2-2	2-3
Bradford Park Ave.	5-1	0-2		0-3	3-0	2-0	0-2	5-0	1-2	0-3	4-1	2-0	4-1	4-1	1-2	2-1	0-2	3-1	3-0	3-1	3-2	1-1	3-2	2-1
Carlisle United FC	1-0	1-0	1-1		4-3	1-6	2-0	3-3	1-1	1-2	4-2	1-2	1-0	0-1	2-1	3-0	0-3	0-0	5-0	0-1	1-1	2-0	3-2	0-0
Chester FC	2-2	2-0	2-0	2-1		1-1	0-1	3-2	1-0	4-2	0-1	1-2	1-1	0-0	2-3	5-2	1-2	3-5	2-1	0-2	2-0	2-1	1-2	2-2
Coventry City FC	7-1	2-0	0-0	1-2	5-1		3-2	2-0	0-0	2-0	4-1	1-1	4-1	1-0	2-0	1-0	1-0	3-2	1-0	3-0	0-0	1-0	4-0	2-0
Crewe Alexandra FC	5-0	5-0	4-1	3-1	2-4	1-1		4-1	2-1	0-0	0-0	0-2	0-2	4-1	1-2	5-0	2-0	2-4	1-1	1-1	5-3	1-3	2-0	2-4
Crystal Palace FC	4-1	2-2	2-0	0-2	3-3	1-1	6-2		4-1	1-1	3-1	4-1	1-2	4-0	1-1	4-0	1-1	4-3	1-0	3-1	1-3	3-0	1-1	0-0
Darlington FC	2-3	5-2	1-1	0-1	0-0	1-4	1-1	1-4		1-1	3-2	1-2	3-1	0-2	2-2	1-1	2-0	2-1	4-0	3-2	2-3	1-1	1-1	0-1
Exeter City FC	2-0	4-0	4-0	2-1	1-1	2-1	3-0	3-1	2-2		1-1	3-0	3-0	3-1	3-4	3-2	3-4	1-0	3-2	2-2	3-0	3-0	1-0	0-2
Gateshead FC	1-0	4-0	1-4	4-1	0-1	1-1	0-0	1-3	1-3	1-2		2-0	3-0	1-2	4-1	2-1	0-4	1-2	1-1	1-0	2-1	1-0	0-3	1-0
Gillingham FC	3-0	4-2	1-1	1-1	3-3	2-0	3-0	1-1	0-0	0-2	3-0		4-1	1-2	4-1	3-2	0-2	2-1	2-0	3-2	4-2	2-1	5-1	2-2
Hartlepools United FC	0-3	10-1	3-0	1-2	1-3	2-1	2-1	4-1	1-0	3-3	0-0	3-1		3-1	3-0	4-0	1-5	0-2	1-1	2-4	1-1	4-3	0-3	1-5
Millwall FC	4-0	3-0	1-1	1-0	0-1	1-1	2-0	2-1	1-2	1-1	0-2	2-0	3-2		3-0	4-2	4-2	0-0	1-1	2-0	1-3	4-1	1-1	5-2
Northampton Town	1-0	2-0	4-1	0-0	4-0	4-0	3-0	3-0	1-3	1-1	1-0	4-2	2-1	0-1		2-1	2-4	3-3	3-1	1-1	3-2	2-1	1-1	1-2
Oldham Athletic AFC	0-1	2-0	1-0	2-0	3-5	2-0	2-1	3-0	1-3	2-1	3-0	3-1	1-0	1-3	2-1		0-2	3-1	2-0	1-0	1-4	3-5	1-0	0-1
Port Vale FC	3-2	4-1	4-2	1-1	4-0	3-0	1-1	2-3	1-1	5-3	8-0	3-1	1-1	5-2	1-4	0-0		2-0	4-1	3-1	2-1	1-3	2-0	2-2
Shrewsbury Town FC	3-1	1-2	0-1	4-1	3-0	4-1	2-2	2-1	1-0	3-0	1-1	3-2	3-0	1-2	4-0	0-0	4-3		6-2	5-0	2-0	4-2	1-1	2-2
Southport FC	0-1	0-0	1-0	0-1	1-1	1-2	3-0	0-2	2-0	0-1	2-2	2-1	1-1	2-1	1-2	1-1	2-2	0-1		2-2	1-1	0-3	3-0	1-0
Torquay United FC	1-1	1-0	2-1	0-0	4-0	1-1	6-2	0-2	4-1	3-4	0-1	3-1	1-3	2-0	4-2	2-1	1-1	1-4	1-0		1-2	2-3	4-1	1-1
Walsall FC	2-4	3-1	3-2	5-0	2-2	3-0	6-0	0-2	0-0	3-0	0-1	1-2	0-0	2-1	2-1	3-0	1-1	2-3	5-1	2-2		3-2	3-0	5-0
Watford FC	2-1	1-1	2-1	2-2	4-2	1-4	0-1	2-2	0-0	2-1	5-1	2-2	4-1	1-1	3-1	2-1	0-2	1-4	5-1	1-2	1-2		3-0	2-3
Workington AFC	1-0	2-2	2-1	0-1	1-0	2-2	1-0	0-4	3-3	2-2	4-2	0-1	3-0	1-1	3-3	2-0	2-2	1-1	2-0	3-3	0-1	3-1		2-2
York City FC	0-0	1-0	4-0	1-1	1-1	0-0	4-0	1-1	2-1	0-2	1-0	3-1	1-1	3-3	2-1	3-1	0-0	2-0	2-0	1-0	3-2	0-0	2-2	

	Division 4	Pd	Wn	Dw	Ls	GF	GA	Pts	
1.	Port Vale FC (Stoke-on-Trent)	46	26	12	8	110	58	64	P
2.	Coventry City FC (Coventry)	46	24	12	10	84	47	60	P
3.	York City FC (York)	46	21	18	7	73	52	60	P
4.	Shrewsbury Town FC (Shrewsbury)	46	24	10	12	101	63	58	P
5.	Exeter City FC (Exeter)	46	23	11	12	87	61	57	
6.	Walsall FC (Walsall)	46	21	10	15	95	64	52	
7.	Crystal Palace FC (London)	46	20	12	14	90	71	52	
8.	Northampton Town FC (Northampton)	46	21	9	16	85	78	51	
9.	Millwall FC (London)	46	20	10	16	76	69	50	
10.	Carlisle United FC (Carlisle)	46	19	12	15	62	65	50	
11.	Gillingham FC (Gillingham)	46	20	9	17	82	77	49	
12.	Torquay United FC (Torquay)	46	16	12	18	78	77	44	
13.	Chester FC (Chester)	46	16	12	18	72	84	44	
14.	Bradford Park Avenue FC (Bradford)	46	18	7	21	75	77	43	
15.	Watford FC (Watford)	46	16	10	20	81	79	42	
16.	Darlington FC (Darlington)	46	13	16	17	66	68	42	
17.	Workington AFC (Workington)	46	12	17	17	63	78	41	
18.	Crewe Alexandra FC (Crewe)	46	15	10	21	70	82	40	
19.	Hartlepools United FC (Hartlepool)	46	15	10	21	74	88	40	
20.	Gateshead FC (Gateshead)	46	16	8	22	56	85	40	
21.	Oldham Athletic AFC (Oldham)	[illegible]	[illegible]	[illegible]	26	59	84	36	
22.	Aldershot FC (Aldershot)	46	14	7	25	63	97	35	
23.	Barrow AFC (Barrow-in-Furness)	46	9	10	27	51	104	28	
24.	Southport FC (Southport)	46	7	12	27	41	86	26	
		1104	422	260	422	1794	1794	1104	

F.A. CUP FINAL (Wembley Stadium, London – 02/05/1959 – 100,000)

NOTTINGHAM FOREST FC (NOTTINGHAM)	2-1	Luton Town FC (Luton)
Dwight, Wilson		*Pacey*

Forest: Thomson, Whare, McDonald, Whitefoot, McKinlay, Burkitt, Dwight, Quigley, Wilson, Gray, Imlach.

Luton: Baynham, McNally, Hawkes, Groves, Owen, Pacey, Bingham, Brown, Morton, Cummins, Gregory.

Semi-finals

Aston Villa FC (Birmingham)	0-1	Nottingham Forest FC (Nottingham)
Luton Town FC (Luton)	1-1, 1-0	Norwich City FC (Norwich)

Quarter-finals

Aston Villa FC (Birmingham)	0-0, 2-0	Burnley FC (Burnley)
Blackpool FC (Blackpool)	1-1, 0-1	Luton Town FC (Luton)
Nottingham Forest FC (Nottingham)	2-1	Bolton Wanderers FC (Bolton)
Sheffield United FC (Sheffield)	1-1, 2-3	Norwich City FC (Norwich)

1959-60

Football League Division 1 1959-60 Season	Arsenal	Birmingham City	Blackburn Rovers	Blackpool	Bolton Wanderers	Burnley	Chelsea	Everton	Fulham	Leeds United	Leicester City	Luton Town	Manchester City	Manchester United	Newcastle United	Nottingham Forest	Preston N.E.	Sheffield Wed.	Tottenham H.	W.B.A.	West Ham United	Wolves
Arsenal FC		3-0	5-2	2-1	2-1	2-4	1-4	2-1	2-0	1-1	1-1	0-3	3-1	5-2	1-0	1-1	0-3	0-1	1-1	2-4	1-3	4-4
Birmingham City FC	3-0		1-0	2-1	2-5	0-1	1-1	2-2	2-4	2-0	3-4	1-1	4-1	1-1	4-3	4-1	2-1	0-0	0-1	1-7	2-0	0-1
Blackburn Rovers FC	1-1	2-1		1-0	1-0	3-2	1-0	3-1	4-0	3-2	0-1	0-2	2-1	1-1	1-1	1-2	1-4	3-1	1-4	3-2	6-2	0-1
Blackpool FC	2-1	0-1	1-0		3-2	1-1	3-1	0-0	3-1	3-3	3-3	0-0	1-3	0-6	2-0	0-1	0-2	0-2	2-2	2-0	3-2	3-1
Bolton Wanderers FC	0-1	4-1	0-3	0-3		2-1	2-0	2-1	3-2	1-1	3-1	2-2	3-1	1-1	1-4	1-1	2-1	1-0	2-1	0-0	5-1	2-1
Burnley FC	3-2	3-1	1-0	1-4	4-0		2-1	5-2	0-0	0-1	1-0	3-0	4-3	1-4	2-1	8-0	2-1	3-3	2-0	2-1	1-3	4-1
Chelsea FC	1-3	4-2	3-1	2-3	0-2	4-1		1-0	4-2	1-3	2-2	3-0	3-0	3-6	2-2	1-1	4-4	0-4	1-3	2-2	2-4	1-5
Everton FC	3-1	4-0	2-0	4-0	0-1	1-2	6-1		0-0	1-0	6-1	2-2	2-1	2-1	1-2	6-1	4-0	2-1	2-1	2-2	0-1	0-2
Fulham FC	3-0	2-2	0-1	1-0	1-1	1-0	1-3	2-0		5-0	1-1	4-2	5-2	0-5	4-3	3-1	1-2	1-2	1-1	2-1	1-0	3-1
Leeds United AFC	3-2	3-3	0-1	2-4	1-0	2-3	2-1	3-3	1-4		1-1	1-1	4-3	2-2	2-3	1-0	2-1	1-3	2-4	1-4	3-0	0-3
Leicester City FC	2-2	1-3	2-3	1-1	1-2	2-1	3-1	3-3	0-1	3-2		3-3	5-0	3-1	0-2	0-1	2-2	2-0	1-1	0-1	2-1	2-1
Luton Town FC	0-1	1-1	1-1	0-1	0-0	1-1	1-2	2-1	4-1	0-1	2-0		1-2	2-3	3-4	1-0	1-3	0-1	1-0	0-0	3-1	1-5
Manchester City FC	1-2	3-0	2-1	2-3	1-0	1-2	1-1	4-0	3-1	3-3	3-2	1-2		3-0	3-4	2-1	2-1	4-1	1-2	0-1	3-1	4-6
Manchester United FC	4-2	2-1	1-0	3-1	2-0	1-2	0-1	5-0	3-3	6-0	4-1	4-1	0-0		3-2	3-1	1-1	3-1	1-5	2-3	5-3	0-2
Newcastle United FC	4-1	1-0	3-1	1-1	0-1	1-3	1-1	8-2	3-1	2-1	0-2	3-2	0-1	7-3		2-1	1-2	3-3	1-5	0-0	0-0	1-0
Nottingham Forest FC	0-3	0-2	2-2	0-0	2-0	0-1	3-1	1-1	2-2	4-1	1-0	2-0	1-2	1-5	3-0		1-1	2-1	1-3	1-2	3-1	0-0
Preston North End FC	0-3	3-2	5-3	4-1	1-0	1-0	4-5	0-0	4-1	1-1	1-1	2-0	1-5	4-0	1-2	1-0		3-4	1-1	1-1	1-1	4-3
Sheffield Wednesday FC	5-1	2-4	3-0	5-0	1-0	1-1	1-1	2-2	1-1	1-0	2-2	2-0	1-0	4-2	2-0	0-1	2-2		2-1	2-0	7-0	2-2
Tottenham Hotspur FC	3-0	0-0	2-1	4-1	0-2	1-1	0-1	3-0	1-1	1-4	1-2	1-1	0-1	2-1	4-0	2-1	5-1	4-1		2-2	2-2	5-1
West Bromwich Albion FC	1-0	1-1	2-0	2-1	1-1	0-0	1-3	6-2	2-4	3-0	5-0	4-0	2-0	3-2	2-2	2-3	4-0	3-1	1-2		3-2	0-1
West Ham United FC	0-0	3-1	2-1	1-0	1-2	2-5	4-2	2-2	1-2	1-2	3-0	3-1	4-1	2-1	3-5	4-1	2-1	1-1	1-2	4-1		3-2
Wolverhampton Wanderers FC	3-3	2-0	3-1	1-1	0-1	6-1	3-1	2-0	9-0	4-2	0-3	3-2	4-2	3-2	2-0	3-1	3-3	3-1	1-3	3-1	5-0	

	Division 1	Pd	Wn	Dw	Ls	GF	GA	Pts	
1.	BURNLEY FC (BURNLEY)	42	24	7	11	85	61	55	
2.	Wolverhampton Wanderers FC (Wolverhampton)	42	24	6	12	106	67	54	
3.	Tottenham Hotspur FC (London)	42	21	11	10	86	50	53	
4.	West Bromwich Albion FC (West Bromwich)	42	19	11	12	83	57	49	
5.	Sheffield Wednesday FC (Sheffield)	42	19	11	12	80	59	49	
6.	Bolton Wanderers FC (Bolton)	42	20	8	14	59	51	48	
7.	Manchester United FC (Manchester)	42	19	7	16	102	80	45	
8.	Newcastle United FC (Newcastle upon Tyne)	42	18	8	16	82	78	44	
9.	Preston North End FC (Preston)	42	16	12	14	79	76	44	
10.	Fulham FC (London)	42	17	10	15	73	80	44	
11.	Blackpool FC (Blackpool)	42	15	10	17	59	71	40	
12.	Leicester City FC (Leicester)	42	13	13	16	66	75	39	
13.	Arsenal FC (London)	42	15	9	18	68	80	39	
14.	West Ham United FC (London)	42	16	6	20	75	91	38	
15.	Manchester City FC (Manchester)	42	17	3	22	78	84	37	
16.	Everton FC (Liverpool)	42	13	11	18	73	78	37	
17.	Blackburn Rovers FC (Blackburn)	42	16	5	21	60	70	37	
18.	Chelsea FC (London)	42	14	9	19	76	91	37	
19.	Birmingham City FC (Birmingham)	42	13	10	19	63	80	36	
20.	Nottingham Forest FC (Nottingham)	42	13	9	20	50	74	35	
21.	Leeds United AFC (Leeds)	42	12	10	20	65	92	34	R
22.	Luton Town FC (Luton)	42	9	12	21	50	73	30	R
		924	363	198	363	1618	1618	924	

Top Goalscorer

1) Dennis VIOLLET (Manchester United FC) 32

Football League Division 2 1959-60 Season	Aston Villa	Brighton & Hove Albion	Bristol City	Bristol Rovers	Cardiff City	Charlton Athletic	Derby County	Huddersfield Town	Hull City	Ipswich Town	Leyton Orient	Lincoln City	Liverpool	Middlesbrough	Plymouth Argyle	Portsmouth	Rotherham United	Scunthorpe United	Sheffield United	Stoke City	Sunderland	Swansea Town
Aston Villa FC		3-1	2-1	4-1	2-0	11-1	3-2	4-0	1-1	3-1	1-0	1-1	4-4	1-0	2-0	5-2	3-0	5-0	1-3	2-1	3-0	1-0
Brighton & Hove Albion FC	1-2		5-1	2-2	2-2	1-1	2-0	3-2	1-1	1-4	1-1	3-3	1-2	3-2	2-2	3-1	0-0	0-1	0-2	1-0	2-1	1-2
Bristol City FC	0-5	0-1		2-1	0-3	1-2	0-1	2-3	0-1	5-1	1-1	1-0	1-0	2-0	2-1	2-0	2-3	0-2	2-2	1-2	1-0	2-2
Bristol Rovers FC	1-1	4-5	2-1		1-1	2-2	2-1	2-0	1-0	2-1	2-2	3-3	0-2	0-2	2-0	2-0	3-1	1-1	3-2	3-1	3-1	3-1
Cardiff City AFC	1-0	1-4	4-2	2-2		5-1	2-0	2-1	3-2	3-2	5-1	6-2	3-2	2-0	0-1	1-4	1-4	4-2	2-0	4-4	2-1	2-1
Charlton Athletic FC	2-0	3-1	4-2	2-2	2-1		6-1	1-1	3-2	1-3	0-0	2-2	3-0	1-0	5-2	6-1	2-2	5-2	1-1	1-2	3-1	2-2
Derby County FC	2-2	0-1	3-0	1-0	1-2	1-2		3-2	1-3	3-0	1-1	3-1	1-2	1-7	1-0	1-0	1-1	3-0	1-1	2-0	0-1	1-2
Huddersfield Town AFC	0-1	2-0	6-1	0-1	0-1	4-0	2-2		1-0	3-1	1-1	3-0	1-0	2-0	2-0	6-3	2-1	2-0	0-1	2-3	1-1	4-3
Hull City AFC	0-1	3-1	1-1	3-1	0-0	0-4	1-1	1-1		2-0	1-2	0-5	0-1	3-3	3-1	1-3	1-0	0-2	0-2	4-0	0-0	3-1
Ipswich Town FC	2-1	3-0	1-3	3-0	1-1	1-1	1-1	1-4	2-0		6-3	3-0	0-1	1-0	3-3	1-1	2-3	1-0	2-0	4-0	6-1	4-1
Leyton Orient FC	0-0	3-2	3-1	1-2	3-4	2-0	3-0	2-1	3-1	4-1		4-0	2-0	5-0	2-3	1-2	2-3	1-1	1-1	2-1	1-1	2-1
Lincoln City FC	0-0	2-1	3-1	0-1	2-3	5-3	6-2	0-2	3-0	0-1	2-2		4-2	5-2	0-1	0-2	0-1	2-1	2-0	3-0	0-0	2-0
Liverpool FC	2-1	2-2	4-2	4-0	0-4	2-0	4-1	2-2	5-3	3-1	4-3	1-3		1-2	4-1	1-1	3-0	2-0	3-0	5-1	3-0	4-1
Middlesbrough FC	0-1	4-1	6-3	5-1	1-1	3-0	3-0	1-0	4-0	4-1	2-2	3-2	3-3		6-2	0-0	3-0	3-1	1-2	1-0	1-1	2-0
Plymouth Argyle FC	3-0	3-2	1-4	5-3	1-1	6-4	0-5	1-3	3-2	3-1	1-0	0-2	1-1	2-2		1-1	1-0	4-0	1-1	2-3	0-0	3-1
Portsmouth FC	1-2	2-2	2-0	4-5	1-1	2-2	2-3	0-2	1-1	0-2	1-1	1-2	2-1	6-3	1-0		2-0	4-0	0-2	2-2	1-2	1-3
Rotherham United FC	2-1	1-0	3-1	3-0	2-2	3-3	1-2	1-1	1-0	1-4	1-1	1-0	2-2	0-2	1-1	2-1		1-1	0-0	3-0	1-0	1-1
Scunthorpe United FC	1-2	1-2	1-1	3-4	1-2	1-1	3-2	0-2	3-0	2-2	2-1	5-0	1-1	1-1	2-0	1-0	2-1		1-1	1-1	3-1	3-1
Sheffield United FC	1-1	4-1	5-2	1-1	2-1	2-0	2-1	2-0	6-0	1-0	0-2	3-2	2-1	0-0	4-0	0-0	2-3	2-1		0-1	1-2	3-3
Stoke City FC	3-3	1-3	1-3	0-1	0-1	1-3	2-1	1-1	3-1	1-2	2-1	6-1	1-1	2-5	1-0	4-0	2-3	1-3	1-2		3-1	4-2
Sunderland AFC	1-0	0-0	3-2	2-2	1-1	1-3	3-1	0-0	1-3	0-1	1-4	2-4	1-1	2-2	4-0	2-0	1-2	1-0	5-1	0-2		4-0
Swansea Town AFC	1-3	2-2	6-1	3-0	3-3	5-2	1-3	3-1	0-0	2-1	1-0	2-1	5-4	3-1	6-1	1-1	2-2	3-1	2-1	2-2	1-2	

	Division 2	Pd	Wn	Dw	Ls	GF	GA	Pts	
1.	Aston Villa FC (Birmingham)	42	25	9	8	89	43	59	P
2.	Cardiff City AFC (Cardiff)	42	23	12	7	90	62	58	P
3.	Liverpool FC (Liverpool)	42	20	10	12	90	66	50	
4.	Sheffield United FC (Sheffield)	42	19	12	11	68	51	50	
5.	Middlesbrough FC (Middlesbrough)	42	19	10	13	90	64	48	
6.	Huddersfield Town AFC (Huddersfield)	42	19	9	14	73	52	47	
7.	Charlton Athletic FC (London)	42	17	13	12	90	87	47	
8.	Rotherham United FC (Rotherham)	42	17	13	12	61	60	47	
9.	Bristol Rovers FC (Bristol)	42	18	11	13	72	78	47	
10.	Leyton Orient FC (London)	42	15	14	13	76	61	44	
11.	Ipswich Town FC (Ipswich)	42	19	6	17	78	68	44	
12.	Swansea Town AFC (Swansea)	42	15	10	17	82	84	40	
13.	Lincoln City FC (Lincoln)	42	16	7	19	75	78	39	
14.	Brighton & Hove Albion FC (Hove)	42	13	12	17	67	76	38	
15.	Scunthorpe United FC (Scunthorpe)	42	13	10	19	57	71	36	
16.	Sunderland AFC (Sunderland)	42	12	12	18	52	65	36	
17.	Stoke City FC (Stoke-on-Trent)	42	14	7	21	66	83	35	
18.	Derby County FC (Derby)	42	14	7	21	61	77	35	
19.	Plymouth Argyle FC (Plymouth)	42	13	9	20	61	89	35	
20.	Portsmouth FC (Portsmouth)	42	10	12	20	59	77	32	
21.	Hull City AFC (Kingston upon Hull)	42	10	10	22	48	76	30	R
22.	Bristol City FC (Bristol)	42	11	5	26	60	97	27	R
		924	352	220	352	1565	1565	924	

Football League Division 3 1959-60 Season	Accrington Stanley	Barnsley	Bournemouth	Bradford City	Brentford	Bury	Chesterfield	Colchester United	Coventry City	Grimsby Town	Halifax Town	Mansfield Town	Newport County	Norwich City	Port Vale	Q.P.R.	Reading	Shrewsbury Town	Southampton	Southend United	Swindon Town	Tranmere Rovers	Wrexham	York City
Accrington Stanley		2-1	2-1	0-4	3-4	1-3	1-3	1-2	0-2	2-4	0-5	0-1	0-0	3-4	1-3	1-2	0-0	2-2	2-2	0-4	3-1	1-3	2-2	4-0
Barnsley FC	5-0		1-0	2-0	1-2	2-2	3-1	2-1	1-0	3-3	1-2	2-2	0-2	2-0	1-0	2-1	3-3	0-0	1-0	4-1	0-3	2-0	6-1	1-1
Bournemouth & Bos.	3-1	1-1		3-2	1-2	2-1	1-1	3-2	2-2	4-2	1-0	6-0	4-1	0-0	3-0	1-1	1-1	2-2	1-3	0-0	3-1	2-1	1-3	2-0
Bradford City AFC	4-5	0-0	0-0		0-2	0-0	1-0	0-0	1-3	2-2	1-2	4-1	6-2	1-1	3-1	3-1	0-2	2-3	2-0	3-1	1-0	1-0	2-2	2-0
Brentford FC	3-0	3-0	1-0	4-0		1-1	3-0	2-0	3-1	0-2	1-1	1-1	1-2	3-4	2-0	1-1	2-2	2-1	2-2	3-1	2-1	2-1	3-1	1-2
Bury FC	0-1	0-2	0-2	0-0	1-0		1-1	3-1	2-1	1-1	2-2	4-1	0-1	1-0	3-1	2-0	1-0	2-1	1-2	3-0	0-3	4-1	3-2	2-0
Chesterfield FC	0-3	4-1	4-0	1-2	1-0	0-2		1-1	0-3	2-2	2-1	0-1	2-0	2-1	4-1	0-4	2-1	2-2	3-2	1-0	1-3	2-0	5-1	2-0
Colchester United FC	5-1	2-2	1-2	2-1	2-1	3-0	1-0		0-0	2-2	1-0	3-0	2-1	3-0	3-1	2-0	4-2	3-2	1-1	2-3	0-0	4-0	3-1	2-2
Coventry City FC	2-1	2-1	4-0	2-2	2-1	0-1	1-0	3-1		0-2	0-1	2-0	1-1	2-1	1-1	0-0	1-1	1-1	4-1	2-0	3-1	1-0	5-3	5-2
Grimsby Town FC	4-0	2-0	1-1	1-3	1-3	2-2	5-1	4-1	3-0		3-2	2-1	0-1	1-1	1-1	3-1	0-1	2-1	3-2	1-1	3-0	1-1	3-1	2-2
Halifax Town AFC	0-2	5-0	1-0	4-0	1-0	1-0	0-1	3-2	2-2	1-2		4-2	2-1	0-1	1-1	3-1	2-2	1-2	3-1	2-1	3-1	0-3	2-0	1-2
Mansfield Town FC	4-1	1-4	3-4	0-0	0-1	1-5	4-1	1-3	2-4	3-2	1-1		3-1	3-2	6-3	4-3	4-4	1-0	4-2	1-1	1-2	0-2	6-2	2-0
Newport County AFC	1-3	4-0	5-2	2-0	4-2	3-1	3-1	3-2	2-0	0-2	5-1	0-1		1-1	4-3	2-3	3-2	1-3	5-1	1-1	1-3	2-1	4-1	3-2
Norwich City FC	4-0	0-0	2-3	0-0	2-1	2-0	3-0	3-2	1-4	1-1	3-0	5-1	1-0		5-1	1-0	4-2	1-1	1-2	4-3	3-2	3-0	3-1	1-0
Port Vale FC	2-0	1-0	1-0	0-2	3-1	3-0	3-1	1-1	0-1	2-1	7-0	4-1	2-1	2-1		0-0	4-1	0-3	1-1	3-1	6-1	1-1	3-1	2-0
Queen's Park Rangers	5-1	1-0	3-0	5-0	2-4	2-0	3-3	3-1	2-1	0-0	3-0	2-0	3-0	0-0	2-2		2-0	1-1	0-1	0-0	2-0	2-1	2-1	0-0
Reading FC	2-0	3-2	2-2	1-0	3-3	0-1	6-3	2-1	4-2	1-2	1-1	3-2	0-1	0-2	2-3	2-0		2-3	2-0	4-1	3-0	5-4	0-1	1-0
Shrewsbury Town FC	5-0	2-2	0-0	3-0	1-1	0-2	2-4	4-1	3-2	5-2	2-2	6-3	6-2	1-3	2-1	1-1	3-2		1-1	1-3	3-0	0-0	3-2	4-0
Southampton FC	5-1	2-1	4-3	2-0	2-0	0-2	4-3	4-2	5-1	1-1	3-2	5-2	2-0	2-2	3-2	2-1	1-0	6-3		3-1	5-1	1-1	3-0	3-1
Southend United FC	6-1	2-2	3-0	2-1	2-0	0-4	1-2	1-0	1-0	3-0	3-0	0-2	3-2	1-0	2-1	3-2	2-0	2-1	2-4		1-3	7-1	1-1	1-1
Swindon Town FC	0-1	1-1	2-0	5-3	0-0	1-0	1-1	4-3	2-0	3-2	1-1	2-1	1-0	0-1	2-3	2-1	0-4	4-2	0-3	2-0		1-1	4-1	1-1
Tranmere Rovers FC	5-1	2-0	1-1	2-3	2-1	2-0	3-0	1-1	3-1	2-0	1-1	4-2	2-2	0-0	6-0	0-3	0-1	3-3	2-4	1-0	2-2		4-1	2-2
Wrexham AFC	2-3	1-0	1-2	4-3	3-2	1-1	2-3	1-1	1-3	2-1	2-1	3-0	0-0	1-2	1-0	1-1	2-1	1-1	2-1	3-1	1-2	1-0		3-1
York City FC	3-0	0-0	3-2	1-1	0-1	1-0	1-0	2-3	1-1	3-3	1-2	2-1	2-0	1-2	2-0	2-1	2-3	0-1	2-2	2-3	1-0	3-0	3-0	

	Division 3	**Pd**	**Wn**	**Dw**	**Ls**	**GF**	**GA**	**Pts**	
1.	Southampton FC (Southampton)	46	26	9	11	106	75	61	P
2.	Norwich City FC (Norwich)	46	24	11	11	82	54	59	P
3.	Shrewsbury Town FC (Shrewsbury)	46	18	16	12	97	75	52	
4.	Coventry City FC (Coventry)	46	21	10	15	78	63	52	
5.	Grimsby Town FC (Cleethorpes)	46	18	16	12	87	70	52	
6.	Brentford FC (London)	46	21	9	16	78	61	51	
7.	Bury FC (Bury)	46	21	9	16	64	51	51	
8.	Queen's Park Rangers FC (London)	46	18	13	15	73	54	49	
9.	Colchester United FC (Colchester)	46	19	11	17	83	74	47	
10.	Bournemouth & Boscombe Athletic FC (Bournemouth)	46	17	13	16	72	72	47	
11.	Reading FC (Reading)	46	18	10	18	84	77	46	
12.	Southend United FC (Southend-on-Sea)	46	19	8	19	76	74	46	
13.	Newport County AFC (Newport)	46	20	6	20	80	79	46	
14.	Port Vale FC (Stoke-on-Trent)	46	19	8	19	80	79	46	
15.	Halifax Town AFC (Halifax)	46	19	10	18	70	72	46	
16.	Swindon Town FC (Swindon)	46	19	8	19	69	78	46	
17.	Barnsley FC (Barnsley)	46	15	14	17	65	66	44	
18.	Chesterfield FC (Chesterfield)	46	18	7	21	71	84	43	
19.	Bradford City AFC (Bradford)	46	15	12	19	66	74	42	
20.	Tranmere Rovers FC (Birkenhead)	46	14	13	19	72	75	41	
21.	York City FC (York)	46	13	12	21	57	73	38	R
22.	Mansfield Town FC (Mansfield)	46	15	6	25	81	112	36	R
23.	Wrexham AFC (Wrexham)	46	14	8	24	68	101	36	R
24.	Accrington Stanley FC (Accrington)	46	11	5	30	57	123	27	R
		1104	430	244	430	1816	1816	1104	

Football League Division 4 1959-60 Season	Aldershot Town	Barrow	Bradford P.A.	Carlisle United	Chester	Crewe Alexandra	Crystal Palace	Darlington	Doncaster Rovers	Exeter City	Gateshead	Gillingham	Hartlepools	Millwall	Northampton Town	Notts County	Oldham Athletic	Rochdale	Southport	Stockport County	Torquay United	Walsall	Watford	Workington
Aldershot Town FC		6-1	6-1	0-2	3-2	6-1	1-0	3-0	1-1	1-0	3-2	3-1	3-0	1-2	3-0	1-1	2-0	0-0	0-0	1-0	1-3	0-2	2-2	3-1
Barrow AFC	3-0		3-3	5-1	3-0	0-0	0-1	4-1	1-1	3-3	2-2	0-1	2-2	2-2	0-1	4-3	2-0	3-0	3-1	5-1	1-1	2-3	2-1	2-1
Bradford Park Ave.	3-2	2-0		1-1	1-1	2-2	3-1	1-0	3-3	1-0	4-2	3-0	6-2	1-1	3-0	1-1	2-0	0-0	3-0	1-1	2-2	1-3	1-1	3-2
Carlisle United FC	0-0	0-1	1-3		2-1	4-1	2-2	1-0	2-0	0-4	4-0	0-1	1-1	3-3	0-2	2-0	0-1	1-1	1-0	0-4	2-0	1-1	1-0	0-1
Chester FC	5-1	3-2	1-1	0-1		0-0	0-1	1-1	2-0	1-0	4-2	4-1	1-1	2-1	1-1	2-1	0-0	2-1	2-2	1-2	1-1	1-3	0-1	3-1
Crewe Alexandra FC	3-2	3-2	4-1	3-0	2-1		1-1	5-0	2-0	1-1	4-1	1-2	1-0	2-0	0-1	2-1	2-2	1-3	5-1	4-2	1-2	1-5	1-3	2-0
Crystal Palace FC	1-1	9-0	1-0	2-1	3-4	4-0		2-0	4-0	1-0	2-2	3-3	5-2	1-2	0-1	1-1	3-2	4-0	2-2	3-1	1-1	1-2	8-1	0-1
Darlington FC	4-0	3-1	4-3	2-1	0-0	1-1	1-1		2-2	0-1	2-1	2-1	2-0	1-1	3-2	5-2	1-3	0-0	5-0	1-2	1-0	0-2	0-3	0-3
Doncaster Rovers FC	1-2	1-4	2-0	4-1	2-0	4-0	1-2	0-1		0-1	1-0	3-0	5-1	0-0	3-2	0-4	0-0	2-1	5-0	1-0	1-3	1-1	1-0	2-0
Exeter City FC	3-1	2-2	3-1	1-3	2-0	2-4	2-2	0-0	4-2		2-1	2-0	5-0	2-2	1-1	3-3	4-3	4-1	1-1	2-1	1-0	1-2	2-0	1-0
Gateshead FC	4-1	3-1	1-2	1-0	0-1	4-2	0-2	1-3	5-0	1-0		2-2	1-1	1-0	1-3	0-0	2-0	1-2	1-0	2-1	0-2	3-0	1-3	2-1
Gillingham FC	3-1	1-0	2-0	3-1	3-1	1-1	0-0	2-0	2-1	2-1	5-4		3-1	3-1	2-1	0-1	2-2	2-0	4-1	0-2	1-0	2-0	2-0	2-2
Hartlepools United	3-0	0-1	3-0	1-2	2-3	2-0	0-1	1-2	2-6	4-3	3-0	3-1		0-2	1-4	2-4	2-2	0-1	3-2	2-1	4-0	1-2	0-0	1-4
Millwall FC	2-0	3-3	2-0	1-1	7-1	1-4	1-0	5-2	1-1	2-3	4-0	3-3	4-0		2-1	1-1	0-1	2-0	2-2	3-2	2-0	1-1	2-2	3-0
Northampton Town	2-0	6-0	3-1	2-2	1-0	0-0	0-2	3-1	3-1	1-1	2-0	2-1	3-0	0-3		4-2	8-1	3-1	2-2	1-1	3-0	0-1	1-2	0-0
Notts County FC	5-3	1-2	0-1	2-1	2-1	4-1	7-1	5-4	3-4	3-0	4-0	3-1	4-0	2-1	2-1		3-1	2-1	4-1	3-0	1-1	2-1	2-1	2-0
Oldham Athletic AFC	0-1	1-0	2-0	0-1	0-0	2-4	1-0	1-3	1-1	1-2	1-1	3-1	1-2	1-1	0-1	0-3		1-0	0-1	0-0	0-2	2-4	0-0	2-2
Rochdale AFC	2-0	4-1	0-1	3-0	0-0	4-2	4-0	2-0	2-0	3-0	2-0	1-0	2-0	0-1	2-2	1-4	2-0		1-0	3-0	4-2	0-2	3-3	1-1
Southport FC	0-4	1-0	1-1	1-1	3-1	0-1	3-1	0-1	1-1	3-2	1-0	1-1	2-1	1-0	0-4	1-2	1-0	2-2		3-0	1-2	1-4	1-1	2-2
Stockport County FC	1-1	1-0	0-0	0-0	3-0	1-0	0-1	1-0	2-0	1-0	0-0	1-1	2-1	2-2	3-0	3-1	3-1	2-1	1-0		0-1	2-0	4-0	2-0
Torquay United FC	2-1	3-2	1-1	2-1	1-2	5-2	2-1	1-2	2-1	2-3	1-0	2-0	3-0	2-2	5-3	3-1	4-1	1-1	4-0	4-0		2-1	2-1	2-1
Walsall FC	1-0	2-1	2-1	0-1	2-1	3-1	3-0	1-0	5-2	2-2	2-2	2-3	2-2	2-1	1-2	2-2	2-1	4-2	8-0	3-1	3-2		3-4	2-2
Watford FC	1-3	2-0	1-0	3-1	4-2	2-0	4-2	2-1	1-2	5-2	5-0	3-1	7-2	0-2	3-1	4-2	6-0	2-1	2-1	0-0	0-1	2-2		3-2
Workington AFC	3-3	1-1	0-1	1-0	5-0	5-0	1-1	1-1	2-0	2-1	1-1	1-1	3-0	4-0	5-1	0-1	2-0	2-0	1-1	1-1	0-2	0-3	0-1	

	Division 4	Pd	Wn	Dw	Ls	GF	GA	Pts	
1.	Walsall FC (Walsall)	46	28	9	9	102	60	65	P
2.	Notts County FC (Nottingham)	46	26	8	12	107	69	60	P
3.	Torquay United FC (Torquay)	46	26	8	12	84	58	60	P
4.	Watford FC (Watford)	46	24	9	13	92	67	57	P
5.	Millwall FC (London)	46	18	17	11	84	61	53	
6.	Northampton Town FC (Northampton)	46	22	9	15	85	63	53	
7.	Gillingham FC (Gillingham)	46	21	10	15	74	69	52	
8.	Crystal Palace FC (London)	46	19	12	15	84	64	50	
9.	Exeter City FC (Exeter)	46	19	11	16	80	70	49	
10.	Stockport County FC (Stockport)	46	19	11	16	58	54	49	
11.	Bradford Park Avenue FC (Bradford)	46	17	15	14	70	68	49	
12.	Rochdale AFC (Rochdale)	46	18	10	18	65	60	46	
13.	Aldershot FC (Aldershot)	46	18	9	19	77	74	45	
14.	Crewe Alexandra FC (Crewe)	46	18	9	19	79	88	45	
15.	Darlington FC (Darlington)	46	17	9	20	63	73	43	
16.	Workington AFC (Workington)	46	14	14	18	68	60	42	
17.	Doncaster Rovers FC (Doncaster)	46	16	10	20	69	76	42	
18.	Barrow AFC (Barrow-in-Furness)	46	15	11	20	77	87	41	
19.	Carlisle United FC (Carlisle)	46	15	11	20	51	66	41	
20.	Chester FC (Chester)	46	14	12	20	59	77	40	
21.	Southport FC (Southport)	46	10	14	22	48	92	34	
22.	Gateshead FC (Gateshead)	46	12	9	25	58	86	33	#
23.	Oldham Athletic AFC (Oldham)	46	8	12	26	41	83	28	
24.	Hartlepools United FC (Hartlepool)	46	10	7	29	59	109	27	
		1104	424	256	424	1734	1734	1104	

Gateshead FC (Gateshead) were not re-elected to the league for the next season and were replaced by Peterborough United FC (Peterborough).

F.A. CUP FINAL (Wembley Stadium, London – 07/05/1960 – 100,000)

WOLVERHAMPTON WANDERERS FC	3-0	Blackburn Rovers FC (Blackburn)

McGrath o.g., Deeley 2

Wolves: Finlayson, Showell, Harris, Clamp, Slater, Flowers, Deeley, Stobart, Murray, Broadbent, Horne.

Blackburn: Leyland, Bray, Whelan, Clayton, Woods, McGrath, Bimpson, Dobing, Dougan, Douglas, MacLeod.

Semi-finals

Aston Villa FC (Birmingham)	0-1	Wolverhampton Wanderers FC (Wolverhampton)
Blackburn Rovers FC (Blackburn)	2-1	Sheffield Wednesday FC (Sheffield)

Quarter-finals

Aston Villa FC (Birmingham)	2-0	Preston North End FC (Preston)
Burnley FC (Burnley)	3-3, 0-2	Blackburn Rovers FC (Blackburn)
Leicester City FC (Leicester)	1-2	Wolverhampton Wanderers FC (Wolverhampton)
Sheffield United FC (Sheffield)	0-2	Sheffield Wednesday FC (Sheffield)

1960-61

Football League Division 1 1960-61 Season	Arsenal	Aston Villa	Birmingham City	Blackburn Rovers	Blackpool	Bolton Wanderers	Burnley	Cardiff City	Chelsea	Everton	Fulham	Leicester City	Manchester City	Manchester United	Newcastle United	Nottingham Forest	Preston North End	Sheffield Wed.	Tottenham Hotspur	W.B.A.	West Ham United	Wolves
Arsenal FC		2-1	2-0	0-0	1-0	5-1	2-5	2-3	1-4	3-2	4-2	1-3	5-4	2-1	5-0	3-0	1-0	1-1	2-3	1-0	0-0	1-5
Aston Villa FC	2-2		6-2	2-2	2-2	4-0	2-0	2-1	3-2	3-2	2-1	1-3	5-1	3-1	2-0	1-2	1-0	4-1	1-2	0-1	2-1	0-2
Birmingham City FC	2-0	1-1		1-1	0-2	2-2	0-1	2-1	1-0	2-4	1-0	0-2	3-2	3-1	2-1	3-1	1-3	1-1	2-3	3-1	4-2	1-2
Blackburn Rovers FC	2-4	4-1	2-0		2-0	3-1	1-4	2-2	3-1	1-3	5-1	1-1	4-1	1-2	2-4	4-1	1-0	1-1	1-4	2-1	4-1	2-1
Blackpool FC	1-1	5-3	1-2	2-0		0-1	0-0	6-1	1-4	1-4	2-5	5-1	3-3	2-0	2-1	4-0	0-1	0-1	1-3	0-1	3-0	5-2
Bolton Wanderers FC	1-1	3-0	2-2	0-0	3-1		3-5	3-0	4-1	3-4	0-3	2-0	3-1	1-1	2-1	3-1	1-1	0-1	1-2	0-1	3-1	0-2
Burnley FC	3-2	1-1	2-1	1-1	1-2	2-0		1-2	4-4	1-3	5-0	3-2	1-3	5-3	5-3	4-1	5-0	3-4	4-2	0-1	2-2	5-3
Cardiff City AFC	1-0	1-1	0-2	1-1	0-2	0-1	2-1		2-1	1-1	2-0	2-1	3-3	3-0	3-2	1-3	2-0	0-1	3-2	3-1	1-1	3-2
Chelsea FC	3-1	2-4	3-2	5-2	2-2	1-1	2-6	6-1		3-3	2-1	1-3	6-3	1-2	4-2	4-3	1-1	0-2	2-3	7-1	3-2	3-3
Everton FC	4-1	1-2	1-0	2-2	1-0	1-2	0-3	5-1	1-1		1-0	3-1	4-2	4-0	5-0	1-0	0-0	4-2	1-3	1-1	4-1	3-1
Fulham FC	2-2	1-1	2-1	1-1	4-3	2-2	0-1	2-2	3-2	2-3		4-2	1-0	4-4	4-3	1-0	2-0	1-6	0-0	1-2	1-1	1-3
Leicester City FC	2-1	3-1	3-2	2-4	1-1	2-0	2-2	3-0	1-3	4-1	1-2		1-2	6-0	5-3	1-1	5-2	2-1	1-2	2-2	5-1	2-0
Manchester City FC	0-0	4-1	2-1	4-0	1-1	0-0	2-1	4-2	2-1	2-1	3-2	3-1		1-3	3-3	1-2	2-3	1-1	0-1	3-0	1-2	2-4
Manchester United FC	1-1	1-1	4-1	1-3	2-0	3-1	6-0	3-3	6-0	4-0	3-1	1-1	5-1		3-2	2-1	1-0	0-0	2-0	3-0	6-1	1-3
Newcastle United FC	3-3	2-1	2-2	3-1	4-3	4-1	0-1	5-0	1-6	0-4	7-2	1-3	1-3	1-1		2-2	0-0	0-1	3-4	3-2	5-5	4-4
Nottingham Forest FC	3-5	2-0	1-0	1-1	0-0	2-2	3-1	2-1	2-1	1-2	4-2	2-2	2-2	3-2	0-2		2-0	1-2	0-4	1-2	1-1	1-1
Preston North End FC	2-0	1-1	2-3	2-0	1-0	0-0	2-3	1-1	0-2	1-0	2-0	0-0	1-1	2-4	2-3	0-1		2-2	0-1	2-1	4-0	1-2
Sheffield Wednesday FC	1-1	1-2	2-0	5-4	4-0	2-0	3-1	2-0	1-0	1-2	2-0	2-2	3-1	5-1	1-1	1-0	5-1		2-1	1-0	1-0	0-0
Tottenham Hotspur FC	4-2	6-2	6-0	5-2	3-1	3-1	4-4	3-2	4-2	2-0	5-1	2-3	1-1	4-1	1-2	1-0	5-0	2-1		1-2	2-0	1-1
West Bromwich Albion FC	2-3	0-2	1-2	1-2	3-1	3-2	0-2	1-1	3-0	3-0	2-4	1-0	6-3	1-1	6-0	1-2	3-1	2-2	1-3		1-0	2-1
West Ham United FC	6-0	5-2	4-3	3-2	3-3	2-1	1-2	2-0	3-1	4-0	1-2	1-0	1-1	2-1	1-1	2-4	5-2	1-1	0-3	1-2		5-0
Wolverhampton Wanderers FC	5-3	3-2	5-1	0-0	1-0	3-1	2-1	2-2	6-1	4-1	2-4	3-2	1-0	2-1	2-1	5-3	3-0	4-1	0-4	4-2	4-2	

	Division 1	Pd	Wn	Dw	Ls	GF	GA	Pts	
1.	TOTTENHAM HOTSPUR FC (LONDON)	42	31	4	7	115	55	66	
2.	Sheffield Wednesday FC (Sheffield)	42	23	12	7	78	47	58	
3.	Wolverhampton Wanderers FC (Wolverhampton)	42	25	7	10	103	75	57	
4.	Burnley FC (Burnley)	42	22	7	13	102	77	51	
5.	Everton FC (Liverpool)	42	22	6	14	87	69	50	
6.	Leicester City FC (Leicester)	42	18	9	15	87	70	45	
7.	Manchester United FC (Manchester)	42	18	9	15	88	76	45	
8.	Blackburn Rovers FC (Blackburn)	42	15	13	14	77	76	43	
9.	Aston Villa FC (Birmingham)	42	17	9	16	78	77	43	
10.	West Bromwich Albion FC (West Bromwich)	42	18	5	19	67	71	41	
11.	Arsenal FC (London)	42	15	11	16	77	85	41	
12.	Chelsea FC (London)	42	15	7	20	98	100	37	
13.	Manchester City FC (Manchester)	42	13	11	18	79	90	37	
14.	Nottingham Forest FC (Nottingham)	42	14	9	19	62	78	37	
15.	Cardiff City AFC (Cardiff)	42	13	11	18	60	85	37	
16.	West Ham United FC (London)	42	13	10	19	77	88	36	
17.	Fulham FC (London)	42	14	8	20	72	95	36	
18.	Bolton Wanderers FC (Bolton)	42	12	11	19	58	73	35	
19.	Birmingham City FC (Birmingham)	42	14	6	22	62	84	34	
20.	Blackpool FC (Blackpool)	42	12	9	21	68	73	33	
21.	Newcastle United FC (Newcastle upon Tyne)	42	11	10	21	86	109	32	R
22.	Preston North End FC (Preston)	42	10	10	22	43	71	30	R
		924	365	194	365	1724	1724	924	

Top Goalscorer

1) James GREAVES (Chelsea FC) 41

Football League Division 2 1960-61 Season	Brighton & Hove Albion	Bristol Rovers	Charlton Athletic	Derby County	Huddersfield Town	Ipswich Town	Leeds United	Leyton Orient	Lincoln City	Liverpool	Luton Town	Middlesbrough	Norwich City	Plymouth Argyle	Portsmouth	Rotherham United	Scunthorpe United	Sheffield United	Southampton	Stoke City	Sunderland	Swansea Town
Brighton & Hove Albion FC		6-1	3-5	3-2	2-1	2-4	2-1	1-1	1-0	3-1	1-0	0-1	2-2	2-0	2-2	1-0	1-1	0-0	0-1	0-1	1-2	0-0
Bristol Rovers FC	0-1		3-1	1-1	1-2	1-1	4-4	4-2	3-1	4-3	4-1	2-3	3-1	2-5	2-0	2-1	3-3	3-1	4-2	1-0	1-0	4-2
Charlton Athletic FC	3-1	2-1		3-1	2-3	0-2	2-0	2-0	3-0	1-3	4-1	6-6	0-1	6-4	7-4	4-3	1-1	2-3	1-3	3-1	2-2	6-2
Derby County FC	4-1	1-1	2-3		1-1	1-4	2-3	3-1	3-1	1-4	4-1	1-0	0-0	4-1	6-2	3-0	2-5	2-0	2-2	1-1	1-1	2-3
Huddersfield Town AFC	0-1	4-0	2-2	1-3		1-3	0-1	1-0	4-1	2-4	1-1	1-0	1-1	1-5	3-3	0-1	1-2	0-1	3-1	0-0	4-2	3-1
Ipswich Town FC	4-0	3-2	2-1	4-1	4-2		4-0	6-2	3-1	1-0	0-1	3-1	4-1	3-1	2-2	1-1	2-0	0-1	3-3	2-1	4-0	0-3
Leeds United AFC	3-2	1-1	1-0	3-3	1-4	2-5		1-3	7-0	2-2	1-2	4-4	1-0	2-1	0-0	2-0	2-2	1-2	3-0	0-1	2-4	2-2
Leyton Orient FC	2-1	3-2	1-1	2-1	2-0	1-3	0-1		1-2	1-3	2-1	1-1	1-0	1-1	2-1	2-1	2-1	1-4	1-1	3-1	0-1	2-2
Lincoln City FC	2-1	1-2	2-2	3-4	0-0	1-4	2-3	2-0		1-2	1-1	5-2	1-4	3-1	2-3	0-1	0-2	0-5	0-3	1-1	1-2	2-0
Liverpool FC	2-0	3-0	2-1	1-0	3-1	1-1	2-0	5-0	2-0		2-2	3-4	2-1	1-1	3-3	2-1	3-2	4-2	0-1	3-0	1-1	4-0
Luton Town FC	3-1	4-2	4-1	1-1	1-0	3-2	1-1	0-1	3-0	2-1		6-1	0-2	3-2	1-0	2-1	0-0	1-4	4-1	4-1	3-3	2-2
Middlesbrough FC	2-2	1-1	2-2	1-2	2-1	3-1	3-0	2-0	1-1	1-1	2-1		2-0	3-1	3-0	2-2	1-3	3-1	5-0	1-0	1-0	3-1
Norwich City FC	2-2	2-1	4-0	0-2	2-0	0-3	3-2	3-2	5-1	2-1	2-1	4-1		1-0	3-1	3-1	0-1	1-1	5-0	1-0	3-0	0-0
Plymouth Argyle FC	1-2	5-0	6-4	4-2	2-1	1-2	3-1	3-2	1-1	0-4	1-1	3-3	3-0		5-1	3-3	3-1	2-0	1-3	3-1	1-0	1-0
Portsmouth FC	4-0	3-0	1-1	3-2	1-3	1-0	3-1	1-2	3-0	2-2	3-2	0-3	3-0	0-2		2-2	2-2	1-2	1-1	1-0	2-1	1-1
Rotherham United FC	5-2	4-0	2-3	1-1	2-2	1-1	1-3	2-1	2-0	1-0	5-2	1-2	0-2	0-0	1-0		4-0	1-2	1-0	0-0	0-0	3-3
Scunthorpe United FC	2-2	2-1	0-0	1-2	0-1	4-0	3-2	2-2	3-1	2-3	1-0	1-1	2-1	2-0	5-1	1-1		1-1	2-0	1-1	3-3	1-2
Sheffield United FC	2-1	2-3	1-0	3-1	3-1	1-3	3-2	4-1	2-1	1-1	2-1	4-1	1-1	3-0	3-1	3-1	2-0		2-1	4-1	0-1	3-0
Southampton FC	4-2	2-2	1-2	5-1	4-2	1-1	2-4	1-1	2-3	4-1	3-2	3-2	2-2	1-1	5-1	3-2	4-2	0-1		0-1	3-2	5-0
Stoke City FC	0-2	2-0	5-3	2-1	2-2	2-4	0-0	1-2	0-0	3-1	3-0	1-1	1-1	9-0	1-0	1-4	2-0	2-0	1-2		0-0	1-3
Sunderland AFC	2-1	2-0	2-2	1-2	1-2	2-0	2-3	4-1	2-2	1-1	7-1	2-0	0-3	2-1	4-1	1-1	2-0	1-1	3-1	4-0		2-1
Swansea Town AFC	2-3	2-1	3-3	2-1	2-0	2-1	3-2	1-0	1-2	2-0	3-1	3-2	4-1	1-2	4-0	2-1	2-2	3-0	4-1	0-0	3-3	

	Division 2	Pd	Wn	Dw	Ls	GF	GA	Pts	
1.	Ipswich Town FC (Ipswich)	42	26	7	9	100	55	59	P
2.	Sheffield United FC (Sheffield)	42	26	6	10	81	51	58	P
3.	Liverpool FC (Liverpool)	42	21	10	11	87	58	52	
4.	Norwich City FC (Norwich)	42	20	9	13	70	53	49	
5.	Middlesbrough FC (Middlesbrough)	42	18	12	12	83	74	48	
6.	Sunderland AFC (Sunderland)	42	17	13	12	75	60	47	
7.	Swansea Town AFC (Swansea)	42	18	11	13	77	73	47	
8.	Southampton FC (Southampton)	42	18	8	16	84	81	44	
9.	Scunthorpe United FC (Scunthorpe)	42	14	15	13	69	64	43	
10.	Charlton Athletic FC (London)	42	16	11	15	97	91	43	
11.	Plymouth Argyle FC (Plymouth)	42	17	8	17	81	82	42	
12.	Derby County FC (Derby)	42	15	10	17	80	80	40	
13.	Luton Town FC (Luton)	42	15	9	18	71	79	39	
14.	Leeds United AFC (Leeds)	42	14	10	18	75	83	38	
15.	Rotherham United FC (Rotherham)	42	12	13	17	65	64	37	
16.	Brighton & Hove Albion FC (Hove)	42	14	9	19	61	75	37	
17.	Bristol Rovers FC (Bristol)	42	15	7	20	73	92	37	
18.	Stoke City FC (Stoke-on-Trent)	42	12	12	18	51	59	36	
19.	Leyton Orient FC (London)	42	14	8	20	55	78	36	
20.	Huddersfield Town AFC (Huddersfield)	42	13	9	20	62	71	35	
21.	Portsmouth FC (Portsmouth)	42	11	11	20	64	91	33	R
22.	Lincoln City FC (Lincoln)	42	8	8	26	48	95	24	R
		924	354	216	354	1609	1609	924	

Football League Division 3 1960-61 Season	Barnsley	Bournemouth	Bradford City	Brentford	Bristol City	Bury	Chesterfield	Colchester United	Coventry City	Grimsby Town	Halifax Town	Hull City	Newport County	Notts County	Port Vale	Q.P.R.	Reading	Shrewsbury Town	Southend United	Swindon Town	Torquay United	Tranmere Rovers	Walsall	Watford
Barnsley FC		2-3	5-2	1-1	2-0	3-1	3-1	3-0	4-1	3-2	1-1	1-0	1-3	5-2	5-1	3-3	1-1	4-2	2-1	2-1	1-0	2-1	2-2	0-1
Bournemouth & Bos.	1-2		2-2	0-1	2-2	0-3	1-0	4-4	2-1	2-1	1-2	2-2	2-2	1-3	1-1	1-0	2-0	2-2	3-2	2-1	1-3	2-1	0-3	0-1
Bradford City AFC	1-4	3-1		3-1	2-0	0-1	3-2	0-1	4-1	1-3	2-2	0-0	1-2	2-2	3-3	1-1	2-1	1-1	2-1	2-1	0-3	1-1	1-2	2-2
Brentford FC	0-0	2-2	2-2		2-0	1-5	2-2	0-0	1-1	0-1	2-0	2-2	2-4	3-0	0-0	2-0	2-1	4-0	1-1	2-1	2-3	4-1	3-1	2-1
Bristol City FC	4-0	1-0	1-2	3-0		1-2	3-0	5-0	2-0	2-1	3-2	1-2	3-0	2-1	3-4	1-1	2-0	0-0	2-0	1-1	2-2	2-0	2-0	4-1
Bury FC	2-1	1-1	2-2	1-0	1-0		3-3	4-0	1-0	2-0	4-1	3-0	4-1	7-0	3-1	1-0	3-0	3-1	2-0	3-0	6-0	3-0	3-4	0-2
Chesterfield FC	5-1	0-1	4-1	1-1	3-0	2-2		2-3	4-1	2-3	3-0	1-2	1-0	3-1	0-0	0-1	2-2	2-3	0-3	1-1	2-0	1-1	1-2	2-0
Colchester United FC	4-2	0-1	2-4	2-4	0-1	0-2	4-3		4-3	1-1	3-1	4-0	1-1	1-2	2-0	0-1	2-2	1-1	2-0	3-1	3-3	0-3	0-4	1-4
Coventry City FC	5-2	1-0	2-2	2-0	2-1	1-2	3-1	2-0		0-0	2-0	4-0	4-1	2-2	1-1	4-4	2-1	3-2	3-0	1-1	5-1	4-1	1-2	0-1
Grimsby Town FC	3-2	0-1	1-0	0-0	5-1	2-2	0-0	2-1	2-3		6-1	2-0	2-1	1-1	0-5	3-1	3-1	0-2	1-0	3-2	4-2	4-1	3-1	1-3
Halifax Town AFC	1-0	2-1	3-2	1-0	2-1	0-2	2-1	2-1	2-2	0-0		3-0	2-1	0-1	3-3	1-1	1-0	1-1	6-2	1-1	3-2	5-0	1-0	0-0
Hull City AFC	2-0	2-0	3-0	3-0	3-3	0-1	2-2	1-1	1-1	2-3	4-2		5-1	3-1	2-2	3-1	1-0	3-1	0-1	0-0	2-3	4-2	2-1	3-2
Newport County AFC	2-3	2-0	1-0	0-1	4-1	0-0	5-1	3-2	3-3	1-1	1-1	3-1		2-2	2-1	1-3	5-2	1-1	1-2	2-0	2-2	1-0	4-2	5-1
Notts County FC	5-1	3-2	2-1	0-0	3-0	0-3	1-0	4-2	3-0	0-1	1-1	2-1	6-0		2-2	2-1	4-2	2-1	1-2	1-0	0-1	4-1	3-1	3-1
Port Vale FC	2-0	3-0	2-4	3-2	1-1	4-3	7-1	3-0	3-1	3-2	2-3	4-1	3-1	1-3		0-1	1-1	4-1	4-0	4-1	0-3	5-0	1-1	3-0
Queen's Park Rangers	4-2	3-1	1-0	0-0	1-1	3-1	1-2	3-2	2-1	2-0	5-1	2-1	2-0	2-0	1-0		5-2	1-1	2-1	3-1	3-3	9-2	1-0	2-1
Reading FC	0-1	4-3	3-1	4-0	1-1	1-3	2-0	2-1	0-0	3-1	1-1	2-4	2-3	2-0	2-1	3-1		2-1	3-0	1-1	5-1	1-2	3-2	1-1
Shrewsbury Town FC	1-2	2-1	2-0	3-0	4-2	2-1	4-2	2-2	2-1	2-1	1-1	0-0	5-0	4-0	1-1	4-1	6-1		2-2	1-1	2-1	1-2	1-2	2-2
Southend United FC	2-0	0-0	0-0	1-1	1-0	0-3	1-1	2-1	4-1	1-1	2-2	3-1	4-2	3-1	2-1	0-0	0-1	1-1		0-2	3-2	1-2	1-2	6-1
Swindon Town FC	1-0	0-1	4-0	1-1	3-1	4-0	2-0	0-2	1-2	3-0	1-1	1-1	2-0	1-0	6-0	1-0	1-1	2-2	1-1		3-1	1-0	1-0	1-2
Torquay United FC	1-1	0-1	2-1	1-1	0-0	1-1	3-0	1-1	3-0	0-0	1-1	1-2	0-0	2-2	1-1	1-6	4-2	2-0	2-1	1-1		5-2	3-0	2-2
Tranmere Rovers FC	2-1	4-3	1-0	2-0	3-2	1-7	1-1	7-2	2-0	3-6	6-2	1-0	2-4	2-3	3-3	1-2	1-1	4-2	2-1	2-2	2-2		1-4	0-2
Walsall FC	1-0	2-0	4-0	4-0	4-0	1-0	2-1	3-0	1-1	2-1	0-0	1-0	2-2	2-1	6-2	4-3	2-2	3-2	5-1	2-1	3-0	3-1		5-2
Watford FC	1-2	0-1	2-2	6-1	0-1	1-1	3-1	2-2	7-2	2-0	4-3	2-2	4-1	2-2	0-0	0-3	2-0	3-1	3-0	1-0	3-0	2-2	2-0	

	Division 3	Pd	Wn	Dw	Ls	GF	GA	Pts	
1.	Bury FC (Bury)	46	30	8	8	108	45	68	P
2.	Walsall FC (Walsall)	46	28	6	12	98	60	62	P
3.	Queen's Park Rangers FC (London)	46	25	10	11	93	60	60	
4.	Watford FC (Watford)	46	20	12	14	85	72	52	
5.	Notts County FC (Nottingham)	46	21	9	16	82	77	51	
6.	Grimsby Town FC (Cleethorpes)	46	20	10	16	77	69	50	
7.	Port Vale FC (Stoke-on-Trent)	46	17	15	14	96	79	49	
8.	Barnsley FC (Barnsley)	46	21	7	18	83	80	49	
9.	Halifax Town AFC (Halifax)	46	16	17	13	71	78	49	
10.	Shrewsbury Town FC (Shrewsbury)	46	15	16	15	83	75	46	
11.	Hull City AFC (Kingston upon Hull)	46	17	12	17	73	73	46	
12.	Torquay United FC (Torquay)	46	14	17	15	75	83	45	
13.	Newport County AFC (Newport)	46	17	11	18	81	90	45	
14.	Bristol City FC (Bristol)	46	17	10	19	70	68	44	
15.	Coventry City FC (Coventry)	46	16	12	18	80	83	44	
16.	Swindon Town FC (Swindon)	46	14	15	17	62	55	43	
17.	Brentford FC (London)	46	13	17	16	56	70	43	
18.	Reading FC (Reading)	46	14	12	20	72	83	40	
19.	Bournemouth & Boscombe Athletic FC (Bournemouth)	46	15	10	21	58	76	40	
20.	Southend United FC (Southend-on-Sea)	46	14	11	21	60	76	39	
21.	Tranmere Rovers FC (Birkenhead)	46	15	8	23	79	115	38	R
22.	Bradford City AFC (Bradford)	46	11	14	21	65	87	36	R
23.	Colchester United FC (Colchester)	46	11	11	24	68	101	33	R
24.	Chesterfield FC (Chesterfield)	46	10	12	24	67	87	32	R
		1104	411	282	411	1842	1842	1104	

Football League Division 4 1960-61 Season	Accrington Stanley	Aldershot Town	Barrow	Bradford Park Avenue	Carlisle United	Chester	Crewe Alexandra	Crystal Palace	Darlington	Doncaster Rovers	Exeter City	Gillingham	Hartlepools	Mansfield Town	Millwall	Northampton Town	Oldham Athletic	Peterborough United	Rochdale	Southport	Stockport County	Workington	Wrexham	York City
Accrington Stanley		1-0	0-0	1-2	1-0	2-0	1-3	2-3	2-2	2-2	0-1	3-0	3-0	1-4	3-3	3-2	5-1	3-2	2-0	2-1	4-1	1-2	0-3	2-0
Aldershot Town FC	3-1		2-1	3-0	2-1	3-2	5-0	2-1	1-3	5-0	3-1	0-1	4-0	2-0	0-2	2-2	4-0	1-1	3-0	1-0	3-2	0-0	0-0	6-1
Barrow AFC	1-1	2-0		5-0	0-2	3-0	3-4	0-3	1-1	2-1	1-1	0-1	2-1	1-1	2-1	1-0	1-2	2-1	1-0	0-1	3-1	0-4	1-1	1-1
Bradford Park Ave.	2-2	1-0	4-0		0-0	1-0	2-0	3-1	1-0	1-1	5-2	0-0	1-3	2-1	2-1	1-3	5-1	1-0	2-1	1-0	4-2	4-0	3-1	3-3
Carlisle United FC	3-1	2-2	1-0	2-2		3-1	0-1	2-0	4-4	2-1	2-2	1-3	2-2	3-1	1-2	2-1	3-0	3-3	1-2	1-0	1-4	2-4	1-0	1-1
Chester FC	2-3	2-0	0-0	3-1	3-2		0-0	3-0	0-3	1-2	4-4	2-2	1-2	3-3	1-4	0-2	3-1	1-2	3-1	1-0	0-0	2-2	1-0	2-1
Crewe Alexandra FC	0-1	2-1	0-1	1-1	3-0	5-2		1-2	1-1	1-1	2-0	2-1	3-0	1-2	2-2	0-2	2-1	3-1	3-0	0-1	4-1	1-2	2-1	1-5
Crystal Palace FC	9-2	2-1	4-2	4-1	1-1	5-1	0-0		3-2	5-1	0-0	2-0	2-2	4-1	0-2	2-3	2-1	0-2	4-1	5-0	2-1	4-2	3-2	1-0
Darlington FC	3-2	2-2	2-3	0-0	0-0	5-1	0-1	0-1		1-0	3-0	2-2	4-0	3-2	5-2	1-1	0-1	2-2	1-0	1-0	2-0	1-1	1-2	2-1
Doncaster Rovers FC	1-0	3-1	3-0	2-0	1-0	2-1	6-0	1-5	4-0		2-1	2-3	5-3	2-3	3-0	0-2	2-1	1-2	3-2	0-1	3-1	3-4	3-1	0-2
Exeter City FC	2-4	1-0	2-2	4-2	0-0	4-1	0-1	2-3	1-3	2-0		2-0	2-1	0-2	2-3	1-3	3-0	3-4	1-0	2-1	2-1	0-0	1-0	2-1
Gillingham FC	2-1	5-2	2-2	3-4	1-1	3-0	0-0	1-2	0-1	2-0	4-2		5-1	0-0	1-2	0-1	2-3	4-4	0-0	2-0	1-1	4-2	0-3	3-2
Hartlepools United	4-1	3-1	0-2	2-4	0-1	4-4	1-2	2-4	5-0	2-1	0-0	1-0		3-2	2-2	4-2	5-1	0-2	2-0	1-5	0-2	4-1	0-0	1-3
Mansfield Town FC	0-0	2-0	5-1	1-2	1-3	3-1	1-1	1-2	2-1	1-2	2-3	1-0	2-1		5-1	4-2	1-2	1-0	0-2	1-2	2-2	2-0	0-3	1-3
Millwall FC	2-2	2-2	3-0	5-1	4-2	5-1	2-3	0-2	0-1	0-1	2-2	1-2	5-2	3-0		3-1	0-1	4-3	4-1	3-1	3-0	0-3	2-0	3-2
Northampton Town	2-1	2-1	3-0	0-1	0-0	3-2	4-1	1-2	1-1	3-0	3-1	3-1	3-3	1-0	2-2		1-0	0-3	5-1	3-1	4-2	3-2	3-0	3-0
Oldham Athletic AFC	5-2	0-2	3-1	4-0	5-2	4-1	1-0	4-3	3-3	1-1	5-2	1-1	2-1	3-1	2-3	1-2		1-1	0-2	3-2	3-0	3-5	0-2	3-1
Peterborough United	3-0	7-1	6-2	3-1	5-0	6-0	4-1	4-1	5-1	6-2	7-1	2-0	3-2	2-1	4-2	3-3	2-2		4-3	3-4	0-1	2-1	3-0	1-1
Rochdale AFC	3-2	1-1	0-0	2-3	2-1	2-0	3-0	2-2	1-0	2-1	3-1	2-0	4-0	1-2	4-0	1-1	3-0	2-2		0-1	1-1	2-0	2-1	0-0
Southport FC	3-0	1-1	4-1	2-3	3-0	1-2	2-0	3-3	1-4	1-1	2-0	1-2	2-0	2-1	4-1	2-0	2-0	3-3	0-1		1-0	3-0	2-2	2-2
Stockport County FC	0-3	2-0	1-0	2-3	2-0	1-1	0-1	5-2	2-1	1-0	0-0	2-0	1-1	1-0	3-1	1-1	0-1	0-6	1-0	2-0		1-0	1-0	2-0
Workington AFC	2-1	0-4	3-1	1-3	2-1	1-0	0-0	1-0	1-3	1-3	3-1	2-0	2-0	1-3	2-2	3-0	1-1	0-3	3-0	3-1	1-0		3-1	2-0
Wrexham AFC	3-0	3-1	1-0	0-1	2-1	1-2	0-1	1-2	3-1	2-2	3-1	0-0	1-0	2-0	0-1	2-2	2-2	0-1	2-0	3-0	1-3	2-1		4-0
York City FC	1-0	4-1	2-0	2-0	4-0	2-0	3-1	0-2	4-1	1-1	6-1	0-0	4-0	3-2	3-2	0-1	1-0	0-1	2-0	2-0	0-0	4-0	2-1	

	Division 4	Pd	Wn	Dw	Ls	GF	GA	Pts	
1.	Peterborough United FC (Peterborough)	46	28	10	8	134	65	66	P
2.	Crystal Palace FC (London)	46	29	6	11	110	69	64	P
3.	Northampton Town FC (Northampton)	46	25	10	11	90	62	60	P
4.	Bradford Park Avenue FC (Bradford)	46	26	8	12	84	74	60	P
5.	York City FC (York)	46	21	9	16	80	60	51	
6.	Millwall FC (London)	46	21	8	17	97	86	50	
7.	Darlington FC (Darlington)	46	18	13	15	78	70	49	
8.	Workington AFC (Workington)	46	21	7	18	74	76	49	
9.	Crewe Alexandra FC (Crewe)	46	20	9	17	61	67	49	
10.	Aldershot FC (Aldershot)	46	18	9	19	79	69	45	
11.	Doncaster Rovers FC (Doncaster)	46	19	7	20	76	78	45	
12.	Oldham Athletic AFC (Oldham)	46	19	7	20	79	88	45	
13.	Stockport County FC (Stockport)	46	18	9	19	57	66	45	
14.	Southport FC (Southport)	46	19	6	21	69	67	44	
15.	Gillingham FC (Gillingham)	46	15	13	18	64	66	43	
16.	Wrexham AFC (Wrexham)	46	17	8	21	62	56	42	
17.	Rochdale AFC (Rochdale)	46	17	8	21	60	66	42	
18.	Accrington Stanley FC (Accrington)	46	16	8	22	74	88	40	
19.	Carlisle United FC (Carlisle)	46	13	13	20	61	79	39	
20.	Mansfield Town FC (Mansfield)	46	16	6	24	71	78	38	
21.	Exeter City FC (Exeter)	46	14	10	22	66	94	38	
22.	Barrow AFC (Barrow-in-Furness)	46	13	11	22	52	79	37	
23.	Hartlepools United FC (Hartlepool)	46	12	8	26	71	103	32	
24.	Chester FC (Chester)	46	11	9	26	61	104	31	
		1104	446	212	446	1810	1810	1104	

F.A. CUP FINAL (Wembley Stadium, London – 06/05/1961 – 100,000)

TOTTENHAM HOTSPUR FC (LONDON)	2-0	Leicester City FC (Leicester)

Smith, Dyson

Tottenham: Brown, Baker, Henry, Blanchflower, M.Norman, Mackay, Jones, White, Smith, Allen, Dyson.

Leicester: Banks, Chalmers, R.Norman, McLintock, King, Appleton, Riley, Walsh, McIlmoyle, Keyworth, Cheesebrough.

Semi-finals

Burnley FC (Burnley)	0-3	Tottenham Hotspur FC (London)
Leicester City FC (Leicester)	0-0, 0-0, 2-0	Sheffield United FC (Sheffield)

Quarter-finals

Leicester City FC (Leicester)	0-0, 2-1	Barnsley FC (Barnsley)
Newcastle United FC (Newcastle upon Tyne)	1-3	Sheffield United FC (Sheffield)
Sheffield Wednesday FC (Sheffield)	0-0, 0-2	Burnley FC (Burnley)
Sunderland AFC (Sunderland)	1-1, 0-5	Tottenham Hotspur FC (London)

1961-62

Football League Division 1 1961-62 Season	Arsenal	Aston Villa	Birmingham C.	Blackburn R.	Blackpool	Bolton Wands.	Burnley	Cardiff City	Chelsea	Everton	Fulham	Ipswich Town	Leicester City	Man. City	Man. United	Nottingham F.	Sheffield Utd.	Sheffield Wed.	Tottenham H.	W.B.A.	West Ham Utd.	Wolves
Arsenal FC		4-5	1-1	0-0	3-0	1-2	2-2	1-1	0-3	2-3	1-0	0-3	4-4	3-0	5-1	2-1	2-0	1-0	2-1	0-1	2-2	3-1
Aston Villa FC	3-1		1-3	1-0	5-0	3-0	0-2	2-2	3-1	1-1	2-0	3-0	8-3	2-1	1-1	5-1	0-0	1-0	0-0	1-0	2-4	1-0
Birmingham City FC	1-0	0-2		2-1	1-1	2-1	2-6	3-0	3-2	0-0	2-1	3-1	1-5	1-1	1-1	1-1	3-0	1-1	2-3	1-2	4-0	3-6
Blackburn Rovers FC	0-0	4-2	2-0		1-1	2-3	2-1	0-0	3-0	1-1	0-2	2-2	2-1	4-1	3-0	2-1	1-2	0-2	0-1	1-1	1-0	2-1
Blackpool FC	0-1	1-2	1-0	2-1		2-1	1-1	3-0	4-0	1-1	2-1	1-1	2-1	3-1	2-3	1-3	2-4	1-3	1-2	2-2	2-0	7-2
Bolton Wanderers FC	2-1	1-1	3-2	1-1	0-0		0-0	1-1	4-2	1-1	2-3	0-0	1-0	0-2	1-0	6-1	2-0	4-3	1-2	3-2	1-0	1-0
Burnley FC	0-2	3-0	7-1	0-1	2-0	3-1		2-1	1-1	2-1	2-1	4-3	2-0	6-3	1-3	0-0	4-2	4-0	2-2	3-1	6-0	3-3
Cardiff City AFC	1-1	1-0	3-2	1-1	3-2	1-2	1-1		5-2	0-0	0-3	0-3	0-4	0-0	1-2	2-2	1-1	2-1	1-1	2-2	3-0	2-3
Chelsea FC	2-3	1-0	1-1	1-1	1-0	1-0	1-2	2-3		1-1	0-0	2-2	1-3	1-1	2-0	2-2	6-1	1-0	0-2	4-1	0-1	4-5
Everton FC	4-1	2-0	4-1	1-0	2-2	1-0	2-2	8-3	4-0		3-0	5-2	3-2	0-2	5-1	6-0	1-0	0-4	3-0	3-1	3-0	4-0
Fulham FC	5-2	3-1	0-1	2-0	0-1	2-2	3-5	0-1	3-4	2-1		1-2	2-1	3-4	2-0	1-1	5-2	0-2	1-1	1-2	2-0	0-1
Ipswich Town FC	2-2	2-0	4-1	2-1	1-1	2-1	6-2	1-0	5-2	4-2	2-4		1-0	2-4	4-1	1-0	4-0	2-1	3-2	3-0	4-2	3-2
Leicester City FC	0-1	0-2	1-2	2-0	0-2	1-1	2-6	3-0	2-0	2-0	4-1	0-2		2-0	4-3	2-1	4-1	1-0	2-3	1-0	2-2	3-0
Manchester City FC	3-2	1-0	1-4	3-1	2-4	2-1	1-3	1-2	2-2	1-3	2-1	3-0	3-1		0-2	3-0	1-1	3-1	6-2	3-1	3-5	2-2
Manchester United FC	2-3	2-0	0-2	6-1	0-1	0-3	1-4	3-0	3-2	1-1	3-0	5-0	2-2	3-2		6-3	0-1	1-1	1-0	4-1	1-2	0-2
Nottingham Forest FC	0-1	2-0	2-1	1-2	3-4	0-1	3-2	2-1	3-0	2-1	1-1	1-1	0-0	1-2	1-0		2-0	3-1	2-0	4-4	3-0	3-1
Sheffield United FC	2-1	0-2	3-1	0-0	2-1	3-1	2-0	1-0	3-1	1-1	2-2	2-1	3-1	3-1	2-3	2-0		1-0	1-1	1-1	1-4	2-1
Sheffield Wednesday FC	1-1	3-0	5-1	1-0	3-2	4-2	4-0	2-0	5-3	3-1	1-1	1-4	1-2	1-0	3-1	3-0	1-2		0-0	2-1	0-0	3-2
Tottenham Hotspur FC	4-3	1-0	3-1	4-1	5-2	2-2	4-2	3-2	5-2	3-1	4-2	1-3	1-2	2-0	2-2	4-2	3-3	4-0		1-2	2-2	1-0
West Bromwich Albion FC	4-0	1-1	0-0	4-0	7-1	6-2	1-1	5-1	4-0	2-0	2-0	1-3	2-0	2-2	1-1	2-2	3-1	0-2	2-4		0-1	1-1
West Ham United FC	3-3	2-0	2-2	2-3	2-2	1-0	2-1	4-1	2-1	3-1	4-2	2-2	4-1	0-4	1-1	3-2	1-2	2-3	2-1	3-3		4-2
Wolverhampton Wanderers FC	2-3	2-2	2-1	0-2	2-2	5-1	1-1	1-1	1-1	0-3	1-3	2-0	1-1	4-1	2-2	2-1	0-1	3-0	3-1	1-5	3-2	

	Division 1	Pd	Wn	Dw	Ls	GF	GA	Pts	
1.	IPSWICH TOWN FC (IPSWICH)	42	24	8	10	93	67	56	
2.	Burnley FC (Burnley)	42	21	11	10	101	67	53	
3.	Tottenham Hotspur FC (London)	42	21	10	11	88	69	52	
4.	Everton FC (Liverpool)	42	20	11	11	88	54	51	
5.	Sheffield United FC (Sheffield)	42	19	9	14	61	69	47	
6.	Sheffield Wednesday FC (Sheffield)	42	20	6	16	72	58	46	
7.	Aston Villa FC (Birmingham)	42	18	8	16	65	56	44	
8.	West Ham United FC (London)	42	17	10	15	76	82	44	
9.	West Bromwich Albion FC (West Bromwich)	42	15	13	14	83	67	43	
10.	Arsenal FC (London)	42	16	11	15	71	72	43	
11.	Bolton Wanderers FC (Bolton)	42	16	10	16	62	66	42	
12.	Manchester City FC (Manchester)	42	17	7	18	78	81	41	
13.	Blackpool FC (Blackpool)	42	15	11	16	70	75	41	
14.	Leicester City FC (Leicester)	42	17	6	19	72	71	40	
15.	Manchester United FC (Manchester)	42	15	9	18	72	75	39	
16.	Blackburn Rovers FC (Blackburn)	42	14	11	17	50	58	39	
17.	Birmingham City FC (Birmingham)	42	14	10	18	65	81	38	
18.	Wolverhampton Wanderers FC (Wolverhampton)	42	13	10	19	73	86	36	
19.	Nottingham Forest FC (Nottingham)	42	13	10	19	63	79	36	
20.	Fulham FC (London)	42	13	7	22	66	74	33	
21.	Cardiff City AFC (Cardiff)	42	9	14	19	50	81	32	R
22.	Chelsea FC (London)	42	9	10	23	63	94	28	R
		924	356	212	356	1582	1582	924	

Top Goalscorers

1)	Ray CRAWFORD	(Ipswich Town FC)	33
	Derek KEVAN	(West Bromwich Albion FC)	33

Football League Division 2 1961-62 Season	Brighton & Hove Albion	Bristol Rovers	Bury	Charlton Athletic	Derby County	Huddersfield Town	Leeds United	Leyton Orient	Liverpool	Luton Town	Middlesbrough	Newcastle United	Norwich City	Plymouth Argyle	Preston North End	Rotherham United	Scunthorpe United	Southampton	Stoke City	Sunderland	Swansea Town	Walsall
Brighton & Hove Albion FC		1-0	0-2	2-2	1-2	2-2	1-3	0-1	0-0	2-1	2-0	0-4	2-1	3-2	0-0	0-3	0-3	0-0	2-1	1-1	2-2	3-2
Bristol Rovers FC	0-1		0-1	2-2	1-4	1-1	4-0	2-1	0-2	1-0	0-2	2-1	2-1	4-3	2-1	4-2	2-1	1-0	0-2	2-3	4-1	2-2
Bury FC	2-1	2-0		1-2	2-2	1-2	1-1	0-1	0-3	2-1	2-1	2-7	2-3	1-1	2-1	2-1	4-1	0-2	0-2	3-2	1-1	2-1
Charlton Athletic FC	2-3	2-1	1-0		4-0	0-2	3-1	1-2	0-4	0-1	1-0	1-1	2-2	3-1	4-0	0-2	3-3	1-0	2-2	2-0	3-2	3-3
Derby County FC	2-0	4-1	3-0	0-1		1-0	3-3	1-2	2-0	2-0	3-2	1-2	1-1	2-2	3-2	1-1	2-2	1-1	2-0	1-1	6-3	1-3
Huddersfield Town AFC	2-0	4-1	2-0	0-2	4-0		2-1	1-1	1-2	1-2	0-0	2-1	1-1	5-1	2-2	0-3	1-2	1-0	3-0	0-0	3-1	4-2
Leeds United AFC	1-1	0-0	0-0	1-0	0-0	1-0		0-0	1-0	2-1	2-0	0-1	0-1	2-3	1-2	1-3	1-4	1-1	3-1	1-0	2-0	4-1
Leyton Orient FC	4-1	2-3	2-0	2-1	2-0	3-0	0-0		2-2	0-0	2-0	2-0	2-0	1-2	0-2	1-1	0-1	1-3	3-0	1-1	1-0	3-0
Liverpool FC	3-1	2-0	5-0	2-1	4-1	1-1	5-0	3-3		1-1	5-1	2-0	5-4	2-1	4-1	4-1	2-1	2-0	2-1	3-0	5-0	6-1
Luton Town FC	2-1	2-0	4-0	1-6	4-2	3-4	3-2	1-3	1-0		3-2	1-0	1-2	0-2	4-1	4-3	1-2	1-4	0-0	1-2	5-1	2-0
Middlesbrough FC	4-0	5-0	2-1	3-2	3-4	1-0	1-3	2-3	2-0	2-4		3-0	2-1	1-1	1-0	5-1	1-2	1-1	2-2	0-1	1-3	3-0
Newcastle United FC	5-0	5-2	1-2	4-1	3-0	1-1	0-3	0-0	1-2	4-1	3-4		0-0	0-2	0-2	1-0	2-1	3-2	2-0	2-2	2-2	1-0
Norwich City FC	3-0	2-2	3-1	2-2	3-2	1-2	2-0	0-0	1-2	0-4	5-4	0-0		0-2	2-0	0-1	2-2	1-1	1-0	3-1	2-1	3-1
Plymouth Argyle FC	5-0	3-1	1-2	2-1	2-3	4-2	1-1	2-1	2-3	0-3	1-1	1-1	3-1		1-0	2-5	3-1	4-0	3-1	3-2	0-0	2-1
Preston North End FC	3-1	1-0	1-2	2-0	1-0	1-0	1-1	3-2	1-3	2-0	4-3	0-1	2-0	1-1		2-0	4-1	1-1	1-2	0-1	1-1	2-3
Rotherham United FC	2-1	4-0	2-0	3-2	2-2	3-3	2-1	2-1	1-0	1-1	0-1	0-0	3-1	1-3	2-2		0-1	4-2	1-2	0-3	1-2	2-2
Scunthorpe United FC	3-3	2-1	1-2	6-1	2-0	1-3	2-1	0-2	1-1	2-0	1-1	3-2	2-0	5-1	2-1	5-2		5-1	2-2	3-1	2-0	2-1
Southampton FC	6-1	0-2	5-3	1-2	2-1	3-1	4-1	1-2	2-0	3-0	1-3	1-0	2-2	1-2	0-0	2-1	6-4		5-1	2-0	5-1	1-1
Stoke City FC	0-1	2-1	1-3	4-0	1-1	3-0	2-1	0-1	0-0	2-1	2-0	3-1	3-1	2-0	1-1	1-2	1-0	3-2		1-0	0-0	2-1
Sunderland AFC	0-0	6-1	3-0	4-1	2-1	3-1	2-1	2-1	1-4	2-2	2-1	3-0	2-0	5-0	0-0	4-0	4-0	3-0	2-1		7-2	3-0
Swansea Town AFC	3-0	1-1	0-1	1-0	3-1	1-1	2-1	1-3	4-2	3-2	3-3	3-2	0-3	5-0	1-2	2-2	2-1	0-1	1-0	1-1		1-3
Walsall FC	2-2	0-0	3-0	2-2	2-0	2-2	1-1	1-5	1-1	2-0	1-2	1-0	5-0	1-0	2-1	5-0	4-1	0-2	3-1	4-3	0-0	

	Division 2	Pd	Wn	Dw	Ls	GF	GA	Pts	
1.	Liverpool FC (Liverpool)	42	27	8	7	99	43	62	P
2.	Leyton Orient FC (London)	42	22	10	10	69	40	54	P
3.	Sunderland AFC (Sunderland)	42	22	9	11	85	50	53	
4.	Scunthorpe United FC (Scunthorpe)	42	21	7	14	86	71	49	
5.	Plymouth Argyle FC (Plymouth)	42	19	8	15	75	75	46	
6.	Southampton FC (Southampton)	42	18	9	15	77	62	45	
7.	Huddersfield Town AFC (Huddersfield)	42	16	12	14	67	59	44	
8.	Stoke City FC (Stoke-on-Trent)	42	17	8	17	55	57	42	
9.	Rotherham United FC (Rotherham)	42	16	9	17	70	76	41	
10.	Preston North End FC (Preston)	42	15	10	17	55	57	40	
11.	Newcastle United FC (Newcastle upon Tyne)	42	15	9	18	64	58	39	
12.	Middlesbrough FC (Middlesbrough)	42	16	7	19	76	72	39	
13.	Luton Town FC (Luton)	42	17	5	20	69	71	39	
14.	Walsall FC (Walsall)	42	14	11	17	70	75	39	
15.	Charlton Athletic FC (London)	42	15	9	18	69	75	39	
16.	Derby County FC (Derby)	42	14	11	17	68	75	39	
17.	Norwich City FC (Norwich)	42	14	11	17	61	70	39	
18.	Bury FC (Bury)	42	17	5	20	52	76	39	
19.	Leeds United AFC (Leeds)	42	12	12	18	50	61	36	
20.	Swansea Town AFC (Swansea)	42	12	12	18	61	83	36	
21.	Bristol Rovers FC (Bristol)	42	13	7	20	53	81	33	R
22.	Brighton & Hove Albion FC (Hove)	42	10	11	21	42	86	31	R
		924	362	200	362	1473	1473	924	

Football League Division 3 1961-62 Season	Barnsley	Bournemouth	Bradford P.A.	Brentford	Bristol City	Coventry City	Crystal Palace	Grimsby Town	Halifax Town	Hull City	Lincoln City	Newport County	Northampton Town	Notts County	Peterborough Utd.	Portsmouth	Port Vale	Q.P.R.	Reading	Shrewsbury Town	Southend United	Swindon Town	Torquay United	Watford
Barnsley FC		2-2	1-2	2-2	7-3	2-1	0-3	0-3	1-2	1-0	0-1	1-1	3-2	2-0	0-3	2-2	2-1	2-4	2-3	1-1	1-1	6-2	4-2	3-0
Bournemouth & Bos.	5-0		2-2	1-1	2-1	1-1	1-0	2-3	2-1	1-1	0-0	2-1	3-2	2-1	1-1	2-0	1-0	3-1	1-0	0-0	3-0	0-0	3-1	4-1
Bradford Park Ave.	3-2	1-2		1-2	2-0	0-0	2-0	0-1	2-0	1-0	2-0	4-1	1-2	3-2	6-2	2-1	2-1	3-3	1-3	1-1	4-0	2-2	3-1	1-1
Brentford FC	1-1	2-2	2-0		0-2	2-1	4-2	0-2	0-2	0-2	1-0	3-1	3-0	0-1	2-0	3-2	1-2	1-4	1-2	4-0	0-0	1-0	0-2	3-1
Bristol City FC	0-0	2-1	6-1	3-0		3-2	2-2	3-0	4-3	1-1	2-0	1-2	1-0	6-0	1-2	0-4	0-1	2-0	5-0	0-1	3-2	5-3	4-1	2-1
Coventry City FC	1-1	0-1	3-0	2-0	1-1		0-2	2-0	3-1	0-2	2-2	3-0	1-0	2-2	1-3	2-0	0-1	2-3	1-0	4-1	3-3	2-1	2-2	1-0
Crystal Palace FC	1-3	0-0	0-0	2-2	2-3	2-2		4-1	4-3	1-2	1-3	2-0	1-4	4-1	5-2	1-2	0-0	2-2	3-4	2-1	2-2	3-1	7-2	1-1
Grimsby Town FC	4-0	3-0	3-2	1-0	1-0	2-0	0-0		3-0	1-0	4-1	1-0	3-2	2-1	2-1	1-0	1-1	1-1	4-0	2-1	3-1	0-1	2-3	5-3
Halifax Town AFC	3-1	3-1	2-3	1-0	3-4	0-2	1-1	3-3		2-1	0-3	0-0	1-3	1-2	2-1	0-1	3-3	1-1	2-1	1-2	0-2	2-0	1-0	2-0
Hull City AFC	4-0	2-1	0-1	3-0	3-2	3-1	2-4	2-1	1-2		1-0	4-0	1-0	2-1	1-1	0-1	3-1	3-1	0-1	3-1	0-0	0-1	4-0	1-0
Lincoln City FC	2-2	0-2	3-2	3-3	1-1	1-2	3-2	1-1	0-1	0-3		3-2	0-0	2-2	1-2	2-2	1-1	0-5	2-3	1-2	2-0	2-2	1-3	0-0
Newport County AFC	0-2	0-1	1-2	6-1	3-1	1-2	2-1	0-2	0-1	0-2	4-0		0-0	2-0	2-3	0-5	1-1	2-4	0-0	3-2	0-3	2-2	0-3	0-0
Northampton Town	3-1	0-3	2-0	5-0	0-1	4-1	1-1	7-0	3-1	2-0	2-2	5-0		1-2	2-2	2-2	1-1	1-1	1-0	3-1	3-1	1-2	1-2	2-0
Notts County FC	0-2	3-2	4-2	3-1	1-0	2-0	0-0	2-0	0-0	3-0	1-0	8-1	1-4		2-2	2-1	2-3	0-0	2-2	3-2	2-0	0-1	2-0	1-0
Peterborough United	4-2	1-2	1-0	6-0	3-4	2-3	4-1	2-1	5-1	3-2	5-4	2-1	0-2	2-0		0-1	1-3	5-1	1-0	0-3	4-1	3-2	2-1	4-3
Portsmouth FC	3-2	1-1	4-2	4-0	5-0	3-2	2-1	0-2	1-1	2-1	0-0	2-2	4-1	0-0	0-3		1-0	4-1	2-0	3-1	1-0	2-2	2-0	2-1
Port Vale FC	2-0	1-0	3-2	3-0	0-2	2-0	0-1	0-2	1-1	4-0	4-0	3-0	1-1	1-0	0-1	2-3		2-3	2-1	4-1	0-0	1-1	4-1	1-3
Queen's Park Rangers	3-0	1-1	1-2	3-0	4-1	4-1	1-0	3-2	6-2	1-1	1-3	4-0	2-0	2-0	3-3	0-1	2-1		3-6	3-1	5-3	6-1	6-0	1-2
Reading FC	0-0	0-1	3-1	4-0	2-2	4-0	2-1	1-2	3-2	1-1	4-0	2-1	2-0	4-2	3-2	0-3	0-0	0-2		3-0	3-1	1-1	1-0	3-2
Shrewsbury Town FC	4-1	2-2	4-1	1-3	2-2	1-1	1-5	1-2	0-0	2-0	0-0	4-1	1-3	3-0	3-4	0-1	4-2	1-2	4-1		1-1	1-3	1-1	5-1
Southend United FC	1-2	0-0	2-1	0-0	1-0	2-0	2-2	2-0	2-1	2-1	0-0	1-0	1-3	3-2	1-1	2-2	4-1	2-3	0-2	1-1		0-2	2-1	0-1
Swindon Town FC	1-1	1-1	3-2	5-2	0-4	3-3	5-0	0-0	6-0	1-1	4-0	3-0	2-2	1-0	3-2	1-3	1-0	0-0	4-1	1-2	0-0		0-1	3-1
Torquay United FC	6-2	2-1	1-3	3-1	1-3	1-0	1-2	1-2	2-3	4-2	3-4	3-2	1-2	3-3	1-3	0-2	2-0	2-2	0-0	3-1	2-2	3-0		3-4
Watford FC	3-1	0-0	0-2	2-1	1-1	0-1	3-2	2-1	0-0	1-1	3-3	3-1	0-0	3-1	2-3	0-0	2-0	3-2	1-1	1-1	1-3	2-0	4-1	

	Division 3	Pd	Wn	Dw	Ls	GF	GA	Pts	
1.	Portsmouth FC (Portsmouth)	46	27	11	8	87	47	65	P
2.	Grimsby Town FC (Cleethorpes)	46	28	6	12	80	56	62	P
3.	Bournemouth & Boscombe Athletic FC (Bournemouth)	46	21	17	8	69	45	59	
4.	Queen's Park Rangers FC (London)	46	24	11	11	111	73	59	
5.	Peterborough United FC (Peterborough)	46	26	6	14	107	82	58	
6.	Bristol City FC (Bristol)	46	23	8	15	94	72	54	
7.	Reading FC (Reading)	46	22	9	15	77	66	53	
8.	Northampton Town FC (Northampton)	46	20	11	15	85	57	51	
9.	Swindon Town FC (Swindon)	46	17	15	14	78	71	49	
10.	Hull City AFC (Kingston upon Hull)	46	20	8	18	67	54	48	
11.	Bradford Park Avenue FC (Bradford)	46	20	7	19	80	78	47	
12.	Port Vale FC (Stoke-on-Trent)	46	17	11	18	65	58	45	
13.	Notts County FC (Nottingham)	46	17	9	20	67	74	43	
14.	Coventry City FC (Coventry)	46	16	11	19	64	71	43	
15.	Crystal Palace FC (London)	46	14	14	18	83	80	42	
16.	Southend United FC (Southend-on-Sea)	46	13	16	17	57	69	42	
17.	Watford FC (Watford)	46	14	13	19	63	74	41	
18.	Halifax Town AFC (Halifax)	46	15	10	21	62	84	40	
19.	Shrewsbury Town FC (Shrewsbury)	46	13	12	21	73	84	38	
20.	Barnsley FC (Barnsley)	46	13	12	21	71	95	38	
21.	Torquay United FC (Torquay)	46	15	6	25	76	100	36	R
22.	Lincoln City FC (Lincoln)	46	9	17	20	57	87	35	R
23.	Brentford FC (London)	46	13	8	25	53	93	34	R
24.	Newport County AFC (Newport)	46	7	8	31	46	102	22	R
		1104	424	256	424	1772	1772	1104	

Football League Division 4 1961-62 Season	Accrington Stanley	Aldershot Town	Barrow	Bradford City	Carlisle United	Chester	Chesterfield	Colchester United	Crewe Alexandra	Darlington	Doncaster Rovers	Exeter City	Gillingham	Hartlepools	Mansfield Town	Millwall	Oldham Athletic	Rochdale	Southport	Stockport County	Tranmere Rovers	Workington	Wrexham	York City
Accrington Stanley		0-2	2-2	0-2	1-0	0-1	0-0	0-4	1-0	3-1	---	---	---	---	0-0	0-2	1-0	0-2	---	1-2	1-1	0-4	0-2	--
Aldershot Town FC	2-2		3-1	2-2	0-1	6-2	1-1	1-0	1-0	6-1	3-1	1-1	4-0	1-1	4-2	0-2	3-1	3-0	2-0	4-1	3-1	3-1	3-1	2-0
Barrow AFC	3-1	2-2		1-1	0-3	3-2	1-0	4-0	3-0	3-0	4-1	3-0	7-0	5-1	1-1	2-2	3-1	0-1	1-1	3-1	2-0	1-1	0-2	0-0
Bradford City AFC	0-1	2-1	1-1		3-2	2-0	0-2	4-1	3-3	3-2	2-0	5-1	5-2	5-1	6-1	2-4	1-1	1-0	1-0	1-3	3-1	1-1	5-3	2-2
Carlisle United FC	2-0	2-1	0-0	2-4		2-0	3-1	1-1	3-0	1-0	1-0	2-1	1-2	1-0	1-0	3-2	2-0	2-2	2-1	1-0	0-3	1-2	1-0	3-2
Chester FC	0-0	2-3	2-3	1-2	1-1		4-1	2-2	1-0	2-2	2-3	1-1	1-1	4-4	0-1	2-4	1-0	2-3	2-0	2-0	1-1	1-3	1-1	1-1
Chesterfield FC	---	2-3	2-2	2-1	1-3	4-1		4-1	3-1	1-1	3-0	2-0	3-2	2-0	0-4	2-3	2-3	1-0	3-2	3-2	1-2	0-1	1-5	1-1
Colchester United FC	3-2	3-0	1-1	9-1	2-0	5-2	3-3		5-3	2-0	5-3	2-0	6-0	6-1	2-0	2-2	5-1	1-1	2-0	3-0	3-0	6-1	2-4	3-1
Crewe Alexandra FC	4-0	2-0	1-1	1-2	3-0	1-1	2-1	4-0		5-1	2-0	3-1	5-2	3-0	3-2	2-1	3-5	2-1	3-1	3-2	3-0	2-0	0-3	0-0
Darlington FC	1-1	2-0	1-0	3-3	2-1	2-0	4-4	0-2	2-1		1-0	1-0	1-1	1-2	3-1	1-5	3-0	2-0	1-2	3-0	2-1	1-1	1-0	0-0
Doncaster Rovers FC	1-1	2-1	3-2	2-0	1-2	2-0	0-0	1-4	3-0	1-2		3-1	2-1	2-2	0-1	1-2	0-0	1-2	1-2	1-1	6-1	1-1	0-2	1-2
Exeter City FC	3-0	2-1	3-0	1-2	4-0	5-0	4-1	0-2	2-1	0-1	1-5		1-3	1-1	2-1	1-1	3-3	1-3	1-1	4-3	1-0	3-1	1-1	2-1
Gillingham FC	5-1	0-1	3-2	3-1	4-1	0-0	5-1	2-1	0-1	2-2	2-2	2-2		4-0	2-2	3-1	0-2	4-2	4-0	1-1	0-1	4-2	2-3	1-2
Hartlepools United	---	0-2	2-3	1-3	0-3	1-3	1-2	1-1	2-1	2-0	3-0	0-0	1-3		0-1	2-0	1-1	3-1	4-2	2-2	0-0	0-1	1-4	0-2
Mansfield Town FC	---	4-1	0-1	0-1	5-2	3-0	2-2	4-0	1-1	3-0	4-0	3-1	3-1	3-1		0-0	2-0	0-1	3-1	2-0	1-2	4-1	1-2	3-1
Millwall FC	---	2-1	1-0	1-2	3-0	2-0	2-1	2-0	4-3	4-2	2-0	2-0	0-0	3-2	4-0		2-0	1-1	1-1	1-3	3-0	5-0	0-1	2-1
Oldham Athletic AFC	5-0	2-1	3-2	2-2	5-0	4-1	3-1	2-2	2-0	0-1	3-1	1-1	1-1	5-2	2-3	4-2		2-2	2-1	0-0	2-0	0-2	1-1	1-0
Rochdale AFC	1-0	1-0	0-2	4-1	1-1	3-2	1-1	0-1	3-0	1-3	2-3	3-0	3-1	3-1	3-2	4-1	3-1		2-0	3-3	1-0	1-3	2-1	3-1
Southport FC	---	2-1	0-0	2-1	0-0	1-0	0-2	3-0	2-0	1-4	3-1	1-1	1-1	0-1	2-1	3-1	0-5	3-0		2-1	2-1	1-1	4-2	3-1
Stockport County FC	2-0	3-1	3-0	3-1	1-2	0-1	2-1	1-4	0-1	3-0	2-1	1-0	3-1	1-1	2-1	1-1	1-1	5-2	1-4		3-0	3-1	1-2	2-1
Tranmere Rovers FC	2-0	1-2	2-1	3-2	0-3	4-1	1-0	5-2	1-6	0-0	3-2	3-4	4-2	3-2	2-0	5-1	3-1	2-0	3-1	1-3		3-2	2-0	2-2
Workington AFC	---	2-1	1-2	5-3	2-1	4-1	2-0	1-2	0-1	2-1	0-0	3-1	5-1	1-1	1-1	2-2	0-2	2-1	3-0	1-1	2-1		1-0	0-0
Wrexham AFC	---	2-1	1-1	2-1	2-2	0-0	4-2	0-0	1-1	5-0	3-1	1-2	3-0	10-1	5-0	2-2	2-1	3-0	2-3	0-1	4-0	2-3		2-1
York City FC	1-0	0-1	5-0	4-0	1-1	5-1	4-0	5-0	4-2	2-1	5-2	2-1	4-0	2-0	2-1	0-1	4-1	2-1	2-2	1-0	1-2	4-0	3-2	

	Division 4	**Pd**	**Wn**	**Dw**	**Ls**	**GF**	**GA**	**Pts**	
1.	Millwall FC (London)	44	23	10	11	87	62	56	P
2.	Colchester United FC (Colchester)	44	23	9	12	104	71	55	P
3.	Wrexham AFC (Wrexham)	44	22	9	13	96	56	53	P
4.	Carlisle United FC (Carlisle)	44	22	8	14	64	63	52	P
5.	Bradford City AFC (Bradford)	44	21	9	14	94	86	51	
6.	York City FC (York)	44	20	10	14	84	53	50	
7.	Aldershot FC (Aldershot)	44	22	5	17	81	60	49	
8.	Workington AFC (Workington)	44	19	11	14	69	70	49	
9.	Barrow AFC (Barrow-in-Furness)	44	17	14	13	74	58	48	
10.	Crewe Alexandra FC (Crewe)	44	20	6	18	79	70	46	
11.	Oldham Athletic AFC (Oldham)	44	17	12	15	77	70	46	
12.	Rochdale AFC (Rochdale)	44	19	7	18	71	71	45	
13.	Darlington FC (Darlington)	44	18	9	17	61	73	45	
14.	Mansfield Town FC (Mansfield)	44	19	6	19	77	66	44	
15.	Tranmere Rovers FC (Birkenhead)	44	20	4	20	70	81	44	
16.	Stockport County FC (Stockport)	44	17	9	18	70	69	43	
17.	Southport FC (Southport)	44	17	9	18	61	71	43	
18.	Exeter City FC (Exeter)	44	13	11	20	62	77	37	
19.	Chesterfield FC (Chesterfield)	44	14	9	21	70	87	37	
20.	Gillingham FC (Gillingham)	44	13	11	20	73	94	37	
21.	Doncaster Rovers FC (Doncaster)	44	11	7	26	60	85	29	
22.	Hartlepools United FC (Hartlepool)	44	8	11	25	52	101	27	
23.	Chester FC (Chester)	44	7	12	25	54	96	26	
---.	Accrington Stanley FC (Accrington)	33	5	8	20	19	60	18	#
		1012	402	208	402	1690	1690	1012	

Accrington Stanley FC (Accrington) resigned from the league after only 33 games, their record was expunged and their place was awarded to Oxford United FC (Oxford) for the next season.

F.A. CUP FINAL (Wembley Stadium, London – 06/05/1961 – 100,000)

TOTTENHAM HOTSPUR FC (LONDON)	3-1	Burnley FC (Burnley)
Greaves, Smith, Blanchflower pen.		*Robson*

Tottenham: Brown, Baker, Henry, Blanchflower, Norman, Mackay, Medwin, White, Smith, Greaves, Jones.

Burnley: Blacklaw, Angus, Elder, Adamson, Cummings, Miller, Connelly, McIlroy, Pointer, Robson, Harris.

Semi-finals

Burnley FC (Burnley)	1-1, 2-1	Fulham FC (London)
Manchester United FC (Manchester)	1-3	Tottenham Hotspur FC (London)

Quarter-finals

Fulham FC (London)	2-2, 1-0	Blackburn Rovers FC (Blackburn)
Preston North End FC (Preston)	0-0, 1-2	Manchester United FC (Manchester)
Sheffield United FC (Sheffield)	0-1	Burnley FC (Burnley)
Tottenham Hotspur FC (London)	2-0	Aston Villa FC (Birmingham)

1962-63

Football League Division 1 1962-63 Season	Arsenal	Aston Villa	Birmingham City	Blackburn Rovers	Blackpool	Bolton Wanderers	Burnley	Everton	Fulham	Ipswich Town	Leicester City	Leyton Orient	Liverpool	Manchester City	Manchester United	Nottingham Forest	Sheffield United	Sheffield Wed.	Tottenham Hotspur	W.B.A.	West Ham United	Wolves
Arsenal FC		1-2	2-0	3-1	2-0	3-2	2-3	4-3	3-0	3-1	1-1	2-0	2-2	2-3	1-3	0-0	1-0	1-2	2-3	3-2	1-1	5-4
Aston Villa FC	3-1		4-0	0-0	1-1	5-0	2-1	0-2	1-2	4-2	3-1	1-0	2-0	3-1	1-2	0-2	1-2	0-2	2-1	2-0	3-1	0-2
Birmingham City FC	2-2	3-2		3-3	3-6	2-2	5-1	0-1	4-1	0-1	3-2	2-2	0-2	2-2	2-1	2-2	0-1	1-1	0-2	0-0	3-2	3-4
Blackburn Rovers FC	5-5	4-1	6-1		3-3	5-0	2-3	3-2	0-1	0-1	2-0	1-1	1-0	4-1	2-2	2-5	1-2	3-0	3-0	3-1	0-4	5-1
Blackpool FC	3-2	4-0	1-1	4-1		3-1	0-0	1-2	0-0	1-0	1-1	3-2	1-2	2-2	2-2	2-1	3-1	2-3	1-2	0-2	0-0	0-2
Bolton Wanderers FC	3-0	4-1	0-0	0-0	3-0		2-2	0-2	1-0	1-3	2-0	0-1	1-0	3-1	3-0	1-0	3-2	0-4	1-0	1-2	3-0	3-0
Burnley FC	2-1	3-1	3-1	1-0	2-0	2-1		1-3	4-0	3-1	1-1	2-0	1-3	0-0	0-1	0-0	5-1	4-0	2-1	2-1	1-1	2-0
Everton FC	1-1	1-1	2-2	0-0	5-0	1-0	3-1		4-1	3-1	3-2	3-0	2-2	2-1	3-1	2-0	3-0	4-1	1-0	4-2	1-1	0-0
Fulham FC	1-3	1-0	3-3	0-0	2-0	2-1	1-1	1-0		1-1	2-1	0-2	0-0	2-4	0-1	3-1	2-2	4-1	0-2	1-2	2-0	0-5
Ipswich Town FC	1-1	1-1	1-5	3-3	5-2	4-1	2-1	0-3	0-1		0-1	1-1	2-2	0-0	3-5	1-1	1-0	2-0	2-4	1-1	2-3	2-3
Leicester City FC	2-0	3-3	3-0	2-0	0-0	4-1	3-3	3-1	2-3	3-0		5-1	3-0	2-0	4-3	2-1	3-1	3-3	2-2	1-0	2-0	1-1
Leyton Orient FC	1-2	0-2	2-2	1-1	0-2	0-1	0-1	3-0	1-1	1-2	0-2		2-1	1-1	1-0	0-1	2-2	2-4	1-5	2-3	2-0	0-4
Liverpool FC	2-1	4-0	5-1	3-1	1-2	1-0	1-2	0-0	2-1	1-1	0-2	5-0		4-1	1-0	0-2	2-0	0-2	5-2	2-2	2-1	4-1
Manchester City FC	2-4	0-2	2-1	0-1	0-3	2-1	2-5	1-1	2-3	2-1	1-1	2-0	2-2		1-1	1-0	1-3	3-2	1-0	1-5	1-6	3-3
Manchester United FC	2-3	2-2	2-0	0-3	1-1	3-0	2-5	0-1	0-2	0-1	2-2	3-1	3-3	2-3		5-1	1-1	1-3	0-2	2-2	3-1	2-1
Nottingham Forest FC	3-0	3-1	0-2	2-0	2-0	1-0	2-1	3-4	3-1	2-1	0-2	1-1	3-1	1-1	3-2		2-1	0-3	1-1	2-2	3-4	2-0
Sheffield United FC	3-3	2-1	0-2	1-1	0-0	4-1	1-0	2-1	2-0	2-1	0-0	2-0	0-0	3-1	1-1	3-1		2-2	3-1	1-0	0-2	1-2
Sheffield Wednesday FC	2-3	0-0	5-0	4-0	0-0	1-1	0-1	2-2	1-0	0-3	0-3	3-1	0-2	4-1	1-0	2-2	3-1		3-1	3-1	1-3	3-1
Tottenham Hotspur FC	4-4	4-2	3-0	4-1	2-0	4-1	1-1	0-0	1-1	5-0	4-0	2-0	7-2	4-2	6-2	9-2	4-2	1-1		2-1	4-4	1-2
West Bromwich Albion FC	1-2	1-0	1-0	2-5	1-2	5-4	1-2	0-4	6-1	6-1	2-1	2-1	1-0	2-1	3-0	1-4	1-2	0-3	1-2		1-0	2-2
West Ham United FC	0-4	1-1	5-0	0-1	2-2	1-2	1-1	1-2	2-2	1-3	2-0	2-0	1-0	6-1	3-1	4-1	1-1	2-0	1-6	2-2		1-4
Wolverhampton Wanderers FC	1-0	3-1	0-2	4-2	2-0	4-0	7-2	0-2	2-1	0-0	1-3	2-1	3-2	8-1	2-3	1-1	0-0	2-2	2-2	7-0	0-0	

	Division 1	Pd	Wn	Dw	Ls	GF	GA	Pts	
1.	EVERTON FC (LIVERPOOL)	42	25	11	6	84	42	61	
2.	Tottenham Hotspur FC (London)	42	23	9	10	111	62	55	
3.	Burnley FC (Burnley)	42	22	10	10	78	57	54	
4.	Leicester City FC (Leicester)	42	20	12	10	79	53	52	
5.	Wolverhampton Wanderers FC (Wolverhampton)	42	20	10	12	93	65	50	
6.	Sheffield Wednesday FC (Sheffield)	42	19	10	13	77	63	48	
7.	Arsenal FC (London)	42	18	10	14	86	77	46	
8.	Liverpool FC (Liverpool)	42	17	10	15	71	59	44	
9.	Nottingham Forest FC (Nottingham)	42	17	10	15	67	69	44	
10.	Sheffield United FC (Sheffield)	42	16	12	14	58	60	44	
11.	Blackburn Rovers FC (Blackburn)	42	15	12	15	79	71	42	
12.	West Ham United FC (London)	42	14	12	16	73	69	40	
13.	Blackpool FC (Blackpool)	42	13	14	15	58	64	40	
14.	West Bromwich Albion FC (West Bromwich)	42	16	7	19	71	79	39	
15.	Aston Villa FC (Birmingham)	42	15	8	19	62	68	38	
16.	Fulham FC (London)	42	14	10	18	50	71	38	
17.	Ipswich Town FC (Ipswich)	42	12	11	19	59	78	35	
18.	Bolton Wanderers FC (Bolton)	42	15	5	22	55	75	35	
19.	Manchester United FC (Manchester)	42	12	10	20	67	81	34	
20.	Birmingham City FC (Birmingham)	42	10	13	19	63	90	33	
21.	Manchester City FC (Manchester)	42	10	11	21	58	102	31	R
22.	Leyton Orient FC (London)	42	6	9	27	37	81	21	R
		924	349	226	349	1536	1536	924	

Top Goalscorer

1) James GREAVES (Tottenham Hotspur FC) 37

Football League Division 2 1962-63 Season	Bury	Cardiff City	Charlton Athletic	Chelsea	Derby County	Grimsby Town	Huddersfield Town	Leeds United	Luton Town	Middlesbrough	Newcastle United	Norwich City	Plymouth Argyle	Portsmouth	Preston North End	Rotherham United	Scunthorpe United	Southampton	Stoke City	Sunderland	Swansea Town	Walsall
Bury FC		1-0	3-1	2-0	3-3	2-0	1-1	3-1	1-0	1-0	0-0	0-3	1-2	2-0	0-0	0-5	0-2	1-1	2-1	3-0	2-0	0-0
Cardiff City AFC	3-1		1-2	1-0	1-0	5-3	3-0	0-0	1-0	1-2	4-4	2-4	2-1	1-2	1-1	4-1	4-0	3-1	1-1	5-2	5-2	2-2
Charlton Athletic FC	0-0	2-4		1-4	0-0	0-3	1-0	1-2	2-0	3-4	1-2	0-2	6-3	2-0	2-1	2-3	1-0	2-1	0-3	2-2	2-2	3-2
Chelsea FC	2-0	6-0	5-0		3-1	2-1	1-2	2-2	3-1	3-2	4-2	2-0	1-1	7-0	2-0	3-0	3-0	2-0	0-1	1-0	2-2	0-1
Derby County FC	0-0	1-2	2-3	1-3		2-4	2-1	0-0	1-0	3-3	0-1	3-0	3-2	4-0	1-0	3-2	6-2	3-1	1-1	2-2	0-2	2-0
Grimsby Town FC	5-1	1-2	2-1	0-3	0-0		1-1	1-1	3-1	3-4	0-1	0-2	1-1	1-1	2-0	1-2	3-0	4-1	1-1	1-2	1-0	3-1
Huddersfield Town AFC	0-1	1-0	2-0	1-0	3-3	0-0		1-1	2-0	0-0	2-1	0-0	4-2	1-3	1-0	1-0	2-0	2-3	3-3	0-3	4-1	4-0
Leeds United AFC	1-2	3-0	4-1	2-0	3-1	3-0	0-1		3-0	2-3	1-0	3-0	6-1	3-3	4-1	3-4	1-0	1-1	3-1	1-0	5-0	3-0
Luton Town FC	2-1	2-3	4-1	0-2	1-2	2-2	3-2	2-2		4-3	2-3	4-2	3-0	3-3	0-2	2-3	1-0	3-2	0-0	0-3	3-1	4-3
Middlesbrough FC	0-0	3-2	2-1	1-0	5-1	0-1	0-5	2-1	0-2		4-2	6-2	3-0	4-2	2-0	2-1	4-3	1-2	2-2	3-3	2-2	2-3
Newcastle United FC	1-3	2-1	3-2	2-0	0-0	0-0	1-1	1-1	3-1	6-1		2-1	3-1	1-1	2-2	4-1	1-1	4-1	5-2	1-1	6-0	0-2
Norwich City FC	1-1	0-0	1-4	4-1	2-0	0-0	2-3	3-2	3-3	3-4	1-2		2-1	5-3	1-1	4-2	3-3	1-0	6-0	4-2	5-0	2-1
Plymouth Argyle FC	0-0	4-2	6-1	2-1	2-1	2-0	1-1	3-1	3-1	4-5	0-2	1-0		2-0	7-1	2-2	2-3	2-1	0-1	1-1	1-0	3-0
Portsmouth FC	2-1	2-0	3-3	0-2	1-0	2-1	1-1	3-0	3-1	1-1	3-1	0-2	1-2		1-2	1-2	1-2	1-1	0-3	3-1	0-0	4-1
Preston North End FC	0-2	2-6	4-1	1-3	1-0	0-0	2-0	4-1	3-1	0-1	2-1	2-2	0-0	4-2		2-2	3-1	1-0	1-1	1-1	6-3	4-2
Rotherham United FC	1-5	2-1	1-2	0-1	2-2	0-0	0-2	2-1	2-1	4-1	3-1	0-3	3-2	0-0	3-1		1-0	2-0	1-2	4-2	2-1	1-2
Scunthorpe United FC	1-0	2-2	2-0	3-0	2-1	1-1	2-2	0-2	2-0	1-1	2-1	3-1	2-2	1-2	4-1	1-0		2-1	0-0	1-1	1-0	2-0
Southampton FC	0-3	3-5	1-0	2-1	5-0	4-1	3-1	3-1	2-2	6-0	3-0	3-1	1-1	4-2	1-0	1-0	1-1		2-0	2-4	3-0	2-0
Stoke City FC	2-0	1-0	6-3	0-0	3-3	4-1	2-1	0-1	2-0	0-1	3-1	3-0	2-2	3-1	3-0	3-1	2-3	3-1		2-1	2-0	3-0
Sunderland AFC	0-1	2-1	1-0	0-1	3-0	6-2	1-1	2-1	3-1	3-1	0-0	7-1	1-1	1-0	2-1	2-0	0-0	4-0	0-0		3-1	5-0
Swansea Town AFC	3-0	2-1	2-1	2-0	2-0	1-0	1-2	0-2	1-0	1-1	1-0	2-0	2-1	0-0	1-1	2-2	1-0	1-1	2-1	3-4		3-0
Walsall FC	3-1	2-1	1-2	1-5	1-3	4-1	1-1	1-1	1-1	1-0	0-6	3-1	2-2	3-5	4-1	1-0	1-1	1-1	0-0	2-3	0-1	

	Division 2	Pd	Wn	Dw	Ls	GF	GA	Pts	
1.	Stoke City FC (Stoke-on-Trent)	42	20	13	9	73	50	53	P
2.	Chelsea FC (London)	42	24	4	14	81	42	52	P
3.	Sunderland AFC (Sunderland)	42	20	12	10	84	55	52	
4.	Middlesbrough FC (Middlesbrough)	42	20	9	13	86	85	49	
5.	Leeds United AFC (Leeds)	42	19	10	13	79	53	48	
6.	Huddersfield Town AFC (Huddersfield)	42	17	14	11	63	50	48	
7.	Newcastle United FC (Newcastle upon Tyne)	42	18	11	13	79	59	47	
8.	Bury FC (Bury)	42	18	11	13	51	47	47	
9.	Scunthorpe United FC (Scunthorpe)	42	16	12	14	57	59	44	
10.	Cardiff City AFC (Cardiff)	42	18	7	17	83	73	43	
11.	Southampton FC (Southampton)	42	17	8	17	72	67	42	
12.	Plymouth Argyle FC (Plymouth)	42	15	12	15	76	73	42	
13.	Norwich City FC (Norwich)	42	17	8	17	80	79	42	
14.	Rotherham United FC (Rotherham)	42	17	6	19	67	74	40	
15.	Swansea Town AFC (Swansea)	42	15	9	18	51	72	39	
16.	Portsmouth FC (Portsmouth)	42	13	11	18	63	79	37	
17.	Preston North End FC (Preston)	42	13	11	18	59	74	37	
18.	Derby County FC (Derby)	42	12	12	18	61	72	36	
19.	Grimsby Town FC (Cleethorpes)	42	11	13	18	55	66	35	
20.	Charlton Athletic FC (London)	42	13	5	24	62	94	31	
21.	Walsall FC (Walsall)	42	11	9	22	53	89	31	R
22.	Luton Town FC (Luton)	42	11	7	24	61	84	29	R
		924	355	214	355	1496	1496	924	

Football League Division 3 1962-63 Season	Barnsley	Bournemouth	Bradford P.A.	Brighton & H.A.	Bristol City	Bristol Rovers	Carlisle United	Colchester United	Coventry City	Crystal Palace	Halifax Town	Hull City	Millwall	Northampton T.	Notts County	Peterborough U.	Port Vale	Q.P.R.	Reading	Shrewsbury T.	Southend United	Swindon Town	Watford	Wrexham
Barnsley FC		2-2	1-4	2-0	1-1	4-0	2-0	2-3	2-1	0-4	1-0	1-2	4-1	1-1	3-1	0-2	2-1	0-0	1-0	1-0	2-2	1-1	4-1	2-1
Bournemouth & Bos.	1-1		2-2	1-0	1-1	1-1	5-1	1-1	1-1	3-0	1-1	3-0	1-1	3-0	3-1	3-3	2-0	2-1	1-0	0-0	0-0	0-0	1-0	3-1
Bradford Park Ave.	1-1	1-1		1-5	2-5	2-2	3-1	1-1	0-0	2-1	1-1	3-1	2-2	2-3	5-0	2-2	2-1	0-3	3-2	2-1	2-2	2-0	1-0	3-1
Brighton & Hove Alb.	2-0	0-1	3-1		1-0	1-1	1-0	3-0	2-2	1-2	0-1	2-1	0-2	0-5	1-3	0-3	3-1	2-2	2-4	1-1	0-0	1-1	1-4	1-3
Bristol City FC	5-2	1-0	4-2	1-2		4-1	2-2	1-2	1-1	1-1	2-2	3-1	2-2	3-1	1-1	1-1	2-0	2-4	4-2	3-1	6-3	2-2	3-3	0-2
Bristol Rovers FC	3-2	1-2	3-3	4-1	1-2		1-1	2-0	2-2	2-0	5-2	2-5	2-0	2-2	1-1	3-1	1-1	0-0	1-0	2-0	1-2	2-0	3-1	1-1
Carlisle United FC	2-1	0-3	3-0	1-0	2-5	4-0		3-1	0-1	2-2	1-0	2-1	4-3	1-2	4-2	1-4	1-1	2-5	1-1	2-1	1-2	0-0	2-1	2-1
Colchester United FC	1-1	3-1	1-4	4-1	1-0	1-0	2-1		0-0	1-2	1-1	2-3	2-5	2-2	2-2	2-0	0-1	2-1	4-2	3-2	3-1	0-2	3-2	1-1
Coventry City FC	2-0	1-2	3-1	1-1	4-2	5-0	3-2	2-2		1-0	5-4	2-2	2-0	1-1	2-0	3-3	0-1	4-1	2-1	0-0	3-4	2-0	3-1	3-0
Crystal Palace FC	1-2	1-0	6-0	2-2	3-2	2-1	3-0	0-1	0-0		0-0	1-1	3-0	1-2	1-1	0-2	2-1	1-0	2-1	2-2	2-3	0-0	0-1	5-0
Halifax Town AFC	2-0	3-1	4-4	2-1	2-5	2-3	2-4	1-2	2-4	2-2		0-2	3-0	1-3	2-1	2-0	0-4	1-4	1-2	2-2	0-1	4-3	1-3	2-0
Hull City AFC	0-2	1-1	1-0	2-1	4-0	3-0	3-1	2-2	2-0	0-0	2-0		4-1	2-0	1-1	3-2	0-1	4-1	0-1	2-2	1-2	1-1	1-0	1-3
Millwall FC	4-1	1-0	3-1	2-2	4-2	2-1	2-0	2-1	3-3	1-1	1-1	5-1		1-3	0-2	0-1	0-0	0-0	4-1	1-2	3-1	3-4	6-0	2-4
Northampton Town	4-2	2-2	3-1	3-0	5-1	2-0	2-0	3-1	0-0	3-1	7-1	3-0	1-1		2-2	2-3	0-0	1-0	5-0	1-0	5-3	1-1	1-0	8-0
Notts County FC	2-0	2-0	3-2	0-1	3-2	1-3	1-0	6-0	1-1	0-2	5-0	1-1	3-3	2-1		2-0	1-0	3-2	1-0	1-5	2-1	2-0	1-3	3-2
Peterborough United	4-2	3-0	2-0	3-1	3-1	1-0	2-2	6-2	0-3	0-0	1-1	1-3	6-0	0-4	0-0		3-1	1-2	1-1	2-3	1-3	3-1	4-0	1-3
Port Vale FC	1-0	0-3	2-1	1-2	3-1	2-0	2-0	4-2	2-1	4-1	2-0	1-0	1-1	3-1	1-1	3-2		3-2	2-0	0-0	5-1	2-1	1-3	2-2
Queen's Park Rangers	2-1	1-0	1-2	2-2	3-1	3-5	2-2	1-2	1-3	4-1	5-0	4-1	2-3	1-3	0-1	0-0	3-1		3-2	0-0	1-0	2-2	2-2	1-2
Reading FC	4-1	2-1	4-1	4-5	0-3	1-0	2-0	4-1	4-1	0-1	4-2	2-2	2-0	2-1	1-1	0-1	4-3	1-1		5-0	1-3	1-2	0-0	3-0
Shrewsbury Town FC	1-3	2-1	1-2	2-1	-3	7-2	1-1	1-2	2-1	3-1	4-2	1-4	3-3	1-0	2-2	5-4	2-1	0-3	2-1		6-0	1-2	3-0	4-2
Southend United FC	0-0	0-1	3-1	1-1	2-2	3-2	2-0	2-3	1-1	1-0	1-1	0-1	2-1	5-1	1-2	2-1	2-0	1-3	2-0	3-1		1-1	1-1	2-0
Swindon Town FC	2-1	2-1	2-1	5-1	3-2	3-0	2-0	6-1	4-1	1-0	1-1	2-0	1-0	2-3	3-1	2-3	2-3	5-0	1-1	1-0	4-1		3-1	3-0
Watford FC	0-0	0-1	3-2	2-0	1-4	0-1	5-1	1-1	6-1	1-4	2-1	4-2	0-2	4-2	4-0	2-3	1-2	2-5	4-0	4-3	3-1	3-3		3-1
Wrexham AFC	2-1	1-0	3-1	0-0	2-1	5-1	2-1	4-1	5-1	3-4	3-1	2-0	5-1	1-4	5-1	4-4	0-1	3-1	1-1	2-0	1-1	0-0	0-0	

	Division 3	Pd	Wn	Dw	Ls	GF	GA	Pts	
1.	Northampton Town FC (Northampton)	46	26	10	10	109	60	62	P
2.	Swindon Town FC (Swindon)	46	22	14	10	87	56	58	P
3.	Port Vale FC (Stoke-on-Trent)	46	23	8	15	72	58	54	
4.	Coventry City FC (Coventry)	46	18	17	11	83	69	53	
5.	Bournemouth & Boscombe Athletic FC (Bournemouth)	46	18	16	12	63	46	52	
6.	Peterborough United FC (Peterborough)	46	20	11	15	93	75	51	
7.	Notts County FC (Nottingham)	46	19	13	14	73	74	51	
8.	Southend United FC (Southend-on-Sea)	46	19	12	15	75	77	50	
9.	Wrexham AFC (Wrexham)	46	20	9	17	84	83	49	
10.	Hull City AFC (Kingston upon Hull)	46	19	10	17	74	69	48	
11.	Crystal Palace FC (London)	46	17	13	16	68	58	47	
12.	Colchester United FC (Colchester)	46	18	11	17	73	93	47	
13.	Queen's Park Rangers FC (London)	46	17	11	18	85	76	45	
14.	Bristol City FC (Bristol)	46	16	13	17	100	92	45	
15.	Shrewsbury Town FC (Shrewsbury)	46	16	12	18	83	81	44	
16.	Millwall FC (London)	46	15	13	18	82	87	43	
17.	Watford FC (Watford)	46	17	8	21	82	85	42	
18.	Barnsley FC (Barnsley)	46	15	11	20	63	74	41	
19.	Bristol Rovers FC (Bristol)	46	15	11	20	70	88	41	
20.	Reading FC (Reading)	46	16	8	22	74	78	40	
21.	Bradford Park Avenue FC (Bradford)	46	14	12	20	79	97	40	R
22.	Brighton & Hove Albion FC (Hove)	46	12	12	22	58	84	36	R
23.	Carlisle United FC (Carlisle)	46	13	9	24	61	89	35	R
24.	Halifax Town AFC (Halifax)	46	9	12	25	64	106	30	R
		1104	414	276	414	1855	1855	1104	

Football League Division 4 1962-63 Season	Aldershot Town	Barrow	Bradford City	Brentford	Chester	Chesterfield	Crewe Alexandra	Darlington	Doncaster Rovers	Exeter City	Gillingham	Hartlepools	Lincoln City	Mansfield Town	Newport County	Oldham Athletic	Oxford United	Rochdale	Southport	Stockport County	Torquay United	Tranmere Rovers	Workington	York City
Aldershot Town FC		2-1	3-1	0-0	2-2	1-0	2-2	2-3	3-1	1-1	0-1	3-2	1-2	2-3	2-1	1-1	0-0	2-0	4-2	2-2	1-1	2-3	2-2	4-1
Barrow AFC	1-1		1-1	1-1	4-3	2-0	2-3	4-1	4-0	0-2	1-1	2-0	2-1	3-2	3-0	3-2	3-2	1-1	6-2	1-0	0-0	1-1	5-1	2-1
Bradford City AFC	0-2	3-0		2-1	2-0	1-1	1-0	3-0	2-3	2-3	1-1	1-1	2-2	1-3	3-4	1-3	1-4	1-2	0-2	3-2	2-1	2-1	2-2	1-2
Brentford FC	4-2	2-1	5-2		2-1	2-1	3-1	1-3	1-0	3-1	1-2	4-0	3-2	1-3	3-1	2-1	4-0	1-0	3-3	2-1	2-2	4-0	4-3	2-1
Chester FC	0-2	1-0	2-0	1-2		0-2	1-2	1-2	1-1	3-1	1-0	1-0	3-2	0-2	2-2	1-0	2-1	1-0	6-1	0-1	3-1	0-0	1-1	0-0
Chesterfield FC	3-1	1-1	0-1	1-1	1-1		1-2	6-1	3-1	1-1	0-2	2-2	2-2	4-4	1-2	0-0	1-0	1-3	6-0	1-2	2-0	4-0	1-1	1-1
Crewe Alexandra FC	2-1	2-1	5-0	3-0	3-0	2-0		2-1	3-0	1-0	2-2	4-1	1-1	3-0	4-1	2-3	3-2	1-2	2-2	1-2	1-1	2-0	0-1	1-0
Darlington FC	1-1	2-1	2-1	1-3	2-1	2-1	1-4		5-1	0-1	2-0	0-2	0-0	2-1	4-2	1-1	2-1	3-0	1-3	5-1	1-3	2-3	3-1	2-1
Doncaster Rovers FC	2-1	2-2	1-1	0-2	1-2	0-0	1-1	2-0		1-1	1-0	2-3	3-0	1-1	2-2	1-1	4-2	2-2	0-0	1-2	2-0	2-1	2-0	3-2
Exeter City FC	4-2	0-2	0-2	2-2	2-1	2-2	1-1	1-3	0-1		0-0	3-1	1-1	0-3	1-0	2-1	1-1	0-2	2-1	0-1	0-3	2-1	1-0	2-1
Gillingham FC	1-0	2-3	2-1	1-4	2-1	2-1	4-0	1-0	1-0	4-0		5-1	3-0	0-1	3-1	4-3	2-1	2-1	3-1	1-0	4-2	0-0	2-2	0-0
Hartlepools United	1-2	1-1	2-2	2-1	0-3	1-1	1-5	0-2	1-1	0-2	1-1		3-0	3-4	2-3	0-1	1-2	4-0	4-0	3-0	0-3	0-2	2-2	1-1
Lincoln City FC	2-4	1-2	3-2	1-3	1-3	1-3	1-2	2-1	1-2	4-1	2-1	4-1		2-6	6-3	1-2	1-0	3-0	0-2	0-0	3-0	4-2	3-2	2-4
Mansfield Town FC	2-2	5-0	3-1	1-2	4-0	3-0	2-2	6-0	4-2	1-0	0-0	3-1	2-0		2-1	4-2	3-2	1-0	6-1	0-1	1-2	6-1	0-0	2-0
Newport County AFC	2-2	6-0	2-0	1-4	0-1	2-3	5-1	2-2	2-4	4-0	2-0	2-1	2-1	1-1		0-0	1-0	1-1	1-0	3-1	1-0	1-2	2-2	1-3
Oldham Athletic AFC	2-0	2-1	2-1	2-1	2-0	2-1	2-2	1-0	4-0	1-2	2-1	6-1	4-1	3-2	3-2		2-0	5-1	11-0	2-1	1-1	1-1	2-2	3-2
Oxford United FC	1-1	4-1	2-1	2-1	3-0	0-0	0-0	4-2	3-3	0-3	2-3	6-2	2-1	3-0	5-1	1-1		0-0	0-0	1-1	1-1	2-2	2-1	0-2
Rochdale AFC	1-1	6-0	2-1	3-5	0-0	3-2	2-0	1-1	3-1	3-0	1-1	2-1	1-0	3-1	3-3	1-1	2-1		1-0	1-0	3-0	2-0	3-2	1-0
Southport FC	1-1	3-3	3-3	1-0	4-1	0-2	1-3	4-2	2-1	1-3	0-0	1-1	0-0	3-2	2-1	2-1	4-2	1-1		2-0	4-4	0-0	6-3	2-1
Stockport County FC	3-0	1-3	3-1	2-1	1-0	0-1	1-1	0-1	2-1	4-3	0-0	4-1	1-2	1-1	1-1	2-1	1-1	1-0	0-2		1-2	2-2	2-3	1-1
Torquay United FC	3-1	2-1	4-1	1-1	1-0	2-1	1-2	1-1	2-2	3-0	0-0	2-0	0-0	3-3	3-1	2-0	2-2	2-1	5-1	2-2		1-0	2-0	1-0
Tranmere Rovers FC	1-3	2-0	1-1	1-2	3-0	4-1	2-1	3-1	2-3	2-1	2-1	6-1	3-0	5-1	0-0	1-2	3-0	3-2	7-1	3-1	1-1		0-1	2-1
Workington AFC	0-1	3-5	2-3	3-1	3-0	0-0	0-1	2-0	1-0	3-1	5-2	0-0	1-1	3-2	4-0	0-1	0-0	1-0	2-0	4-0	1-2	1-0		3-0
York City FC	0-0	1-1	3-0	1-1	0-0	3-4	2-0	5-1	1-0	3-3	0-3	2-0	3-1	2-1	2-0	5-2	1-2	1-0	1-1	3-1	1-0	1-2	1-2	

	Division 4	**Pd**	**Wn**	**Dw**	**Ls**	**GF**	**GA**	**Pts**	
1.	Brentford FC (London)	46	27	8	11	98	64	62	P
2.	Oldham Athletic AFC (Oldham)	46	24	11	11	95	60	59	P
3.	Crewe Alexandra FC (Crewe)	46	24	11	11	86	58	59	P
4.	Mansfield Town FC (Mansfield)	46	24	9	13	108	69	57	P
5.	Gillingham FC (Gillingham)	46	22	13	11	71	49	57	
6.	Torquay United FC (Torquay)	46	20	16	10	75	56	56	
7.	Rochdale AFC (Rochdale)	46	20	11	15	67	59	51	
8.	Tranmere Rovers FC (Tranmere)	46	20	10	16	81	67	50	
9.	Barrow AFC (Barrow-in-Furness)	46	19	12	15	82	80	50	
10.	Workington AFC (Workington)	46	17	13	16	76	68	47	
11.	Aldershot FC (Aldershot)	46	15	17	14	73	69	47	
12.	Darlington FC (Darlington)	46	19	6	21	72	87	44	
13.	Southport FC (Southport)	46	15	14	17	72	106	44	
14.	York City FC (York)	46	16	11	19	67	62	43	
15.	Chesterfield FC (Chesterfield)	46	13	16	17	70	64	42	
16.	Doncaster Rovers FC (Doncaster)	46	14	14	18	64	77	42	
17.	Exeter City FC (Exeter)	46	16	10	20	57	77	42	
18.	Oxford United FC (Oxford)	46	13	15	18	70	71	41	
19.	Stockport County FC (Stockport)	46	15	11	20	56	70	41	
20.	Newport County AFC (Newport)	46	14	11	21	76	90	39	
21.	Chester FC (Chester)	46	15	9	22	51	66	39	
22.	Lincoln City FC (Lincoln)	46	13	9	24	68	89	35	
23.	Bradford City AFC (Bradford)	46	11	10	25	64	93	32	
24.	Hartlepools United FC (Hartlepool)	46	7	11	28	56	104	25	
		1104	413	278	413	1755	1755	1104	

F.A. CUP FINAL (Wembley Stadium, London – 25/05/1963 – 100,000)

MANCHESTER UNITED FC (MANCHESTER)	3-1	Leicester City FC (Leicester)
Law, Herd 2		*Keyworth*

Man. United: Gaskell, Dunne, Cantwell, Crerand, Foulkes, Setters, Giles, Quixall, Herd, Law, R.Charlton.

Leicester: Banks, Sjoberg, Norman, McLintock, King, Appleton, Riley, Cross, Keyworth, Gibson, Stringfellow.

Semi-finals

Leicester City FC (Leicester)	1-0	Liverpool FC (Liverpool)
Southampton FC (Southampton)	0-1	Manchester United FC (Manchester)

Quarter-finals

Coventry City FC (Coventry)	1-3	Manchester United FC (Manchester)
Liverpool FC (Liverpool)	1-0	West Ham United FC (London)
Norwich City FC (Norwich)	0-2	Leicester City FC (Leicester)
Nottingham Forest FC (Nottingham)	1-1, 3-3, 0-5	Southampton FC (Southampton)

1963-64

Football League Division 1 1963-64 Season	Arsenal	Aston Villa	Birmingham City	Blackburn Rovers	Blackpool	Bolton Wanderers	Burnley	Chelsea	Everton	Fulham	Ipswich Town	Leicester City	Liverpool	Manchester United	Nottingham Forest	Sheffield United	Sheffield Wed.	Stoke City	Tottenham Hotspur	W.B.A.	West Ham United	Wolves
Arsenal FC		3-0	4-1	0-0	5-3	4-3	3-2	2-4	6-0	2-2	6-0	0-1	1-1	2-1	4-2	1-3	1-1	1-1	4-4	3-2	3-3	1-3
Aston Villa FC	2-1		0-3	1-2	3-1	3-0	2-0	2-0	0-1	2-2	0-0	1-3	2-2	4-0	3-0	0-1	2-2	1-3	2-4	1-0	2-2	2-2
Birmingham City FC	1-4	3-3		2-2	3-2	2-1	0-0	3-4	0-2	0-0	1-0	2-0	3-1	1-1	3-3	3-0	1-2	0-1	1-2	0-1	2-1	2-2
Blackburn Rovers FC	4-1	2-0	3-0		1-2	3-0	1-2	2-2	1-2	2-0	3-1	5-2	1-2	1-3	2-0	2-2	1-1	1-0	7-2	0-2	1-3	1-1
Blackpool FC	0-1	0-4	3-0	3-2		2-0	1-1	1-5	1-1	1-0	2-2	3-3	0-1	1-0	1-0	2-2	2-2	1-0	0-2	1-0	0-1	1-2
Bolton Wanderers FC	1-1	1-1	0-2	0-5	1-1		2-1	1-0	1-3	2-1	6-0	0-0	1-2	0-1	2-3	3-0	3-0	3-4	1-3	1-2	1-1	0-4
Burnley FC	0-3	2-0	2-1	3-0	1-0	1-1		0-0	2-3	4-1	3-1	2-0	0-3	6-1	1-1	1-2	3-1	1-0	7-2	3-2	3-1	1-0
Chelsea FC	3-1	1-0	2-3	1-0	1-0	4-0	2-0		1-0	1-2	4-0	1-0	1-3	1-1	1-0	3-2	1-2	3-3	0-3	3-1	0-0	2-3
Everton FC	2-1	4-2	3-0	2-4	3-1	2-0	3-4	1-1		3-0	1-1	0-3	3-1	4-0	6-1	4-1	3-2	2-0	1-0	1-1	2-0	3-3
Fulham FC	1-4	2-0	2-1	1-1	1-1	3-1	2-1	0-1	2-2		10-1	2-1	1-0	2-2	0-0	3-1	2-0	3-3	1-1	1-1	2-0	4-1
Ipswich Town FC	1-2	4-3	3-2	0-0	4-3	1-3	3-1	1-3	0-0	4-2		1-1	1-2	2-7	4-3	1-0	1-4	0-2	2-3	1-2	3-2	1-0
Leicester City FC	7-2	0-0	3-0	4-3	2-3	1-0	0-0	2-4	2-0	0-1	2-1		0-2	3-2	1-1	0-1	2-0	2-1	0-1	0-2	2-2	0-1
Liverpool FC	5-0	5-2	2-1	1-2	1-2	2-0	2-0	2-1	2-1	2-0	6-0	0-1		3-0	1-2	6-1	3-1	6-1	3-1	1-0	1-2	6-0
Manchester United FC	3-1	1-0	1-2	2-2	3-0	5-0	5-1	1-1	5-1	3-0	2-0	3-1	0-1		3-1	2-1	3-1	5-2	4-1	1-0	0-1	2-2
Nottingham Forest FC	2-0	0-1	4-0	1-1	0-1	3-1	1-3	0-1	2-2	2-0	3-1	2-0	0-0	1-2		3-3	3-2	0-0	1-2	0-3	3-1	3-0
Sheffield United FC	2-2	1-1	3-0	0-1	1-0	0-1	2-0	1-1	0-0	1-0	3-1	0-1	3-0	1-2	1-2		1-1	4-1	3-3	2-1	2-1	4-3
Sheffield Wednesday FC	0-4	1-0	2-1	5-2	1-0	3-0	3-1	3-2	0-3	3-0	3-1	1-2	2-2	3-3	3-1	3-0		2-0	2-0	2-2	3-0	5-0
Stoke City FC	1-2	2-2	4-1	3-1	1-2	0-1	4-4	2-0	3-2	1-1	9-1	3-3	3-1	3-1	0-1	0-2	4-4		2-1	1-1	3-0	0-2
Tottenham Hotspur FC	3-1	3-1	6-1	4-1	6-1	1-0	3-2	1-2	2-4	1-0	6-3	1-1	1-3	2-3	4-1	0-0	1-1	2-1		0-2	3-0	4-3
West Bromwich Albion FC	4-0	4-3	3-1	1-3	2-1	1-1	0-0	1-1	4-2	3-0	2-1	1-1	2-2	1-4	2-3	2-0	1-3	2-3	4-4		0-1	3-1
West Ham United FC	1-1	0-1	5-0	2-8	3-1	2-3	1-1	2-2	4-2	1-1	2-2	2-2	1-0	0-2	0-2	2-3	4-3	4-1	4-0	4-2		1-1
Wolverhampton Wanderers FC	2-2	3-3	5-1	1-5	1-1	2-2	1-1	4-1	0-0	4-0	2-1	1-2	1-3	2-0	2-3	1-1	1-1	2-1	1-4	0-0	0-2	

	Division 1	Pd	Wn	Dw	Ls	GF	GA	Pts	
1.	LIVERPOOL FC (LIVERPOOL)	42	26	5	11	92	45	57	
2.	Manchester United FC (Manchester)	42	23	7	12	90	62	53	
3.	Everton FC (Liverpool)	42	21	10	11	84	64	52	
4.	Tottenham Hotspur FC (London)	42	22	7	13	97	81	51	
5.	Chelsea FC (London)	42	20	10	12	72	56	50	
6.	Sheffield Wednesday FC (Sheffield)	42	19	11	12	84	67	49	
7.	Blackburn Rovers FC (Blackburn)	42	18	10	14	89	65	46	
8.	Arsenal FC (London)	42	17	11	14	90	82	45	
9.	Burnley FC (Burnley)	42	17	10	15	71	64	44	
10.	West Bromwich Albion FC (West Bromwich)	42	16	11	15	70	61	43	
11.	Leicester City FC (Leicester)	42	16	11	15	61	58	43	
12.	Sheffield United FC (Sheffield)	42	16	11	15	61	64	43	
13.	Nottingham Forest FC (Nottingham)	42	16	9	17	64	68	41	
14.	West Ham United FC (London)	42	14	12	16	69	74	40	
15.	Fulham FC (London)	42	13	13	16	58	65	39	
16.	Wolverhampton Wanderers FC (Wolverhampton)	42	12	15	15	70	80	39	
17.	Stoke City FC (Stoke-on-Trent)	42	14	10	18	77	78	38	
18.	Blackpool FC (Blackpool)	42	13	9	20	52	73	35	
19.	Aston Villa FC (Birmingham)	42	11	12	19	62	71	34	
20.	Birmingham City FC (Birmingham)	42	11	7	24	54	92	29	
21.	Bolton Wanderers FC (Bolton)	42	10	8	24	48	80	28	R
22.	Ipswich Town FC (Ipswich)	42	9	7	26	56	121	25	R
		924	354	216	354	1571	1571	924	

Top Goalscorer

1) James GREAVES (Tottenham Hotspur) 35

Football League Division 2 1963-64 Season	Bury	Cardiff City	Charlton Athletic	Derby County	Grimsby Town	Huddersfield Town	Leeds United	Leyton Orient	Manchester City	Middlesbrough	Newcastle United	Northampton Town	Norwich City	Plymouth Argyle	Portsmouth	Preston North End	Rotherham United	Scunthorpe United	Southampton	Sunderland	Swansea Town	Swindon Town
Bury FC		4-1	0-2	1-2	1-1	0-2	1-2	1-2	1-1	1-1	1-2	1-1	4-2	2-2	3-2	2-1	4-2	3-2	1-5	0-1	3-2	1-0
Cardiff City AFC	2-1		1-1	2-1	0-0	2-1	0-0	2-1	2-2	1-1	2-2	1-0	3-1	3-1	1-2	0-4	2-1	3-1	2-4	0-2	1-1	1-0
Charlton Athletic FC	3-0	5-2		2-0	2-1	5-2	0-2	1-2	4-3	2-4	1-2	1-1	3-1	1-0	0-1	3-0	4-3	0-1	2-2	0-0	3-1	2-2
Derby County FC	2-1	2-1	1-1		0-0	2-0	1-1	1-0	1-3	2-2	1-2	0-0	2-1	3-1	3-1	1-2	1-4	2-2	3-2	0-3	3-0	3-0
Grimsby Town FC	1-0	0-2	0-2	1-3		2-2	0-2	1-1	1-1	3-1	2-1	4-1	3-1	1-1	0-3	0-3	1-3	2-0	2-2	2-2	1-1	1-2
Huddersfield Town AFC	2-1	2-1	2-1	0-0	1-2		0-2	2-1	0-2	1-0	3-0	0-1	1-1	4-3	1-1	2-2	0-3	3-2	4-0	0-2	1-0	2-0
Leeds United AFC	3-0	1-1	1-1	2-2	3-1	1-1		2-1	1-0	2-0	2-1	0-0	4-2	1-1	3-1	1-1	1-0	1-0	3-1	1-1	2-1	0-0
Leyton Orient FC	1-1	4-0	0-3	3-0	0-0	2-3	0-2		0-2	3-2	1-0	0-0	1-1	1-0	3-6	2-2	0-2	2-2	1-0	2-5	4-0	2-1
Manchester City FC	1-1	4-0	1-3	3-2	0-4	5-2	3-2	2-0		1-0	3-1	3-0	5-0	1-1	0-2	2-3	6-1	8-1	1-1	0-3	1-0	0-0
Middlesbrough FC	2-0	3-1	2-3	3-0	6-0	1-1	1-3	2-0	2-2		3-0	1-0	0-1	5-0	3-1	3-0	2-2	2-0	1-0	2-0	2-1	1-1
Newcastle United FC	0-4	0-4	5-0	3-1	4-0	2-0	0-1	3-0	3-1	2-0		2-3	2-0	1-1	1-0	2-4	5-2	3-1	2-2	1-0	4-1	4-1
Northampton Town FC	1-2	2-1	1-2	0-1	1-2	1-0	0-3	1-2	2-1	3-2	2-2		3-2	0-0	2-1	0-3	1-3	2-0	2-0	5-1	2-3	4-0
Norwich City FC	0-1	5-1	1-3	3-0	2-0	2-2	2-2	1-2	1-2	1-1	3-1	3-3		1-1	3-1	2-1	2-2	2-1	1-1	2-3	3-0	3-2
Plymouth Argyle FC	1-0	1-1	1-1	0-0	3-2	0-0	0-1	2-2	2-1	2-0	3-4	0-3	1-2		0-4	0-2	0-0	3-1	1-1	1-1	3-2	2-4
Portsmouth FC	3-3	5-0	4-1	1-1	2-2	2-1	1-1	4-3	2-2	1-0	5-2	3-0	1-1	1-2		1-2	2-1	3-4	2-0	2-4	0-0	1-4
Preston North End FC	3-0	4-0	3-1	0-2	1-0	2-1	2-0	0-0	2-0	2-2	3-0	2-1	3-0	0-0	0-0		2-2	1-0	2-1	1-1	3-3	1-0
Rotherham United FC	6-2	1-0	5-0	2-0	1-0	3-1	2-2	2-4	1-2	2-1	2-3	1-0	4-0	3-1	4-2	4-2		2-1	2-3	2-2	3-0	0-0
Scunthorpe United FC	0-0	1-2	1-1	3-2	2-2	1-0	0-1	0-0	2-4	1-0	2-0	1-2	2-2	1-0	1-1	1-0	4-3		1-2	1-1	2-2	3-0
Southampton FC	0-1	3-2	6-1	6-4	6-0	1-1	1-4	3-0	4-2	2-2	2-0	3-1	3-0	1-2	2-3	4-5	6-1	7-2		0-0	4-0	5-1
Sunderland AFC	4-1	3-3	2-1	3-0	3-0	3-2	2-0	4-1	2-0	0-0	2-1	0-2	0-0	1-0	3-0	4-0	2-0	1-0	1-2		1-0	6-0
Swansea Town AFC	0-2	3-0	1-2	2-1	1-1	1-2	0-3	1-0	3-3	2-1	0-1	1-1	3-1	2-1	1-1	5-1	4-2	4-1	6-0	1-2		3-0
Swindon Town FC	2-1	1-2	2-2	0-0	2-1	1-2	2-2	5-0	3-0	2-0	0-0	2-3	2-2	2-1	2-0	1-4	3-1	3-0	1-2	1-0	2-1	

	Division 2	Pd	Wn	Dw	Ls	GF	GA	Pts	
1.	Leeds United AFC (Leeds)	42	24	15	3	71	34	63	P
2.	Sunderland AFC (Sunderland)	42	25	11	6	81	37	61	P
3.	Preston North End FC (Preston)	42	23	10	9	79	54	56	
4.	Charlton Athletic FC (London)	42	19	10	13	76	70	48	
5.	Southampton FC (Southampton)	42	19	9	14	100	73	47	
6.	Manchester City FC (Manchester)	42	18	10	14	84	66	46	
7.	Rotherham United FC (Rotherham)	42	19	7	16	90	78	45	
8.	Newcastle United FC (Newcastle upon Tyne)	42	20	5	17	74	69	45	
9.	Portsmouth FC (Portsmouth)	42	16	11	15	79	70	43	
10.	Middlesbrough FC (Middlesbrough)	42	15	11	16	67	52	41	
11.	Northampton Town FC (Northampton)	42	16	9	17	58	60	41	
12.	Huddersfield Town AFC (Huddersfield)	42	15	10	17	57	64	40	
13.	Derby County FC (Derby)	42	14	11	17	56	67	39	
14.	Swindon Town FC (Swindon)	42	14	10	18	57	69	38	
15.	Cardiff City AFC (Cardiff)	42	14	10	18	56	81	38	
16.	Leyton Orient FC (London)	42	13	10	19	54	72	36	
17.	Norwich City FC (Norwich)	42	11	13	18	64	80	35	
18.	Bury FC (Bury)	42	13	9	20	57	73	35	
19.	Swansea Town AFC (Swansea)	42	12	9	21	63	74	33	
20.	Plymouth Argyle FC (Plymouth)	42	8	16	18	45	67	32	
21.	Grimsby Town FC (Cleethorpes)	42	9	14	19	47	75	32	R
22.	Scunthorpe United FC (Scunthorpe)	42	10	10	22	52	82	30	R
		924	347	230	347	1467	1467	924	

Football League Division 3 1963-64 Season	Barnsley	Bournemouth	Brentford	Bristol City	Bristol Rovers	Colchester United	Coventry City	Crewe Alexandra	Crystal Palace	Hull City	Luton Town	Mansfield Town	Millwall	Notts County	Oldham Athletic	Peterborough Utd.	Port Vale	Q.P.R.	Reading	Shrewsbury Town	Southend United	Walsall	Watford	Wrexham
Barnsley FC		2-1	1-1	2-4	1-2	1-1	1-1	1-0	2-0	2-2	3-1	1-1	1-1	2-1	2-2	3-2	0-0	3-1	0-3	2-1	0-1	1-3	0-0	3-0
Bournemouth & Bos.	4-1		2-0	0-1	1-0	2-2	2-1	3-0	4-3	1-0	3-1	0-0	4-0	1-1	1-0	3-0	3-0	4-2	1-2	2-0	1-0	1-1	2-0	2-0
Brentford FC	1-1	2-0		1-2	2-5	3-1	2-3	2-2	2-1	1-3	2-6	4-0	3-1	4-1	2-0	2-0	1-2	2-2	4-2	0-1	3-0	1-1	1-2	9-0
Bristol City FC	5-2	3-1	3-3		3-0	3-1	0-1	1-1	1-1	1-0	5-1	2-3	0-0	2-0	3-1	3-1	0-0	2-1	0-2	2-2	2-2	5-1	2-0	4-0
Bristol Rovers FC	1-1	2-3	3-1	4-0		3-1	0-1	1-2	1-3	4-0	1-2	3-2	2-2	4-0	0-1	2-2	4-4	0-0	2-5	7-0	3-1	3-0	1-2	1-1
Colchester United FC	4-1	1-2	1-2	1-1	2-3		2-1	4-0	1-1	1-1	1-1	1-1	2-0	4-0	2-3	4-1	1-2	2-0	2-1	1-0	3-3	0-0	1-1	4-1
Coventry City FC	3-1	2-2	2-2	2-1	4-2	1-0		5-1	5-1	2-2	3-3	0-3	3-0	2-0	4-1	3-2	1-1	4-2	0-0	8-1	2-5	1-0	2-2	3-0
Crewe Alexandra FC	1-2	1-0	1-1	2-0	4-1	1-1	2-2		0-2	1-4	1-0	3-2	1-0	0-1	1-0	0-0	1-0	2-0	2-2	3-2	1-2	0-1	0-1	1-2
Crystal Palace FC	1-2	2-1	1-0	1-0	1-0	0-0	1-1	1-0		2-2	1-1	3-1	2-1	2-0	1-3	1-0	2-0	1-0	4-1	3-0	3-0	1-0	2-0	2-1
Hull City AFC	2-2	3-4	0-0	4-4	0-2	0-0	2-1	2-1	1-1		2-0	3-1	0-0	4-1	0-1	0-0	4-1	3-0	1-1	4-2	1-0	3-1	2-2	4-2
Luton Town FC	2-3	1-0	0-2	1-4	4-2	3-1	1-3	3-3	0-4	2-1		0-2	1-3	2-0	1-2	2-3	1-0	4-4	2-1	2-0	4-1	1-0	2-1	3-1
Mansfield Town FC	2-1	1-1	2-2	4-0	2-0	1-1	3-2	2-1	1-1	2-0	1-1		4-1	4-0	1-1	4-1	1-1	1-0	2-1	3-1	4-1	2-1	1-1	3-1
Millwall FC	4-2	3-0	1-3	0-1	0-1	0-1	0-0	1-0	0-1	0-1	3-0	0-1		6-1	2-1	0-2	3-1	2-2	2-0	2-2	1-1	2-1	0-3	1-4
Notts County FC	1-1	1-3	2-0	1-1	3-4	3-1	0-3	0-0	1-1	0-1	1-1	1-0	2-0		4-2	0-0	2-0	2-2	0-1	0-1	1-1	0-1	1-2	3-0
Oldham Athletic AFC	2-0	2-4	4-1	1-2	2-2	2-2	2-0	3-2	3-1	1-1	0-1	1-0	1-2	2-0		4-2	1-0	2-1	3-1	2-4	0-3	2-4	1-0	3-2
Peterborough United	3-2	2-1	3-0	4-2	2-2	4-0	2-0	3-2	1-1	5-1	0-0	1-3	2-3	5-1	0-0		1-1	2-1	1-0	2-2	3-0	1-2	0-1	5-2
Port Vale FC	1-0	0-0	3-0	4-1	1-0	0-2	1-1	4-0	1-2	1-0	1-0	1-0	1-0	0-1	1-0	1-2		2-0	0-0	1-1	4-1	2-2	0-0	5-0
Queen's Park Rangers	2-2	1-0	2-2	0-2	1-0	0-0	3-6	2-0	3-4	0-2	1-1	2-0	2-0	3-2	3-2	3-0	3-0		4-2	3-4	4-5	3-0	1-0	1-0
Reading FC	6-1	2-0	4-3	1-1	3-1	5-3	2-2	2-2	0-0	2-0	1-1	4-3	1-0	3-2	0-1	1-0	1-0	1-2		2-0	4-2	0-1	2-0	2-1
Shrewsbury Town FC	3-1	5-2	1-1	2-0	0-1	1-1	0-0	3-0	1-1	5-1	1-0	2-0	0-1	5-2	2-0	0-0	1-0	1-2	2-1		2-2	2-1	3-0	1-2
Southend United FC	4-1	1-1	2-1	1-1	3-4	0-0	1-2	1-1	2-1	1-1	0-1	2-1	1-1	3-1	2-2	2-0	1-1	1-3	2-0	7-1		1-1	3-0	1-1
Walsall FC	4-4	0-2	2-2	1-1	2-3	1-1	0-3	2-1	2-2	1-1	4-0	3-1	0-2	2-1	1-1	2-0	2-1	0-2	1-1	1-1	2-0		1-3	0-2
Watford FC	2-1	3-0	2-2	2-2	3-2	3-1	1-1	4-1	3-1	3-3	2-0	3-0	2-2	2-0	2-1	1-2	1-1	3-1	1-0	2-1	3-1	5-3		4-2
Wrexham AFC	7-2	3-4	2-4	1-1	1-2	5-4	1-1	1-1	2-2	3-1	2-0	2-0	3-0	4-0	0-4	2-3	1-2	0-1	0-3	2-3	1-3	4-0	3-1	

	Division 3	Pd	Wn	Dw	Ls	GF	GA	Pts	
1.	Coventry City FC (Coventry)	46	22	16	9	98	61	60	P
2.	Crystal Palace FC (London)	46	23	14	9	73	51	60	P
3.	Watford FC (Watford)	46	23	12	11	79	59	58	
4.	Bournemouth & Boscombe Athletic FC (Bournemouth)	46	24	8	14	79	58	56	
5.	Bristol City FC (Bristol)	46	20	15	11	84	64	55	
6.	Reading FC (Reading)	46	21	10	15	79	62	52	
7.	Mansfield Town FC (Mansfield)	46	20	11	15	76	62	51	
8.	Hull City AFC (Kingston upon Hull)	46	16	17	13	73	68	49	
9.	Oldham Athletic AFC (Oldham)	46	20	8	18	73	70	48	
10.	Peterborough United FC (Peterborough)	46	18	11	17	75	70	47	
11.	Shrewsbury Town FC (Shrewsbury)	46	18	11	17	73	80	47	
12.	Bristol Rovers FC (Bristol)	46	19	8	19	91	79	46	
13.	Port Vale FC (Stoke-on-Trent)	46	16	14	16	53	49	46	
14.	Southend United FC (Southend-on-Sea)	46	15	15	16	77	78	45	
15.	Queen's Park Rangers FC (London)	46	18	9	19	76	78	45	
16.	Brentford FC (London)	46	15	14	17	87	80	44	
17.	Colchester United FC (Colchester)	46	12	19	15	70	68	43	
18.	Luton Town FC (Luton)	46	16	10	20	64	80	42	
19.	Walsall FC (Walsall)	46	13	14	19	59	76	40	
20.	Barnsley FC (Barnsley)	46	12	15	19	68	94	39	
21.	Millwall FC (London)	46	14	10	22	53	67	38	R
22.	Crewe Alexandra FC (Crewe)	46	11	12	23	50	77	34	R
23.	Wrexham AFC (Wrexham)	46	13	6	27	75	107	32	R
24.	Notts County FC (Nottingham)	46	9	9	28	45	92	27	R
		1104	408	288	408	1730	1730	1104	

Football League Division 4 1963-64 Season	Aldershot Town	Barrow	Bradford City	Bradford P.A.	Brighton & H.A.	Carlisle United	Chester	Chesterfield	Darlington	Doncaster Rovers	Exeter City	Gillingham	Halifax Town	Hartlepools	Lincoln City	Newport County	Oxford United	Rochdale	Southport	Stockport County	Torquay United	Tranmere Rovers	Workington	York City
Aldershot Town FC		8-2	2-3	0-3	1-0	3-2	2-1	0-2	1-2	4-2	0-1	1-1	0-0	4-1	2-0	2-0	2-0	1-1	3-1	7-0	1-0	5-4	4-0	5-2
Barrow AFC	0-2		2-3	2-2	1-1	2-2	2-2	5-2	3-1	0-2	1-1	0-3	0-0	1-2	2-0	1-1	1-1	1-2	1-3	1-2	1-0	1-1	1-1	1-2
Bradford City AFC	3-0	7-1		1-0	3-1	2-2	1-1	4-2	1-2	2-1	1-2	0-2	0-0	2-0	4-0	2-1	2-1	2-0	2-0	1-0	2-1	0-3	0-2	3-2
Bradford Park Ave.	2-1	1-0	1-3		2-1	1-1	4-0	0-1	4-1	3-1	3-2	1-0	4-4	3-1	0-1	2-5	5-2	2-2	3-0	2-2	1-1	4-2	1-0	1-3
Brighton & Hove Alb.	3-1	2-0	1-2	0-1		1-3	0-0	1-1	2-0	4-0	1-2	2-1	3-0	4-1	5-1	1-2	2-1	3-1	1-0	1-2	3-0	1-1	1-2	3-0
Carlisle United FC	4-0	4-1	1-2	4-0	0-1		3-1	1-0	3-3	6-0	3-0	3-1	3-0	7-1	5-0	3-3	2-1	1-0	5-2	0-0	0-1	5-2	3-1	4-0
Chester FC	2-0	2-0	3-0	1-0	0-0	4-2		4-2	0-1	1-1	2-0	1-0	5-2	2-1	3-1	3-0	0-2	2-0	5-0	2-1	2-1	0-2	2-1	1-1
Chesterfield FC	4-0	1-1	3-2	1-2	1-0	2-0	1-0		2-1	3-3	0-1	0-3	2-2	0-2	1-3	0-1	0-0	1-1	1-0	1-1	1-1	1-1	2-2	1-0
Darlington FC	0-1	3-3	1-2	2-2	1-2	1-6	1-0	3-2		2-0	1-1	1-1	0-0	0-0	1-1	3-1	3-0	3-2	2-2	2-3	2-0	3-5	1-1	4-2
Doncaster Rovers FC	1-1	3-1	2-1	3-2	1-1	1-1	3-2	1-1	10-0		1-0	1-2	3-1	2-2	0-0	1-1	0-1	2-0	3-0	4-1	1-0	1-2	2-3	0-0
Exeter City FC	0-0	0-0	4-1	2-3	0-0	1-0	3-0	6-1	1-1	3-1		0-0	0-0	2-1	0-0	3-1	3-2	0-1	1-1	2-0	0-0	5-0	2-1	1-0
Gillingham FC	2-0	3-1	0-0	2-0	1-0	2-0	2-1	1-0	2-1	1-1	0-0		2-1	2-0	1-0	1-1	2-0	0-0	5-1	0-0	2-0	2-2	3-1	1-0
Halifax Town AFC	3-3	1-0	0-1	2-1	2-2	1-2	1-0	3-2	2-2	0-2	2-0	0-0		4-1	0-2	2-0	3-1	3-2	4-1	4-2	5-1	2-0	1-3	2-0
Hartlepools United	1-4	0-0	1-0	4-2	2-2	0-6	2-0	1-0	0-2	2-1	1-1	0-0	1-1		1-2	1-1	2-1	1-1	2-3	3-0	1-4	3-2	1-2	0-1
Lincoln City FC	3-3	3-0	1-2	3-0	0-2	0-2	3-2	5-2	3-1	3-1	1-1	0-3	4-0	4-2		2-1	3-2	2-0	2-0	1-0	3-2	0-1	0-2	3-2
Newport County AFC	2-1	3-0	3-1	4-0	2-0	1-4	0-1	0-1	1-2	1-0	0-1	0-1	4-2	2-1	4-2		1-0	1-1	3-0	3-1	0-3	0-2	0-0	0-0
Oxford United FC	1-1	0-0	1-1	2-1	1-3	1-2	2-1	1-2	5-0	0-1	0-2	3-1	2-2	5-1	2-0	2-1		1-1	0-0	1-0	1-0	0-2	2-1	4-4
Rochdale AFC	2-2	1-3	1-2	0-0	1-1	1-1	1-0	0-1	2-1	2-2	1-3	2-1	4-1	2-0	2-2	0-1	0-0		4-0	1-0	1-2	1-1	5-0	2-0
Southport FC	4-1	3-3	3-3	0-1	3-3	3-0	0-2	0-1	3-1	3-0	1-1	1-1	3-1	2-1	1-0	4-2	1-1	2-1		2-0	1-0	2-0	0-3	0-3
Stockport County FC	2-2	5-0	2-1	2-1	1-1	0-3	1-0	2-1	2-0	1-3	0-0	2-0	1-2	1-0	4-0	1-0	0-0	1-0	1-4		0-0	1-1	0-0	2-0
Torquay United FC	3-0	1-1	4-0	6-2	3-0	3-1	5-0	1-1	3-1	1-0	1-1	1-0	3-2	4-2	2-2	8-3	0-0	1-0	3-1	4-0		1-1	2-1	0-1
Tranmere Rovers FC	3-0	1-1	0-1	3-1	1-2	6-1	3-3	2-1	0-2	3-0	2-1	0-0	2-2	2-3	3-0	2-3	1-3	2-1	2-0	4-2	3-1		0-2	1-0
Workington AFC	4-0	4-1	1-0	1-1	1-0	2-2	1-1	1-2	3-0	4-1	0-0	1-0	2-4	2-0	1-1	2-0	3-1	3-0	2-1	1-1	2-1	4-2		1-0
York City FC	1-2	1-2	1-0	2-0	2-3	0-0	1-0	2-0	3-1	3-1	1-2	0-1	1-3	0-1	0-0	3-0	0-2	0-3	4-1	2-0	1-1	1-2	0-1	

	Division 4	Pd	Wn	Dw	Ls	GF	GA	Pts	
1.	Gillingham FC (Gillingham)	46	23	14	9	59	30	60	P
2.	Carlisle United FC (Carlisle)	46	25	10	11	113	58	60	P
3.	Workington AFC (Workington)	46	24	11	11	76	52	59	P
4.	Exeter City FC (Exeter)	46	20	18	8	62	37	58	P
5.	Bradford City AFC (Bradford)	46	25	6	15	76	62	56	
6.	Torquay United FC (Torquay)	46	20	11	15	80	54	51	
7.	Tranmere Rovers FC (Birkenhead)	46	20	11	15	85	73	51	
8.	Brighton & Hove Albion FC (Hove)	46	19	12	15	71	52	50	
9.	Aldershot FC (Aldershot)	46	19	10	17	83	78	48	
10.	Halifax Town AFC (Halifax)	46	17	14	15	77	77	48	
11.	Lincoln City FC (Lincoln)	46	19	9	18	67	75	47	
12.	Chester FC (Chester)	46	19	8	19	65	60	46	
13.	Bradford Park Avenue FC (Bradford)	46	18	9	19	75	81	45	
14.	Doncaster Rovers FC (Doncaster)	46	15	12	19	70	75	42	
15.	Newport County AFC (Newport)	46	17	8	21	64	73	42	
16.	Chesterfield FC (Chesterfield)	46	15	12	19	57	71	42	
17.	Stockport County FC (Stockport)	46	15	12	19	50	68	42	
18.	Oxford United FC (Oxford)	46	14	13	19	59	63	41	
19.	Darlington FC (Darlington)	46	14	12	20	66	93	40	
20.	Rochdale AFC (Rochdale)	46	12	15	19	56	59	39	
21.	Southport FC (Southport)	46	15	9	22	63	88	39	
22.	York City FC (York)	46	14	7	25	52	66	35	
23.	Hartlepools United FC (Hartlepool)	46	12	9	25	54	93	33	
24.	Barrow AFC (Barrow-in-Furness)	46	6	18	22	51	93	30	
		1104	417	270	417	1631	1631	1104	

F.A. CUP FINAL (Wembley Stadium, London – 25/05/1964 – 100,000)

WEST HAM UNITED FC LONDON)	3-2	Preston North End FC (Preston)
Sissons, Hurst, Boyce		*Holden, Dawson*

West Ham: Standen, Bond, Burkett, Bovington, Brown, Moore, Brabrook, Boyce, Byrne, Hurst, Sissons.

Preston: Kelly, Ross, Lawton, Smith, Singleton, Kendall, Wilson, Ashworth, Dawson, Spavin, Holden.

Semi-finals

Swansea Town AFC (Swansea)	1-2	Preston North End FC (Preston)
West Ham United FC (London)	3-1	Manchester United FC (Manchester)

Quarter-finals

Liverpool FC (Liverpool)	1-2	Swansea Town AFC (Swansea)
Manchester United FC (Manchester)	3-3, 2-2, 5-1	Sunderland AFC (Sunderland)
Oxford United FC (Oxford)	1-2	Preston North End FC (Preston)
West Ham United FC (London)	3-2	Burnley FC (Burnley)

Football League Division 1 1964-65 Season	Arsenal	Aston Villa	Birmingham C.	Blackburn R.	Blackpool	Burnley	Chelsea	Everton	Fulham	Leeds United	Leicester City	Liverpool	Manchester U.	Nottingham F.	Sheffield Utd.	Sheffield Wed.	Stoke City	Sunderland	Tottenham H.	W.B.A.	West Ham U.	Wolves
Arsenal FC		3-1	3-0	1-1	3-1	3-2	1-3	3-1	2-0	1-2	4-3	0-0	2-3	0-3	1-1	1-1	3-2	3-1	3-1	1-1	0-3	4-1
Aston Villa FC	3-1		3-0	0-4	3-2	1-0	2-2	1-2	2-0	1-2	1-0	0-1	2-1	2-1	2-1	2-0	3-0	2-1	1-0	0-1	2-3	3-2
Birmingham City FC	2-3	0-1		5-5	3-0	2-1	1-6	3-5	2-2	3-3	2-0	0-0	2-4	1-1	1-1	0-0	1-2	4-3	1-0	1-1	2-1	0-1
Blackburn Rovers FC	1-2	5-1	3-1		4-1	1-4	0-3	0-2	2-0	0-2	3-1	3-2	0-5	1-1	4-0	0-1	1-1	3-2	3-1	4-2	4-0	4-1
Blackpool FC	1-1	3-1	3-1	4-2		2-4	3-2	1-1	3-0	4-0	1-1	2-3	1-2	0-2	2-2	1-0	1-1	3-1	1-1	3-0	1-2	1-1
Burnley FC	2-1	2-2	2-0	1-1	2-2		6-2	1-1	4-0	0-1	2-1	1-5	0-0	2-2	3-1	4-1	1-0	0-0	2-2	0-1	3-2	1-1
Chelsea FC	2-1	2-1	3-1	5-1	2-0	0-1		5-1	1-0	2-0	4-1	4-0	0-2	0-1	3-0	1-1	4-0	3-1	3-1	2-2	0-3	2-1
Everton FC	1-0	3-1	1-1	2-3	0-0	2-1	1-1		2-0	0-1	2-2	2-1	3-3	1-0	1-1	1-1	1-1	1-1	4-1	3-2	1-1	5-0
Fulham FC	3-4	1-1	3-1	3-2	3-3	0-1	1-2	1-1		2-2	5-2	1-1	2-1	4-1	1-2	2-0	1-4	1-0	4-1	3-1	1-2	2-0
Leeds United AFC	3-1	1-0	4-1	1-1	3-0	5-1	2-2	4-1	2-2		3-2	4-2	0-1	1-2	4-1	2-0	3-1	2-1	3-1	1-0	2-1	3-2
Leicester City FC	2-3	1-1	4-4	2-3	3-2	0-2	1-1	2-1	5-1	2-2		2-0	2-2	3-2	0-2	2-2	0-1	0-1	4-2	4-2	1-0	3-2
Liverpool FC	3-2	5-1	4-3	3-2	2-2	1-1	2-0	0-4	3-2	2-1	0-1		0-2	2-0	3-1	4-2	3-2	0-0	1-1	0-3	2-2	2-1
Manchester United FC	3-1	7-0	1-1	3-0	2-0	3-2	4-0	2-1	4-1	0-1	1-0	3-0		3-0	1-1	1-0	1-1	1-0	4-1	2-2	3-1	3-0
Nottingham Forest FC	3-0	4-2	4-3	2-5	2-0	3-1	2-2	3-1	2-3	0-0	2-1	2-2	2-2		0-0	2-2	3-1	5-2	1-2	0-0	3-2	0-2
Sheffield United FC	4-0	4-2	3-1	1-1	1-3	2-0	0-2	0-0	1-1	0-3	0-2	3-0	0-1	0-2		2-3	0-1	3-0	3-3	1-1	2-1	0-2
Sheffield Wednesday FC	2-1	3-1	5-2	1-0	4-1	5-1	2-3	0-1	1-1	3-0	0-0	1-0	1-0	0-0	0-2		1-1	2-0	1-0	1-1	2-0	2-0
Stoke City FC	4-1	2-1	2-1	1-1	4-2	2-0	0-2	0-2	3-1	2-3	3-3	1-1	1-2	1-1	0-1	4-1		3-1	2-0	2-0	3-1	0-2
Sunderland AFC	0-2	2-2	2-1	1-0	1-0	3-2	3-0	4-0	0-0	3-3	3-3	2-3	1-0	4-0	3-1	3-0	2-2		2-1	2-2	3-2	1-2
Tottenham Hotspur FC	3-1	4-0	4-1	5-2	4-1	4-1	1-1	2-2	3-0	0-0	6-2	3-0	1-0	4-0	2-0	3-2	2-1	3-0		1-0	3-2	7-4
West Bromwich Albion FC	0-0	3-1	0-2	0-0	1-3	1-2	0-2	4-0	2-2	1-2	6-0	3-0	1-1	2-2	0-1	1-0	5-3	4-1	2-0		4-2	5-1
West Ham United FC	2-1	3-0	2-1	1-1	2-1	3-2	3-2	0-1	2-0	3-1	0-0	2-1	3-1	2-3	3-1	1-2	0-1	2-3	3-2	6-1		5-0
Wolverhampton Wanderers FC	0-1	0-1	0-2	4-2	1-2	1-2	0-3	2-4	0-0	0-1	1-1	1-3	2-4	1-2	1-0	3-1	3-1	3-0	3-1	3-2	4-3	

	Division 1	Pd	Wn	Dw	Ls	GF	GA	Pts	
1.	MANCHESTER UNITED FC (MANCHESTER)	42	26	9	7	89	39	61	
2.	Leeds United AFC (Leeds)	42	26	9	7	83	52	61	
3.	Chelsea FC (London)	42	24	8	10	89	54	56	
4.	Everton FC (Liverpool)	42	17	15	10	69	60	49	
5.	Nottingham Forest FC (Nottingham)	42	17	13	12	71	67	47	
6.	Tottenham Hotspur FC (London)	42	19	7	16	87	71	45	
7.	Liverpool FC (Liverpool)	42	17	10	15	67	73	44	
8.	Sheffield Wednesday FC (Sheffield)	42	16	11	15	57	55	43	
9.	West Ham United FC (London)	42	19	4	19	82	71	42	
10.	Blackburn Rovers FC (Blackburn)	42	16	10	16	83	79	42	
11.	Stoke City FC (Stoke-on-Trent)	42	16	10	16	67	66	42	
12.	Burnley FC (Burnley)	42	16	10	16	70	70	42	
13.	Arsenal FC (London)	42	17	7	18	69	75	41	
14.	West Bromwich Albion FC (West Bromwich)	42	13	13	16	70	65	39	
15.	Sunderland AFC (Sunderland)	42	14	9	19	64	74	37	
16.	Aston Villa FC (Birmingham)	42	16	5	21	57	82	37	
17.	Blackpool FC (Blackpool)	42	12	11	19	67	78	35	
18.	Leicester City FC (Leicester)	42	11	13	18	69	85	35	
19.	Sheffield United FC (Sheffield)	42	12	11	19	50	64	35	
20.	Fulham FC (London)	42	11	12	19	60	78	34	
21.	Wolverhampton Wanderers FC (Wolverhampton)	42	13	4	25	59	89	30	R
22.	Birmingham City FC (Birmingham)	42	8	11	23	64	96	27	R
		924	356	212	356	1543	1543	924	

Top Goalscorers

1)	James GREAVES	(Tottenham Hotspur FC)	29
	Andrew McEVOY	(Blackburn Rovers FC)	29

Football League Division 2 1964-65 Season	Bolton Wanderers	Bury	Cardiff City	Charlton Athletic	Coventry City	Crystal Palace	Derby County	Huddersfield Town	Ipswich Town	Leyton Orient	Manchester City	Middlesbrough	Newcastle United	Northampton Town	Norwich City	Plymouth Argyle	Portsmouth	Preston North End	Rotherham United	Southampton	Swansea Town	Swindon Town
Bolton Wanderers FC		0-1	1-0	1-1	1-3	3-0	3-1	1-0	0-0	0-0	4-0	4-2	1-1	0-0	5-2	6-1	3-2	5-1	2-0	3-0	2-1	1-1
Bury FC	2-1		1-2	2-0	5-0	3-1	2-1	0-2	0-1	2-1	0-2	3-2	1-2	1-4	1-0	0-2	1-1	1-1	0-1	3-3	2-2	6-1
Cardiff City AFC	1-3	4-0		2-1	3-1	0-0	2-1	1-1	0-0	0-2	2-2	6-1	1-1	0-2	1-3	4-0	1-0	3-3	3-2	2-2	5-0	2-0
Charlton Athletic FC	1-3	1-2	2-2		3-0	1-2	1-3	0-0	4-0	2-0	2-1	0-2	0-1	1-1	2-1	3-2	3-3	2-3	1-1	2-5	1-0	3-2
Coventry City FC	0-0	2-1	0-2	2-0		0-0	0-2	2-3	5-3	1-1	2-2	3-0	5-4	0-1	3-0	2-0	1-2	3-0	3-5	1-1	3-0	3-2
Crystal Palace FC	2-0	0-2	0-0	3-1	2-2		2-3	3-0	1-1	1-0	1-1	3-1	1-1	1-2	2-0	2-1	4-2	1-0	2-1	0-2	3-3	3-1
Derby County FC	2-3	3-1	1-0	4-4	2-1	3-3		2-0	2-3	1-0	2-0	3-3	0-3	2-2	0-1	3-2	4-0	3-1	2-2	2-1	3-4	4-1
Huddersfield Town AFC	1-1	0-2	3-1	0-1	2-1	2-0	3-1		0-0	0-0	1-0	1-0	0-1	2-0	0-0	1-2	2-1	3-0	1-0	0-3	4-0	2-1
Ipswich Town FC	1-4	1-0	1-1	1-1	1-3	3-2	2-1	3-2		1-1	4-1	5-2	3-1	0-0	3-0	2-2	7-0	1-5	4-4	2-0	3-0	0-0
Leyton Orient FC	3-1	1-0	1-3	4-2	1-3	0-1	1-4	1-0	0-0		4-3	1-1	2-1	2-2	2-3	2-0	5-2	2-1	2-1	0-0	2-3	0-3
Manchester City FC	2-4	0-0	2-0	2-1	1-1	0-2	2-0	2-3	4-0	6-0		1-1	3-0	0-2	0-2	2-1	2-0	4-3	2-1	3-1	1-0	1-2
Middlesbrough FC	5-2	3-3	0-0	1-2	2-3	0-0	1-2	0-0	2-4	2-0	0-1		0-2	1-0	2-0	1-3	4-1	1-1	3-5	4-1	4-0	4-1
Newcastle United FC	2-0	2-3	2-0	1-1	2-0	2-0	2-2	2-1	2-2	5-0	0-0	2-1		5-0	2-0	2-1	3-0	5-2	3-1	2-1	3-1	1-0
Northampton Town FC	4-0	2-0	1-0	1-0	1-1	1-1	2-2	3-2	3-2	2-0	2-0	1-1	1-0		0-0	3-1	1-1	2-1	1-0	2-2	2-1	2-1
Norwich City FC	3-2	1-1	2-1	2-0	1-0	1-2	5-2	0-2	2-1	2-0	4-1	2-0	1-1	1-1		3-0	3-1	4-2	3-0	2-2	2-1	3-1
Plymouth Argyle FC	1-3	2-2	3-1	1-5	2-3	1-1	1-1	0-0	1-1	1-1	3-2	1-0	2-1	5-2	1-0		2-1	0-1	1-1	4-0	2-1	2-1
Portsmouth FC	3-0	2-1	1-0	2-3	0-2	1-1	3-1	3-0	0-2	1-1	1-1	2-1	1-2	3-3	4-0	0-1		1-0	2-0	0-3	1-0	5-0
Preston North End FC	2-2	2-2	1-1	2-1	3-2	1-0	2-2	2-0	4-1	3-0	2-5	4-3	2-0	2-2	3-1	1-3	6-1		0-0	0-0	2-2	2-1
Rotherham United FC	0-0	3-0	3-1	3-2	0-2	1-0	1-1	2-3	2-2	3-0	0-0	2-3	1-1	1-1	4-0	4-2	1-0	2-2		1-3	4-2	1-0
Southampton FC	3-2	3-1	1-1	4-0	4-1	0-1	3-3	3-3	1-1	2-2	1-0	0-3	0-1	2-0	1-0	5-0	2-2	3-1	6-1		3-1	2-1
Swansea Town AFC	2-0	2-2	3-2	1-3	1-1	2-1	2-1	2-2	1-1	2-5	3-0	1-2	3-1	1-2	0-0	3-0	0-0	4-0	0-3	3-3		4-0
Swindon Town FC	1-3	2-0	3-3	2-0	4-1	2-0	4-2	4-1	3-1	1-0	0-1	0-1	1-6	4-2	0-1	2-3	0-0	2-2	3-2	2-1	3-0	

	Division 2	**Pd**	**Wn**	**Dw**	**Ls**	**GF**	**GA**	**Pts**	
1.	Newcastle United FC (Newcastle upon Tyne)	42	24	9	9	81	45	57	P
2.	Northampton Town FC (Northampton)	42	20	16	6	66	50	56	P
3.	Bolton Wanderers FC (Bolton)	42	20	10	12	80	58	50	
4.	Southampton FC (Southampton)	42	17	14	11	83	63	48	
5.	Ipswich Town FC (Ipswich)	42	15	17	10	74	67	47	
6.	Norwich City FC (Norwich)	42	20	7	15	61	57	47	
7.	Crystal Palace FC (London)	42	16	13	13	55	51	45	
8.	Huddersfield Town AFC (Huddersfield)	42	17	10	15	53	51	44	
9.	Derby County FC (Derby)	42	16	11	15	84	79	43	
10.	Coventry City FC (Coventry)	42	17	9	16	72	70	43	
11.	Manchester City FC (Manchester)	42	16	9	17	63	62	41	
12.	Preston North End FC (Preston)	42	14	13	15	76	81	41	
13.	Cardiff City AFC (Cardiff)	42	13	14	15	64	57	40	
14.	Rotherham United FC (Rotherham)	42	14	12	16	70	69	40	
15.	Plymouth Argyle FC (Plymouth)	42	16	8	18	63	79	40	
16.	Bury FC (Bury)	42	14	10	18	60	66	38	
17.	Middlesbrough FC (Middlesbrough)	42	13	9	20	70	76	35	
18.	Charlton Athletic FC (London)	42	13	9	20	64	75	35	
19.	Leyton Orient FC (London)	42	12	11	19	50	72	35	
20.	Portsmouth FC (Portsmouth)	42	12	10	20	56	77	34	
21.	Swindon Town FC (Swindon)	42	14	5	23	63	81	33	R
22.	Swansea Town AFC (Swansea)	42	11	10	21	62	84	32	R
		924	344	236	344	1470	1470	924	

Football League Division 3 1964-65 Season	Barnsley	Bournemouth	Brentford	Bristol City	Bristol Rovers	Carlisle United	Colchester United	Exeter City	Gillingham	Grimsby Town	Hull City	Luton Town	Mansfield Town	Oldham Athletic	Peterborough Utd.	Port Vale	Q.P.R.	Reading	Scunthorpe United	Shrewsbury Town	Southend United	Walsall	Watford	Workington
Barnsley FC		2-2	3-1	1-2	0-2	1-2	1-2	0-0	1-0	1-0	1-1	3-0	2-3	0-1	3-2	0-2	0-0	1-1	2-0	6-2	1-4	0-1	4-0	0-3
Bournemouth & Bos.	1-0		0-1	1-2	1-1	0-4	3-1	2-2	1-2	1-2	2-3	4-0	2-0	0-0	0-1	3-0	2-0	3-2	2-1	2-1	2-1	4-0	0-0	4-0
Brentford FC	1-0	2-1		2-1	1-1	6-1	1-0	2-1	2-0	2-0	1-3	2-2	1-0	2-2	3-1	4-0	5-2	2-1	4-0	2-0	2-1	0-0	5-1	3-0
Bristol City FC	5-1	0-0	3-2		2-1	1-2	1-1	1-1	1-2	4-0	1-2	1-0	1-1	2-0	3-1	3-0	2-0	2-0	2-2	3-0	4-0	5-1	1-1	5-0
Bristol Rovers FC	1-0	4-2	1-2	1-1		5-2	2-2	1-1	3-0	5-3	1-1	3-2	4-1	0-0	4-0	4-0	3-1	1-0	2-0	0-0	2-2	0-1	1-0	4-0
Carlisle United FC	4-0	3-4	0-1	1-1	1-2		4-1	2-1	3-1	3-1	0-0	1-1	3-0	2-0	2-1	1-1	2-0	1-2	3-1	2-1	4-3	2-1	1-1	1-0
Colchester United FC	4-1	4-3	0-3	2-3	1-1	0-1		1-1	2-1	0-1	1-2	0-1	0-1	2-2	0-1	2-0	1-2	2-2	2-1	0-4	3-1	2-1	0-0	1-1
Exeter City FC	3-0	1-3	0-0	0-1	0-1	0-0	2-0		1-1	4-1	0-2	5-1	2-3	2-1	4-2	2-1	2-2	2-2	1-3	0-1	1-1	0-1	1-0	0-0
Gillingham FC	1-0	1-1	1-0	2-0	1-3	1-0	2-1	0-1		0-0	1-0	50	0-0	2-1	2-0	2-0	2-2	2-1	0-0	5-0	1-0	4-0	5-2	5-1
Grimsby Town FC	3-2	2-2	2-1	0-2	1-1	1-1	2-0	2-1	1-1		3-0	2-2	1-1	3-1	2-0	2-0	0-0	1-1	3-0	2-2	1-0	2-2	1-0	0-1
Hull City AFC	7-0	2-1	2-1	3-2	3-2	1-0	5-1	3-1	1-1	3-3		3-1	1-1	2-1	0-2	4-0	3-1	1-0	1-2	1-2	0-0	2-0	1-1	2-2
Luton Town FC	5-1	0-1	4-2	0-0	0-2	1-1	3-1	1-2	0-2	1-1	1-3		1-1	2-0	1-1	1-1	2-0	3-1	1-1	2-7	0-1	1-3	2-4	0-0
Mansfield Town FC	4-3	0-0	4-1	3-0	3-0	2-0	0-1	2-1	3-1	2-2	2-1	2-0		4-1	0-0	2-2	8-1	2-1	3-2	1-0	6-1	2-0	3-0	3-5
Oldham Athletic AFC	1-1	1-1	1-1	7-3	1-2	2-3	3-1	2-0	2-0	1-5	2-1	0-2	2-1		3-1	0-1	5-3	1-2	2-1	1-3	0-2	1-3	2-0	0-2
Peterborough United	4-1	4-3	3-1	0-1	3-1	1-2	4-1	0-0	1-0	3-1	2-1	2-0	4-5	5-0		2-2	6-1	2-1	2-2	4-1	4-2	3-2	2-1	0-4
Port Vale FC	2-0	1-2	2-1	1-2	1-1	1-3	1-2	0-1	0-4	2-3	0-3	1-0	2-2	2-1	0-1		0-0	2-0	0-1	1-1	2-2	2-1	2-2	2-0
Queen's Park Rangers	3-2	1-1	1-3	1-0	3-1	1-2	5-0	0-0	3-1	1-1	2-1	7-1	2-0	1-1	3-2	3-1		0-1	2-1	2-1	2-0	1-0	2-2	2-1
Reading FC	1-1	1-0	1-1	1-1	1-1	1-2	1-1	2-2	3-0	2-0	3-3	1-2	2-1	1-0	4-2	1-1	5-3		2-0	3-1	2-0	0-2	6-2	1-0
Scunthorpe United	2-3	3-1	2-0	5-2	1-1	0-1	0-0	0-0	2-3	2-1	1-1	8-1	0-1	1-1	2-3	0-0	2-1	1-1		3-2	2-1	4-0	0-2	1-1
Shrewsbury Town	3-3	1-2	1-0	1-5	2-1	2-2	3-0	1-0	2-0	1-3	0-4	0-2	1-1	1-3	1-1	0-0	3-2	4-0	3-2		1-3	3-1	2-2	6-1
Southend United FC	2-0	2-1	0-1	0-4	6-3	1-0	6-3	0-0	3-1	4-0	2-1	5-0	1-4	6-1	2-0	2-1	0-0	2-2	0-1	1-0		0-0	0-1	3-0
Walsall FC	1-1	0-1	4-3	2-4	2-0	1-0	2-1	2-1	0-1	1-0	3-3	0-1	2-1	1-2	0-1	0-0	4-1	4-1	1-2	1-1	2-3		0-4	1-4
Watford FC	1-1	2-0	1-1	2-2	1-1	0-0	3-0	1-0	1-2	1-1	2-1	2-0	3-1	3-2	1-1	1-0	0-2	5-1	5-0	2-2	2-1	3-0		3-2
Workington AFC	0-0	2-0	1-1	1-0	2-1	0-1	1-0	0-1	1-1	2-2	1-3	1-0	1-5	0-0	1-0	4-1	0-0	0-2	2-0	2-2	3-1	3-1	2-0	

	Division 3	Pd	Wn	Dw	Ls	GF	GA	Pts	
1.	Carlisle United FC (Carlisle)	46	25	10	11	76	53	60	P
2.	Bristol City FC (Bristol)	46	24	11	11	92	55	59	P
3.	Mansfield Town FC (Mansfield)	46	24	11	11	95	61	59	
4.	Hull City AFC (Kingston upon Hull)	46	23	12	11	91	57	58	
5.	Brentford FC (London)	46	24	9	13	83	55	57	
6.	Bristol Rovers FC (Bristol)	46	20	15	11	82	58	55	
7.	Gillingham FC (Gillingham)	46	23	9	14	70	50	55	
8.	Peterborough United FC (Peterborough)	46	22	7	17	85	74	51	
9.	Watford FC (Watford)	46	17	16	13	71	64	50	
10.	Grimsby Town FC (Cleethorpes)	46	16	17	13	68	67	49	
11.	Bournemouth & Boscombe Athletic FC (Bournemouth)	46	18	11	17	72	63	47	
12.	Southend United FC (Southend-on-Sea)	46	19	8	19	78	71	46	
13.	Reading FC (Reading)	46	16	14	16	70	70	46	
14.	Queen's Park Rangers FC (London)	46	17	12	17	72	80	46	
15.	Workington AFC (Workington)	46	17	12	17	58	69	46	
16.	Shrewsbury Town FC (Shrewsbury)	46	15	12	19	76	84	42	
17.	Exeter City FC (Exeter)	46	12	17	17	51	52	41	
18.	Scunthorpe United FC (Scunthorpe)	46	14	12	20	65	72	40	
19.	Walsall FC (Walsall)	46	15	7	24	55	80	37	
20.	Oldham Athletic AFC (Oldham)	46	13	10	23	61	83	36	
21.	Luton Town FC (Luton)	46	11	11	24	51	94	33	R
22.	Port Vale FC (Stoke-on-Trent)	46	9	14	23	41	76	32	R
23.	Colchester United FC (Colchester)	46	10	10	26	50	89	30	R
24.	Barnsley FC (Barnsley)	46	9	11	26	54	90	29	R
		1104	413	278	413	1667	1667	1104	

Football League Division 4 1964-65 Season	Aldershot Town	Barrow	Bradford City	Bradford P.A.	Brighton & H.A.	Chester	Chesterfield	Crewe Alexandra	Darlington	Doncaster Rovers	Halifax Town	Hartlepools	Lincoln City	Millwall	Newport County	Notts County	Oxford United	Rochdale	Southport	Stockport County	Torquay United	Tranmere Rovers	Wrexham	York City
Aldershot Town FC		2-1	1-1	1-1	0-2	3-1	2-0	5-2	0-1	3-0	2-0	3-0	3-2	0-0	2-1	1-2	4-1	1-2	0-3	2-0	2-5	3-0	5-0	1-0
Barrow AFC	2-0		1-0	2-1	1-4	2-1	1-2	1-2	3-1	1-2	1-0	4-2	2-2	0-5	1-4	2-0	1-1	2-2	1-1	0-1	2-1	0-2	0-2	0-2
Bradford City AFC	2-0	1-3		0-2	4-1	1-3	0-0	5-2	2-3	0-3	3-1	4-0	0-1	1-2	1-0	0-2	2-1	0-2	2-1	1-1	2-3	1-2	4-1	1-2
Bradford Park Ave.	3-1	3-2	3-3		2-0	3-1	1-0	2-3	3-1	5-2	5-1	4-0	3-1	4-0	2-2	2-2	1-0	0-0	0-0	1-0	4-2	1-1	0-0	0-0
Brighton & Hove Alb.	2-0	3-1	3-3	2-2		4-4	5-0	3-1	3-1	1-1	2-1	5-0	4-0	2-0	1-0	6-0	0-0	3-0	3-1	3-1	3-1	2-1	5-1	3-1
Chester FC	6-2	4-1	3-1	3-0	3-1		4-0	2-2	4-5	3-0	1-0	4-0	5-1	3-1	4-3	4-1	2-1	0-1	3-1	4-0	0-1	3-2	6-1	4-1
Chesterfield FC	0-1	2-0	3-1	2-4	1-1	1-3		2-1	3-0	1-0	3-0	3-1	1-0	2-3	2-1	0-0	2-1	1-1	1-2	2-0	2-1	1-0	0-0	1-1
Crewe Alexandra FC	4-1	6-2	2-1	1-1	3-2	5-1	0-2		1-2	4-4	2-2	2-3	5-0	1-1	1-1	2-1	2-2	1-1	4-1	3-2	2-0	1-1	1-0	2-3
Darlington FC	4-1	1-2	3-1	1-2	2-0	2-0	2-2	0-2		2-2	5-1	2-3	3-1	1-3	0-1	5-1	2-0	2-0	3-2	3-2	1-2	2-1	5-1	1-0
Doncaster Rovers FC	1-0	4-2	0-0	1-1	2-1	1-4	2-0	3-1	6-3		4-0	0-1	1-2	4-0	1-0	0-0	2-2	2-2	1-2	3-0	2-0	1-0	1-1	4-3
Halifax Town AFC	3-3	3-2	0-3	2-3	1-1	3-4	2-1	2-0	4-0	2-4		2-1	2-1	1-2	2-0	1-1	1-3	1-2	2-1	0-1	0-1	0-1	2-1	1-1
Hartlepools United	1-1	3-0	2-2	2-0	1-1	1-1	1-1	2-4	4-3	1-1	4-0		3-0	1-0	2-4	2-2	1-1	1-1	2-1	4-3	1-0	2-0	1-0	2-2
Lincoln City FC	3-1	1-0	0-2	2-2	0-1	2-2	0-2	1-2	2-0	0-2	2-3	4-2		2-2	4-3	1-0	0-2	1-1	3-0	6-0	0-1	1-2	0-2	0-1
Millwall FC	5-0	3-1	3-0	1-0	2-0	1-0	4-2	0-0	1-1	1-1	5-1	0-0	2-1		4-0	4-1	2-2	0-0	0-0	1-0	2-2	1-0	2-2	1-1
Newport County AFC	2-1	2-2	4-2	4-3	1-1	0-1	4-1	2-2	2-1	1-0	0-2	2-0	7-0	2-2		3-1	0-3	2-3	5-0	2-0	4-0	1-1	2-0	2-0
Notts County FC	0-0	4-1	1-0	3-3	1-2	1-1	5-1	2-0	4-2	5-2	4-0	1-0	2-1	1-2	1-0		0-0	0-0	0-0	2-0	0-0	2-4	1-3	3-1
Oxford United FC	0-0	7-0	3-1	3-0	2-2	3-2	1-0	4-2	1-0	1-0	1-0	3-0	2-0	0-2	4-1	4-0		2-2	1-1	2-0	3-0	1-0	4-0	2-0
Rochdale AFC	3-1	3-0	3-1	4-3	2-2	2-1	1-2	1-0	1-1	2-1	3-0	3-0	2-0	0-2	2-0	1-1	3-3		2-0	4-0	1-0	0-1	2-1	1-2
Southport FC	3-1	0-4	0-4	1-1	1-2	2-2	1-0	2-3	3-3	3-5	5-2	1-1	4-4	0-0	5-3	0-0	0-3	1-0		1-1	0-1	2-2	0-2	0-1
Stockport County FC	2-1	1-0	2-0	0-2	1-4	4-5	0-1	1-1	0-0	2-0	2-0	0-1	3-1	1-4	2-0	0-1	0-0	1-2	2-2		0-2	2-3	3-2	1-2
Torquay United FC	5-2	6-2	2-2	1-1	0-1	3-2	0-2	0-1	2-0	2-4	2-0	2-1	0-2	0-0	2-2	2-1	1-1	2-1	2-0	1-0		2-1	3-4	1-3
Tranmere Rovers FC	3-1	3-0	5-1	0-0	4-2	4-1	4-0	1-0	2-1	3-0	5-2	5-1	4-0	1-0	3-2	4-0	2-4	4-1	3-1	1-1	3-1		6-0	2-1
Wrexham AFC	4-0	3-3	3-2	4-1	1-2	4-2	1-2	3-3	4-2	0-2	1-1	3-0	5-3	0-1	4-2	4-0	1-1	2-3	1-1	4-1	2-3	3-2		2-0
York City FC	1-0	2-0	5-2	0-1	2-1	3-2	7-1	3-1	2-1	4-2	4-0	0-0	3-0	3-1	5-1	2-1	2-1	2-1	3-2	3-0	1-2	4-0	2-1	

	Division 4	**Pd**	**Wn**	**Dw**	**Ls**	**GF**	**GA**	**Pts**	
1.	Brighton & Hove Albion FC (Hove)	46	26	11	9	102	57	63	P
2.	Millwall FC (London)	46	23	16	7	78	45	62	P
3.	York City FC (York)	46	28	6	12	91	56	62	P
4.	Oxford United FC (Oxford)	46	23	15	8	87	44	61	P
5.	Tranmere Rovers FC (Birkenhead)	46	27	6	13	99	56	60	
6.	Rochdale AFC (Rochdale)	46	22	14	10	74	53	58	
7.	Bradford Park Avenue FC (Bradford)	46	20	17	9	86	62	57	
8.	Chester FC (Chester)	46	25	6	15	119	81	56	
9.	Doncaster Rovers FC (Doncaster)	46	20	11	15	84	72	51	
10.	Crewe Alexandra FC (Crewe)	46	18	13	15	90	81	49	
11.	Torquay United FC (Torquay)	46	21	7	18	70	70	49	
12.	Chesterfield FC (Chesterfield)	46	20	8	18	58	70	48	
13.	Notts County FC (Nottingham)	46	15	14	17	61	73	44	
14.	Wrexham AFC (Wrexham)	46	17	9	20	84	92	43	
15.	Hartlepools United FC (Hartlepool)	46	15	13	18	61	85	43	
16.	Newport County AFC (Newport)	46	17	8	21	85	81	42	
17.	Darlington FC (Darlington)	46	18	6	22	84	87	42	
18.	Aldershot FC (Aldershot)	46	15	7	24	64	84	37	
19.	Bradford City AFC (Bradford)	46	12	8	26	70	88	32	
20.	Southport FC (Southport)	46	8	16	22	58	89	32	
21.	Barrow AFC (Barrow-in-Furness)	46	12	6	28	59	105	30	
22.	Lincoln City FC (Lincoln)	46	11	6	29	58	99	28	
23.	Halifax Town AFC (Halifax)	46	11	6	29	54	103	28	
24.	Stockport County FC (Stockport)	46	10	7	29	44	87	27	
		1104	434	236	434	1820	1820	1104	

F.A. CUP FINAL (Wembley Stadium, London – 01/05/1965 – 100,000)

LIVERPOOL FC (LIVERPOOL)	2-1 (aet)	Leeds United AFC (Leeds)
Hunt, St. John		*Bremner*

Liverpool: Lawrence, Lawler, Byrne, Strong, Yeats, Stevenson, Callaghan, Hunt, St. John, Smith, Thompson.

Leeds: Sprake, Reaney, Bell, Bremner, J.Charlton, Hunter, Giles, Storrie, Peacock, Collins, Johanneson.

Semi-finals

Liverpool FC (Liverpool)	2-0	Chelsea FC (London)
Manchester United FC (Manchester)	0-0, 0-1	Leeds United AFC (Leeds)

Quarter-finals

Chelsea FC (London)	5-1	Peterborough United FC (Peterborough)
Crystal Palace FC (London)	0-3	Leeds United AFC (Leeds)
Leicester City FC (Leicester)	0-0, 0-1	Liverpool FC (Liverpool)
Wolverhampton Wanderers FC (Wolverhampton)	3-5	Manchester United FC (Manchester)

1965-66

Football League Division 1 1965-66 Season	Arsenal	Aston Villa	Blackburn Rovers	Blackpool	Burnley	Chelsea	Everton	Fulham	Leeds United	Leicester City	Liverpool	Manchester United	Newcastle United	Northampton Town	Nottingham Forest	Sheffield United	Sheffield Wed.	Stoke City	Sunderland	Tottenham Hotspur	W.B.A.	West Ham United
Arsenal FC		3-3	2-2	0-0	1-1	1-3	0-1	2-1	0-3	1-0	0-1	4-2	1-3	1-1	1-0	6-2	5-2	2-1	1-1	1-1	1-1	3-2
Aston Villa FC	3-0		3-1	3-0	2-1	2-4	3-2	2-5	0-2	2-2	0-3	1-1	4-2	1-2	3-0	0-2	2-0	0-1	3-1	3-2	1-1	1-2
Blackburn Rovers FC	2-1	0-2		1-3	0-2	0-1	1-2	3-2	2-3	0-2	1-4	1-4	4-2	6-1	5-0	0-0	1-2	0-1	2-0	0-1	0-1	1-2
Blackpool FC	5-3	0-1	4-2		1-3	1-2	2-0	2-2	1-0	4-0	2-3	1-2	1-1	3-0	0-3	2-1	2-1	1-1	1-2	0-0	1-1	2-1
Burnley FC	2-2	3-1	1-4	3-1		1-2	1-1	1-0	0-1	4-2	2-0	3-0	1-0	4-1	4-1	2-0	2-1	4-1	1-0	1-1	2-0	3-1
Chelsea FC	0-0	0-2	1-0	0-1	1-1		3-1	2-1	1-0	0-2	0-1	2-0	1-1	1-0	1-0	2-0	1-1	1-2	3-2	2-1	2-3	6-2
Everton FC	3-1	2-0	2-2	0-0	1-0	2-1		2-0	0-0	1-2	0-0	0-0	1-0	5-2	3-0	1-3	5-1	2-1	2-0	3-1	2-3	2-2
Fulham FC	1-0	3-6	5-2	0-0	2-5	0-3	3-2		1-3	0-4	2-0	0-1	2-0	1-4	1-1	0-0	4-2	1-1	3-0	0-2	2-1	3-0
Leeds United AFC	2-0	2-0	3-0	1-2	1-1	2-0	4-1	0-1		3-2	0-1	1-1	3-0	6-1	2-1	2-2	3-0	2-2	1-0	2-0	4-0	5-0
Leicester City FC	3-1	2-1	2-0	0-3	0-1	1-1	3-0	5-0	3-3		1-3	0-5	1-2	1-1	2-1	1-0	4-1	1-0	4-1	2-2	2-1	2-1
Liverpool FC	4-2	3-1	5-2	4-1	2-1	2-1	5-0	2-1	0-1	1-0		2-1	2-0	5-0	4-0	0-1	1-0	2-0	4-0	1-0	2-2	1-1
Manchester United FC	2-1	6-1	2-2	2-1	4-2	4-1	3-0	4-1	1-1	1-2	2-0		1-1	6-2	0-0	3-1	1-0	1-1	1-1	5-1	1-1	0-0
Newcastle United FC	0-1	1-0	2-1	2-0	3-2	0-1	0-0	1-1	2-0	1-5	0-0	1-2		2-0	2-2	0-2	2-0	3-1	2-0	0-0	0-1	2-1
Northampton Town FC	1-1	2-1	2-1	2-1	1-2	2-3	0-2	2-4	2-1	2-2	0-0	1-1	3-1		3-3	0-1	0-0	1-0	2-1	0-2	3-4	2-1
Nottingham Forest FC	0-1	1-2	0-3	2-1	1-0	1-2	1-0	1-2	0-4	2-0	1-1	4-2	1-2	1-1		1-0	1-0	4-3	0-0	1-0	3-2	5-0
Sheffield United FC	3-0	1-0	2-0	0-1	2-1	1-2	2-0	2-0	1-1	2-2	0-0	3-1	3-2	2-2	1-1		1-0	3-2	2-2	1-3	0-2	5-3
Sheffield Wednesday FC	4-0	2-0	2-1	3-0	0-2	1-1	3-1	1-0	0-0	1-2	0-2	0-0	1-0	3-1	3-1	2-2		4-1	3-1	1-1	1-2	0-0
Stoke City FC	1-3	2-0	3-2	4-1	3-1	2-2	1-1	3-2	1-2	1-0	0-0	2-2	4-0	6-2	1-0	2-0	3-1		1-1	0-1	1-1	1-0
Sunderland AFC	0-2	2-0	1-0	2-1	0-4	2-0	2-0	2-2	2-0	0-3	2-2	2-3	2-0	3-0	3-2	4-1	0-2	2-0		2-0	1-5	2-1
Tottenham Hotspur FC	2-2	5-5	4-0	4-0	0-1	4-2	2-2	4-3	3-2	4-2	2-1	5-1	2-2	1-1	2-3	1-0	2-3	2-2	3-0		2-1	1-4
West Bromwich Albion FC	4-4	2-2	2-1	2-1	1-2	1-2	1-1	6-2	1-2	5-1	3-0	3-3	1-2	1-1	5-3	1-1	4-2	6-2	4-1	2-1		3-0
West Ham United FC	2-1	4-2	4-1	1-1	1-1	2-1	3-0	1-3	2-1	2-5	1-5	3-2	4-3	1-1	0-3	4-0	4-2	0-0	1-1	2-0	4-0	

	Division 1	Pd	Wn	Dw	Ls	GF	GA	Pts	
1.	LIVERPOOL FC (LIVERPOOL)	42	26	9	7	79	34	61	
2.	Leeds United AFC (Leeds)	42	23	9	10	79	38	55	
3.	Burnley FC (Burnley)	42	24	7	11	79	47	55	
4.	Manchester United FC (Manchester)	42	18	15	9	84	59	51	
5.	Chelsea FC (London)	42	22	7	13	65	53	51	
6.	West Bromwich Albion FC (West Bromwich)	42	19	12	11	91	69	50	
7.	Leicester City FC (Leicester)	42	21	7	14	80	65	49	
8.	Tottenham Hotspur FC (London)	42	16	12	14	75	66	44	
9.	Sheffield United FC (Sheffield)	42	16	11	15	56	59	43	
10.	Stoke City FC (Stoke-on-Trent)	42	15	12	15	65	64	42	
11.	Everton FC (Liverpool)	42	15	11	16	56	62	41	
12.	West Ham United FC (London)	42	15	9	18	70	83	39	
13.	Blackpool FC (Blackpool)	42	14	9	19	55	65	37	
14.	Arsenal FC (London)	42	12	13	17	62	75	37	
15.	Newcastle United FC (Newcastle upon Tyne)	42	14	9	19	50	63	37	
16.	Aston Villa FC (Birmingham)	42	15	6	21	69	80	36	
17.	Sheffield Wednesday FC (Sheffield)	42	14	8	20	56	66	36	
18.	Nottingham Forest FC (Nottingham)	42	14	8	20	56	72	36	
19.	Sunderland AFC (Sunderland)	42	14	8	20	51	72	36	
20.	Fulham FC (London)	42	14	7	21	67	85	35	
21.	Northampton Town FC (Northampton)	42	10	13	19	55	92	33	R
22.	Blackburn Rovers FC (Blackburn)	42	8	4	30	57	88	20	R
		924	359	206	359	1457	1457	924	

Top Goalscorer

1) Roger HUNT (Liverpool FC) 30

Football League Division 2 1965-66 Season	Birmingham City	Bolton Wanderers	Bristol City	Bury	Cardiff City	Carlisle United	Charlton Athletic	Coventry City	Crystal Palace	Derby County	Huddersfield Town	Ipswich Town	Leyton Orient	Manchester City	Middlesbrough	Norwich City	Plymouth Argyle	Portsmouth	Preston North End	Rotherham United	Southampton	Wolverhampton Wanderers
Birmingham City FC		0-1	1-3	4-0	4-2	2-1	2-2	0-1	2-1	5-5	2-1	4-1	2-2	3-1	1-1	1-0	1-0	1-3	1-1	3-0	0-1	2-2
Bolton Wanderers FC	1-2		1-2	2-1	2-1	4-0	4-2	4-2	3-0	0-1	1-1	3-1	2-0	1-0	6-0	1-1	0-1	2-0	1-3	1-3	2-3	1-1
Bristol City FC	2-0	2-2		2-1	1-1	2-0	0-0	1-1	1-1	1-1	2-1	4-1	2-0	1-1	2-2	0-0	0-0	1-0	1-0	2-1	0-1	0-1
Bury FC	5-1	1-1	1-2		1-1	2-1	3-0	1-1	2-2	4-1	0-4	1-1	3-0	2-1	2-0	2-5	1-0	1-0	5-0	6-1	1-3	1-0
Cardiff City AFC	1-3	1-1	2-1	1-0		1-1	3-1	1-2	1-0	2-1	0-1	1-0	3-1	4-3	5-3	0-2	5-1	1-2	1-3	0-0	3-5	1-4
Carlisle United FC	1-0	1-1	5-0	4-1	2-0		3-1	2-2	3-1	2-1	2-0	3-1	1-0	1-2	2-1	4-1	1-3	2-1	0-2	1-0	1-0	2-1
Charlton Athletic FC	2-1	0-1	1-4	0-1	5-2	3-2		2-0	1-0	2-2	0-2	2-0	3-0	2-3	1-0	2-1	1-1	2-2	5-2	2-2	2-2	1-1
Coventry City FC	4-3	2-2	2-2	1-0	3-1	3-2	3-1		0-1	3-2	0-3	3-1	1-1	3-3	2-1	2-0	5-1	3-2	5-1	2-2	5-1	2-1
Crystal Palace FC	1-0	1-1	2-1	1-0	0-0	2-0	2-0	0-1		1-1	2-1	3-1	2-1	0-2	1-1	0-0	3-1	4-1	1-1	2-2	1-0	0-1
Derby County FC	5-3	2-0	2-1	4-1	1-5	3-1	2-0	1-0	4-0		4-1	2-2	1-3	1-2	5-0	3-1	1-2	3-1	1-0	1-3	0-3	2-2
Huddersfield Town AFC	2-0	1-0	3-0	2-0	1-1	2-0	1-1	0-2	1-1	1-3		1-0	1-1	0-0	6-0	0-0	2-1	2-0	2-1	4-0	2-0	1-1
Ipswich Town FC	0-1	2-0	0-0	3-4	2-1	1-0	1-4	1-0	2-2	2-2	2-2		3-2	1-1	2-1	2-0	4-1	1-0	1-0	0-0	3-0	5-2
Leyton Orient FC	2-1	1-0	0-4	2-2	1-1	2-1	1-2	1-1	0-2	0-0	0-2	1-4		2-2	2-3	0-0	0-1	0-0	2-2	1-4	1-1	0-3
Manchester City FC	3-1	4-1	2-2	1-0	2-2	2-1	0-0	1-0	3-1	1-0	2-0	2-1	5-0		3-1	0-0	1-1	3-1	0-0	3-1	0-0	2-1
Middlesbrough FC	1-1	1-1	4-2	1-0	3-4	0-2	2-2	1-1	2-2	0-0	1-3	3-2	2-1	1-1		0-1	0-1	5-2	2-1	4-0	0-0	3-1
Norwich City FC	2-2	3-0	0-0	4-0	3-2	2-0	2-0	1-1	2-1	0-1	1-1	1-0	2-1	3-3	1-2		0-0	1-3	1-1	1-2	3-4	0-3
Plymouth Argyle FC	6-1	1-3	0-2	2-2	2-2	0-0	3-0	1-2	1-2	0-0	0-0	3-0	1-1	1-0	2-2	2-0		3-1	0-1	5-2	2-3	2-2
Portsmouth FC	0-1	1-0	2-4	4-0	3-1	4-1	3-1	2-0	1-1	1-1	2-1	1-0	4-1	2-2	4-1	0-3	4-1		4-1	1-1	2-5	2-0
Preston North End FC	3-3	0-1	1-1	2-1	9-0	2-1	3-3	0-0	2-0	2-0	1-1	0-1	1-2	0-3	1-1	0-0	2-0	4-1		1-1	1-1	2-2
Rotherham United FC	3-4	2-1	1-2	2-1	6-4	3-3	0-0	1-1	3-0	3-0	0-0	0-0	2-1	0-1	4-1	2-1	2-0	3-3	6-3		1-0	4-3
Southampton FC	0-1	5-1	2-2	6-2	3-2	1-0	1-0	1-0	1-0	3-1	0-1	1-2	1-0	0-1	3-1	2-2	4-1	2-2	5-2	1-1		9-3
Wolverhampton Wanderers FC	2-0	3-1	1-1	3-0	2-1	3-0	2-2	0-1	1-0	4-0	2-1	4-1	2-1	2-4	3-0	2-1	0-0	8-2	3-0	4-1	1-1	

	Division 2	Pd	Wn	Dw	Ls	GF	GA	Pts	
1.	Manchester City FC (Manchester)	42	22	15	5	76	44	59	P
2.	Southampton FC (Southampton)	42	22	10	10	85	56	54	P
3.	Coventry City FC (Coventry)	42	20	13	9	73	53	53	
4.	Huddersfield Town AFC (Huddersfield)	42	19	13	10	62	36	51	
5.	Bristol City FC (Bristol)	42	17	17	8	63	48	51	
6.	Wolverhampton Wanderers FC (Wolverhampton)	42	20	10	12	87	61	50	
7.	Rotherham United FC (Rotherham)	42	16	14	12	75	74	46	
8.	Derby County FC (Derby)	42	16	11	15	71	68	43	
9.	Bolton Wanderers FC (Bolton)	42	16	9	17	62	59	41	
10.	Birmingham City FC (Birmingham)	42	16	9	17	70	75	41	
11.	Crystal Palace FC (London)	42	14	13	15	47	52	41	
12.	Portsmouth FC (Portsmouth)	42	16	8	18	74	78	40	
13.	Norwich City FC (Norwich)	42	12	15	15	52	52	39	
14.	Carlisle United FC (Carlisle)	42	17	5	20	60	63	39	
15.	Ipswich Town FC (Ipswich)	42	15	9	18	58	66	39	
16.	Charlton Athletic FC (London)	42	12	14	16	61	70	38	
17.	Preston North End FC (Preston)	42	11	15	16	62	70	37	
18.	Plymouth Argyle FC (Plymouth)	42	12	13	17	54	63	37	
19.	Bury FC (Bury)	42	14	7	21	62	76	35	
20.	Cardiff City AFC (Cardiff)	42	12	10	20	71	91	34	
21.	Middlesbrough FC (Middlesbrough)	42	10	13	19	58	86	33	R
22.	Leyton Orient FC (London)	42	5	13	24	38	80	23	R
		924	334	256	334	1421	1421	924	

Football League Division 3 1965-66 Season	Bournemouth	Brentford	Brighton & H.A.	Bristol Rovers	Exeter City	Gillingham	Grimsby Town	Hull City	Mansfield Town	Millwall	Oldham Athletic	Oxford United	Peterborough Utd.	Q.P.R.	Reading	Scunthorpe United	Shrewsbury Town	Southend United	Swansea Town	Swindon Town	Walsall	Watford	Workington	York City
Bournemouth & Bos.		0-1	0-1	1-0	0-1	1-1	1-0	1-1	2-2	0-0	1-0	1-1	2-3	1-1	3-2	1-2	2-0	0-0	2-1	1-0	0-1	2-0	1-1	1-0
Brentford FC	1-0		2-0	0-5	1-2	0-2	3-2	2-4	0-3	1-2	0-0	5-1	1-0	6-1	1-1	0-1	4-0	2-0	2-0	0-1	2-2	1-1	0-1	0-1
Brighton & Hove Alb.	1-2	2-0		4-3	2-1	0-1	1-2	1-2	6-4	2-2	3-1	2-0	1-0	0-2	1-1	0-1	1-1	9-1	1-1	1-0	2-1	2-0	3-1	3-1
Bristol Rovers FC	0-0	1-1	0-0		2-0	0-0	2-1	1-2	6-0	1-1	4-0	3-1	1-1	1-0	0-0	2-0	3-2	3-1	2-1	0-1	3-0	1-1	2-2	0-0
Exeter City FC	1-0	5-0	2-0	1-0		3-1	2-0	1-4	2-2	1-2	4-0	1-2	2-5	0-0	1-2	4-0	0-0	1-1	1-1	1-1	0-2	1-2	2-1	0-2
Gillingham FC	2-0	1-0	3-1	2-0	1-1		3-2	0-3	2-0	1-0	3-0	1-2	1-1	3-1	2-4	0-1	0-1	1-0	2-0	1-0	1-0	2-2	1-0	0-0
Grimsby Town FC	2-0	3-2	3-1	1-1	1-1	3-1		1-0	0-1	2-0	3-1	1-1	3-0	4-2	3-3	1-3	2-1	1-0	2-2	2-2	3-1	2-1	1-0	3-1
Hull City AFC	3-0	4-1	1-0	6-1	6-1	1-0	1-1		4-0	1-0	5-1	2-1	2-1	1-3	3-3	3-2	2-1	1-0	4-1	1-0	3-2	3-1	6-0	1-4
Mansfield Town FC	1-0	2-0	3-1	2-0	0-0	0-0	2-1	1-2		1-1	1-0	1-4	1-7	2-1	0-2	2-2	0-3	2-0	3-0	1-5	0-3	2-2	0-1	4-1
Millwall FC	1-0	1-0	3-2	3-3	3-0	2-0	2-1	3-0	2-0		1-0	2-0	4-1	2-1	3-0	2-2	4-2	2-0	1-0	1-0	1-1	0-0	2-0	2-0
Oldham Athletic AFC	2-2	1-1	1-0	2-0	3-1	5-3	1-4	2-2	1-1	0-2		3-0	2-4	0-2	2-2	1-3	0-1	1-0	1-0	1-1	1-2	0-1	1-1	3-0
Oxford United FC	2-1	2-0	0-0	1-0	0-1	0-4	2-0	0-2	4-1	3-1	3-3		1-0	1-3	2-0	0-3	0-1	3-2	2-2	0-3	7-1	1-2	0-2	4-1
Peterborough United	1-0	3-0	2-2	5-2	2-0	1-0	1-1	4-1	3-2	0-2	0-1	2-3		1-1	0-0	3-1	4-1	4-0	5-2	2-3	3-1	2-2	1-1	1-0
Queen's Park Rangers	5-0	1-0	4-1	4-1	1-0	1-3	3-0	3-3	1-2	6-1	1-1	2-3	2-1		0-2	1-0	2-1	2-1	6-2	3-2	2-1	1-1	4-1	7-2
Reading FC	1-0	2-0	0-0	0-1	4-1	2-2	0-0	0-1	2-1	1-1	3-2	0-1	2-1	2-1		2-0	4-1	1-0	2-1	0-2	3-0	1-2	1-1	3-0
Scunthorpe United	3-0	3-2	2-2	3-0	2-1	0-1	2-2	2-4	0-1	4-4	1-1	1-2	1-1	1-2	2-0		1-4	0-0	1-1	2-1	4-2	1-1	4-1	4-1
Shrewsbury Town FC	0-2	0-0	3-1	1-0	4-0	2-1	3-1	2-2	2-1	2-0	3-1	4-0	3-1	0-0	3-3	1-4		3-0	5-0	1-1	1-2	0-0	1-1	4-1
Southend United FC	1-2	1-0	0-0	2-0	4-2	5-2	3-1	0-2	1-0	0-2	0-2	2-1	2-0	1-3	2-1	0-1	2-0		2-0	4-2	5-3	1-0	3-1	2-3
Swansea Town AFC	5-0	1-1	2-2	3-0	1-0	0-3	1-0	4-2	1-2	0-2	4-1	3-2	1-1	4-2	5-4	3-4	4-0	5-0		1-1	1-0	4-2	1-6	7-2
Swindon Town FC	0-0	2-1	3-2	4-3	2-2	0-1	0-0	3-1	6-2	1-0	0-1	0-0	3-0	2-1	5-0	0-0	0-0	4-0	2-2		0-0	0-1	0-1	6-0
Walsall FC	2-1	1-1	2-1	1-1	1-1	6-1	1-0	2-4	2-1	1-4	2-2	1-1	2-0	0-1	3-0	3-0	3-0	3-0	1-1	5-0		3-0	1-1	2-0
Watford FC	1-0	1-1	0-1	2-0	3-0	1-0	1-1	1-1	2-1	0-1	4-0	1-1	1-0	1-2	1-2	2-1	1-0	4-1	0-1	2-0	0-1		1-2	3-2
Workington AFC	2-2	1-1	1-0	0-0	6-1	1-0	1-0	3-0	2-0	0-0	0-1	2-1	1-1	1-1	1-0	1-2	1-3	3-1	7-0	0-3	1-0	1-0		2-1
York City FC	0-2	1-1	0-1	1-5	2-0	1-2	1-1	1-2	2-1	2-1	2-2	1-4	1-1	2-2	1-2	1-3	2-2	0-3	5-1	0-2	0-3	1-0	2-2	

	Division 3	Pd	Wn	Dw	Ls	GF	GA	Pts	
1.	Hull City AFC (Kingston upon Hull)	46	31	7	8	109	62	69	P
2.	Millwall FC (London)	46	27	11	8	76	43	65	P
3.	Queen's Park Rangers FC (London)	46	24	9	13	95	65	57	
4.	Scunthorpe United FC (Scunthorpe)	46	21	11	14	80	67	53	
5.	Workington AFC (Workington)	46	19	14	13	67	57	52	
6.	Gillingham FC (Gillingham)	46	22	8	16	62	54	52	
7.	Swindon Town FC (Swindon)	46	19	13	14	74	48	51	
8.	Reading FC (Reading)	46	19	13	14	70	63	51	
9.	Walsall FC (Walsall)	46	20	10	16	77	64	50	
10.	Shrewsbury Town FC (Shrewsbury)	46	19	11	16	73	64	49	
11.	Grimsby Town FC (Cleethorpes)	46	17	13	16	68	62	47	
12.	Watford FC (Watford)	46	17	13	16	55	51	47	
13.	Peterborough United FC (Peterborough)	46	17	12	17	80	66	46	
14.	Oxford United FC (Oxford)	46	19	8	19	70	74	46	
15.	Brighton & Hove Albion FC (Hove)	46	16	11	19	67	65	43	
16.	Bristol Rovers FC (Bristol)	46	14	14	18	64	64	42	
17.	Swansea Town AFC (Swansea)	46	15	11	20	81	96	41	
18.	Bournemouth & Boscombe Athletic FC (Bournemouth)	46	13	12	21	38	56	38	
19.	Mansfield Town FC (Mansfield)	46	15	8	23	59	89	38	
20.	Oldham Athletic AFC (Oldham)	46	12	13	21	55	81	37	
21.	Southend United FC (Southend-on-Sea)	46	16	4	26	54	83	36	R
22.	Exeter City FC (Exeter)	46	12	11	23	53	79	35	R
23.	Brentford FC (London)	46	10	12	24	48	69	32	R
24.	York City FC (York)	46	9	9	28	53	106	27	R
		1104	423	258	423	1628	1628	1104	

Football League Division 4 1965-66 Season	Aldershot Town	Barnsley	Barrow	Bradford City	Bradford P.A.	Chester	Chesterfield	Colchester United	Crewe Alexandra	Darlington	Doncaster Rovers	Halifax Town	Hartlepools	Lincoln City	Luton Town	Newport County	Notts County	Port Vale	Rochdale	Southport	Stockport County	Torquay United	Tranmere Rovers	Wrexham
Aldershot Town FC		1-1	3-1	5-2	5-1	2-2	1-3	1-3	1-0	0-1	1-1	0-0	5-0	2-0	3-1	2-1	0-0	3-0	2-3	3-0	1-0	3-2	1-3	2-2
Barnsley FC	2-1		3-0	4-2	1-1	0-2	0-0	1-1	0-1	3-1	1-5	1-2	2-2	0-1	3-0	2-2	1-1	1-0	5-0	4-0	1-2	1-0	4-0	3-0
Barrow AFC	2-2	1-5		2-0	5-2	4-1	3-2	3-0	1-1	1-1	2-1	3-0	2-0	2-2	0-1	2-2	2-1	2-2	0-2	3-3	1-0	2-0	1-1	4-2
Bradford City AFC	1-1	1-0	0-0		3-0	1-2	1-1	1-2	0-1	2-0	1-1	0-1	1-3	2-0	2-2	3-2	0-4	2-0	2-1	3-0	1-78	4-1	2-4	4-1
Bradford Park Ave.	5-1	7-2	2-3	5-1		0-1	3-1	1-0	2-1	0-2	0-1	2-1	4-1	4-2	1-3	6-1	4-0	1-2	1-2	2-1	3-1	1-1	1-1	4-2
Chester FC	3-2	3-3	0-0	4-0	2-4		3-0	2-1	3-0	3-2	1-4	1-0	2-0	4-2	1-1	6-1	1-1	2-0	1-2	1-0	1-0	1-1	3-1	4-2
Chesterfield FC	1-1	3-1	2-2	1-1	0-3	2-2		2-4	3-1	1-2	1-1	3-2	1-3	1-0	1-3	1-2	0-0	3-1	4-1	3-2	2-1	1-1	0-0	1-1
Colchester United FC	0-0	4-0	2-2	0-1	6-3	1-1	3-0		1-1	0-1	2-1	1-0	2-0	3-0	2-2	3-2	4-1	3-0	2-0	0-0	3-2	0-2	2-1	1-1
Crewe Alexandra FC	2-0	0-1	2-1	7-1	2-5	1-1	1-0	0-2		0-1	0-1	3-0	3-1	7-0	2-0	2-2	1-0	0-0	3-1	2-1	1-1	2-1	1-2	0-1
Darlington FC	4-3	2-1	1-0	3-0	4-1	0-1	4-1	2-0	1-1		3-2	2-0	1-1	0-2	1-0	0-1	1-0	2-1	3-1	2-0	3-0	0-0	0-1	2-0
Doncaster Rovers FC	3-2	2-1	1-1	1-1	6-2	1-1	1-0	2-0	4-1	6-3		2-2	4-0	4-0	1-1	1-0	0-3	1-0	2-0	1-1	1-0	0-1	3-1	2-0
Halifax Town AFC	3-4	2-2	2-1	3-2	1-0	2-0	4-1	1-1	1-0	2-2	2-3		1-0	2-2	3-0	4-4	0-1	2-0	4-1	1-2	0-1	0-2	2-2	4-0
Hartlepools United	3-0	1-2	3-0	1-1	2-3	2-0	1-2	0-1	4-1	1-1	2-0	1-2		3-1	2-0	5-2	2-0	2-0	0-0	3-1	2-1	0-2	0-0	4-2
Lincoln City FC	2-1	4-1	4-0	1-0	1-1	2-2	0-2	0-2	1-1	4-1	0-3	3-3	2-1		2-2	1-1	1-2	0-1	2-0	4-0	1-2	1-1	1-0	0-2
Luton Town FC	3-1	5-4	3-2	2-3	3-1	5-2	1-2	1-1	4-0	2-0	4-3	4-1	2-1	0-0		2-1	5-1	5-0	4-1	2-0	2-0	3-2	2-1	1-0
Newport County AFC	3-1	1-0	3-2	2-2	3-1	3-2	3-4	2-1	1-0	3-0	4-0	3-1	3-0	0-0	3-1		1-2	0-1	1-1	1-1	1-0	3-2	0-0	2-2
Notts County FC	2-0	0-1	0-2	2-1	2-0	3-3	2-0	1-0	0-1	0-0	1-2	1-1	1-0	2-1	1-1	1-1		3-1	3-3	1-2	1-1	1-1	1-2	3-1
Port Vale FC	2-1	1-1	0-0	0-0	3-3	5-2	1-1	1-0	2-0	3-1	0-1	2-0	0-0	3-0	1-2	3-0	0-1		2-1	4-1	2-0	0-0	2-3	1-0
Rochdale AFC	1-0	2-1	4-0	5-1	2-3	3-0	1-1	0-1	2-1	1-2	0-1	0-1	3-1	0-1	1-2	2-1	0-2	1-0		3-0	4-0	2-3	3-5	6-0
Southport FC	0-2	3-1	1-1	4-0	2-1	2-0	1-0	0-1	1-1	1-1	2-1	1-0	4-1	5-1	3-2	2-0	1-0	2-1	4-0		2-0	3-3	1-1	2-2
Stockport County FC	1-2	1-0	5-2	1-1	2-3	0-1	2-1	1-0	2-0	1-1	1-1	3-0	1-2	2-1	4-1	2-1	1-3	3-0	3-1	2-2		1-0	1-2	2-4
Torquay United FC	5-1	3-0	0-1	4-3	2-1	1-0	2-0	0-1	2-1	0-4	0-0	1-0	2-0	4-1	2-0	1-0	2-0	1-0	4-0	1-1	1-4		2-1	3-1
Tranmere Rovers FC	5-2	1-0	1-2	2-2	1-2	1-0	3-2	2-0	3-1	1-2	1-0	5-2	6-1	3-2	2-0	0-1	0-3	1-0	6-2	0-2	6-2	0-1		6-3
Wrexham AFC	4-0	6-3	3-1	1-1	3-2	2-1	2-1	2-3	1-4	1-2	4-3	2-2	1-1	0-1	2-0	0-1	1-3	1-0	2-2	3-1	1-4	0-2	1-5	

	Division 4	**Pd**	**Wn**	**Dw**	**Ls**	**GF**	**GA**	**Pts**	
1.	Doncaster Rovers FC (Doncaster)	46	24	11	11	85	54	59	P
2.	Darlington FC (Darlington)	46	25	9	12	72	53	59	P
3.	Torquay United FC (Torquay)	46	24	10	12	72	49	58	P
4.	Colchester United FC (Colchester)	46	23	10	13	70	47	56	P
5.	Tranmere Rovers FC (Birkenhead)	46	24	8	14	93	66	56	
6.	Luton Town FC (Luton)	46	24	8	14	90	70	56	
7.	Chester FC (Chester)	46	20	12	14	79	70	52	
8.	Notts County FC (Nottingham)	46	19	12	15	61	53	50	
9.	Newport County AFC (Newport)	46	18	12	16	75	75	48	
10.	Southport FC(Southport)	46	18	12	16	68	69	48	
11.	Bradford Park Avenue FC (Bradford)	46	21	5	20	102	92	47	
12.	Barrow AFC (Barrow-in-Furness)	46	16	15	15	72	76	47	
13.	Stockport County FC (Stockport)	46	18	6	22	71	70	42	
14.	Crewe Alexandra FC (Crewe)	46	16	9	21	61	63	41	
15.	Halifax Town AFC (Halifax)	46	15	11	20	67	75	41	
16.	Barnsley FC (Barnsley)	46	15	10	21	74	78	40	
17.	Aldershot FC (Aldershot)	46	15	10	21	75	84	40	
18.	Hartlepools United FC (Hartlepool)	46	16	8	22	63	75	40	
19.	Port Vale FC (Stoke-on-Trent)	46	15	9	22	48	59	39	
20.	Chesterfield FC (Chesterfield)	46	13	13	20	62	78	39	
21.	Rochdale AFC (Rochdale)	46	16	5	25	71	87	37	
22.	Lincoln City FC (Lincoln)	46	13	11	22	57	82	37	
23.	Bradford City AFC (Bradford)	46	12	13	21	63	94	37	
24.	Wrexham AFC (Wrexham)	46	13	9	24	72	104	35	
		1104	433	238	433	1723	1723	1104	

F.A. CUP FINAL (Wembley Stadium, London – 14/05/1966 – 100,000)

EVERTON FC (LIVERPOOL)	3-2	Sheffield Wednesday FC (Sheffield)
Trebilcock 2, Trevor		*McCalliog, Ford*

Everton: West, Wright, Wilson, Gabriel, Labone, Harris, Scott, Trebilcock, A.Young, Harvey, Temple.

Wednesday: Springett, Smith, Megson, Eustace, Ellis, G.Young, Pugh, Fantham, NcCalliog, Ford, Quinn.

Semi-finals

Chelsea FC (London)	0-2	Sheffield Wednesday FC (Sheffield)
Everton FC (Liverpool)	1-0	Manchester United FC (Manchester)

Quarter-finals

Blackburn Rovers FC (Blackburn)	1-2	Sheffield Wednesday FC (Sheffield)
Chelsea FC (London)	2-2, 3-1	Hull City AFC (Kingston upon Hull)
Manchester City FC (Manchester)	0-0, 0-0, 0-2	Everton FC (Liverpool)
Preston North End FC (Preston)	1-1, 1-3	Manchester United FC (Manchester)

1966-67

Football League Division 1 1966-67 Season	Arsenal	Aston Villa	Blackpool	Burnley	Chelsea	Everton	Fulham	Leeds United	Leicester City	Liverpool	Man. City	Man. United	Newcastle United	Nottingham F.	Sheffield United	Sheffield Wed.	Southampton	Stoke City	Sunderland	Tottenham H.	W.B.A.	West Ham United
Arsenal FC		1-0	1-1	0-0	2-1	3-1	1-0	0-1	2-4	1-1	1-0	1-1	2-0	1-1	2-0	1-1	4-1	3-1	2-0	0-2	2-3	2-1
Aston Villa FC	0-1		3-2	0-1	2-6	2-4	1-1	3-0	0-1	2-3	3-0	2-1	1-1	1-1	0-0	0-1	0-1	2-1	2-1	3-3	3-2	0-2
Blackpool FC	0-3	0-2		0-2	0-2	0-1	0-1	0-2	1-1	1-2	0-1	1-2	6-0	1-1	0-1	1-1	2-3	0-1	1-1	2-2	1-3	1-4
Burnley FC	1-4	4-2	1-0		1-2	1-1	3-0	1-1	5-2	1-0	2-3	1-1	0-2	0-2	4-0	2-0	4-1	0-2	1-0	2-2	5-1	4-2
Chelsea FC	3-1	3-1	0-2	1-3		1-1	0-0	2-2	2-2	1-2	0-0	1-3	2-1	2-1	1-1	0-0	4-1	1-0	1-1	3-0	0-2	5-5
Everton FC	0-0	3-1	0-1	1-1	3-1		3-2	2-0	2-0	3-1	1-1	1-2	1-1	0-1	4-1	2-1	0-1	0-1	4-1	0-1	5-4	4-0
Fulham FC	0-0	5-1	2-2	0-0	1-3	0-1		2-2	4-2	2-2	4-1	2-2	5-1	2-3	0-1	1-2	3-1	4-1	3-1	3-4	2-2	4-2
Leeds United AFC	3-1	0-2	1-1	3-1	1-0	1-1	3-1		3-1	2-1	0-0	3-1	5-0	1-1	2-0	1-0	0-1	3-0	2-1	3-2	2-1	2-1
Leicester City FC	2-1	5-0	3-0	5-1	3-2	2-2	0-2	0-0		2-1	2-1	1-2	4-2	3-0	2-2	0-1	1-1	4-2	1-2	0-1	2-1	5-4
Liverpool FC	0-0	1-0	1-3	2-0	2-1	0-0	2-2	5-0	3-2		3-2	0-0	3-1	4-0	1-0	1-1	2-1	2-1	2-2	0-0	0-1	2-0
Manchester City FC	1-1	1-1	1-0	1-0	1-4	1-0	3-0	2-1	1-3	2-1		1-1	1-1	1-1	1-1	0-0	1-1	3-1	1-0	1-2	2-2	1-4
Manchester United FC	1-0	3-1	4-0	4-1	1-1	3-0	2-1	0-0	5-2	2-2	1-0		3-2	1-0	2-0	2-0	3-0	0-0	5-0	1-0	5-3	3-0
Newcastle United FC	2-1	0-3	2-1	1-1	2-2	0-3	1-1	1-2	1-0	0-2	2-0	0-0		0-0	1-0	3-1	3-1	3-1	0-3	0-2	1-3	1-0
Nottingham Forest FC	2-1	3-0	2-0	4-1	0-0	1-0	2-1	1-0	1-0	1-1	2-0	4-1	3-0		3-1	1-1	3-1	1-2	3-1	1-1	2-1	1-0
Sheffield United FC	1-1	3-3	1-1	1-1	3-0	0-0	4-0	1-4	0-1	0-1	1-0	2-1	0-1	1-2		1-0	2-0	2-1	2-0	2-1	4-3	3-1
Sheffield Wednesday FC	1-1	2-0	3-0	7-0	6-1	1-2	1-1	0-0	1-1	0-1	1-0	2-2	0-0	0-2	2-2		4-1	1-3	5-0	1-0	1-0	0-2
Southampton FC	2-1	6-2	1-5	4-0	0-3	1-3	4-2	0-2	4-4	1-2	1-1	1-2	2-0	2-1	2-3	4-2		3-2	3-1	0-1	2-2	6-2
Stoke City FC	2-2	6-1	2-0	4-3	1-1	2-1	1-2	0-0	3-1	2-0	0-1	3-0	0-1	1-2	3-0	0-2	3-2		3-0	2-0	1-1	1-1
Sunderland AFC	1-3	2-1	4-0	4-3	2-0	0-2	3-1	0-2	2-3	2-2	1-0	0-0	3-0	1-0	4-1	2-0	2-0	2-1		0-1	2-2	2-4
Tottenham Hotspur FC	3-1	0-1	1-3	2-0	1-1	2-0	4-2	3-1	2-0	2-1	1-1	2-1	4-0	2-1	2-0	2-1	5-3	2-0	1-0		0-0	3-4
West Bromwich Albion FC	0-1	2-1	3-1	1-2	0-1	1-0	5-1	2-0	1-0	2-1	0-3	3-4	6-1	1-2	1-2	1-2	3-2	0-1	2-2	3-0		3-1
West Ham United FC	2-2	2-1	4-0	3-2	1-2	2-3	6-1	0-1	0-1	1-1	1-1	1-6	3-0	3-1	0-2	3-0	2-2	1-1	2-2	0-2	3-0	

	Division 1	Pd	Wn	Dw	Ls	GF	GA	Pts	
1.	MANCHESTER UNITED FC (MANCHESTER)	42	24	12	6	84	45	60	
2.	Nottingham Forest FC (Nottingham)	42	23	10	9	64	41	56	
3.	Tottenham Hotspur FC (London)	42	24	8	10	71	48	56	
4.	Leeds United AFC (Leeds)	42	22	11	9	62	42	55	
5.	Liverpool FC (Liverpool)	42	19	13	10	64	47	51	
6.	Everton FC (Liverpool)	42	19	10	13	65	46	48	
7.	Arsenal FC (London)	42	16	14	12	58	47	46	
8.	Leicester City FC (Leicester)	42	18	8	16	78	71	44	
9.	Chelsea FC (London)	42	15	14	13	67	62	44	
10.	Sheffield United FC (Sheffield)	42	16	10	16	52	59	42	
11.	Sheffield Wednesday FC (Sheffield)	42	14	13	15	56	47	41	
12.	Stoke City FC (Stoke-on-Trent)	42	17	7	18	63	58	41	
13.	West Bromwich Albion FC (West Bromwich)	42	16	7	19	77	73	39	
14.	Burnley FC (Burnley)	42	15	9	18	66	76	39	
15.	Manchester City FC (Manchester)	42	12	15	15	43	52	39	
16.	West Ham United FC (London)	42	14	8	20	80	84	36	
17.	Sunderland AFC (Sunderland)	42	14	8	20	58	72	36	
18.	Fulham FC (London)	42	11	12	19	71	83	34	
19.	Southampton FC (Southampton)	42	14	6	22	74	92	34	
20.	Newcastle United FC (Newcastle upon Tyne)	42	12	9	21	39	81	33	
21.	Aston Villa FC (Birmingham)	42	11	7	24	54	85	29	R
22.	Blackpool FC (Blackpool)	42	6	9	27	41	76	21	R
		924	352	220	352	1387	1387	924	

Top Goalscorer

1) Ron DAVIES (Southampton FC) 37

Football League Division 2 1966-67 Season	Birmingham City	Blackburn Rovers	Bolton Wanderers	Bristol City	Bury	Cardiff City	Carlisle United	Charlton Athletic	Coventry City	Crystal Palace	Derby County	Huddersfield Town	Hull City	Ipswich Town	Millwall	Northampton Town	Norwich City	Plymouth Argyle	Portsmouth	Preston North End	Rotherham United	Wolverhampton Wanderers
Birmingham City FC		1-1	2-2	4-0	1-3	1-2	1-2	4-0	1-1	3-1	2-0	0-1	2-1	2-2	2-0	3-0	2-1	0-0	3-0	3-1	2-3	3-2
Blackburn Rovers FC	1-0		0-0	1-0	2-1	4-1	2-0	2-1	0-1	2-1	0-0	2-0	4-1	1-2	1-0	3-0	0-0	3-0	2-2	2-0	1-1	0-0
Bolton Wanderers FC	3-1	0-1		0-0	3-1	3-1	3-0	2-1	1-1	0-0	3-1	1-0	2-1	1-1	5-0	1-2	1-1	1-2	0-1	4-2	2-2	0-0
Bristol City FC	3-1	2-2	1-1		3-3	1-2	3-0	4-0	2-2	0-1	4-1	1-1	2-1	1-1	1-1	1-0	1-0	1-0	3-3	2-0	1-2	1-0
Bury FC	0-2	1-2	2-1	2-1		2-0	0-2	2-1	0-1	1-1	2-2	0-0	3-2	1-2	0-1	1-2	2-0	1-0	1-3	3-4	5-2	2-1
Cardiff City AFC	3-0	1-1	2-5	5-1	3-0		4-2	4-1	1-1	1-2	1-1	1-1	2-4	0-2	1-1	4-2	2-0	4-1	0-0	4-0	0-0	0-3
Carlisle United FC	2-0	1-2	6-1	2-1	2-0	3-0		1-0	2-1	3-0	0-0	2-1	2-0	2-1	2-1	2-0	1-0	0-0	5-1	1-1	2-3	1-3
Charlton Athletic FC	1-0	0-0	0-1	5-0	4-0	5-0	1-0		1-2	1-1	3-1	1-2	1-3	2-1	0-0	3-0	0-0	1-0	0-2	2-0	2-0	1-3
Coventry City FC	1-1	2-0	1-1	1-0	3-0	3-2	2-1	1-0		1-2	2-2	1-0	1-0	5-0	3-1	2-0	2-1	1-0	5-1	2-1	4-2	3-1
Crystal Palace FC	2-1	2-1	3-2	2-1	3-1	3-1	4-2	1-0	1-1		2-1	1-1	4-1	0-2	1-2	5-1	0-0	2-1	0-2	1-0	1-1	4-1
Derby County FC	1-2	2-3	2-2	2-0	3-1	1-1	0-1	0-2	1-2	2-0		4-3	2-3	2-2	5-1	4-3	1-1	1-1	0-0	5-1	2-0	0-3
Huddersfield Town AFC	3-1	3-1	2-1	2-0	4-2	3-1	1-1	4-1	3-1	0-2	1-0		1-0	1-0	2-0	0-2	0-1	1-1	1-1	1-0	3-0	0-1
Hull City AFC	0-2	2-3	1-1	0-2	2-0	1-0	1-2	2-2	2-2	6-1	1-3	2-0		1-1	2-0	6-1	5-0	4-2	2-0	2-2	1-0	3-1
Ipswich Town FC	3-2	1-1	2-2	0-0	2-0	0-0	1-2	0-0	1-1	2-0	4-3	3-0	5-4		4-1	6-1	0-2	1-1	4-2	0-0	3-2	3-1
Millwall FC	3-1	1-1	2-0	3-2	2-0	1-0	2-1	0-0	1-0	1-1	3-2	1-3	2-1	1-0		1-0	2-1	1-2	1-1	2-0	2-0	1-1
Northampton Town FC	2-1	2-1	2-1	2-1	0-0	2-0	3-3	1-1	0-0	1-0	0-2	0-1	2-2	1-1	1-2		1-2	2-1	2-4	1-5	3-1	0-4
Norwich City FC	3-3	0-1	1-0	1-0	2-0	3-2	2-0	1-1	1-1	4-3	4-1	0-0	0-2	1-2	1-1	1-0		3-1	0-0	1-1	1-0	1-2
Plymouth Argyle FC	1-1	4-0	2-0	1-2	4-1	7-1	1-2	2-1	4-2	1-0	1-2	2-3	3-1	1-1	3-1	1-0	2-2		0-0	1-0	1-0	0-1
Portsmouth FC	4-5	1-1	2-1	1-1	1-2	1-2	2-1	1-2	0-2	1-1	0-3	1-1	0-1	4-2	0-1	3-2	3-3	2-1		2-0	3-2	2-3
Preston North End FC	3-0	3-0	1-3	2-2	2-2	4-0	2-3	2-1	3-2	1-0	2-0	1-2	4-2	2-0	2-1	2-1	3-1	2-0	1-0		1-1	1-2
Rotherham United FC	3-2	2-1	0-1	3-3	3-0	4-1	2-3	2-0	1-1	0-1	0-0	4-2	1-1	0-2	3-1	1-2	2-1	4-2	0-1	2-1		2-2
Wolverhampton Wanderers FC	1-2	4-0	5-2	1-1	4-1	7-1	1-1	1-0	1-3	1-1	5-3	1-0	4-0	0-0	2-0	1-0	4-1	2-1	3-1	3-2	2-0	

	Division 2	Pd	Wn	Dw	Ls	GF	GA	Pts	
1.	Coventry City FC (Coventry)	42	23	13	6	74	43	59	P
2.	Wolverhampton Wanderers FC (Wolverhampton)	42	25	8	9	88	48	58	P
3.	Carlisle United FC (Carlisle)	42	23	6	13	71	54	52	
4.	Blackburn Rovers FC (Blackburn)	42	19	13	10	56	46	51	
5.	Ipswich Town FC (Ipswich)	42	17	16	9	70	54	50	
6.	Huddersfield Town AFC (Huddersfield)	42	20	9	13	58	46	49	
7.	Crystal Palace FC (London)	42	19	10	13	61	55	48	
8.	Millwall FC (London)	42	18	9	15	49	58	45	
9.	Bolton Wanderers FC (Bolton)	42	14	14	14	64	58	42	
10.	Birmingham City FC (Birmingham)	42	16	8	18	70	66	40	
11.	Norwich City FC (Norwich)	42	13	14	15	49	55	40	
12.	Hull City AFC (Kingston upon Hull)	42	16	7	19	77	72	39	
13.	Preston North End FC (Preston)	42	16	7	19	65	67	39	
14.	Portsmouth FC (Portsmouth)	42	13	13	16	59	70	39	
15.	Bristol City FC (Bristol)	42	12	14	16	56	62	38	
16.	Plymouth Argyle FC (Plymouth)	42	14	9	19	59	58	37	
17.	Derby County FC (Derby)	42	12	12	18	68	72	36	
18.	Rotherham United FC (Rotherham)	42	13	10	19	61	70	36	
19.	Charlton Athletic FC (London)	42	13	9	20	49	53	35	
20.	Cardiff City AFC (Cardiff)	42	12	9	21	61	87	33	
21.	Northampton Town FC (Northampton)	42	12	6	24	47	84	30	R
22.	Bury FC (Bury)	42	11	6	25	49	83	28	R
		924	351	222	351	1361	1361	924	

Football League Division 3 1966-67 Season	Bournemouth	Brighton & H.A.	Bristol Rovers	Colchester U.	Darlington	Doncaster R.	Gillingham	Grimsby Town	Leyton Orient	Mansfield T.	Middlesbrough	Oldham Ath.	Oxford United	Peterborough U.	Q.P.R.	Reading	Scunthorpe U.	Shrewsbury T.	Swansea Town	Swindon Town	Torquay United	Walsall	Watford	Workington
Bournemouth & Bos.		2-1	0-0	1-1	1-1	4-1	1-0	0-0	1-0	1-3	1-1	2-1	0-0	1-1	1-3	2-2	0-0	0-3	1-0	1-4	1-0	3-0	0-0	0-2
Brighton & Hove Alb.	0-3		3-2	1-1	5-0	0-0	2-2	0-2	1-0	1-0	1-1	2-0	2-0	5-2	2-2	0-1	2-2	2-1	3-2	2-2	0-1	2-3	1-0	0-0
Bristol Rovers FC	1-1	2-2		4-1	3-0	4-2	4-1	0-0	1-0	4-4	2-2	2-1	2-1	1-1	2-1	2-1	1-1	1-0	3-3	3-0	1-0	4-2	0-3	0-1
Colchester United FC	2-0	3-2	3-1		2-3	5-0	0-0	4-0	2-2	3-0	2-3	3-2	1-2	1-4	1-3	2-0	0-1	3-1	3-1	2-1	1-0	5-1	2-1	2-2
Darlington FC	1-2	3-1	0-3	0-4		3-2	1-1	1-0	0-0	1-1	0-3	2-3	1-2	5-0	0-0	0-1	2-1	1-1	1-0	2-1	0-0	0-1	1-0	1-1
Doncaster Rovers FC	1-1	1-1	3-2	1-4	0-4		2-3	3-2	2-2	4-6	0-4	1-1	2-1	3-1	1-1	0-2	3-0	2-1	4-1	1-0	2-1	2-1	0-0	2-1
Gillingham FC	0-0	2-0	1-0	2-1	1-2	3-1		2-0	0-0	5-2	5-1	1-0	3-1	2-2	2-2	0-2	0-1	1-1	0-0	1-0	0-0	0-0	4-1	1-1
Grimsby Town FC	1-0	2-3	0-0	0-0	4-1	4-1	4-0		1-2	1-2	2-1	1-0	1-0	1-1	1-1	2-0	7-1	1-1	2-1	3-4	1-0	3-1	0-2	4-1
Leyton Orient FC	1-0	3-2	0-2	3-3	1-2	4-1	0-1	1-1		4-2	2-0	2-2	2-1	1-1	0-0	3-2	3-1	2-2	1-0	0-0	0-0	0-2	1-1	2-1
Mansfield Town FC	1-0	2-1	2-0	2-0	2-2	3-1	4-1	4-0	1-1		4-5	2-4	1-1	0-0	1-7	4-2	3-1	0-1	1-2	1-3	4-2	4-1	2-1	0-1
Middlesbrough FC	3-1	1-0	1-2	4-0	4-0	2-0	1-1	0-1	3-1	1-0		0-2	4-1	2-1	2-2	2-2	2-1	1-0	4-1	4-0	4-0	0-2	3-0	3-2
Oldham Athletic AFC	1-1	4-1	3-0	4-0	4-0	1-0	2-1	0-1	3-1	0-0	0-1		1-1	1-0	0-1	1-3	2-0	4-1	4-1	1-0	5-0	6-2	1-1	3-0
Oxford United FC	1-1	1-2	4-1	1-1	3-2	6-1	1-1	3-1	0-0	2-1	1-1	3-1		0-3	2-1	1-3	2-1	2-1	2-3	0-0	2-2	1-2	0-0	3-0
Peterborough United	2-0	2-1	1-1	2-1	2-0	3-3	2-0	2-1	0-2	3-1	1-2	3-1	2-3		0-2	2-1	1-0	0-2	4-4	1-2	0-1	2-1	2-2	3-0
Queen's Park Rangers	4-0	3-0	3-0	2-1	4-0	6-0	2-0	5-1	4-1	0-0	4-0	0-1	3-1	0-0		2-1	5-1	2-2	4-2	3-1	2-1	0-0	4-1	4-1
Reading FC	0-0	1-1	1-2	2-3	1-0	4-0	2-1	6-0	1-0	2-2	0-0	2-1	1-2	2-2	2-2		4-0	2-0	2-0	2-1	2-1	3-1	1-1	2-0
Scunthorpe United	0-1	0-1	3-1	3-1	2-0	2-1	1-2	0-0	2-2	2-1	3-2	1-1	2-2	1-0	0-2	0-2		2-0	4-3	1-2	3-1	2-0	1-0	4-1
Shrewsbury Town	4-1	0-0	3-4	2-1	3-0	2-1	3-1	0-1	6-1	1-0	1-0	3-1	1-0	1-1	0-0	1-0	4-3		2-2	3-1	3-2	1-2	1-1	3-1
Swansea Town AFC	0-1	1-1	2-2	1-0	1-1	6-0	1-1	2-0	2-0	0-1	4-4	3-0	0-1	3-3	1-3	5-2	0-1	5-2		2-2	0-0	4-1	2-2	5-2
Swindon Town FC	1-0	1-1	0-1	1-1	4-0	0-1	2-0	3-1	5-1	3-1	4-1	6-3	3-0	4-1	1-1	0-1	2-1	2-2	4-0		0-0	3-2	1-2	3-0
Torquay United FC	3-2	5-0	2-1	5-0	2-0	4-0	4-1	3-1	1-1	1-2	2-1	4-0	1-0	1-0	1-1	3-0	1-1	0-2	2-4	1-0		5-2	1-0	5-1
Walsall FC	3-0	2-1	1-1	1-0	1-1	4-0	3-0	1-0	1-1	1-2	2-1	1-1	2-0	1-1	2-0	3-1	2-0	2-2	1-1	1-1	0-1		0-1	2-0
Watford FC	3-0	1-1	3-1	0-0	2-0	4-1	1-1	3-1	1-3	0-1	2-0	2-2	2-0	3-1	1-0	1-0	0-1	1-0	1-1	2-0	2-1	2-1		2-1
Workington AFC	0-0	2-1	0-2	1-0	1-2	3-1	1-3	2-1	3-1	2-4	1-2	1-1	0-0	1-0	0-2	1-2	1-0	2-3	6-3	1-3	1-2	4-0	1-2	

	Division 3	Pd	Wn	Dw	Ls	GF	GA	Pts	
1.	Queen's Park Rangers FC (London)	46	26	15	5	103	38	67	P
2.	Middlesbrough FC (Middlesbrough)	46	23	9	14	87	64	55	P
3.	Watford FC (Watford)	46	20	14	12	61	46	54	
4.	Reading FC (Reading)	46	22	9	15	76	57	53	
5.	Bristol Rovers FC (Bristol)	46	20	13	13	76	67	53	
6.	Shrewsbury Town FC (Shrewsbury)	46	20	12	14	77	62	52	
7.	Torquay United FC (Torquay)	46	21	9	16	73	54	51	
8.	Swindon Town FC (Swindon)	46	20	10	16	81	59	50	
9.	Mansfield Town FC (Mansfield)	46	20	9	17	84	79	49	
10.	Oldham Athletic AFC (Oldham)	46	19	10	17	80	63	48	
11.	Gillingham FC (Gillingham)	46	15	16	15	58	62	46	
12.	Walsall FC (Walsall)	46	18	10	18	65	72	46	
13.	Colchester United FC (Colchester)	46	17	10	19	76	73	44	
14.	Leyton Orient FC (London)	46	13	18	15	58	68	44	*
15.	Peterborough United FC (Peterborough)	46	14	15	17	66	71	43	
16.	Oxford United FC (Oxford)	46	15	13	16	61	66	43	
17.	Grimsby Town FC (Cleethorpes)	46	17	9	20	61	68	43	
18.	Scunthorpe United FC (Scunthorpe)	46	17	8	21	58	73	42	
19.	Brighton & Hove Albion FC (Hove)	46	13	15	18	61	71	41	
20.	Bournemouth & Boscombe Athletic FC (Bournemouth)	46	12	17	17	39	57	41	
21.	Swansea Town AFC (Swansea)	46	12	15	19	85	89	39	R
22.	Darlington FC (Darlington)	46	13	11	22	47	81	37	R
23.	Doncaster Rovers FC (Doncaster)	46	12	8	26	58	117	32	R
24.	Workington AFC (Workington)	46	12	7	27	55	89	31	R
		1104	411	282	411	1646	1646	1104	

* Leyton Orient FC (London) changed their club name to Orient FC (London) for the next season.

Football League Division 4 1966-67 Season	Aldershot Town	Barnsley	Barrow	Bradford City	Bradford P.A.	Brentford	Chester	Chesterfield	Crewe Alexandra	Exeter City	Halifax Town	Hartlepools	Lincoln City	Luton Town	Newport County	Notts County	Port Vale	Rochdale	Southend United	Southport	Stockport County	Tranmere Rovers	Wrexham	York City
Aldershot Town FC		3-2	0-1	0-3	1-2	3-1	3-0	4-0	1-0	1-0	0-1	1-1	1-0	4-1	5-0	4-1	0-1	4-0	5-2	4-1	1-1	1-1	2-0	0-0
Barnsley FC	1-1		2-3	1-1	2-0	0-1	1-2	0-3	1-0	2-1	4-1	1-2	2-1	2-1	1-1	0-0	1-0	3-1	1-2	0-0	1-2	2-2	2-2	0-1
Barrow AFC	1-1	2-0		0-1	1-0	1-0	1-1	2-1	3-2	5-0	1-0	2-3	2-1	3-0	1-0	0-1	2-2	2-0	1-0	2-2	1-1	0-0	1-1	1-1
Bradford City AFC	4-1	1-1	5-2		2-3	2-0	2-3	3-1	0-3	1-1	1-2	3-0	2-1	2-1	1-2	3-1	2-0	4-1	2-1	3-3	0-1	1-0	3-3	1-0
Bradford Park Ave.	1-1	1-3	0-1	2-0		2-2	2-3	2-0	1-4	2-2	1-0	1-2	2-1	0-0	3-1	4-1	1-1	0-3	1-2	0-0	0-1	2-3	1-3	1-0
Brentford FC	1-0	3-1	0-3	2-0	1-1		4-0	1-0	0-2	3-1	1-0	1-2	2-2	1-0	1-1	1-0	2-0	4-0	1-1	2-1	2-1	1-1	1-1	1-1
Chester FC	0-0	1-0	1-1	1-0	0-3	1-2		2-1	0-3	0-2	0-2	1-0	0-1	0-0	4-2	1-2	1-3	3-2	1-1	2-1	1-1	0-1	1-3	3-1
Chesterfield FC	1-1	1-0	1-2	0-1	4-1	3-0	0-2		0-0	1-0	1-1	1-0	3-1	0-0	0-1	1-1	2-1	0-0	2-1	2-1	2-1	3-1	4-0	1-0
Crewe Alexandra FC	2-1	2-2	3-2	1-0	1-3	1-0	3-1	2-1		2-2	1-1	1-2	3-0	3-1	3-2	4-1	1-0	2-1	1-0	1-1	1-1	1-2	1-2	2-0
Exeter City FC	1-1	0-3	1-1	2-2	4-1	1-0	2-0	1-1	2-0		3-2	1-0	1-0	2-1	0-0	1-0	0-1	0-0	0-1	0-0	0-3	1-4	4-1	3-1
Halifax Town AFC	2-2	1-1	1-4	2-2	0-0	3-2	2-1	1-0	1-0	0-0		2-1	0-0	1-1	2-2	5-2	2-2	1-1	2-2	2-0	0-1	2-1	3-1	2-1
Hartlepools United	3-2	1-1	2-1	1-0	2-0	2-2	3-2	3-2	1-2	3-1	1-3		5-0	2-1	0-1	2-1	2-1	2-1	1-2	1-1	1-0	0-2	2-1	4-2
Lincoln City FC	0-4	0-1	2-1	1-4	2-2	3-	2-3	2-1	1-1	1-1	3-3	3-0		8-1	2-2	2-1	0-1	0-2	2-2	0-4	0-1	2-0	1-1	2-2
Luton Town FC	4-0	1-1	3-1	0-0	2-2	3-0	1-0	3-2	2-1	4-0	2-0	0-2	2-1		3-1	2-5	1-1	3-1	1-0	0-0	0-3	2-0	3-1	5-1
Newport County AFC	1-2	2-0	0-1	1-1	0-0	1-1	2-3	4-1	2-1	3-2	3-0	0-2	0-0	2-0		1-0	1-1	2-2	3-0	0-0	1-1	1-2	1-1	4-2
Notts County FC	3-0	0-3	2-2	1-3	2-1	3-2	3-0	0-2	1-1	0-1	2-1	0-0	2-1	1-2	2-1		0-0	2-0	1-0	0-1	2-2	0-0	2-2	2-0
Port Vale FC	0-2	3-1	2-1	3-2	0-0	1-3	1-1	2-3	1-1	2-0	0-1	0-0	2-2	1-0	2-0	0-0		5-0	1-3	2-1	0-2	1-1	0-2	4-1
Rochdale AFC	2-1	1-1	1-3	0-1	1-0	1-3	0-1	2-1	0-1	1-0	3-0	3-2	1-0	3-0	2-0	1-1	1-2		1-2	1-1	1-0	1-2	1-3	2-2
Southend United FC	4-0	3-0	1-3	2-1	4-0	3-0	5-1	4-1	1-1	0-0	1-0	2-0	3-0	2-0	1-0	1-0	4-1	0-0		0-1	0-1	0-0	1-1	2-1
Southport FC	1-0	3-0	4-1	2-1	1-0	2-0	4-3	1-2	4-1	1-1	2-0	3-1	2-1	4-1	1-0	2-1	0-0	1-2	1-0		4-0	1-0	1-0	2-0
Stockport County FC	1-0	2-1	2-1	1-0	4-0	1-2	1-1	3-1	1-1	1-0	2-1	2-0	4-5	1-0	0-0	2-0	1-1	2-2	4-1	1-0		1-0	1-0	3-1
Tranmere Rovers FC	2-2	3-3	1-2	3-1	2-2	0-0	0-0	1-0	5-0	1-1	1-0	2-0	1-0	1-0	2-1	3-0	2-1	3-1	1-2	1-2	3-0		2-1	2-1
Wrexham AFC	2-0	2-2	1-1	1-1	6-0	0-0	3-1	3-2	1-1	0-0	4-0	4-1	0-0	2-0	2-2	3-2	2-1	4-2	2-0	1-1	2-2	0-0		1-1
York City FC	1-2	0-3	1-2	4-1	3-1	0-0	1-1	1-1	0-2	2-4	4-3	1-1	3-1	5-1	2-1	4-1	3-1	1-1	2-1	2-0	1-2	0-1	4-0	

	Division 4	Pd	Wn	Dw	Ls	GF	GA	Pts	
1.	Stockport County FC (Stockport)	46	26	12	8	69	42	64	P
2.	Southport FC (Southport)	46	23	13	10	69	42	59	P
3.	Barrow AFC (Barrow-in-Furness)	46	24	11	11	76	54	59	P
4.	Tranmere Rovers FC (Birkenhead)	46	22	14	10	66	43	58	P
5.	Crewe Alexandra FC (Crewe)	46	21	12	13	70	55	54	
6.	Southend United FC (Southend-on-Sea)	46	22	9	15	70	49	53	
7.	Wrexham AFC (Wrexham)	46	16	20	10	76	62	52	
8.	Hartlepools United FC (Hartlepool)	46	22	7	17	66	64	51	
9.	Brentford FC (London)	46	18	13	15	58	56	49	
10.	Aldershot FC (Aldershot)	46	18	12	16	72	57	48	
11.	Bradford City AFC (Bradford)	46	19	10	17	74	62	48	
12.	Halifax Town AFC (Halifax)	46	15	14	17	59	68	44	
13.	Port Vale FC (Stoke-on-Trent)	46	14	15	17	55	58	43	
14.	Exeter City FC (Exeter)	46	14	15	17	50	60	43	
15.	Chesterfield FC (Chesterfield)	46	17	8	21	60	63	42	
16.	Barnsley FC (Barnsley)	46	13	15	18	60	64	41	
17.	Luton Town FC (Luton)	46	16	9	21	59	73	41	
18.	Newport County AFC (Newport)	46	12	16	18	56	63	40	
19.	Chester FC (Chester)	46	15	10	21	54	78	40	
20.	Notts County FC (Nottingham)	46	13	11	22	53	72	37	
21.	Rochdale AFC (Rochdale)	46	13	11	22	53	75	37	
22.	York City FC (York)	46	12	11	23	65	79	35	
23.	Bradford Park Avenue FC (Bradford)	46	11	13	22	52	79	35	
24.	Lincoln City FC (Lincoln)	46	9	13	24	58	82	31	
		1104	405	294	405	1500	1500	1104	

F.A. CUP FINAL (Wembley Stadium, London – 20/05/1967 – 100,000)

TOTTENHAM HOTSPUR FC (LONDON)	2-1	Chelsea FC (London)
Robertson, Saul		*Tambling*

Tottenham: Jennings, Kinnear, Knowles, Mullery, England, Mackay, Robertson, Greaves, Gilzean, Venables, Saul.
Chelsea: Bonetti, A.Harris, McCreadie, Hollins, Hinton, R.Harris, Cooke, Baldwin, Hateley, Tambling, Boyle.

Semi-finals

Chelsea FC (London)	1-0	Leeds United AFC (Leeds)
Nottingham Forest FC (Nottingham)	1-2	Tottenham Hotspur FC (London)

Quarter-finals

Birmingham City FC (Birmingham)	0-0, 0-6	Tottenham Hotspur FC (London)
Chelsea FC (London)	1-0	Sheffield Wednesday FC (Sheffield)
Leeds United AFC (Leeds)	1-0	Manchester City FC (Manchester)
Nottingham Forest FC (Nottingham)	3-2	Everton FC (Liverpool)

1967-68

Football League Division 1 1967-68 Season	Arsenal	Burnley	Chelsea	Coventry City	Everton	Fulham	Leeds United	Leicester City	Liverpool	Man. City	Man. United	Newcastle Utd.	Nottingham F.	Sheffield Utd.	Sheffield Wed.	Southampton	Stoke City	Sunderland	Tottenham H.	W.B.A.	West Ham Utd.	Wolves
Arsenal FC		2-0	1-1	1-1	2-2	5-3	4-3	2-1	2-0	1-0	0-2	0-0	3-0	1-1	3-2	0-3	2-0	2-1	4-0	2-1	0-0	0-2
Burnley FC	1-0		1-1	2-1	2-1	2-0	3-0	1-1	1-1	0-1	2-1	2-0	1-1	0-2	2-1	2-0	4-0	3-0	5-1	0-0	3-3	1-1
Chelsea FC	2-1	2-1		1-1	1-1	1-1	0-0	4-1	3-1	1-0	1-1	1-1	1-0	4-2	3-0	2-6	2-2	1-0	2-0	0-3	1-3	1-0
Coventry City FC	1-1	5-1	2-1		0-2	0-3	0-1	0-1	1-1	0-3	2-0	1-4	1-3	2-2	3-0	2-1	2-0	2-2	2-3	4-2	1-1	1-0
Everton FC	2-0	2-0	2-1	3-1		5-1	0-1	2-1	1-0	1-1	3-1	1-0	1-0	1-0	1-0	4-2	3-0	3-0	0-1	2-1	2-0	4-2
Fulham FC	1-3	4-3	2-2	1-1	2-1		0-5	0-1	1-1	2-4	0-4	2-0	2-0	0-1	2-0	2-2	0-2	3-2	1-2	1-2	0-3	1-2
Leeds United AFC	3-1	2-1	7-0	1-1	2-0	2-0		3-2	1-2	2-0	1-0	2-0	1-1	3-0	3-2	5-0	2-0	1-1	1-0	3-1	2-1	2-1
Leicester City FC	2-2	0-2	2-2	0-0	0-2	1-2	2-2		2-1	1-0	2-2	2-2	4-2	3-1	3-0	4-1	0-0	0-2	2-3	2-3	2-4	3-1
Liverpool FC	2-0	3-2	3-1	1-0	1-0	4-1	2-0	3-1		1-1	1-2	6-0	6-1	1-2	1-0	2-0	2-1	2-1	1-1	4-1	3-1	2-1
Manchester City FC	1-1	4-2	1-0	3-1	2-0	5-1	1-0	6-0	0-0		1-2	2-0	2-0	5-2	1-0	4-2	4-2	1-0	4-1	0-2	3-0	2-0
Manchester United FC	1-0	2-2	1-3	4-0	3-1	3-0	1-0	1-1	1-2	1-3		6-0	3-0	1-0	4-2	3-2	1-0	1-2	3-1	2-1	3-1	4-0
Newcastle United FC	2-1	1-0	5-1	3-2	1-0	2-1	1-1	0-0	1-1	3-4	2-2		0-0	1-0	4-0	3-0	1-1	2-1	1-3	2-2	1-0	2-0
Nottingham Forest FC	2-0	1-0	3-0	3-3	1-0	2-2	0-2	2-1	0-1	0-3	3-1	4-0		1-0	0-0	2-2	3-0	0-3	0-0	3-2	1-1	3-1
Sheffield United FC	2-4	1-0	1-2	2-0	0-1	2-3	1-0	0-0	1-1	0-3	0-3	2-1	1-3		0-1	4-1	1-0	1-2	3-2	1-1	1-2	1-1
Sheffield Wednesday FC	1-2	2-1	2-2	4-0	0-0	4-2	0-1	2-1	1-2	1-1	1-1	1-1	0-0	1-1		2-0	1-1	0-1	1-2	2-2	4-1	2-2
Southampton FC	2-0	2-2	3-5	0-0	3-2	2-1	1-1	1-5	1-0	3-2	2-2	0-0	2-1	3-3	2-0		1-2	3-2	1-2	4-0	0-0	1-1
Stoke City FC	0-1	0-2	0-1	3-3	1-0	0-1	3-2	3-2	2-1	3-0	2-4	2-1	1-3	1-1	0-1	3-2		2-1	2-1	0-0	2-0	0-2
Sunderland AFC	2-0	2-2	2-3	1-1	1-0	3-0	2-2	0-2	1-1	1-0	1-1	3-3	1-0	2-1	0-2	0-3	3-1		0-1	0-0	1-5	2-0
Tottenham Hotspur FC	1-0	5-0	2-0	4-2	1-1	2-2	2-1	0-1	1-1	1-3	1-2	1-1	1-1	1-1	2-1	6-1	3-0	3-0		0-0	5-1	2-1
West Bromwich Albion FC	1-3	8-1	0-1	0-1	2-6	2-1	2-0	0-0	0-2	3-2	6-3	2-0	2-1	4-1	1-1	0-0	3-0	0-0	2-0		3-1	4-1
West Ham United FC	1-1	4-2	0-1	0-0	1-1	7-2	0-0	4-2	1-0	2-3	1-3	5-0	3-0	3-0	2-3	0-1	3-4	1-1	2-1	2-3		1-2
Wolverhampton Wanderers FC	3-2	3-2	3-0	2-0	1-3	3-2	2-0	1-3	1-1	0-0	2-3	2-2	6-1	1-3	2-3	2-0	3-4	2-1	2-1	3-3	1-2	

	Division 1	Pd	Wn	Dw	Ls	GF	GA	Pts	
1.	MANCHESTER CITY FC (MANCHESTER)	42	26	6	10	86	43	58	
2.	Manchester United FC (Manchester)	42	24	8	10	89	55	56	
3.	Liverpool FC (Liverpool)	42	22	11	9	71	40	55	
4.	Leeds United AFC (Leeds)	42	22	9	11	71	41	53	
5.	Everton FC (Liverpool)	42	23	6	13	67	40	52	
6.	Chelsea FC (London)	42	18	12	12	62	68	48	
7.	Tottenham Hotspur FC (London)	42	19	9	14	70	59	47	
8.	West Bromwich Albion FC (West Bromwich)	42	17	12	13	75	62	46	
9.	Arsenal FC (London)	42	17	10	15	60	56	44	
10.	Newcastle United FC (Newcastle upon Tyne)	42	13	15	14	54	67	41	
11.	Nottingham Forest FC (Nottingham)	42	14	11	17	52	64	39	
12.	West Ham United FC (London)	42	14	10	18	73	69	38	
13.	Leicester City FC (Leicester)	42	13	12	17	64	69	38	
14.	Burnley FC (Burnley)	42	14	10	18	64	71	38	
15.	Sunderland AFC (Sunderland)	42	13	11	18	51	61	37	
16.	Southampton FC (Southampton)	42	13	11	18	66	83	37	
17.	Wolverhampton Wanderers FC (Wolverhampton)	42	14	8	20	66	75	36	
18.	Stoke City FC (Stoke-on-Trent)	42	14	7	21	50	73	35	
19.	Sheffield Wednesday FC (Sheffield)	42	11	12	19	51	63	34	
20.	Coventry City FC (Coventry)	42	9	15	18	51	71	33	
21.	Sheffield United FC (Sheffield)	42	11	10	21	49	70	32	R
22.	Fulham FC (London)	42	10	7	25	56	98	27	R
		924	351	222	351	1398	1398	924	

Top Goalscorers

1)	George BEST	(Manchester United FC)	28
	Ron DAVIES	(Southampton FC)	28

Football League Division 2 1967-68 Season	Aston Villa	Birmingham City	Blackburn Rovers	Blackpool	Bolton Wanderers	Bristol City	Cardiff City	Carlisle United	Charlton Athletic	Crystal Palace	Derby County	Huddersfield Town	Hull City	Ipswich Town	Middlesbrough	Millwall	Norwich City	Plymouth Argyle	Portsmouth	Preston North End	Q.P.R.	Rotherham United
Aston Villa FC		2-4	1-2	3-2	1-1	2-4	2-1	1-0	4-1	0-1	2-1	0-0	2-3	2-2	0-1	3-1	4-2	0-1	1-0	1-0	1-2	3-1
Birmingham City FC	2-1		1-1	1-2	4-0	4-1	0-0	1-3	4-0	1-0	3-1	6-1	6-2	0-0	6-1	2-3	0-0	2-2	2-2	3-0	2-0	4-1
Blackburn Rovers FC	2-1	1-2		2-1	2-1	2-0	1-1	1-0	3-2	2-1	3-0	0-0	2-0	2-1	3-0	2-0	0-0	1-1	2-2	0-1	0-1	3-1
Blackpool FC	1-0	1-0	2-1		1-1	1-1	3-1	1-1	2-0	2-0	1-1	2-0	3-1	0-0	3-0	1-4	0-2	2-0	2-0	4-1	0-1	1-1
Bolton Wanderers FC	2-3	1-1	2-1	1-2		1-0	1-1	2-3	2-0	2-2	5-3	3-1	6-1	1-2	2-0	1-1	2-0	1-2	1-2	0-0	1-1	0-2
Bristol City FC	0-0	3-1	0-0	2-4	1-1		1-1	1-0	0-2	2-1	1-0	2-3	3-3	1-1	0-0	0-2	0-2	2-0	3-0	4-1	0-2	0-1
Cardiff City AFC	3-0	1-3	3-2	1-3	1-3	0-1		1-0	0-0	4-2	1-5	0-0	2-3	1-1	3-0	2-2	3-1	1-1	3-0	2-0	1-0	2-2
Carlisle United FC	1-2	1-1	1-0	1-3	3-0	0-0	1-3		0-0	3-0	1-1	2-1	1-1	4-1	2-2	1-1	2-2	2-0	1-1	4-1	3-1	4-1
Charlton Athletic FC	3-0	3-1	3-0	0-2	2-0	1-2	1-1	2-2		0-1	1-2	4-2	5-1	0-1	2-2	1-0	3-3	1-0	4-1	0-0	3-3	4-1
Crystal Palace FC	0-1	0-0	1-0	3-1	0-3	2-0	2-1	1-1	3-0		1-0	0-1	0-1	1-3	1-3	2-2	6-0	5-0	2-2	2-0	1-0	1-0
Derby County FC	3-1	2-2	2-2	1-3	2-1	3-1	3-4	0-1	3-2	1-1		1-0	1-2	2-3	2-4	3-3	1-1	1-0	0-1	1-2	4-0	4-1
Huddersfield Town AFC	0-0	2-3	2-1	1-3	1-1	0-3	1-0	1-1	4-1	1-1	3-1		2-0	1-4	1-0	1-0	2-0	0-1	2-2	1-1	1-0	2-0
Hull City AFC	3-0	0-1	1-1	0-1	1-2	4-2	1-2	1-0	1-1	1-1	3-0	1-1		1-1	0-2	1-1	0-2	0-2	1-1	1-1	2-0	2-1
Ipswich Town FC	2-1	2-1	1-1	1-1	1-1	5-0	4-2	3-1	3-2	2-2	4-0	2-0	2-0		1-2	2-1	0-0	1-1	1-2	4-0	2-2	2-0
Middlesbrough FC	1-1	1-1	0-0	0-0	1-2	2-1	2-3	4-0	1-1	3-0	2-2	3-2	2-1	0-2		0-1	2-0	5-0	1-0	5-0	3-1	1-1
Millwall FC	1-2	1-1	1-2	1-1	3-0	1-1	3-1	1-0	0-0	5-1	1-1	1-1	1-1	1-1	4-0		1-0	3-0	3-2	2-0	1-1	0-0
Norwich City FC	1-0	4-2	1-0	1-2	3-1	3-2	1-0	2-1	1-1	2-1	3-2	0-1	2-2	3-4	2-1	5-2		2-0	1-3	1-3	0-0	2-2
Plymouth Argyle FC	2-1	1-2	2-1	2-2	1-2	0-1	0-0	3-1	1-4	2-1	3-4	1-1	2-5	0-1	0-1	2-1	2-2		1-2	1-2	0-1	0-1
Portsmouth FC	2-2	1-2	2-1	3-1	3-0	2-0	3-1	2-1	4-0	2-2	3-2	3-1	3-0	1-2	2-0	0-0	3-0	0-0		2-1	1-1	1-1
Preston North End FC	2-1	0-0	3-5	0-2	1-1	0-1	3-0	0-2	4-1	0-0	1-1	3-1	3-2	1-1	0-0	0-1	1-0	2-0	3-1		0-2	2-2
Queen's Park Rangers FC	3-0	2-0	3-1	2-0	1-0	3-1	1-0	1-0	2-1	2-1	0-1	3-0	1-1	1-0	1-1	3-1	2-0	4-1	2-0	2-0		6-0
Rotherham United FC	0-2	1-1	1-0	1-2	2-2	1-0	3-2	1-2	1-1	0-3	1-3	1-0	1-3	1-3	0-1	2-0	1-3	1-0	1-1	1-0	1-3	

	Division 2	**Pd**	**Wn**	**Dw**	**Ls**	**GF**	**GA**	**Pts**	
1.	Ipswich Town FC (Ipswich)	42	22	15	5	79	44	59	P
2.	Queen's Park Rangers FC (London)	42	25	8	9	67	36	58	P
3.	Blackpool FC (Blackpool)	42	24	10	8	71	43	58	
4.	Birmingham City FC (Birmingham)	42	19	14	9	83	51	52	
5.	Portsmouth FC (Portsmouth)	42	18	13	11	68	55	49	
6.	Middlesbrough FC (Middlesbrough)	42	17	12	13	60	54	46	
7.	Millwall FC (London)	42	14	17	11	62	50	45	
8.	Blackburn Rovers FC (Blackburn)	42	16	11	15	56	49	43	
9.	Norwich City FC (Norwich)	42	16	11	15	60	65	43	
10.	Carlisle United FC (Carlisle)	42	14	13	15	58	52	41	
11.	Crystal Palace FC (London)	42	14	11	17	56	56	39	
12.	Bolton Wanderers FC (Bolton)	42	13	13	16	60	63	39	
13.	Cardiff City AFC (Cardiff)	42	13	12	17	60	66	38	
14.	Huddersfield Town AFC (Huddersfield)	42	13	12	17	46	61	38	
15.	Charlton Athletic FC (London)	42	12	13	17	63	68	37	
16.	Aston Villa FC (Birmingham)	42	15	7	20	54	64	37	
17.	Hull City AFC (Kingston upon Hull)	42	12	13	17	59	73	37	
18.	Derby County FC (Derby)	42	13	10	19	71	78	36	
19.	Bristol City FC (Bristol)	42	13	10	19	48	62	36	
20.	Preston North End FC (Preston)	42	12	11	19	43	65	35	
21.	Rotherham United FC (Rotherham)	42	10	11	21	42	76	31	R
22.	Plymouth Argyle FC (Plymouth)	42	9	9	24	38	72	27	R
		924	334	256	334	1303	1303	924	

Football League Division 3 1967-68 Season	Barrow	Bournemouth	Brighton & H.A.	Bristol Rovers	Bury	Colchester U.	Gillingham	Grimsby Town	Mansfield Town	Northampton T.	Oldham Athletic	Orient	Oxford United	Peterborough U.	Reading	Scunthorpe U.	Shrewsbury T.	Southport	Stockport Co.	Swindon Town	Torquay United	Tranmere R.	Walsall	Watford
Barrow AFC		1-1	1-1	1-0	1-1	5-0	0-1	2-0	0-1	4-0	4-1	1-0	3-0	1-2	1-0	2-1	3-0	3-1	3-0	1-1	3-0	2-1	1-1	0-0
Bournemouth & Bos.	3-0		2-2	3-1	1-0	1-2	4-0	1-0	3-0	0-2	0-0	0-0	2-1	3-3	2-0	1-0	1-1	4-1	1-0	2-1	1-1	3-0	1-1	0-1
Brighton & Hove Alb.	1-1	2-3		1-1	1-0	0-0	3-0	3-1	3-0	0-2	0-1	1-1	0-0	1-1	1-1	3-1	3-0	1-0	3-0	0-0	0-1	2-0	1-0	1-0
Bristol Rovers FC	1-0	2-0	3-1		3-1	1-1	1-1	3-0	2-0	2-0	4-3	0-2	1-1	2-1	1-0	4-0	4-1	1-3	0-2	1-2	1-0	3-1	2-3	0-2
Bury FC	1-2	4-0	4-0	4-2		2-0	3-2	2-0	3-1	3-1	3-1	1-0	1-1	4-0	2-0	4-3	2-0	3-2	5-3	1-1	5-1	3-3	2-1	2-0
Colchester United FC	3-2	0-1	0-0	2-0	0-0		2-2	1-3	1-2	2-1	0-0	1-1	1-2	1-5	2-5	1-0	0-3	1-1	1-1	2-1	3-5	1-2	2-2	2-1
Gillingham FC	3-0	0-0	1-1	0-0	2-0	1-0		1-0	2-1	2-0	1-0	2-3	2-1	3-2	3-0	3-1	0-1	1-4	3-1	3-1	1-1	1-1	0-1	0-0
Grimsby Town FC	0-1	2-1	4-2	3-2	3-1	1-2	1-1		0-0	0-0	0-1	0-0	0-1	1-1	1-1	2-1	0-1	2-0	3-1	3-2	1-1	3-0	3-0	0-1
Mansfield Town FC	1-2	1-1	1-3	3-0	1-1	2-1	0-1	1-1		3-2	1-1	0-0	1-0	2-3	2-2	3-0	0-1	4-2	1-0	2-2	2-0	0-3	0-3	1-2
Northampton Town	3-0	1-0	2-2	4-5	0-1	2-2	1-1	3-0	1-1		1-2	2-1	1-1	3-1	1-2	1-0	2-2	1-1	4-1	2-0	1-0	0-1	3-0	1-1
Oldham Athletic AFC	3-1	1-1	3-0	3-5	1-2	2-1	0-1	2-1	1-0	2-0		2-2	3-1	0-2	1-3	3-4	0-0	2-0	4-1	0-2	0-1	2-1	0-3	2-0
Orient FC	4-2	1-0	1-2	2-2	1-0	1-1	0-4	1-0	0-0	1-3	0-2		1-0	3-0	1-0	2-1	1-1	3-0	2-2	0-0	0-2	0-1	2-0	0-1
Oxford United FC	3-1	3-2	2-0	0-2	5-4	3-1	3-0	2-1	2-0	1-0	3-1	2-0		3-1	2-0	2-3	2-2	1-0	2-2	0-0	2-0	1-0	4-0	1-0
Peterborough United	0-1	2-0	2-3	4-1	0-2	3-1	3-0	3-2	2-0	4-0	2-1	3-2	1-1		2-3	1-1	0-1	1-0	2-0	1-1	2-0	1-1	2-1	5-1
Reading FC	3-0	1-0	1-0	2-1	3-4	1-0	3-1	3-0	2-1	0-0	0-1	4-2	1-1	0-1		2-1	0-0	1-1	3-0	2-1	4-0	3-0	2-2	2-0
Scunthorpe United	2-4	1-1	1-3	1-1	3-1	5-1	2-1	0-3	3-3	1-1	2-0	1-1	1-1	2-1	1-2		0-0	1-0	0-2	3-1	2-0	1-1	2-5	1-1
Shrewsbury Town	1-0	1-0	0-0	0-0	1-0	4-0	1-2	3-2	2-1	2-0	4-2	2-2	2-0	1-1	2-1	4-0		3-2	0-0	0-1	5-0	1-1	0-1	3-1
Southport FC	1-0	1-1	1-0	2-1	2-2	2-3	4-1	0-1	3-1	1-3	1-0	0-0	1-0	2-1	2-1	1-1	0-0		4-3	1-1	0-2	2-0	2-0	2-0
Stockport County FC	1-0	3-1	2-0	3-1	4-2	1-0	1-1	1-1	1-0	4-0	0-2	2-0	0-4	2-2	3-0	4-1	4-2	4-3		2-0	0-0	5-2	0-0	2-0
Swindon Town FC	0-1	4-0	2-1	4-1	2-3	1-1	2-2	5-0	1-1	4-0	0-0	4-0	1-1	0-0	5-1	2-0	0-0	3-3	2-0		1-0	3-1	3-0	2-0
Torquay United FC	0-2	2-1	1-1	2-0	3-0	3-0	2-1	1-0	0-2	0-0	2-1	1-1	1-1	3-1	2-1	2-1	3-0	2-2	3-0	1-1		1-0	4-1	1-0
Tranmere Rovers FC	0-0	0-0	2-2	3-3	2-0	4-2	2-1	1-2	1-1	2-2	1-0	3-0	1-1	0-1	1-2	2-0	4-1	0-2	2-1	3-2	2-3		2-0	1-2
Walsall FC	4-0	1-1	1-2	2-1	2-1	1-1	3-0	2-0	2-1	4-0	3-1	5-0	0-1	3-2	2-2	0-0	1-2	1-1	0-1	3-2	1-1	5-1		1-1
Watford FC	3-2	0-2	4-0	4-0	1-1	1-1	3-0	7-1	1-2	5-1	1-2	1-1	2-0	4-1	3-0	4-0	2-0	0-1	5-0	2-0	2-1	3-2	1-2	

	Division 3	Pd	Wn	Dw	Ls	GF	GA	Pts	
1.	Oxford United FC (Oxford)	46	22	13	11	69	47	57	P
2.	Bury FC (Bury)	46	24	8	14	91	66	56	P
3.	Shrewsbury Town FC (Shrewsbury)	46	20	15	11	61	49	55	
4.	Torquay United FC (Torquay)	46	21	11	14	60	56	53	
5.	Reading FC (Reading)	46	21	9	16	70	60	51	
6.	Watford FC (Watford)	46	21	8	17	74	50	50	
7.	Walsall FC (Walsall)	46	19	12	15	74	61	50	
8.	Barrow AFC (Barrow-in-Furness)	46	21	8	17	65	54	50	
9.	Swindon Town FC (Swindon)	46	16	17	13	74	51	49	
10.	Brighton & Hove Albion FC (Hove)	46	16	16	14	57	55	48	
11.	Gillingham FC (Gillingham)	46	18	12	16	59	63	48	
12.	Bournemouth & Boscombe Athletic FC (Bournemouth)	46	16	15	15	56	51	47	
13.	Stockport County FC (Stockport)	46	19	9	18	70	75	47	
14.	Southport FC (Southport)	46	17	12	17	65	65	46	
15.	Bristol Rovers FC (Bristol)	46	17	9	20	72	78	43	
16.	Oldham Athletic AFC (Oldham)	46	18	7	21	60	65	43	
17.	Northampton Town FC (Northampton)	46	14	13	19	58	72	41	
18.	Orient FC (London)	46	12	17	17	46	62	41	
19.	Tranmere Rovers FC (Birkenhead)	46	14	12	20	62	74	40	
20.	Mansfield Town FC (Mansfield)	46	12	13	21	51	67	37	
21.	Grimsby Town FC (Cleethorpes)	46	14	9	23	52	69	37	R
22.	Colchester United FC (Colchester)	46	9	15	22	50	87	33	R
23.	Scunthorpe United FC (Scunthorpe)	46	10	12	24	56	87	32	R
24.	Peterborough United FC (Peterborough)	46	20	10	16	79	67	31	R-19
		1104	411	282	411	1531	1531	1085	

Peterborough United FC (Peterborough) had 19 points deducted for offering illegal bonus payments to their players.

Football League Division 4 1967-68 Season	Aldershot Town	Barnsley	Bradford City	Bradford Park Avenue	Brentford	Chester	Chesterfield	Crewe Alexandra	Darlington	Doncaster Rovers	Exeter City	Halifax Town	Hartlepools	Lincoln City	Luton Town	Newport County	Notts County	Port Vale	Rochdale	Southend United	Swansea Town	Workington	Wrexham	York City
Aldershot Town FC		1-1	3-3	1-1	0-0	2-1	3-0	2-0	0-0	2-1	0-0	1-1	2-0	3-2	0-1	0-0	0-0	2-0	2-1	1-3	1-1	5-0	3-1	2-2
Barnsley FC	1-0		1-0	2-0	3-0	2-1	0-0	3-1	1-0	1-0	2-1	0-0	4-0	2-1	2-2	4-2	3-1	2-0	1-1	1-1	3-0	2-1	2-2	1-0
Bradford City AFC	1-3	1-0		1-2	2-3	2-2	3-1	2-1	1-0	1-1	2-1	0-1	1-1	2-1	2-0	3-0	5-1	2-1	0-0	2-1	4-1	1-0	3-1	0-0
Bradford Park Ave.	1-1	1-1	1-2		1-0	0-2	2-1	1-2	1-2	1-1	0-1	0-1	0-1	1-5	2-1	0-2	1-4	2-2	0-0	0-1	1-2	1-1	0-1	1-1
Brentford FC	1-1	0-1	0-1	2-1		3-1	1-1	2-1	2-0	4-2	5-1	0-0	0-1	1-3	0-2	3-1	2-1	3-1	4-0	1-2	2-1	2-1	0-0	3-1
Chester FC	2-5	1-1	2-3	0-0	3-0		3-0	0-4	0-1	2-3	3-1	3-2	0-2	6-0	1-3	2-1	1-3	1-1	0-1	0-0	2-3	1-2	1-1	1-1
Chesterfield FC	1-2	2-3	2-1	2-0	2-1	3-1		4-1	3-1	2-0	1-1	0-0	3-1	2-0	0-0	1-2	4-0	3-0	0-2	3-1	3-1	0-0	3-1	3-1
Crewe Alexandra FC	1-1	3-3	1-1	4-0	2-0	2-0	1-1		1-1	2-2	2-0	5-1	2-1	2-1	2-1	1-1	4-0	1-1	2-1	1-0	2-0	3-2	0-0	0-0
Darlington FC	6-2	0-2	2-2	0-0	2-3	0-2	1-1	0-0		1-1	0-1	0-0	2-3	1-1	1-2	1-0	2-2	2-2	2-0	1-1	2-0	1-0	1-1	3-1
Doncaster Rovers FC	3-0	1-2	2-2	2-0	2-0	0-0	1-0	2-2	2-1		3-1	0-0	0-1	0-0	2-0	1-1	3-1	0-0	2-0	2-1	1-2	3-0	2-2	2-0
Exeter City FC	3-0	2-0	4-1	0-0	0-3	1-0	1-1	1-4	0-0	0-1		0-0	0-0	0-1	0-5	2-1	3-3	3-1	3-1	0-2	1-3	1-0	2-2	3-1
Halifax Town AFC	2-2	1-1	1-0	1-0	3-0	2-2	0-2	0-1	2-0	2-3	1-1		3-0	1-0	0-1	4-1	0-1	0-1	2-0	1-2	2-2	2-1	2-2	2-1
Hartlepools United	1-0	2-1	1-0	2-0	2-0	0-0	2-1	1-1	1-0	0-0	3-1	0-0		1-1	2-1	2-0	3-1	2-2	1-1	0-1	2-0	2-1	3-0	1-0
Lincoln City FC	1-1	0-1	2-0	5-1	1-0	3-0	2-2	2-4	1-2	2-0	1-1	1-0	1-2		2-3	2-1	1-3	0-1	3-2	4-2	3-0	3-0	0-2	1-3
Luton Town FC	3-1	2-0	1-3	2-0	2-1	0-0	1-0	4-0	3-1	5-3	0-0	2-0	1-0	4-2		1-1	2-0	2-0	4-1	3-1	4-0	4-0	2-1	3-1
Newport County AFC	0-2	3-0	0-3	4-0	2-2	1-1	0-3	0-0	1-0	2-1	1-1	0-1	2-0	0-1	1-1		1-0	1-1	1-1	2-0	3-0	2-1	3-2	2-1
Notts County FC	0-1	1-4	1-0	0-0	2-1	1-2	1-0	1-0	0-0	0-2	1-0	1-3	0-3	0-0	2-2	3-1		0-0	2-0	4-3	3-2	2-1	1-1	1-1
Port Vale FC	0-3	2-0	1-2	4-0	4-1	4-4	0-1	0-2	0-1	4-2	1-0	2-1	2-3	1-1	0-0	0-1	4-1		1-1	1-2	4-2	4-2	1-1	1-0
Rochdale AFC	0-2	1-0	3-2	1-1	1-1	1-1	1-4	1-1	1-0	2-0	2-2	2-1	1-1	1-2	2-2	4-3	0-0	3-1		0-1	1-2	1-3	3-0	3-2
Southend United FC	1-1	4-1	1-1	2-1	1-0	5-1	1-1	0-0	2-2	1-2	1-0	2-2	2-1	2-1	3-0	2-2	0-1	1-1	3-1		1-0	7-0	3-1	0-1
Swansea Town AFC	1-0	1-1	0-0	1-1	2-1	1-0	0-1	1-2	0-1	3-1	1-1	2-1	0-2	2-2	2-2	4-2	2-0	4-2	1-0	2-2		5-2	2-0	1-1
Workington AFC	3-2	0-1	0-1	2-2	2-0	1-0	3-1	2-2	0-1	2-2	1-0	1-1	2-1	2-4	0-1	1-1	5-1	1-1	0-1	2-2	3-1		1-2	1-1
Wrexham AFC	2-1	2-0	0-2	3-0	1-2	2-0	3-0	1-0	3-1	0-0	0-0	2-0	6-0	2-1	1-1	0-1	2-0	1-0	2-0	4-1	2-1	5-0		3-1
York City FC	2-3	1-1	0-1	6-2	0-1	4-1	0-2	1-1	1-1	1-2	4-0	1-2	0-2	1-0	1-1	0-1	4-2	5-1	4-1	2-2	2-1	1-1	3-1	

	Division 4	Pd	Wn	Dw	Ls	GF	GA	Pts	
1.	Luton Town FC (Luton)	46	27	12	7	87	44	66	P
2.	Barnsley FC (Barnsley)	46	24	12	9	68	46	61	P
3.	Hartlepools United FC (Hartlepool)	46	25	10	11	60	46	60	P*
4.	Crewe Alexandra FC (Crewe)	46	20	18	8	74	49	58	P
5.	Bradford City AFC (Bradford)	46	23	11	12	72	51	57	
6.	Southend United FC (Southend-on-Sea)	46	20	14	12	77	58	54	
7.	Chesterfield FC (Chesterfield)	46	21	11	14	71	50	53	
8.	Wrexham AFC (Wrexham)	46	20	13	13	72	53	53	
9.	Aldershot FC (Aldershot)	46	18	17	11	70	55	53	
10.	Doncaster Rovers FC (Doncaster)	46	18	15	13	66	56	51	
11.	Halifax Town AFC (Halifax)	46	15	16	15	52	49	46	
12.	Newport County AFC (Newport)	46	16	13	17	58	63	45	
13.	Lincoln City FC (Lincoln)	46	17	9	20	71	68	43	
14.	Brentford FC (London)	46	18	7	21	61	64	43	
15.	Swansea Town AFC (Swansea)	46	16	10	20	63	77	42	
16.	Darlington FC (Darlington)	46	12	17	17	47	53	41	
17.	Notts County FC (Nottingham)	46	15	11	20	53	79	41	
18.	Port Vale FC (Stoke-on-Trent)	46	12	15	19	61	72	39	#
19.	Rochdale AFC (Rochdale)	46	12	14	20	51	72	38	
20.	Exeter City FC (Exeter)	46	11	16	19	45	65	38	
21.	York City FC (York)	46	11	14	21	65	68	36	
22.	Chester FC (Chester)	46	9	14	23	57	78	32	
23.	Workington AFC (Workington)	46	10	11	25	54	87	31	
24.	Bradford Park Avenue FC (Bradford)	46	4	15	27	30	82	23	
		1104	394	316	394	1485	1485	1104	

* Hartlepools United FC (Hartlepool) changed their club name to Hartlepool FC (Hartlepool) for the next season.

Port Vale FC (Stoke-on-Trent) were expelled from the league at the end of the season for making illegal payments to their players but were re-elected immediately to the league for the next season.

F.A. CUP FINAL (Wembley Stadium, London – 18/05/1968 – 100,000)

WEST BROMWICH ALBION FC	1-0	Everton FC (Liverpool)

Astle

West Bromwich: Osborne, Fraser, Williams, Brown, Talbot, Kaye (Clarke), Lovett, Collard, Astle, Hope, Clark.

Everton: West, Wright, Wilson, Kendall, Labone, Harvey, Husband, Ball, Royle, Hurst, Morrissey.

Semi-finals

Birmingham City FC (Birmingham)	0-2	West Bromwich Albion FC (West Bromwich)
Everton FC (Liverpool)	1-0	Leeds United AFC (Leeds)

Quarter-finals

Birmingham City FC (Birmingham)	1-0	Chelsea FC (London)
Everton FC (Liverpool)	3-1	Leicester City FC (Leicester)
Leeds United AFC (Leeds)	1-0	Sheffield United FC (Sheffield)
West Bromwich Albion FC (West Bromwich)	0-0, 1-1, 2-1	Liverpool FC (Liverpool)

Football League Division 1 1968-69 Season	Arsenal	Burnley	Chelsea	Coventry City	Everton	Ipswich Town	Leeds United	Leicester City	Liverpool	Manchester City	Manchester Utd.	Newcastle Utd.	Nottingham F.	Q.P.R.	Sheffield Wed.	Southampton	Stoke City	Sunderland	Tottenham H.	W.B.A.	West Ham Utd.	Wolves
Arsenal FC		2-0	0-1	2-1	3-1	0-2	1-2	3-0	1-1	4-1	3-0	0-0	1-1	2-1	2-0	0-0	1-0	0-0	1-0	2-0	0-0	3-1
Burnley FC	0-1		2-1	1-1	1-2	1-0	5-1	2-1	0-4	2-1	1-0	1-0	3-1	2-2	2-0	3-1	1-1	1-2	2-2	2-2	3-1	1-1
Chelsea FC	2-1	2-3		2-1	1-1	3-1	1-1	3-0	1-2	2-0	3-2	1-1	1-1	2-1	1-0	2-3	1-0	5-1	2-2	3-1	1-1	1-1
Coventry City FC	0-1	4-1	0-1		2-2	0-2	0-1	1-0	0-0	1-1	2-1	2-1	1-1	5-0	3-0	1-1	1-1	3-1	1-2	4-2	1-2	0-1
Everton FC	1-0	3-0	1-2	3-0		2-2	0-0	7-1	0-0	2-0	0-0	1-1	2-1	4-0	3-0	1-0	2-1	2-0	0-2	4-0	1-0	4-0
Ipswich Town FC	1-2	2-0	1-3	0-0	2-2		2-3	2-1	0-2	2-1	1-0	1-4	2-3	3-0	2-0	0-0	3-1	1-0	0-1	4-1	2-2	1-0
Leeds United AFC	2-0	6-1	1-0	3-0	2-1	2-0		2-0	1-0	1-0	2-1	2-1	1-0	4-1	2-0	3-2	2-0	1-1	0-0	0-0	2-0	2-1
Leicester City FC	0-0	0-2	1-4	1-1	1-1	1-3	1-1		1-2	3-0	2-1	2-1	2-2	2-0	1-1	3-1	0-0	2-1	1-0	0-2	1-1	2-0
Liverpool FC	1-1	1-1	2-1	2-0	1-1	4-0	0-0	4-0		2-1	2-0	2-1	0-2	2-0	1-0	1-0	2-1	4-1	1-0	1-0	2-0	1-0
Manchester City FC	1-1	7-0	4-1	4-2	1-3	1-1	3-1	2-0	1-0		0-0	1-0	2-2	3-1	0-1	1-1	3-1	1-0	4-0	5-1	1-1	3-2
Manchester United FC	0-0	2-0	0-4	1-0	2-1	0-0	0-0	3-2	1-0	0-1		3-1	3-1	8-1	1-0	1-2	1-1	4-1	3-1	2-1	1-1	2-0
Newcastle United FC	2-1	1-0	3-2	2-0	0-0	2-1	0-1	0-0	1-1	1-0	2-0		1-1	3-2	3-2	4-1	5-0	1-1	2-2	2-3	1-1	4-1
Nottingham Forest FC	0-2	2-2	1-2	0-0	1-0	1-2	0-2	0-0	0-1	1-0	0-1	2-4		1-0	0-0	1-0	3-3	1-0	0-2	3-0	0-1	0-0
Queen's Park Rangers FC	0-1	0-2	0-4	0-1	0-1	2-1	0-1	1-1	1-2	1-1	2-3	1-1	2-1		3-2	1-1	2-1	2-2	1-1	0-4	1-1	0-1
Sheffield Wednesday FC	0-5	1-0	1-1	3-0	2-2	2-0	0-0	1-3	1-2	1-1	5-4	1-1	0-1	4-0		0-0	2-1	1-1	0-0	1-0	1-1	0-2
Southampton FC	1-2	5-1	5-0	1-0	2-5	2-2	1-3	1-0	2-0	3-0	2-0	0-0	1-1	3-2	1-1		2-0	1-0	2-1	2-0	2-2	2-1
Stoke City FC	1-3	1-3	2-0	0-3	0-0	2-1	1-5	1-0	0-0	1-0	0-0	1-0	3-1	1-1	1-1	1-0		2-1	1-1	1-1	0-2	4-1
Sunderland AFC	0-0	2-0	3-2	3-0	1-3	3-0	0-1	2-0	0-2	0-4	1-1	1-1	3-1	0-0	0-0	1-0	4-1		0-0	0-1	2-1	2-0
Tottenham Hotspur FC	1-2	7-0	1-0	2-0	1-1	2-2	0-0	3-2	2-1	1-1	2-2	0-1	2-1	3-2	1-2	2-1	1-1	5-1		1-1	1-0	1-1
West Bromwich Albion FC	1-0	3-2	0-3	6-1	1-1	2-2	1-1	1-1	0-0	2-0	3-1	5-1	2-5	3-1	0-0	1-2	2-1	3-0	4-3		3-1	0-0
West Ham United FC	1-2	5-0	0-0	5-2	1-4	1-3	1-1	4-0	1-1	2-1	0-0	3-1	1-0	4-3	1-1	0-0	0-0	8-0	2-2	4-0		3-1
Wolverhampton Wanderers FC	0-0	1-1	1-1	1-1	1-2	1-1	0-0	1-0	0-6	3-1	2-2	5-0	1-0	3-1	0-3	0-0	1-1	1-1	2-0	0-1	2-0	

	Division 1	Pd	Wn	Dw	Ls	GF	GA	Pts	
1.	LEEDS UNITED AFC (LEEDS)	42	27	13	2	66	26	67	
2.	Liverpool FC (Liverpool)	42	25	11	6	63	24	61	
3.	Everton FC (Liverpool)	42	21	15	6	77	36	57	
4.	Arsenal FC (London)	42	22	12	8	56	27	56	
5.	Chelsea FC (London)	42	20	10	12	73	53	50	
6.	Tottenham Hotspur FC (London)	42	14	17	11	61	51	45	
7.	Southampton FC (Southampton)	42	16	13	13	57	48	45	
8.	West Ham United FC (London)	42	13	18	11	66	50	44	
9.	Newcastle United FC (Newcastle upon Tyne)	42	15	14	13	61	55	44	
10.	West Bromwich Albion FC (West Bromwich)	42	16	11	15	64	67	43	
11.	Manchester United FC (Manchester)	42	15	12	15	57	53	42	
12.	Ipswich Town FC (Ipswich)	42	15	11	16	59	60	41	
13.	Manchester City FC (Manchester)	42	15	10	17	64	55	40	
14.	Burnley FC (Burnley)	42	15	9	18	55	82	39	
15.	Sheffield Wednesday FC (Sheffield)	42	10	16	16	41	54	36	
16.	Wolverhampton Wanderers FC (Wolverhampton)	42	10	15	17	41	58	35	
17.	Sunderland AFC (Sunderland)	42	11	12	19	43	67	34	
18.	Nottingham Forest FC (Nottingham)	42	10	13	19	45	57	33	
19.	Stoke City FC (Stoke-on-Trent)	42	9	15	18	40	63	33	
20.	Coventry City FC (Coventry)	42	10	11	21	46	64	31	
21.	Leicester City FC (Leicester)	42	9	12	21	39	68	30	R
22.	Queen's Park Rangers FC (London)	42	4	10	28	39	95	18	R
		924	322	280	322	1213	1213	924	

Top Goalscorer

1) James GREAVES (Tottenham Hotspur FC) 27

Football League Division 2 1968-69 Season	Aston Villa	Birmingham City	Blackburn Rovers	Blackpool	Bolton Wanderers	Bristol City	Bury	Cardiff City	Carlisle United	Charlton Athletic	Crystal Palace	Derby County	Fulham	Huddersfield Town	Hull City	Middlesbrough	Millwall	Norwich City	Oxford United	Portsmouth	Preston North End	Sheffield United
Aston Villa FC		1-0	1-1	0-1	1-1	1-0	1-0	2-0	0-0	0-0	1-1	0-1	1-1	1-0	1-1	1-0	1-1	2-1	2-0	2-0	0-1	3-1
Birmingham City FC	4-0		3-1	1-0	5-0	2-0	1-3	2-0	3-0	0-0	0-1	1-1	5-4	5-1	5-2	3-1	1-2	1-2	0-1	5-2	3-1	2-2
Blackburn Rovers FC	2-0	3-2		1-1	2-3	1-3	3-0	1-0	0-2	0-1	1-2	1-1	2-2	0-0	1-1	1-1	2-4	3-0	1-0	3-1	1-0	1-0
Blackpool FC	1-1	2-1	0-1		1-0	2-2	6-0	1-2	1-0	2-3	3-0	2-3	2-2	0-0	2-0	1-1	1-0	2-1	1-0	1-1	1-1	1-1
Bolton Wanderers FC	4-1	0-0	1-1	1-4		1-0	2-0	1-2	0-1	3-0	2-2	1-2	3-2	2-3	1-0	0-0	0-4	1-1	1-1	1-0	0-0	4-2
Bristol City FC	1-0	0-0	1-0	1-1	2-2		2-1	0-3	3-0	2-0	1-1	0-0	6-0	0-1	1-1	3-0	0-0	0-1	2-0	2-2	2-1	1-1
Bury FC	3-2	1-2	1-3	2-0	2-1	1-2		3-3	3-2	2-3	2-1	0-1	5-1	1-1	0-0	2-3	0-0	1-2	3-1	3-2	0-1	0-2
Cardiff City AFC	1-1	4-0	2-1	1-0	0-2	3-0	2-0		2-1	0-1	0-4	1-1	0-2	0-2	3-0	2-0	2-0	3-1	5-0	2-2	1-0	4-1
Carlisle United FC	0-1	2-3	4-1	1-0	1-1	3-0	2-0	1-0		1-1	1-2	1-1	2-0	0-0	1-0	3-0	1-0	0-4	0-2	0-0	1-0	0-1
Charlton Athletic FC	1-1	3-1	4-0	0-0	2-2	0-0	2-2	4-1	1-1		1-1	2-0	5-3	1-0	1-1	2-0	3-4	2-1	1-0	2-1	0-1	2-1
Crystal Palace FC	4-2	3-2	1-0	1-2	2-1	2-1	1-0	3-0	5-0	3-3		1-2	3-2	2-1	2-0	0-0	4-2	2-0	1-1	3-1	1-2	1-1
Derby County FC	3-1	1-0	4-2	1-1	5-1	5-0	2-0	2-0	3-3	2-1	0-1		1-0	1-0	2-2	3-2	1-0	1-1	2-0	2-1	1-0	1-0
Fulham FC	1-1	2-0	1-1	0-0	0-2	1-0	0-0	1-5	0-2	0-1	1-0	0-1		4-3	0-0	0-3	2-0	1-3	0-1	2-2	2-1	2-2
Huddersfield Town AFC	3-1	0-0	2-1	2-1	3-0	4-1	4-1	3-0	2-0	0-0	0-0	2-0	3-0		0-3	3-0	0-2	2-2	2-1	0-0	1-1	1-0
Hull City AFC	1-0	1-2	1-3	2-2	1-0	1-1	3-0	3-3	1-2	5-2	2-0	1-0	4-0	3-0		3-0	2-0	0-1	0-0	2-2	1-1	1-1
Middlesbrough FC	0-0	3-1	2-0	2-1	0-0	4-1	2-3	0-0	1-0	1-0	4-0	0-0	2-0	1-1	5-3		1-1	0-0	2-0	1-0	2-1	3-1
Millwall FC	0-1	1-3	2-2	1-2	3-1	2-2	1-0	2-0	1-1	3-2	0-2	0-1	2-0	5-1	2-3	2-0		3-1	2-1	0-0	0-0	1-0
Norwich City FC	1-1	1-1	3-1	0-1	2-0	1-1	2-2	3-1	2-1	0-1	0-1	1-4	2-0	1-0	1-2	0-2	0-3		1-1	0-1	1-1	2-0
Oxford United FC	1-0	1-2	2-1	0-0	1-1	0-0	2-2	0-2	0-1	0-1	0-2	0-2	1-0	3-0	1-1	2-4	1-0	0-2		3-1	2-1	1-0
Portsmouth FC	2-0	0-0	0-1	1-0	2-2	1-1	1-2	1-3	2-1	4-1	3-3	0-1	3-1	1-2	1-0	3-0	3-0	5-2	3-0		1-1	2-1
Preston North End FC	1-0	4-1	1-1	1-0	1-4	1-0	3-0	0-1	2-2	1-1	0-0	0-0	0-0	1-0	1-0	1-2	0-1	1-3	2-1	0-0		2-2
Sheffield United FC	3-1	2-0	3-0	2-1	5-2	2-1	5-0	2-2	0-1	2-0	1-1	2-0	1-0	0-0	1-1	1-3	1-0	1-0	1-2	2-0	4-0	

	Division 2	Pd	Wn	Dw	Ls	GF	GA	Pts	
1.	Derby County FC (Derby)	42	26	11	5	65	32	63	P
2.	Crystal Palace FC (London)	42	22	12	8	70	47	56	P
3.	Charlton Athletic FC (London)	42	18	14	10	61	52	50	
4.	Middlesbrough FC (Middlesbrough)	42	19	11	12	58	49	49	
5.	Cardiff City AFC (Cardiff)	42	20	7	15	67	54	47	
6.	Huddersfield Town AFC (Huddersfield)	42	17	12	13	53	46	46	
7.	Birmingham City FC (Birmingham)	42	18	8	16	73	59	44	
8.	Blackpool FC (Blackpool)	42	14	15	13	51	41	43	
9.	Sheffield United FC (Sheffield)	42	16	11	15	61	50	43	
10.	Millwall FC (London)	42	17	9	16	57	49	43	
11.	Hull City AFC (Kingston upon Hull)	42	13	16	13	59	52	42	
12.	Carlisle United FC (Carlisle)	42	16	10	16	46	49	42	
13.	Norwich City FC (Norwich)	42	15	10	17	53	56	40	
14.	Preston North End FC (Preston)	42	12	15	15	38	44	39	
15.	Portsmouth FC (Portsmouth)	42	12	14	16	58	58	38	
16.	Bristol City FC (Bristol)	42	11	16	15	46	53	38	
17.	Bolton Wanderers FC (Bolton)	42	12	14	16	55	67	38	
18.	Aston Villa FC (Birmingham)	42	12	14	16	37	48	38	
19.	Blackburn Rovers FC (Blackburn)	42	13	11	18	52	63	37	
20.	Oxford United FC (Oxford)	42	12	9	21	34	55	33	
21.	Bury FC (Bury)	42	11	8	23	51	80	30	R
22.	Fulham FC (London)	42	7	11	24	40	81	25	R
		924	333	258	333	1185	1185	924	

Football League Division 3 1968-69 Season	Barnsley	Barrow	Bournemouth	Brighton & H.A.	Bristol Rovers	Crewe Alexandra	Gillingham	Hartlepool	Luton Town	Mansfield Town	Northampton Town	Oldham Athletic	Orient	Plymouth Argyle	Reading	Rotherham United	Shrewsbury Town	Southport	Stockport County	Swindon Town	Torquay United	Tranmere Rovers	Walsall	Watford
Barnsley FC		2-3	1-0	4-0	4-2	2-2	0-1	2-1	3-1	2-0	2-1	0-1	2-2	0-0	1-0	0-1	1-0	2-1	2-0	1-1	1-0	2-2	0-0	3-2
Barrow AFC	0-1		0-2	1-1	3-0	2-0	2-1	1-2	0-0	3-0	0-2	2-1	3-1	1-0	0-0	2-0	2-1	0-0	3-3	0-3	2-0	1-0	1-1	1-4
Bournemouth & Bos.	3-0	1-0		2-0	0-0	4-0	2-0	4-0	0-2	2-1	3-2	3-1	0-1	0-1	1-1	1-0	2-0	2-1	1-0	2-0	3-0	3-4	1-0	1-3
Brighton & Hove Alb.	4-1	4-1	4-1		3-1	3-1	0-2	1-1	1-0	1-2	1-1	6-0	2-0	0-0	2-0	2-2	3-0	4-0	1-1	1-3	1-1	2-2	3-0	0-1
Bristol Rovers FC	4-2	4-2	3-2	1-1		1-0	5-1	2-1	0-0	6-2	2-1	1-0	0-1	1-1	1-3	1-1	1-2	2-1	2-0	2-1	1-1	0-2	0-1	1-1
Crewe Alexandra FC	1-4	1-1	0-2	1-0	6-1		4-2	1-0	2-0	2-1	2-2	3-0	2-0	2-1	1-2	1-0	0-1	3-3	1-1	1-2	2-1	2-3	0-1	2-3
Gillingham FC	1-1	2-0	0-0	5-0	0-2	1-0		2-2	1-3	1-1	2-0	2-0	2-2	1-0	2-2	2-0	4-1	0-0	0-0	2-0	0-0	1-1	4-0	0-5
Hartlepool United FC	2-1	1-4	1-1	2-5	1-0	0-0	1-1		1-0	1-1	3-0	0-2	0-0	1-1	2-0	0-3	0-0	2-2	0-0	0-0	2-2	2-4	1-1	2-1
Luton Town FC	5-1	5-1	1-1	3-0	3-0	2-0	1-1	3-0		4-2	2-1	4-0	2-1	2-0	2-1	3-1	2-1	0-0	4-1	2-0	1-0	3-1	1-0	2-1
Mansfield Town FC	0-0	4-2	3-1	3-2	0-0	2-1	2-0	2-0	1-0		0-2	4-0	0-2	1-0	1-1	0-1	1-2	3-1	0-0	2-0	2-1	1-1	2-1	3-0
Northampton Town	3-1	4-0	1-3	1-1	2-2	0-1	0-1	0-0	0-2	0-0		1-1	4-1	1-1	4-2	1-0	3-4	1-0	1-1	2-6	1-1	2-1	3-1	2-0
Oldham Athletic AFC	1-1	0-1	2-0	2-0	2-1	3-0	1-0	1-2	0-1	2-2	1-1		3-1	0-2	1-1	0-0	2-2	0-1	5-2	2-3	3-1	1-2	1-0	0-3
Orient FC	1-1	1-2	1-0	3-2	2-1	2-0	1-1	0-1	0-0	1-0	0-0	3-0		1-2	4-2	3-3	4-0	0-2	2-0	1-0	0-1	0-0	0-0	1-1
Plymouth Argyle FC	0-0	4-1	1-1	1-1	3-1	2-2	1-1	3-0	2-0	1-0	0-1	1-1	2-1		3-1	1-2	1-1	0-4	2-2	2-1	1-2	1-0	1-0	1-2
Reading FC	3-2	0-1	0-1	1-0	2-1	3-1	3-2	7-0	1-1	2-1	1-0	4-1	0-1	1-2		1-0	2-4	1-0	4-2	0-1	1-1	2-0	2-2	0-1
Rotherham United	0-0	3-1	1-1	1-1	3-2	3-0	1-0	1-1	2-2	3-0	0-1	1-2	3-1	0-1	4-1		1-0	3-1	4-1	1-1	1-0	4-1	0-1	0-2
Shrewsbury Town	0-0	1-0	1-0	1-2	1-0	1-1	1-1	1-1	3-1	1-1	1-0	0-1	1-0	1-0	3-3	1-0		5-1	2-1	1-1	1-0	0-1	0-1	1-1
Southport FC	1-0	1-0	2-1	2-3	3-0	4-0	4-2	3-0	1-1	3-2	2-0	3-1	2-2	2-0	1-1	0-0	5-0		5-0	1-1	2-2	2-2	2-1	1-1
Stockport County FC	1-1	4-1	0-1	3-1	0-1	2-1	5-0	1-0	2-0	1-1	1-0	0-0	5-2	2-3	2-2	3-1	4-3	3-0		2-1	1-2	1-0	2-2	4-2
Swindon Town FC	2-0	2-0	3-0	1-0	2-2	1-0	1-0	1-1	0-0	1-0	1-0	5-1	1-0	3-0	0-0	1-0	3-0	5-1	1-0		2-1	1-0	1-0	0-1
Torquay United FC	3-1	3-1	0-0	1-1	0-1	2-0	2-0	3-0	1-1	0-1	2-0	3-1	0-0	0-1	1-0	1-0	2-0	3-0	0-1	0-1		2-5	4-2	2-1
Tranmere Rovers FC	3-1	0-3	2-1	0-2	1-2	0-1	2-0	1-0	0-2	2-1	2-1	6-2	3-0	2-2	2-1	0-0	3-1	1-0	1-1	3-5	0-1		2-1	0-3
Walsall FC	3-0	1-1	0-0	4-0	2-2	1-1	2-1	1-2	2-0	3-1	0-1	2-1	2-1	1-1	2-2	0-0	2-0	3-0	2-0	0-2	0-1	1-1		0-0
Watford FC	1-2	4-0	1-0	1-0	1-0	4-0	2-1	0-0	1-0	2-1	3-0	2-0	0-0	1-0	1-0	5-1	2-0	1-0	0-1	0-0	0-0	3-1	0-0	

	Division 3	**Pd**	**Wn**	**Dw**	**Ls**	**GF**	**GA**	**Pts**	
1.	Watford FC (Watford)	46	27	10	9	74	34	64	P
2.	Swindon Town FC (Swindon)	46	27	10	9	71	35	64	P
3.	Luton Town FC (Luton)	46	25	11	10	74	38	61	
4.	Bournemouth & Boscombe Athletic FC (Bournemouth)	46	21	9	16	60	45	51	
5.	Plymouth Argyle FC (Plymouth)	46	17	15	14	53	49	49	
6.	Torquay United FC (Torquay)	46	18	12	16	54	46	48	
7.	Tranmere Rovers FC (Birkenhead)	46	19	10	17	70	68	48	
8.	Southport FC (Southport)	46	17	13	16	71	64	47	
9.	Stockport County FC (Stockport)	46	16	14	16	67	68	46	
10.	Barnsley FC (Barnsley)	46	16	14	16	58	63	46	
11.	Rotherham United FC (Rotherham)	46	16	13	17	56	50	45	
12.	Brighton & Hove Albion FC (Hove)	46	16	13	17	72	65	45	
13.	Walsall FC (Walsall)	46	14	16	16	50	49	44	
14.	Reading FC (Reading)	46	15	13	18	67	66	43	
15.	Mansfield Town FC (Mansfield)	46	16	11	19	58	62	43	
16.	Bristol Rovers FC (Bristol)	46	16	11	19	63	71	43	
17.	Shrewsbury Town FC (Shrewsbury)	46	16	11	19	51	67	43	
18.	Orient FC (London)	46	14	14	18	51	58	42	
19.	Barrow AFC (Barrow-in-Furness)	46	17	8	21	56	75	42	
20.	Gillingham FC (Gillingham)	46	13	15	18	54	63	41	
21.	Northampton Town FC (Northampton)	46	14	12	20	54	61	40	R
22.	Hartlepool United FC (Hartlepool)	46	10	19	17	40	70	39	R
23.	Crewe Alexandra FC (Crewe)	46	13	9	24	52	76	35	R
24.	Oldham Athletic AFC (Oldham)	46	13	9	24	50	83	35	R
		1104	406	292	406	1426	1426	1104	

Football League Division 4 1968-69 Season	Aldershot Town	Bradford City	Bradford P.A.	Brentford	Chester	Chesterfield	Colchester United	Darlington	Doncaster Rovers	Exeter City	Grimsby Town	Halifax Town	Lincoln City	Newport County	Notts County	Peterborough Utd.	Port Vale	Rochdale	Scunthorpe United	Southend United	Swansea Town	Workington	Wrexham	York City
Aldershot Town FC		2-1	4-1	1-2	4-0	2-0	1-2	0-0	1-2	2-0	3-1	0-2	0-1	4-0	0-0	1-4	3-0	0-0	3-2	2-1	5-2	0-1	2-1	2-0
Bradford City AFC	1-1		1-0	3-0	2-0	2-1	1-1	0-0	1-1	1-0	1-1	1-1	2-0	1-1	1-1	2-1	2-2	1-1	3-0	3-2	1-0	0-1	1-3	5-0
Bradford Park Ave.	0-1	0-0		0-2	1-1	0-1	2-1	1-3	2-1	2-1	1-1	0-0	1-1	1-5	1-1	0-2	0-1	1-4	2-2	0-3	1-1	1-0	1-2	1-0
Brentford FC	2-4	2-1	3-0		2-1	1-0	4-0	0-1	1-0	0-1	4-2	1-1	2-2	1-1	0-0	2-0	3-1	1-1	2-1	1-1	2-1	0-3	1-1	5-1
Chester FC	3-1	0-0	4-1	2-2		2-0	5-1	1-2	2-1	0-1	0-1	2-2	2-0	4-0	3-1	2-3	2-0	2-1	0-2	1-2	3-0	0-2	1-1	2-0
Chesterfield FC	1-2	0-1	1-1	1-2	2-0		0-2	2-2	0-1	2-0	0-0	2-0	1-1	2-1	0-2	2-0	3-1	1-1	1-2	0-0	2-0	0-1	0-1	1-1
Colchester United FC	2-0	1-1	3-0	2-1	1-1	1-0		0-0	1-2	1-0	2-1	0-0	1-1	2-1	1-1	2-2	1-0	0-0	0-4	4-0	0-1	3-0	2-1	1-0
Darlington FC	1-0	1-3	2-0	3-1	2-2	1-3	1-1		0-0	1-2	0-0	0-1	5-0	1-0	3-2	3-3	1-0	0-0	0-1	2-3	3-0	6-2	1-0	3-2
Doncaster Rovers FC	7-0	1-1	4-1	5-0	4-3	0-0	1-0	0-1		3-1	2-1	0-0	0-2	2-2	0-0	1-0	2-0	2-0	4-3	2-0	0-0	0-0	0-0	2-1
Exeter City FC	0-0	2-3	4-2	2-2	2-2	3-0	1-1	2-0	0-0		2-2	2-1	3-0	2-0	0-0	0-1	3-1	2-2	3-1	1-2	0-1	1-0	5-3	5-0
Grimsby Town FC	0-2	1-5	2-0	0-2	0-0	1-2	2-4	1-1	1-3	1-2		0-1	1-1	3-0	2-0	2-2	1-1	2-0	0-1	0-0	1-2	0-1	1-1	3-0
Halifax Town AFC	1-0	1-1	3-0	2-0	0-0	0-0	2-1	0-4	4-1	2-1	0-0		0-1	3-0	3-1	2-1	2-1	1-0	2-0	1-1	2-1	3-0	2-0	0-4
Lincoln City FC	2-1	2-0	3-2	1-0	2-0	2-2	0-3	2-1	1-1	3-2	3-0	0-0		1-0	5-0	1-1	0-1	0-0	1-2	2-1	0-1	4-1	0-0	3-0
Newport County AFC	3-4	1-3	1-0	1-1	2-5	1-2	1-0	0-0	0-0	2-1	2-0	2-0	2-1		0-0	4-2	0-0	1-1	1-1	4-1	2-1	0-0	0-2	1-1
Notts County FC	0-2	0-2	5-0	0-2	3-2	2-1	2-0	0-0	1-1	3-1	2-1	1-2	0-0	3-1		2-1	0-0	1-1	1-0	2-2	0-3	0-0	5-0	0-0
Peterborough United	2-0	2-2	6-1	2-1	1-2	3-0	0-1	1-1	0-1	1-1	1-1	0-0	0-0	1-1	1-0		0-1	0-1	3-2	1-0	2-2	1-1	2-3	2-1
Port Vale FC	0-0	1-1	1-1	4-1	2-1	0-1	0-0	1-0	0-2	1-0	1-0	1-1	1-1	5-0	0-2	1-0		1-1	4-1	1-1	1-0	3-1	1-0	3-0
Rochdale AFC	3-0	6-0	6-0	0-0	4-1	0-0	4-0	2-0	0-0	1-1	6-1	1-0	2-1	0-1	0-0	1-1	1-0		3-2	3-0	0-1	0-0	2-1	2-1
Scunthorpe United	4-1	1-0	1-0	1-1	2-2	0-1	2-3	0-0	0-2	2-1	1-2	0-1	0-0	1-0	2-1	1-2	0-1	0-0		4-1	3-1	0-1	1-0	2-1
Southend United FC	4-2	2-0	5-0	4-0	1-2	2-2	3-1	1-1	2-0	6-1	0-1	2-1	3-0	1-0	4-0	2-1	1-1	1-3	0-3		4-0	1-0	1-0	1-2
Swansea Town AFC	2-2	0-2	3-0	2-3	0-5	0-0	2-0	1-1	0-1	2-0	1-1	1-0	5-0	3-2	3-0	0-0	1-0	3-0	2-0	2-2		0-0	0-0	2-1
Workington AFC	1-0	0-0	3-1	1-0	0-0	1-1	0-1	1-2	1-1	3-0	2-0	1-1	1-1	3-2	1-1	1-0	0-0	1-2	1-1	0-0	0-3		0-0	2-0
Wrexham AFC	2-0	1-1	3-0	2-0	1-1	1-1	0-3	2-1	3-1	2-2	2-0	2-2	0-1	4-0	3-2	0-0	2-0	3-2	0-1	3-3	2-0	1-0		2-1
York City FC	2-1	1-1	4-2	2-1	4-2	3-1	2-0	1-1	1-1	0-2	2-5	0-0	1-1	0-0	2-0	2-1	3-1	0-0	2-1	1-1	0-2	2-1	1-0	

	Division 4	Pd	Wn	Dw	Ls	GF	GA	Pts	
1.	Doncaster Rovers FC (Doncaster)	46	21	17	8	65	38	59	P
2.	Halifax Town AFC (Halifax)	46	20	17	9	53	37	57	P
3.	Rochdale AFC (Rochdale)	46	18	20	8	68	35	56	P
4.	Bradford City AFC (Bradford)	46	18	20	8	65	46	56	P
5.	Darlington FC (Darlington)	46	17	18	11	62	45	52	
6.	Colchester United FC (Colchester)	46	20	12	14	57	53	52	
7.	Southend United FC (Southend-on-Sea)	46	19	13	14	78	61	51	
8.	Lincoln City FC (Lincoln)	46	17	17	12	54	52	51	
9.	Wrexham AFC (Wrexham)	46	18	14	14	61	52	50	
10.	Swansea Town AFC (Swansea)	46	19	11	16	58	54	49	
11.	Brentford FC (London)	46	18	12	16	64	65	48	
12.	Workington AFC (Workington)	46	15	17	14	40	43	47	
13.	Port Vale FC (Stoke-on-Trent)	46	16	14	16	46	46	46	
14.	Chester FC (Chester)	46	16	13	17	76	66	45	
15.	Aldershot FC (Aldershot)	46	19	7	20	66	66	45	
16.	Scunthorpe United FC (Scunthorpe)	46	18	8	20	61	60	44	
17.	Exeter City FC (Exeter)	46	16	11	19	66	65	43	
18.	Peterborough United FC (Peterborough)	46	13	16	17	60	57	42	
19.	Notts County FC (Nottingham)	46	12	18	16	48	57	42	
20.	Chesterfield FC (Chesterfield)	46	13	15	18	43	50	41	
21.	York City FC (York)	46	14	11	21	53	75	39	
22.	Newport County AFC (Newport)	46	11	14	21	49	74	36	
23.	Grimsby Town FC (Cleethorpes)	46	9	15	22	47	69	33	
24.	Bradford Park Avenue FC (Bradford)	46	5	10	31	32	106	20	
		1104	382	340	382	1372	1372	1104	

F.A. CUP FINAL (Wembley Stadium, London – 26/04/1969 – 100,000)

MANCHESTER CITY FC (MANCHESTER)	1-0	Leicester City FC (Leicester)

Young

Man. City: Dowd, Book, Pardoe, Doyle, Booth, Oakes, Summerbee, Bell, Lee, Young, Coleman.

Leicester: Shilton, Rodrigues, Nish, Roberts, Woollett, Cross, Fern, Gibson, Lochhead, Clarke, Glover (Manley).

Semi-finals

Manchester City FC (Manchester)	1-0	Everton FC (Liverpool)
West Bromwich Albion FC (West Bromwich)	0-1	Leicester City FC (Leicester)

Quarter-finals

Chelsea FC (London)	1-2	West Bromwich Albion FC (West Bromwich)
Manchester City FC (Manchester)	1-0	Tottenham Hotspur FC (London)
Manchester United FC (Manchester)	0-1	Everton FC (Liverpool)
Mansfield Town FC (Mansfield)	0-1	Leicester City FC (Leicester)

1969-70

Football League Division 1 1969-70 Season	Arsenal	Burnley	Chelsea	Coventry City	Crystal Palace	Derby County	Everton	Ipswich Town	Leeds United	Liverpool	Manchester City	Manchester United	Newcastle United	Nottingham Forest	Sheffield Wed.	Southampton	Stoke City	Sunderland	Tottenham Hotspur	W.B.A.	West Ham United	Wolves
Arsenal FC		3-2	0-3	0-1	2-0	4-0	0-1	0-0	1-1	2-1	1-1	2-2	0-0	2-1	0-0	2-2	0-0	3-1	2-3	1-1	2-1	2-2
Burnley FC	0-1		3-1	0-0	4-2	1-1	1-2	0-1	1-1	1-5	1-1	1-1	0-1	5-0	4-2	1-1	1-1	3-0	0-2	2-1	3-2	1-3
Chelsea FC	3-0	2-0		1-0	1-1	2-2	1-1	1-0	2-5	2-1	3-1	2-1	0-0	1-1	3-1	3-1	1-0	3-1	1-0	2-0	0-0	2-2
Coventry City FC	2-0	1-1	0-3		2-2	1-1	0-1	3-1	1-2	2-3	3-0	1-2	1-0	3-2	1-1	4-0	0-3	1-1	3-2	3-1	2-2	1-0
Crystal Palace FC	1-5	1-2	1-5	0-3		0-1	0-0	1-1	1-1	1-3	1-0	2-2	0-3	1-1	0-2	2-0	3-1	2-0	0-2	1-3	0-0	2-1
Derby County FC	3-2	0-0	2-2	1-3	3-1		2-1	3-1	4-1	4-0	0-1	2-0	2-0	0-2	1-0	3-0	0-0	3-0	5-0	2-0	3-0	2-0
Everton FC	2-2	2-1	5-2	0-0	2-1	1-0		3-0	3-2	0-3	1-0	3-0	0-0	1-0	2-1	4-2	6-2	3-1	3-2	2-0	2-0	1-0
Ipswich Town FC	2-1	0-1	1-4	0-1	2-0	0-1	0-3		3-2	2-2	1-1	0-1	2-0	0-0	1-0	2-0	1-1	2-0	2-0	0-1	1-0	1-1
Leeds United AFC	0-0	2-1	2-0	3-1	2-0	2-0	2-1	4-0		1-1	1-3	2-2	1-1	6-1	2-0	1-3	2-1	2-0	3-1	5-1	4-1	3-1
Liverpool FC	0-1	3-3	4-1	2-1	3-0	0-2	0-2	2-0	0-0		3-2	1-4	0-0	1-1	3-0	4-1	3-1	2-0	0-0	1-1	2-0	0-0
Manchester City FC	1-1	1-1	0-0	3-1	0-1	0-1	1-1	1-0	1-2	0-2		4-0	2-1	1-1	4-1	1-0	0-1	0-1	1-1	2-1	1-5	1-0
Manchester United FC	2-1	3-3	0-1	1-1	1-1	1-0	0-2	2-1	2-2	1-0	1-2		0-0	1-1	2-2	1-4	1-1	3-1	3-1	7-0	5-2	0-0
Newcastle United FC	3-1	0-1	0-1	4-0	0-0	0-1	1-2	4-0	2-1	1-0	1-0	5-1		3-1	3-1	2-1	3-1	3-0	1-2	1-0	4-1	1-1
Nottingham Forest FC	1-1	1-1	1-1	1-4	0-0	1-3	1-1	1-0	1-4	1-0	2-2	1-2	2-2		2-1	2-1	0-0	2-1	2-2	1-0	1-0	4-2
Sheffield Wednesday FC	1-1	2-0	1-3	0-1	0-0	1-0	0-1	2-2	1-2	1-1	1-2	1-3	1-0	2-1		1-1	0-2	2-0	0-1	2-0	2-3	2-3
Southampton FC	0-2	1-1	2-2	0-0	1-1	1-1	2-1	4-2	1-1	0-1	0-0	0-3	1-1	1-2	4-0		0-0	1-1	2-2	0-1	1-1	2-3
Stoke City FC	0-0	2-1	1-2	2-0	1-0	1-0	0-1	3-3	1-1	0-2	2-0	2-2	0-1	1-1	2-1	2-1		4-2	1-1	3-2	2-1	1-1
Sunderland AFC	1-1	0-1	0-0	0-0	0-0	1-1	0-0	2-1	0-0	0-1	0-4	1-1	1-1	2-1	1-2	2-2	0-3		2-1	2-2	0-1	2-1
Tottenham Hotspur FC	1-0	4-0	1-1	1-2	2-0	2-1	0-1	3-2	1-1	0-2	0-3	2-1	2-1	4-1	1-0	0-1	1-0	0-1		2-0	0-2	0-1
West Bromwich Albion FC	0-1	0-1	3-1	0-1	3-2	0-2	2-0	2-2	1-1	2-2	3-0	2-1	2-2	4-0	3-0	1-0	1-3	3-1	1-1		3-1	3-3
West Ham United FC	1-1	3-1	2-0	1-2	2-1	3-0	0-1	0-0	2-2	1-0	0-4	0-0	1-0	1-1	3-0	0-0	3-3	1-1	0-1	1-3		3-0
Wolverhampton Wanderers FC	2-0	1-1	3-0	0-1	1-1	1-1	2-3	2-0	1-2	0-1	1-3	0-0	1-1	3-3	2-2	2-1	3-1	1-0	2-2	1-0	1-0	

	Division 1	Pd	Wn	Dw	Ls	GF	GA	Pts	
1.	EVERTON FC (LIVERPOOL)	42	29	8	5	72	34	66	
2.	Leeds United AFC (Leeds)	42	21	15	6	84	49	57	
3.	Chelsea FC (London)	42	21	13	8	70	50	55	
4.	Derby County FC (Derby)	42	22	9	11	64	37	53	
5.	Liverpool FC (Liverpool)	42	20	11	11	65	42	51	
6.	Coventry City FC (Coventry)	42	19	11	12	58	48	49	
7.	Newcastle United FC (Newcastle upon Tyne)	42	17	13	12	57	35	47	
8.	Manchester United FC (Manchester)	42	14	17	11	66	61	45	
9.	Stoke City FC (Stoke-on-Trent)	42	15	15	12	56	52	45	
10.	Manchester City FC (Manchester)	42	16	11	15	55	48	43	
11.	Tottenham Hotspur FC (London)	42	17	9	16	54	55	43	
12.	Arsenal FC (London)	42	12	18	12	51	49	42	
13.	Wolverhampton Wanderers FC (Wolverhampton)	42	12	16	14	55	57	40	
14.	Burnley FC (Burnley)	42	12	15	15	56	61	39	
15.	Nottingham Forest FC (Nottingham)	42	10	18	14	50	71	38	
16.	West Bromwich Albion FC (West Bromwich)	42	14	9	19	58	66	37	
17.	West Ham United FC (London)	42	12	12	18	51	60	36	
18.	Ipswich Town FC (Ipswich)	42	10	11	21	40	63	31	
19.	Southampton FC (Southampton)	42	6	17	19	46	67	29	
20.	Crystal Palace FC (London)	42	6	15	21	34	68	27	
21.	Sunderland AFC (Sunderland)	42	6	14	22	30	68	26	R
22.	Sheffield Wednesday FC (Sheffield)	42	8	9	25	40	71	25	R
		924	319	286	319	1212	1212	924	

Top Goalscorer

1) Jeff ASTLE (West Bromwich Albion FC) 25

Football League Division 2 1969-70 Season	Aston Villa	Birmingham City	Blackburn Rovers	Blackpool	Bolton Wanderers	Bristol City	Cardiff City	Carlisle United	Charlton Athletic	Huddersfield Town	Hull City	Leicester City	Middlesbrough	Millwall	Norwich City	Oxford United	Portsmouth	Preston North End	Q.P.R.	Sheffield United	Swindon Town	Watford
Aston Villa FC		0-0	1-1	0-0	3-0	0-2	1-1	1-0	1-0	4-1	3-2	0-1	2-0	2-2	0-1	0-0	3-5	0-0	1-1	1-0	0-2	0-2
Birmingham City FC	0-2		3-0	2-3	2-0	2-2	1-1	1-1	3-0	2-2	2-4	0-1	0-0	2-0	3-1	1-3	1-1	1-0	3-0	2-1	2-0	0-0
Blackburn Rovers FC	2-0	1-1		2-1	3-1	3-3	1-0	1-0	3-0	0-2	2-1	3-1	4-0	4-0	3-1	2-0	0-3	4-2	0-1	1-2	2-0	1-0
Blackpool FC	2-1	2-0	0-0		1-1	1-0	3-2	1-1	2-0	2-0	0-1	1-1	1-1	1-1	0-0	1-0	2-1	0-0	1-1	1-0	3-2	0-3
Bolton Wanderers FC	2-1	2-0	1-0	0-2		3-1	0-1	0-0	1-1	1-1	2-1	2-3	2-1	4-1	0-0	1-1	0-1	2-0	6-4	0-0	0-1	2-3
Bristol City FC	1-0	2-0	4-0	2-1	2-2		0-2	0-0	6-0	1-2	3-1	0-0	0-0	1-1	4-0	2-0	3-0	0-0	2-0	0-1	3-3	1-0
Cardiff City AFC	4-0	3-1	0-0	2-2	2-1	1-0		1-1	1-0	0-1	6-0	1-1	1-0	0-0	0-1	0-0	2-0	2-1	4-2	3-0	2-2	3-1
Carlisle United FC	1-1	4-3	0-1	1-2	2-1	2-1	2-3		1-1	0-2	2-1	2-2	1-0	4-0	2-1	1-1	3-3	1-0	3-2	0-1	2-2	5-0
Charlton Athletic FC	1-0	0-1	0-0	0-2	1-1	2-1	0-0	2-1		1-2	1-4	0-5	0-2	2-2	3-0	1-0	2-2	2-1	1-1	3-2	1-1	0-0
Huddersfield Town AFC	2-0	2-0	0-1	2-0	1-0	3-0	1-0	1-0	4-0		2-2	1-1	0-0	0-0	1-1	1-0	4-0	3-2	2-0	2-1	1-1	3-1
Hull City AFC	3-1	0-0	3-0	1-0	4-2	2-0	1-1	2-4	1-1	2-3		4-1	3-2	2-1	1-0	3-1	3-3	3-1	1-2	2-3	1-1	1-1
Leicester City FC	1-0	3-1	2-1	0-0	2-2	2-0	1-2	1-2	2-2	1-1	2-2		2-1	1-1	3-0	2-1	2-1	3-0	2-1	2-1	0-2	3-1
Middlesbrough FC	1-0	4-2	4-1	0-2	4-0	2-0	2-1	0-2	2-0	1-1	1-0	2-1		3-1	0-0	2-0	2-1	1-1	1-0	1-0	0-0	3-1
Millwall FC	2-0	6-2	3-1	1-3	2-0	1-1	1-2	4-2	1-1	1-0	2-1	0-1	1-1		1-0	0-0	3-1	2-1	2-0	1-0	3-1	1-0
Norwich City FC	3-1	6-0	0-1	3-1	1-0	4-1	1-1	1-0	1-1	1-2	2-1	3-0	2-0	2-1		2-0	0-0	1-2	1-0	1-1	1-0	1-1
Oxford United FC	2-2	2-0	1-0	2-0	3-1	2-0	1-1	1-0	1-1	1-2	0-0	0-1	1-1	0-0	1-0		0-2	3-1	0-0	0-0	0-0	2-1
Portsmouth FC	0-0	1-1	2-0	2-3	1-1	0-0	3-0	4-0	5-1	1-3	1-4	2-3	2-3	0-1	1-4	2-1		4-0	1-3	1-5	3-1	3-1
Preston North End FC	1-1	4-1	0-0	0-3	1-3	0-1	1-2	3-1	4-1	1-3	3-3	2-1	0-1	1-1	1-1	0-1	1-2		0-0	2-1	3-1	3-0
Queen's Park Rangers FC	4-2	2-1	2-3	6-1	0-4	2-2	2-1	0-0	1-1	4-2	3-0	1-1	4-0	3-2	4-0	1-2	2-0	0-0		2-1	2-0	2-1
Sheffield United FC	5-0	6-0	4-0	2-3	0-1	2-1	1-0	1-0	2-0	0-0	3-0	1-0	3-0	3-1	1-0	5-1	5-0	2-0	2-0		1-2	1-1
Swindon Town FC	1-1	4-1	1-0	1-1	3-2	1-1	2-1	2-2	5-0	2-1	1-0	1-1	0-3	2-1	2-0	0-0	3-1	1-0	0-0	2-1		1-0
Watford FC	3-0	2-3	0-2	0-1	0-0	2-0	2-1	1-2	1-1	1-1	1-1	2-1	2-3	1-1	1-1	2-0	4-0	0-0	0-1	1-2	0-0	

	Division 2	Pd	Wn	Dw	Ls	GF	GA	Pts	
1.	Huddersfield Town AFC (Huddersfield)	42	24	12	6	68	37	60	P
2.	Blackpool FC (Blackpool)	42	20	13	9	56	45	53	P
3.	Leicester City FC (Leicester)	42	19	13	10	64	50	51	
4.	Middlesbrough FC (Middlesbrough)	42	20	10	12	55	45	50	
5.	Swindon Town FC (Swindon)	42	17	16	9	57	47	50	
6.	Sheffield United FC (Sheffield)	42	22	5	15	73	38	49	
7.	Cardiff City AFC (Cardiff)	42	18	13	11	61	41	49	
8.	Blackburn Rovers FC (Blackburn)	42	20	7	15	54	50	47	
9.	Queen's Park Rangers FC (London)	42	17	11	14	66	57	45	
10.	Millwall FC (London)	42	15	14	13	56	56	44	
11.	Norwich City FC (Norwich)	42	16	11	15	49	46	43	
12.	Carlisle United FC (Carlisle)	42	14	13	15	58	56	41	
13.	Hull City AFC (Kingston upon Hull)	42	15	11	16	72	70	41	
14.	Bristol City FC (Bristol)	42	13	13	16	54	50	39	
15.	Oxford United FC (Oxford)	42	12	15	15	35	42	39	
16.	Bolton Wanderers FC (Bolton)	42	12	12	18	54	61	36	
17.	Portsmouth FC (Portsmouth)	42	13	9	20	66	80	35	
18.	Birmingham City FC (Birmingham)	42	11	11	20	51	78	33	
19.	Watford FC (Watford)	42	9	13	20	44	57	31	
20.	Charlton Athletic FC (London)	42	7	17	18	35	76	31	
21.	Aston Villa FC (Birmingham)	42	8	13	21	36	62	29	R
22.	Preston North End FC (Preston)	42	8	12	22	43	63	28	R
		924	330	264	330	1207	1207	924	

Football League Division 3 1969-70 Season	Barnsley	Barrow	Bournemouth	Bradford City	Brighton & H.A.	Bristol Rovers	Bury	Doncaster Rovers	Fulham	Gillingham	Halifax Town	Luton Town	Mansfield Town	Orient	Plymouth Argyle	Reading	Rochdale	Rotherham United	Shrewsbury Town	Southport	Stockport County	Torquay United	Tranmere Rovers	Walsall
Barnsley FC		2-1	1-0	3-2	1-2	2-0	3-3	2-1	3-3	5-1	2-0	2-1	1-1	1-2	0-1	4-3	1-0	1-0	1-1	1-1	1-0	3-0	1-1	2-0
Barrow AFC	1-1		1-1	0-1	1-1	1-1	3-1	1-1	3-1	1-1	0-1	2-1	0-1	1-1	1-1	2-2	2-0	1-2	2-0	1-0	4-1	0-4	0-3	0-1
Bournemouth & Bos.	3-1	0-0		0-0	0-0	2-2	2-0	3-1	2-2	2-1	0-0	0-1	1-0	0-2	1-3	1-2	0-3	1-0	3-3	1-0	1-0	1-2	2-2	2-2
Bradford City AFC	1-1	3-3	8-1		1-0	2-4	0-1	3-0	0-0	1-0	2-1	1-1	0-1	0-1	1-0	4-0	0-3	0-1	2-2	1-0	1-0	2-1	1-1	3-0
Brighton & Hove Alb.	2-0	2-0	1-1	2-1		0-3	2-0	1-0	2-1	3-1	4-0	1-2	1-2	0-0	2-0	2-1	2-0	2-1	1-0	1-0	1-0	2-2	2-0	1-1
Bristol Rovers FC	3-3	2-1	5-2	1-1	0-2		2-1	1-1	3-2	1-2	2-0	3-0	4-1	1-0	3-1	1-1	3-3	3-0	1-3	2-0	1-0	3-1	3-0	3-1
Bury FC	1-2	4-0	1-0	0-2	1-2	2-2		1-1	1-0	1-3	1-1	1-3	1-0	0-1	3-1	2-1	2-1	2-1	2-2	4-3	4-1	1-0	8-0	4-2
Doncaster Rovers FC	1-0	3-2	2-1	1-1	2-0	3-1	1-1		0-1	1-0	0-1	2-0	2-0	0-1	1-1	2-3	3-1	1-2	2-1	1-0	0-1	1-0	2-1	0-0
Fulham FC	0-0	2-1	1-1	0-0	4-1	3-1	2-4	1-1		2-1	2-1	0-1	1-1	1-1	4-3	2-1	2-0	3-2	3-1	3-2	1-1	1-1	1-1	4-0
Gillingham FC	1-3	0-1	0-0	1-1	0-1	1-0	1-0	2-1	2-0		2-0	0-2	3-3	0-1	4-0	1-3	2-2	1-1	2-1	2-4	0-2	2-4	0-0	1-3
Halifax Town AFC	0-2	3-0	4-1	0-0	1-0	1-1	2-0	1-1	0-8	1-1		0-0	1-2	1-1	2-0	1-1	3-1	4-2	1-0	1-0	1-0	1-1	2-2	0-1
Luton Town FC	1-1	3-0	0-0	5-0	1-1	4-0	0-0	4-0	1-0	1-2	1-1		2-2	3-2	0-2	5-0	2-0	2-1	2-2	1-0	2-0	1-1	2-0	3-0
Mansfield Town FC	2-0	4-2	2-0	2-1	1-0	1-1	3-1	1-2	2-3	1-0	3-3	0-0		4-1	1-2	2-1	1-2	2-0	2-0	5-0	4-1	2-0	1-2	0-0
Orient FC	4-2	2-0	3-0	2-1	1-1	0-0	3-0	2-0	3-1	1-2	1-0	1-0	1-0		4-1	0-1	2-2	1-1	1-0	3-2	3-0	1-1	2-0	2-0
Plymouth Argyle FC	0-0	1-0	0-1	0-1	0-1	2-2	2-2	0-0	2-0	2-2	1-0	1-3	1-0	1-0		1-1	2-3	0-3	4-2	1-1	2-0	6-0	2-1	1-0
Reading FC	6-2	6-3	2-0	1-0	1-0	1-5	3-2	1-0	0-4	1-0	4-1	0-1	1-0	3-2	2-1		1-0	1-1	3-1	8-0	3-1	1-1	1-1	2-3
Rochdale AFC	1-1	1-0	0-1	1-2	2-1	0-0	3-3	2-0	0-1	0-0	5-0	1-2	2-1	0-3	2-1	3-2		4-2	3-0	1-1	2-0	1-1	4-0	1-2
Rotherham United	2-0	5-0	3-0	2-3	2-0	0-0	4-3	0-1	0-0	0-1	1-1	1-1	2-2	0-0	1-0	1-1	3-1		1-2	2-0	0-0	2-1	0-1	4-1
Shrewsbury Town	1-1	1-1	2-0	1-0	2-2	0-0	3-3	0-0	1-1	2-2	3-1	5-1	0-0	1-1	3-0	0-0	1-0	1-0		1-2	3-1	1-0	2-0	1-1
Southport FC	0-1	1-0	3-0	1-0	2-0	0-0	4-0	2-2	0-2	1-1	1-0	0-3	0-1	1-0	0-0	6-2	0-3	2-1	0-2		1-1	4-2	2-0	0-1
Stockport County FC	1-0	2-2	0-2	0-2	0-1	0-1	1-0	3-1	-4	1-0	0-1	1-1	1-3	0-2	0-1	2-2	0-1	1-1	1-1	0-0		0-1	0-1	2-2
Torquay United FC	1-1	1-1	2-2	2-1	2-1	1-2	3-0	2-1	1-1	3-2	0-1	2-2	0-2	0-1	1-2	1-1	3-0	0-0	3-0	0-0	3-0		5-1	0-0
Tranmere Rovers FC	0-1	5-0	1-5	1-0	2-0	5-2	3-2	1-3	1-0	0-0	1-1	3-2	1-1	1-1	3-1	1-5	0-0	2-2	3-1	0-1	3-0	1-1		0-0
Walsall FC	3-2	1-0	2-1	2-0	0-3	2-1	1-1	1-3	1-3	0-1	2-1	1-3	1-0	2-0	2-2	4-1	1-4	0-2	3-2	4-0	0-0	0-1	0-0	

	Division 3	Pd	Wn	Dw	Ls	GF	GA	Pts	
1.	Orient FC (London)	46	25	12	9	67	36	62	P
2.	Luton Town FC (Luton)	46	23	14	9	77	43	60	P
3.	Bristol Rovers FC (Bristol)	46	20	16	10	80	59	56	
4.	Fulham FC (London)	46	20	15	11	81	55	55	
5.	Brighton & Hove Albion FC (Hove)	46	23	9	14	57	43	55	
6.	Mansfield Town FC (Mansfield)	46	21	11	14	70	49	53	
7.	Barnsley FC (Barnsley)	46	19	15	12	68	59	53	
8.	Reading FC (Reading)	46	21	11	14	87	77	53	
9.	Rochdale AFC (Rochdale)	46	18	10	18	69	60	46	
10.	Bradford City AFC (Bradford)	46	17	12	17	57	50	46	
11.	Doncaster Rovers FC (Doncaster)	46	17	12	17	52	54	46	
12.	Walsall FC (Walsall)	46	17	12	17	54	67	46	
13.	Torquay United FC (Torquay)	46	14	17	15	62	59	45	
14.	Rotherham United FC (Rotherham)	46	15	14	17	62	54	44	
15.	Shrewsbury Town FC (Shrewsbury)	46	13	18	15	62	63	44	
16.	Tranmere Rovers FC (Birkenhead)	46	14	16	16	56	72	44	
17.	Plymouth Argyle FC (Plymouth)	46	16	11	19	56	64	43	
18.	Halifax Town AFC (Halifax)	46	14	15	17	47	63	43	
19.	Bury FC (Bury)	46	15	11	20	75	80	41	
20.	Gillingham FC (Gillingham)	46	13	13	20	52	64	39	
21.	Bournemouth & Boscombe Athletic FC (Bournemouth)	46	12	15	19	48	71	39	R
22.	Southport FC (Southport)	46	14	10	22	48	66	38	R
23.	Barrow AFC (Barrow-in-Furness)	46	8	14	24	46	81	30	R
24.	Stockport County FC (Stockport)	46	6	11	29	27	71	23	R
		1104	395	314	395	1460	1460	1104	

Football League Division 4 1969-70 Season	Aldershot Town	Bradford Park Avenue	Brentford	Chester	Chesterfield	Colchester United	Crewe Alexandra	Darlington	Exeter City	Grimsby Town	Hartlepool	Lincoln City	Newport County	Northampton Town	Notts County	Oldham Athletic	Peterborough United	Port Vale	Scunthorpe United	Southend United	Swansea Town	Workington	Wrexham	York City
Aldershot Town FC		4-2	1-2	3-1	1-0	1-1	4-1	4-0	1-0	2-2	4-1	1-1	1-1	5-2	2-0	1-0	1-0	2-0	3-1	2-1	2-2	3-1	0-2	4-1
Bradford Park Ave.	2-0		0-1	1-2	1-1	0-1	0-0	0-1	2-1	1-1	3-0	0-3	1-1	1-2	1-3	0-0	2-3	1-2	0-5	1-0	0-2	2-0	2-3	2-0
Brentford FC	0-0	1-1		2-0	0-1	2-0	1-1	1-1	2-0	3-0	3-0	2-1	1-0	1-0	1-0	1-1	5-2	1-0	3-0	3-1	2-2	1-0	0-0	0-0
Chester FC	2-1	1-0	1-2		1-2	1-0	2-1	1-3	2-0	3-1	2-1	1-2	2-0	2-1	0-1	2-1	2-3	1-1	1-1	2-0	2-2	3-0	2-0	3-0
Chesterfield FC	4-2	4-0	1-0	0-1		2-0	1-0	2-0	2-1	1-2	3-0	4-0	4-0	2-1	5-0	3-1	3-1	0-1	2-1	3-0	0-0	4-0	2-0	3-1
Colchester United FC	3-1	2-1	1-1	0-1	4-1		1-0	2-1	2-1	3-2	1-1	2-0	1-1	0-3	2-1	3-1	2-1	0-0	0-2	0-2	1-1	3-0	2-0	3-0
Crewe Alexandra FC	1-0	0-0	1-2	3-0	2-1	0-1		2-0	1-1	3-0	3-0	3-1	1-1	2-0	1-1	1-1	2-0	0-0	0-2	5-3	0-1	1-0	2-3	3-0
Darlington FC	0-2	1-1	1-2	1-2	0-1	3-2	2-0		4-0	0-0	4-0	0-3	0-0	2-2	1-2	1-1	1-2	2-2	2-0	0-2	2-1	1-1	2-1	1-0
Exeter City FC	2-1	3-0	2-2	1-0	1-1	2-1	3-0	1-2		0-1	6-0	1-2	1-1	1-0	1-1	0-2	1-1	1-2	4-1	3-0	6-0	5-1	1-0	2-1
Grimsby Town FC	2-2	2-2	2-1	4-1	1-0	5-3	0-2	0-1	2-0		2-0	0-2	1-1	0-1	2-1	4-1	0-0	2-0	1-1	2-2	0-2	1-1	0-0	0-0
Hartlepool FC	1-3	5-2	0-0	1-2	0-0	0-0	1-1	1-3	2-0	0-1		0-3	0-1	1-1	4-0	1-1	4-2	0-2	1-2	2-1	3-0	1-0	1-3	2-2
Lincoln City FC	1-1	5-2	1-0	2-0	0-2	3-3	2-1	1-0	1-0	2-0	3-0		3-0	0-0	2-4	0-1	3-0	0-0	1-2	3-3	0-0	1-1	0-0	4-0
Newport County AFC	3-4	5-1	1-0	3-1	0-2	4-1	0-0	2-1	2-0	1-0	1-1	3-1		0-2	1-0	2-1	0-1	1-1	3-0	4-0	1-2	0-1	1-2	1-2
Northampton Town	4-0	3-0	1-1	0-1	0-1	1-1	1-2	1-1	2-0	3-1	0-1	1-1	4-1		3-1	0-0	2-2	2-0	2-1	2-0	4-1	3-0	0-1	2-2
Notts County FC	3-0	5-2	1-0	3-0	1-1	1-1	0-1	4-1	4-0	2-1	1-0	2-0	4-1	2-0		0-0	2-2	1-2	3-1	2-0	0-1	0-3	3-2	0-2
Oldham Athletic AFC	4-2	0-0	4-1	5-0	1-0	1-2	2-1	1-1	1-1	0-2	1-0	1-1	3-0	0-2	5-0		4-2	2-3	1-3	3-0	0-1	1-2	2-3	3-1
Peterborough United	4-1	2-1	0-0	0-0	1-2	1-1	3-0	3-2	1-1	1-0	4-0	2-1	4-0	1-0	1-0	8-1		0-0	2-2	3-4	1-1	1-1	5-2	3-1
Port Vale FC	0-0	4-1	0-0	3-0	1-1	1-1	2-0	4-0	2-0	1-0	3-0	0-0	3-1	4-1	1-1	1-0	0-0		1-2	3-0	0-0	3-1	1-0	1-1
Scunthorpe United	0-0	2-0	1-1	2-3	1-2	1-1	0-1	2-0	0-0	1-1	3-1	2-1	4-0	1-0	2-3	2-1	2-1	2-1		2-0	1-2	1-0	1-3	1-1
Southend United FC	2-2	1-1	2-2	4-2	0-0	2-1	2-0	2-0	1-1	1-3	0-2	2-2	3-2	2-2	2-5	1-0	2-0	1-1	3-0		2-1	3-1	1-0	1-0
Swansea Town AFC	1-1	5-0	1-0	2-1	0-0	1-0	3-0	3-1	0-0	2-0	3-0	2-2	1-1	3-2	1-1	4-0	4-1	0-0	2-1	2-0		0-0	1-2	2-1
Workington AFC	1-2	1-0	1-2	1-1	1-1	1-1	1-0	1-0	1-2	0-0	1-3	1-1	3-0	2-0	0-2	1-0	1-1	3-2	2-2	5-0	0-0		2-0	1-1
Wrexham AFC	1-1	4-0	1-0	2-0	2-1	4-2	2-2	6-2	3-0	3-2	1-0	0-0	3-0	3-0	2-0	1-1	2-1	1-1	2-1	4-0	1-1	4-1		4-0
York City FC	2-0	4-1	4-2	0-0	1-1	4-2	0-0	2-1	1-0	1-1	0-0	2-0	2-1	1-1	1-2	0-0	3-0	0-1	3-2	1-0	3-0	1-0	2-1	

	Division 4	Pd	Wn	Dw	Ls	GF	GA	Pts	
1.	Chesterfield FC (Chesterfield)	46	27	10	9	77	32	64	P
2.	Wrexham AFC (Wrexham)	46	26	9	11	84	49	61	P
3.	Swansea Town AFC (Swansea)	46	21	18	7	66	45	60	P *
4.	Port Vale FC (Stoke-on-Trent)	46	20	19	7	61	33	59	P
5.	Brentford FC (London)	46	20	16	10	58	39	56	
6.	Aldershot FC (Aldershot)	46	20	13	13	78	65	53	
7.	Notts County FC (Nottingham)	46	22	8	16	73	62	52	
8.	Lincoln City FC (Lincoln)	46	17	16	13	66	52	50	
9.	Peterborough United FC (Peterborough)	46	17	14	15	77	69	48	
10.	Colchester United FC (Colchester)	46	17	14	15	64	63	48	
11.	Chester FC (Chester)	46	21	6	19	58	66	48	
12.	Scunthorpe United FC (Scunthorpe)	46	18	10	18	67	65	46	
13.	York City FC (York)	46	16	14	16	55	62	46	
14.	Northampton Town FC (Northampton)	46	16	12	18	64	55	44	
15.	Crewe Alexandra FC (Crewe)	46	16	12	18	51	51	44	
16.	Grimsby Town FC (Cleethorpes)	46	14	15	17	54	58	43	
17.	Southend United FC (Southend-on-Sea)	46	15	10	21	59	85	40	
18.	Exeter City FC (Exeter)	46	14	11	21	57	59	39	
19.	Oldham Athletic AFC (Oldham)	46	13	13	20	60	65	39	
20.	Workington AFC (Workington)	46	12	14	20	46	64	38	
21.	Newport County AFC (Newport)	46	13	11	22	53	74	37	
22.	Darlington FC (Darlington)	46	13	10	23	53	73	36	
23.	Hartlepool FC (Hartlepool)	46	10	10	26	42	82	30	
24.	Bradford Park Avenue FC (Bradford)	46	6	11	29	41	96	23	#
		1104	404	296	404	1464	1464	1104	

Bradford Park Avenue FC (Bradford) were not re-elected to the league for the next season and were replaced in Division 4 by Cambridge United FC (Cambridge).

* Swansea Town AFC (Swansea) changed their club name to Swansea City FC (Swansea) for the next season.

F.A. CUP FINAL (Wembley Stadium, London – 11/04/1970 – 100,000)

CHELSEA FC (LONDON)	2-2 (aet)	Leeds United AFC (Leeds)
Houseman, Hutchinson		*J.Charlton, Jones*

Chelsea: Bonetti, Webb, McCreadie, Hollins, Dempsey, R.Harris (Hinton), Baldwin, Houseman, Osgood, Hutchinson, Cooke.

Leeds: Sprake, Madeley, Cooper, Bremner, J.Charlton, Hunter, Lorimer, Clarke, Jones, Giles, Gray.

F.A. CUP FINAL REPLAY (Old Trafford, Manchester – 29/04/1970 – 62,000)

CHELSEA FC (LONDON)	2-1 (aet)	Leeds United AFC (Leeds)
Osgood, Webb		*Jones*

Leeds: Harvey, Madeley, Cooper, Bremner, J.Charlton, Hunter, Lorimer, Clarke, Jones, Giles, Gray.

Chelsea: Bonetti, R.Harris, McCreadie, Hollins, Dempsey, Webb, Baldwin, Cooke, Osgood (Hinton), Hutchinson, Houseman.

3rd Place Play-off

Manchester United FC (Manchester)	2-0	Watford FC (Watford)

Semi-finals

Chelsea FC (London)	5-1	Watford FC (Watford)
Manchester United FC (Manchester)	0-0, 0-0, 0-1	Leeds United AFC (Leeds)

Quarter-finals

Manchester United FC (Manchester)	1-1, 2-1	Middlesbrough FC (Middlesbrough)
Queen's Park Rangers FC (London)	2-4	Chelsea FC (London)
Swindon Town FC (Swindon)	0-2	Leeds United AFC (Leeds)
Watford FC (Watford)	1-0	Liverpool FC (Liverpool)

1970-71

Football League Division 1 1970-71 Season	Arsenal	Blackpool	Burnley	Chelsea	Coventry City	Crystal Palace	Derby County	Everton	Huddersfield T.	Ipswich Town	Leeds United	Liverpool	Man. City	Man. United	Newcastle Utd.	Nottingham F.	Southampton	Stoke City	Tottenham H.	W.B.A.	West Ham Utd.	Wolves
Arsenal FC		1-0	1-0	2-0	1-0	1-1	2-0	4-0	1-0	3-2	0-0	2-0	1-0	4-0	1-0	4-0	0-0	1-0	2-0	6-2	2-0	2-1
Blackpool FC	0-1		1-1	3-4	1-0	3-1	0-1	0-2	2-2	0-2	1-1	0-0	3-3	1-1	0-1	2-3	0-3	1-1	0-0	3-1	1-1	0-2
Burnley FC	1-2	1-0		0-0	0-0	2-1	1-2	2-2	2-3	2-2	0-3	1-2	0-4	0-2	1-1	2-1	0-1	1-1	0-0	1-1	1-0	2-3
Chelsea FC	2-1	2-0	0-1		2-1	1-1	2-1	2-2	0-0	2-1	3-1	1-0	1-1	1-2	1-0	2-0	2-2	2-1	0-2	4-1	2-1	2-2
Coventry City FC	1-3	2-0	3-0	0-1		2-1	0-0	3-1	0-0	1-0	0-1	1-0	2-1	2-1	2-0	2-0	1-0	1-0	0-0	1-1	0-1	0-1
Crystal Palace FC	0-2	1-0	0-2	0-0	1-2		0-0	2-0	0-3	1-0	1-1	1-0	0-1	3-5	1-0	2-0	3-1	3-2	0-3	3-0	1-1	1-1
Derby County FC	2-0	2-0	1-0	1-2	3-4	1-0		3-1	3-2	2-0	0-2	0-0	0-0	4-4	1-2	1-2	0-0	2-0	1-1	2-0	2-4	1-2
Everton FC	2-2	0-0	1-1	3-0	3-0	3-1	1-1		2-1	2-0	0-1	0-0	0-1	1-0	3-1	1-0	4-1	2-0	0-0	3-3	0-1	1-2
Huddersfield Town AFC	2-1	3-0	0-1	0-1	1-0	0-2	0-0	1-1		1-0	0-0	0-0	1-0	1-2	1-1	0-0	3-1	0-1	1-1	2-1	1-1	1-2
Ipswich Town FC	0-1	2-1	3-0	0-0	0-2	1-2	0-1	0-0	2-0		2-4	1-0	2-0	4-0	1-0	0-0	1-3	2-0	1-2	2-2	2-1	2-3
Leeds United AFC	1-0	3-1	4-0	1-0	2-0	2-1	1-0	3-2	2-0	0-0		0-1	1-0	2-2	3-0	2-0	1-0	4-1	1-2	1-2	3-0	3-0
Liverpool FC	2-0	2-2	2-0	1-0	0-0	1-1	2-0	3-2	4-0	2-1	1-1		0-0	1-1	1-1	3-0	1-0	0-0	0-0	1-1	1-0	2-0
Manchester City FC	0-2	2-0	0-0	1-1	1-1	1-0	1-1	3-0	1-1	2-0	0-2	2-2		3-4	1-1	1-3	1-1	4-1	0-1	4-1	2-0	0-0
Manchester United FC	1-3	1-1	1-1	0-0	2-0	0-1	1-2	2-0	1-1	3-2	0-1	0-2	1-4		1-0	2-0	5-1	2-2	2-1	2-1	1-1	1-0
Newcastle United FC	1-1	1-2	3-1	0-1	0-0	2-0	3-1	2-1	2-0	0-0	1-1	0-0	0-0	1-0		1-1	2-2	0-2	1-0	3-0	1-1	3-2
Nottingham Forest FC	0-3	3-1	1-0	1-1	2-0	3-1	2-4	3-2	1-3	0-1	0-0	0-1	0-1	1-2	2-1		2-0	0-0	0-1	3-3	1-0	4-1
Southampton FC	1-2	1-1	2-0	0-0	3-0	6-0	4-0	2-2	1-0	1-0	0-3	1-0	1-1	1-0	2-0	4-1		2-1	0-0	1-0	1-2	1-2
Stoke City FC	5-0	1-1	0-0	1-2	2-1	0-0	1-0	1-1	3-1	0-0	3-0	0-1	2-0	1-2	3-0	0-0	0-0		0-1	2-0	2-1	1-0
Tottenham Hotspur FC	0-1	3-0	4-0	2-1	1-0	2-0	2-1	2-1	1-1	2-0	0-2	1-0	2-0	2-2	1-2	0-1	1-3	3-0		2-2	2-2	0-0
West Bromwich Albion FC	2-2	1-1	1-0	2-2	0-0	0-0	2-1	3-0	2-1	0-1	2-2	1-1	0-0	4-3	1-2	0-1	1-0	5-2	3-1		2-1	2-4
West Ham United FC	0-0	2-1	3-1	2-2	1-2	0-0	1-4	1-2	0-1	2-2	2-3	1-2	0-0	2-1	0-2	2-0	1-1	1-0	2-2	2-1		3-3
Wolverhampton Wanderers FC	0-3	1-0	1-0	1-0	0-0	2-1	2-4	2-0	3-1	0-0	2-3	1-0	3-0	3-2	3-2	4-0	0-1	1-1	0-3	2-1	2-0	

	Division 1	Pd	Wn	Dw	Ls	GF	GA	Pts	
1.	ARSENAL FC (LONDON)	42	29	7	6	71	29	65	
2.	Leeds United AFC (Leeds)	42	27	10	5	72	30	64	
3.	Tottenham Hotspur FC (London)	42	19	14	9	54	33	52	
4.	Wolverhampton Wanderers FC (Wolverhampton)	42	22	8	12	64	54	52	
5.	Liverpool FC (Liverpool)	42	17	17	8	42	24	51	
6.	Chelsea FC (London)	42	18	15	9	52	42	51	
7.	Southampton FC (Southampton)	42	17	12	13	56	44	46	
8.	Manchester United FC (Manchester)	42	16	11	15	65	66	43	
9.	Derby City FC (Derby)	42	16	10	16	56	54	42	
10.	Coventry City FC (Coventry)	42	16	10	16	37	38	42	
11.	Manchester City FC (Manchester)	42	12	17	13	47	42	41	
12.	Newcastle United FC (Newcastle upon Tyne)	42	14	13	15	44	46	41	
13.	Stoke City FC (Stoke-on-Trent)	42	12	13	17	44	48	37	
14.	Everton FC (Liverpool)	42	12	13	17	54	60	37	
15.	Huddersfield Town AFC (Huddersfield)	42	11	14	17	40	49	36	
16.	Nottingham Forest FC (Nottingham)	42	14	8	20	42	61	36	
17.	West Bromwich Albion FC (West Bromwich)	42	10	15	17	58	75	35	
18.	Crystal Palace FC (London)	42	12	11	19	39	57	35	
19.	Ipswich Town FC (Ipswich)	42	12	10	20	42	48	34	
20.	West Ham United FC (London)	42	10	14	18	47	60	34	
21.	Burnley FC (Burnley)	42	7	13	22	29	63	27	R
22.	Blackpool FC (Blackpool)	42	4	15	23	34	66	23	R
		924	327	270	327	1089	1089	924	

Top Goalscorer

1) Tony BROWN (West Bromwich Albion FC) 28

Football League Division 2 1970-71 Season	Birmingham City	Blackburn Rovers	Bolton Wanderers	Bristol City	Cardiff City	Carlisle United	Charlton Athletic	Hull City	Leicester City	Luton Town	Middlesbrough	Millwall	Norwich City	Orient	Oxford United	Portsmouth	Q.P.R.	Sheffield United	Sheffield Wednesday	Sunderland	Swindon Town	Watford
Birmingham City FC		1-0	4-0	2-0	2-0	1-0	1-1	0-0	0-0	1-1	0-1	3-1	2-2	1-0	1-1	1-1	2-1	0-1	1-0	3-1	2-1	2-0
Blackburn Rovers FC	2-2		0-2	2-2	1-1	0-2	1-0	0-1	2-2	1-0	1-1	0-2	2-1	0-0	0-0	1-1	0-2	1-3	3-2	0-1	1-0	2-3
Bolton Wanderers FC	3-0	1-1		1-0	0-2	0-3	4-0	0-0	0-3	4-2	0-3	1-1	0-1	0-1	0-2	1-1	2-2	2-1	2-1	1-3	0-3	0-1
Bristol City FC	2-1	1-1	1-1		1-0	2-1	2-2	3-3	0-1	3-2	0-2	3-2	0-1	0-0	0-4	2-0	0-0	0-1	1-2	4-3	2-1	3-0
Cardiff City AFC	2-0	4-1	1-0	1-0		4-0	1-1	5-1	2-2	0-0	3-4	2-2	1-1	1-0	1-0	1-0	1-0	1-1	4-0	3-1	1-1	0-1
Carlisle United FC	0-3	1-0	1-0	2-1	1-1		1-1	2-0	0-1	1-0	1-0	3-0	4-2	2-0	3-2	6-0	3-0	1-0	3-0	0-0	2-1	2-1
Charlton Athletic FC	1-1	2-4	4-1	1-1	2-1	1-1		0-1	0-1	1-1	1-0	1-3	2-1	2-0	2-0	2-2	0-3	0-2	2-3	1-1	2-1	1-2
Hull City AFC	0-1	0-0	1-0	1-0	1-1	1-2	2-0		3-0	0-2	1-0	2-0	1-0	5-2	0-1	0-1	1-1	1-1	4-4	4-0	2-0	1-0
Leicester City FC	1-4	1-1	1-0	4-0	0-1	2-2	1-0	0-0		1-0	3-2	2-1	2-1	4-0	0-0	2-0	0-0	0-0	1-0	1-0	3-1	1-1
Luton Town FC	3-2	2-0	2-0	3-0	3-0	3-3	1-1	3-1	1-3		1-0	1-1	0-0	4-0	4-0	2-1	0-0	2-1	2-2	1-2	1-1	1-0
Middlesbrough FC	0-0	1-1	1-0	1-0	1-1	2-1	3-0	1-0	1-0	2-1		1-0	5-0	0-1	0-2	3-2	6-2	1-1	1-0	2-2	3-0	2-2
Millwall FC	2-1	2-0	2-0	2-0	2-1	2-1	2-0	4-0	0-0	4-0	1-0		2-2	0-1	1-2	0-0	3-0	1-2	1-0	0-0	2-2	3-0
Norwich City FC	2-2	2-1	2-1	3-2	1-2	1-1	2-0	0-2	2-2	1-1	1-1	1-0		4-2	1-1	1-1	3-0	1-0	0-0	3-0	1-0	2-1
Orient FC	0-2	1-1	3-1	1-1	0-0	1-1	0-0	0-1	0-1	1-2	0-0	0-0	1-0		0-0	1-1	0-1	3-1	1-1	1-0	1-0	1-1
Oxford United FC	1-0	2-1	1-1	1-0	1-0	1-1	2-1	0-3	1-0	2-1	2-2	2-3	1-1	0-1		1-1	1-3	1-2	1-1	0-0	0-0	2-1
Portsmouth FC	1-0	4-1	4-0	1-1	1-3	1-4	2-0	2-2	1-2	0-1	1-1	0-2	0-2	1-1	1-0		2-0	1-5	2-0	2-1	0-2	5-0
Queen's Park Rangers FC	5-2	2-0	4-0	2-1	0-1	1-1	1-4	1-1	1-3	0-1	1-1	2-0	0-1	5-1	2-0	2-0		2-2	1-0	2-0	4-2	1-1
Sheffield United FC	3-0	5-0	2-2	3-3	5-1	2-2	3-0	1-2	2-1	2-1	1-1	2-0	0-0	3-1	3-0	2-0	1-1		3-2	1-0	2-1	3-0
Sheffield Wednesday FC	3-3	1-1	1-1	2-0	1-2	3-0	1-0	1-1	0-3	1-5	3-2	1-0	2-1	2-1	1-1	3-1	1-0	0-0		1-2	2-2	2-1
Sunderland AFC	2-1	3-2	4-1	1-0	0-4	2-0	3-0	0-1	0-0	0-0	2-2	0-1	2-1	1-0	0-1	0-0	3-1	0-0	3-1		5-2	3-3
Swindon Town FC	1-2	3-0	3-1	2-1	2-2	0-0	1-1	1-1	0-1	0-0	3-0	3-0	3-2	1-1	3-0	2-1	1-0	3-0	3-0	2-0		1-1
Watford FC	2-1	2-1	1-1	0-3	0-1	0-0	1-1	1-2	0-1	0-1	1-0	0-4	2-0	0-0	2-1	0-0	1-2	0-0	3-0	1-1	1-2	

	Division 2	Pd	Wn	Dw	Ls	GF	GA	Pts	
1.	Leicester City FC (Leicester)	42	23	13	6	57	30	59	P
2.	Sheffield United FC (Sheffield)	42	21	14	7	73	39	56	P
3.	Cardiff City AFC (Cardiff)	42	20	13	9	64	41	53	
4.	Carlisle United FC (Carlisle)	42	20	13	9	65	43	53	
5.	Hull City AFC (Kingston upon Hull)	42	19	13	10	54	41	51	
6.	Luton Town FC (Luton)	42	18	13	11	62	43	49	
7.	Middlesbrough FC (Middlesbrough)	42	17	14	11	60	43	48	
8.	Millwall FC (London)	42	19	9	14	59	42	47	
9.	Birmingham City FC (Birmingham)	42	17	12	13	58	48	46	
10.	Norwich City FC (Norwich)	42	15	14	13	54	52	44	
11.	Queen's Park Rangers FC (London)	42	16	11	15	58	53	43	
12.	Swindon Town FC (Swindon)	42	15	12	15	61	51	42	
13.	Sunderland AFC (Sunderland)	42	15	12	15	52	54	42	
14.	Oxford United FC (Oxford)	42	14	14	14	14	48	42	
15.	Sheffield Wednesday FC (Sheffield)	42	12	12	18	51	69	36	
16.	Portsmouth FC (Portsmouth)	42	10	14	18	46	61	34	
17.	Orient FC (London)	42	9	16	17	29	51	34	
18.	Watford FC (Watford)	42	10	13	19	38	60	33	
19.	Bristol City FC (Bristol)	42	10	11	21	46	64	31	
20.	Charlton Athletic FC (London)	42	8	14	20	41	65	30	
21.	Blackburn Rovers FC (Blackburn)	42	6	15	21	37	69	27	R
22.	Bolton Wanderers FC (Bolton)	42	7	10	25	35	74	24	R
		924	321	282	321	1141	1141	924	

Football League Division 3 1970-71 Season	Aston Villa	Barnsley	Bradford City	Brighton & H.A.	Bristol Rovers	Bury	Chesterfield	Doncaster Rovers	Fulham	Gillingham	Halifax Town	Mansfield Town	Plymouth Argyle	Port Vale	Preston North End	Reading	Rochdale	Rotherham United	Shrewsbury Town	Swansea City	Torquay United	Tranmere Rovers	Walsall	Wrexham
Aston Villa FC		0-0	1-0	0-0	1-1	1-0	0-0	3-2	1-0	2-1	1-1	0-1	1-1	1-0	2-0	2-1	1-0	1-0	2-0	3-0	0-1	1-0	0-0	3-4
Barnsley FC	1-1		2-0	1-0	0-4	1-1	1-0	0-1	0-1	3-1	2-2	1-0	2-0	1-0	0-1	3-0	2-2	2-1	2-1	0-0	2-0	0-0	1-2	3-1
Bradford City AFC	1-0	1-0		2-3	1-1	1-3	1-0	3-0	2-3	0-1	0-1	1-1	0-1	1-1	0-2	0-1	3-0	1-1	1-0	0-2	2-0	1-1	0-0	1-3
Brighton & Hove Alb.	1-0	1-2	1-2		0-0	1-0	1-2	3-0	3-2	3-1	0-2	2-0	1-1	0-0	0-0	2-0	1-1	1-1	1-2	2-2	0-0	0-0	2-2	2-0
Bristol Rovers FC	1-2	3-0	4-2	1-3		0-1	3-2	2-0	0-1	2-0	1-0	2-0	1-3	3-0	0-0	4-0	2-2	0-2	2-2	0-0	1-1	0-1	3-0	3-2
Bury FC	3-1	0-0	1-1	0-2	3-0		1-1	2-3	2-0	2-1	1-1	0-0	3-0	2-3	0-1	5-1	0-2	0-1	1-1	1-1	1-0	0-0	1-1	1-2
Chesterfield FC	2-3	4-2	0-1	2-1	2-0	0-0		4-0	0-0	2-0	5-0	2-2	2-0	3-0	0-0	4-0	1-1	1-1	2-0	0-0	5-0	2-0	1-1	1-0
Doncaster Rovers FC	2-1	1-0	3-1	2-0	0-1	2-0	2-1		0-1	2-2	1-2	1-2	0-0	1-2	1-1	2-0	1-2	0-2	1-1	1-2	0-1	2-2	1-2	2-1
Fulham FC	0-2	1-1	5-0	1-0	2-1	2-1	2-0	1-1		1-0	3-1	0-0	1-1	4-1	0-1	1-1	2-0	1-0	0-0	4-1	4-0	2-0	1-0	1-0
Gillingham FC	0-0	2-1	2-1	1-1	1-4	1-2	1-1	0-1	1-3		2-1	2-2	0-2	1-1	2-1	0-0	0-0	2-1	0-2	0-0	1-2	0-0	2-1	1-2
Halifax Town AFC	2-1	4-1	1-2	0-1	0-0	3-0	1-0	4-0	2-1	2-1		0-1	4-1	2-0	1-0	4-0	1-4	1-3	2-0	2-2	2-0	4-3	2-1	2-0
Mansfield Town FC	2-0	1-2	3-5	1-0	4-1	1-0	2-2	2-1	1-0	2-0	3-2		1-5	2-0	3-1	0-0	3-2	1-1	1-1	2-0	0-0	6-2	2-2	1-1
Plymouth Argyle FC	1-1	2-1	1-3	1-1	0-0	3-4	1-1	1-1	1-1	2-1	1-1	0-0		2-1	1-1	4-0	2-2	4-1	4-4	2-3	1-2	0-1	3-1	2-2
Port Vale FC	2-0	1-1	0-0	2-1	2-0	0-0	0-2	1-0	0-1	1-1	0-1	2-0	2-1		1-0	3-1	4-1	1-0	0-1	4-0	0-1	2-2	1-1	0-3
Preston North End	0-0	3-1	1-1	1-1	3-2	2-0	1-0	4-0	1-1	1-0	1-1	2-1	1-0	1-0		4-1	3-1	3-0	2-0	1-1	2-2	1-1	1-0	3-2
Reading FC	3-5	2-0	1-1	0-3	0-2	1-5	1-1	1-0	1-1	3-2	1-1	1-0	0-2	2-1	1-0		1-1	4-2	2-1	3-1	2-1	1-1	1-2	0-0
Rochdale AFC	1-1	1-0	0-0	3-3	1-1	2-0	2-0	1-0	1-2	0-1	0-3	1-1	1-1	0-3	1-2	1-2		4-3	1-2	0-0	2-0	0-0	2-0	4-1
Rotherham United	1-1	1-0	1-1	2-0	1-1	3-2	1-2	2-0	1-1	0-0	2-2	2-1	1-1	2-1	1-1	2-1	5-1		1-1	2-0	3-1	2-0	1-0	1-1
Shrewsbury Town	2-1	1-0	1-1	0-1	1-4	2-0	1-1	0-3	0-1	0-0	2-2	5-2	1-1	7-3	0-1	3-1	0-2	4-2		1-0	1-0	3-1	1-1	1-0
Swansea City FC	1-2	0-2	2-0	1-0	1-3	3-0	1-0	1-1	4-1	1-0	3-1	2-4	0-2	0-2	2-2	5-0	4-2	1-1	5-0		0-1	0-0	1-1	3-0
Torquay United FC	1-1	0-1	1-1	1-0	1-1	2-1	1-1	2-1	3-1	2-3	2-0	0-0	2-1	1-1	3-1	0-4	3-0	3-1	1-0	2-1		4-2	1-2	1-2
Tranmere Rovers FC	1-1	2-2	3-1	3-0	0-2	0-0	0-0	1-0	0-3	1-0	0-1	4-1	1-0	1-1	3-3	0-0	0-2	5-0	1-0	0-0	0-0		0-0	1-1
Walsall FC	3-0	1-2	1-2	1-0	1-2	3-0	2-1	1-2	3-2	3-0	0-0	0-1	1-0	3-1	0-1	1-2	0-3	0-1	0-1	0-1	1-4	2-0		3-1
Wrexham AFC	2-3	1-0	2-0	1-1	1-0	3-2	0-3	0-0	2-2	3-4	2-2	4-0	4-0	1-1	1-1	2-0	3-1	1-1	2-1	1-1	1-0	4-1	2-1	

	Division 3	**Pd**	**Wn**	**Dw**	**Ls**	**GF**	**GA**	**Pts**	
1.	Preston North End FC (Preston)	46	22	17	7	63	39	61	P
2.	Fulham FC (London)	46	24	12	10	68	41	60	P
3.	Halifax Town AFC (Halifax)	46	22	12	12	74	55	56	
4.	Aston Villa FC (Birmingham)	46	19	15	12	54	46	53	
5.	Chesterfield FC (Chesterfield)	46	17	17	12	66	38	51	
6.	Bristol Rovers FC (Bristol)	46	19	13	14	69	50	51	
7.	Mansfield Town FC (Mansfield)	46	18	15	13	64	62	51	
8.	Rotherham United FC (Rotherham)	46	17	16	13	64	60	50	
9.	Wrexham AFC (Wrexham)	46	18	13	15	72	65	49	
10.	Torquay United FC (Torquay)	46	19	11	16	54	57	49	
11.	Swansea City FC (Swansea)	46	15	16	15	59	56	46	
12.	Barnsley FC (Barnsley)	46	17	11	18	49	52	45	
13.	Shrewsbury Town FC (Shrewsbury)	46	16	13	17	58	62	45	
14.	Brighton & Hove Albion FC (Hove)	46	14	16	16	50	47	44	
15.	Plymouth Argyle FC (Plymouth)	46	12	19	15	63	63	43	
16.	Rochdale AFC (Rochdale)	46	14	15	17	61	68	43	
17.	Port Vale FC (Stoke-on-Trent)	46	15	12	19	52	59	42	
18.	Tranmere Rovers FC (Birkenhead)	46	10	22	14	45	55	42	
19.	Bradford City AFC (Bradford)	46	13	14	19	49	62	40	
20.	Walsall FC (Walsall)	46	14	11	21	51	57	39	
21.	Reading FC (Reading)	46	14	11	21	48	85	39	R
22.	Bury FC (Bury)	46	12	13	21	52	60	37	R
23.	Doncaster Rovers FC (Doncaster)	46	13	9	24	45	66	35	R
24.	Gillingham FC (Gillingham)	46	10	13	23	42	67	33	R
		1104	384	336	384	1372	1372	1104	

Football League Division 4 1970-71 Season	Aldershot Town	Barrow	Bournemouth	Brentford	Cambridge United	Chester	Colchester United	Crewe Alexandra	Darlington	Exeter City	Grimsby Town	Hartlepool	Lincoln City	Newport County	Northampton Town	Notts County	Oldham Athletic	Peterborough Utd.	Scunthorpe United	Southend United	Southport	Stockport County	Workington	York City
Aldershot Town FC		3-0	2-0	1-0	2-2	1-0	0-1	0-0	2-2	2-2	3-2	1-0	0-2	1-1	1-1	0-1	1-1	2-2	0-1	2-2	2-1	5-0	1-1	0-1
Barrow AFC	1-1		1-2	0-1	2-1	1-4	0-2	0-1	1-1	1-1	0-1	3-0	1-4	3-1	2-1	1-2	1-1	2-3	1-2	2-0	0-2	2-2	0-3	0-2
Bournemouth & Bos.	1-1	0-0		1-0	3-0	3-1	4-1	2-2	1-0	4-1	2-1	3-0	3-0	2-2	4-2	1-1	5-0	1-0	0-2	4-0	0-1	2-0	1-0	4-0
Brentford FC	2-3	2-1	1-2		1-2	1-2	1-0	3-1	1-0	5-0	2-0	1-0	2-1	0-3	3-0	2-2	1-1	1-1	0-1	4-2	0-1	3-0	3-0	6-4
Cambridge United FC	1-1	3-3	0-2	1-0		1-1	2-1	1-0	2-0	2-0	2-3	2-0	1-1	3-2	0-2	2-1	3-1	1-1	1-1	0-3	0-0	1-1	1-2	1-1
Chester FC	1-2	2-1	4-2	1-2	2-1		2-1	1-0	2-1	3-1	5-0	0-1	1-0	2-1	2-2	2-1	0-1	2-0	2-0	2-0	1-0	3-0	1-0	1-1
Colchester United FC	5-2	4-1	1-1	4-0	2-1	0-1		3-0	2-0	1-1	1-0	1-0	1-1	4-2	1-1	2-3	1-2	3-0	2-0	1-1	1-0	1-1	2-1	1-0
Crewe Alexandra FC	0-3	1-0	3-3	5-3	1-2	6-3	0-3		3-0	4-1	4-0	1-0	3-1	2-0	3-0	1-2	0-1	1-3	3-1	1-2	1-0	2-3	1-0	3-4
Darlington FC	1-2	3-1	1-0	2-1	2-0	5-1	0-0	0-1		3-2	5-1	2-0	3-2	2-1	0-0	2-3	3-1	1-0	3-0	0-4	1-1	1-0	0-1	2-0
Exeter City FC	4-1	4-2	0-0	1-0	1-0	3-1	2-2	6-2	2-1		4-0	1-1	0-0	1-1	1-1	0-1	0-2	3-2	1-1	2-0	2-1	2-1	0-1	0-2
Grimsby Town FC	0-2	3-1	1-0	1-5	2-0	2-2	3-1	2-0	1-1	1-2		1-1	1-1	2-0	0-2	2-1	4-1	2-1	1-0	2-0	1-2	1-2	1-0	3-1
Hartlepool FC	1-1	2-1	2-1	0-0	0-0	0-2	1-2	0-2	2-2	3-0	2-2		0-0	2-2	2-2	2-1	0-1	1-2	1-1	0-1	1-2	3-0	1-1	2-1
Lincoln City FC	4-4	0-3	1-2	2-0	0-1	2-0	1-2	2-2	2-1	4-1	3-0	2-0		1-1	1-3	0-1	2-1	2-1	4-1	1-2	3-0	1-1	3-1	4-5
Newport County AFC	1-2	3-2	0-2	0-1	2-0	0-1	1-3	1-3	3-1	0-1	0-1	2-0	2-2		0-1	2-1	1-4	2-0	2-3	3-0	2-2	3-1	2-2	0-3
Northampton Town	2-0	1-0	2-3	1-0	2-1	3-1	2-1	1-1	2-0	2-2	0-4	2-0	2-1	1-0		1-1	1-3	2-0	1-0	0-2	2-1	1-1	5-0	3-2
Notts County FC	3-0	3-1	2-1	0-0	4-1	2-1	4-0	5-1	3-0	1-1	1-0	3-0	0-0	2-0	1-0		2-0	6-0	3-1	2-1	3-1	5-1	2-2	2-1
Oldham Athletic AFC	5-2	2-1	2-2	5-1	4-1	1-1	4-0	5-3	3-1	2-1	1-0	2-0	4-2	4-0	1-1	1-3		3-0	1-1	2-0	2-4	1-1	1-3	1-1
Peterborough United	1-0	4-0	3-1	1-2	2-3	1-0	1-2	3-1	0-1	1-3	1-1	5-0	1-1	2-1	1-0	1-1	2-1		1-2	4-0	1-0	5-1	3-1	2-1
Scunthorpe United	2-1	1-1	1-1	1-1	0-0	0-2	2-0	1-1	0-0	3-0	1-2	2-1	3-1	0-1	2-2	0-1	2-3	5-2		3-0	2-0	1-2	4-0	0-1
Southend United FC	2-2	2-3	1-2	4-3	1-1	1-1	1-1	0-2	0-0	0-0	1-1	2-0	1-1	3-0	1-0	1-0	3-0	1-2	2-2		1-1	2-1	1-1	1-0
Southport FC	3-3	1-0	0-1	2-0	0-1	2-0	2-1	1-0	0-3	0-2	1-0	5-0	1-0	6-1	2-1	0-2	1-4	3-2	5-1	3-0		1-0	1-0	2-2
Stockport County FC	1-0	2-0	1-1	1-0	0-1	0-1	0-0	2-2	1-1	0-3	1-0	2-1	4-3	3-2	1-1	1-0	1-1	0-0	2-0	0-0	3-0		1-0	1-0
Workington AFC	4-0	2-1	1-0	1-1	3-1	1-0	1-1	1-1	0-0	1-0	1-0	0-1	2-1	2-1	2-0	0-1	0-0	2-1	0-0	1-1	2-1	0-1		1-0
York City FC	3-1	4-3	1-1	0-0	3-0	1-1	1-1	1-0	2-0	2-2	4-1	4-0	2-0	1-0	4-1	0-0	0-1	2-1	2-0	3-0	2-0	2-1	1-0	

	Division 4	Pd	Wn	Dw	Ls	GF	GA	Pts	
1.	Notts County FC (Nottingham)	46	30	9	7	89	36	69	P
2.	Bournemouth & Boscombe Athletic FC (Bournemouth)	46	24	12	10	81	46	60	P *
3.	Oldham Athletic AFC (Oldham)	46	24	11	11	88	63	59	P
4.	York City FC (York)	46	23	10	13	78	54	56	P
5.	Chester FC (Chester)	46	24	7	15	69	55	55	
6.	Colchester United FC (Colchester)	46	21	12	13	70	54	54	
7.	Northampton Town FC (Northampton)	46	19	13	14	63	59	51	
8.	Southport FC (Southport)	46	21	6	19	63	57	48	
9.	Exeter City FC (Exeter)	46	17	14	15	67	68	48	
10.	Workington AFC (Workington)	46	18	12	16	48	49	48	
11.	Stockport County FC (Stockport)	46	16	14	16	49	65	46	
12.	Darlington FC (Darlington)	46	17	11	18	58	57	45	
13.	Aldershot FC (Aldershot)	46	14	17	15	66	71	45	
14.	Brentford FC (London)	46	18	8	20	66	62	44	
15.	Crewe Alexandra FC (Crewe)	46	18	8	20	75	76	44	
16.	Peterborough United FC (Peterborough)	46	18	7	21	70	71	43	
17.	Scunthorpe United FC (Scunthorpe)	46	15	13	18	56	61	43	
18.	Southend United FC (Southend-on-Sea)	46	14	15	17	53	66	43	
19.	Grimsby Town FC (Cleethorpes)	46	18	7	21	57	71	43	
20.	Cambridge United FC (Cambridge)	46	15	13	18	51	66	43	
21.	Lincoln City FC (Lincoln)	46	13	13	20	70	71	39	
22.	Newport County AFC (Newport)	46	10	8	28	55	85	28	
23.	Hartlepool FC (Hartlepool)	46	8	12	26	34	74	28	
24.	Barrow AFC (Barrow-in-Furness)	46	7	8	31	51	90	22	
		1104	422	260	422	1527	1527	1104	

* Bournemouth & Boscombe Athletic FC (Bournemouth) changed their name to AFC Bournemouth (Bournemouth) for the next season.

F.A. CUP FINAL (Wembley Stadium, London – 08/05/1971 – 100,000)

ARSENAL FC (LONDON)	2-1 (aet)	Liverpool FC (Liverpool)
Kelly, George		*Heighway*

Arsenal: Wilson, Rice, McNab, Storey (Kelly), McLintock, Simpson, Armstrong, Graham, Radford, Kennedy, George.

Liverpool: Clemence, Lawler, Lindsay, Smith, Lloyd, Hughes, Callaghan, Evans (Thompson), Heighway, Toshack, Hall.

3rd Place Play-off

Stoke City FC (Stoke-on-Trent)	3-2	Everton FC (Liverpool)

Semi-finals

Arsenal FC (London)	2-2, 2-0	Stoke City FC (Stoke-on-Trent)
Everton FC (Liverpool)	1-2	Liverpool FC (Liverpool)

Quarter-finals

Everton FC (Liverpool)	5-0	Colchester United FC (Colchester)
Hull City AFC (Kingston upon Hull)	2-3	Stoke City FC (Stoke-on-Trent)
Leicester City FC (Leicester)	0-0, 0-1	Arsenal FC (London)
Liverpool FC (Liverpool)	0-0, 1-0	Tottenham Hotspur FC (London)

1971-72

Football League Division 1 1971-72 Season	Arsenal	Chelsea	Coventry City	Crystal Palace	Derby County	Everton	Huddersfield Town	Ipswich Town	Leeds United	Leicester City	Liverpool	Manchester City	Manchester United	Newcastle United	Nottingham Forest	Sheffield United	Southampton	Stoke City	Tottenham Hotspur	W.B.A.	West Ham United	Wolves
Arsenal FC		3-0	2-0	2-1	2-0	1-1	1-0	2-1	2-0	3-0	0-0	1-2	3-0	4-2	3-0	0-1	1-0	0-1	0-2	2-0	2-1	2-1
Chelsea FC	1-2		3-3	2-1	1-1	4-0	2-2	2-0	0-0	2-1	0-0	2-2	2-3	3-3	2-0	2-0	3-0	2-0	1-0	1-0	3-1	3-1
Coventry City FC	0-1	1-1		1-1	2-2	4-1	2-1	1-1	3-1	1-1	0-2	1-1	2-3	1-0	1-1	3-2	1-0	1-1	1-0	0-2	1-1	0-0
Crystal Palace FC	2-2	2-3	2-2		0-1	2-1	0-0	1-1	1-1	1-1	0-1	1-2	1-3	2-0	1-1	5-1	2-3	2-0	1-1	0-2	0-3	0-2
Derby County FC	2-1	1-0	1-0	3-0		2-0	3-0	1-0	2-0	3-0	1-0	3-1	2-2	0-1	4-0	3-0	2-2	4-0	2-2	0-0	2-0	2-1
Everton FC	2-1	2-0	1-2	0-0	0-2		2-2	1-1	0-0	0-0	1-0	1-2	1-0	1-0	1-1	0-1	8-0	0-0	1-1	2-1	2-1	2-2
Huddersfield Town AFC	0-1	1-2	0-1	0-1	2-1	0-0		1-3	2-1	2-2	0-1	1-1	0-3	0-0	0-1	0-0	0-2	0-0	1-1	1-0	1-0	0-1
Ipswich Town FC	0-1	1-2	3-1	0-2	0-0	0-0	1-0		0-2	1-2	0-0	2-1	0-0	0-0	1-1	0-0	1-1	2-1	2-1	2-3	1-0	2-1
Leeds United AFC	3-0	2-0	1-0	2-0	3-0	3-2	3-1	2-2		2-1	1-0	3-0	5-1	5-1	6-1	1-0	7-0	1-0	1-1	3-0	0-0	0-0
Leicester City FC	0-0	1-1	1-0	0-0	0-2	0-0	2-0	1-0	0-0		1-0	0-0	2-0	3-0	2-1	0-1	0-1	2-1	0-1	0-1	2-0	1-2
Liverpool FC	3-2	0-0	3-1	4-1	3-2	4-0	2-0	2-0	0-2	3-2		3-0	2-2	5-0	3-1	2-0	1-0	2-1	0-0	2-0	1-0	3-2
Manchester City FC	2-0	1-0	4-0	4-0	2-0	1-0	1-0	4-0	0-1	1-1	1-0		3-3	2-1	2-2	2-1	3-0	1-2	4-0	2-1	3-1	5-2
Manchester United FC	3-1	0-1	2-2	4-0	1-0	0-0	2-0	1-0	0-1	3-2	0-3	1-3		0-2	3-2	2-0	3-2	3-0	3-1	3-1	4-2	1-3
Newcastle United FC	2-0	0-0	4-2	1-2	0-1	0-0	0-0	0-1	1-0	2-0	3-2	0-0	0-1		2-1	1-2	3-1	0-0	3-1	4-2	2-2	2-0
Nottingham Forest FC	1-1	2-1	4-0	0-1	0-2	1-0	1-2	0-2	0-2	1-2	2-3	2-2	0-0	1-0		2-3	2-3	0-0	0-1	4-1	1-0	1-3
Sheffield United FC	0-5	1-0	2-0	1-0	0-4	1-1	3-1	7-0	3-0	1-1	1-1	3-3	1-1	1-0	2-1		3-1	2-3	2-2	0-0	3-0	2-2
Southampton FC	0-1	2-2	3-1	1-0	1-2	0-1	1-2	0-0	2-1	1-0	0-1	2-0	2-5	1-2	4-1	3-2		3-1	0-0	1-1	3-3	1-2
Stoke City FC	0-0	0-1	1-0	3-1	1-1	1-1	1-0	3-3	0-3	3-1	0-0	1-3	1-1	3-3	0-2	2-2	3-1		2-0	1-1	0-0	0-1
Tottenham Hotspur FC	1-1	3-0	1-0	3-0	0-1	3-0	4-1	2-1	1-0	4-3	2-0	1-1	2-0	0-0	6-1	2-0	1-0	2-0		3-2	0-1	4-1
West Bromwich Albion FC	0-1	4-0	1-1	1-1	0-0	2-0	1-1	1-2	0-1	0-1	1-0	0-2	2-1	0-3	1-0	2-2	3-2	0-1	1-1		0-0	2-3
West Ham United FC	0-0	2-1	4-0	1-1	3-3	1-0	3-0	0-0	2-2	1-1	0-2	0-2	3-0	0-1	4-2	1-2	1-0	2-1	2-0	0-1		1-0
Wolverhampton Wanderers FC	5-1	0-2	1-1	1-0	2-1	1-1	2-2	2-2	2-1	0-1	0-0	2-1	1-1	2-0	4-2	1-2	4-2	2-0	2-2	0-1	1-0	

	Division 1	Pd	Wn	Dw	Ls	GF	GA	Pts	
1.	DERBY COUNTY FC (DERBY)	42	24	10	8	69	33	58	
2.	Leeds United AFC (Leeds)	42	24	9	9	73	31	57	
3.	Liverpool FC (Liverpool)	42	24	9	9	64	30	57	
4.	Manchester City FC (Manchester)	42	23	11	8	77	45	57	
5.	Arsenal FC (London)	42	22	8	12	58	40	52	
6.	Tottenham Hotspur FC (London)	42	19	13	10	63	42	51	
7.	Chelsea FC (London)	42	18	12	12	58	49	48	
8.	Manchester United FC (Manchester)	42	19	10	13	69	61	48	
9.	Wolverhampton Wanderers FC (Wolverhampton)	42	18	11	13	65	57	47	
10.	Sheffield United FC (Sheffield)	42	17	12	13	61	60	46	
11.	Newcastle United FC (Newcastle upon Tyne)	42	15	11	16	49	52	41	
12.	Leicester City FC (Leicester)	42	13	13	16	41	46	39	
13.	Ipswich Town FC (Ipswich)	42	11	16	15	39	53	38	
14.	West Ham United FC (London)	42	12	12	18	47	51	36	
15.	Everton FC (Liverpool)	42	9	18	15	37	48	36	
16.	West Bromwich Albion FC (West Bromwich)	42	12	11	19	42	54	35	
17.	Stoke City FC (Stoke-on-Trent)	42	10	15	17	39	56	35	
18.	Coventry City FC (Coventry)	42	9	15	18	44	67	33	
19.	Southampton FC (Southampton)	42	12	7	23	52	80	31	
20.	Crystal Palace FC (London)	42	8	13	21	39	65	29	
21.	Nottingham Forest FC (Nottingham)	42	8	9	25	47	81	25	R
22.	Huddersfield Town AFC (Huddersfield)	42	6	13	23	27	59	25	R
		924	333	258	333	1160	1160	924	

Top Goalscorer

1) Francis LEE (Manchester City FC) 33

Football League Division 2 1971-72 Season	Birmingham City	Blackpool	Bristol City	Burnley	Cardiff City	Carlisle United	Charlton Athletic	Fulham	Hull City	Luton Town	Middlesbrough	Millwall	Norwich City	Orient	Oxford United	Portsmouth	Preston North End	Q.P.R.	Sheffield Wednesday	Sunderland	Swindon Town	Watford
Birmingham City FC		2-1	1-0	2-0	3-0	3-2	4-1	3-1	2-0	1-0	1-1	1-0	4-0	2-0	0-0	6-3	2-2	0-0	0-0	1-1	4-1	4-1
Blackpool FC	1-1		1-0	4-2	3-0	2-0	5-0	2-1	1-1	0-1	3-1	0-0	1-2	4-1	2-0	1-2	1-1	1-1	1-0	1-1	4-1	5-0
Bristol City FC	1-0	4-0		0-2	2-0	1-4	2-0	1-2	4-0	0-0	2-1	3-3	0-1	5-3	4-2	1-1	4-1	2-0	1-0	3-1	1-0	2-1
Burnley FC	1-1	2-1	1-1		3-0	3-1	3-1	1-1	0-2	2-0	5-2	2-0	1-0	6-1	1-1	1-3	1-0	1-0	5-3	0-1	1-2	3-0
Cardiff City AFC	0-0	3-4	2-3	2-2		3-1	6-1	1-0	1-1	1-1	1-0	1-2	0-0	1-0	1-1	3-2	5-2	0-0	3-2	1-2	0-1	2-0
Carlisle United FC	2-2	2-0	2-0	0-3	2-1		5-2	3-1	2-1	0-0	3-0	3-3	3-0	2-0	2-1	1-0	0-0	1-4	2-2	1-2	0-0	2-0
Charlton Athletic FC	1-1	2-3	2-0	2-0	2-2	1-1		2-2	1-0	2-0	0-2	0-2	0-2	1-2	3-0	1-1	2-1	2-1	2-2	2-2	3-1	2-0
Fulham FC	0-0	2-1	2-0	0-2	4-3	0-1	1-0		1-0	3-1	2-2	1-0	0-0	2-1	1-1	1-1	0-0	0-3	4-0	0-0	2-4	3-0
Hull City AFC	1-0	1-0	1-1	1-2	0-0	2-0	2-3	4-0		0-0	4-3	0-0	1-2	1-1	1-0	1-3	3-2	1-1	1-0	2-3	2-0	4-0
Luton Town FC	0-0	1-4	0-0	1-0	2-2	0-2	1-2	2-0	0-1		3-2	2-1	1-1	2-0	1-2	3-2	1-1	1-1	3-1	1-2	0-0	0-0
Middlesbrough FC	0-0	1-0	1-0	1-0	1-0	2-2	2-2	2-0	3-0	0-0		1-0	1-0	1-0	2-1	2-1	0-1	3-2	2-1	2-0	2-0	2-1
Millwall FC	3-0	1-0	3-1	1-1	1-1	2-1	2-1	4-1	2-1	2-2	1-0		2-1	2-1	2-0	1-0	2-0	0-0	1-1	1-1	2-2	3-2
Norwich City FC	2-2	5-1	2-2	3-0	2-1	1-0	3-0	2-1	2-0	3-1	2-0	2-2		0-0	3-2	3-1	1-1	0-0	1-0	1-1	1-0	1-1
Orient FC	0-1	0-1	2-0	1-0	4-1	2-1	3-2	1-0	1-0	0-0	1-1	2-2	1-2		1-1	2-1	3-2	2-0	0-3	5-0	0-1	1-0
Oxford United FC	0-1	3-1	0-0	2-1	1-0	3-1	2-1	1-0	2-2	1-1	0-0	1-2	0-2	1-1		2-2	2-0	3-1	1-0	2-0	1-1	0-0
Portsmouth FC	1-0	1-3	1-1	1-2	2-0	1-0	0-0	6-3	0-0	0-3	2-1	1-1	2-1	3-2	2-0		1-1	1-0	1-2	2-2	1-2	2-2
Preston North End FC	0-0	1-4	1-0	1-3	1-2	3-0	2-1	2-0	3-1	0-1	1-0	4-0	0-2	1-1	1-0	4-0		1-1	1-0	1-3	2-2	2-0
Queen's Park Rangers FC	1-0	0-1	3-0	3-1	3-0	3-0	2-0	0-0	2-1	1-0	1-0	1-1	0-0	1-0	4-2	1-1	2-1		3-0	2-1	3-0	3-0
Sheffield Wednesday FC	1-2	1-2	1-5	2-1	2-2	2-1	2-1	4-0	2-1	2-2	1-0	1-1	1-1	3-1	0-0	1-1	1-0	0-0		3-0	1-0	2-1
Sunderland AFC	1-1	0-0	1-1	4-3	1-1	0-3	3-0	2-1	0-1	2-2	4-1	3-3	1-1	2-0	3-0	3-2	4-3	0-1	2-0		1-0	5-0
Swindon Town FC	1-1	1-0	0-1	0-1	3-1	0-0	2-1	4-0	2-1	2-1	0-1	0-2	0-1	2-2	4-0	3-1	1-1	0-0	1-0	1-1		2-0
Watford FC	0-1	1-0	0-2	2-1	2-2	1-2	0-3	1-2	1-2	2-1	0-1	0-1	1-1	0-1	0-1	1-0	1-0	0-2	1-1	1-1	0-0	

	Division 2	Pd	Wn	Dw	Ls	GF	GA	Pts	
1.	Norwich City FC (Norwich)	42	21	15	6	60	36	57	P
2.	Birmingham City FC (Birmingham)	42	19	18	5	60	31	56	P
3.	Millwall FC (London)	42	19	17	6	64	46	55	
4.	Queen's Park Rangers FC (London)	42	20	14	8	57	28	54	
5.	Sunderland AFC (Sunderland)	42	17	16	9	67	57	50	
6.	Blackpool FC (Blackpool)	42	20	7	15	70	50	47	
7.	Burnley FC (Burnley)	42	20	6	16	70	55	46	
8.	Bristol City FC (Bristol)	42	18	10	14	61	49	46	
9.	Middlesbrough FC (Middlesbrough)	42	19	8	15	50	48	46	
10.	Carlisle United FC (Carlisle)	42	17	9	16	61	57	43	
11.	Swindon Town FC (Swindon)	42	15	12	15	47	47	42	
12.	Hull City AFC (Kingston upon Hull)	42	14	10	18	49	53	38	
13.	Luton Town FC (Luton)	42	10	18	14	43	48	38	
14.	Sheffield Wednesday FC (Sheffield)	42	13	12	17	51	58	38	
15.	Oxford United FC (Oxford)	42	12	14	16	43	55	38	
16.	Portsmouth FC (Portsmouth)	42	12	13	17	59	68	37	
17.	Orient FC (London)	42	14	9	19	50	61	37	
18.	Preston North End FC (Preston)	42	12	12	18	52	58	36	
19.	Cardiff City AFC (Cardiff)	42	10	14	18	56	69	34	
20.	Fulham FC (London)	42	12	10	20	45	68	34	
21.	Charlton Athletic FC (London)	42	12	9	21	55	77	33	R
22.	Watford FC (Watford)	42	5	9	28	24	75	19	R
		924	331	262	331	1194	1194	924	

Football League Division 3 1971-72 Season	Aston Villa	Barnsley	Blackburn Rovers	Bolton Wanderers	Bournemouth	Bradford City	Brighton & H.A.	Bristol Rovers	Chesterfield	Halifax Town	Mansfield Town	Notts County	Oldham Athletic	Plymouth Argyle	Port Vale	Rochdale	Rotherham United	Shrewsbury Town	Swansea City	Torquay United	Tranmere Rovers	Walsall	Wrexham	York City
Aston Villa FC		2-0	4-1	3-2	2-1	3-0	2-0	2-1	1-0	1-0	0-1	1-0	1-0	3-1	2-0	2-0	1-2	3-0	2-0	5-1	2-0	0-0	2-0	1-0
Barnsley FC	0-4		0-0	1-0	0-0	0-2	0-1	0-0	1-4	1-2	1-1	2-1	2-1	2-2	0-0	3-3	1-1	1-3	0-1	0-0	0-0	4-2	2-1	2-1
Blackburn Rovers FC	1-1	4-0		0-3	2-1	1-0	2-2	1-2	1-0	2-0	1-1	0-2	0-1	3-2	3-1	3-0	2-1	1-0	1-2	1-0	4-1	1-1	2-1	3-0
Bolton Wanderers FC	2-0	0-0	1-0		0-0	0-0	1-1	0-0	1-0	1-1	2-0	1-2	2-1	2-1	3-0	2-1	2-2	2-0	0-0	2-0	1-0	0-1	0-2	0-1
AFC Bos. Athletic FC	3-0	0-0	1-0	1-2		3-0	1-1	2-0	1-0	3-1	1-1	2-0	2-0	1-0	3-2	4-1	3-1	3-1	2-1	1-0	0-0	0-0	4-0	2-2
Bradford City AFC	0-1	0-2	1-2	0-3	2-2		2-1	1-1	2-2	2-1	2-2	2-3	2-2	0-1	0-0	1-1	1-0	2-1	0-2	0-1	1-1	3-0	0-2	3-1
Brighton & Hove Alb.	2-1	0-0	3-0	1-1	2-0	3-1		3-1	2-1	2-1	1-0	1-1	0-1	3-0	1-1	1-1	2-1	2-0	1-0	3-1	2-0	1-2	3-2	0-2
Bristol Rovers FC	0-1	3-0	3-0	2-0	1-2	7-1	2-2		3-1	1-0	2-1	0-2	1-0	2-2	2-1	5-2	1-2	3-1	2-1	2-0	2-1	2-1	3-1	5-4
Chesterfield FC	0-4	0-0	2-0	2-1	0-0	0-1	0-1	1-3		2-1	2-0	1-2	0-1	2-1	2-1	2-0	0-1	0-0	1-2	2-0	2-2	1-1	1-0	2-1
Halifax Town AFC	0-1	2-0	0-1	0-1	1-0	2-1	0-5	2-1	2-0		1-1	3-1	0-0	0-1	2-0	2-2	1-1	0-0	0-1	0-0	3-2	3-1	4-1	3-1
Mansfield Town FC	1-1	0-0	1-0	1-0	0-5	1-1	0-3	0-0	2-1	0-0		1-1	2-1	2-3	0-1	3-1	0-1	2-2	0-2	0-0	1-1	1-1	1-1	0-0
Notts County FC	0-3	3-0	1-0	1-2	1-1	2-0	1-0	2-3	1-4	3-1	2-0		2-0	1-0	2-1	4-0	1-1	1-0	5-0	2-1	1-0	3-0	1-0	2-2
Oldham Athletic AFC	0-6	6-0	1-1	2-2	3-1	0-2	2-4	3-2	1-1	0-0	2-1	0-1		0-1	1-0	3-2	5-1	1-4	1-0	1-0	3-1	1-3	0-2	1-0
Plymouth Argyle FC	3-2	2-1	1-0	2-0	1-1	1-4	1-2	2-1	1-0	1-1	3-1	1-1	0-0		0-0	4-1	2-1	1-2	4-1	3-1	2-2	3-2	1-2	4-0
Port Vale FC	4-4	1-0	0-0	1-1	1-1	1-0	1-1	0-0	0-2	1-0	1-0	0-3	1-0	0-0		1-1	1-2	2-1	3-0	0-0	2-1	1-1	1-0	4-3
Rochdale AFC	1-0	0-2	2-1	2-2	1-1	0-1	1-2	3-1	0-2	3-2	2-1	1-1	1-1	3-2	3-2		2-1	0-0	1-1	5-0	2-1	0-0	1-0	1-2
Rotherham United	0-2	3-0	2-1	2-0	0-0	2-0	2-4	0-0	0-1	3-2	3-1	2-2	3-1	4-3	3-0	5-1		2-1	4-0	2-2	0-0	1-1	2-2	1-1
Shrewsbury Town	1-1	1-0	7-1	1-0	3-2	3-0	3-5	2-2	3-4	3-0	4-2	1-1	2-4	1-2	0-0	2-1	0-1		3-0	2-0	0-0	4-1	2-1	2-1
Swansea City FC	1-2	2-0	0-1	3-2	1-2	2-0	2-1	2-0	1-3	3-0	1-1	1-1	0-0	1-1	0-1	1-0	0-2	1-0		0-0	1-1	2-0	0-2	2-1
Torquay United FC	2-1	1-2	3-1	1-1	0-2	2-1	2-2	1-1	3-2	2-0	0-1	1-1	0-2	2-1	3-0	1-1	0-1	2-0	1-4		0-1	2-2	2-3	0-1
Tranmere Rovers FC	0-1	0-0	1-3	0-0	1-2	4-1	2-0	0-1	1-2	2-3	2-2	2-1	2-2	3-2	3-2	2-0	0-0	0-4	0-0	2-0		3-3	2-1	2-0
Walsall FC	1-1	1-1	0-0	1-1	1-1	3-0	0-1	2-0	1-1	0-0	2-1	1-2	2-3	1-0	2-0	3-0	0-0	4-1	4-0	1-0	4-1		2-1	2-1
Wrexham AFC	0-2	2-0	1-1	1-2	1-3	2-1	1-2	1-1	2-0	2-0	1-1	1-1	3-1	0-2	1-2	1-3	0-0	2-1	2-0	1-2	3-0	3-1		2-0
York City FC	0-1	1-1	0-1	0-0	0-2	3-1	1-2	0-0	4-1	1-1	1-2	0-2	0-0	2-3	2-1	2-0	2-0	1-1	1-1	3-1	5-0	2-0	1-1	

	Division 3	**Pd**	**Wn**	**Dw**	**Ls**	**GF**	**GA**	**Pts**	
1.	Aston Villa FC (Birmingham)	46	32	6	8	85	32	70	P
2.	Brighton & Hove Albion FC (Hove)	46	27	11	8	82	47	65	P
3.	AFC Bournemouth (Bournemouth)	46	23	16	7	73	37	62	
4.	Notts County FC (Nottingham)	46	25	12	9	74	44	62	
5.	Rotherham United FC (Rotherham)	46	20	15	11	69	52	55	
6.	Bristol Rovers FC (Bristol)	46	21	12	13	75	56	54	
7.	Bolton Wanderers FC (Bolton)	46	17	16	13	51	41	50	
8.	Plymouth Argyle FC (Plymouth)	46	20	10	16	74	64	50	
9.	Walsall FC (Walsall)	46	15	18	13	62	57	48	
10.	Blackburn Rovers FC (Blackburn)	46	19	9	18	54	57	47	
11.	Oldham Athletic AFC Oldham)	46	17	11	18	59	63	45	
12.	Shrewsbury Town FC (Shrewsbury)	46	17	10	19	73	65	44	
13.	Chesterfield FC (Chesterfield)	46	18	8	20	57	57	44	
14.	Swansea City FC (Swansea)	46	17	10	19	46	59	44	
15.	Port Vale FC (Stoke-on-Trent)	46	13	15	18	43	59	41	
16.	Wrexham AFC (Wrexham)	46	16	8	22	59	63	40	
17.	Halifax Town AFC (Halifax)	46	13	12	21	48	61	38	
18.	Rochdale AFC (Rochdale)	46	12	13	21	57	83	37	
19.	York City FC (York)	46	12	12	22	57	66	36	
20.	Tranmere Rovers FC (Birkenhead)	46	10	16	20	50	71	36	
21.	Mansfield Town FC (Mansfield)	46	8	20	18	41	63	36	R
22.	Barnsley FC (Barnsley)	46	9	18	19	32	64	36	R
23.	Torquay United FC (Torquay)	46	10	12	24	41	69	32	R
24.	Bradford City AFC (Bradford)	46	11	10	25	45	77	32	R
		1104	402	300	402	1407	1407	1104	

Football League Division 4 1971-72 Season	Aldershot Town	Barrow	Brentford	Bury	Cambridge United	Chester	Colchester United	Crewe Alexandra	Darlington	Doncaster Rovers	Exeter City	Gillingham	Grimsby Town	Hartlepool	Lincoln City	Newport County	Northampton Town	Peterborough Utd.	Reading	Scunthorpe United	Southend United	Southport	Stockport County	Workington
Aldershot Town FC		1-1	1-2	2-2	1-1	0-0	0-2	0-0	3-0	3-0	0-0	0-2	1-1	2-0	0-0	3-0	0-2	1-1	1-2	1-1	0-0	1-1	4-0	2-2
Barrow AFC	1-1		0-3	1-1	1-1	2-0	2-2	2-1	0-4	1-2	0-0	1-0	0-0	2-0	2-2	1-0	0-1	0-2	0-0	0-1	2-1	0-2	3-2	2-0
Brentford FC	1-1	4-0		2-0	2-1	1-1	0-2	1-0	6-2	2-1	1-0	1-3	2-0	6-0	2-0	3-1	6-1	5-1	1-2	0-3	1-2	1-0	2-0	2-0
Bury FC	3-1	4-0	0-2		0-1	3-1	3-0	2-0	3-2	3-3	4-3	5-0	1-1	1-1	0-1	3-0	4-2	1-1	2-1	3-1	2-0	2-1	4-0	2-0
Cambridge United FC	1-1	1-0	1-1	0-2		2-0	4-2	3-2	6-0	1-1	0-1	2-1	3-1	2-1	0-0	0-1	1-1	2-5	4-1	2-0	1-1	0-0	2-0	0-0
Chester FC	0-0	0-0	0-0	2-0	1-1		2-1	0-0	2-1	1-1	1-2	5-1	1-2	4-0	2-1	3-0	3-2	1-1	2-0	0-0	1-1	1-1	0-0	2-1
Colchester United FC	1-0	0-1	1-1	0-0	1-1	1-0		4-2	4-3	1-2	3-0	2-2	0-1	1-0	5-2	2-3	2-0	1-1	2-1	1-1	1-0	1-0	3-2	1-0
Crewe Alexandra FC	2-1	1-0	2-1	0-0	1-1	3-1	2-4		1-1	0-1	0-1	0-1	0-1	1-2	3-1	1-2	0-1	2-0	2-0	0-2	1-2	2-1	3-1	0-0
Darlington FC	42	0-1	0-0	0-0	2-1	1-1	2-0	1-1		4-1	2-1	0-0	3-2	1-2	3-3	0-0	5-2	1-1	1-0	0-1	2-3	0-0	1-2	4-0
Doncaster Rovers FC	2-1	0-1	0-3	4-1	1-1	0-0	2-0	0-0	4-0		2-1	1-1	2-1	2-1	2-0	4-2	1-1	3-2	1-1	0-2	0-2	2-1	2-2	0-0
Exeter City FC	1-0	7-1	0-1	3-2	3-4	1-1	3-3	3-1	3-0	1-0		1-1	3-4	1-0	1-2	1-0	1-3	3-2	0-0	1-0	0-0	1-3	2-0	0-2
Gillingham FC	0-1	1-1	0-1	2-0	2-0	1-0	0-2	2-1	4-2	2-0	0-2		0-1	1-0	3-3	1-2	4-1	1-1	4-2	0-1	0-0	2-1	3-2	0-0
Grimsby Town FC	3-3	2-0	3-1	4-1	2-1	1-0	3-0	2-3	2-0	3-1	3-0	2-1		3-2	2-2	4-2	4-2	3-2	2-0	4-1	4-1	0-1	4-1	1-1
Hartlepool FC	0-1	4-3	1-2	3-1	1-2	2-1	3-2	1-0	2-3	0-0	1-0	3-1	0-1		2-1	0-1	2-0	1-0	3-1	1-0	2-2	1-0	5-0	1-3
Lincoln City FC	2-2	3-2	4-1	2-0	3-1	4-0	2-0	0-0	0-1	2-0	4-1	1-1	3-0	2-1		3-1	2-0	3-2	0-0	1-0	0-0	2-1	2-1	1-0
Newport County AFC	2-3	2-1	0-0	2-1	3-0	1-0	2-1	2-0	4-0	1-3	0-0	1-2	2-1	0-2	2-0		1-1	1-1	2-1	1-0	2-0	2-2	1-0	0-1
Northampton Town	2-3	2-0	0-0	2-2	1-2	4-2	1-1	4-1	1-2	1-1	1-1	6-1	3-0	2-1	2-3	1-1		1-1	5-0	0-2	1-1	0-0	2-0	1-2
Peterborough United	0-0	7-0	2-2	2-0	2-0	2-0	4-0	2-0	1-3	2-0	3-3	2-1	0-2	2-2	4-4	3-1	1-0		3-2	0-1	2-0	2-0	4-2	1-1
Reading FC	2-0	1-0	2-1	0-2	1-0	1-0	2-4	1-0	2-0	3-1	3-1	1-2	1-3	3-0	0-1	4-2	2-1	2-1		2-0	1-4	1-1	2-2	0-0
Scunthorpe United	1-0	2-1	0-0	3-0	2-1	2-0	2-0	2-0	3-1	0-0	3-0	3-3	1-2	2-2	2-1	1-0	0-0	0-0	1-1		1-1	1-0	0-2	2-0
Southend United FC	1-0	1-0	3-1	0-0	1-2	4-2	1-4	4-1	3-0	2-1	3-0	2-2	3-1	3-1	2-1	3-1	4-1	2-1	4-1	2-3		2-1	4-2	2-0
Southport FC	0-0	1-0	0-0	0-1	4-1	4-3	3-0	4-2	2-1	3-0	4-0	1-0	1-0	1-0	1-1	4-2	4-0	2-4	5-2	1-1	0-1		1-0	2-2
Stockport County FC	0-0	1-3	0-1	2-2	3-0	0-0	2-2	3-1	2-1	1-2	0-4	2-1	0-2	2-1	4-2	4-4	3-1	0-0	0-1	0-0	2-2	1-1		1-1
Workington AFC	5-0	0-1	3-0	1-0	0-1	0-0	1-0	1-0	0-0	2-0	0-0	1-1	0-0	0-0	0-0	3-0	2-0	4-1	5-0	2-1	3-1	0-0	1-1	

	Division 4	**Pd**	**Wn**	**Dw**	**Ls**	**GF**	**GA**	**Pts**	
1.	Grimsby Town FC (Cleethorpes)	46	28	7	11	88	56	63	P
2.	Southend United FC (Southend-on-Sea)	46	24	12	10	81	55	60	P
3.	Brentford FC (London)	46	24	11	11	76	44	59	P
4.	Scunthorpe United FC (Scunthorpe)	46	22	13	11	56	37	57	P
5.	Lincoln City FC (Lincoln)	46	21	14	11	77	59	56	
6.	Workington AFC (Workington)	46	16	19	11	50	34	51	
7.	Southport FC (Southport)	46	18	14	14	66	46	50	
8.	Peterborough United FC (Peterborough)	46	17	16	13	82	64	50	
9.	Bury FC (Bury)	46	19	12	15	73	59	50	
10.	Cambridge United FC (Cambridge)	46	17	14	15	62	60	48	
11.	Colchester United FC (Colchester)	46	19	10	17	70	69	48	
12.	Doncaster Rovers FC (Doncaster)	46	16	14	16	56	63	46	
13.	Gillingham FC (Gillingham)	46	16	13	17	61	67	45	
14.	Newport County AFC (Newport)	46	18	8	20	60	72	44	
15.	Exeter City FC (Exeter)	46	16	11	19	61	68	43	
16.	Reading FC (Reading)	46	17	8	21	56	76	42	
17.	Aldershot FC (Aldershot)	46	9	22	15	48	54	40	
18.	Hartlepool FC (Hartlepool)	46	17	6	23	58	69	40	
19.	Darlington FC (Darlington)	46	14	11	21	64	82	39	
20.	Chester FC (Chester)	46	10	18	18	47	56	38	
21.	Northampton Town FC (Northampton)	46	12	13	21	66	79	37	
22.	Barrow AFC (Barrow-in-Furness)	46	13	11	22	40	71	37	#
23.	Stockport County FC (Stockport)	46	9	14	23	55	87	32	
24.	Crewe Alexandra FC (Crewe)	46	10	9	27	43	69	29	
		1104	402	300	402	1496	1496	1104	

Barrow AFC (Barrow-in-Furness) were not re-elected to the league and were replaced by Hereford United FC (Hereford) for the next season.

F.A. CUP FINAL (Wembley Stadium, London – 06/05/1972 – 100,000)

LEEDS UNITED AFC (LEEDS)	1-0	Arsenal FC (London)

Clarke

Leeds: Harvey, Reaney, Madeley, Bremner, J.Charlton, Hunter, Lorimer, Clarke, Jones, Giles, Gray.

Arsenal: Barnett, Rice, McNab, Storey, McLintock, Simpson, Armstrong, Ball, George, Radford (Kennedy), Graham.

Semi-finals

Leeds United AFC (Leeds)	3-0	Birmingham City FC (Birmingham)
Stoke City FC (Stoke-on-Trent)	1-1, 1-2	Arsenal FC (London)

Quarter-finals

Birmingham City FC (Birmingham)	3-1	Huddersfield Town AFC (Huddersfield)
Leeds United AFC (Leeds)	2-1	Tottenham Hotspur FC (London)
Manchester United FC (Manchester)	1-1, 1-2	Stoke City FC (Stoke-on-Trent)
Orient FC (London)	0-1	Arsenal FC (London)

1972-73

Football League Division 1 1972-73 Season	Arsenal	Birmingham City	Chelsea	Coventry City	Crystal Palace	Derby County	Everton	Ipswich Town	Leeds United	Leicester City	Liverpool	Manchester City	Manchester United	Newcastle United	Norwich City	Sheffield United	Southampton	Stoke City	Tottenham Hotspur	W.B.A.	West Ham United	Wolves
Arsenal FC		2-0	1-1	0-2	1-0	0-1	1-0	1-0	2-1	1-0	0-0	0-0	3-1	2-2	2-0	3-2	1-0	2-0	1-1	2-1	1-0	5-2
Birmingham City FC	1-1		2-2	3-0	1-1	2-0	2-1	1-2	2-1	1-1	2-1	4-1	3-1	3-2	4-1	1-2	1-1	3-1	0-0	3-2	0-0	0-1
Chelsea FC	0-1	0-0		2-0	0-0	1-1	1-1	2-0	4-0	1-1	1-2	2-1	1-0	1-1	3-1	4-2	2-1	1-3	0-1	3-1	1-3	0-2
Coventry City FC	1-1	0-0	1-3		2-0	0-2	1-0	2-1	0-1	3-2	1-2	3-2	1-1	0-3	3-1	3-0	1-1	2-1	0-1	0-0	3-1	0-1
Crystal Palace FC	2-3	0-0	2-0	0-1		0-0	1-0	1-1	2-2	0-1	1-1	1-0	5-0	2-1	0-2	0-1	3-0	3-2	0-0	0-2	1-3	1-1
Derby County FC	5-0	1-0	1-2	2-0	2-2		3-1	3-0	2-3	2-1	2-1	1-0	3-1	1-1	1-0	2-1	4-0	0-3	2-1	2-0	1-1	3-0
Everton FC	0-0	1-1	1-0	2-0	1-1	1-0		2-2	1-2	0-1	0-2	2-3	2-0	3-1	2-2	2-1	0-1	2-0	3-1	1-0	1-2	0-1
Ipswich Town FC	1-2	2-0	3-0	2-0	2-1	3-1	0-1		2-2	0-2	1-1	1-1	4-1	1-0	1-2	1-1	2-2	2-0	1-1	2-0	1-1	2-1
Leeds United AFC	6-1	4-0	1-1	1-1	4-0	5-0	2-1	3-3		3-1	1-2	3-0	0-1	1-0	2-0	2-1	1-0	1-0	2-1	2-0	1-0	0-0
Leicester City FC	0-1	0-1	1-1	0-0	2-1	0-0	1-2	1-1	2-0		3-2	1-1	2-2	0-0	1-2	0-0	1-0	2-0	0-1	3-1	2-1	1-1
Liverpool FC	0-2	4-3	3-1	2-0	1-0	1-1	1-0	2-1	2-0	0-0		2-0	2-0	3-2	3-1	5-0	3-2	2-1	1-1	1-0	3-2	4-2
Manchester City FC	1-2	1-0	0-1	1-2	2-3	4-0	0-1	1-1	1-0	1-0	1-1		3-0	2-0	3-0	3-1	2-1	1-1	2-1	2-1	4-3	1-1
Manchester United FC	0-0	1-0	0-0	0-1	2-0	3-0	0-0	1-2	1-1	1-1	2-0	0-0		2-1	1-0	1-2	2-1	0-2	1-4	2-1	2-2	2-1
Newcastle United FC	2-1	3-0	1-1	1-1	2-0	2-0	0-0	1-2	3-2	2-2	2-1	2-1	2-1		3-1	4-1	0-0	1-0	0-1	1-1	1-2	2-1
Norwich City FC	3-2	1-2	1-0	1-1	2-1	1-0	1-1	0-0	1-2	1-1	1-1	1-1	0-2	0-1		1-1	0-0	2-0	2-1	2-0	0-1	1-1
Sheffield United FC	1-0	0-1	2-1	3-1	2-0	3-1	0-1	0-0	0-2	2-0	0-3	1-1	1-0	1-2	2-0		3-1	0-0	3-2	3-0	0-0	1-2
Southampton FC	2-2	2-0	3-1	2-1	2-0	1-1	0-0	1-2	3-1	0-0	1-1	1-1	0-2	1-1	1-0	1-1		1-0	1-1	2-1	0-0	1-1
Stoke City FC	0-0	1-2	1-1	2-1	2-0	4-0	1-1	1-0	2-2	1-0	0-1	5-1	2-2	2-0	2-0	2-2	3-3		1-1	2-0	2-0	2-0
Tottenham Hotspur FC	1-2	2-0	0-1	2-1	2-1	1-0	3-0	0-1	0-0	1-1	1-2	2-3	1-1	3-2	3-0	2-0	1-2	4-3		1-1	1-0	2-2
West Bromwich Albion FC	1-0	2-2	1-1	1-0	0-4	2-1	4-1	2-0	1-1	1-0	1-1	1-2	2-2	2-3	0-1	0-2	1-1	2-1	0-1		0-0	1-0
West Ham United FC	1-2	2-0	3-1	1-0	4-0	1-2	2-0	0-1	1-1	5-2	0-1	2-1	2-2	1-1	4-0	3-1	4-3	3-2	2-2	2-1		2-2
Wolverhampton Wanderers FC	1-3	3-2	1-0	3-0	1-1	1-2	4-2	0-1	0-2	2-0	2-1	5-1	2-0	1-1	3-0	1-1	0-1	5-3	3-2	2-0	3-0	

	Division 1	Pd	Wn	Dw	Ls	GF	GA	Pts	
1.	LIVERPOOL FC (LIVERPOOL)	42	25	10	7	72	42	60	
2.	Arsenal FC (London)	42	23	11	8	57	43	57	
3.	Leeds United AFC (Leeds)	42	21	11	10	71	45	53	
4.	Ipswich Town FC (Ipswich)	42	17	14	11	55	45	48	
5.	Wolverhampton Wanderers FC (Wolverhampton)	42	18	11	13	66	54	47	
6.	West Ham United FC (London)	42	17	12	13	67	53	46	
7.	Derby County FC (Derby)	42	19	8	15	56	54	46	
8.	Tottenham Hotspur FC (London)	42	16	13	13	58	48	45	
9.	Newcastle United FC (Newcastle upon Tyne)	42	16	13	13	60	51	45	
10.	Birmingham City FC (Birmingham)	42	15	12	15	53	54	42	
11.	Manchester City FC (Manchester)	42	15	11	16	57	60	41	
12.	Chelsea FC (London)	42	13	14	15	49	51	40	
13.	Southampton FC (Southampton)	42	11	18	13	47	52	40	
14.	Sheffield United FC (Sheffield)	42	15	10	17	51	59	40	
15.	Stoke City FC (Stoke-on-Trent)	42	14	10	18	61	56	38	
16.	Leicester City FC (Leicester)	42	10	17	15	40	46	37	
17.	Everton FC (Liverpool)	42	13	11	18	41	49	37	
18.	Manchester United FC (Manchester)	42	12	13	17	44	60	37	
19.	Coventry City FC (Coventry)	42	13	9	20	40	55	35	
20.	Norwich City FC (Norwich)	42	11	10	21	36	63	32	
21.	Crystal Palace FC (London)	42	9	12	21	41	58	30	R
22.	West Bromwich Albion FC (West Bromwich)	42	9	10	23	38	62	28	R
		924	332	260	332	1160	1160	924	

Top Goalscorer

1) Bryan ROBSON (West Ham United FC) 28

Football League Division 2 1972-73 Season	Aston Villa	Blackpool	Brighton & Hove Albion	Bristol City	Burnley	Cardiff City	Carlisle United	Fulham	Huddersfield Town	Hull City	Luton Town	Middlesbrough	Millwall	Nottingham Forest	Orient	Oxford United	Portsmouth	Preston North End	Q.P.R.	Sheffield Wednesday	Sunderland	Swindon Town
Aston Villa FC		0-0	1-1	1-0	0-3	2-0	1-0	2-3	2-0	2-0	0-2	1-1	1-0	2-2	1-0	2-1	2-0	1-1	0-1	2-1	2-0	2-1
Blackpool FC	1-1		6-2	3-0	1-2	1-0	0-0	2-0	1-1	4-3	1-1	0-1	2-1	2-0	1-1	2-1	3-1	2-0	2-0	1-2	0-0	2-0
Brighton & Hove Albion FC	1-3	1-2		1-1	0-1	2-2	1-0	2-1	2-1	1-1	2-0	0-2	1-3	2-2	2-1	2-2	1-1	2-0	1-2	3-3	2-2	3-1
Bristol City FC	3-0	3-0	3-1		0-1	1-0	4-1	1-1	0-0	2-1	0-1	1-1	2-2	1-1	2-2	0-0	3-1	2-1	1-2	1-2	1-0	3-0
Burnley FC	4-1	4-3	3-0	1-1		3-0	2-2	2-2	2-1	4-1	3-0	0-0	2-1	1-0	1-2	1-1	4-0	2-0	1-1	0-1	2-0	2-1
Cardiff City AFC	0-2	1-2	1-1	1-3	0-1		1-0	3-1	4-1	0-2	2-1	2-0	1-0	2-1	3-1	2-0	0-2	3-0	0-0	4-1	1-1	1-1
Carlisle United FC	2-2	2-3	5-1	1-2	1-1	4-0		2-1	0-0	0-1	2-0	1-1	0-1	1-2	1-0	2-1	1-0	6-1	1-3	1-1	4-3	3-0
Fulham FC	2-0	2-0	5-1	5-1	1-1	1-1	1-0		1-1	2-0	0-1	2-1	1-0	3-1	1-1	2-0	0-0	1-3	0-2	1-0	1-2	0-0
Huddersfield Town AFC	1-1	1-0	0-2	0-1	0-2	2-1	1-1	1-0		1-3	1-2	1-1	1-0	1-1	1-1	2-0	2-0	0-0	2-2	1-0	1-1	1-1
Hull City AFC	1-2	1-2	2-0	2-0	1-1	1-1	1-1	2-2	0-0		4-0	3-1	0-2	0-0	2-0	0-1	5-1	6-2	4-1	1-1	0-2	3-2
Luton Town FC	0-0	2-2	2-1	1-3	2-2	1-1	0-1	1-0	4-1	1-2		0-1	2-2	1-0	1-1	0-1	2-2	1-0	2-2	0-0	1-0	0-1
Middlesbrough FC	1-1	2-0	1-1	2-1	3-3	2-0	1-0	1-2	2-1	1-0	0-1		1-0	0-0	3-2	1-0	3-0	0-0	0-0	3-0	2-1	0-2
Millwall FC	1-1	1-1	3-0	3-0	1-1	1-1	1-0	1-3	1-0	2-0	3-2	1-0		2-1	2-0	3-1	0-2	4-1	0-1	2-1	0-1	1-1
Nottingham Forest FC	1-1	4-0	1-0	1-0	3-0	2-1	2-1	2-1	1-1	1-2	0-1	1-3	3-2		2-1	2-1	0-0	0-1	0-0	3-0	1-0	2-2
Orient FC	4-0	2-0	1-0	0-2	1-1	0-0	2-1	3-2	3-1	0-0	0-1	2-0	3-1	3-0		1-1	0-1	1-2	2-2	3-2	1-1	1-0
Oxford United FC	2-0	0-1	3-0	0-2	0-2	2-1	1-1	0-0	2-0	5-2	2-1	4-0	2-1	1-0	2-1		1-3	0-2	2-0	1-0	5-1	1-0
Portsmouth FC	0-1	1-0	2-0	0-3	0-2	3-1	0-0	1-2	1-2	2-2	2-2	0-0	1-1	2-0	1-0	1-0		0-1	0-1	1-0	2-3	1-1
Preston North End FC	0-1	0-3	4-0	3-3	1-1	0-0	1-0	0-3	0-0	1-0	2-0	0-1	1-0	2-1	0-0	0-1	0-5		1-1	1-1	1-3	1-1
Queen's Park Rangers FC	1-0	4-0	2-0	1-1	2-0	3-0	4-0	2-0	3-1	1-1	2-0	2-2	1-3	3-0	3-1	0-0	5-0	3-0		4-2	3-2	5-0
Sheffield Wednesday FC	2-2	2-0	1-1	3-2	0-1	1-0	0-0	3-0	3-2	4-2	4-0	2-1	2-2	1-2	2-0	0-1	2-1	2-1	3-1		1-0	2-1
Sunderland AFC	2-2	1-0	4-0	2-2	0-1	2-1	2-1	0-0	3-0	1-1	0-2	4-0	2-0	4-1	1-0	1-0	2-0	0-0	0-3	1-1		3-2
Swindon Town FC	1-3	0-0	2-2	2-1	0-1	3-0	2-0	2-2	1-1	2-1	0-2	1-0	0-0	0-0	3-1	1-3	1-1	3-2	2-2	1-0	1-1	

	Division 2	Pd	Wn	Dw	Ls	GF	GA	Pts	
1.	Burnley FC (Burnley)	42	24	14	4	72	35	62	P
2.	Queen's Park Rangers FC (London)	42	24	13	5	81	37	61	P
3.	Aston Villa FC (Birmingham)	42	18	14	10	51	47	50	
4.	Middlesbrough FC (Middlesbrough)	42	17	13	12	46	43	47	
5.	Bristol City FC (Bristol)	42	17	12	13	63	51	46	
6.	Sunderland AFC (Sunderland)	42	17	12	13	59	49	46	
7.	Blackpool FC (Blackpool)	42	18	10	14	56	51	46	
8.	Oxford United FC (Oxford)	42	19	7	16	52	43	45	
9.	Fulham FC (London)	42	16	12	14	58	49	44	
10.	Sheffield Wednesday FC (Sheffield)	42	17	10	15	59	55	44	
11.	Millwall FC (London)	42	16	10	16	55	47	42	
12.	Luton Town FC (Luton)	42	15	11	16	44	53	41	
13.	Hull City AFC (Kingston upon Hull)	42	14	12	16	64	59	40	
14.	Nottingham Forest FC (Nottingham)	42	14	12	16	47	52	40	
15.	Orient FC (London)	42	12	12	18	49	53	36	
16.	Swindon Town FC (Swindon)	42	10	16	16	46	60	36	
17.	Portsmouth FC (Portsmouth)	42	12	11	19	42	59	35	
18.	Carlisle United FC (Carlisle)	42	11	12	19	50	52	34	
19.	Preston North End FC (Preston)	42	11	12	19	37	64	34	
20.	Cardiff City AFC (Cardiff)	42	11	11	20	43	58	33	
21.	Huddersfield Town AFC (Huddersfield)	42	8	17	17	36	56	33	R
22.	Brighton & Hove Albion FC (Hove)	42	8	13	21	46	83	29	R
		924	329	266	329	1156	1156	924	

Football League Division 3 1972-73 Season	Blackburn Rovers	Bolton Wanderers	Bournemouth	Brentford	Bristol Rovers	Charlton Athletic	Chesterfield	Grimsby Town	Halifax Town	Notts County	Oldham Athletic	Plymouth Argyle	Port Vale	Rochdale	Rotherham United	Scunthorpe United	Shrewsbury Town	Southend United	Swansea City	Tranmere Rovers	Walsall	Watford	Wrexham	York City
Blackburn Rovers FC		0-3	2-1	2-1	0-0	3-1	0-1	0-0	3-0	2-0	1-1	3-1	0-1	1-1	2-1	3-0	0-0	2-1	3-0	2-2	2-0	0-0	1-1	2-0
Bolton Wanderers FC	0-1		3-0	2-0	2-0	3-0	1-0	2-0	3-0	2-2	2-1	2-0	2-0	2-1	2-1	0-0	2-0	1-1	3-0	2-0	3-1	1-1	1-0	3-0
AFC Bournemouth	3-0	2-0		3-2	0-0	3-1	2-2	1-1	1-0	1-1	2-0	0-1	4-0	4-2	4-0	1-1	2-0	2-0	2-0	1-1	0-1	3-0	1-0	2-3
Brentford FC	4-0	2-1	1-1		2-1	1-0	3-1	0-1	0-1	1-1	1-1	0-2	5-0	1-0	1-1	1-0	1-2	1-2	0-2	2-0	2-0	1-1	1-0	2-0
Bristol Rovers FC	3-0	1-1	2-0	3-1		2-1	2-2	2-1	4-1	1-0	3-3	2-0	4-1	0-0	3-0	5-1	5-1	1-2	3-1	2-0	2-1	2-1	2-0	1-2
Charlton Athletic FC	1-2	2-3	1-1	2-1	3-3		2-2	1-1	1-0	6-1	4-2	3-0	2-0	1-0	1-2	2-0	1-2	0-0	6-0	1-1	1-1	2-1	2-1	1-0
Chesterfield FC	3-1	0-1	1-1	3-0	0-1	1-0		2-1	2-0	0-2	4-1	2-2	1-2	2-1	3-2	2-1	2-0	2-4	1-0	2-0	3-0	0-0	1-2	0-0
Grimsby Town FC	2-0	2-0	0-1	4-0	2-0	0-2	2-1		0-0	3-1	6-2	1-1	0-1	1-0	2-1	1-0	3-2	3-1	2-0	2-0	6-2	2-0	0-1	1-2
Halifax Town AFC	2-2	1-1	2-0	3-2	3-0	3-0	0-1	1-1		0-1	0-3	2-1	2-2	0-0	0-1	1-0	0-1	2-1	1-1	2-1	0-1	1-1	2-2	1-0
Notts County FC	0-0	1-0	0-2	1-0	2-0	3-1	2-0	4-0	3-0		2-4	2-0	1-1	2-2	2-0	2-0	1-0	2-0	2-0	4-1	1-1	1-0	1-0	1-0
Oldham Athletic AFC	1-2	2-0	1-1	1-1	3-0	0-1	3-0	1-2	1-1	1-1		7-1	1-0	0-0	1-0	3-0	2-1	0-1	2-0	3-1	2-1	2-1	2-2	1-1
Plymouth Argyle FC	1-2	1-0	1-0	0-1	3-2	5-0	2-2	3-1	2-1	1-4	1-3		2-1	3-2	4-1	3-0	3-0	2-0	3-1	0-1	0-2	1-1	1-0	1-1
Port Vale FC	2-1	2-2	2-1	1-0	2-1	3-1	2-1	3-0	2-1	1-1	0-2	1-1		0-0	4-1	2-0	1-1	3-1	3-1	0-0	1-2	1-0	3-2	2-1
Rochdale AFC	0-1	2-2	1-0	0-1	0-0	0-2	1-2	3-2	0-0	4-1	0-0	0-6	0-0		0-1	0-2	1-1	3-2	1-1	1-1	2-1	1-0	1-0	1-0
Rotherham United	1-1	1-0	2-7	2-1	1-1	2-1	1-0	2-0	0-1	1-4	2-3	1-0	7-0	0-0		2-1	2-0	1-0	0-2	1-2	2-0	1-0	1-1	1-2
Scunthorpe United	1-1	1-1	1-1	1-0	0-2	0-2	0-1	1-2	0-3	1-0	0-0	1-1	0-1	1-2	2-1		1-0	0-0	1-0	1-5	2-1	1-0	1-1	1-0
Shrewsbury Town	2-0	0-2	0-0	2-0	4-2	0-2	2-0	3-2	0-0	0-0	2-2	1-1	2-3	3-2	1-1	4-2		1-0	2-1	0-0	1-1	0-0	0-0	1-0
Southend United FC	0-1	1-1	2-2	4-0	0-0	1-1	5-1	2-0	1-1	2-1	0-1	3-1	5-0	1-2	1-0	1-0	2-0		3-1	1-0	2-0	0-0	0-1	3-0
Swansea City FC	2-2	2-3	1-0	2-1	0-2	2-1	2-1	6-2	2-0	3-0	0-0	1-1	0-1	2-3	0-1	2-1	0-2	1-1		1-1	2-1	2-1	3-1	1-3
Tranmere Rovers FC	1-1	1-1	0-0	6-2	1-1	4-0	1-0	1-1	1-1	0-2	0-1	2-2	2-0	0-1	2-0	2-1	1-0	3-1	1-1		3-1	1-0	4-0	1-0
Walsall FC	0-2	3-2	1-0	3-0	4-3	3-2	3-2	1-0	0-1	1-3	3-0	1-3	2-0	0-2	1-0	1-1	1-0	3-1	1-1	2-0		1-3	2-0	0-0
Watford FC	1-3	2-1	3-2	2-2	2-1	1-1	0-0	1-2	2-1	1-0	2-1	3-2	1-1	0-0	1-1	5-1	0-1	1-0	0-1	1-0	1-0		0-0	2-2
Wrexham AFC	0-0	1-3	1-1	4-1	2-2	2-2	1-0	3-2	0-0	2-0	1-1	1-2	5-0	3-3	1-0	1-2	0-0	4-2	1-0	0-0	2-1	1-0		3-1
York City FC	1-0	0-1	0-0	0-1	0-0	1-1	2-0	0-0	2-1	1-1	0-0	1-2	0-0	1-2	0-1	3-1	2-1	2-0	3-0	4-1	0-0	0-0	1-1	

	Division 3	Pd	Wn	Dw	Ls	GF	GA	Pts	
1.	Bolton Wanderers FC (Bolton)	46	25	11	10	73	39	61	P
2.	Notts County FC (Nottingham)	46	23	11	12	67	47	57	P
3.	Blackburn Rovers FC (Blackburn)	46	20	15	11	57	47	55	
4.	Oldham Athletic AFC (Oldham)	46	19	16	11	72	54	54	
5.	Bristol Rovers FC (Bristol)	46	20	13	13	77	56	53	
6.	Port Vale FC (Stoke-on-Trent)	46	21	11	14	56	69	53	
7.	AFC Bournemouth (Bournemouth)	46	17	16	13	66	44	50	
8.	Plymouth Argyle FC (Plymouth)	46	20	10	16	74	66	50	
9.	Grimsby Town FC (Cleethorpes)	46	20	8	18	67	61	48	
10.	Tranmere Rovers FC (Birkenhead)	46	15	16	15	56	52	46	
11.	Charlton Athletic FC (London)	46	17	11	18	69	67	45	
12.	Wrexham AFC (Wrexham)	46	14	17	15	55	54	45	
13.	Rochdale AFC (Rochdale)	46	14	17	15	48	54	45	
14.	Southend United FC (Southend-on-Sea)	46	17	10	19	61	54	44	
15.	Shrewsbury Town FC (Shrewsbury)	46	15	14	17	46	54	44	
16.	Chesterfield FC (Chesterfield)	46	17	9	20	57	61	43	
17.	Walsall FC (Walsall)	46	18	7	21	56	66	43	
18.	York City FC (York)	46	13	15	18	42	46	41	
19.	Watford FC (Watford)	46	12	17	17	43	48	41	
20.	Halifax Town AFC (Halifax)	46	13	15	18	43	53	41	
21.	Rotherham United FC (Rotherham)	46	17	7	22	51	65	41	R
22.	Brentford FC (London)	46	15	7	24	51	69	37	R
23.	Swansea City FC (Swansea)	46	14	9	23	51	73	37	R
24.	Scunthorpe United FC (Scunthorpe)	46	10	10	26	33	72	30	R
		1104	406	292	406	1371	1371	1104	

Football League Division 4 1972-73 Season	Aldershot Town	Barnsley	Bradford City	Bury	Cambridge United	Chester	Colchester United	Crewe Alexandra	Darlington	Doncaster Rovers	Exeter City	Gillingham	Hartlepool	Hereford United	Lincoln City	Mansfield Town	Newport County	Northampton Town	Peterborough United	Reading	Southport	Stockport County	Torquay United	Workington
Aldershot Town FC		0-2	2-1	2-0	1-1	1-1	2-0	3-0	3-1	1-0	0-0	0-0	2-1	2-0	0-0	0-1	0-2	3-0	2-1	1-0	2-2	2-0	2-1	2-0
Barnsley FC	0-2		1-2	0-1	3-1	0-0	4-0	2-2	0-2	4-2	1-1	1-1	2-1	0-0	4-1	1-1	2-1	2-0	3-2	0-0	0-1	1-3	0-0	1-0
Bradford City AFC	1-0	3-1		0-0	0-1	0-1	3-0	2-2	7-0	4-3	4-0	3-1	0-2	1-1	3-1	1-1	2-1	2-1	1-4	1-1	0-2	1-0	1-0	2-2
Bury FC	1-2	2-1	0-0		1-1	1-1	4-0	0-1	1-0	5-0	2-1	2-1	1-1	3-0	0-4	1-0	0-0	2-2	3-1	4-0	0-1	1-2	0-0	3-0
Cambridge United FC	2-2	1-1	2-1	2-2		1-0	3-0	1-0	0-3	3-1	1-3	3-1	1-1	1-0	2-1	3-2	3-1	3-1	3-1	1-0	2-2	1-0	0-0	1-0
Chester FC	0-0	0-0	1-1	2-0	1-1		4-0	2-1	5-0	1-2	0-1	1-0	2-0	0-1	2-1	2-2	0-2	3-0	8-2	2-0	0-0	2-0	1-2	1-3
Colchester United FC	2-3	1-2	0-0	2-1	0-1	2-3		5-1	1-0	1-1	1-2	4-0	1-1	1-0	0-2	1-1	1-3	2-2	1-0	2-2	3-1	3-0	1-1	1-1
Crewe Alexandra FC	0-2	1-0	1-2	2-1	1-1	1-1	1-2		0-0	0-1	1-0	1-1	2-0	2-1	1-1	0-4	0-0	1-0	0-2	0-0	0-2	0-1	1-1	2-0
Darlington FC	1-4	0-0	1-0	1-1	3-3	1-1	2-1	3-1		0-1	0-0	2-3	1-2	2-2	1-1	2-3	2-3	0-0	2-2	0-2	0-7	2-0	0-3	2-1
Doncaster Rovers FC	1-0	0-0	1-0	4-1	0-0	0-0	1-0	0-2	2-0		5-1	0-1	2-1	0-0	1-1	0-1	1-5	3-0	1-1	0-2	2-0	2-2	1-0	1-1
Exeter City FC	1-0	2-1	5-1	1-1	3-1	0-0	1-0	0-0	1-1	0-1		3-2	1-1	1-0	2-0	4-2	0-0	4-1	1-1	0-0	0-1	3-0	3-2	4-2
Gillingham FC	1-2	5-1	4-2	2-2	1-2	1-0	2-1	3-2	4-0	3-0	1-0		2-0	2-0	1-1	2-1	0-0	1-3	2-0	1-0	2-0	3-0	1-1	0-2
Hartlepool FC	1-1	1-4	1-0	1-1	0-0	0-0	2-1	1-1	0-0	0-0	0-0	2-0		0-1	1-0	1-1	1-0	2-0	0-1	1-2	0-2	0-0	1-0	1-0
Hereford United FC	1-0	1-2	1-0	1-0	2-1	3-1	4-1	1-0	1-0	3-2	1-0	0-0	0-0		2-1	3-1	2-0	2-0	3-0	3-0	2-2	1-0	2-1	0-0
Lincoln City FC	0-2	1-2	2-1	2-2	2-1	1-0	3-2	1-1	1-0	2-1	2-2	1-0	1-2	4-1		1-1	0-2	1-1	1-0	0-0	3-1	5-3	3-1	1-1
Mansfield Town FC	2-0	3-1	4-1	1-1	3-1	4-1	1-1	5-1	5-0	0-0	3-0	2-0	2-0	1-1	0-2		0-0	1-0	4-2	1-1	3-3	1-0	2-1	4-0
Newport County AFC	2-1	1-1	0-0	4-3	0-2	3-2	1-0	0-0	0-0	1-0	2-0	5-1	5-1	0-1	2-2	0-1		1-0	1-1	1-0	3-1	1-0	2-1	2-0
Northampton Town	0-2	2-2	1-2	0-1	2-2	1-0	4-0	1-0	2-2	0-2	1-2	2-1	3-1	0-4	0-0	1-0	0-1		1-3	1-1	0-1	1-1	0-2	1-0
Peterborough United	1-0	6-3	3-0	1-1	1-1	2-2	2-2	4-3	1-1	3-1	1-1	0-1	3-0	1-1	2-2	1-0	1-0	1-2		4-2	0-1	2-3	0-1	2-1
Reading FC	0-0	0-0	2-0	0-0	1-0	2-1	0-1	1-1	1-0	1-0	2-0	3-1	1-0	0-1	1-1	2-0	5-0	3-0	2-0		1-1	0-0	3-0	2-0
Southport FC	3-1	1-0	3-1	2-1	1-1	3-2	1-0	2-0	2-1	2-2	1-0	0-0	1-1	2-0	1-0	3-1	0-2	1-2	2-1	4-1		1-0	2-1	2-1
Stockport County FC	1-1	2-0	3-1	0-0	2-2	2-1	2-0	0-0	3-1	2-1	1-0	2-3	0-1	1-1	2-1	2-1	1-0	0-0	3-2	2-2	2-0		2-0	3-0
Torquay United FC	1-1	0-0	1-2	0-1	1-2	1-2	0-0	0-0	2-1	1-0	0-2	0-0	1-0	0-0	2-0	1-1	2-2	2-1	1-0	2-2	2-0	0-0		3-0
Workington AFC	2-1	3-2	1-1	2-0	5-1	3-1	1-0	1-1	2-1	2-0	3-1	1-1	0-0	2-1	0-3	2-0	3-2	3-0	2-2	0-0	2-0	2-0	2-2	

	Division 4	Pd	Wn	Dw	Ls	GF	GA	Pts	
1.	Southport FC (Southport)	46	26	10	10	71	48	62	P
2.	Hereford United FC (Hereford)	46	23	12	11	56	38	58	P
3.	Cambridge United FC (Cambridge)	46	20	17	9	67	57	57	P
4.	Aldershot FC (Aldershot)	46	22	12	12	60	38	56	P
5.	Newport County AFC (Newport)	46	22	12	12	64	44	56	
6.	Mansfield Town FC (Mansfield)	46	20	14	12	78	51	54	
7.	Reading FC (Reading)	46	17	18	11	51	38	52	
8.	Exeter City FC (Exeter)	46	18	14	14	57	51	50	
9.	Gillingham FC (Gillingham)	46	19	11	16	63	58	49	
10.	Lincoln City FC (Lincoln)	46	16	16	14	64	57	48	
11.	Stockport County FC (Stockport)	46	18	12	16	53	53	48	
12.	Bury FC (Bury)	46	14	18	14	58	51	46	
13.	Workington AFC (Workington)	46	17	12	17	59	61	46	
14.	Barnsley FC (Barnsley)	46	14	16	16	58	60	44	
15.	Chester FC (Chester)	46	14	15	17	61	52	43	
16.	Bradford City AFC (Bradford)	46	16	11	19	61	65	43	
17.	Doncaster Rovers FC (Doncaster)	46	15	12	19	49	58	42	
18.	Torquay United FC (Torquay)	46	12	17	17	44	47	41	
19.	Peterborough United FC (Peterborough)	46	14	13	19	71	76	41	
20.	Hartlepool FC (Hartlepool)	46	12	17	17	34	49	41	
21.	Crewe Alexandra FC (Crewe)	46	9	18	19	38	61	36	
22.	Colchester United FC (Colchester)	46	10	11	25	48	76	31	
23.	Northampton Town FC (Northampton)	46	10	11	15	40	73	31	
24.	Darlington FC (Darlington)	46	7	15	24	42	85	29	
		1104	385	334	385	1347	1347	1104	

F.A. CUP FINAL (Wembley Stadium, London – 05/05/1973 – 100,000)

SUNDERLAND AFC (SUNDERLAND)	1-0	Leeds United AFC (Leeds)

Porterfield

Sunderland: Montgomery, Malone, Watson, Pitt, Guthrie, Horswill, Kerr, Porterfield, Hughes, Halom, Tueart.

Leeds: Harvey, Reaney, Madeley, Hunter, Cherry, Bremner, Giles, Lorimer, Gray (Yorath), Jones, Clarke.

Semi-finals

Sunderland AFC (Sunderland)	2-1	Arsenal FC (London)
Wolverhampton Wanderers FC (Wolverhampton)	0-1	Leeds United AFC (Leeds)

Quarter-finals

Chelsea FC (London)	2-2, 1-2	Arsenal FC (London)
Derby County FC (Derby)	0-1	Leeds United AFC (Leeds)
Sunderland AFC (Sunderland)	2-0	Luton Town FC (Luton)
Wolverhampton Wanderers FC (Wolverhampton)	2-0	Coventry City FC (Coventry)

1973-74

Football League Division 1 1973-74 Season	Arsenal	Birmingham City	Burnley	Chelsea	Coventry City	Derby County	Everton	Ipswich Town	Leeds United	Leicester City	Liverpool	Manchester City	Manchester United	Newcastle United	Norwich City	Q.P.R.	Sheffield United	Southampton	Stoke City	Tottenham Hotspur	West Ham United	Wolves
Arsenal FC		1-0	1-1	0-0	2-2	2-0	1-0	1-1	1-2	0-2	0-2	2-0	3-0	0-1	2-0	1-1	1-0	1-0	2-1	0-1	0-0	2-2
Birmingham City FC	3-1		2-2	2-4	1-0	0-0	0-2	0-3	1-1	3-0	1-1	1-1	1-0	1-0	2-1	4-0	1-0	1-1	0-0	1-2	3-1	2-1
Burnley FC	2-1	2-1		1-0	2-2	1-1	3-1	0-1	0-0	0-0	2-1	3-0	0-0	1-1	1-0	2-1	1-2	3-0	1-0	2-2	1-1	1-1
Chelsea FC	1-3	3-1	3-0		1-0	1-1	3-1	2-3	1-2	3-2	0-1	1-0	1-3	1-0	3-0	3-3	1-2	4-0	0-1	0-0	2-4	2-2
Coventry City FC	3-3	0-1	1-1	2-2		1-0	1-2	0-1	0-0	1-2	1-0	2-1	1-0	2-2	1-0	0-1	3-1	2-0	2-0	1-0	0-1	1-0
Derby County FC	1-1	1-1	5-1	1-0	1-0		2-1	2-0	0-0	2-1	3-1	1-0	2-2	1-0	1-1	1-2	4-1	6-2	1-1	2-0	1-1	2-0
Everton FC	1-0	4-1	1-0	1-1	1-0	2-1		3-0	0-0	1-1	0-1	2-0	1-0	1-1	4-1	1-0	1-1	0-3	1-1	1-1	1-0	2-1
Ipswich Town FC	2-2	3-0	3-2	1-1	3-0	3-0	3-0		0-3	1-1	1-1	2-1	2-1	1-3	1-1	1-0	0-1	7-0	1-1	0-0	1-3	2-0
Leeds United AFC	3-1	3-0	1-4	1-1	3-0	2-0	3-1	3-2		1-1	1-0	1-0	0-0	1-1	1-0	2-2	0-0	2-1	1-1	1-1	4-1	4-1
Leicester City FC	2-0	3-3	2-0	3-0	0-2	0-1	2-1	5-0	2-2		1-1	1-1	1-0	1-0	3-0	2-0	1-1	0-1	1-1	3-0	0-1	2-2
Liverpool FC	0-1	3-2	1-0	1-0	2-1	2-0	0-0	4-2	1-0	1-1		4-0	2-0	2-1	1-0	2-1	1-0	1-0	1-0	3-2	1-0	1-0
Manchester City FC	1-2	3-1	2-0	3-2	1-0	1-0	1-1	1-3	0-1	2-0	1-1		0-0	2-1	2-1	1-0	0-1	1-1	0-0	0-0	2-1	1-1
Manchester United FC	1-1	1-0	3-3	2-2	2-3	0-1	3-0	2-0	0-2	1-2	0-0	0-1		1-0	0-0	2-1	1-2	0-0	1-0	0-1	3-1	0-0
Newcastle United FC	1-1	1-1	1-2	2-0	5-1	0-2	2-1	3-1	0-1	1-1	0-0	1-0	3-2		0-0	2-3	1-0	0-1	2-1	0-2	1-1	2-0
Norwich City FC	0-4	2-1	1-0	2-2	0-0	2-4	1-3	1-2	0-1	1-0	1-1	1-1	0-2	1-1		0-0	2-1	2-0	4-0	1-1	2-2	1-1
Queen's Park Rangers FC	2-0	2-2	2-1	1-1	3-0	0-0	1-0	0-1	0-1	0-0	2-2	3-0	3-0	3-2	1-2		0-0	1-1	3-3	3-1	0-0	0-0
Sheffield United FC	5-0	1-1	0-2	1-2	0-1	3-0	1-1	0-3	0-2	1-1	1-0	1-2	0-1	1-1	1-0	1-1		4-2	0-0	2-2	1-0	1-0
Southampton FC	1-1	0-2	2-2	0-0	1-1	1-1	2-0	2-0	1-2	1-0	1-0	0-2	1-1	3-1	2-2	2-2	3-0		3-0	1-1	1-1	2-1
Stoke City FC	0-0	5-2	4-0	1-0	3-0	0-0	0-0	1-1	3-2	1-0	1-1	1-1	1-0	2-1	2-0	4-1	1-2	4-1		1-0	2-0	2-3
Tottenham Hotspur FC	2-0	4-2	2-3	1-2	2-1	1-0	0-2	1-1	0-3	1-0	1-1	0-2	2-1	0-2	0-0	0-0	1-2	3-1	2-1		2-0	1-3
West Ham United FC	1-3	0-0	0-1	3-0	2-3	0-0	4-3	3-3	3-1	1-1	2-2	2-1	2-1	1-2	4-2	2-3	2-2	4-1	0-2	0-1		0-0
Wolverhampton Wanderers FC	3-1	1-0	0-2	2-0	1-1	4-0	1-1	3-1	0-2	1-0	0-1	0-0	2-1	1-0	3-1	2-4	2-0	2-1	1-1	1-1	0-0	

	Division 1	Pd	Wn	Dw	Ls	GF	GA	Pts	
1.	LEEDS UNITED AFC (LEEDS)	42	24	14	4	66	31	62	
2.	Liverpool FC (Liverpool)	42	22	13	7	52	31	57	
3.	Derby County FC (Derby)	42	17	14	11	52	42	48	
4.	Ipswich Town FC (Ipswich)	42	18	11	13	67	58	47	
5.	Stoke City FC (Stoke-on-Trent)	42	15	16	11	54	42	46	
6.	Burnley FC (Burnley)	42	16	14	12	56	53	46	
7.	Everton FC (Liverpool)	42	16	12	14	50	48	44	
8.	Queen's Park Rangers FC (London)	42	13	17	12	56	52	43	
9.	Leicester City FC (Leicester)	42	13	16	13	51	41	42	
10.	Arsenal FC (London)	42	14	14	14	49	51	42	
11.	Tottenham Hotspur FC (London)	42	14	14	14	45	50	42	
12.	Wolverhampton Wanderers FC (Wolverhampton)	42	13	15	14	49	49	41	
13.	Sheffield United FC (Sheffield)	42	14	12	16	44	49	40	
14.	Manchester City FC (Manchester)	42	14	12	16	39	46	40	
15.	Newcastle United FC (Newcastle upon Tyne)	42	13	12	17	49	48	38	
16.	Coventry City FC (Coventry)	42	14	10	18	43	54	38	
17.	Chelsea FC (London)	42	12	13	17	56	60	37	
18.	West Ham United FC (London)	42	11	15	16	55	60	37	
19.	Birmingham City FC (Birmingham)	42	12	13	17	52	64	37	
20.	Southampton FC (Southampton)	42	11	14	17	47	68	36	R
21.	Manchester United FC (Manchester)	42	10	12	20	38	48	32	R
22.	Norwich City FC (Norwich)	42	7	15	20	37	62	29	R
		924	313	298	313	1107	1107	924	

Top Goalscorer

1) Mick CHANNON (Southampton FC) 21

Football League Division 2 1973-74 Season	Aston Villa	Blackpool	Bolton Wanderers	Bristol City	Cardiff City	Carlisle United	Crystal Palace	Fulham	Hull City	Luton Town	Middlesbrough	Millwall	Nottingham Forest	Notts County	Orient	Oxford United	Portsmouth	Preston North End	Sheffield Wednesday	Sunderland	Swindon Town	W.B.A.
Aston Villa FC		0-1	1-1	2-2	5-0	2-1	2-1	1-1	1-1	0-1	1-1	0-0	3-1	1-1	2-2	2-0	4-1	2-0	1-0	1-2	1-1	1-3
Blackpool FC	2-1		0-2	2-2	2-1	4-0	1-0	2-0	1-2	3-0	0-0	1-0	2-2	0-1	1-1	2-0	5-0	3-0	0-0	0-2	2-0	2-3
Bolton Wanderers FC	1-2	1-1		2-1	1-1	2-0	2-0	0-0	1-0	1-0	2-1	0-1	1-0	1-3	1-1	2-1	4-0	0-2	4-2	1-0	2-0	1-1
Bristol City FC	0-1	0-1	1-0		3-2	2-0	0-1	0-1	3-1	1-3	1-1	5-2	1-0	2-2	0-2	0-0	0-2	0-0	2-0	2-0	1-0	1-1
Cardiff City AFC	0-1	1-0	1-0	0-1		2-2	1-1	0-0	1-3	0-0	3-2	1-3	1-1	1-0	1-1	5-0	1-1	2-0	0-1	4-1	2-1	0-1
Carlisle United FC	2-0	2-3	1-0	2-1	1-1		1-0	3-0	4-0	2-0	1-1	1-1	2-1	3-0	3-0	2-1	0-2	2-2	2-2	1-0	5-1	0-1
Crystal Palace FC	0-0	1-2	0-0	3-1	3-3	0-1		0-2	0-2	1-2	2-3	1-1	0-1	1-4	0-0	2-0	0-0	2-0	0-0	3-0	4-2	1-0
Fulham FC	1-0	0-0	1-0	2-1	0-1	0-2	1-3		0-0	2-1	0-4	2-0	2-0	2-0	0-3	3-1	2-0	0-0	4-1	0-2	4-1	0-0
Hull City AFC	1-1	1-0	0-0	2-1	1-1	1-1	3-0	2-0		1-3	1-3	1-1	0-0	1-0	1-1	0-0	4-1	1-0	2-1	2-0	0-1	0-0
Luton Town FC	1-0	3-0	2-1	1-0	1-0	6-1	2-1	1-1	2-2		0-1	3-0	2-2	1-1	3-1	0-1	3-3	4-2	2-1	3-4	2-1	0-2
Middlesbrough FC	0-0	0-0	0-0	2-0	3-0	1-0	2-0	0-2	1-0	2-1		2-1	1-0	4-0	3-2	1-0	3-0	3-0	8-0	2-1	2-1	0-0
Millwall FC	1-1	2-2	2-1	0-2	2-0	1-2	3-2	1-0	3-0	0-1	0-1		0-0	0-0	0-1	0-0	1-1	5-1	1-0	2-1	3-0	1-0
Nottingham Forest FC	1-2	2-0	3-2	1-1	2-1	2-0	1-2	3-0	0-0	4-0	5-1	3-0		0-0	2-1	1-1	2-0	1-1	2-1	2-2	2-0	1-4
Notts County FC	2-0	0-3	0-0	2-1	1-1	0-3	1-3	2-1	3-2	1-1	2-2	3-3	0-1		2-4	0-0	4-0	2-1	1-5	1-4	2-0	1-0
Orient FC	1-1	3-2	3-0	0-1	1-2	0-1	3-0	1-0	1-1	2-0	0-0	1-1	2-1	1-1		1-1	2-1	2-2	0-1	2-1	0-0	2-0
Oxford United FC	2-1	2-2	0-2	5-0	4-2	0-1	1-1	0-0	1-1	1-1	0-2	0-3	1-0	2-1	1-1		3-0	1-1	1-0	0-1	1-1	1-0
Portsmouth FC	2-0	0-0	0-2	1-0	1-0	2-1	2-2	3-0	3-1	0-0	0-1	0-0	0-2	1-2	0-0	2-1		3-0	1-1	1-1	3-1	1-1
Preston North End FC	0-0	1-3	2-1	1-1	2-2	0-1	1-1	0-1	2-0	2-2	2-4	2-0	2-1	0-2	0-1	0-0	2-1		0-0	1-0	1-1	3-1
Sheffield Wednesday FC	2-4	0-0	1-0	3-1	5-0	1-0	4-0	0-3	1-1	2-2	2-2	3-2	1-1	0-0	1-2	0-1	1-2	1-0		0-1	2-1	3-1
Sunderland AFC	2-0	2-1	3-0	1-2	1-1	2-1	0-0	1-0	1-0	0-1	0-2	4-0	0-0	1-2	1-1	0-0	3-0	2-1	3-1		4-1	1-1
Swindon Town FC	1-0	1-0	2-2	0-1	1-1	2-2	0-1	1-1	1-1	0-2	0-1	1-3	0-0	1-4	2-2	1-0	1-2	3-1	3-1	0-2		1-0
West Bromwich Albion FC	2-0	1-1	0-0	2-2	2-2	1-1	1-0	2-0	2-3	1-1	0-4	1-1	3-3	2-1	1-0	1-0	1-2	0-2	2-0	1-1	2-0	

	Division 2	Pd	Wn	Dw	Ls	GF	GA	Pts	
1.	Middlesbrough FC (Middlesbrough)	42	27	11	4	77	30	65	P
2.	Luton Town FC (Luton)	42	19	12	11	64	51	50	P
3.	Carlisle United FC (Carlisle)	42	20	9	13	61	48	49	P
4.	Orient FC (London)	42	15	18	9	55	42	48	
5.	Blackpool FC (Blackpool)	42	17	13	12	57	40	47	
6.	Sunderland AFC (Sunderland)	42	19	9	14	58	44	47	
7.	Nottingham Forest FC (Nottingham)	42	15	15	12	57	43	45	
8.	West Bromwich Albion FC (West Bromwich)	42	14	16	12	48	45	44	
9.	Hull City AFC (Kingston upon Hull)	42	13	17	12	46	47	43	
10.	Notts County FC (Nottingham)	42	15	13	14	55	60	43	
11.	Bolton Wanderers FC (Bolton)	42	15	12	15	44	40	42	
12.	Millwall FC (London)	42	14	14	14	51	51	42	
13.	Fulham FC (London)	42	16	10	16	39	43	42	
14.	Aston Villa FC (Birmingham)	42	13	15	14	48	45	41	
15.	Portsmouth FC (Portsmouth)	42	14	12	16	45	62	40	
16.	Bristol City FC (Bristol)	42	14	10	18	47	54	38	
17.	Cardiff City AFC (Cardiff)	42	10	16	16	49	62	36	
18.	Oxford United FC (Oxford)	42	10	16	16	35	46	36	
19.	Sheffield Wednesday FC (Sheffield)	42	12	11	19	51	63	35	
20.	Crystal Palace FC (London)	42	11	12	19	43	56	34	R
21.	Preston North End FC (Preston)	42	9	14	19	40	62	31	R -1
22.	Swindon Town FC (Swindon)	42	7	11	24	36	72	25	R
		924	319	286	319	1106	1106	923	

Note: Preston North End FC (Preston) had 1 point deducted.

Football League Division 3 1973-74 Season	Aldershot Town	Blackburn Rovers	Bournemouth	Brighton & H.A.	Bristol Rovers	Cambridge United	Charlton Athletic	Chesterfield	Grimsby Town	Halifax Town	Hereford United	Huddersfield Town	Oldham Athletic	Plymouth Argyle	Port Vale	Rochdale	Shrewsbury Town	Southend United	Southport	Tranmere Rovers	Walsall	Watford	Wrexham	York City
Aldershot Town AFC		4-0	1-3	0-1	2-3	6-0	2-1	2-2	1-0	2-1	1-0	1-0	0-1	3-2	0-0	4-0	2-2	3-3	4-0	0-0	1-0	1-0	5-1	2-2
Blackburn Rovers FC	1-2		4-3	3-1	0-2	2-0	1-1	2-1	1-0	1-1	1-2	1-0	0-1	2-0	1-1	3-1	2-0	1-0	2-1	0-0	0-2	5-0	1-2	4-0
AFC Bournemouth	3-0	1-2		0-0	0-3	1-0	1-0	0-1	1-1	1-1	3-2	1-0	0-3	0-0	2-2	2-0	1-0	1-3	2-0	2-1	1-0	1-0	0-1	1-3
Brighton & Hove Alb.	0-1	3-0	0-2		2-8	4-1	1-2	0-0	1-1	0-1	2-1	1-2	1-2	1-0	2-1	2-1	2-0	0-2	4-0	1-3	2-1	0-1	2-1	0-0
Bristol Rovers FC	2-1	3-0	3-0	1-1		1-0	2-1	1-0	1-1	2-0	1-1	2-1	1-2	4-2	1-1	1-1	1-0	4-0	3-1	1-0	0-2	1-0	1-0	0-0
Cambridge United FC	1-2	0-2	2-1	1-1	2-2		1-0	1-2	0-1	0-1	2-0	2-2	1-1	3-1	4-2	3-3	2-1	3-2	2-0	1-0	0-0	3-2	2-1	0-0
Charlton Athletic FC	2-0	4-3	0-0	0-4	1-1	2-0		3-3	2-1	5-2	2-0	2-1	4-1	2-0	2-0	3-0	3-3	2-1	0-1	1-0	0-1	1-3	0-0	2-4
Chesterfield FC	0-0	3-0	2-1	1-0	0-0	3-0	3-1		1-0	1-1	1-1	0-2	1-0	1-0	2-1	1-0	0-2	0-0	4-2	1-0	1-0	3-1	2-2	0-2
Grimsby Town FC	1-0	4-2	1-1	0-0	1-1	1-0	5-0	1-1		4-1	1-3	2-1	2-1	3-0	2-0	5-1	1-2	2-1	2-1	5-0	1-0	2-2	1-1	1-2
Halifax Town AFC	0-0	1-1	1-1	2-2	0-0	0-1	2-1	2-0	1-2		1-1	0-0	0-0	1-0	1-0	1-0	1-0	0-0	1-1	2-1	3-1	0-0	1-2	2-1
Hereford United FC	0-2	1-0	0-2	3-0	0-0	0-0	2-3	2-1	2-1	3-1		0-1	3-4	0-1	2-1	2-1	1-1	1-2	3-0	0-2	3-1	1-1	2-0	0-0
Huddersfield Town	1-0	1-0	1-1	2-2	1-2	2-1	2-0	1-0	1-0	4-0	0-0		2-1	2-1	3-0	5-0	1-0	0-1	3-1	0-0	2-2	1-2	2-1	0-1
Oldham Athletic AFC	2-0	2-3	4-2	0-1	1-1	6-1	0-2	0-0	3-1	3-2	1-1	6-0		1-0	1-1	3-1	3-0	2-0	6-0	2-2	2-1	0-3	0-0	2-1
Plymouth Argyle FC	2-1	2-1	2-0	0-1	1-0	4-1	1-0	1-1	1-0	1-1	0-1	1-1	0-0		2-0	5-0	2-2	1-1	4-1	2-0	2-1	2-0	1-2	0-2
Port Vale FC	0-1	1-2	0-0	2-1	3-1	2-1	3-1	0-1	1-1	1-1	1-3	4-2	3-0	2-1		3-1	3-0	0-0	2-1	1-0	1-1	1-2	1-0	2-2
Rochdale AFC	2-2	1-2	3-3	1-1	0-1	0-2	1-1	1-2	1-1	1-1	1-1	1-1	1-3	1-3	1-1		3-2	1-1	2-2	0-1	0-1	1-3	0-0	1-3
Shrewsbury Town	0-0	3-0	1-1	1-0	0-2	2-0	3-3	0-1	1-1	0-2	1-1	3-0	0-2	0-0	0-1	2-0		1-2	2-0	1-3	0-0	3-2	0-1	0-2
Southend United FC	2-1	1-1	2-2	0-2	0-0	3-1	2-0	1-3	4-1	1-2	2-1	5-2	2-2	2-0	1-0	1-2	2-0		0-1	1-1	2-1	2-3	1-1	3-3
Southport FC	3-0	2-2	1-0	1-1	1-0	0-0	1-2	1-1	0-1	1-1	1-1	0-0	0-2	1-1	0-1	0-0	1-0	0-0		2-2	1-1	1-1	0-2	1-1
Tranmere Rovers FC	0-1	1-1	1-1	4-1	0-0	5-2	2-0	1-2	0-0	0-1	0-0	1-1	0-2	2-0	3-0	1-1	1-0	2-0	3-1		3-0	1-0	0-1	0-0
Walsall FC	3-2	2-0	1-2	0-1	0-0	3-0	4-0	2-0	3-1	2-2	3-1	3-0	1-1	0-4	0-0	0-0	2-0	1-2	2-0	0-1		2-2	3-0	0-0
Watford FC	2-1	0-0	1-1	1-0	0-0	3-0	1-3	2-1	1-2	0-0	2-1	1-1	0-1	0-3	2-1	4-0	1-0	1-0	4-0	4-2	1-3		2-0	1-1
Wrexham AFC	0-0	2-2	0-1	1-0	1-0	2-1	4-0	2-1	1-1	2-1	5-0	0-0	1-2	5-2	0-0	3-0	3-1	5-1	3-2	0-0	2-0	1-0		1-0
York City FC	3-1	1-0	4-1	3-0	2-1	2-0	0-1	0-0	1-1	1-1	0-0	2-1	1-1	1-1	3-1	2-1	0-1	1-0	4-0	2-0	1-1	2-2	1-0	

	Division 3	**Pd**	**Wn**	**Dw**	**Ls**	**GF**	**GA**	**Pts**	
1.	Oldham Athletic AFC (Oldham)	46	25	12	9	83	47	62	P
2.	Bristol Rovers FC (Bristol)	46	22	17	7	65	33	61	P
3.	York City FC (York)	46	21	19	6	67	38	61	P
4.	Wrexham AFC (Wrexham)	46	22	12	12	63	43	56	
5.	Chesterfield FC (Chesterfield)	46	21	14	11	55	42	56	
6.	Grimsby Town FC (Cleethorpes)	46	18	15	13	67	50	51	
7.	Watford FC (Watford)	46	19	12	15	64	56	50	
8.	Aldershot FC (Aldershot)	46	19	11	16	65	52	49	
9.	Halifax Town AFC (Halifax)	46	14	21	11	48	51	49	
10.	Huddersfield Town AFC (Huddersfield)	46	17	13	16	56	55	47	
11.	AFC Bournemouth (Bournemouth)	46	16	15	15	54	58	47	
12.	Southend United FC (Southend-on-Sea)	46	16	14	16	62	62	46	
13.	Blackburn Rovers FC (Blackburn)	46	18	10	18	62	64	46	
14.	Charlton Athletic FC (London)	46	19	8	19	66	73	46	
15.	Walsall FC (Walsall)	46	16	13	17	57	48	45	
16.	Tranmere Rovers FC (Birkenhead)	46	15	15	16	50	44	45	
17.	Plymouth Argyle FC (Plymouth)	46	17	10	19	59	54	44	
18.	Hereford United FC (Hereford)	46	14	15	17	53	7	43	
19.	Brighton & Hove Albion FC (Hove)	46	16	11	19	52	58	43	
20.	Port Vale FC (Stoke-on-Trent)	46	14	14	18	52	58	42	
21.	Cambridge United FC (Cambridge)	46	13	9	24	48	81	35	R
22.	Shrewsbury Town FC (Shrewsbury)	46	10	11	25	41	62	31	R
23.	Southport FC (Southport)	46	6	16	24	35	82	28	R
24.	Rochdale AFC (Rochdale)	46	2	17	27	38	94	21	R
		1104	390	324	390	1362	1362	1104	

Football League Division 4 1973-74 Season	Barnsley	Bradford City	Brentford	Bury	Chester	Colchester United	Crewe Alexandra	Darlington	Doncaster Rovers	Exeter City	Gillingham	Hartlepool	Lincoln City	Mansfield Town	Newport County	Northampton Town	Peterborough United	Reading	Rotherham United	Scunthorpe United	Stockport County	Swansea City	Torquay United	Workington
Barnsley FC		2-2	2-1	3-2	1-1	0-1	2-1	1-0	2-0	3-0	3-1	2-0	0-1	1-1	1-1	0-2	0-0	3-2	1-0	5-0	4-0	1-0	1-0	4-0
Bradford City AFC	3-0		1-1	4-2	1-1	1-1	0-1	3-0	1-1	1-0	0-0	2-0	4-0	3-1	3-0	1-1	1-1	4-3	2-1	2-1	0-1	3-1	2-1	3-2
Brentford FC	5-1	2-0		1-2	3-0	0-0	3-0	0-0	2-0	0-1	0-3	1-2	2-1	4-1	1-1	3-1	0-1	0-1	1-1	2-1	0-0	0-2	0-0	1-1
Bury FC	2-0	3-0	3-0		3-1	2-0	2-0	5-1	3-1	0-0	3-2	1-0	2-1	2-0	5-0	3-1	0-2	1-0	3-1	0-0	1-1	0-2	4-0	3-1
Chester FC	3-1	1-0	0-0	1-1		0-4	1-0	1-0	3-0	0-1	2-4	3-1	2-3	1-1	3-0	0-0	2-1	0-0	1-0	2-0	2-1	1-0	1-1	1-0
Colchester United FC	2-0	4-0	2-1	1-1	1-1		3-2	3-0	3-0	1-0	0-2	3-0	4-1	1-0	4-1	1-0	1-1	0-0	0-1	2-0	3-1	2-0	2-2	3-0
Crewe Alexandra FC	0-1	1-0	0-0	1-0	1-0	1-2		1-1	4-0	2-5	1-0	1-3	2-1	1-1	4-1	0-2	2-1	2-1	1-8	1-0	1-3	0-0	0-0	1-0
Darlington FC	4-2	2-1	1-2	0-0	1-2	1-0	3-0		1-0	1-0	1-3	1-1	0-3	1-0	0-1	2-3	2-2	2-1	1-1	3-0	1-1	1-1	0-0	0-0
Doncaster Rovers FC	1-0	2-2	1-2	1-1	1-2	2-0	0-2	0-0		1-0	1-2	2-2	2-0	0-0	2-0	2-1	3-1	0-0	1-2	1-0	1-1	3-1	0-1	5-2
Exeter City FC	6-1	0-0	2-1	0-3	2-1	1-0	2-0	3-0	1-2		2-1	2-0	0-1	1-1	0-1	1-1	1-2	0-1	0-0	4-0	2-1	2-0	4-2	1-1
Gillingham FC	1-1	2-0	1-0	3-0	1-0	4-1	3-0	0-1	5-1	2-1		3-0	2-0	2-2	1-1	3-1	1-0	0-1	1-1	7-2	2-1	1-1	2-1	4-0
Hartlepool FC	1-2	1-0	1-0	1-1	0-0	0-0	1-0	1-2	3-0	1-3	2-1		0-2	4-0	0-1	1-0	0-1	1-2	2-0	3-0	3-0	0-1	0-0	3-0
Lincoln City FC	1-1	0-1	3-2	4-3	2-2	0-1	4-2	2-1	3-3	2-1	2-3	0-1		1-1	3-0	1-1	1-1	0-2	2-1	1-0	1-1	2-2	3-0	2-0
Mansfield Town FC	2-2	0-0	1-1	1-2	3-0	2-2	1-2	1-0	2-0	3-3	2-2	2-0	4-3		2-1	2-0	2-1	1-1	3-0	2-2	5-0	2-1	2-1	2-0
Newport County AFC	1-0	2-2	1-1	1-0	0-2	1-3	4-2	2-0	3-1	2-1	3-3	0-0	0-1	2-0		3-1	0-1	0-0	1-0	2-1	3-1	2-1	2-2	4-0
Northampton Town	2-1	3-0	0-0	3-1	3-3	0-0	1-1	5-0	3-1	1-2	0-0	1-0	1-0	2-0	1-0		0-1	3-3	3-1	2-0	2-0	2-0	0-0	1-0
Peterborough United	3-0	1-1	1-0	2-2	0-0	2-0	4-0	1-0	5-1	2-0	4-2	2-0	1-0	2-1	2-0	3-0		2-0	2-0	1-0	3-2	3-0	1-1	2-0
Reading FC	1-0	0-0	1-0	2-2	3-0	1-1	2-0	2-0	5-0	4-1	0-1	1-1	0-0	3-0	1-1	1-2	1-1		1-0	0-0	1-1	1-2	4-0	2-0
Rotherham United	2-1	2-1	1-1	1-0	3-2	0-0	1-1	0-1	1-2	4-0	1-1	2-2	2-0	2-1	1-1	1-2	3-1	1-1		1-1	1-2	1-0	1-0	1-1
Scunthorpe United	3-0	2-1	4-1	1-2	2-1	1-0	0-0	1-0	2-1	#	1-1	1-1	1-1	5-3	0-0	1-2	2-1	1-0	3-0		2-1	0-0	0-0	0-1
Stockport County	1-1	0-1	1-1	3-2	0-1	0-3	0-0	1-2	0-0	0-1	2-0	1-1	2-2	1-1	1-1	2-2	1-1	0-0	0-1	3-1		0-1	2-1	1-1
Swansea City FC	2-0	0-1	0-0	0-1	2-0	2-0	2-0	0-0	0-0	2-0	0-3	0-0	3-0	2-0	1-1	1-1	0-2	2-1	4-2	1-2	3-0		0-1	1-0
Torquay United FC	1-1	1-0	3-0	1-2	2-2	0-4	2-1	0-0	3-0	0-0	0-1	0-2	2-1	4-0	3-2	1-0	1-2	1-1	3-0	1-1	2-2	3-1		3-0
Workington AFC	1-0	1-0	0-2	0-0	1-1	1-4	0-0	5-2	3-1	3-1	3-3	0-2	1-1	0-0	3-2	1-0	4-1	0-0	0-2	1-2	1-1	1-0	3-1	

	Division 4	Pd	Wn	Dw	Ls	GF	GA	Pts	
1.	Peterborough United FC (Peterborough)	46	27	11	8	75	38	65	P
2.	Gillingham FC (Gillingham)	46	25	12	9	90	49	62	P
3.	Colchester United FC (Colchester)	46	24	12	10	73	36	60	P
4.	Bury FC (Bury)	46	24	11	11	81	49	59	P
5.	Northampton Town FC (Northampton)	46	20	13	13	63	48	53	
6.	Reading FC (Reading)	46	16	19	11	58	37	51	
7.	Chester FC (Chester)	46	17	15	14	54	55	49	
8.	Bradford City AFC (Bradford)	46	17	14	15	58	52	48	
9.	Newport County AFC (Newport)	46	16	14	16	56	65	45	-1
10.	Exeter City FC (Exeter)	45	18	8	19	58	55	44	#
11.	Hartlepool FC (Hartlepool)	46	16	12	18	48	47	44	
12.	Lincoln City FC (Lincoln)	46	16	12	18	63	67	44	
13.	Barnsley FC (Barnsley)	46	17	10	19	58	64	44	
14.	Swansea City FC (Swansea)	46	16	11	19	45	46	43	
15.	Rotherham United FC (Rotherham)	46	15	13	18	56	58	43	
16.	Torquay United FC (Torquay)	46	13	17	16	52	57	43	
17.	Mansfield Town FC (Mansfield)	46	13	17	16	62	69	43	
18.	Scunthorpe United FC (Scunthorpe)	45	14	12	19	47	64	42	#
19.	Brentford FC (London)	46	12	16	18	48	50	40	
20.	Darlington FC (Darlington)	46	13	13	20	40	62	39	
21.	Crewe Alexandra FC (Crewe)	46	14	10	22	43	71	38	
22.	Doncaster Rovers FC (Doncaster)	46	12	11	23	47	80	35	
23.	Workington AFC (Workington)	46	11	13	22	43	74	35	
24.	Stockport County FC (Stockport)	46	7	20	19	44	69	34	
		1102	393	316	393	1362	1362	1103	

Scunthorpe United vs Exeter City was not played as Exeter City failed to appear for the match. 2 points were awarded to Scunthorpe United.

Newport County AFC had 1 point deducted for fielding an ineligible player.

F.A. CUP FINAL (Wembley Stadium, London – 04/05/1974 – 100,000)

LIVERPOOL FC (LIVERPOOL)	3-0	Newcastle United FC (Newcastle upon Tyne)

Keegan 2, Heighway

Liverpool: Clemence, Smith, Thompson, Hughes, Lindsay, Hall, Callaghan, Cormack, Keegan, Toshack, Heighway.

Newcastle: McFaul, Clark, Howard, Moncur, Kennedy, Smith (Gibb), McDermott, Cassidy, Macdonald, Tudor, Hibbitt.

Semi-finals

Burnley FC (Burnley)	0-2	Newcastle United FC (Newcastle upon Tyne)
Liverpool FC (Liverpool)	0-0, 3-1	Leicester City FC (Leicester)

Quarter-finals

Bristol City FC (Bristol)	0-1	Liverpool FC (Liverpool)
Burnley FC (Burnley)	1-0	Wrexham AFC (Wrexham)
Newcastle United FC (Newcastle upon Tyne)	4-3, 0-0, 1-0	Nottingham Forest FC (Nottingham)
(A replay was ordered after the pitch was invaded by the crowd during the first game)		
Queen's Park Rangers FC (London)	0-2	Leicester City FC (Leicester)

1974-75

Football League Division 1 1974-75 Season	Arsenal	Birmingham City	Burnley	Carlisle United	Chelsea	Coventry City	Derby County	Everton	Ipswich Town	Leeds United	Leicester City	Liverpool	Luton Town	Manchester City	Middlesbrough	Newcastle United	Q.P.R.	Sheffield United	Stoke City	Tottenham Hotspur	West Ham United	Wolves
Arsenal FC		1-1	0-1	2-1	1-2	2-0	3-1	0-2	0-1	1-2	0-0	2-0	2-2	4-0	2-0	3-0	2-2	1-0	1-1	1-0	3-0	0-0
Birmingham City FC	3-1		1-1	2-0	2-0	1-2	3-2	0-3	0-1	1-0	3-4	3-1	1-4	4-0	0-3	3-0	4-1	0-0	0-3	1-0	1-1	1-1
Burnley FC	3-3	2-2		2-1	1-2	3-0	2-5	1-1	1-0	2-1	2-0	1-1	1-0	2-1	1-1	4-1	3-0	2-1	0-0	3-2	3-5	1-2
Carlisle United FC	2-1	1-0	4-2		1-2	0-0	3-0	3-0	2-1	1-2	0-1	0-1	1-2	0-0	0-1	1-2	1-2	0-1	0-2	1-0	0-1	1-0
Chelsea FC	0-0	2-1	3-3	0-2		3-3	1-2	1-1	0-0	0-2	0-0	0-3	2-0	0-1	1-2	3-2	0-3	1-1	3-3	1-0	1-1	0-1
Coventry City FC	3-0	1-0	0-3	2-1	1-3		1-1	1-1	3-1	1-3	2-2	1-1	2-1	2-2	0-2	2-0	1-1	2-2	2-0	1-1	1-1	2-1
Derby County FC	2-1	2-1	3-2	0-0	4-1	1-1		0-1	2-0	0-0	1-0	2-0	5-0	2-1	2-3	2-2	5-2	2-0	1-2	3-1	1-0	1-0
Everton FC	2-1	4-1	1-1	2-3	1-1	1-0	0-0		1-1	3-2	3-0	0-0	3-1	2-0	1-1	1-1	2-1	2-3	2-1	1-0	1-1	0-0
Ipswich Town FC	3-0	3-2	2-0	3-1	2-0	4-0	3-0	1-0		0-0	2-1	1-0	0-1	1-1	2-0	5-4	2-1	0-1	3-1	4-0	4-1	2-0
Leeds United AFC	2-0	1-0	2-2	3-1	2-0	0-0	0-1	0-0	2-1		2-2	0-2	1-1	2-2	2-2	1-1	0-1	5-1	3-1	2-1	2-1	2-0
Leicester City FC	0-1	1-1	1-0	1-1	1-1	0-1	0-0	0-2	0-1	0-2		1-1	0-0	1-0	1-0	4-0	3-1	3-0	1-1	1-2	3-0	3-2
Liverpool FC	1-3	1-0	0-1	2-0	2-2	2-1	2-2	0-0	5-2	1-0	2-1		2-0	4-1	2-0	4-0	3-1	0-0	3-0	5-2	1-1	2-0
Luton Town FC	2-0	1-3	2-3	3-1	1-1	1-3	1-0	2-1	1-4	2-1	3-0	1-2		1-1	0-1	1-0	1-1	0-1	0-0	1-1	0-0	3-2
Manchester City FC	2-1	3-1	2-0	1-2	1-1	1-0	1-2	2-1	1-1	2-1	4-1	2-0	1-0		2-1	5-1	1-0	3-2	1-0	1-0	4-0	0-0
Middlesbrough FC	0-0	3-0	2-0	0-2	1-1	4-4	1-1	2-0	3-0	0-1	3-0	1-0	1-1	3-0		0-0	1-3	1-0	2-0	3-0	0-0	2-1
Newcastle United FC	3-1	1-2	3-0	1-0	5-0	3-2	0-2	0-1	1-0	3-0	0-1	4-1	1-0	2-1	2-1		2-2	2-2	2-2	2-5	2-0	0-0
Queen's Park Rangers FC	0-0	0-1	0-1	2-1	1-0	2-0	4-1	2-2	1-0	1-1	4-2	0-1	2-1	2-0	0-0	1-2		1-0	0-1	0-1	0-2	2-0
Sheffield United FC	1-1	3-2	2-2	2-1	2-1	1-0	1-2	2-2	3-1	1-1	4-0	1-0	1-1	1-1	1-0	2-1	1-1		2-0	0-1	3-2	1-0
Stoke City FC	0-2	0-0	2-0	5-2	3-0	2-0	1-1	1-1	1-2	3-0	1-0	2-0	4-2	4-0	1-1	0-0	1-0	3-2		2-2	2-1	2-2
Tottenham Hotspur FC	2-0	0-0	2-3	1-1	2-0	1-1	2-0	1-1	0-1	4-2	0-3	0-2	2-1	1-2	1-2	3-0	1-2	1-3	0-2		2-1	3-0
West Ham United FC	1-0	3-0	2-1	2-0	0-1	1-2	2-2	2-3	1-0	2-1	6-2	0-0	2-0	0-0	3-0	0-1	2-2	1-2	2-2	1-1		5-2
Wolverhampton Wanderers FC	1-0	0-1	4-2	2-0	7-1	2-0	0-1	2-0	2-1	1-1	1-1	0-0	5-2	1-0	2-0	4-2	1-2	1-1	2-2	2-3	3-1	

	Division 1	Pd	Wn	Dw	Ls	GF	GA	Pts	
1.	DERBY COUNTY FC (DERBY)	42	21	11	10	67	49	53	
2.	Liverpool FC (Liverpool)	42	20	11	11	60	39	51	
3.	Ipswich Town FC (Ipswich)	42	23	5	14	66	44	51	
4.	Everton FC (Liverpool)	42	16	18	8	56	42	50	
5.	Stoke City FC (Stoke-on-Trent)	42	17	15	10	64	48	49	
6.	Sheffield United FC (Sheffield)	42	18	13	11	58	51	49	
7.	Middlesbrough FC (Middlesbrough)	42	18	12	12	54	40	48	
8.	Manchester City FC (Manchester)	42	18	10	14	54	54	46	
9.	Leeds United AFC (Leeds)	42	16	13	13	57	49	45	
10.	Burnley FC (Burnley)	42	17	11	14	68	67	45	
11.	Queen's Park Rangers FC (London)	42	16	10	16	54	54	42	
12.	Wolverhampton Wanderers FC (Wolverhampton)	42	14	11	17	57	54	39	
13.	West Ham United FC (London)	42	13	13	16	58	59	39	
14.	Coventry City FC (Coventry)	42	12	15	15	51	62	39	
15.	Newcastle United FC (Newcastle upon Tyne)	42	15	9	18	59	72	39	
16.	Arsenal FC (London)	42	13	11	18	47	49	37	
17.	Birmingham City FC (Birmingham)	42	14	9	19	53	61	37	
18.	Leicester City FC (Leicester)	42	12	12	18	46	60	36	
19.	Tottenham Hotspur FC (London)	42	13	8	21	52	63	34	
20.	Luton Town FC (Luton)	42	11	11	20	47	65	33	R
21.	Chelsea FC (London)	42	9	15	18	42	72	33	R
22.	Carlisle United FC (Carlisle)	42	12	5	25	43	59	29	R
		924	338	248	338	1213	1213	924	

Top Goalscorer

1) Malcolm McDONALD (Newcastle United FC) 21

Football League Division 2 1974-75 Season	Aston Villa	Blackpool	Bolton Wanderers	Bristol City	Bristol Rovers	Cardiff City	Fulham	Hull City	Manchester United	Millwall	Norwich City	Nottingham Forest	Notts County	Oldham Athletic	Orient	Oxford United	Portsmouth	Sheffield Wednesday	Southampton	Sunderland	W.B.A.	York City
Aston Villa FC		1-0	0-0	2-0	1-0	2-0	1-1	6-0	2-0	3-0	1-1	3-0	0-1	5-0	3-1	0-0	2-0	3-1	3-0	2-0	3-1	4-0
Blackpool FC	0-3		2-1	2-0	0-0	4-0	1-0	1-2	0-3	1-0	2-1	0-0	3-1	1-0	0-0	0-0	2-2	3-1	3-0	3-2	2-0	1-1
Bolton Wanderers FC	1-0	0-0		0-2	5-1	2-1	0-0	1-1	0-1	2-0	0-0	2-0	1-1	1-1	2-0	3-1	3-0	0-1	3-2	0-2	0-1	1-1
Bristol City FC	1-0	0-1	2-1		1-1	0-0	3-1	2-0	1-0	2-1	0-1	1-0	3-0	3-1	0-0	3-0	3-1	1-0	2-0	1-1	2-1	0-0
Bristol Rovers FC	2-0	1-3	1-0	1-4		1-0	1-2	2-0	1-1	2-0	0-2	4-2	0-0	2-1	0-0	1-0	0-1	1-1	0-1	2-1	2-1	1-3
Cardiff City AFC	3-1	1-1	1-2	0-1	2-2		0-0	1-2	0-1	0-1	2-1	2-1	0-0	3-1	0-0	1-1	1-0	0-0	2-2	2-0	0-2	3-2
Fulham FC	3-1	1-0	2-1	1-1	0-0	4-0		1-1	1-2	0-0	4-0	0-1	3-0	0-0	0-0	0-0	2-2	2-1	3-2	1-3	1-0	0-2
Hull City AFC	1-1	1-0	2-0	1-0	2-0	1-1	2-1		2-0	1-1	0-0	1-3	1-0	1-1	0-0	1-0	0-0	1-0	1-1	3-1	1-0	2-0
Manchester United FC	2-1	4-0	3-0	0-1	2-0	4-0	1-0	2-0		4-0	1-1	2-2	1-0	3-2	0-0	4-0	2-1	2-0	1-0	3-2	2-1	2-1
Millwall FC	1-3	0-0	1-1	1-0	1-1	5-1	2-0	2-0	0-1		1-1	3-0	3-0	0-0	1-1	0-0	0-0	2-1	4-0	1-4	2-2	1-3
Norwich City FC	1-4	2-1	2-0	3-2	0-1	1-1	1-2	1-0	2-0	2-0		3-0	3-0	1-0	2-0	1-0	2-0	1-1	1-0	0-0	3-2	2-3
Nottingham Forest FC	2-3	0-0	2-3	0-0	1-0	0-0	1-1	4-0	0-1	2-1	1-3		0-2	1-0	2-2	1-2	1-2	1-0	0-0	1-1	2-1	2-1
Notts County FC	1-3	0-0	1-1	1-2	3-2	0-2	1-1	5-0	2-2	2-1	1-1	2-2		1-0	1-1	4-1	1-1	3-3	3-2	0-0	0-0	2-1
Oldham Athletic AFC	1-2	1-0	1-0	2-0	3-4	4-0	1-0	0-1	1-0	1-1	2-2	2-0	1-0		0-0	1-1	2-0	2-1	1-1	0-0	0-0	2-3
Orient FC	1-0	0-0	0-0	1-0	1-0	1-1	0-0	0-0	0-2	2-1	0-3	1-1	0-1	3-1		1-1	1-1	1-0	2-1	1-1	0-2	1-0
Oxford United FC	1-2	0-0	2-1	2-0	2-1	1-0	2-1	3-1	1-0	3-1	2-1	1-1	1-2	1-0	1-2		1-0	1-0	0-4	1-0	1-1	3-1
Portsmouth FC	2-3	0-0	2-0	0-1	3-0	2-2	0-0	1-1	0-0	1-0	0-3	2-0	1-1	1-1	3-0	2-1		1-0	1-2	4-2	1-3	1-0
Sheffield Wednesday FC	0-4	0-0	0-2	1-1	1-1	1-2	1-0	2-1	4-4	0-1	0-1	2-3	0-1	1-1	0-1	1-1	0-2		0-1	0-2	0-0	3-0
Southampton FC	0-0	1-1	0-1	0-1	3-0	2-0	0-0	3-3	0-1	3-2	1-1	0-1	3-2	1-0	4-2	2-1	2-1	0-1		1-1	1-0	2-1
Sunderland AFC	0-0	1-0	0-0	3-0	5-1	3-1	1-2	1-0	0-0	2-0	0-0	0-0	3-0	2-2	3-0	2-0	4-1	3-0	3-1		3-0	2-0
West Bromwich Albion FC	2-0	2-0	0-1	1-0	2-2	2-0	0-1	2-2	1-1	2-1	1-1	0-1	4-1	1-0	1-0	3-0	2-1	4-0	0-3	1-0		2-0
York City FC	1-1	0-0	1-3	1-0	3-0	1-0	3-2	3-0	0-1	2-1	1-0	1-1	2-2	0-0	0-1	1-1	3-0	3-0	1-1	0-1	1-3	

	Division 2	Pd	Wn	Dw	Ls	GF	GA	Pts	
1.	Manchester United FC (Manchester)	42	26	9	7	66	30	61	P
2.	Aston Villa FC (Birmingham)	42	25	8	9	79	32	58	P
3.	Norwich City FC (Norwich)	42	20	13	9	58	37	53	P
4.	Sunderland AFC (Sunderland)	42	19	13	10	65	35	51	
5.	Bristol City FC (Bristol)	42	21	8	13	47	33	50	
6.	West Bromwich Albion FC (West Bromwich)	42	18	9	15	54	42	45	
7.	Blackpool FC (Blackpool)	42	14	17	11	38	33	45	
8.	Hull City AFC (Kingston upon Hull)	42	15	14	13	40	53	44	
9.	Fulham FC (London)	42	13	16	13	44	39	42	
10.	Bolton Wanderers FC (Bolton)	42	15	12	15	45	41	42	
11.	Oxford United FC (Oxford)	42	15	12	15	41	51	42	
12.	Orient FC (London)	42	11	20	11	28	39	42	
13.	Southampton FC (Southampton)	42	15	11	16	53	54	41	
14.	Notts County FC (Nottingham)	42	12	16	14	49	59	40	
15.	York City FC (York)	42	14	10	18	51	55	38	
16.	Nottingham Forest FC (Nottingham)	42	12	14	16	43	55	38	
17.	Portsmouth FC (Portsmouth)	42	12	13	17	44	54	37	
18.	Oldham Athletic AFC (Oldham)	42	10	15	17	40	48	35	
19.	Bristol Rovers FC (Bristol)	42	12	11	19	42	64	35	
20.	Millwall FC (London)	42	10	12	20	44	56	32	R
21.	Cardiff City AFC (Cardiff)	42	9	14	19	36	62	32	R
22.	Sheffield Wednesday FC (Sheffield)	42	5	11	26	29	64	21	R
		924	323	278	323	1036	1036	924	

Football League Division 3 1974-75 Season	Aldershot Town	Blackburn R.	Bournemouth	Brighton & H.A.	Bury	Charlton Athletic	Chesterfield	Colchester Utfd.	Crystal Palace	Gillingham	Grimsby Town	Halifax Town	Hereford United	Huddersfield T.	Peterborough U.	Plymouth Argyle	Port Vale	Preston N.E.	Southend United	Swindon Town	Tranmere R.	Walsall	Watford	Wrexham
Aldershot Town AFC		1-1	1-2	2-1	1-1	3-0	1-0	0-1	2-1	2-1	0-0	3-1	2-2	1-0	5-0	4-3	2-1	1-2	3-0	0-1	2-0	0-0	3-1	1-2
Blackburn Rovers FC	2-0		1-0	1-0	1-0	3-1	2-0	3-2	1-1	4-1	1-1	1-0	1-0	1-1	0-1	5-2	2-2	3-0	1-0	2-0	2-1	3-3	0-0	0-0
AFC Bournemouth	1-0	0-0		2-0	2-1	1-2	0-0	0-2	4-0	2-0	0-2	0-1	2-1	1-1	2-1	3-7	1-2	1-0	0-0	1-1	0-0	0-1	4-2	0-2
Brighton & Hove Alb.	2-0	0-1	2-1		0-0	1-1	2-1	2-0	1-0	4-3	3-1	0-0	2-1	2-0	2-0	2-2	1-1	0-4	2-0	1-1	3-1	1-0	2-0	3-3
Bury FC	2-1	1-2	1-0	2-1		2-1	1-1	0-0	2-2	0-1	1-1	4-1	3-0	3-0	3-0	0-1	3-1	2-0	0-1	0-0	3-1	2-0	1-0	2-2
Charlton Athletic FC	3-1	2-1	2-3	2-1	0-1		3-2	4-1	1-0	2-1	1-1	3-1	2-0	1-0	3-0	0-2	2-2	3-1	2-1	3-3	3-3	4-2	4-1	1-1
Chesterfield FC	0-2	1-2	0-0	2-4	2-0	2-0		1-1	2-1	2-1	2-0	1-1	4-1	3-0	2-0	1-2	1-0	0-0	1-1	0-2	1-0	2-2	4-4	3-1
Colchester United FC	0-0	2-0	1-0	2-2	3-2	3-0	1-2		1-1	4-2	5-0	2-0	1-2	3-2	4-1	1-0	2-0	2-2	1-1	2-0	2-1	1-2	1-1	1-1
Crystal Palace FC	3-0	1-0	4-1	3-0	2-2	2-1	1-4	2-1		4-0	3-0	1-1	2-2	1-1	1-1	3-3	1-1	1-0	1-1	6-2	2-1	1-0	1-0	2-0
Gillingham FC	0-0	1-1	1-0	2-1	1-0	0-1	4-0	2-1	3-1		2-0	4-0	2-3	3-2	1-1	2-2	0-0	2-1	2-1	3-1	2-3	2-2	2-1	2-1
Grimsby Town FC	2-0	1-2	0-0	3-2	2-0	1-1	2-0	1-1	2-1	2-1		2-1	0-0	1-2	1-2	1-1	3-0	2-1	0-0	2-0	3-2	0-0	2-2	2-0
Halifax Town AFC	1-0	1-1	3-2	1-0	0-1	2-2	1-3	1-1	3-1	1-1	1-1		2-2	2-1	2-1	1-1	1-1	3-0	3-1	0-0	0-0	1-0	2-0	1-0
Hereford United FC	2-0	6-3	0-1	2-0	1-1	2-2	5-0	3-1	2-0	1-1	3-2	0-0		1-1	2-0	1-5	1-0	2-2	1-0	2-1	2-0	2-0	0-1	1-0
Huddersfield Town	2-2	1-2	2-2	1-0	0-0	1-3	2-0	3-2	0-1	0-2	1-0	1-2	2-1		1-2	0-2	3-1	0-1	4-1	2-2	0-0	3-2	3-1	0-0
Peterborough United	1-1	1-0	3-0	2-0	3-1	1-1	0-2	1-0	1-1	0-0	1-3	1-1	1-1	2-1		1-0	0-2	0-0	1-0	0-0	1-2	0-0	1-0	2-1
Plymouth Argyle FC	1-0	2-1	1-0	2-2	2-1	1-1	3-0	1-0	0-1	1-1	2-1	2-0	1-0	2-0	2-0		1-1	2-1	1-0	4-3	4-1	2-1	1-1	0-3
Port Vale FC	3-1	1-4	0-0	1-0	1-0	1-0	3-2	2-2	2-1	2-1	1-0	2-1	3-0	4-0	1-3	2-0		2-1	0-0	2-2	1-0	1-1	0-0	2-0
Preston North End FC	3-1	0-0	5-2	1-0	3-0	2-0	2-1	0-2	1-1	1-0	2-0	1-0	2-2	4-0	1-1	1-0	1-0		1-4	2-0	1-0	3-2	2-2	3-1
Southend United FC	1-1	2-2	0-0	1-0	1-0	2-1	2-1	1-1	0-1	2-2	3-0	4-0	0-0	1-0	1-2	2-1	1-3	1-1		2-0	1-0	3-0	0-0	1-1
Swindon Town FC	3-2	2-0	2-1	1-0	0-2	2-0	1-0	4-1	1-1	1-0	3-2	3-1	1-0	4-1	0-1	2-0	3-2	1-0	2-0		0-0	3-0	2-2	2-1
Tranmere Rovers FC	2-0	1-1	0-1	1-2	0-0	0-1	1-2	2-0	2-0	1-1	3-1	3-1	6-1	1-2	1-0	1-3	1-0	3-1	2-1	3-0		3-0	2-2	0-1
Walsall FC	3-0	1-3	2-0	6-0	3-0	0-1	2-2	5-2	3-0	1-1	2-0	1-1	3-1	2-0	0-1	0-0	0-0	2-0	3-0	2-0	1-0		2-0	2-1
Watford FC	1-1	0-0	1-0	1-1	2-1	0-2	2-2	1-2	1-2	0-0	3-2	2-2	1-1	1-0	0-3	1-3	3-2	3-2	2-0	1-0	1-0	2-3		1-2
Wrexham AFC	4-0	1-1	1-1	2-1	3-1	0-3	0-0	2-1	0-0	0-1	2-3	4-0	2-1	3-0	1-2	5-1	2-2	1-1	1-1	1-2	1-0	0-0	5-1	

	Division 3	**Pd**	**Wn**	**Dw**	**Ls**	**GF**	**GA**	**Pts**	
1.	Blackburn Rovers FC (Blackburn)	46	22	16	8	68	45	60	P
2.	Plymouth Argyle FC (Plymouth)	46	24	11	11	79	58	59	P
3.	Charlton Athletic FC (London)	46	22	11	13	76	61	55	P
4.	Swindon Town FC (Swindon)	46	21	11	14	64	58	53	
5.	Crystal Palace FC (London)	46	18	15	13	66	57	51	
6.	Port Vale FC (Stoke-on-Trent)	46	18	15	13	61	54	51	
7.	Peterborough United FC (Peterborough)	46	19	12	15	47	53	50	
8.	Walsall FC (Walsall)	46	18	13	15	67	52	49	
9.	Preston North End FC (Preston)	46	19	11	16	63	56	49	
10.	Gillingham FC (Gillingham)	46	17	14	15	65	60	48	
11.	Colchester United FC (Colchester)	46	17	13	16	70	63	47	
12.	Hereford United FC (Hereford)	46	16	14	16	64	66	46	
13.	Wrexham AFC (Wrexham)	46	15	15	16	65	55	45	
14.	Bury FC (Bury)	46	16	12	18	53	50	44	
15.	Chesterfield FC (Chesterfield)	46	16	12	18	62	66	44	
16.	Grimsby Town FC (Cleethorpes)	46	15	13	18	55	64	43	
17.	Halifax Town AFC (Halifax)	46	13	17	16	49	65	43	
18.	Southend United FC (Southend-on-Sea)	46	13	16	17	46	51	42	
19.	Brighton & Hove Albion FC (Hove)	46	16	10	20	56	64	42	
20.	Aldershot FC (Aldershot)	46	14	11	21	53	63	38	-1
21.	AFC Bournemouth (Bournemouth)	46	13	12	21	44	58	38	R
22.	Tranmere Rovers FC (Birkenhead)	46	14	9	23	55	57	37	R
23.	Watford FC (Watford)	46	10	17	19	52	75	37	R
24.	Huddersfield Town AFC (Huddersfield)	46	11	10	25	47	76	32	R
		1104	397	310	397	1427	1427	1103	

Aldershot FC (Aldershot) had 1 point deducted for fielding an ineligible player.

Football League Division 4 1974-75 Season	Barnsley	Bradford City	Brentford	Cambridge United	Chester	Crewe Alexandra	Darlington	Doncaster Rovers	Exeter City	Hartlepool	Lincoln City	Mansfield Town	Newport County	Northampton Town	Reading	Rochdale	Rotherham United	Scunthorpe United	Shrewsbury Town	Southport	Stockport County	Swansea City	Torquay United	Workington
Barnsley FC		2-2	1-1	1-1	0-1	1-1	1-1	0-1	1-0	2-1	0-2	1-3	2-1	5-1	2-0	5-3	1-1	2-2	1-0	3-0	2-0	1-0	0-1	0-1
Bradford City AFC	2-0		1-0	1-1	2-0	1-2	1-1	2-0	0-1	3-0	1-2	1-1	0-1	2-1	1-3	1-0	1-1	3-0	1-2	1-2	2-0	1-2	3-0	1-1
Brentford FC	3-0	0-0		1-0	1-1	1-0	3-0	1-1	2-0	1-0	1-1	2-3	0-0	1-0	1-0	3-0	3-4	2-0	2-1	1-0	3-0	1-0	3-1	2-2
Cambridge United FC	2-0	0-1	2-0		3-0	2-0	1-0	4-1	1-1	3-2	5-0	2-2	1-1	3-4	1-0	1-1	0-0	2-0	0-2	1-0	1-0	2-0	3-1	3-0
Chester FC	2-1	1-0	2-0	1-1		2-0	1-0	3-0	1-1	3-0	4-1	0-0	4-1	4-1	2-0	4-0	0-1	1-0	1-1	3-0	3-1	3-0	3-0	0-0
Crewe Alexandra FC	1-1	0-0	1-1	0-0	0-1		2-1	2-1	2-1	2-0	1-0	0-2	1-2	3-1	1-0	0-1	1-0	1-1	0-0	0-0	2-0	2-2	0-1	0-0
Darlington FC	0-0	0-3	2-1	6-0	1-1	1-0		4-1	2-0	1-2	1-4	2-1	3-0	2-0	0-1	1-2	0-1	3-1	1-2	1-1	0-2	3-2	2-2	2-0
Doncaster Rovers FC	1-1	4-1	2-1	0-1	1-1	2-1	1-3		3-3	3-0	2-2	4-3	0-2	2-0	1-1	4-1	0-0	1-1	1-3	1-1	2-1	3-2	3-0	0-0
Exeter City FC	4-2	1-0	1-0	1-4	1-0	2-0	4-1	2-1		1-0	1-2	0-1	3-1	2-2	0-2	2-1	0-4	0-0	1-0	1-0	4-1	1-2	0-0	1-0
Hartlepool FC	4-3	1-2	3-2	1-1	1-0	1-1	2-0	2-1	0-3		2-0	2-1	2-0	2-0	2-3	5-0	3-2	1-0	1-1	1-1	1-1	0-2	0-0	3-0
Lincoln City FC	3-0	2-1	1-1	0-0	2-1	0-0	1-1	4-0	5-0	2-0		0-0	5-2	2-2	1-1	3-0	2-0	1-0	3-0	1-1	2-0	1-3	3-1	3-0
Mansfield Town FC	2-1	3-0	1-1	2-1	0-0	0-0	4-2	5-2	3-2	2-0	3-1		3-0	3-0	1-1	2-0	1-1	7-0	3-1	2-1	1-1	3-0	3-0	1-0
Newport County AFC	3-4	2-1	1-0	1-2	3-0	1-1	2-1	0-2	1-2	2-0	1-1	2-1		2-1	2-2	3-2	1-1	2-0	2-4	1-0	3-3	3-0	2-1	3-1
Northampton Town	2-1	1-2	0-0	1-2	2-0	3-0	3-0	2-0	1-1	3-0	1-0	0-2	3-2		0-3	0-1	11-	3-0	3-3	1-1	4-1	5-1	1-1	3-0
Reading FC	0-3	1-1	1-0	2-0	2-1	1-1	3-0	2-0	3-0	0-0	1-0	1-1	3-0	3-2		2-1	1-1	1-1	1-2	4-1	1-3	1-2	1-0	2-0
Rochdale AFC	3-1	1-1	0-0	0-0	0-1	3-0	2-0	2-0	1-1	3-0	1-1	0-2	2-4	2-2	0-2		1-2	4-2	0-0	3-3	3-0	1-0	1-1	2-0
Rotherham United	2-0	4-0	3-0	0-0	1-2	1-1	1-1	1-0	1-1	1-2	2-2	2-1	1-1	1-3	2-1	3-1		3-2	0-0	3-0	3-0	1-0	3-1	1-0
Scunthorpe United	1-0	1-2	1-2	2-0	1-3	1-1	1-1	0-0	2-1	1-1	1-1	0-1	4-1	2-1	0-1	2-2	0-3		1-0	3-3	0-0	1-2	0-2	2-1
Shrewsbury Town	3-1	3-2	1-0	1-0	2-0	0-1	2-0	7-4	2-2	0-1	0-4	0-1	1-0	6-0	2-0	1-1	3-1	5-0		1-0	0-0	2-0	2-0	2-0
Southport FC	1-0	1-2	3-0	2-2	2-1	1-1	1-0	2-1	3-0	0-0	3-2	1-1	1-3	0-0	2-0	1-0	2-0	1-0	1-2		2-1	3-0	1-1	2-2
Stockport County	0-3	1-1	1-1	1-0	1-1	1-0	2-1	0-2	3-2	1-1	0-0	3-2	1-1	1-0	1-0	2-3	1-0	3-2	0-3	0-0		2-1	0-0	1-3
Swansea City FC	0-3	1-1	0-1	2-1	0-1	2-1	1-0	3-3	0-2	1-0	2-1	1-2	2-0	1-0	1-2	3-3	0-2	1-0	1-4	2-2	1-0		0-1	0-1
Torquay United FC	1-1	0-1	3-2	1-0	3-0	1-0	0-0	2-0	2-2	2-1	1-3	0-2	0-1	0-1	2-1	3-0	0-3	1-1	1-1	3-2	2-2	0-0		2-1
Workington AFC	1-2	0-0	0-1	1-2	0-0	3-0	1-2	0-3	0-1	1-1	0-2	1-3	3-1	2-2	2-1	2-1	0-2	1-1	0-2	0-1	1-0	2-0	2-1	

	Division 4	Pd	Wn	Dw	Ls	GF	GA	Pts	
1.	Mansfield Town FC (Mansfield)	46	28	12	6	90	40	68	P
2.	Shrewsbury Town FC (Shrewsbury)	46	26	10	10	80	43	62	P
3.	Rotherham United FC (Rotherham)	46	22	15	9	71	41	59	P
4.	Chester FC (Chester)	46	23	11	12	64	38	57	P
5.	Lincoln City FC (Lincoln)	46	21	15	10	79	48	57	
6.	Cambridge United FC (Cambridge)	46	20	14	12	62	44	54	
7.	Reading FC (Reading)	46	21	10	15	63	47	52	
8.	Brentford FC (London)	46	18	13	15	53	45	49	
9.	Exeter City FC (Exeter)	46	19	11	16	60	63	49	
10.	Bradford City AFC (Bradford)	46	17	13	16	56	51	47	
11.	Southport FC (Southport)	46	15	17	14	56	56	47	
12.	Newport County AFC (Newport)	46	19	9	18	68	75	47	
13.	Hartlepool FC (Hartlepool)	46	16	11	19	52	62	43	
14.	Torquay United FC (Torquay)	46	14	14	18	46	61	42	
15.	Barnsley FC (Barnsley)	46	15	11	20	62	65	41	
16.	Northampton Town FC (Northampton)	46	15	11	20	67	73	41	
17.	Doncaster Rovers FC (Doncaster)	46	14	12	20	65	79	40	
18.	Crewe Alexandra FC (Crewe)	46	11	18	17	34	47	40	
19.	Rochdale AFC (Rochdale)	46	13	13	20	59	75	39	
20.	Stockport County FC (Stockport)	46	12	14	20	43	70	38	
21.	Darlington FC (Darlington)	46	13	10	23	54	67	36	
22.	Swansea City FC (Swansea)	46	15	6	25	46	73	36	
23.	Workington AFC (Workington)	46	10	11	25	36	66	31	
24.	Scunthorpe United FC (Scunthorpe)	46	7	15	24	41	78	29	
		1104	404	296	404	1407	1407	1104	

F.A. CUP FINAL (Wembley Stadium, London – 02/05/1975 – 100,000)

WEST HAM UNITED FC (LONDON)	2-0	Fulham FC (London)

A.Taylor 2

West Ham: Day, McDowell, Lampard, T.Taylor, Lock, Bonds, Paddon, Brooking, A.Taylor, Jennings, Holland.

Fulham: Mellor, Cutbush, Fraser, Lacy, Moore, Mullery, Conway, Slough, Mitchell, Busby, Barrett.

Semi-finals

Birmingham City FC (Birmingham)	1-1, 0-1	Fulham FC (London)
West Ham United FC (London)	0-0, 2-1	Ipswich Town FC (Ipswich)

Quarter-finals

Arsenal FC (London)	0-2	West Ham United FC (London)
Birmingham City FC (Birmingham)	1-0	Middlesbrough FC (Middlesbrough)
Carlisle United FC (Carlisle)	0-1	Fulham FC (London)
Ipswich Town FC (Ipswich)	0-0, 1-1, 0-0, 3-2	Leeds United AFC (Leeds)

1975-76

Football League Division 1 1975-76 Season	Arsenal	Aston Villa	Birmingham City	Burnley	Coventry City	Derby County	Everton	Ipswich Town	Leeds United	Leicester City	Liverpool	Manchester City	Manchester United	Middlesbrough	Newcastle United	Norwich City	Q.P.R.	Sheffield United	Stoke City	Tottenham Hotspur	West Ham United	Wolves
Arsenal FC		0-0	1-0	1-0	5-0	0-1	2-2	1-2	1-2	1-1	1-0	2-3	3-1	2-1	0-0	2-1	2-0	1-0	0-1	0-2	6-1	2-1
Aston Villa FC	2-0		2-1	1-1	1-0	1-0	3-1	0-0	1-2	1-1	0-0	1-0	2-1	2-1	1-1	3-2	0-2	5-1	0-0	1-1	4-1	1-1
Birmingham City FC	3-1	3-2		4-0	1-1	2-1	0-1	3-0	2-2	2-1	0-1	2-1	0-2	2-1	3-2	1-1	1-1	2-0	1-1	3-1	1-5	0-1
Burnley FC	0-0	2-2	1-0		1-3	1-2	1-1	0-1	0-1	1-0	0-0	0-0	0-1	4-1	0-1	4-4	1-0	3-1	0-1	1-2	2-0	1-5
Coventry City FC	1-1	1-1	3-2	1-2		1-1	1-2	0-0	0-1	0-2	0-0	2-0	1-1	0-1	1-1	1-0	1-1	1-0	0-3	2-2	2-0	3-1
Derby County FC	2-0	2-0	4-2	3-0	2-0		1-3	1-0	3-2	2-2	1-1	1-0	2-1	3-2	3-2	3-1	1-5	3-2	1-1	2-3	2-1	3-2
Everton FC	0-0	2-1	5-2	2-3	1-4	2-0		3-3	1-3	1-1	0-0	1-1	1-1	3-1	3-0	1-1	0-2	3-0	2-1	1-0	2-0	3-0
Ipswich Town FC	2-0	3-0	4-2	0-0	1-1	2-6	1-0		2-1	1-1	2-0	2-1	3-0	0-3	0-3	2-0	1-1	1-1	1-1	1-2	4-0	3-0
Leeds United AFC	3-0	1-0	3-0	2-1	2-0	1-1	5-2	1-0		4-0	0-3	2-1	1-2	0-2	3-0	0-3	2-1	0-1	2-0	1-1	1-1	3-0
Leicester City FC	2-1	2-2	3-3	3-2	0-3	2-1	1-0	0-0	2-1		1-1	1-0	2-1	0-0	1-0	0-0	0-1	1-1	1-1	2-3	3-3	2-0
Liverpool FC	2-2	3-0	3-1	2-0	1-1	1-1	1-0	3-3	2-0	1-0		1-0	3-1	0-2	2-0	1-3	2-0	1-0	5-3	3-2	2-2	2-0
Manchester City FC	3-1	2-1	2-0	0-0	4-2	4-3	3-0	1-1	0-1	1-1	0-3		2-2	4-0	4-0	3-0	0-0	4-0	1-0	2-1	3-0	3-2
Manchester United FC	3-1	2-0	3-1	2-1	1-1	1-1	2-1	1-0	3-2	0-0	0-0	2-0		3-0	1-0	1-0	2-1	5-1	0-1	3-2	4-0	1-0
Middlesbrough FC	0-1	0-0	2-0	1-1	2-0	0-2	1-1	2-0	0-0	0-1	0-1	1-0	0-0		3-3	0-1	0-0	3-0	3-0	1-0	3-0	1-0
Newcastle United FC	2-0	3-0	4-0	0-1	4-0	4-3	5-0	1-1	2-3	3-0	1-2	2-1	3-4	1-1		5-2	1-2	1-1	0-1	2-2	2-1	5-1
Norwich City FC	3-1	5-3	1-0	3-1	0-3	0-0	4-2	1-0	1-1	2-0	0-1	2-2	1-1	0-1	1-2		3-2	1-3	0-1	3-1	1-0	1-1
Queen's Park Rangers FC	2-1	1-1	2-1	1-0	4-1	1-1	5-0	3-1	2-0	1-0	2-0	1-0	1-0	4-2	1-0	2-0		1-0	3-2	0-0	1-1	4-2
Sheffield United FC	1-3	2-1	1-1	2-1	0-1	1-1	0-0	1-2	0-2	1-2	0-0	2-2	1-4	1-1	1-0	0-1	0-0		0-2	1-2	3-2	1-4
Stoke City FC	2-1	1-1	1-0	4-1	0-1	1-0	3-2	0-1	3-2	1-2	1-1	0-0	0-1	1-0	1-1	0-2	0-1	2-1		1-2	1-2	2-2
Tottenham Hotspur FC	0-0	5-2	1-3	2-1	4-1	2-3	2-2	1-1	0-0	1-1	0-4	2-2	1-1	1-0	0-3	2-2	0-3	5-0	1-1		1-1	2-1
West Ham United FC	1-0	2-2	1-2	3-2	1-1	1-2	0-1	1-2	1-1	1-1	0-4	1-0	2-1	2-1	2-1	0-1	1-0	2-0	3-1	1-0		0-0
Wolverhampton Wanderers FC	0-0	0-0	2-0	3-2	0-1	0-0	1-2	1-0	1-1	2-2	1-3	0-4	0-2	1-2	5-0	1-0	2-2	5-1	2-1	0-1	0-1	

	Division 1	Pd	Wn	Dw	Ls	GF	GA	Pts	
1.	LIVERPOOL FC (LIVERPOOL)	42	23	14	5	66	31	60	
2.	Queen's Park Rangers FC (London)	42	24	11	7	67	33	59	
3.	Manchester United FC (Manchester)	42	23	10	9	68	42	56	
4.	Derby County FC (Derby)	42	21	11	10	75	58	53	
5.	Leeds United AFC (Leeds)	42	21	9	12	65	46	51	
6.	Ipswich Town FC (Ipswich)	42	16	14	12	54	48	46	
7.	Leicester City FC (Leicester)	42	12	19	10	48	51	45	
8.	Manchester City FC (Manchester)	42	16	11	15	64	46	43	
9.	Tottenham Hotspur FC (London)	42	14	15	13	63	63	43	
10.	Norwich City FC (Norwich)	42	16	10	16	58	58	42	
11.	Everton FC (Liverpool)	42	15	12	15	60	66	42	
12.	Stoke City FC (Stoke-on-Trent)	42	15	11	16	48	50	41	
13.	Middlesbrough FC (Middlesbrough)	42	15	10	17	46	45	40	
14.	Coventry City FC (Coventry)	42	13	14	15	47	57	40	
15.	Newcastle United FC (Newcastle upon Tyne)	42	15	9	18	71	62	39	
16.	Aston Villa FC (Birmingham)	42	11	17	14	51	59	39	
17.	Arsenal FC (London)	42	13	10	19	47	53	36	
18.	West Ham United FC (London)	42	13	10	19	48	71	36	
19.	Birmingham City FC (Birmingham)	42	13	7	22	57	75	33	
20.	Wolverhampton Wanderers FC (Wolverhampton)	42	10	10	22	51	68	30	R
21.	Burnley FC (Burnley)	42	9	10	23	43	66	28	R
22.	Sheffield United FC (Sheffield)	42	6	10	26	33	82	22	R
		924	335	254	335	1230	1230	924	

Top Goalscorer

1) Ted MacDOUGALL (Norwich City FC) 23

Football League Division 2 1975-76 Season	Blackburn Rovers	Blackpool	Bolton Wanderers	Bristol City	Bristol Rovers	Carlisle United	Charlton Athletic	Chelsea	Fulham	Hull City	Luton Town	Nottingham Forest	Notts County	Oldham Athletic	Orient	Oxford United	Plymouth Argyle	Portsmouth	Southampton	Sunderland	W.B.A.	York City
Blackburn Rovers FC		0-2	1-1	1-2	1-2	1-0	2-0	1-1	0-1	1-0	3-0	1-4	2-1	4-1	1-1	0-0	3-1	0-3	1-1	0-1	0-0	4-0
Blackpool FC	1-1		1-1	2-1	1-4	2-1	2-1	0-2	1-1	2-2	3-2	1-1	1-0	1-1	1-0	2-0	0-0	0-0	4-3	1-0	0-1	0-0
Bolton Wanderers FC	0-1	1-0		1-0	3-1	0-0	5-0	2-1	2-2	1-0	3-0	0-0	2-1	4-0	1-1	0-1	0-0	4-1	3-0	2-1	1-2	1-2
Bristol City FC	1-0	2-0	1-0		1-1	0-0	4-0	2-2	0-0	3-0	3-0	0-2	1-2	1-0	0-0	4-1	2-2	1-0	1-1	3-0	0-2	4-1
Bristol Rovers FC	1-1	1-1	2-2	0-0		0-1	0-0	1-2	1-0	0-1	0-1	4-2	0-0	1-0	1-1	0-1	0-0	2-0	2-0	1-0	1-1	2-1
Carlisle United FC	0-1	1-0	3-2	0-1	4-2		1-1	2-1	2-2	0-0	1-1	1-1	1-2	2-1	1-2	1-1	2-0	2-1	1-0	2-2	1-1	1-0
Charlton Athletic FC	2-1	1-1	0-4	2-2	3-0	4-2		1-1	3-2	1-0	1-5	2-2	1-2	3-1	1-1	2-1	2-0	1-3	4-1	1-2	2-1	3-2
Chelsea FC	3-1	2-0	0-1	1-1	0-0	3-1	2-3		0-0	0-0	2-2	0-0	2-0	0-3	0-2	3-1	2-2	2-0	1-1	1-0	1-2	0-0
Fulham FC	1-1	0-0	1-2	1-2	0-2	3-0	1-1	2-0		1-1	2-0	0-0	3-2	1-0	1-1	1-1	0-0	0-1	1-0	2-0	4-0	2-0
Hull City AFC	0-1	1-0	2-2	3-1	0-0	2-3	2-2	1-2	1-2		1-2	1-0	0-2	3-0	1-0	2-0	4-0	1-0	0-0	1-4	2-1	1-1
Luton Town FC	1-1	3-0	0-2	0-0	3-1	3-0	1-1	3-0	1-0	2-0		1-1	1-1	2-3	1-0	3-2	1-1	3-1	1-0	2-0	2-1	4-0
Nottingham Forest FC	1-0	3-0	1-2	1-0	3-0	4-0	1-2	1-3	1-0	1-2	0-0		0-1	4-3	1-0	4-0	2-0	0-1	3-1	2-1	0-2	1-0
Notts County FC	3-0	1-2	1-1	1-1	1-1	1-0	2-0	3-2	4-0	1-2	1-0	0-0		5-1	2-0	0-1	1-0	2-0	0-0	0-0	0-2	4-0
Oldham Athletic AFC	2-1	1-0	2-1	2-4	2-0	2-2	2-0	2-1	2-2	1-0	1-1	0-0	2-2		1-1	1-1	3-2	5-2	3-2	1-1	0-1	2-0
Orient FC	1-1	0-1	0-0	0-1	0-0	1-0	0-1	3-1	2-0	1-0	3-0	1-1	1-1	2-0		2-1	1-0	0-1	2-1	0-2	0-0	1-0
Oxford United FC	0-0	1-3	2-0	1-1	2-1	0-0	1-0	1-1	1-3	2-3	1-3	0-1	2-1	1-1	2-1		2-2	1-0	1-2	1-1	0-1	1-0
Plymouth Argyle FC	2-2	1-2	2-3	0-0	3-0	2-1	1-0	0-3	4-0	1-1	3-0	1-0	1-3	2-1	3-0	2-1		3-1	1-0	1-0	2-1	1-1
Portsmouth FC	0-1	2-0	0-1	0-1	1-2	1-0	2-2	1-1	0-1	1-1	0-2	1-1	1-3	1-1	2-1	0-2	2-0		0-1	0-0	0-1	0-1
Southampton FC	2-1	3-1	0-0	3-1	3-0	1-1	3-2	4-1	2-1	1-0	3-1	0-3	2-1	3-2	3-0	2-1	1-0	4-0		4-0	3-0	2-0
Sunderland AFC	3-0	2-0	2-1	1-1	1-1	3-2	4-1	2-1	2-0	3-1	2-0	3-0	4-0	2-0	3-1	1-0	2-1	2-0	3-0		2-0	1-0
West Bromwich Albion FC	2-2	0-0	2-0	0-1	3-0	3-0	1-1	0-0	3-1	2-0	1-0	2-0	0-0	1-1	1-1	2-0	1-0	3-1	0-2	0-0		2-2
York City FC	2-1	1-1	1-2	1-4	0-0	1-2	1-3	2-2	1-0	1-2	2-3	3-2	1-2	1-0	0-2	2-0	3-1	2-1	2-1	1-4	0-1	

	Division 2	Pd	Wn	Dw	Ls	GF	GA	Pts	
1.	Sunderland AFC (Sunderland)	42	24	8	10	67	36	56	P
2.	Bristol City FC (Bristol)	42	19	15	8	59	35	53	P
3.	West Bromwich Albion FC (West Bromwich)	42	20	13	9	50	33	53	P
4.	Bolton Wanderers FC (Bolton)	42	20	12	10	64	38	52	
5.	Notts County FC (Nottingham)	42	19	11	12	60	41	49	
6.	Southampton FC (Southampton)	42	21	7	14	66	50	49	
7.	Luton Town FC (Luton)	42	19	10	13	61	51	48	
8.	Nottingham Forest FC (Nottingham)	42	17	12	13	55	40	46	
9.	Charlton Athletic FC (London)	42	15	12	15	61	72	42	
10.	Blackpool FC (Blackpool)	42	14	14	14	40	49	42	
11.	Chelsea FC (London)	42	12	16	14	53	54	40	
12.	Fulham FC (London)	42	13	14	15	45	47	40	
13.	Orient FC (London)	42	13	14	15	37	39	40	
14.	Hull City AFC (Kingston upon Hull)	42	14	11	17	45	49	39	
15.	Blackburn Rovers FC (Blackburn)	42	12	14	16	45	50	38	
16.	Plymouth Argyle FC (Plymouth)	42	13	12	17	48	54	38	
17.	Oldham Athletic AFC (Oldham)	42	13	12	17	57	68	38	
18.	Bristol Rovers FC (Bristol)	42	11	16	15	38	50	38	
19.	Carlisle United FC (Carlisle)	42	12	13	17	45	59	37	
20.	Oxford United FC (Oxford)	42	11	11	20	39	59	33	R
21.	York City FC (York)	42	10	8	24	39	71	28	R
22.	Portsmouth FC (Portsmouth)	42	9	7	26	32	61	25	R
		924	331	262	331	1106	1106	924	

Football League Division 3 1975-76 Season	Aldershot Town	Brighton & H.A.	Bury	Cardiff City	Chester	Chesterfield	Colchester United	Crystal Palace	Gillingham	Grimsby Town	Halifax Town	Hereford United	Mansfield Town	Millwall	Peterborough Utd.	Port Vale	Preston North End	Rotherham United	Sheffield Wed.	Shrewsbury Town	Southend United	Swindon Town	Walsall	Wrexham
Aldershot Town AFC		1-1	1-1	2-1	1-1	3-1	2-2	1-0	3-0	0-3	1-2	0-2	2-1	1-1	1-0	2-0	1-1	3-0	1-1	1-1	2-1	0-1	3-2	2-3
Brighton & Hove Alb.	4-1		2-1	0-1	6-0	3-0	6-0	2-0	1-1	4-2	1-0	4-2	1-0	1-0	5-0	3-0	1-0	3-0	1-1	2-2	2-0	2-0	1-2	3-2
Bury FC	1-1	1-1		0-1	1-0	3-1	0-0	0-1	2-0	1-1	0-0	2-3	2-1	2-0	2-1	1-2	2-0	4-0	0-0	2-1	1-0	5-0	1-1	0-1
Cardiff City AFC	1-0	0-1	1-1		2-0	4-3	2-0	0-1	4-1	2-1	0-0	2-0	1-0	0-0	5-2	1-1	1-0	1-1	2-0	3-0	3-1	0-0	0-0	3-0
Chester FC	1-0	3-0	0-0	1-1		2-1	1-0	2-1	2-2	1-2	2-1	0-1	1-1	3-1	1-1	1-0	3-0	3-1	1-0	1-0	1-1	2-1	1-1	1-3
Chesterfield FC	5-2	2-1	3-2	1-1	1-1		6-1	1-2	0-1	4-3	1-2	2-3	1-2	2-2	1-1	0-1	3-0	1-0	1-0	2-1	1-2	4-0	2-1	1-1
Colchester United FC	2-0	2-0	0-0	3-2	1-0	2-3		0-3	2-2	1-0	0-1	1-4	0-2	0-1	1-1	1-0	1-1	0-0	2-1	1-1	2-1	1-2	2-0	0-2
Crystal Palace FC	0-0	0-1	1-0	0-1	2-0	0-0	3-2		0-1	3-0	1-1	2-2	4-1	0-0	1-1	2-2	2-0	2-0	1-1	1-1	1-1	3-3	0-1	1-1
Gillingham FC	1-1	1-0	2-0	2-2	2-0	2-2	0-1	1-2		3-0	1-1	3-4	3-1	3-1	2-2	2-1	1-0	0-0	0-0	2-1	1-2	3-2	2-3	1-1
Grimsby Town FC	1-0	2-1	0-0	2-0	2-0	3-0	0-1	1-2	2-1		2-2	1-0	4-1	2-1	1-1	1-1	0-0	4-1	1-1	3-2	2-2	1-0	1-2	3-2
Halifax Town AFC	1-3	1-3	0-2	1-1	5-2	1-0	1-1	1-3	1-1	2-1		0-1	1-2	1-2	0-1	1-3	2-1	0-1	0-0	0-0	1-0	0-2	2-1	0-1
Hereford United FC	2-1	1-1	2-0	4-1	5-0	4-2	0-0	1-1	1-1	3-2	1-2		1-0	0-0	2-4	0-0	3-1	3-2	3-1	3-1	2-1	1-0	1-3	2-0
Mansfield Town FC	1-0	1-0	1-1	1-4	1-1	0-1	0-0	1-1	1-1	1-0	1-1	2-2		1-1	1-1	3-1	0-1	1-1	3-0	1-2	3-1	3-1	4-1	0-0
Millwall FC	4-1	3-1	0-0	1-3	1-0	2-0	1-1	2-1	2-2	1-1	1-0	1-0	1-0		2-0	1-0	2-0	3-1	1-0	0-0	2-1	0-0	2-1	2-1
Peterborough United	1-1	1-0	4-0	0-0	3-0	0-1	3-1	2-0	1-1	4-2	1-0	0-3	0-3	1-1		0-0	2-0	1-3	2-2	3-2	3-2	3-1	0-0	2-0
Port Vale FC	0-1	1-1	2-1	2-1	0-1	1-1	3-2	0-0	1-1	4-3	1-1	1-1	2-2	2-0	2-0		1-1	1-0	1-0	0-0	1-1	3-0	1-2	3-1
Preston North End	1-0	1-0	0-0	3-1	0-0	3-1	2-1	0-0	4-0	0-0	2-1	3-4	0-2	2-1	2-1	3-0		3-2	4-2	0-2	5-1	4-2	3-1	0-1
Rotherham United	2-2	1-1	3-3	1-0	0-1	2-0	2-0	4-1	2-0	3-0	0-1	1-1	2-1	1-2	1-1	1-2	1-1		1-0	0-1	2-0	0-2	3-1	2-1
Sheffield Wednesday	3-1	3-3	1-0	1-3	2-0	1-3	1-0	1-0	1-0	4-0	1-0	1-2	0-0	4-1	2-2	0-3	2-2	0-0		1-1	2-1	0-2	2-1	1-0
Shrewsbury Town	5-3	1-2	1-3	3-1	2-0	0-2	1-0	2-4	1-0	1-0	2-0	2-1	1-2	1-0	3-1	1-0	1-0	0-2	0-0		2-1	3-0	1-1	1-2
Southend United FC	0-2	4-0	2-0	0-2	2-0	1-1	2-0	1-2	2-2	5-1	4-1	1-3	2-2	0-0	0-0	3-3	0-2	1-2	2-1	1-3		3-0	2-2	2-1
Swindon Town FC	6-3	3-2	2-1	4-0	2-1	0-1	0-1	1-2	2-2	3-0	3-1	0-1	0-2	0-2	0-3	2-1	1-3	1-1	2-1	3-0	0-0		5-1	2-2
Walsall FC	4-1	2-0	0-1	2-3	1-0	1-0	1-1	1-1	4-0	2-0	2-0	0-0	0-1	1-1	2-2	3-1	3-1	5-1	2-2	2-0	2-3	1-1		2-2
Wrexham AFC	3-1	3-0	2-1	1-1	1-1	1-0	1-1	1-3	2-0	1-0	1-1	2-1	1-0	1-1	3-0	1-0	1-2	3-0	3-0	2-3	2-2	2-0	0-3	

	Division 3	Pd	Wn	Dw	Ls	GF	GA	Pts	
1.	Hereford United FC (Hereford)	46	26	11	9	86	55	63	P
2.	Cardiff City AFC (Cardiff)	46	22	13	11	69	48	57	P
3.	Millwall FC (London)	46	20	16	10	54	43	56	P
4.	Brighton & Hove Albion FC (Hove)	46	22	9	15	78	53	53	
5.	Crystal Palace FC (London)	46	18	17	11	61	46	53	
6.	Wrexham AFC (Wrexham)	46	20	12	14	66	55	52	
7.	Walsall FC (Walsall)	46	18	14	14	74	61	50	
8.	Preston North End FC (Preston)	46	19	10	17	62	57	48	
9.	Shrewsbury Town FC (Shrewsbury)	46	19	10	17	61	59	48	
10.	Peterborough United FC (Peterborough)	46	15	18	13	63	63	48	
11.	Mansfield Town FC (Mansfield)	46	16	15	15	58	52	47	
12.	Port Vale FC (Stoke-on-Trent)	46	15	16	15	55	54	46	
13.	Bury FC (Bury)	46	14	16	16	51	46	44	
14.	Chesterfield FC (Chesterfield)	46	17	9	20	69	69	43	
15.	Gillingham FC (Gillingham)	46	12	19	15	58	68	43	
16.	Rotherham United FC (Rotherham)	46	15	12	19	54	65	42	
17.	Chester FC (Chester)	46	15	12	19	43	62	42	
18.	Grimsby Town FC (Cleethorpes)	46	15	10	21	62	74	40	
19.	Swindon Town FC (Swindon)	46	16	8	22	62	75	40	
20.	Sheffield Wednesday FC (Sheffield)	46	12	16	18	48	59	40	
21.	Aldershot FC (Aldershot)	46	13	13	20	59	75	39	R
22.	Colchester United FC (Colchester)	46	12	14	20	41	65	38	R
23.	Southend United FC (Southend-on-Sea)	46	12	13	21	65	75	37	R
24.	Halifax Town AFC (Halifax)	46	11	13	22	41	61	35	R
		1104	394	316	394	1440	1440	1104	

Football League Division 4 1975-76 Season	Barnsley	Bournemouth	Bradford City	Brentford	Cambridge United	Crewe Alexandra	Darlington	Doncaster Rovers	Exeter City	Hartlepool	Huddersfield Town	Lincoln City	Newport County	Northampton Town	Reading	Rochdale	Scunthorpe United	Southport	Stockport County	Swansea City	Torquay United	Tranmere Rovers	Watford	Workington
Barnsley FC		2-0	1-1	1-1	4-0	1-1	1-0	0-1	0-0	3-1	2-3	0-1	3-1	3-1	4-2	2-1	1-0	2-0	2-2	0-0	0-0	1-0	1-0	0-0
AFC Bournemouth	1-1		2-1	3-0	3-0	1-0	1-2	0-1	1-0	4-2	1-0	1-1	2-0	0-0	0-1	2-1	1-0	3-3	2-0	2-0	0-0	4-2	4-1	1-0
Bradford City AFC	2-1	0-1		1-1	1-2	4-1	2-0	3-4	0-0	1-2	2-2	1-5	3-0	1-2	1-1	3-0	0-0	1-1	1-2	0-0	3-1	3-0	1-0	1-0
Brentford FC	1-0	1-2	2-2		0-0	0-0	3-0	0-1	5-1	1-1	0-0	1-0	1-3	2-1	2-2	3-0	5-2	1-0	2-1	1-0	1-1	0-1	1-0	4-0
Cambridge United FC	1-1	0-1	0-0	2-1		1-1	1-0	3-3	0-1	4-0	0-0	2-4	0-1	0-1	2-2	0-0	2-2	2-2	0-1	3-1	2-1	3-3	4-1	4-1
Crewe Alexandra FC	1-1	1-0	1-3	1-0	1-2		2-0	1-2	0-0	0-0	0-2	2-3	4-0	0-1	3-3	0-0	1-0	4-0	3-1	2-1	6-0	1-0	2-2	0-0
Darlington FC	2-0	2-0	2-2	2-0	1-1	0-0		2-2	0-0	1-2	0-3	0-0	4-0	0-1	0-1	4-0	2-0	2-0	0-1	1-1	1-0	2-0	1-0	1-0
Doncaster Rovers FC	2-2	1-1	1-1	1-1	0-2	3-1	3-2		0-0	3-0	4-1	2-4	5-1	0-4	1-1	1-2	0-1	5-2	3-1	2-1	0-1	3-0	1-2	1-0
Exeter City FC	2-0	1-0	0-0	0-0	1-2	2-2	1-1	1-0		3-1	4-1	0-0	3-0	0-0	4-1	1-0	5-4	2-0	2-0	3-0	0-0	0-2	1-3	1-0
Hartlepool FC	1-0	1-1	2-2	1-0	2-2	1-3	2-3	2-1	2-1		1-1	2-2	4-1	3-0	2-4	3-0	1-2	0-0	3-0	1-0	0-1	1-2	2-1	0-2
Huddersfield Town	1-2	0-0	0-0	2-1	2-0	1-0	1-0	1-2	0-1	2-0		0-1	2-1	1-1	3-0	0-0	1-1	1-2	2-2	2-0	2-3	1-0	1-0	2-0
Lincoln City FC	2-1	1-0	4-2	3-1	3-0	2-0	2-1	5-0	4-1	3-0	0-0		4-1	3-1	3-1	2-0	3-0	6-0	2-0	4-0	4-2	2-2	5-1	4-1
Newport County AFC	1-0	3-1	3-1	1-0	2-0	2-2	4-1	2-3	3-3	0-1	1-2	3-1		1-1	0-0	1-1	0-0	2-0	2-2	1-2	0-2	1-5	0-2	2-3
Northampton Town	5-0	6-0	4-2	3-1	4-2	2-1	3-2	2-1	3-1	5-2	1-1	1-0	3-0		4-1	1-1	2-1	1-0	4-0	0-0	2-2	1-1	3-0	2-1
Reading FC	0-0	2-1	2-1	1-0	1-0	3-1	4-1	0-1	4-3	1-0	2-0	1-1	1-0	1-0		2-0	1-0	1-0	5-0	1-0	0-0	5-0	3-0	1-0
Rochdale AFC	0-0	2-2	0-0	1-2	1-1	0-1	1-0	1-0	0-1	1-1	0-0	0-0	4-3	0-2	0-0		1-1	2-0	2-3	2-1	2-2	4-1	2-1	1-1
Scunthorpe United	1-0	2-0	2-0	2-1	0-1	1-0	2-1	2-1	0-1	5-1	0-1	0-2	1-2	0-2	2-1	1-3		1-2	0-0	1-1	3-1	2-2	0-1	3-0
Southport FC	0-0	0-2	1-2	2-0	2-4	2-2	2-0	1-1	1-0	2-4	1-2	1-2	3-0	0-1	1-2	0-1	1-1		2-0	1-1	1-3	0-0	1-2	2-1
Stockport County FC	1-1	0-0	2-1	2-0	0-1	0-0	0-0	1-2	2-1	2-0	0-1	0-3	0-1	1-3	1-1	0-1	0-0	1-0		3-2	1-0	0-2	2-2	4-1
Swansea City FC	3-1	1-1	3-1	2-2	1-0	4-0	2-0	2-1	0-3	3-1	1-1	2-2	2-2	1-1	5-1	1-1	2-0	2-0	5-0		3-0	1-1	4-2	1-0
Torquay United FC	2-0	2-1	1-0	2-3	0-0	2-1	2-4	2-2	1-0	1-1	1-3	2-2	1-1	0-1	0-0	1-0	1-0	2-1	4-1	0-2		2-1	1-0	1-0
Tranmere Rovers FC	1-0	2-0	3-3	5-1	3-2	2-1	2-0	2-2	1-1	1-2	3-0	2-0	3-1	2-0	2-0	0-1	2-1	1-0	5-0	3-0	7-1		3-0	6-0
Watford FC	1-0	1-1	3-0	3-2	1-0	2-1	2-0	2-1	2-0	2-1	0-2	1-3	3-1	0-1	2-1	3-0	1-0	2-0	1-1	2-1	0-0	2-2		2-0
Workington AFC	1-7	1-3	0-3	1-1	1-0	0-3	0-0	3-1	1-0	1-2	0-2	0-3	1-2	1-0	0-2	0-0	2-3	2-1	1-2	1-1	1-3	0-1	1-3	

	Division 4	Pd	Wn	Dw	Ls	GF	GA	Pts	
1.	Lincoln City FC (Lincoln)	46	32	10	4	111	39	74	P
2.	Northampton Town FC (Northampton)	46	29	10	7	87	40	68	P
3.	Reading FC (Reading)	46	24	12	10	70	51	60	P
4.	Tranmere Rovers FC (Birkenhead)	46	24	10	12	89	55	58	P
5.	Huddersfield Town AFC (Huddersfield)	46	21	14	11	56	41	56	
6.	AFC Bournemouth (Bournemouth)	46	20	12	14	57	48	52	
7.	Exeter City FC (Exeter)	46	18	14	14	56	47	50	
8.	Watford FC (Watford)	46	22	6	18	62	62	50	
9.	Torquay United FC (Torquay)	46	18	14	14	55	63	50	
10.	Doncaster Rovers FC (Doncaster)	46	19	11	16	75	69	49	
11.	Swansea City FC (Swansea)	46	16	15	15	66	57	47	
12.	Barnsley FC (Barnsley)	46	14	16	16	52	48	44	
13.	Cambridge United FC (Cambridge)	46	14	15	17	58	62	43	
14.	Hartlepool FC (Hartlepool)	46	16	10	20	62	78	42	
15.	Rochdale AFC (Rochdale)	46	12	18	16	40	54	42	
16.	Crewe Alexandra FC (Crewe)	46	13	15	18	58	57	41	
17.	Bradford City AFC (Bradford)	46	12	17	17	63	65	41	
18.	Brentford FC (London)	46	14	13	19	56	60	41	
19.	Scunthorpe United FC (Scunthorpe)	46	14	10	22	50	59	38	
20.	Darlington FC (Darlington)	46	14	10	22	48	57	38	
21.	Stockport County FC (Stockport)	46	13	12	21	43	76	38	
22.	Newport County AFC (Newport)	46	13	9	24	57	90	35	
23.	Southport FC (Southport)	46	8	10	28	41	77	26	
24.	Workington AFC (Workington)	46	7	7	32	30	87	21	
		1104	407	290	407	1442	1442	1104	

F.A. CUP FINAL (Wembley Stadium, London – 01/05/1976 – 100,000)

SOUTHAMPTON FC (SOUTHAMPTON)	1-0	Manchester United FC (Manchester)

Stokes

Southampton: Turner, Rodrigues, Blyth, Steele, Peach, Holmes, Gilchrist, McCalliog, Channon, Osgood, Stokes.

Man. United: Stepney, Forsyth, Greenhoff, Buchan, Houston, Daly, Macari, Coppell, McIlroy, Pearson, Hill (McCreery).

Semi-finals

Derby County FC (Derby)	0-2	Manchester United FC (Manchester)
Southampton FC (Southampton)	2-0	Crystal Palace FC (London)

Quarter-finals

Bradford City AFC (Bradford)	0-1	Southampton FC (Southampton)
Derby County FC (Derby)	4-2	Newcastle United FC (Newcastle upon Tyne)
Manchester United FC (Manchester)	1-1, 3-2	Wolverhampton Wanderers FC (Wolverhampton)
Sunderland AFC (Sunderland)	0-1	Crystal Palace FC (London)

1976-77

Football League Division 1 1976-77 Season	Arsenal	Aston Villa	Birmingham City	Bristol City	Coventry City	Derby County	Everton	Ipswich Town	Leeds United	Leicester City	Liverpool	Man. City	Man. United	Middlesbrough	Newcastle United	Norwich City	Q.P.R.	Stoke City	Sunderland	Tottenham H.	W.B.A.	West Ham United
Arsenal FC		3-0	4-0	0-1	2-0	0-0	3-1	1-4	1-1	3-0	1-1	0-0	3-1	1-1	5-3	1-0	3-2	2-0	0-0	1-0	1-2	2-3
Aston Villa FC	5-1		1-2	3-1	2-2	4-0	2-0	5-2	2-1	2-0	5-1	1-1	3-2	1-0	2-1	1-0	1-1	1-0	4-1	2-1	4-0	4-0
Birmingham City FC	3-3	2-1		3-0	3-1	5-1	1-1	2-4	0-0	1-1	2-1	0-0	2-3	3-1	1-2	3-2	2-1	2-0	2-0	1-2	0-1	0-0
Bristol City FC	2-0	0-0	0-1		0-0	2-2	1-2	1-2	1-0	0-1	2-1	1-0	1-1	1-2	1-1	3-1	1-0	1-1	4-1	1-0	1-2	1-1
Coventry City FC	1-2	2-3	2-1	2-2		2-0	4-2	1-1	4-2	1-1	0-0	0-1	0-2	1-1	1-1	2-0	2-0	5-2	1-2	1-1	1-1	1-1
Derby County FC	0-0	2-1	0-0	2-0	1-1		2-3	0-0	0-1	1-0	2-3	4-0	0-0	0-0	4-2	2-2	2-0	2-0	1-0	8-2	2-2	1-1
Everton FC	2-1	0-2	2-2	2-0	1-1	2-0		1-1	0-2	1-2	0-0	2-2	1-2	2-2	2-0	3-1	1-3	3-0	2-0	4-0	1-1	3-2
Ipswich Town FC	3-1	1-0	1-0	1-0	2-1	0-0	2-0		1-1	0-0	1-0	1-0	2-1	0-1	2-0	5-0	2-2	0-1	3-1	3-1	7-0	4-1
Leeds United AFC	2-1	1-3	1-0	2-0	1-2	2-0	0-0	2-1		2-2	1-1	0-2	0-2	2-1	2-2	3-2	0-1	1-1	1-1	2-1	2-2	1-1
Leicester City FC	4-1	1-1	2-6	0-0	3-1	1-1	1-1	1-0	0-1		0-1	2-2	1-1	3-3	1-0	1-1	2-2	1-0	2-0	2-1	0-5	2-0
Liverpool FC	2-0	3-0	4-1	2-1	3-1	3-1	3-1	2-1	3-1	5-1		2-1	1-0	0-0	1-0	1-0	3-1	4-0	2-0	2-0	1-1	0-0
Manchester City FC	1-0	2-0	2-1	2-1	2-0	3-2	1-1	2-1	2-1	5-0	1-1		1-3	1-0	0-0	2-0	0-0	0-0	1-0	5-0	1-0	4-2
Manchester United FC	3-2	2-0	2-2	2-1	2-0	3-1	4-0	0-1	1-0	1-1	0-0	3-1		2-0	3-1	2-2	1-0	3-0	3-3	2-3	2-2	0-2
Middlesbrough FC	3-0	3-2	2-2	0-0	1-0	2-0	2-2	0-2	1-0	0-1	0-1	0-0	3-0		1-0	1-0	0-2	0-0	2-1	2-0	1-0	1-1
Newcastle United FC	0-2	3-2	3-2	0-0	1-0	2-2	4-1	1-1	3-0	0-0	1-0	2-2	2-2	1-0		5-1	2-0	1-0	2-0	2-0	2-0	3-0
Norwich City FC	1-3	1-1	1-0	2-1	3-0	0-0	2-1	0-1	1-2	3-2	2-1	0-2	2-1	1-0	3-2		2-0	1-1	2-2	1-3	1-0	1-0
Queen's Park Rangers FC	2-1	2-1	2-2	0-1	1-1	1-1	0-4	1-0	0-0	3-2	1-1	0-0	4-0	3-0	1-2	2-3		2-0	2-0	2-1	1-0	1-1
Stoke City FC	1-1	1-0	1-0	2-2	2-0	1-0	0-1	2-1	2-1	0-1	0-0	0-2	3-3	3-1	0-0	0-0	1-0		0-0	0-0	0-2	2-1
Sunderland AFC	2-2	0-1	1-0	1-0	0-1	1-1	0-1	1-0	0-1	0-0	0-1	0-2	2-1	4-0	2-2	0-1	1-0	0-0		2-1	6-1	6-0
Tottenham Hotspur FC	2-2	3-1	1-0	0-1	0-1	0-0	3-3	1-0	1-0	2-0	1-0	2-2	1-3	0-0	0-2	1-1	3-0	2-0	1-1		0-2	2-1
West Bromwich Albion FC	0-2	1-1	2-1	1-1	1-1	1-0	3-0	4-0	1-2	2-2	0-1	0-2	4-0	2-1	1-1	2-0	1-1	3-1	2-3	4-2		3-0
West Ham United FC	0-2	0-1	2-2	2-0	2-0	2-2	2-2	0-2	1-3	0-0	2-0	1-0	4-2	0-1	1-2	1-0	1-0	1-0	1-1	5-3	0-0	

	Division 1	Pd	Wn	Dw	Ls	GF	GA	Pts	
1.	LIVERPOOL FC (LIVERPOOL)	42	23	11	8	62	33	57	
2.	Manchester City FC (Manchester)	42	21	14	7	60	34	56	
3.	Ipswich Town FC (Ipswich)	42	22	8	12	66	39	52	
4.	Aston Villa FC (Birmingham)	42	22	7	13	76	50	51	
5.	Newcastle United FC (Newcastle upon Tyne)	42	18	13	11	64	49	49	
6.	Manchester United FC (Manchester)	42	18	11	13	71	62	47	
7.	West Bromwich Albion FC (West Bromwich)	42	16	13	13	62	56	45	
8.	Arsenal FC (London)	42	16	11	15	64	59	43	
9.	Everton FC (Liverpool)	42	14	14	14	62	64	42	
10.	Leeds United AFC (Leeds)	42	15	12	15	48	51	42	
11.	Leicester City FC (Leicester)	42	12	18	12	47	60	42	
12.	Middlesbrough FC (Middlesbrough)	42	14	13	15	40	45	41	
13.	Birmingham City FC (Birmingham)	42	13	12	17	63	61	38	
14.	Queen's Park Rangers FC (London)	42	13	12	17	47	52	38	
15.	Derby County FC (Derby)	42	9	19	14	50	55	37	
16.	Norwich City FC (Norwich)	42	14	9	19	47	64	37	
17.	West Ham United FC (London)	42	11	14	17	46	65	36	
18.	Bristol City FC (Bristol)	42	11	13	18	38	48	35	
19.	Coventry City FC (Coventry)	42	10	15	17	48	59	35	
20.	Sunderland AFC (Sunderland)	42	11	12	19	46	54	34	R
21.	Stoke City FC (Stoke-on-Trent)	42	10	14	18	28	51	34	R
22.	Tottenham Hotspur FC (London)	42	12	9	21	48	72	33	R
		924	325	274	325	1183	1183	924	

Top Goalscorers

1)	Andrew GRAY	(Aston Villa FC)	25
	Malcolm McDONALD	(Arsenal FC)	25

Football League Division 2 1976-77 Season	Blackburn Rovers	Blackpool	Bolton Wanderers	Bristol Rovers	Burnley	Cardiff City	Carlisle United	Charlton Athletic	Chelsea	Fulham	Hereford United	Hull City	Luton Town	Millwall	Nottingham Forest	Notts County	Oldham Athletic	Orient	Plymouth Argyle	Sheffield United	Southampton	Wolverhampton Wanderers
Blackburn Rovers FC		0-1	3-1	0-0	2-2	2-1	1-3	0-0	0-2	1-0	1-0	1-0	1-0	2-0	1-3	6-1	2-0	2-2	2-0	1-0	3-0	0-2
Blackpool FC	1-1		1-0	4-0	1-1	1-0	0-0	2-2	0-1	3-2	2-1	0-0	1-0	4-2	1-0	1-1	0-2	3-0	0-2	1-0	1-0	2-2
Bolton Wanderers FC	3-1	0-3		1-0	2-1	2-1	3-4	1-0	2-2	2-1	3-1	5-1	2-1	3-1	1-1	4-0	3-0	2-0	3-0	1-2	3-0	0-1
Bristol Rovers FC	0-0	1-4	2-2		1-1	1-1	2-1	1-1	2-1	2-1	2-3	3-0	1-0	0-0	1-1	5-1	0-0	1-0	1-1	3-1	2-3	1-5
Burnley FC	3-1	0-0	0-0	1-1		0-0	2-0	4-4	1-0	3-1	1-1	0-0	1-2	1-3	0-1	3-1	1-0	3-3	0-2	1-0	2-0	0-0
Cardiff City FC	2-1	2-2	3-2	1-2	0-1		1-1	1-1	1-3	3-0	3-1	1-1	4-2	0-0	0-3	2-3	3-1	0-1	0-1	0-2	1-0	2-2
Carlisle United FC	1-1	1-1	0-1	2-3	2-1	4-3		4-2	0-1	1-2	2-2	1-1	1-1	0-1	1-1	0-2	1-1	1-0	3-1	4-1	0-6	2-1
Charlton Athletic FC	4-0	1-2	1-1	4-3	5-2	0-2	1-0		4-0	1-1	1-1	3-1	4-3	3-2	2-1	1-1	2-1	2-0	3-1	3-2	6-2	1-1
Chelsea FC	3-1	2-2	2-1	2-0	2-1	2-1	2-1	2-1		2-0	5-1	4-0	2-0	1-1	2-1	1-1	4-3	1-1	2-2	4-0	3-1	3-3
Fulham FC	2-0	0-0	0-2	1-0	2-2	1-2	2-0	1-1	3-1		4-1	0-0	1-2	2-3	2-2	1-5	5-0	6-1	2-0	3-2	1-1	0-0
Hereford United FC	1-0	1-1	3-3	1-1	3-0	2-2	0-0	1-2	2-2	1-0		1-0	0-1	3-1	0-1	1-4	0-0	2-3	1-1	2-2	2-0	1-6
Hull City AFC	1-0	2-2	2-2	0-1	4-1	1-2	3-1	0-0	1-1	1-0	1-1		3-1	0-0	1-0	0-1	0-1	11-	3-1	1-1	4-0	2-0
Luton Town FC	2-0	0-0	1-1	4-2	2-0	2-1	5-0	2-0	4-0	0-2	2-0	2-1		1-2	1-1	4-2	1-0	0-0	1-1	2-0	1-4	2-0
Millwall FC	0-1	1-1	3-0	2-0	2-0	0-2	1-1	1-1	3-0	0-0	4-2	2-1	4-2		0-2	2-5	2-1	0-1	3-0	0-1	0-0	1-1
Nottingham Forest FC	3-0	3-0	3-1	4-2	5-2	0-1	5-1	1-1	1-1	3-0	4-3	2-0	1-2	1-0		1-2	3-0	3-0	1-1	6-1	2-1	1-3
Notts County FC	0-0	2-0	0-1	2-1	5-1	1-0	2-1	0-1	2-1	0-0	3-2	1-1	0-4	1-2	1-1		1-0	0-1	2-0	2-1	3-1	1-1
Oldham Athletic AFC	2-0	1-0	2-2	4-0	3-1	3-2	4-1	1-1	0-0	1-0	3-5	3-0	1-2	2-1	1-0	1-1		0-0	2-2	1-2	2-1	0-2
Orient FC	0-1	0-1	2-2	2-0	0-1	3-0	0-0	0-0	0-1	0-0	1-1	1-1	1-0	1-1	0-1	1-0	0-2		2-2	0-2	2-3	2-4
Plymouth Argyle FC	4-0	2-0	1-1	1-1	0-1	2-2	0-1	1-0	2-3	2-2	2-1	1-2	1-0	2-2	1-2	1-2	2-2	1-2		0-0	1-1	0-0
Sheffield United FC	1-1	1-5	2-3	2-3	1-0	3-0	3-0	3-0	1-0	1-1	1-1	1-1	0-3	1-1	2-0	1-0	2-1	1-1	1-0		2-2	2-2
Southampton FC	2-0	3-3	1-3	2-1	2-0	3-2	1-2	2-1	1-1	4-1	1-0	2-2	1-0	0-2	1-1	2-1	4-0	2-2	4-1	1-1		1-0
Wolverhampton Wanderers FC	1-2	2-1	1-0	1-0	0-0	4-1	4-0	3-0	1-1	5-1	2-1	2-1	1-2	3-1	2-1	2-2	5-0	1-0	4-0	2-1	2-6	

	Division 2	Pd	Wn	Dw	Ls	GF	GA	Pts	
1.	Wolverhampton Wanderers FC (Wolverhampton)	42	22	13	7	84	45	57	P
2.	Chelsea FC (London)	42	21	13	8	73	53	55	P
3.	Nottingham Forest FC (Nottingham)	42	21	10	11	77	43	52	P
4.	Bolton Wanderers FC (Bolton)	42	20	11	11	75	54	51	
5.	Blackpool FC (Blackpool)	42	17	17	8	58	42	51	
6.	Luton Town FC (Luton)	42	21	6	15	67	48	48	
7.	Charlton Athletic FC (London)	42	16	16	10	71	58	48	
8.	Notts County FC (Nottingham)	42	19	10	13	65	60	48	
9.	Southampton FC (Southampton)	42	17	10	15	72	67	44	
10.	Millwall FC (London)	42	15	13	14	57	53	43	
11.	Sheffield United FC (Sheffield)	42	14	12	16	54	63	40	
12.	Blackburn Rovers FC (Blackburn)	42	15	9	18	42	54	39	
13.	Oldham Athletic AFC (Oldham)	42	14	10	18	52	64	38	
14.	Hull City AFC (Kingston upon Hull)	42	10	17	15	45	53	37	
15.	Bristol Rovers FC (Bristol)	42	12	13	17	53	68	37	
16.	Burnley FC (Burnley)	42	11	14	17	46	64	36	
17.	Fulham FC (London)	42	11	13	18	54	61	35	
18.	Cardiff City AFC (Cardiff)	42	12	10	20	56	67	34	
19.	Orient FC (London)	42	9	16	17	37	55	34	
20.	Carlisle United FC (Carlisle)	42	11	12	19	49	75	34	R
21.	Plymouth Argyle FC (Plymouth)	42	8	16	18	46	65	32	R
22.	Hereford United FC (Hereford)	42	8	15	19	57	78	31	R
		924	324	276	324	1290	1290	924	

Football League Division 3 1976-77 Season	Brighton & H.A.	Bury	Chester	Chesterfield	Crystal Palace	Gillingham	Grimsby Town	Lincoln City	Mansfield Town	Northampton Town	Oxford United	Peterborough Utd.	Portsmouth	Port Vale	Preston North End	Reading	Rotherham United	Sheffield Wed.	Shrewsbury Town	Swindon Town	Tranmere Rovers	Walsall	Wrexham	York City
Brighton & Hove Alb.		1-1	3-0	2-1	1-1	2-0	3-0	4-0	3-1	2-0	3-2	1-0	4-0	1-0	2-0	2-0	3-1	3-2	4-0	4-0	1-1	7-0	0-2	7-2
Bury FC	3-0		2-0	3-1	0-1	3-1	2-0	3-0	2-0	1-1	2-1	4-1	1-0	3-0	3-2	1-0	1-1	1-3	0-1	0-1	2-1	0-2	0-2	4-2
Chester FC	0-1	1-0		1-2	2-1	1-0	2-0	1-0	1-0	2-1	1-3	2-1	1-1	1-1	0-0	3-1	1-3	1-0	1-2	2-1	1-0	1-0	1-2	1-0
Chesterfield FC	1-1	7-0	1-0		0-2	1-0	0-1	1-4	0-1	0-0	2-0	0-0	1-2	4-0	1-1	4-0	1-0	2-0	1-1	0-1	0-0	1-0	0-6	2-0
Crystal Palace FC	3-1	2-1	1-2	0-0		3-1	2-1	4-1	2-0	1-1	2-2	0-0	2-1	2-0	1-0	1-1	2-1	4-0	2-1	5-0	1-0	3-0	2-1	1-0
Gillingham FC	0-1	1-0	1-0	2-1	0-3		1-1	0-1	3-1	1-1	1-1	1-1	2-1	1-1	1-1	2-2	1-2	1-0	2-1	2-2	3-0	1-0	2-0	2-0
Grimsby Town FC	2-0	2-0	0-0	1-2	0-1	1-1		1-2	0-1	0-1	1-2	2-2	1-0	2-4	1-0	2-1	1-1	1-1	2-1	2-0	1-0	2-2	3-0	1-0
Lincoln City FC	2-2	2-3	3-3	3-2	3-2	4-0	2-0		3-2	5-4	0-1	1-1	2-1	2-0	2-0	3-1	2-2	1-1	1-1	0-0	2-2	4-1	1-1	2-0
Mansfield Town FC	1-1	5-0	1-1	2-1	1-0	2-2	3-0	3-1		3-0	3-0	1-1	2-0	2-1	3-1	4-0	3-1	1-0	1-0	1-1	1-1	3-0	2-0	4-1
Northampton Town	0-2	3-0	0-0	2-1	3-0	1-2	0-0	1-0	0-1		1-0	2-2	3-1	3-0	0-1	1-2	1-4	0-2	5-3	1-1	3-4	0-1	0-2	3-0
Oxford United FC	1-0	2-2	2-0	3-2	0-1	3-1	5-2	1-2	0-3	1-0		2-3	2-1	0-0	2-2	1-0	1-2	1-1	4-2	0-0	1-1	0-0	2-2	0-2
Peterborough United	2-0	0-1	3-2	0-3	0-0	0-1	3-1	1-2	2-1	3-1	2-0		4-2	1-1	0-0	2-1	0-2	1-2	2-1	1-0	0-0	3-5	0-2	3-0
Portsmouth FC	1-0	1-1	2-1	0-1	0-0	3-2	1-2	1-1	2-2	2-1	1-1	0-0		1-1	0-0	0-2	5-1	0-3	2-0	2-1	0-3	1-1	0-1	3-1
Port Vale FC	2-2	0-1	1-0	1-1	4-1	1-2	2-0	1-0	1-4	2-1	2-1	1-1	1-0		0-0	1-0	1-4	2-0	1-2	2-2	1-1	0-0	2-3	0-2
Preston North End	1-1	0-1	3-4	2-2	2-1	1-0	2-1	3-0	1-2	3-0	2-1	6-2	0-0	4-0		3-0	0-0	4-1	2-1	2-0	1-0	0-1	2-1	4-2
Reading FC	2-3	1-3	2-0	2-0	0-0	1-2	2-0	1-2	1-0	2-4	2-0	1-0	2-0	1-1	0-2		0-3	0-1	0-0	4-1	0-0	2-1	2-0	1-1
Rotherham United	0-0	3-0	1-1	1-0	1-1	1-0	3-2	1-0	3-0	2-0	1-1	0-0	2-2	1-1	2-0	1-2		0-1	1-0	1-1	1-2	1-0	2-0	1-1
Sheffield Wednesday	0-0	1-0	3-0	4-1	1-0	2-0	1-0	1-1	0-2	2-1	2-0	4-0	1-1	1-2	1-0	2-1	1-3		0-1	3-1	3-1	0-0	3-1	3-2
Shrewsbury Town	1-0	0-1	2-0	3-0	1-1	4-2	2-1	2-1	0-0	3-0	1-0	2-1	4-1	1-1	1-2	2-0	0-0	1-1		2-2	2-2	1-2	3-2	2-1
Swindon Town FC	2-1	0-1	2-1	3-0	1-1	2-2	4-1	2-2	0-1	5-1	1-0	0-4	4-3	1-0	0-1	2-2	2-4	5-2	1-0		1-1	2-2	3-2	5-1
Tranmere Rovers FC	1-3	1-2	0-1	2-1	1-0	2-0	2-0	2-2	4-0	2-1	1-1	2-0	1-3	1-1	0-0	2-1	0-1	1-0	2-1	0-1		0-0	0-0	4-4
Walsall FC	1-0	3-3	1-0	2-2	0-0	1-2	1-0	1-3	1-2	0-3	2-2	1-1	1-1	3-1	0-1	6-1	0-1	5-1	3-3	2-0	2-0		2-3	1-2
Wrexham AFC	0-0	0-0	4-2	3-1	2-4	2-1	3-2	3-0	0-1	3-1	1-1	2-0	2-0	6-2	2-0	3-1	2-1	2-2	1-0	2-2	2-0	1-0		1-1
York City FC	0-1	2-2	0-2	2-1	2-1	2-2	1-1	2-2	0-1	1-4	2-1	2-1	1-4	1-0	0-2	1-1	1-1	0-2	0-3	4-2	1-0	0-0	0-0	

	Division 3	Pd	Wn	Dw	Ls	GF	GA	Pts	
1.	Mansfield Town FC (Mansfield)	46	28	8	10	78	33	64	P
2.	Brighton & Hove Albion FC (Hove)	46	25	11	10	83	39	61	P
3.	Crystal Palace FC (London)	46	23	13	10	68	40	59	P
4.	Rotherham United FC (Rotherham)	46	22	15	9	69	44	59	
5.	Wrexham AFC (Wrexham)	46	24	10	12	80	54	58	
6.	Preston North End FC (Preston)	46	21	12	13	64	43	54	
7.	Bury FC (Bury)	46	23	8	15	64	59	54	
8.	Sheffield Wednesday FC (Sheffield)	46	22	9	15	65	55	53	
9.	Lincoln City FC (Lincoln)	46	19	14	13	77	70	52	
10.	Shrewsbury Town FC (Shrewsbury)	46	18	11	17	65	59	47	
11.	Swindon Town FC (Swindon)	46	15	15	16	68	75	45	
12.	Gillingham FC (Gillingham)	46	16	12	18	55	64	44	
13.	Chester FC (Chester)	46	18	8	20	48	58	44	
14.	Tranmere Rovers FC (Birkenhead)	46	13	17	16	51	53	43	
15.	Walsall FC (Walsall)	46	13	15	18	57	65	41	
16.	Peterborough United FC (Peterborough)	46	13	15	18	55	65	41	
17.	Oxford United FC (Oxford)	46	12	15	19	55	65	39	
18.	Chesterfield FC (Chesterfield)	46	14	10	22	56	64	38	
19.	Port Vale FC (Stoke-on-Trent)	46	11	16	19	47	71	38	
20.	Portsmouth FC (Portsmouth)	46	11	14	21	43	70	36	
21.	Reading FC (Reading)	46	13	9	24	49	73	35	R
22.	Northampton Town FC (Northampton)	46	13	8	25	60	75	34	R
23.	Grimsby Town FC (Cleethorpes)	46	12	9	25	45	69	33	R
24.	York City FC (York)	46	10	12	24	50	89	32	R
		1104	409	286	409	1452	1452	1104	

Football League Division 4 1976-77 Season	Aldershot Town	Barnsley	Bournemouth	Bradford City	Brentford	Cambridge United	Colchester United	Crewe Alexandra	Darlington	Doncaster Rovers	Exeter City	Halifax Town	Hartlepool	Huddersfield Town	Newport County	Rochdale	Scunthorpe United	Southend United	Southport	Stockport County	Swansea City	Torquay United	Watford	Workington
Aldershot Town FC		0-1	1-0	2-1	1-1	1-3	1-1	1-1	1-2	1-0	2-2	0-0	3-0	1-0	4-0	0-2	1-1	0-0	1-0	2-0	2-2	0-1	2-1	2-0
Barnsley FC	1-0		3-1	2-2	2-0	2-1	0-1	2-2	1-1	1-1	3-4	1-0	3-0	2-1	2-0	2-0	5-1	3-1	1-0	1-0	1-0	2-1	1-1	4-0
AFC Bournemouth	4-1	1-0		1-1	3-1	0-1	0-0	0-0	0-1	3-1	2-0	3-0	2-0	1-0	1-0	1-1	2-2	2-0	5-0	3-0	1-1	1-1	2-1	1-1
Bradford City AFC	3-1	0-0	1-1		3-2	0-0	1-0	1-0	3-1	3-1	1-1	3-0	2-2	3-1	3-1	3-0	4-0	2-0	1-0	3-3	4-1	3-2	0-0	4-1
Brentford FC	0-1	0-1	3-2	4-0		0-2	1-4	0-0	0-3	2-2	1-0	2-1	3-1	1-3	1-1	3-2	4-2	1-0	3-0	4-0	4-0	3-2	3-0	5-0
Cambridge United FC	4-1	0-0	2-0	2-1	3-2		2-0	2-0	4-0	3-0	1-1	4-0	2-0	1-1	3-1	0-0	1-0	2-3	5-1	2-2	2-3	4-1	4-0	4-1
Colchester United FC	1-0	1-0	1-0	2-1	2-1	0-1		3-2	4-0	1-0	3-1	3-0	6-2	3-1	5-0	1-0	1-1	0-1	4-1	1-0	1-1	4-0	1-0	3-1
Crewe Alexandra FC	1-0	1-0	2-1	1-0	3-2	1-0	1-0		1-1	1-2	2-0	3-1	3-1	0-0	2-0	1-1	2-1	1-1	0-0	2-1	3-1	2-1	2-0	1-1
Darlington FC	2-1	2-1	4-0	0-0	2-2	0-2	2-0	4-0		1-3	2-1	0-0	3-1	2-0	1-0	0-1	5-2	0-0	2-1	0-2	0-4	2-1	0-0	3-2
Doncaster Rovers FC	1-2	2-1	0-0	2-3	5-0	1-1	3-2	3-0	4-0		0-3	3-0	2-1	2-0	1-0	2-0	3-0	0-3	3-1	1-0	2-1	0-4	1-0	6-3
Exeter City FC	3-0	1-0	1-1	0-0	3-2	1-1	1-0	3-0	1-0	0-2		1-0	3-1	2-0	1-0	2-1	2-0	3-1	3-1	2-1	2-0	3-0	2-2	0-0
Halifax Town AFC	2-0	0-1	2-3	2-1	0-0	0-2	1-2	3-0	2-1	6-0	1-2		1-0	0-0	0-0	0-0	0-1	3-1	1-1	2-1	1-0	2-0	1-1	6-1
Hartlepool FC	0-2	0-2	0-1	0-1	2-0	2-2	2-2	3-0	1-1	0-0	2-2	1-0		0-1	0-1	2-0	3-0	1-1	1-1	1-1	2-2	4-0	1-0	2-0
Huddersfield Town	2-0	1-0	0-0	3-0	1-0	1-2	0-0	0-1	3-1	2-1	0-1	1-0	4-1		3-0	2-1	1-0	1-1	1-0	2-0	2-2	2-1	2-2	2-1
Newport County AFC	2-1	1-1	1-0	2-0	3-1	4-2	1-2	2-1	0-1	1-2	0-3	1-1	1-1	1-1		3-0	0-0	3-0	3-1	0-1	0-2	0-0	3-0	1-0
Rochdale AFC	2-1	2-3	0-0	0-1	2-3	2-2	1-0	0-1	2-2	1-0	1-2	4-1	0-1	2-2	0-0		5-0	0-0	3-0	1-1	1-0	0-1	3-1	0-3
Scunthorpe United	1-3	1-2	0-0	2-1	2-1	0-2	2-0	4-0	3-0	1-1	4-1	2-1	2-0	0-4	1-0	0-1		1-0	1-1	2-2	0-3	0-0	0-0	3-1
Southend United FC	5-0	1-1	2-2	4-1	2-1	0-1	0-0	1-0	0-0	2-1	2-0	1-1	1-0	1-1	1-1	3-0	1-1		3-2	0-0	1-2	0-3	2-1	2-0
Southport FC	0-1	1-0	0-0	0-4	1-2	0-0	1-3	0-0	0-0	2-2	1-1	0-0	1-2	2-2	0-1	1-1	2-1	0-0		1-0	1-3	1-1	1-3	1-1
Stockport County FC	0-0	2-1	1-0	1-1	2-0	0-0	1-1	1-2	2-2	2-1	0-0	1-1	1-0	2-3	2-1	0-1	1-0	0-0	2-2		3-0	2-1	2-2	1-0
Swansea City FC	4-2	2-1	3-0	2-3	5-3	3-1	2-1	3-0	2-1	1-1	0-0	2-1	4-2	2-1	3-1	3-2	2-0	2-0	2-1	4-4		4-1	1-4	4-0
Torquay United FC	0-1	1-0	2-1	0-3	1-1	2-2	2-2	5-0	2-0	0-1	0-1	3-2	1-0	1-0	1-0	2-0	1-3	0-0	0-0	1-2	2-1		3-1	3-1
Watford FC	1-1	1-0	1-1	1-1	0-1	2-0	2-1	3-1	1-1	5-1	4-1	0-0	4-0	2-0	2-0	3-1	2-1	1-1	2-0	1-1	2-0	4-0		2-0
Workington AFC	1-1	0-1	1-1	0-1	1-3	0-2	2-4	1-0	2-3	1-1	1-3	1-1	1-1	3-2	0-1	0-2	1-0	0-3	2-2	2-2	1-3	2-4	0-1	

	Division 4	**Pd**	**Wn**	**Dw**	**Ls**	**GF**	**GA**	**Pts**	
1.	Cambridge United FC (Cambridge)	46	26	13	7	87	40	65	P
2.	Exeter City FC (Exeter)	46	25	12	9	70	46	62	P
3.	Colchester United FC (Colchester)	46	25	9	12	77	43	59	P
4.	Bradford City AFC (Bradford)	46	23	13	10	78	51	59	P
—	—	—	—	—	—	—	—	—	—
5.	Swansea City FC (Swansea)	46	25	8	13	92	68	58	
6.	Barnsley FC (Barnsley)	46	23	9	14	62	39	55	
7.	Watford FC (Watford)	46	18	15	13	67	50	51	
8.	Doncaster Rovers FC (Doncaster)	46	21	9	16	71	65	51	
9.	Huddersfield Town AFC (Huddersfield)	46	19	12	15	60	49	50	
10.	Southend United FC (Southend-on-Sea)	46	15	19	12	52	45	49	
11.	Darlington FC (Darlington)	46	18	13	15	59	64	49	
12.	Crewe Alexandra FC (Crewe)	46	19	11	16	47	60	49	
13.	AFC Bournemouth (Bournemouth)	46	15	18	13	54	44	48	
14.	Stockport County FC (Stockport)	46	13	19	14	53	57	45	
15.	Brentford FC (London)	46	18	7	21	77	76	43	
16.	Torquay United FC (Torquay)	46	17	9	20	59	67	43	
17.	Aldershot FC (Aldershot)	46	16	11	19	49	59	43	
18.	Rochdale AFC (Rochdale)	46	13	12	21	50	59	38	
19.	Newport County AFC (Newport)	46	14	10	22	42	58	38	
20.	Scunthorpe United FC (Scunthorpe)	46	13	11	22	49	73	37	
21.	Halifax Town AFC (Halifax)	46	11	14	21	47	58	36	
22.	Hartlepool FC (Hartlepool)	46	10	12	24	47	73	32	*
23.	Southport FC (Southport)	46	3	19	24	33	77	25	
24.	Workington AFC (Workington)	46	4	11	31	41	102	19	#
		1104	404	296	404	1423	1423	1104	

Workington AFC (Workington) were not re-elected to the league and were replaced by Wimbledon FC (London) for the next season.

* Hartlepool FC (Hartlepool) changed their club name to Hartlepool United FC (Hartlepool) for the next season.

F.A. CUP FINAL (Wembley Stadium, London – 21/05/1977 – 100,000)

MANCHESTER UNITED FC (MANCHESTER)	2-1	Liverpool FC (Liverpool)
Pearson, J.Greenhoff		*Case*

Man. United: Stepney, Nicholl, B.Greenhoff, Buchan, Albiston, McIlroy, Macari, Coppell, Pearson, J.Greenhoff, Hill (McCreery)

Liverpool: Clemence, Neal, Smith, Hughes, Jones, Kennedy, Case, McDermott, Keegan, Johnson (Callaghan), Heighway.

Semi-finals

Everton FC (Liverpool)	2-2, 0-3	Liverpool FC (Liverpool)
Manchester United FC (Manchester)	2-1	Leeds United AFC (Leeds)

Quarter-finals

Everton FC (Liverpool)	2-0	Derby County FC (Derby)
Liverpool FC (Liverpool)	2-0	Middlesbrough FC (Middlesbrough)
Manchester United FC (Manchester)	2-1	Aston Villa FC (Birmingham)
Wolverhampton Wanderers FC (Wolverhampton)	0-1	Leeds United AFC (Leeds)

1977-78

Football League Division 1 1977-78 Season	Arsenal	Aston Villa	Birmingham City	Bristol City	Chelsea	Coventry City	Derby County	Everton	Ipswich Town	Leeds United	Leicester City	Liverpool	Manchester City	Manchester United	Middlesbrough	Newcastle United	Norwich City	Nottingham Forest	Q.P.R.	W.B.A.	West Ham United	Wolves
Arsenal FC		0-1	1-1	4-1	3-0	1-1	1-3	1-0	1-0	1-1	2-1	0-0	3-0	3-1	1-0	2-1	0-0	3-0	1-0	4-0	3-0	3-1
Aston Villa FC	1-0		0-1	1-0	2-0	1-1	0-0	1-2	6-1	3-1	0-0	0-3	1-4	2-1	0-1	2-0	3-0	0-1	1-1	3-0	4-1	2-0
Birmingham City FC	1-1	1-0		3-0	4-5	1-1	3-1	0-0	0-0	2-3	1-1	0-1	1-4	1-4	1-2	3-0	2-1	0-2	2-1	1-2	3-0	2-1
Bristol City FC	0-2	1-1	0-1		3-0	1-1	3-1	0-1	2-0	3-2	0-0	1-1	2-2	0-1	4-1	3-1	3-0	1-3	2-2	3-1	3-2	2-3
Chelsea FC	0-0	0-0	2-0	1-0		1-2	1-1	0-1	5-3	1-2	0-0	3-1	0-0	2-2	0-0	2-2	1-1	1-0	3-1	2-2	2-1	1-1
Coventry City FC	1-2	2-3	4-0	1-1	5-1		3-1	3-2	1-1	2-2	1-0	1-0	4-2	3-0	2-1	0-0	5-4	0-0	4-1	1-2	1-0	4-0
Derby County FC	3-0	0-3	1-3	1-0	1-1	4-2		0-1	0-0	2-2	4-1	4-2	2-1	0-1	4-1	1-1	2-2	0-0	2-0	1-1	2-1	3-1
Everton FC	2-0	1-0	2-1	1-0	6-0	6-0	2-1		1-0	2-0	2-0	0-1	1-1	2-6	3-0	4-4	3-0	1-3	3-3	3-1	2-1	0-0
Ipswich Town FC	1-0	2-0	5-2	1-0	1-0	1-1	1-2	3-3		0-1	1-0	1-1	1-0	1-2	1-1	2-1	4-0	0-2	3-2	2-2	0-2	1-2
Leeds United AFC	1-3	1-1	1-0	0-2	2-0	2-0	2-0	3-1	2-1		5-1	1-2	2-0	1-1	5-0	0-2	2-2	1-0	3-0	2-2	1-2	2-1
Leicester City FC	1-1	0-2	1-4	0-0	0-2	1-2	1-1	1-5	2-1	0-0		0-4	0-1	2-3	0-0	3-0	2-2	0-3	0-0	0-1	1-0	1-0
Liverpool FC	1-0	1-2	2-3	1-1	2-0	2-0	1-0	0-0	2-2	1-0	3-2		4-0	3-1	2-0	2-0	3-0	0-0	1-0	3-0	2-0	1-0
Manchester City FC	2-1	2-0	3-0	2-0	6-2	3-1	1-1	1-0	2-1	2-3	0-0	3-1		3-1	2-2	4-0	4-0	0-0	2-1	1-3	3-2	0-2
Manchester United FC	1-2	1-1	1-2	1-1	0-1	2-1	4-0	1-2	0-0	0-1	3-1	2-0	2-2		0-0	3-2	1-0	0-4	3-1	1-1	3-0	3-1
Middlesbrough FC	0-1	1-0	1-2	2-0	2-0	1-1	3-1	0-0	1-1	2-1	0-1	1-1	0-2	2-1		2-0	2-2	2-2	1-1	1-0	1-2	0-0
Newcastle United FC	1-2	1-1	1-1	1-1	1-0	1-2	1-2	0-2	0-1	3-2	2-0	0-2	2-2	2-2	2-4		2-2	0-2	0-3	0-3	2-3	4-0
Norwich City FC	1-0	2-1	1-0	1-0	0-0	1-2	0-0	0-0	1-0	3-0	2-0	2-1	1-3	1-3	1-1	2-1		3-3	1-1	1-1	2-2	2-1
Nottingham Forest FC	2-0	2-0	0-0	1-0	3-1	2-1	3-0	1-1	4-0	1-1	1-0	1-1	2-1	2-1	4-0	2-0	1-1		1-0	0-0	2-0	2-0
Queen's Park Rangers FC	2-1	1-2	0-0	2-2	1-1	2-1	0-0	1-5	3-3	0-0	3-0	2-0	1-1	2-2	1-0	0-1	2-1	0-2		2-1	1-0	1-3
West Bromwich Albion FC	1-3	0-3	3-1	2-1	3-0	3-3	1-0	3-1	1-0	1-0	2-0	0-1	0-0	4-0	2-1	2-0	0-0	2-2	2-0		1-0	2-2
West Ham United FC	2-2	2-2	1-0	1-2	3-1	2-1	3-0	1-1	3-0	0-1	3-2	0-2	0-1	2-1	0-2	1-0	1-3	0-0	2-2	3-3		1-2
Wolverhampton Wanderers FC	1-1	3-1	0-1	0-0	1-3	1-3	1-2	3-1	0-0	3-1	3-0	1-3	1-1	2-1	0-0	1-0	3-3	2-3	1-0	1-1	2-2	

	Division 1	Pd	Wn	Dw	Ls	GF	GA	Pts	
1.	NOTTINGHAM FOREST FC (NOTTINGHAM)	42	25	14	3	69	24	64	
2.	Liverpool FC (Liverpool)	42	24	9	9	65	34	57	
3.	Everton FC (Liverpool)	42	22	11	9	76	45	55	
4.	Manchester City FC (Manchester)	42	20	12	10	74	51	52	
5.	Arsenal FC (London)	42	21	10	11	60	37	52	
6.	West Bromwich Albion FC (West Bromwich)	42	18	14	10	62	53	50	
7.	Coventry City FC (Coventry)	42	18	12	12	75	62	48	
8.	Aston Villa FC (Birmingham)	42	18	10	14	57	42	46	
9.	Leeds United AFC (Leeds)	42	18	10	14	63	53	46	
10.	Manchester United FC (Manchester)	42	16	10	16	67	63	42	
11.	Birmingham City FC (Birmingham)	42	16	9	17	55	60	41	
12.	Derby County FC (Derby)	42	14	13	15	54	59	41	
13.	Norwich City FC (Norwich)	42	11	18	13	52	66	40	
14.	Middlesbrough FC (Middlesbrough)	42	12	15	15	42	54	39	
15.	Wolverhampton Wanderers FC (Wolverhampton)	42	12	12	18	51	64	36	
16.	Chelsea FC (London)	42	11	14	17	46	69	36	
17.	Bristol City FC (Bristol)	42	11	13	18	49	53	35	
18.	Ipswich Town FC (Ipswich)	42	11	13	18	47	61	35	
19.	Queen's Park Rangers FC (London)	42	9	15	18	47	64	33	
20.	West Ham United FC (London)	42	12	8	22	52	69	32	R
21.	Newcastle United FC (Newcastle upon Tyne)	42	6	10	26	42	78	22	R
22.	Leicester City FC (Leicester)	42	5	12	25	26	70	22	R
		924	330	264	330	1231	1231	924	

Top Goalscorer

1) Robert LATCHFORD (Everton FC) 30

Football League Division 2 1977-78 Season	Blackburn Rovers	Blackpool	Bolton Wanderers	Brighton & Hove Albion	Bristol Rovers	Burnley	Cardiff City	Charlton Athletic	Crystal Palace	Fulham	Hull City	Luton Town	Mansfield Town	Millwall	Notts County	Oldham Athletic	Orient	Sheffield United	Southampton	Stoke City	Sunderland	Tottenham Hotspur
Blackburn Rovers FC		1-2	0-1	0-1	0-1	0-1	3-0	2-1	3-0	4-0	1-1	2-0	3-1	2-1	1-0	4-2	1-0	1-1	2-1	2-1	1-1	0-0
Blackpool FC	5-2		0-2	0-1	3-1	1-1	3-0	5-1	3-1	1-2	3-0	2-1	1-2	2-2	2-2	1-1	0-0	1-1	0-1	1-1	1-1	0-2
Bolton Wanderers FC	4-2	2-1		1-1	3-0	1-2	6-3	2-1	2-0	0-0	1-0	2-1	2-0	2-1	2-0	1-0	2-0	2-1	0-0	1-1	2-0	1-0
Brighton & Hove Albion FC	2-2	2-1	1-2		1-1	2-1	4-0	1-0	1-1	2-0	2-1	3-2	5-1	3-2	2-1	1-1	1-0	2-1	1-1	2-1	2-1	3-1
Bristol Rovers FC	4-1	2-0	0-1	0-4		2-2	3-2	2-2	3-0	0-0	1-1	1-2	3-1	2-0	2-2	0-0	2-1	4-1	0-0	4-1	3-2	2-3
Burnley FC	2-3	0-1	0-1	0-0	3-1		4-2	1-0	1-1	2-0	1-1	2-1	2-0	0-2	3-1	4-1	0-0	4-1	3-3	1-0	0-0	2-1
Cardiff City FC	1-1	2-1	1-0	1-0	1-1	2-1		1-0	2-2	3-1	0-0	1-3	1-1	4-1	2-1	1-0	0-1	1-6	1-0	2-0	5-2	0-0
Charlton Athletic FC	2-2	3-1	2-1	4-3	3-1	3-2	0-0		1-0	0-1	0-1	0-0	2-2	0-2	0-0	2-2	2-1	3-0	1-3	3-2	3-2	4-1
Crystal Palace FC	5-0	2-2	2-1	0-0	1-0	1-1	2-0	1-1		2-3	0-1	3-3	3-1	1-0	2-0	0-0	1-0	1-0	1-2	0-1	2-2	1-2
Fulham FC	0-0	1-1	2-0	2-1	1-1	4-1	1-0	1-1	1-1		2-0	1-0	0-2	0-1	5-1	0-2	1-2	2-0	1-1	3-0	3-3	1-1
Hull City AFC	0-1	2-0	0-0	1-1	0-1	1-3	4-1	0-2	1-0	0-1		1-1	0-2	3-2	1-1	0-1	2-2	2-3	0-3	0-0	3-0	2-0
Luton Town FC	0-0	4-0	2-1	1-0	1-1	1-2	3-1	7-1	1-0	1-0	1-1		1-1	1-0	2-0	0-1	1-0	4-0	1-2	1-2	1-3	1-4
Mansfield Town FC	2-2	1-3	0-1	1-2	3-0	4-1	2-2	0-3	1-3	2-1	1-0	3-1		0-0	1-3	0-2	1-1	1-1	1-2	2-1	1-2	3-3
Millwall FC	1-1	2-0	1-0	0-1	1-3	1-1	1-1	1-1	0-3	0-3	1-1	1-0	1-0		0-0	2-0	2-0	1-1	3-0	0-0	3-1	1-3
Notts County FC	1-1	1-1	1-1	1-0	3-2	3-0	1-1	2-0	2-0	1-1	2-1	2-0	1-0	1-1		3-2	1-1	1-2	2-3	2-0	2-2	3-3
Oldham Athletic AFC	0-2	2-1	2-2	1-1	4-1	2-0	1-1	1-1	1-1	2-0	2-1	1-0	0-1	2-2	2-1		2-1	3-0	1-1	1-1	1-1	1-1
Orient FC	0-0	1-4	1-1	0-1	2-1	3-0	2-1	0-0	0-0	1-1	2-1	0-0	4-2	0-0	0-0	5-3		3-1	1-1	2-0	2-2	1-1
Sheffield United FC	2-0	0-0	1-5	2-0	1-1	2-1	0-1	1-0	0-2	2-1	2-0	4-1	2-0	5-2	4-1	1-0	2-0		3-2	1-2	1-1	2-2
Southampton FC	5-0	2-0	2-2	1-1	3-1	3-0	3-1	4-1	2-0	2-0	1-0	0-1	1-0	2-3	3-1	2-2	1-0	2-1		1-0	4-2	0-0
Stoke City FC	4-2	1-2	0-0	1-0	3-2	2-1	2-0	4-0	0-2	2-0	1-0	0-0	1-1	2-1	1-1	3-0	5-1	4-0	1-0		0-0	1-3
Sunderland AFC	0-1	2-1	0-2	0-2	5-1	3-0	1-1	3-0	0-0	2-2	2-0	1-1	1-0	2-0	3-1	3-1	1-1	5-1	0-0	1-0		1-2
Tottenham Hotspur FC	4-0	2-2	1-0	0-0	9-0	3-0	2-1	2-1	2-2	1-0	1-0	2-0	1-1	3-3	2-1	5-1	1-1	4-2	0-0	3-1	2-3	

	Division 2	Pd	Wn	Dw	Ls	GF	GA	Pts	
1.	Bolton Wanderers FC (Bolton)	42	24	10	8	63	33	58	P
2.	Southampton FC (Southampton)	42	22	13	7	70	39	57	P
3.	Tottenham Hotspur FC (London)	42	20	16	6	83	49	56	P
4.	Brighton & Hove Albion FC (Hove)	42	22	12	8	63	38	56	
5.	Blackburn Rovers FC (Blackburn)	42	16	13	13	56	60	45	
6.	Sunderland AFC (Sunderland)	42	14	16	12	67	59	44	
7.	Stoke City FC (Stoke-on-Trent)	42	16	10	16	53	49	42	
8.	Oldham Athletic AFC (Oldham)	42	13	16	13	54	58	42	
9.	Crystal Palace FC (London)	42	13	15	14	50	47	41	
10.	Fulham FC (London)	42	14	13	15	49	49	41	
11.	Burnley FC (Burnley)	42	15	10	17	56	64	40	
12.	Sheffield United FC (Sheffield)	42	16	8	18	62	73	40	
13.	Luton Town FC (Luton)	42	14	10	18	54	52	38	
14.	Orient FC (London)	42	10	18	14	43	49	38	
15.	Notts County FC (Nottingham)	42	11	16	15	54	62	38	
16.	Millwall FC (London)	42	12	14	16	49	57	38	
17.	Charlton Athletic FC (London)	42	13	12	17	55	68	38	
18.	Bristol Rovers FC (Bristol)	42	13	12	17	61	77	38	
19.	Cardiff City AFC (Cardiff)	42	13	12	17	51	71	38	
20.	Blackpool FC (Blackpool)	42	12	13	17	59	60	37	R
21.	Mansfield Town FC (Mansfield)	42	10	11	21	49	69	31	R
22.	Hull City AFC (Kingston upon Hull)	42	8	12	22	34	52	28	R
		924	321	282	321	1235	1235	924	

Football League Division 3 1977-78 Season	Bradford City	Bury	Cambridge	Carlisle United	Chester	Chesterfield	Colchester United	Exeter City	Gillingham	Hereford United	Lincoln City	Oxford United	Peterborough Utd.	Plymouth Argyle	Portsmouth	Port Vale	Preston North End	Rotherham United	Sheffield Wed.	Shrewsbury Town	Swindon Town	Tranmere Rovers	Walsall	Wrexham
Bradford City AFC		2-1	4-0	2-2	2-2	1-3	1-2	1-2	2-1	0-0	2-2	2-3	2-1	0-1	1-0	1-1	1-1	3-0	3-2	2-0	2-1	2-0	2-3	2-1
Bury FC	2-2		5-2	1-1	1-1	0-0	1-1	5-0	2-2	1-1	1-0	3-2	0-0	1-1	0-0	3-0	1-1	1-1	3-0	0-3	0-0	1-0	0-1	2-3
Cambridge United FC	4-1	3-0		2-0	0-0	2-0	2-0	2-1	2-3	2-0	5-0	2-1	1-0	3-0	1-0	2-0	1-1	1-1	3-0	2-0	5-2	1-0	2-1	1-0
Carlisle United FC	1-1	0-3	1-1		0-0	2-1	1-3	2-0	1-0	2-0	2-3	2-2	0-0	0-0	3-1	1-1	3-1	2-1	1-0	1-0	2-2	2-2	2-0	1-4
Chester FC	3-2	1-0	0-0	2-2		2-1	2-1	2-1	2-2	4-1	2-2	3-1	4-3	1-1	2-0	2-1	1-2	2-1	2-1	1-0	1-0	0-0	1-1	1-1
Chesterfield FC	2-0	2-1	2-1	2-1	1-2		0-0	0-0	5-2	2-1	0-0	3-0	2-0	4-1	3-0	2-0	0-1	0-0	2-2	3-1	3-1	1-1	0-1	1-0
Colchester United FC	3-0	1-0	2-1	2-2	2-0	2-0		3-1	1-1	0-0	1-1	1-1	3-0	3-1	4-0	2-3	0-0	0-0	1-1	1-2	2-0	0-0	1-1	1-1
Exeter City FC	1-0	2-2	2-4	0-1	1-1	0-0	0-0		2-1	1-0	3-0	2-1	1-0	0-0	0-1	4-1	2-0	1-0	2-1	1-1	0-0	4-2	1-1	0-1
Gillingham FC	4-1	1-4	3-1	1-1	1-0	3-0	1-3	1-0		4-0	0-0	2-1	0-0	1-1	0-0	1-1	2-1	2-1	2-1	1-1	2-2	1-1	3-1	0-0
Hereford United FC	2-1	1-0	0-0	1-0	2-2	2-1	1-0	4-0	2-0		1-1	2-1	0-0	1-3	0-2	1-1	0-0	2-3	0-1	1-1	1-1	0-1	3-2	1-1
Lincoln City FC	3-2	0-0	4-1	2-1	2-1	1-0	0-0	1-2	0-2	0-0		1-0	0-1	2-2	1-0	3-0	2-2	3-3	3-1	1-3	3-1	1-1	2-2	0-1
Oxford United FC	3-1	0-0	2-3	0-0	4-1	1-1	3-0	0-0	1-1	3-0	1-0		3-3	2-1	0-0	1-1	1-0	2-3	1-0	1-1	3-3	1-0	3-1	2-1
Peterborough United	5-0	2-1	2-0	2-1	0-0	2-0	1-0	1-1	1-1	2-1	0-1	1-0		1-0	0-0	1-1	1-0	1-0	2-1	2-1	2-0	1-0	0-0	2-2
Plymouth Argyle FC	6-0	0-1	0-1	0-1	2-2	2-0	1-1	2-2	1-3	2-0	1-2	2-1	1-0		3-1	3-2	0-0	1-1	1-1	2-2	0-2	0-1	3-3	0-1
Portsmouth FC	3-1	1-1	2-2	3-3	0-0	3-0	0-0	1-1	1-1	2-0	0-2	0-2	2-2	1-5		1-1	0-2	3-3	2-2	2-0	1-2	2-5	1-2	0-1
Port Vale FC	1-0	1-2	1-1	0-1	0-0	1-3	0-3	4-0	2-2	1-0	2-1	1-1	0-0	3-3	2-0		0-0	3-0	0-0	1-2	1-0	1-1	2-2	1-1
Preston North End	3-1	4-0	2-0	2-1	2-1	0-0	4-0	0-0	2-0	0-0	4-0	3-2	0-1	5-2	3-1	2-0		3-2	2-1	2-2	1-1	2-1	1-0	1-3
Rotherham United	2-1	0-3	1-0	0-0	1-1	1-2	1-0	1-0	2-0	1-0	0-0	2-0	0-1	1-2	0-1	2-0	2-1		1-2	0-0	1-3	2-0	3-0	2-2
Sheffield Wednesday	2-0	3-2	0-0	3-1	1-1	1-0	1-2	2-1	0-0	1-0	2-0	2-1	0-1	1-1	0-0	3-1	1-0	1-0		0-1	1-1	1-0	0-0	2-1
Shrewsbury Town	4-0	5-3	3-3	0-3	0-0	1-1	1-0	0-2	1-2	3-0	0-1	1-0	0-0	3-1	6-1	3-0	0-0	4-1	0-0		2-3	3-1	0-0	2-1
Swindon Town FC	0-1	1-1	0-0	2-2	1-1	2-1	0-0	4-0	3-2	1-0	1-0	3-2	2-0	3-1	3-1	1-1	0-2	2-0	2-2	5-0		1-0	2-3	1-2
Tranmere Rovers FC	0-0	0-0	0-1	3-2	5-0	1-1	1-0	2-1	1-1	2-1	3-1	4-1	0-2	1-1	2-0	2-1	1-0	2-2	3-1	2-0	1-1		0-1	3-1
Walsall FC	1-1	1-2	0-0	0-0	3-0	2-2	4-2	1-3	2-1	2-0	3-1	2-1	1-0	1-0	1-1	2-0	0-0	3-1	1-1	3-0	2-0	0-0		0-1
Wrexham AFC	2-0	3-1	4-1	3-1	1-2	1-1	2-1	2-1	3-3	2-1	1-0	2-2	0-0	2-0	2-0	1-1	0-0	7-1	1-1	0-0	2-1	6-1	1-0	

	Division 3	Pd	Wn	Dw	Ls	GF	GA	Pts	
1.	Wrexham AFC (Wrexham)	46	23	15	8	78	45	61	P
2.	Cambridge United FC (Cambridge)	46	23	12	11	72	51	58	P
3.	Preston North End FC (Preston)	46	20	16	10	63	38	56	P
4.	Peterborough United FC (Peterborough)	46	20	16	10	47	33	56	
5.	Chester FC (Chester)	46	16	22	8	59	56	54	
6.	Walsall FC (Walsall)	46	18	17	11	61	50	53	
7.	Gillingham FC (Gillingham)	46	15	20	11	67	60	50	
8.	Colchester United FC (Colchester)	46	15	18	13	55	44	48	
9.	Chesterfield FC (Chesterfield)	46	17	14	15	58	49	48	
10.	Swindon Town FC (Swindon)	46	16	16	14	67	60	48	
11.	Shrewsbury Town FC (Shrewsbury)	46	16	15	15	63	57	47	
12.	Tranmere Rovers FC (Birkenhead)	46	16	15	15	57	52	47	
13.	Carlisle United FC (Carlisle)	46	14	19	13	59	59	47	
14.	Sheffield Wednesday FC (Sheffield)	46	15	16	15	50	52	46	
15.	Bury FC (Bury)	46	13	19	14	62	56	45	
16.	Lincoln City FC (Lincoln)	46	15	15	16	53	61	45	
17.	Exeter City FC (Exeter)	46	15	14	17	49	59	44	
18.	Oxford United FC (Oxford)	46	13	14	19	64	67	40	
19.	Plymouth Argyle FC (Plymouth)	46	11	17	18	61	68	39	
20.	Rotherham United FC (Rotherham)	46	13	13	20	51	68	39	
21.	Port Vale FC (Stoke-on-Trent)	46	8	20	18	46	67	36	R
22.	Bradford City AFC (Bradford)	46	12	10	24	56	86	34	R
23.	Hereford United FC (Hereford)	46	9	14	23	34	60	32	R
24.	Portsmouth FC (Portsmouth)	46	7	17	22	31	75	31	R
		1104	360	384	360	1373	1373	1104	

Football League Division 4 1977-78 Season	Aldershot Town	Barnsley	Bournemouth	Brentford	Crewe Alexandra	Darlington	Doncaster Rovers	Grimsby Town	Halifax Town	Hartlepool United	Huddersfield Town	Newport County	Northampton Town	Reading	Rochdale	Scunthorpe United	Southend United	Southport	Stockport County	Swansea City	Torquay United	Watford	Wimbledon	York City
Aldershot Town FC		0-0	2-0	1-0	2-0	3-2	1-0	4-2	0-0	3-0	3-3	2-2	2-1	1-1	2-0	4-0	3-0	0-0	2-1	2-2	3-0	1-0	3-1	1-1
Barnsley FC	2-0		3-0	0-0	4-0	2-1	0-0	1-2	3-2	3-2	1-1	1-0	2-3	4-1	4-0	3-0	1-1	2-1	0-1	0-2	2-0	1-0	3-2	2-1
AFC Bournemouth	0-0	2-2		3-2	1-0	2-0	0-1	1-0	0-0	1-0	1-0	4-2	1-1	1-0	1-0	1-1	0-3	3-1	1-0	0-1	1-1	1-2	1-2	2-1
Brentford FC	2-0	2-0	1-1		5-1	2-0	2-2	3-1	4-1	2-0	1-1	3-3	3-0	1-1	4-0	2-0	1-0	0-0	4-0	0-2	3-0	0-3	4-1	1-0
Crewe Alexandra FC	0-2	2-1	3-1	4-6		2-2	2-0	0-2	0-0	1-0	1-1	2-0	3-2	1-1	2-1	1-1	0-2	2-0	1-1	2-1	2-0	2-2	0-0	1-0
Darlington FC	1-1	0-2	1-0	1-3	2-0		1-1	1-2	2-1	1-2	2-2	2-1	2-0	2-0	1-0	1-1	2-0	3-0	2-2	1-1	0-0	0-0	3-1	0-2
Doncaster Rovers FC	4-3	2-1	0-0	3-1	2-0	1-2		0-1	1-1	2-0	4-3	2-2	4-2	2-2	1-1	1-1	2-0	2-1	1-0	1-1	1-0	0-1	0-2	1-1
Grimsby Town FC	1-0	1-0	0-2	2-1	2-2	2-0	0-0		0-0	2-1	1-0	1-0	0-1	0-1	2-1	0-0	2-0	2-0	0-0	2-1	3-1	1-1	3-1	3-2
Halifax Town AFC	2-1	1-1	0-0	1-1	1-1	0-2	0-1	0-0		3-0	0-0	3-1	0-1	2-4	3-1	2-2	0-1	2-1	1-1	3-1	0-0	1-1	1-2	2-0
Hartlepool United FC	2-2	1-2	0-1	3-1	1-1	2-1	0-2	3-1	1-1		3-2	1-1	0-2	2-1	1-0	1-0	1-0	2-1	2-0	0-4	1-2	1-2	2-0	4-2
Huddersfield Town	1-1	2-0	2-0	1-3	3-0	2-1	4-1	1-3	2-2	3-1		2-0	0-1	0-2	3-1	4-1	2-0	3-1	0-0	0-0	1-1	1-0	3-0	1-2
Newport County AFC	2-1	3-1	3-2	1-2	1-0	1-1	1-0	3-0	2-0	4-2	2-0		5-3	0-0	3-0	3-1	1-2	1-1	2-2	1-0	0-0	2-2	0-1	2-1
Northampton Town	1-1	1-1	1-0	2-2	0-0	2-2	0-0	2-1	1-2	5-3	3-1	2-4		0-2	3-1	1-2	0-0	1-0	2-1	3-1	1-0	0-2	0-3	1-1
Reading FC	1-0	0-0	0-0	0-0	2-0	2-1	3-0	0-0	2-1	2-3	1-0	2-0	0-0		4-3	1-0	0-1	3-1	2-1	1-4	3-3	1-3	2-2	1-0
Rochdale AFC	0-0	1-1	1-1	1-2	0-2	2-0	3-1	1-3	3-1	0-1	0-0	0-1	1-1	1-0		1-1	1-2	2-1	2-1	2-1	1-3	2-3	3-0	1-2
Scunthorpe United	1-1	1-0	0-0	1-1	3-0	3-0	0-0	2-1	2-0	2-0	1-1	2-0	2-2	0-1	1-0		1-2	0-2	3-0	1-0	0-1	0-1	3-0	2-1
Southend United FC	3-1	0-0	5-1	2-1	1-0	2-0	4-0	1-1	5-0	1-1	1-3	4-2	0-0	0-2	3-1	2-0		4-2	0-2	2-1	4-0	1-0	1-0	0-0
Southport FC	1-1	1-1	0-0	1-3	1-2	1-0	1-1	2-2	1-2	1-1	1-1	3-3	3-1	1-1	3-1	1-1	0-0		2-0	0-3	0-0	2-2	0-5	4-1
Stockport County	2-1	3-0	2-1	1-1	1-2	1-0	1-1	2-0	1-3	6-0	0-1	2-0	1-2	2-0	2-0	1-1	1-0	2-1		2-0	3-0	1-3	2-2	2-0
Swansea City FC	1-0	2-1	1-0	2-1	5-0	1-2	3-0	2-0	2-0	8-0	1-0	4-0	2-4	2-1	3-0	3-1	0-0	1-1	3-1		1-1	3-3	3-0	1-1
Torquay United FC	1-2	3-1	1-1	2-1	1-2	0-0	2-0	3-1	2-2	0-0	2-1	2-0	2-1	3-0	3-0	4-2	0-1	2-2	2-0	2-4		2-3	1-1	3-0
Watford FC	1-0	0-0	2-1	1-1	5-2	2-1	6-0	1-0	1-1	1-0	2-0	2-0	3-0	1-0	1-0	4-1	1-1	3-2	1-0	2-1	1-0		2-0	1-3
Wimbledon FC	1-2	0-0	3-1	1-1	0-0	1-1	3-3	2-2	3-3	3-0	2-0	3-0	2-0	1-1	5-1	0-0	1-3	2-2	2-0	1-1	0-1	1-3		2-1
York City FC	1-2	1-2	0-0	3-2	1-1	1-2	2-1	1-2	1-1	1-0	1-1	2-0	0-3	2-0	2-2	0-2	1-2	2-1	2-1	2-1	0-0	0-4	1-1	

	Division 4	Pd	Wn	Dw	Ls	GF	GA	Pts	
1.	Watford FC (Watford)	46	30	11	5	85	38	71	P
2.	Southend United FC (Southend-on-Sea)	46	25	10	11	66	39	60	P
3.	Swansea City FC (Swansea)	46	23	10	13	87	47	56	P
4.	Brentford FC (London)	46	21	14	11	86	54	56	P
5.	Aldershot FC (Aldershot)	46	19	16	11	67	47	54	
6.	Grimsby Town FC (Cleethorpes)	46	21	11	14	57	51	53	
7.	Barnsley FC (Barnsley)	46	18	14	14	61	49	50	
8.	Reading FC (Reading)	46	18	14	14	55	52	50	
9.	Torquay United FC (Torquay)	46	16	15	15	57	56	47	
10.	Northampton Town FC (Northampton)	46	17	13	16	63	68	47	
11.	Huddersfield Town AFC (Huddersfield)	46	15	15	16	63	55	45	
12.	Doncaster Rovers FC (Doncaster)	46	14	17	15	52	65	45	
13.	Wimbledon FC (London)	46	14	16	16	66	67	44	
14.	Scunthorpe United FC (Scunthorpe)	46	14	16	16	50	55	44	
15.	Crewe Alexandra FC (Crewe)	46	15	14	17	50	69	43	
16.	Newport County AFC (Newport)	46	16	11	19	65	73	43	
17.	AFC Bournemouth (Bournemouth)	46	14	15	17	41	51	43	
18.	Stockport County FC (Stockport)	46	16	10	20	56	56	42	
19.	Darlington FC (Darlington)	46	14	13	19	52	59	41	
20.	Halifax Town AFC (Halifax)	46	10	21	15	52	62	41	
21.	Hartlepool United FC (Hartlepool)	46	15	7	24	51	84	37	
22.	York City FC (York)	46	12	12	22	50	69	36	
23.	Southport FC (Southport)	46	6	19	21	52	76	31	#
24.	Rochdale AFC (Rochdale)	46	8	8	30	43	85	24	
		1104	391	322	391	1427	1427	1104	

Southport FC (Southport) were not re-elected to the league and were replaced by Wigan Athletic AFC (Wigan) for the next season.

F.A. CUP FINAL (Wembley Stadium, London – 06/05/1978 – 100,000)

IPSWICH TOWN FC (IPSWICH)	1-0	Arsenal FC (London)

Osborne

Ipswich: Cooper, Burley, Hunter, Beattie, Mills, Osborne (Lambert), Talbot, Wark, Mariner, Geddis, Woods.

Arsenal: Jennings, Rice, O'Leary, Young, Nelson, Price, Hudson, Brady (Rix), Sunderland. Macdonald, Stapleton.

Semi-finals

Ipswich Town FC (Ipswich)	3-1	West Bromwich Albion FC (West Bromwich)
Orient FC (London)	0-3	Arsenal FC (London)

Quarter-finals

Middlesbrough FC (Middlesbrough)	0-0, 1-2	Orient FC (London)
Millwall FC (London)	1-6	Ipswich Town FC (Ipswich)
West Bromwich Albion FC (West Bromwich)	2-0	Nottingham Forest FC (Nottingham)
Wrexham AFC (Wrexham)	2-3	Arsenal FC (London)

1978-79

Football League Division 1 1978-79 Season	Arsenal	Aston Villa	Birmingham City	Bolton Wanderers	Bristol City	Chelsea	Coventry City	Derby County	Everton	Ipswich Town	Leeds United	Liverpool	Manchester City	Manchester United	Middlesbrough	Norwich City	Nottingham Forest	Q.P.R.	Southampton	Tottenham Hotspur	W.B.A.	Wolves
Arsenal FC		1-1	3-1	1-0	2-0	5-2	1-1	2-0	2-2	4-1	2-2	1-0	1-1	1-1	0-0	1-1	2-1	5-1	1-0	1-0	1-2	0-1
Aston Villa FC	5-1		1-0	3-0	2-0	2-1	1-1	3-3	1-1	2-2	2-2	3-1	1-1	2-2	0-2	1-1	1-2	3-1	1-1	2-3	0-1	1-0
Birmingham City FC	0-0	0-1		3-0	1-1	1-1	0-0	1-1	1-3	1-1	0-1	0-3	1-2	5-1	1-3	1-0	0-2	3-1	2-2	1-0	1-1	1-1
Bolton Wanderers FC	4-2	0-0	2-2		1-2	2-1	0-0	2-1	3-1	2-3	3-1	1-4	2-2	3-0	0-0	3-2	0-1	2-1	2-0	1-3	0-1	3-1
Bristol City FC	1-3	1-0	2-1	4-1		3-1	5-0	1-0	2-2	3-1	0-0	1-0	1-1	1-2	1-1	11-	1-3	2-0	3-1	0-0	1-0	0-1
Chelsea FC	1-1	0-1	2-1	4-3	0-0		1-3	1-1	0-1	2-3	0-3	0-0	1-4	0-1	2-1	3-3	1-3	1-3	1-2	1-3	1-3	1-2
Coventry City FC	1-1	1-1	2-1	2-2	3-2	3-2		4-2	3-2	2-2	0-0	0-0	0-3	4-3	2-1	4-1	0-0	1-0	4-0	1-3	1-3	3-0
Derby County FC	2-0	0-0	2-1	3-0	0-1	1-0	0-2		0-0	0-1	0-1	0-2	1-1	1-3	0-3	1-1	1-2	2-1	2-1	2-2	3-2	4-1
Everton FC	1-0	1-1	1-0	1-0	4-1	3-2	3-3	2-1		0-1	1-1	1-0	1-0	3-0	2-0	2-2	1-1	2-1	0-0	1-1	0-2	2-0
Ipswich Town FC	2-0	0-2	3-0	3-0	0-1	5-1	1-1	2-1	0-1		2-3	0-3	2-1	3-0	2-1	1-1	1-1	2-1	0-0	2-1	0-1	3-1
Leeds United AFC	0-1	1-0	3-0	5-1	1-1	2-1	1-0	4-0	1-0	1-1		0-3	1-1	2-3	3-1	2-2	1-2	4-3	4-0	1-2	1-3	3-0
Liverpool FC	3-0	3-0	1-0	3-0	1-0	2-0	1-0	5-0	1-1	2-0	1-1		1-0	2-0	2-0	6-0	2-0	2-1	2-0	7-0	2-1	2-0
Manchester City FC	1-1	2-3	3-1	2-1	2-0	2-3	2-0	1-2	0-0	1-2	3-0	1-4		0-3	1-0	2-2	0-0	3-1	1-2	2-0	2-2	3-1
Manchester United FC	0-2	1-1	1-0	1-2	1-3	1-1	0-0	0-0	1-1	2-0	4-1	0-3	1-0		3-2	1-0	1-1	2-0	1-1	2-0	3-5	3-2
Middlesbrough FC	2-3	2-0	2-1	1-1	0-0	7-2	1-2	3-1	1-2	0-0	1-0	0-1	2-0	2-2		2-0	1-3	0-2	2-0	1-0	1-1	2-0
Norwich City FC	0-0	1-2	4-0	0-0	3-0	2-0	1-0	3-0	0-1	0-1	2-2	1-4	1-1	2-2	1-0		1-1	1-1	3-1	2-2	1-1	0-0
Nottingham Forest FC	2-1	4-0	1-0	1-1	2-0	6-0	3-0	1-1	0-0	1-0	0-0	0-0	3-1	1-1	2-2	2-1		0-0	1-0	1-1	0-0	3-1
Queen's Park Rangers FC	1-2	1-0	1-3	1-3	1-0	0-0	5-1	2-2	1-1	0-4	1-4	1-3	2-1	1-1	1-1	0-0	0-0		0-1	2-2	0-1	3-3
Southampton FC	2-0	2-0	1-0	2-2	2-0	0-0	4-0	1-2	3-0	1-2	2-2	1-1	1-0	1-1	2-1	2-2	0-0	1-1		3-3	1-1	3-2
Tottenham Hotspur FC	0-5	1-4	1-0	2-0	1-0	2-2	1-1	2-0	1-1	1-0	1-2	0-0	0-3	1-1	1-2	0-0	1-3	1-1	0-0		1-0	1-0
West Bromwich Albion FC	1-1	1-1	1-0	4-0	3-1	1-0	7-1	2-1	1-0	2-1	1-2	1-1	4-0	1-0	2-0	2-2	0-1	2-1	1-0	0-1		1-1
Wolverhampton Wanderers FC	1-0	0-4	2-1	1-1	2-0	0-1	1-1	4-0	1-0	1-3	1-1	0-1	1-1	2-4	1-3	1-0	1-0	1-0	2-0	3-2	0-3	

	Division 1	Pd	Wn	Dw	Ls	GF	GA	Pts	
1.	LIVERPOOL FC (LIVERPOOL)	42	30	8	4	85	16	68	
2.	Nottingham Forest FC (Nottingham)	42	21	18	3	61	26	60	
3.	West Bromwich Albion FC (West Bromwich)	42	24	11	7	72	35	59	
4.	Everton FC (Liverpool)	42	17	17	8	52	40	51	
5.	Leeds United FC (Leeds)	42	18	14	10	70	52	50	
6.	Ipswich Town FC (Ipswich)	42	20	9	13	63	49	49	
7.	Arsenal FC (London)	42	17	14	11	61	48	48	
8.	Aston Villa FC (Birmingham)	42	15	16	11	59	49	46	
9.	Manchester United FC (Manchester)	42	15	15	12	60	63	45	
10.	Coventry City FC (Coventry)	42	14	16	12	58	68	44	
11.	Tottenham Hotspur FC (London)	42	13	15	14	48	61	41	
12.	Middlesbrough FC (Middlesbrough)	42	15	10	17	57	50	40	
13.	Bristol City FC (Bristol)	42	15	10	17	47	51	40	
14.	Southampton FC (Southampton)	42	12	16	14	47	53	40	
15.	Manchester City FC (Manchester)	42	13	13	16	58	56	39	
16.	Norwich City FC (Norwich)	42	7	23	12	51	57	37	
17.	Bolton Wanderers FC (Bolton)	42	12	11	19	54	75	35	
18.	Wolverhampton Wanderers FC (Wolverhampton)	42	13	8	21	44	68	34	
19.	Derby County FC (Derby)	42	10	11	21	44	71	31	
20.	Queen's Park Rangers FC (London)	42	6	13	23	45	73	25	R
21.	Birmingham City FC (Birmingham)	42	6	10	26	37	64	22	R
22.	Chelsea FC (London)	42	5	10	27	44	92	20	R
		924	318	288	318	1217	1217	924	

Top Goalscorer

1) Frank WORTHINGTON (Bolton Wanderers FC) 24

Football League Division 2 1978-79 Season	Blackburn Rovers	Brighton & Hove Albion	Bristol Rovers	Burnley	Cambridge	Cardiff City	Charlton Athletic	Crystal Palace	Fulham	Leicester City	Luton Town	Millwall	Newcastle United	Notts County	Oldham Athletic	Orient	Preston North End	Sheffield United	Stoke City	Sunderland	West Ham United	Wrexham
Blackburn Rovers FC		1-1	0-2	1-2	1-0	1-4	1-2	1-1	2-1	1-1	0-0	1-1	1-3	3-4	0-2	3-0	0-1	2-0	2-2	1-1	1-0	1-1
Brighton & Hove Albion FC	2-1		3-0	2-1	0-2	5-0	2-0	0-0	3-0	3-1	3-1	3-0	2-0	0-0	1-0	2-0	5-1	2-0	1-1	2-0	1-2	2-1
Bristol Rovers FC	4-1	1-2		2-0	2-0	4-2	5-5	0-1	3-1	1-1	2-0	0-3	2-0	2-2	0-0	2-1	0-1	2-1	0-0	0-0	0-1	2-1
Burnley FC	2-1	3-0	2-0		1-1	0-0	2-1	2-1	5-3	2-2	2-1	0-1	1-0	2-1	1-0	0-1	1-1	1-1	0-3	1-2	3-2	0-0
Cambridge United FC	0-1	0-0	1-1	2-2		5-0	1-1	0-0	1-0	1-1	0-0	2-1	0-0	0-1	3-3	3-1	1-0	1-0	0-1	0-2	0-0	1-0
Cardiff City FC	2-0	3-1	2-0	1-1	1-0		1-4	2-2	2-0	1-0	2-1	2-1	2-1	2-3	1-3	1-0	2-2	4-0	1-3	1-1	0-0	1-0
Charlton Athletic FC	2-0	0-3	3-0	1-1	2-3	1-1		1-1	0-0	1-0	1-2	2-4	4-1	1-1	2-0	0-2	1-1	3-1	1-4	1-2	0-0	1-1
Crystal Palace FC	3-0	3-1	0-1	2-0	1-1	2-0	1-0		0-1	3-1	3-1	0-0	1-0	2-0	1-0	1-1	0-0	3-1	1-1	1-1	1-1	1-0
Fulham FC	1-2	0-1	3-0	0-0	5-1	2-2	3-1	0-0		3-0	1-0	1-0	1-3	1-1	1-0	2-2	5-3	2-0	2-0	2-2	0-0	0-1
Leicester City FC	1-1	4-1	0-0	2-1	1-1	1-2	0-3	1-1	1-0		3-0	0-0	2-1	0-1	2-0	5-3	1-1	0-1	1-1	1-2	1-2	1-1
Luton Town FC	2-1	1-1	3-2	4-1	1-1	7-1	3-0	0-1	2-0	0-1		2-2	2-0	6-0	6-1	2-1	1-2	1-1	0-0	0-3	1-4	2-1
Millwall FC	1-1	1-4	0-3	0-2	2-0	2-0	0-2	0-3	0-0	2-0	0-2		2-1	0-1	2-3	2-0	0-2	1-1	3-0	0-1	2-1	2-2
Newcastle United FC	3-1	1-3	3-0	3-1	1-0	3-0	5-3	1-0	0-0	1-0	1-0	1-0		1-2	1-1	0-0	4-3	1-3	2-0	1-4	0-3	2-0
Notts County FC	2-1	1-0	2-1	1-1	1-1	1-0	1-1	0-0	1-1	0-1	3-1	1-1	1-2		0-0	1-0	0-0	4-1	0-1	1-1	1-0	1-1
Oldham Athletic AFC	5-0	1-3	3-1	2-0	4-1	2-1	0-3	0-0	0-2	2-1	2-0	4-1	1-3	3-3		0-0	2-0	1-1	1-1	0-0	2-2	1-0
Orient FC	2-0	3-3	1-1	2-1	3-0	2-2	2-1	0-1	1-0	0-1	3-2	2-1	2-0	3-0	0-0		2-0	1-1	0-1	3-0	0-2	0-1
Preston North End FC	4-1	1-0	1-1	2-2	0-2	2-1	6-1	2-3	2-2	4-0	2-2	0-0	0-0	1-1	1-1	1-1		2-2	0-1	3-1	0-0	2-1
Sheffield United FC	0-1	0-1	1-0	4-0	3-3	2-1	2-1	0-2	1-1	2-2	1-1	0-2	1-0	5-1	4-2	1-2	0-1		0-0	3-2	3-0	1-1
Stoke City FC	1-2	2-2	2-0	3-1	1-3	2-0	2-2	1-1	2-0	0-0	0-0	2-0	0-0	2-0	4-0	3-1	1-1	2-1		0-1	2-0	3-0
Sunderland AFC	0-1	2-1	5-0	3-1	0-2	1-2	1-0	1-2	1-1	1-1	1-0	3-2	1-1	3-0	3-0	1-0	3-1	6-2	0-1		2-1	1-0
West Ham United FC	4-0	0-0	2-0	3-1	5-0	1-1	2-0	1-1	0-1	1-1	1-0	3-0	5-0	5-2	3-0	0-2	3-1	2-0	1-1	3-3		1-1
Wrexham AFC	2-1	0-0	0-1	0-1	2-0	1-2	1-1	0-0	1-1	0-0	2-0	3-0	0-0	3-1	2-0	3-1	2-1	4-0	0-1	1-2	4-3	

	Division 2	Pd	Wn	Dw	Ls	GF	GA	Pts	
1.	Crystal Palace FC (London)	42	19	19	4	51	24	57	P
2.	Brighton & Hove Albion FC (Hove)	42	23	10	9	72	39	56	P
3.	Stoke City FC (Stoke-on-Trent)	42	20	16	6	58	31	56	P
4.	Sunderland AFC (Sunderland)	42	22	11	9	70	44	55	
5.	West Ham United FC (London)	42	18	14	10	70	39	50	
6.	Notts County FC (Nottingham)	42	14	16	12	48	60	44	
7.	Preston North End FC (Preston)	42	12	18	12	59	57	42	
8.	Newcastle United FC (Newcastle upon Tyne)	42	17	8	17	51	55	42	
9.	Cardiff City AFC (Cardiff)	42	16	10	16	56	70	42	
10.	Fulham FC (London)	42	13	15	14	50	47	41	
11.	Orient FC (London)	42	15	10	17	51	51	40	
12.	Cambridge United FC (Cambridge)	42	12	16	14	44	52	40	
13.	Burnley FC (Burnley)	42	14	12	16	51	62	40	
14.	Oldham Athletic AFC (Oldham)	42	13	13	16	52	61	39	
15.	Wrexham AFC (Wrexham)	42	12	14	16	45	42	38	
16.	Bristol Rovers FC (Bristol)	42	14	10	18	48	60	38	
17.	Leicester City FC (Leicester)	42	10	17	15	43	52	37	
18.	Luton Town FC (Luton)	42	13	10	19	60	57	36	
19.	Charlton Athletic FC (London)	42	11	13	18	60	69	35	
20.	Sheffield United FC (Sheffield)	42	11	12	19	52	69	34	R
21.	Millwall FC (London)	42	11	10	21	42	61	32	R
22.	Blackburn Rovers FC (Blackburn)	42	10	10	22	41	72	30	R
		924	320	284	320	1174	1174	924	

Football League Division 3 1978-79 Season	Blackpool	Brentford	Bury	Carlisle United	Chester	Chesterfield	Colchester United	Exeter City	Gillingham	Hull City	Lincoln City	Mansfield Town	Oxford United	Peterborough Utd.	Plymouth Argyle	Rotherham United	Sheffield Wed.	Shrewsbury Town	Southend United	Swansea City	Swindon Town	Tranmere Rovers	Walsall	Watford
Blackpool FC		0-1	1-2	3-1	3-0	0-0	2-1	1-1	2-0	3-1	2-0	2-0	1-0	0-0	0-0	1-2	0-1	5-0	1-2	1-3	5-2	2-0	2-1	1-1
Brentford FC	3-2		0-1	0-0	6-0	0-3	1-0	0-0	0-2	1-0	2-1	1-0	3-0	0-0	2-1	1-0	2-1	2-3	3-0	1-0	1-2	2-0	1-0	3-3
Bury FC	1-3	2-3		2-2	1-1	3-1	2-2	4-2	2-2	1-1	2-2	0-0	1-1	1-0	1-2	3-2	0-0	3-0	3-3	0-1	0-1	1-0	1-1	1-2
Carlisle United FC	1-1	1-0	1-2		1-1	1-1	4-0	1-1	1-0	2-2	2-0	1-0	0-1	4-1	1-1	1-1	0-0	1-1	0-0	2-0	2-0	2-0	1-0	1-0
Chester FC	4-2	3-1	1-1	1-2		3-0	2-2	3-0	1-1	2-1	5-1	1-1	4-1	1-1	0-0	0-1	2-2	0-0	0-1	2-0	2-0	1-1	2-1	2-1
Chesterfield FC	1-3	0-0	2-1	2-3	3-1		2-1	0-1	0-2	1-2	1-3	1-0	1-1	3-1	1-3	1-0	3-3	2-1	3-2	2-1	1-1	5-2	0-0	0-2
Colchester United FC	3-1	1-1	0-0	2-1	2-1	0-0		2-2	2-2	2-1	2-0	1-0	1-1	4-2	2-1	0-0	1-0	1-0	1-1	2-2	3-2	1-0	2-0	0-1
Exeter City FC	3-0	2-2	2-1	3-2	0-1	3-1	2-1		0-0	3-1	3-2	0-0	2-0	1-0	1-0	2-0	2-2	0-1	0-0	2-1	1-2	3-0	3-1	0-0
Gillingham FC	2-0	0-0	3-3	0-0	1-0	2-1	3-0	2-0		2-0	4-2	0-0	2-1	1-0	2-0	0-0	0-0	2-0	1-0	2-0	2-2	3-2	3-1	2-3
Hull City AFC	0-0	1-0	4-1	1-1	3-0	1-1	1-0	1-0	0-1		0-0	3-0	0-1	1-1	2-1	1-0	1-1	1-1	2-0	2-2	1-1	2-1	4-1	4-0
Lincoln City FC	1-2	1-0	1-4	1-1	0-0	0-1	0-0	0-1	2-4	4-2		0-1	2-2	0-1	3-3	3-0	1-2	1-2	1-1	2-1	0-3	2-1	1-1	0-5
Mansfield Town FC	1-1	2-1	3-0	1-0	2-0	2-1	1-1	1-1	1-1	0-2	2-0		1-1	1-1	5-0	0-1	1-1	2-2	1-1	2-2	0-1	0-0	1-3	0-3
Oxford United FC	1-0	0-1	0-0	5-1	0-0	1-1	2-0	3-2	1-1	1-0	2-1	3-2		0-2	3-2	1-0	1-1	0-1	0-0	0-2	0-1	0-0	2-1	1-1
Peterborough United	1-2	3-1	2-2	0-0	2-1	0-0	1-2	1-1	1-1	3-0	0-1	1-2	1-1		2-1	1-1	2-0	0-2	0-1	2-0	2-1	1-0	0-3	0-1
Plymouth Argyle FC	0-0	2-1	3-0	2-0	2-2	1-1	1-1	4-2	2-1	3-4	2-1	1-4	0-1	3-2		2-0	2-0	1-1	1-1	2-2	2-0	2-2	1-0	1-1
Rotherham United	2-1	1-0	2-1	1-3	0-1	1-0	1-0	2-1	1-1	0-2	2-0	2-0	0-0	1-1	1-0		0-1	1-2	2-1	0-1	1-3	3-2	4-1	2-1
Sheffield Wednesday	2-0	1-0	0-0	0-0	0-0	4-0	0-0	2-1	2-1	2-3	0-0	1-2	1-1	3-0	2-3	2-1		0-0	3-2	0-0	2-1	1-2	0-2	2-3
Shrewsbury Town	2-0	1-0	1-0	0-0	1-0	1-1	2-0	4-1	1-1	1-0	2-0	2-2	0-0	2-0	2-0	3-1	2-2		2-0	3-0	0-0	2-1	1-1	1-1
Southend United FC	4-0	1-1	0-0	1-1	0-1	2-0	1-1	0-1	0-1	3-0	2-0	1-1	2-0	0-0	2-1	2-1	2-1	0-1		0-2	5-3	0-1	1-0	1-0
Swansea City FC	1-0	2-1	2-0	0-0	2-2	2-1	4-1	1-0	3-1	5-3	3-0	3-2	1-1	4-1	2-1	4-4	4-2	1-1	3-2		1-2	4-3	2-2	3-2
Swindon Town FC	0-1	2-0	2-1	0-0	2-0	1-0	1-2	1-1	3-1	2-0	6-0	1-0	2-0	3-1	1-3	1-0	3-0	2-1	1-0	0-1		4-1	4-1	2-0
Tranmere Rovers FC	0-2	0-1	0-0	1-1	6-2	1-1	1-5	2-2	1-1	1-3	0-0	1-2	1-0	1-0	2-1	1-1	1-1	2-2	1-2	1-2	1-1		0-0	1-1
Walsall FC	2-1	2-3	0-1	1-2	2-1	0-1	2-2	2-2	0-1	1-2	4-1	1-1	0-1	4-1	2-1	0-1	0-2	1-1	1-1	1-1	4-1	2-0		2-4
Watford FC	5-1	2-0	3-3	2-1	1-0	2-0	0-3	1-0	1-0	4-0	2-0	1-1	4-2	1-2	2-2	2-2	1-0	2-2	2-0	0-2	2-0	4-0	3-1	

	Division 3	Pd	Wn	Dw	Ls	GF	GA	Pts	
1.	Shrewsbury Town FC (Shrewsbury)	46	21	19	6	61	41	61	P
2.	Watford FC (Watford)	46	24	12	10	83	52	60	P
3.	Swansea City FC (Swansea)	46	24	12	10	83	61	60	P
4.	Gillingham FC (Gillingham)	46	21	17	8	65	42	59	
5.	Swindon Town FC (Swindon)	46	25	7	14	74	52	57	
6.	Carlisle United FC (Carlisle)	46	15	22	9	53	42	52	
7.	Colchester United FC (Colchester)	46	17	17	12	60	55	51	
8.	Hull City AFC (Kingston upon Hull)	46	19	11	16	66	61	49	
9.	Exeter City FC (Exeter)	46	17	15	14	61	56	49	
10.	Brentford FC (London)	46	19	9	18	53	49	47	
11.	Oxford United FC (Oxford)	46	14	18	14	44	50	46	
12.	Blackpool FC (Blackpool)	46	18	9	19	61	59	45	
13.	Southend United FC (Southend-on-Sea)	46	15	15	16	51	49	45	
14.	Sheffield Wednesday FC (Sheffield)	46	13	19	14	53	53	45	
15.	Plymouth Argyle FC (Plymouth)	46	15	14	17	67	68	44	
16.	Chester FC (Chester)	46	14	16	16	57	61	44	
17.	Rotherham United FC (Rotherham)	46	17	10	19	49	55	44	
18.	Mansfield Town FC (Mansfield)	46	12	19	15	51	52	43	
19.	Bury FC (Bury)	46	11	20	15	59	65	42	
20.	Chesterfield FC (Chesterfield)	46	13	14	19	51	65	40	
21.	Peterborough United FC (Peterborough)	46	11	14	21	44	63	36	R
22.	Walsall FC (Walsall)	46	10	12	24	56	71	32	R
23.	Tranmere Rovers FC (Birkenhead)	46	6	16	24	45	78	28	R
24.	Lincoln City FC (Lincoln)	46	7	11	28	41	88	25	R
		1104	378	348	378	1388	1388	1104	

Football League Division 4 1978-79 Season	Aldershot Town	Barnsley	Bournemouth	Bradford City	Crewe Alexandra	Darlington	Doncaster Rovers	Grimsby Town	Halifax Town	Hartlepool	Hereford United	Huddersfield Town	Newport County	Northampton Town	Portsmouth	Port Vale	Reading	Rochdale	Scunthorpe United	Stockport County	Torquay United	Wigan Ath.	Wimbledon	York City
Aldershot Town FC		1-0	1-0	6-0	3-0	1-1	2-1	2-0	1-0	1-1	2-0	1-0	2-3	2-0	0-2	1-1	2-2	1-0	2-0	3-2	1-0	1-0	1-1	1-0
Barnsley FC	2-0		1-0	0-1	3-1	1-1	3-0	2-1	4-2	1-0	2-1	1-0	1-0	1-1	1-1	6-2	3-1	0-3	4-1	4-4	1-2	0-0	3-1	3-0
AFC Bournemouth	0-1	0-2		1-0	0-1	2-2	7-1	0-0	1-0	0-1	1-1	2-0	3-1	0-0	3-1	3-1	0-0	3-1	0-0	3-1	1-0	2-1	1-2	1-2
Bradford City AFC	0-2	1-2	2-1		6-0	0-0	1-0	1-3	3-0	1-2	2-1	1-1	1-3	3-0	2-0	2-3	2-3	1-0	1-1	11-	3-1	1-1	1-0	2-1
Crewe Alexandra FC	1-1	0-2	1-0	1-2		1-1	2-4	0-3	1-0	0-1	0-0	3-3	0-1	2-4	0-0	1-5	0-2	1-2	0-2	2-2	6-2	1-1	1-2	0-1
Darlington FC	2-1	0-0	0-0	1-1	1-1		3-2	0-1	2-1	0-1	2-1	1-0	1-0	0-0	2-0	4-0	1-2	0-2	2-2	0-1	1-2	1-1	1-1	0-1
Doncaster Rovers FC	1-1	2-2	1-1	2-0	2-0	2-3		0-1	1-1	0-0	1-0	0-2	0-0	2-0	2-3	1-3	2-2	1-0	0-0	2-0	1-0	0-1	1-0	1-2
Grimsby Town FC	0-0	2-0	1-0	5-1	2-2	7-2	3-4		2-1	0-1	1-1	2-1	1-0	4-3	1-0	1-0	1-2	4-0	1-1	2-1	3-0	3-1	2-2	3-0
Halifax Town AFC	1-1	0-2	0-2	2-0	0-0	0-2	0-0	1-2		2-4	1-0	2-3	1-2	2-2	2-0	0-3	0-0	2-1	2-3	2-1	1-0	1-2	2-1	0-1
Hartlepool United FC	2-2	1-1	0-0	2-2	2-2	0-2	3-4	1-0	3-1		2-1	2-0	0-0	2-0	1-1	1-2	0-0	5-1	1-1	1-3	3-2	1-1	1-1	1-1
Hereford United FC	1-1	1-1	0-0	3-1	6-1	1-0	2-0	0-1	2-2	1-0		3-0	0-3	4-3	0-1	1-0	0-0	2-2	3-1	1-0	3-1	0-0	0-0	1-0
Huddersfield Town	0-0	1-0	2-1	0-0	0-0	2-2	2-1	2-0	2-0	2-0	2-3		0-1	1-0	2-0	3-2	1-1	1-0	3-2	0-0	1-1	1-1	3-0	1-0
Newport County AFC	1-2	1-1	2-0	2-4	1-2	2-1	3-0	1-1	2-0	3-2	4-1	2-1		2-1	1-2	1-0	3-2	0-0	2-0	1-2	1-1	2-1	1-3	1-1
Northampton Town	2-3	0-1	4-2	1-0	3-1	4-1	3-0	1-2	2-1	1-1	2-1	2-3	3-1		0-2	1-0	2-2	1-0	1-0	2-2	1-2	2-4	1-1	1-0
Portsmouth FC	1-1	0-1	1-1	0-1	3-0	3-0	4-0	1-3	3-1	3-0	1-0	1-0	2-1	1-0		2-0	4-0	1-1	0-0	1-1	1-0	1-0	0-0	1-1
Port Vale FC	1-1	3-2	1-2	2-1	2-2	2-1	1-3	1-1	0-1	2-0	1-1	1-0	1-1	2-2	0-0		0-3	1-1	2-2	2-1	1-2	2-1	1-0	0-0
Reading FC	4-0	1-0	1-0	3-0	3-0	1-0	3-0	4-0	1-0	3-1	3-0	1-1	2-1	5-1	2-0	0-0		2-0	0-1	3-3	1-0	2-0	1-0	3-0
Rochdale AFC	1-1	0-3	2-1	1-0	2-1	2-1	2-0	2-5	1-1	1-1	0-2	0-2	1-0	4-1	0-2	0-1	1-0		1-0	2-0	1-0	0-2	0-0	1-2
Scunthorpe United	2-0	0-1	1-0	3-2	0-1	1-0	0-0	2-1	1-0	3-1	4-2	3-1	2-3	0-3	2-2	2-0	0-3	0-4		1-0	2-2	0-1	2-0	2-3
Stockport County	2-2	0-0	1-0	1-0	4-3	3-0	0-1	2-1	1-2	4-0	0-2	3-1	1-1	2-1	4-2	0-0	0-0	3-0	0-2		0-1	0-1	0-1	2-0
Torquay United FC	2-1	3-2	0-1	1-2	3-0	1-0	2-1	3-1	2-0	4-1	1-0	2-1	2-0	0-1	2-1	2-2	1-1	1-1	0-1	1-0		1-1	1-6	3-0
Wigan Athletic AFC	3-2	1-1	1-0	1-3	1-0	2-2	1-0	0-3	1-0	2-2	0-0	2-1	2-3	2-0	2-0	5-3	3-0	3-0	1-0	2-0	3-1		1-1	1-1
Wimbledon FC	3-1	1-1	4-0	2-1	1-1	2-0	3-2	0-1	2-1	3-1	2-0	2-1	0-0	4-1	2-4	1-0	1-0	3-2	3-1	2-0	5-0	2-1		2-1
York City FC	1-1	0-1	2-1	2-2	1-0	5-2	1-1	0-0	2-0	1-1	1-0	1-3	1-2	1-0	5-3	4-0	0-1	2-1	1-0	1-0	0-0	0-1	1-4	

	Division 4	Pd	Wn	Dw	Ls	GF	GA	Pts	
1.	Reading FC (Reading)	46	26	13	7	76	35	65	P
2.	Grimsby Town FC (Cleethorpes)	46	26	9	11	82	49	61	P
3.	Wimbledon FC (London)	46	25	11	10	78	46	61	P
4.	Barnsley FC (Barnsley)	46	24	13	9	73	42	61	P
5.	Aldershot FC (Aldershot)	46	20	17	9	63	47	57	
6.	Wigan Athletic AFC (Wigan)	46	21	13	12	63	48	55	
7.	Portsmouth FC (Portsmouth)	46	20	12	14	62	48	52	
8.	Newport County AFC (Newport)	46	21	10	15	66	55	52	
9.	Huddersfield Town AFC (Huddersfield)	46	18	11	17	57	53	47	
10.	York City FC (York)	46	18	11	17	51	55	47	
11.	Torquay United FC (Torquay)	46	19	8	19	58	65	46	
12.	Scunthorpe United FC (Scunthorpe)	46	17	11	18	54	60	45	
13.	Hartlepool United FC (Hartlepool)	46	13	18	15	57	66	44	
14.	Hereford United FC (Hereford)	46	15	13	18	53	53	43	
15.	Bradford City AFC (Bradford)	46	17	9	20	62	68	43	
16.	Port Vale FC (Stoke-on-Trent)	46	14	14	18	57	70	42	
17.	Stockport County FC (Stockport)	46	14	12	20	58	60	40	
18.	AFC Bournemouth (Bournemouth)	46	14	11	21	47	48	39	
19.	Northampton Town FC (Northampton)	46	15	9	22	64	76	39	
20.	Rochdale AFC (Rochdale)	46	15	9	22	47	64	39	
21.	Darlington FC (Darlington)	46	11	15	20	49	66	37	
22.	Doncaster Rovers FC (Doncaster)	46	13	11	22	50	73	37	
23.	Halifax Town AFC (Halifax)	46	9	8	29	39	72	26	
24.	Crewe Alexandra FC (Crewe)	46	6	14	26	43	90	26	
		1104	411	282	411	1409	1409	1104	

F.A. CUP FINAL (Wembley Stadium, London – 12/05/1979)

ARSENAL FC (LONDON)	3-2	Manchester United FC (Manchester)
Talbot, Stapleton, Sunderland	*(H.T. 2-0)*	*McQueen, McIlroy*

Arsenal: Jennings, Rice, Nelson, Talbot, O'Leary, Young, Brady, Sunderland, Stapleton, Price (Walford), Rix.

Man. United: Bailey, Nicholl, Albiston, McIlroy, McQueen, Buchan, Coppell, J.Greenhoff, Jordan, Macari, Thomas.

Semi-finals

Arsenal FC (London)	2-0	Wolverhampton Wanderers FC (Wolverhampton)
Liverpool FC (Liverpool)	2-2, 0-1	Manchester United FC (Manchester)

Quarter-finals

Ipswich Town FC (Ipswich)	0-1	Liverpool FC (Liverpool)
Southampton FC (Southampton)	1-1, 0-2	Arsenal FC (London)
Tottenham Hotspur FC (London)	1-1, 0-2	Manchester United FC (Manchester)
Wolverhampton Wanderers FC (Wolverhampton)	1-1, 3-1	Shrewsbury Town FC (Shrewsbury)

1979-80

Football League Division 1 1979-80 Season	Arsenal	Aston Villa	Bolton Wanderers	Brighton & H.A.	Bristol City	Coventry City	Crystal Palace	Derby County	Everton	Ipswich Town	Leeds United	Liverpool	Manchester City	Manchester United	Middlesbrough	Norwich City	Nottingham Forest	Southampton	Stoke City	Tottenham Hotspur	W.B.A.	Wolves
Arsenal FC		3-1	2-0	3-0	0-0	3-1	1-1	2-0	2-0	0-2	0-1	0-0	0-0	0-0	2-0	1-1	0-0	1-1	0-0	1-0	1-1	2-3
Aston Villa FC	0-0		3-1	2-1	0-2	3-0	2-0	1-0	2-1	1-1	0-0	1-3	2-2	0-3	0-2	2-0	3-2	3-0	2-1	1-0	0-0	1-3
Bolton Wanderers FC	0-0	1-1		0-2	1-1	1-1	1-1	1-2	1-1	0-1	1-1	1-1	0-1	1-3	2-2	1-0	1-0	2-1	2-1	2-1	0-0	0-0
Brighton & Hove Albion FC	0-4	1-1	3-1		0-1	1-1	3-0	2-0	0-0	2-0	0-0	1-4	4-1	0-0	2-1	2-4	1-0	0-0	0-0	0-2	0-0	3-0
Bristol City FC	0-1	1-3	2-1	2-2		1-0	0-2	0-2	2-1	0-3	2-2	1-3	1-0	1-1	3-1	2-3	1-1	0-1	0-0	1-3	0-0	2-0
Coventry City FC	0-1	1-2	3-1	2-1	3-1		2-1	2-1	2-1	4-1	3-0	1-0	0-0	1-2	2-0	2-0	0-3	3-0	1-3	1-1	0-2	1-3
Crystal Palace FC	1-0	2-0	3-1	1-1	1-1	0-0		4-0	1-1	4-1	1-0	0-0	2-0	0-2	1-2	0-0	1-0	0-0	0-1	1-1	2-2	1-0
Derby County FC	3-2	1-3	4-0	3-0	3-3	1-2	1-2		0-1	0-1	2-0	1-3	3-1	1-3	1-0	0-0	4-1	2-2	2-2	2-1	2-1	0-1
Everton FC	0-1	1-1	3-1	2-0	0-0	1-1	3-1	1-1		0-4	5-1	1-2	1-2	0-0	0-2	2-4	1-0	2-0	2-0	1-1	0-0	2-3
Ipswich Town FC	1-2	0-0	1-0	1-1	1-0	3-0	3-0	1-1	1-1		1-0	1-2	4-0	6-0	1-0	4-2	0-1	3-1	3-1	3-1	4-0	1-0
Leeds United AFC	1-1	0-0	2-2	1-1	1-3	0-0	1-0	1-0	2-0	2-1		1-1	1-2	2-0	2-0	2-2	1-2	2-0	3-0	1-2	1-0	3-0
Liverpool FC	1-1	4-1	0-0	1-0	4-0	4-0	3-0	3-0	2-2	1-1	3-0		2-0	2-0	4-0	0-0	2-0	1-1	1-0	2-1	3-1	3-0
Manchester City FC	0-3	1-1	2-2	3-2	3-1	3-0	0-0	3-0	1-1	2-1	1-1	0-4		2-0	1-0	0-0	1-0	0-1	1-1	1-1	1-3	2-3
Manchester United FC	3-0	2-1	2-0	2-0	4-0	2-1	1-1	1-0	0-0	1-0	1-1	2-1	1-0		2-1	5-0	3-0	1-0	4-0	4-1	2-0	0-1
Middlesbrough FC	5-0	0-0	3-1	1-1	1-0	1-2	1-1	3-0	2-1	1-1	3-1	1-0	3-0	1-1		1-0	0-0	0-1	1-3	0-0	2-1	1-0
Norwich City FC	2-1	1-1	2-1	2-2	2-0	1-0	2-1	4-2	0-0	3-3	2-1	3-5	2-2	0-2	0-0		3-1	2-1	2-2	4-0	1-1	0-4
Nottingham Forest FC	1-1	2-1	5-2	0-1	0-0	4-1	4-0	1-0	1-0	2-0	0-0	1-0	4-0	2-0	2-2	2-0		2-0	1-0	4-0	3-1	3-2
Southampton FC	0-1	2-0	2-0	5-1	5-2	2-3	4-1	4-0	1-0	0-1	1-2	3-2	4-1	1-1	4-1	2-0	4-1		3-1	5-2	1-1	0-3
Stoke City FC	2-3	2-0	1-0	1-0	1-0	3-2	1-2	3-2	2-3	0-1	0-2	0-2	0-0	1-1	0-0	2-1	1-1	1-2		3-1	3-2	0-1
Tottenham Hotspur FC	1-2	1-2	2-0	2-1	0-0	4-3	0-0	1-0	3-0	0-2	2-1	2-0	2-1	1-2	1-3	3-2	1-0	0-0	1-0		1-1	2-2
West Bromwich Albion FC	2-2	1-2	4-4	2-2	3-0	4-1	3-0	0-0	1-1	0-0	2-1	0-2	4-0	2-0	0-0	2-1	1-5	4-0	0-1	2-1		0-0
Wolverhampton Wanderers FC	1-2	1-1	3-1	1-3	3-0	0-3	1-1	0-0	0-0	3-0	3-1	1-0	1-2	3-1	0-2	1-0	3-1	0-0	3-0	1-2	0-0	

	Division 1	Pd	Wn	Dw	Ls	GF	GA	Pts	
1.	LIVERPOOL FC (LIVERPOOL)	42	25	10	7	81	30	60	
2.	Manchester United FC (Manchester)	42	24	10	8	65	35	58	
3.	Ipswich Town FC (Ipswich)	42	22	9	11	68	39	53	
4.	Arsenal FC (London)	42	18	16	8	52	36	52	
5.	Nottingham Forest FC (Nottingham)	42	20	8	14	63	43	48	
6.	Wolverhampton Wanderers FC (Wolverhampton)	42	19	9	14	58	47	47	
7.	Aston Villa FC (Birmingham)	42	16	14	12	51	50	46	
8.	Southampton FC (Southampton)	42	18	9	15	65	53	45	
9.	Middlesbrough FC (Middlesbrough)	42	16	12	14	50	44	44	
10.	West Bromwich Albion FC (West Bromwich)	42	11	19	12	54	50	41	
11.	Leeds United AFC (Leeds)	42	13	14	15	46	50	40	
12.	Norwich City FC (Norwich)	42	13	14	15	58	66	40	
13.	Crystal Palace FC (London)	42	12	16	14	41	50	40	
14.	Tottenham Hotspur FC (London)	42	15	10	17	52	62	40	
15.	Coventry City FC (Coventry)	42	16	7	19	56	66	39	
16.	Brighton & Hove Albion FC (Hove)	42	11	15	16	47	57	37	
17.	Manchester City FC (Manchester)	42	12	13	17	43	66	37	
18.	Stoke City FC (Stoke-on-Trent)	42	13	10	19	44	58	36	
19.	Everton FC (Liverpool)	42	9	17	16	43	51	35	
20.	Bristol City FC (Bristol)	42	9	13	20	37	66	31	R
21.	Derby County FC (Derby)	42	11	8	23	47	67	30	R
22.	Bolton Wanderers FC (Bolton)	42	5	15	22	38	73	25	R
		924	328	268	328	1159	1159	924	

Top Goalscorer

1) Phil BOYER (Southampton FC) 23

Football League Division 2 1979-80 Season	Birmingham City	Bristol Rovers	Burnley	Cambridge	Cardiff City	Charlton Athletic	Chelsea	Fulham	Leicester City	Luton Town	Newcastle United	Notts County	Oldham Athletic	Orient	Preston North End	Q.P.R.	Shrewsbury Town	Sunderland	Swansea City	Watford	West Ham United	Wrexham
Birmingham City FC		1-1	2-0	1-0	2-1	1-0	5-1	3-4	1-2	1-0	0-0	3-3	2-0	3-1	2-2	2-1	1-0	1-0	2-0	2-0	0-0	2-0
Bristol Rovers FC	1-0		0-0	0-0	1-1	3-0	3-0	1-0	1-1	3-2	1-1	2-3	2-0	1-2	3-3	1-3	2-1	2-2	4-1	1-1	0-2	1-0
Burnley FC	0-0	1-1		5-3	0-2	1-1	0-1	2-1	1-2	0-0	3-2	0-1	1-1	1-2	1-1	0-3	0-0	1-1	0-0	1-0	0-1	1-0
Cambridge United FC	2-1	4-1	3-1		2-0	1-0	0-1	4-0	1-1	1-2	0-0	2-3	3-3	1-1	3-2	2-1	2-0	3-3	0-1	2-2	2-0	2-0
Cardiff City FC	1-2	0-1	2-1	0-0		3-1	1-2	1-0	0-1	2-1	1-1	3-2	1-0	0-0	0-2	1-0	1-0	1-1	1-0	1-0	0-1	1-0
Charlton Athletic FC	0-1	4-0	3-3	1-1	3-2		1-2	0-1	2-0	1-4	1-1	0-0	2-1	0-1	0-3	2-2	2-1	0-4	1-2	0-0	1-0	1-2
Chelsea FC	1-2	1-0	2-1	1-1	1-0	3-1		0-2	1-0	1-1	4-0	1-0	3-0	1-0	2-0	0-2	2-4	0-0	3-0	2-0	2-1	3-1
Fulham FC	2-4	1-1	3-1	1-2	2-1	1-0	1-2		0-0	1-3	1-0	1-3	0-1	0-0	1-0	0-2	2-1	0-1	1-2	0-0	1-2	0-2
Leicester City FC	2-1	3-0	1-1	2-1	0-0	2-1	1-0	3-3		1-3	1-0	1-0	0-1	2-2	1-2	2-0	2-0	2-1	1-1	2-0	1-2	2-0
Luton Town FC	2-3	3-1	1-1	1-1	1-2	3-0	3-3	4-0	0-0		1-1	2-1	0-0	2-1	1-1	1-1	0-0	2-0	5-0	1-0	1-1	2-0
Newcastle United FC	0-0	3-1	1-1	2-0	1-0	2-0	2-1	2-0	3-2	2-2		2-2	3-2	2-0	0-0	4-2	1-0	3-1	1-3	0-2	0-0	1-0
Notts County FC	1-1	0-0	2-3	0-0	4-1	0-0	2-3	1-1	0-1	0-0	2-2		1-1	1-1	2-1	1-0	5-2	0-1	0-0	1-2	0-1	1-1
Oldham Athletic AFC	1-0	2-1	2-1	1-1	0-3	4-3	1-0	0-1	1-1	2-1	1-0	1-0		1-0	3-2	0-0	0-2	3-0	4-1	1-1	0-0	2-3
Orient FC	2-2	2-1	2-2	2-0	1-1	1-1	3-7	1-0	0-1	2-2	1-4	1-0	1-1		2-2	1-1	0-1	2-1	0-0	1-0	0-4	4-0
Preston North End FC	0-0	3-2	3-2	2-2	2-0	1-1	1-1	3-2	1-1	1-1	1-0	2-0	0-1	2-2		0-3	3-0	2-1	1-1	1-2	1-1	0-0
Queen's Park Rangers FC	1-1	2-0	7-0	2-2	3-0	4-0	2-2	3-0	1-4	2-2	2-1	1-3	4-3	0-0	1-1		2-1	0-0	3-2	1-1	3-0	2-2
Shrewsbury Town FC	1-0	3-1	2-0	1-2	1-2	3-1	3-0	5-2	2-2	1-2	3-1	1-1	0-1	1-0	1-3	3-0		1-2	2-2	1-0	3-0	3-1
Sunderland AFC	2-0	3-2	5-0	2-0	2-1	4-0	2-1	2-1	0-0	1-0	1-0	3-1	4-2	1-1	1-1	3-0	2-1		1-1	5-0	2-0	1-1
Swansea City FC	0-1	2-0	2-1	2-4	2-1	1-0	1-1	4-1	0-2	2-0	2-3	0-1	2-0	0-1	1-0	1-2	2-0	3-1		1-0	2-1	1-0
Watford FC	1-0	0-0	4-0	0-0	1-1	2-1	2-3	4-0	1-3	0-1	2-0	2-1	1-0	0-3	0-0	1-2	0-1	1-1	0-0		2-0	3-1
West Ham United FC	1-2	2-1	2-1	3-1	3-0	4-1	0-1	2-3	3-1	1-2	1-1	1-2	1-0	2-0	2-0	2-1	1-3	2-0	2-0	1-1		1-0
Wrexham AFC	1-0	1-2	1-0	1-0	0-1	3-2	2-0	1-1	0-1	3-1	1-0	1-0	1-1	2-1	2-0	1-3	0-1	0-1	1-0	3-0	1-0	

	Division 2	Pd	Wn	Dw	Ls	GF	GA	Pts	
1.	Leicester City FC (Leicester)	42	21	13	8	58	38	55	P
2.	Sunderland AFC (Sunderland)	42	21	12	9	69	42	54	P
3.	Birmingham City FC (Birmingham)	42	21	11	10	58	38	53	P
—	—	—	—	—	—	—	—	—	—
4.	Chelsea FC (London)	42	23	7	12	66	52	53	
5.	Queen's Park Rangers FC (London)	42	18	13	11	75	53	49	
6.	Luton Town FC (Luton)	42	16	17	9	66	45	49	
7.	West Ham United FC (London)	42	20	7	15	54	43	47	
8.	Cambridge United FC (Cambridge)	42	14	16	12	61	53	44	
9.	Newcastle United FC (Newcastle upon Tyne)	42	15	14	13	53	49	44	
10.	Preston North End FC (Preston)	42	12	19	11	56	52	43	
11.	Oldham Athletic AFC (Oldham)	42	16	11	15	49	53	43	
12.	Swansea City FC (Swansea)	42	17	9	16	48	53	43	
13.	Shrewsbury Town FC (Shrewsbury)	42	18	5	19	60	53	41	
14.	Orient FC (London)	42	12	17	13	48	54	41	
15.	Cardiff City AFC (Cardiff)	42	16	8	18	41	48	40	
16.	Wrexham AFC (Wrexham)	42	16	6	20	40	49	38	
17.	Notts County FC (Nottingham)	42	11	15	16	51	52	37	
18.	Watford FC (Watford)	42	12	13	17	39	46	37	
19.	Bristol Rovers FC (Bristol)	42	11	13	18	50	64	35	
—	—	—	—	—	—	—	—	—	—
20.	Fulham FC (London)	42	11	7	24	42	74	29	R
21.	Burnley FC (Burnley)	42	6	15	21	39	73	27	R
22.	Charlton Athletic FC (London)	42	6	10	26	39	78	22	R
		924	333	258	333	1162	1162	924	

Football League Division 3 1979-80 Season	Barnsley	Blackburn Rovers	Blackpool	Brentford	Bury	Carlisle United	Chester	Chesterfield	Colchester United	Exeter City	Gillingham	Grimsby Town	Hull City	Mansfield Town	Millwall	Oxford United	Plymouth Argyle	Reading	Rotherham United	Sheffield United	Sheffield Wed.	Southend United	Swindon Town	Wimbledon
Barnsley FC		1-1	2-1	1-0	2-1	1-1	1-1	0-1	1-2	2-2	2-0	0-1	3-1	1-0	2-1	2-0	0-0	2-0	0-0	0-0	0-3	1-2	1-2	4-0
Blackburn Rovers FC	0-1		2-0	3-0	1-2	1-2	2-0	1-0	3-0	1-1	3-1	0-0	1-0	0-0	1-1	2-1	1-0	4-2	0-3	1-0	1-2	1-1	2-0	3-0
Blackpool FC	1-1	2-1		5-4	1-2	2-1	0-0	2-2	1-0	1-0	2-1	0-3	2-2	1-1	2-2	1-2	1-3	5-2	3-2	2-3	1-1	1-0	0-1	3-0
Brentford FC	3-1	2-0	2-1		0-0	0-3	2-2	3-1	1-0	0-2	0-2	1-0	7-2	2-0	1-0	1-1	0-0	2-2	0-1	1-2	2-2	2-0	1-3	0-1
Bury FC	2-2	1-2	3-0	4-2		0-2	2-0	2-0	0-1	3-0	0-2	1-1	0-1	0-2	3-0	1-2	2-1	1-0	1-0	1-2	1-0	1-1	0-0	1-2
Carlisle United FC	3-1	1-1	2-0	3-1	1-0		2-2	0-2	2-0	4-1	1-2	0-2	3-2	1-1	4-0	2-2	2-1	3-3	3-1	1-0	0-2	4-0	2-1	1-1
Chester FC	0-0	0-0	1-0	1-1	1-0	1-0		1-0	2-1	1-3	0-2	3-1	2-1	1-0	1-1	1-0	1-0	0-2	3-1	1-1	2-2	2-1	1-0	3-1
Chesterfield FC	2-0	0-1	0-0	1-0	2-0	3-2	2-0		3-0	3-0	0-0	2-3	1-1	2-0	3-2	2-2	3-1	7-1	3-0	2-1	2-1	1-0	2-1	0-0
Colchester United FC	0-0	0-1	3-1	6-1	2-1	1-1	1-1	0-1		0-0	2-2	2-1	1-1	2-1	0-0	3-0	5-2	1-1	1-1	1-0	0-0	2-1	2-3	4-0
Exeter City FC	2-1	2-0	1-0	0-0	1-0	1-2	1-0	1-2	3-1		3-1	1-2	2-2	2-1	2-1	0-0	2-2	1-0	1-1	3-1	1-0	4-2	4-1	0-2
Gillingham FC	1-1	1-2	1-1	0-1	2-1	1-1	2-2	0-1	2-2	1-0		0-1	1-0	2-0	1-1	4-0	0-1	1-1	0-1	3-0	1-1	1-0	0-0	1-0
Grimsby Town FC	3-0	1-2	4-3	5-1	1-0	2-0	0-2	1-1	1-2	4-1	1-0		1-1	2-1	2-0	2-0	1-0	2-1	2-0	4-0	3-1	1-0	2-0	1-0
Hull City AFC	0-2	0-1	3-1	2-1	0-1	2-0	1-0	2-1	0-2	2-2	0-0	2-2		3-1	1-0	2-2	1-0	0-1	1-1	3-1	1-1	1-0	1-0	1-1
Mansfield Town FC	1-4	0-1	1-1	0-0	1-0	2-1	2-1	3-2	0-1	0-1	2-0	0-0	1-1		1-0	1-0	0-0	2-2	5-1	3-4	1-1	3-1	1-1	1-1
Millwall FC	2-2	1-0	2-0	3-1	0-1	1-0	3-1	2-0	1-2	5-1	2-0	2-0	3-2	2-2		3-0	2-1	2-0	0-0	1-1	3-3	1-2	6-2	2-2
Oxford United FC	1-0	0-1	0-2	0-2	3-1	1-0	0-1	1-2	0-2	2-0	1-1	0-1	3-0	3-1	1-2		1-1	4-0	5-1	1-1	0-2	1-0	2-2	4-1
Plymouth Argyle FC	2-1	0-1	2-2	0-1	2-0	4-2	1-0	1-0	2-0	2-0	2-2	1-1	5-1	0-0	1-1	1-1		2-0	1-0	4-1	1-3	0-0	2-0	3-0
Reading FC	7-0	1-1	0-1	2-2	3-1	2-0	2-1	2-2	2-0	2-1	1-3	1-1	3-0	1-0	2-0	2-0	1-0		1-1	2-1	0-2	1-1	2-1	3-0
Rotherham United	1-1	1-3	0-2	4-2	0-2	4-1	2-0	2-0	3-0	2-0	2-1	0-0	2-1	2-1	2-1	0-2	3-1	1-1		1-2	1-2	2-1	3-0	0-0
Sheffield United FC	2-0	2-1	3-1	0-2	0-0	0-2	1-1	0-2	1-2	3-1	4-0	1-1	1-1	1-0	0-1	3-1	3-2	2-0	1-0		1-1	2-0	2-1	2-1
Sheffield Wednesday	0-2	0-3	4-1	0-2	5-1	0-0	3-0	3-3	3-0	0-1	1-0	2-0	0-0	0-0	2-0	2-2	0-1	1-1	5-0	4-0		2-0	4-2	3-1
Southend United FC	2-1	0-1	1-2	3-2	0-0	1-0	4-1	0-0	0-1	4-0	0-3	1-0	3-0	1-1	1-0	1-1	4-1	2-2	0-2	2-1	1-1		1-0	1-3
Swindon Town FC	0-1	2-0	2-1	4-0	8-0	0-0	3-1	2-1	2-3	2-3	3-0	3-0	0-0	2-1	1-0	1-1	2-1	0-0	6-2	3-2	1-2	1-0		2-1
Wimbledon FC	1-2	1-0	1-2	0-0	0-1	0-0	2-3	1-1	3-3	2-2	1-0	3-6	3-2	3-2	2-2	1-3	3-1	1-1	0-1	1-1	3-4	0-1	2-0	

	Division 3	Pd	Wn	Dw	Ls	GF	GA	Pts	
1.	Grimsby Town FC (Cleethorpes)	46	26	10	10	73	42	62	P
2.	Blackburn Rovers FC (Blackburn)	46	25	9	12	58	36	59	P
3.	Sheffield Wednesday FC (Sheffield)	46	21	16	9	81	47	58	P
4.	Chesterfield FC (Chesterfield)	46	23	11	12	71	46	57	
5.	Colchester United FC (Colchester)	46	20	12	14	64	56	52	
6.	Carlisle United FC (Carlisle)	46	18	12	16	66	56	48	
7.	Reading FC (Reading)	46	16	16	14	66	65	48	
8.	Exeter City FC (Exeter)	46	19	10	17	60	68	48	
9.	Chester FC (Chester)	46	17	13	16	49	57	47	
10.	Swindon Town FC (Swindon)	46	19	8	19	71	63	46	
11.	Barnsley FC (Barnsley)	46	16	14	16	53	56	46	
12.	Sheffield United FC (Sheffield)	46	18	10	18	60	66	46	
13.	Rotherham United FC (Rotherham)	46	18	10	18	58	66	46	
14.	Millwall FC (London)	46	16	13	17	65	59	45	
15.	Plymouth Argyle FC (Plymouth)	46	16	12	18	59	55	44	
16.	Gillingham FC (Gillingham)	46	14	14	18	49	51	42	
17.	Oxford United FC (Oxford)	46	14	13	19	57	62	41	
18.	Blackpool FC (Blackpool)	46	15	11	20	62	74	41	
19.	Brentford FC (London)	46	15	11	20	59	73	41	
20.	Hull City AFC (Kingston upon Hull)	46	12	16	18	51	69	40	
21.	Bury FC (Bury)	46	16	7	23	45	59	39	R
22.	Southend United FC (Southend-on-Sea)	46	14	10	22	47	58	38	R
23.	Mansfield Town FC (Mansfield)	46	10	16	20	47	58	36	R
24.	Wimbledon FC (London)	46	10	14	22	52	81	34	R
		1104	408	288	408	1423	1423	1104	

Football League Division 4 1979-80 Season	Aldershot Town	Bournemouth	Bradford City	Crewe Alexandra	Darlington	Doncaster Rovers	Halifax Town	Hartlepool	Hereford United	Huddersfield Town	Lincoln City	Newport County	Northampton Town	Peterborough United	Portsmouth	Port Vale	Rochdale	Scunthorpe United	Stockport County	Torquay United	Tranmere Rovers	Walsall	Wigan Ath.	York City
Aldershot Town FC		0-1	3-1	3-0	1-1	1-1	3-1	0-2	3-3	0-2	2-0	0-1	2-0	2-0	1-2	3-1	3-0	2-0	2-0	1-1	0-0	1-1	0-3	2-2
AFC Bournemouth	3-1		1-1	0-1	1-0	0-0	0-1	2-1	2-2	1-3	0-0	3-2	2-2	0-0	0-1	3-1	4-0	3-3	2-0	1-2	2-1	1-1	1-2	0-0
Bradford City AFC	2-0	2-2		4-0	3-0	3-1	2-0	2-0	1-0	0-0	1-1	3-0	3-1	1-1	0-0	2-0	1-2	2-0	6-1	1-1	2-0	0-1	2-1	1-2
Crewe Alexandra FC	1-0	0-0	2-0		0-0	1-2	2-1	2-1	1-0	1-3	0-2	0-3	2-1	1-4	1-1	0-2	2-1	1-1	1-0	2-2	0-0	1-2	2-1	2-0
Darlington FC	0-0	0-1	3-4	0-0		2-1	1-1	0-1	1-1	2-3	1-1	1-1	0-0	1-1	1-1	1-1	3-1	3-1	3-0	2-0	3-1	1-3	2-2	2-1
Doncaster Rovers FC	1-1	1-0	0-3	1-1	0-1		2-1	0-2	1-0	1-2	1-1	1-3	2-1	2-1	2-0	2-3	2-0	5-0	1-1	5-3	1-1	1-1	3-1	2-0
Halifax Town AFC	1-0	2-0	0-1	3-1	1-1	1-1		2-1	1-0	2-1	1-0	2-1	2-1	0-0	1-2	0-0	1-0	2-2	1-3	3-3	0-0	2-1	0-0	1-1
Hartlepool United FC	1-0	3-1	0-1	3-1	3-1	1-2	1-2		3-0	1-1	0-0	0-0	2-1	1-2	0-3	2-1	11-	3-2	1-2	2-2	2-1	2-2	1-1	3-1
Hereford United FC	0-1	2-1	0-2	2-0	1-0	2-2	2-0	2-1		1-3	0-0	0-2	0-1	0-1	0-0	0-0	1-1	1-1	2-0	0-0	1-2	0-1	2-1	3-1
Huddersfield Town	2-0	2-0	0-0	3-0	2-1	3-0	5-0	2-1	0-1		3-2	2-1	5-0	0-0	1-3	7-1	5-1	2-1	5-0	4-2	1-1	1-1	4-0	2-2
Lincoln City FC	1-1	1-1	1-0	3-0	2-1	1-1	4-0	3-3	2-0	2-0		2-1	0-0	0-1	1-0	3-0	0-0	4-0	1-0	2-0	3-0	2-2	4-0	1-1
Newport County AFC	4-2	0-0	1-2	1-1	4-0	2-1	5-2	1-0	1-0	2-2	1-1		2-1	1-1	4-3	2-1	1-0	2-1	3-1	3-0	2-0	0-1	3-2	2-0
Northampton Town	2-1	0-1	1-2	1-0	2-0	1-0	0-0	2-1	2-0	4-2	0-0	3-2		1-0	0-2	3-1	0-0	0-0	2-0	3-0	2-1	1-2	1-1	2-0
Peterborough United	1-3	2-0	1-0	3-0	3-0	3-2	2-1	2-0	2-0	1-3	3-1	0-1	0-0		0-0	3-0	2-0	3-1	1-1	2-1	1-2	1-3	1-2	2-1
Portsmouth FC	1-3	4-0	4-1	1-1	4-3	2-0	3-1	2-1	0-0	4-1	4-0	0-2	6-1	4-0		2-2	3-0	6-1	1-0	3-0	1-1	1-2	1-1	5-2
Port Vale FC	0-2	1-1	1-2	2-0	2-0	3-0	1-0	1-1	0-1	1-1	1-2	2-0	5-0	0-1	2-3		5-1	1-0	1-2	1-1	0-1	2-2	1-1	1-2
Rochdale AFC	2-1	0-2	0-1	0-0	2-2	3-2	2-2	1-0	0-2	0-2	1-1	2-0	3-2	0-0	1-2	0-2		0-1	0-1	0-0	2-0	1-1	0-2	0-2
Scunthorpe United	1-1	2-1	3-3	1-1	3-0	0-0	1-0	1-3	1-0	1-1	1-0	1-3	3-0	1-0	1-0	1-0	2-0		1-1	1-1	2-2	2-2	1-3	6-1
Stockport County FC	0-4	1-1	2-2	2-1	1-1	0-3	4-1	0-0	2-1	1-2	2-1	0-5	2-0	1-0	1-1	0-1	1-1	1-2		4-0	2-2	1-0	1-2	1-0
Torquay United FC	2-1	0-0	2-3	1-0	4-0	2-2	3-0	3-1	1-1	3-1	2-5	2-0	2-2	2-0	2-1	1-1	3-0	3-0	0-0		3-1	0-1	2-2	4-3
Tranmere Rovers FC	1-2	0-5	4-0	2-0	1-2	1-0	2-0	1-0	0-0	0-0	1-0	0-2	1-1	3-0	4-1	1-1	5-1	1-2	0-1	2-0		0-1	1-3	1-2
Walsall FC	1-1	0-0	1-1	1-0	1-1	3-1	2-0	3-1	3-2	1-1	3-0	2-4	5-1	2-3	1-1	2-1	2-0	1-1	2-1	1-1	2-0		1-1	3-1
Wigan Athletic AFC	2-1	2-1	4-1	2-0	4-1	0-0	3-1	2-1	1-1	1-2	2-1	0-1	0-0	2-1	1-2	3-1	1-1	4-1	3-1	0-3	0-0	3-0		2-5
York City FC	1-1	1-1	2-2	2-2	3-1	1-3	2-2	2-1	3-1	0-4	0-2	2-1	1-2	0-2	1-0	5-1	3-2	2-0	2-2	1-0	0-1	0-1	1-2	

	Division 4	Pd	Wn	Dw	Ls	GF	GA	Pts	
1.	Huddersfield Town AFC (Huddersfield)	46	27	12	7	101	48	66	P
2.	Walsall FC (Walsall)	46	23	18	5	75	47	64	P
3.	Newport County AFC (Newport)	46	27	7	12	83	50	61	P
4.	Portsmouth FC (Portsmouth)	46	24	12	10	91	49	60	P
5.	Bradford City AFC (Bradford)	46	24	12	10	77	50	60	
6.	Wigan Athletic AFC (Wigan)	46	21	13	12	76	61	55	
7.	Lincoln City FC (Lincoln)	46	18	17	11	64	42	53	
8.	Peterborough United FC (Peterborough)	46	21	10	15	58	47	52	
9.	Torquay United FC (Torquay)	46	15	17	14	70	69	47	
10.	Aldershot FC (Aldershot)	46	16	13	17	62	53	45	
11.	AFC Bournemouth (Bournemouth)	46	13	18	15	52	51	44	
12.	Doncaster Rovers FC (Doncaster)	46	15	14	17	62	63	44	
13.	Northampton Town FC (Northampton)	46	16	12	18	51	66	44	
14.	Scunthorpe United FC (Scunthorpe)	46	14	15	17	58	75	43	
15.	Tranmere Rovers FC (Birkenhead)	46	14	13	19	50	56	41	
16.	Stockport County FC (Stockport)	46	14	12	20	48	72	40	
17.	York City FC (York)	46	14	11	21	65	82	39	
18.	Halifax Town AFC (Halifax)	46	13	13	20	46	72	39	
19.	Hartlepool United FC (Hartlepool)	46	14	10	22	59	64	38	
20.	Port Vale FC (Stoke-on-Trent)	46	12	12	22	56	70	36	
21.	Hereford United FC (Hereford)	46	11	14	21	38	52	36	
22.	Darlington FC (Darlington)	46	9	17	20	50	74	35	
23.	Crewe Alexandra FC (Crewe)	46	11	13	22	35	68	35	
24.	Rochdale AFC (Rochdale)	46	7	13	26	33	79	27	
		1104	393	318	393	1460	1460	1104	

F.A. CUP FINAL (Wembley Stadium, London – 10/05/1980 – 100,000)

WEST HAM UNITED FC (LONDON)	1-0	Arsenal FC (London)

Brooking

West Ham: Parkes, Stewart, Lampard, Bonds, Martin, Devonshire, Pike, Brooking, Cross, Pearson, Allen.

Arsenal: Jennings, Rice, Devine (Nelson), Talbot, O'Leary, Young, Price, Rix, Brady, Stapleton, Sunderland.

Semi-finals

Arsenal FC (London)	0-0, 1-1, 1-1, 1-0	Liverpool FC (Liverpool)
Everton FC (Liverpool)	1-1, 1-2	West Ham United FC (London)

Quarter-finals

Everton FC (Liverpool)	2-1	Ipswich Town FC (Ipswich)
Tottenham Hotspur FC (London)	0-1	Liverpool FC (Liverpool)
Watford FC (Watford)	1-2	Arsenal FC (London)
West Ham United FC (London)	1-0	Aston Villa FC (Birmingham)

1980-81

Football League Division 1 1980-81 Season	Arsenal	Aston Villa	Birmingham City	Brighton & H.A.	Coventry City	Crystal Palace	Everton	Ipswich Town	Leeds United	Leicester City	Liverpool	Man. City	Man. United	Middlesbrough	Norwich City	Nottingham F.	Southampton	Stoke City	Sunderland	Tottenham H.	W.B.A.	Wolves
Arsenal FC		2-0	2-1	2-0	2-2	3-2	2-1	1-1	0-0	1-0	1-0	2-0	2-1	2-2	3-1	1-0	1-1	2-0	2-2	2-0	2-2	1-1
Aston Villa FC	1-1		3-0	4-1	1-0	2-1	0-2	1-2	1-1	2-0	2-0	1-0	3-3	3-0	1-0	2-0	2-1	1-0	4-0	3-0	1-0	2-1
Birmingham City FC	3-1	1-2		2-1	3-1	1-0	1-1	1-3	0-2	1-2	1-1	2-0	0-0	2-1	4-0	2-0	0-3	1-1	3-2	2-1	1-1	1-0
Brighton & Hove Albion FC	0-1	1-0	2-2		4-1	3-2	1-3	1-0	2-0	2-1	2-2	1-2	1-4	0-1	2-0	0-1	2-0	1-1	2-1	0-2	1-2	2-0
Coventry City FC	3-1	1-2	2-1	3-3		3-1	0-5	0-4	2-1	4-1	0-0	1-1	0-2	1-0	0-1	1-1	1-0	2-2	2-1	0-1	3-0	2-2
Crystal Palace FC	2-2	0-1	3-1	0-3	0-3		2-3	1-2	0-1	2-1	2-2	2-3	1-0	5-1	4-1	1-3	3-2	1-1	0-1	3-4	0-1	0-0
Everton FC	1-2	1-3	1-1	4-3	3-0	5-0		0-0	1-2	1-0	2-2	0-2	0-1	4-1	0-2	0-0	2-1	0-1	2-1	2-2	1-1	2-0
Ipswich Town FC	0-2	1-0	5-1	2-0	2-0	3-2	4-0		1-1	3-1	1-1	1-0	1-1	1-0	2-0	2-0	2-3	4-0	4-1	3-0	0-0	3-1
Leeds United AFC	0-5	1-2	0-0	1-0	3-0	1-0	1-0	3-0		1-2	0-0	1-0	0-0	2-1	1-0	1-0	0-3	1-3	1-0	0-0	0-0	1-3
Leicester City FC	1-0	2-4	1-0	0-1	1-3	1-1	0-1	0-1	0-1		2-0	1-1	1-0	1-0	1-2	1-1	2-2	1-1	0-1	2-1	0-2	2-0
Liverpool FC	1-1	2-1	2-2	4-1	2-1	3-0	1-0	1-1	0-0	1-2		1-0	0-1	4-2	4-1	0-0	2-0	3-0	0-1	2-1	4-0	1-0
Manchester City FC	1-1	2-2	0-1	1-1	3-0	1-1	3-1	1-1	1-0	3-3	0-3		1-0	3-2	1-0	1-1	3-0	1-2	0-4	3-1	2-1	4-0
Manchester United FC	0-0	3-3	2-0	2-1	0-0	1-0	2-0	2-1	0-1	5-0	0-0	2-2		3-0	1-0	1-1	1-1	2-2	1-1	0-0	2-1	0-0
Middlesbrough FC	2-1	2-1	1-2	1-0	0-1	2-0	1-0	2-1	3-0	1-0	1-2	2-2	1-1		6-1	0-0	1-1	3-1	1-0	4-1	2-1	2-0
Norwich City FC	1-1	1-3	2-2	3-1	2-0	1-1	2-1	1-0	2-3	2-3	0-1	2-0	2-2	2-0		1-1	1-0	5-1	1-0	2-2	0-2	1-1
Nottingham Forest FC	3-1	2-2	2-1	4-1	1-1	3-0	1-0	1-2	2-1	5-0	0-0	3-2	1-2	1-0	2-1		2-1	5-0	3-1	0-3	2-1	1-0
Southampton FC	3-1	1-2	3-1	3-1	1-0	4-2	3-0	3-3	2-1	4-0	2-2	2-0	1-0	1-0	2-1	2-0		1-2	2-1	1-1	2-2	4-2
Stoke City FC	1-1	1-1	0-0	0-0	2-2	1-0	2-2	2-2	3-0	1-0	2-2	2-1	1-2	1-0	3-1	1-2	1-2		2-0	2-3	0-0	3-2
Sunderland AFC	2-0	1-2	3-0	1-2	3-0	1-0	3-1	0-2	4-1	1-0	2-4	2-0	2-0	0-1	3-0	2-2	1-2	0-0		1-1	0-0	0-1
Tottenham Hotspur FC	2-0	2-0	1-0	2-2	4-1	4-2	2-2	5-3	1-1	1-2	1-1	2-1	0-0	3-2	2-3	2-0	4-4	2-2	0-0		2-3	2-2
West Bromwich Albion FC	0-1	0-0	2-2	2-0	1-0	1-0	2-0	3-1	1-2	3-1	2-0	3-1	3-1	3-0	3-0	2-1	2-1	0-0	2-1	4-2		1-1
Wolverhampton Wanderers FC	1-2	0-1	1-0	0-2	0-1	2-0	0-0	0-2	2-1	0-1	4-1	1-3	1-0	3-0	3-0	1-4	1-1	1-0	2-1	1-0	2-0	

	Division 1	Pd	Wn	Dw	Ls	GF	GA	Pts	
1.	ASTON VILLA FC (BIRMINGHAM)	42	26	8	8	72	40	60	
2.	Ipswich Town FC (Ipswich)	42	23	10	9	77	43	56	
3.	Arsenal FC (London)	42	19	15	8	61	45	53	
4.	West Bromwich Albion FC (West Bromwich)	42	20	12	10	60	42	52	
5.	Liverpool FC (Liverpool)	42	17	17	8	62	42	51	
6.	Southampton FC (Southampton)	42	20	10	12	76	56	50	
7.	Nottingham Forest FC (Nottingham)	42	19	12	11	62	44	50	
8.	Manchester United FC (Manchester)	42	15	18	9	51	36	48	
9.	Leeds United AFC (Leeds)	42	17	10	15	39	47	44	
10.	Tottenham Hotspur FC (London)	42	14	15	13	70	68	43	
11.	Stoke City FC (Stoke-on-Trent)	42	12	18	12	51	60	42	
12.	Manchester City FC (Manchester)	42	14	11	17	56	59	39	
13.	Birmingham City FC (Birmingham)	42	13	12	17	50	61	38	
14.	Middlesbrough FC (Middlesbrough)	42	16	5	21	53	61	37	
15.	Everton FC (Liverpool)	42	13	10	19	55	58	36	
16.	Coventry City FC (Coventry)	42	13	10	19	48	68	36	
17.	Sunderland AFC (Sunderland)	42	14	7	21	52	53	35	
18.	Wolverhampton Wanderers FC (Wolverhampton)	42	13	9	20	43	55	35	
19.	Brighton & Hove Albion FC (Hove)	42	14	7	21	54	67	35	
20.	Norwich City FC (Norwich)	42	13	7	22	49	73	33	R
21.	Leicester City FC (Leicester)	42	13	6	23	40	67	32	R
22.	Crystal Palace FC (London)	42	6	7	29	47	83	19	R
		924	344	236	344	1288	1288	924	

Top Goalscorer

1)	Steve ARCHIBALD	(Tottenham Hotspur FC)	20
	Peter WITHE	(Aston Villa FC)	20

Football League Division 2 1980-81 Season	Blackburn Rovers	Bolton Wanderers	Bristol City	Bristol Rovers	Cambridge	Cardiff City	Chelsea	Derby County	Grimsby Town	Luton Town	Newcastle United	Notts County	Oldham Athletic	Orient	Preston North End	Q.P.R.	Sheffield Wednesday	Shrewsbury Town	Swansea City	Watford	West Ham United	Wrexham
Blackburn Rovers FC		0-0	1-0	2-0	2-0	2-3	1-1	1-0	2-0	3-0	3-0	0-0	1-0	2-0	0-0	2-1	3-1	2-0	0-0	0-0	0-0	1-1
Bolton Wanderers FC	1-2		1-1	2-0	6-1	4-2	2-3	3-1	1-1	0-3	4-0	3-0	2-0	3-1	2-1	1-2	0-0	0-2	1-4	2-1	1-1	1-1
Bristol City FC	2-0	3-1		0-0	0-1	0-0	0-0	2-2	1-1	2-1	2-0	0-1	1-1	3-1	0-0	0-1	1-0	1-1	0-1	0-0	1-1	0-2
Bristol Rovers FC	0-1	2-1	0-0		0-1	0-1	1-0	1-1	2-2	2-4	0-0	1-1	0-0	1-1	2-0	1-2	3-3	1-1	1-2	3-1	0-1	0-1
Cambridge United FC	0-0	2-3	2-1	1-3		2-0	0-1	3-0	5-1	1-3	2-1	1-2	3-1	1-0	1-0	1-0	0-2	3-1	3-1	3-1	1-2	1-0
Cardiff City FC	1-2	1-1	2-3	2-1	1-2		0-1	0-0	1-1	1-0	1-0	0-1	0-2	4-2	1-3	1-0	0-0	2-2	3-3	1-0	0-0	1-0
Chelsea FC	0-0	2-0	0-0	2-0	3-0	0-1		1-3	2-0	0-2	6-0	0-2	1-0	0-1	1-1	1-1	2-0	3-0	0-0	0-1	0-1	2-2
Derby County FC	2-2	1-0	1-0	2-1	0-3	1-1	3-2		2-1	2-2	2-0	2-2	4-1	1-1	1-2	3-3	3-1	1-1	0-1	1-1	2-0	0-1
Grimsby Town FC	0-0	4-0	1-0	2-0	3-1	0-1	2-0	0-1		0-0	0-0	2-1	0-0	2-0	0-0	0-0	0-0	1-0	1-0	1-1	1-5	1-0
Luton Town FC	3-1	2-2	3-1	1-0	0-0	2-2	2-0	1-2	0-2		0-1	0-1	1-2	2-1	4-2	3-0	3-0	1-1	2-2	1-0	3-2	1-1
Newcastle United FC	0-0	2-1	0-0	0-0	2-1	2-1	1-0	0-2	1-1	2-1		1-1	0-0	3-1	2-0	1-0	1-0	1-0	1-2	2-1	0-0	0-1
Notts County FC	2-0	2-1	2-1	3-1	2-0	4-2	1-1	0-0	0-0	0-1	0-0		0-2	1-0	0-0	2-1	2-0	0-0	2-1	1-2	1-1	1-1
Oldham Athletic AFC	1-0	1-1	2-0	1-0	2-2	2-0	0-0	0-2	1-2	0-0	0-0	0-1		0-1	1-1	1-0	2-0	0-0	2-2	2-1	0-0	1-3
Orient FC	1-1	2-2	3-1	2-2	3-0	2-2	0-1	1-0	2-0	0-0	1-1	0-2	2-3		4-0	4-0	2-0	1-0	1-1	1-1	0-2	2-1
Preston North End FC	0-0	1-2	1-1	0-0	2-0	3-1	1-0	0-3	2-4	1-0	2-3	2-2	1-2	3-0		3-2	2-1	0-0	1-3	2-1	0-0	1-1
Queen's Park Rangers FC	1-1	3-1	4-0	4-0	5-0	2-0	1-0	3-1	1-0	3-2	1-2	1-1	2-0	0-0	1-1		1-2	0-0	0-0	0-0	3-0	0-1
Sheffield Wednesday FC	2-1	2-0	2-1	4-1	4-1	2-0	0-0	0-0	1-2	3-1	2-0	1-2	3-0	2-2	3-0	1-0		1-1	2-0	1-0	0-1	2-1
Shrewsbury Town FC	1-1	1-2	4-0	3-1	2-1	2-0	2-2	1-0	1-1	0-1	1-0	1-1	2-2	1-2	3-0	3-3	2-0		0-0	2-1	0-2	1-2
Swansea City FC	2-0	3-0	0-0	2-1	1-1	1-1	3-0	3-1	1-0	2-2	4-0	1-1	3-0	0-2	3-0	1-2	2-3	2-1		1-0	1-3	3-1
Watford FC	1-1	3-1	1-0	3-1	0-0	4-2	2-3	1-1	3-1	0-1	0-0	2-0	2-1	2-0	2-1	1-1	2-1	1-0	2-1		1-2	1-0
West Ham United FC	2-0	2-1	5-0	2-0	4-2	1-0	4-0	3-1	2-1	1-2	1-0	4-0	1-1	2-1	5-0	3-0	2-1	3-0	2-0	3-2		1-0
Wrexham AFC	0-1	0-1	1-0	3-1	0-0	0-1	0-4	2-2	0-2	0-0	0-0	1-1	3-2	3-1	0-1	1-1	4-0	1-2	1-1	0-1	2-2	

	Division 2	**Pd**	**Wn**	**Dw**	**Ls**	**GF**	**GA**	**Pts**	
1.	West Ham United FC (London)	42	28	10	4	79	29	66	P
2.	Notts County FC (Nottingham)	42	18	17	7	49	38	53	P
3.	Swansea City FC (Swansea)	42	18	14	10	64	44	50	P
4.	Blackburn Rovers FC (Blackburn)	42	16	18	8	42	29	50	
5.	Luton Town FC (Luton)	42	18	12	12	61	46	48	
6.	Derby County FC (Derby)	42	15	15	12	57	52	45	
7.	Grimsby Town FC (Cleethorpes)	42	15	15	12	44	42	45	
8.	Queen's Park Rangers FC (London)	42	15	13	14	56	46	43	
9.	Watford FC (Watford)	42	16	11	15	50	45	43	
10.	Sheffield Wednesday FC (Sheffield)	42	17	8	17	53	51	42	
11.	Newcastle United FC (Newcastle upon Tyne)	42	14	14	14	30	45	42	
12.	Chelsea FC (London)	42	14	12	16	46	41	40	
13.	Cambridge United FC (Cambridge)	42	17	6	19	53	65	40	
14.	Shrewsbury Town FC (Shrewsbury)	42	11	17	14	46	47	39	
15.	Oldham Athletic AFC (Oldham)	42	12	15	15	39	48	39	
16.	Wrexham AFC (Wrexham)	42	12	14	16	43	45	38	
17.	Orient FC (London)	42	13	12	17	52	56	38	
18.	Bolton Wanderers FC (Bolton)	42	14	10	18	61	66	38	
19.	Cardiff City AFC (Cardiff)	42	12	12	18	44	60	36	
20.	Preston North End FC (Preston)	42	11	14	17	41	62	36	R
21.	Bristol City FC (Bristol)	42	7	16	19	29	51	30	R
22.	Bristol Rovers FC (Bristol)	42	5	13	24	34	65	23	R
		924	318	288	318	1073	1073	924	

Football League Division 3 1980-81 Season	Barnsley	Blackpool	Brentford	Burnley	Carlisle United	Charlton Athletic	Chester	Chesterfield	Colchester United	Exeter City	Fulham	Gillingham	Huddersfield Town	Hull City	Millwall	Newport County	Oxford United	Plymouth Argyle	Portsmouth	Reading	Rotherham United	Sheffield United	Swindon Town	Walsall
Barnsley FC		2-0	0-1	3-2	3-1	0-0	2-0	1-1	3-0	1-0	2-2	3-3	1-0	5-0	2-0	4-1	1-1	2-1	1-2	2-3	1-0	2-1	2-0	3-0
Blackpool FC	1-0		0-3	0-0	0-1	0-2	2-3	0-3	1-1	0-0	0-2	4-0	1-2	2-2	0-0	2-4	1-1	1-0	0-2	0-0	0-0	2-1	1-1	1-0
Brentford FC	1-1	2-0		0-0	1-1	0-1	0-1	3-2	2-1	0-1	1-3	3-3	0-0	2-2	1-0	0-1	3-0	0-1	2-2	1-2	2-1	1-1	1-1	4-0
Burnley FC	0-1	4-1	2-0		0-3	0-1	1-0	1-0	1-0	1-0	3-0	3-2	4-2	2-0	5-0	1-1	1-1	2-1	1-3	1-2	1-1	3-2	0-0	0-0
Carlisle United FC	2-2	2-0	1-2	3-2		1-2	3-0	2-6	4-0	1-1	2-2	0-0	1-1	2-0	2-1	1-4	0-0	2-0	0-0	0-0	0-1	0-3	2-1	1-1
Charlton Athletic FC	1-1	2-1	3-1	2-0	2-1		1-0	1-0	1-2	1-0	1-1	2-1	1-2	3-2	0-0	3-0	0-0	1-1	1-2	4-2	2-0	2-0	0-0	2-0
Chester FC	2-2	2-1	0-0	0-0	1-0	4-0		2-1	0-0	1-0	0-1	1-2	0-2	4-1	0-1	1-1	0-1	1-0	0-1	1-0	0-1	3-2	1-0	1-0
Chesterfield FC	0-0	3-2	2-1	3-0	1-0	0-1	2-0		3-0	1-0	0-0	2-0	2-1	1-0	3-0	3-2	2-1	2-2	3-0	3-2	2-0	1-0	2-2	1-2
Colchester United FC	2-2	3-2	0-2	2-1	1-0	2-0	1-1	1-1		1-2	3-2	2-1	1-2	2-0	3-0	1-0	3-0	2-2	1-0	1-2	0-0	1-1	1-0	1-1
Exeter City FC	0-1	0-0	0-0	0-0	2-0	4-3	2-2	2-2	4-0		1-0	2-1	1-4	1-3	2-0	2-2	1-1	1-1	2-0	3-1	2-1	1-1	3-4	0-3
Fulham FC	2-3	1-2	1-1	0-2	2-3	1-0	0-1	1-1	1-0	0-2		3-2	2-2	0-0	1-1	2-1	0-4	0-0	3-0	1-2	1-1	2-1	2-0	2-1
Gillingham FC	1-1	3-1	2-0	0-0	0-1	0-1	2-1	1-0	0-0	1-5	1-0		0-0	2-0	1-2	3-2	1-1	0-1	0-1	2-0	0-0	2-2	0-0	1-0
Huddersfield Town	1-0	1-1	3-0	0-0	1-1	0-1	0-0	2-0	2-0	5-0	4-2	1-0		5-0	0-1	4-1	2-0	2-0	0-0	4-1	1-0	1-0	0-2	1-1
Hull City AFC	1-2	2-1	0-0	0-0	0-1	0-2	0-0	0-0	0-1	3-3	0-1	2-2	2-1		3-1	3-1	0-1	1-0	2-1	2-0	1-2	1-1	0-0	0-1
Millwall FC	1-1	0-0	2-2	2-2	3-0	2-0	1-0	0-2	3-1	1-0	3-1	0-0	2-1	1-1		0-0	2-1	1-1	0-0	2-1	0-1	1-4	3-1	0-1
Newport County AFC	0-0	3-1	1-1	1-2	4-0	1-2	1-1	5-1	1-0	2-1	2-1	1-1	3-2	4-0	2-1		0-1	0-2	2-1	0-0	0-1	4-0	0-2	1-1
Oxford United FC	1-1	0-2	1-1	0-2	1-2	1-0	1-0	0-3	2-1	1-2	2-0	1-1	0-2	1-1	1-0	0-1		0-0	1-2	2-1	1-1	2-0	0-0	1-1
Plymouth Argyle FC	1-3	0-2	0-1	2-1	4-1	1-1	2-0	1-0	1-1	0-2	2-1	4-1	0-0	0-0	2-0	3-2	3-0		1-0	2-1	3-1	1-0	0-0	2-0
Portsmouth FC	0-1	3-3	0-2	4-2	2-1	1-0	2-0	1-0	2-1	5-0	1-0	0-0	1-2	2-1	2-1	0-0	1-1	1-3		0-0	3-1	1-0	1-0	2-0
Reading FC	3-2	3-0	0-0	1-3	3-1	1-3	3-0	2-3	1-0	2-1	0-0	0-1	2-1	2-0	4-1	1-1	0-1	1-1	2-1		1-1	1-0	4-1	2-0
Rotherham United	2-0	4-0	4-1	1-0	3-0	3-0	0-0	0-0	2-0	3-1	2-2	2-0	0-0	1-1	3-0	1-0	0-0	2-1	3-0	2-0		2-1	1-0	2-1
Sheffield United FC	1-1	4-2	0-0	0-0	2-2	3-2	2-0	2-0	3-0	3-1	1-2	0-1	2-2	3-1	2-3	2-0	1-0	0-0	1-0	2-0	1-2		3-0	0-1
Swindon Town FC	2-0	1-2	0-0	0-3	1-1	0-3	1-2	0-1	3-0	2-2	3-4	0-0	1-0	3-1	0-0	1-1	1-0	3-0	0-2	3-1	2-1	5-2		3-1
Walsall FC	1-1	2-2	2-3	3-1	4-3	2-2	2-1	4-3	3-1	1-3	1-2	3-3	2-2	1-1	0-0	1-0	0-3	1-3	2-0	2-2	0-2	4-4	2-1	

	Division 3	Pd	Wn	Dw	Ls	GF	GA	Pts	
1.	Rotherham United FC (Rotherham)	46	24	13	9	62	32	61	P
2.	Barnsley FC (Barnsley)	46	21	17	8	72	45	59	P
3.	Charlton Athletic FC (London)	46	25	9	12	63	44	59	P
4.	Huddersfield Town AFC (Huddersfield)	46	21	14	11	71	40	56	
5.	Chesterfield FC (Chesterfield)	46	23	10	15	72	48	56	
6.	Portsmouth FC (Portsmouth)	46	22	9	15	55	47	53	
7.	Plymouth Argyle FC (Plymouth)	46	19	14	13	56	44	52	
8.	Burnley FC (Burnley)	46	18	14	14	60	48	50	
9.	Brentford FC (London)	46	14	19	13	52	49	47	
10.	Reading FC (Reading)	46	18	10	18	62	62	46	
11.	Exeter City FC (Exeter)	46	16	13	17	62	66	45	
12.	Newport County AFC (Newport)	46	15	13	18	64	61	43	
13.	Fulham FC (London)	46	15	13	18	57	64	43	
14.	Oxford United FC (Oxford)	46	13	17	16	39	47	43	
15.	Gillingham FC (Gillingham)	46	12	18	16	48	58	42	
16.	Millwall FC (London)	46	14	14	18	43	60	42	
17.	Swindon Town FC (Swindon)	46	13	15	18	51	56	41	
18.	Chester FC (Chester)	46	15	11	20	38	48	41	
19.	Carlisle United FC (Carlisle)	46	14	13	19	56	70	41	
20.	Walsall FC (Walsall)	46	13	15	18	59	74	41	
21.	Sheffield United FC (Sheffield)	46	14	12	20	65	63	40	R
22.	Colchester United FC (Colchester)	46	14	11	21	45	65	39	R
23.	Blackpool FC (Blackpool)	46	9	14	23	45	75	32	R
24.	Hull City AFC (Kingston upon Hull)	46	8	16	22	40	71	32	R
		1104	390	324	390	1337	1337	1104	

Football League Division 4 1980-81 Season	Aldershot Town	Bournemouth	Bradford City	Bury	Crewe Alexandra	Darlington	Doncaster Rovers	Halifax Town	Hartlepool	Hereford United	Lincoln City	Mansfield Town	Northampton Town	Peterborough United	Port Vale	Rochdale	Scunthorpe United	Southend United	Stockport County	Torquay United	Tranmere Rovers	Wigan Ath.	Wimbledon	York City
Aldershot Town FC		0-0	1-1	1-0	2-0	2-1	1-0	2-1	2-1	4-0	0-0	1-0	0-0	0-0	0-0	0-0	0-0	1-2	3-0	2-1	3-2	0-1	2-0	1-1
AFC Bournemouth	0-2		4-0	2-2	0-0	3-3	1-2	2-1	1-0	1-0	0-1	0-1	0-0	4-1	0-0	2-1	2-2	2-1	0-1	1-1	1-0	3-0	0-1	1-1
Bradford City AFC	1-0	1-1		0-2	2-2	3-0	1-1	0-0	2-0	0-1	1-2	0-2	3-1	1-1	2-1	2-1	0-0	2-1	1-1	2-0	0-3	3-3	2-0	1-1
Bury FC	0-0	3-0	2-2		1-3	1-2	2-0	0-0	0-0	2-1	1-1	4-1	1-2	1-1	2-1	3-1	6-1	1-2	0-1	3-0	2-2	0-0	1-0	2-0
Crewe Alexandra FC	0-0	0-2	1-0	2-2		1-1	0-0	2-1	2-0	5-0	0-3	1-2	3-1	1-0	0-0	1-0	1-0	1-1	2-0	0-1	3-0	1-2	0-3	1-1
Darlington FC	1-2	1-2	2-1	2-1	2-1		5-0	3-1	3-0	2-1	0-0	2-2	1-0	2-0	1-1	4-4	0-1	0-2	2-2	1-0	2-0	3-1	4-1	0-0
Doncaster Rovers FC	3-1	2-1	2-0	1-0	1-1	2-0		0-0	1-2	5-1	0-1	2-1	1-1	0-4	2-0	1-2	1-0	1-0	2-1	2-0	1-0	1-1	2-1	3-2
Halifax Town AFC	1-0	1-2	2-0	4-2	1-0	1-2	0-3		1-2	0-0	1-3	0-2	0-1	2-3	2-2	2-0	1-0	1-5	2-0	2-1	1-1	0-1	0-1	3-1
Hartlepool United FC	1-0	1-0	2-2	1-2	6-2	2-0	1-0	3-0		2-0	2-0	0-1	2-3	1-1	3-0	2-2	2-0	1-3	1-0	0-2	3-0	3-1	2-3	1-0
Hereford United FC	0-0	1-0	4-0	0-1	0-0	0-1	1-3	0-1	3-0		0-2	2-1	4-1	1-1	2-3	3-0	2-1	0-0	2-0	0-1	1-1	1-1	1-1	1-1
Lincoln City FC	0-1	2-0	1-1	2-1	2-1	1-0	1-1	3-0	2-0	1-0		1-1	8-0	1-1	1-0	3-0	2-2	2-1	1-0	5-0	2-0	2-0	0-0	1-1
Mansfield Town FC	1-2	1-1	1-0	2-0	4-1	1-0	1-1	0-1	0-1	4-0	2-0		2-0	2-1	5-0	2-2	1-0	0-1	1-0	1-1	1-1	3-1	1-0	0-1
Northampton Town	2-0	0-1	0-1	5-3	4-1	2-2	0-2	2-1	3-1	0-0	1-1	0-1		2-2	5-1	3-2	3-3	2-0	0-1	1-0	3-1	1-1	1-1	2-0
Peterborough United	0-0	1-0	2-2	2-0	2-1	1-0	0-1	2-2	1-1	3-0	1-0	1-0	3-0		1-1	2-2	0-2	5-2	1-2	1-3	4-1	0-0	1-1	3-0
Port Vale FC	0-1	0-2	2-1	1-3	2-2	4-2	3-0	0-0	1-1	4-0	0-1	0-0	1-1	1-1		1-1	2-2	1-0	2-0	3-1	5-1	3-0	2-3	2-0
Rochdale AFC	0-2	0-0	0-2	2-1	2-0	0-0	2-2	1-1	1-1	0-0	1-0	1-4	0-1	2-3	2-1		4-0	0-2	2-1	2-1	3-1	3-0	2-0	3-2
Scunthorpe United	2-2	1-1	1-0	2-2	1-1	3-0	1-1	2-2	3-3	3-1	2-2	2-0	0-2	1-1	1-1	1-1		2-1	2-0	0-2	2-0	4-4	1-2	3-2
Southend United FC	3-0	2-1	3-1	1-0	3-0	1-0	0-0	5-1	4-0	2-0	0-0	2-0	0-0	1-0	5-1	1-1	2-0		2-0	3-1	2-0	1-0	1-0	3-0
Stockport County FC	1-0	2-1	1-2	1-2	1-3	0-1	2-1	1-1	0-2	0-0	0-0	2-1	1-2	3-4	2-1	2-2	2-0	1-0		4-1	1-0	0-1	0-0	2-0
Torquay United FC	2-0	2-0	2-0	3-1	1-0	0-2	2-3	1-0	2-1	0-1	1-2	1-1	3-3	2-0	4-0	2-0	2-1	0-3	1-2		2-1	2-0	2-3	1-2
Tranmere Rovers FC	3-1	0-1	1-1	3-1	0-1	3-1	1-1	2-0	2-2	2-1	0-0	1-0	3-2	1-2	1-2	3-1	1-2	2-2	1-0	1-0		2-3	3-0	5-0
Wigan Athletic AFC	1-0	0-1	0-1	2-1	0-0	3-1	3-0	4-1	0-3	1-0	0-2	2-0	3-0	1-1	1-0	0-1	1-1	0-1	2-1	2-0	1-1		1-0	1-0
Wimbledon FC	4-0	2-0	2-2	2-4	2-0	1-1	1-0	3-0	5-0	0-0	0-1	2-1	1-0	2-1	1-0	4-1	2-2	0-1	1-2	1-0	2-1	1-0		3-0
York City FC	4-1	4-0	0-3	0-1	2-0	1-2	0-1	1-1	0-1	1-2	1-0	2-0	1-2	1-2	4-1	1-2	1-0	0-1	1-0	0-0	4-1	2-1	0-1	

	Division 4	Pd	Wn	Dw	Ls	GF	GA	Pts	
1.	Southend United FC (Southend-on-Sea)	46	30	7	9	79	31	67	P
2.	Lincoln City FC (Lincoln)	46	25	15	6	66	25	65	P
3.	Doncaster Rovers FC (Doncaster)	46	22	12	12	59	49	56	P
4.	Wimbledon FC (London)	46	23	9	14	64	46	55	P
5.	Peterborough United FC (Peterborough)	46	17	18	11	68	54	52	
6.	Aldershot FC (Aldershot)	46	18	14	14	43	41	50	
7.	Mansfield Town FC (Mansfield)	46	20	9	17	58	44	49	
8.	Darlington FC (Darlington)	46	19	11	16	65	59	49	
9.	Hartlepool United FC (Hartlepool)	46	20	9	17	64	61	49	
10.	Northampton Town FC (Northampton)	46	18	13	15	65	67	49	
11.	Wigan Athletic AFC (Wigan)	46	18	11	17	51	55	47	
12.	Bury FC (Bury)	46	17	11	18	70	62	45	
13.	AFC Bournemouth (Bournemouth)	46	16	13	17	47	48	45	
14.	Bradford City AFC (Bradford)	46	14	16	16	53	60	44	
15.	Rochdale AFC (Rochdale)	46	14	15	17	60	70	43	
16.	Scunthorpe United FC (Scunthorpe)	46	11	20	15	60	69	42	
17.	Torquay United FC (Torquay)	46	18	5	23	55	63	41	
18.	Crewe Alexandra FC (Crewe)	46	13	14	19	48	61	40	
19.	Port Vale FC (Stoke-on-Trent)	46	12	15	19	57	70	39	
20.	Stockport County FC (Stockport)	46	16	7	23	44	57	39	
21.	Tranmere Rovers FC (Birkenhead)	46	13	10	23	59	73	36	
22.	Hereford United FC (Hereford)	46	11	13	22	38	62	35	
23.	Halifax Town AFC (Halifax)	46	11	12	23	44	71	34	
24.	York City FC (York)	46	12	9	25	47	66	33	
		1104	408	288	408	1364	1364	1104	

F.A. CUP FINAL (Wembley Stadium, London – 09/05/1981 – 99,500)

TOTTENHAM HOTSPUR FC (LONDON)	1-1 (aet)	Manchester City FC (Manchester)
Hutchison o.g.		*Hutchison*

Tottenham: Aleksic, Hughton, Miller, Roberts, Perryman, Villa (Brooks), Ardiles, Archibald, Galvin, Hoddle, Crooks.

Man. City: Corrigan, Ranson, McDonald, Reid, Power, Caton, Bennett, Gow, MacKenzie, Hutchison (Henry), Reeves.

F.A. CUP FINAL REPLAY (Wembley Stadium, London – 14/05/1981 – 92,000)

TOTTENHAM HOTSPUR FC (LONDON)	3-2	Manchester City FC (Manchester)
Villa 2, Crooks		*MacKenzie, Reeves pen.*

Man. City: Corrigan, Ranson, McDonald (Tueart), Caton, Reid, Gow, Power, MacKenzie, Reeves, Bennett, Hutchison.

Tottenham: Aleksic, Hughton, Miller, Roberts, Perryman, Villa, Ardiles, Archibald, Galvin, Hoddle, Crooks.

Semi-finals

Manchester City FC (Manchester)	1-0	Ipswich Town FC (Ipswich)
Tottenham Hotspur FC (London)	2-2, 3-0	Wolverhampton Wanderers FC (Wolverhampton)

Quarter-finals

Everton FC (Liverpool)	2-2, 1-3	Manchester City FC (Manchester)
Middlesbrough FC (Middlesbrough)	1-1, 1-3	Wolverhampton Wanderers FC (Wolverhampton)
Nottingham Forest FC (Nottingham)	3-3, 0-1	Ipswich Town FC (Ipswich)
Tottenham Hotspur FC (London)	2-0	Exeter City FC (Exeter)

1981-82

Football League Division 1 1981-82 Season	Arsenal	Aston Villa	Birmingham City	Brighton & H.A.	Coventry City	Everton	Ipswich Town	Leeds United	Liverpool	Manchester City	Manchester United	Middlesbrough	Nottingham Forest	Notts County	Southampton	Stoke City	Sunderland	Swansea City	Tottenham Hotspur	W.B.A.	West Ham United	Wolves
Arsenal FC		4-3	1-0	0-0	1-0	1-0	1-0	1-0	1-1	1-0	0-0	1-0	2-0	1-0	4-1	0-1	1-1	0-2	1-3	2-2	2-0	2-1
Aston Villa FC	0-2		0-0	3-0	2-1	1-2	0-1	1-4	0-3	0-0	1-1	1-0	3-1	0-1	1-1	2-2	1-0	3-0	1-1	2-1	3-2	3-1
Birmingham City FC	0-1	0-1		1-0	3-3	0-2	1-1	0-1	0-1	3-0	0-1	0-0	4-3	2-1	4-0	2-1	2-0	2-1	0-0	3-3	3-3	0-3
Brighton & Hove Albion FC	2-1	0-1	1-1		2-2	3-1	0-1	1-0	3-3	4-1	0-1	2-0	0-1	2-2	1-1	0-0	2-1	1-2	1-3	2-2	1-0	2-0
Coventry City FC	1-0	1-1	0-1	0-1		1-0	2-4	4-0	1-2	0-1	2-1	1-1	0-1	1-5	4-2	3-0	6-1	3-1	0-0	0-2	1-0	0-0
Everton FC	2-1	2-0	3-1	1-1	3-2		2-1	1-0	1-3	0-1	3-3	2-0	2-1	3-1	1-1	0-0	1-2	3-1	1-1	1-0	0-0	1-1
Ipswich Town FC	2-1	3-1	3-2	3-1	1-0	3-0		2-1	2-0	2-0	2-1	3-1	1-3	1-3	5-2	2-0	3-3	2-3	2-1	1-0	3-2	1-0
Leeds United AFC	0-0	1-1	3-3	2-1	0-0	1-1	0-2		0-2	0-1	0-0	1-1	1-1	1-0	1-3	0-0	1-0	2-0	0-0	3-1	3-3	3-0
Liverpool FC	2-0	0-0	3-1	0-1	4-0	3-1	4-0	3-0		1-3	1-2	1-1	2-0	1-0	0-1	2-0	1-0	2-2	3-1	1-0	3-0	2-1
Manchester City FC	0-0	1-0	4-2	4-0	1-3	1-1	1-1	4-0	0-5		0-0	3-2	0-0	1-0	1-1	1-1	2-3	4-0	0-1	2-1	0-1	2-1
Manchester United FC	0-0	4-1	1-1	2-0	0-1	1-1	1-2	1-0	0-1	1-1		1-0	0-0	2-1	1-0	2-0	0-0	1-0	2-0	1-0	1-0	5-0
Middlesbrough FC	1-3	3-3	2-1	2-1	0-0	0-2	0-1	0-0	0-0	0-0	0-2		1-1	3-0	0-1	3-2	0-0	1-1	1-3	1-0	2-3	0-0
Nottingham Forest FC	1-2	1-1	2-1	2-1	2-1	0-1	1-1	2-1	0-2	1-1	0-1	1-1		0-2	2-1	0-0	2-0	0-2	2-0	0-0	0-0	0-1
Notts County FC	2-1	1-0	1-4	4-1	2-1	2-2	1-4	2-1	0-4	1-1	1-3	0-1	1-2		1-1	3-1	2-0	0-1	2-2	1-2	1-1	4-0
Southampton FC	3-1	0-3	3-1	0-2	5-5	1-0	4-3	4-0	2-3	2-1	3-2	2-0	2-0	3-1		4-3	1-0	3-1	1-2	0-0	2-1	4-1
Stoke City FC	0-1	1-0	1-0	0-0	4-0	3-1	2-0	1-2	1-5	1-3	0-3	2-0	1-2	2-2	0-2		0-1	1-2	0-2	3-0	2-1	2-1
Sunderland AFC	0-0	2-1	2-0	3-0	0-0	3-1	1-1	0-1	0-2	1-0	1-5	0-2	2-3	1-1	2-0	0-2		0-1	0-2	1-2	0-2	0-0
Swansea City FC	2-0	2-1	1-0	0-0	0-0	1-3	1-2	5-1	2-0	2-0	2-0	1-2	1-2	3-2	1-0	3-0	2-0		2-1	3-1	0-1	0-0
Tottenham Hotspur FC	2-2	1-3	1-1	0-1	1-2	3-0	1-0	2-1	2-2	2-0	3-1	1-0	3-0	3-1	3-2	2-0	2-2	2-1		1-2	0-4	6-1
West Bromwich Albion FC	0-2	0-1	1-1	0-0	1-2	0-0	1-2	2-0	1-1	0-1	0-3	2-0	2-1	2-4	1-1	1-2	2-3	4-1	1-0		0-0	3-0
West Ham United FC	1-2	2-2	2-2	1-1	5-2	1-1	2-0	4-3	1-1	1-1	1-1	3-2	0-1	1-0	4-2	3-2	1-1	1-1	2-2	3-1		3-1
Wolverhampton Wanderers FC	1-1	0-3	1-1	0-1	1-0	0-3	2-1	1-0	1-0	4-1	0-1	0-0	0-0	3-2	0-0	2-0	0-1	0-1	0-1	1-2	2-1	

	Division 1	Pd	Wn	Dw	Ls	GF	GA	Pts	
1.	LIVERPOOL FC (LIVERPOOL)	42	26	9	7	80	32	87	
2.	Ipswich Town FC (Ipswich)	42	26	5	11	75	53	83	
3.	Manchester United FC (Manchester)	42	22	12	8	59	29	78	
4.	Tottenham Hotspur FC (London)	42	20	11	11	67	48	71	
5.	Arsenal FC (London)	42	20	11	11	48	37	71	
6.	Swansea City FC (Swansea)	42	21	6	15	58	51	69	
7.	Southampton FC (Southampton)	42	19	9	14	72	67	66	
8.	Everton FC (Liverpool)	42	17	13	12	56	50	64	
9.	West Ham United FC (London)	42	14	16	12	66	57	58	
10.	Manchester City FC (Manchester)	42	15	13	14	49	50	58	
11.	Aston Villa FC (Birmingham)	42	15	12	15	55	53	57	
12.	Nottingham Forest FC (Nottingham)	42	15	12	15	42	48	57	
13.	Brighton & Hove Albion FC (Hove)	42	13	13	16	43	52	52	
14.	Coventry City FC (Coventry)	42	13	11	18	56	62	50	
15.	Notts County FC (Nottingham)	42	13	8	21	61	69	47	
16.	Birmingham City FC (Birmingham)	42	10	14	18	53	61	44	
17.	West Bromwich Albion FC (West Bromwich)	42	11	11	20	46	57	44	
18.	Stoke City FC (Stoke-on-Trent)	42	12	8	22	44	63	44	
19.	Sunderland AFC (Sunderland)	42	11	11	20	38	58	44	
20.	Leeds United AFC (Leeds)	42	10	12	20	39	61	42	R
21.	Wolverhampton Wanderers FC (Wolverhampton)	42	10	10	22	32	63	40	R
22.	Middlesbrough FC (Middlesbrough)	42	8	15	19	34	52	39	R
		924	341	242	341	1173	1173	1265	

Top Goalscorer

1) Kevin KEEGAN (Southampton FC) 26

Football League Division 2 1981-82 Season	Barnsley	Blackburn Rovers	Bolton Wanderers	Cambridge	Cardiff City	Charlton Athletic	Chelsea	Crystal Palace	Derby County	Grimsby Town	Leicester City	Luton Town	Newcastle United	Norwich City	Oldham Athletic	Orient	Q.P.R.	Rotherham United	Sheffield Wednesday	Shrewsbury Town	Watford	Wrexham
Barnsley FC		0-1	3-0	0-0	0-1	1-0	2-1	2-0	0-0	3-2	0-2	4-3	1-0	0-1	3-1	1-0	3-0	3-0	1-0	4-0	0-0	2-2
Blackburn Rovers FC	2-1		0-2	1-0	1-0	0-2	1-1	1-0	4-1	2-0	0-2	0-1	4-1	3-0	0-0	2-0	2-1	2-0	0-1	0-0	1-2	0-0
Bolton Wanderers FC	2-1	2-2		3-4	1-0	2-0	2-2	0-0	3-2	1-2	0-3	1-2	1-0	0-1	0-2	1-0	1-0	0-1	3-1	1-1	2-0	2-0
Cambridge United FC	2-1	1-0	2-1		2-1	4-0	1-0	0-0	1-2	2-2	1-2	1-1	1-0	1-2	0-0	2-0	1-0	3-0	1-2	2-0	1-2	2-3
Cardiff City FC	0-0	1-3	2-1	5-4		0-1	1-2	0-1	1-0	2-1	3-1	2-3	0-4	1-0	0-1	2-1	1-2	1-2	0-2	1-1	2-0	3-2
Charlton Athletic FC	2-1	2-0	1-0	0-0	2-2		3-4	2-1	2-1	2-0	1-4	0-0	0-1	0-0	3-1	5-2	1-2	1-2	3-0	1-0	1-1	1-0
Chelsea FC	1-2	1-1	2-0	4-1	1-0	2-2		1-2	0-2	1-1	4-1	1-2	2-1	2-1	2-2	2-2	2-1	1-4	2-1	3-1	1-3	2-0
Crystal Palace FC	1-2	1-2	1-0	2-1	1-0	2-0	0-1		0-1	0-3	0-2	3-3	1-2	2-1	4-0	1-0	0-0	3-1	1-2	0-1	0-3	2-1
Derby County FC	0-1	1-1	0-2	2-1	0-0	1-1	1-1	4-1		1-1	3-1	0-0	2-2	0-2	1-0	1-2	3-1	3-1	3-1	1-1	3-2	2-1
Grimsby Town FC	3-2	1-1	1-1	1-2	0-1	3-3	3-3	0-1	1-0		2-2	0-0	1-1	1-2	2-1	1-2	2-1	1-2	0-1	5-1	0-2	1-1
Leicester City FC	1-0	1-0	1-0	4-1	3-1	3-1	1-1	1-1	2-1	1-2		1-2	3-0	1-4	2-1	0-1	3-2	1-0	0-0	0-0	1-1	1-0
Luton Town FC	1-1	2-0	2-0	1-0	2-3	3-0	2-2	1-0	3-2	6-0	2-1		3-2	2-0	2-0	2-0	3-2	3-1	0-3	4-1	4-1	0-0
Newcastle United FC	1-0	0-0	2-0	1-0	2-1	4-1	1-0	0-0	3-0	0-1	0-0	3-2		2-1	2-0	1-0	0-4	1-1	1-0	2-0	0-1	4-2
Norwich City FC	1-1	2-0	0-0	2-1	2-1	5-0	2-1	1-0	4-1	2-1	0-0	1-3	2-1		1-2	2-0	0-1	2-0	2-3	2-1	4-2	4-0
Oldham Athletic AFC	1-1	0-3	1-1	2-0	2-2	1-0	1-0	0-0	1-1	3-1	1-1	1-1	3-1	2-0		3-2	2-0	0-3	0-3	1-1	1-1	2-1
Orient FC	1-3	0-0	3-0	0-0	1-1	1-1	0-2	0-0	3-2	1-2	q3-0	0-3	1-0	1-1	0-3		1-1	1-2	3-0	2-0	1-3	0-0
Queen's Park Rangers FC	1-0	2-0	7-1	2-1	2-0	4-0	0-2	1-0	3-0	1-0	2-0	1-2	3-0	2-0	0-0	3-0		1-1	2-0	2-1	0-0	1-1
Rotherham United FC	2-4	4-1	2-0	1-0	1-0	2-1	6-0	2-0	2-1	2-2	1-1	2-2	0-0	4-1	1-2	1-0	1-0		2-2	3-0	1-2	2-0
Sheffield Wednesday FC	2-2	2-2	0-1	2-1	2-1	1-1	0-0	1-0	1-1	1-1	2-0	3-3	2-1	2-1	2-1	2-0	1-3	2-0		0-0	3-1	0-3
Shrewsbury Town FC	0-2	1-2	2-0	1-0	1-1	1-1	1-0	1-0	4-1	2-0	1-1	2-2	0-0	0-2	2-1	2-0	2-1	2-1	0-1		0-2	1-1
Watford FC	3-1	3-2	3-0	0-0	0-0	2-2	1-0	1-1	6-1	0-2	3-1	1-1	2-3	3-0	1-1	3-0	4-0	1-0	4-0	3-1		2-0
Wrexham AFC	0-0	1-0	2-1	0-0	3-1	1-0	1-0	0-1	1-1	2-0	0-0	0-2	4-2	2-3	0-3	0-1	1-3	3-2	0-1	1-0	0-1	

	Division 2	Pd	Wn	Dw	Ls	GF	GA	Pts	
1.	Luton Town FC (Luton)	42	25	13	4	86	46	88	P
2.	Watford FC (Watford)	42	23	11	8	76	42	80	P
3.	Norwich City FC (Norwich)	42	22	5	15	64	50	71	P
4.	Sheffield Wednesday FC (Sheffield)	42	20	10	12	55	51	70	
5.	Queen's Park Rangers FC (London)	42	21	6	15	65	43	69	
6.	Barnsley FC (Barnsley)	42	19	10	13	59	41	67	
7.	Rotherham United FC (Rotherham)	42	20	7	15	66	54	67	
8.	Leicester City FC (Leicester)	42	18	12	12	56	48	66	
9.	Newcastle United FC (Newcastle upon Tyne)	42	18	8	16	52	50	62	
10.	Blackburn Rovers FC (Blackburn)	42	16	11	15	47	43	59	
11.	Oldham Athletic AFC (Oldham)	42	15	14	13	50	51	59	
12.	Chelsea FC (London)	42	15	12	15	60	60	57	
13.	Charlton Athletic FC (London)	42	13	12	17	50	65	51	
14.	Cambridge United FC (Cambridge)	42	13	9	20	48	53	48	
15.	Crystal Palace FC (London)	42	13	9	20	34	45	48	
16.	Derby County FC (Derby)	42	12	12	18	53	68	48	
17.	Grimsby Town FC (Cleethorpes)	42	11	13	18	53	65	46	
18.	Shrewsbury Town FC (Shrewsbury)	42	11	13	18	37	57	46	
19.	Bolton Wanderers FC (Bolton)	42	13	7	22	39	61	46	
20.	Cardiff City AFC (Cardiff)	42	12	8	22	45	61	44	R
21.	Wrexham AFC (Wrexham)	42	11	11	20	40	56	44	R
22.	Orient FC (London)	42	10	9	23	36	61	39	R
		924	351	222	351	1171	1171	1275	

Football League Division 3 1981-82 Season	Brentford	Bristol City	Bristol Rovers	Burnley	Carlisle United	Chester	Chesterfield	Doncaster R.	Exeter City	Fulham	Gillingham	Huddersfield T.	Lincoln City	Millwall	Newport County	Oxford United	Plymouth Argyle	Portsmouth	Preston N.E.	Reading	Southend United	Swindon Town	Walsall	Wimbledon
Brentford FC		0-1	1-0	0-0	1-2	1-0	2-0	2-2	2-0	0-1	0-1	0-1	3-1	4-1	2-0	1-2	0-0	2-2	0-0	1-2	0-1	4-2	0-0	2-3
Bristol City FC	0-1		1-2	2-3	1-1	1-0	0-0	2-2	3-2	0-0	2-1	0-0	0-1	4-1	2-1	0-2	3-2	0-1	0-0	2-0	0-2	0-3	0-1	1-3
Bristol Rovers FC	1-2	1-0		2-1	0-1	2-2	1-0	3-0	3-2	1-2	2-0	3-2	0-2	0-1	2-0	1-0	2-3	1-1	2-0	1-1	2-1	1-4	2-1	2-2
Burnley FC	0-0	2-0	4-0		1-0	1-0	1-1	0-1	3-3	2-2	1-0	0-0	1-0	1-1	2-1	2-1	1-0	3-0	2-0	3-0	3-5	0-2	2-1	2-2
Carlisle United FC	1-0	2-2	1-2	1-0		3-0	3-0	2-0	3-2	1-2	2-0	2-2	1-0	2-1	2-2	2-1	3-1	2-0	1-0	2-1	3-2	1-1	2-1	2-1
Chester FC	1-2	0-0	1-1	0-1	0-1		0-2	1-1	0-2	0-2	0-0	3-1	1-2	0-0	0-2	2-2	0-3	3-2	0-1	2-3	1-1	0-0	0-0	1-1
Chesterfield FC	0-2	1-0	2-0	1-2	1-0	3-5		3-1	2-1	3-0	1-3	1-0	0-2	0-1	1-0	2-2	2-2	2-2	0-0	2-1	1-2	2-1	1-0	2-0
Doncaster Rovers FC	1-0	2-2	4-2	0-1	1-1	4-3	0-0		3-0	2-1	1-1	1-2	4-1	1-0	0-2	1-1	2-2	0-0	1-0	0-1	1-1	0-0	1-0	1-3
Exeter City FC	3-1	4-0	1-3	2-1	2-1	3-0	0-3	2-1		1-0	1-1	1-0	1-2	5-4	1-0	1-2	1-1	3-3	4-3	4-3	1-1	1-2	2-0	2-1
Fulham FC	1-2	2-1	4-2	1-1	4-1	2-0	1-0	3-1	4-1		0-0	2-2	1-1	0-0	3-1	0-0	1-3	1-1	3-0	2-2	2-1	2-0	1-1	4-1
Gillingham FC	1-1	1-1	2-0	3-1	0-0	0-1	3-2	3-0	2-3	2-0		3-2	1-0	1-1	1-1	2-1	3-2	4-2	0-2	2-1	2-0	1-0	1-4	6-1
Huddersfield Town	1-1	5-0	0-2	1-2	2-1	1-2	1-1	1-2	1-1	1-0	2-0		0-2	1-2	2-0	2-0	0-0	0-1	2-3	6-1	3-2	3-0	2-1	1-1
Lincoln City FC	1-0	1-2	1-0	1-1	0-0	3-0	2-1	5-0	2-0	1-1	2-0	2-0		0-1	2-2	2-1	2-0	1-1	1-2	2-1	1-1	2-0	1-1	5-1
Millwall FC	0-1	2-0	0-0	4-3	1-2	2-1	3-2	0-2	5-1	4-3	1-2	1-3	1-1		1-0	1-2	2-1	1-0	2-1	0-1	1-1	0-0	2-0	2-1
Newport County AFC	0-1	1-1	1-1	0-0	2-0	0-1	1-0	1-0	1-1	1-3	4-2	1-0	0-0	1-1		3-2	0-1	1-1	1-1	3-1	3-2	1-0	2-2	0-0
Oxford United FC	1-2	1-0	1-1	0-0	2-1	3-1	1-1	3-1	0-0	2-0	1-1	1-0	1-1	0-0	1-1		1-0	0-2	3-0	1-0	0-2	5-0	0-1	0-3
Plymouth Argyle FC	1-0	2-1	4-0	1-1	1-0	5-1	0-2	4-2	2-1	3-1	1-2	1-1	0-2	2-1	1-2	0-1		0-0	0-3	1-1	0-0	2-1	4-1	2-0
Portsmouth FC	2-2	2-0	0-0	1-2	1-2	2-0	5-1	0-0	2-0	1-1	1-0	2-1	1-1	2-2	0-0	1-1	1-0		1-1	3-0	0-0	3-0	1-0	1-0
Preston North End	1-3	1-3	0-1	1-1	0-1	0-1	2-0	3-1	1-0	1-3	1-1	1-1	1-1	1-0	2-1	2-2	1-0	1-0		0-0	1-0	0-0	1-0	3-2
Reading FC	4-1	3-1	0-3	1-1	2-2	4-1	0-2	3-3	4-0	0-3	3-2	1-2	3-2	4-0	2-1	0-3	2-2	2-1	2-1		0-2	1-1	0-0	2-1
Southend United FC	1-1	3-0	1-0	1-4	1-1	2-0	0-2	1-1	2-1	0-0	3-0	4-0	0-2	2-2	0-4	0-1	3-0	2-0	2-2	2-0		0-0	3-2	2-0
Swindon Town FC	0-3	0-0	5-2	1-2	2-1	3-0	1-2	2-2	3-2	1-4	0-1	1-5	1-0	1-2	1-1	3-2	0-2	2-0	4-0	0-2	0-0		2-2	4-1
Walsall FC	3-0	0-1	2-1	1-1	1-1	2-1	1-1	0-0	2-1	1-1	1-0	1-1	2-1	1-1	3-1	1-3	0-1	3-1	0-3	1-2	0-1	5-0		1-0
Wimbledon FC	1-2	0-0	1-0	0-0	3-1	1-0	3-1	0-1	1-1	1-3	0-2	2-0	1-1	1-3	2-3	2-3	2-1	3-2	3-2	0-0	3-0	1-1	2-0	

	Division 3	Pd	Wn	Dw	Ls	GF	GA	Pts	
1.	Burnley FC (Burnley)	46	21	17	8	66	45	80	P
2.	Carlisle United FC (Carlisle)	46	23	11	12	65	50	80	P
3.	Fulham FC (London)	46	21	15	10	77	51	78	P
4.	Lincoln City FC (Lincoln)	46	21	14	11	66	40	77	
5.	Oxford United FC (Oxford)	46	19	14	13	63	49	71	
6.	Gillingham FC (Gillingham)	46	20	11	15	64	56	71	
7.	Southend United FC (Southend-on-Sea)	46	18	15	13	63	51	69	
8.	Brentford FC (London)	46	19	11	16	56	47	68	
9.	Millwall FC (London)	46	18	13	15	62	62	67	
10.	Plymouth Argyle FC (Plymouth)	46	18	11	17	64	56	65	
11.	Chesterfield FC (Chesterfield)	46	18	10	18	57	58	64	
12.	Reading FC (Reading)	46	17	11	18	67	75	62	
13.	Portsmouth FC (Portsmouth)	46	14	19	13	56	51	61	
14.	Preston North End FC (Preston)	46	16	13	17	50	56	61	
15.	Bristol Rovers FC (Bristol)	46	18	9	19	58	65	61	-2
16.	Newport County AFC (Newport)	46	14	16	16	54	54	58	
17.	Huddersfield Town AFC (Huddersfield)	46	15	12	19	64	59	57	
18.	Exeter City FC (Exeter)	46	16	9	21	71	84	57	
19.	Doncaster Rovers FC (Doncaster)	46	13	17	16	55	68	56	
20.	Walsall FC (Walsall)	46	13	14	19	51	55	53	
21.	Wimbledon FC (London)	46	14	11	21	61	75	53	R
22.	Swindon Town FC (Swindon)	46	13	13	20	55	71	52	R
23.	Bristol City FC (Bristol)	46	11	13	22	40	65	46	R
24.	Chester FC (Chester)	46	7	11	28	36	78	32	R
		1104	397	310	397	1421	1421	1499	

Note: Bristol Rovers FC (Bristol) had 2 points deducted for fielding an ineligible player.

Football League Division 4 1981-82 Season	Aldershot Town	Blackpool	Bournemouth	Bradford City	Bury	Colchester Utd.	Crewe Alexandra	Darlington	Halifax Town	Hartlepool	Hereford United	Hull City	Mansfield Town	Northampton T.	Peterborough U.	Port Vale	Rochdale	Scunthorpe Utd.	Sheffield United	Stockport Co.	Torquay United	Tranmere R.	Wigan Athletic	York City
Aldershot Town FC		3-2	2-0	0-2	1-2	1-1	3-0	0-0	3-1	1-2	2-2	0-3	2-3	2-1	0-1	1-2	2-2	4-0	1-1	1-1	1-1	2-1	2-0	0-1
Blackpool FC	0-2		0-3	1-0	1-1	0-0	5-0	1-0	7-1	2-2	1-0	3-1	2-3	1-0	2-2	2-3	1-1	2-0	0-1	2-0	2-1	1-2	1-2	3-1
AFC Bournemouth	2-2	1-0		0-2	3-2	1-1	2-0	2-0	1-1	5-1	1-1	1-0	1-0	1-1	1-1	1-1	1-0	2-0	0-0	1-0	4-0	1-1	0-0	5-1
Bradford City AFC	4-1	1-0	2-2		1-1	2-1	4-1	3-0	5-2	1-0	0-0	1-1	3-4	2-1	2-0	1-0	2-0	0-0	0-2	5-1	3-0	1-1	3-3	6-2
Bury FC	1-1	0-1	2-2	1-1		4-3	2-1	2-0	1-1	1-1	1-1	0-2	3-2	7-1	3-1	3-2	3-0	4-0	1-1	2-0	0-1	4-0	5-3	3-1
Colchester United FC	1-1	2-1	1-2	1-2	1-1		1-1	1-0	1-1	3-3	4-0	2-0	0-1	5-1	1-1	1-0	3-2	2-1	5-2	0-1	3-0	4-0	1-2	4-0
Crewe Alexandra FC	2-3	1-1	0-0	0-1	1-2	1-3		1-0	0-1	1-2	1-0	1-1	0-2	2-2	0-1	0-2	1-2	3-0	2-3	0-2	0-1	1-1	0-1	1-1
Darlington FC	0-1	2-2	0-1	1-5	2-3	1-2	1-0		1-1	5-2	0-1	2-1	1-0	3-0	0-0	1-1	2-0	4-1	0-2	2-0	1-1	1-2	3-1	3-1
Halifax Town AFC	2-2	0-0	1-1	0-0	2-1	0-2	2-1	3-3		2-0	1-2	2-2	2-1	2-1	1-1	1-1	0-0	1-2	1-5	4-1	1-2	0-2	0-0	0-0
Hartlepool United FC	2-2	2-2	1-1	0-2	1-0	1-3	1-2	1-2	3-2		2-1	3-2	3-0	3-1	0-1	3-1	1-1	3-3	2-3	2-2	0-0	0-0	2-1	3-2
Hereford United FC	0-1	2-1	1-2	1-2	3-0	2-2	4-1	1-1	2-2	1-1		2-2	3-1	2-1	2-1	1-0	0-0	2-1	1-1	0-0	0-3	1-1	3-0	2-1
Hull City AFC	1-2	1-0	0-0	2-1	3-2	2-3	1-0	1-3	2-0	5-2	2-1		2-0	0-1	1-1	3-1	2-1	2-0	2-1	0-0	1-0	1-2	0-2	2-0
Mansfield Town FC	1-0	2-2	0-1	0-2	1-1	1-3	0-1	2-3	3-2	3-2	2-1	3-3		4-1	1-2	1-3	4-3	1-1	1-1	2-2	3-1	3-0	1-2	0-2
Northampton Town	0-0	0-1	1-0	0-2	1-0	1-2	3-0	0-1	0-1	2-1	2-3	1-1	1-1		1-0	3-5	2-1	1-1	1-2	0-0	2-0	3-2	2-3	5-0
Peterborough United	7-1	3-1	1-0	2-0	1-0	2-2	3-0	3-1	0-0	4-4	3-1	3-0	1-0	1-0		1-0	5-1	2-1	0-4	2-0	1-0	1-2	0-3	0-1
Port Vale FC	1-0	2-0	1-1	1-1	0-0	2-1	0-0	2-2	0-0	5-2	1-1	2-1	0-0	1-0	1-3		1-1	2-1	0-2	1-0	2-0	0-0	1-1	0-0
Rochdale AFC	0-0	0-0	0-1	1-1	1-1	1-2	1-0	3-2	0-1	2-1	0-1	0-1	1-1	5-3	1-1	1-2		1-1	0-1	4-1	1-0	0-0	1-1	2-0
Scunthorpe United	1-1	1-1	0-2	1-3	2-2	2-1	0-1	1-1	0-0	2-1	2-2	4-4	1-0	2-1	0-1	0-0	1-0		2-1	0-0	0-2	2-1	2-7	0-3
Sheffield United FC	2-0	3-1	0-0	1-1	1-1	1-0	4-0	0-0	2-2	1-1	2-2	0-0	4-1	7-3	4-0	2-1	3-1	1-0		4-0	4-1	2-0	1-0	4-0
Stockport County FC	4-2	2-3	1-2	2-3	2-1	0-0	2-0	1-0	2-1	0-2	1-1	1-2	3-0	0-0	3-0	1-2	0-4	1-1	1-0		2-1	1-1	0-1	4-1
Torquay United FC	2-1	1-1	1-2	2-0	1-1	1-0	1-1	1-2	2-2	1-1	1-2	2-1	2-0	2-2	1-2	0-1	2-1	1-0	1-1	1-0		1-2	0-0	3-2
Tranmere Rovers FC	1-0	3-1	0-1	1-1	1-3	2-1	3-0	1-1	1-1	1-0	0-0	2-2	2-2	0-2	1-2	1-2	2-0	0-1	2-2	2-0	1-1		0-0	0-2
Wigan Athletic AFC	1-0	2-1	0-0	4-1	3-2	3-2	3-0	2-1	2-0	1-1	1-1	2-1	3-1	3-1	5-0	2-0	1-1	2-1	0-1	2-1	1-0	0-0		4-2
York City FC	4-0	0-4	0-1	0-3	0-0	3-0	6-0	2-2	4-0	1-2	3-4	1-3	2-1	2-1	4-3	2-0	1-2	3-1	3-4	2-2	1-1	1-3	0-0	

	Division 4	Pd	Wn	Dw	Ls	GF	GA	Pts	
1.	Sheffield United FC (Sheffield)	46	27	15	4	94	41	96	P
2.	Bradford City AFC (Bradford)	46	26	13	7	88	45	91	P
3.	Wigan Athletic AFC (Wigan)	46	26	13	7	80	46	91	P
4.	AFC Bournemouth (Bournemouth)	46	23	19	4	62	30	88	P
5.	Peterborough United FC (Peterborough)	46	24	10	12	71	57	82	
6.	Colchester United FC (Colchester)	46	20	12	14	82	57	72	
7.	Port Vale FC (Stoke-on-Trent)	46	18	16	12	56	49	70	
8.	Hull City AFC (Kingston upon Hull)	46	19	12	15	70	61	69	
9.	Bury FC (Bury)	46	17	17	12	80	59	68	
10.	Hereford United FC (Hereford)	46	16	19	11	64	58	67	
11.	Tranmere Rovers FC (Birkenhead)	46	14	18	14	51	56	60	
12.	Blackpool FC (Blackpool)	46	15	13	18	66	60	58	
13.	Darlington FC (Darlington)	46	15	13	18	61	62	58	
14.	Hartlepool United FC (Hartlepool)	46	13	16	17	73	84	55	
15.	Torquay United FC (Torquay)	46	14	13	19	47	59	55	
16.	Aldershot FC (Aldershot)	46	13	15	18	57	68	54	
17.	York City FC (York)	46	14	8	24	69	91	50	
18.	Stockport County FC (Stockport)	46	12	13	21	48	67	49	
19.	Halifax Town AFC (Halifax)	46	9	22	15	51	72	49	
20.	Mansfield Town FC (Mansfield)	46	13	10	23	63	81	47	-2
21.	Rochdale AFC (Rochdale)	46	10	16	20	50	62	46	
22.	Northampton Town FC (Northampton)	46	11	9	26	57	84	42	
23.	Scunthorpe United FC (Scunthorpe)	46	9	15	22	43	79	42	
24.	Crewe Alexandria FC (Crewe)	46	6	9	31	29	84	27	
		1104	384	336	384	1512	1512	1486	

Note: Mansfield Town FC (Mansfield) had 2 points deducted.

F.A. CUP FINAL (Wembley Stadium, London – 22/05/1982 – 100,000)

TOTTENHAM HOTSPUR FC (LONDON)	1-1 (aet)	Queen's Park Rangers FC (London)
Hoddle	*(H.T. 0-0)*	*Fenwick*

Tottenham: Clemence, Hughton, Miller, Price, Hazard (Brooke), Perryman, Roberts, Archibald, Galvin, Hoddle, Crooks.

Q.P.R.: Hucker, Fenwick, Gillard, Waddock, Hazell, Roeder, Currie, Flanagan, Allen (Micklewhite), Stainrod, Gregory.

F.A. CUP FINAL REPLAY (Wembley Stadium, London – 27/05/1982 – 90,000)

TOTTENHAM HOTSPUR FC (LONDON)	1-0	Queen's Park Rangers FC (London)
Hoddle pen.	*(H.T. 1-0)*	

Q.P.R.: Hucker, Fenwick, Gillard, Waddock, Hazell, Neill, Currie, Flanagan, Micklewhite (Burke), Stainrod, Gregory.

Tottenham: Clemence, Hughton, Miller, Price, Hazard (Brooks), Perryman, Roberts, Archibald, Galvin, Hoddle, Crooks.

Semi-finals

Queen's Park Rangers FC (London)	1-0	West Bromwich Albion FC (West Bromwich)
Tottenham Hotspur FC (London)	2-0	Leicester City FC (Leicester)

Quarter-finals

Chelsea FC (London)	2-3	Tottenham Hotspur FC (London)
Leicester City FC (Leicester)	5-2	Shrewsbury Town FC (Shrewsbury)
Queen's Park Rangers FC (London)	1-0	Crystal Palace FC (London)
West Bromwich Albion FC (West Bromwich)	2-0	Coventry City FC (Coventry)

1982-83

Football League Division 1 1982-83 Season	Arsenal	Aston Villa	Birmingham City	Brighton & H.A.	Coventry City	Everton	Ipswich Town	Liverpool	Luton Town	Manchester City	Manchester United	Norwich City	Nottingham Forest	Notts County	Southampton	Stoke City	Sunderland	Swansea City	Tottenham Hotspur	Watford	W.B.A.	West Ham United
Arsenal FC		2-1	0-0	3-1	2-1	1-1	2-2	0-2	4-1	3-0	3-0	1-1	0-0	2-0	0-0	3-0	0-1	2-1	2-0	2-4	2-0	2-3
Aston Villa FC	2-1		1-0	1-0	4-0	2-0	1-1	2-4	4-1	1-1	2-1	3-2	4-1	2-0	2-0	4-0	1-3	2-0	4-0	3-0	1-0	1-0
Birmingham City FC	2-1	3-0		1-1	1-0	1-0	0-0	0-0	2-3	2-2	1-2	0-4	1-1	3-0	0-2	1-4	2-1	1-1	2-0	1-1	2-1	3-0
Brighton & Hove Albion FC	1-0	0-0	1-0		1-0	1-2	1-1	2-2	2-4	0-1	1-0	3-0	1-1	0-2	0-1	1-2	3-2	1-1	2-1	1-1	0-0	3-1
Coventry City FC	0-2	0-0	0-1	2-0		4-2	1-1	0-0	4-2	4-0	3-0	2-0	1-2	1-0	1-0	2-0	1-0	0-0	1-1	0-1	0-1	2-4
Everton FC	2-3	5-0	0-0	2-2	1-0		1-1	0-5	5-0	2-1	2-0	1-1	3-1	3-0	2-0	3-1	3-1	2-2	3-1	1-0	0-0	2-0
Ipswich Town FC	0-1	1-2	3-1	2-0	1-1	0-2		1-0	3-0	1-0	1-1	2-3	2-0	0-0	2-1	2-3	4-1	3-1	1-2	3-1	6-1	1-2
Liverpool FC	3-1	1-1	1-0	3-1	4-0	0-0	1-0		3-3	5-2	0-0	0-2	4-3	5-1	5-0	5-1	1-0	3-0	3-0	3-1	2-0	3-0
Luton Town FC	2-2	2-1	3-1	5-0	1-2	1-5	1-1	1-3		3-1	1-1	0-1	0-2	5-3	3-3	0-0	1-3	3-1	1-1	1-0	0-0	0-2
Manchester City FC	2-1	0-1	0-0	1-1	3-2	0-0	0-1	0-4	0-1		1-2	4-1	1-2	0-1	2-0	1-0	2-2	2-1	2-2	1-0	2-1	2-0
Manchester United FC	0-0	3-1	3-0	1-1	3-0	2-1	3-1	1-1	3-0	2-2		3-0	2-0	4-0	1-1	1-0	0-0	2-1	1-0	2-0	0-0	2-1
Norwich City FC	3-1	1-0	5-1	2-1	1-1	0-1	0-0	1-0	1-0	1-2	1-1		0-1	1-2	1-1	4-2	2-0	1-0	0-0	3-0	1-3	1-1
Nottingham Forest FC	3-0	1-2	1-1	4-0	4-2	2-0	2-1	1-0	0-1	3-0	0-3	2-2		2-1	1-2	1-0	0-0	2-1	2-2	2-0	0-0	1-0
Notts County FC	1-0	4-1	0-0	1-0	5-1	1-0	0-6	1-2	1-1	1-0	3-2	2-2	3-2		1-2	4-0	0-1	0-0	3-0	3-2	2-1	1-2
Southampton FC	2-2	1-0	0-1	0-0	1-1	3-2	0-1	3-2	2-2	4-1	0-1	4-0	1-1	1-0		1-0	2-0	2-1	1-2	1-4	4-1	3-0
Stoke City FC	2-1	0-3	1-1	3-0	0-3	1-0	1-0	1-1	4-4	1-0	1-0	1-0	1-0	1-0	1-1		0-1	4-1	2-0	4-0	0-3	5-2
Sunderland AFC	3-0	2-0	1-2	1-1	2-1	2-1	2-3	0-0	1-1	3-2	0-0	4-1	0-1	1-1	1-1	2-2		1-1	0-1	2-2	1-1	1-0
Swansea City FC	1-2	2-1	0-0	1-2	2-1	0-3	1-1	0-3	2-0	4-1	0-0	4-0	0-3	2-0	3-2	1-1	3-0		2-0	1-3	2-1	1-5
Tottenham Hotspur FC	5-0	2-0	2-1	2-0	4-0	2-1	3-1	2-0	2-2	1-2	2-0	0-0	4-1	4-2	6-0	4-1	1-1	1-0		0-1	1-1	2-1
Watford FC	2-1	2-1	2-1	4-1	0-0	2-0	2-1	2-1	5-2	2-0	0-1	2-2	1-3	5-3	2-0	1-0	8-0	2-1	0-1		3-0	2-1
West Bromwich Albion FC	0-0	0-1	2-0	5-0	2-0	2-2	4-1	0-1	1-0	0-2	3-1	1-0	2-1	2-2	1-0	1-1	3-0	3-3	0-1	1-3		1-2
West Ham United FC	1-3	2-0	5-0	2-1	0-3	2-0	1-1	3-1	2-3	4-1	3-1	1-0	1-2	2-0	1-1	1-1	2-1	3-2	3-0	2-1	0-1	

	Division 1	Pd	Wn	Dw	Ls	GF	GA	Pts	
1.	LIVERPOOL FC (LIVERPOOL)	42	24	10	8	87	37	82	
2.	Watford FC (Watford)	42	22	5	15	74	57	71	
3.	Manchester United FC (Manchester)	42	19	13	10	56	38	70	
4.	Tottenham Hotspur FC (London)	42	20	9	13	65	50	69	
5.	Nottingham Forest FC (Nottingham)	42	20	9	13	62	50	69	
6.	Aston Villa FC (Birmingham)	42	21	5	16	62	50	68	
7.	Everton FC (Liverpool)	42	18	10	14	66	48	64	
8.	West Ham United FC (London)	42	20	4	18	68	62	64	
9.	Ipswich Town FC (Ipswich)	42	15	13	14	64	50	58	
10.	Arsenal FC (London)	42	16	10	16	58	56	58	
11.	West Bromwich Albion FC (West Bromwich)	42	15	12	15	51	49	57	
12.	Southampton FC (Southampton)	42	15	12	15	54	58	57	
13.	Stoke City FC (Stoke-on-Trent)	42	16	9	17	53	64	57	
14.	Norwich City FC (Norwich)	42	14	12	16	52	58	54	
15.	Notts County FC (Nottingham)	42	15	7	20	55	71	52	
16.	Sunderland AFC (Sunderland)	42	12	14	16	48	61	50	
17.	Birmingham City FC (Birmingham)	42	12	14	16	40	55	50	
18.	Luton Town FC (Luton)	42	12	13	17	65	84	49	
19.	Coventry City FC (Coventry)	42	13	9	20	48	59	48	
20.	Manchester City FC (Manchester)	42	13	8	21	47	70	47	R
21.	Swansea City FC (Swansea)	42	10	11	21	51	69	41	R
22.	Brighton & Hove Albion FC (Hove)	42	9	13	20	38	68	40	R
		924	351	222	351	1264	1264	1275	

Top Goalscorer

1) Luther BLISSETT (Watford FC) 27

Football League Division 2 1982-83 Season	Barnsley	Blackburn Rovers	Bolton Wanderers	Burnley	Cambridge	Carlisle United	Charlton Athletic	Chelsea	Crystal Palace	Derby County	Fulham	Grimsby Town	Leeds United	Leicester City	Middlesbrough	Newcastle United	Oldham Athletic	Q.P.R.	Rotherham United	Sheffield Wednesday	Shrewsbury Town	Wolverhampton Wanderers
Barnsley FC		2-2	3-1	3-0	2-3	2-2	0-0	1-1	3-1	1-1	4-3	4-0	2-1	1-2	2-0	0-5	1-1	0-1	2-1	0-0	2-2	2-1
Blackburn Rovers FC	1-1		1-1	2-1	3-1	3-2	2-0	3-0	3-0	2-0	0-0	2-1	0-0	3-1	1-1	1-2	2-2	1-3	3-0	2-3	1-0	2-2
Bolton Wanderers FC	0-2	1-0		3-0	2-0	1-0	4-1	0-1	1-0	0-2	0-1	0-0	1-2	3-1	3-1	3-1	2-3	3-2	2-2	0-2	1-4	0-1
Burnley FC	3-1	0-1	0-0		2-1	4-1	7-1	3-0	2-1	1-1	1-0	1-1	1-2	2-4	1-1	1-0	1-2	2-1	1-2	4-1	1-2	0-1
Cambridge United FC	1-1	2-0	0-0	2-0		1-1	3-2	0-1	1-0	0-0	1-0	1-0	0-0	3-1	2-0	1-0	1-4	1-4	2-0	2-2	0-0	2-1
Carlisle United FC	1-1	3-1	5-0	1-1	2-2		4-1	2-1	4-1	3-0	3-2	2-3	2-2	0-1	1-3	2-0	0-0	1-0	2-2	4-2	2-3	0-2
Charlton Athletic FC	3-2	3-0	4-1	2-1	2-1	0-0		5-2	2-1	1-1	3-0	0-1	0-1	2-1	2-3	2-0	4-1	1-3	1-5	0-3	0-1	3-3
Chelsea FC	0-3	2-0	2-1	2-1	6-0	4-2	3-1		0-0	1-3	0-0	5-2	0-0	1-1	0-0	0-2	2-0	0-2	1-1	11-	1-2	0-0
Crystal Palace FC	1-1	2-0	3-0	1-0	0-0	2-1	1-1	0-0		4-1	1-1	2-0	1-1	1-0	3-0	0-2	1-0	0-3	1-1	2-0	2-1	3-4
Derby County FC	1-1	1-2	0-0	2-0	1-1	0-3	1-1	1-0	1-1		1-0	2-0	3-3	0-4	1-1	2-1	2-2	2-0	3-0	0-0	2-3	1-1
Fulham FC	1-0	3-1	4-0	3-1	1-1	2-0	2-1	1-1	1-0	2-1		4-0	3-2	0-1	1-0	2-2	0-3	1-1	1-1	1-0	2-1	1-3
Grimsby Town FC	1-2	5-0	1-0	3-2	1-0	2-1	1-1	2-1	4-1	1-1	0-4		1-1	2-0	0-3	2-2	0-1	1-1	1-2	1-1	2-0	1-1
Leeds United AFC	0-0	2-1	1-1	3-1	2-1	1-1	1-2	3-3	2-1	2-1	1-1	1-0		2-2	0-0	3-1	0-0	0-1	2-2	1-2	1-1	0-0
Leicester City FC	1-0	0-1	0-0	0-0	4-0	6-0	1-2	3-0	0-1	1-1	2-0	2-0	0-1		1-0	2-2	2-1	0-1	3-1	0-2	3-2	5-0
Middlesbrough FC	2-0	1-5	1-0	1-4	0-1	1-0	3-0	3-1	2-0	2-3	1-4	1-4	0-0	1-1		1-1	1-1	2-1	1-1	1-1	2-1	0-0
Newcastle United FC	1-2	3-2	2-2	3-0	2-0	2-2	4-2	1-1	1-0	1-0	1-4	4-0	2-1	2-2	1-1		1-0	1-0	4-0	2-1	4-0	1-1
Oldham Athletic AFC	1-1	0-0	2-3	3-0	3-0	4-3	2-2	2-2	2-0	2-2	1-0	1-1	2-2	1-2	3-0	2-2		0-1	1-1	1-1	1-0	4-1
Queen's Park Rangers FC	3-0	2-2	1-0	3-2	2-1	1-0	5-1	1-2	0-0	4-1	3-1	4-0	1-0	2-2	6-1	2-0	1-0		4-0	0-2	4-0	2-1
Rotherham United FC	1-0	3-1	1-1	1-1	2-0	1-2	1-0	1-0	2-2	1-1	0-1	3-0	0-1	1-3	1-1	1-5	1-3	0-0		0-3	0-3	1-1
Sheffield Wednesday FC	0-1	0-0	3-1	1-1	3-1	1-1	5-4	3-2	2-1	2-0	2-1	2-0	2-3	2-2	3-1	1-1	1-1	0-1	0-1		0-0	0-0
Shrewsbury Town FC	3-1	0-0	1-0	1-2	2-1	2-1	0-0	2-0	1-1	1-1	0-1	0-0	0-0	0-2	2-2	2-1	0-0	0-0	2-0	1-0		0-2
Wolverhampton Wanderers FC	2-0	2-1	0-0	2-0	1-1	2-1	5-0	2-1	1-0	2-1	2-4	3-0	3-0	0-3	4-0	2-2	0-0	4-0	2-0	1-0	2-2	

	Division 2	Pd	Wn	Dw	Ls	GF	GA	Pts	
1.	Queen's Park Rangers FC (London)	42	26	7	9	77	36	85	P
2.	Wolverhampton Wanderers FC (Wolverhampton)	42	20	15	7	68	44	75	P
3.	Leicester City FC (Leicester)	42	20	10	12	72	44	70	P
4.	Fulham FC (London)	42	20	9	13	64	47	69	
5.	Newcastle United FC (Newcastle upon Tyne)	42	18	13	11	75	53	67	
6.	Sheffield Wednesday FC (Sheffield)	42	16	15	11	60	47	63	
7.	Oldham Athletic AFC (Oldham)	42	14	19	9	64	47	61	
8.	Leeds United AFC (Leeds)	42	13	21	8	51	46	60	
9.	Shrewsbury Town FC (Shrewsbury)	42	15	14	13	48	48	59	
10.	Barnsley FC (Barnsley)	42	14	15	13	57	55	57	
11.	Blackburn Rovers FC (Blackburn)	42	15	12	15	58	58	57	
12.	Cambridge United FC (Cambridge)	42	13	12	17	42	60	51	
13.	Derby County FC (Derby)	42	10	19	13	49	58	49	
14.	Carlisle United FC (Carlisle)	42	12	12	18	68	70	48	
15.	Crystal Palace FC (London)	42	12	12	18	43	52	48	
16.	Middlesbrough FC (Middlesbrough)	42	11	15	16	46	67	48	
17.	Charlton Athletic FC (London)	42	13	9	20	63	86	48	
18.	Chelsea FC (London)	42	11	14	17	51	61	47	
19.	Grimsby Town FC (Cleethorpes)	42	12	11	19	45	70	47	
20.	Rotherham United FC (Rotherham)	42	10	15	17	45	68	45	R
21.	Burnley FC (Burnley)	42	12	8	22	56	66	44	R
22.	Bolton Wanderers FC (Bolton)	42	11	11	20	42	61	44	R
		924	318	288	318	1244	1244	1242	

Football League Division 3 1982-83 Season	Bournemouth	Bradford C	Brentford	Bristol Rovers	Cardiff City	Chesterfield	Doncaster Rovers	Exeter City	Gillingham	Huddersfield Town	Lincoln City	Millwall	Newport County	Orient	Oxford United	Plymouth Argyle	Portsmouth	Preston North End	Reading	Sheffield United	Southend United	Walsall	Wigan Athletic	Wrexham
AFC Bournemouth		2-2	4-3	0-0	3-1	2-1	2-2	2-0	0-1	0-1	1-0	3-0	0-1	2-0	2-0	1-0	0-2	4-0	1-1	0-0	0-2	3-0	2-2	1-1
Bradford City AFC	2-3		0-1	2-0	4-2	1-0	1-0	3-3	1-1	3-1	1-1	0-0	4-2	2-3	3-2	4-0	2-2	1-2	3-2	2-0	1-0	1-1	0-1	0-0
Brentford FC	2-1	0-2		5-1	1-3	4-2	1-0	4-0	1-1	1-0	2-0	1-1	2-0	5-2	1-1	2-0	1-1	3-1	1-2	2-1	4-2	2-3	1-3	4-1
Bristol Rovers FC	1-1	4-1	2-0		1-1	3-0	2-0	4-4	2-1	1-0	1-2	4-0	1-3	2-1	0-1	2-0	5-1	3-2	3-0	2-1	2-2	2-0	4-0	4-0
Cardiff City AFC	1-1	1-0	3-1	3-1		1-1	3-0	2-0	1-0	1-1	1-0	3-0	3-2	2-0	3-0	0-0	1-0	3-1	0-0	2-0	4-1	3-1	3-2	1-2
Chesterfield FC	0-0	3-0	2-1	0-0	0-1		3-3	1-3	1-2	0-1	1-3	0-1	3-1	1-2	1-2	1-2	0-1	1-1	0-0	3-1	0-2	0-0	2-0	5-1
Doncaster Rovers FC	2-1	1-2	4-4	1-2	2-2	0-0		6-1	0-2	0-4	2-2	2-1	0-0	0-3	0-1	2-2	0-2	2-0	7-5	2-0	0-0	1-3	3-6	1-1
Exeter City FC	4-2	2-1	1-7	0-1	0-2	2-3	3-0		2-2	3-4	3-1	2-1	0-1	2-0	3-1	1-0	1-1	5-1	2-2	0-3	4-3	4-3	2-1	3-3
Gillingham FC	2-5	3-0	2-2	1-0	2-3	3-1	1-1	4-4		1-3	0-2	1-0	2-0	4-0	0-1	2-1	1-0	2-1	1-0	0-2	1-0	3-0	0-2	1-1
Huddersfield Town	0-0	6-3	2-0	3-1	4-0	3-1	3-0	1-1	3-2		1-1	5-1	1-0	6-0	2-0	2-0	1-1	1-1	3-1	0-0	2-1	2-2	1-1	4-1
Lincoln City FC	9-0	1-0	2-1	2-1	2-1	2-0	5-1	4-1	3-1	1-2		3-1	1-4	2-0	1-1	1-2	0-3	3-0	4-0	3-0	0-1	2-1	2-1	2-0
Millwall FC	2-0	1-1	1-0	1-1	0-4	1-1	3-0	5-2	4-1	3-0	2-1		3-0	0-1	2-1	2-2	0-2	1-0	1-1	1-2	3-1	2-2	2-0	1-1
Newport County AFC	5-1	1-1	0-0	2-0	1-0	1-0	1-2	1-1	2-1	2-1	1-0	2-2		4-1	1-2	2-2	0-3	3-0	1-0	3-1	1-1	1-1	1-0	4-0
Orient FC	5-0	0-1	3-3	1-5	4-0	2-0	1-0	5-1	2-0	1-3	1-1	2-3	1-5		1-5	0-2	2-1	2-1	3-3	4-1	1-1	2-1	1-1	0-0
Oxford United FC	2-0	5-1	2-2	4-2	2-2	1-0	3-0	1-1	1-1	1-1	1-0	1-0	0-3	2-2		1-1	1-1	3-2	1-2	0-0	1-0	4-2	2-0	2-0
Plymouth Argyle FC	2-0	3-1	2-0	0-4	3-2	2-0	1-2	1-0	2-0	2-1	0-2	3-1	2-4	2-0	2-1		0-1	1-1	3-0	3-1	1-0	0-0	0-2	2-0
Portsmouth FC	0-2	0-1	2-1	1-0	0-0	4-0	2-1	3-2	1-0	3-2	4-1	2-0	1-2	2-2	1-0	2-1		3-1	2-2	4-1	2-0	1-0	0-0	3-0
Preston North End	0-1	0-0	3-0	2-2	2-1	1-1	4-1	2-2	0-0	0-0	1-0	3-2	0-0	2-1	1-2	2-2	0-0		2-0	1-0	1-1	1-0	4-1	3-0
Reading FC	2-1	2-1	1-1	1-2	1-2	0-0	2-0	3-1	0-0	1-1	1-1	3-3	4-2	3-0	0-3	3-2	1-2	2-3		2-0	1-1	1-1	2-1	1-0
Sheffield United FC	2-2	2-1	1-2	2-1	2-0	3-1	3-1	3-0	0-2	2-0	0-1	1-1	2-0	3-0	3-2	3-1	2-1	2-1	1-1		0-1	3-1	2-0	2-0
Southend United FC	0-0	1-1	4-2	1-0	1-2	2-0	3-2	1-1	1-1	0-1	2-0	1-1	1-4	1-1	1-2	3-1	4-0	2-3	4-2	3-1		1-1	2-0	2-2
Walsall FC	3-1	1-1	2-1	5-0	1-2	0-1	1-0	3-2	0-0	2-0	1-1	4-0	2-1	2-0	1-0	2-0	0-3	2-1	2-1	0-0	1-3		2-0	1-1
Wigan Athletic AFC	1-2	3-2	3-2	0-5	0-0	2-2	0-3	1-0	2-2	2-0	2-1	3-1	0-1	0-1	0-1	3-0	0-1	0-1	2-2	3-2	4-0	1-3		3-1
Wrexham AFC	1-0	0-4	3-4	0-0	0-0	0-0	5-0	1-2	1-0	1-1	0-1	4-3	1-0	1-0	1-1	2-3	0-2	3-1	4-0	4-1	3-2	4-0	1-1	

	Division 3	Pd	Wn	Dw	Ls	GF	GA	Pts	
1.	Portsmouth FC (Portsmouth)	46	27	10	9	74	41	91	P
2.	Cardiff City AFC (Cardiff)	46	25	11	10	76	50	86	P
3.	Huddersfield Town AFC (Huddersfield)	46	23	13	10	84	49	82	P
4.	Newport County AFC (Newport)	46	23	9	14	76	54	78	
5.	Oxford United FC (Oxford)	46	22	12	12	71	53	78	
6.	Lincoln City FC (Lincoln)	46	23	7	16	77	51	76	
7.	Bristol Rovers FC (Bristol)	46	22	9	15	84	58	75	
8.	Plymouth Argyle FC (Plymouth)	46	19	8	19	61	66	65	
9.	Brentford FC (London)	46	18	10	18	88	77	64	
10.	Walsall FC (Walsall)	46	17	13	16	64	63	64	
11.	Sheffield United FC (Sheffield)	46	19	7	20	62	64	64	
12.	Bradford City AFC (Bradford)	46	16	13	17	68	69	61	
13.	Gillingham FC (Gillingham)	46	16	13	17	58	59	61	
14.	AFC Bournemouth (Bournemouth)	46	16	13	17	59	68	61	
15.	Southend United FC (Southend-on-Sea)	46	15	14	17	66	65	59	
16.	Preston North End FC (Preston)	46	15	13	18	60	69	58	
17.	Millwall FC (London)	46	14	13	19	64	77	55	
18.	Wigan Athletic AFC (Wigan)	46	15	9	22	60	72	54	
19.	Exeter City FC (Exeter)	46	14	12	20	81	104	54	
20.	Orient FC (London)	46	15	9	22	64	88	54	
21.	Reading FC (Reading)	46	12	17	17	64	79	53	R
22.	Wrexham AFC (Wrexham)	46	12	15	19	56	76	51	R
23.	Doncaster Rovers FC (Doncaster)	46	9	11	26	57	97	38	R
24.	Chesterfield FC (Chesterfield)	46	8	13	25	43	68	37	R
		1104	415	274	415	1617	1617	1519	

Football League Division 4 1982-83 Season	Aldershot Town	Blackpool	Bristol City	Bury	Chester	Colchester United	Crewe Alexandra	Darlington	Halifax Town	Hartlepool	Hereford United	Hull City	Mansfield Town	Northampton Town	Peterborough United	Port Vale	Rochdale	Scunthorpe United	Stockport County	Swindon Town	Torquay United	Tranmere Rovers	Wimbledon	York City
Aldershot Town FC		2-1	0-0	1-1	1-2	0-1	2-1	1-6	6-1	0-2	2-1	1-2	2-1	3-0	2-0	1-4	6-4	1-1	2-1	1-1	2-1	1-0	1-1	2-3
Blackpool FC	4-1		1-4	1-1	1-1	1-2	2-0	2-0	0-0	1-2	5-1	1-1	2-1	0-0	0-3	2-0	1-0	3-1	0-0	2-1	1-0	0-2	1-1	1-1
Bristol City FC	2-0	0-0		2-1	0-0	0-2	2-1	2-2	3-0	2-0	1-1	2-1	3-1	1-3	1-0	1-3	0-0	0-2	2-2	1-1	0-1	1-0	4-2	2-2
Bury FC	3-1	4-1	2-2		3-2	1-0	0-1	3-0	2-0	4-0	3-2	2-3	1-0	1-1	1-0	0-1	0-0	1-0	3-2	0-0	3-0	3-0	1-3	2-1
Chester FC	1-1	1-2	1-0	0-1		1-1	1-0	2-3	2-0	2-1	5-0	0-0	1-3	2-1	1-1	1-0	5-2	1-2	0-2	0-1	0-0	0-0	1-2	0-1
Colchester United FC	0-0	4-1	3-1	2-1	1-0		4-3	2-2	1-0	4-1	3-2	0-0	2-0	3-1	1-0	1-2	4-1	5-1	3-0	1-0	1-0	3-3	3-0	0-0
Crewe Alexandra FC	0-0	3-1	4-1	3-3	3-2	0-1		2-5	1-1	3-0	3-1	0-3	1-2	1-0	0-3	1-2	1-1	0-1	3-0	3-0	1-1	0-1	0-2	2-1
Darlington FC	1-1	0-1	2-2	1-2	0-2	1-3	1-1		1-2	2-1	2-1	1-2	0-0	2-0	4-3	0-0	3-0	0-1	3-1	1-0	0-2	1-0	0-2	1-3
Halifax Town AFC	1-3	2-0	2-2	1-0	0-0	4-0	0-3	2-0		1-1	2-2	1-2	0-0	2-0	1-2	0-2	0-0	3-1	1-0	1-0	3-0	1-2	1-1	2-2
Hartlepool United FC	1-1	2-1	3-1	0-1	1-0	1-4	1-0	2-0	1-2		0-1	0-0	0-4	2-1	0-0	2-2	3-0	0-0	3-2	1-2	0-2	4-0	1-0	2-0
Hereford United FC	2-1	0-0	1-3	0-2	5-2	0-0	1-0	0-0	2-0	1-0		2-0	0-2	1-1	0-1	0-2	1-0	0-2	0-0	1-2	0-1	1-0	1-4	0-0
Hull City AFC	2-2	3-1	1-0	2-1	2-0	3-0	1-0	0-0	1-1	1-1	2-0		2-2	4-0	4-1	1-0	2-1	1-1	7-0	0-0	4-1	0-1	1-1	4-0
Mansfield Town FC	4-1	2-1	1-1	1-4	2-1	1-1	1-0	0-2	1-2	3-0	0-1	3-1		2-0	0-0	0-2	2-1	0-2	1-0	1-0	2-1	1-1	2-2	2-2
Northampton Town	1-1	2-1	7-1	0-3	1-1	2-1	4-0	3-3	3-1	3-1	2-1	1-2	1-2		0-0	2-2	1-1	2-1	2-3	0-1	2-0	1-0	2-2	1-1
Peterborough United	0-0	3-1	3-0	1-1	0-1	2-1	2-1	1-1	2-1	2-1	4-0	1-1	3-2	2-0		0-0	1-0	0-1	1-0	4-3	1-3	3-0	0-3	2-2
Port Vale FC	2-1	1-0	1-1	0-0	2-1	0-0	1-1	2-1	2-1	3-0	2-0	1-0	4-1	1-2	2-1		4-0	0-1	2-3	3-0	1-0	0-1	1-0	2-1
Rochdale AFC	3-1	3-1	1-0	0-0	0-1	2-1	2-0	1-1	2-2	2-0	4-1	1-3	2-2	2-0	1-1	3-3		0-1	1-0	1-1	2-2	4-2	0-2	1-0
Scunthorpe United	1-1	4-3	1-1	0-1	2-0	2-1	2-0	2-2	2-0	3-0	1-2	0-1	2-2	5-1	3-0	1-0	1-1		3-0	2-0	2-0	2-1	0-0	0-0
Stockport County	2-1	3-0	2-2	2-1	3-3	3-0	3-2	2-1	4-2	1-1	2-1	1-1	1-1	0-1	1-1	0-2	2-2	1-1		1-2	1-0	3-2	1-3	2-1
Swindon Town FC	2-0	3-3	2-0	1-1	2-3	3-0	1-0	1-2	0-1	3-0	3-2	0-1	4-0	1-5	1-0	1-0	4-1	2-2	2-0		2-1	4-2	0-1	3-2
Torquay United FC	4-2	1-3	0-2	2-3	0-1	2-0	2-1	1-0	1-3	3-2	2-1	0-0	3-1	3-1	2-1	0-1	3-2	1-1	3-0	1-1		3-0	0-1	1-3
Tranmere Rovers FC	1-1	1-1	2-2	1-1	2-4	2-4	1-1	2-0	1-2	1-1	2-1	0-1	3-0	2-1	1-0	0-2	0-0	0-4	1-1	2-0	2-0		0-2	3-0
Wimbledon FC	6-1	5-0	2-1	2-1	4-0	2-1	3-2	3-1	2-4	2-0	1-0	1-2	1-1	1-1	2-1	1-0	3-0	2-2	2-1	0-0	4-1	4-0		4-3
York City FC	4-0	2-0	3-0	3-1	1-0	3-0	2-0	5-2	3-2	5-1	5-1	1-0	6-1	5-2	1-1	0-0	1-0	2-1	3-1	0-0	1-1	2-1	1-4	

	Division 4	**Pd**	**Wn**	**Dw**	**Ls**	**GF**	**GA**	**Pts**	
1.	Wimbledon FC (London)	46	29	11	6	96	45	98	P
2.	Hull City AFC (Kingston upon Hull)	46	25	15	6	75	34	90	P
3.	Port Vale FC (Stoke-on-Trent)	46	26	10	10	67	34	88	P
4.	Scunthorpe United FC (Scunthorpe)	46	23	14	9	71	42	83	P
5.	Bury FC (Bury)	46	23	12	11	74	46	81	
6.	Colchester United FC (Colchester)	46	24	9	13	75	55	81	
7.	York City FC (York)	46	22	13	11	88	58	79	
8.	Swindon Town FC (Swindon)	46	19	11	16	61	54	68	
9.	Peterborough United FC (Peterborough)	46	17	13	16	58	52	64	
10.	Mansfield Town FC (Mansfield)	46	16	13	17	61	70	61	
11.	Halifax Town AFC (Halifax)	46	16	12	18	59	66	60	
12.	Torquay United FC (Torquay)	46	17	7	22	56	65	58	
13.	Chester FC (Chester)	46	15	11	20	55	60	56	*
14.	Bristol City FC (Bristol)	46	13	17	16	59	70	56	
15.	Northampton Town FC (Northampton)	46	14	12	20	65	75	54	
16.	Stockport County FC (Stockport)	46	14	12	20	60	79	54	
17.	Darlington FC (Darlington)	46	13	13	20	61	71	52	
18.	Aldershot FC (Aldershot)	46	12	15	19	61	82	51	
19.	Tranmere Rovers FC (Birkenhead)	46	13	11	22	49	71	50	
20.	Rochdale AFC (Rochdale)	46	11	16	19	55	73	49	
21.	Blackpool FC (Blackpool)	46	13	12	21	55	74	49	-2
22.	Hartlepool United FC (Hartlepool)	46	13	9	24	46	76	48	
23.	Crewe Alexandra FC (Crewe)	46	11	8	27	53	71	41	
24.	Hereford United FC (Hereford)	46	11	8	27	42	79	41	
		1104	410	284	410	1502	1502	1512	

Note: Blackpool FC (Blackpool) had 2 points deducted for fielding an ineligible player.

* Chester FC (Chester) changed their club name to Chester City FC (Chester) for the next season.

F.A. CUP FINAL (Wembley Stadium, London – 21/05/1983 – 100,000)

MANCHESTER UNITED FC (MANCHESTER) 2-2 Brighton & Hove Albion FC (Hove)

Stapleton 55', Wilkins 73' *Smith 14', Stevens 87'*

Man. United: Bailey, Duxbury, Moran, McQueen, Albiston, Davies, Wilkins, Robson, Muhren, Stapleton, Whiteside.

Brighton: Moseley, Ramsey (Ryan), Stevens, Gatting, Pearce, Smillie, Case, Grealish, Howlett, Robinson, Smith.

F.A. CUP FINAL REPLAY (Wembley Stadium, London – 26/05/83 – 100,000)

MANCHESTER UNITED FC (MANCHESTER) 4-0 Brighton & Hove Albion FC (Hove)

Robson 23', 44', Whiteside 25', Muhren 62' pen.

Man. United: Bailey, Duxbury, Moran, McQueen, Albiston, Davies, Wilkins, Robson, Muhren, Stapleton, Whiteside.

Brighton: Moseley, Foster, Stevens, Gatting, Pearce, Smillie, Case, Grealish, Howlett, Robinson, Smith.

Semi-finals

Brighton & Hove Albion FC (Hove)	2-1	Sheffield Wednesday FC (Sheffield)
Manchester United FC (Manchester)	2-1	Arsenal FC (London)

Quarter-finals

Arsenal FC (London)	2-0	Aston Villa FC (Birmingham)
Brighton & Hove Albion FC (Hove)	1-0	Norwich City FC (Norwich)
Burnley FC (Burnley)	1-1, 0-5	Sheffield Wednesday FC (Sheffield)
Manchester United FC (Manchester)	1-0	Everton FC (Liverpool)

1983-84

Football League Division 1 1983-84 Season	Arsenal	Aston Villa	Birmingham City	Coventry City	Everton	Ipswich Town	Leicester City	Liverpool	Luton Town	Manchester United	Norwich City	Nottingham Forest	Notts County	Q.P.R.	Southampton	Stoke City	Sunderland	Tottenham Hotspur	Watford	W.B.A.	West Ham United	Wolves
Arsenal FC		1-1	1-1	0-1	2-1	4-1	2-1	0-2	2-1	2-3	3-0	4-1	1-1	0-2	2-2	3-1	1-2	3-2	3-1	0-1	3-3	4-1
Aston Villa FC	2-6		1-0	2-0	0-2	4-0	3-1	1-3	0-0	0-3	1-0	1-0	3-1	2-1	1-0	1-1	1-0	0-0	2-1	4-3	1-0	4-0
Birmingham City FC	1-1	2-1		1-2	0-2	1-0	2-1	0-0	1-1	2-2	0-1	1-2	0-0	0-2	0-0	1-0	0-1	0-1	2-0	2-1	3-0	0-0
Coventry City FC	1-4	3-3	0-1		1-1	1-2	2-1	4-0	2-2	1-1	2-1	2-1	2-1	1-0	0-0	2-3	2-1	2-4	1-2	1-2	1-2	2-1
Everton FC	0-0	1-1	1-1	0-0		1-0	1-1	1-1	0-1	1-1	0-2	1-0	4-1	3-1	1-0	1-0	0-0	2-1	1-0	0-0	0-1	2-0
Ipswich Town FC	1-0	2-1	1-2	3-1	3-0		0-0	1-1	3-0	0-2	2-0	2-2	1-0	0-2	0-3	5-0	1-0	3-1	0-0	3-4	0-3	3-1
Leicester City FC	3-0	2-0	2-3	1-1	2-0	2-0		3-3	0-3	1-1	2-1	2-1	0-4	2-1	2-1	2-2	0-2	0-3	4-1	1-1	4-1	5-1
Liverpool FC	2-1	2-1	1-0	5-0	3-0	2-2	2-2		6-0	1-1	1-1	1-0	5-0	2-0	1-1	1-0	0-1	3-1	3-0	3-0	6-0	0-1
Luton Town FC	1-2	1-0	1-1	2-4	0-3	2-1	0-0	0-0		0-5	2-2	2-3	3-2	0-0	3-1	0-1	4-1	2-4	1-2	2-0	0-1	4-0
Manchester United FC	4-0	1-2	1-0	4-0	0-1	1-2	2-0	1-0	2-0		0-0	1-2	3-3	3-1	3-2	1-0	2-1	4-2	4-1	3-0	0-0	3-0
Norwich City FC	1-1	3-1	1-1	0-0	1-1	0-0	3-1	0-1	0-0	3-3		2-3	0-1	0-3	1-0	2-2	3-0	2-1	6-1	2-0	1-0	3-0
Nottingham Forest FC	0-1	2-2	5-1	3-0	1-0	2-1	3-2	0-1	1-0	2-0	3-0		3-1	3-2	0-1	0-0	1-1	2-2	5-1	3-1	3-0	5-0
Notts County FC	0-4	5-2	2-1	2-1	0-1	0-2	2-5	0-0	0-3	1-0	1-1	0-0		0-3	1-3	1-1	6-1	0-0	3-5	1-1	2-2	4-0
Queen's Park Rangers FC	2-0	2-1	2-1	2-1	2-0	1-0	2-0	0-1	0-1	1-1	2-0	0-1	1-0		4-0	6-0	3-0	2-1	1-1	1-1	1-1	2-1
Southampton FC	1-0	2-2	2-1	8-2	3-1	3-2	2-2	2-0	2-1	3-0	2-1	0-1	0-2	0-0		3-1	1-1	5-0	1-0	1-0	2-0	1-0
Stoke City FC	1-0	1-0	2-1	1-3	1-1	1-0	0-1	2-0	2-4	0-1	2-0	1-1	1-0	1-2	1-1		2-1	1-1	0-4	3-1	3-1	4-0
Sunderland AFC	2-2	0-1	2-1	1-0	2-1	1-1	1-1	0-0	2-0	0-1	1-1	1-1	0-0	1-0	0-2	2-2		1-1	3-0	3-0	0-1	3-2
Tottenham Hotspur FC	2-4	2-1	0-1	1-1	1-2	2-0	3-2	2-2	2-1	1-1	2-0	2-1	1-0	3-2	0-0	1-0	3-0		2-3	0-1	0-2	1-0
Watford FC	2-1	3-2	1-0	2-3	4-4	2-2	3-3	0-2	1-2	0-0	1-3	3-2	3-1	1-0	1-1	2-0	2-1	2-3		3-1	0-0	0-0
West Bromwich Albion FC	1-3	3-1	1-2	1-1	1-1	2-1	1-0	1-2	3-0	2-0	0-0	0-5	2-0	1-2	0-2	3-0	3-1	1-1	2-0		1-0	1-3
West Ham United FC	3-1	0-1	4-0	5-2	0-1	2-1	3-1	1-3	3-1	1-1	0-0	1-2	3-0	2-2	0-1	3-0	0-1	4-1	2-4	1-0		1-1
Wolverhampton Wanderers FC	1-2	1-1	1-1	0-0	3-0	0-3	1-0	1-1	1-2	1-1	2-0	1-0	0-1	0-4	0-1	0-0	0-0	2-3	0-5	0-0	0-3	

	Division 1	Pd	Wn	Dw	Ls	GF	GA	Pts	
1.	LIVERPOOL FC (LIVERPOOL)	42	22	14	6	73	32	80	
2.	Southampton FC (Southampton)	42	22	11	9	66	38	77	
3.	Nottingham Forest FC (Nottingham)	42	22	8	12	76	45	74	
4.	Manchester United FC (Manchester)	42	20	14	8	71	41	74	
5.	Queen's Park Rangers FC (London)	42	22	7	13	67	37	73	
6.	Arsenal FC (London)	42	18	9	15	74	60	63	
7.	Everton FC (Liverpool)	42	16	14	12	44	42	62	
8.	Tottenham Hotspur FC (London)	42	17	10	15	64	65	61	
9.	West Ham United FC (London)	42	17	9	16	60	55	60	
10.	Aston Villa FC (Birmingham)	42	17	9	16	59	61	60	
11.	Watford FC (Watford)	42	16	9	17	68	77	57	
12.	Ipswich Town FC (Ipswich)	42	15	8	19	55	57	53	
13.	Sunderland AFC (Sunderland)	42	13	13	16	42	53	52	
14.	Norwich City FC (Norwich)	42	12	15	15	48	49	51	
15.	Leicester City FC (Leicester)	42	13	12	17	65	68	51	
16.	Luton Town FC (Luton)	42	14	9	19	53	66	51	
17.	West Bromwich Albion FC (West Bromwich)	42	14	9	19	48	62	51	
18.	Stoke City FC (Stoke-on-Trent)	42	13	11	18	44	63	50	
19.	Coventry City FC (Coventry)	42	13	11	18	57	77	50	
20.	Birmingham City FC (Birmingham)	42	12	12	18	39	50	48	R
21.	Notts County FC (Nottingham)	42	10	11	21	50	72	41	R
22.	Wolverhampton Wanderers FC (Wolverhampton)	42	6	11	25	27	80	29	R
		924	344	236	344	1250	1250	1268	

Top Goalscorer

1) Ian RUSH (Liverpool FC) 32

Football League Division 2 1983-84 Season	Barnsley	Blackburn Rovers	Brighton & Hove Albion	Cambridge	Cardiff City	Carlisle United	Charlton Athletic	Chelsea	Crystal Palace	Derby County	Fulham	Grimsby Town	Huddersfield Town	Leeds United	Manchester City	Middlesbrough	Newcastle United	Oldham Athletic	Portsmouth	Sheffield Wednesday	Shrewsbury Town	Swansea City
Barnsley FC		0-0	3-1	2-0	2-3	2-1	2-0	0-0	1-1	5-1	3-0	3-1	2-2	0-2	1-1	0-2	1-1	0-1	0-3	0-1	3-0	3-2
Blackburn Rovers FC	1-1		2-2	1-0	1-1	4-1	1-1	0-0	2-1	5-1	0-1	1-1	2-2	1-1	2-1	1-0	1-1	3-1	2-1	0-0	1-1	4-1
Brighton & Hove Albion FC	1-0	1-1		3-0	3-1	1-1	7-0	1-2	3-1	1-0	1-1	2-0	3-1	3-0	1-1	3-0	0-1	4-0	0-1	1-3	2-2	1-1
Cambridge United FC	0-3	2-0	3-4		0-2	0-2	2-2	0-1	1-3	0-1	1-1	2-2	0-3	2-2	0-0	0-0	1-0	2-1	1-3	1-2	1-0	1-1
Cardiff City AFC	0-3	0-1	2-2	5-0		2-0	2-1	3-3	0-2	1-0	0-4	3-1	3-1	0-1	2-1	2-1	0-2	2-0	0-0	0-2	2-0	3-2
Carlisle United FC	4-2	0-1	1-2	0-0	1-1		3-0	0-0	2-2	2-1	2-0	1-1	0-0	1-0	2-0	1-1	3-1	2-0	0-0	1-1	1-0	2-0
Charlton Athletic FC	3-2	2-0	2-0	5-2	2-0	1-0		1-1	1-0	1-0	3-4	3-3	1-2	2-0	1-0	2-0	1-3	2-1	2-1	1-1	2-4	2-2
Chelsea FC	3-1	2-1	1-0	2-1	2-0	0-0	3-2		2-2	5-0	4-0	2-3	3-1	5-0	0-1	0-0	4-0	3-0	2-2	3-2	3-0	6-1
Crystal Palace FC	0-1	0-2	0-2	1-1	1-0	1-2	2-0	0-1		0-1	1-1	0-1	0-0	0-0	0-2	1-0	3-1	2-1	2-1	1-0	1-1	2-0
Derby County FC	0-2	1-1	0-3	1-0	2-3	1-4	0-1	1-2	3-0		1-0	1-2	1-1	1-1	1-0	1-0	3-2	2-2	2-0	1-1	1-0	2-1
Fulham FC	1-0	0-1	3-1	1-0	0-2	0-0	0-1	3-5	1-1	2-2		1-1	0-2	2-1	5-1	2-1	2-2	3-0	0-2	1-1	3-0	5-0
Grimsby Town FC	1-0	3-2	5-0	0-0	1-0	1-1	2-1	0-1	2-0	2-1	2-1		2-1	2-0	1-1	0-0	1-1	3-0	3-4	1-0	1-1	3-0
Huddersfield Town AFC	0-1	0-2	0-1	3-0	4-0	0-0	0-0	2-3	2-1	3-0	2-0	0-0		2-2	1-3	2-2	2-2	0-1	2-1	0-1	1-0	1-0
Leeds United AFC	1-2	1-0	3-2	3-1	1-0	3-0	1-0	1-1	1-1	0-0	1-0	2-1	1-2		1-2	4-1	0-1	2-0	2-1	1-1	3-0	1-0
Manchester City FC	3-2	6-0	4-0	5-0	2-1	3-1	0-1	0-2	3-1	1-1	0-0	2-1	2-3	1-1		2-1	1-2	2-0	2-1	1-2	1-0	2-1
Middlesbrough FC	2-1	1-2	0-0	1-1	2-0	0-1	1-0	2-1	1-3	0-0	0-2	1-1	0-0	2-2	0-0		3-2	3-2	0-0	2-0	4-0	1-0
Newcastle United FC	1-0	1-1	3-1	2-1	3-1	5-1	2-1	1-1	3-1	4-0	3-2	0-1	5-2	1-0	5-0	3-1		3-0	4-2	0-1	0-1	2-0
Oldham Athletic AFC	1-0	0-0	1-0	0-0	2-1	2-3	0-0	1-1	3-2	3-0	3-0	2-1	0-3	3-2	2-2	2-1	1-2		3-2	1-3	0-1	3-3
Portsmouth FC	2-1	2-4	5-1	5-0	1-1	0-1	4-0	2-2	0-1	3-0	1-4	4-0	1-1	2-3	1-2	0-1	1-4	3-4		0-1	4-1	5-0
Sheffield Wednesday FC	2-0	4-2	2-1	1-0	5-2	2-0	4-1	2-1	1-0	3-1	1-1	1-0	0-0	3-1	0-0	0-2	4-2	3-0	2-0		1-1	6-1
Shrewsbury Town FC	3-2	1-0	2-1	1-0	1-0	0-0	1-1	2-4	1-1	3-0	0-0	1-2	1-0	5-1	1-3	1-0	2-2	2-0	2-0	2-1		2-0
Swansea City FC	1-0	0-1	1-3	2-1	3-2	0-0	1-0	1-3	1-0	2-0	0-3	0-1	2-2	2-2	0-2	2-1	1-2	0-0	1-2	0-1	0-2	

	Division 2	Pd	Wn	Dw	Ls	GF	GA	Pts	
1.	Chelsea FC (London)	42	25	13	4	90	40	88	P
2.	Sheffield Wednesday FC (Sheffield)	42	26	10	6	72	34	88	P
3.	Newcastle United FC (Newcastle upon Tyne)	42	24	8	10	85	53	80	P
4.	Manchester City FC (Manchester)	42	20	10	12	66	48	70	
5.	Grimsby Town FC (Cleethorpes)	42	19	13	10	60	47	70	
6.	Blackburn Rovers FC (Blackburn)	42	17	16	9	57	46	67	
7.	Carlisle United FC (Carlisle)	42	16	16	10	48	41	64	
8.	Shrewsbury Town FC (Shrewsbury)	42	17	10	15	49	53	61	
9.	Brighton & Hove Albion FC (Hove)	42	17	9	16	69	60	60	
10.	Leeds United AFC (Leeds)	42	16	12	14	55	56	60	
11.	Fulham FC (London)	42	15	12	15	60	53	57	
12.	Huddersfield Town AFC (Huddersfield)	42	14	15	13	56	49	57	
13.	Charlton Athletic FC (London)	42	16	9	17	53	64	57	
14.	Barnsley FC (Barnsley)	42	15	7	20	57	53	52	
15.	Cardiff City AFC (Cardiff)	42	15	6	21	53	66	51	
16.	Portsmouth FC (Portsmouth)	42	14	7	21	73	64	49	
17.	Middlesbrough FC (Middlesbrough)	42	12	13	17	41	47	49	
18.	Crystal Palace FC (London)	42	12	11	19	42	52	47	
19.	Oldham Athletic AFC (Oldham)	42	13	8	21	47	73	47	
20.	Derby County FC (Derby)	42	11	9	22	36	72	42	R
21.	Swansea City FC (Swansea)	42	7	8	27	36	85	29	R
22.	Cambridge United FC (Cambridge)	42	4	12	26	28	77	24	R
		924	345	234	345	1233	1233	1269	

Football League Division 3 1983-84 Season	Bolton Wanderers	Bournemouth	Bradford C	Brentford	Bristol Rovers	Burnley	Exeter City	Gillingham	Hull City	Lincoln City	Millwall	Newport County	Orient	Oxford United	Plymouth Argyle	Port Vale	Preston North End	Rotherham United	Scunthorpe United	Sheffield United	Southend United	Walsall	Wigan Athletic	Wimbledon
Bolton Wanderers FC		0-1	0-2	1-0	3-0	0-0	1-0	0-1	0-0	0-2	2-0	2-3	3-2	1-0	2-1	2-0	2-2	2-0	0-0	3-1	2-0	8-1	0-1	2-0
AFC Bournemouth	2-2		4-1	0-3	0-1	1-0	3-1	2-0	2-3	3-0	1-1	1-1	3-2	2-1	2-1	1-1	0-1	4-2	1-1	0-1	1-0	3-0	0-1	2-3
Bradford City AFC	0-2	5-2		1-1	0-1	2-1	1-3	3-2	0-0	0-0	3-3	1-0	4-1	2-2	2-0	2-2	3-2	1-0	2-2	2-1	1-1	0-0	6-2	5-2
Brentford FC	3-0	1-1	1-4		2-2	0-0	3-0	2-3	1-1	3-0	2-2	2-0	1-1	1-2	2-2	3-1	4-1	2-1	3-0	1-3	0-0	1-1	0-1	3-4
Bristol Rovers FC	2-1	1-3	1-0	3-1		2-1	2-0	3-0	1-3	3-1	3-2	4-0	0-0	1-1	2-0	0-0	3-1	2-0	4-1	1-1	2-1	4-2	2-1	1-1
Burnley FC	2-2	5-1	1-2	2-2	0-0		4-0	2-3	0-2	4-0	1-0	2-0	2-3	1-1	2-1	7-0	2-1	2-2	5-0	2-1	3-0	0-2	3-0	0-2
Exeter City FC	2-2	0-2	0-2	1-2	1-2	1-1		0-0	2-1	0-3	3-2	1-2	3-4	3-1	1-1	1-1	2-1	0-1	1-1	1-2	3-3	0-1	1-1	0-3
Gillingham FC	2-0	2-1	0-0	4-2	1-2	0-1	3-1		1-2	2-0	3-3	4-1	3-1	2-3	2-1	1-1	2-0	4-2	1-1	4-2	5-1	1-3	3-0	0-1
Hull City AFC	1-1	3-1	1-0	2-0	0-0	4-1	1-0	0-0		2-0	5-0	0-0	2-1	0-1	1-2	1-0	3-0	5-0	1-0	4-1	2-1	2-2	1-0	1-0
Lincoln City FC	0-0	3-0	2-3	2-0	4-0	3-1	1-1	4-0	1-3		2-2	2-3	2-0	2-2	3-1	3-2	2-1	0-1	2-1	0-2	1-2	2-1	0-1	1-2
Millwall FC	3-0	3-1	0-0	1-2	1-0	2-0	3-0	2-2	1-0	0-2		1-1	4-3	2-1	1-0	3-2	1-0	2-0	2-1	1-2	4-0	2-0	2-0	1-1
Newport County AFC	2-3	2-1	4-3	1-1	2-1	1-0	1-0	1-0	1-1	1-0	1-1		0-0	1-1	2-0	2-1	1-1	1-4	1-1	0-2	1-1	3-1	5-3	1-1
Orient FC	2-1	2-0	2-0	2-0	0-1	1-2	2-2	1-1	3-1	1-1	5-3	2-2		1-2	3-2	3-0	2-1	2-1	1-0	2-0	1-0	0-1	0-0	2-6
Oxford United FC	5-0	3-2	2-0	2-1	3-2	2-2	1-1	0-1	1-1	3-0	4-2	2-0	5-2		5-0	2-0	2-0	3-2	1-0	2-2	2-1	6-3	0-0	2-0
Plymouth Argyle FC	2-0	1-0	3-0	1-1	1-1	1-1	2-2	1-1	2-0	2-2	0-1	0-1	3-1	2-1		3-0	1-0	1-1	4-0	0-1	4-0	3-1	0-0	1-2
Port Vale FC	1-2	2-1	1-2	4-3	2-0	2-3	2-2	0-1	1-0	0-1	1-0	4-2	2-0	1-3	0-1		1-1	2-3	0-0	2-0	2-1	0-2	1-1	2-0
Preston North End	2-1	2-0	1-2	3-3	1-0	4-2	2-1	2-2	0-0	1-2	0-0	2-0	3-1	1-2	2-1	4-0		1-0	1-0	2-2	4-1	0-1	2-3	2-3
Rotherham United	1-1	1-0	1-0	4-0	2-2	1-1	1-0	3-0	0-1	1-1	1-0	0-1	0-1	1-2	2-0	2-1	0-1		3-0	0-1	0-0	0-1	4-1	1-2
Scunthorpe United	1-0	1-2	2-1	4-4	2-2	4-0	3-1	2-0	2-0	0-0	0-1	3-3	3-1	0-0	3-0	1-1	1-5	1-2		1-1	1-6	0-0	0-0	5-1
Sheffield United FC	5-0	2-0	2-0	0-0	4-0	0-0	2-2	4-0	2-2	0-0	2-0	2-0	6-3	1-2	2-0	3-1	1-1	3-0	5-3		5-0	2-0	2-2	1-2
Southend United FC	0-1	0-0	2-1	6-0	1-2	2-2	0-3	3-1	2-2	2-0	3-2	3-1	3-0	0-1	1-1	1-2	1-1	2-2	0-0	0-1		0-0	1-0	1-1
Walsall FC	1-0	3-1	1-2	1-0	2-1	1-1	4-1	3-1	2-1	0-1	1-1	3-2	0-1	0-1	3-2	2-0	2-1	2-2	1-1	1-2	4-0		3-0	4-0
Wigan Athletic AFC	0-1	1-3	0-1	2-1	0-0	1-0	1-1	1-2	1-1	2-0	0-0	1-0	0-1	0-2	1-1	3-0	1-0	2-1	2-0	3-0	1-0	0-1		3-2
Wimbledon FC	4-0	3-2	4-1	2-1	1-1	1-4	2-1	1-3	1-4	3-1	4-3	6-0	2-2	3-1	1-0	4-2	2-2	3-1	1-1	3-1	3-2	2-0	2-2	

	<u>Division 3</u>	<u>Pd</u>	<u>Wn</u>	<u>Dw</u>	<u>Ls</u>	<u>GF</u>	<u>GA</u>	<u>Pts</u>	
1.	Oxford United FC (Oxford)	46	28	11	7	91	50	95	P
2.	Wimbledon FC (London)	46	26	9	11	97	76	87	P
3.	Sheffield United FC (Sheffield)	46	24	11	11	86	53	83	P
4.	Hull City AFC (Kingston upon Hull)	46	23	14	9	71	38	83	
5.	Bristol Rovers FC (Bristol)	46	22	13	11	68	54	79	
6.	Walsall FC (Walsall)	46	22	9	15	68	61	75	
7.	Bradford City AFC (Bradford)	46	20	11	15	73	65	71	
8.	Gillingham FC (Gillingham)	46	20	10	16	74	69	70	
9.	Millwall FC (London)	46	18	13	15	71	65	67	
10.	Bolton Wanderers FC (Bolton)	46	18	10	18	56	60	64	
11.	Orient FC (London)	46	18	9	19	71	81	63	
12.	Burnley FC (Burnley)	46	16	14	16	76	61	62	
13.	Newport County AFC (Newport)	46	16	14	16	58	75	62	
14.	Lincoln City FC (Lincoln)	46	17	10	19	59	62	61	
15.	Wigan Athletic AFC (Wigan)	46	16	13	17	46	56	61	
16.	Preston North End FC (Preston)	46	15	11	20	66	66	56	
17.	AFC Bournemouth (Bournemouth)	46	16	7	23	63	73	55	
18.	Rotherham United FC (Rotherham)	46	15	9	22	57	64	54	
19.	Plymouth Argyle FC (Plymouth)	46	13	12	21	56	62	51	
20.	Brentford FC (London)	46	11	16	19	69	79	49	
21.	Scunthorpe United FC (Scunthorpe)	46	9	19	18	54	73	46	R
22.	Southend United FC (Southend-on-Sea)	46	10	14	22	55	76	44	R
23.	Port Vale FC (Stoke-on-Trent)	46	11	10	25	51	83	43	R
24.	Exeter City FC (Exeter)	46	6	15	25	50	84	33	R
		1104	410	284	410	1586	1586	1514	

Football League Division 4 1983-84 Season	Aldershot Town	Blackpool	Bristol City	Bury	Chester City	Chesterfield	Colchester United	Crewe Alexandra	Darlington	Doncaster Rovers	Halifax Town	Hartlepool	Hereford United	Mansfield Town	Northampton Town	Peterborough United	Reading	Rochdale	Stockport County	Swindon Town	Torquay United	Tranmere Rovers	Wrexham	York City
Aldershot Town FC		3-2	1-0	1-2	5-2	2-1	5-1	0-0	0-0	2-1	5-2	2-1	1-4	7-1	1-0	3-2	0-0	2-1	1-1	2-1	3-1	1-1	1-1	1-4
Blackpool FC	5-0		1-0	1-1	3-3	1-0	3-2	3-0	3-1	3-1	4-0	1-0	3-1	2-0	2-3	1-2	1-0	0-2	1-1	1-1	1-0	0-2	4-0	3-0
Bristol City FC	2-1	1-1		3-2	4-2	2-0	4-1	2-1	1-0	1-2	3-0	2-0	1-0	4-0	4-1	0-1	3-1	1-1	3-1	1-0	5-0	1-1	2-1	1-0
Bury FC	0-3	0-0	2-1		2-1	2-0	1-1	1-1	0-3	2-3	3-0	3-0	-4	2-2	1-2	2-2	2-3	3-1	2-1	2-1	0-0	0-0	2-0	1-3
Chester City FC	1-2	0-2	1-2	2-1		0-2	1-4	0-1	2-1	1-0	1-1	4-1	0-1	0-4	1-1	1-1	2-1	1-0	2-4	0-3	1-2	0-0	1-0	1-1
Chesterfield FC	3-1	1-1	1-1	1-5	1-1		1-1	1-3	1-1	0-0	0-0	4-1	0-0	0-0	2-1	1-0	2-1	3-0	2-0	1-0	3-2	2-3	1-1	2-1
Colchester United FC	4-1	2-1	0-0	1-0	1-0	2-0		2-0	2-1	1-1	4-1	6-0	3-0	1-0	2-2	1-1	3-0	4-0	1-1	0-0	3-0	0-1	1-1	1-3
Crewe Alexandra FC	0-0	2-1	2-2	2-1	1-1	2-1	1-1		2-1	1-1	6-1	2-0	1-1	1-3	3-2	0-1	1-1	0-1	0-3	2-0	2-1	3-0	1-1	0-3
Darlington FC	0-1	2-0	0-1	1-2	2-1	2-1	0-2	2-0		1-2	3-2	2-0	0-0	3-0	5-3	1-0	1-1	1-0	1-0	1-0	0-1	1-0	2-2	0-0
Doncaster Rovers FC	3-1	2-1	1-0	3-1	0-0	2-1	3-3	1-0	3-2		3-2	0-1	3-0	3-1	1-0	1-1	2-3	3-0	2-1	3-0	1-1	1-1	3-0	2-2
Halifax Town AFC	1-0	1-0	1-2	0-0	2-2	2-1	4-1	1-0	0-2	1-2		3-2	2-1	0-0	2-2	2-1	0-1	5-0	2-0	2-1	2-2	1-2	1-1	1-2
Hartlepool United FC	0-1	0-1	2-2	1-3	1-1	2-2	0-0	2-1	2-1	1-0	3-0		0-0	4-1	2-0	1-1	3-3	1-2	1-2	0-1	2-1	0-1	1-1	2-3
Hereford United FC	2-1	1-2	0-2	1-2	2-1	3-1	1-1	0-1	1-0	0-3	0-0	5-0		0-0	0-0	2-1	1-1	2-1	2-0	2-1	1-1	0-1	3-0	2-1
Mansfield Town FC	5-2	1-1	0-1	1-1	3-1	0-1	0-0	3-3	1-0	1-2	7-1	5-0	1-1		3-1	0-0	2-0	3-0	1-2	2-2	1-3	1-0	3-4	0-1
Northampton Town	1-4	1-5	1-0	1-0	2-1	1-1	3-1	2-0	2-0	1-4	1-1	1-1	0-3	2-1		2-1	2-2	1-1	0-0	2-0	2-1	0-0	3-3	1-2
Peterborough United	1-2	4-0	4-1	2-1	1-0	2-0	2-0	1-0	2-2	1-1	4-0	3-1	1-1	3-0	6-0		3-3	2-0	2-0	1-1	5-0	2-0	0-1	0-2
Reading FC	1-0	2-0	2-0	1-1	1-0	1-1	1-0	5-0	1-0	3-2	1-0	5-1	3-1	4-0	3-0	1-1		0-0	6-2	2-2	2-2	1-0	4-1	1-0
Rochdale AFC	3-1	1-0	0-1	0-2	1-1	2-4	0-0	1-0	2-0	3-3	1-1	2-0	3-3	0-0	1-1	2-1	4-1		2-2	3-3	1-0	2-3	1-2	0-2
Stockport County	2-2	1-2	0-0	1-1	2-1	2-0	0-0	2-3	2-0	0-2	4-0	1-0	1-0	0-4	1-0	4-1	3-0	2-1		1-3	2-1	2-1	1-1	0-2
Swindon Town FC	0-2	0-0	1-1	0-0	4-0	1-2	2-1	1-0	1-0	2-1	2-3	3-2	3-0	1-1	0-0	2-0	1-1	2-1	2-1		2-3	1-1	0-1	3-2
Torquay United FC	0-1	1-0	1-0	2-0	1-0	1-1	2-1	3-1	0-1	4-1	1-1	0-0	1-1	1-0	2-1	1-0	2-2	4-2	1-1	1-0		1-1	1-0	1-3
Tranmere Rovers FC	3-0	3-2	2-0	1-1	2-2	0-3	2-1	2-3	0-1	1-1	3-2	0-1	0-1	1-0	1-0	0-0	2-3	2-2	1-0	2-1	3-0		2-1	0-1
Wrexham AFC	1-1	0-1	3-1	3-0	2-0	4-2	0-2	0-1	1-1	1-2	1-0	1-4	0-0	2-3	0-1	2-2	0-3	5-1	1-2	0-3	2-2	5-1		0-0
York City FC	2-0	4-0	1-1	3-0	4-1	1-0	3-0	5-2	2-0	1-1	4-1	2-0	4-0	2-1	3-0	2-0	2-2	2-0	3-1	2-0	2-3	1-1	3-2	

	Division 4	Pd	Wn	Dw	Ls	GF	GA	Pts	
1.	York City FC (York)	46	31	8	7	96	39	101	P
2.	Doncaster Rovers FC (Doncaster)	46	24	13	9	82	54	85	P
3.	Reading FC (Reading)	46	22	16	8	84	56	82	P
4.	Bristol City FC (Bristol)	46	24	10	12	70	44	82	P
5.	Aldershot FC (Aldershot)	46	22	9	15	76	69	75	
6.	Blackpool FC (Blackpool)	46	21	9	16	70	52	72	
7.	Peterborough United FC (Peterborough)	46	18	14	14	72	48	68	
8.	Colchester United FC (Colchester)	46	17	16	13	69	53	67	
9.	Torquay United FC (Torquay)	46	18	13	15	59	64	67	
10.	Tranmere Rovers FC (Birkenhead)	46	17	15	14	53	53	66	
11.	Hereford United FC (Hereford)	46	16	15	15	54	53	63	
12.	Stockport County FC (Stockport)	46	17	11	18	60	64	62	
13.	Chesterfield FC (Chesterfield)	46	15	15	16	59	61	60	
14.	Darlington FC (Darlington)	46	17	8	21	49	50	59	
15.	Bury FC (Bury)	46	15	14	17	61	64	59	
16.	Crewe Alexandra FC (Crewe)	46	16	11	19	56	67	59	
17.	Swindon Town FC (Swindon)	46	15	13	18	58	56	58	
18.	Northampton Town FC (Northampton)	46	13	14	19	53	78	53	
19.	Mansfield Town FC (Mansfield)	46	13	13	20	66	70	52	
20.	Wrexham AFC (Wrexham)	46	11	15	20	59	74	48	
21.	Halifax Town AFC (Halifax)	46	12	12	22	55	89	48	
22.	Rochdale AFC (Rochdale)	46	11	13	22	52	80	46	
23.	Hartlepool United FC (Hartlepool)	46	10	10	26	47	85	40	
24.	Chester City FC (Chester)	46	7	13	26	45	82	34	
		1104	402	300	402	1505	1505	1104	

F.A. CUP FINAL (Wembley Stadium, London – 19/05/1984 – 100,000)

EVERTON FC (LIVERPOOL)	2-0	Watford FC (Watford)
Sharp, Gray	*(H.T. 1-0)*	

Everton: Southall, Stevens, Bailey, Ratcliffe, Mountfield, Reid, Steven, Heath, Sharp, Gray, Richardson.

Watford: Sherwood, Bardsley, Price (Atkinson), Taylor, Terry, Sinnott, Callaghan, Johnston, Reilly, Jackett, Barnes.

Semi-finals

Plymouth Argyle FC (Plymouth)	0-1	Watford FC (Watford)
Southampton FC (Southampton)	0-1	Everton FC (Liverpool)

Quarter-finals

Birmingham City FC (Birmingham)	1-3	Watford FC (Watford)
Notts County FC (Nottingham)	1-2	Everton FC (Liverpool)
Plymouth Argyle FC (Plymouth)	0-0, 1-0	Derby County FC (Derby)
Sheffield Wednesday FC (Sheffield)	0-0, 1-5	Southampton FC (Southampton)

1984-85

Football League Division 1 1984-85 Season	Arsenal	Aston Villa	Chelsea	Coventry City	Everton	Ipswich Town	Leicester City	Liverpool	Luton Town	Man. United	Newcastle Utd.	Norwich City	Nottingham F.	Q.P.R.	Sheffield Wed.	Southampton	Stoke City	Sunderland	Tottenham H.	Watford	W.B.A.	West Ham Utd.
Arsenal FC		1-1	1-1	2-1	1-0	1-1	2-0	3-1	3-1	0-1	2-0	2-0	1-1	1-0	1-0	1-0	4-0	3-2	1-2	1-1	4-0	2-1
Aston Villa FC	0-0		4-2	1-0	1-1	2-1	0-1	0-0	0-1	3-0	4-0	2-2	0-5	5-2	3-0	2-2	2-0	1-0	0-1	1-1	3-1	0-0
Chelsea FC	1-1	3-1		6-2	0-1	2-0	3-0	3-1	2-0	1-3	1-0	1-2	1-0	1-0	2-1	0-2	1-1	1-0	1-1	2-3	3-1	3-0
Coventry City FC	1-2	0-3	1-0		4-1	1-0	2-0	0-2	1-0	0-3	1-1	0-0	1-3	3-0	1-0	2-1	4-0	0-1	1-1	3-1	2-1	1-2
Everton FC	2-0	2-1	3-4	2-1		1-1	3-0	1-0	2-1	5-0	4-0	3-0	5-0	2-0	1-1	2-2	4-0	4-1	1-4	4-0	4-1	3-0
Ipswich Town FC	2-1	3-0	2-0	0-0	0-2		2-0	0-0	1-1	1-1	1-1	2-0	1-0	1-1	1-2	0-1	5-1	0-2	0-3	3-3	2-0	0-1
Leicester City FC	1-4	5-0	1-1	5-1	1-2	2-1		0-1	2-2	2-3	2-3	2-0	1-0	4-0	3-1	1-2	0-0	2-0	1-2	1-1	2-1	1-0
Liverpool FC	3-0	2-1	4-3	3-1	0-1	2-0	1-2		1-0	0-1	3-1	4-0	1-0	1-1	0-2	1-1	2-0	1-1	0-1	4-3	0-0	3-0
Luton Town FC	3-1	1-0	0-0	2-0	2-0	3-1	4-0	1-2		2-1	2-2	3-1	1-2	2-0	1-2	1-1	2-0	2-1	2-2	3-2	1-2	2-2
Manchester United FC	4-2	4-0	1-1	0-1	1-1	3-0	2-1	1-1	2-0		5-0	2-0	2-0	3-0	1-2	0-0	5-0	2-2	1-0	1-1	2-0	5-1
Newcastle United FC	1-3	3-0	2-1	0-1	2-3	3-0	1-4	0-2	1-0	1-1		1-1	1-1	1-0	2-1	2-1	2-1	3-1	2-3	3-1	1-0	1-1
Norwich City FC	1-0	2-2	0-0	2-1	4-2	0-2	1-3	3-3	3-0	0-1	0-0		0-1	2-0	1-1	1-0	0-0	1-3	1-2	3-2	2-1	1-0
Nottingham Forest FC	2-0	3-2	2-0	2-0	1-0	2-0	2-1	0-2	3-1	3-2	0-0	3-1		2-0	0-0	2-0	1-1	3-1	1-2	1-1	1-2	1-2
Queen's Park Rangers FC	1-0	2-0	2-2	2-1	0-0	3-0	4-3	0-2	2-3	1-3	5-5	2-2	3-0		0-0	0-4	2-0	1-0	2-2	2-0	3-1	4-2
Sheffield Wednesday FC	2-1	1-1	1-1	1-0	0-1	2-2	5-0	1-1	1-1	1-0	4-2	1-2	3-1	3-1		2-1	2-1	2-2	2-1	1-1	2-0	2-1
Southampton FC	1-0	2-0	1-0	2-1	1-2	3-0	3-1	1-1	1-0	0-0	1-0	2-1	1-0	1-1	0-3		0-0	1-0	1-0	1-2	4-3	2-3
Stoke City FC	2-0	1-3	0-1	0-1	0-2	0-2	2-2	0-1	0-4	2-1	0-1	2-3	1-4	0-2	2-1	1-3		2-2	0-1	1-3	0-0	2-4
Sunderland AFC	0-0	0-4	0-2	0-0	1-2	1-2	0-4	0-3	3-0	3-2	0-0	2-1	0-2	3-0	0-0	3-1	1-0		1-0	1-1	1-1	0-1
Tottenham Hotspur FC	0-2	0-2	1-1	4-2	1-2	2-3	2-2	1-0	4-2	1-2	3-1	3-1	1-0	5-0	2-0	5-1	4-0	2-0		1-5	2-3	2-2
Watford FC	3-4	3-3	1-3	0-1	4-5	3-1	4-1	1-1	3-0	5-1	3-3	2-0	2-0	1-1	1-0	1-1	2-0	3-1	1-2		0-2	5-0
West Bromwich Albion FC	2-2	1-0	0-1	5-2	2-1	1-2	2-0	0-5	4-0	1-2	2-1	0-1	4-1	0-0	2-2	0-0	2-0	1-0	0-1	2-1		5-1
West Ham United FC	3-1	1-2	1-1	3-1	0-1	0-0	3-1	0-3	0-0	2-2	1-1	1-0	0-0	1-3	0-0	2-3	5-1	1-0	1-1	2-0	0-2	

	Division 1	Pd	Wn	Dw	Ls	GF	GA	Pts	
1.	EVERTON FC (LIVERPOOL)	42	28	6	8	88	43	90	
2.	Liverpool FC (Liverpool)	42	22	11	9	68	35	77	
3.	Tottenham Hotspur FC (London)	42	23	8	11	78	51	77	
4.	Manchester United FC (Manchester)	42	22	10	10	77	47	76	
5.	Southampton FC (Southampton)	42	19	11	12	56	47	68	
6.	Chelsea FC (London)	42	18	12	12	63	48	66	
7.	Arsenal FC (London)	42	19	9	14	61	49	66	
8.	Sheffield Wednesday FC (Sheffield)	42	17	14	11	58	45	65	
9.	Nottingham Forest FC (Nottingham)	42	19	7	16	56	48	64	
10.	Aston Villa FC (Birmingham)	42	15	11	16	60	60	56	
11.	Watford FC (Watford)	42	14	13	15	81	71	55	
12.	West Bromwich Albion FC (West Bromwich)	42	16	7	19	58	62	55	
13.	Luton Town FC (Luton)	42	15	9	18	57	61	54	
14.	Newcastle United FC (Newcastle upon Tyne)	42	13	13	16	55	70	52	
15.	Leicester City FC (Leicester)	42	15	6	21	65	73	51	
16.	West Ham United FC (London)	42	13	12	17	51	68	51	
17.	Ipswich Town FC (Ipswich)	42	13	11	18	46	57	50	
18.	Coventry City FC (Coventry)	42	15	5	22	47	64	50	
19.	Queen's Park Rangers FC (London)	42	13	11	18	53	72	50	
20.	Norwich City FC (Norwich)	42	13	10	19	46	64	49	R
21.	Sunderland AFC (Sunderland)	42	10	10	22	40	62	40	R
22.	Stoke City FC (Stoke-on-Trent)	42	3	8	31	24	91	17	R
		924	355	214	355	1288	1288	1279	

Top Goalscorers

1)	Kerry DIXON	(Chelsea FC)	24
	Gary LINEKER	(Leicester City FC)	24

Football League Division 2 1984-85 Season	Barnsley	Birmingham City	Blackburn Rovers	Brighton & Hove Albion	Cardiff City	Carlisle United	Charlton Athletic	Crystal Palace	Fulham	Grimsby Town	Huddersfield Town	Leeds United	Manchester City	Middlesbrough	Notts County	Oldham Athletic	Oxford United	Portsmouth	Sheffield United	Shrewsbury Town	Wimbledon	Wolverhampton Wanderers
Barnsley FC		0-1	1-1	0-0	2-0	1-3	1-0	3-1	1-0	0-0	2-1	1-0	0-0	1-0	0-0	0-1	3-0	2-2	1-0	3-1	0-0	5-1
Birmingham City FC	0-0		0-2	1-1	2-0	2-0	2-1	3-0	2-2	2-1	1-0	1-0	0-0	3-2	2-1	0-1	0-0	0-1	4-1	0-0	4-2	1-0
Blackburn Rovers FC	0-0	2-1		2-0	2-1	4-0	3-0	0-1	2-1	3-1	1-3	2-1	0-1	3-0	1-0	1-1	1-1	0-1	3-1	3-1	2-0	3-0
Brighton & Hove Albion FC	0-0	2-0	3-1		1-0	4-1	2-1	1-0	2-0	0-0	0-1	1-1	0-0	1-2	2-1	2-0	0-0	1-1	1-0	1-0	2-1	5-1
Cardiff City AFC	3-0	1-2	1-2	2-4		2-1	0-3	0-3	0-2	2-4	3-0	2-1	0-3	2-1	1-4	2-2	0-2	1-2	1-3	0-0	1-3	0-0
Carlisle United FC	2-0	2-1	0-1	0-3	0-1		1-1	1-0	3-0	1-1	0-1	2-2	0-0	0-3	1-0	2-5	0-1	3-0	1-1	2-0	6-1	0-1
Charlton Athletic FC	5-3	2-1	1-0	0-1	1-4	1-1		1-1	1-2	4-1	2-2	2-3	1-3	1-0	3-0	2-1	3-3	2-2	0-0	1-1	0-1	1-0
Crystal Palace FC	0-1	0-2	1-1	1-1	1-1	2-1	2-1		2-2	0-2	1-1	3-1	1-2	1-0	1-0	3-0	1-0	2-1	1-3	2-2	0-5	0-0
Fulham FC	1-1	0-1	3-2	2-0	3-2	3-2	0-0	2-2		2-1	2-1	0-2	3-2	2-1	1-0	3-1	1-0	1-3	1-0	1-2	3-1	1-2
Grimsby Town FC	1-0	1-0	1-1	2-4	6-3	1-0	2-1	1-3	2-4		5-1	0-2	4-1	3-1	2-0	4-1	1-2	2-3	0-2	2-1	2-1	5-1
Huddersfield Town AFC	1-1	0-1	1-1	1-2	2-1	2-0	2-1	2-0	2-2	0-0		1-0	0-2	3-1	1-2	2-1	0-3	0-2	2-2	1-5	2-1	3-1
Leeds United AFC	2-0	0-1	0-0	1-0	1-1	1-1	1-0	4-1	2-0	0-0	0-0		1-1	2-0	5-0	6-0	1-0	0-1	1-1	1-0	5-2	3-2
Manchester City FC	1-1	1-0	2-1	2-0	2-2	1-3	5-1	2-1	2-3	3-0	1-0	1-2		1-0	2-0	0-0	1-0	2-2	2-0	4-0	3-0	4-0
Middlesbrough FC	0-0	0-0	1-2	2-1	3-2	1-2	1-0	1-1	2-0	1-5	2-2	0-0	2-1		0-1	1-2	0-1	0-0	1-0	1-1	2-4	1-1
Notts County FC	0-2	1-3	0-3	1-2	0-2	3-0	0-0	0-0	2-1	1-1	0-2	1-2	3-2	3-2		0-0	2-0	1-3	0-0	1-3	2-3	4-1
Oldham Athletic AFC	2-1	0-1	2-0	1-0	0-1	2-3	2-1	1-0	2-1	2-0	2-2	1-1	0-2	2-0	3-2		0-0	0-2	2-2	0-1	0-1	3-2
Oxford United FC	4-0	0-3	2-1	2-1	4-0	4-0	5-0	5-0	3-2	1-0	3-0	5-2	3-0	1-0	1-1	5-2		1-1	5-1	1-0	4-0	3-1
Portsmouth FC	0-0	1-3	2-2	1-1	0-0	3-1	0-1	1-1	4-4	3-2	3-2	3-1	1-2	1-0	3-1	5-1	2-1		2-1	3-0	1-0	0-1
Sheffield United FC	3-1	3-4	1-3	1-1	2-1	0-0	1-1	1-2	0-1	2-3	0-2	2-1	0-0	0-3	3-0	2-0	1-1	4-1		0-1	3-0	2-2
Shrewsbury Town FC	2-0	1-0	3-0	0-0	0-0	4-2	1-1	4-1	3-1	4-1	5-1	2-3	1-0	0-2	4-2	3-0	2-2	0-0	3-3		1-2	2-1
Wimbledon FC	3-3	1-2	1-1	1-0	2-1	3-0	1-3	3-2	1-1	1-1	0-1	2-2	2-2	1-1	3-2	1-0	1-3	3-2	5-0	4-1		1-1
Wolverhampton Wanderers FC	0-1	0-2	0-3	0-1	3-0	0-2	1-0	2-1	0-4	0-1	2-1	0-2	2-0	0-0	2-3	0-3	1-2	0-0	2-2	0-1	3-3	

	Division 2	Pd	Wn	Dw	Ls	GF	GA	Pts	
1.	Oxford United FC (Oxford)	42	25	9	8	84	36	84	P
2.	Birmingham City FC (Birmingham)	42	25	7	10	59	33	82	P
3.	Manchester City FC (Manchester)	42	21	11	10	66	40	74	P
4.	Portsmouth FC (Portsmouth)	42	20	14	8	69	50	74	
5.	Blackburn Rovers FC (Blackburn)	42	21	10	11	66	41	73	
6.	Brighton & Hove Albion FC (Hove)	42	20	12	10	54	34	72	
7.	Leeds United AFC (Leeds)	42	19	12	11	66	43	69	
8.	Shrewsbury Town FC (Shrewsbury)	42	18	11	13	66	53	65	
9.	Fulham FC (London)	42	19	8	15	68	64	65	
10.	Grimsby Town FC (Cleethorpes)	42	18	8	16	72	64	62	
11.	Barnsley FC (Barnsley)	42	14	16	12	42	42	58	
12.	Wimbledon FC (London)	42	16	10	16	71	75	58	
13.	Huddersfield Town AFC (Huddersfield)	42	15	10	17	52	64	55	
14.	Oldham Athletic AFC (Oldham)	42	15	8	19	49	67	53	
15.	Crystal Palace FC (London)	42	12	12	18	46	65	48	
16.	Carlisle United FC (Carlisle)	42	13	8	21	50	67	47	
17.	Charlton Athletic FC (London)	42	11	12	19	51	63	45	
18.	Sheffield United FC (Sheffield)	42	10	14	18	54	66	44	
19.	Middlesbrough FC (Middlesbrough)	42	10	10	22	41	57	40	
20.	Notts County FC (Nottingham)	42	10	7	25	45	73	37	R
21.	Cardiff City AFC (Cardiff)	42	9	8	25	47	79	35	R
22.	Wolverhampton Wanderers FC (Wolverhampton)	42	8	9	25	37	79	33	R
		924	349	226	349	1255	1255	1273	

Football League Division 3 1984-85 Season	Bolton Wanderers	Bournemouth	Bradford C	Brentford	Bristol City	Bristol Rovers	Burnley	Cambridge	Derby County	Doncaster Rovers	Gillingham	Hull City	Lincoln City	Millwall	Newport County	Orient	Plymouth Argyle	Preston North End	Reading	Rotherham United	Swansea City	Walsall	Wigan Athletic	York City
Bolton Wanderers FC		2-1	0-2	1-1	1-4	0-1	1-3	0-0	3-0	3-1	1-2	0-0	1-0	2-0	3-1	0-0	7-2	4-0	1-2	2-0	0-0	3-1	1-0	2-1
AFC Bournemouth	4-0		4-1	1-0	2-1	1-0	1-1	0-0	1-0	1-3	2-0	1-1	3-1	1-2	3-0	1-0	1-0	2-0	0-3	3-0	1-2	4-1	1-0	4-0
Bradford City AFC	2-1	1-0		5-4	1-1	2-0	3-2	2-0	3-1	0-1	1-1	2-0	0-0	3-1	1-0	4-1	1-0	3-0	2-5	1-1	1-1	1-1	4-2	1-0
Brentford FC	2-1	0-0	0-1		1-2	0-3	2-1	2-0	1-1	1-1	5-2	2-1	2-2	1-1	2-5	0-1	3-1	3-1	2-1	3-0	3-0	3-1	2-0	2-1
Bristol City FC	3-2	2-0	2-0	1-1		3-0	1-0	3-0	3-0	1-0	2-0	2-0	2-1	0-1	2-1	3-2	4-3	4-0	2-3	0-1	2-2	1-2	2-0	1-0
Bristol Rovers FC	1-2	1-0	2-0	3-0	1-0		4-0	2-1	2-1	1-1	3-2	1-1	0-0	1-1	2-0	0-1	1-0	3-0	1-0	1-0	4-2	0-0	2-0	1-1
Burnley FC	3-2	1-1	1-2	3-1	0-1	0-0		2-0	0-1	0-1	0-1	1-1	1-2	1-1	2-0	1-1	1-1	2-0	0-2	7-0	1-1	1-2	1-2	1-1
Cambridge United FC	2-3	1-0	0-4	1-2	2-3	0-2	2-3		0-2	1-1	1-2	1-3	0-2	1-0	1-2	2-3	1-1	0-3	0-2	0-2	0-2	0-1	1-1	0-4
Derby County FC	3-2	2-3	0-0	1-0	1-0	0-0	2-2	1-0		3-1	1-0	3-1	2-0	1-2	3-3	1-0	3-1	2-0	4-1	1-1	1-1	2-0	2-2	1-0
Doncaster Rovers FC	2-0	3-0	0-3	2-2	1-1	2-2	2-0	3-2	2-1		0-1	1-2	3-2	0-1	3-2	1-1	4-3	1-2	0-4	0-1	4-1	4-1	1-1	3-0
Gillingham FC	2-3	3-2	2-2	2-0	1-3	4-1	1-1	3-0	3-2	2-1		1-0	3-2	1-4	1-1	2-0	3-3	4-0	4-1	2-1	1-1	3-0	5-1	1-0
Hull City AFC	2-2	3-0	0-2	4-0	2-1	2-0	2-0	2-1	3-2	3-2	2-0		1-0	2-1	2-0	5-1	2-2	1-2	0-0	0-0	4-1	1-0	3-1	0-2
Lincoln City FC	2-0	0-0	1-2	1-1	1-1	1-2	3-1	1-1	0-0	0-2	2-0	0-0		0-1	2-2	0-0	2-2	4-0	5-1	3-3	1-0	0-0	1-0	2-1
Millwall FC	5-2	2-1	4-0	2-0	1-1	1-0	2-1	2-1	2-1	2-1	2-1	2-2	2-0		2-0	1-0	2-0	3-0	0-0	0-0	2-0	0-0	4-1	1-0
Newport County AFC	3-2	1-1	0-1	2-0	0-0	1-1	2-1	1-2	1-3	2-1	0-3	0-1	2-1	3-2		2-0	1-0	3-3	1-2	0-2	2-0	1-2	1-1	1-1
Orient FC	4-3	0-0	1-0	0-1	0-1	1-4	0-2	2-2	2-2	2-1	2-4	4-5	1-0	1-0	1-1		3-0	0-0	0-0	0-1	4-2	0-3	1-1	1-3
Plymouth Argyle FC	2-0	0-0	0-0	1-1	1-0	3-2	2-2	2-0	0-1	2-1	1-1	0-1	2-0	3-1	1-0	1-1		6-4	1-2	1-0	1-2	1-3	1-0	1-1
Preston North End	1-0	2-1	1-4	1-1	3-2	2-2	3-3	3-1	2-1	2-0	0-0	1-4	0-1	2-1	1-1	0-1	1-2		0-2	0-3	3-2	1-0	2-5	2-4
Reading FC	3-1	0-2	0-3	0-0	1-0	3-2	5-1	3-1	0-0	1-4	0-2	4-2	1-1	2-2	0-1	1-1	1-1	3-0		1-0	0-1	1-1	0-1	1-2
Rotherham United	3-1	1-0	1-2	1-1	2-1	3-3	3-2	0-1	2-0	2-3	1-0	1-1	0-0	0-0	1-0	2-1	0-2	3-0	3-0		0-1	0-1	3-3	4-1
Swansea City FC	2-1	0-0	1-2	3-2	0-0	3-2	0-1	2-2	1-5	3-1	0-1	0-2	2-2	1-2	0-3	3-1	0-2	4-1	1-2	1-0		1-2	2-2	1-3
Walsall FC	1-0	0-0	0-0	0-1	4-1	1-2	2-3	5-0	0-0	1-0	0-1	0-1	0-0	3-3	1-1	4-2	0-3	2-1	3-1	0-2	3-0		0-0	3-0
Wigan Athletic AFC	1-0	1-2	1-0	1-1	2-2	1-0	2-0	3-3	2-0	5-2	0-1	1-1	1-0	0-1	1-1	4-2	1-0	2-0	1-1	2-1	2-0	1-2		1-2
York City FC	0-3	4-1	1-2	1-0	0-2	1-0	4-0	3-2	1-1	3-1	7-1	1-2	2-1	1-1	2-0	2-1	0-0	0-1	2-2	3-0	1-0	1-1	2-0	

	Division 3	Pd	Wn	Dw	Ls	GF	GA	Pts	
1.	Bradford City AFC (Bradford)	46	28	10	8	77	45	94	P
2.	Millwall FC (London)	46	26	12	8	73	42	90	P
3.	Hull City AFC (Kingston upon Hull)	46	25	12	9	78	49	87	P
4.	Gillingham FC (Gillingham)	46	25	8	13	80	62	83	
5.	Bristol City FC (Bristol)	46	24	9	13	74	47	81	
6.	Bristol Rovers FC (Bristol)	46	21	12	13	66	48	75	
7.	Derby County FC (Derby)	46	19	13	14	65	54	70	
8.	York City FC (York)	46	20	9	17	70	57	69	
9.	Reading FC (Reading)	46	19	12	15	68	62	69	
10.	AFC Bournemouth (Bournemouth)	46	19	11	16	57	46	68	
11.	Walsall FC (Walsall)	46	18	13	15	58	52	67	
12.	Rotherham United FC (Rotherham)	46	18	11	17	55	55	65	
13.	Brentford FC (London)	46	16	14	16	62	64	62	
14.	Doncaster Rovers FC (Doncaster)	46	17	8	21	72	74	59	
15.	Plymouth Argyle FC (Plymouth)	46	15	14	17	62	65	59	
16.	Wigan Athletic AFC (Wigan)	46	15	14	17	60	64	59	
17.	Bolton Wanderers FC (Bolton)	46	16	6	24	69	75	54	
18.	Newport County AFC (Newport)	46	13	13	20	55	67	52	
19.	Lincoln City FC (Lincoln)	46	11	18	17	50	51	51	
20.	Swansea City FC (Swansea)	46	12	11	23	53	80	47	
21.	Burnley FC (Burnley)	46	11	13	22	60	73	46	R
22.	Orient FC (London)	46	11	13	22	51	76	46	R
23.	Preston North End FC (Preston)	46	13	7	26	51	100	46	R
24.	Cambridge United FC (Cambridge)	46	4	9	33	37	95	21	R
		1104	416	272	416	1503	1503	1520	

Football League Division 4 1984-85 Season	Aldershot Town	Blackpool	Bury	Chester City	Chesterfield	Colchester United	Crewe Alexandra	Darlington	Exeter City	Halifax Town	Hartlepool	Hereford United	Mansfield Town	Northampton Town	Peterborough United	Port Vale	Rochdale	Scunthorpe United	Southend United	Stockport County	Swindon Town	Torquay United	Tranmere Rovers	Wrexham
Aldershot Town FC		1-0	0-1	1-2	1-1	1-0	1-1	3-4	1-1	2-0	1-0	0-1	0-0	0-0	0-0	1-0	5-0	1-2	6-2	2-1	0-1	1-0	3-2	2-1
Blackpool FC	1-0		0-0	3-1	1-0	1-1	6-1	0-0	3-0	1-1	2-1	2-0	1-0	2-1	4-2	1-1	3-0	1-0	1-0	4-1	1-0	3-3	1-2	0-0
Bury FC	2-1	1-0		4-1	0-0	4-3	2-2	1-0	2-2	3-0	1-0	2-1	0-0	3-1	1-1	4-0	2-2	0-1	2-0	2-1	2-0	3-1	3-0	2-3
Chester City FC	2-0	0-0	2-3		1-1	1-2	0-2	5-2	1-3	2-0	1-0	2-1	0-3	1-0	1-3	2-0	0-1	1-1	5-1	2-1	2-0	0-1	2-4	2-1
Chesterfield FC	2-1	2-1	0-1	3-1		1-1	3-1	0-0	5-1	3-0	0-0	3-1	0-0	2-1	2-0	0-0	0-0	1-0	2-1	3-0	1-0	1-0	4-2	2-1
Colchester United FC	2-0	1-1	1-0	1-1	3-1		4-1	1-2	3-4	1-3	1-0	2-2	2-1	4-1	3-1	3-2	1-1	1-1	3-3	3-0	1-1	2-1	2-1	4-1
Crewe Alexandra FC	1-1	0-2	1-0	2-0	1-1	1-4		2-2	0-0	0-1	2-0	0-3	1-1	3-2	2-1	0-0	3-1	1-1	0-2	2-1	3-2	3-0	1-3	3-0
Darlington FC	1-1	0-4	1-1	2-1	1-3	4-0	2-1		2-1	2-0	0-1	1-1	3-1	4-0	2-1	1-1	1-0	2-1	3-1	3-1	1-0	1-0	2-1	2-1
Exeter City FC	3-0	1-1	0-2	1-1	0-1	1-5	0-2	1-1		1-0	3-2	0-0	0-0	5-0	0-1	2-1	1-1	2-1	2-1	0-2	1-1	4-3	0-1	2-0
Halifax Town AFC	1-2	0-2	4-1	0-4	1-3	0-0	1-1	0-1	2-3		2-3	2-1	1-0	1-0	0-0	2-1	0-2	1-2	1-0	2-1	2-1	0-1	2-1	1-2
Hartlepool United FC	1-0	0-2	0-1	2-1	1-0	2-1	3-0	1-2	1-1	0-1		2-2	0-0	0-0	0-3	2-2	0-2	3-2	2-1	5-1	2-2	3-1	2-4	2-0
Hereford United FC	2-1	2-1	5-3	0-0	0-1	2-1	3-2	0-1	1-2	3-0	2-1		3-0	1-1	1-0	1-0	1-2	1-0	3-0	2-0	0-3	1-0	2-1	2-1
Mansfield Town FC	1-2	1-1	0-2	2-0	0-0	0-1	0-2	2-0	2-2	2-1	2-0	1-1		2-0	0-0	1-1	5-1	0-1	1-0	1-0	0-0	1-0	0-0	1-0
Northampton Town	4-0	0-1	0-1	0-2	1-3	1-3	1-3	2-1	5-2	0-1	2-0	0-3	1-0		0-3	1-0	0-0	0-2	1-2	4-0	4-0	3-1	2-0	0-4
Peterborough United	1-2	2-0	1-4	3-1	0-0	0-1	2-1	1-1	0-0	2-0	3-1	1-1	1-0	0-0		0-0	1-1	3-1	1-4	3-1	0-1	1-0	1-0	2-1
Port Vale FC	1-2	1-1	0-0	0-0	0-0	3-2	2-0	0-2	5-1	3-1	1-1	3-1	0-1	0-3	3-1		3-1	1-1	4-1	3-2	2-0	2-2	2-1	0-0
Rochdale AFC	1-2	1-1	1-1	1-2	3-1	1-1	1-3	1-2	2-0	2-0	4-3	0-1	2-1	3-0	2-1	1-2		3-3	2-2	0-0	0-1	0-0	2-1	0-2
Scunthorpe United	2-1	1-1	2-2	2-1	2-4	2-2	2-3	0-1	7-1	4-0	2-0	1-1	2-2	2-1	2-1	3-3	4-2		2-1	1-0	6-2	2-0	5-2	5-2
Southend United FC	1-0	1-4	3-3	1-1	0-1	2-5	3-1	1-1	1-0	2-1	1-1	0-0	1-3	2-1	2-1	1-1	0-2	1-1		1-1	3-2	1-0	2-3	0-1
Stockport County FC	6-0	1-3	2-0	5-1	0-1	1-0	0-1	0-0	1-0	0-3	4-1	2-1	1-1	4-2	1-1	3-1	1-1	2-0	1-2		2-1	1-2	0-2	2-2
Swindon Town FC	2-1	4-1	10	4-4	4-0	2-1	1-1	1-0	2-0	2-1	2-1	0-3	1-0	2-0	1-1	0-1	2-1	0-0	2-0	4-0		1-3	2-1	2-1
Torquay United FC	1-3	0-2	0-2	2-0	0-1	1-1	0-0	1-1	1-1	1-1	0-1	1-0	1-0	0-2	0-0	1-3	1-0	0-0	2-2	0-0	0-0		1-1	4-3
Tranmere Rovers FC	4-3	3-0	3-2	1-0	0-1	3-1	3-1	3-0	3-2	1-0	1-2	0-1	0-0	1-2	4-0	4-1	3-1	2-0	2-0	3-0	0-2	3-1		3-1
Wrexham AFC	1-0	1-2	3-0	2-0	2-0	2-2	1-3	1-1	2-0	0-1	1-1	1-1	2-2	0-3	1-3	1-1	2-0	2-1	1-2	3-4	4-0	2-0	4-0	

	Division 4	Pd	Wn	Dw	Ls	GF	GA	Pts	
1.	Chesterfield FC (Chesterfield)	46	26	13	7	64	35	91	P
2.	Blackpool FC (Blackpool)	46	24	14	8	73	39	86	P
3.	Darlington FC (Darlington)	46	24	13	9	66	49	85	P
4.	Bury FC (Bury)	46	24	12	10	76	50	84	P
5.	Hereford United FC (Hereford)	46	22	11	13	65	47	77	
6.	Tranmere Rovers FC (Birkenhead)	46	24	3	19	83	66	75	
7.	Colchester United FC (Colchester)	46	20	14	12	87	65	74	
8.	Swindon Town FC (Swindon)	46	21	9	16	62	58	72	
9.	Scunthorpe United FC (Scunthorpe)	46	19	14	13	83	62	71	
10.	Crewe Alexandra FC (Crewe)	46	18	12	16	65	69	66	
11.	Peterborough United FC (Peterborough)	46	16	14	16	54	53	62	
12.	Port Vale FC (Stoke-on-Trent)	46	14	18	14	61	59	60	
13.	Aldershot FC (Aldershot)	46	17	8	21	56	63	59	
14.	Mansfield Town FC (Mansfield)	46	13	18	15	41	38	57	
15.	Wrexham AFC (Wrexham)	46	15	9	22	67	70	54	
16.	Chester City FC (Chester)	46	15	9	22	60	72	54	
17.	Rochdale AFC (Rochdale)	46	13	14	19	55	69	53	
18.	Exeter City FC (Exeter)	46	13	14	19	57	79	53	
19.	Hartlepool United FC (Hartlepool)	46	14	10	22	54	67	52	
20.	Southend United FC (Southend-on-Sea)	46	13	11	22	58	83	50	
21.	Halifax Town AFC (Halifax)	46	15	5	26	42	69	50	
22.	Stockport County FC (Stockport)	46	13	8	25	58	79	47	
23.	Northampton Town FC (Northampton)	46	14	5	27	53	74	47	
24.	Torquay United FC (Torquay)	46	9	14	23	38	63	41	
		1104	416	272	416	1478	1478	1520	

F.A. CUP FINAL (Wembley Stadium, London – 18/05/1985 – 100,000)

MANCHESTER UNITED FC	1-0 (aet)	Everton FC (Liverpool)
Whiteside	*(H.T. 0-0)*	

Man. United: Bailey, Gidman, Albiston (Duxbury), Whiteside, McGrath, Moran, Robson, Strachan, Hughes, Stapleton, Olsen.

Everton: Southall, Stevens, van den Hauwe, Ratcliffe, Maountfield, Reid, Sreven, Gray, Sharp, Bracewell, Sheedy.

Semi-finals

Everton FC (Liverpool)	2-1	Luton Town FC (Luton)
Liverpool FC (Liverpool)	2-2 (aet), 1-2	Manchester United FC (Manchester)

Quarter-finals

Barnsley FC (Barnsley)	0-4	Liverpool FC (Liverpool)
Everton FC (Liverpool)	2-2, 1-0	Ipswich Town FC (Ipswich)
Luton Town FC (Luton)	1-0	Millwall FC (London)
Manchester United FC (Manchester)	4-2	West Ham United FC (London)

1985-86

Football League Division 1 1985-86 Season	Arsenal	Aston Villa	Birmingham City	Chelsea	Coventry City	Everton	Ipswich Town	Leicester City	Liverpool	Luton Town	Manchester City	Manchester United	Newcastle United	Nottingham Forest	Oxford United	Q.P.R.	Sheffield Wed.	Southampton	Tottenham Hotspur	Watford	W.B.A.	West Ham United
Arsenal FC		3-2	0-0	2-0	3-0	0-1	1-0	1-0	2-0	2-1	1-0	1-2	0-0	1-1	2-1	3-1	1-0	3-2	0-0	0-2	2-2	1-0
Aston Villa FC	1-4		0-3	3-1	1-1	0-0	1-0	1-0	2-2	3-1	0-1	1-3	1-2	1-2	3-0	1-2	1-1	0-0	1-2	4-1	1-1	2-1
Birmingham City FC	0-1	0-0		1-2	0-1	0-2	0-1	2-1	0-2	0-2	1-0	1-1	0-1	0-1	3-1	2-0	0-2	0-2	1-2	1-2	0-1	1-0
Chelsea FC	2-1	2-1	2-0		1-0	2-1	1-1	2-2	0-1	1-0	1-0	1-2	1-1	4-2	1-4	1-1	2-1	2-0	2-0	1-5	3-0	0-4
Coventry City FC	0-2	3-3	4-4	1-1		1-3	0-1	3-0	0-3	1-0	1-1	1-3	1-2	0-0	5-2	2-1	0-1	3-2	2-3	0-2	3-0	0-1
Everton FC	6-1	2-0	4-1	1-1	1-1		1-0	1-2	2-3	2-0	4-0	3-1	1-0	1-1	2-0	4-3	3-1	6-1	1-0	4-1	2-0	3-1
Ipswich Town FC	1-2	0-3	0-1	0-2	1-0	3-4		0-2	2-1	1-1	0-0	0-1	2-2	1-0	3-2	1-0	2-1	1-1	1-0	0-0	1-0	0-1
Leicester City FC	2-2	3-1	4-2	0-0	2-1	3-1	1-0		0-2	0-0	1-1	3-0	2-0	0-3	4-4	1-4	2-3	2-2	1-4	2-2	2-2	0-1
Liverpool FC	2-0	3-0	5-0	1-1	5-0	0-2	5-0	1-0		3-2	2-0	1-1	1-1	2-0	6-0	4-1	2-2	1-0	4-1	3-1	4-1	3-1
Luton Town FC	2-2	2-0	2-0	1-1	0-1	2-1	1-0	3-1	0-1		2-1	1-1	2-0	1-1	1-2	2-0	1-0	7-0	1-1	3-2	3-0	0-0
Manchester City FC	0-1	2-2	1-1	0-1	5-1	1-1	1-1	1-1	1-0	1-1		0-3	1-0	1-2	0-3	2-0	1-3	1-0	2-1	0-1	2-1	2-2
Manchester United FC	0-1	4-0	1-0	1-2	2-0	0-0	1-0	4-0	1-1	2-0	2-2		3-0	2-3	3-0	2-0	0-2	1-0	0-0	1-1	3-0	2-0
Newcastle United FC	1-0	2-2	4-1	1-3	3-2	2-2	3-1	2-1	1-0	2-2	3-1	2-4		0-3	3-0	3-1	4-1	2-1	2-2	1-1	4-1	1-2
Nottingham Forest FC	3-2	1-1	3-0	0-0	5-2	0-0	3-1	4-3	1-1	2-0	0-2	1-3	1-2		1-1	4-0	0-1	2-1	0-1	3-2	2-1	2-1
Oxford United FC	3-0	1-1	0-1	2-1	0-1	1-0	4-3	5-0	2-2	1-1	1-0	1-3	1-2	1-2		3-3	0-1	3-0	1-1	1-1	2-2	1-2
Queen's Park Rangers FC	0-1	0-1	3-1	6-0	0-2	3-0	1-0	2-0	2-1	1-1	0-0	1-0	3-1	2-1	3-1		1-1	0-2	2-5	2-1	1-0	0-1
Sheffield Wednesday FC	2-0	2-0	5-1	1-1	2-2	1-5	1-0	1-0	0-0	3-2	3-2	1-0	2-2	2-1	2-1	0-0		2-1	1-2	2-1	1-0	2-2
Southampton FC	3-0	0-0	1-0	0-1	1-1	2-3	1-0	0-0	1-2	1-2	3-0	1-0	1-1	3-1	1-1	3-0	2-3		1-0	3-1	3-1	1-1
Tottenham Hotspur FC	1-0	4-2	2-0	4-1	0-1	0-1	2-0	1-3	1-2	1-3	0-2	0-0	5-1	0-3	5-1	1-1	5-1	5-3		4-0	5-0	1-0
Watford FC	3-0	1-1	3-0	3-1	3-0	0-2	0-0	2-1	2-3	1-2	3-2	1-1	4-1	1-1	2-2	2-0	2-1	1-1	1-0		5-1	0-2
West Bromwich Albion FC	0-0	0-3	2-1	0-3	0-0	0-3	1-2	2-2	1-2	1-2	2-3	1-5	1-1	1-1	1-1	0-1	1-1	1-0	1-1	3-1		2-3
West Ham United FC	0-0	4-1	2-0	1-2	1-0	2-1	2-1	3-0	2-2	0-1	1-0	2-1	8-1	4-2	3-1	3-1	1-0	1-0	2-1	2-1	4-0	

	Division 1	Pd	Wn	Dw	Ls	GF	GA	Pts	
1.	LIVERPOOL FC (LIVERPOOL)	42	26	10	6	89	37	88	
2.	Everton FC (Liverpool)	42	26	8	8	87	41	86	
3.	West Ham United FC (London)	42	26	6	10	74	40	84	
4.	Manchester United FC (Manchester)	42	22	10	10	70	36	76	
5.	Sheffield Wednesday FC (Sheffield)	42	21	10	11	63	54	73	
6.	Chelsea FC (London)	42	20	11	11	57	56	71	
7.	Arsenal FC (London)	42	20	9	13	49	47	69	
8.	Nottingham Forest FC (Nottingham)	42	19	11	12	69	53	68	
9.	Luton Town FC (Luton)	42	18	12	12	61	44	66	
10.	Tottenham Hotspur FC (London)	42	19	8	15	74	52	65	
11.	Newcastle United FC (Newcastle upon Tyne)	42	17	12	13	67	72	63	
12.	Watford FC (Watford)	42	16	11	15	69	62	59	
13.	Queen's Park Rangers FC (London)	42	15	7	20	53	64	52	
14.	Southampton FC (Southampton)	42	12	10	20	51	62	46	
15.	Manchester City FC (Manchester)	42	11	12	19	43	57	45	
16.	Aston Villa FC (Birmingham)	42	10	14	18	51	67	44	
17.	Coventry City FC (Coventry)	42	11	10	21	48	71	43	
18.	Oxford United FC (Oxford)	42	10	12	20	62	80	42	
19.	Leicester City FC (Leicester)	42	10	12	20	54	76	42	
20.	Ipswich Town FC (Ipswich)	42	11	8	23	32	55	41	R
21.	Birmingham City FC (Birmingham)	42	8	5	29	30	73	29	R
22.	West Bromwich Albion FC (West Bromwich)	42	4	12	26	35	89	24	R
		924	352	220	352	1288	1288	1276	

Top Goalscorer

1) Gary LINEKER (Everton FC) 30

Football League Division 2 1985-86 Season	Barnsley	Blackburn Rovers	Bradford City	Brighton & Hove Albion	Carlisle United	Charlton Athletic	Crystal Palace	Fulham	Grimsby Town	Huddersfield Town	Hull City	Leeds United	Middlesbrough	Millwall	Norwich City	Oldham Athletic	Portsmouth	Sheffield United	Shrewsbury Town	Stoke City	Sunderland	Wimbledon
Barnsley FC		1-1	2-2	3-2	1-2	2-1	2-4	2-0	1-0	1-3	1-4	3-0	0-0	2-1	2-2	1-0	0-1	2-1	2-0	0-0	1-1	0-1
Blackburn Rovers FC	0-3		3-0	1-4	2-0	0-0	1-2	1-0	3-1	0-1	2-2	2-0	0-1	1-2	2-1	0-0	1-0	6-1	1-1	0-1	2-0	2-0
Bradford City AFC	2-0	3-2		3-2	1-0	1-2	1-0	3-1	0-1	3-0	4-2	0-1	2-1	0-2	0-2	1-0	2-1	1-4	3-1	3-1	2-0	1-1
Brighton & Hove Albion FC	0-1	3-1	2-1		6-1	3-5	2-0	2-3	2-2	4-3	3-1	0-1	3-3	1-0	1-1	1-1	2-3	0-0	0-2	2-0	3-1	2-0
Carlisle United FC	1-1	2-1	1-2	2-0		2-3	2-2	2-1	1-2	2-0	2-1	1-2	1-0	1-0	0-4	3-1	0-1	1-0	0-2	3-0	1-2	2-3
Charlton Athletic FC	2-1	3-0	1-1	2-2	3-0		3-1	2-0	2-0	3-0	1-2	4-0	2-0	3-3	1-0	1-1	1-2	2-0	4-1	2-0	2-1	0-0
Crystal Palace FC	1-0	2-0	2-1	1-0	1-1	2-1		0-0	2-1	2-3	0-2	3-0	2-1	2-1	1-2	3-2	2-1	1-1	0-1	0-1	1-0	1-3
Fulham FC	2-0	3-3	4-1	1-0	0-1	0-3	2-3		2-1	2-1	1-1	3-1	0-3	1-2	0-1	2-2	0-1	2-3	2-1	1-0	1-2	0-2
Grimsby Town FC	1-2	5-2	2-0	0-2	1-0	2-2	3-0	1-0		1-1	0-1	1-0	3-2	5-1	1-0	1-4	1-0	0-1	3-1	3-3	1-1	0-1
Huddersfield Town AFC	1-1	0-0	2-0	1-0	3-3	0-2	0-0	1-3	2-2		2-1	3-1	0-3	4-3	0-0	2-0	1-2	3-1	1-0	2-0	2-0	0-1
Hull City AFC	0-1	2-2	1-0	2-0	4-0	1-1	1-2	5-0	2-0	3-1		2-1	0-0	3-0	1-0	4-2	2-2	0-0	4-3	0-2	1-1	1-1
Leeds United AFC	0-2	1-1	2-1	2-3	2-0	1-2	1-3	1-0	1-1	2-0	1-1		1-0	3-1	0-2	3-1	2-1	1-1	1-1	4-0	1-1	0-0
Middlesbrough FC	0-0	0-0	1-1	0-1	1-3	1-3	0-2	1-0	3-1	0-1	1-2	2-2		3-0	1-1	3-2	1-0	1-2	3-1	1-1	2-0	1-0
Millwall FC	2-2	0-1	2-1	0-1	3-1	2-2	3-2	1-1	1-0	2-1	5-0	3-1	3-0		4-2	0-1	0-4	3-0	2-0	2-3	1-0	0-1
Norwich City FC	1-1	3-0	0-0	3-0	2-1	3-1	4-3	2-1	3-2	4-1	2-0	4-0	2-0	6-1		1-0	2-0	4-0	3-1	1-1	0-0	1-2
Oldham Athletic AFC	1-1	3-1	0-1	4-0	2-1	2-1	2-0	2-1	2-1	1-1	3-1	3-1	1-0	0-0	1-3		2-0	1-5	4-3	2-4	2-2	2-1
Portsmouth FC	1-1	3-0	4-0	1-2	4-0	1-0	1-0	1-1	3-1	4-1	1-1	2-3	1-0	2-1	2-0	1-2		0-3	4-0	3-0	3-0	1-1
Sheffield United FC	3-1	3-3	3-1	3-0	1-0	1-1	0-0	2-1	1-1	1-1	3-1	3-2	0-1	1-3	2-5	2-0	0-0		1-1	1-2	1-0	4-0
Shrewsbury Town FC	3-0	2-0	2-0	2-1	0-0	2-1	0-2	2-1	0-2	3-0	0-0	1-3	2-1	1-1	0-3	2-0	1-1	3-1		1-0	1-2	1-1
Stoke City FC	0-0	2-2	3-1	1-1	0-0	0-0	0-0	1-0	1-1	3-0	0-1	6-2	3-2	0-0	1-1	2-0	2-0	1-3	2-2		1-0	0-0
Sunderland AFC	2-0	0-2	1-1	2-1	2-2	1-2	1-1	4-2	3-3	1-0	1-1	4-2	1-0	1-2	0-2	0-3	1-3	2-1	2-0	2-0		2-1
Wimbledon FC	1-0	1-1	1-0	0-0	4-1	3-1	1-1	1-0	3-0	2-2	3-1	0-3	3-0	1-1	2-1	0-0	1-3	5-0	2-1	1-0	3-0	

	Division 2	Pd	Wn	Dw	Ls	GF	GA	Pts	
1.	Norwich City FC (Norwich)	42	25	9	8	84	37	84	P
2.	Charlton Athletic FC (London)	42	22	11	9	78	45	77	P
3.	Wimbledon FC (London)	42	21	13	8	58	37	76	P
4.	Portsmouth FC (Portsmouth)	42	22	7	13	69	41	73	
5.	Crystal Palace FC (London)	42	19	9	14	57	52	66	
6.	Hull City AFC (Kingston upon Hull)	42	17	13	12	65	55	64	
7.	Sheffield United FC (Sheffield)	42	17	11	14	64	63	62	
8.	Oldham Athletic AFC (Oldham)	42	17	9	16	62	61	60	
9.	Millwall FC (London)	42	17	8	17	64	65	59	
10.	Stoke City FC (Stoke-on-Trent)	42	14	15	13	48	50	57	
11.	Brighton & Hove Albion FC (Hove)	42	16	8	18	64	64	56	
12.	Barnsley FC (Barnsley)	42	14	14	14	47	50	56	
13.	Bradford City AFC (Bradford)	42	16	6	20	51	63	54	
14.	Leeds United AFC (Leeds)	42	15	8	19	56	72	53	
15.	Grimsby Town FC (Cleethorpes)	42	14	10	18	58	62	52	
16.	Huddersfield Town AFC (Huddersfield)	42	14	10	18	51	67	52	
17.	Shrewsbury Town FC (Shrewsbury)	42	14	9	19	52	64	51	
18.	Sunderland AFC (Sunderland)	42	13	11	18	47	61	50	
19.	Blackburn Rovers FC (Blackburn)	42	12	13	17	53	62	49	
20.	Carlisle United FC (Carlisle)	42	13	7	22	47	71	46	R
21.	Middlesbrough FC (Middlesbrough)	42	12	9	21	44	53	45	R
22.	Fulham FC (London)	42	10	6	26	45	69	36	R
		924	354	216	354	1264	1264	1278	

Football League Division 3 1985-86 Season	Blackpool	Bolton Wanderers	Bournemouth	Brentford	Bristol City	Bristol Rovers	Bury	Cardiff City	Chesterfield	Darlington	Derby County	Doncaster Rovers	Gillingham	Lincoln City	Newport County	Notts County	Plymouth Argyle	Reading	Rotherham United	Swansea City	Walsall	Wigan Athletic	Wolves	York City
Blackpool FC		1-1	2-0	4-0	2-1	4-2	5-0	3-0	0-1	0-0	0-1	4-0	2-2	2-0	0-0	1-3	1-1	0-0	2-1	2-0	2-1	1-2	0-1	0-2
Bolton Wanderers FC	1-3		1-0	1-2	0-4	0-2	1-4	5-0	2-1	0-3	0-1	2-0	0-1	1-1	4-0	1-0	3-1	2-0	1-1	1-1	3-1	1-2	4-1	1-1
AFC Bournemouth	1-4	2-1		0-0	5-0	6-1	2-1	1-1	3-2	4-2	1-1	1-1	2-3	2-2	0-1	0-0	1-3	0-1	1-2	4-0	0-1	0-2	3-2	2-0
Brentford FC	1-1	1-1	1-0		1-2	1-0	1-0	3-0	1-0	2-1	3-3	1-3	1-2	0-1	0-0	1-1	1-1	1-2	1-1	1-0	1-3	1-3	2-1	3-3
Bristol City FC	2-1	2-0	1-3	0-0		2-0	4-1	2-1	0-0	1-0	1-1	4-1	1-2	1-1	3-1	3-0	2-0	3-0	3-1	0-1	2-3	1-0	3-0	2-2
Bristol Rovers FC	1-0	2-1	2-3	0-1	1-1		2-1	2-1	1-1	3-1	0-0	1-0	1-0	0-0	2-0	1-1	1-2	0-2	5-2	0-0	0-1	1-1	1-1	0-1
Bury FC	4-1	2-1	3-0	0-0	6-3	1-1		3-0	1-1	0-1	1-1	1-2	1-2	4-0	1-1	2-4	0-1	3-1	2-0	2-2	2-1	0-0	3-1	4-2
Cardiff City AFC	1-0	0-1	0-1	1-0	1-3	2-0	0-0		0-2	0-1	0-2	0-1	1-1	2-1	1-1	1-3	1-2	1-3	2-3	1-0	1-1	3-1	1-1	2-1
Chesterfield FC	1-2	3-0	0-1	1-3	0-0	2-0	4-3	3-4		1-0	1-0	0-0	1-1	2-2	3-1	2-2	1-2	3-4	2-0	4-1	2-3	1-1	3-0	1-0
Darlington FC	2-1	0-1	0-0	3-5	1-1	3-3	1-1	4-1	2-1		2-1	0-2	3-2	1-0	3-2	2-3	0-2	0-0	2-2	6-0	0-3	1-1	2-1	1-0
Derby County FC	1-2	2-1	3-0	1-1	2-0	0-2	1-1	2-1	0-0	1-1		1-1	2-0	7-0	1-1	2-0	1-2	1-1	2-1	5-1	3-1	1-0	4-2	2-1
Doncaster Rovers FC	0-0	1-1	1-1	1-0	1-1	0-2	1-0	0-2	2-0	2-0	0-3		2-3	1-1	1-1	2-1	1-0	0-1	0-0	0-0	1-0	2-2	0-1	1-1
Gillingham FC	2-2	2-1	2-0	1-2	1-1	2-0	1-0	2-0	1-1	1-1	1-2	4-0		2-0	0-1	4-0	1-1	3-0	3-0	5-1	5-2	2-0	2-0	1-2
Lincoln City FC	0-3	1-1	3-2	3-0	1-1	2-2	2-0	0-4	2-1	1-1	0-1	3-3	1-0		1-1	0-2	1-1	0-1	0-0	4-1	3-2	0-0	2-3	3-4
Newport County AFC	1-1	0-1	2-1	1-2	1-1	3-0	1-0	1-2	3-3	3-0	1-1	2-2	1-1	1-2		1-2	3-1	0-2	0-0	2-0	1-5	3-4	3-1	1-1
Notts County FC	1-2	1-0	3-1	0-4	4-0	0-0	2-2	1-4	2-1	5-0	0-3	1-1	1-1	3-2	1-2		2-0	0-0	1-0	3-0	3-1	1-1	4-0	3-1
Plymouth Argyle FC	3-1	4-1	2-1	2-0	4-0	4-2	3-0	4-4	0-0	4-2	4-1	0-1	3-0	2-1	2-0	0-1		0-1	4-0	2-0	2-0	2-1	3-1	2-2
Reading FC	1-0	1-0	1-2	3-1	1-0	3-2	2-0	1-1	4-2	0-2	1-0	2-0	1-2	0-2	2-0	3-1	4-3		2-1	2-0	2-1	1-0	2-2	0-0
Rotherham United	4-1	4-0	4-1	1-2	2-0	2-0	2-0	3-0	1-2	1-2	1-1	2-1	1-1	1-0	0-0	1-0	1-1	1-2		4-1	3-0	0-0	1-2	4-1
Swansea City FC	2-0	3-1	1-1	2-0	1-3	0-1	1-0	2-0	1-1	2-2	0-3	0-2	2-2	3-1	1-1	0-0	0-2	2-3	1-0		2-1	0-1	0-2	1-0
Walsall FC	1-1	2-0	4-2	1-2	2-1	6-0	3-2	6-3	3-0	0-0	1-1	1-0	4-1	2-1	2-0	0-0	2-2	6-0	3-1	3-1		3-3	1-1	3-1
Wigan Athletic AFC	1-1	1-3	3-0	4-0	1-1	4-0	1-0	2-0	2-0	5-1	2-1	0-1	3-3	3-2	0-0	3-1	3-0	1-0	2-0	5-0	2-0		5-3	1-0
Wolverhampton W.	2-1	0-2	0-3	1-4	2-1	3-4	1-1	3-1	1-0	2-1	0-4	1-2	1-3	1-1	1-2	2-2	0-3	2-3	0-0	1-5	0-0	2-2		3-2
York City FC	3-0	3-0	2-1	1-0	1-1	4-0	0-0	1-1	2-0	7-0	1-3	0-1	2-0	2-1	3-1	2-2	3-1	0-1	2-1	3-1	1-0	4-1	2-1	

	Division 3	Pd	Wn	Dw	Ls	GF	GA	Pts	
1.	Reading FC (Reading)	46	29	7	10	67	51	94	P
2.	Plymouth Argyle FC (Plymouth)	46	26	9	11	88	53	87	P
3.	Derby County FC (Derby)	46	23	15	8	80	41	84	P
4.	Wigan Athletic AFC (Wigan)	46	23	14	9	82	48	83	
5.	Gillingham FC (Gillingham)	46	22	13	11	81	54	79	
6.	Walsall FC (Walsall)	46	22	9	15	90	64	75	
7.	York City FC (York)	46	20	11	15	77	58	71	
8.	Notts County FC (Nottingham)	46	19	14	13	71	60	71	
9.	Bristol City FC (Bristol)	46	18	14	14	69	60	68	
10.	Brentford FC (London)	46	18	12	16	58	61	66	
11.	Doncaster Rovers FC (Doncaster)	46	16	16	14	45	52	64	
12.	Blackpool FC (Blackpool)	46	17	12	17	66	55	63	
13.	Darlington FC (Darlington)	46	15	13	18	61	78	58	
14.	Rotherham United FC (Rotherham)	46	15	12	19	61	59	57	
15.	AFC Bournemouth (Bournemouth)	46	15	9	22	65	72	54	
16.	Bristol Rovers FC (Bristol)	46	14	12	20	51	75	54	
17.	Chesterfield FC (Chesterfield)	46	13	14	19	61	64	53	
18.	Bolton Wanderers FC (Bolton)	46	15	8	23	54	68	53	
19.	Newport County AFC (Newport)	46	11	18	17	52	65	51	
20.	Bury FC (Bury)	46	12	13	21	63	67	49	
21.	Lincoln City FC (Lincoln)	46	10	16	20	55	77	46	R
22.	Cardiff City AFC (Cardiff)	46	12	9	25	53	83	45	R
23.	Wolverhampton Wanderers FC (Wolverhampton)	46	11	10	25	57	98	43	R
24.	Swansea City FC (Swansea)	46	11	10	25	43	87	43	R
		1104	407	290	407	1550	1550	1511	

Football League Division 4 1985-86 Season	Aldershot Town	Burnley	Cambridge	Chester City	Colchester United	Crewe Alexandra	Exeter City	Halifax Town	Hartlepool	Hereford United	Mansfield Town	Northampton Town	Orient	Peterborough United	Port Vale	Preston North End	Rochdale	Scunthorpe United	Southend United	Stockport County	Swindon Town	Torquay United	Tranmere Rovers	Wrexham
Aldershot Town FC		0-2	2-1	1-1	1-1	3-2	4-0	1-2	0-1	2-0	1-2	1-0	1-1	1-0	0-0	4-0	2-1	2-1	1-3	6-1	2-4	1-1	3-1	6-0
Burnley FC	1-2		1-1	1-0	0-2	0-1	3-1	1-3	2-0	3-2	2-1	3-2	1-0	1-1	1-2	1-1	1-0	1-2	1-3	0-1	0-2	3-0	3-1	5-2
Cambridge United FC	0-2	0-4		3-2	1-3	1-0	1-1	4-0	4-2	4-0	4-2	2-5	1-2	3-1	1-3	2-0	1-0	0-1	1-2	1-2	1-1	3-0	3-2	4-3
Chester City FC	1-0	4-0	1-1		4-0	4-0	2-1	1-1	1-1	1-0	1-0	2-3	3-0	2-1	4-1	2-0	1-1	1-1	2-0	1-2	0-1	3-1	1-0	2-1
Colchester United FC	4-0	2-2	4-1	2-3		1-2	1-1	3-1	3-1	4-1	0-0	0-2	4-0	5-0	1-0	4-0	0-1	1-1	2-0	3-1	1-1	0-0	1-2	5-2
Crewe Alexandra FC	2-0	3-1	0-1	2-2	0-2		0-1	2-2	0-0	2-0	2-1	0-1	1-3	1-1	0-1	3-3	4-2	4-0	1-1	0-1	2-0	1-0	2-1	3-2
Exeter City FC	2-0	0-2	0-0	1-3	2-2	1-2		1-0	1-2	3-2	0-1	1-2	1-1	1-0	1-0	3-0	2-0	2-0	0-2	1-0	0-3	2-2	1-0	0-1
Halifax Town AFC	1-1	2-2	1-1	1-2	2-2	1-0	1-0		3-2	1-0	1-2	2-0	2-1	1-1	2-0	2-1	1-1	2-1	2-3	0-0	1-3	0-0	1-2	5-2
Hartlepool United FC	2-1	3-1	2-1	1-1	4-1	4-1	0-0	3-0		2-1	1-1	2-1	1-2	2-1	1-1	1-0	2-0	0-1	3-2	1-1	1-0	1-0	1-0	3-3
Hereford United FC	4-1	2-2	1-0	0-2	2-0	4-1	4-1	2-1	2-2		4-2	3-0	3-2	2-1	1-1	1-1	2-2	1-1	2-1	3-2	4-1	4-1	1-4	3-1
Mansfield Town FC	2-0	0-0	2-0	0-0	2-1	2-2	2-1	2-0	4-0	4-0		1-0	1-1	0-1	2-1	2-3	3-2	1-1	3-0	4-2	1-1	4-0	0-0	1-1
Northampton Town	2-3	2-0	0-2	2-2	1-0	0-1	2-2	4-0	3-0	1-3	1-0		2-3	2-2	2-2	6-0	1-0	2-2	0-0	3-1	0-1	5-1	2-2	1-2
Orient FC	1-1	3-0	3-1	0-0	1-2	0-1	2-2	1-0	1-1	2-2	0-1	0-1		2-2	1-0	2-0	5-0	3-0	3-0	0-1	1-0	4-2	3-1	1-3
Peterborough United	3-0	0-0	0-0	3-0	1-2	0-0	1-1	1-1	3-1	0-0	4-2	0-5	2-2		1-0	1-1	1-1	1-0	1-1	2-0	3-0	2-0	0-1	1-1
Port Vale FC	3-1	1-1	4-1	1-1	1-1	3-0	0-0	3-2	4-0	1-0	0-0	0-0	2-0	2-0		0-1	1-1	3-1	4-0	1-1	3-0	1-0	0-0	4-0
Preston North End	1-3	1-0	1-2	3-6	3-2	1-2	2-2	0-1	2-1	2-0	0-1	1-1	1-3	2-4	0-1		1-1	0-1	3-2	1-2	0-3	4-0	2-2	1-0
Rochdale AFC	2-0	1-0	2-1	1-2	3-3	1-0	1-1	1-0	0-2	1-1	1-1	3-2	1-4	20-1	2-2	1-1		1-0	2-1	4-1	1-2	5-0	1-1	3-2
Scunthorpe United	1-0	1-1	0-0	2-0	1-1	3-1	1-0	3-3	1-0	2-1	0-3	1-0	2-2	2-0	0-0	1-3	3-1		2-0	2-3	0-2	4-0	0-1	1-1
Southend United FC	2-0	2-3	1-0	1-1	2-4	0-1	2-0	2-1	3-2	3-1	3-1	0-4	5-1	0-1	2-1	2-1	5-0	2-1		0-0	0-0	1-2	2-2	3-0
Stockport County FC	3-2	1-1	3-1	2-2	1-1	3-0	1-1	2-1	1-3	1-1	0-2	1-0	2-3	2-2	1-2	2-1	3-0	0-0	2-1		0-2	1-1	1-1	2-0
Swindon Town FC	4-1	3-1	1-0	4-2	2-1	1-0	2-1	3-2	3-1	1-0	2-1	3-2	4-1	3-0	0-0	4-1	4-0	1-1	2-1	1-0		2-1	2-1	0-1
Torquay United FC	1-2	2-0	1-1	0-3	2-1	0-0	1-2	2-0	1-3	2-1	1-2	1-1	2-2	2-0	0-1	1-0	1-2	1-0	2-2	4-3	0-1		1-2	1-3
Tranmere Rovers FC	3-0	2-1	6-2	2-3	3-4	0-1	0-1	0-3	4-2	1-2	1-2	1-3	0-3	7-0	1-2	2-3	2-0	2-1	1-1	2-3	3-1	2-0		1-3
Wrexham AFC	4-1	0-1	6-2	1-1	2-1	2-1	1-1	2-1	1-0	0-1	1-2	1-0	1-3	0-1	1-3	1-1	2-0	1-0	0-0	3-0	0-1	3-2	1-1	

	Division 4	**Pd**	**Wn**	**Dw**	**Ls**	**GF**	**GA**	**Pts**	
1.	Swindon Town FC (Swindon)	46	32	6	8	82	43	102	P
2.	Chester City FC (Chester)	46	23	15	8	83	50	84	P
3.	Mansfield Town FC (Mansfield)	46	23	12	11	74	47	81	P
4.	Port Vale FC (Stoke-on-Trent)	46	21	16	9	67	37	79	P
5.	Orient FC (London)	46	20	12	14	79	64	72	
6.	Colchester United FC (Colchester)	46	19	13	14	88	63	70	
7.	Hartlepool United FC (Hartlepool)	46	20	10	16	68	67	70	
8.	Northampton Town FC (Northampton)	46	18	10	18	79	58	64	
9.	Southend United FC (Southend-on-Sea)	46	18	10	18	69	67	64	
10.	Hereford United FC (Hereford)	46	18	10	18	74	73	64	
11.	Stockport County FC (Stockport)	46	17	13	16	63	71	64	
12.	Crewe Alexandra FC (Crewe)	46	18	9	19	54	61	63	
13.	Wrexham AFC (Wrexham)	46	17	9	20	68	80	60	
14.	Burnley FC (Burnley)	46	16	11	19	60	65	59	
15.	Scunthorpe United FC (Scunthorpe)	46	15	14	17	50	55	59	
16.	Aldershot FC (Aldershot)	46	17	7	22	66	74	58	
17.	Peterborough United FC (Peterborough)	46	13	17	16	52	64	56	
18.	Rochdale AFC (Rochdale)	46	14	13	19	57	77	55	
19.	Tranmere Rovers FC (Birkenhead)	46	15	9	22	74	73	54	
20.	Halifax Town AFC (Halifax)	46	14	12	20	60	71	54	
21.	Exeter City FC(Exeter)	46	13	15	18	47	59	54	
22.	Cambridge United FC(Cambridge)	46	15	9	22	65	80	54	
23.	Preston North End FC (Preston)	46	11	10	25	54	89	43	
24.	Torquay United FC (Torquay)	46	9	10	27	43	88	37	
		1104	416	272	416	1576	1576	1520	

F.A. CUP FINAL (Wembley Stadium, London – 10/05/1986 – 98,000)

LIVERPOOL FC (LIVERPOOL)	3-1	Everton FC (Liverpool)
Rush 2, Johnston	*(H.T. 1-0)*	*Lineker*

Liverpool: Grobbelaar, Lawrenson, Beglin, Nicol, Whelan, Hansen, Dalglish, Johnston, Rush, Molby, MacDonald.

Everton: Mimms, Stevens (Heath), van den Hauwe, Ratcliffe, Mountfield, Reid, Steven, Lineker, Sharp, Bracewell, Sheedy.

Semi-finals

Everton FC (Liverpool)	2-1	Sheffield Wednesday FC (Sheffield)
Liverpool FC (Liverpool)	2-0	Southampton FC (Southampton)

Quarter-finals

Brighton & Hove Albion FC (Hove)	0-2	Southampton FC (Southampton)
Liverpool FC (Liverpool)	0-0, 2-1	Watford FC (Watford)
Luton Town FC (Luton)	2-2, 0-1	Everton FC (Liverpool)
Sheffield Wednesday FC (Sheffield)	2-1	West Ham United FC (London)

1986-87

Football League Division 1 1986-87 Season	Arsenal	Aston Villa	Charlton Ath.	Chelsea	Coventry City	Everton	Leicester City	Liverpool	Luton Town	Manchester C.	Man. United	Newcastle Utd.	Norwich City	Nottingham F.	Oxford United	Q.P.R.	Sheffield Wed.	Southampton	Tottenham H.	Watford	West Ham Utd.	Wimbledon
Arsenal FC		2-1	2-1	3-1	0-0	0-1	4-1	0-1	3-0	3-0	1-0	0-1	1-2	0-0	0-0	3-1	2-0	1-0	0-0	3-1	0-0	3-1
Aston Villa FC	0-4		2-0	0-0	1-0	0-1	2-0	2-2	2-1	0-0	3-3	2-0	1-4	0-0	1-2	0-1	1-2	3-1	0-3	1-1	4-0	0-0
Charlton Athletic FC	0-2	3-0		0-0	1-1	3-2	2-0	0-0	0-1	5-0	0-0	1-1	1-2	0-1	0-0	2-1	1-1	1-3	0-2	4-3	2-1	0-1
Chelsea FC	1-0	4-1	0-1		0-0	1-2	3-1	3-3	1-3	2-1	1-1	1-3	0-0	2-6	4-0	3-1	2-0	1-1	0-2	0-0	1-0	0-4
Coventry City FC	2-1	0-1	2-1	3-0		1-1	1-0	1-0	0-1	2-2	1-1	3-0	2-1	1-0	3-0	4-1	1-0	1-1	4-3	1-0	1-3	1-0
Everton FC	0-1	3-0	2-1	2-2	3-1		5-1	0-0	3-1	0-0	3-1	3-0	4-0	2-0	3-1	0-0	2-0	3-0	1-0	3-2	4-0	3-0
Leicester City FC	1-1	1-1	1-0	2-2	1-1	0-2		2-1	1-1	4-0	1-1	1-1	0-2	3-1	2-0	4-1	6-1	2-3	1-2	1-2	2-0	3-1
Liverpool FC	2-1	3-3	2-0	3-0	2-0	3-1	4-3		2-0	0-0	0-1	2-0	6-2	3-0	4-0	2-1	1-1	1-0	0-1	1-0	1-0	1-2
Luton Town FC	0-0	2-1	1-0	1-0	2-0	1-0	1-0	4-1		1-0	2-1	0-0	0-0	4-2	2-3	1-0	0-0	2-1	3-1	0-2	2-1	0-0
Manchester City FC	3-0	3-1	2-1	1-2	0-1	1-3	1-2	0-1	1-1		1-1	0-0	2-2	1-0	1-0	0-0	1-0	2-4	1-1	1-2	3-1	3-1
Manchester United FC	2-0	3-1	0-1	0-1	1-1	0-0	2-0	1-0	1-0	2-0		4-1	0-1	2-0	3-2	1-0	3-1	5-1	3-3	3-1	2-3	0-1
Newcastle United FC	1-2	2-1	0-3	1-0	1-2	0-4	2-0	0-2	2-2	3-1	2-1		4-1	3-2	0-0	0-2	2-3	2-0	1-1	2-2	4-0	1-0
Norwich City FC	1-1	1-1	1-1	2-2	1-1	0-1	2-1	2-1	0-0	1-1	0-0	2-0		2-1	2-1	1-0	1-0	4-3	2-1	1-3	1-1	0-0
Nottingham Forest FC	1-0	6-0	4-0	0-1	0-0	1-0	2-1	1-1	2-2	2-0	1-1	2-1	1-1		2-0	1-0	3-2	0-0	2-0	1-1	1-1	3-2
Oxford United FC	0-0	2-2	3-2	1-1	2-0	1-1	0-0	1-3	4-2	0-0	2-0	1-1	0-1	2-1		0-1	2-1	3-1	2-4	1-3	0-0	3-1
Queen's Park Rangers FC	1-4	1-0	0-0	1-1	3-1	0-1	0-1	1-3	2-2	1-0	1-1	2-1	1-1	3-1	1-1		2-2	2-1	2-0	3-2	2-3	2-1
Sheffield Wednesday FC	1-1	2-1	1-1	2-0	2-2	2-2	2-2	0-1	1-0	2-1	1-0	2-0	1-1	2-3	6-1	7-1		3-1	0-1	0-1	2-2	0-2
Southampton FC	0-4	5-0	2-2	1-2	2-0	0-2	4-0	2-1	3-0	1-1	1-1	4-1	1-2	1-3	3-0	5-1	1-1		2-0	3-1	1-0	2-2
Tottenham Hotspur FC	1-2	3-0	1-0	1-3	1-0	2-0	5-0	1-0	0-0	1-0	4-0	1-1	3-0	2-3	3-1	1-0	1-1	2-0		2-1	4-0	1-2
Watford FC	2-0	4-2	4-1	3-1	2-3	2-1	5-1	2-0	2-0	1-1	1-0	1-0	1-1	1-1	3-0	0-3	0-1	1-1	1-0		2-2	0-1
West Ham United FC	3-1	1-1	1-3	5-3	1-0	1-0	4-1	2-5	2-0	2-0	0-0	1-1	0-2	1-2	0-1	1-1	0-2	3-1	2-1	1-0		2-3
Wimbledon FC	1-2	3-2	2-0	2-1	2-1	1-2	1-0	1-3	0-1	0-0	1-0	3-1	2-0	2-1	1-1	1-1	3-0	2-2	2-2	2-1	0-1	

	Division 1	Pd	Wn	Dw	Ls	GF	GA	Pts	
1.	EVERTON FC (LIVERPOOL)	42	26	8	8	76	31	86	
2.	Liverpool FC (Liverpool)	42	23	8	11	72	42	77	
3.	Tottenham Hotspur FC (London)	42	21	8	13	68	43	71	
4.	Arsenal FC (London)	42	20	10	12	58	35	70	
5.	Norwich City FC (Norwich)	42	17	17	8	53	51	68	
6.	Wimbledon FC (London)	42	19	9	14	57	50	66	
7.	Luton Town FC (Luton)	42	18	12	12	47	45	66	
8.	Nottingham Forest FC (Nottingham)	42	18	11	13	64	51	65	
9.	Watford FC (Watford)	42	18	9	15	67	54	63	
10.	Coventry City FC (Coventry)	42	17	12	13	50	45	63	
11.	Manchester United FC (Manchester)	42	14	14	14	52	45	56	
12.	Southampton FC (Southampton)	42	14	10	18	69	68	52	
13.	Sheffield Wednesday FC (Sheffield)	42	13	13	16	58	59	52	
14.	Chelsea FC (London)	42	13	13	16	53	64	52	
15.	West Ham United FC (London)	42	14	10	18	52	67	52	
16.	Queen's Park Rangers FC (London)	42	13	11	18	48	64	50	
17.	Newcastle United FC (Newcastle upon Tyne)	42	12	11	19	47	65	47	
18.	Oxford United FC (Oxford)	42	11	13	18	44	69	46	
19.	Charlton Athletic FC (London)	42	11	11	20	45	55	44	PO
20.	Leicester City FC (Leicester)	42	11	9	22	54	76	42	R
21.	Manchester City FC (Manchester)	42	8	15	19	36	57	39	R
22.	Aston Villa FC (Birmingham)	42	8	12	22	45	79	36	R
		924	339	246	339	1215	1215	1263	

Top Goalscorers

1)	Clive ALLEN	(Tottenham Hotspur FC)	33
2)	Ian RUSH	(Liverpool FC)	30
3)	Tony COTTEE	(West Ham United FC)	22

Promotion/Relegation Play-offs

Charlton Athletic FC (London)	1-0, 0-1, 2-1 (aet)	Leeds United AFC (Leeds)
Ipswich Town FC (Ipswich)	0-0, 1-2	Charlton Athletic FC (London)
Leeds United AFC (Leeds)	1-0, 1-2	Oldham Athletic AFC (Oldham)

(Leeds United FC won on the away goals rule.)

Football League Division 2 1986-87 Season	Barnsley	Birmingham C.	Blackburn R.	Bradford City	Brighton & H.A.	Crystal Palace	Derby County	Grimsby Town	Huddersfield T.	Hull City	Ipswich Town	Leeds United	Millwall	Oldham Ath.	Plymouth A.	Portsmouth	Reading	Sheffield United	Shrewsbury T.	Stoke City	Sunderland	W.B.A.
Barnsley FC		2-2	1-1	2-0	3-1	2-3	0-1	1-0	0-1	1-1	2-1	0-1	1-0	1-1	1-1	0-2	2-0	2-2	2-1	0-2	1-0	2-2
Birmingham City FC	1-1		1-1	2-1	2-0	4-1	1-1	1-0	1-1	0-0	2-2	2-1	1-1	1-3	3-2	0-1	1-1	2-1	0-2	0-0	2-0	0-1
Blackburn Rovers FC	4-2	1-0		2-1	1-1	0-2	3-1	2-2	1-2	0-2	0-0	2-1	1-0	1-0	1-2	1-0	0-0	0-2	2-1	2-1	6-1	0-1
Bradford City AFC	0-0	0-0	2-0		2-0	1-2	0-1	4-2	4-3	2-0	3-4	2-0	4-0	0-3	2-2	1-0	3-0	1-1	0-0	1-4	3-2	1-3
Brighton & Hove Albion FC	1-1	2-0	0-2	2-2		2-0	0-1	0-1	1-1	2-1	1-2	0-1	0-1	1-2	1-1	0-0	1-1	2-0	3-0	1-0	0-3	2-0
Crystal Palace FC	0-1	6-0	2-0	1-1	2-0		1-0	0-3	1-0	5-1	3-3	1-0	2-1	2-1	0-0	1-0	1-3	1-2	2-3	1-0	2-0	1-1
Derby County FC	3-2	2-2	3-2	1-0	4-1	1-0		4-0	2-0	1-1	2-1	2-1	1-1	0-1	4-2	0-0	3-0	2-0	3-1	0-0	3-2	1-1
Grimsby Town FC	0-1	0-1	1-0	0-0	1-2	0-1	0-1		0-1	2-2	1-1	0-0	1-0	2-2	1-1	0-2	3-2	1-0	0-1	1-1	1-1	3-1
Huddersfield Town AFC	2-2	2-2	1-2	5-2	2-1	1-2	2-0	0-0		1-3	1-2	1-1	3-0	5-4	1-2	2-0	2-0	1-1	2-1	2-2	0-2	2-1
Hull City AFC	3-4	3-2	0-0	2-1	1-0	3-0	1-1	1-1	0-0		2-1	0-0	2-1	1-0	0-3	0-2	0-2	0-0	3-0	0-4	1-0	2-0
Ipswich Town FC	1-0	3-0	3-1	1-0	1-0	3-0	0-2	1-1	3-0	0-0		2-0	0-0	0-1	3-0	0-1	1-1	2-2	1-0	2-0	1-1	1-0
Leeds United AFC	2-2	4-0	0-0	1-0	3-1	3-0	2-0	2-0	1-1	3-0	3-2		2-0	0-2	4-0	3-1	3-2	0-1	1-0	2-1	1-1	3-2
Millwall FC	1-0	0-2	2-2	1-2	3-1	0-1	0-1	1-0	4-0	0-1	1-0	1-0		0-0	3-1	1-1	2-1	1-0	4-0	1-1	1-1	0-1
Oldham Athletic AFC	2-0	2-2	3-0	2-1	1-1	1-0	1-4	1-1	2-0	0-0	2-1	0-1	2-1		2-1	0-0	4-0	3-1	3-0	2-0	1-1	2-1
Plymouth Argyle FC	2-0	0-0	1-1	3-2	2-2	3-1	1-1	5-0	1-1	4-0	2-0	1-1	1-0	3-2		2-3	1-0	1-0	3-2	1-3	2-4	1-0
Portsmouth FC	2-1	2-0	1-0	2-1	1-0	2-0	3-1	2-1	1-0	1-0	1-1	1-1	2-0	3-0	0-1		1-0	1-2	3-0	3-0	3-1	2-1
Reading FC	0-0	2-2	4-0	0-1	2-1	1-0	2-0	2-3	3-2	1-0	1-4	2-1	0-1	2-3	2-0	2-2		2-0	3-1	0-1	1-0	1-1
Sheffield United FC	1-0	1-1	4-1	2-2	0-1	1-0	0-1	1-2	0-0	4-2	0-0	0-0	2-1	2-0	2-1	1-0	3-3		1-1	3-1	2-1	1-1
Shrewsbury Town FC	1-0	1-0	0-1	0-1	1-0	0-0	0-1	4-1	1-2	3-0	2-1	0-2	1-2	2-0	1-1	1-0	0-0	1-0		4-1	0-1	1-0
Stoke City FC	1-2	0-2	1-0	2-3	1-1	3-1	0-2	5-1	2-0	1-1	0-0	7-2	2-0	0-2	1-0	1-1	3-0	5-2	1-0		3-0	1-1
Sunderland AFC	2-3	2-0	3-0	2-3	1-1	1-0	1-2	0-1	2-1	1-0	1-0	1-1	1-1	0-2	2-1	0-0	1-1	1-2	1-1	2-0		0-3
West Bromwich Albion FC	0-1	3-2	0-1	2-2	0-0	1-2	2-0	1-1	1-0	1-1	3-4	3-0	0-1	2-0	0-0	1-0	1-2	1-0	1-2	4-1	2-2	

	Division 2	Pd	Wn	Dw	Ls	GF	GA	Pts	
1.	Derby County FC (Derby)	42	25	9	8	64	38	84	P
2.	Portsmouth FC (Portsmouth)	42	23	9	10	53	28	78	P
3.	Oldham Athletic AFC (Oldham)	42	22	9	11	65	44	75	PO
4.	Leeds United AFC (Leeds)	42	19	11	12	58	44	68	PO
5.	Ipswich Town FC (Ipswich)	42	17	13	12	59	43	64	PO
6.	Crystal Palace FC (London)	42	19	5	18	51	53	62	
7.	Plymouth Argyle FC (Plymouth)	42	16	13	13	62	57	61	
8.	Stoke City FC (Stoke-on-Trent)	42	16	10	16	63	53	58	
9.	Sheffield United FC (Sheffield)	42	15	13	14	50	49	58	
10.	Bradford City AFC (Bradford)	42	15	10	17	62	62	55	
11.	Barnsley FC (Barnsley)	42	14	13	15	49	52	55	
12.	Blackburn Rovers FC (Blackburn)	42	15	10	17	45	55	55	
13.	Reading FC (Reading)	42	14	11	17	52	59	53	
14.	Hull City AFC (Kingston upon Hull)	42	13	14	15	41	55	53	
15.	West Bromwich Albion FC (West Bromwich)	42	13	12	17	51	49	51	
16.	Millwall FC (London)	42	14	9	19	39	45	51	
17.	Huddersfield Town AFC (Huddersfield)	42	13	12	17	54	61	51	
18.	Shrewsbury Town FC (Shrewsbury)	42	15	6	21	41	53	51	
19.	Birmingham City FC (Birmingham)	42	11	17	14	47	59	50	
20.	Sunderland AFC (Sunderland)	42	12	12	18	49	59	48	POR
21.	Grimsby Town FC (Cleethorpes)	42	10	14	18	39	59	44	R
22.	Brighton & Hove Albion FC (Hove)	42	9	12	21	37	54	39	R
		924	340	244	340	1131	1131	1264	

Promotion/Relegation Play-offs

Gillingham FC (Gillingham)	1-0, 1-2, 0-2	Swindon Town FC (Swindon)
Gillingham FC (Gillingham)	3-2, 3-4	Sunderland AFC (Sunderland)
	(Gillingham FC won on the away goals rule)	
Wigan Athletic AFC (Wigan)	2-3, 0-0	Swindon Town FC (Swindon)

Football League Division 3 1986-87 Season	Blackpool	Bolton Wanderers	Bournemouth	Brentford	Bristol City	Bristol Rovers	Bury	Carlisle United	Chester City	Chesterfield	Darlington	Doncaster Rovers	Fulham	Gillingham	Mansfield Town	Middlesbrough	Newport County	Notts County	Port Vale	Rotherham United	Swindon Town	Walsall	Wigan Athletic	York City
Blackpool FC		1-1	1-3	2-0	1-0	6-1	1-1	1-2	1-0	0-0	2-1	1-1	1-0	0-1	1-2	0-1	1-1	3-1	2-0	1-0	1-1	1-1	5-1	2-1
Bolton Wanderers FC	1-0		0-1	0-2	0-0	2-2	2-3	2-0	1-1	1-2	4-3	0-1	3-2	3-0	0-1	0-1	0-1	1-1	3-0	0-0	1-2	1-0	1-2	3-1
AFC Bournemouth	1-1	2-1		1-1	2-0	2-0	1-0	2-1	2-0	2-0	1-0	3-2	3-2	0-2	4-1	3-1	2-1	3-0	0-0	2-0	1-0	1-0	3-1	3-0
Brentford FC	1-1	1-2	1-1		1-1	1-2	0-2	3-1	3-1	2-2	5-3	1-1	3-3	3-2	3-1	0-1	2-0	1-0	0-2	2-0	1-1	0-1	2-3	3-1
Bristol City FC	3-1	4-1	2-0	0-2		0-1	2-2	3-0	1-0	1-0	1-1	5-0	0-0	2-0	0-0	2-2	4-0	3-1	1-0	0-1	1-1	2-1	2-1	3-0
Bristol Rovers FC	2-2	1-0	0-3	0-1	0-0		1-1	4-0	3-2	3-2	2-1	2-3	0-0	0-1	0-0	1-2	2-2	0-0	0-0	0-2	3-4	0-3	1-0	1-0
Bury FC	4-1	0-0	0-1	1-1	1-2	1-0		0-0	1-1	1-1	2-0	2-0	2-1	1-0	1-1	0-3	4-3	0-2	2-2	0-2	1-2	4-0	1-3	1-0
Carlisle United FC	3-1	0-0	0-0	0-0	1-2	2-0	2-1		0-2	3-0	1-0	1-0	1-3	2-4	1-2	0-1	2-2	0-2	2-0	3-5	0-3	0-3	0-2	2-2
Chester City FC	1-4	0-0	2-2	1-1	0-3	3-1	0-1	2-2		1-1	6-0	1-0	2-2	1-1	1-1	1-2	2-0	1-2	1-2	1-0	2-0	0-0	1-2	2-1
Chesterfield FC	1-1	0-0	1-1	1-2	0-3	1-1	1-1	3-2	0-1		1-0	4-1	3-1	1-0	0-1	2-1	3-2	1-2	2-4	2-1	1-3	3-2	4-3	1-0
Darlington FC	1-1	0-1	0-3	1-1	0-0	1-1	4-1	0-1	1-0	1-1		2-2	0-1	1-1	2-1	0-1	1-3	2-1	3-2	1-1	0-0	1-3	1-0	2-2
Doncaster Rovers FC	2-2	3-0	0-3	2-0	1-0	2-0	0-0	2-0	1-1	1-1	0-0		2-1	2-0	1-0	0-2	0-1	1-2	2-1	3-0	2-2	2-2	2-2	3-1
Fulham FC	0-1	4-2	1-3	1-3	0-3	2-2	2-1	3-0	0-5	3-1	3-1	0-0		2-2	1-1	2-2	2-0	3-1	0-6	1-1	0-2	2-2	2-2	1-0
Gillingham FC	2-1	1-0	2-1	2-0	1-1	4-1	1-0	1-0	1-2	3-0	4-1	2-1	4-1		2-0	0-0	1-1	3-1	0-0	1-0	1-3	4-0	0-0	2-0
Mansfield Town FC	1-1	2-2	1-1	1-0	2-0	5-0	1-3	2-0	2-3	1-1	1-0	2-1	1-1	1-0		1-1	1-0	1-2	0-1	0-0	0-0	2-0	1-5	1-1
Middlesbrough FC	1-3	0-0	4-0	2-0	1-0	1-0	3-1	1-0	1-2	2-0	1-1	1-0	3-0	3-0	1-0		2-0	2-0	2-2	0-0	1-0	3-1	0-0	3-1
Newport County AFC	1-1	2-1	0-1	2-2	0-1	0-1	2-2	1-1	2-2	1-0	3-0	3-2	0-0	1-2	0-3	0-1		1-1	0-2	1-2	2-2	2-4	1-2	1-1
Notts County FC	3-2	0-0	1-1	1-1	2-0	3-0	1-2	2-1	1-1	2-1	2-2	3-1	2-3	3-1	0-0	1-0	5-2		4-1	5-0	2-3	2-1	2-0	5-1
Port Vale FC	1-6	1-1	1-2	4-1	0-0	4-1	2-0	0-1	2-1	2-2	1-2	4-2	0-1	1-2	3-2	0-0	6-1	1-1		1-1	3-4	4-1	0-1	2-3
Rotherham United	1-0	1-0	4-2	2-3	2-0	0-1	2-1	2-1	3-0	0-1	0-0	2-0	0-0	0-1	2-2	1-4	3-1	1-1	1-1		1-2	1-0	0-2	0-0
Swindon Town FC	2-6	2-0	1-1	2-0	1-2	1-2	1-0	2-0	1-1	2-1	1-0	1-1	2-0	1-1	3-0	1-0	3-0	1-2	1-0	2-0		0-0	3-1	3-1
Walsall FC	2-1	3-3	2-0	5-2	1-1	0-3	3-1	3-0	1-0	2-1	4-2	1-3	1-1	1-0	2-0	1-0	2-0	1-1	5-2	4-1	1-0		2-3	3-2
Wigan Athletic AFC	4-1	2-1	0-2	1-1	3-1	4-3	1-0	2-0	2-2	1-1	1-1	1-1	2-0	3-1	3-0	0-2	1-2	1-0	2-1	2-1	3-2	5-1		3-2
York City FC	1-1	2-1	2-0	2-1	1-1	1-0	1-0	2-0	1-1	1-1	3-1	1-1	1-1	2-1	1-3	3-1	3-0	1-1	1-4	2-1	0-3	1-5	1-1	

	Division 3	Pd	Wn	Dw	Ls	GF	GA	Pts	
1.	AFC Bournemouth (Bournemouth)	46	29	10	7	76	40	97	P
2.	Middlesbrough FC (Middlesbrough)	46	28	10	8	67	30	94	P
3.	Swindon Town FC (Swindon)	46	25	12	9	77	47	87	POP
4.	Wigan Athletic AFC (Wigan)	46	25	10	11	83	60	85	PO
5.	Gillingham FC (Gillingham)	46	23	9	14	65	48	78	PO
6.	Bristol City FC (Bristol)	46	21	14	11	63	36	77	
7.	Notts County FC (Nottingham)	46	21	13	12	77	56	76	
8.	Walsall FC (Walsall)	46	22	9	15	80	67	75	
9.	Blackpool FC (Blackpool)	46	16	16	14	74	59	64	
10.	Mansfield Town FC (Mansfield)	46	15	16	15	52	55	61	
11.	Brentford FC (London)	46	15	15	16	64	66	60	
12.	Port Vale FC (Stoke-on-Trent)	46	15	12	19	76	70	57	
13.	Doncaster Rovers FC (Doncaster)	46	14	15	17	56	62	57	
14.	Rotherham United FC (Rotherham)	46	15	12	19	48	57	57	
15.	Chester City FC (Chester)	46	13	17	16	61	59	56	
16.	Bury FC (Bury)	46	14	13	19	54	60	55	
17.	Chesterfield FC (Chesterfield)	46	13	15	18	56	69	54	
18.	Fulham FC (London)	46	12	17	17	59	77	53	
19.	Bristol Rovers FC (Bristol)	46	13	12	21	49	75	51	
20.	York City FC (York)	46	12	13	21	55	79	49	
21.	Bolton Wanderers FC (Bolton)	46	10	15	21	46	58	45	POR
22.	Carlisle United FC (Carlisle)	46	10	8	28	39	78	38	R
23.	Darlington FC (Darlington)	46	7	16	23	45	77	37	R
24.	Newport County AFC (Newport)	46	8	13	25	49	86	37	R
		1104	396	312	396	1471	1471	1500	

Promotion/Relegation Play-offs

Aldershot FC (Aldershot)	2-0, 1-0	Wolverhampton Wanderers FC (Wolverhampton)
Aldershot FC (Aldershot)	1-0, 2-2	Bolton Wanderers FC (Bolton)
Colchester United FC (Colchester)	0-2, 0-0	Wolverhampton Wanderers FC (Wolverhampton)

Football League Division 4 1986-87 Season	Aldershot Town	Burnley	Cambridge	Cardiff City	Colchester United	Crewe Alexandra	Exeter City	Halifax Town	Hartlepool	Hereford United	Lincoln City	Northampton Town	Orient	Peterborough Utd.	Preston North End	Rochdale	Scunthorpe United	Southend United	Stockport County	Swansea City	Torquay United	Tranmere Rovers	Wolves	Wrexham
Aldershot Town FC		2-0	4-1	1-2	1-0	1-0	2-1	4-1	1-1	1-0	4-0	3-3	1-2	1-1	0-0	2-1	2-1	0-1	3-1	4-1	1-1	0-2	1-2	1-0
Burnley FC	0-1		0-2	1-3	2-1	4-0	0-0	3-0	1-1	0-6	3-1	2-1	2-1	0-0	1-4	0-3	1-0	2-1	2-0	1-1	2-2	2-2	2-5	0-0
Cambridge United FC	0-3	3-1		2-1	0-1	0-3	2-2	1-0	3-0	2-1	1-1	2-3	2-0	1-1	2-0	3-0	1-0	1-2	5-0	1-0	3-3	1-1	0-0	1-0
Cardiff City AFC	2-0	1-0	3-0		0-2	1-1	0-0	0-0	4-0	4-1	1-1	1-1	1-1	0-1	1-1	0-0	1-1	0-2	1-1	0-0	3-1	0-2	0-2	0-0
Colchester United FC	0-1	1-0	1-2	3-1		2-1	1-1	3-1	2-1	2-0	2-0	3-1	0-0	1-3	0-2	2-0	1-0	1-2	5-1	2-1	3-0	1-1	3-0	2-1
Crewe Alexandra FC	1-3	1-0	0-0	1-2	1-1		2-2	2-2	1-0	1-2	1-2	0-5	3-2	1-3	2-2	5-1	2-2	2-1	5-0	1-1	1-0	3-2	1-1	1-1
Exeter City FC	4-0	3-0	1-1	0-0	2-0	1-0		2-2	2-0	1-0	2-0	1-1	1-0	1-1	1-2	1-1	0-0	0-0	4-0	2-2	2-2	1-0	1-3	4-2
Halifax Town AFC	1-0	2-2	1-0	1-1	0-0	0-3	2-0		1-0	2-1	1-2	3-6	4-0	1-0	1-3	3-1	1-1	0-1	0-2	1-0	2-4	0-0	3-4	2-1
Hartlepool United FC	1-1	2-2	2-2	1-1	1-0	0-5	1-0	0-0		0-0	2-1	3-3	1-3	1-2	2-2	1-1	0-2	1-0	1-0	1-1	2-1	1-1	0-1	0-1
Hereford United FC	1-0	2-0	2-3	0-2	2-3	2-0	1-1	1-0	4-0		0-0	3-2	1-1	2-0	2-3	0-1	2-2	0-1	1-2	2-0	2-2	1-0	2-0	0-0
Lincoln City FC	0-2	2-1	0-3	0-1	3-1	2-1	1-1	0-0	1-4	0-0		3-1	2-0	1-2	1-1	1-1	1-2	1-3	0-0	4-0	1-1	3-1	3-0	0-1
Northampton Town	4-2	4-2	3-0	4-1	3-2	2-1	4-0	1-0	1-1	3-2	3-1		2-0	2-1	3-1	5-0	1-0	2-1	2-1	0-1	1-0	2-0	2-1	2-2
Orient FC	1-3	2-0	3-0	2-0	1-0	1-1	2-0	1-3	2-0	2-0	2-1	0-1		1-0	1-2	3-0	3-1	1-0	1-0	1-4	3-2	2-2	3-1	2-4
Peterborough United	1-1	1-1	2-1	1-2	2-0	1-2	2-2	2-0	3-1	2-1	0-1	0-1	0-1		2-1	1-1	1-1	2-0	0-0	1-1	2-1	2-1	0-1	1-0
Preston North End	1-2	2-1	1-0	0-1	1-0	2-1	2-1	3-2	0-0	2-1	3-0	1-0	1-0	0-0		2-4	2-1	2-0	3-0	2-1	1-1	2-0	2-2	1-0
Rochdale AFC	3-1	0-2	2-0	0-0	1-0	1-1	0-0	5-3	0-2	2-0	1-1	1-2	0-0	3-2	0-2		1-1	1-2	2-1	2-0	3-3	0-1	0-3	3-3
Scunthorpe United	2-0	2-1	1-1	1-3	5-2	2-1	3-1	2-1	1-2	3-1	2-1	2-2	0-2	2-0	4-0	2-0		3-0	1-2	3-2	2-0	6-0	0-2	3-3
Southend United FC	2-0	2-1	3-1	2-0	1-1	3-1	2-1	2-3	1-1	2-0	1-0	0-4	2-1	2-2	1-2	5-3	3-1		0-0	1-2	4-0	3-0	1-0	0-3
Stockport County FC	0-0	0-1	3-2	2-0	1-1	2-1	0-0	2-0	0-2	1-2	1-0	0-3	2-2	3-1	1-3	1-1	1-0	0-2		3-1	0-0	0-2	0-2	2-1
Swansea City FC	2-1	2-2	2-0	2-0	1-2	1-1	1-0	0-2	1-0	1-3	2-0	2-1	4-1	0-1	1-1	1-0	1-2	1-0	3-0		0-1	2-0	1-0	0-3
Torquay United FC	2-2	1-1	1-0	1-0	3-1	2-2	1-1	1-0	0-1	1-1	0-1	0-1	2-2	1-0	0-2	2-1	2-2	2-1	0-0	3-5		0-2	1-2	2-1
Tranmere Rovers FC	1-1	2-1	1-1	2-1	3-4	3-2	1-0	3-4	1-1	3-3	2-0	1-1	1-3	1-1	1-1	1-1	1-0	1-3	0-3	1-1	2-2		0-1	0-2
Wolverhampton W	3-0	0-1	1-2	0-1	2-0	2-3	2-2	1-2	4-1	1-0	3-0	1-1	3-1	0-3	1-0	0-0	1-0	1-2	3-1	4-0	1-0	2-1		0-3
Wrexham AFC	3-0	2-2	2-1	5-1	0-1	2-1	0-0	3-1	1-1	2-2	1-1	1-3	1-1	4-3	1-1	2-2	1-1	4-0	0-0	0-0	2-1	1-1	0-0	

	Division 4	Pd	Wn	Dw	Ls	GF	GA	Pts	
1.	Northampton Town FC (Northampton)	46	30	9	7	103	53	99	P
2.	Preston North End FC (Preston)	46	26	12	8	72	47	90	P
3.	Southend United FC (Southend-on-Sea)	46	25	5	16	68	55	80	P
4.	Wolverhampton Wanderers FC (Wolverhampton)	46	24	7	15	69	50	70	PO
5.	Colchester United FC (Colchester)	46	21	7	18	64	56	70	PO
6.	Aldershot FC (Aldershot)	46	20	10	16	64	57	70	POP
7.	Orient FC (London)	46	20	9	17	64	61	69	*
8.	Scunthorpe United FC (Scunthorpe)	46	18	12	16	73	57	66	
9.	Wrexham AFC (Wrexham)	46	15	20	11	70	51	65	
10.	Peterborough United FC (Peterborough)	46	17	14	15	57	50	65	
11.	Cambridge United FC (Cambridge)	46	17	11	18	60	62	62	
12.	Swansea City FC (Swansea)	46	17	11	18	56	61	62	
13.	Cardiff City AFC (Cardiff)	46	15	16	15	48	50	61	
14.	Exeter City FC (Exeter)	46	11	23	12	53	49	56	
15.	Halifax Town AFC (Halifax)	46	15	10	21	59	74	55	
16.	Hereford United FC (Hereford)	46	14	11	21	60	61	53	
17.	Crewe Alexandra FC (Crewe)	46	13	14	19	70	72	53	
18.	Hartlepool United FC (Hartlepool)	46	11	18	17	44	65	51	
19.	Stockport County FC (Stockport)	46	13	12	21	40	69	51	
20.	Tranmere Rovers FC (Birkenhead)	46	11	17	18	54	72	50	
21.	Rochdale AFC (Rochdale)	46	11	17	18	54	73	50	
22.	Burnley FC (Burnley)	46	12	13	21	53	74	49	
23.	Torquay United FC (Torquay)	46	10	18	18	56	72	48	
24.	Lincoln City FC (Lincoln)	46	12	12	22	45	65	48	R
		1104	398	308	398	1456	1456	1502	

Promoted to Division 4: Scarborough FC (Scarborough)

* Orient FC (London) changed their club name to Leyton Orient FC (London) for the next season.

F.A. CUP FINAL (Wembley Stadium, London – 16/05/1987 – 98,000)

COVENTRY CITY FC (COVENTRY)	3-2 (aet)	Tottenham Hotspur FC (London)
Bennett, Houchen, Mabbutt o.g.	*(H.T. 1-2)*	*C.Allen, Kilcline o.g.*

Coventry: Ogrizovic, Phillips, Downs, McGrath, Kilcline (Rodger), Peake, Bennett, Gynn, Regis, Houchen, Pickering.

Tottenham: Clemence, Hughton (Claesen), M.Thomas, Hodge, Gough, Mabbutt, C.Allen, P.Allen, Waddle, Hoddle, Ardiles (Stevens).

Semi-finals

Coventry City FC (Coventry)	3-2	Leeds United AFC (Leeds)
Tottenham Hotspur FC (London)	4-1	Watford FC (Watford)

Quarter-finals

Arsenal FC (London)	1-3	Watford FC (Watford)
Sheffield Wednesday FC (Sheffield)	0-3	Coventry City FC (Coventry)
Wigan Athletic AFC (Wigan)	0-2	Leeds United AFC (Leeds)
Wimbledon FC (London)	0-2	Tottenham Hotspur FC (London)

1987-88

Football League Division 1 1987-88 Season	Arsenal	Charlton Athletic	Chelsea	Coventry City	Derby County	Everton	Liverpool	Luton Town	Manchester United	Newcastle United	Norwich City	Nottingham Forest	Oxford United	Portsmouth	Q.P.R.	Sheffield Wednesday	Southampton	Tottenham Hotspur	Watford	West Ham United	Wimbledon
Arsenal FC		4-0	3-1	1-1	2-1	1-1	1-2	2-1	1-2	1-1	2-0	0-2	2-0	6-0	0-0	3-1	0-1	2-1	0-1	1-0	3-0
Charlton Athletic FC	0-3		2-2	2-2	0-1	0-0	0-2	1-0	1-3	2-0	2-0	1-2	0-0	2-1	0-1	3-1	1-1	1-1	1-0	3-0	1-1
Chelsea FC	1-1	1-1		1-0	1-0	0-0	1-1	3-0	1-2	2-2	1-0	4-3	2-1	0-0	1-1	2-1	0-1	0-0	1-1	1-1	1-1
Coventry City FC	0-0	0-0	3-3		0-3	1-2	1-4	4-0	0-0	1-3	0-0	0-3	1-0	1-0	0-0	3-0	2-3	2-1	1-0	0-0	3-3
Derby County FC	0-0	1-1	2-0	2-0		0-0	1-1	1-0	1-2	2-1	1-2	0-1	0-1	0-0	0-2	2-2	2-0	1-2	1-1	1-0	0-1
Everton FC	1-2	1-1	4-1	1-2	3-0		1-0	2-0	2-1	1-0	1-0	1-0	0-0	2-1	2-0	4-0	1-0	0-0	2-0	3-1	2-2
Liverpool FC	2-0	3-2	2-1	4-0	4-0	2-0		1-1	3-3	4-0	0-0	5-0	2-0	4-0	4-0	1-0	1-1	1-0	4-0	0-0	2-1
Luton Town FC	1-1	1-0	3-0	0-1	1-0	2-1	0-1		1-1	4-0	1-2	1-1	7-4	4-1	2-1	2-2	2-2	2-0	2-1	2-2	2-0
Manchester United FC	0-0	0-0	3-1	1-0	4-1	2-1	1-1	3-0		2-2	2-1	2-2	3-1	4-1	2-1	4-1	0-2	1-0	2-0	3-1	2-1
Newcastle United FC	0-1	2-1	3-1	2-2	0-0	1-1	1-4	4-0	1-0		1-3	0-1	3-1	1-1	1-1	2-2	2-1	2-0	3-0	2-1	1-2
Norwich City FC	2-4	2-0	3-0	3-1	1-2	0-3	0-0	2-2	1-0	1-1		0-2	4-2	0-1	1-1	0-3	0-1	2-1	0-0	4-1	0-1
Nottingham Forest FC	0-1	2-2	3-2	4-1	2-1	0-0	2-1	1-1	0-0	0-2	2-0		5-3	5-0	4-0	3-0	3-3	3-0	1-0	0-0	0-0
Oxford United FC	0-0	2-1	4-4	1-0	0-0	1-1	0-3	2-5	0-2	1-3	3-0	0-2		4-2	2-0	0-3	0-0	0-0	1-1	1-2	2-5
Portsmouth FC	1-1	1-1	0-3	0-0	2-1	0-1	0-2	3-1	1-2	1-2	2-2	0-1	2-2		0-1	1-2	2-2	0-0	1-1	2-1	2-1
Queen's Park Rangers FC	2-0	2-0	3-1	1-2	1-1	1-0	0-1	2-0	0-2	1-1	3-0	2-1	3-2	2-1		1-1	3-0	2-0	0-0	0-1	1-0
Sheffield Wednesday FC	3-3	2-0	3-0	0-3	2-1	1-0	1-5	0-2	2-4	0-1	1-0	0-1	1-1	1-0	3-1		2-1	0-3	2-3	2-1	1-0
Southampton FC	4-2	0-1	3-0	1-2	1-2	0-4	2-2	1-1	2-2	1-1	0-0	1-1	3-0	0-2	0-1	1-1		2-1	1-0	2-1	2-2
Tottenham Hotspur FC	1-2	0-1	1-0	2-2	0-0	2-1	0-2	2-1	1-1	3-1	1-3	1-1	3-0	0-1	1-1	2-0	2-1		2-1	2-1	0-3
Watford FC	2-0	2-1	0-3	0-1	1-1	1-2	1-4	0-1	0-1	1-1	0-1	0-0	3-0	0-0	0-1	1-3	0-1	1-1		1-2	1-0
West Ham United FC	0-1	1-1	4-1	1-1	1-1	0-0	1-1	1-1	1-1	2-1	2-0	3-2	1-1	1-1	0-3	0-1	2-1	0-1	1-0		1-2
Wimbledon FC	3-1	4-1	2-2	1-2	2-1	1-1	1-1	2-0	2-1	0-0	1-0	1-1	1-1	2-2	1-2	1-1	2-0	3-0	1-2	1-1	

	Division 1	Pd	Wn	Dw	Ls	GF	GA	Pts	
1.	LIVERPOOL FC (LIVERPOOL)	40	26	12	2	87	24	90	
2.	Manchester United FC (Manchester)	40	23	12	5	71	38	81	
3.	Nottingham Forest FC (Nottingham)	40	20	13	7	67	39	73	
4.	Everton FC (Liverpool)	40	19	13	8	53	27	70	
5.	Queen's Park Rangers FC (London)	40	19	10	11	48	38	67	
6.	Arsenal FC (London)	40	18	12	10	58	39	66	
7.	Wimbledon FC (London)	40	14	15	11	58	47	57	
8.	Newcastle United FC (Newcastle upon Tyne)	40	14	14	12	55	53	56	
9.	Luton Town FC (Luton)	40	14	11	15	57	58	53	
10.	Coventry City FC (Coventry)	40	13	14	13	46	53	53	
11.	Sheffield Wednesday FC (Sheffield)	40	15	8	17	52	66	53	
12.	Southampton FC (Southampton)	40	12	14	14	49	53	50	
13.	Tottenham Hotspur FC (London)	40	12	11	17	38	48	47	
14.	Norwich City FC (Norwich)	40	12	9	19	40	52	45	
15.	Derby County FC (Derby)	40	10	13	17	35	45	43	
16.	West Ham United FC (London)	40	9	15	16	40	52	42	
17.	Charlton Athletic FC (London)	40	9	15	16	38	52	42	
18.	Chelsea FC (London)	40	9	15	16	50	68	42	POR
19.	Portsmouth FC (Portsmouth)	40	7	14	19	36	66	35	R
20.	Watford FC (Watford)	40	7	11	22	27	51	32	R
21.	Oxford United FC (Oxford)	40	6	13	21	44	80	31	R
		840	288	264	288	1049	1049	1128	

Top Goalscorers

1)	John ALDRIDGE	(Liverpool FC)	26
2)	Brian McCLAIR	(Manchester United FC)	24
3)	Nigel CLOUGH	(Nottingham Forest FC)	20

Promotion/Relegation Play-offs

Middlesbrough FC (Middlesbrough)	2-0, 0-1	Chelsea FC (London)
Blackburn Rovers FC (Blackburn)	0-2, 1-4	Chelsea FC (London)
Bradford City AFC (Bradford)	2-1, 0-2 (aet)	Middlesbrough FC (Middlesbrough)

Football League Division 2 1987-88 Season	Aston Villa	Barnsley	Birmingham	Blackburn R.	Bournemouth	Bradford City	Crystal Palace	Huddersfield T.	Hull City	Ipswich Town	Leeds United	Leicester City	Man. City	Middlesbro'	Millwall	Oldham Ath.	Plymouth A.	Reading	Sheffield U.	Shrewsbury T.	Stoke City	Swindon Town	W.B.A.
Aston Villa FC		0-0	0-2	1-1	1-1	1-0	4-1	1-1	5-0	1-0	1-2	2-1	1-1	0-1	1-2	1-2	5-2	2-1	1-1	1-0	0-1	2-1	0-0
Barnsley FC	1-3		2-2	0-1	2-1	3-0	2-1	1-0	1-3	2-3	1-1	1-1	3-1	0-3	4-1	1-1	2-1	5-2	1-2	2-1	5-2	0-1	3-1
Birmingham City FC	1-2	2-0		1-0	1-1	1-1	0-6	2-0	1-1	1-0	0-0	2-2	0-3	0-0	1-0	1-3	0-1	2-2	1-0	0-0	2-0	1-1	0-1
Blackburn Rovers FC	3-2	0-1	2-0		3-1	1-1	2-0	2-2	2-1	1-0	1-1	3-3	2-1	0-2	2-1	1-0	1-1	1-1	4-1	2-2	2-0	0-0	3-1
AFC Bournemouth	1-2	1-2	4-2	1-1		2-0	2-3	0-2	6-2	1-1	0-0	2-3	0-2	0-0	1-2	2-2	2-2	3-0	1-2	2-0	0-0	2-0	3-2
Bradford City AFC	2-4	1-1	4-0	2-1	2-0		2-0	0-1	2-0	2-3	0-0	4-1	2-4	2-0	3-1	5-3	3-1	3-0	2-0	1-1	1-4	2-0	4-1
Crystal Palace FC	1-1	3-2	3-0	2-0	3-0	1-1		2-1	2-2	1-2	3-0	2-1	2-0	3-1	1-0	3-1	5-1	2-3	2-1	1-2	2-0	2-1	4-1
Huddersfield Town AFC	0-1	2-2	2-2	1-2	1-2	1-2	2-2		0-2	1-2	0-0	1-0	1-0	1-4	2-1	2-2	2-1	0-2	0-2	0-0	0-3	0-3	1-3
Hull City AFC	2-1	1-2	2-0	2-2	2-1	0-0	2-1	4-0		1-0	3-1	2-2	3-1	0-0	0-1	1-0	1-1	2-2	1-2	1-1	0-0	1-4	1-0
Ipswich Town FC	1-1	1-0	1-0	0-2	1-2	4-0	2-3	3-0	2-0		1-0	0-2	3-0	4-0	1-1	2-0	1-2	2-1	1-0	2-0	2-0	3-2	1-1
Leeds United AFC	1-3	0-2	4-1	2-2	3-2	2-0	1-0	3-0	0-2	1-0		1-0	2-0	2-0	1-2	1-1	1-0	0-0	5-0	2-1	0-0	4-2	1-0
Leicester City FC	0-2	0-0	2-0	1-2	0-1	0-2	4-4	3-0	2-1	1-1	3-2		1-0	0-0	1-0	4-1	4-0	1-0	1-0	0-1	1-1	3-2	3-0
Manchester City FC	0-2	1-1	3-0	1-2	2-0	2-2	1-3	10-1	2-0	2-0	1-2	4-2		1-1	4-0	1-2	2-1	2-0	2-3	1-3	3-0	1-1	4-2
Middlesbrough FC	2-1	2-0	1-1	1-1	3-0	1-2	2-1	2-0	1-0	3-1	2-0	1-2	2-1		1-1	1-0	3-1	0-0	6-0	4-0	2-0	2-3	2-1
Millwall FC	2-1	3-1	3-1	1-4	1-2	0-1	1-1	4-1	2-0	2-1	3-1	1-0	0-1	2-1		1-1	3-2	3-0	3-1	4-1	2-0	2-2	2-0
Oldham Athletic AFC	0-1	1-0	1-2	4-2	2-0	0-2	1-0	3-2	1-2	3-1	1-1	2-0	1-1	3-1	0-0		0-1	4-2	3-2	2-2	5-1	4-3	2-1
Plymouth Argyle FC	1-3	0-0	1-1	3-0	1-2	2-1	1-3	6-1	3-1	0-0	6-3	4-0	3-2	0-1	1-2	1-0		1-3	1-0	2-0	3-0	1-0	3-3
Reading FC	0-2	2-1	1-1	0-0	0-0	1-1	2-3	3-2	0-0	1-1	0-1	1-2	0-2	0-0	2-3	3-0	0-1		2-1	1-0	0-1	0-1	1-2
Sheffield United FC	1-1	1-0	0-2	3-1	0-1	1-2	1-1	2-2	2-1	4-1	2-2	2-1	1-2	0-2	1-2	0-5	1-0	4-1		0-1	0-0	1-0	0-0
Shrewsbury Town FC	1-2	1-1	0-0	1-2	2-1	2-2	2-0	3-1	2-2	0-0	1-0	0-0	0-0	0-1	0-0	2-3	2-1	0-1	2-0		0-3	2-1	0-1
Stoke City FC	0-0	3-1	3-1	2-1	1-0	1-2	1-1	1-1	1-1	1-2	2-1	2-1	1-3	1-0	1-2	2-2	1-0	4-2	1-0	1-1		1-0	3-0
Swindon Town FC	0-0	3-0	0-2	1-2	4-2	2-2	2-2	4-1	0-0	4-2	1-2	3-2	3-4	1-1	0-1	2-0	1-1	4-0	2-0	1-1	3-0		2-0
West Bromwich Albion FC	0-2	2-2	3-1	0-1	3-0	0-1	1-0	3-2	1-1	2-2	1-4	1-1	1-1	0-0	1-4	0-0	1-0	0-1	4-0	2-1	2-0	1-2	

	Division 2	Pd	Wn	Dw	Ls	GF	GA	Pts	
1.	Millwall FC (London)	44	25	7	12	72	52	82	P
2.	Aston Villa FC (Birmingham)	44	22	12	10	68	41	78	P
3.	Middlesbrough FC (Middlesbrough)	44	22	12	10	63	36	78	POP
4.	Bradford City AFC (Bradford)	44	22	11	11	74	54	77	PO
5.	Blackburn Rovers FC (Blackburn)	44	21	14	9	68	52	77	PO
6.	Crystal Palace FC (London)	44	22	9	13	86	59	75	
7.	Leeds United AFC (Leeds)	44	19	12	14	61	51	69	
8.	Ipswich Town FC (Ipswich)	44	19	9	16	61	52	66	
9.	Manchester City FC (Manchester)	44	19	8	17	80	60	65	
10.	Oldham Athletic AFC (Oldham)	44	18	11	15	72	64	65	
11.	Stoke City FC (Stoke-on-Trent)	44	17	11	16	50	57	62	
12.	Swindon Town FC (Swindon)	44	16	11	17	73	60	59	
13.	Leicester City FC (Leicester)	44	16	11	17	62	61	59	
14.	Barnsley FC (Barnsley)	44	15	12	17	61	62	57	
15.	Hull City AFC (Kingston upon Hull)	44	14	15	15	54	60	57	
16.	Plymouth Argyle FC (Plymouth)	44	16	8	20	65	67	56	
17.	AFC Bournemouth (Bournemouth)	44	13	10	21	56	68	49	
18.	Shrewsbury Town FC (Shrewsbury)	44	11	16	17	42	54	49	
19.	Birmingham City FC (Birmingham)	44	11	15	18	41	66	48	
20.	West Bromwich Albion FC (West Bromwich)	44	12	11	21	50	69	47	
21.	Sheffield United FC (Sheffield)	44	13	7	24	45	74	46	POR
22.	Reading FC (Reading)	44	10	12	22	44	70	42	R
23.	Huddersfield Town AFC (Huddersfield)	44	6	10	28	41	100	28	R
		1012	379	254	379	1389	1389	1391	

Promotion/Relegation Play-offs

Bristol City FC (Bristol)	1-3, 2-0, 0-4	Walsall FC (Walsall)
Bristol City FC (Bristol)	1-0, 1-1	Sheffield United FC (Sheffield)
Notts County FC (Nottingham)	1-3, 1-1	Walsall FC (Walsall)

Football League Division 3 1987-88 Season	Aldershot Town	Blackpool	Brentford	Brighton & Hove Albion	Bristol City	Bristol Rovers	Bury	Chester City	Chesterfield	Doncaster Rovers	Fulham	Gillingham	Grimsby Town	Mansfield Town	Northampton Town	Notts County	Port Vale	Preston North End	Rotherham United	Southend United	Sunderland	Walsall	Wigan Athletic	York City
Aldershot Town FC		0-0	4-1	1-4	2-1	3-0	0-2	4-1	2-0	2-1	0-3	6-0	3-2	3-0	4-4	0-2	3-0	0-0	1-3	0-1	3-2	0-1	3-2	1-2
Blackpool FC	3-2		0-1	1-3	4-2	2-1	5-1	0-1	1-0	4-2	2-1	3-3	3-0	2-0	3-1	1-1	1-2	3-0	3-0	1-1	0-2	1-2	0-0	2-1
Brentford FC	3-0	2-1		1-1	0-1	1-1	0-3	1-1	2-0	1-1	3-1	2-2	0-2	2-2	0-1	1-0	1-0	2-0	1-1	1-0	0-1	0-0	2-1	1-2
Brighton & Hove Alb.	1-1	1-3	2-1		3-2	2-1	2-1	1-0	2-2	2-0	2-0	2-0	0-0	3-1	3-0	1-1	2-0	0-0	1-1	0-0	3-1	2-1	1-0	1-0
Bristol City FC	2-0	2-1	2-3	5-2		3-3	3-2	2-2	2-1	1-0	4-0	3-3	1-1	1-2	2-2	2-1	1-0	3-1	2-0	3-2	0-1	0-0	4-1	3-2
Bristol Rovers FC	3-1	2-0	0-0	1-2	1-0		0-0	2-2	2-0	4-0	3-1	2-0	4-2	2-1	0-2	1-1	1-0	1-2	3-1	0-0	4-0	3-0	2-3	2-1
Bury FC	1-0	3-1	2-2	2-1	1-1	4-1		0-1	2-0	2-1	1-1	2-1	0-2	1-0	0-0	0-1	0-1	4-0	2-2	2-2	2-3	2-2	0-2	0-1
Chester City FC	4-1	1-1	1-1	2-2	1-0	0-3	4-4		1-1	1-1	1-2	3-1	1-0	0-2	0-5	1-2	1-0	1-0	1-0	1-1	1-2	1-1	1-0	1-0
Chesterfield FC	1-0	1-1	2-1	0-0	1-4	0-1	1-0	0-0		0-1	1-0	1-4	0-3	3-1	0-2	2-0	1-3	0-0	3-2	3-1	1-1	2-1	0-1	2-1
Doncaster Rovers FC	0-0	2-1	0-1	0-2	1-2	0-1	1-2	2-2	1-0		2-2	4-2	1-0	0-2	0-2	0-1	1-1	3-2	2-2	0-1	0-2	0-4	3-4	2-0
Fulham FC	1-2	3-1	2-2	1-2	0-0	3-1	0-1	1-0	1-3	4-0		0-2	5-0	0-0	0-0	0-0	1-2	0-1	3-1	3-1	0-2	2-0	3-2	3-1
Gillingham FC	2-1	0-0	0-1	1-1	1-1	3-0	3-3	0-1	10-0	3-1	2-2		1-1	0-0	1-2	3-1	0-0	4-0	0-2	8-1	0-0	0-1	0-1	3-1
Grimsby Town FC	1-1	1-1	0-1	0-1	1-4	0-0	2-0	2-1	1-1	0-0	0-2	2-0		2-3	2-2	0-0	3-1	0-1	2-1	1-3	0-1	0-2	0-2	5-1
Mansfield Town FC	1-0	0-0	2-1	1-1	2-0	1-0	0-0	1-2	0-1	2-0	0-2	2-2	1-0		3-1	1-1	4-0	0-0	0-1	1-0	0-4	1-3	0-1	2-1
Northampton Town	1-1	3-3	2-1	1-1	3-0	2-1	0-0	2-0	4-0	1-0	3-2	2-1	2-1	2-0		0-1	1-0	0-1	0-0	4-0	0-2	2-2	1-1	0-0
Notts County FC	2-1	2-3	3-0	1-2	0-1	1-1	3-0	1-0	2-0	2-0	5-1	0-1	0-0	1-1	3-1		1-2	4-2	4-0	6-2	2-1	3-1	4-4	3-0
Port Vale FC	4-2	0-0	1-0	2-0	1-1	2-1	1-0	1-1	0-1	5-0	1-1	0-0	2-0	1-1	1-1	1-3		3-2	0-0	4-1	0-1	2-1	2-1	2-1
Preston North End	0-2	2-1	1-2	3-0	2-0	3-1	1-0	1-1	0-1	1-2	2-1	1-1	1-3	1-0	0-0	1-2	3-2		0-0	1-1	2-2	1-0	0-1	3-0
Rotherham United	1-0	0-1	2-0	1-0	4-1	1-1	0-1	5-2	1-1	1-0	0-2	1-2	0-0	2-1	2-2	1-1	1-0	2-2		1-1	1-4	0-1	1-1	0-1
Southend United FC	0-1	4-0	2-3	2-1	2-0	4-2	1-0	2-2	3-0	4-1	0-2	1-3	0-0	2-1	1-1	1-2	3-3	1-2	1-1		1-4	1-1	3-2	3-1
Sunderland AFC	3-1	2-2	2-0	1-0	0-1	1-1	1-1	0-2	3-2	3-1	2-0	2-1	1-1	4-1	3-1	1-1	2-1	1-1	3-0	7-0		1-1	4-1	4-2
Walsall FC	2-0	3-2	4-2	1-1	1-1	0-0	2-1	1-0	0-0	2-1	0-1	0-0	3-2	2-1	1-0	2-1	2-1	1-0	5-2	2-1	2-2		1-2	2-1
Wigan Athletic AFC	4-0	0-0	1-1	3-3	1-1	1-0	0-2	1-0	1-2	2-1	1-3	1-1	0-1	2-1	2-2	2-1	2-0	2-0	3-0	1-0	2-2	3-1		1-1
York City FC	2-2	1-3	1-1	0-2	0-1	0-4	1-1	2-0	1-0	1-1	1-3	0-2	0-2	2-2	2-2	3-5	2-3	1-1	1-2	0-3	2-1	1-3	3-1	

	Division 3	Pd	Wn	Dw	Ls	GF	GA	Pts	
1.	Sunderland AFC (Sunderland)	46	27	12	7	92	48	93	P
2.	Brighton & Hove Albion FC (Hove)	46	23	15	8	69	47	84	P
3.	Walsall FC (Walsall)	46	23	13	10	68	50	82	POP
4.	Notts County FC (Nottingham)	46	23	12	11	82	49	81	PO
5.	Bristol City FC (Bristol)	46	21	12	13	77	62	75	PO
6.	Northampton Town FC (Northampton)	46	18	19	9	70	51	73	
7.	Wigan Athletic AFC (Wigan)	46	20	12	14	70	61	72	
8.	Bristol Rovers FC (Bristol)	46	18	12	16	68	56	66	
9.	Fulham FC (London)	46	19	9	18	69	60	66	
10.	Blackpool FC (Blackpool)	46	17	14	15	71	62	65	
11.	Port Vale FC (Stoke-on-Trent)	46	18	11	17	58	56	65	
12.	Brentford FC (London)	46	16	14	16	53	59	62	
13.	Gillingham FC (Gillingham)	46	14	17	15	77	61	59	
14.	Bury FC (Bury)	46	15	14	17	58	57	59	
15.	Chester City FC (Chester)	46	14	16	16	51	62	58	
16.	Preston North End FC (Preston)	46	15	13	18	48	59	58	
17.	Southend United FC (Southend-on-Sea)	46	14	13	19	65	83	55	
18.	Chesterfield FC (Chesterfield)	46	15	10	21	41	70	55	
19.	Mansfield Town FC (Mansfield)	46	14	12	20	48	59	54	
20.	Aldershot FC (Aldershot)	46	15	8	23	64	74	53	
21.	Rotherham United FC (Rotherham)	46	12	16	18	50	66	52	POR
22.	Grimsby Town FC (Cleethorpes)	46	12	14	20	48	58	50	R
23.	York City FC (York)	46	8	9	29	48	91	33	R
24.	Doncaster Rovers FC (Doncaster)	46	8	9	29	40	84	33	R
		1104	399	306	399	1485	1485	1503	

Promotion/Relegation Play-offs

Swansea City FC (Swansea)	2-1, 3-3	Torquay United FC (Torquay)
Swansea City FC (Swansea)	1-0, 1-1	Rotherham United FC (Rotherham)
Torquay United FC (Torquay)	2-1, 1-1	Scunthorpe United FC (Scunthorpe)

Football League Division 4 1987-88 Season	Bolton Wanderers	Burnley	Cambridge	Cardiff City	Carlisle United	Colchester United	Crewe Alexandra	Darlington	Exeter City	Halifax Town	Hartlepool	Hereford United	Leyton Orient	Newport County	Peterborough Utd.	Rochdale	Scarborough	Scunthorpe United	Stockport County	Swansea City	Torquay United	Tranmere Rovers	Wolves	Wrexham
Bolton Wanderers FC		2-1	2-2	1-0	5-0	4-0	1-1	1-1	1-0	2-0	1-2	1-0	1-0	6-0	2-0	0-0	3-1	0-0	2-1	1-1	1-2	2-0	1-0	2-0
Burnley FC	2-1		0-2	1-2	4-3	0-3	0-0	2-1	3-0	3-1	1-0	0-0	2-0	2-0	1-2	4-0	0-1	1-1	1-1	1-0	1-0	1-1	0-3	1-0
Cambridge United FC	2-2	2-0		0-0	1-2	0-1	4-1	1-0	2-1	2-1	1-1	0-1	2-0	4-0	1-3	1-2	1-0	3-3	2-0	0-3	1-0	1-1	1-1	0-1
Cardiff City AFC	1-0	2-1	4-0		4-2	1-0	2-0	3-1	3-2	0-0	1-1	0-1	1-1	4-0	0-0	1-0	2-0	0-1	0-0	1-0	2-1	3-0	3-2	1-1
Carlisle United FC	0-2	3-4	2-1	0-0		4-0	0-1	3-3	0-0	1-1	1-3	3-1	1-2	3-1	0-2	2-0	4-0	3-1	2-0	0-1	3-3	3-2	0-1	0-4
Colchester United FC	3-0	0-1	0-0	2-1	1-0		1-4	2-1	0-2	2-1	0-0	1-0	0-0	0-0	4-1	1-0	1-3	0-3	2-0	2-1	0-1	0-0	0-1	1-2
Crewe Alexandra FC	2-1	0-1	0-0	0-0	4-1	0-0		3-1	0-0	0-0	1-1	0-0	3-3	2-1	0-1	0-1	1-0	2-2	3-1	2-2	0-1	0-0	0-2	2-0
Darlington FC	1-0	4-2	0-1	0-0	2-1	2-0	1-0		4-1	4-1	1-1	3-1	2-2	0-2	2-1	2-1	2-1	1-4	1-2	2-0	1-1	0-0	2-2	2-1
Exeter City FC	1-1	1-2	3-0	0-1	1-1	0-2	3-1	4-1		1-2	1-0	2-2	2-3	3-0	0-1	1-1	1-0	1-1	2-1	3-1	0-1	0-1	2-4	1-1
Halifax Town AFC	0-0	2-1	1-1	0-1	1-1	1-2	1-2	2-2	2-0		3-1	2-1	1-0	3-1	0-0	1-2	2-2	2-2	2-0	3-1	2-3	2-1	2-1	2-0
Hartlepool United FC	0-0	2-1	2-1	0-1	0-0	3-1	2-1	2-5	3-1	2-1		1-2	2-2	0-0	0-1	1-1	1-0	1-0	1-3	0-2	0-0	1-2	0-0	1-0
Hereford United FC	0-3	2-1	1-0	1-2	2-0	1-0	1-1	1-0	1-1	2-1	4-2		0-3	4-2	0-1	0-0	1-1	2-3	0-1	0-0	0-0	1-1	1-2	0-2
Leyton Orient FC	1-2	4-1	0-2	4-1	4-1	0-0	1-1	4-3	2-3	4-1	0-2	4-0		4-1	2-0	8-0	3-1	1-1	1-1	3-0	0-2	3-1	0-2	2-1
Newport County FC	0-1	0-1	0-0	1-2	1-2	1-2	1-2	2-1	1-1	1-0	2-3	0-0	0-0		0-4	0-1	0-4	1-1	1-2	1-2	3-1	0-3	1-3	2-0
Peterborough United	0-4	5-0	1-0	4-3	1-0	2-0	0-4	1-2	2-1	1-0	0-1	1-2	1-2	3-0		1-1	0-0	1-1	0-0	0-1	0-2	2-1	1-1	1-0
Rochdale AFC	2-2	2-1	2-1	2-2	1-2	1-4	2-2	1-3	0-0	0-0	0-2	3-1	1-3	3-0	1-1		1-1	2-1	0-1	2-3	1-1	0-0	0-1	1-2
Scarborough FC	4-0	1-0	0-0	1-1	3-1	3-1	2-0	0-1	3-1	1-1	1-1	2-1	3-1	3-1	1-1	2-1		0-0	1-1	2-0	1-2	2-0	2-2	0-2
Scunthorpe United	1-1	1-1	3-2	2-1	1-0	2-2	2-1	1-0	1-1	1-0	3-0	3-0	3-2	3-1	5-0	1-0	0-1		0-0	1-2	2-3	3-0	0-1	3-1
Stockport County FC	1-2	2-0	0-2	0-1	3-0	1-1	1-1	1-1	2-1	1-0	1-0	0-2	1-2	5-1	0-1	1-1	1-1	1-1		0-2	2-1	1-2	0-2	1-1
Swansea City FC	1-0	0-0	1-1	2-2	3-1	1-2	2-4	3-0	0-2	1-1	2-1	3-0	3-0	1-2	2-1	0-3	3-0	1-1	1-1		1-1	1-2	1-2	2-1
Torquay United FC	2-1	1-3	0-1	2-0	1-0	0-0	1-0	0-0	1-1	1-2	1-1	1-0	1-1	6-1	0-0	5-0	0-1	1-2	3-0	0-1		1-0	0-0	6-1
Tranmere Rovers FC	2-0	0-1	0-1	0-1	3-0	0-2	2-2	2-1	2-1	2-0	3-1	0-1	2-1	4-0	3-1	6-1	1-0	1-3	4-0	1-2	1-1		3-0	1-0
Wolverhampton W.	4-0	3-0	3-0	1-4	3-1	2-0	2-2	5-3	3-0	0-1	2-0	2-0	2-0	2-1	0-1	2-0	0-0	4-1	1-1	2-0	1-2	3-0		0-2
Wrexham AFC	0-1	1-3	3-0	3-0	4-0	0-1	2-1	0-1	3-0	2-2	2-1	0-0	2-2	4-1	3-1	2-3	1-0	2-1	2-1	1-2	2-3	3-0	4-2	

	Division 4	Pd	Wn	Dw	Ls	GF	GA	Pts	
1.	Wolverhampton Wanderers FC (Wolverhampton)	46	27	9	10	82	43	90	P
2.	Cardiff City AFC (Cardiff)	46	24	13	9	66	41	85	P
3.	Bolton Wanderers FC (Bolton)	46	22	12	12	66	42	78	P
4.	Scunthorpe United FC (Scunthorpe)	46	20	17	9	76	51	77	PO
5.	Torquay United FC (Torquay)	46	21	14	11	66	41	77	PO
6.	Swansea City FC (Swansea)	46	20	10	16	62	56	70	POP
7.	Peterborough United FC (Peterborough)	46	20	10	16	52	53	70	
8.	Leyton Orient FC (London)	46	19	12	15	85	63	69	
9.	Colchester United FC (Colchester)	46	19	10	17	47	51	67	
10.	Burnley FC (Burnley)	46	20	7	19	57	62	67	
11.	Wrexham AFC (Wrexham)	46	20	6	20	69	58	66	
12.	Scarborough FC (Scarborough)	46	17	14	15	56	48	65	
13.	Darlington FC (Darlington)	46	18	11	17	71	69	65	
14.	Tranmere Rovers FC (Birkenhead)	46	19	9	18	61	53	64	-2
15.	Cambridge United FC (Cambridge)	46	16	13	17	50	52	61	
16.	Hartlepool United FC (Hartlepool)	46	15	14	17	50	57	59	
17.	Crewe Alexandra FC (Crewe)	46	13	19	14	57	53	58	
18.	Halifax Town AFC (Halifax)	46	14	14	18	54	59	55	-1
19.	Hereford United FC (Hereford)	46	14	12	20	41	59	54	
20.	Stockport County FC (Stockport)	46	12	15	19	44	58	51	
21.	Rochdale AFC (Rochdale)	46	11	15	20	47	76	48	
22.	Exeter City FC (Exeter)	46	11	13	22	53	68	46	
23.	Carlisle United FC (Carlisle)	46	12	8	26	57	86	44	
24.	Newport County AFC (Newport)	46	6	7	33	35	105	25	R
		1104	410	284	410	1404	1404	1511	

Promoted to Division 4: Lincoln City FC (Lincoln)

Note: Halifax Town AFC (Halifax) had 1 point deducted for fielding an unregistered player. Tranmere Rovers FC (Birkenhead) had 2 points deducted for failing to meet a fixture on a set date.

F.A. CUP FINAL (Wembley Stadium, London – 14/05/1988 – 98,203)

WIMBLEDON FC (LONDON)	1-0	Liverpool FC (Liverpool)

Sanchez 36'

Wimbledon: Beasant, Goodyear, Phelan, Jones, Young, Thorn, Gibson (Soales 64'), Cork (Cunningham 55'), Fashanu, Sanchez, Wise.

Liverpool: Grobbelaar, Gillespie, Ablett, Nicol, Spackman (Mølby 72'), Hansen, Beardsley, Aldridge (Johnston 64'), Houghton, Barnes, McMahon.

Semi-finals

Liverpool FC (Liverpool)	2-1	Nottingham Forest FC (Nottingham)
Luton Town FC (Luton)	1-2	Wimbledon FC (London)

Quarter-finals

Arsenal FC (London)	1-2	Nottingham Forest FC (Nottingham)
Luton Town FC (Luton)	3-1	Portsmouth FC (Portsmouth)
Manchester City FC (Manchester)	0-4	Liverpool FC (Liverpool)
Wimbledon FC (London)	2-1	Watford FC (Watford)

1988-89

Football League Division 1 1988-89 Season	Arsenal	Aston Villa	Charlton Athletic	Coventry City	Derby County	Everton	Liverpool	Luton Town	Manchester United	Middlesbrough	Millwall	Newcastle United	Norwich City	Nottingham Forest	Q.P.R.	Sheffield Wednesday	Southampton	Tottenham Hotspur	West Ham United	Wimbledon
Arsenal FC		2-3	2-2	2-0	1-2	2-0	1-1	2-0	2-1	3-0	0-0	1-0	5-0	1-3	2-1	1-1	2-2	2-0	2-1	2-2
Aston Villa FC	0-3		1-2	1-1	1-2	2-0	1-1	2-1	0-0	1-1	2-2	3-1	3-1	1-1	2-1	2-0	1-2	2-1	0-1	0-1
Charlton Athletic FC	2-3	2-2		0-0	3-0	1-2	0-3	3-0	1-0	2-0	0-3	2-2	1-2	0-1	1-1	2-1	2-2	2-2	0-0	1-0
Coventry City FC	1-0	2-1	3-0		0-2	0-1	1-3	1-0	1-0	3-4	0-0	1-2	2-1	2-2	0-3	5-0	2-1	1-1	1-1	2-1
Derby County FC	2-1	2-1	0-0	1-0		3-2	0-1	0-1	2-2	1-0	0-1	2-0	0-1	0-2	0-1	1-0	3-1	1-1	1-2	4-1
Everton FC	1-3	1-1	3-2	3-1	1-0		0-0	0-2	1-1	2-1	1-1	4-0	1-1	1-1	4-1	1-0	4-1	1-0	3-1	1-1
Liverpool FC	0-2	1-0	2-0	0-0	1-0	1-1		5-0	1-0	3-0	1-1	1-2	0-1	1-0	2-0	5-1	2-0	1-1	5-1	1-1
Luton Town FC	1-1	1-1	5-2	2-2	3-0	1-0	1-0		0-2	1-0	1-2	0-0	1-0	2-3	0-0	0-1	6-1	1-3	4-1	2-2
Manchester United FC	1-1	1-1	3-0	0-1	0-2	1-2	3-1	2-0		1-0	3-0	2-0	1-2	2-0	0-0	1-1	2-2	1-0	2-0	1-0
Middlesbrough FC	0-1	3-3	0-0	1-1	0-1	3-3	0-4	2-1	1-0		4-2	1-1	2-3	3-4	1-0	0-1	3-3	2-2	1-0	1-0
Millwall FC	1-2	2-0	1-0	1-0	1-0	2-1	1-2	3-1	0-0	2-0		4-0	2-3	2-2	3-2	1-0	1-1	0-5	0-1	0-1
Newcastle United FC	0-1	1-2	0-2	0-3	0-1	2-0	2-2	0-0	0-0	3-0	1-1		0-2	0-1	1-2	1-3	3-3	2-2	1-2	2-1
Norwich City FC	0-0	2-2	1-3	1-2	1-0	1-0	0-1	2-2	2-1	0-0	2-2	0-2		2-1	1-0	1-1	1-1	3-1	2-1	1-0
Nottingham Forest FC	1-4	4-0	4-0	0-0	1-1	2-0	2-1	0-0	2-0	2-2	4-1	1-1	2-0		0-0	1-1	3-0	1-2	1-2	0-1
Queen's Park Rangers FC	0-0	1-0	1-0	2-1	0-1	0-0	0-1	1-1	3-2	0-0	1-2	3-0	1-1	1-2		2-0	0-1	1-0	2-1	4-3
Sheffield Wednesday FC	2-1	1-0	3-1	1-2	1-1	1-1	2-2	1-0	0-2	1-0	3-0	1-2	2-2	0-3	0-2		1-1	0-2	0-2	1-1
Southampton FC	1-3	3-1	2-0	2-2	0-0	1-1	1-3	2-1	2-1	1-3	2-2	1-0	0-0	1-1	1-4	1-2		0-2	4-0	0-0
Tottenham Hotspur FC	2-3	2-0	1-1	1-1	1-3	2-1	1-2	0-0	2-2	3-2	2-0	2-0	2-1	1-2	2-2	0-0	1-2		3-0	3-2
West Ham United FC	1-4	2-2	1-3	1-1	1-1	0-1	0-2	1-0	1-3	1-2	3-0	2-0	0-2	3-3	0-0	0-0	1-2	0-2		1-2
Wimbledon FC	1-5	1-0	1-1	0-1	4-0	2-1	1-2	4-0	1-1	1-1	1-0	4-0	0-2	4-1	1-0	1-0	2-1	1-2	0-1	

	Division 1	Pd	Wn	Dw	Ls	GF	GA	Pts	
1.	ARSENAL FC (LONDON)	38	22	10	6	73	36	76	
2.	Liverpool FC (Liverpool)	38	22	10	6	65	28	76	
3.	Nottingham Forest FC (Nottingham)	38	17	13	8	64	43	64	
4.	Norwich City FC (Norwich)	38	17	11	10	48	45	62	
5.	Derby County FC (Derby)	38	17	7	14	40	38	58	
6.	Tottenham Hotspur FC (London)	38	15	12	11	60	46	57	
7.	Coventry City FC (Coventry)	38	14	13	11	47	42	55	
8.	Everton FC (Liverpool)	38	14	12	12	50	45	54	
9.	Queen's Park Rangers FC (London)	38	14	11	13	43	37	53	
10.	Millwall FC (London)	38	14	11	13	47	52	53	
11.	Manchester United FC (Manchester)	38	13	12	13	45	35	51	
12.	Wimbledon FC (London)	38	14	9	15	50	46	51	
13.	Southampton FC (Southampton)	38	10	15	13	52	66	45	
14.	Charlton Athletic FC (London)	38	10	12	16	44	58	42	
15.	Sheffield Wednesday FC (Sheffield)	38	10	12	16	34	51	42	
16.	Luton Town FC (Luton)	38	10	11	17	42	52	41	
17.	Aston Villa FC (Birmingham)	38	9	13	16	45	56	40	
18.	Middlesbrough FC (Middlesbrough)	38	9	12	17	44	61	39	R
19.	West Ham United FC (London)	38	10	8	20	37	62	38	R
20.	Newcastle United FC (Newcastle upon Tyne)	38	7	10	21	32	63	31	R
		760	268	224	268	962	962	1028	

Top Goalscorers

1)	Alan SMITH	(Arsenal FC)	23
2)	John ALDRIDGE	(Liverpool FC)	21
3)	Bernard SLAVEN	(Middlesbrough FC)	15

Football League Division 2 1988-89 Season	Barnsley	Birmingham City	Blackburn Rovers	Bournemouth	Bradford City	Brighton & H.A.	Chelsea	Crystal Palace	Hull City	Ipswich Town	Leeds United	Leicester City	Manchester City	Oldham Athletic	Oxford United	Plymouth Argyle	Portsmouth	Shrewsbury Town	Stoke City	Sunderland	Swindon Town	Walsall	Watford	W.B.A.
Barnsley FC		0-0	0-1	5-2	0-0	2-2	1-1	1-1	0-2	2-0	2-2	3-0	1-2	4-3	1-0	3-1	1-0	1-0	1-0	3-0	1-1	1-0	2-2	2-1
Birmingham City FC	3-5		2-0	0-1	1-0	1-2	1-4	0-1	1-0	1-0	0-0	2-3	0-2	0-0	0-0	0-1	0-0	1-2	0-1	3-2	1-2	1-0	2-3	1-4
Blackburn Rovers FC	2-1	3-0		2-0	2-1	2-1	1-1	5-4	4-0	1-0	2-0	0-0	4-0	3-1	3-1	1-2	3-1	0-1	4-3	2-2	0-0	3-0	2-1	1-2
AFC Bournemouth	3-2	0-1	2-1		3-0	2-1	1-0	2-0	5-1	1-0	0-0	2-1	0-1	2-2	2-1	0-0	1-0	0-1	0-1	0-1	2-3	2-1	0-1	2-1
Bradford City AFC	1-2	2-2	1-1	0-1		0-1	2-2	0-1	1-1	2-2	1-1	2-1	1-1	2-0	0-0	1-1	2-1	1-0	0-0	1-0	2-2	3-1	2-1	2-0
Brighton & Hove Alb.	0-1	4-0	3-0	1-2	1-3		0-1	3-1	1-1	0-1	2-1	1-1	2-1	2-0	2-1	2-2	2-1	3-1	1-1	3-0	0-2	2-2	1-0	0-1
Chelsea FC	5-3	3-1	1-2	2-0	3-1	2-0		1-0	2-1	3-0	1-0	2-1	1-3	2-2	1-1	5-0	3-3	2-0	2-1	1-1	3-2	2-0	2-2	1-1
Crystal Palace FC	1-1	4-1	2-2	2-3	2-0	2-1	1-1		3-1	2-0	0-0	4-2	0-0	2-0	1-0	4-1	2-0	1-1	1-0	1-0	2-1	4-0	0-2	1-0
Hull City AFC	0-0	1-1	1-3	4-0	1-1	5-2	3-0	0-1		1-1	1-2	2-2	1-0	1-1	1-2	3-0	1-1	3-0	1-4	0-0	1-0	0-0	0-3	0-1
Ipswich Town FC	2-0	4-0	2-0	3-1	1-1	2-3	0-1	1-2	1-1		0-1	2-0	1-0	2-1	1-2	2-2	0-1	2-0	5-1	2-0	1-2	3-1	3-2	2-1
Leeds United AFC	2-0	1-0	2-0	3-0	3-3	1-0	0-2	1-2	2-1	2-4		1-1	1-1	0-0	1-1	2-0	1-0	2-3	4-0	2-0	0-0	1-0	0-1	2-1
Leicester City FC	0-1	2-0	4-0	0-1	1-0	1-0	2-0	2-2	0-2	0-1	1-2		0-0	1-2	1-0	1-0	2-1	1-1	2-0	3-1	3-3	1-0	2-2	1-1
Manchester City FC	1-2	0-0	1-0	3-3	4-0	2-1	2-3	1-1	4-1	4-0	0-0	4-2		1-4	2-1	2-0	4-1	2-2	2-1	1-1	2-1	2-2	3-1	1-1
Oldham Athletic AFC	1-1	4-0	1-1	2-0	1-1	2-1	1-4	2-3	2-2	4-0	2-2	1-1	0-1		3-0	2-2	5-3	3-0	2-2	2-2	2-2	3-0	3-1	1-3
Oxford United FC	2-0	3-0	1-1	3-1	3-4	3-2	2-3	1-0	1-0	1-1	3-2	1-1	2-4	1-1		0-1	1-0	4-1	3-2	2-4	1-1	1-0	0-4	1-1
Plymouth Argyle FC	1-2	0-1	4-3	1-1	3-1	3-0	0-1	0-2	2-0	0-1	1-0	1-1	0-1	3-0	3-1		0-1	0-0	4-0	1-4	4-1	2-0	1-0	1-1
Portsmouth FC	3-0	1-0	1-2	2-1	1-2	2-0	2-3	1-1	1-3	0-1	4-0	3-0	0-1	1-1	2-1	2-0		2-0	0-0	2-0	0-2	1-1	2-2	0-0
Shrewsbury Town	2-3	0-0	1-1	1-0	1-3	1-1	1-1	2-1	1-3	1-5	3-3	3-0	0-1	0-0	2-2	2-0	1-2		1-2	0-0	0-1	0-0	1-1	1-1
Stoke City FC	1-1	1-0	0-1	2-1	2-1	2-2	0-3	2-1	4-0	1-1	2-3	2-2	3-1	0-0	1-0	2-2	2-2	0-0		2-0	2-1	0-3	2-0	0-0
Sunderland AFC	1-0	2-2	2-0	1-1	0-0	1-0	1-2	1-1	2-0	4-0	2-1	2-2	2-4	3-2	1-0	2-1	4-0	2-1	1-1		4-0	0-3	1-1	1-1
Swindon Town FC	0-0	2-1	1-1	3-1	1-0	3-0	1-1	1-0	1-0	2-3	0-0	2-1	1-2	2-2	3-0	1-0	1-1	1-0	3-0	4-1		1-0	1-1	0-0
Walsall FC	1-3	5-0	1-2	1-1	0-1	1-0	0-7	0-0	1-1	2-4	0-3	0-1	3-3	2-2	1-5	2-2	1-1	1-1	1-2	2-0	2-2		0-1	0-0
Watford FC	4-0	1-0	2-2	1-0	2-0	1-1	1-2	0-1	2-0	3-2	1-1	2-1	1-0	3-1	1-1	3-0	1-0	0-0	3-2	0-1	2-3	5-0		2-0
West Bromwich Alb.	1-1	0-0	2-0	0-0	1-0	1-0	2-3	5-3	2-0	1-2	2-1	1-1	1-0	3-1	3-2	2-2	3-0	4-0	6-0	0-0	3-1	0-0	0-1	

	Division 2	Pd	Wn	Dw	Ls	GF	GA	Pts	
1.	Chelsea FC (London)	46	29	12	5	96	50	99	P
2.	Manchester City FC (Manchester)	46	23	13	10	77	53	82	P
3.	Crystal Palace FC (London)	46	23	12	11	71	49	81	POP
4.	Watford FC (Watford)	46	22	12	12	74	48	78	PO
5.	Blackburn Rovers FC (Blackburn)	46	22	11	13	74	59	77	PO
6.	Swindon Town FC (Swindon)	46	20	16	10	68	53	76	PO
7.	Barnsley FC (Barnsley)	46	20	14	12	66	58	74	
8.	Ipswich Town FC (Ipswich)	46	22	7	17	71	61	73	
9.	West Bromwich Albion FC (West Bromwich)	46	18	18	10	65	41	72	
10.	Leeds United AFC (Leeds)	46	17	16	13	59	50	67	
11.	Sunderland AFC (Sunderland)	46	16	15	15	60	60	63	
12.	AFC Bournemouth (Bournemouth)	46	18	8	20	53	62	62	
13.	Stoke City FC (Stoke-on-Trent)	46	15	14	17	57	72	59	
14.	Bradford City AFC (Bradford)	46	13	17	16	52	59	56	
15.	Leicester City FC (Leicester)	46	13	16	17	56	63	55	
16.	Oldham Athletic AFC (Oldham)	46	11	21	14	75	72	54	
17.	Oxford United FC (Oxford)	46	14	12	20	62	70	54	
18.	Plymouth Argyle FC (Plymouth)	46	14	12	20	55	66	54	
19.	Brighton & Hove Albion FC (Hove)	46	14	9	23	57	66	51	
20.	Portsmouth FC (Portsmouth)	46	13	12	21	53	62	51	
21.	Hull City AFC (Kingston upon Hull)	46	11	14	21	52	68	47	
22.	Shrewsbury Town FC (Shrewsbury)	46	8	18	20	40	67	42	R
23.	Birmingham City FC (Birmingham)	46	8	11	27	31	76	35	R
24.	Walsall FC (Walsall)	46	5	16	25	41	80	31	R
		1104	389	326	389	1465	1465	1493	

Promotion Play-offs

Blackburn Rovers FC (Blackburn)	3-1, 0-3 (aet)	Crystal Palace FC (London)
Blackburn Rovers FC (Blackburn)	0-0, 1-1	Watford FC (Watford)
	(Blackburn Rovers FC won on the away goals rule)	
Swindon Town FC (Swindon)	1-0, 0-2	Crystal Palace FC (London)

Football League Division 3 1988-89 Season	Aldershot Town	Blackpool	Bolton Wanderers	Brentford	Bristol City	Bristol Rovers	Bury	Cardiff City	Chester City	Chesterfield	Fulham	Gillingham	Huddersfield Town	Mansfield Town	Northampton Town	Notts County	Port Vale	Preston North End	Reading	Sheffield United	Southend United	Swansea City	Wigan Athletic	Wolverhampton Wanderers
Aldershot Town FC		1-0	0-3	0-0	0-1	1-3	4-1	0-1	1-1	2-0	1-2	0-2	0-1	0-0	5-1	2-3	2-2	2-1	1-1	1-0	2-2	0-1	3-1	1-2
Blackpool FC	4-0		2-0	0-3	2-2	1-1	2-2	1-0	1-1	1-2	0-1	4-1	2-1	1-1	3-1	0-1	3-2	1-0	2-4	1-2	3-2	0-0	2-0	0-2
Bolton Wanderers FC	1-0	2-2		4-2	2-0	1-1	2-4	4-0	0-1	5-0	3-2	2-1	3-1	0-0	2-1	3-3	1-1	1-0	1-1	2-0	0-0	1-0	1-1	1-2
Brentford FC	2-1	1-0	3-0		3-0	2-1	2-2	1-1	0-1	1-0	0-1	1-0	1-0	1-0	2-0	2-1	2-1	0-2	3-2	1-4	4-0	1-1	1-1	2-2
Bristol City FC	1-1	1-2	1-1	0-1		0-1	3-0	2-0	0-1	4-0	1-5	1-0	6-1	2-0	3-1	0-4	0-1	1-1	2-1	2-0	0-2	2-0	0-1	0-1
Bristol Rovers FC	2-2	1-0	2-0	1-2	1-1		1-3	0-1	4-1	2-1	0-0	2-0	5-1	0-0	1-1	2-0	2-2	1-0	1-1	1-1	1-1	1-1	3-2	0-0
Bury FC	0-1	0-0	0-0	3-1	2-1	0-0		1-0	2-1	2-1	3-1	1-0	0-6	0-1	0-1	1-1	0-0	1-1	2-1	1-2	3-1	1-0	1-1	3-1
Cardiff City AFC	3-2	0-0	1-0	1-0	1-1	2-2	3-0		2-0	0-1	1-2	1-0	3-0	0-0	1-0	0-1	3-0	0-0	1-2	0-0	2-0	2-2	2-2	1-1
Chester City FC	1-1	1-1	0-0	3-2	2-0	0-2	2-0	0-0		3-1	7-0	2-0	3-0	0-0	2-1	1-0	1-2	0-1	3-0	0-1	2-4	3-1	1-0	1-1
Chesterfield FC	2-1	0-2	1-1	2-2	1-0	0-3	1-2	4-0	1-2		4-1	3-1	0-0	1-3	1-1	3-0	1-2	0-3	2-4	2-1	2-1	2-0	1-1	0-3
Fulham FC	5-1	1-1	1-1	3-3	3-1	0-2	1-0	2-0	4-1	2-1		1-2	1-2	1-1	3-2	2-1	1-2	2-1	2-1	2-2	1-0	1-0	1-1	2-2
Gillingham FC	1-1	1-0	0-1	0-0	0-1	2-3	3-4	1-2	0-2	0-1	0-1		1-2	3-0	1-0	2-1	1-0	1-3	0-1	2-1	1-1	2-3	2-1	1-3
Huddersfield Town	2-1	1-1	0-1	1-2	0-1	2-3	3-2	1-0	3-1	1-1	2-0	1-1		2-0	1-2	3-1	0-0	2-0	2-2	3-2	3-2	1-1	1-1	0-0
Mansfield Town FC	1-1	0-1	1-1	1-0	2-2	2-1	1-1	2-2	2-0	3-1	3-1	2-1	1-0		1-1	1-1	0-1	0-3	2-1	0-1	4-0	0-0	0-1	3-1
Northampton Town	6-0	4-2	2-3	1-0	1-3	1-2	2-0	3-0	0-2	3-0	2-1	1-2	1-3	2-1		1-3	1-3	1-0	1-3	1-2	2-2	1-0	1-1	3-1
Notts County FC	4-1	1-1	2-0	3-0	0-0	1-0	3-0	2-0	2-2	4-0	0-1	1-2	3-0	2-1	0-1		1-4	0-0	3-3	1-4	1-1	1-0	1-0	1-1
Port Vale FC	3-0	1-0	2-1	3-2	0-1	1-0	1-3	6-1	1-2	5-0	3-0	2-1	2-0	1-2	1-2	1-0		1-1	3-0	3-3	2-0	2-1	2-1	0-0
Preston North End	2-2	1-0	3-1	5-3	2-0	1-1	1-0	3-3	3-3	6-0	1-4	5-0	1-0	2-0	3-2	3-0	1-3		2-1	2-0	3-2	1-1	2-2	3-3
Reading FC	3-1	2-1	1-1	2-2	1-2	3-1	1-1	3-1	3-1	0-0	0-1	1-2	2-1	1-0	1-1	1-3	3-0	2-2		1-3	4-0	2-0	0-3	0-2
Sheffield United FC	1-0	4-1	4-0	2-2	3-0	4-1	2-1	0-1	6-1	1-3	1-0	4-2	5-2	1-2	4-0	1-1	0-0	3-1	1-0		1-2	5-1	2-1	2-0
Southend United FC	1-1	2-1	2-0	1-1	1-2	2-2	1-1	0-0	1-0	3-1	0-0	2-1	2-4	1-1	2-1	1-1	1-1	2-1	2-1	2-1		0-2	1-2	3-1
Swansea City FC	1-0	1-2	1-0	1-1	1-1	1-2	1-1	1-1	1-1	2-0	2-0	3-2	1-0	3-1	1-0	2-0	0-0	1-1	2-0	2-2	2-0		1-2	2-5
Wigan Athletic AFC	2-1	2-1	1-1	1-1	0-1	3-0	1-0	1-0	3-0	0-2	0-1	3-0	0-2	0-0	1-3	0-1	0-2	1-1	3-0	1-2	3-0	1-2		1-1
Wolverhampton W.	1-0	2-1	1-0	2-0	2-0	0-1	4-0	2-0	3-1	1-0	5-2	6-1	4-1	6-2	3-2	0-0	3-3	6-0	2-1	2-2	3-0	1-1	2-1	

	Division 3	Pd	Wn	Dw	Ls	GF	GA	Pts	
1.	Wolverhampton Wanderers FC (Wolverhampton)	46	26	14	6	96	49	92	P
2.	Sheffield United FC (Sheffield)	46	25	9	12	93	54	84	P
3.	Port Vale FC (Stoke-on-Trent)	46	24	12	10	78	48	84	POP
4.	Fulham FC (London)	46	22	9	15	69	67	75	PO
5.	Bristol Rovers FC (Bristol)	46	19	17	10	67	51	74	PO
6.	Preston North End FC (Preston)	46	19	15	12	79	60	72	PO
7.	Brentford FC (London)	46	18	14	14	66	61	68	
8.	Chester City FC (Chester)	46	19	11	16	64	61	68	
9.	Notts County FC (Nottingham)	46	18	13	15	64	54	67	
10.	Bolton Wanderers FC (Bolton)	46	16	16	14	58	54	64	
11.	Bristol City FC (Bristol)	46	18	9	19	53	55	63	
12.	Swansea City FC (Swansea)	46	15	16	15	51	53	61	
13.	Bury FC (Bury)	46	16	13	17	55	67	61	
14.	Huddersfield Town AFC (Huddersfield)	46	17	9	20	63	73	60	
15.	Mansfield Town FC (Mansfield)	46	14	17	15	48	52	59	
16.	Cardiff City AFC (Cardiff)	46	14	15	17	44	56	57	
17.	Wigan Athletic AFC (Wigan)	46	14	14	18	55	53	56	
18.	Reading FC (Reading)	46	15	11	20	68	72	56	
19.	Blackpool FC (Blackpool)	46	14	13	19	56	59	55	
20.	Northampton Town FC (Northampton)	46	16	6	24	66	76	54	
21.	Southend United FC (Southend-on-Sea)	46	13	15	18	56	75	54	R
22.	Chesterfield FC (Chesterfield)	46	14	7	25	51	86	49	R
23.	Gillingham FC (Gillingham)	46	12	4	30	47	81	40	R
24.	Aldershot FC (Aldershot)	46	8	13	25	48	78	37	R
		1104	406	292	406	1495	1495	1510	

Promotion Play-offs

Bristol Rovers FC (Bristol)	1-1, 0-1	Port Vale FC (Stoke-on-Trent)
Bristol Rovers FC (Bristol)	1-0, 4-0	Fulham FC (London)
Preston North End FC (Preston)	1-1, 1-3	Port Vale FC (Stoke-on-Trent)

Football League Division 4 1988-89 Season	Burnley	Cambridge	Carlisle United	Colchester United	Crewe Alexandra	Darlington	Doncaster Rovers	Exeter City	Grimsby Town	Halifax Town	Hartlepool	Hereford United	Leyton Orient	Lincoln City	Peterborough Utd.	Rochdale	Rotherham United	Scarborough	Scunthorpe United	Stockport County	Torquay United	Tranmere Rovers	Wrexham	York City
Burnley FC		2-0	0-0	2-0	1-0	0-1	3-0	3-0	1-0	2-1	0-0	3-3	2-2	1-4	1-1	2-1	1-0	0-1	0-1	1-0	1-0	2-2	1-3	6-0
Cambridge United FC	2-1		3-2	3-1	1-1	1-3	0-0	2-0	4-1	2-1	6-0	2-1	2-2	2-3	2-1	2-0	1-1	2-2	0-3	1-0	3-0	1-1	2-0	1-1
Carlisle United FC	0-0	1-1		1-2	0-1	1-2	0-1	1-0	2-1	3-1	2-1	3-0	2-1	2-1	2-2	1-0	0-2	0-1	0-3	1-1	2-1	1-1	1-2	0-0
Colchester United FC	2-2	1-2	1-1		2-1	1-2	0-1	4-0	0-0	3-2	1-2	1-1	1-0	1-3	1-2	3-0	1-1	3-1	1-2	1-1	2-2	2-3	2-1	1-0
Crewe Alexandra FC	4-0	2-0	1-0	3-1		2-0	0-2	2-1	2-2	2-2	3-0	2-1	2-1	2-0	1-1	3-1	1-3	1-1	3-2	1-1	0-0	2-1	2-2	1-2
Darlington FC	1-1	1-1	2-3	1-2	1-1		1-3	2-2	1-1	0-2	0-0	0-0	1-3	2-1	2-2	1-2	1-1	2-1	3-3	1-4	0-0	1-2	2-1	2-2
Doncaster Rovers FC	1-0	1-1	1-3	3-1	0-1	1-0		2-1	2-3	1-4	1-0	3-2	1-0	0-1	2-3	1-1	1-0	3-1	2-2	2-2	1-2	0-0	2-2	1-2
Exeter City FC	3-0	0-3	3-0	4-2	1-2	2-1	3-0		2-1	4-1	2-1	3-1	1-1	0-1	3-1	5-1	0-0	1-0	2-2	2-2	3-0	0-1	0-2	2-0
Grimsby Town FC	1-0	4-0	0-0	2-2	0-0	0-0	5-0	2-1		3-2	3-0	1-1	2-2	1-0	0-0	1-3	0-4	2-1	1-1	2-0	1-0	0-0	0-1	2-0
Halifax Town AFC	1-2	0-0	3-3	3-2	0-1	1-0	2-0	0-3	2-1		1-0	2-2	2-2	0-1	5-0	4-1	1-1	0-2	5-1	2-2	2-0	2-3	4-0	0-0
Hartlepool United FC	2-2	3-2	0-2	2-1	0-3	2-1	2-1	2-2	2-1	2-0		1-1	1-0	3-2	2-1	0-1	1-1	3-1	0-2	2-2	0-1	2-2	1-3	0-1
Hereford United FC	0-0	4-2	2-1	1-1	0-1	1-1	3-1	1-0	2-1	3-1	2-0		1-1	3-2	4-0	4-4	1-1	1-3	1-2	2-1	1-1	2-1	0-0	1-2
Leyton Orient FC	3-0	1-1	2-0	8-0	0-0	1-0	4-0	4-0	5-0	2-0	4-3	1-3		3-1	1-2	3-0	3-1	2-3	4-1	1-2	3-1	2-0	0-1	4-0
Lincoln City FC	2-3	3-0	0-2	1-1	2-2	3-2	3-1	2-0	2-2	2-1	0-1	2-0	0-1		1-1	4-1	0-1	2-2	1-0	0-0	1-0	2-1	4-3	2-1
Peterborough United	3-0	1-5	1-4	3-0	3-2	1-1	2-0	0-1	1-2	2-1	0-1	2-1	0-1	1-1		1-0	0-3	1-4	1-2	1-0	3-1	1-1	1-0	0-1
Rochdale AFC	2-1	2-1	0-0	1-1	2-1	2-2	2-0	2-1	0-2	1-1	0-0	2-2	0-3	2-2	0-0		0-2	2-1	1-0	1-1	2-1	3-1	3-3	2-0
Rotherham United	3-1	0-0	2-1	2-0	1-2	1-2	3-0	0-1	1-0	2-0	4-0	6-0	4-1	2-0	1-1	3-1		1-1	3-3	2-1	1-0	0-0	2-2	0-1
Scarborough FC	1-0	2-1	0-1	0-0	2-1	3-2	2-0	2-1	2-3	3-1	2-0	0-2	0-0	1-1	2-1	3-3	1-0		1-0	1-1	5-2	0-0	0-3	0-0
Scunthorpe United	2-1	1-0	1-1	2-3	2-2	5-1	2-1	2-0	1-1	0-0	1-1	3-1	2-2	0-0	3-0	4-0	0-0	0-3		1-1	1-0	0-1	3-1	4-2
Stockport County	0-0	0-0	1-1	1-0	0-1	0-0	2-0	4-0	3-1	1-1	3-0	1-2	0-0	1-0	1-2	3-0	1-3	2-2	1-2		0-0	1-1	2-2	3-2
Torquay United FC	2-0	3-1	1-0	1-3	2-1	1-0	3-2	0-4	2-2	0-2	2-0	1-0	3-0	1-0	1-0	1-0	1-2	0-1	0-2	2-1		3-2	0-0	2-0
Tranmere Rovers FC	2-1	1-2	0-0	0-0	1-1	2-0	2-2	2-0	3-2	2-0	2-1	1-0	3-0	1-0	1-0	2-0	0-0	1-1	2-1	1-0	3-0		2-1	0-1
Wrexham AFC	4-2	3-1	2-1	2-2	0-0	3-3	1-1	3-0	1-2	3-0	4-3	1-1	0-1	3-0	1-1	2-1	1-4	0-1	2-0	2-0	1-0	3-3		2-1
York City FC	0-0	1-2	1-1	2-0	3-0	4-1	1-1	3-1	0-3	5-3	2-3	4-1	1-1	2-1	5-1	3-3	1-1	0-0	1-2	2-0	1-1	0-1	1-0	

	Division 4	Pd	Wn	Dw	Ls	GF	GA	Pts	
1.	Rotherham United FC (Rotherham)	46	22	16	8	76	35	82	P
2.	Tranmere Rovers FC (Birkenhead)	46	21	17	8	62	43	80	P
3.	Crewe Alexandra FC (Crewe)	46	21	15	10	67	48	78	P
4.	Scunthorpe United FC (Scunthorpe)	46	21	14	11	77	57	77	PO
5.	Scarborough FC (Scarborough)	46	21	14	11	67	52	77	PO
6.	Leyton Orient FC (London)	46	21	12	13	86	50	75	POP
7.	Wrexham AFC (Wrexham)	46	19	14	13	77	63	71	PO
8.	Cambridge United FC (Cambridge)	46	18	14	14	71	62	68	
9.	Grimsby Town FC (Cleethorpes)	46	17	15	14	65	59	66	
10.	Lincoln City FC (Lincoln)	46	18	10	18	64	60	64	
11.	York City FC (York)	46	17	13	16	62	63	64	
12.	Carlisle United FC (Carlisle)	46	15	15	16	53	52	60	
13.	Exeter City FC (Exeter)	46	18	6	22	65	68	60	
14.	Torquay United FC (Torquay)	46	17	8	21	45	60	59	
15.	Hereford United FC (Hereford)	46	14	16	16	66	72	58	
16.	Burnley FC (Burnley)	46	14	13	19	52	61	55	
17.	Peterborough United FC (Peterborough)	46	14	12	20	52	74	54	
18.	Rochdale AFC (Rochdale)	46	13	14	19	56	82	53	
19.	Hartlepool United FC (Hartlepool)	46	14	10	22	50	78	52	
20.	Stockport County FC (Stockport)	46	10	21	15	54	52	51	
21.	Halifax Town AFC (Halifax)	46	13	11	22	69	75	50	
22.	Colchester United FC (Colchester)	46	12	14	20	60	78	50	
23.	Doncaster Rovers FC (Doncaster)	46	13	10	23	49	78	49	
24.	Darlington FC (Darlington)	46	8	18	20	53	76	42	R
		1104	391	322	391	1498	1498	1495	

Promotion Play-offs

Wrexham AFC (Wrexham)	0-0, 1-2	Scunthorpe United FC (Scunthorpe)
Leyton Orient FC (London)	2-0, 0-1	Scarborough FC (Scarborough)
Wrexham AFC (Wrexham)	3-1, 2-0	Scunthorpe United FC (Scunthorpe)

Promoted to Division 4: Maidstone United FC (Maidstone).

F.A. CUP FINAL (Wembley Stadium, London – 20/05/1989 – 82,800)

LIVERPOOL FC (LIVERPOOL)	3-2 (aet)	Everton FC (Liverpool)
Aldridge, Rush 2	*(H.T. 0-1)*	*McCall 2*

Liverpool: Grobbelaar, Ablett, Staunton (Venison), Nicol, Whelan, Hansen, Beardsley, Aldridge (Rush), Houghton, Barnes, McMahon.

Everton: Southall, McDonald, van der Hauwe, Ratcliffe, Watson, Bracewell (McCall), Nevin, Steven, Sharp, Cottee, Sheedy (Wilson).

Semi-finals

Everton FC (Liverpool)	1-0	Norwich City FC (Norwich)
Liverpool FC (Liverpool)	0-0, 3-1	Nottingham Forest FC (Nottingham)

(The first match was played at Hillsborough and was abandoned after 6 minutes when 94 Liverpool fans died after being crushed behind a safety fence)

Quarter-finals

Everton FC (Liverpool)	1-0	Wimbledon FC (London)
Liverpool FC (Liverpool)	4-0	Brentford FC (London)
Manchester United FC (Manchester)	0-1	Nottingham Forest FC (Nottingham)
West Ham United FC (London)	0-0, 1-3	Norwich City FC (Norwich)

1989-90

Football League Division 1 1989-90 Season	Arsenal	Aston Villa	Charlton Athletic	Chelsea	Coventry City	Crystal Palace	Derby County	Everton	Liverpool	Luton Town	Manchester City	Manchester United	Millwall	Norwich City	Nottingham Forest	Q.P.R.	Sheffield Wednesday	Southampton	Tottenham Hotspur	Wimbledon
Arsenal FC		0-1	1-0	0-1	2-0	4-1	1-1	1-0	1-1	3-2	4-0	1-0	2-0	4-3	3-0	3-0	5-0	2-1	1-0	0-0
Aston Villa FC	2-1		1-1	1-0	4-1	2-1	1-0	6-2	1-1	2-0	1-2	3-0	1-0	3-3	2-1	1-3	1-0	2-1	2-0	0-3
Charlton Athletic FC	0-0	0-2		3-0	1-1	1-2	0-0	0-1	0-4	2-0	1-1	2-0	1-1	0-1	1-1	1-0	1-2	2-4	1-3	1-2
Chelsea FC	0-0	0-3	3-1		1-0	3-0	1-1	2-1	2-5	1-0	1-1	1-0	4-0	0-0	2-2	1-1	4-0	2-2	1-2	2-5
Coventry City FC	0-1	2-0	1-2	3-2		1-0	1-0	2-0	1-6	1-0	2-1	1-4	3-1	1-0	0-2	1-1	1-4	1-0	0-0	2-1
Crystal Palace FC	1-1	1-0	2-0	2-2	0-1		1-1	2-1	0-2	1-1	2-2	1-1	4-3	1-0	1-0	0-3	1-1	3-1	2-3	2-0
Derby County FC	1-3	0-1	2-0	0-1	4-1	3-1		0-1	0-3	2-3	6-0	2-0	2-0	0-2	0-2	2-0	2-0	0-1	2-1	1-1
Everton FC	3-0	3-3	2-1	0-1	2-0	4-0	2-1		1-3	2-1	0-0	3-2	2-1	3-1	4-0	1-0	2-0	3-0	2-1	1-1
Liverpool FC	2-1	1-1	1-0	4-1	0-1	9-0	1-0	2-1		2-2	3-1	0-0	1-0	0-0	2-2	2-1	2-1	3-2	1-0	2-1
Luton Town FC	2-0	0-1	1-0	0-3	3-2	1-0	1-0	2-2	0-0		1-1	1-3	2-1	4-1	1-1	1-1	2-0	1-1	0-0	1-1
Manchester City FC	1-1	0-2	1-2	1-1	1-0	3-0	0-1	1-0	1-4	3-1		5-1	2-0	1-0	0-3	1-0	2-1	1-2	1-1	1-1
Manchester United FC	4-1	2-0	1-0	0-0	3-0	1-2	1-2	0-0	1-2	4-1	1-1		5-1	0-2	1-0	0-0	0-0	2-1	0-1	0-0
Millwall FC	1-2	2-0	2-2	1-3	4-1	1-2	1-1	1-2	1-2	1-1	1-1	1-2		0-1	1-0	1-2	2-0	2-2	0-1	0-0
Norwich City FC	2-2	2-0	0-0	2-0	0-0	2-0	1-0	1-1	0-0	2-0	0-1	2-0	1-1		1-1	0-0	2-1	4-4	2-2	0-1
Nottingham Forest FC	1-2	1-1	2-0	1-1	2-4	3-1	2-1	1-0	2-2	3-0	1-0	4-0	3-1	0-1		2-2	0-1	2-0	1-3	0-1
Queen's Park Rangers FC	2-0	1-1	0-1	4-2	1-1	2-0	0-1	1-0	3-2	0-0	1-3	1-2	0-0	2-1	2-0		1-0	1-4	3-1	2-3
Sheffield Wednesday FC	1-0	1-0	3-0	1-1	0-0	2-2	1-0	1-1	2-0	1-1	2-0	1-0	1-1	0-2	0-3	2-0		0-1	2-4	0-1
Southampton FC	1-0	2-1	3-2	2-3	3-0	1-1	2-1	2-2	4-1	6-3	2-1	0-1	1-2	4-1	2-0	0-2	2-2		1-1	2-2
Tottenham Hotspur FC	2-1	0-2	3-0	1-4	3-2	0-1	1-2	2-1	1-0	2-1	1-1	2-1	3-1	4-0	2-3	3-2	3-0	2-1		0-1
Wimbledon FC	1-0	0-2	3-1	0-1	0-0	0-1	1-1	3-1	1-2	1-2	1-0	2-2	2-2	1-1	1-3	0-0	1-1	3-3	1-0	

	Division 1	**Pd**	**Wn**	**Dw**	**Ls**	**GF**	**GA**	**Pts**	
1.	LIVERPOOL FC (LIVERPOOL)	38	23	10	5	78	37	79	
2.	Aston Villa FC (Birmingham)	38	21	7	10	57	38	70	
3.	Tottenham Hotspur FC (London)	38	19	6	13	59	47	63	
4.	Arsenal FC (London)	38	18	8	12	54	38	62	
5.	Chelsea FC (London)	38	16	12	10	58	50	60	
6.	Everton FC (Liverpool)	38	17	8	13	57	46	59	
7.	Southampton FC (Southampton)	38	15	10	13	71	63	55	
8.	Wimbledon FC (London)	38	13	16	9	47	40	55	
9.	Nottingham Forest FC (Nottingham)	38	15	9	14	55	47	54	
10.	Norwich City FC (Norwich)	38	13	14	11	44	42	53	
11.	Queen's Park Rangers FC (London)	38	13	1	14	45	44	50	
12.	Coventry City FC (Coventry)	38	14	7	17	39	59	49	
13.	Manchester United FC (Manchester)	38	13	9	16	46	47	48	
14.	Manchester City FC (Manchester)	38	12	12	14	43	52	48	
15.	Crystal Palace FC (London)	38	13	9	16	42	66	48	
16.	Derby County FC (Derby)	38	13	7	18	43	40	46	
17.	Luton Town FC (Luton)	38	10	13	15	43	57	43	
18.	Sheffield Wednesday FC (Sheffield)	38	11	10	17	35	51	43	R
19.	Charlton Athletic FC (London)	38	7	9	22	31	57	30	R
20.	Millwall FC (London)	38	5	11	22	39	65	26	R
		760	281	198	281	986	986	1041	

Top Goalscorers

1)	Gary LINEKER	(Tottenham Hotspur FC)	24
2)	John BARNES	(Liverpool FC)	22
3)	Kerry DIXON	(Chelsea FC)	20
	Matthew LE TISSIER	(Southampton FC)	20

Football League Division 2 1989-90 Season	Barnsley	Blackburn Rovers	Bournemouth	Bradford City	Brighton & H.A.	Hull City	Ipswich Town	Leeds United	Leicester City	Middlesbrough	Newcastle United	Oldham Athletic	Oxford United	Plymouth Argyle	Portsmouth	Port Vale	Sheffield United	Stoke City	Sunderland	Swindon Town	Watford	W.B.A.	West Ham United	Wolves
Barnsley FC		0-0	0-1	2-0	1-0	1-1	0-1	1-0	2-2	1-1	1-1	1-0	1-0	1-1	0-1	0-3	1-2	3-2	1-0	0-1	0-1	2-2	1-1	2-2
Blackburn Rovers FC	5-0		1-1	2-2	1-1	0-0	2-2	1-2	2-4	2-4	2-0	1-0	2-2	2-0	2-0	1-0	0-0	3-0	1-1	2-1	2-2	2-1	5-4	2-3
AFC Bournemouth	2-1	2-4		1-0	0-2	5-4	3-1	0-1	2-3	2-2	2-1	2-0	0-1	2-2	0-1	1-0	0-1	2-1	0-1	1-2	0-0	1-1	1-1	1-1
Bradford City AFC	0-0	0-1	1-0		2-0	2-3	1-0	0-1	2-0	0-1	3-2	1-1	1-2	0-1	1-1	2-2	1-4	1-0	0-1	1-1	2-1	2-0	2-1	1-1
Brighton & Hove Alb.	1-1	1-2	2-1	2-1		2-0	1-0	2-2	1-0	1-0	0-3	1-1	0-1	2-1	0-0	2-0	2-2	1-4	1-2	1-2	1-0	0-3	3-0	1-1
Hull City AFC	1-2	2-0	1-4	2-1	0-2		4-3	0-1	1-1	0-0	1-3	0-0	1-0	3-3	1-2	2-1	0-0	0-0	3-2	2-3	0-0	0-2	1-1	2-0
Ipswich Town FC	3-1	3-1	1-1	1-0	2-1	0-1		2-2	2-2	3-0	2-1	1-1	1-0	3-0	0-1	3-2	1-1	2-2	1-1	1-0	1-0	3-1	1-0	1-3
Leeds United AFC	1-2	1-1	3-0	1-1	3-0	4-3	1-1		2-1	2-1	1-0	1-1	2-1	2-1	2-0	0-0	4-0	2-0	2-0	4-0	2-1	2-2	3-2	1-0
Leicester City FC	2-2	0-1	2-1	1-1	1-0	2-1	0-1	4-3		2-1	2-2	3-0	0-0	1-1	1-1	2-0	2-5	2-1	2-3	2-1	1-1	1-3	1-0	0-0
Middlesbrough FC	0-1	0-3	2-1	2-0	2-2	1-0	1-2	0-2	4-1		4-1	1-0	1-0	0-2	2-0	2-3	3-3	0-1	3-0	0-2	1-2	0-0	0-1	4-2
Newcastle United FC	4-1	2-1	3-0	1-0	2-0	2-0	2-1	5-2	5-4	2-2		2-1	2-3	3-1	1-0	2-2	2-0	3-0	1-1	0-0	2-1	2-1	2-1	1-4
Oldham Athletic AFC	2-0	2-0	4-0	2-2	1-1	3-2	4-1	3-1	1-0	2-0	1-1		4-1	3-2	3-3	2-1	0-2	2-0	2-1	2-2	1-1	2-1	3-0	1-1
Oxford United FC	2-3	1-1	1-2	2-1	0-1	0-0	2-2	2-4	4-2	3-1	2-1	0-1		3-2	2-1	0-0	3-0	3-0	0-1	2-2	1-1	0-1	0-2	2-2
Plymouth Argyle FC	2-1	2-2	1-0	1-1	2-1	1-2	1-0	1-1	3-1	1-2	1-1	2-0	2-0		0-2	1-2	0-0	3-0	3-0	0-3	0-0	2-2	1-1	0-1
Portsmouth FC	2-1	1-1	2-1	3-0	3-0	2-2	2-3	3-3	2-3	3-1	1-1	2-1	2-1	0-3		2-0	3-2	0-0	3-3	1-1	1-2	1-1	0-1	1-3
Port Vale FC	2-1	0-0	1-1	3-2	2-1	1-1	5-0	0-0	2-1	1-1	1-2	2-0	1-2	3-0	1-1		1-1	0-0	1-2	2-0	1-0	2-1	2-2	3-1
Sheffield United FC	1-2	1-2	4-2	1-1	5-4	0-0	2-0	2-2	1-1	1-0	1-1	2-1	2-1	1-0	2-1	2-1		2-1	1-3	2-0	4-1	3-1	0-2	3-0
Stoke City FC	0-1	0-1	0-0	1-1	3-2	1-1	0-0	1-1	0-1	0-0	2-1	1-2	1-2	0-0	1-2	1-1	0-1		0-2	1-1	2-2	2-1	1-1	2-0
Sunderland AFC	4-2	0-1	3-2	1-0	2-1	0-1	2-4	0-1	2-2	2-1	0-0	2-3	1-0	3-1	2-2	2-2	1-1	2-1		2-2	4-0	1-1	4-3	1-1
Swindon Town FC	0-0	4-3	2-3	3-1	1-2	1-3	3-0	3-2	1-1	1-1	1-1	3-2	3-0	3-0	2-2	3-0	0-2	6-0	0-2		2-0	2-1	2-2	3-1
Watford FC	2-2	3-1	2-2	7-2	4-2	3-1	3-3	1-0	3-1	1-0	0-0	3-0	0-1	1-2	1-0	1-0	1-3	1-1	1-1	0-2		0-2	0-1	3-1
West Bromwich Alb.	7-0	2-2	2-2	2-0	3-0	1-1	1-3	2-1	0-1	0-0	1-5	2-2	3-2	0-3	0-0	2-3	0-3	1-1	1-1	1-2	2-0		1-3	1-2
West Ham United FC	4-2	1-1	4-1	2-0	3-1	1-2	2-0	0-1	3-1	2-0	0-0	0-2	3-2	3-2	2-1	2-2	5-0	0-0	5-0	1-1	1-0	2-3		4-0
Wolverhampton W.	1-1	1-2	3-1	1-1	2-4	1-2	2-1	1-0	5-0	2-0	0-1	1-1	2-0	1-0	5-0	2-0	1-2	0-0	0-1	2-1	1-1	2-1	1-0	

	Division 2	Pd	Wn	Dw	Ls	GF	GA	Pts	
1.	Leeds United AFC (Leeds)	46	24	13	9	79	52	85	P
2.	Sheffield United FC (Sheffield)	46	24	13	9	78	58	85	P
3.	Newcastle United FC (Newcastle upon Tyne)	46	22	14	10	80	55	80	PO
4.	Swindon Town FC (Swindon)	46	20	14	12	79	59	74	PO*
5.	Blackburn Rovers FC (Blackburn)	46	19	17	10	74	59	74	PO
6.	Sunderland AFC (Sunderland)	46	20	14	12	70	64	74	POP
7.	West Ham United FC (London)	46	20	12	14	80	57	72	
8.	Oldham Athletic AFC (Oldham)	46	19	14	13	70	57	71	
9.	Ipswich Town FC (Ipswich)	46	19	12	15	67	66	69	
10.	Wolverhampton Wanderers FC (Wolverhampton)	46	18	13	15	67	60	67	
11.	Port Vale FC (Stoke-on-Trent)	46	15	16	15	62	57	61	
12.	Portsmouth FC (Portsmouth)	46	15	16	15	62	65	61	
13.	Leicester City FC (Leicester)	46	15	14	17	67	79	59	
14.	Hull City AFC (Kingston upon Hull)	46	14	16	16	58	65	58	
15.	Watford FC (Watford)	46	14	15	17	58	60	57	
16.	Plymouth Argyle FC (Plymouth)	46	14	13	19	58	63	55	
17.	Oxford United FC (Oxford)	46	15	9	22	57	66	54	
18.	Brighton & Hove Albion FC (Hove)	46	15	9	22	56	72	54	
19.	Barnsley FC (Barnsley)	46	13	15	18	49	71	54	
20.	West Bromwich Albion FC (West Bromwich)	46	12	15	19	67	71	51	
21.	Middlesbrough FC (Middlesbrough)	46	13	11	22	52	63	50	
22.	AFC Bournemouth (Bournemouth)	46	12	12	22	57	76	48	R
23.	Bradford City AFC (Bradford)	46	9	14	23	44	68	41	R
24.	Stoke City FC (Stoke-on-Trent)	46	6	19	21	35	63	37	R
		1104	387	330	387	1526	1526	1491	

Promotion Play-offs

Swindon Town FC (Swindon)	1-0	Sunderland AFC (Sunderland)
Blackburn Rovers FC (Blackburn)	1-2, 1-2	Swindon Town FC (Swindon)
Sunderland AFC (Sunderland)	0-0, 2-0	Newcastle United FC (Newcastle upon Tyne)

Note: Swindon Town FC (Swindon) were found guilty of making illegal payments to players and were initially relegated to Division 3. On appeal they were allowed to remain in Division 2 with Sunderland AFC (Sunderland) being promoted to Division 1.

Football League Division 3 1989-90 Season	Birmingham City	Blackpool	Bolton Wanderers	Brentford	Bristol City	Bristol Rovers	Bury	Cardiff City	Chester City	Crewe Alexandra	Fulham	Huddersfield Town	Leyton Orient	Mansfield Town	Northampton Town	Notts County	Preston North End	Reading	Rotherham United	Shrewsbury Town	Swansea City	Tranmere Rovers	Walsall	Wigan Athletic
Birmingham City FC		3-1	1-0	0-1	0-4	2-2	0-0	1-1	0-0	3-0	1-1	0-1	0-0	4-1	4-0	1-2	3-1	0-1	4-1	0-1	2-0	2-1	2-0	0-0
Blackpool FC	3-2		2-1	4-0	1-3	0-3	0-1	1-0	1-3	1-3	0-1	2-2	1-0	3-1	1-0	0-0	2-2	0-0	1-2	0-1	2-2	0-3	4-3	0-0
Bolton Wanderers FC	3-1	2-0		0-1	1-0	1-0	3-1	3-1	1-0	0-0	0-0	2-2	2-1	1-1	0-3	3-0	2-1	3-0	0-2	0-1	0-0	1-1	1-1	3-2
Brentford FC	0-1	5-0	1-2		0-2	2-1	0-1	0-1	1-1	0-2	2-0	2-1	4-3	2-1	3-2	0-1	2-2	1-1	4-2	1-1	2-1	2-4	4-0	3-1
Bristol City FC	1-0	2-0	1-1	2-0		0-0	1-0	1-0	1-0	4-1	5-1	1-1	2-1	1-1	3-1	2-0	2-1	0-1	0-0	2-1	1-3	1-3	4-0	3-0
Bristol Rovers FC	0-0	1-1	1-1	1-0	3-0		2-1	2-1	2-1	1-1	2-0	2-2	0-0	1-1	4-2	3-2	3-0	0-0	2-0	1-0	2-0	2-0	2-0	6-1
Bury FC	0-0	2-0	2-0	0-2	1-1	0-0		2-0	1-0	0-3	0-0	6-0	2-0	3-0	1-0	3-2	1-2	4-0	1-1	0-0	3-2	1-2	0-2	2-2
Cardiff City AFC	0-1	2-2	0-2	2-2	0-3	1-1	3-1		1-1	0-0	3-3	1-5	1-1	1-0	2-3	1-3	3-0	3-2	2-0	0-1	0-2	0-0	3-1	1-1
Chester City FC	4-0	2-0	2-0	1-1	0-3	0-0	1-4	1-0		2-1	0-2	2-1	1-0	0-2	0-1	3-3	3-1	1-1	2-0	1-0	1-0	2-2	1-1	0-0
Crewe Alexandra FC	0-2	2-0	2-2	2-3	0-1	1-0	2-1	1-1	0-0		2-3	3-0	0-1	2-1	2-1	1-0	1-0	1-1	0-0	1-1	1-1	2-2	3-1	3-2
Fulham FC	1-2	0-0	2-2	1-0	0-1	1-2	2-2	2-5	1-0	1-1		0-0	1-2	1-0	1-1	5-2	3-1	1-2	1-1	2-1	2-0	1-2	0-0	4-0
Huddersfield Town	1-2	2-2	1-1	1-0	2-1	1-1	2-1	2-3	4-1	0-1	0-1		2-0	1-0	2-2	1-2	0-2	0-1	2-1	1-1	1-0	1-0	1-0	2-0
Leyton Orient FC	1-2	2-0	0-0	0-1	1-1	0-1	2-3	3-1	0-3	2-1	1-1	1-0		3-1	1-1	0-1	3-1	4-1	1-1	1-0	0-2	0-1	1-1	1-0
Mansfield Town FC	5-2	0-3	0-1	2-3	1-0	0-1	1-0	1-0	1-0	2-1	3-0	1-2	1-0		1-2	1-3	2-2	1-1	3-1	2-1	4-0	1-0	0-2	1-0
Northampton Town	2-2	4-2	0-2	0-2	2-0	1-2	0-1	1-1	1-0	3-1	2-2	1-0	0-1	1-2		0-0	1-2	2-1	1-2	2-1	1-1	0-4	1-1	1-1
Notts County FC	3-2	0-1	2-1	3-1	0-0	3-1	0-4	2-1	0-0	2-0	2-0	1-0	1-0	4-2	3-2		2-1	0-0	2-0	4-0	2-1	1-0	2-0	1-1
Preston North End	2-2	2-1	1-4	4-2	2-2	0-1	2-3	4-0	5-0	0-0	1-0	3-3	0-3	4-0	0-0	2-4		1-0	0-1	2-1	2-0	2-2	2-0	1-1
Reading FC	0-2	1-1	2-0	1-0	1-1	0-1	1-0	0-1	1-1	1-1	3-2	0-0	1-1	1-0	3-2	1-1	6-0		3-2	3-3	1-1	1-0	0-1	2-0
Rotherham United	5-1	1-1	1-0	2-1	1-2	3-2	1-3	4-0	5-0	1-3	2-1	0-0	5-2	0-0	2-0	1-2	3-1	1-1		4-2	3-2	0-0	2-2	1-2
Shrewsbury Town	2-0	1-1	3-3	1-0	0-1	2-3	3-1	0-0	2-0	0-0	2-0	3-3	4-2	0-1	2-0	2-2	2-0	1-1	1-1		1-1	3-1	2-0	1-3
Swansea City FC	1-1	0-0	0-0	2-1	0-5	0-0	0-1	0-1	2-1	3-2	4-2	1-3	0-1	1-0	1-1	0-0	2-1	1-6	1-0	0-1		1-0	2-0	3-0
Tranmere Rovers FC	5-1	4-2	1-3	2-2	6-0	1-2	2-4	3-0	0-0	1-1	2-1	4-0	3-0	1-1	0-0	2-0	2-1	3-1	2-1	3-1	3-0		2-1	2-0
Walsall FC	0-1	1-1	2-1	2-1	0-2	1-2	2-2	0-2	1-1	1-1	0-0	2-3	1-3	1-0	1-0	2-2	1-0	1-1	1-1	0-2	0-1	2-1		1-2
Wigan Athletic AFC	1-0	1-1	2-0	2-1	2-3	1-2	0-0	1-1	1-0	1-0	2-1	1-2	0-2	4-0	0-0	1-1	0-1	3-1	0-3	0-0	2-0	1-3	3-0	

	Division 3	Pd	Wn	Dw	Ls	GF	GA	Pts	
1.	Bristol Rovers FC (Bristol)	46	26	15	5	71	35	93	P
2.	Bristol City FC (Bristol)	46	27	10	9	76	40	91	P
3.	Notts County FC (Nottingham)	46	25	12	9	73	53	87	POP
4.	Tranmere Rovers FC (Birkenhead)	46	23	11	12	86	49	80	PO
5.	Bury FC (Bury)	46	21	11	14	70	49	74	PO
6.	Bolton Wanderers FC (Bolton)	46	18	15	13	59	48	69	PO
7.	Birmingham City FC (Birmingham)	46	18	12	16	60	59	66	
8.	Huddersfield Town AFC (Huddersfield)	46	17	14	15	61	62	65	
9.	Rotherham United FC (Rotherham)	46	17	13	16	71	62	64	
10.	Reading FC (Reading)	46	15	19	12	56	52	64	
11.	Shrewsbury Town FC (Shrewsbury)	46	16	15	15	59	54	63	
12.	Crewe Alexandra FC (Crewe)	46	15	17	14	56	53	62	
13.	Brentford FC (London)	46	18	7	21	66	66	61	
14.	Leyton Orient FC (London)	46	16	10	20	52	56	58	
15.	Mansfield Town FC (Mansfield)	46	16	7	23	50	65	55	
16.	Chester City FC (Chester)	46	13	15	18	43	55	54	
17.	Swansea City FC (Swansea)	46	14	12	20	44	62	54	
18.	Wigan Athletic AFC (Wigan)	46	13	14	19	48	64	53	
19.	Preston North End FC (Preston)	46	14	10	22	65	79	52	
20.	Fulham FC (London)	46	12	15	19	55	66	51	
21.	Cardiff City AFC (Cardiff)	46	12	14	20	51	70	50	R
22.	Northampton Town FC (Northampton)	46	11	14	21	51	68	47	R
23.	Blackpool FC (Blackpool)	46	10	16	20	49	73	46	R
24.	Walsall FC (Walsall)	46	9	14	23	40	72	41	R
		1104	396	312	396	1412	1412	1500	

Promotion Play-offs

Notts County FC (Nottingham)	2-0	Tranmere Rovers FC (Birkenhead)
Bolton Wanderers FC (Bolton)	1-1, 0-2	Notts County FC (Nottingham)
Bury FC (Bury)	0-0, 0-2	Tranmere Rovers FC (Birkenhead)

Football League Division 4 1989-90 Season	Aldershot Town	Burnley	Cambridge	Carlisle United	Chesterfield	Colchester United	Doncaster Rovers	Exeter City	Gillingham	Grimsby Town	Halifax Town	Hartlepool	Hereford United	Lincoln City	Maidstone	Peterborough Utd.	Rochdale	Scarborough	Scunthorpe United	Southend United	Stockport County	Torquay United	Wrexham	York City
Aldershot Town FC		1-1	0-2	1-0	0-0	4-0	1-1	0-1	1-0	0-0	2-0	6-1	0-2	0-1	0-2	0-1	1-1	1-1	4-2	0-5	2-1	1-2	1-0	2-2
Burnley FC	0-0		1-3	2-1	0-0	0-0	0-1	1-0	1-2	1-1	1-0	0-0	3-1	0-0	1-1	1-2	0-1	3-0	0-1	0-0	0-0	1-0	2-3	1-1
Cambridge United FC	2-2	0-1		1-2	0-1	4-0	1-0	3-2	2-1	2-0	1-0	2-1	0-1	2-1	2-0	3-2	0-3	5-2	5-3	2-1	0-2	5-2	1-1	2-2
Carlisle United FC	1-3	1-1	3-1		4-3	1-0	1-0	1-0	3-0	1-1	1-1	1-0	2-1	1-2	3-2	0-0	0-1	3-1	0-1	3-0	3-1	2-0	1-0	2-1
Chesterfield FC	2-0	0-1	1-1	3-0		1-1	0-1	2-1	2-0	2-0	4-3	3-1	2-1	0-0	3-1	1-1	2-1	2-2	1-1	1-1	1-1	5-1	3-0	0-0
Colchester United FC	1-0	1-2	1-2	4-0	1-0		2-0	0-1	2-0	1-0	2-2	3-1	1-1	0-1	4-1	0-1	1-2	0-0	1-0	0-2	0-1	0-3	1-3	0-2
Doncaster Rovers FC	0-1	2-3	2-1	1-1	1-0	2-0		2-1	0-0	0-0	3-4	2-2	0-1	0-1	1-1	0-3	4-0	1-1	1-2	0-1	2-1	2-1	2-2	1-2
Exeter City FC	2-0	2-1	3-2	0-0	2-1	2-1	1-0		3-1	2-1	2-0	3-1	2-0	3-0	2-0	2-0	5-0	3-2	1-0	2-1	1-1	3-0	1-1	3-1
Gillingham FC	0-0	0-0	1-0	2-1	3-0	3-3	3-1	1-1		1-2	3-1	0-0	0-1	1-1	1-2	0-0	1-0	2-0	0-3	5-0	0-3	0-2	1-0	0-0
Grimsby Town FC	2-1	4-2	0-0	1-0	0-1	4-1	2-1	1-0	2-0		1-1	0-0	0-2	1-0	2-3	1-2	1-2	3-0	2-1	2-0	4-2	0-0	5-1	3-0
Halifax Town AFC	4-1	0-0	0-0	1-1	1-1	1-1	0-2	1-2	0-1	2-2		4-0	1-1	0-1	1-2	2-2	1-0	1-2	0-1	1-2	1-2	3-1	4-2	2-2
Hartlepool United FC	2-0	3-0	1-2	1-0	3-1	0-2	0-6	0-3	1-2	4-2	2-0		1-2	1-1	4-2	2-2	2-1	4-1	3-2	1-1	5-0	1-1	3-0	1-2
Hereford United FC	4-1	0-1	0-2	2-2	3-2	2-0	0-1	2-1	1-2	0-1	0-1	4-1		2-2	3-0	1-2	1-3	3-1	1-2	0-3	1-2	0-0	0-0	1-2
Lincoln City FC	0-1	1-0	4-3	1-3	1-1	2-1	2-1	1-5	1-3	1-1	2-1	4-1	1-0		1-2	1-0	1-2	0-0	1-0	2-0	0-0	2-2	1-0	0-0
Maidstone United FC	5-1	1-2	2-2	5-2	0-1	4-1	1-0	1-0	0-1	2-2	1-2	4-2	2-0	2-0		1-1	2-0	4-1	1-1	3-0	0-1	5-1	2-0	1-0
Peterborough United	1-1	4-1	1-2	3-0	1-1	1-0	2-1	4-3	1-1	1-1	3-0	0-2	1-1	1-0	1-0		0-1	1-2	1-1	1-2	2-0	1-1	3-1	1-1
Rochdale AFC	2-0	2-1	2-0	1-2	1-0	2-2	1-3	1-0	1-0	0-1	0-2	0-0	5-2	1-0	3-2	1-2		1-0	3-0	0-1	1-1	0-0	0-3	0-1
Scarborough FC	1-0	4-2	1-1	2-1	2-3	2-2	1-2	1-2	0-1	3-1	2-3	4-1	0-1	2-0	0-1	2-1	2-1		0-0	1-1	2-0	0-0	2-1	1-3
Scunthorpe United	3-2	3-0	1-1	2-3	0-1	4-0	4-1	5-4	0-0	2-2	1-1	0-1	3-3	1-1	1-0	0-0	0-1	0-1		1-1	5-0	2-0	3-1	1-1
Southend United	5-0	3-2	0-0	2-0	0-2	0-2	2-0	1-2	2-0	0-2	2-0	3-0	2-0	2-0	0-1	0-0	3-2	1-0	0-0		2-0	1-0	2-1	2-0
Stockport County	1-1	3-1	3-1	3-1	3-1	1-1	3-1	2-1	1-0	2-4	0-1	6-0	2-1	1-1	1-2	0-0	2-1	3-2	4-2	1-0		1-1	0-2	2-2
Torquay United	1-2	0-1	3-0	1-2	1-0	4-1	2-0	0-2	0-2	0-3	1-0	4-3	1-1	0-3	2-1	2-1	1-0	3-2	0-3	3-0	3-0		0-1	1-1
Wrexham AFC	2-2	1-0	2-3	1-0	0-2	3-2	0-0	1-1	2-1	0-1	2-1	1-2	0-0	0-2	4-2	2-1	1-1	0-2	0-0	3-3	0-1	1-1		2-0
York City FC	2-2	1-3	4-2	0-1	4-0	3-1	2-1	3-0	1-0	0-1	0-2	1-1	1-2	0-0	0-0	1-0	1-0	1-2	0-1	2-1	0-3	1-1	1-0	

	Division 4	Pd	Wn	Dw	Ls	GF	GA	Pts	
1.	Exeter City FC (Exeter)	46	28	5	13	83	48	89	P
2.	Grimsby Town FC (Cleethorpes)	46	22	13	11	70	47	79	P
3.	Southend United FC (Southend-on-Sea)	46	22	9	15	61	48	75	P
4.	Stockport County FC (Stockport)	46	21	11	14	67	61	74	PO
5.	Maidstone United FC (Maidstone)	46	22	7	17	77	61	73	PO
6.	Cambridge United FC (Cambridge)	46	21	10	15	76	66	73	POP
7.	Chesterfield FC (Chesterfield)	46	19	14	13	63	50	71	PO
8.	Carlisle United FC (Carlisle)	46	21	8	17	61	60	71	
9.	Peterborough United FC (Peterborough)	46	17	17	12	59	46	68	
10.	Lincoln City FC (Lincoln)	46	18	14	14	48	48	68	
11.	Scunthorpe United FC (Scunthorpe)	46	17	15	14	69	54	66	
12.	Rochdale AFC (Rochdale)	46	20	6	20	51	54	66	
13.	York City FC (York)	46	16	16	14	55	53	64	
14.	Gillingham FC (Gillingham)	46	17	11	18	46	48	62	
15.	Torquay United FC (Torquay)	46	15	12	19	53	66	57	
16.	Burnley FC (Burnley)	46	14	14	18	45	55	56	
17.	Hereford United FC (Hereford)	46	15	10	21	56	62	55	
18.	Scarborough FC (Scarborough)	46	15	10	21	60	73	55	
19.	Hartlepool United FC (Hartlepool)	46	15	10	21	66	88	55	
20.	Doncaster Rovers FC (Doncaster)	46	14	9	23	53	60	51	
21.	Wrexham AFC (Wrexham)	46	13	12	21	51	67	51	
22.	Aldershot FC (Aldershot)	46	12	14	20	49	69	50	
23.	Halifax Town AFC (Halifax)	46	12	13	21	57	65	49	
24.	Colchester United FC (Colchester)	46	11	10	25	48	75	43	R
		1104	417	270	417	1424	1424	1521	

Promotion Play-offs

Cambridge United FC (Cambridge)	1-0	Chesterfield FC (Chesterfield)
Cambridge United FC (Cambridge)	1-1, 2-0 (aet)	Maidstone United FC (Maidstone)
Chesterfield FC (Chesterfield)	4-0, 2-0	Stockport County FC (Stockport)

Promoted to Division 4: Darlington FC (Darlington)

F.A. CUP FINAL (Wembley Stadium, London – 12/05/1990 – 80,000)

MANCHESTER UNITED FC	3-3 (aet)	Crystal Palace FC (London)
Robson 35', Hughes 62', 113'		*O'Reilly 19', Wright 72', 92'*

Man. United: Leighton, Ince, Martin (Blackmore 88'), Bruce, Phelan, Pallister (Robins 63'), Robson, Webb, McClair, Hughes, Wallace.

Crystal Palace: Martyn, Pemberton, Shaw, Gray (Madden 118'), O'Reilly, Thorn, Barber (Wright 69'), Thomas, Bright, Salako, Pardew.

F.A. CUP FINAL REPLAY (Wembley Stadium, London – 17/05/1990 – 80,000)

MANCHESTER UNITED FC (MANCHESTER)	1-0	Crystal Palace FC (London)
Martin 61'		

Crystal Palace: Martyn, Pemberton, Shaw, Gray, O'Reilly, Thorn, Barber (Wright 64'), Thomas, Bright, Salako (Madden 79'), Pardew.

Man. United: Sealey, Ince, Martin, Bruce, Phelan, Pallister, Robson, Webb, McClair, Hughes, Wallace.

Semi-finals

Crystal Palace FC (London)	4-3 (aet)	Liverpool FC (Liverpool)
Manchester United FC (Manchester)	3-3 (aet), 2-1 (aet)	Oldham Athletic AFC (Oldham)

Quarter-finals

Cambridge United FC (Cambridge)	0-1	Crystal Palace FC (London)
Oldham Athletic AFC (Oldham)	3-0	Aston Villa FC (Birmingham)
Queen's Park Rangers FC (London)	2-2, 0-1	Liverpool FC (Liverpool)
Sheffield United FC (Sheffield)	0-1	Manchester United FC (Manchester)

1990-91

Football League Division 1 1990-91 Season	Arsenal	Aston Villa	Chelsea	Coventry City	Crystal Palace	Derby County	Everton	Leeds United	Liverpool	Luton Town	Man. City	Man. United	Norwich City	Nottingham F.	Q.P.R.	Sheffield United	Southampton	Sunderland	Tottenham H.	Wimbledon
Arsenal FC		5-0	4-1	6-1	4-0	3-0	1-0	2-0	3-0	2-1	2-2	3-1	2-0	1-1	2-0	4-1	4-0	1-0	0-0	2-2
Aston Villa FC	0-0		2-2	2-1	2-0	3-2	2-2	0-0	0-0	1-2	1-5	1-1	2-1	1-1	2-2	2-1	1-1	3-0	3-2	1-2
Chelsea FC	2-1	1-0		2-1	2-1	2-1	1-2	1-2	4-2	3-3	1-1	3-2	1-1	0-0	2-0	2-2	0-2	3-2	3-2	0-0
Coventry City FC	0-2	2-1	1-0		3-1	3-0	3-1	1-1	0-1	2-1	3-1	2-2	2-0	2-2	3-1	0-0	1-2	0-0	2-0	0-0
Crystal Palace FC	0-0	0-0	2-1	2-1		2-1	0-0	1-1	1-0	1-0	1-3	3-0	1-3	2-2	0-0	1-0	2-1	2-1	1-0	4-3
Derby County FC	0-2	0-2	4-6	1-1	0-2		2-3	0-1	1-7	2-1	1-1	0-0	0-0	2-1	1-1	1-1	6-2	3-3	0-1	1-1
Everton FC	1-1	1-0	2-2	1-0	0-0	2-0		2-3	2-3	1-0	2-0	0-1	1-0	0-0	3-0	1-2	3-0	2-0	1-1	1-2
Leeds United AFC	2-2	5-2	4-1	2-0	1-2	3-0	2-0		4-5	2-1	1-2	0-0	3-0	3-1	2-3	2-1	2-1	5-0	0-2	3-0
Liverpool FC	0-1	2-1	2-0	1-1	3-0	2-0	3-1	3-0		4-0	2-2	4-0	3-0	2-0	1-3	2-0	3-2	2-1	2-0	1-1
Luton Town FC	1-1	2-0	2-0	1-0	1-1	2-0	1-1	1-0	3-1		2-2	0-1	0-1	1-0	1-2	0-1	3-4	1-2	0-0	0-1
Manchester City FC	0-1	2-1	2-1	2-0	0-2	2-1	1-0	2-3	0-3	3-0		3-3	2-1	3-1	2-1	2-0	3-3	3-2	2-1	1-1
Manchester United FC	0-1	1-1	2-3	2-0	2-0	3-1	0-2	1-1	1-1	4-1	1-0		3-0	0-1	3-1	2-0	3-2	3-0	1-1	2-1
Norwich City FC	0-0	2-0	1-3	2-2	0-3	2-1	1-0	2-0	1-1	1-3	1-2	0-3		2-6	1-0	3-0	3-1	3-2	2-1	0-4
Nottingham Forest FC	0-2	2-2	7-0	3-0	0-1	1-0	3-1	4-3	2-1	2-2	1-3	1-1	5-0		1-1	2-0	3-1	2-0	1-2	2-1
Queen's Park Rangers FC	1-3	2-1	1-0	1-0	1-2	1-1	1-1	2-0	1-1	6-1	1-0	1-1	1-3	1-2		1-2	2-1	3-2	0-0	0-1
Sheffield United FC	0-2	2-1	1-0	0-1	0-1	1-0	0-0	0-2	1-3	2-1	1-1	2-1	2-1	3-2	1-0		4-1	0-2	2-2	1-2
Southampton FC	1-1	1-1	3-3	2-1	2-3	0-1	3-4	2-0	1-0	1-2	2-1	1-1	1-0	1-1	3-1	2-0		3-1	3-0	1-1
Sunderland AFC	0-0	1-3	1-0	0-0	2-1	1-2	2-2	0-1	0-1	2-0	1-1	2-1	1-2	1-0	0-1	0-1	1-0		0-0	0-0
Tottenham Hotspur FC	0-0	2-1	1-1	2-2	1-1	3-0	3-3	0-0	1-3	2-1	3-1	1-2	2-1	1-1	0-0	4-0	2-0	3-3		4-2
Wimbledon FC	0-3	0-0	2-1	1-0	0-3	3-1	2-1	0-1	1-2	2-0	1-1	1-3	0-0	3-1	3-0	1-1	1-1	2-2	5-1	

	Division 1	Pd	Wn	Dw	Ls	GF	GA	Pts	
1.	ARSENAL FC (LONDON)	38	24	13	1	74	18	83	-2
2.	Liverpool FC (Liverpool)	38	23	7	8	77	40	76	
3.	Crystal Palace FC (London)	38	20	9	9	50	41	69	
4.	Leeds United AFC (Leeds)	38	19	7	12	65	47	64	
5.	Manchester City FC (Manchester)	38	17	11	10	64	53	62	
6.	Manchester United FC (Manchester)	38	16	12	10	58	45	59	-1
7.	Wimbledon FC (London)	38	14	14	10	53	46	56	
8.	Nottingham Forest FC (Nottingham)	38	14	12	12	65	50	54	
9.	Everton FC (Liverpool)	38	13	12	13	50	46	51	
10.	Tottenham Hotspur FC (London)	38	11	16	11	51	50	49	
11.	Chelsea FC (London)	38	13	10	15	58	69	49	
12.	Queen's Park Rangers FC (London)	38	12	10	16	44	53	46	
13.	Sheffield United FC (Sheffield)	38	13	7	18	36	55	46	
14.	Southampton FC (Southampton)	38	12	9	17	58	69	45	
15.	Norwich City FC (Norwich)	38	13	6	19	41	64	45	
16.	Coventry City FC (Coventry)	38	11	11	16	42	49	44	
17.	Aston Villa FC (Birmingham)	38	9	14	15	46	58	41	
18.	Luton Town FC (Luton)	38	10	7	21	42	61	37	
19.	Sunderland AFC (Sunderland)	38	8	10	20	38	60	34	R
20.	Derby County FC (Derby)	38	5	9	24	37	75	24	R
		760	277	206	277	1049	1049	1034	

Note: Arsenal FC were deducted 2 points and Manchester United deducted 1 point after players of each club were involved in a mass brawl during the league match at Old Trafford, Manchester on 20th October 1990.

Top Goalscorers

1)	Alan SMITH	(Arsenal FC)	22
2)	Lee CHAPMAN	(Leeds United AFC)	21
3)	John FASHANU	(Wimbledon FC)	20
	Niall QUINN	(Manchester City FC)	20

Football League Division 2 1990-91 Season	Barnsley	Blackburn Rovers	Brighton & H.A.	Bristol City	Bristol Rovers	Charlton Athletic	Hull City	Ipswich Town	Leicester City	Middlesbrough	Millwall	Newcastle United	Notts County	Oldham Athletic	Oxford United	Plymouth Argyle	Portsmouth	Port Vale	Sheffield Wednesday	Swindon Town	Watford	W.B.A.	West Ham United	Wolves
Barnsley FC		0-1	2-1	2-0	1-0	1-1	3-1	5-1	1-1	1-0	1-2	1-1	1-0	0-1	3-0	1-0	4-0	1-1	1-1	5-1	2-1	1-1	1-0	1-1
Blackburn Rovers FC	1-2		1-2	0-1	2-2	2-2	2-1	0-1	4-1	1-0	1-0	0-1	0-1	2-0	1-3	0-0	1-1	1-1	1-0	2-1	0-2	0-3	3-1	1-1
Brighton & Hove Alb.	1-0	1-0		0-1	0-1	3-2	3-1	2-1	3-0	2-4	0-0	4-2	0-0	1-2	0-3	3-2	3-2	1-2	0-4	3-3	3-0	2-0	1-0	1-1
Bristol City FC	1-0	4-2	3-1		1-0	0-1	4-1	4-2	1-0	3-0	1-4	1-0	3-2	1-2	3-1	1-1	4-1	1-1	1-1	0-4	3-2	2-0	1-1	1-1
Bristol Rovers FC	2-1	1-2	1-3	3-2		2-1	1-1	1-0	0-0	2-0	1-0	1-1	1-1	2-0	1-0	0-0	1-2	2-0	0-1	2-1	3-1	1-1	0-1	1-1
Charlton Athletic FC	2-1	0-0	1-2	2-1	2-2		2-1	1-1	1-2	0-1	0-0	1-0	3-1	1-1	3-3	0-1	2-1	0-1	0-1	1-2	1-2	2-0	1-1	1-0
Hull City AFC	1-2	3-1	0-1	1-2	2-0	2-2		3-3	5-2	0-0	1-1	2-1	1-2	2-2	3-3	2-0	0-2	3-2	0-1	1-1	1-1	1-1	0-0	1-2
Ipswich Town FC	2-0	2-1	1-3	1-1	2-1	4-4	2-0		3-2	0-1	0-3	2-1	0-0	1-2	1-1	3-1	2-2	3-0	0-2	1-1	1-1	1-0	0-1	0-0
Leicester City FC	2-1	1-3	3-0	3-0	3-2	1-2	0-1	1-2		4-3	1-2	5-4	2-1	0-0	1-0	3-1	2-1	1-1	2-4	2-2	0-0	2-1	1-2	1-0
Middlesbrough FC	1-0	0-1	2-0	2-1	1-2	1-2	3-0	1-1	6-0		2-1	3-0	1-0	0-1	0-0	0-0	1-2	4-0	0-2	2-0	1-2	3-2	0-0	2-0
Millwall FC	4-1	2-1	3-0	1-2	1-1	3-1	3-3	1-1	2-1	2-2		0-1	1-2	0-0	1-2	4-1	2-0	1-2	4-2	1-0	0-2	4-1	1-1	2-1
Newcastle United FC	0-0	1-0	0-0	0-0	0-2	1-3	1-2	2-2	2-1	0-0	1-2		0-2	3-2	2-2	2-0	2-1	2-0	1-0	1-1	1-0	1-1	1-1	0-0
Notts County FC	2-3	4-1	2-1	3-2	3-2	2-2	2-1	3-1	0-2	3-2	0-1	3-0		2-0	3-1	4-0	2-1	1-1	0-2	0-0	1-0	4-3	0-1	1-1
Oldham Athletic AFC	2-0	1-1	6-1	2-1	2-0	1-1	1-2	2-0	2-0	2-0	1-1	1-1	2-1		3-0	5-3	3-1	2-0	3-2	3-2	4-1	2-1	1-1	4-1
Oxford United FC	2-0	0-0	3-0	3-1	3-1	1-1	1-0	2-1	2-2	2-5	0-0	0-0	3-3	5-1		0-0	1-0	5-2	2-2	2-4	0-1	1-3	2-1	1-1
Plymouth Argyle FC	1-1	4-1	2-0	1-0	2-2	2-0	4-1	0-0	2-0	1-1	3-2	0-1	0-0	1-2	2-2		1-1	2-0	1-1	3-3	1-1	2-0	0-1	1-0
Portsmouth FC	0-0	3-2	1-0	4-1	3-1	0-1	5-1	1-1	3-1	0-3	0-0	0-1	2-1	1-4	1-1	3-1		2-4	2-0	2-1	0-1	1-1	0-1	0-0
Port Vale FC	0-1	3-0	0-1	3-2	3-2	1-1	0-0	1-2	2-0	3-1	0-2	0-1	0-1	1-0	1-0	5-1	3-2		1-1	3-1	0-0	1-2	0-1	1-2
Sheffield Wednesday	3-1	3-1	1-1	3-1	2-1	0-0	5-1	2-2	0-0	2-0	2-1	2-2	2-2	2-2	0-2	3-0	2-1	1-1		2-1	2-0	1-0	1-1	2-2
Swindon Town FC	1-2	1-1	1-3	0-1	0-2	1-1	3-1	1-0	5-2	1-3	0-0	3-2	1-2	2-2	0-0	1-1	3-0	1-2	2-1		1-2	2-1	0-1	1-0
Watford FC	0-0	0-3	0-1	2-3	1-1	2-1	0-1	1-1	1-0	0-3	1-2	1-2	1-3	1-1	1-1	2-0	0-1	2-1	2-2	2-2		1-1	0-1	3-1
West Bromwich Alb.	1-1	2-0	1-1	2-1	3-1	1-0	1-1	1-2	2-1	0-1	0-1	1-1	2-2	0-0	2-0	1-2	0-0	1-1	1-2	2-1	1-1		0-0	1-1
West Ham United FC	3-2	1-0	2-1	1-0	1-0	2-1	7-1	3-1	1-0	0-0	3-1	1-1	1-2	2-0	2-0	2-2	1-1	0-0	1-3	2-0	1-0	3-1		1-1
Wolverhampton W.	0-5	2-3	2-3	4-0	1-1	3-0	0-0	2-2	2-1	1-0	4-1	2-1	0-2	2-3	3-3	3-1	3-1	3-1	3-2	1-2	0-0	2-2	2-1	

	Division 2	Pd	Wn	Dw	Ls	GF	GA	Pts	
1.	Oldham Athletic AFC (Oldham)	46	25	13	8	83	53	88	P
2.	West Ham United FC (London)	46	24	15	7	60	34	87	P
3.	Sheffield Wednesday FC (Sheffield)	46	22	16	8	80	51	82	P
4.	Notts County FC (Nottingham)	46	23	11	12	76	55	80	POP
5.	Millwall FC (London)	46	20	13	13	70	51	73	PO
6.	Brighton & Hove Albion FC (Hove)	46	21	7	18	63	69	70	PO
7.	Middlesbrough FC (Middlesbrough)	46	20	9	17	66	47	69	PO
8.	Barnsley FC (Barnsley)	46	19	12	15	63	48	69	
9.	Bristol City FC (Bristol)	46	20	7	19	68	71	67	
10.	Oxford United FC (Oxford)	46	14	19	13	69	66	61	
11.	Newcastle United FC (Newcastle upon Tyne)	46	14	17	15	49	56	59	
12.	Wolverhampton Wanderers FC (Wolverhampton)	46	13	19	14	63	63	58	
13.	Bristol Rovers FC (Bristol)	46	15	13	18	56	59	58	
14.	Ipswich Town FC (Ipswich)	46	13	18	15	60	68	57	
15.	Port Vale FC (Stoke-on-Trent)	46	15	12	19	56	64	57	
16.	Charlton Athletic FC (London)	46	13	17	16	57	61	56	
17.	Portsmouth FC (Portsmouth)	46	14	11	21	58	70	53	
18.	Plymouth Argyle FC (Plymouth)	46	12	17	17	54	68	53	
19.	Blackburn Rovers FC (Blackburn)	46	14	10	22	51	66	52	
20.	Watford FC (Watford)	46	12	15	19	45	59	51	
21.	Swindon Town FC (Swindon)	46	12	14	20	65	73	50	
22.	Leicester City FC (Leicester)	46	14	8	24	60	83	50	
23.	West Bromwich Albion FC (West Bromwich)	46	10	18	18	52	61	48	R
24.	Hull City AFC (Kingston upon Hull)	46	10	15	21	57	85	45	R
		1104	389	326	389	1481	1481	1493	

Promotion Play-offs

Notts County FC (Nottingham)	3-1	Brighton & Hove Albion FC (Hove)
Brighton & Hove Albion FC (Hove)	4-1, 2-1	Millwall FC (London)
Middlesbrough FC (Middlesbrough)	1-1, 0-1	Notts County FC (Nottingham)

Football League Division 3 1990-91 Season	Birmingham City	Bolton Wanderers	Bournemouth	Bradford City	Brentford	Bury	Cambridge United	Chester City	Crewe Alexandra	Exeter City	Fulham	Grimsby Town	Huddersfield Town	Leyton Orient	Mansfield Town	Preston North End	Reading	Rotherham United	Shrewsbury Town	Southend United	Stoke City	Swansea City	Tranmere Rovers	Wigan Athletic
Birmingham City FC		1-3	0-0	1-1	0-2	1-0	0-3	1-0	0-2	1-1	2-0	0-0	1-2	3-1	0-0	1-1	1-1	2-1	0-1	1-1	2-1	2-0	1-0	0-0
Bolton Wanderers FC	3-1		4-1	0-1	1-0	1-3	2-2	1-0	3-2	1-0	3-0	0-0	1-1	1-0	1-1	1-2	3-1	0-0	1-0	1-0	0-1	1-0	2-1	2-1
AFC Bournemouth	1-2	1-0		3-1	2-0	1-1	0-1	1-0	1-1	2-1	3-0	2-1	3-1	2-2	0-0	0-0	2-0	4-2	3-2	3-1	1-1	1-0	1-0	0-3
Bradford City AFC	2-0	1-1	3-0		0-1	3-1	0-1	2-1	2-0	3-0	0-0	0-2	2-2	4-0	1-0	2-1	2-1	1-0	2-4	2-1	1-2	0-1	1-2	2-1
Brentford FC	2-2	4-2	0-0	6-1		2-2	0-3	0-1	1-0	1-0	1-2	1-0	1-0	1-0	0-0	2-0	1-0	1-2	3-0	0-1	0-4	2-0	0-2	1-0
Bury FC	0-1	2-2	2-4	0-0	1-1		3-1	2-1	1-3	3-1	1-1	3-2	2-1	1-0	1-0	3-1	2-1	3-1	2-1	0-1	1-1	1-0	3-0	2-2
Cambridge United FC	0-1	2-1	4-0	2-1	0-0	2-2		1-1	3-4	1-0	1-0	1-0	0-0	1-0	2-1	1-1	3-0	4-1	3-1	1-4	3-0	2-0	3-1	2-3
Chester City FC	0-1	0-2	0-0	4-2	1-2	1-0	0-2		3-1	1-2	1-0	1-2	1-2	2-0	1-0	1-1	1-0	1-2	3-2	1-0	1-1	2-1	0-2	1-2
Crewe Alexandra FC	1-1	1-3	0-2	0-0	3-3	2-2	3-1	1-3		1-1	1-1	1-2	1-1	3-3	3-0	2-2	1-0	3-1	1-2	0-2	1-2	3-0	2-3	1-0
Exeter City FC	0-2	2-1	2-0	2-2	1-1	2-0	0-1	1-1	3-0		0-1	0-0	2-2	2-0	2-0	4-0	1-3	2-0	3-0	1-2	2-0	2-0	0-0	1-0
Fulham FC	2-2	0-1	1-1	0-0	0-1	2-0	0-2	4-1	2-1	3-2		0-0	0-0	1-1	1-0	1-0	1-1	2-0	4-0	0-3	0-1	1-1	1-2	1-2
Grimsby Town FC	0-0	0-1	5-0	1-1	2-0	0-1	1-0	2-0	0-1	2-1	3-0		4-0	2-2	2-0	4-1	3-0	2-1	1-0	1-0	2-0	1-0	0-1	4-3
Huddersfield Town	0-1	4-0	1-3	1-2	1-2	2-1	3-1	1-1	3-1	1-0	1-0	1-1		1-0	2-2	1-0	0-2	4-0	2-1	1-2	3-0	1-2	2-1	1-0
Leyton Orient FC	1-1	0-1	2-0	2-1	1-2	1-0	0-3	1-0	3-2	1-0	1-0	0-2	1-0		2-1	1-0	4-0	3-0	3-2	0-1	0-2	3-0	4-0	1-1
Mansfield Town FC	1-2	4-0	1-1	0-1	0-2	0-1	2-2	1-0	1-3	0-2	1-1	1-1	0-0	3-3		0-1	2-0	1-2	2-1	0-1	0-0	2-0	0-2	1-1
Preston North End	2-0	1-2	0-0	0-3	1-1	1-1	0-2	0-0	5-1	1-0	1-0	1-3	1-1	2-1	3-1		1-2	1-2	4-3	2-1	2-0	2-0	0-4	2-1
Reading FC	2-2	0-1	2-1	1-2	1-2	1-0	2-2	2-2	2-1	1-0	1-0	2-0	1-2	1-2	2-1	3-3		2-0	1-2	2-4	1-0	0-0	1-0	3-1
Rotherham United	1-1	2-2	1-1	0-2	2-2	0-3	3-2	2-1	1-1	2-4	3-1	1-4	1-3	0-0	1-1	1-0	0-2		2-2	0-1	0-0	2-3	1-1	5-1
Shrewsbury Town	4-1	0-1	3-1	1-0	1-1	1-1	1-2	1-0	1-0	2-2	2-2	1-2	0-0	3-0	0-3	0-1	5-1	0-0		0-1	2-0	1-2	0-1	0-0
Southend United	2-1	1-1	2-1	1-1	0-1	2-1	0-0	1-1	3-2	2-1	1-1	2-0	0-1	1-1	2-1	3-2	1-2	2-1	2-1		1-0	4-1	1-0	0-2
Stoke City FC	0-1	2-2	1-3	2-1	2-2	2-2	1-1	2-3	1-0	2-1	2-1	0-0	2-0	1-2	3-1	0-1	0-1	3-1	1-3	4-0		2-2	1-1	2-0
Swansea City FC	2-0	1-2	1-2	0-2	2-2	1-2	0-0	1-0	3-1	0-3	2-2	0-0	1-0	0-0	1-2	3-1	3-1	5-0	0-1	1-4	2-1		1-1	1-6
Tranmere Rovers FC	1-0	1-1	1-0	2-1	2-1	1-2	2-0	1-2	2-0	1-0	1-1	1-2	2-0	3-0	6-2	2-1	0-0	1-2	1-1	3-1	1-2	2-1		1-1
Wigan Athletic AFC	1-1	2-1	2-0	3-0	1-0	1-2	0-1	2-0	1-0	4-1	2-0	2-0	1-1	1-2	0-2	2-1	1-0	2-0	2-2	4-1	4-0	2-4	0-1	

	Division 3	Pd	Wn	Dw	Ls	GF	GA	Pts	
1.	Cambridge United FC (Cambridge)	46	25	11	10	75	45	86	P
2.	Southend United FC (Southend-on-Sea)	46	26	7	13	67	51	85	P
3.	Grimsby Town FC (Cleethorpes)	46	24	11	11	66	34	83	P
4.	Bolton Wanderers FC (Bolton)	46	24	11	11	64	50	83	PO
5.	Tranmere Rovers FC (Birkenhead)	46	23	9	14	64	46	78	POP
6.	Brentford FC (London)	46	21	13	12	59	47	76	PO
7.	Bury FC (Bury)	46	20	13	13	67	56	73	PO
8.	Bradford City AFC (Bradford)	46	20	10	16	62	54	70	
9.	AFC Bournemouth (Bournemouth)	46	19	13	14	58	58	70	
10.	Wigan Athletic AFC (Wigan)	46	20	9	17	71	54	69	
11.	Huddersfield Town AFC (Huddersfield)	46	18	13	15	57	51	67	
12.	Birmingham City FC (Birmingham)	46	16	17	13	45	49	65	
13.	Leyton Orient FC (London)	46	18	10	18	55	58	64	
14.	Stoke City FC (Stoke-on-Trent)	46	16	12	18	55	59	60	
15.	Reading FC (Reading)	46	17	8	21	53	66	59	
16.	Exeter City FC (Exeter)	46	16	9	21	58	52	57	
17.	Preston North End FC (Preston)	46	15	11	20	54	67	56	
18.	Shrewsbury Town FC (Shrewsbury)	46	14	10	22	61	68	52	
19.	Chester City FC (Chester)	46	14	9	23	46	58	51	
20.	Swansea City FC (Swansea)	46	13	9	24	49	72	48	
21.	Fulham FC (London)	46	10	16	20	41	56	46	
22.	Crewe Alexandra FC (Crewe)	46	11	11	24	62	80	44	R
23.	Rotherham United FC (Rotherham)	46	10	12	24	50	87	42	R
24.	Mansfield Town FC (Mansfield)	46	8	14	24	42	63	38	R
		1104	418	268	418	1381	1381	1522	

Promotion Play-offs

Tranmere Rovers FC (Birkenhead)	1-0 (aet)	Bolton Wanderers FC (Bolton)
Brentford FC (London)	2-2, 0-1	Tranmere Rovers FC (Birkenhead)
Bury FC (Bury)	1-1, 0-1	Bolton Wanderers FC (Bolton)

Football League Division 4 1990-91 Season	Aldershot Town	Blackpool	Burnley	Cardiff City	Carlisle United	Colchester United	Darlington	Doncaster Rovers	Gillingham	Halifax Town	Hartlepool	Hereford United	Lincoln City	Maidstone	Northampton Town	Peterborough United	Rochdale	Scarborough	Scunthorpe United	Stockport County	Torquay United	Walsall	Wrexham	York City
Aldershot Town FC		1-4	1-2	0-0	3-0	1-0	0-2	1-1	1-0	2-2	1-5	1-0	0-3	4-3	3-3	5-0	2-2	2-2	3-2	2-2	2-3	0-4	3-2	0-1
Blackpool FC	4-2		1-2	3-0	6-0	3-0	1-2	2-0	2-0	2-0	2-0	3-0	5-0	2-2	2-1	1-1	0-0	3-1	3-1	3-2	1-0	1-2	4-1	1-0
Burnley FC	3-0	2-0		2-0	2-1	0-1	3-1	1-0	2-2	2-1	4-0	2-1	2-2	2-1	3-0	4-1	1-0	2-1	1-1	3-2	1-1	2-0	2-0	0-0
Cardiff City AFC	1-3	1-1	3-0		3-1	2-1	0-1	0-2	2-0	1-0	1-0	0-2	0-1	0-0	1-0	1-1	0-1	0-0	1-0	3-3	3-3	0-2	1-0	2-1
Carlisle United FC	1-2	1-0	1-1	3-2		1-0	0-2	2-3	0-4	0-3	1-0	0-1	0-0	1-0	4-1	3-2	1-1	4-1	0-3	1-0	3-1	0-3	2-0	1-0
Chesterfield FC	1-0	2-2	2-1	0-0	4-1		2-2	2-1	1-1	2-1	2-3	1-0	1-1	1-2	0-0	2-2	1-1	0-1	1-0	1-1	1-1	2-2	2-1	2-2
Darlington FC	3-1	1-1	3-1	4-1	3-1	1-0		1-1	1-1	3-0	0-1	3-1	1-1	1-1	1-1	0-1	2-0	2-1	0-0	1-0	3-0	1-0	1-0	0-0
Doncaster Rovers FC	3-0	1-0	2-1	1-1	4-0	0-1	0-1		1-1	1-2	2-2	3-1	1-0	3-0	2-1	0-2	1-0	0-2	2-3	1-0	1-1	2-0	3-1	2-2
Gillingham FC	1-1	2-2	3-2	4-0	2-1	0-1	1-0	2-0		1-0	3-0	2-1	2-2	0-2	0-0	2-3	2-2	1-1	1-1	1-3	2-2	1-0	2-3	0-0
Halifax Town AFC	3-0	5-3	1-2	1-2	1-1	2-1	0-0	0-1	1-2		1-2	0-4	1-1	3-2	2-1	1-1	2-0	1-2	0-0	0-0	0-1	5-2	2-0	2-1
Hartlepool United FC	1-0	1-2	0-0	0-2	4-1	2-0	0-0	1-1	1-0	2-1		2-1	2-0	1-0	3-1	2-0	2-2	2-0	2-0	3-1	0-0	2-1	2-1	0-1
Hereford United FC	1-0	1-1	3-0	1-1	4-2	2-3	1-1	1-1	1-1	1-0	1-3		0-1	4-0	1-2	0-0	2-0	3-3	2-0	0-0	0-0	0-0	1-0	2-0
Lincoln City FC	2-2	0-1	1-0	0-0	6-2	1-1	0-3	0-0	1-1	1-0	3-1	1-1		2-1	3-1	0-2	1-2	2-0	1-2	0-3	3-2	2-1	0-0	2-1
Maidstone United FC	1-1	1-1	1-0	3-0	0-0	1-0	2-3	0-1	3-1	5-1	1-4	1-1	4-1		1-3	2-0	0-1	0-1	6-1	2-3	2-2	1-3	0-2	5-4
Northampton Town	2-1	1-0	0-0	0-0	1-1	2-0	0-3	0-0	2-1	1-0	3-2	3-0	1-1	2-0		1-2	3-2	0-2	2-1	1-0	1-4	5-0	1-0	2-1
Peterborough United	3-2	2-0	3-2	3-0	1-1	2-1	2-2	1-1	2-0	2-0	1-1	3-0	2-0	2-0	1-0		1-1	2-0	0-0	0-0	1-2	0-0	2-2	2-0
Rochdale AFC	4-0	2-1	0-0	0-0	0-1	3-0	1-1	0-3	1-3	1-1	0-0	2-1	0-0	3-2	1-1	0-3		1-1	2-1	1-0	0-0	3-2	2-0	2-1
Scarborough FC	2-0	0-1	0-1	1-2	1-1	1-0	1-1	2-1	2-1	4-1	2-0	2-1	3-0	0-2	1-1	3-1	0-0		3-1	0-2	1-0	1-0	4-2	2-2
Scunthorpe United	6-2	2-0	1-3	0-2	2-0	3-0	2-1	1-1	1-0	4-4	2-1	3-0	2-1	2-2	3-0	1-1	2-1	3-0		3-0	3-0	1-0	2-0	2-1
Stockport County	3-2	0-0	2-2	1-1	3-1	3-1	3-1	0-0	1-1	5-1	1-3	4-2	4-0	1-0	2-0	2-1	3-0	2-2	5-0		2-1	3-0	2-0	2-0
Torquay United FC	5-0	2-1	2-0	2-1	3-0	2-0	2-1	1-0	3-1	3-1	0-1	1-1	0-1	1-1	0-0	0-0	3-1	2-0	1-1	1-1		0-0	1-0	2-1
Walsall FC	2-2	2-0	1-0	0-0	1-1	3-0	2-2	1-0	0-0	3-1	0-1	0-0	0-0	0-0	3-3	0-1	0-1	0-0	3-0	0-2	2-2		1-0	1-1
Wrexham AFC	4-2	0-1	2-4	1-0	3-0	1-1	1-1	2-1	3-0	1-2	2-2	1-2	2-2	2-2	0-2	0-0	2-1	1-2	1-0	1-3	2-1	1-1		0-4
York City FC	2-0	0-1	2-0	1-2	2-0	0-2	0-1	3-1	1-1	3-3	0-0	1-0	1-0	0-1	0-1	0-4	0-2	2-0	2-2	0-2	0-0	1-0	0-0	

	Division 4	Pd	Wn	Dw	Ls	GF	GA	Pts	
1.	Darlington FC (Darlington)	46	22	17	7	68	38	83	P
2.	Stockport County FC (Stockport)	46	23	13	10	84	47	82	P
3.	Hartlepool United FC (Hartlepool)	46	24	10	12	67	48	82	P
4.	Peterborough United FC (Peterborough)	46	21	17	8	67	45	80	P
5.	Blackpool FC (Blackpool)	46	23	10	13	78	47	79	PO
6.	Burnley FC (Burnley)	46	23	10	13	70	51	79	PO
7.	Torquay United FC (Torquay)	46	18	18	10	64	47	72	POP
8.	Scunthorpe United FC (Scunthorpe)	46	20	11	15	71	62	71	PO
9.	Scarborough FC (Scarborough)	46	19	12	15	59	56	69	
10.	Northampton Town FC (Northampton)	46	18	13	15	57	58	67	
11.	Doncaster Rovers FC (Doncaster)	46	17	14	15	56	46	65	
12.	Rochdale AFC (Rochdale)	46	15	17	14	50	53	62	
13.	Cardiff City AFC (Cardiff)	46	15	15	16	43	54	60	
14.	Lincoln City FC (Lincoln)	46	14	17	15	50	61	59	
15.	Gillingham FC (Gillingham)	46	12	18	16	57	60	54	
16.	Walsall FC (Walsall)	46	12	17	17	48	51	53	
17.	Hereford United FC (Hereford)	46	13	14	19	53	58	53	
18.	Chesterfield FC (Chesterfield)	46	13	14	19	47	62	53	
19.	Maidstone United FC (Maidstone)	46	13	12	21	66	71	51	
20.	Carlisle United FC (Carlisle)	46	13	9	24	47	89	48	
21.	York City FC (York)	46	11	13	22	45	57	46	
22.	Halifax Town AFC (Halifax)	46	12	10	24	59	79	46	
23.	Aldershot FC (Aldershot)	46	10	11	25	61	101	41	
24.	Wrexham AFC (Wrexham)	46	10	10	26	48	74	40	*
		1104	391	322	391	1415	1415	1495	

Promotion Play-offs

Torquay United FC (Torquay)	2-2 (aet)	Blackpool FC (Blackpool)
	(Torquay United won 5-4 on penalties)	
Scunthorpe United FC (Scunthorpe)	1-1, 1-2	Blackpool FC (Blackpool)
Torquay United FC (Torquay)	2-0, 0-1	Burnley FC (Burnley)

Promoted to Division 4: Barnet FC (London)

* Wrexham AFC were saved from relegation to non-league status due to the expansion of the Football League from 92 to 93 clubs. As a result Division 1 was extended to 22 clubs and Division 4 was reduced to 23 clubs.

F.A. CUP FINAL (Wembley Stadium, London – 18/05/1991 – 80,000)

TOTTENHAM HOTSPUR FC (LONDON)	2-1 (aet)	Nottingham Forest FC (Nottingham)
Stewart 54', Walker 93' o.g.		*Pearce 15'*

Tottenham: Thorstvedt, Edinburgh, van den Hauwe, Sedgley, Howells, Mabbutt, Stewart, Gascoigne (Nayim 17'), Samways (Walsh 81'), Lineker, Allen.

Forest: Crossley, Charles, Pearce, Walker, Chettle, Keane, Crosby, Parker, Clough, Glover (Laws 107'), Woan (Hodge 61').

Semi-finals

Nottingham Forest FC (Nottingham)	4-0	West Ham United FC (London)
Tottenham Hotspur FC (London)	3-1	Arsenal FC (London)

Quarter-finals

Arsenal FC (London)	2-1	Cambridge United FC (Cambridge)
Norwich City FC (Norwich)	0-1	Nottingham Forest FC (Nottingham)
Tottenham Hotspur FC (London)	2-1	Notts County FC (Nottingham)
West Ham United FC (London)	2-1	Everton FC (Liverpool)

1991-92

Football League Division 1 1991-92 Season	Arsenal	Aston Villa	Chelsea	Coventry City	Crystal Palace	Everton	Leeds United	Liverpool	Luton Town	Man. City	Man. United	Norwich City	Nottingham F.	Notts County	Oldham Athletic	Q.P.R.	Sheffield United	Sheffield Wed.	Southampton	Tottenham H.	West Ham Utd.	Wimbledon
Arsenal FC		0-0	3-2	1-2	4-1	4-2	1-1	4-0	2-0	2-1	1-1	1-1	3-3	2-0	2-1	1-1	5-2	7-1	5-1	2-0	0-1	1-1
Aston Villa FC	3-1		3-1	2-0	0-1	0-0	1-4	1-0	4-0	3-1	0-1	1-0	3-1	1-0	1-0	0-1	1-1	0-1	2-1	0-0	3-1	2-1
Chelsea FC	1-1	2-0		0-1	1-1	2-2	0-1	2-2	4-1	1-1	1-3	0-3	1-0	2-2	4-2	2-1	1-2	0-3	1-1	2-0	2-1	2-2
Coventry City FC	0-1	1-0	0-1		1-2	0-1	0-0	0-0	5-0	0-1	0-0	0-0	0-2	1-0	1-1	2-2	3-1	0-0	2-0	1-2	1-0	0-1
Crystal Palace FC	1-4	0-0	0-0	0-1		2-0	1-0	1-0	1-1	1-1	1-3	3-4	0-0	1-0	0-0	2-2	2-1	1-1	1-0	1-2	2-3	3-2
Everton FC	3-1	0-2	2-1	3-0	2-2		1-1	1-1	1-1	1-2	0-0	1-1	1-1	1-0	2-1	0-0	0-2	0-1	0-1	3-1	4-0	2-0
Leeds United AFC	2-2	0-0	3-0	2-0	1-1	1-0		1-0	2-0	3-0	1-1	1-0	1-0	3-0	1-0	2-0	4-3	1-1	3-3	1-1	0-0	5-1
Liverpool FC	2-0	1-1	1-2	1-0	1-2	3-1	0-0		2-1	2-2	2-0	2-1	2-0	4-0	2-1	1-0	2-1	1-1	0-0	2-1	1-0	2-3
Luton Town FC	1-0	2-0	2-0	1-0	1-1	0-1	0-2	0-0		2-2	1-1	2-0	2-1	1-1	2-1	0-1	2-1	2-2	2-1	0-0	0-1	2-1
Manchester City FC	1-0	2-0	0-0	1-0	3-2	0-1	4-0	2-1	4-0		0-0	2-1	2-1	2-0	1-2	2-2	3-2	0-1	0-1	1-0	2-0	0-0
Manchester United FC	1-1	1-0	1-1	4-0	2-0	1-0	1-1	0-0	5-0	1-1		3-0	1-2	2-0	1-0	1-4	2-0	1-1	1-0	3-1	2-1	0-0
Norwich City FC	1-3	2-1	0-1	3-2	3-3	4-3	2-2	3-0	1-0	0-0	1-3		0-0	0-1	1-2	0-1	2-2	1-0	2-1	0-1	2-1	1-1
Nottingham Forest FC	3-2	2-0	1-1	1-0	5-1	2-1	0-0	1-1	1-1	2-0	1-0	2-0		1-1	3-1	1-1	2-5	0-2	1-3	1-3	2-2	4-2
Notts County FC	0-1	0-0	2-0	1-0	2-3	0-0	2-4	1-2	2-1	1-3	1-1	2-2	0-4		2-0	0-1	1-3	2-1	1-0	0-2	3-0	1-1
Oldham Athletic AFC	1-1	3-2	3-0	2-1	2-3	2-2	2-0	2-3	5-1	2-5	3-6	2-2	2-1	4-3		2-1	2-1	3-0	1-1	1-0	2-2	0-1
Queen's Park Rangers FC	0-0	0-1	2-2	1-1	1-0	3-1	4-1	0-0	2-1	4-0	0-0	0-2	0-2	1-1	1-3		1-0	1-1	2-2	1-2	0-0	1-1
Sheffield United FC	1-1	2-0	0-1	0-3	1-1	2-1	2-3	2-0	1-1	4-2	1-2	1-0	4-2	1-3	2-0	0-0		2-0	0-2	2-0	1-1	0-0
Sheffield Wednesday FC	1-1	2-3	3-0	1-1	4-1	2-1	1-6	0-0	3-2	2-0	3-2	2-0	2-1	1-0	1-1	4-1	1-3		2-0	0-0	2-1	2-0
Southampton FC	0-4	1-1	1-0	0-0	1-0	1-2	0-4	1-1	2-1	0-3	0-1	0-0	0-1	1-1	1-0	2-1	2-4	0-1		2-3	1-0	1-0
Tottenham Hotspur FC	1-1	2-5	1-3	4-3	0-1	3-3	1-3	1-2	4-1	0-1	1-2	3-0	1-2	2-1	0-0	2-0	0-1	0-2	1-2		3-0	3-2
West Ham United FC	0-2	3-1	1-1	0-1	0-2	0-2	1-3	0-0	0-0	1-2	1-0	4-0	3-0	0-2	1-0	2-2	1-1	1-2	0-1	2-1		1-1
Wimbledon FC	1-3	2-0	1-2	1-1	1-1	0-0	0-0	0-0	3-0	2-1	1-2	3-1	3-0	2-0	2-1	0-1	3-0	2-1	0-1	3-5	2-0	

	Division 1	**Pd**	**Wn**	**Dw**	**Ls**	**GF**	**GA**	**Pts**	
1.	LEEDS UNITED AFC (LEEDS)	42	22	16	4	74	37	82	
2.	Manchester United FC (Manchester)	42	21	15	6	63	33	78	
3.	Sheffield Wednesday FC (Sheffield)	42	21	12	9	62	49	75	
4.	Arsenal FC (London)	42	19	15	8	81	46	72	
5.	Manchester City FC (Manchester)	42	20	10	12	61	48	70	
6.	Liverpool FC (Liverpool)	42	16	16	10	47	40	64	
7.	Aston Villa FC (Birmingham)	42	17	9	16	48	44	60	
8.	Nottingham Forest FC (Nottingham)	42	16	11	15	60	58	59	
9.	Sheffield United FC (Sheffield)	42	16	9	17	65	63	57	
10.	Crystal Palace FC (London)	42	14	15	13	53	61	57	
11.	Queen's Park Rangers FC (London)	42	12	18	12	48	47	54	
12.	Everton FC (Liverpool)	42	13	14	15	52	51	53	
13.	Wimbledon FC (London)	42	13	14	15	53	53	53	
14.	Chelsea FC (London)	42	13	14	15	50	60	53	
15.	Tottenham Hotspur FC (London)	42	15	7	20	58	63	52	
16.	Southampton FC (Southampton)	42	14	10	18	39	55	52	
17.	Oldham Athletic AFC (Oldham)	42	14	9	19	63	67	51	
18.	Norwich City FC (Norwich)	42	11	12	19	47	63	45	
19.	Coventry City FC (Coventry)	42	11	11	20	35	44	44	
20.	Luton Town FC (Luton)	42	10	12	20	38	71	42	R
21.	Notts County FC (Nottingham)	42	10	10	22	40	62	40	R
22.	West Ham United FC (London)	42	9	11	22	37	59	38	R
		924	327	270	327	1174	1174	1251	

The Football Association took over administration of Division 1 which was changed to "F.A. Premiership" for the next season. The "Football League" retained control of the lower divisions (2, 3, 4) whose names were changed to Divisions 1, 2, 3 respectively.

Top Goalscorers

1)	Ian WRIGHT	(Crystal Palace/Arsenal)	29	(including 5 for Crystal Palace)
2)	Gary LINEKER	(Tottenham Hotspur FC)	28	

Football League Division 2 1991-92 Season	Barnsley	Blackburn Rovers	Brighton & H.A.	Bristol City	Bristol Rovers	Cambridge	Charlton Athletic	Derby County	Grimsby Town	Ipswich Town	Leicester City	Middlesbrough	Millwall	Newcastle United	Oxford United	Plymouth Argyle	Portsmouth	Port Vale	Southend United	Sunderland	Swindon Town	Tranmere Rovers	Watford	Wolves
Barnsley FC		2-1	1-2	1-2	0-1	0-0	1-0	0-3	4-1	1-0	3-1	2-1	0-2	3-0	1-0	1-3	2-0	0-0	1-0	0-3	1-1	1-1	0-3	2-0
Blackburn Rovers FC	3-0		1-0	4-0	3-0	2-1	0-2	2-0	2-1	1-2	0-1	2-1	2-1	3-1	1-1	5-2	1-1	1-0	2-2	2-2	2-1	0-0	1-0	1-2
Brighton & Hove Alb.	3-1	0-3		0-0	3-1	1-1	1-2	1-2	3-0	2-2	1-2	1-1	3-4	2-2	1-2	1-0	2-1	3-1	3-2	2-2	0-2	0-2	0-1	3-3
Bristol City FC	0-2	1-0	2-1		1-0	1-2	0-2	1-2	1-1	2-1	2-1	1-1	2-2	1-1	1-1	2-0	0-2	3-0	2-2	1-0	1-1	2-2	1-0	2-0
Bristol Rovers FC	0-0	3-0	4-1	3-2		2-2	1-0	2-3	2-3	3-3	1-1	2-1	3-2	1-2	2-1	0-0	1-0	3-3	4-1	2-1	1-1	1-0	1-1	1-1
Cambridge United FC	2-1	2-1	0-0	0-0	6-1		1-0	0-0	0-1	1-1	5-1	0-0	1-0	0-2	1-1	1-1	2-2	4-2	0-1	3-0	3-2	0-0	0-1	2-1
Charlton Athletic FC	1-1	0-2	2-0	2-1	1-0	1-2		0-2	1-3	1-1	2-0	0-0	1-0	2-1	2-2	0-0	3-0	2-0	2-0	1-4	0-0	0-1	1-1	0-2
Derby County FC	1-1	0-2	3-1	4-1	1-0	0-0	1-2		0-0	1-0	1-2	2-0	0-2	4-1	2-2	2-0	2-0	3-1	1-2	1-2	2-1	0-1	3-1	1-2
Grimsby Town FC	0-1	2-3	0-1	3-1	0-1	3-4	1-0	0-1		1-2	0-1	1-0	1-1	1-1	1-0	2-1	1-1	1-2	3-2	2-0	0-0	2-2	0-1	0-2
Ipswich Town FC	2-0	2-1	3-1	4-2	1-0	1-2	2-0	2-1	0-0		0-0	2-1	0-0	3-2	2-1	2-0	5-2	2-1	1-0	0-1	1-4	4-0	1-2	2-1
Leicester City FC	3-1	3-0	2-1	2-1	1-1	2-1	0-2	1-2	2-0	2-2		2-1	1-1	1-2	2-1	2-0	2-2	0-1	2-0	3-2	3-1	1-0	1-2	3-0
Middlesbrough FC	0-1	0-0	4-0	3-1	2-1	1-1	2-0	1-1	2-0	1-0	3-0		1-0	3-0	2-1	2-1	2-0	1-0	1-1	2-1	2-2	1-0	1-2	0-0
Millwall FC	1-1	1-3	1-2	2-3	0-1	1-2	1-0	1-2	1-1	2-3	2-0	2-0		2-1	2-1	2-1	1-1	1-0	2-0	4-1	1-1	0-3	0-4	2-1
Newcastle United FC	1-1	0-0	0-1	3-0	2-1	1-1	3-4	2-2	2-0	1-1	2-0	0-1	0-1		4-3	2-2	1-0	2-2	3-2	1-0	3-1	2-3	2-2	1-2
Oxford United FC	0-1	1-3	3-1	1-1	2-2	1-0	1-2	2-0	1-2	1-1	1-2	1-2	2-2	5-2		3-2	2-1	2-2	0-1	3-0	5-3	1-0	0-0	1-0
Plymouth Argyle FC	2-1	1-3	1-1	1-0	0-0	0-1	0-2	1-1	1-2	1-0	2-2	1-1	3-2	2-0	3-1		3-2	1-0	0-2	1-0	0-4	1-0	0-1	1-0
Portsmouth FC	2-0	2-2	0-0	1-0	2-0	3-0	1-2	0-1	2-0	1-1	1-0	4-0	6-1	3-1	2-1	4-1		1-0	1-1	1-0	1-1	2-0	0-0	1-0
Port Vale FC	0-0	2-0	2-1	1-1	0-1	1-0	1-1	1-0	0-1	1-2	1-2	1-2	0-2	0-1	2-1	1-0	0-2		0-0	3-3	2-2	1-1	2-1	1-1
Southend United FC	2-1	3-0	2-1	1-1	2-0	1-1	1-1	1-0	3-1	1-2	1-2	0-1	2-3	4-0	2-3	2-1	2-3	0-0		2-0	3-2	1-1	1-0	0-2
Sunderland AFC	2-0	1-1	4-2	1-3	1-1	2-2	1-2	1-1	1-2	3-0	1-0	1-0	6-2	1-1	2-0	0-1	1-0	1-1	1-2		0-0	1-1	3-1	1-0
Swindon Town FC	3-1	2-1	2-1	2-0	1-0	0-2	1-2	1-2	1-1	0-0	0-0	0-1	3-1	2-1	2-1	1-0	2-3	1-0	3-1	5-3		2-0	3-1	1-0
Tranmere Rovers FC	2-1	2-2	1-1	2-2	2-2	1-2	2-2	4-3	1-1	0-1	1-2	1-2	2-1	3-2	1-2	1-0	2-0	2-1	1-1	1-0	0-0		1-1	4-3
Watford FC	1-1	2-1	0-1	5-2	1-0	1-3	2-0	1-2	2-0	0-1	0-1	1-2	0-2	2-2	2-0	1-0	2-1	0-0	1-2	1-0	0-0	0-0		0-2
Wolverhampton W.	1-2	0-0	2-0	1-1	2-3	2-1	1-1	2-3	2-1	1-2	0-1	1-2	0-0	6-2	3-1	1-0	0-0	0-2	3-1	1-0	2-1	1-1	3-0	

	Division 2	Pd	Wn	Dw	Ls	GF	GA	Pts	
1.	Ipswich Town FC (Ipswich)	46	24	12	10	70	50	84	P
2.	Middlesbrough FC (Middlesbrough)	46	23	11	12	58	41	80	P
3.	Derby County FC (Derby)	46	23	9	14	69	51	78	PO
4.	Leicester City FC (Leicester)	46	23	8	15	62	55	77	PO
5.	Cambridge United FC (Cambridge)	46	19	17	10	65	47	74	PO
6.	Blackburn Rovers FC (Blackburn)	46	21	11	14	70	53	74	POP
7.	Charlton Athletic FC (London)	46	20	11	15	54	48	71	
8.	Swindon Town FC (Swindon)	46	18	15	13	69	55	69	
9.	Portsmouth FC (Portsmouth)	46	19	12	15	65	51	69	
10.	Watford FC (Watford)	46	18	11	17	51	48	65	
11.	Wolverhampton Wanderers FC (Wolverhampton)	46	18	10	18	61	54	64	
12.	Southend United FC (Southend-on-Sea)	46	17	11	18	63	63	62	
13.	Bristol Rovers FC (Bristol)	46	16	14	16	60	63	62	
14.	Tranmere Rovers FC (Birkenhead)	46	14	19	13	56	56	61	
15.	Millwall FC (London)	46	17	10	19	64	71	61	
16.	Barnsley FC (Barnsley)	46	16	11	19	46	57	59	
17.	Bristol City FC (Bristol)	46	13	15	18	55	71	54	
18.	Sunderland AFC (Sunderland)	46	14	11	21	61	65	53	
19.	Grimsby Town FC (Cleethorpes)	46	14	11	21	47	62	53	
20.	Newcastle United FC (Newcastle upon Tyne)	46	13	13	20	66	84	52	
21.	Oxford United FC (Oxford)	46	13	11	22	66	73	50	
22.	Plymouth Argyle FC (Plymouth)	46	13	9	24	42	64	48	R
23.	Brighton & Hove Albion FC (Hove)	46	12	11	23	56	77	47	R
24.	Port Vale FC (Stoke-on-Trent)	46	10	15	21	42	59	45	R
		1104	408	288	408	1418	1418	1412	

Promotion Play-offs

Blackburn Rovers FC (Blackburn)	1-0	Leicester City FC (Leicester)
Blackburn Rovers FC (Blackburn)	4-2, 1-2	Derby County FC (Derby)
Cambridge United FC (Cambridge)	1-1, 0-5	Leicester City FC (Leicester)

Football League Division 3 1991-92 Season	Birmingham City	Bolton Wanderers	Bournemouth	Bradford City	Brentford	Bury	Chester City	Darlington	Exeter City	Fulham	Hartlepool	Huddersfield Town	Hull City	Leyton Orient	Peterborough United	Preston North End	Reading	Shrewsbury Town	Stockport County	Stoke City	Swansea City	Torquay United	W.B.A.	Wigan Athletic
Birmingham City FC		2-1	0-1	2-0	1-0	3-2	3-2	1-0	1-0	3-1	2-1	2-0	2-2	2-2	1-1	3-1	2-0	1-0	3-0	1-1	1-1	3-0	0-3	3-3
Bolton Wanderers FC	1-1		0-2	1-1	1-2	2-1	0-0	2-0	1-2	0-3	2-2	1-1	1-0	1-0	2-1	1-0	1-1	1-0	0-0	3-1	0-0	1-0	3-0	1-1
AFC Bournemouth	2-1	1-2		1-3	0-0	4-0	2-0	1-2	1-0	0-0	2-0	1-1	0-0	0-1	1-2	1-0	3-2	1-0	1-0	1-2	3-0	2-1	2-1	3-0
Bradford City AFC	1-2	4-4	3-1		0-1	1-1	1-1	0-1	1-1	3-4	1-1	1-1	2-1	1-1	2-1	1-1	1-0	3-0	1-0	1-0	4-6	2-0	1-1	1-1
Brentford FC	2-2	3-2	2-2	3-4		0-3	2-0	4-1	3-0	4-0	1-0	2-3	4-1	4-3	2-1	1-0	1-0	2-0	2-1	2-0	3-2	3-2	1-2	4-0
Bury FC	1-0	1-1	0-1	0-1	0-3		1-2	1-0	3-1	3-1	1-1	4-4	3-2	4-2	3-0	2-3	0-1	0-0	0-0	1-3	1-0	0-0	1-1	1-4
Chester City FC	0-1	0-1	0-1	0-0	1-1	3-1		2-5	5-2	2-0	2-0	0-0	1-1	1-0	2-4	3-2	2-2	1-4	3-2	0-0	2-0	2-0	1-2	1-0
Darlington FC	1-1	3-2	0-0	1-3	1-2	0-2	1-1		5-2	3-1	4-0	1-3	0-1	0-1	1-2	0-2	2-4	3-3	1-3	0-1	1-1	3-2	0-1	0-1
Exeter City FC	2-1	2-2	0-3	1-0	1-2	5-2	0-0	4-1		1-1	1-1	0-1	0-3	2-0	2-2	4-1	2-1	1-0	2-1	0-0	2-1	1-0	1-1	0-1
Fulham FC	0-1	1-1	2-0	2-1	0-1	4-2	2-2	4-0	0-0		1-0	1-0	0-0	2-1	0-1	1-0	1-0	0-1	1-2	1-1	3-0	2-1	0-0	1-1
Hartlepool United FC	1-0	0-4	1-0	1-0	1-0	0-0	1-0	2-0	3-1	2-0		0-0	2-3	2-3	0-1	2-0	2-0	4-2	0-1	1-1	0-1	1-1	0-0	4-3
Huddersfield Town	3-2	1-0	0-0	1-0	2-1	3-0	2-0	2-1	0-0	3-1	1-0		1-1	1-0	0-0	1-2	1-2	2-1	0-1	1-2	1-0	4-0	3-0	3-1
Hull City AFC	1-2	2-0	0-1	0-0	0-3	0-1	1-0	5-2	1-2	0-0	0-2	1-0		1-0	1-2	2-2	0-1	4-0	0-2	0-1	3-0	4-1	1-0	1-1
Leyton Orient FC	0-0	2-1	1-1	1-1	4-2	4-0	1-0	2-1	1-0	0-1	4-0	1-0	1-0		1-2	0-0	1-1	2-0	3-3	0-1	1-2	2-0	1-1	3-1
Peterborough United	2-3	1-0	2-0	2-1	0-1	0-0	2-0	1-1	1-1	4-1	3-2	2-0	3-0	0-2		1-0	5-3	1-0	3-2	1-1	3-1	1-1	0-0	0-0
Preston North End	3-2	2-1	2-2	1-1	3-2	2-0	0-3	2-1	1-3	1-2	1-4	1-0	3-1	2-1	1-1		1-1	2-2	3-2	2-2	1-1	3-0	2-0	3-0
Reading FC	1-1	1-0	0-0	1-2	0-0	3-2	0-0	2-2	1-0	0-2	0-1	1-0	0-1	3-2	1-1	2-2		2-1	1-1	3-4	1-0	6-1	1-2	3-2
Shrewsbury Town	1-1	1-3	1-2	3-2	1-0	1-1	2-2	0-2	6-1	0-0	1-4	1-1	2-3	0-1	2-0	2-0	1-2		0-1	1-0	0-0	2-2	1-3	1-0
Stockport County	2-0	2-2	5-0	4-1	2-1	2-0	0-4	2-0	4-1	2-0	0-1	0-0	1-1	1-0	3-0	2-0	1-0	1-4		0-0	5-0	2-1	3-0	3-3
Stoke City FC	2-1	2-0	1-1	0-0	2-1	1-2	0-1	3-0	5-2	2-2	3-2	0-2	2-3	2-0	3-3	2-1	3-0	1-0	2-2		2-1	3-0	1-0	3-0
Swansea City FC	0-2	1-1	3-1	2-2	1-1	2-1	3-0	4-2	1-0	2-2	1-1	0-1	0-0	2-2	1-0	2-2	1-2	1-2	2-1	2-1		1-0	0-0	3-0
Torquay United FC	1-2	2-0	1-0	1-1	1-1	0-2	3-2	3-0	1-0	0-1	3-1	0-1	2-1	1-0	2-2	1-0	1-2	1-2	2-0	1-0	1-0		1-0	0-1
West Bromwich Alb.	0-1	2-2	4-0	1-1	2-0	1-1	1-1	3-1	6-3	2-3	1-2	2-1	1-0	1-3	4-0	3-0	2-0	2-0	1-0	2-2	2-3	1-0		1-1
Wigan Athletic AFC	3-0	1-1	2-0	2-1	2-1	2-0	2-1	1-2	4-1	0-2	1-1	1-3	0-1	1-1	3-0	3-0	1-1	1-1	1-3	1-0	1-0	0-0	0-1	

	Division 3	Pd	Wn	Dw	Ls	GF	GA	Pts	
1.	Brentford FC (London)	46	25	7	14	81	55	82	P
2.	Birmingham City FC (Birmingham)	46	23	12	11	69	52	81	P
3.	Huddersfield Town AFC (Huddersfield)	46	22	12	12	59	38	78	PO
4.	Stoke City FC (Stoke-on-Trent)	46	21	14	11	69	49	77	PO
5.	Stockport County FC (Stockport)	46	22	10	14	75	51	76	PO
6.	Peterborough United FC (Peterborough)	46	20	14	12	65	58	74	POP
7.	West Bromwich Albion FC (West Bromwich)	46	19	14	13	64	49	71	
8.	AFC Bournemouth (Bournemouth)	46	20	11	15	52	48	71	
9.	Fulham FC (London)	46	19	13	14	57	53	70	
10.	Leyton Orient FC (London)	46	18	11	17	62	52	65	
11.	Hartlepool United FC (Hartlepool)	46	18	11	17	57	57	65	
12.	Reading FC (Reading)	46	16	13	17	59	62	61	
13.	Bolton Wanderers FC (Bolton)	46	14	17	15	57	56	59	
14.	Hull City AFC (Kingston upon Hull)	46	16	11	19	54	54	59	
15.	Wigan Athletic AFC (Wigan)	46	15	14	17	58	64	59	
16.	Bradford City AFC (Bradford)	46	13	19	14	62	61	58	
17.	Preston North End FC (Preston)	46	15	12	19	61	72	57	
18.	Chester City FC (Chester)	46	14	14	18	56	59	56	
19.	Swansea City FC (Swansea)	46	14	14	18	55	65	56	
20.	Exeter City FC (Exeter)	46	14	11	21	57	80	53	
21.	Bury FC (Bury)	46	13	12	21	55	74	51	R
22.	Shrewsbury Town FC (Shrewsbury)	46	12	11	23	53	68	47	R
23.	Torquay United FC (Torquay)	46	13	8	25	42	68	47	R
24.	Darlington FC (Darlington)	46	10	7	29	56	90	37	R
		1104	406	292	406	1435	1435	1510	

Promotion Play-offs

Peterborough United FC (Peterborough)	2-1	Stockport County FC (Stockport)
Peterborough United FC (Peterborough)	2-2, 2-1	Huddersfield Town AFC (Huddersfield)
Stockport County FC (Stockport)	1-0, 1-1	Stoke City FC (Stoke-on-Trent)

Football League Division 4 1991-92 Season	Aldershot Town	Barnet	Blackpool	Burnley	Cardiff City	Carlisle United	Chesterfield	Crewe Alexandra	Doncaster R.	Gillingham	Halifax Town	Hereford United	Lincoln City	Maidstone	Mansfield Town	Northampton T.	Rochdale	Rotherham Utd.	Scarborough	Scunthorpe Utd.	Walsall	Wrexham	York City
Aldershot Town FC		0-1	2-5	1-2	1-2	2-2	---	0-2	0-0	0-0	1-3	---	0-3	3-0	1-3	1-4	1-1	0-1	---	0-0	1-1	---	---
Barnet FC	5-0		3-0	0-0	3-1	4-2	1-2	4-7	1-0	2-0	3-0	1-0	1-0	3-2	2-0	3-0	3-0	2-5	5-1	3-2	0-1	2-0	2-0
Blackpool FC	1-0	4-2		5-2	1-1	1-0	3-1	0-2	1-0	2-0	3-0	2-0	3-0	1-1	2-1	1-0	3-0	3-0	1-1	2-1	3-0	4-0	3-1
Burnley FC	2-0	3-0	1-1		3-1	2-0	3-0	1-1	2-1	4-1	1-0	2-0	1-0	2-1	3-2	5-0	0-1	1-2	1-1	1-1	2-0	1-2	3-1
Cardiff City AFC	2-0	3-1	1-1	0-2		1-0	4-0	1-1	2-1	2-3	4-0	1-0	1-2	0-5	3-2	3-2	1-2	1-0	2-1	2-2	2-1	5-0	3-0
Carlisle United FC	---	1-3	1-2	1-1	2-2		1-2	2-1	1-0	0-0	1-1	1-0	0-2	3-0	1-2	2-1	0-0	1-3	2-2	0-0	3-3	0-1	1-1
Chesterfield FC	2-1	3-2	1-1	0-2	2-2	0-0		2-1	0-0	3-3	4-0	2-0	1-5	3-0	0-2	1-2	0-1	1-1	1-0	0-1	0-1	1-1	1-3
Crewe Alexandra FC	4-0	3-0	1-0	1-0	1-1	2-1	3-1		1-0	2-1	3-2	4-2	1-0	1-1	1-2	1-1	1-1	0-1	3-3	1-1	0-1	2-1	1-0
Doncaster Rovers FC	1-0	1-0	0-2	1-4	1-2	0-3	0-1	1-3		1-1	0-2	2-0	1-5	3-0	0-1	0-3	2-0	1-1	3-2	1-2	0-1	3-1	0-1
Gillingham FC	3-1	3-3	3-2	3-0	0-0	1-2	0-1	0-1	2-1		2-0	2-1	1-3	1-1	2-0	3-1	0-0	5-1	2-0	4-0	4-0	2-1	1-1
Halifax Town AFC	---	3-1	1-2	0-2	1-1	3-2	2-0	2-1	0-0	0-3		0-2	1-4	1-1	1-3	0-1	1-1	0-4	1-0	1-4	1-0	4-3	0-0
Hereford United FC	1-0	2-2	1-2	2-0	2-2	1-0	1-0	1-2	0-1	2-0	0-2		3-0	2-2	0-1	1-2	1-1	1-0	4-1	1-2	1-2	3-1	2-1
Lincoln City FC	0-0	0-6	2-0	0-3	0-0	1-0	1-2	2-2	2-0	1-0	0-0	3-0		1-0	2-0	1-2	0-3	0-2	0-2	4-2	1-0	0-0	0-0
Maidstone United FC	1-2	1-1	0-0	0-1	1-1	5-1	0-1	2-0	2-2	1-1	0-1	3-2	0-2		0-0	1-1	1-1	0-0	2-1	0-1	2-1	2-4	1-0
Mansfield Town FC	3-0	1-2	1-1	0-1	3-0	2-1	2-1	4-3	2-2	4-3	3-2	1-1	0-0	2-0		2-0	2-1	1-0	1-2	1-3	3-1	3-0	5-2
Northampton Town FC	1-0	1-1	1-1	1-2	0-0	2-2	1-1	0-1	3-1	0-0	4-0	0-1	1-0	1-0	1-2		2-2	1-2	3-2	0-1	0-1	1-1	2-2
Rochdale AFC	---	1-0	4-2	1-3	2-0	3-1	3-3	1-0	1-1	2-1	1-0	3-1	1-0	1-2	0-2	1-0		1-1	2-2	2-0	1-1	2-1	1-1
Rotherham United FC	2-0	3-0	2-0	2-1	1-2	1-0	1-1	1-2	3-1	1-1	1-0	0-0	1-1	3-3	1-1	1-0	2-0		0-2	5-0	2-1	3-0	4-0
Scarborough FC	0-2	0-4	1-2	3-1	2-2	2-2	3-2	2-1	1-0	2-1	3-0	1-1	1-1	2-0	0-0	2-1	3-2	0-3		4-1	2-3	4-1	1-0
Scunthorpe United FC	1-0	1-1	2-1	2-2	1-0	4-0	2-0	1-0	3-2	2-0	1-0	1-1	0-2	2-0	1-4	3-0	6-2	1-0	1-1		1-1	3-1	1-0
Walsall FC	3-1	2-0	4-2	2-2	0-0	0-0	2-2	2-3	1-3	0-1	3-0	3-0	0-0	1-1	3-3	1-2	1-3	0-2	0-0	2-1		0-0	1-1
Wrexham AFC	0-0	1-0	1-1	2-6	0-3	3-0	0-1	1-0	1-2	2-1	2-0	0-1	1-1	0-0	3-2	2-2	2-1	0-3	2-0	4-0	2-1		2-1
York City FC	1-0	1-4	1-0	1-2	1-3	2-0	0-1	1-1	1-1	1-1	1-1	1-0	1-1	1-1	1-2	0-0	0-1	1-1	4-1	3-0	2-0	2-2	

	Division 4	Pd	Wn	Dw	Ls	GF	GA	Pts	
1.	Burnley FC (Burnley)	42	25	8	9	79	43	83	P
2.	Rotherham United FC (Rotherham)	42	22	11	9	70	37	77	P
3.	Mansfield Town FC (Mansfield)	42	23	8	11	75	53	77	P
4.	Blackpool FC (Blackpool)	42	22	10	10	71	45	76	POP
5.	Scunthorpe United FC (Scunthorpe)	42	21	9	12	64	59	72	PO
6.	Crewe Alexandra FC (Crewe)	42	20	10	12	66	51	70	PO
7.	Barnet FC (London)	42	21	6	15	81	61	69	PO
8.	Rochdale AFC (Rochdale)	42	18	13	11	57	53	67	
9.	Cardiff City AFC (Cardiff)	42	17	15	10	66	53	66	
10.	Lincoln City FC (Lincoln)	42	17	11	14	50	44	62	
11.	Gillingham FC (Gillingham)	42	15	12	15	63	53	57	
12.	Scarborough FC (Scarborough)	42	15	12	15	64	68	57	
13.	Chesterfield FC (Chesterfield)	42	14	11	17	49	61	53	
14.	Wrexham AFC (Wrexham)	42	14	9	19	52	73	51	
15.	Walsall FC (Walsall)	42	12	13	17	48	58	49	
16.	Northampton Town FC (Northampton)	42	11	13	18	46	57	46	
17.	Hereford United FC (Hereford)	42	12	8	22	44	57	44	
18.	Maidstone United FC (Maidstone)	42	8	18	16	45	56	42	
19.	York City FC (York)	42	8	16	18	42	58	40	
20.	Halifax Town AFC (Halifax)	42	10	8	24	34	75	38	
21.	Doncaster Rovers FC (Doncaster)	42	9	8	25	40	65	35	
22.	Carlisle United FC (Carlisle)	42	7	13	22	41	67	34	
---.	Aldershot FC (Aldershot)	36	3	8	25	21	63	17	#
		924	341	242	341	1247	1247	1265	

\# Aldershot FC resigned from the league on 26th March 1992 after being declared bankrupt. Their playing record was deleted.

Promoted to Division 4: Colchester United FC (Colchester)

F.A. CUP FINAL (Wembley Stadium, London – 09/05/1992 – 79,544)

LIVERPOOL FC (LIVERPOOL)	2-0	Sunderland AFC (Sunderland)

Thomas 46', Rush 69'

Liverpool: Grobbelaar, Jones, Burrows, Nicol, Mølby, Wright, Saunders, Houghton, I.Rush, McManaman, Thomas.

Sunderland: Norman, Owers, Rogan, Bennett, Ball, D.Rush (Hardyman 70'), Bracewell, Davenport, Armstrong (Hawke 79'), Byrne, Atkinson.

Semi-finals

Liverpool FC (Liverpool)	1-1 (aet), 0-0 (aet)	Portsmouth FC (Portsmouth)
Liverpool won 3-1 on penalties.		
Sunderland AFC (Sunderland)	1-0	Norwich City FC (Norwich)

Quarter-finals

Chelsea FC (London)	1-1, 1-2	Sunderland AFC (Sunderland)
Liverpool FC (Liverpool)	1-0	Aston Villa FC (Birmingham)
Portsmouth FC (Portsmouth)	1-0	Nottingham Forest FC (Nottingham)
Southampton FC (Southampton)	0-0, 1-2	Norwich City FC (Norwich)

1992-93

F.A. Premier League 1992-93 Season	Arsenal	Aston Villa	Blackburn R.	Chelsea	Coventry City	Crystal Palace	Everton	Ipswich Town	Leeds United	Liverpool	Man. City	Man. United	Middlesbrough	Norwich City	Nottingham F.	Oldham Athletic	Q.P.R.	Sheffield United	Sheffield Wed.	Southampton	Tottenham H.	Wimbledon
Arsenal FC		0-1	0-1	2-1	3-0	3-0	2-0	0-0	0-0	0-1	1-0	0-1	1-1	2-4	1-0	2-0	0-0	1-1	2-1	4-3	1-3	0-1
Aston Villa FC	1-0		0-0	1-3	0-0	3-0	2-1	2-0	1-1	4-2	3-1	1-0	5-1	2-3	2-1	0-1	2-0	3-1	2-0	1-1	0-0	1-0
Blackburn Rovers FC	1-0	3-0		2-0	2-5	1-2	2-3	2-1	3-1	4-1	1-0	0-0	1-1	7-1	4-1	2-0	1-0	1-0	1-0	0-0	0-2	0-0
Chelsea FC	0-0	0-1	0-0		2-1	3-1	2-1	2-1	1-0	0-0	2-4	1-1	4-0	2-3	0-0	1-1	1-0	1-2	0-2	1-1	1-1	4-2
Coventry City FC	0-2	3-0	0-2	1-2		2-2	0-1	2-2	3-3	5-1	2-3	0-1	2-1	1-1	0-1	3-0	0-1	1-3	1-0	2-0	1-0	0-2
Crystal Palace FC	1-2	1-0	3-3	1-1	0-0		0-2	3-1	1-0	1-1	0-0	0-2	4-1	1-2	1-1	2-2	1-1	2-0	1-1	1-2	1-3	2-0
Everton FC	0-0	1-0	2-1	0-1	1-1	0-2		3-0	2-0	2-1	1-3	0-2	2-2	0-1	3-0	2-2	3-5	0-2	1-1	2-1	1-2	0-0
Ipswich Town FC	1-2	1-1	2-1	1-1	0-0	2-2	1-0		4-2	2-2	3-1	2-1	0-1	3-1	2-1	1-2	1-1	0-0	0-1	0-0	1-1	2-1
Leeds United AFC	3-0	1-1	5-2	1-1	2-2	0-0	2-0	1-0		2-2	1-0	0-0	3-0	0-0	1-4	2-0	1-1	3-1	3-1	2-1	5-0	2-1
Liverpool FC	0-2	1-2	2-1	2-1	4-0	5-0	1-0	0-0	2-0		1-1	1-2	4-1	4-1	0-0	1-0	1-0	2-1	1-0	1-1	6-2	2-3
Manchester City FC	0-1	1-1	3-2	0-1	1-0	0-0	2-5	3-1	4-0	1-1		1-1	0-1	3-1	2-2	3-3	1-1	2-0	1-2	1-0	0-1	1-1
Manchester United FC	0-0	1-1	3-1	3-0	5-0	1-0	0-3	1-1	2-0	2-2	2-1		3-0	1-0	2-0	3-0	0-0	2-1	2-1	2-1	4-1	0-1
Middlesbrough FC	1-0	2-3	3-2	0-0	0-2	0-1	1-2	2-2	4-1	1-2	2-0	1-1		3-3	1-2	2-3	0-1	2-0	1-1	2-1	3-0	2-0
Norwich City FC	1-1	1-0	0-0	2-1	1-1	4-2	1-1	0-2	4-2	1-0	2-1	1-3	1-1		3-1	1-0	2-1	2-1	1-0	1-0	0-0	2-1
Nottingham Forest FC	0-1	0-1	1-3	3-0	1-1	1-1	0-1	0-1	1-1	1-0	0-2	0-2	1-0	0-3		2-0	1-0	0-2	1-2	1-2	2-1	1-1
Oldham Athletic AFC	0-1	1-1	0-1	3-1	0-1	1-1	1-0	4-2	2-2	3-2	0-1	1-0	4-1	2-3	5-3		2-2	1-1	1-1	4-3	2-1	6-2
Queen's Park Rangers FC	0-0	2-1	0-3	1-1	2-0	1-3	4-2	0-0	2-1	0-1	1-1	1-3	3-3	3-1	4-3	3-2		3-2	3-1	3-1	4-1	1-2
Sheffield United FC	1-1	0-2	1-3	4-2	1-1	0-1	1-0	3-0	2-1	1-0	1-1	2-1	2-0	0-1	0-0	2-1	1-2		1-1	2-0	6-0	2-2
Sheffield Wednesday FC	1-0	1-2	0-0	3-3	1-2	2-1	3-1	1-1	1-1	1-1	0-3	3-3	2-3	1-0	2-0	2-1	1-0	1-1		5-2	2-0	1-1
Southampton FC	2-0	2-0	1-1	1-0	2-2	1-0	0-0	4-3	1-1	2-1	0-1	0-1	2-1	3-0	1-2	1-0	1-2	3-2	1-2		0-0	2-2
Tottenham Hotspur FC	1-0	0-0	1-2	1-2	0-2	2-2	2-1	0-2	4-0	2-0	3-1	1-1	2-2	5-1	2-1	4-1	3-2	2-0	0-2	4-2		1-1
Wimbledon FC	3-2	2-3	1-1	0-0	1-2	4-0	1-3	0-1	1-0	2-0	0-1	1-2	2-0	3-0	1-0	5-2	0-2	2-0	1-1	1-2	1-1	

	F.A. Premier League	Pd	Wn	Dw	Ls	GF	GA	Pts	
1.	MANCHESTER UNITED FC (MANCHESTER)	42	24	12	6	67	31	84	
2.	Aston Villa FC (Birmingham)	42	21	11	10	57	40	74	
3.	Norwich City FC (Norwich)	42	21	9	12	61	65	72	
4.	Blackburn Rovers FC (Blackburn)	42	20	11	11	68	46	71	
5.	Queen's Park Rangers FC (London)	42	17	12	13	63	55	63	
6.	Liverpool FC (Liverpool)	42	16	11	15	62	55	59	
7.	Sheffield Wednesday FC (Sheffield)	42	15	14	13	55	51	59	
8.	Tottenham Hotspur FC (London)	42	16	11	15	60	66	59	
9.	Manchester City FC (Manchester)	42	15	12	15	56	51	57	
10.	Arsenal FC (London)	42	15	11	16	40	38	56	
11.	Chelsea FC (London)	42	14	14	14	51	54	56	
12.	Wimbledon FC (London)	42	14	12	16	56	55	54	
13.	Everton FC (Liverpool)	42	15	8	19	53	55	53	
14.	Sheffield United FC (Sheffield)	42	14	10	18	54	53	52	
15.	Coventry City FC (Coventry)	42	13	13	16	52	57	52	
16.	Ipswich Town FC (Ipswich)	42	12	16	14	50	55	52	
17.	Leeds United AFC (Leeds)	42	12	15	15	57	62	51	
18.	Southampton FC (Southampton)	42	13	11	18	54	61	50	
19.	Oldham Athletic AFC (Oldham)	42	13	10	19	63	74	49	
20.	Crystal Palace FC (London)	42	11	16	15	48	61	49	R
21.	Middlesbrough FC (Middlesbrough)	42	11	11	20	54	75	44	R
22.	Nottingham Forest FC (Nottingham)	42	10	10	22	41	62	40	R
		924	332	260	332	1222	1222	1256	

Top Goalscorers

1)	Teddy SHERINGHAM	(Nottm.Forest/Tottenham Hotspur)	22	(1 for Nottingham Forest)
2)	Les FERDINAND	(Queen's Park Rangers FC)	20	
3)	Dean HOLDSWORTH	(Wimbledon FC)	19	

Football League Division 1 1992-93 Season	Barnsley	Birmingham City	Brentford	Bristol City	Bristol Rovers	Cambridge	Charlton Athletic	Derby County	Grimsby Town	Leicester City	Luton Town	Millwall	Newcastle United	Notts County	Oxford United	Peterborough Utd.	Portsmouth	Southend United	Sunderland	Swindon Town	Tranmere Rovers	Watford	West Ham United	Wolves
Barnsley FC		1-0	3-2	2-1	2-1	2-0	1-0	1-1	0-2	2-3	3-0	0-0	1-0	0-0	0-1	1-2	1-1	3-1	2-0	1-0	3-1	0-1	0-1	0-1
Birmingham City FC	3-0		1-3	0-1	2-1	0-2	1-0	1-1	2-1	0-2	2-1	0-0	2-3	1-0	1-0	2-0	2-3	2-0	1-0	4-6	0-0	2-2	1-2	0-4
Brentford FC	3-1	0-2		5-1	0-3	0-1	2-0	2-1	1-3	1-3	1-2	1-1	1-2	2-2	1-0	0-1	4-1	2-1	1-1	0-0	0-1	1-1	0-0	0-2
Bristol City FC	2-1	3-0	4-1		2-1	0-0	2-1	0-0	1-0	2-1	0-0	0-1	1-2	1-0	1-1	0-1	3-3	0-1	0-0	2-2	1-3	2-1	1-5	1-0
Bristol Rovers FC	1-5	3-3	2-1	4-0		1-1	0-2	1-2	0-3	0-0	2-0	1-0	1-2	3-3	0-1	3-1	1-2	0-2	2-2	3-4	1-0	0-3	0-4	1-1
Cambridge United FC	1-2	0-3	1-0	2-1	0-1		0-1	1-3	2-0	1-3	3-3	1-1	0-3	3-0	2-2	2-2	0-1	3-1	2-1	1-0	0-1	1-1	2-1	1-1
Charlton Athletic FC	0-0	0-0	1-0	2-1	4-1	0-0		2-1	3-1	2-0	0-0	0-2	1-3	2-1	1-1	0-1	1-0	1-1	0-1	2-0	2-2	3-1	1-1	0-1
Derby County FC	3-0	3-1	3-2	3-4	3-1	0-0	4-3		2-1	2-0	1-1	1-2	1-2	2-0	0-1	2-3	2-4	2-0	0-1	2-1	1-2	1-2	0-2	2-0
Grimsby Town FC	4-2	1-1	0-1	2-1	2-0	1-1	1-0	0-2		1-3	3-1	1-0	0-2	3-3	1-1	1-3	3-0	1-0	1-0	2-1	0-0	3-2	1-1	1-0
Leicester City FC	2-1	2-1	0-0	0-0	0-1	2-2	3-1	3-2	3-0		2-1	3-0	2-1	1-1	2-1	0-2	1-0	4-1	3-2	4-2	0-1	5-2	1-2	0-0
Luton Town FC	2-2	1-1	0-0	0-3	1-1	2-0	1-0	1-3	1-4	2-0		1-1	0-0	0-0	3-1	0-0	1-4	2-2	0-0	0-0	3-3	2-0	2-0	1-1
Millwall FC	0-4	0-0	6-1	4-1	0-3	2-2	1-0	1-0	2-1	2-0	1-0		1-2	6-0	3-1	4-0	1-1	1-1	0-0	2-1	0-0	5-2	2-1	2-0
Newcastle United FC	6-0	2-2	5-1	5-0	0-0	4-1	2-2	1-1	0-1	7-1	2-0	1-1		4-0	2-1	3-0	3-1	3-2	1-0	0-0	1-0	2-0	2-0	2-1
Notts County FC	1-3	3-1	1-1	0-0	3-0	1-0	2-0	0-2	1-0	1-1	0-0	1-2	0-2		1-1	1-0	0-1	4-0	3-1	1-1	5-1	1-2	1-0	2-2
Oxford United FC	0-0	0-0	0-2	2-0	2-1	3-0	0-1	0-1	0-1	0-0	4-0	3-0	4-2	1-1		2-1	5-5	0-1	0-1	0-1	1-2	1-1	1-0	0-0
Peterborough United	1-1	2-1	0-0	1-1	1-1	1-0	1-1	1-0	1-0	3-0	2-3	0-0	0-1	1-3	1-1		1-1	1-0	5-2	3-3	1-1	0-0	1-3	2-3
Portsmouth FC	1-0	4-0	1-0	2-3	4-1	3-0	1-0	3-0	2-1	1-1	2-1	1-0	2-0	0-0	3-0	4-0		2-0	2-0	3-1	4-0	1-0	0-1	2-0
Southend United FC	3-0	4-0	3-0	1-1	3-0	1-1	0-2	0-0	1-0	3-1	2-1	3-3	1-1	3-1	0-3	0-1	0-0		0-1	1-1	1-2	1-2	1-0	1-1
Sunderland AFC	2-1	1-2	1-3	0-0	1-1	3-3	0-2	1-0	2-0	1-2	2-2	2-0	1-2	2-2	2-0	3-0	4-1	2-4		0-1	1-0	1-2	0-0	2-0
Swindon Town FC	1-0	0-0	0-2	2-1	2-2	4-1	2-2	2-4	1-0	1-1	1-0	3-0	2-1	5-1	2-2	1-0	1-0	3-2	1-0		2-0	3-1	1-3	1-0
Tranmere Rovers FC	2-1	4-0	3-2	3-0	2-1	2-0	0-0	2-1	1-1	2-3	0-2	1-1	0-3	3-1	4-0	1-1	0-2	3-0	2-1	3-1		2-1	5-2	3-0
Watford FC	1-2	1-0	1-0	0-0	4-2	2-2	1-1	0-0	2-3	0-3	0-0	3-1	1-0	1-3	0-1	1-2	0-0	0-0	2-1	0-4	3-2		1-2	3-1
West Ham United FC	1-1	3-1	4-0	2-0	2-1	2-0	0-1	1-1	2-1	3-0	2-2	2-2	0-0	2-0	5-3	2-1	2-0	2-0	6-0	0-1	2-0	2-1		3-1
Wolverhampton W.	1-0	2-1	1-2	0-0	5-1	1-2	2-1	0-2	2-1	3-0	1-2	3-1	1-0	3-0	0-1	4-3	1-1	1-1	2-1	2-2	0-2	2-2	0-0	

	Football League Division 1	Pd	Wn	Dw	Ls	GF	GA	Pts	
1.	Newcastle United FC (Newcastle upon Tyne)	46	29	9	8	92	38	96	P
2.	West Ham United FC (London)	46	26	10	10	81	41	88	P
3.	Portsmouth FC (Portsmouth)	46	26	10	10	80	46	88	PO
4.	Tranmere Rovers FC (Birkenhead)	46	23	10	13	72	56	79	PO
5.	Swindon Town FC (Swindon)	46	21	13	12	74	59	76	POP
6.	Leicester City FC (Leicester)	46	22	10	14	71	64	76	PO
7.	Millwall FC (London)	46	18	16	12	65	53	70	
8.	Derby County FC (Derby)	46	19	9	18	68	57	66	
9.	Grimsby Town FC (Cleethorpes)	46	19	7	20	58	57	64	
10.	Peterborough United FC (Peterborough)	46	16	14	16	55	63	62	
11.	Wolverhampton Wanderers FC (Wolverhampton)	46	16	13	17	57	56	61	
12.	Charlton Athletic FC (London)	46	16	13	17	49	46	61	
13.	Barnsley FC (Barnsley)	46	17	9	20	56	60	60	
14.	Oxford United FC (Oxford)	46	14	14	18	53	56	56	
15.	Bristol City FC (Bristol)	46	14	14	18	49	67	56	
16.	Watford FC (Watford)	46	14	13	19	57	71	55	
17.	Notts County FC (Nottingham)	46	12	16	18	55	70	52	
18.	Southend United FC (Southend-on-Sea)	46	13	13	20	54	64	52	
19.	Birmingham City FC (Birmingham)	46	13	12	21	50	72	51	
20.	Luton Town FC (Luton)	46	10	21	15	48	62	51	
21.	Sunderland AFC (Sunderland)	46	13	11	22	50	64	50	
22.	Brentford FC (London)	46	13	10	23	52	71	49	R
23.	Cambridge United FC (Cambridge)	46	11	16	19	48	69	49	R
24.	Bristol Rovers FC (Bristol)	46	10	11	25	55	87	41	R
		1104	405	294	405	1449	1449	1509	

Promotion Play-offs

Swindon Town FC (Swindon)	4-3	Leicester City FC (Leicester)
Leicester City FC (Leicester)	1-0, 2-2	Portsmouth FC (Portsmouth)
Swindon Town FC (Swindon)	3-1, 2-3	Tranmere Rovers FC (Birkenhead)

Football League Division 2 1992-93 Season	Blackpool	Bolton Wanderers	Bournemouth	Bradford City	Brighton & Hove Albion	Burnley	Chester City	Exeter City	Fulham	Hartlepool	Huddersfield Town	Hull City	Leyton Orient	Mansfield Town	Plymouth Argyle	Port Vale	Preston North End	Reading	Rotherham United	Stockport County	Stoke City	Swansea City	W.B.A.	Wigan Athletic
Blackpool FC		1-1	2-0	3-3	2-2	1-3	2-0	2-0	1-1	1-1	2-2	5-1	3-1	1-1	1-1	2-4	2-3	0-1	2-0	2-0	1-3	0-0	2-1	2-1
Bolton Wanderers FC	3-0		1-1	5-0	0-1	4-0	5-0	4-1	1-0	1-2	2-0	2-0	1-0	2-1	3-1	1-1	1-0	2-1	2-0	2-1	1-0	3-1	0-2	2-1
AFC Bournemouth	5-1	1-2		1-1	1-1	1-1	0-0	1-3	2-1	0-2	1-1	0-0	3-0	4-1	1-3	2-1	2-1	1-1	0-0	1-0	1-1	0-2	0-1	0-0
Bradford City AFC	2-0	2-1	0-1		1-1	1-0	3-1	3-1	3-2	0-2	0-1	1-2	1-0	0-0	0-0	3-2	4-0	3-0	0-3	2-3	3-1	0-0	2-2	2-1
Brighton & Hove Alb.	1-1	2-1	1-0	1-1		3-0	3-2	3-0	0-2	1-1	2-1	2-0	1-3	3-1	2-1	0-2	2-0	0-1	1-2	2-0	2-2	0-2	3-1	1-0
Burnley FC	2-2	0-1	1-1	2-2	1-3		5-0	3-1	5-2	3-0	2-1	2-0	2-0	1-0	0-0	1-1	2-0	1-1	1-1	1-1	0-2	1-0	2-1	0-1
Chester City FC	1-2	2-2	1-0	2-5	2-1	3-0		0-3	2-3	1-0	0-2	3-0	1-3	1-2	1-2	1-2	2-4	0-3	1-2	0-3	1-1	3-2	1-3	1-2
Exeter City FC	0-1	1-3	1-1	0-1	2-3	2-2	2-0		1-2	3-1	1-2	1-1	1-0	2-0	2-0	1-1	0-1	0-0	0-2	2-2	2-2	0-2	2-3	0-0
Fulham FC	1-0	1-4	1-1	1-1	2-0	4-0	1-0	1-1		1-3	0-1	3-3	1-0	0-0	3-1	1-2	2-1	0-0	0-1	2-1	0-0	1-1	1-1	1-0
Hartlepool United FC	1-0	0-2	0-1	2-0	2-0	0-0	2-0	1-3	0-3		1-0	1-0	0-2	0-1	1-0	1-1	0-0	1-1	0-2	3-2	1-2	0-1	2-2	0-0
Huddersfield Town	5-2	1-1	0-1	1-2	1-2	1-1	0-2	0-0	1-0	3-0		3-0	1-1	2-1	2-1	1-2	1-0	0-0	1-1	2-1	1-0	1-2	0-1	2-1
Hull City AFC	3-2	1-2	3-0	0-2	1-0	0-2	1-1	4-0	1-1	3-2	2-3		0-0	1-0	2-0	0-1	2-4	1-1	0-1	0-2	1-0	1-0	1-2	0-0
Leyton Orient FC	1-0	1-0	1-0	4-2	3-2	3-2	4-3	5-0	0-0	0-0	4-1	0-0		5-1	2-0	0-1	3-1	1-2	1-1	3-0	1-0	4-2	2-0	1-2
Mansfield Town FC	2-2	1-1	0-2	5-2	1-3	1-1	2-0	0-0	2-3	2-0	1-2	3-1	3-0		0-0	0-1	2-2	1-1	1-3	2-0	0-4	3-3	0-3	2-0
Plymouth Argyle FC	2-1	2-1	2-1	3-0	3-2	1-2	2-0	0-3	1-1	2-2	1-3	0-0	2-0	3-2		0-1	4-0	2-2	2-1	3-4	1-1	0-1	0-0	2-0
Port Vale FC	2-1	0-0	3-0	1-2	3-1	3-0	2-0	2-2	0-0	2-0	1-0	1-1	2-0	3-0	4-0		2-2	3-1	4-2	0-0	0-2	2-0	2-1	2-2
Preston North End	3-3	2-2	1-1	3-2	1-0	2-0	4-3	2-2	1-2	0-2	2-1	1-2	1-4	1-5	1-2	2-5		2-0	5-2	2-3	1-2	1-3	1-1	2-0
Reading FC	0-0	1-2	3-2	1-1	3-0	1-0	1-0	2-3	3-0	2-0	2-1	1-2	1-1	3-1	3-0	1-0	4-0		3-1	2-4	0-1	2-0	1-1	4-0
Rotherham United	3-2	2-1	1-2	2-0	1-0	0-1	3-3	1-1	1-1	0-0	1-0	0-1	1-1	2-0	2-2	4-1	1-0	3-2		0-2	0-2	0-0	0-2	2-3
Stockport County	0-0	2-0	0-0	2-2	0-0	2-1	2-0	2-2	0-0	4-1	5-0	5-3	1-1	0-1	3-0	2-0	3-0	2-2	2-2		1-1	1-1	5-1	3-0
Stoke City FC	0-1	0-0	2-0	1-0	1-1	1-1	4-0	1-1	1-0	0-1	3-0	3-0	2-1	4-0	1-0	2-1	1-0	2-0	2-0	2-1		2-1	4-3	2-1
Swansea City FC	3-0	1-2	2-1	1-1	0-1	1-1	4-2	0-0	2-2	3-0	3-0	1-0	0-1	4-0	0-0	2-0	2-0	2-1	2-0	2-2	1-2		0-0	2-1
West Bromwich Alb.	3-1	3-1	2-1	1-1	3-1	2-0	2-0	2-0	4-0	3-1	2-2	3-1	2-0	2-0	2-5	0-1	3-2	3-0	2-2	3-0	1-2	3-0		5-1
Wigan Athletic AFC	2-1	0-2	0-0	1-2	1-2	1-1	1-2	0-1	1-3	2-2	1-0	2-0	3-1	2-0	0-2	0-4	2-3	1-1	1-1	1-2	1-1	2-3	1-0	

	Football League Division 2	Pd	Wn	Dw	Ls	GF	GA	Pts	
1.	Stoke City FC (Stoke-on-Trent)	46	27	12	7	73	34	93	P
2.	Bolton Wanderers FC (Bolton)	46	27	9	10	80	41	90	P
3.	Port Vale FC (Stoke-on-Trent)	46	26	11	9	79	44	89	PO
4.	West Bromwich Albion FC (West Bromwich)	46	25	10	11	88	54	85	POP
5.	Swansea City FC (Swansea)	46	20	13	13	65	47	73	PO
6.	Stockport County FC (Stockport)	46	19	15	12	81	57	72	PO
7.	Leyton Orient FC (London)	46	21	9	16	69	53	72	
8.	Reading FC (Reading)	46	18	15	13	66	51	69	
9.	Brighton & Hove Albion FC (Hove)	46	20	9	17	63	59	69	
10.	Bradford City AFC (Bradford)	46	18	14	14	69	67	68	
11.	Rotherham United FC (Rotherham)	46	17	14	15	60	60	65	
12.	Fulham FC (London)	46	16	17	13	57	55	65	
13.	Burnley FC (Burnley)	46	15	16	15	57	59	61	
14.	Plymouth Argyle FC (Plymouth)	46	16	12	18	59	64	60	
15.	Huddersfield Town AFC (Huddersfield)	46	17	9	20	54	61	60	
16.	Hartlepool United FC (Hartlepool)	46	14	12	20	42	60	54	
17.	AFC Bournemouth (Bournemouth)	46	12	17	17	45	52	53	
18.	Blackpool FC (Blackpool)	46	12	15	19	63	75	51	
19.	Exeter City FC (Exeter)	46	11	17	18	54	69	50	
20.	Hull City AFC (Kingston upon Hull)	46	13	11	22	46	69	50	
21.	Preston North End FC (Preston)	46	13	8	25	65	94	47	R
22.	Mansfield Town FC (Mansfield)	46	11	11	24	52	80	44	R
23.	Wigan Athletic AFC (Wigan)	46	10	11	25	43	72	41	R
24.	Chester City FC (Chester)	46	8	5	33	49	102	29	R
		1104	406	292	406	1479	1479	1510	

Promotion Play-offs

West Bromwich Albion FC (West Bromwich)	3-0	Port Vale FC (Stoke-on-Trent)
Stockport County FC (Stockport)	1-1, 0-1	Port Vale FC (Stoke-on-Trent)
Swansea City FC (Swansea)	2-1, 0-2	West Bromwich Albion FC (West Bromwich)

Football League Division 3 1992-93 Season	Barnet	Bury	Cardiff City	Carlisle United	Chesterfield	Colchester United	Crewe Alexandra	Darlington	Doncaster Rovers	Gillingham	Halifax Town	Hereford United	Lincoln City	Northampton Town	Rochdale	Scarborough	Scunthorpe United	Shrewsbury Town	Torquay United	Walsall	Wrexham	York City
Barnet FC		1-0	2-1	2-0	2-1	3-1	3-2	0-0	2-0	2-0	0-0	2-0	1-1	3-0	2-0	3-1	3-0	2-2	5-5	3-0	3-1	1-5
Bury FC	0-0		1-0	6-0	3-0	3-2	1-2	1-1	3-0	1-0	1-2	2-0	1-2	3-3	2-2	0-2	0-0	0-0	2-0	2-1	3-1	1-1
Cardiff City AFC	1-1	3-0		2-2	2-1	3-1	1-1	0-0	1-1	3-1	2-1	2-1	3-1	2-1	1-1	1-0	3-0	2-1	4-0	2-1	1-2	3-3
Carlisle United FC	0-1	5-1	1-2		3-1	0-2	1-3	2-2	1-1	1-0	1-1	0-0	2-0	2-0	3-0	2-2	0-2	1-0	0-1	3-4	0-2	1-2
Chesterfield FC	1-2	2-1	2-1	1-0		4-0	2-1	2-0	0-0	1-1	2-1	1-0	2-1	1-3	2-3	0-3	1-2	2-4	1-0	2-1	2-3	1-1
Colchester United FC	1-2	0-0	2-4	2-1	3-0		3-2	0-3	2-0	3-0	2-1	3-1	2-1	2-0	4-4	1-0	1-0	0-2	2-0	3-1	2-4	0-0
Crewe Alexandra FC	4-1	2-1	2-0	4-0	0-2	7-1		1-0	4-0	3-1	2-1	1-1	1-2	3-2	1-1	2-3	1-0	2-2	4-2	0-1	0-1	3-1
Darlington FC	1-0	0-0	0-2	1-1	1-1	1-0	3-0		1-2	1-1	0-3	0-1	1-3	3-1	0-4	2-3	2-2	0-2	4-1	1-2	1-1	0-1
Doncaster Rovers FC	2-1	2-3	0-1	1-2	2-1	1-0	1-1	0-1		1-0	0-1	2-1	0-0	2-2	1-1	4-3	0-1	0-1	2-3	0-3	1-1	0-1
Gillingham FC	1-1	1-4	0-1	1-0	0-0	0-1	1-2	3-1	1-1		2-0	3-1	3-1	2-3	4-2	3-0	1-1	1-0	0-2	0-1	4-1	1-4
Halifax Town AFC	1-2	0-1	0-1	0-2	1-1	2-4	1-2	1-0	2-2	2-0		0-1	2-1	2-2	2-3	3-4	0-0	1-1	0-2	0-4	0-1	0-1
Hereford United FC	1-1	3-1	1-1	1-0	1-3	3-1	0-1	1-1	0-2	3-1	3-0		0-2	3-2	1-1	1-1	2-2	1-1	3-1	1-3	1-1	1-1
Lincoln City FC	4-1	1-2	3-2	2-1	1-1	1-1	1-1	2-0	2-1	1-1	2-1	2-0		2-0	1-2	3-0	1-0	0-1	2-2	0-2	0-0	0-1
Northampton Town FC	1-1	1-0	1-2	2-0	0-1	1-0	0-2	1-2	0-1	2-2	2-5	1-1	0-2		1-0	1-3	1-0	0-0	0-1	0-0	0-2	4-3
Rochdale AFC	0-1	1-2	1-2	2-2	2-1	5-2	0-1	3-1	1-1	1-1	2-3	1-3	5-1	0-3		3-0	2-0	2-0	1-0	4-3	1-2	1-0
Scarborough FC	2-2	1-3	1-3	2-2	2-2	0-1	1-0	0-3	1-1	1-1	2-0	2-0	0-1	4-2	1-1		1-0	1-2	1-0	4-1	1-1	4-2
Scunthorpe United FC	2-0	2-0	0-3	0-0	0-1	3-1	3-3	1-3	0-1	2-2	4-1	3-1	1-1	5-0	5-1	1-2		1-1	2-2	2-0	0-0	1-2
Shrewsbury Town FC	1-0	2-0	3-2	2-3	2-2	4-3	4-1	1-2	2-1	2-1	1-0	1-1	3-2	2-3	1-2	2-0	2-1		0-1	0-3	0-1	1-1
Torquay United FC	0-1	0-1	2-1	0-2	2-2	2-2	1-2	0-2	1-2	2-1	2-0	0-0	1-2	1-0	0-2	1-3	0-1	1-0		0-1	1-1	1-0
Walsall FC	2-0	4-3	2-3	2-1	3-2	1-3	1-0	2-2	3-1	1-1	1-2	1-1	1-2	2-0	3-1	3-2	3-2	1-1	2-2		1-1	3-1
Wrexham AFC	2-3	4-2	0-2	3-1	5-4	4-3	2-0	1-1	1-1	2-0	1-1	2-0	2-0	0-1	3-1	4-1	0-2	2-0	4-2	3-1		3-0
York City FC	2-0	1-2	3-1	2-2	0-0	2-0	3-1	0-0	1-1	1-1	1-1	4-2	2-0	2-1	3-0	1-0	5-1	2-0	2-1	0-1	4-0	

	Football League Division 3	Pd	Wn	Dw	Ls	GF	GA	Pts	
1.	Cardiff City AFC (Cardiff)	42	25	8	9	77	47	83	P
2.	Wrexham AFC (Wrexham)	42	23	11	8	75	52	80	P
3.	Barnet FC (London)	42	23	10	9	66	48	79	P
4.	York City FC (York)	42	21	12	9	72	45	75	POP
5.	Walsall FC (Walsall)	42	22	7	13	76	61	73	PO
6.	Crewe Alexandra FC (Crewe)	42	21	7	14	75	56	70	PO
7.	Bury FC (Bury)	42	18	9	15	63	55	63	PO
8.	Lincoln City FC (Lincoln)	42	18	9	15	57	53	63	
9.	Shrewsbury Town FC (Shrewsbury)	42	17	11	14	57	52	62	
10.	Colchester United FC (Colchester)	42	18	5	19	67	76	59	
11.	Rochdale AFC (Rochdale)	42	16	10	16	70	70	58	
12.	Chesterfield FC (Chesterfield)	42	15	11	16	59	63	56	
13.	Scarborough FC (Scarborough)	42	15	9	18	66	71	54	
14.	Scunthorpe United FC (Scunthorpe)	42	14	12	16	57	54	54	
15.	Darlington FC (Darlington)	42	12	14	16	48	53	50	
16.	Doncaster Rovers FC (Doncaster)	42	11	14	17	42	57	47	
17.	Hereford United FC (Hereford)	42	10	15	17	47	60	45	
18.	Carlisle United FC (Carlisle)	42	11	11	20	51	65	44	
19.	Torquay United FC (Torquay)	42	12	7	23	45	67	43	
20.	Northampton Town FC (Northampton)	42	11	8	23	48	74	41	
21.	Gillingham FC (Gillingham)	42	9	13	20	48	64	40	
22.	Halifax Town AFC (Halifax)	42	9	9	24	45	68	36	R
		924	351	222	351	1311	1311	1275	

Note: Maidstone United FC (Maidstone) resigned from the league on 17th August 1992 and their full fixture list was cancelled.

Promotion Play-offs

York City FC (York)	1-1 (aet)	Crewe Alexandra FC (Crewe)
	(York City won 5-3 on penalties)	
Bury FC (Bury)	0-0, 0-1	York City FC (York)
Crewe Alexandra FC (Crewe)	5-1, 4-2	Walsall FC (Walsall)

Promoted to Division 3: Wycombe Wanderers FC (High Wycombe)

F.A. CUP FINAL (Wembley Stadium, London – 15/05/1993 – 79,347)

ARSENAL FC (LONDON)	1-1 (aet)	Sheffield Wednesday FC (Sheffield)
Wright 21'		*Hirst 61'*

Arsenal: Seaman, Dixon, Winterburn, Davis, Linighan, Adams, Jensen, Wright (O'Leary 90'), Campbell, Merson, Parlour (Smith 65').

Wednesday: Woods, Nilsson, Worthington, Palmer, Anderson (Hyde 85'), Warhurst, Harkes, Waddle (Bart-William 111'), Hirst, Bright, Sheridan.

F.A. CUP FINAL REPLAY (Wembley Stadium, London – 20/05/1993 – 62,267)

ARSENAL FC (LONDON)	2-1 (aet)	Sheffield Wednesday FC (Sheffield)
Wright 34', Linighan 120'		*Waddle 68'*

Wednesday: Woods, Nilsson (Bart-Williams 116'), Worthington, Harkes, Palmer, Warhurst, Wilson (Hyde 63'), Waddle, Hirst, Bright, Sheridan.

Arsenal: Seaman, Dixon, Winterburn, Davis, Linighan, Adams, Jensen, Wright (O'Leary 91'), Smith, Merson, Campbell.

Semi-finals

Arsenal FC (London)	1-0	Tottenham Hotspur FC (London)
Sheffield United FC (Sheffield)	1-2	Sheffield Wednesday FC (Sheffield)

Quarter-finals

Blackburn Rovers FC (Blackburn)	0-0, 2-2 (aet)	Sheffield United FC (Sheffield)
Sheffield United won 5-3 on penalties.		
Derby County FC (Derby)	3-3, 0-1	Sheffield Wednesday FC (Sheffield)
Ipswich Town FC (Ipswich)	2-4	Arsenal FC (London)
Manchester City FC (Manchester)	2-4	Tottenham Hotspur FC (London)

1993-94

F.A. Premiership 1993-94 Season	Arsenal	Aston Villa	Blackburn R.	Chelsea	Coventry City	Everton	Ipswich Town	Leeds United	Liverpool	Man. City	Man. United	Newcastle Utd.	Norwich City	Oldham Athletic	Q.P.R.	Sheffield United	Sheffield Wed.	Southampton	Swindon Town	Tottenham H.	West Ham Utd.	Wimbledon
Arsenal FC		1-2	1-0	1-0	0-3	2-0	4-0	2-1	1-0	0-0	2-2	2-1	0-0	1-1	0-0	3-0	1-0	1-0	1-1	1-1	0-2	1-1
Aston Villa FC	1-2		0-1	1-0	0-0	0-0	0-1	1-0	2-1	0-0	1-2	0-2	0-0	1-2	4-1	1-0	2-2	0-2	5-0	1-0	3-1	0-1
Blackburn Rovers FC	1-1	1-0		2-0	2-1	2-0	0-0	2-1	2-0	2-0	2-0	1-0	2-3	1-0	1-1	0-0	1-1	2-0	3-1	1-0	0-2	3-0
Chelsea FC	0-2	1-1	1-2		1-2	4-2	1-1	1-1	1-0	0-0	1-0	1-0	1-2	0-1	2-0	3-2	1-1	2-0	2-0	4-3	2-0	2-0
Coventry City FC	1-0	0-1	2-1	1-1		2-1	1-0	0-2	1-0	4-0	0-1	2-1	2-1	1-1	0-1	0-0	1-1	1-1	1-1	1-0	1-1	1-2
Everton FC	1-1	0-1	0-3	4-2	0-0		0-0	1-1	2-0	1-0	0-1	0-2	1-5	2-1	0-3	4-2	0-2	1-0	6-2	0-1	0-1	3-2
Ipswich Town FC	1-5	1-2	1-0	1-0	0-2	0-2		0-0	1-2	2-2	1-2	1-1	2-1	0-0	1-3	3-2	1-4	1-0	1-1	2-2	1-1	0-0
Leeds United AFC	2-1	2-0	3-3	4-1	1-0	3-0	0-0		2-0	3-2	0-2	1-1	0-4	1-0	1-1	2-1	2-2	0-0	3-0	2-0	1-0	4-0
Liverpool FC	0-0	2-1	0-1	2-1	1-0	2-1	1-0	2-0		2-1	3-3	0-2	0-1	2-1	3-2	1-2	2-0	4-2	2-2	1-2	2-0	1-1
Manchester City FC	0-0	3-0	0-2	2-2	1-1	1-0	2-1	1-1	1-1		2-3	2-1	1-1	1-1	3-0	0-0	1-3	1-1	2-1	0-2	0-0	0-1
Manchester United FC	1-0	3-1	1-1	0-1	0-0	1-0	0-0	0-0	1-0	2-0		1-1	2-2	3-2	2-1	3-0	5-0	2-0	4-2	2-1	3-0	3-1
Newcastle United FC	2-0	5-1	1-1	0-0	4-0	1-0	2-0	1-1	3-0	2-0	1-1		3-0	3-2	1-2	4-0	4-2	1-2	7-1	0-1	2-0	4-0
Norwich City FC	1-1	1-2	2-2	1-1	1-0	3-0	1-0	2-1	2-2	1-1	0-2	1-2		1-1	3-4	0-1	1-1	4-5	0-0	1-2	0-0	0-1
Oldham Athletic AFC	0-0	1-1	1-2	2-1	3-3	0-1	0-3	1-1	0-3	0-0	2-5	1-3	2-1		4-1	1-1	0-0	2-1	2-1	0-2	1-2	1-1
Queen's Park Rangers FC	1-1	2-2	1-0	1-1	5-1	2-1	3-0	0-4	1-3	1-1	2-3	1-2	2-2	2-0		2-1	1-2	2-1	1-3	1-1	0-0	1-0
Sheffield United FC	1-1	1-2	1-2	1-0	0-0	0-0	1-1	3-2	0-0	0-1	0-3	2-0	1-2	2-1	1-1		1-1	0-0	3-1	2-2	3-2	2-1
Sheffield Wednesday FC	0-1	0-0	1-2	3-1	0-0	5-1	5-0	3-3	3-1	1-1	2-3	0-1	3-3	3-0	3-1	3-1		2-0	3-3	1-0	5-0	2-2
Southampton FC	0-4	4-1	3-1	3-1	1-0	0-2	0-1	0-2	4-2	0-1	1-3	2-1	0-1	1-3	0-1	3-3	1-1		5-1	1-0	0-2	1-0
Swindon Town FC	0-4	1-2	1-3	1-3	3-1	1-1	2-2	0-5	0-5	1-3	2-2	2-2	3-3	0-1	1-0	0-0	0-1	2-1		2-1	1-1	2-4
Tottenham Hotspur FC	0-1	1-1	0-2	1-1	1-2	3-2	1-1	1-1	3-3	1-0	0-1	1-2	1-3	5-0	1-2	2-2	1-3	3-0	1-1		1-4	1-1
West Ham United FC	0-0	0-0	1-2	1-0	3-2	0-1	2-1	0-1	1-2	3-1	2-2	2-4	3-3	2-0	0-4	0-0	2-0	3-3	0-0	1-3		0-2
Wimbledon FC	0-3	2-2	4-1	1-1	1-2	1-1	0-2	1-0	1-1	1-0	1-0	4-2	3-1	3-0	1-1	2-0	2-1	1-0	3-0	2-1	1-2	

	F.A. Premiership	Pd	Wn	Dw	Ls	GF	GA	Pts	
1.	MANCHESTER UNITED FC (MANCHESTER)	42	27	11	4	80	38	92	
2.	Blackburn Rovers FC (Blackburn)	42	25	9	8	63	36	84	
3.	Newcastle United FC (Newcastle upon Tyne)	42	23	8	11	82	41	77	
4.	Arsenal FC (London)	42	18	17	7	53	28	71	
5.	Leeds United AFC (Leeds)	42	18	16	8	65	39	70	
6.	Wimbledon FC (London)	42	18	11	13	56	53	65	
7.	Sheffield Wednesday FC (Sheffield)	42	16	16	10	76	54	64	
8.	Liverpool FC (Liverpool)	42	17	9	16	59	55	60	
9.	Queen's Park Rangers FC (London)	42	16	12	14	62	61	60	
10.	Aston Villa FC (Birmingham)	42	15	12	15	46	50	57	
11.	Coventry City FC (Coventry)	42	14	14	14	43	45	56	
12.	Norwich City FC (Norwich)	42	12	17	13	65	61	53	
13.	West Ham United FC (London)	42	13	13	16	47	58	52	
14.	Chelsea FC (London)	42	13	12	17	49	53	51	
15.	Tottenham Hotspur FC (London)	42	11	12	19	54	59	45	
16.	Manchester City FC (Manchester)	42	9	18	15	38	49	45	
17.	Everton FC (Liverpool)	42	12	8	22	42	63	44	
18.	Southampton FC (Southampton)	42	12	7	23	49	66	43	
19.	Ipswich Town FC (Ipswich)	42	9	16	17	35	58	43	
20.	Sheffield United FC (Sheffield)	42	8	18	16	42	60	42	R
21.	Oldham Athletic AFC (Oldham)	42	9	13	20	42	68	40	R
22.	Swindon Town FC (Swindon)	42	5	15	22	47	100	30	R
		924	320	284	320	1195	1195	1244	

Top Goalscorers

1)	Andrew COLE	(Newcastle United FC)	34
2)	Alan SHEARER	(Blackburn Rovers FC)	31
3)	Matthew LE TISSIER	(Southampton FC)	25
	Chris SUTTON	(Norwich City FC)	25

Football League Division 1 1993-94 Season	Barnsley	Birmingham City	Bolton Wanderers	Bristol City	Charlton Athletic	Crystal Palace	Derby County	Grimsby Town	Leicester City	Luton Town	Middlesbrough	Millwall	Nottingham Forest	Notts County	Oxford United	Peterborough Utd.	Portsmouth	Southend United	Stoke City	Sunderland	Tranmere Rovers	Watford	W.B.A.	Wolves
Barnsley FC		2-3	1-1	1-1	0-1	1-3	0-1	1-2	0-1	1-0	1-4	0-1	1-0	0-3	1-0	1-0	2-0	1-3	3-0	4-0	1-0	0-1	1-1	2-0
Birmingham City FC	0-2		2-1	2-2	1-0	2-4	3-0	1-1	0-3	1-1	1-0	1-0	0-3	2-3	1-1	0-0	0-1	3-1	3-1	0-0	0-3	1-0	2-0	2-2
Bolton Wanderers FC	2-3	1-1		2-2	3-2	1-0	0-2	1-1	1-2	2-1	4-1	4-0	4-3	4-2	1-0	1-1	1-1	0-2	1-1	0-0	2-1	3-1	1-1	1-3
Bristol City FC	0-2	3-0	2-0		0-0	2-0	0-0	1-0	1-3	1-0	0-0	2-2	1-4	0-2	0-1	4-1	1-0	2-1	0-0	2-0	2-0	1-1	0-0	2-1
Charlton Athletic FC	2-1	1-0	3-0	3-1		0-0	1-2	0-1	2-1	1-0	2-5	0-0	0-1	5-1	1-0	5-1	0-1	4-3	2-0	0-0	3-1	2-1	2-1	0-1
Crystal Palace FC	1-0	2-1	1-1	4-1	2-0		1-1	1-0	2-1	3-2	0-1	1-0	2-0	1-2	2-1	3-2	5-1	1-0	4-1	1-0	0-0	0-2	1-0	1-1
Derby County FC	2-0	1-1	2-0	1-0	2-0	3-1		2-1	3-2	2-1	0-1	0-0	0-2	1-1	2-1	2-0	1-0	1-3	4-2	5-0	4-0	1-2	5-3	0-4
Grimsby Town FC	2-2	1-0	0-0	1-0	0-1	1-1	1-1		0-0	2-0	1-1	0-0	0-0	2-2	1-0	3-2	1-1	4-0	0-0	0-1	0-0	2-2	2-2	2-0
Leicester City FC	0-1	1-1	1-1	3-0	2-1	1-1	3-3	1-1		2-1	2-0	4-0	1-0	3-2	2-3	2-1	0-3	3-0	1-1	2-1	1-1	4-4	4-2	2-2
Luton Town FC	5-0	1-1	0-2	0-2	1-0	0-1	2-1	2-1	0-2		1-1	1-1	1-2	1-0	3-0	2-0	4-1	1-1	6-2	2-1	0-1	2-1	3-2	0-2
Middlesbrough FC	5-0	2-2	0-1	0-1	2-0	2-3	3-0	1-0	2-0	0-0		3-2	2-2	3-0	2-1	1-1	0-2	1-0	1-2	4-1	0-0	1-1	3-0	1-0
Millwall FC	2-0	2-1	1-0	0-0	2-1	3-0	0-0	1-0	0-0	2-2	1-1		2-2	2-0	2-2	1-0	0-0	1-4	2-0	2-1	3-1	4-1	2-1	1-0
Nottingham Forest	2-1	1-0	3-2	0-0	1-1	1-1	1-1	5-3	4-0	2-0	1-1	1-3		1-0	0-0	2-0	1-1	2-0	2-3	2-2	2-1	2-1	2-1	0-0
Notts County FC	3-1	2-1	2-1	2-0	3-3	3-2	4-1	2-1	4-1	1-2	2-3	1-3	2-1		2-1	2-1	1-1	2-1	2-0	1-0	0-0	1-0	1-0	0-2
Oxford United FC	1-1	2-0	0-2	4-2	0-4	1-3	2-0	2-2	2-2	0-1	1-1	0-2	1-0	2-1		1-2	3-2	2-1	1-0	0-3	1-0	2-3	1-1	4-0
Peterborough United	4-1	1-0	2-3	0-2	0-1	1-1	2-2	1-2	1-1	0-0	1-0	0-0	2-3	1-1	3-1		2-2	3-1	1-1	1-3	0-0	3-4	2-0	0-1
Portsmouth FC	2-1	0-2	0-0	0-0	1-2	0-1	3-2	3-1	0-1	1-0	2-0	2-2	2-1	0-0	1-1	0-2		2-1	3-3	0-1	2-0	2-0	0-1	3-0
Southend United FC	0-3	3-1	0-2	0-1	4-2	1-2	4-3	1-2	0-0	2-1	1-0	1-1	1-1	1-0	6-1	3-0	2-1		0-0	0-1	1-2	2-0	0-3	1-1
Stoke City FC	5-4	2-1	2-0	3-0	1-0	0-2	2-1	1-0	1-0	2-2	3-1	1-2	0-1	0-0	1-1	3-0	2-0	0-1		1-0	1-2	2-0	1-0	1-1
Sunderland AFC	1-0	1-0	2-0	0-0	4-0	1-0	1-0	2-2	2-3	2-0	2-1	2-1	2-3	2-0	2-3	2-0	1-2	0-2	0-1		3-2	2-0	1-0	0-2
Tranmere Rovers FC	0-3	1-2	2-1	2-2	2-0	0-1	4-0	1-2	1-0	4-1	4-0	3-2	1-2	3-1	2-0	2-1	3-1	1-1	2-0	4-1		2-1	3-0	1-1
Watford FC	0-2	5-2	4-3	1-1	2-2	1-3	3-4	0-3	1-1	2-2	2-0	2-0	1-2	3-1	2-1	2-1	1-0	3-0	1-3	1-1	1-2		0-1	1-0
West Bromwich Alb.	1-1	2-4	2-2	0-1	2-0	1-4	1-2	1-0	1-2	1-1	1-1	0-0	0-2	3-0	3-1	3-0	4-1	2-2	0-0	2-1	1-3	4-1		3-2
Wolverhampton W.	1-1	3-0	1-0	3-1	1-1	2-0	2-2	0-0	1-1	1-0	2-3	2-0	1-1	3-0	2-1	1-1	1-1	0-1	1-1	1-1	2-1	2-0	1-2	

	Football League Division 1	Pd	Wn	Dw	Ls	GF	GA	Pts	
1.	Crystal Palace FC (London)	46	27	9	10	73	46	90	P
2.	Nottingham Forest FC (Nottingham)	46	23	14	9	74	49	83	P
3.	Millwall FC (London)	46	19	17	10	58	49	74	PO
4.	Leicester City FC (Leicester)	46	19	16	11	72	59	73	POP
5.	Tranmere Rovers FC (Birkenhead)	46	21	9	16	69	53	72	PO
6.	Derby County FC (Derby)	46	20	11	15	73	68	71	PO
7.	Notts County FC (Nottingham)	46	20	8	18	65	69	68	
8.	Wolverhampton Wanderers FC (Wolverhampton)	46	17	17	12	60	47	68	
9.	Middlesbrough FC (Middlesbrough)	46	18	13	15	66	54	67	
10.	Stoke City FC (Stoke-on-Trent)	46	18	13	15	57	59	67	
11.	Charlton Athletic FC (London)	46	19	8	19	61	58	65	
12.	Sunderland AFC (Sunderland)	46	19	8	19	54	57	65	
13.	Bristol City FC (Bristol)	46	16	16	14	47	50	64	
14.	Bolton Wanderers FC (Bolton)	46	15	14	17	63	64	59	
15.	Southend United FC (Southend-on-Sea)	46	17	8	21	63	67	59	
16.	Grimsby Town FC (Cleethorpes)	46	13	20	13	52	47	59	
17.	Portsmouth FC (Portsmouth)	46	15	13	18	52	58	58	
18.	Barnsley FC (Barnsley)	46	16	7	23	55	67	55	
19.	Watford FC (Watford)	46	15	9	22	66	80	54	
20.	Luton Town FC (Luton)	46	14	11	21	56	60	53	
21.	West Bromwich Albion FC (West Bromwich)	46	13	12	21	60	69	51	
22.	Birmingham City FC (Birmingham)	46	13	12	21	52	69	51	R
23.	Oxford United FC (Oxford)	46	13	10	23	54	75	49	R
24.	Peterborough United FC (Peterborough)	46	8	13	25	48	76	37	R
		1104	408	288	408	1450	1450	1512	

Promotion Play-offs

Leicester City FC (Leicester)	2-1	Derby County FC (Derby)
Derby County FC (Derby)	2-0, 3-1	Millwall FC (London)
Tranmere Rovers FC (Birkenhead)	0-0, 1-2	Leicester City FC (Leicester)

Football League Division 2 1993-94 Season	Barnet	Blackpool	Bournemouth	Bradford City	Brentford	Brighton & Hove Albion	Bristol Rovers	Burnley	Cambridge	Cardiff City	Exeter City	Fulham	Hartlepool	Huddersfield Town	Hull City	Leyton Orient	Plymouth Argyle	Port Vale	Reading	Rotherham United	Stockport County	Swansea City	Wrexham	York City
Barnet FC		0-1	1-2	1-2	0-0	1-1	1-2	1-1	2-3	0-0	2-1	0-2	3-2	0-1	1-2	3-1	0-0	2-3	0-1	2-1	0-0	0-1	1-2	1-3
Blackpool FC	3-1		2-1	1-3	1-1	2-0	0-1	1-2	2-3	1-0	1-0	2-3	2-1	2-1	6-2	4-1	2-1	1-3	0-4	1-2	2-0	1-1	4-1	0-5
AFC Bournemouth	1-1	1-0		1-1	0-3	2-1	3-0	1-0	1-2	3-2	1-1	1-3	0-0	1-2	0-2	1-1	0-1	2-1	2-1	0-0	1-1	0-1	1-2	3-1
Bradford City AFC	2-1	2-1	0-0		1-0	2-0	0-1	0-1	2-0	2-0	6-0	0-0	2-1	3-0	1-1	0-0	1-5	2-1	2-4	2-1	1-2	2-1	1-0	0-0
Brentford FC	1-0	3-0	1-1	2-0		1-1	3-4	0-0	3-3	1-1	2-1	1-2	1-0	1-2	0-3	0-1	1-1	1-2	1-0	2-2	1-1	1-1	2-1	1-1
Brighton & Hove Alb.	1-0	3-2	3-3	0-1	2-1		0-2	1-1	4-1	3-5	0-0	2-0	1-1	2-2	3-0	2-0	2-1	1-3	0-1	0-2	1-1	4-1	1-1	2-0
Bristol Rovers FC	5-2	1-0	0-1	4-3	1-4	1-0		3-1	2-1	2-1	1-1	2-1	1-1	0-0	1-1	1-1	0-0	2-0	1-1	0-2	1-1	1-2	3-1	0-1
Burnley FC	5-0	3-1	4-0	0-1	4-1	3-0	3-1		3-0	2-0	3-2	3-1	2-0	1-1	3-1	4-1	4-2	2-1	0-1	0-0	1-1	1-1	2-1	2-1
Cambridge United FC	1-1	3-2	3-2	2-1	1-1	2-1	1-3	0-1		1-1	3-0	3-0	1-0	4-5	3-4	3-1	2-0	1-0	0-1	0-1	0-0	2-0	2-2	0-2
Cardiff City AFC	0-0	0-2	2-1	1-1	1-1	2-2	1-2	2-1	2-7		2-0	1-0	2-2	2-2	3-4	2-0	2-3	1-3	3-0	1-0	3-1	1-0	5-1	0-0
Exeter City FC	0-0	1-0	0-2	0-0	2-2	1-1	1-0	4-1	0-5	2-2		6-4	2-1	2-3	0-1	1-0	2-3	1-1	4-6	1-1	1-2	1-0	5-0	1-2
Fulham FC	3-0	1-0	0-2	1-1	0-0	0-1	0-1	3-2	0-2	1-3	0-2		2-0	1-1	0-1	2-3	1-1	0-0	1-0	1-0	0-1	3-1	0-0	0-1
Hartlepool United FC	2-1	2-0	1-1	1-2	0-1	2-2	2-1	4-1	0-2	3-0	1-2	0-1		1-4	0-1	1-1	1-8	1-4	1-4	2-0	1-0	1-0	1-2	0-2
Huddersfield Town	1-2	2-1	1-1	1-1	1-3	1-3	1-0	1-1	1-1	2-0	0-1	1-0	1-1		0-2	1-0	1-0	1-1	0-3	2-1	1-1	1-1	3-0	3-2
Hull City AFC	4-4	0-0	1-1	3-1	1-0	0-0	3-0	1-2	2-0	1-0	5-1	1-1	1-0	2-1		0-1	2-2	0-0	1-2	4-1	0-1	0-1	0-0	1-1
Leyton Orient FC	4-2	2-0	0-0	2-1	1-1	1-3	1-0	3-1	2-1	2-2	1-1	2-2	1-2	1-0	3-1		2-1	2-3	1-1	1-1	0-0	2-1	2-2	2-0
Plymouth Argyle FC	3-2	2-1	2-0	3-1	1-1	1-1	3-3	3-2	0-3	1-2	1-0	3-1	2-0	2-0	2-1	3-1		2-0	3-1	4-2	2-3	2-1	1-1	2-1
Port Vale FC	6-0	2-0	2-1	0-0	1-0	4-0	2-0	1-1	2-2	2-2	3-0	2-2	1-0	1-0	2-1	2-1	2-1		0-4	2-1	1-1	3-0	3-0	2-1
Reading FC	4-1	1-1	3-0	1-1	2-1	2-0	2-0	2-1	3-1	1-1	1-0	1-0	4-0	0-0	1-1	2-1	3-2	1-2		0-0	2-0	2-1	0-1	2-1
Rotherham United	1-1	0-2	1-2	2-1	2-0	0-1	1-1	3-2	3-0	5-2	3-0	1-2	7-0	2-3	1-0	2-1	0-3	0-2	2-2		1-2	1-1	2-1	2-1
Stockport County	2-1	1-0	0-2	4-1	3-1	3-0	0-2	2-1	3-1	2-2	4-0	2-4	5-0	3-0	0-0	3-0	2-3	2-1	1-1	2-0		4-0	1-0	1-2
Swansea City FC	2-0	4-4	1-1	2-0	1-1	3-0	2-0	3-1	4-2	1-0	2-0	2-1	1-1	1-0	1-0	1-1	0-1	0-1	1-1	0-0	1-2		3-1	1-2
Wrexham AFC	4-0	2-3	2-1	0-3	1-2	1-3	3-2	1-0	1-1	3-1	1-1	2-0	2-0	3-1	3-0	4-2	0-3	2-1	3-2	3-3	0-1	3-2		1-1
York City FC	1-1	2-1	2-0	1-1	0-2	3-1	0-1	0-0	2-0	5-0	3-0	2-0	3-0	0-2	0-0	3-0	0-0	1-0	1-0	0-0	1-2	2-1	1-1	

	Football League Division 2	Pd	Wn	Dw	Ls	GF	GA	Pts	
1.	Reading FC (Reading)	46	26	11	9	81	44	89	P
2.	Port Vale FC (Stoke-on-Trent)	46	26	10	10	79	46	88	P
3.	Plymouth Argyle FC (Plymouth)	46	25	10	11	88	56	85	PO
4.	Stockport County FC (Stockport)	46	24	13	9	74	44	85	PO
5.	York City FC (York)	46	21	12	13	64	40	75	PO
6.	Burnley FC (Burnley)	46	21	10	15	79	58	73	POP
7.	Bradford City AFC (Bradford)	46	19	13	14	61	53	70	
8.	Bristol Rovers FC (Bristol)	46	20	10	16	60	59	70	
9.	Hull City AFC (Kingston upon Hull)	46	18	14	14	62	54	68	
10.	Cambridge United FC (Cambridge)	46	19	9	18	79	73	66	
11.	Huddersfield Town AFC (Huddersfield)	46	17	14	15	58	61	65	
12.	Wrexham AFC (Wrexham)	46	17	11	18	66	77	62	
13.	Swansea City FC (Swansea)	46	16	12	18	56	58	60	
14.	Brighton & Hove Albion FC (Hove)	46	15	14	17	60	67	59	
15.	Rotherham United FC (Rotherham)	46	15	13	18	63	60	58	
16.	Brentford FC (London)	46	13	19	14	57	55	58	
17.	AFC Bournemouth (Bournemouth)	46	14	15	17	51	59	57	
18.	Leyton Orient FC (London)	46	14	14	18	57	71	56	
19.	Cardiff City AFC (Cardiff)	46	13	15	18	66	79	54	
20.	Blackpool FC (Blackpool)	46	16	5	25	63	75	53	
21.	Fulham FC (London)	46	14	10	22	50	63	52	R
22.	Exeter City FC (Exeter)	46	11	12	23	52	83	45	R
23.	Hartlepool United FC (Hartlepool)	46	9	9	28	41	87	36	R
24.	Barnet FC (London)	46	5	13	28	41	86	28	R
		1104	408	288	408	1508	1508	1512	

Promotion Play-offs

Burnley FC (Burnley)	2-1	Stockport County FC (Stockport)
Burnley FC (Burnley)	0-0, 3-1	Plymouth Argyle FC (Plymouth)
York City FC (York)	0-0, 0-1	Stockport County FC (Stockport)

Football League Division 3 1993-94 Season	Bury	Carlisle United	Chester City	Chesterfield	Colchester United	Crewe Alexandra	Darlington	Doncaster Rovers	Gillingham	Hereford United	Lincoln City	Mansfield Town	Northampton Town	Preston North End	Rochdale	Scarborough	Scunthorpe United	Shrewsbury Town	Torquay United	Walsall	Wigan Athletic	Wycombe W.
Bury FC		2-1	1-1	2-1	0-1	1-0	5-1	4-0	0-0	5-3	1-0	2-2	0-0	1-1	0-1	0-2	1-0	2-3	1-1	1-2	3-0	1-2
Carlisle United FC	1-2		1-0	3-0	2-0	1-2	2-0	4-2	1-2	1-2	3-3	1-1	0-1	0-1	0-1	2-0	3-1	2-1	1-1	2-1	3-0	2-2
Chester City FC	3-0	0-0		3-1	2-1	1-2	0-0	0-1	1-0	3-1	1-1	1-1	1-0	3-2	3-1	4-1	0-2	1-0	1-1	2-1	2-1	3-1
Chesterfield FC	1-1	3-0	1-2		0-0	2-0	1-1	1-1	3-2	3-1	2-2	0-2	4-0	1-1	1-1	1-0	1-1	1-2	3-1	0-1	1-0	2-3
Colchester United FC	4-1	2-1	0-0	0-2		2-4	1-2	3-1	1-2	1-0	1-0	0-0	3-2	1-1	2-5	1-2	2-1	3-3	1-2	0-1	3-1	0-2
Crewe Alexandra FC	2-4	2-3	2-1	0-1	2-1		2-1	2-0	1-0	6-0	2-2	2-1	3-1	4-3	2-1	1-1	3-3	0-0	2-3	1-2	4-1	2-1
Darlington FC	1-0	1-3	1-2	0-0	7-3	1-0		1-3	2-1	1-3	3-2	2-0	0-1	0-2	1-1	0-2	2-1	0-2	1-2	0-0	0-0	0-0
Doncaster Rovers FC	1-3	0-0	3-4	0-0	2-1	0-0	1-3		0-0	1-0	1-0	0-1	2-1	1-1	2-1	0-4	3-1	0-0	0-2	4-0	3-1	0-3
Gillingham FC	1-0	2-0	2-2	0-2	3-0	1-3	2-1	0-0		2-0	1-1	1-0	1-0	2-2	1-2	2-2	1-0	0-2	2-2	1-1	2-2	0-1
Hereford United FC	3-0	0-0	0-5	0-3	5-0	1-2	1-1	2-1	2-0		1-2	2-3	1-1	2-3	5-1	0-1	1-2	0-1	2-2	0-1	3-0	3-4
Lincoln City FC	2-2	0-0	0-3	1-2	2-0	1-2	1-1	2-1	3-1	3-1		1-2	4-3	0-2	1-1	0-1	2-0	0-1	1-0	1-2	0-1	1-3
Mansfield Town FC	2-2	0-1	0-4	1-2	1-1	1-2	0-3	2-1	2-1	2-1	1-0		1-0	2-2	0-1	4-2	0-1	1-0	2-1	1-2	2-3	3-0
Northampton Town FC	0-1	1-1	1-0	2-2	1-1	2-2	1-0	0-0	1-2	0-1	0-0	5-1		2-0	1-2	3-2	4-0	0-3	0-1	0-1	0-2	1-1
Preston North End FC	3-1	0-3	1-1	4-1	1-0	0-2	3-2	3-1	0-0	3-0	2-0	3-1	1-1		2-1	2-2	2-2	6-1	3-1	2-0	3-0	2-3
Rochdale AFC	2-1	0-1	2-0	5-1	1-1	2-1	0-0	0-1	3-0	2-0	0-1	1-1	6-2	2-1		2-1	2-3	1-2	4-1	0-0	1-2	2-2
Scarborough FC	1-0	0-3	0-1	1-1	0-2	1-2	3-0	2-0	1-1	0-1	2-2	1-1	2-1	3-4	2-1		0-1	1-3	1-2	1-0	4-1	3-1
Scunthorpe United FC	1-1	2-1	1-1	2-2	1-1	2-1	3-0	1-3	1-1	1-2	2-0	2-3	7-0	3-1	2-1	1-1		1-4	1-3	5-0	1-0	0-0
Shrewsbury Town FC	1-0	1-0	3-0	0-0	2-1	2-2	1-1	0-1	2-2	2-0	1-2	2-2	2-1	1-0	1-1	2-0	0-0		3-2	1-2	0-0	1-0
Torquay United FC	0-0	1-1	1-3	1-0	3-3	3-3	2-1	2-1	0-1	1-1	3-2	1-0	2-0	4-3	1-1	2-0	1-1	0-0		0-1	1-1	1-1
Walsall FC	0-1	0-1	1-1	0-1	1-2	2-2	3-0	1-2	1-0	3-3	5-2	0-2	1-3	2-0	1-0	1-0	0-0	0-1	1-2		1-1	4-2
Wigan Athletic AFC	3-1	0-2	6-3	1-0	0-1	2-2	2-0	0-0	2-0	3-4	0-1	4-1	1-1	2-2	0-0	1-2	0-2	2-5	1-3	2-2		1-1
Wycombe Wanderers FC	2-1	2-0	1-0	0-1	2-5	3-1	2-0	1-0	1-1	3-2	2-3	1-0	1-0	1-1	1-1	4-0	2-2	1-1	1-1	3-0	0-1	

	Football League Division 3	Pd	Wn	Dw	Ls	GF	GA	Pts	
1.	Shrewsbury Town FC (Shrewsbury)	42	22	13	7	63	39	79	P
2.	Chester City FC (Chester)	42	21	11	10	69	46	74	P
3.	Crewe Alexandra FC (Crewe)	42	21	10	11	80	61	73	P
4.	Wycombe Wanderers FC (High Wycombe)	42	19	13	10	67	53	70	POP
5.	Preston North End FC (Preston)	42	18	13	11	79	60	67	PO
6.	Torquay United FC (Torquay)	42	17	16	9	64	56	67	PO
7.	Carlisle United FC (Carlisle)	42	18	10	14	57	42	64	PO
8.	Chesterfield FC (Chesterfield)	42	16	14	12	55	48	62	
9.	Rochdale AFC (Rochdale)	42	16	12	14	63	51	60	
10.	Walsall FC (Walsall)	42	17	9	16	48	53	60	
11.	Scunthorpe United FC (Scunthorpe)	42	15	14	13	64	56	59	
12.	Mansfield Town FC (Mansfield)	42	15	10	17	53	62	55	
13.	Bury FC (Bury)	42	14	11	17	55	56	53	
14.	Scarborough FC (Scarborough)	42	15	8	19	55	61	53	
15.	Doncaster Rovers FC (Doncaster)	42	14	10	18	44	57	52	
16.	Gillingham FC (Gillingham)	42	12	15	15	44	51	51	
17.	Colchester United FC (Colchester)	42	13	10	19	56	71	49	
18.	Lincoln City FC (Lincoln)	42	12	11	19	52	63	47	
19.	Wigan Athletic AFC (Wigan)	42	11	12	19	51	70	45	
20.	Hereford United FC (Hereford)	42	12	6	24	60	79	42	
21.	Darlington FC (Darlington)	42	10	11	21	42	64	41	
22.	Northampton Town FC (Northampton)	42	9	11	22	44	66	38	#
		924	337	250	337	1265	1265	1261	

GM Vauxhall Conference champions Kidderminster Harriers FC (Kidderminster) were refused promotion to Football League Division 3 as ground improvements to Football League standards could not be completed prior to the start of 1994-95 season. As a result of this decision Northampton Town FC (Northampton) retained their Football League status.

F.A. CUP FINAL (Wembley Stadium, London – 14/05/1994 – 79,634)

MANCHESTER UNITED FC (MANCHESTER) 4-0 Chelsea FC (London)

Cantona 60' pen., 66' pen., Hughes 69, McClair 90'

Man. United: Schmeichel, Parker, Irwin (Sharpe 85'), Bruce, Kanchelskis (McClair 85'), Pallister, Cantona, Ince, Keane, Hughes, Giggs.

Chelsea: Kharine, Clarke, Sinclair, Kjeldbjerg, Johnsen, Burley (Hoddle 67'), Spencer, Newton, Stein (Cascarino 79'), Peacock, Wise.

Semi-finals

Chelsea FC (London)	2-0	Luton Town FC
Manchester United FC (Manchester)	1-1, 4-1	Oldham Athletic AFC (Oldham)

Quarter-finals

Bolton Wanderers FC (Bolton)	0-1	Oldham Athletic AFC (Oldham)
Chelsea FC (London)	1-0	Wolverhampton Wanderers FC (Wolverhampton)
Manchester United FC (Manchester)	3-1	Charlton Athletic FC (London)
West Ham United FC (London)	0-0, 2-3	Luton Town FC (Luton)

F.A. Premiership 1994-95 Season	Arsenal	Aston Villa	Blackburn R.	Chelsea	Coventry City	Crystal Palace	Everton	Ipswich Town	Leeds United	Leicester City	Liverpool	Man. City	Man. United	Newcastle Utd.	Norwich City	Nottingham F.	Q.P.R.	Sheffield Wed.	Southampton	Tottenham H.	West Ham Utd.	Wimbledon
Arsenal FC		0-0	0-0	3-1	2-1	1-2	1-1	4-1	1-3	1-1	0-1	3-0	0-0	2-3	5-1	1-0	1-3	0-0	1-1	1-1	0-1	0-0
Aston Villa FC	0-4		0-1	3-0	0-0	1-1	0-0	2-0	0-0	4-4	2-0	1-1	1-2	0-2	1-1	0-2	2-1	1-1	1-1	1-0	0-2	7-1
Blackburn Rovers FC	3-1	3-1		2-1	4-0	2-1	3-0	4-1	1-1	3-0	3-2	2-3	2-4	1-0	0-0	3-0	4-0	3-1	3-2	2-0	4-2	2-1
Chelsea FC	2-1	1-0	1-2		2-2	0-0	0-1	2-0	0-3	4-0	0-0	3-0	2-3	1-1	2-0	0-2	1-0	1-1	0-2	1-1	1-2	1-1
Coventry City FC	0-1	0-1	1-1	2-2		1-4	0-0	2-0	2-1	4-2	1-1	1-0	2-3	0-0	1-0	0-0	0-1	2-0	1-3	0-4	2-0	1-1
Crystal Palace FC	0-3	0-0	0-1	0-1	0-2		1-0	3-0	1-2	2-0	1-6	2-1	1-1	0-1	0-1	1-2	0-0	2-1	0-0	1-1	1-0	0-0
Everton FC	1-1	2-2	1-2	3-3	0-2	3-1		4-1	3-0	1-1	2-0	1-1	1-0	2-0	2-1	1-2	2-2	1-4	0-0	0-0	1-0	0-0
Ipswich Town FC	0-2	0-1	1-3	2-2	2-0	0-2	0-1		2-0	4-1	1-3	1-2	3-2	0-2	1-2	0-1	0-1	1-2	2-1	1-3	1-1	2-2
Leeds United AFC	1-0	1-0	1-1	2-3	3-0	3-1	1-0	4-0		2-1	0-2	2-0	2-1	0-0	2-1	1-0	4-0	0-1	0-0	1-1	2-2	3-1
Leicester City FC	3-1	1-1	0-0	1-1	2-2	0-1	2-2	2-0	1-3		1-2	0-1	0-4	1-3	1-0	2-4	1-1	0-1	4-3	3-1	1-2	3-4
Liverpool FC	3-0	3-2	2-1	3-1	2-3	0-0	0-0	0-1	0-1	2-0		2-0	2-0	2-0	4-0	1-0	1-1	4-1	3-1	1-1	0-0	3-0
Manchester City FC	1-2	2-2	1-3	1-2	0-0	1-1	4-0	2-0	0-0	0-1	2-1		0-3	0-0	2-0	3-3	2-3	3-2	3-3	5-2	3-0	2-0
Manchester United FC	3-0	1-0	1-0	0-0	2-0	3-0	2-0	9-0	0-0	1-1	2-0	5-0		2-0	1-0	1-2	2-0	1-0	2-1	0-0	1-0	3-0
Newcastle United FC	1-0	3-1	1-1	4-2	4-0	3-2	2-0	1-1	1-2	3-1	1-1	0-0	1-1		3-0	2-1	2-1	2-1	5-1	3-3	2-0	2-1
Norwich City FC	0-0	1-1	2-1	3-0	2-2	0-0	0-0	3-0	2-1	2-1	1-2	1-1	0-2	2-1		0-1	4-2	0-0	2-2	0-2	1-0	1-2
Nottingham Forest FC	2-2	1-2	0-2	0-1	2-0	1-0	2-1	4-1	3-0	1-0	1-1	1-0	1-1	0-0	1-0		3-2	4-1	3-0	2-2	1-1	3-1
Queen's Park Rangers FC	3-1	2-0	0-1	1-0	2-2	0-1	2-3	1-2	3-2	2-0	2-1	1-2	2-3	3-0	2-0	1-1		3-2	2-2	2-1	2-1	0-1
Sheffield Wednesday FC	3-1	1-2	0-1	1-1	5-1	1-0	0-0	4-1	1-1	1-0	1-2	1-1	1-0	0-0	0-0	1-7	0-2		1-1	3-4	1-0	0-1
Southampton FC	1-0	2-1	1-1	0-1	0-0	3-1	2-0	3-1	1-3	2-2	0-2	2-2	2-2	3-1	1-1	1-1	2-1	0-0		4-3	1-1	2-3
Tottenham Hotspur FC	1-0	3-4	3-1	0-0	1-3	0-0	2-1	3-0	1-1	1-0	0-0	2-1	0-1	4-2	1-0	1-4	1-1	3-1	1-2		3-1	1-2
West Ham United FC	0-2	1-0	2-0	1-2	0-1	1-0	2-2	1-1	0-0	1-0	3-0	3-0	1-1	1-3	2-2	3-1	0-0	0-2	2-0	1-2		3-0
Wimbledon FC	1-3	4-3	0-3	1-1	2-0	2-0	2-1	1-1	0-0	2-1	0-0	2-0	0-1	3-2	1-0	2-2	1-3	0-1	0-2	1-2	1-0	

	F.A. Premiership	Pd	Wn	Dw	Ls	GF	GA	Pts	
1.	BLACKBURN ROVERS FC (BLACKBURN)	42	27	8	7	80	39	89	
2.	Manchester United FC (Manchester)	42	26	10	6	77	28	88	
3.	Nottingham Forest FC (Nottingham)	42	22	11	9	72	43	77	
4.	Liverpool FC (Liverpool)	42	21	11	10	65	37	74	
5.	Leeds United AFC (Leeds)	42	20	13	9	59	38	73	
6.	Newcastle United FC (Newcastle upon Tyne)	42	20	12	10	67	47	72	
7.	Tottenham Hotspur FC (London)	42	16	14	12	66	58	62	
8.	Queen's Park Rangers FC (London)	42	17	9	16	61	59	60	
9.	Wimbledon FC (London)	42	15	11	16	48	65	56	
10.	Southampton FC (Southampton)	42	12	18	12	61	63	54	
11.	Chelsea FC (London)	42	13	15	14	50	55	54	
12.	Arsenal FC (London)	42	13	12	17	52	49	51	
13.	Sheffield Wednesday FC (Sheffield)	42	13	12	17	49	57	51	
14.	West Ham United FC (London)	42	13	11	18	44	48	50	
15.	Everton FC (Liverpool)	42	11	17	14	44	51	50	
16.	Coventry City FC (Coventry)	42	12	14	16	44	62	50	
17.	Manchester City FC (Manchester)	42	12	13	17	53	64	49	
18.	Aston Villa FC (Birmingham)	42	11	15	16	51	56	48	
19.	Crystal Palace FC (London)	42	11	12	19	34	49	45	R
20.	Norwich City FC (Norwich)	42	10	13	19	37	54	43	R
21.	Leicester City FC (Leicester)	42	6	11	25	45	80	29	R
22.	Ipswich Town FC (Ipswich)	42	7	6	29	36	93	27	R
		924	328	268	328	1195	1195	1252	

The F.A. Premiership was reduced to 20 clubs for the next season

Top Goalscorers

1)	Alan SHEARER	(Blackburn Rovers FC)	34
2)	Robbie FOWLER	(Liverpool FC)	25

Football League Division 1 1994-95 Season	Barnsley	Bolton Wanderers	Bristol City	Burnley	Charlton Athletic	Derby County	Grimsby Town	Luton Town	Middlesbrough	Millwall	Notts County	Oldham Athletic	Portsmouth	Port Vale	Reading	Sheffield United	Southend United	Stoke City	Sunderland	Swindon Town	Tranmere Rovers	Watford	W.B.A.	Wolves
Barnsley FC		3-0	2-1	2-0	2-1	2-1	4-1	3-1	1-1	4-1	1-1	1-1	1-0	3-1	0-2	2-1	0-0	2-0	2-0	2-1	2-2	0-0	2-0	1-3
Bolton Wanderers FC	2-1		0-2	1-1	5-1	1-0	3-3	0-0	1-0	1-0	2-0	2-2	1-1	1-0	1-0	1-1	3-0	4-0	1-0	3-0	1-0	3-0	1-0	5-1
Bristol City FC	3-2	0-1		1-1	2-1	0-2	1-2	2-2	0-1	1-0	2-1	2-2	1-1	0-0	1-2	2-1	0-0	3-1	0-0	3-2	0-1	0-0	1-0	1-5
Burnley FC	0-1	2-2	1-1		2-0	3-1	0-2	2-1	0-3	1-2	2-1	2-1	1-2	4-3	1-2	4-2	5-1	1-1	1-1	1-2	1-1	1-1	1-1	0-1
Charlton Athletic FC	2-2	1-2	3-2	1-2		3-4	2-1	1-0	0-2	1-1	1-0	2-0	1-0	1-1	1-2	1-1	3-1	0-0	1-0	1-0	0-1	3-0	1-1	3-2
Derby County FC	1-0	2-1	3-1	4-0	2-2		2-1	0-0	0-1	3-2	0-0	2-1	3-0	2-0	1-2	2-3	1-2	3-0	0-1	3-1	5-0	1-1	1-1	3-3
Grimsby Town FC	1-0	3-3	1-0	2-2	0-1	0-1		5-0	2-1	1-0	2-1	1-3	2-0	4-1	1-0	0-0	4-1	0-0	3-1	1-1	3-1	0-0	0-2	0-0
Luton Town FC	0-1	0-3	0-1	0-1	0-1	0-0	1-2		5-1	1-1	2-0	2-0	2-0	2-1	0-1	3-6	2-2	2-3	3-0	3-0	2-0	1-1	1-1	3-3
Middlesbrough FC	1-1	1-0	3-0	2-0	1-0	2-4	1-1	2-1		3-0	2-1	2-1	4-0	3-0	0-1	1-1	1-2	2-1	2-2	3-1	0-1	2-0	1-1	1-0
Millwall FC	0-1	0-1	1-1	0-0	3-1	4-1	2-0	0-0	0-0		0-0	1-1	2-2	1-3	2-0	2-1	3-1	1-1	2-0	3-1	2-1	2-1	2-2	1-0
Notts County FC	1-3	1-1	1-1	3-0	3-3	0-0	0-2	0-1	1-1	0-1		1-3	0-1	2-2	1-0	2-1	2-2	0-2	3-2	0-1	1-0	1-0	2-0	1-1
Oldham Athletic AFC	1-0	3-1	2-0	3-0	5-2	1-0	1-0	0-0	1-0	0-1	1-1		3-2	3-2	1-3	3-3	0-2	0-0	0-0	1-1	0-0	0-2	1-0	4-1
Portsmouth FC	3-0	1-1	0-0	2-0	1-1	0-1	2-1	3-2	0-0	3-2	2-1	1-1		0-2	1-1	1-0	1-1	0-1	1-4	4-3	0-0	2-1	1-2	1-2
Port Vale FC	2-1	1-1	2-1	1-0	0-2	1-0	1-2	0-1	2-1	2-1	1-1	3-1	1-0		0-2	0-2	5-0	1-1	0-0	2-2	2-0	0-1	1-0	2-4
Reading FC	0-3	2-1	1-0	0-0	2-1	1-0	1-1	0-0	1-1	0-0	2-0	2-1	0-0	3-3		1-0	2-0	4-0	0-2	3-0	1-3	4-1	0-2	4-2
Sheffield United FC	0-0	3-1	3-0	2-0	2-1	2-1	3-1	1-3	1-1	1-1	1-3	2-0	3-1	1-1	1-1		2-0	1-1	0-0	2-2	2-0	3-0	2-0	3-3
Southend United FC	3-1	2-1	2-1	2-1	2-1	1-0	0-0	3-0	0-2	0-1	1-0	1-0	1-2	1-2	4-1	1-3		4-2	0-1	2-0	0-0	0-4	2-1	0-1
Stoke City FC	0-0	1-1	2-1	2-0	2-0	0-0	3-0	1-2	1-1	4-3	2-1	0-1	0-2	0-1	0-1	1-1	4-1		0-1	0-0	1-0	1-0	4-1	1-1
Sunderland AFC	2-0	1-1	2-0	0-0	1-1	1-1	2-2	1-1	0-1	1-1	1-2	0-0	2-2	1-1	0-1	1-0	0-1	1-0		1-0	0-1	1-3	2-2	1-1
Swindon Town FC	0-0	0-1	0-3	1-1	0-1	1-1	3-2	1-2	2-1	1-2	3-0	3-1	0-2	2-0	0-0	1-3	2-2	0-1	1-0		2-2	1-0	0-0	3-2
Tranmere Rovers FC	6-1	1-0	2-0	4-1	1-1	3-1	2-0	4-2	1-1	3-1	3-2	3-1	4-2	1-1	1-0	2-1	0-2	0-1	1-0	3-2		2-1	3-1	1-1
Watford FC	3-2	0-0	1-0	2-0	2-0	2-1	0-0	2-4	1-1	1-0	3-1	1-2	2-0	3-2	2-2	0-0	1-0	0-0	0-1	2-0	2-0		1-0	2-1
West Bromwich Alb.	2-1	1-0	1-0	1-0	0-1	0-0	1-1	1-0	1-3	3-0	3-2	3-1	0-2	0-0	2-0	1-0	2-0	1-3	1-3	2-5	5-1	0-1		2-0
Wolverhampton W.	0-0	3-1	2-0	2-0	2-0	0-2	2-1	2-3	0-2	3-3	1-0	2-1	1-0	2-1	1-0	2-2	5-0	2-0	1-0	1-1	2-0	1-1	2-0	

	Football League Division 1	Pd	Wn	Dw	Ls	GF	GA	Pts	
1.	Middlesbrough FC (Middlesbrough)	46	23	13	10	67	40	82	P
2.	Reading FC (Reading)	46	23	10	13	58	44	79	PO
3.	Bolton Wanderers FC (Bolton)	46	21	14	11	67	45	77	POP
4.	Wolverhampton Wanderers FC (Wolverhampton)	46	21	13	12	77	61	76	PO
5.	Tranmere Rover FC (Birkenhead)	46	22	10	14	67	58	76	PO
6.	Barnsley FC (Barnsley)	46	20	12	14	63	52	72	
7.	Watford FC (Watford)	46	19	13	14	52	46	70	
8.	Sheffield United FC (Sheffield)	46	17	17	12	74	55	68	
9.	Derby County FC (Derby)	46	18	12	16	66	51	66	
10.	Grimsby Town FC (Cleethorpes)	46	17	14	15	62	56	65	
11.	Stoke City FC (Stoke-on-Trent)	46	16	15	15	50	53	63	
12.	Millwall FC (London)	46	16	14	16	60	60	62	
13.	Southend United FC (Southend-on-Sea)	46	18	8	20	54	73	62	
14.	Oldham Athletic AFC (Oldham)	46	16	13	17	60	60	61	
15.	Charlton Athletic FC (London)	46	16	11	19	58	66	59	
16.	Luton Town FC (Luton)	46	15	13	18	61	64	58	
17.	Port Vale FC (Stoke-on-Trent)	46	15	13	18	58	64	58	
18.	West Bromwich Albion FC (West Bromwich)	46	16	10	20	51	57	58	
19.	Portsmouth FC (Portsmouth)	46	15	13	18	53	63	58	
20.	Sunderland AFC (Sunderland)	46	12	18	16	41	45	54	
21.	Swindon Town FC (Swindon)	46	12	12	22	54	73	48	R
22.	Burnley FC (Burnley)	46	11	13	22	49	74	46	R
23.	Bristol City FC (Bristol)	46	11	12	23	42	63	45	R
24.	Notts County FC (Nottingham)	46	9	13	24	45	66	40	R
		1104	399	306	399	1389	1389	1503	

Promotion Play-offs

Bolton Wanderers FC (Bolton)	4-3 (aet)	Reading FC (Reading)
Tranmere Rovers FC (Birkenhead)	1-3, 0-0	Reading FC (Reading)
Wolverhampton Wanderers FC	2-1, 0-2 (aet)	Bolton Wanderers FC (Bolton)

Football League Division 2 1994-95 Season	Birmingham City	Blackpool	Bournemouth	Bradford City	Brentford	Brighton & Hove Albion	Bristol Rovers	Cambridge	Cardiff City	Chester City	Crewe Alexandra	Huddersfield Town	Hull City	Leyton Orient	Oxford United	Peterborough United	Plymouth Argyle	Rotherham United	Shrewsbury Town	Stockport County	Swansea City	Wrexham	Wycombe Wanderers	York City
Birmingham City FC		7-1	0-0	0-0	2-0	3-3	2-0	1-1	2-1	1-0	5-0	1-1	2-2	2-0	3-0	4-0	4-2	2-1	2-0	1-0	0-1	5-2	0-1	4-2
Blackpool FC	1-1		3-1	2-0	1-2	2-2	0-2	2-3	2-1	3-1	0-0	1-4	1-2	2-1	2-1	4-0	5-2	2-2	2-1	1-2	2-1	2-1	0-1	0-5
AFC Bournemouth	2-1	1-2		2-3	0-1	0-3	2-0	1-0	3-2	1-1	1-1	0-2	2-3	2-0	0-2	0-3	0-0	1-1	3-0	2-0	3-2	1-3	2-0	1-4
Bradford City AFC	1-1	0-1	1-2		1-0	2-1	2-1	1-1	2-3	1-1	0-2	3-4	1-0	2-0	0-2	4-2	2-0	0-3	1-1	1-2	1-3	1-1	2-1	0-0
Brentford FC	1-2	3-2	1-2	4-3		2-1	3-0	6-0	2-0	1-1	2-0	0-0	0-1	3-0	2-0	0-1	7-0	2-0	1-0	1-0	0-0	0-2	0-0	3-0
Brighton & Hove Alb.	0-1	2-2	0-0	1-0	1-1		1-2	2-0	0-0	1-0	0-1	0-0	1-0	1-0	1-1	1-2	1-1	1-1	2-1	2-0	1-1	4-0	1-1	1-0
Bristol Rovers FC	1-1	0-0	2-1	4-0	2-2	3-0		2-1	2-2	3-0	2-2	1-1	0-2	1-0	3-2	3-1	2-0	2-0	4-0	2-2	1-0	4-2	1-0	3-1
Cambridge United FC	1-0	0-0	2-2	4-1	0-0	0-2	1-1		2-0	2-1	1-2	1-1	2-2	0-0	1-2	2-0	1-1	2-1	3-1	3-4	1-3	1-2	2-2	1-0
Cardiff City AFC	0-1	0-1	1-1	2-4	2-3	3-0	0-1	3-1		2-1	1-2	0-0	0-2	2-1	1-3	1-2	0-1	1-1	1-2	1-1	1-1	0-0	2-0	1-2
Chester City FC	0-4	2-0	1-1	1-4	1-4	1-2	0-0	1-3	0-2		0-1	1-2	1-2	1-0	2-0	1-1	1-0	4-4	1-3	1-0	2-2	1-1	0-2	0-4
Crewe Alexandra FC	2-1	4-3	2-0	0-1	0-2	4-0	2-1	4-2	0-0	2-1		3-3	3-2	3-0	3-2	1-3	2-2	3-1	1-0	2-1	1-2	1-3	1-2	2-1
Huddersfield Town	1-2	1-1	3-0	0-0	1-0	3-0	1-1	3-1	5-1	5-1	1-2		1-1	2-1	3-3	1-2	2-0	1-0	2-1	2-1	2-0	2-1	0-1	3-0
Hull City AFC	0-0	1-0	3-1	2-0	1-2	2-2	0-2	1-0	4-0	2-0	7-1	1-0		2-0	3-1	1-1	2-0	0-2	2-2	0-0	0-2	3-2	0-0	3-0
Leyton Orient FC	2-1	0-1	3-2	0-0	0-2	0-3	1-2	1-1	2-0	2-0	1-4	0-2	1-1		1-1	4-1	0-2	0-0	2-1	0-1	0-1	1-1	0-1	0-1
Oxford United FC	1-1	3-2	0-3	1-0	1-1	0-0	0-0	1-0	1-0	1-0	2-1	3-1	4-0	3-2		1-0	1-0	2-1	0-0	4-0	1-2	0-0	0-2	0-1
Peterborough United	1-1	1-0	0-0	0-0	2-2	2-1	0-0	2-2	2-1	2-0	1-5	2-2	2-1	0-0	1-4		1-2	2-2	1-1	0-1	1-0	1-0	1-3	1-1
Plymouth Argyle FC	1-3	0-2	0-1	1-5	1-5	0-3	1-1	0-0	0-0	1-0	3-2	0-3	2-1	1-0	1-1	0-1		0-0	1-0	0-2	2-1	4-1	2-2	1-2
Rotherham United	1-1	0-2	4-0	3-1	0-2	4-3	0-3	1-0	2-0	2-0	2-2	1-1	2-0	2-0	1-1	0-0	3-1		0-4	1-0	3-3	0-1	2-0	2-1
Shrewsbury Town	0-2	0-0	3-0	1-2	2-1	1-1	1-0	1-1	0-1	1-0	1-2	2-1	2-3	3-0	1-1	2-2	3-2	1-0		1-1	3-3	2-2	2-2	1-0
Stockport County	0-1	3-2	1-0	1-2	0-1	2-0	2-1	2-1	4-1	2-2	3-1	1-2	4-0	2-1	0-2	1-1	2-4	1-0	2-1		0-1	1-1	4-1	2-3
Swansea City FC	0-2	1-0	1-0	0-0	0-2	1-1	0-0	1-0	4-1	0-1	0-1	1-1	2-0	2-0	1-3	2-0	3-0	1-0	0-0	2-0		0-0	1-1	0-0
Wrexham AFC	1-1	0-1	2-0	0-1	0-0	2-1	1-1	0-1	0-3	2-2	1-0	1-2	2-2	4-1	3-2	3-3	3-1	3-1	0-1	1-0	4-1		4-1	1-1
Wycombe Wanderers	0-3	1-1	1-1	3-1	4-3	0-0	0-0	3-0	3-1	3-1	0-0	2-1	1-2	2-1	1-0	3-1	1-2	2-0	1-0	1-1	1-0	3-0		0-0
York City FC	2-0	4-0	1-0	0-0	2-1	1-0	0-3	2-0	1-1	2-0	1-2	3-0	3-1	4-1	0-2	1-1	1-0	2-0	3-0	2-4	2-4	0-1	0-0	

	Football League Division 2	Pd	Wn	Dw	Ls	GF	GA	Pts	
1.	Birmingham City FC (Birmingham)	46	25	14	7	84	37	89	P
2.	Brentford FC (London)	46	25	10	11	81	39	85	PO
3.	Crewe Alexandra FC (Crewe)	46	25	8	13	80	68	83	PO
4.	Bristol Rovers FC (Bristol)	46	22	16	8	70	40	82	PO
5.	Huddersfield Town AFC (Huddersfield)	46	22	15	9	79	49	81	POP
6.	Wycombe Wanderers FC (High Wycombe)	46	21	15	10	60	46	78	
7.	Oxford United FC (Oxford)	46	21	12	13	66	52	75	
8.	Hull City AFC (Kingston upon Hull)	46	21	11	14	70	57	74	
9.	York City FC (York)	46	21	9	16	67	51	72	
10.	Swansea City FC (Swansea)	46	19	14	13	57	45	71	
11.	Stockport County FC (Stockport)	46	19	8	19	63	60	65	
12.	Blackpool FC (Blackpool)	46	18	10	18	64	70	64	
13.	Wrexham AFC (Wrexham)	46	16	16	16	65	64	63	
14.	Bradford City AFC (Bradford)	46	16	12	18	57	64	60	
15.	Peterborough United FC (Peterborough)	46	14	18	14	54	69	60	
16.	Brighton & Hove Albion FC (Hove)	46	14	17	15	54	53	59	
17.	Rotherham United FC (Rotherham)	46	14	14	18	57	61	56	
18.	Shrewsbury Town FC (Shrewsbury)	46	13	14	19	54	62	53	
19.	AFC Bournemouth (Bournemouth)	46	13	11	22	49	69	50	
20.	Cambridge United FC (Cambridge)	46	11	15	20	52	69	48	R
21.	Plymouth Argyle FC (Plymouth)	46	12	10	24	45	83	46	R
22.	Cardiff City AFC (Cardiff)	46	9	11	26	46	74	38	R
23.	Chester City FC (Chester)	46	6	11	29	37	84	29	R
24.	Leyton Orient FC (London)	46	6	8	32	30	75	26	R
		1104	403	298	403	1441	1441	1507	

Promotion Play-offs

Huddersfield Town AFC (Huddersfield)	2-1	Bristol Rovers FC (Bristol)
Bristol Rovers FC (Bristol)	0-0, 1-1 (aet)	Crewe Alexandra FC (Crewe)
	(Bristol Rovers won on the away goals rule)	
Huddersfield Town AFC (Huddersfield)	1-1, 1-1 (aet)	Brentford FC (London)
	(Huddersfield Town won 4-3 on penalties)	

Football League Division 3 1994-95 Season	Barnet	Bury	Carlisle United	Chesterfield	Colchester United	Darlington	Doncaster Rovers	Exeter City	Fulham	Gillingham	Hartlepool	Hereford United	Lincoln City	Mansfield Town	Northampton Town	Preston North End	Rochdale	Scarborough	Scunthorpe United	Torquay United	Walsall	Wigan Athletic
Barnet FC		1-1	0-2	4-1	0-1	2-3	0-0	1-1	0-0	1-0	4-0	2-2	2-1	2-2	2-3	2-1	6-2	3-1	1-2	2-0	1-3	1-1
Bury FC	3-0		2-0	2-1	4-1	2-1	2-0	0-0	0-0	3-2	2-0	1-1	2-0	2-2	5-0	0-0	0-1	1-0	2-0	3-1	0-0	3-3
Carlisle United FC	4-0	3-0		1-1	0-0	2-1	1-1	1-0	1-1	2-0	0-1	1-0	1-3	2-1	2-1	0-0	4-1	2-0	2-1	1-0	2-1	2-1
Chesterfield FC	2-0	0-0	1-2		2-2	0-0	2-0	2-0	1-1	2-0	2-0	1-0	1-0	0-1	3-0	1-0	2-2	0-1	3-1	1-0	0-0	0-0
Colchester United FC	1-1	1-0	0-1	0-3		1-0	0-3	3-1	5-2	2-2	1-0	2-2	1-2	1-1	0-1	3-1	0-0	0-2	4-2	1-3	3-2	0-1
Darlington FC	0-1	0-2	0-2	0-1	2-3		0-2	2-0	0-0	2-0	1-2	3-1	0-0	0-0	4-1	0-0	4-0	1-0	1-3	2-1	2-2	1-3
Doncaster Rovers FC	1-1	1-2	0-0	1-3	1-2	0-0		1-0	0-0	1-2	3-0	3-0	3-0	0-2	1-0	2-1	0-1	1-0	1-1	3-0	0-2	5-3
Exeter City FC	1-2	0-4	1-1	1-2	1-0	0-2	1-5		0-1	3-0	2-1	1-1	1-0	2-3	0-0	0-1	0-0	5-2	2-2	1-2	1-3	2-4
Fulham FC	4-0	1-0	1-3	1-1	1-2	3-1	0-2	4-0		1-0	1-0	1-1	1-1	4-2	4-4	0-1	5-0	1-2	1-0	2-1	1-1	2-0
Gillingham FC	2-1	1-1	0-1	1-1	1-3	2-1	4-2	3-0	4-1		0-0	0-0	0-0	0-2	3-1	2-3	1-1	3-1	2-2	1-0	1-3	0-1
Hartlepool United FC	0-1	3-1	1-5	0-2	3-1	1-0	2-1	2-2	1-2	2-0		4-0	0-3	3-2	1-1	3-1	1-0	3-3	1-4	1-1	1-1	0-1
Hereford United FC	3-2	1-0	0-1	0-2	3-0	0-0	0-1	3-0	1-1	2-1	1-0		0-3	0-0	2-1	0-2	0-0	2-1	2-1	1-1	0-0	1-2
Lincoln City FC	1-2	0-3	1-1	0-1	2-0	3-1	1-0	2-0	2-0	1-1	3-0	2-0		3-2	2-2	1-1	2-2	2-0	3-3	1-2	1-1	1-0
Mansfield Town FC	3-0	0-2	1-2	4-2	2-0	0-1	0-1	1-1	1-1	4-0	2-0	7-1	6-2		1-1	1-2	1-1	3-2	1-0	2-2	1-3	4-3
Northampton Town FC	1-1	0-5	2-1	2-3	1-1	2-1	0-0	2-1	0-1	2-0	1-1	1-3	3-1	0-1		2-1	1-2	0-3	0-1	2-0	2-2	1-0
Preston North End FC	1-0	5-0	1-0	0-0	2-1	1-3	2-2	0-1	3-2	1-1	3-0	4-2	4-0	2-1	2-0		3-0	1-0	0-1	0-1	1-2	1-0
Rochdale AFC	2-2	0-3	1-1	4-1	0-0	2-0	2-0	0-1	1-2	2-1	1-0	1-3	1-0	3-3	0-0	0-1		1-1	1-2	2-0	0-2	1-0
Scarborough FC	0-1	1-2	1-2	0-1	0-1	3-1	2-2	0-2	3-1	0-0	2-2	3-1	1-1	2-5	0-0	1-1	2-4		3-0	1-1	1-2	0-1
Scunthorpe United FC	1-0	3-2	2-3	0-1	3-4	2-1	0-5	3-0	1-2	3-0	0-0	1-0	2-0	3-4	1-1	2-1	4-1	3-1		3-2	0-1	3-1
Torquay United FC	1-2	2-2	1-1	3-3	3-3	1-0	0-1	0-0	2-1	3-1	2-2	0-1	2-1	2-1	2-1	1-0	4-1	2-1	1-1		3-2	0-0
Walsall FC	4-0	0-1	1-2	1-3	2-0	2-0	1-0	1-0	5-1	2-1	4-1	4-3	2-1	1-0	1-1	2-2	0-0	4-1	2-1	1-0		2-0
Wigan Athletic AFC	1-2	0-3	0-2	2-3	1-2	4-1	3-2	3-1	1-1	0-3	2-0	1-1	0-1	0-4	2-1	1-1	4-0	1-1	0-0	1-1	1-0	

	Football League Division 3	**Pd**	**Wn**	**Dw**	**Ls**	**GF**	**GA**	**Pts**	
1.	Carlisle United FC (Carlisle)	42	27	10	5	67	31	91	P
2.	Walsall FC (Walsall)	42	24	11	7	75	40	83	P
3.	Chesterfield FC (Chesterfield)	42	23	12	7	62	37	81	POP
4.	Bury FC (Bury)	42	23	11	8	73	36	80	PO
5.	Preston North End FC (Preston)	42	19	10	13	58	41	67	PO
6.	Mansfield Town FC (Mansfield)	42	18	11	13	84	59	65	PO
7.	Scunthorpe United FC (Scunthorpe)	42	18	8	16	68	63	62	
8.	Fulham FC (London)	42	16	14	12	60	54	62	
9.	Doncaster Rovers FC (Doncaster)	42	17	10	15	58	43	61	
10.	Colchester United FC (Colchester)	42	16	10	16	56	64	58	
11.	Barnet FC (London)	42	15	11	16	56	63	56	
12.	Lincoln City FC (Lincoln)	42	15	11	16	54	55	56	
13.	Torquay United FC (Torquay)	42	14	13	15	54	57	55	
14.	Wigan Athletic AFC (Wigan)	42	14	10	18	53	60	52	
15.	Rochdale AFC (Rochdale)	42	12	14	16	44	67	50	
16.	Hereford United FC (Hereford)	42	12	13	17	45	62	49	
17.	Northampton Town FC (Northampton)	42	10	14	18	45	67	44	
18.	Hartlepool United FC (Hartlepool)	42	11	10	21	43	69	43	
19.	Gillingham FC (Gillingham)	42	10	11	21	46	64	41	
20.	Darlington FC (Darlington)	42	11	8	23	43	57	41	
21.	Scarborough FC (Scarborough)	42	8	10	24	49	70	34	
22.	Exeter City FC (Exeter)	42	8	10	24	36	70	34	#
		924	341	242	341	1229	1229	1265	

\# Macclesfield Town FC (Macclesfield) were refused promotion as their ground did not meet Football League standards. As a result of this Exeter City FC (Exeter) retained their Football League Division 3 status.

Promotion Play-offs

Chesterfield FC (Chesterfield)	2-9	Bury FC (Bury)
Mansfield Town FC (Mansfield)	1-1, 2-5 (aet)	Chesterfield FC (Chesterfield)
Preston North End FC (Preston)	0-1, 0-1	Bury FC (Bury)

F.A. CUP FINAL (Wembley Stadium, London – 20/05/1995 – 79,592)

EVERTON FC (LIVERPOOL)	1-0	Manchester United FC (Manchester)

Rideout 30'

Everton: Southall, Jackson, Watson, Unsworth, Ablett, Limpar (Amokachi 69'), Parkinson, Horne, Hinchcliffe, Stuart, Rideout (Ferguson 51').

Man. United: Schmeichel, G.Neville, Bruce (Giggs 46'), Pallister, Irwin, Butt, Keane, Ince, Sharpe (Scholes 72'), Hughes, McClair.

Semi-finals

Crystal Palace FC (London)	2-2 (aet), 0-2	Manchester United FC (Manchester)
Everton FC (Liverpool)	4-1	Tottenham Hotspur FC (London)

Quarter-finals

Crystal Palace FC (London)	1-1, 4-1	Wolverhampton Wanderers FC (Wolverhampton)
Everton FC (Liverpool)	1-0	Newcastle United FC (Newcastle upon Tyne)
Liverpool FC (Liverpool)	1-2	Tottenham Hotspur FC (London)
Manchester United FC (Manchester)	2-0	Queen's Park Rangers FC (London)

1995-96

F.A. Premiership 1995-96 Season	Arsenal	Aston Villa	Blackburn Rovers	Bolton Wanderers	Chelsea	Coventry City	Everton	Leeds United	Liverpool	Manchester City	Manchester United	Middlesbrough	Newcastle United	Nottingham Forest	Q.P.R.	Sheffield Wednesday	Southampton	Tottenham Hotspur	West Ham United	Wimbledon
Arsenal FC		2-0	0-0	2-1	1-1	1-1	1-2	2-1	0-0	3-1	1-0	1-1	2-0	1-1	3-0	4-2	4-2	0-0	1-0	1-3
Aston Villa FC	1-1		2-0	1-0	0-1	4-1	1-0	3-0	0-2	0-1	3-1	0-0	1-1	1-1	4-2	3-2	3-0	2-1	1-1	2-0
Blackburn Rovers FC	1-1	1-1		3-1	3-0	5-1	0-3	1-0	2-3	2-0	1-2	1-0	2-1	7-0	1-0	3-0	2-1	2-1	4-2	3-2
Bolton Wanderers FC	1-0	0-2	2-1		2-1	1-2	1-1	0-2	0-1	1-1	0-6	1-1	1-3	1-1	0-1	2-1	0-1	2-3	0-3	1-0
Chelsea FC	1-0	1-2	2-3	3-2		2-2	0-0	4-1	2-2	1-1	1-4	5-0	1-0	1-0	1-1	0-0	3-0	0-0	1-2	1-2
Coventry City FC	0-0	0-3	5-0	0-2	1-0		2-1	0-0	1-0	2-1	0-4	0-0	0-1	1-1	1-0	0-1	1-1	2-3	2-2	3-3
Everton FC	0-2	1-0	1-0	3-0	1-1	2-2		2-0	1-1	2-0	2-3	4-0	1-3	3-0	2-0	2-2	2-0	1-1	3-0	2-4
Leeds United AFC	0-3	2-0	0-0	0-1	1-0	3-1	2-2		1-0	0-1	3-1	0-1	0-1	1-3	1-3	2-0	1-0	1-3	2-0	1-1
Liverpool FC	3-1	3-0	3-0	5-2	2-0	0-0	1-2	5-0		6-0	2-0	1-0	4-3	4-2	1-0	1-0	1-1	0-0	2-0	2-2
Manchester City FC	0-1	1-0	1-1	1-0	0-1	1-1	0-2	0-0	2-2		2-3	0-1	3-3	1-1	2-0	1-0	2-1	1-1	2-1	1-0
Manchester United FC	1-0	0-0	1-0	3-0	1-1	1-0	2-0	1-0	2-2	1-0		2-0	2-0	5-0	2-1	2-2	4-1	1-0	2-1	3-1
Middlesbrough FC	2-3	0-2	2-0	1-4	2-0	2-1	0-2	1-1	2-1	4-1	0-3		1-2	1-1	1-0	3-1	0-0	0-1	4-2	1-2
Newcastle United FC	2-0	1-0	1-0	2-1	2-0	3-0	1-0	2-1	2-1	3-1	0-1	1-0		3-1	2-1	2-0	1-0	1-1	3-0	6-1
Nottingham Forest FC	0-1	1-1	1-5	3-2	0-0	0-0	3-2	2-1	1-0	3-0	1-1	1-0	1-1		3-0	1-0	1-0	2-1	1-1	4-1
Queen's Park Rangers FC	1-1	1-0	0-1	2-1	1-2	1-1	3-1	1-2	1-2	1-0	1-1	1-1	2-3	1-1		0-3	3-0	2-3	3-0	0-3
Sheffield Wednesday FC	1-0	2-0	2-1	4-2	0-0	4-3	2-5	6-2	1-1	1-1	0-0	0-1	0-2	1-3	1-3		2-2	1-3	0-1	2-1
Southampton FC	0-0	0-1	1-0	1-0	2-3	1-0	2-2	1-1	1-3	1-1	3-1	2-1	1-0	3-4	2-0	0-1		0-0	0-0	0-0
Tottenham Hotspur FC	2-1	0-1	2-3	2-2	1-1	3-1	0-0	2-1	1-3	1-0	4-1	1-1	1-1	0-1	1-0	1-0	1-0		0-1	3-1
West Ham United FC	0-1	1-4	1-1	1-0	1-3	3-2	2-1	1-2	0-0	4-2	0-1	2-0	2-0	1-0	1-0	1-1	2-1	1-1		1-1
Wimbledon FC	0-3	3-3	1-1	3-2	1-1	0-2	2-3	2-4	1-0	3-0	2-4	0-0	3-3	1-0	2-1	2-2	1-2	0-1	0-1	

	F.A. Premiership	Pd	Wn	Dw	Ls	GF	GA	Pts	
1.	MANCHESTER UNITED FC (MANCHESTER)	38	25	7	6	73	35	82	
2.	Newcastle United FC (Newcastle upon Tyne)	38	24	6	8	66	37	78	
3.	Liverpool FC (Liverpool)	38	20	11	7	70	34	71	
4.	Aston Villa FC (Birmingham)	38	18	9	11	52	35	63	
5.	Arsenal FC (London)	38	17	12	9	49	32	63	
6.	Everton FC (Liverpool)	38	17	10	11	64	44	61	
7.	Blackburn Rovers FC (Blackburn)	38	18	7	13	61	47	61	
8.	Tottenham Hotspur FC (London)	38	16	13	9	50	38	61	
9.	Nottingham Forest FC (Nottingham)	38	15	13	10	50	54	58	
10.	West Ham United FC (London)	38	14	9	15	43	52	51	
11.	Chelsea FC (London)	38	12	14	12	46	44	50	
12.	Middlesbrough FC (Middlesbrough)	38	11	10	17	35	50	43	
13.	Leeds United AFC (Leeds)	38	12	7	19	40	57	43	
14.	Wimbledon FC (Wimbledon)	38	10	11	17	55	70	41	
15.	Sheffield Wednesday FC (Sheffield)	38	10	10	18	48	61	40	
16.	Coventry City FC (Coventry)	38	8	14	16	42	60	38	
17.	Southampton FC (Southampton)	38	9	11	8	34	52	38	
18.	Manchester City FC (Manchester)	38	9	11	18	33	58	38	R
19.	Queen's Park Rangers FC (London)	38	9	6	23	38	57	33	R
20.	Bolton Wanderers FC (Bolton)	38	8	5	25	39	71	29	R
		760	282	196	282	988	988	1042	

Top Goalscorers

1) Alan SHEARER (Blackburn Rovers FC) 31
2) Robbie FOWLER (Liverpool FC) 28
3) Les FERDINAND (Newcastle United FC) 25

Football League Division 1 1995-96 Season	Barnsley	Birmingham City	Charlton Athletic	Crystal Palace	Derby County	Grimsby Town	Huddersfield Town	Ipswich Town	Leicester City	Luton Town	Millwall	Norwich City	Oldham Athletic	Portsmouth	Port Vale	Reading	Sheffield United	Southend United	Stoke City	Sunderland	Tranmere Rovers	Watford	W.B.A.	Wolves
Barnsley FC		0-5	1-1	1-1	2-0	1-1	3-0	3-3	2-2	1-0	3-1	2-2	2-1	0-0	1-1	0-1	2-2	1-1	3-1	0-1	2-1	2-1	1-1	1-0
Birmingham City FC	0-0		3-4	0-0	1-4	3-1	2-0	3-1	2-2	4-0	2-2	3-1	0-0	2-0	3-1	1-2	0-1	2-0	1-1	0-2	1-0	1-0	1-1	2-0
Charlton Athletic FC	1-1	3-1		0-0	0-0	0-1	2-1	0-2	0-1	1-1	2-0	1-1	1-1	2-1	2-2	2-1	1-1	0-3	2-1	1-1	0-0	2-1	4-1	1-1
Crystal Palace FC	4-3	3-2	1-1		0-0	5-0	0-0	1-1	0-1	2-0	1-2	0-1	2-2	0-0	2-2	0-2	0-0	2-0	1-1	0-1	2-1	4-0	1-0	3-2
Derby County FC	4-1	1-1	2-0	2-1		1-1	3-2	1-1	0-1	1-1	2-2	2-1	2-1	3-2	0-0	3-0	4-2	1-0	3-1	3-1	6-2	1-1	3-0	0-0
Grimsby Town FC	3-1	2-1	1-2	0-2	1-1		1-1	3-1	2-2	0-0	1-2	2-2	1-1	2-1	1-0	0-0	0-2	1-1	1-0	0-4	1-1	0-0	1-0	3-0
Huddersfield Town	3-0	4-2	2-2	3-0	0-1	1-3		2-1	3-1	1-0	3-0	3-2	0-0	0-1	0-2	3-1	1-2	3-1	1-1	1-1	1-0	1-0	4-1	2-1
Ipswich Town FC	2-2	2-0	1-5	1-0	1-0	2-2	2-1		4-2	0-1	0-0	2-1	2-1	3-2	5-1	1-2	1-1	1-1	4-1	3-1	1-2	4-2	2-1	1-2
Leicester City FC	2-2	3-0	1-1	2-3	0-0	2-1	2-1	0-2		1-1	2-1	3-2	2-0	4-2	1-1	1-1	0-2	1-3	2-3	0-0	0-1	1-0	1-2	1-0
Luton Town FC	1-3	0-0	0-1	0-0	1-2	3-2	2-2	1-2	1-1		1-0	1-3	1-1	3-1	3-2	1-2	1-0	3-1	1-2	0-2	3-2	0-0	1-2	2-3
Millwall FC	0-1	2-0	0-2	1-4	0-1	2-1	0-0	2-1	1-1	1-0		2-1	0-1	1-1	1-2	1-1	1-0	0-0	2-3	1-2	2-2	1-2	2-1	0-1
Norwich City FC	3-1	3-1	0-1	1-0	1-0	2-2	2-0	2-1	0-1	0-1	0-0		2-1	1-1	2-1	3-3	0-0	0-1	0-1	0-0	1-1	1-2	2-2	2-3
Oldham Athletic AFC	0-1	4-0	1-1	3-1	0-1	1-0	3-0	1-1	3-1	1-0	2-2	2-0		1-1	2-2	2-1	2-1	0-1	2-0	1-2	1-2	0-0	1-2	0-0
Portsmouth FC	0-0	0-1	2-1	2-3	2-2	3-1	1-1	0-1	2-1	4-0	0-1	1-0	2-1		1-2	0-0	1-2	4-2	3-3	2-2	0-2	4-2	0-2	0-2
Port Vale FC	3-0	1-2	1-3	1-2	1-1	1-0	1-0	2-1	0-2	1-0	0-1	1-0	1-3	0-2		3-2	2-3	2-1	1-0	1-1	1-1	1-1	3-1	2-2
Reading FC	0-0	0-1	0-0	0-2	3-2	0-2	3-1	1-4	1-1	3-1	1-2	0-3	2-0	0-1	2-2		0-3	3-3	1-0	1-1	1-0	0-0	3-1	3-0
Sheffield United FC	1-0	1-1	2-0	2-3	0-2	1-2	0-2	2-2	1-3	1-0	2-0	2-1	2-1	4-1	1-1	0-0		3-0	0-0	0-0	0-2	1-1	1-2	2-1
Southend United FC	0-0	3-1	1-1	1-1	1-2	1-0	0-0	2-1	2-1	0-1	2-0	1-1	1-1	2-1	2-1	0-0	2-1		2-4	0-2	2-0	1-1	2-1	2-1
Stoke City FC	2-0	1-0	1-0	1-2	1-1	1-2	1-1	3-1	1-0	5-0	1-0	1-1	0-1	2-1	0-1	1-1	2-2	1-0		1-0	0-0	2-0	2-1	2-0
Sunderland AFC	2-1	3-0	0-0	1-0	3-0	1-0	3-2	1-0	1-2	1-0	6-0	0-1	0-1	1-1	0-0	2-2	2-0	1-0	0-0		0-0	1-1	0-0	2-0
Tranmere Rovers FC	1-3	2-2	0-0	2-3	5-1	0-1	3-1	5-2	1-1	1-0	2-2	1-1	2-0	1-2	2-1	2-1	1-1	3-0	0-0	2-0		2-3	2-2	2-2
Watford FC	2-3	1-1	1-2	0-0	0-0	6-3	0-1	2-3	0-1	1-1	0-1	0-2	2-1	1-2	5-2	4-2	2-1	2-2	3-0	3-3	3-0		1-1	1-1
West Bromwich Alb.	2-1	1-0	1-0	2-3	3-2	3-1	1-2	0-0	2-3	0-2	1-0	1-4	1-0	2-1	1-1	2-0	3-1	3-1	0-1	0-1	1-1	4-4		0-0
Wolverhampton W.	2-2	3-2	0-0	0-2	3-0	4-1	0-0	2-2	2-3	0-0	1-1	0-2	1-3	2-2	0-1	1-1	1-0	2-0	1-4	3-0	2-1	3-0	1-1	

	Football League Division 1	Pd	Wn	Dw	Ls	GF	GA	Pts	
1.	Sunderland AFC (Sunderland)	46	22	17	7	59	33	83	P
2.	Derby County FC (Derby)	46	21	16	9	71	51	79	P
3.	Crystal Palace FC (London)	46	20	15	11	67	48	75	PO
4.	Stoke City FC (Stoke-on-Trent)	46	20	13	13	60	49	73	PO
5.	Leicester City FC (Leicester)	46	19	14	13	66	60	71	POP
6.	Charlton Athletic FC (London)	46	17	20	9	57	45	71	PO
7.	Ipswich Town FC (Ipswich)	46	19	12	15	79	69	69	
8.	Huddersfield Town AFC (Huddersfield)	46	17	12	17	61	58	63	
9.	Sheffield United FC (Sheffield)	46	16	14	16	57	54	62	
10.	Barnsley FC (Barnsley)	46	14	18	14	60	66	60	
11.	West Bromwich Albion FC (West Bromwich)	46	16	12	18	60	68	60	
12.	Port Vale FC (Stoke -on Trent)	46	15	15	16	59	66	60	
13.	Tranmere Rovers FC (Birkenhead)	46	14	17	15	64	60	59	
14.	Southend United FC (Southend-on-Sea)	46	15	14	17	52	61	59	
15.	Birmingham City FC (Birmingham)	46	15	13	18	61	64	58	
16.	Norwich City FC (Norwich)	46	14	15	17	59	55	57	
17.	Grimsby Town FC (Cleethorpes)	46	14	14	18	55	69	56	
18.	Oldham Athletic AFC (Oldham)	46	14	14	18	54	50	56	
19.	Reading FC (Reading)	46	13	17	16	54	63	56	
20.	Wolverhampton Wanderers FC (Wolverhampton)	46	13	16	17	56	62	55	
21.	Portsmouth FC (Portsmouth)	46	13	13	20	61	69	52	
22.	Millwall FC (London)	46	13	13	20	43	63	52	R
23.	Watford FC (Watford)	46	10	18	18	62	70	48	R
24.	Luton Town FC (Luton)	46	11	12	23	40	64	45	R
		1104	375	354	375	1417	1417	1479	

Promotion Play-offs

Leicester City FC (Leicester)	2-1 (aet)	Crystal Palace FC (London)
Charlton Athletic FC (London)	1-2, 0-1	Crystal Palace FC (London)
Leicester City FC (Leicester)	0-0, 1-0	Stoke City FC (Stoke-on-Trent)

Football League Division 2 1995-96 Season	Blackpool	Bournemouth	Bradford City	Brentford	Brighton & Hove Albion	Bristol City	Bristol Rovers	Burnley	Carlisle United	Chesterfield	Crewe Alexandra	Hull City	Notts County	Oxford United	Peterborough United	Rotherham United	Shrewsbury Town	Stockport County	Swansea City	Swindon Town	Walsall	Wrexham	Wycombe Wanderers	York City
Blackpool FC		2-1	4-1	1-0	2-1	3-0	3-0	3-1	3-1	0-0	2-1	1-1	2-0	1-1	2-0	1-2	2-1	0-1	4-0	1-1	1-2	2-0	1-1	1-3
AFC Bournemouth	1-0		3-1	1-0	3-1	1-1	2-1	0-2	2-0	2-0	0-4	2-0	0-2	0-1	3-0	2-1	0-2	3-2	3-1	0-0	0-0	1-1	2-3	2-2
Bradford City AFC	2-1	1-0		2-1	1-3	3-0	2-3	2-2	3-1	2-1	2-1	1-1	1-0	1-0	2-1	2-0	3-1	0-1	5-1	1-1	1-0	2-0	0-4	2-2
Brentford FC	1-2	2-0	2-1		0-1	2-2	0-0	1-0	1-1	1-2	2-1	1-0	0-0	1-0	3-0	1-1	0-2	1-0	0-0	0-2	1-0	1-0	1-0	2-0
Brighton & Hove Alb.	1-2	2-0	0-0	0-0		0-2	2-0	1-0	1-0	0-2	2-2	4-0	1-0	1-2	1-2	1-1	2-2	1-1	0-2	1-3	0-3	2-2	1-2	1-3
Bristol City FC	1-1	3-0	2-1	0-0	0-1		0-2	0-1	1-1	2-1	3-2	4-0	0-2	0-2	0-1	4-3	2-0	1-0	1-0	0-0	0-2	3-1	0-0	1-1
Bristol Rovers FC	1-1	0-2	1-0	2-0	1-0	2-4		1-0	1-1	1-0	1-2	2-1	0-3	2-0	1-1	1-0	2-1	1-3	2-2	1-4	2-0	1-2	2-1	1-0
Burnley FC	0-1	0-0	2-3	1-0	3-0	0-0	0-1		2-0	2-2	0-1	2-1	3-4	0-2	2-1	2-1	2-1	4-3	3-0	0-0	1-1	2-2	1-1	3-3
Carlisle United FC	1-2	4-0	2-2	2-1	1-0	2-1	1-2	2-0		1-1	1-0	2-0	0-0	1-2	1-1	2-0	1-1	0-1	3-0	0-1	1-1	1-2	4-2	2-0
Chesterfield FC	1-0	3-0	2-1	2-2	1-0	1-1	2-1	4-2	3-0		1-2	0-0	1-0	1-0	1-1	3-0	1-0	1-2	3-2	1-3	1-1	1-1	3-1	2-1
Crewe Alexandra FC	1-2	2-0	1-2	3-1	3-1	4-2	1-2	3-1	2-1	3-0		1-0	2-2	1-2	2-1	0-2	3-0	0-1	4-1	0-2	1-0	0-0	2-0	1-1
Hull City AFC	2-1	1-1	2-3	0-1	0-0	2-3	1-3	3-0	2-5	0-0	1-2		0-0	0-0	2-3	1-4	2-3	1-1	0-0	0-1	1-0	1-1	4-2	0-3
Notts County FC	1-1	2-0	0-2	4-0	2-1	2-2	4-2	1-1	3-1	4-1	0-1	1-0		1-1	1-0	2-1	1-1	1-0	4-0	1-3	2-1	1-0	2-0	2-2
Oxford United FC	1-0	2-0	2-0	2-1	1-1	2-0	1-2	5-0	4-0	1-0	1-0	2-0	1-1		4-0	1-1	6-0	2-1	5-1	3-0	3-2	0-0	1-4	2-0
Peterborough United	0-0	4-5	3-1	0-1	3-1	1-1	0-0	0-2	6-1	0-1	3-1	3-1	0-1	1-1		1-0	2-2	0-1	1-1	0-2	2-3	1-1	3-0	6-1
Rotherham United	2-1	1-0	2-0	1-0	1-0	2-3	1-0	1-0	2-2	0-1	2-2	1-1	2-0	1-0	5-1		2-2	2-0	1-1	0-2	0-1	0-1	0-0	2-2
Shrewsbury Town	0-2	1-2	1-1	2-1	2-1	4-1	1-1	3-0	1-1	0-0	2-3	1-1	0-1	2-0	1-1	3-1		1-2	1-2	1-2	0-2	2-2	1-1	2-1
Stockport County	1-1	3-1	1-2	1-1	3-1	0-0	2-0	0-0	2-0	0-1	1-1	0-0	2-0	4-2	0-1	1-1	0-2		2-0	1-1	0-1	2-3	1-1	3-0
Swansea City FC	0-2	1-1	2-0	2-1	2-1	2-1	2-2	2-4	1-1	3-2	2-1	0-0	0-0	1-1	0-0	0-0	3-1	0-3		0-1	2-1	1-3	1-2	0-1
Swindon Town FC	1-1	2-2	4-1	2-2	3-2	2-0	2-1	0-0	2-1	1-1	2-1	3-0	1-0	1-1	2-0	1-0	0-1	0-0	3-0		1-1	1-1	0-0	3-0
Walsall FC	1-1	0-0	2-1	0-1	2-1	2-1	1-1	3-1	2-1	3-0	3-2	3-0	0-0	2-2	1-1	3-1	3-0	0-2	4-1	0-0		1-2	0-1	2-0
Wrexham AFC	1-1	5-0	1-2	2-2	1-1	0-0	3-2	0-2	3-2	3-0	2-3	5-0	1-1	2-1	1-0	7-0	1-1	2-3	1-0	4-3	3-0		1-0	2-3
Wycombe Wanderers	0-1	1-2	5-2	2-1	0-2	1-1	1-1	4-1	4-0	1-0	1-1	2-2	1-1	0-3	1-1	1-1	2-0	4-1	0-1	1-2	1-0	1-1		2-1
York City FC	0-2	3-1	0-3	2-2	3-1	0-1	0-1	1-1	1-1	0-1	2-3	0-1	1-3	1-0	3-1	2-2	1-2	2-2	0-0	2-0	1-0	1-0	2-1	

	Football League Division 2	Pd	Wn	Dw	Ls	GF	GA	Pts	
1.	Swindon Town FC (Swindon)	46	25	17	4	71	34	92	P
2.	Oxford United FC (Oxford)	46	24	11	11	76	39	83	P
3.	Blackpool FC (Blackpool)	46	23	13	10	67	40	82	PO
4.	Notts County FC (Nottingham)	46	21	15	10	63	39	78	PO
5.	Crewe Alexandra FC (Crewe)	46	22	7	17	77	60	73	PO
6.	Bradford City AFC (Bradford)	46	22	7	17	71	69	73	POP
7.	Chesterfield FC (Chesterfield)	46	20	12	14	56	51	72	
8.	Wrexham AFC (Wrexham)	46	18	16	12	76	55	70	
9.	Stockport County FC (Stockport)	46	19	13	14	61	47	70	
10.	Bristol Rovers FC (Bristol)	46	20	10	16	57	60	70	
11.	Walsall FC (Walsall)	46	19	12	15	60	45	69	
12.	Wycombe Wanderers FC (High Wycombe)	46	15	15	16	63	59	60	
13.	Bristol City FC (Bristol)	46	15	15	16	55	60	60	
14.	AFC Bournemouth (Bournemouth)	46	16	10	20	51	70	58	
15.	Brentford FC (London)	46	15	13	18	43	49	58	
16.	Rotherham United FC (Rotherham)	46	14	14	18	54	62	56	
17.	Burnley FC (Burnley)	46	14	13	19	56	68	55	
18.	Shrewsbury Town FC (Shrewsbury)	46	13	14	19	58	70	53	
19.	Peterborough United FC (Peterborough)	46	13	13	20	59	66	52	
20.	York City FC (York)	46	13	13	20	58	73	52	
21.	Carlisle United FC (Carlisle)	46	12	13	21	57	72	49	R
22.	Swansea City FC (Swansea)	46	11	14	21	43	79	47	R
23.	Brighton & Hove Albion FC (Hove)	46	10	10	26	46	69	40	R
24.	Hull City AFC (Kingston upon Hull)	46	5	16	25	36	78	31	R
		1104	399	306	399	1414	1414	1503	

Promotion Play-offs

Bradford City AFC (Bradford)	2-0	Notts County FC (Nottingham)
Bradford City AFC (Bradford)	0-2, 3-0	Blackpool FC (Blackpool)
Crewe Alexandra FC (Crewe)	2-2, 0-1	Notts County FC (Nottingham)

Football League Division 3 1995-96 Season	Barnet	Bury	Cambridge	Cardiff City	Chester City	Colchester U.	Darlington	Doncaster R.	Exeter City	Fulham	Gillingham	Hartlepool	Hereford United	Leyton Orient	Lincoln City	Mansfield Town	Northampton T.	Plymouth Arg.	Preston N.E.	Rochdale	Scarborough	Scunthorpe U.	Torquay United	Wigan Athletic
Barnet FC		0-0	2-0	1-0	1-1	1-1	1-1	1-1	3-2	3-0	0-2	5-1	1-3	3-0	3-1	0-0	2-0	1-2	1-0	0-4	1-0	1-0	4-0	5-0
Bury FC	0-0		1-2	3-0	1-1	0-0	0-0	4-1	2-0	3-0	1-0	0-3	2-0	2-1	7-1	0-2	0-1	0-5	0-0	1-1	0-2	3-0	1-0	2-1
Cambridge United FC	1-1	2-4		4-2	1-1	3-1	0-1	2-2	1-1	0-0	0-0	0-1	2-2	2-0	2-1	0-2	0-1	2-3	2-1	2-1	4-1	1-2	1-1	2-1
Cardiff City AFC	1-1	0-1	1-1		0-0	1-2	0-2	3-2	0-1	1-4	2-0	2-0	3-2	0-0	1-1	3-0	0-1	0-1	0-1	1-0	2-1	0-1	0-0	3-0
Chester City FC	0-2	1-1	1-1	4-0		1-1	4-1	0-3	2-2	1-1	1-1	2-0	2-1	11-	5-1	2-1	1-0	3-1	1-1	1-2	5-0	3-0	4-1	0-0
Colchester United FC	3-2	1-0	2-1	1-0	1-2		1-1	1-0	1-1	2-2	1-1	4-1	2-0	0-0	3-0	1-3	1-0	2-0	2-2	1-0	1-1	2-1	3-1	1-2
Darlington FC	1-1	4-0	0-0	0-1	3-1	2-2		1-2	1-0	1-1	1-0	1-0	1-0	2-0	3-2	1-1	1-2	2-0	1-2	0-1	1-2	0-0	1-2	2-1
Doncaster Rovers FC	1-0	0-1	2-1	0-0	1-2	3-2	1-2		2-0	0-2	0-1	1-0	0-0	4-1	1-1	0-0	1-0	0-0	2-2	0-3	1-0	2-0	1-0	2-1
Exeter City FC	1-0	1-1	1-0	2-0	1-2	2-2	0-1	1-0		2-1	0-0	1-0	0-2	2-2	1-1	2-2	1-2	1-1	1-1	2-0	2-0	1-0	0-0	0-4
Fulham FC	1-1	0-0	0-2	4-2	2-0	1-1	2-2	3-1	2-1		0-0	2-2	0-0	2-1	1-2	4-2	1-3	4-0	2-2	1-1	1-0	1-3	4-0	1-0
Gillingham FC	1-0	4-0	3-0	1-0	3-1	0-1	0-0	4-0	1-0	1-0		2-0	1-1	1-0	2-0	2-0	0-0	1-0	1-1	1-0	1-0	0-0	2-0	2-1
Hartlepool United FC	0-0	1-2	1-2	2-1	2-1	2-1	1-1	0-1	0-0	1-0	1-1		0-1	4-1	3-0	1-1	2-1	2-2	0-2	1-1	1-1	2-0	2-2	1-2
Hereford United FC	4-1	3-4	5-2	1-3	1-0	1-1	0-1	1-0	2-2	1-0	0-0	4-1		3-2	1-0	0-1	1-0	3-0	0-1	2-0	0-0	3-0	2-1	2-2
Leyton Orient FC	3-3	0-2	3-1	4-1	0-2	0-1	1-1	3-1	0-3	1-0	0-1	4-1	0-1		2-0	1-0	2-0	0-1	0-2	2-0	1-0	0-0	1-0	1-1
Lincoln City FC	1-2	2-2	1-3	0-1	0-0	0-0	0-2	4-0	0-1	4-0	0-3	1-1	2-1	1-0		2-1	1-0	0-0	0-0	1-2	3-1	2-2	5-0	2-4
Mansfield Town FC	2-1	1-5	2-1	1-1	3-4	1-2	2-2	0-0	1-1	1-0	0-1	0-3	1-2	0-0	1-2		0-0	1-1	0-0	2-2	2-0	1-1	2-0	1-0
Northampton Town	0-2	4-1	3-0	1-0	1-0	2-1	1-1	3-3	0-0	2-0	1-1	0-0	1-1	1-2	1-1	3-3		1-0	1-2	2-1	2-0	1-2	1-1	0-0
Plymouth Argyle FC	1-1	1-0	1-0	0-0	4-2	1-1	0-1	3-1	2-2	3-0	1-0	3-0	0-1	1-1	3-0	1-0	1-0		0-2	2-0	5-1	1-3	4-3	3-1
Preston North End	0-1	0-0	3-3	5-0	2-0	2-0	1-1	1-0	2-0	1-1	0-0	3-0	2-2	4-0	1-2	6-0	0-3	3-2		1-2	3-2	2-2	1-0	1-1
Rochdale AFC	0-4	1-1	3-1	3-3	1-3	1-1	1-2	1-0	4-2	1-1	2-0	4-0	0-0	1-0	3-3	1-1	1-2	0-1	0-3		0-2	1-1	3-0	0-2
Scarborough FC	1-1	0-3	2-0	1-0	0-0	0-0	1-2	0-2	0-0	2-2	0-2	1-2	2-2	2-1	0-0	1-1	2-1	2-2	1-2	1-1		1-4	2-1	0-0
Scunthorpe United	2-0	1-2	1-2	1-1	0-2	1-0	3-3	2-2	4-0	3-1	1-1	2-1	0-1	2-0	2-3	1-1	0-0	1-1	1-2	1-3	3-3		1-0	3-1
Torquay United FC	1-1	0-2	0-3	0-0	1-1	2-3	0-1	1-2	0-2	2-1	0-0	0-0	1-1	2-1	0-2	1-1	3-0	0-2	0-4	1-0	0-0	1-8		1-1
Wigan Athletic AFC	1-0	1-2	3-1	3-1	2-1	2-0	1-1	2-0	1-0	1-1	2-1	1-0	2-1	1-0	1-1	2-6	1-2	0-1	0-1	2-0	2-0	2-1	3-0	

	Football League Division 3	Pd	Wn	Dw	Ls	GF	GA	Pts	
1.	Preston North End FC (Preston)	46	23	17	6	78	38	86	P
2.	Gillingham FC (Gillingham)	46	22	17	7	49	20	83	P
3.	Bury FC (Bury)	46	22	13	11	66	48	79	P
4.	Plymouth Argyle FC (Plymouth)	46	22	12	12	68	49	78	POP
5.	Darlington FC (Darlington)	46	20	18	8	60	42	78	PO
6.	Hereford United FC (Hereford)	46	20	14	12	65	47	74	PO
7.	Colchester United FC (Colchester)	46	18	18	10	61	51	72	PO
8.	Chester City FC (Chester)	46	18	16	12	72	53	70	
9.	Barnet FC (London)	46	18	16	12	65	45	70	
10.	Wigan Athletic AFC (Wigan)	46	20	10	16	62	56	70	
11.	Northampton Town FC (Northampton)	46	18	13	15	51	44	67	
12.	Scunthorpe United FC (Scunthorpe)	46	15	15	16	67	61	60	
13.	Doncaster Rovers FC (Doncaster)	46	16	11	19	49	60	59	
14.	Exeter City FC (Exeter)	46	13	18	15	46	53	57	
15.	Rochdale AFC (Rochdale)	46	14	13	19	57	61	55	
16.	Cambridge United FC (Cambridge)	46	14	12	20	61	71	54	
17.	Fulham FC (London)	46	12	17	17	57	63	53	
18.	Lincoln City FC (Lincoln)	46	13	14	19	57	73	53	
19.	Mansfield Town FC (Mansfield)	46	11	20	15	54	64	53	
20.	Hartlepool United FC (Hartlepool)	46	12	13	21	47	67	49	
21.	Leyton Orient FC (London)	46	12	11	23	44	63	47	
22.	Cardiff City AFC (Cardiff)	46	11	12	23	41	64	45	
23.	Scarborough FC (Scarborough)	46	8	16	22	39	69	40	
24.	Torquay United FC (Torquay)	46	5	14	27	30	84	29	#
		1104	377	350	377	1346	1346	1481	

Stevenage Borough FC (Stevenage) were refused promotion to Division 3 as their ground did not meet Football League standards. As a result of this Torquay United FC (Torquay) retained their Football League Division 3 status.

Promotion Play-offs

Plymouth Argyle FC (Plymouth)	1-0	Darlington FC (Darlington)
Colchester United FC (Colchester)	1-0, 1-3	Plymouth Argyle FC (Plymouth)
Hereford United FC (Hereford)	1-2, 1-2	Darlington FC (Darlington)

F.A. CUP FINAL (Wembley Stadium, London – 11/05/1996 – 79,007)

MANCHESTER UNITED FC (MANCHESTER) 1-0 Liverpool FC (Liverpool)

Cantona 85'

Man. United: Schmeichel, Irwin, May, Pallister, P.Neville, Beckham (G.Neville 89'), Butt, Keane, Giggs, Cantona, Cole (Scholes 63').

Liverpool: James, Babb, Wright, Scales, McAteer, Barnes, Redknapp, McManaman, Jones (Thomas 85'), Collymore (Rush 74'), Fowler.

Semi-finals

Aston Villa FC (Birmingham)	0-3	Liverpool FC (Liverpool)
Chelsea FC (London)	1-2	Manchester United FC (Manchester)

Quarter-finals

Chelsea FC (London)	2-2, 3-1	Wimbledon FC (London)
Leeds United AFC (Leeds)	0-0, 0-3	Liverpool FC (Liverpool)
Manchester United FC (Manchester)	2-0	Southampton FC (Southampton)
Nottingham Forest FC (Nottingham)	0-1	Aston Villa FC (Birmingham)

1996-97

F.A. Premiership 1996-97 Season	Arsenal	Aston Villa	Blackburn R.	Chelsea	Coventry City	Derby County	Everton	Leeds United	Leicester City	Liverpool	Man. United	Middlesbrough	Newcastle Utd.	Nottingham F.	Sheffield Wed.	Southampton	Sunderland	Tottenham H.	West Ham Utd.	Wimbledon
Arsenal FC		2-2	1-1	3-3	0-0	2-2	3-1	3-0	2-0	1-2	1-2	2-0	0-1	2-0	4-1	3-1	2-0	3-1	2-0	0-1
Aston Villa FC	2-2		1-0	0-2	2-1	2-0	3-1	2-0	1-3	1-0	0-0	1-0	2-2	2-0	0-1	1-0	1-0	1-1	0-0	5-0
Blackburn Rovers FC	0-2	0-2		1-1	4-0	1-2	1-1	0-1	2-4	3-0	2-3	0-0	1-0	1-1	4-1	2-1	1-0	0-2	2-1	3-1
Chelsea FC	0-3	1-1	1-1		2-0	3-1	2-2	0-0	2-1	1-0	1-1	1-0	1-1	1-1	2-2	1-0	6-2	3-1	3-1	2-4
Coventry City FC	1-1	1-2	0-0	3-1		1-2	0-0	2-1	0-0	0-1	0-2	3-0	2-1	0-3	0-0	1-1	2-2	1-2	1-3	1-1
Derby County FC	1-3	2-1	0-0	3-2	2-1		0-1	3-3	2-0	0-1	1-1	2-1	0-1	0-0	2-2	1-1	1-0	4-2	1-0	0-2
Everton FC	0-2	0-1	0-2	1-2	1-1	1-0		0-0	1-1	1-1	0-2	1-2	2-0	2-0	2-0	7-1	1-3	1-0	2-1	1-3
Leeds United AFC	0-0	0-0	0-0	2-0	1-3	0-0	1-0		3-0	0-2	0-4	1-1	0-1	2-0	0-2	0-0	3-0	0-0	1-0	1-0
Leicester City FC	0-2	1-0	1-1	1-3	0-2	4-2	1-2	1-0		0-3	2-2	1-3	2-0	2-2	1-0	2-1	1-1	1-1	0-1	1-0
Liverpool FC	2-0	3-0	0-0	5-1	1-2	2-1	1-1	4-0	1-1		1-3	5-1	4-3	4-2	0-1	2-1	0-0	2-1	0-0	1-1
Manchester United FC	1-0	0-0	2-2	1-2	3-1	2-3	2-2	1-0	3-1	1-0		3-3	0-0	4-1	2-0	2-1	5-0	2-0	2-0	2-1
Middlesbrough FC	0-2	3-2	2-1	1-0	4-0	6-1	4-2	0-0	0-2	3-3	2-2		0-1	1-1	4-2	0-1	0-1	0-3	4-1	0-0
Newcastle United FC	1-2	4-3	2-1	3-1	4-0	3-1	4-1	3-0	4-3	1-1	5-0	3-1		5-0	1-2	0-1	1-1	7-1	1-1	2-0
Nottingham Forest FC	2-1	0-0	2-2	2-0	0-1	1-1	0-1	1-1	0-0	1-1	0-4	1-1	0-0		0-3	1-3	1-4	2-1	0-2	1-1
Sheffield Wednesday FC	0-0	2-1	1-1	0-2	0-0	0-0	2-1	2-2	2-1	1-1	1-1	3-1	1-1	2-0		1-1	2-0	2-1	0-0	3-1
Southampton FC	0-2	0-1	2-0	0-0	2-2	3-1	2-2	0-2	2-2	0-1	6-3	4-0	2-2	2-2	2-3		3-0	0-1	2-0	0-0
Sunderland AFC	1-0	1-0	0-0	3-0	1-0	2-0	3-0	0-1	0-0	1-2	2-1	2-2	1-2	1-1	1-1	0-0		0-4	0-0	1-3
Tottenham Hotspur FC	0-0	1-0	2-1	1-2	1-2	1-1	0-0	1-0	1-2	0-2	1-2	1-0	1-2	0-1	1-1	3-1	2-0		1-0	1-0
West Ham United FC	1-2	0-2	2-1	3-2	1-1	1-1	2-2	0-2	1-0	1-2	2-2	0-0	0-0	0-1	5-1	2-1	2-0	4-3		0-2
Wimbledon FC	2-2	0-2	1-0	0-1	2-2	1-1	4-0	2-0	1-3	2-1	0-3	1-1	1-1	1-0	4-2	3-1	1-0	1-0	1-1	

	F.A. Premiership	Pd	Wn	Dw	Ls	GF	GA	Pts	
1.	MANCHESTER UNITED FC (MANCHESTER)	38	21	12	5	76	44	75	
2.	Newcastle United FC (Newcastle upon Tyne)	38	19	11	8	73	40	68	
3.	Arsenal FC (London)	38	19	11	8	62	32	68	
4.	Liverpool FC (Liverpool)	38	19	11	8	62	37	68	
5.	Aston Villa FC (Birmingham)	38	17	10	11	47	34	61	
6.	Chelsea FC (London)	38	16	11	11	58	55	59	
7.	Sheffield Wednesday FC (Sheffield)	38	14	15	9	50	51	57	
8.	Wimbledon FC (London)	38	15	11	12	49	46	56	
9.	Leicester City FC (Leicester)	38	12	11	15	46	54	47	
10.	Tottenham Hotspur FC (London)	38	13	7	18	44	51	46	
11.	Leeds United AFC (Leeds)	38	11	13	14	28	38	46	
12.	Derby County FC (Derby)	38	11	13	14	45	58	46	
13.	Blackburn Rovers FC (Blackburn)	38	9	15	14	42	43	42	
14.	West Ham United FC (London)	38	10	12	16	39	48	42	
15.	Everton FC (Liverpool)	38	10	12	16	44	57	42	
16.	Southampton FC (Southampton)	38	10	11	17	50	56	41	
17.	Coventry City FC (Coventry)	38	9	14	15	38	54	41	
18.	Sunderland AFC (Sunderland)	38	10	10	18	35	53	40	R
19.	Middlesbrough FC (Middlesbrough)	38	10	12	16	51	60	39	R -3
20.	Nottingham Forest FC (Nottingham)	38	6	16	16	31	59	34	R
		760	261	238	261	970	970	1018	

Note: Middlesbrough FC (Middlesbrough) had 3 points deducted for failing to appear for the away match versus Blackburn Rovers FC (Blackburn) claiming that they could not field a full team due to illness. The match was played at a later date.

Top Goalscorers

1)	Alan SHEARER	(Newcastle United FC)	25
2)	Ian WRIGHT	(Arsenal FC)	23
3)	Robbie FOWLER	(Liverpool FC)	18
	Ole Gunnar SOLKSJÆR	(Manchester United FC)	18

Football League Division 1 1996-97 Season	Barnsley	Birmingham City	Bolton Wanderers	Bradford City	Charlton Athletic	Crystal Palace	Grimsby Town	Huddersfield Town	Ipswich Town	Manchester City	Norwich City	Oldham Athletic	Oxford United	Portsmouth	Port Vale	Q.P.R.	Reading	Sheffield United	Southend United	Stoke City	Swindon Town	Tranmere Rovers	W.B.A.	Wolves
Barnsley FC		0-1	2-2	2-0	4-0	0-0	1-3	3-1	1-2	2-0	3-1	2-0	0-0	3-2	1-0	1-3	3-0	2-0	3-0	3-0	1-1	3-0	2-0	1-3
Birmingham City FC	0-0		3-1	3-0	0-0	1-0	0-0	1-0	1-0	2-0	2-3	0-0	2-0	0-3	1-2	0-0	4-1	1-1	2-1	3-1	1-0	0-0	2-3	1-2
Bolton Wanderers FC	2-2	2-1		2-1	4-1	2-2	6-1	2-0	1-2	1-0	3-1	3-1	4-0	2-0	4-2	2-1	2-1	2-2	3-1	1-1	7-0	1-0	1-0	3-0
Bradford City AFC	2-2	0-2	2-4		1-0	0-4	3-4	1-1	2-1	1-3	0-2	0-3	2-0	3-1	1-0	3-0	0-0	1-2	0-0	1-0	2-1	1-0	1-1	2-1
Charlton Athletic FC	2-2	2-1	3-3	0-2		2-1	1-3	2-1	1-1	1-1	4-4	1-0	2-0	2-1	1-3	2-1	1-0	0-0	2-0	1-2	2-0	3-1	1-1	0-0
Crystal Palace FC	1-1	0-1	1-1	3-1	1-0		3-0	1-1	0-0	3-1	2-0	3-1	2-2	1-2	1-1	3-0	3-2	0-1	6-1	2-0	1-2	0-1	0-0	2-3
Grimsby Town FC	2-3	1-2	1-2	1-1	2-0	2-1		2-2	2-1	1-1	1-4	0-3	0-2	0-1	1-1	2-0	2-0	2-4	4-0	1-1	2-1	0-0	1-1	1-3
Huddersfield Town	0-0	3-0	1-2	3-3	2-0	1-1	2-0		2-0	1-1	2-0	3-2	1-0	1-3	0-1	1-2	1-0	2-1	0-0	2-1	0-0	0-1	0-0	0-2
Ipswich Town FC	1-1	1-1	0-1	3-2	2-1	3-1	1-1	1-3		1-0	2-0	4-0	2-1	1-1	2-1	2-0	5-2	3-1	1-1	1-1	3-2	0-2	5-0	0-0
Manchester City FC	1-2	1-0	1-2	3-2	2-1	1-1	3-1	0-0	1-0		2-1	1-0	2-3	1-1	0-1	0-3	3-2	0-0	3-0	2-0	3-0	1-2	3-2	0-1
Norwich City FC	1-1	0-1	0-1	2-0	1-2	1-1	2-1	2-0	3-1	0-0		2-0	1-1	1-0	1-1	1-1	1-1	1-1	0-0	2-0	2-0	1-1	2-4	1-0
Oldham Athletic AFC	0-1	2-2	0-0	1-2	1-1	0-1	0-3	1-2	3-3	2-1	3-0		2-1	0-0	3-0	0-2	1-1	0-2	0-0	1-2	5-1	1-2	1-1	3-2
Oxford United FC	5-1	0-0	0-0	2-0	0-2	1-4	3-2	1-0	3-1	1-4	0-1	3-1		2-0	0-2	2-3	2-1	4-1	5-0	4-1	2-0	2-1	1-0	1-1
Portsmouth FC	4-2	1-1	0-3	3-1	2-0	2-2	1-0	3-1	0-1	2-1	0-1	1-0	2-1		1-1	1-2	1-0	1-1	1-0	1-0	0-1	1-3	4-0	0-2
Port Vale FC	1-3	3-0	1-1	1-1	2-0	0-2	1-1	0-0	2-2	0-2	6-1	3-2	2-0	0-2		4-4	1-0	0-0	2-1	1-1	1-0	2-1	2-2	1-2
Queen's Park Rangers	3-1	1-1	1-2	1-0	1-2	0-1	3-0	2-0	0-1	2-2	3-2	0-1	2-1	2-1	1-2		0-2	1-0	4-0	1-1	1-1	2-0	0-2	2-2
Reading FC	1-2	0-0	3-2	0-0	2-2	1-6	1-1	4-1	1-0	2-0	2-1	2-0	2-0	0-0	0-1	2-1		1-0	3-2	2-2	2-0	2-0	2-2	2-1
Sheffield United FC	0-1	4-4	1-1	3-0	3-0	3-0	3-1	3-1	1-3	2-0	2-3	2-2	3-1	1-0	3-0	1-1	2-0		3-0	1-0	2-0	0-0	1-2	2-3
Southend United FC	1-2	1-1	5-2	1-1	0-2	2-1	1-0	1-2	0-0	2-3	1-1	1-1	2-2	2-1	0-0	0-1	2-1	3-2		2-1	1-3	1-1	2-3	1-1
Stoke City FC	1-0	1-0	1-2	1-0	1-0	2-2	3-1	3-2	0-1	2-1	1-2	2-1	2-1	3-1	2-0	0-0	1-1	0-4	1-2		2-0	2-0	2-1	1-0
Swindon Town FC	3-0	3-1	2-2	1-1	1-0	0-2	3-3	6-0	0-4	2-0	0-3	1-0	1-0	0-1	1-1	1-1	3-1	2-1	0-0	1-0		2-1	2-3	1-2
Tranmere Rovers FC	1-1	1-0	2-2	3-0	4-0	1-3	3-2	1-1	3-0	1-1	3-1	1-1	0-0	4-3	2-0	2-3	2-2	1-1	3-0	0-0	2-1		2-3	0-2
West Bromwich Alb.	1-2	2-0	2-2	0-0	1-2	1-0	2-0	1-1	0-0	1-3	5-1	1-1	3-3	0-2	1-1	4-1	3-2	1-2	4-0	0-2	1-2	1-2		2-4
Wolverhampton W.	3-3	1-2	1-2	1-0	1-0	0-3	1-1	0-0	0-0	3-0	3-2	0-1	3-1	0-1	0-1	1-1	0-1	1-2	4-1	2-0	1-0	3-2	2-0	

	Football League Division 1	Pd	Wn	Dw	Ls	GF	GA	Pts	
1.	Bolton Wanderers FC (Bolton)	46	28	14	4	100	53	98	P
2.	Barnsley FC (Barnsley)	46	22	14	10	76	55	80	P
3.	Wolverhampton Wanderers FC (Wolverhampton)	46	22	10	14	68	51	76	PO
4.	Ipswich Town FC (Ipswich)	46	20	14	12	68	50	74	PO
5.	Sheffield United FC (Sheffield)	46	20	13	13	75	52	73	PO
6.	Crystal Palace FC (London)	46	19	14	13	78	48	71	POP
7.	Portsmouth FC (Portsmouth)	46	20	8	18	59	53	68	
8.	Port Vale FC (Stoke-on-Trent)	46	17	16	13	58	55	67	
9.	Queen's Park Rangers FC (London)	46	18	12	16	64	60	66	
10.	Birmingham City FC (Birmingham)	46	17	15	14	52	48	66	
11.	Tranmere Rovers FC (Birkenhead)	46	17	14	15	63	56	65	
12.	Stoke City FC (Stoke-on-Trent)	46	18	10	18	51	57	64	
13.	Norwich City FC (Norwich)	46	17	12	17	63	68	63	
14.	Manchester City FC (Manchester)	46	17	10	19	59	60	61	
15.	Charlton Athletic FC (London)	46	16	11	19	52	66	59	
16.	West Bromwich Albion FC (West Bromwich)	46	14	15	17	68	72	57	
17.	Oxford United FC (Oxford)	46	16	9	21	64	68	57	
18.	Reading FC (Reading)	46	15	12	19	58	67	57	
19.	Swindon Town FC (Swindon)	46	15	9	22	52	71	54	
20.	Huddersfield Town AFC (Huddersfield)	46	13	15	18	48	61	54	
21.	Bradford City AFC (Bradford)	46	12	12	22	47	72	48	
22.	Grimsby Town FC (Cleethorpes)	46	11	13	22	60	81	46	R
23.	Oldham Athletic AFC (Oldham)	46	10	13	23	51	66	43	R
24.	Southend United FC (Southend-on-Sea)	46	8	15	23	42	86	39	R
		1104	402	300	402	1476	1476	1506	

Promotion Play-offs

Crystal Palace FC (London)	1-0	Sheffield United FC (Sheffield)
Crystal Palace FC (London)	3-1, 1-2	Wolverhampton Wanderers FC (Wolverhampton)
Sheffield United FC (Sheffield)	1-1, 2-2	Ipswich Town FC (Ipswich)

Football League Division 2 1996-97 Season	Blackpool	Bournemouth	Brentford	Bristol City	Bristol Rovers	Burnley	Bury	Chesterfield	Crewe Alexandra	Gillingham	Luton Town	Millwall	Notts County	Peterborough United	Plymouth Argyle	Preston North End	Rotherham United	Shrewsbury Town	Stockport County	Walsall	Watford	Wrexham	Wycombe Wanderers	York City
Blackpool FC		1-1	1-0	1-0	3-2	1-3	2-0	0-1	1-2	2-0	0-0	3-0	1-0	5-1	2-2	2-1	4-1	1-1	2-1	2-1	1-1	3-3	0-0	3-0
AFC Bournemouth	0-0		2-1	0-2	1-0	0-0	1-1	3-0	0-1	2-2	3-2	1-1	0-1	1-2	1-0	2-0	1-1	0-0	0-0	0-1	1-2	2-1	2-1	1-1
Brentford FC	1-1	1-0		0-0	0-0	0-3	0-2	1-0	0-2	2-0	3-2	0-0	2-0	0-1	3-2	0-0	4-2	0-0	2-2	1-1	1-1	2-0	0-0	3-3
Bristol City FC	0-1	0-1	1-2		1-1	2-1	1-0	2-0	3-0	0-1	5-0	1-1	4-0	2-0	3-1	2-1	0-2	3-2	1-1	4-1	1-1	2-1	3-0	2-0
Bristol Rovers FC	0-0	3-2	2-1	1-2		1-2	4-3	2-0	2-0	0-0	3-2	1-0	1-0	1-0	2-0	1-0	1-2	2-0	1-1	0-1	0-1	2-0	3-4	1-1
Burnley FC	2-0	1-0	1-2	2-3	2-2		3-1	0-0	2-0	5-1	0-2	1-0	1-0	5-0	2-1	1-2	3-3	1-3	5-2	2-1	4-1	2-0	2-1	1-2
Bury FC	1-0	2-1	1-1	4-0	2-1	1-0		1-0	1-0	3-0	0-0	2-0	2-0	1-0	1-0	3-0	3-1	2-0	0-0	2-1	1-1	0-0	2-0	4-1
Chesterfield FC	0-0	1-1	0-2	1-1	1-0	0-0	1-2		1-0	2-2	1-1	1-0	1-0	2-1	1-2	2-1	1-1	2-1	0-1	1-0	0-0	0-0	4-2	2-0
Crewe Alexandra FC	3-2	2-0	2-0	1-2	1-0	1-1	2-0	1-2		3-2	0-0	0-0	3-0	1-1	3-0	1-0	1-0	5-1	1-0	1-0	0-2	3-1	3-0	0-1
Gillingham FC	2-3	1-1	1-2	3-2	1-0	1-0	2-2	0-1	2-1		1-2	2-3	1-0	2-1	4-1	1-1	3-1	2-0	1-0	2-0	3-1	1-2	1-0	0-1
Luton Town FC	1-0	2-0	1-0	2-2	2-1	1-2	0-0	0-1	6-0	2-1		0-2	2-0	3-0	2-2	5-1	1-0	2-0	1-1	3-1	0-0	0-0	0-0	2-0
Millwall FC	2-1	0-1	0-0	0-2	2-0	2-1	1-0	2-1	2-0	0-2	0-1		1-0	0-2	0-0	3-2	2-0	2-1	3-4	1-0	0-1	1-1	2-1	1-1
Notts County FC	1-1	0-2	1-1	2-0	1-1	1-1	0-1	0-0	0-1	1-1	1-2	1-2		0-0	2-1	2-1	0-0	1-2	1-2	2-0	2-3	0-0	1-2	0-1
Peterborough United	0-0	3-1	0-1	3-1	1-2	3-2	1-2	1-1	2-2	0-1	0-1	3-3	1-3		0-0	2-0	6-2	2-2	0-2	0-1	2-1	0-1	6-3	2-2
Plymouth Argyle FC	0-1	0-0	1-4	0-0	0-1	0-0	2-0	0-3	1-0	2-0	3-3	0-0	0-0	1-1		2-1	1-0	2-2	0-0	2-0	0-0	0-1	0-0	2-1
Preston North End	3-0	0-1	1-0	0-2	0-0	1-1	3-1	0-1	2-1	1-0	3-2	2-1	2-0	3-4	1-1		0-0	2-1	1-0	2-0	1-1	2-1	2-1	1-0
Rotherham United	1-2	1-0	0-1	2-2	0-0	1-0	1-1	0-1	1-4	1-2	0-3	0-0	2-2	2-0	1-2	0-1		1-2	0-1	1-2	0-0	0-0	2-1	0-2
Shrewsbury Town	1-3	1-1	0-3	1-0	2-0	2-1	1-1	2-0	0-1	1-2	0-3	1-1	2-1	2-2	2-3	0-2	0-2		3-2	2-2	1-0	0-1	1-1	2-0
Stockport County	1-0	0-1	1-2	1-1	1-0	1-0	2-1	1-0	1-0	2-1	1-1	5-1	0-0	0-0	3-1	1-0	0-0	3-1		2-0	1-0	0-2	2-1	2-1
Walsall FC	1-1	2-1	1-0	2-0	1-0	1-3	3-1	1-1	1-0	1-0	3-2	2-1	3-1	4-0	0-1	1-0	1-1	2-2	1-1		1-1	0-1	2-2	1-1
Watford FC	2-2	0-1	2-0	3-0	1-0	2-2	0-0	0-2	0-1	0-0	1-1	0-2	0-0	0-0	0-2	1-0	2-0	2-0	1-0	1-0		1-1	1-0	4-0
Wrexham AFC	2-1	2-0	0-2	2-1	1-0	0-0	1-1	3-2	1-1	1-1	2-1	3-3	3-3	1-1	4-4	1-0	1-0	2-1	2-3	1-2	3-1		1-0	0-0
Wycombe Wanderers	1-0	1-1	0-1	2-0	2-0	5-0	0-1	1-0	2-0	1-1	0-1	1-0	1-0	2-0	2-1	0-1	4-2	3-0	0-2	0-2	0-0	0-0		3-1
York City FC	1-0	1-2	2-4	0-3	2-2	1-0	0-2	0-0	1-1	2-3	1-1	3-2	1-2	1-0	1-1	3-1	2-1	0-0	1-2	0-2	1-2	1-0	2-0	

	Football League Division 2	Pd	Wn	Dw	Ls	GF	GA	Pts	
1.	Bury FC (Bury)	46	24	12	10	62	38	84	P
2.	Stockport County FC (Stockport)	46	23	13	10	59	41	82	P
3.	Luton Town FC (Luton)	46	21	15	10	71	45	78	PO
4.	Brentford FC (London)	46	20	14	12	56	43	74	PO
5.	Bristol City FC (Bristol)	46	21	10	15	69	51	73	PO
6.	Crewe Alexandra FC (Crewe)	46	22	7	17	56	47	73	POP
7.	Blackpool FC (Blackpool)	46	18	15	13	60	47	69	
8.	Wrexham AFC (Wrexham)	46	17	18	11	54	50	69	
9.	Burnley FC (Burnley)	46	19	11	16	71	55	68	
10.	Chesterfield FC (Chesterfield)	46	18	14	14	42	39	68	
11.	Gillingham FC (Gillingham)	46	19	10	17	60	59	67	
12.	Walsall FC (Walsall)	46	19	10	17	54	53	67	
13.	Watford FC (Watford)	46	16	19	11	45	38	67	
14.	Millwall FC (London)	46	16	13	17	50	55	61	
15.	Preston North End FC (Preston)	46	18	7	21	49	55	61	
16.	AFC Bournemouth (Bournemouth)	46	15	15	16	43	45	60	
17.	Bristol Rovers FC (Bristol)	46	15	11	20	47	50	56	
18.	Wycombe Wanderers FC (High Wycombe)	46	15	10	21	51	56	55	
19.	Plymouth Argyle FC (Plymouth)	46	12	18	16	47	58	54	
20.	York City FC (York)	46	13	13	20	47	68	52	
21.	Peterborough United FC (Peterborough)	46	11	14	21	55	73	47	R
22.	Shrewsbury Town FC (Shrewsbury)	46	11	13	22	49	74	46	R
23.	Rotherham United FC (Rotherham)	46	7	14	25	39	70	35	R
24.	Notts County FC (Nottingham)	46	7	14	25	25	59	35	R
		1104	397	310	397	1269	1269	1501	

Promotion Play-offs

Crewe Alexandra FC (Crewe)	1-0	Brentford FC (London)
Bristol City FC (Bristol)	1-2, 1-2	Brentford FC (London)
Crewe Alexandra FC (Crewe)	2-1, 2-2	Luton Town FC (Luton)

Football League Division 3 1996-97 Season	Barnet	Brighton & H.A.	Cambridge	Cardiff City	Carlisle United	Chester City	Colchester Utd.	Darlington	Doncaster R.	Exeter City	Fulham	Hartlepool	Hereford United	Hull City	Leyton Orient	Lincoln City	Mansfield Town	Northampton T.	Rochdale	Scarborough	Scunthorpe Utd.	Swansea City	Torquay United	Wigan Athletic
Barnet FC		3-0	2-1	3-1	0-0	1-2	2-4	0-0	3-0	3-0	2-2	1-0	2-3	1-0	0-0	1-0	1-1	1-1	3-2	1-3	1-1	0-1	0-0	1-1
Brighton & Hove Alb.	1-0		1-2	2-0	1-3	2-1	1-1	2-3	1-0	1-0	0-0	5-0	0-1	3-0	4-4	1-3	1-1	2-1	3-0	3-2	1-1	3-2	2-2	1-0
Cambridge United FC	1-0	1-1		0-2	1-3	2-2	1-0	5-2	0-1	3-2	0-1	1-0	0-1	1-0	2-0	1-3	2-1	0-0	2-2	2-1	0-2	2-1	2-1	1-1
Cardiff City AFC	1-2	1-0	0-0		2-0	1-0	1-2	2-0	0-2	2-1	1-2	2-0	2-0	2-0	3-0	1-3	1-2	2-2	2-1	1-1	0-0	1-3	2-0	0-2
Carlisle United FC	2-1	2-1	3-0	0-2		3-1	3-0	1-0	0-0	2-0	1-2	1-0	2-3	0-0	1-0	1-0	1-1	2-1	3-2	1-0	3-2	4-1	5-1	0-3
Chester City FC	1-0	2-1	1-1	0-1	1-1		1-2	2-1	6-0	2-1	1-1	0-0	1-3	0-0	0-1	4-1	1-0	2-1	0-0	1-0	1-0	2-0	0-0	1-1
Colchester United FC	1-0	2-0	1-1	1-1	1-1	0-0		0-3	2-2	1-0	2-1	0-2	1-1	1-1	2-1	7-1	2-1	0-0	1-0	1-3	1-1	3-1	2-0	3-1
Darlington FC	0-1	2-0	2-0	2-1	2-1	1-1	1-1		0-3	0-1	0-2	1-2	1-0	1-0	1-1	5-2	2-4	3-1	1-1	1-1	2-0	4-1	2-3	3-1
Doncaster Rovers FC	1-1	3-0	2-1	3-3	0-1	0-1	0-0	3-2		1-2	0-0	2-1	1-0	0-0	2-1	1-3	0-0	1-2	3-0	1-2	1-1	0-1	2-1	2-0
Exeter City FC	1-1	2-1	0-1	2-0	2-1	1-5	0-3	3-2	1-1		0-1	2-0	1-1	0-0	3-2	3-3	0-0	0-1	0-0	2-2	0-1	1-2	1-1	0-1
Fulham FC	2-0	2-0	3-0	1-4	1-0	1-1	3-1	6-0	3-1	1-1		1-0	1-0	2-0	1-1	1-2	1-2	0-1	1-1	4-0	2-1	2-1	1-2	1-1
Hartlepool United FC	4-0	2-3	0-2	2-3	1-2	2-0	1-0	1-2	2-4	1-1	2-1		2-1	1-1	3-1	2-1	2-2	0-2	1-2	1-0	0-1	1-1	1-1	1-1
Hereford United FC	1-1	1-1	0-1	1-1	2-3	1-2	1-0	1-1	1-0	1-2	0-0	0-1		0-1	2-0	1-1	0-1	1-2	3-0	2-2	3-2	0-1	1-1	3-1
Hull City AFC	0-0	3-0	1-3	1-1	0-1	1-0	1-2	3-2	3-1	2-0	0-3	1-0	1-1		3-2	2-1	1-1	1-1	1-1	0-2	0-2	1-1	2-0	1-1
Leyton Orient FC	0-1	2-0	1-1	3-0	2-1	0-0	1-1	0-0	2-1	1-1	0-2	2-0	2-1	1-1		2-3	2-1	2-1	2-1	0-1	0-1	1-0	1-0	1-2
Lincoln City FC	1-0	2-1	1-1	2-0	1-1	0-0	3-2	2-0	3-2	2-3	2-0	2-1	3-3	0-1	1-1		0-0	1-1	0-2	1-1	2-0	4-0	1-2	1-3
Mansfield Town FC	0-0	1-1	1-0	1-3	0-0	0-2	1-1	2-1	2-0	0-1	0-0	1-0	3-1	1-0	0-2	2-2		1-0	0-0	2-0	2-0	0-0	1-2	0-1
Northampton Town	2-0	3-0	1-2	4-0	1-1	5-1	2-1	3-1	2-0	4-1	0-1	3-0	1-0	2-1	0-1	1-1	3-0		2-2	1-0	1-0	1-2	1-1	0-1
Rochdale AFC	1-1	3-0	3-0	1-0	2-2	0-1	0-0	2-0	2-1	2-0	1-2	1-3	0-0	1-2	1-0	2-0	0-1	1-1		3-3	1-2	2-3	2-1	3-1
Scarborough FC	1-1	1-1	1-0	0-0	1-1	0-0	1-1	4-1	2-1	3-4	0-2	2-4	1-1	3-2	2-1	0-2	2-1	1-1	2-2		3-2	0-1	3-1	3-1
Scunthorpe United	1-2	1-0	3-2	0-1	0-0	0-2	2-1	3-2	1-2	4-1	1-4	2-1	5-1	2-2	1-2	2-0	0-2	2-1	2-2	0-1		1-0	1-0	2-3
Swansea City FC	3-0	1-0	3-1	0-1	0-1	2-1	1-1	1-1	2-0	3-1	1-2	2-2	4-0	0-0	1-0	1-2	3-2	1-0	2-1	1-2	1-1		2-0	2-1
Torquay United FC	1-2	2-1	0-1	2-0	1-2	0-0	0-2	1-1	1-0	2-0	3-1	0-1	2-1	1-1	0-0	2-1	1-2	1-2	0-1	1-0	1-2	2-0		0-3
Wigan Athletic AFC	2-0	1-0	1-1	0-1	1-0	4-2	1-0	3-2	4-1	2-0	1-1	2-2	4-1	1-2	5-1	1-0	2-0	2-1	0-1	7-1	3-0	3-2	3-2	

	Football League Division 3	**Pd**	**Wn**	**Dw**	**Ls**	**GF**	**GA**	**Pts**	
1.	Wigan Athletic AFC (Wigan)	46	26	9	11	84	51	87	P
2.	Fulham FC (London)	46	25	12	9	72	38	87	P
3.	Carlisle United FC (Carlisle)	46	24	12	10	67	44	84	P
4.	Northampton Town FC (Northampton)	46	20	12	14	67	44	72	POP
5.	Swansea City FC (Swansea)	46	21	8	17	62	58	71	PO
6.	Chester City FC (Chester)	46	18	16	12	55	43	70	PO
7.	Cardiff City AFC (Cardiff)	46	20	9	17	56	54	69	PO
8.	Colchester United FC (Colchester)	46	17	17	12	62	51	68	
9.	Lincoln City FC (Lincoln)	46	18	12	16	70	69	66	
10.	Cambridge United FC (Cambridge)	46	18	11	17	53	59	65	
11.	Mansfield Town FC (Mansfield)	46	16	16	14	47	45	64	
12.	Scarborough FC (Scarborough)	46	16	15	15	65	68	63	
13.	Scunthorpe United FC (Scunthorpe)	46	18	9	19	59	62	63	
14.	Rochdale AFC (Rochdale)	46	14	16	16	58	58	58	
15.	Barnet FC (London)	46	14	16	16	46	51	58	
16.	Leyton Orient FC (London)	46	15	12	19	50	58	57	
17.	Hull City AFC (Kingston upon Hull)	46	13	18	15	44	50	57	
18.	Darlington FC (Darlington)	46	14	10	22	64	78	52	
19.	Doncaster Rovers FC (Doncaster)	46	14	10	22	52	66	52	
20.	Hartlepool United FC (Hartlepool)	46	14	9	23	53	66	51	
21.	Torquay United FC (Torquay)	46	13	11	22	46	62	50	
22.	Exeter City FC (Exeter)	46	12	12	22	48	73	48	
23.	Brighton & Hove Albion FC (Hove)	46	13	10	23	53	70	47	-2
24.	Hereford United FC (Hereford)	46	11	14	21	50	65	47	R
		1104	404	296	404	1383	1383	1506	

Note: Brighton & Hove Albion FC had 2 points deducted after fans invaded the pitch during the match versus Lincoln City FC.

Promotion Play-offs

Northampton Town FC (Northampton)	1-0	Swansea City AFC (Swansea)
Cardiff City AFC (Cardiff)	0-1, 2-3	Northampton Town FC (Northampton)
Chester City FC (Chester)	0-0, 0-3	Swansea City FC (Swansea)

F.A. CUP FINAL (Wembley Stadium, London – 17/05/1997 – 79,160)

CHELSEA FC (LONDON)	2-0	Middlesbrough FC (Middlesbrough)

Di Matteo 01', Newton 82'

Chelsea: Grodas, Petrescu, Minto, Sinclair, Leboeuf, Clarke, Zola (Vialli 88'), Di Matteo, Newton, Hughes, Wise.

Middlesbrough: Roberts, Blackmore, Fleming, Stamp, Pearson, Festa, Emerson, Mustoe (Vickers 28'), Ravanelli (Beck 23'), Juninho, Hignett (Kinder 74').

Semi-finals

Middlesbrough FC (Middlesbrough)	3-3, 3-0	Chesterfield FC (Chesterfield)
Wimbledon FC (London)	0-3	Chelsea FC (London)

Quarter-finals

Chesterfield FC (Chesterfield)	1-0	Wrexham AFC (Wrexham)
Derby County FC (Derby)	0-2	Middlesbrough FC (Middlesbrough)
Portsmouth FC (Portsmouth)	1-4	Chelsea FC (London)
Sheffield Wednesday FC (Sheffield)	0-2	Wimbledon FC (London)

F.A. Premiership 1997-98 Season	Arsenal	Aston Villa	Barnsley	Blackburn Rovers	Bolton Wanderers	Chelsea	Coventry City	Crystal Palace	Derby County	Everton	Leeds United	Leicester City	Liverpool	Manchester United	Newcastle United	Sheffield Wednesday	Southampton	Tottenham Hotspur	West Ham United	Wimbledon
Arsenal FC		0-0	5-0	1-3	4-1	2-0	2-0	1-0	1-0	4-0	2-1	2-1	0-1	3-2	3-1	1-0	3-0	0-0	4-0	5-0
Aston Villa FC	1-0		0-1	0-4	1-3	0-2	3-0	3-1	2-1	2-1	1-0	1-1	2-1	0-2	0-1	2-2	1-1	4-1	2-0	1-2
Barnsley FC	0-2	0-3		1-1	2-1	0-6	2-0	1-0	1-0	2-2	2-3	0-2	2-3	0-2	2-2	2-1	4-3	1-1	1-2	2-1
Blackburn Rovers FC	1-4	5-0	2-1		3-1	1-0	0-0	2-2	1-0	3-2	3-4	5-3	1-1	1-3	1-0	7-2	1-0	0-3	3-0	0-0
Bolton Wanderers FC	0-1	0-1	1-1	2-1		1-0	1-5	5-2	3-3	0-0	2-3	2-0	1-1	0-0	1-0	3-2	0-0	1-1	1-1	1-0
Chelsea FC	2-3	0-1	2-0	0-1	2-0		3-1	6-2	4-0	2-0	0-0	1-0	4-1	0-1	1-0	1-0	4-2	2-0	2-1	1-1
Coventry City FC	2-2	1-2	1-0	2-0	2-2	3-2		1-1	1-0	0-0	0-0	0-2	1-1	3-2	2-2	1-0	1-0	4-0	1-1	0-0
Crystal Palace FC	0-0	1-1	0-1	1-2	2-2	0-3	0-3		3-1	1-3	0-2	0-3	0-3	0-3	1-2	1-0	1-1	1-3	3-3	0-3
Derby County FC	3-0	0-1	1-0	3-1	4-0	0-1	3-1	0-0		3-1	0-5	0-4	1-0	2-2	1-0	3-0	4-0	2-1	2-0	1-1
Everton FC	2-2	1-4	4-2	1-0	3-2	3-1	1-1	1-2	1-2		2-0	1-1	2-0	0-2	0-0	1-3	0-2	0-2	2-1	0-0
Leeds United AFC	1-1	1-1	2-1	4-0	2-0	3-1	3-3	0-2	4-3	0-0		0-1	0-2	1-0	4-1	1-2	0-1	1-0	3-1	1-1
Leicester City FC	3-3	1-0	1-0	1-1	0-0	2-0	1-1	1-1	1-2	0-1	1-0		0-0	0-0	0-0	1-1	3-3	3-0	2-1	0-1
Liverpool FC	4-0	3-0	0-1	0-0	2-1	4-2	1-0	2-1	4-0	1-1	3-1	1-2		1-3	1-0	2-1	2-3	4-0	5-0	2-0
Manchester United FC	0-1	1-0	7-0	4-0	1-1	2-2	3-0	2-0	2-0	2-0	3-0	0-1	1-1		1-1	6-1	1-0	2-0	2-1	2-0
Newcastle United FC	0-1	1-0	2-1	1-1	2-1	3-1	0-0	1-2	0-0	1-0	1-1	3-3	1-2	0-1		2-1	2-1	1-0	0-1	1-3
Sheffield Wednesday FC	2-0	1-3	2-1	0-0	5-0	1-4	0-0	1-3	2-5	3-1	1-3	1-0	3-3	2-0	2-1		1-0	1-0	1-1	1-1
Southampton FC	1-3	1-2	4-1	3-0	0-1	1-0	1-2	1-0	0-2	2-1	0-2	2-1	1-1	1-0	2-1	2-3		3-2	3-0	0-1
Tottenham Hotspur FC	1-1	3-2	3-0	0-0	1-0	1-6	1-1	0-1	1-0	1-1	0-1	1-1	3-3	0-2	2-0	3-2	1-1		1-0	0-0
West Ham United FC	0-0	2-1	6-0	2-1	3-0	2-1	1-0	4-1	0-0	2-2	3-0	4-3	2-1	1-1	0-1	1-0	2-4	2-1		3-1
Wimbledon FC	0-1	2-1	4-1	0-1	0-0	0-2	1-2	0-1	0-0	0-0	1-0	2-1	1-1	2-5	0-0	1-1	1-0	2-6	1-2	

	F.A. Premiership	Pd	Wn	Dw	Ls	GF	GA	Pts	
1.	ARSENAL FC (LONDON)	38	23	9	6	68	33	78	
2.	Manchester United FC (Manchester)	38	23	8	7	73	26	77	
3.	Liverpool FC (Liverpool)	38	18	11	9	68	42	65	
4.	Chelsea FC (London)	38	20	3	15	71	43	63	
5.	Leeds United AFC (Leeds)	38	17	8	13	57	46	59	
6.	Blackburn Rovers FC (Blackburn)	38	16	10	12	57	52	58	
7.	Aston Villa FC (Birmingham)	38	17	6	15	49	48	57	
8.	West Ham United FC (London)	38	16	8	14	56	57	56	
9.	Derby County FC (Derby)	38	16	7	15	52	49	55	
10.	Leicester City FC (Leicester)	38	13	14	11	51	41	53	
11.	Coventry City FC (Coventry)	38	12	16	10	46	44	52	
12.	Southampton FC (Southampton)	38	14	6	18	50	55	48	
13.	Newcastle United FC (Newcastle upon Tyne)	38	11	11	16	35	44	44	
14.	Tottenham Hotspur FC (London)	38	11	11	16	44	56	44	
15.	Wimbledon FC (London)	38	10	14	14	34	46	44	
16.	Sheffield Wednesday FC (Sheffield)	38	12	8	18	52	67	44	
17.	Everton FC (Liverpool)	38	9	13	16	41	56	40	
18.	Bolton Wanderers FC (Bolton)	38	9	13	16	41	61	40	R
19.	Barnsley FC (Barnsley)	38	10	5	23	37	82	35	R
20.	Crystal Palace FC (London)	38	8	9	21	37	71	33	R
		760	285	190	285	1019	1019	1045	

Top Goalscorers

1)	Dion DUBLIN	(Coventry City FC)	18
	Michael OWEN	(Liverpool FC)	18
	Chris SUTTON	(Blackburn Rovers FC)	18

Football League Division 1 1997-98 Season	Birmingham City	Bradford City	Bury	Charlton Athletic	Crewe Alexandra	Huddersfield Town	Ipswich Town	Manchester City	Middlesbrough	Norwich City	Nottingham Forest	Oxford United	Portsmouth	Port Vale	Q.P.R.	Reading	Sheffield United	Stockport County	Stoke City	Sunderland	Swindon Town	Tranmere Rovers	W.B.A.	Wolves
Birmingham City FC		0-0	1-3	0-0	0-1	0-0	1-1	2-1	1-1	1-2	1-2	0-0	2-1	1-1	1-0	3-0	2-0	4-1	2-0	0-1	3-0	0-0	1-0	1-0
Bradford City AFC	0-0		1-0	1-0	1-0	1-1	2-1	2-1	2-2	2-1	0-3	0-0	1-3	2-1	1-1	4-1	1-1	2-1	0-0	0-4	1-1	0-1	0-0	2-0
Bury FC	2-1	2-0		0-0	1-1	2-2	0-1	1-1	0-1	1-0	2-0	1-0	0-2	2-2	1-1	1-1	1-1	0-1	0-0	1-1	1-0	1-0	1-3	1-3
Charlton Athletic FC	1-1	4-1	0-0		3-2	1-0	3-0	2-1	3-0	2-1	4-2	3-2	1-0	1-0	1-1	3-0	2-1	1-3	1-1	1-1	3-0	2-0	5-0	1-0
Crewe Alexandra FC	0-2	5-0	1-2	0-3		2-5	0-0	1-0	1-1	1-0	1-4	2-1	3-1	0-1	2-3	1-0	2-1	0-1	2-0	0-3	2-0	2-1	2-3	0-2
Huddersfield Town	0-1	1-2	2-0	0-3	2-0		2-2	1-3	0-1	1-3	0-2	5-1	1-1	0-4	1-1	1-0	0-0	1-0	3-1	2-3	0-0	3-0	1-0	1-0
Ipswich Town FC	0-1	2-1	2-0	3-1	3-2	5-1		1-0	1-1	5-0	0-1	5-2	2-0	5-1	0-0	1-0	2-2	0-2	2-3	2-0	2-1	0-0	1-1	3-0
Manchester City FC	0-1	1-0	0-1	2-2	1-0	0-1	1-2		2-0	1-2	2-3	0-2	2-2	2-3	2-2	0-0	0-0	4-1	0-1	0-1	6-0	1-1	1-0	0-1
Middlesbrough FC	3-1	1-0	4-0	2-1	1-0	3-0	1-1	1-0		3-0	0-0	4-1	1-1	2-1	3-0	4-0	1-2	3-1	0-1	3-1	6-0	3-0	1-0	1-1
Norwich City FC	3-3	2-3	2-2	0-4	0-2	5-0	2-1	0-0	1-3		1-0	2-1	2-0	1-0	0-0	0-0	2-1	1-1	0-0	2-1	5-0	0-2	1-1	0-2
Nottingham Forest	1-0	2-2	3-0	5-2	3-1	3-0	2-1	1-3	4-0	4-1		1-3	1-0	2-1	4-0	1-0	3-0	2-1	1-0	0-3	3-0	2-2	1-0	3-0
Oxford United FC	0-2	0-0	1-1	1-2	0-0	2-0	1-0	0-0	1-4	2-0	0-1		1-0	2-0	3-1	3-0	2-4	3-0	5-1	1-1	2-1	1-1	2-1	3-0
Portsmouth FC	1-1	1-1	1-1	0-2	2-3	3-0	0-1	0-3	0-0	1-1	0-1	2-1		3-1	3-1	0-2	1-1	1-0	2-0	1-4	0-1	1-0	2-3	3-2
Port Vale FC	0-1	0-0	1-1	0-1	2-3	4-1	1-3	2-1	0-1	2-2	0-1	3-0	2-1		2-0	0-0	0-0	2-1	0-0	3-1	0-1	0-1	1-2	0-2
Queen's Park Rangers	1-1	1-0	0-1	2-4	3-2	2-1	0-0	2-0	5-0	1-1	0-1	1-1	1-0	0-1		1-1	2-2	2-1	1-1	0-1	1-2	0-0	2-0	0-0
Reading FC	2-0	0-3	1-1	2-0	3-3	0-2	0-4	3-0	0-1	0-1	3-3	2-1	0-1	0-3	1-2		0-1	1-0	2-0	4-0	0-1	1-3	2-1	0-0
Sheffield United FC	0-0	2-1	3-0	4-1	1-0	1-1	0-1	1-1	1-0	2-2	1-0	1-0	2-1	2-1	2-2	4-0		5-1	3-2	2-0	2-1	2-1	2-4	1-0
Stockport County FC	2-2	1-2	0-0	3-0	0-1	3-0	0-1	3-1	1-1	2-2	2-2	3-1	3-1	3-0	2-0	5-1	1-0		1-0	1-1	4-2	3-1	2-1	1-0
Stoke City FC	0-7	2-1	3-2	1-2	0-2	1-2	1-1	2-5	1-2	2-0	1-1	0-0	2-1	2-1	2-1	1-2	2-2	2-1		1-2	1-2	0-3	0-0	3-0
Sunderland AFC	1-1	2-0	2-1	0-0	2-1	3-1	2-2	3-1	1-2	0-1	1-1	3-1	2-1	4-2	2-2	4-1	4-2	4-1	3-0		0-0	3-0	2-0	1-1
Swindon Town FC	1-1	1-0	3-1	0-1	2-0	1-1	0-2	1-3	1-2	1-0	0-0	4-1	0-1	4-2	3-1	0-2	1-1	1-1	1-0	1-2		2-1	0-2	0-0
Tranmere Rovers FC	0-3	3-1	0-0	2-2	0-3	1-0	1-1	0-0	0-2	2-0	0-0	0-2	2-2	1-2	2-1	6-0	3-3	3-0	3-1	0-2	3-0		0-0	2-1
West Bromwich Alb.	1-0	1-1	1-1	1-0	0-1	0-2	2-3	0-1	2-1	1-0	1-1	1-2	0-3	2-2	1-1	1-0	2-0	3-2	1-1	3-3	0-0	2-1		1-0
Wolverhampton W.	1-3	2-1	4-2	3-1	1-0	1-1	1-1	2-2	1-0	5-0	2-1	1-0	2-0	1-1	3-2	3-1	0-0	3-4	1-1	0-1	3-1	2-1	0-1	

	Football League Division 1	Pd	Wn	Dw	Ls	GF	GA	Pts	
1.	Nottingham Forest FC (Nottingham)	46	28	10	8	82	42	94	P
2.	Middlesbrough FC (Middlesbrough)	46	27	10	9	77	41	91	P
3.	Sunderland AFC (Sunderland)	46	26	12	8	86	50	90	PO
4.	Charlton Athletic FC (London)	46	26	10	10	80	49	88	POP
5.	Ipswich Town FC (Ipswich)	46	23	14	9	77	43	83	PO
6.	Sheffield United FC (Sheffield)	46	19	17	10	69	54	74	PO
7.	Birmingham City FC (Birmingham)	46	19	17	10	60	35	74	
8.	Stockport County FC (Stockport)	46	19	8	19	71	69	65	
9.	Wolverhampton Wanderers FC (Wolverhampton)	46	18	11	17	57	53	65	
10.	West Bromwich Albion FC (West Bromwich)	46	16	13	17	50	56	61	
11.	Crewe Alexandra FC (Crewe)	46	18	5	23	58	65	59	
12.	Oxford United FC (Oxford)	46	16	10	20	60	64	58	
13.	Bradford City AFC (Bradford)	46	14	15	17	46	59	57	
14.	Tranmere Rovers FC (Birkenhead)	46	14	14	18	54	57	56	
15.	Norwich City FC (Norwich)	46	14	13	19	52	69	55	
16.	Huddersfield Town FC (Huddersfield)	46	14	11	21	50	72	53	
17.	Bury FC (Bury)	46	11	19	16	42	58	52	
18.	Swindon Town FC (Swindon)	46	14	10	22	42	73	52	
19.	Port Vale FC (Stoke-on-Trent)	46	13	10	23	56	66	49	
20.	Portsmouth FC (Portsmouth)	46	13	10	23	51	63	49	
21.	Queen's Park Rangers FC (London)	46	10	19	17	51	63	49	
22.	Manchester City FC (Manchester)	46	12	12	22	56	57	48	R
23.	Stoke City FC (Stoke-on-Trent)	46	11	13	22	44	74	46	R
24.	Reading FC (Reading)	46	11	9	26	39	78	42	R
		1104	406	292	406	1410	1410	1510	

Promotion Play-offs

Charlton Athletic FC (London)	4-4 (aet)	Sunderland AFC (Sunderland)
	(Charlton Athletic won 7-6 on penalties)	
Ipswich Town FC (Ipswich)	0-1, 0-1	Charlton Athletic FC (London)
Sheffield United FC (Sheffield)	2-1, 0-2	Sunderland AFC (Sunderland)

Football League Division 2 1997-98 Season	Blackpool	Bournemouth	Brentford	Bristol City	Bristol Rovers	Burnley	Carlisle United	Chesterfield	Fulham	Gillingham	Grimsby Town	Luton Town	Millwall	Northampton Town	Oldham Athletic	Plymouth Argyle	Preston North End	Southend United	Walsall	Watford	Wigan Athletic	Wrexham	Wycombe Wanderers	York City
Blackpool FC		1-0	1-2	2-2	1-0	2-1	2-1	2-1	2-1	2-1	2-2	1-0	3-0	1-1	2-2	0-0	2-1	3-0	1-0	1-1	0-2	1-2	2-4	1-0
AFC Bournemouth	2-0		0-0	1-0	1-1	2-1	3-2	2-0	2-1	4-0	0-1	1-1	0-0	3-0	0-0	3-3	0-2	2-1	1-0	0-1	1-0	0-1	0-0	0-0
Brentford FC	3-1	3-2		1-4	2-3	2-1	0-1	0-0	0-2	2-0	3-1	2-2	2-1	0-0	2-1	3-1	0-0	1-1	3-0	1-2	0-2	1-1	1-1	1-2
Bristol City FC	2-0	1-1	2-2		2-0	3-1	1-0	1-0	0-2	0-2	4-1	3-0	4-1	0-0	1-0	2-1	2-1	1-0	2-1	1-1	3-0	1-1	3-1	2-1
Bristol Rovers FC	0-3	5-3	2-1	1-2		1-0	3-1	3-1	2-3	1-2	0-4	2-1	2-1	0-2	3-1	1-1	2-2	2-0	2-0	1-2	5-0	1-0	3-1	1-2
Burnley FC	1-2	2-2	1-1	1-0	0-0		3-1	0-0	2-1	0-0	2-1	1-1	1-2	2-1	0-0	2-1	1-1	1-0	2-1	2-0	0-2	1-2	2-2	7-2
Carlisle United FC	1-1	0-1	1-2	0-3	3-1	2-1		0-2	2-0	2-1	0-1	0-1	1-0	0-2	3-1	2-2	0-2	5-0	1-1	0-2	1-0	2-2	0-0	1-2
Chesterfield FC	1-1	1-1	0-0	1-0	0-0	1-0	2-1		0-2	1-1	1-0	0-0	3-1	2-1	2-1	2-1	3-2	1-0	3-1	0-1	2-3	3-1	1-0	1-1
Fulham FC	1-0	0-1	1-1	1-0	1-0	1-0	5-0	1-1		3-0	0-2	0-0	1-2	1-1	3-1	2-0	2-1	2-0	1-1	1-2	2-0	1-0	0-0	1-1
Gillingham FC	1-1	2-1	3-1	2-0	1-1	2-0	1-0	1-0	2-0		0-2	2-1	1-3	1-0	2-1	2-1	0-0	1-2	2-1	2-2	0-0	1-1	1-0	0-0
Grimsby Town FC	1-0	2-1	4-0	1-1	1-2	4-1	1-0	0-0	1-1	0-0		0-1	0-1	1-0	0-2	1-0	3-1	5-1	3-0	0-1	2-1	0-0	0-0	0-0
Luton Town FC	3-0	1-2	2-0	0-0	2-4	2-3	3-2	3-0	1-4	2-2	2-2		0-2	2-2	1-1	3-0	1-3	1-0	0-1	0-4	1-1	2-5	0-0	3-0
Millwall FC	2-1	1-2	3-0	0-2	1-1	1-0	1-1	1-1	1-1	1-0	0-1	0-2		0-0	2-1	1-1	0-1	3-1	0-1	1-1	1-1	0-1	1-0	2-3
Northampton Town	2-0	0-2	4-0	2-1	1-1	0-1	2-1	0-0	1-0	2-1	2-1	1-0	2-0		0-0	2-1	2-2	3-1	3-2	0-1	1-0	0-1	2-0	1-1
Oldham Athletic AFC	0-1	2-1	1-1	1-2	4-4	3-3	3-1	2-0	1-0	3-1	2-0	2-1	1-1	2-2		2-0	1-0	2-0	0-0	2-2	3-1	3-0	0-1	3-1
Plymouth Argyle FC	3-1	3-0	0-0	2-0	1-2	2-2	2-1	1-1	1-4	0-1	2-2	0-2	3-0	1-3	0-2		2-0	2-3	2-1	0-1	3-2	2-0	4-2	0-0
Preston North End	3-3	0-1	2-1	2-1	1-2	2-3	0-3	0-0	3-1	1-3	2-0	1-0	2-1	1-0	1-1	0-1		1-0	0-0	2-0	1-1	0-1	1-1	3-2
Southend United FC	2-1	5-3	3-1	0-2	1-1	1-0	1-1	0-2	1-0	0-0	0-1	1-2	0-0	0-0	1-1	3-0	3-2		0-1	0-3	1-0	1-3	1-2	4-4
Walsall FC	2-1	2-1	0-0	0-0	0-1	0-0	3-1	3-2	1-1	1-0	0-0	2-3	2-0	0-2	0-0	0-1	1-1	3-1		0-0	1-0	3-0	0-1	2-0
Watford FC	4-1	2-1	3-1	1-1	3-2	1-0	2-1	2-1	2-0	0-2	0-0	1-1	0-1	1-1	2-1	1-1	3-1	1-1	1-2		2-1	1-0	2-1	1-1
Wigan Athletic AFC	3-0	1-0	4-0	0-3	3-0	5-1	0-2	2-1	2-1	1-4	0-2	1-1	0-0	1-1	1-0	1-1	1-4	1-3	2-0	3-2		3-2	5-2	1-1
Wrexham AFC	3-4	2-1	2-2	2-1	1-0	0-0	2-2	0-0	0-3	0-0	0-0	2-1	1-0	1-0	3-1	1-1	0-0	3-1	2-1	1-1	2-2		2-0	1-2
Wycombe Wanderers	2-1	1-1	0-0	1-2	1-0	2-1	1-4	1-1	2-0	1-0	1-1	2-2	0-0	0-0	2-1	5-1	0-0	4-1	4-2	0-0	1-2	0-0		1-0
York City FC	1-1	0-1	3-1	0-1	0-1	3-1	4-3	0-1	0-1	2-1	0-0	1-2	2-3	0-0	0-0	1-0	1-0	1-1	1-0	1-1	2-2	1-0	2-0	

	Football League Division 2	Pd	Wn	Dw	Ls	GF	GA	Pts	
1.	Watford FC (Watford)	46	24	16	6	67	41	88	P
2.	Bristol City FC (Bristol)	46	25	10	11	69	39	85	P
3.	Grimsby Town FC (Cleethorpes)	46	19	15	12	55	37	72	POP
4.	Northampton Town FC (Northampton)	46	18	17	11	52	37	71	PO
5.	Bristol Rovers FC (Bristol)	46	20	10	16	70	64	70	PO
6.	Fulham FC (London)	46	20	10	16	60	43	70	PO
7.	Wrexham AFC (Wrexham)	46	18	16	12	55	51	70	
8.	Gillingham FC (Gillingham)	46	19	13	14	52	47	70	
9.	AFC Bournemouth (Bournemouth)	46	18	12	16	57	52	66	
10.	Chesterfield FC (Chesterfield)	46	16	17	13	46	44	65	
11.	Wigan Athletic AFC (Wigan)	46	17	11	18	64	66	62	
12.	Blackpool FC (Blackpool)	46	17	11	18	59	67	62	
13.	Oldham Athletic AFC (Oldham)	46	15	16	15	62	54	61	
14.	Wycombe Wanderers FC (High Wycombe)	46	14	18	14	51	53	60	
15.	Preston North End FC (Preston)	46	15	14	17	56	56	59	
16.	York City FC (York)	46	14	17	15	52	58	59	
17.	Luton Town FC (Luton)	46	14	15	17	60	64	57	
18.	Millwall FC (London)	46	14	13	19	43	54	55	
19.	Walsall FC (Walsall)	46	14	12	20	43	52	54	
20.	Burnley FC (Burnley)	46	13	13	20	55	65	52	
21.	Brentford FC (London)	46	11	17	18	50	71	50	R
22.	Plymouth Argyle FC (Plymouth)	46	12	13	21	55	70	49	R
23.	Carlisle United FC (Carlisle)	46	12	8	26	57	73	44	R
24.	Southend United FC (Southend-on-Sea)	46	11	10	25	47	79	43	R
		1104	390	324	390	1337	1337	1494	

Promotion Play-offs

Grimsby Town FC (Cleethorpes)	1-0	Northampton Town FC (Northampton)
Bristol Rovers FC (Bristol)	3-1, 0-3	Northampton Town FC (Northampton)
Fulham FC (London)	1-1, 0-1	Grimsby Town FC (Cleethorpes)

Football League Division 3 1997-98 Season	Barnet	Brighton & H.A.	Cambridge	Cardiff City	Chester City	Colchester Utd.	Darlington	Doncaster R.	Exeter City	Hartlepool	Hull City	Leyton Orient	Lincoln City	Macclesfield T.	Mansfield Town	Notts County	Peterborough U.	Rochdale	Rotherham U.	Scarborough	Scunthorpe U.	Shrewsbury T.	Swansea City	Torquay United
Barnet FC		2-0	2-0	2-2	2-1	3-2	2-0	1-1	1-2	1-1	2-0	1-2	0-0	3-1	0-1	1-2	2-0	3-1	0-0	1-1	0-1	1-1	2-0	3-3
Brighton & Hove Alb.	0-3		0-2	0-1	3-2	4-4	0-0	0-0	1-3	0-0	2-2	0-1	0-1	1-1	1-1	0-1	2-2	2-1	1-2	1-1	2-1	0-0	0-1	1-4
Cambridge United FC	1-3	1-1		2-2	1-2	4-1	1-0	2-1	2-1	2-0	0-1	1-0	1-1	0-0	2-0	2-2	1-0	1-1	2-1	2-3	2-2	4-3	4-1	1-1
Cardiff City AFC	1-1	0-0	0-0		0-2	0-2	0-0	7-1	1-1	1-1	2-1	1-0	0-1	1-2	4-1	1-1	0-0	2-1	2-2	1-1	0-0	2-2	0-1	1-1
Chester City FC	0-1	2-0	1-1	0-0		3-1	2-1	2-1	1-1	3-1	1-0	1-1	2-0	1-1	0-1	0-1	0-0	4-0	4-0	1-1	1-0	2-0	2-0	1-3
Colchester United FC	1-1	3-1	3-2	2-1	2-0		2-1	2-1	1-2	1-2	4-3	1-1	0-1	5-1	2-0	2-0	1-0	0-0	2-1	1-0	3-3	1-1	1-2	1-0
Darlington FC	2-3	1-0	1-1	0-0	1-0	4-2		5-1	3-2	1-1	4-3	1-0	2-2	4-2	0-0	0-2	3-1	1-0	1-1	1-2	1-0	3-1	3-2	1-2
Doncaster Rovers FC	0-2	1-3	0-0	1-1	2-1	0-1	0-2		0-1	2-2	1-0	1-4	2-4	0-3	0-3	1-2	0-5	0-3	0-3	1-2	1-2	1-0	0-3	0-1
Exeter City FC	0-0	2-1	1-0	1-1	5-0	0-1	1-0	5-1		1-1	3-0	2-2	1-2	1-3	1-0	2-5	0-0	3-0	3-1	1-1	2-3	2-2	1-0	1-1
Hartlepool United FC	2-0	0-0	3-3	2-0	0-0	3-2	2-2	3-1	1-1		2-2	2-2	1-1	0-0	2-2	1-1	2-1	2-0	0-0	3-0	0-1	2-1	4-2	3-0
Hull City AFC	0-2	0-0	1-0	0-1	1-2	3-1	1-1	3-0	3-2	2-1		3-2	0-2	0-0	0-0	0-3	3-1	0-2	0-0	3-0	2-1	1-4	7-4	3-3
Leyton Orient FC	2-0	3-1	0-2	0-1	1-0	0-2	2-0	8-0	1-0	2-1	2-1		1-0	1-1	2-2	1-1	1-0	2-0	1-1	3-1	1-0	2-3	2-2	2-1
Lincoln City FC	2-0	2-1	0-0	1-0	1-3	0-1	3-1	2-1	2-1	1-1	1-0	1-0		1-1	0-2	3-5	3-0	2-0	0-1	3-3	1-1	1-0	1-1	1-1
Macclesfield Town	2-0	1-0	3-1	1-0	3-2	0-0	2-1	3-0	2-2	2-1	2-0	1-0	1-0		1-0	2-0	1-1	1-0	0-0	3-1	2-0	2-1	3-0	2-1
Mansfield Town FC	1-2	1-1	3-2	1-2	4-1	1-1	4-0	1-1	3-2	2-2	2-0	0-0	2-2	1-0		0-2	2-0	3-0	3-3	3-2	1-0	1-1	1-0	2-2
Notts County FC	2-0	2-2	1-0	3-1	1-2	0-0	1-1	5-1	1-1	2-0	1-0	1-0	1-2	1-1	1-0		2-2	2-1	5-2	1-0	2-1	1-1	2-1	3-0
Peterborough United	5-1	1-2	1-0	2-0	2-1	3-2	1-1	0-1	1-1	0-0	2-0	2-0	5-1	0-1	1-1	1-0		3-1	1-0	0-0	0-1	1-1	3-1	2-0
Rochdale AFC	2-1	2-0	2-0	0-0	1-1	2-1	5-0	4-1	3-0	2-1	2-1	0-2	0-0	2-0	2-0	1-2	1-2		0-1	4-0	2-0	3-1	3-0	0-1
Rotherham United	2-3	0-0	2-2	1-1	4-2	3-2	3-0	3-0	1-0	2-1	5-4	2-1	3-1	1-0	2-2	1-1	2-2	2-2		0-0	1-3	0-1	1-1	0-1
Scarborough FC	1-0	2-1	1-0	3-1	4-1	1-1	2-1	4-0	4-1	1-1	2-1	2-0	2-2	2-1	2-2	1-2	1-3	1-0	1-2		0-0	0-0	3-2	4-1
Scunthorpe United	1-1	0-2	3-3	3-3	2-1	1-0	1-0	1-1	2-1	1-1	2-0	1-0	0-1	1-0	1-0	1-2	1-3	2-0	1-1	1-3		1-1	1-0	2-0
Shrewsbury Town	2-0	2-1	1-1	3-2	1-1	0-2	3-0	2-1	1-1	1-0	2-0	1-2	0-2	4-3	3-2	1-2	4-1	1-0	2-1	0-1	0-2		0-1	1-2
Swansea City FC	0-2	1-0	1-1	1-1	2-0	0-1	4-0	0-0	2-1	0-2	2-0	1-1	0-0	1-1	0-1	1-2	0-1	3-0	1-1	0-0	2-0	0-1		2-0
Torquay United FC	0-0	3-0	0-3	1-0	3-1	1-1	2-1	2-0	1-2	1-0	5-1	1-1	3-2	2-0	2-1	0-2	3-1	0-0	1-2	1-0	2-4	3-0	2-0	

	Football League Division 3	Pd	Wn	Dw	Ls	GF	GA	Pts	
1.	Notts County FC (Nottingham)	46	29	12	5	82	43	99	P
2.	Macclesfield Town FC (Macclesfield)	46	23	13	10	63	44	82	P
3.	Lincoln City FC (Lincoln)	46	20	15	11	60	51	75	P
4.	Colchester United FC (Colchester)	46	21	11	14	72	60	74	POP
5.	Torquay United FC (Torquay)	46	21	11	14	68	59	74	PO
6.	Scarborough FC (Scarborough)	46	19	15	12	67	58	72	PO
7.	Barnet FC (London)	46	19	13	14	61	51	70	PO
8.	Scunthorpe United FC (Scunthorpe)	46	19	12	15	56	52	69	
9.	Rotherham United FC (Rotherham)	46	16	19	11	67	61	67	
10.	Peterborough United FC (Peterborough)	46	18	13	15	63	51	67	
11.	Leyton Orient FC (London)	46	19	12	15	62	47	66	-3
12.	Mansfield Town FC (Mansfield)	46	16	17	13	64	55	65	
13.	Shrewsbury Town FC (Shrewsbury)	46	16	13	17	61	62	61	
14.	Chester City FC (Chester)	46	17	10	19	60	61	61	
15.	Exeter City FC (Exeter)	46	15	15	16	68	63	60	
16.	Cambridge United FC (Cambridge)	46	14	18	14	63	57	60	
17.	Hartlepool United FC (Hartlepool)	46	12	23	11	61	53	59	
18.	Rochdale AFC (Rochdale)	46	17	7	22	56	55	58	
19.	Darlington FC (Darlington)	46	14	12	20	56	72	54	
20.	Swansea City FC (Swansea)	46	13	11	22	49	62	50	
21.	Cardiff City AFC (Cardiff)	46	9	23	14	48	52	50	
22.	Hull City AFC (Kingston upon Hull)	46	11	8	27	56	83	41	
23.	Brighton & Hove Albion FC (Brighton)	46	6	17	23	38	66	35	
24.	Doncaster Rovers FC (Doncaster)	46	4	8	34	30	113	20	R
		1104	388	328	388	1431	1431	1489	

Note: Leyton Orient FC had 3 points deducted. Brighton & Hove Albion FC moved to a different stadium also in Brighton.

Promotion Play-offs

Colchester United FC (Colchester)	1-0	Torquay United FC (Torquay)
Barnet FC (London)	1-0, 1-3	Colchester United FC (Colchester)
Scarborough FC (Scarborough)	1-3, 1-4	Torquay United FC (Torquay)

Promoted to Division 3: Halifax Town AFC (Halifax)

F.A. CUP FINAL (Wembley Stadium, London – 16/05/1998 – 79,183)

ARSENAL FC (LONDON)	2-0	Newcastle United FC (Newcastle upon Tyne)

Overmars 23', Anelka 69'

Arsenal: Seaman, Dixon, Adams, Keown, Winterburn, Parlour, Vieira, Petit, Overmars, Anelka, Wreh (Platt 62').

Newcastle: Given, Pistone, Dabizas, Howey, Pearce (Anderson 73'), Barton (Watson 76'), Lee, Batty, Ketsbaia (Barnes 86'), Speed, Shearer.

Semi-finals

Arsenal FC (London)	1-0	Wolverhampton Wanderers FC (Wolverhampton)
Sheffield United FC (Sheffield)	0-1	Newcastle United FC (Newcastle upon Tyne)

Quarter-finals

Arsenal FC (London)	1-1, 1-1 (aet)	West Ham United FC (London)
Arsenal won 4-3 on penalties.		
Coventry City FC (Coventry)	1-1, 1-1 (aet)	Sheffield United FC (Sheffield)
Sheffield United won 3-1 on penalties.		
Leeds United AFC (Leeds)	0-1	Wolverhampton Wanderers FC (Wolverhampton)
Newcastle United FC (Newcastle upon Tyne)	3-1	Barnsley FC (Barnsley)

1998-99

F.A. Premiership 1998-99 Season	Arsenal	Aston Villa	Blackburn Rovers	Charlton Athletic	Chelsea	Coventry City	Derby County	Everton	Leeds United	Leicester City	Liverpool	Manchester United	Middlesbrough	Newcastle United	Nottingham Forest	Sheffield Wednesday	Southampton	Tottenham Hotspur	West Ham United	Wimbledon
Arsenal FC		1-0	1-0	0-0	1-0	2-0	1-0	1-0	3-1	5-0	0-0	3-0	1-1	3-0	2-1	3-0	1-1	0-0	1-0	5-1
Aston Villa FC	3-2		1-3	3-4	0-3	1-4	1-0	3-0	1-2	1-1	2-4	1-1	3-1	1-0	2-0	2-1	3-0	3-2	0-0	2-0
Blackburn Rovers FC	1-2	2-1		1-0	3-4	1-2	0-0	1-2	1-0	1-0	1-3	0-1	0-0	0-0	1-2	1-4	0-2	1-1	3-0	3-1
Charlton Athletic FC	0-1	0-1	0-0		0-1	1-1	1-2	1-2	1-1	0-0	1-0	0-1	1-1	2-2	0-0	0-1	5-0	1-4	4-2	2-0
Chelsea FC	0-0	2-1	1-1	2-1		2-1	2-1	3-1	1-0	2-2	2-1	0-0	2-0	1-1	2-1	1-1	1-0	2-0	0-1	3-0
Coventry City FC	0-1	1-2	1-1	2-1	2-1		1-1	3-0	2-2	1-1	2-1	0-1	1-2	1-5	4-0	1-0	1-0	1-1	0-0	2-1
Derby County FC	0-0	2-1	1-0	0-2	2-2	0-0		2-1	2-2	2-0	3-2	1-1	2-1	3-4	1-0	1-0	0-0	0-1	0-2	0-0
Everton FC	0-2	0-0	0-0	4-1	0-0	2-0	0-0		0-0	0-0	0-0	1-4	5-0	1-0	0-1	1-2	1-0	0-1	6-0	1-1
Leeds United AFC	1-0	0-0	1-0	4-1	0-0	2-1	4-1	1-0		0-1	0-0	1-1	2-0	0-1	3-1	2-1	3-0	2-0	4-0	2-2
Leicester City FC	1-1	2-2	1-1	1-1	2-4	1-0	1-2	2-0	1-2		1-0	2-6	0-1	2-0	3-1	0-2	2-0	2-1	0-0	1-1
Liverpool FC	0-0	0-1	2-0	3-3	1-1	2-0	1-2	3-2	1-3	0-1		2-2	3-1	4-2	5-1	2-0	7-1	3-2	2-2	3-0
Manchester United FC	1-1	2-1	3-2	4-1	1-1	2-0	1-0	3-1	3-2	2-2	2-0		2-3	0-0	3-0	3-0	2-1	2-1	4-1	5-1
Middlesbrough FC	1-6	0-0	2-1	2-0	0-0	2-0	1-1	2-2	0-0	0-0	1-3	0-1		2-2	1-1	4-0	3-0	0-0	1-0	3-1
Newcastle United FC	1-1	2-1	1-1	0-0	0-1	4-1	2-1	1-3	0-3	1-0	1-4	1-2	1-1		2-0	1-1	4-0	1-1	0-3	3-1
Nottingham Forest FC	0-1	2-2	2-2	0-1	1-3	1-0	2-2	0-2	1-1	0-1	2-2	1-8	1-2	1-2		2-0	1-1	0-1	0-0	0-1
Sheffield Wednesday FC	1-0	0-1	3-0	3-0	0-0	1-2	0-1	0-0	0-2	0-1	1-0	3-1	3-1	1-1	3-2		0-0	0-0	0-1	1-2
Southampton FC	0-0	1-4	3-3	3-1	0-2	2-1	0-1	2-0	3-0	2-1	1-2	0-3	3-3	2-1	1-2	1-0		1-1	1-0	3-1
Tottenham Hotspur FC	1-3	1-0	2-1	2-2	2-2	0-0	1-1	4-1	3-3	0-2	2-1	2-2	0-3	2-0	2-0	0-3	3-0		1-2	0-0
West Ham United FC	0-4	0-0	2-0	0-1	1-1	2-0	5-1	2-1	1-5	3-2	2-1	0-0	4-0	2-0	2-1	0-4	1-0	2-1		3-4
Wimbledon FC	1-0	0-0	1-1	2-1	1-2	2-1	2-1	1-2	1-1	0-1	1-0	1-1	2-2	1-1	1-3	2-1	0-2	3-1	0-0	

	F.A. Premiership	Pd	Wn	Dw	Ls	GF	GA	Pts	
1.	MANCHESTER UNITED FC (MANCHESTER)	38	22	13	3	80	37	79	
2.	Arsenal FC (London)	38	22	12	4	59	17	78	
3.	Chelsea FC (London)	38	20	15	3	57	30	75	
4.	Leeds United AFC (Leeds)	38	18	13	7	62	34	67	
5.	West Ham United FC (London)	38	16	9	13	46	53	57	
6.	Aston Villa FC (Birmingham)	38	15	10	13	51	46	55	
7.	Liverpool FC (Liverpool)	38	15	9	14	68	49	54	
8.	Derby County FC (Derby)	38	13	13	12	40	45	52	
9.	Middlesbrough FC (Middlesbrough)	38	12	15	11	48	54	51	
10.	Leicester City FC (Leicester)	38	12	13	13	40	46	49	
11.	Tottenham Hotspur FC (London)	38	11	14	13	47	50	47	
12.	Sheffield Wednesday FC (Sheffield)	38	13	7	18	41	42	46	
13.	Newcastle United FC (Newcastle upon Tyne)	38	11	13	14	48	54	46	
14.	Everton FC (Liverpool)	38	11	10	17	42	47	43	
15.	Coventry City FC (Coventry)	38	11	9	18	39	51	42	
16.	Wimbledon FC (London)	38	10	12	16	40	63	42	
17.	Southampton FC (Southampton)	38	11	8	19	37	64	41	
18.	Charlton Athletic FC (London)	38	8	12	18	41	56	36	R
19.	Blackburn Rovers FC (Blackburn)	38	7	14	17	38	52	35	R
20.	Nottingham Forest FC (Nottingham)	38	7	9	22	35	69	30	R
		760	265	230	265	959	959	1025	

Top Goalscorers

1)	Jimmy Floyd HASSELBAINK	(Leeds United AFC)	18
	Michael OWEN	(Liverpool FC)	18
	Dwight YORKE	(Manchester United FC)	18

Football League Division 1 1998-99 Season	Barnsley	Birmingham City	Bolton Wanderers	Bradford City	Bristol City	Bury	Crewe Alexandra	Crystal Palace	Grimsby Town	Huddersfield Town	Ipswich Town	Norwich City	Oxford United	Portsmouth	Port Vale	Q.P.R.	Sheffield United	Stockport County	Sunderland	Swindon Town	Tranmere Rovers	Watford	W.B.A.	Wolves
Barnsley FC		0-0	2-2	0-1	2-0	1-1	2-2	4-0	0-0	7-1	0-1	1-3	1-0	2-1	0-2	1-0	2-1	1-1	1-3	1-3	1-1	2-2	2-2	2-3
Birmingham City FC	0-0		0-0	2-1	4-1	1-0	3-1	3-1	0-1	1-1	1-0	0-0	0-1	4-1	1-0	1-0	1-0	2-0	0-0	1-1	2-2	1-2	4-0	0-1
Bolton Wanderers FC	3-3	3-1		0-0	1-0	4-0	1-3	3-0	2-0	3-0	2-0	2-0	1-1	3-1	3-1	2-1	2-2	1-2	0-3	2-1	2-2	1-2	2-1	1-1
Bradford City AFC	2-1	2-1	2-2		5-0	3-0	4-1	2-1	3-0	2-3	0-0	4-1	0-0	2-1	4-0	0-3	2-2	1-2	0-1	3-0	2-0	2-0	1-0	2-1
Bristol City FC	1-1	1-2	2-1	2-3		1-1	5-2	1-1	4-1	1-2	0-1	1-0	2-2	2-2	2-0	0-0	2-0	1-1	0-1	3-1	1-1	1-4	1-3	1-6
Bury FC	0-0	2-4	2-1	0-2	0-1		1-0	0-0	1-0	1-0	0-3	0-2	1-0	2-1	1-0	1-1	3-3	1-1	2-5	3-0	0-0	1-3	2-0	0-0
Crewe Alexandra FC	3-1	0-0	4-4	2-1	1-0	3-1		0-1	0-0	1-2	0-3	3-2	3-1	3-1	0-0	0-2	1-2	0-2	1-4	0-2	1-4	0-1	1-1	0-0
Crystal Palace FC	1-0	1-1	2-2	1-0	2-1	4-2	1-1		3-1	2-2	3-2	5-1	2-0	4-1	0-1	1-1	1-0	2-2	1-1	0-1	1-1	2-2	1-1	3-2
Grimsby Town FC	1-2	0-3	0-1	2-0	2-1	0-0	1-1	2-0		1-0	0-0	0-1	1-0	1-1	2-2	1-0	1-2	1-0	0-2	1-0	1-0	2-1	5-1	0-0
Huddersfield Town	0-1	1-1	3-2	2-1	2-2	2-2	0-0	4-0	2-0		2-2	1-1	2-0	3-3	2-1	2-0	1-0	3-0	1-1	1-2	0-0	2-0	0-3	2-1
Ipswich Town FC	0-2	1-0	0-1	3-0	3-1	0-0	1-2	3-0	0-1	3-0		0-1	2-1	3-0	1-0	3-1	4-1	1-0	0-2	1-0	1-0	3-2	2-0	2-0
Norwich City FC	0-0	2-0	2-2	2-2	2-1	0-0	2-1	0-1	3-1	4-1	0-0		1-3	0-0	3-4	4-2	1-1	0-2	2-2	2-1	2-2	1-1	1-1	0-0
Oxford United FC	1-0	1-7	0-0	0-1	0-0	0-1	1-1	1-3	0-0	2-2	3-3	2-4		3-0	2-1	4-1	0-2	5-0	0-0	2-0	1-2	0-0	3-0	0-2
Portsmouth FC	1-3	0-1	0-2	2-4	0-1	2-1	2-0	1-1	0-1	1-0	0-0	1-2	2-0		4-0	3-0	1-0	3-1	1-1	5-2	1-1	1-2	2-1	1-0
Port Vale FC	1-0	0-2	0-2	1-1	3-2	1-0	1-0	1-0	0-1	2-0	0-3	1-0	1-0	0-2		2-0	2-3	1-1	0-2	0-1	2-2	1-2	0-3	2-1
Queen's Park Rangers	2-1	0-1	2-0	1-3	1-1	0-0	0-1	6-0	1-2	1-1	1-1	2-0	1-0	1-1	3-2		1-2	2-0	2-2	4-0	0-0	1-2	2-1	0-1
Sheffield United FC	1-1	0-2	1-2	2-2	3-1	3-1	3-1	1-1	3-2	2-1	1-2	2-1	1-2	2-1	3-0	2-0		1-1	0-4	2-1	2-2	3-0	3-0	1-1
Stockport County	0-1	1-0	0-1	1-2	2-2	0-0	1-1	1-1	2-0	1-1	0-1	0-2	2-0	2-0	4-2	0-0	1-0		0-1	2-1	0-0	1-1	2-2	1-2
Sunderland AFC	2-3	2-1	3-1	0-0	1-1	1-0	2-0	2-0	3-1	2-0	2-1	1-0	7-0	2-0	2-0	1-0	0-0	1-0		2-0	5-0	4-1	3-0	2-1
Swindon Town FC	1-3	0-1	3-3	1-4	3-2	1-1	1-2	2-0	2-0	3-0	0-6	1-1	4-1	3-3	1-1	3-1	2-2	2-3	1-1		2-3	1-4	2-2	1-0
Tranmere Rovers FC	3-0	0-1	1-1	0-1	1-1	4-0	3-0	3-1	1-2	2-3	0-2	1-3	2-2	1-1	1-1	3-2	2-3	1-1	1-0	0-0		3-2	3-1	1-2
Watford FC	0-0	1-1	2-0	1-0	1-0	0-0	4-2	2-1	1-0	1-1	1-0	1-1	2-0	0-0	2-2	2-1	1-1	4-2	2-1	0-1	2-1		0-2	0-2
West Bromwich Alb.	2-0	1-3	2-3	0-2	2-2	1-0	1-5	3-2	1-1	3-1	0-1	2-0	2-0	2-2	3-2	2-0	4-1	3-1	2-3	1-1	0-2	4-1		2-0
Wolverhampton W.	1-1	3-1	1-1	2-3	3-0	1-0	3-0	0-0	2-0	2-2	1-0	2-2	1-1	2-0	3-1	1-2	2-1	2-2	1-1	1-0	2-0	0-0	1-1	

	Football League Division 1	**Pd**	**Wn**	**Dw**	**Ls**	**GF**	**GA**	**Pts**	
1.	Sunderland AFC (Sunderland)	46	31	12	3	91	28	105	P
2.	Bradford City AFC (Bradford)	46	26	9	11	82	47	87	P
3.	Ipswich Town FC (Ipswich)	46	26	8	12	69	32	86	PO
4.	Birmingham City FC (Birmingham)	46	23	12	11	66	37	81	PO
5.	Watford FC (Watford)	46	21	14	11	65	56	77	POP
6.	Bolton Wanderers FC (Bolton)	46	20	16	10	78	59	76	PO
7.	Wolverhampton Wanderers FC (Wolverhampton)	46	19	16	11	64	43	73	
8.	Sheffield United FC (Sheffield)	46	18	13	15	71	66	67	
9.	Norwich City FC (Norwich)	46	15	17	14	62	61	62	
10.	Huddersfield Town AFC (Huddersfield)	46	15	16	15	62	71	61	
11.	Grimsby Town FC (Cleethorpes)	46	17	10	19	40	52	61	
12.	West Bromwich Albion FC (West Bromwich)	46	16	11	19	69	76	59	
13.	Barnsley FC (Barnsley)	46	14	17	15	59	56	59	
14.	Crystal Palace FC (London)	46	14	16	16	58	71	58	
15.	Tranmere Rovers FC (Birkenhead)	46	12	20	14	63	61	56	
16.	Stockport County FC (Stockport)	46	12	17	17	49	60	53	
17.	Swindon Town FC (Swindon)	46	13	11	22	59	81	50	
18.	Crewe Alexandra FC (Crewe)	46	12	12	22	54	78	48	
19.	Portsmouth FC (Portsmouth)	46	11	14	21	57	73	47	
20.	Queen's Park Rangers FC (London)	46	12	11	23	52	61	47	
21.	Port Vale FC (Stoke-on-Trent)	46	13	8	25	45	75	47	
22.	Bury FC (Bury)	46	10	17	19	35	60	47	R
23.	Oxford United FC (Oxford)	46	10	14	22	48	71	44	R
24.	Bristol City FC (Bristol)	46	9	15	22	57	80	42	R
		1104	389	326	389	1455	1455	1497	

Promotion Play-offs

Watford FC (Watford)	2-0	Bolton Wanderers FC (Bolton)
Bolton Wanderers FC (Bolton)	1-0, 3-4 (aet)	Ipswich Town FC (Ipswich)
	(Bolton Wanderers won on the away goals rule)	
Watford FC (Watford)	1-0, 0-1 (aet)	Birmingham City FC (Birmingham)
	(Watford won 7-6 on penalties)	

Football League Division 2 1998-99 Season	Blackpool	Bournemouth	Bristol Rovers	Burnley	Chesterfield	Colchester United	Fulham	Gillingham	Lincoln City	Luton Town	Macclesfield Town	Manchester City	Millwall	Northampton Town	Notts County	Oldham Athletic	Preston North End	Reading	Stoke City	Walsall	Wigan Athletic	Wrexham	Wycombe Wanderers	York City
Blackpool FC		0-0	1-2	0-1	1-1	2-1	2-3	2-2	0-1	1-0	2-1	0-0	2-3	2-1	1-0	3-0	0-0	2-0	0-1	0-2	1-1	1-1	0-0	1-2
AFC Bournemouth	1-1		1-0	5-1	0-0	2-1	1-1	3-3	2-0	1-0	1-0	0-0	3-0	1-1	2-0	2-0	3-1	0-1	4-0	0-1	1-0	0-0	2-0	2-1
Bristol Rovers FC	0-2	1-0		3-4	0-0	1-1	2-3	0-1	3-0	1-0	0-0	2-2	3-0	1-1	1-1	2-2	2-2	4-1	1-0	3-4	3-2	0-0	0-2	2-0
Burnley FC	1-0	0-0	2-1		1-2	3-1	1-0	0-5	1-1	1-2	4-3	0-6	2-1	0-2	1-1	1-0	0-1	1-1	0-2	0-0	1-1	2-1	1-1	0-1
Chesterfield FC	1-2	3-1	0-0	1-0		3-1	1-0	1-0	3-0	3-1	2-0	1-1	2-1	0-0	3-0	1-3	0-1	1-0	1-1	0-1	1-1	2-1	2-0	2-1
Colchester United FC	2-2	2-1	0-3	0-4	1-0		0-1	1-1	1-3	2-2	1-1	0-1	0-0	1-0	2-1	2-2	1-0	1-1	0-1	1-0	2-1	1-3	2-1	2-1
Fulham FC	4-0	0-0	1-0	4-0	2-1	2-0		3-0	1-0	1-3	1-0	3-0	4-1	2-0	2-1	1-0	3-0	3-1	1-0	4-1	2-0	1-1	2-0	3-3
Gillingham FC	1-0	2-1	0-0	2-1	3-1	1-1	1-0		4-0	1-0	2-2	0-2	1-1	2-3	4-0	2-1	1-1	2-1	4-0	0-1	2-0	4-0	3-0	3-1
Lincoln City FC	1-2	2-1	1-0	1-1	2-0	0-0	1-2	1-2		2-2	1-0	2-1	2-0	1-0	0-1	1-3	3-4	2-2	1-2	0-1	1-0	1-0	0-1	1-2
Luton Town FC	1-0	2-2	2-0	1-0	1-0	2-0	0-4	1-0	0-1		1-2	1-1	1-2	1-0	0-1	2-0	1-1	1-1	1-2	0-1	0-4	1-2	3-1	2-1
Macclesfield Town	0-1	2-2	3-4	2-1	2-0	2-0	0-1	1-0	0-0	2-2		0-1	0-2	0-1	0-1	1-0	3-2	2-1	1-2	1-1	0-1	0-2	1-3	1-2
Manchester City FC	3-0	2-1	0-0	2-2	1-1	2-1	3-0	0-0	4-0	2-0	2-0		3-0	0-0	2-1	1-2	0-1	0-1	2-1	3-1	1-0	0-0	1-2	4-0
Millwall FC	1-0	1-2	1-1	1-2	0-0	2-0	0-1	3-3	2-0	0-1	0-0	1-1		2-1	1-3	1-1	2-2	1-1	2-0	1-2	3-1	3-0	2-1	3-1
Northampton Town	0-0	2-1	3-1	2-2	1-0	3-3	1-1	0-1	0-0	1-0	0-2	2-2	1-2		1-1	1-1	1-1	0-1	1-3	0-1	3-3	0-2	1-1	2-2
Notts County FC	0-1	1-2	1-1	0-0	2-0	1-3	1-0	0-1	2-3	1-2	1-1	1-1	3-1	3-1		0-1	2-3	1-1	1-0	2-1	0-1	1-1	1-0	4-2
Oldham Athletic AFC	3-0	2-3	2-1	1-1	2-0	1-0	1-1	1-4	2-0	1-1	1-2	0-3	0-1	0-1	1-3		0-1	2-0	1-0	0-2	2-3	3-2	0-0	0-2
Preston North End	1-2	0-1	2-2	4-1	2-0	2-0	0-1	1-1	5-0	2-1	2-2	1-1	0-1	3-0	1-1	2-1		4-0	3-4	1-0	2-2	3-1	2-1	3-0
Reading FC	1-1	3-3	0-6	1-1	1-2	1-1	0-1	0-0	2-1	3-0	1-0	1-3	2-0	0-1	1-0	1-1	2-1		2-1	0-1	0-1	4-0	2-1	1-0
Stoke City FC	1-3	2-0	1-4	1-4	0-0	3-3	0-1	0-0	2-0	3-1	2-0	0-1	1-0	3-1	2-3	2-0	0-1	0-4		2-0	2-1	1-3	2-2	2-0
Walsall FC	1-0	1-0	3-3	3-1	1-1	1-1	2-2	2-1	2-1	1-0	2-0	1-1	3-0	0-0	3-2	3-1	1-0	0-2	1-0		1-2	1-0	2-2	2-3
Wigan Athletic AFC	3-0	2-1	1-0	0-0	3-1	1-1	2-0	4-1	3-1	1-3	2-0	0-1	0-1	1-0	3-0	2-0	2-2	4-1	2-3	2-0		1-1	0-0	5-0
Wrexham AFC	1-1	0-1	1-0	1-1	0-0	2-4	0-2	2-1	2-1	1-1	2-1	0-1	0-0	1-0	1-0	1-2	0-5	3-0	0-1	2-1	0-2		0-2	1-1
Wycombe Wanderers	2-2	0-2	1-1	2-0	1-0	2-2	1-1	0-2	4-1	0-1	3-0	1-0	0-1	1-2	1-1	3-0	0-1	2-3	0-1	1-2	2-1	3-0		1-2
York City FC	1-0	0-1	1-0	3-3	1-2	1-2	0-3	1-1	2-1	3-3	0-2	2-1	2-1	1-1	1-1	0-1	0-1	1-1	2-2	1-2	1-3	1-1	3-0	

	Football League Division 2	Pd	Wn	Dw	Ls	GF	GA	Pts	
1.	Fulham FC (London)	46	31	8	7	79	32	101	P
2.	Walsall FC (Walsall)	46	26	9	11	63	47	87	P
3.	Manchester City FC (Manchester)	46	22	16	8	69	33	82	POP
4.	Gillingham FC (Gillingham)	46	22	14	10	75	44	80	PO
5.	Preston North End FC (Preston)	46	22	13	11	78	50	79	PO
6.	Wigan Athletic AFC (Wigan)	46	22	10	14	75	48	76	PO
7.	AFC Bournemouth (Bournemouth)	46	21	13	12	63	41	76	
8.	Stoke City FC (Stoke-on-Trent)	46	21	6	19	59	63	69	
9.	Chesterfield FC (Chesterfield)	46	17	13	16	46	44	64	
10.	Millwall FC (London)	46	17	11	18	52	59	62	
11.	Reading FC (Reading)	46	16	13	17	54	63	61	
12.	Luton Town FC (Luton)	46	16	10	20	51	60	58	
13.	Bristol Rovers FC (Bristol)	46	13	17	16	65	56	56	
14.	Blackpool FC (Blackpool)	46	14	14	18	44	54	56	
15.	Burnley FC (Burnley)	46	13	16	17	54	73	55	
16.	Notts County FC (Nottingham)	46	14	12	20	52	61	54	
17.	Wrexham AFC (Wrexham)	46	13	14	19	43	62	53	
18.	Colchester United FC (Colchester)	46	12	16	18	52	70	52	
19.	Wycombe Wanderers FC (High Wycombe)	46	13	12	21	52	58	51	
20.	Oldham Athletic AFC (Oldham)	46	14	9	23	48	66	51	
21.	York City FC (York)	46	13	11	22	56	80	50	R
22.	Northampton Town FC (Northampton)	46	10	18	18	43	57	48	R
23.	Lincoln City FC (Lincoln)	46	13	7	26	42	74	46	R
24.	Macclesfield Town FC (Macclesfield)	46	11	10	25	43	63	43	R
		1104	406	292	406	1358	1358	1510	

Promotion Play-offs

Manchester City FC (Manchester)	2-2 (aet)	Gillingham FC (Gillingham)
	(Manchester City won 3-1 on penalties)	
Preston North End FC (Preston)	1-1, 0-1	Gillingham FC (Gillingham)
Wigan Athletic AFC (Wigan)	1-1, 0-1	Manchester City FC (Manchester)

Football League Division 3 1998-99 Season	Barnet	Brentford	Brighton & H.A.	Cambridge	Cardiff City	Carlisle United	Chester City	Darlington	Exeter City	Halifax Town	Hartlepool	Hull City	Leyton Orient	Mansfield Town	Peterborough Utd.	Plymouth Argyle	Rochdale	Rotherham United	Scarborough	Scunthorpe United	Shrewsbury Town	Southend United	Swansea City	Torquay United
Barnet FC		0-3	0-1	3-0	1-0	1-0	0-0	3-0	0-1	2-2	0-2	4-1	3-2	0-0	1-9	1-1	0-1	4-2	1-0	1-0	2-2	0-2	0-1	3-1
Brentford FC	3-2		2-0	1-0	1-0	1-1	2-1	3-0	3-0	1-1	3-1	0-2	0-0	3-0	3-0	3-1	2-1	0-3	1-1	2-1	0-0	4-1	4-1	3-2
Brighton & Hove Alb.	0-1	3-1		1-3	0-2	1-3	2-2	0-4	0-1	0-1	3-2	0-0	1-2	1-3	1-0	1-3	1-1	4-1	1-0	1-3	1-0	0-2	1-0	2-0
Cambridge United	3-2	0-1	2-3		0-0	1-0	2-1	2-1	1-1	4-0	1-2	2-0	1-0	7-2	1-1	1-0	1-1	3-2	2-3	0-0	0-0	3-0	2-1	2-0
Cardiff City AFC	1-0	4-1	2-0	0-1		2-1	0-0	3-2	1-0	1-1	4-1	1-1	0-0	4-2	1-3	1-0	2-1	0-1	1-0	0-0	3-0	2-0	0-0	2-2
Carlisle United FC	2-1	0-1	1-0	1-1	0-1		1-1	3-3	1-3	0-1	2-1	0-0	1-1	0-0	1-1	2-1	0-1	0-0	1-0	0-1	2-1	3-0	1-2	3-0
Chester City FC	3-0	1-3	1-1	0-3	2-2	2-1		1-0	0-0	2-2	1-1	2-2	0-2	1-1	1-0	3-2	1-1	1-1	1-3	0-2	1-1	1-1	1-1	2-0
Darlington FC	0-2	2-2	1-2	0-0	3-0	1-1	1-2		4-0	2-2	2-0	0-1	1-0	5-1	3-0	1-2	3-0	1-2	3-0	3-1	1-0	2-1	2-2	0-2
Exeter City FC	1-0	0-1	1-0	0-3	0-2	2-0	0-1	0-0		2-1	2-1	3-0	1-1	2-1	2-0	1-1	2-1	3-0	1-0	2-2	0-1	2-1	4-0	1-1
Halifax Town AFC	1-1	1-0	1-0	3-3	1-2	1-0	3-2	0-0	1-1		2-1	0-1	1-2	2-2	2-2	2-0	0-0	2-4	1-2	1-0	2-0	3-1	2-0	1-1
Hartlepool United FC	2-2	0-1	0-0	2-2	1-1	0-0	2-0	2-3	4-3	2-0		1-0	1-0	1-2	1-2	2-0	0-1	0-0	3-0	1-2	1-1	2-4	1-2	4-1
Hull City AFC	1-1	2-3	0-2	0-3	1-2	1-0	1-2	1-2	2-1	1-2	4-0		0-1	0-0	1-0	1-0	2-1	1-0	1-1	2-3	1-1	1-1	0-2	1-0
Leyton Orient FC	2-2	2-1	1-0	2-0	0-1	2-1	2-2	3-2	2-0	1-0	1-1	1-2		1-1	1-2	4-3	3-0	1-4	0-3	1-0	6-1	0-3	1-1	2-0
Mansfield Town FC	5-0	3-1	2-0	1-3	3-0	1-1	3-0	0-1	0-1	0-1	2-0	2-0	1-2		1-0	2-0	3-1	0-3	3-2	2-1	1-0	0-0	1-0	2-1
Peterborough United	5-2	2-4	1-2	2-1	2-1	0-1	3-0	0-1	4-1	0-2	1-1	1-1	3-0	1-0		0-2	2-0	2-4	3-1	2-1	2-2	1-1	0-1	4-0
Plymouth Argyle FC	2-0	3-0	1-2	2-2	1-1	2-0	2-0	1-2	1-0	1-0	0-0	0-0	2-4	3-0	0-2		2-1	1-0	0-0	5-0	2-0	0-3	1-2	0-0
Rochdale AFC	0-0	2-0	2-1	0-2	1-1	1-1	3-1	0-0	1-1	1-0	0-1	3-0	2-1	1-0	0-3	1-1		0-0	0-1	2-2	1-0	1-0	0-3	0-2
Rotherham United	1-1	2-4	2-1	2-0	1-0	3-1	2-4	3-1	0-0	3-1	3-0	3-1	3-1	0-0	2-2	0-2	2-2		4-0	0-0	0-1	2-2	1-0	2-2
Scarborough FC	0-0	3-1	1-2	1-5	1-2	3-0	2-4	0-2	1-0	1-0	1-2	1-2	1-3	2-3	1-1	3-0	1-0	0-4		1-4	2-0	1-2	2-1	1-1
Scunthorpe United	3-1	0-0	3-1	3-2	0-2	3-1	2-1	0-1	2-0	0-4	1-0	3-2	2-0	3-2	1-1	0-2	0-1	4-3	5-1		3-0	1-1	1-2	2-0
Shrewsbury Town	0-2	2-0	1-3	1-1	0-3	1-1	2-0	3-0	1-1	2-2	1-0	3-2	1-1	1-0	1-1	2-1	3-2	2-3	3-1	2-1		3-1	1-0	1-2
Southend United FC	2-3	1-4	3-0	0-1	0-1	0-1	0-1	2-1	0-0	0-0	1-1	0-1	2-2	1-2	2-0	1-0	1-1	3-0	1-0	0-1	2-1		2-0	0-0
Swansea City FC	2-1	2-1	2-2	2-0	2-1	1-1	1-1	2-0	2-0	1-2	1-0	2-0	1-1	1-0	0-0	2-3	1-1	1-1	2-0	1-2	1-1	3-1		0-0
Torquay United FC	1-1	3-1	1-1	0-1	0-0	2-2	0-3	2-2	1-0	4-0	3-0	2-0	1-1	0-0	0-1	1-1	2-1	2-0	0-1	1-0	0-3	2-0	1-1	

	Football League Division 3	Pd	Wn	Dw	Ls	GF	GA	Pts	
1.	Brentford FC (London)	46	26	7	13	79	56	85	P
2.	Cambridge United FC (Cambridge)	46	23	12	11	78	48	81	P
3.	Cardiff City AFC (Cardiff)	46	22	14	10	60	39	80	P
4.	Scunthorpe United FC (Scunthorpe)	46	22	8	16	69	58	74	POP
5.	Rotherham United FC (Rotherham)	46	20	13	13	79	61	63	PO
6.	Leyton Orient FC (London)	46	19	15	12	68	59	72	PO
7.	Swansea City FC (Swansea)	46	19	14	13	56	48	71	PO
8.	Mansfield Town FC (Mansfield)	46	19	10	17	60	58	67	
9.	Peterborough United FC (Peterborough)	46	18	12	16	72	56	66	
10.	Halifax Town AFC (Halifax)	46	17	15	14	58	56	66	
11.	Darlington FC (Darlington)	46	18	11	17	69	58	65	
12.	Exeter City FC (Exeter)	46	17	12	17	47	50	63	
13.	Plymouth Argyle FC (Plymouth)	46	17	10	19	58	54	63	
14.	Chester City FC (Chester)	46	13	18	15	57	66	57	
15.	Shrewsbury Town FC (Shrewsbury)	46	14	14	18	52	63	56	
16.	Barnet FC (London)	46	14	13	19	54	71	55	
17.	Brighton & Hove Albion FC (Brighton)	46	16	7	23	49	66	55	
18.	Southend United FC (Southend-on-Sea)	46	14	12	20	52	58	54	
19.	Rochdale AFC (Rochdale)	46	13	15	18	42	55	54	
20.	Torquay United FC (Torquay)	46	12	17	17	47	58	53	
21.	Hull City AFC (Kingston upon Hull)	46	14	11	21	44	62	53	
22.	Hartlepool United FC (Hartlepool)	46	13	12	21	52	65	51	
23.	Carlisle United FC (Carlisle)	46	11	16	10	43	53	49	
24.	Scarborough FC (Scarborough)	46	14	6	26	50	77	48	R
		1104	405	294	405	1395	1395	1509	

Promotion Play-offs

Scunthorpe United FC (Scunthorpe)	1-0	Leyton Orient FC (London)
Leyton Orient FC (London)	0-0, 0-0 (aet)	Rotherham United FC (Rotherham)
	(Leyton Orient won 4-2 on penalties)	
Swansea City FC (Swansea)	1-0, 1-3	Scunthorpe United FC (Scunthorpe)

Promoted to Division 3: Cheltenham Town FC (Cheltenham)

F.A. CUP FINAL (Wembley Stadium, London – 22/05/1999 – 79,101)

MANCHESTER UNITED FC (MANCHESTER) 2-0 Newcastle United FC (Newcastle upon Tyne)

Sheringham 11', Scholes 53'

Man. United: Schmeichel, G.Neville, May, Johnson, P.Neville, Beckham, Keane (Sheringham 09'), Scholes (Stam 78'), Giggs, Solskjær, Cole (Yorke 60').

Newcastle: Harper, Griffin, Charvet, Dabizas, Domi, Lee, Hamann (Ferguson 46'), Speed, Solano (Maric 68'), Shearer, Ketsbaia, (Glass 79').

Semi-finals

Manchester United FC (Manchester)	0-0 (aet), 2-1	Arsenal FC (London)
Newcastle United FC (Newcastle upon Tyne)	2-0	Tottenham Hotspur FC (London)

Quarter-finals

Arsenal FC (London)	1-0	Derby County FC (Derby)
Barnsley FC (Barnsley)	0-1	Tottenham Hotspur FC (London)
Manchester United FC (Manchester)	0-0, 2-0	Chelsea FC (London)
Newcastle United FC (Newcastle upon Tyne)	4-1	Everton FC (Liverpool)

1999-2000

F.A. Premiership 1999-2000 Season	Arsenal	Aston Villa	Bradford City	Chelsea	Coventry City	Derby County	Everton	Leeds United	Leicester City	Liverpool	Manchester United	Middlesbrough	Newcastle United	Sheffield Wednesday	Southampton	Sunderland	Tottenham Hotspur	Watford	West Ham United	Wimbledon
Arsenal FC		3-1	2-0	2-1	3-0	2-1	4-1	2-0	2-1	0-1	1-2	5-1	0-0	3-3	3-1	4-1	2-1	1-0	2-1	1-1
Aston Villa FC	1-1		1-0	0-0	1-0	2-0	3-0	1-0	2-2	0-0	0-1	1-0	0-1	2-1	0-1	1-1	1-1	4-0	2-2	1-1
Bradford City AFC	2-1	1-1		1-1	1-1	4-4	0-0	1-2	3-1	1-0	0-4	1-1	2-0	1-1	1-2	0-4	1-1	3-2	0-3	3-0
Chelsea FC	2-3	1-0	1-0		2-1	4-0	1-1	0-2	1-1	2-0	5-0	1-1	1-0	3-0	1-1	4-0	1-0	2-1	0-0	3-1
Coventry City FC	3-2	2-1	4-0	2-2		2-0	1-0	3-4	0-1	0-3	1-2	2-1	4-1	4-1	0-1	3-2	0-1	4-0	1-0	2-0
Derby County FC	1-2	0-2	0-1	3-1	0-0		1-0	0-1	3-0	0-2	1-2	1-3	0-0	3-3	2-0	0-5	0-1	2-0	1-2	4-0
Everton FC	0-1	0-0	4-0	1-1	1-1	2-1		4-4	2-2	0-0	1-1	0-2	0-2	1-1	4-1	5-0	2-2	4-2	1-0	4-0
Leeds United AFC	0-4	1-2	2-1	0-1	3-0	0-0	1-1		2-1	1-2	0-1	2-0	3-2	2-0	1-0	2-1	1-0	3-1	1-0	4-1
Leicester City FC	0-3	3-1	3-0	2-2	1-0	0-1	1-1	2-1		2-2	0-2	2-1	1-2	3-0	2-1	5-2	0-1	1-0	1-3	2-1
Liverpool FC	2-0	0-0	3-1	1-0	2-0	2-0	0-1	3-1	0-2		2-3	0-0	2-1	4-1	0-0	1-1	2-0	0-1	1-0	3-1
Manchester United FC	1-1	3-0	4-0	3-2	3-2	3-1	5-1	2-0	2-0	1-1		1-0	5-1	4-0	3-3	4-0	3-1	4-1	7-1	1-1
Middlesbrough FC	2-1	0-4	0-1	0-1	2-0	1-4	2-1	0-0	0-3	1-0	3-4		2-2	1-0	3-2	1-1	2-1	1-1	2-0	0-0
Newcastle United FC	4-2	0-1	2-0	0-1	2-0	2-0	1-1	2-2	0-2	2-2	3-0	2-1		8-0	5-0	1-2	2-1	1-0	2-2	3-3
Sheffield Wednesday FC	1-1	0-1	2-0	1-0	0-0	0-2	0-2	0-3	4-0	1-2	0-1	1-0	0-2		0-1	0-2	1-2	2-2	3-1	5-1
Southampton FC	0-1	2-0	1-0	1-2	0-0	3-2	2-0	0-3	1-2	1-1	0-3	1-1	4-2	2-0		1-2	0-1	2-0	2-1	2-0
Sunderland AFC	0-0	2-1	0-1	4-1	1-1	1-1	2-1	1-2	2-0	0-2	2-2	1-1	2-2	1-0	2-0		2-1	2-0	1-0	2-1
Tottenham Hotspur FC	2-1	2-4	1-1	0-1	3-2	1-1	3-2	1-2	2-3	1-0	3-1	2-3	3-1	0-1	7-2	3-1		4-0	0-0	2-0
Watford FC	2-3	0-1	1-0	1-0	1-0	0-0	1-3	1-2	1-1	2-3	2-3	1-3	1-1	1-0	3-2	2-3	1-1		1-2	2-3
West Ham United FC	2-1	1-1	5-4	0-0	5-0	1-1	0-4	0-0	2-1	1-0	2-4	0-1	2-1	4-3	2-0	1-1	1-0	1-0		2-1
Wimbledon FC	1-3	2-2	3-2	0-1	1-1	2-2	0-3	2-0	2-1	1-2	2-2	2-3	2-0	0-2	1-1	1-0	1-1	5-0	2-2	

	F.A. Premiership	Pd	Wn	Dw	Ls	GF	GA	Pts	
1.	MANCHESTER UNITED FC (MANCHESTER)	38	28	7	3	97	45	91	
2.	Arsenal FC (London)	38	22	7	9	73	43	73	
3.	Leeds United AFC (Leeds)	38	21	6	11	58	43	69	
4.	Liverpool FC (Liverpool)	38	19	10	9	51	30	67	
5.	Chelsea FC (London)	38	17	11	9	53	34	65	
6.	Aston Villa FC (Birmingham)	38	15	13	10	46	35	58	
7.	Sunderland AFC (Sunderland)	38	16	10	12	57	56	58	
8.	Leicester City FC (Leicester)	38	16	7	15	55	55	55	
9.	West Ham United FC (London)	38	15	10	13	52	53	55	
10.	Tottenham Hotspur FC (London)	38	15	8	15	57	49	53	
11.	Newcastle United FC (Newcastle upon Tyne)	38	14	10	14	63	54	52	
12.	Middlesbrough FC (Middlesbrough)	38	14	10	14	46	52	52	
13.	Everton FC (Liverpool)	38	12	14	12	59	49	50	
14.	Coventry City FC (Coventry)	38	12	8	18	47	54	44	
15.	Southampton FC (Southampton)	38	12	8	18	45	62	44	
16.	Derby County FC (Derby)	38	9	11	18	44	57	38	
17.	Bradford City AFC (Bradford)	38	9	9	20	38	68	36	
18.	Wimbledon FC (London)	38	7	12	19	46	74	33	R
19.	Sheffield Wednesday FC (Sheffield)	38	8	7	23	38	70	31	R
20.	Watford FC (Watford)	38	6	6	26	35	77	24	R
		760	288	184	288	1060	1060	1048	

Top Goalscorers

1)	Kevin PHILLIPS	(Sunderland AFC)	30
2)	Alan SHEARER	(Newcastle United FC)	23
3)	Dwight YORKE	(Manchester United FC)	20

Football League Division 1 1999-2000 Season	Barnsley	Birmingham City	Blackburn Rovers	Bolton Wanderers	Charlton Athletic	Crewe Alexandra	Crystal Palace	Fulham	Grimsby Town	Huddersfield Town	Ipswich Town	Manchester City	Norwich City	Nottingham Forest	Portsmouth	Port Vale	Q.P.R.	Sheffield United	Stockport County	Swindon Town	Tranmere Rovers	Walsall	W.B.A.	Wolves
Barnsley FC		2-1	5-1	1-1	1-1	0-2	2-3	1-0	3-0	4-2	0-2	2-1	2-1	1-0	6-0	3-1	1-1	2-0	2-1	1-0	3-0	3-2	2-2	1-2
Birmingham City FC	3-1		1-0	2-1	1-0	5-1	2-0	2-2	0-0	1-0	1-1	0-1	2-0	0-1	1-0	4-2	2-0	0-2	2-1	1-1	3-1	2-0	1-1	1-0
Blackburn Rovers FC	1-2	1-0		3-1	1-1	0-1	1-1	2-0	1-1	2-0	2-2	1-4	1-1	2-1	0-1	0-0	0-2	5-0	2-0	0-0	2-0	2-0	2-1	1-1
Bolton Wanderers FC	2-2	3-3	3-1		0-2	2-2	2-0	3-1	3-0	1-0	1-1	0-1	1-0	3-2	3-0	2-1	2-1	2-0	0-1	2-0	2-3	4-3	1-1	2-1
Charlton Athletic FC	3-1	1-0	1-2	2-1		1-0	2-1	1-0	4-0	0-1	1-3	0-1	1-0	3-0	1-1	2-2	2-1	1-0	4-0	0-1	3-2	2-1	0-0	2-0
Crewe Alexandra FC	0-1	2-3	0-0	1-3	0-2		2-0	1-1	1-1	1-1	1-2	1-1	1-0	0-3	1-3	2-1	2-1	1-0	3-2	2-1	0-2	2-3	2-0	1-0
Crystal Palace FC	0-2	0-2	2-1	0-0	0-1	1-1		0-0	3-0	2-2	2-2	1-1	1-0	2-0	4-0	1-1	3-0	1-1	3-3	1-2	2-2	3-2	0-2	1-1
Fulham FC	1-3	0-0	2-2	1-1	2-1	3-0	1-0		0-1	3-0	0-0	0-0	1-1	1-1	1-0	3-1	1-0	4-0	4-1	1-0	1-0	2-0	1-0	0-1
Grimsby Town FC	0-3	1-1	0-0	0-1	2-5	1-1	1-0	1-1		0-0	2-1	1-1	2-1	4-3	1-0	2-0	2-1	2-2	0-1	1-0	1-2	1-0	1-1	1-0
Huddersfield Town	2-1	0-0	3-2	0-3	1-2	3-0	7-1	1-1	3-1		3-1	1-4	1-0	2-1	0-1	2-2	1-0	4-1	0-2	4-0	1-0	1-1	1-0	2-0
Ipswich Town FC	6-1	0-1	0-0	1-0	4-2	2-1	1-0	1-0	2-0	2-1		2-1	0-2	3-1	0-1	3-0	1-4	1-1	1-0	3-0	0-0	2-0	3-1	1-0
Manchester City FC	3-1	1-0	2-0	2-0	1-1	4-0	2-1	4-0	2-1	0-1	1-0		3-1	1-0	4-2	2-1	1-3	6-0	1-2	3-0	2-0	1-1	2-1	0-1
Norwich City FC	2-2	0-1	0-2	2-1	0-3	2-1	0-1	1-2	3-0	1-1	0-0	1-0		1-0	2-1	0-0	2-1	2-1	2-0	0-2	1-1	1-1	2-1	1-0
Nottingham Forest	3-0	1-0	0-1	1-1	1-1	1-0	2-0	0-0	2-1	1-3	0-1	1-3	1-1		2-0	2-0	1-1	0-0	1-1	3-1	1-1	4-1	0-0	1-1
Portsmouth FC	3-0	2-2	1-2	0-0	0-2	0-2	3-1	0-1	1-2	0-0	1-1	2-2	2-1	2-1		0-0	1-3	2-0	2-0	4-1	1-2	5-1	2-0	2-3
Port Vale FC	2-2	3-1	0-0	0-1	2-2	1-0	2-2	0-2	3-1	1-2	1-2	1-2	0-1	0-2	2-0		1-1	2-3	1-1	2-0	1-0	1-2	1-2	0-1
Queen's Park Rangers	2-2	2-2	0-0	0-1	0-0	1-0	0-1	0-0	1-0	3-1	3-1	1-1	2-2	1-1	0-0	3-2		3-1	1-1	2-1	2-1	2-1	0-0	1-1
Sheffield United FC	3-3	1-2	2-1	1-2	1-2	1-1	3-1	2-0	0-0	0-1	2-2	1-0	0-0	2-1	1-0	1-3	1-1		1-0	2-2	3-1	1-1	6-0	3-0
Stockport County FC	1-3	2-0	0-1	0-0	1-3	2-1	1-2	2-1	2-1	1-1	0-1	2-2	2-2	2-3	1-1	1-0	3-3	1-1		3-0	2-1	1-1	0-1	3-2
Swindon Town FC	1-2	1-4	2-1	0-4	1-2	0-1	2-4	1-0	0-1	2-0	1-4	0-2	0-0	0-0	1-1	2-1	0-1	2-2	1-1		3-1	1-1	1-2	1-2
Tranmere Rovers FC	2-2	2-1	2-1	0-0	2-2	2-0	1-2	1-1	3-2	1-0	0-2	1-1	1-2	3-0	2-4	2-1	1-1	1-3	0-0	3-1		1-1	3-0	1-0
Walsall FC	1-4	1-0	1-1	2-0	2-4	1-4	2-2	1-3	1-0	2-0	0-1	0-1	2-2	0-2	1-0	0-0	2-3	2-1	1-2	0-0	1-2		2-1	1-1
West Bromwich Alb.	0-2	0-3	2-2	4-4	2-0	1-0	0-0	0-0	2-1	0-1	1-1	0-2	1-1	1-1	3-2	0-0	0-1	2-2	2-0	1-1	2-0	0-1		1-1
Wolverhampton W.	2-0	2-1	2-1	1-0	2-3	2-0	2-1	3-0	3-0	0-1	2-1	4-1	1-0	3-0	1-1	2-2	3-2	1-0	2-2	1-1	4-0	1-2	1-1	

	Football League Division 1	**Pd**	**Wn**	**Dw**	**Ls**	**GF**	**GA**	**Pts**	
1.	Charlton Athletic FC (London)	46	27	10	9	79	45	91	P
2.	Manchester City FC (Manchester)	46	26	11	9	78	40	89	P
3.	Ipswich Town FC (Ipswich)	46	25	12	9	71	42	87	POP
4.	Barnsley FC (Barnsley)	46	24	10	12	88	67	82	PO
5.	Birmingham City FC (Birmingham)	46	22	11	13	65	44	77	PO
6.	Bolton Wanderers FC (Bolton)	46	21	13	12	69	50	76	PO
7.	Wolverhampton Wanderers FC (Wolverhampton)	46	21	11	14	64	48	74	
8.	Huddersfield Town AFC (Huddersfield)	46	21	11	14	62	49	74	
9.	Fulham FC (London)	46	17	16	13	49	41	67	
10.	Queen's Park Rangers FC (London)	46	16	18	12	62	53	66	
11.	Blackburn Rovers FC (Blackburn)	46	15	17	14	55	51	62	
12.	Norwich City FC (Norwich)	46	14	15	17	45	50	57	
13.	Tranmere Rovers FC (Birkenhead)	46	15	12	19	57	68	57	
14.	Nottingham Forest FC (Nottingham)	46	14	14	18	53	55	56	
15.	Crystal Palace FC (London)	46	13	15	18	57	67	54	
16.	Sheffield United FC (Sheffield)	46	13	15	18	59	71	54	
17.	Stockport County FC (Stockport)	46	13	15	18	55	67	54	
18.	Portsmouth FC (Portsmouth)	46	13	12	21	55	66	51	
19.	Crewe Alexandra FC (Crewe)	46	14	9	23	46	67	51	
20.	Grimsby Town FC (Cleethorpes)	46	13	12	21	41	67	51	
21.	West Bromwich Albion FC (West Bromwich)	46	10	19	17	43	60	49	
22.	Walsall FC (Walsall)	46	11	13	22	52	77	46	R
23.	Port Vale FC (Stoke-on-Trent)	46	7	15	24	48	69	36	R
24.	Swindon Town FC (Swindon)	46	8	12	26	38	77	36	R
		1104	393	318	393	1391	1391	1497	

Promotion Play-offs

Ipswich Town FC (Ipswich)	4-2	Barnsley FC (Barnsley)
Birmingham City FC (Birmingham)	0-4, 2-1	Barnsley FC (Barnsley)
Bolton Wanderers FC (Bolton)	2-2, 3-5 (aet)	Ipswich Town FC (Ipswich)

Football League Division 2 1999-2000 Season	Blackpool	Bournemouth	Brentford	Bristol City	Bristol Rovers	Burnley	Bury	Cambridge United	Cardiff City	Chesterfield	Colchester United	Gillingham	Luton Town	Millwall	Notts County	Oldham Athletic	Oxford United	Preston North End	Reading	Scunthorpe United	Stoke City	Wigan Athletic	Wrexham	Wycombe Wanderers
Blackpool FC		0-0	0-1	1-2	2-1	1-1	0-5	2-1	2-2	2-2	1-1	1-1	3-3	1-2	2-1	1-2	1-1	0-0	0-2	0-2	1-2	2-2	2-1	1-2
AFC Bournemouth	2-0		4-1	2-3	0-1	0-1	1-1	2-1	1-0	1-1	4-0	0-1	1-0	1-2	1-1	3-0	4-0	0-1	3-1	1-1	1-1	2-2	1-0	2-0
Brentford FC	2-0	0-2		2-1	0-3	2-3	2-1	1-1	2-1	1-1	0-0	1-2	2-0	1-3	0-2	2-0	2-0	2-2	1-1	4-3	0-1	0-2	0-2	0-0
Bristol City FC	5-2	3-1	1-0		0-0	0-0	1-1	1-1	0-0	3-0	1-1	0-1	0-0	0-0	2-2	1-1	2-2	0-2	3-1	2-1	2-2	0-0	4-0	0-0
Bristol Rovers FC	3-1	2-2	0-0	2-0		1-0	0-0	1-0	1-1	3-1	2-1	2-1	3-0	1-0	0-1	3-2	1-0	0-2	0-1	1-1	3-3	1-1	3-1	1-0
Burnley FC	1-0	2-1	2-2	2-0	1-0		2-2	2-0	2-1	2-1	3-0	0-3	0-2	4-3	2-1	3-0	3-2	0-3	3-0	1-2	1-0	0-0	5-0	1-0
Bury FC	3-2	2-2	2-2	0-0	0-0	4-2		0-2	3-2	1-1	5-2	2-1	1-0	2-2	1-3	2-2	1-2	1-3	1-1	3-0	0-0	2-2	0-2	2-0
Cambridge United FC	0-2	0-2	2-2	3-0	1-1	0-1	3-0		0-0	2-0	5-2	2-2	3-1	0-2	1-1	2-3	2-0	2-0	3-1	1-3	1-3	1-1	3-4	1-2
Cardiff City FC	1-1	1-2	1-1	0-0	1-0	1-2	0-2	0-4		2-1	3-2	1-2	1-3	11-	2-1	1-1	1-1	0-4	1-0	1-1	1-2	0-0	1-1	2-2
Chesterfield FC	0-0	0-1	1-0	0-2	0-1	1-1	0-1	4-2	1-1		0-1	0-0	1-3	2-0	2-1	0-1	0-0	0-1	2-0	1-1	0-2	1-1	0-3	1-2
Colchester United FC	1-1	3-1	0-3	3-4	5-4	1-2	1-3	3-1	0-3	1-0		2-1	3-0	1-2	0-3	0-1	1-2	2-2	3-2	0-1	1-0	2-2	2-2	1-0
Gillingham FC	1-3	4-1	2-0	3-0	0-1	2-2	1-0	2-1	4-1	1-0	2-1		2-0	2-0	0-1	2-1	1-0	0-2	2-2	3-1	3-0	2-1	5-1	2-2
Luton Town FC	3-2	1-2	1-2	1-2	1-4	2-1	1-1	2-2	1-0	1-1	3-2	3-1		0-2	2-2	1-1	4-2	0-2	3-1	4-1	2-1	1-1	3-1	1-1
Millwall FC	1-1	3-1	3-2	4-1	3-0	1-1	3-0	2-1	2-0	1-1	1-0	2-2	1-0		1-0	1-0	1-0	0-2	5-0	1-2	1-0	3-3	0-0	1-1
Notts County FC	2-1	5-1	0-1	4-4	0-2	2-0	2-2	2-3	2-1	1-0	1-2	1-1	0-0	1-1		0-1	0-1	1-0	1-2	3-0	0-0	0-2	2-1	2-1
Oldham Athletic AFC	1-1	1-0	3-0	1-1	1-4	0-1	2-0	1-0	1-2	1-2	1-2	1-3	2-1	2-1	1-2		2-0	0-1	1-2	1-1	0-1	2-1	0-0	2-2
Oxford United FC	0-1	1-0	1-1	3-0	0-5	1-2	1-1	1-0	2-3	2-1	1-1	1-2	0-1	1-3	2-3	1-0		0-4	1-3	2-0	1-1	1-2	1-4	0-0
Preston North End	3-0	3-0	2-1	1-0	2-1	0-0	1-1	2-1	0-0	0-2	2-3	0-2	1-0	3-2	2-0	2-0	3-1		2-2	1-0	2-1	1-4	1-0	3-2
Reading FC	1-1	2-0	1-0	2-1	2-0	0-0	2-0	0-0	0-1	1-0	2-0	2-2	1-2	2-0	0-0	1-1	1-2	2-2		1-1	1-0	0-2	2-2	2-1
Scunthorpe United	1-0	3-1	0-0	1-2	0-2	1-2	0-2	0-3	0-0	0-0	0-0	1-4	1-2	1-4	1-0	1-2	1-0	1-1	2-2		0-2	1-2	0-2	0-1
Stoke City FC	3-0	1-0	1-0	1-1	1-2	2-2	3-0	1-0	2-1	5-1	1-1	1-1	2-1	3-1	0-1	0-0	1-2	2-1	2-1	1-0		1-1	2-0	1-1
Wigan Athletic AFC	5-1	3-1	1-0	2-1	3-1	1-1	1-0	1-1	2-0	3-0	0-1	2-0	1-0	1-1	2-0	0-1	2-0	0-1	1-0	3-0	1-2		0-1	2-1
Wrexham AFC	1-1	1-0	0-1	0-1	2-1	0-1	1-0	1-1	2-1	1-1	1-0	1-0	1-0	1-1	2-3	0-3	1-0	0-0	0-1	3-1	2-3	1-1		1-3
Wycombe Wanderers	0-2	2-1	2-0	1-2	1-1	1-1	3-0	1-0	3-1	3-0	3-0	1-0	0-1	1-2	2-0	0-0	0-1	1-1	5-3	2-1	0-4	0-2	0-1	

	Football League Division 2	Pd	Wn	Dw	Ls	GF	GA	Pts	
1.	Preston North End FC (Preston)	46	28	11	7	74	37	95	P
2.	Burnley FC (Burnley)	46	25	13	8	69	47	88	P
3.	Gillingham FC (Gillingham)	46	25	10	11	79	48	85	POP
4.	Wigan Athletic AFC (Wigan)	46	22	17	7	72	38	83	PO
5.	Millwall FC (London)	46	23	13	10	76	50	82	PO
6.	Stoke City FC (Stoke-on-Trent)	46	23	13	10	68	42	82	PO
7.	Bristol Rovers FC (Bristol)	46	23	11	12	69	45	80	
8.	Notts County FC (Nottingham)	46	18	11	17	61	55	65	
9.	Bristol City FC (Bristol)	46	15	19	12	59	57	64	
10.	Reading FC (Reading)	46	16	14	16	57	63	62	
11.	Wrexham AFC (Wrexham)	46	17	11	18	52	61	62	
12.	Wycombe Wanderers FC (High Wycombe)	46	16	13	17	56	53	61	
13.	Luton Town FC (Luton)	46	17	10	19	61	65	61	
14.	Oldham Athletic AFC (Oldham)	46	16	12	18	50	55	60	
15.	Bury FC (Bury)	46	13	18	15	61	64	57	
16.	AFC Bournemouth (Bournemouth)	46	16	9	21	59	62	57	
17.	Brentford FC (London)	46	13	13	20	47	61	52	
18.	Colchester United FC (Colchester)	46	14	10	22	59	82	52	
19.	Cambridge United FC (Cambridge)	46	12	12	22	64	65	48	
20.	Oxford United FC (Oxford)	46	12	9	25	43	73	45	
21.	Cardiff City AFC (Cardiff)	46	9	17	20	45	67	44	R
22.	Blackpool FC (Blackpool)	46	8	17	21	49	77	41	R
23.	Scunthorpe United FC (Scunthorpe)	46	9	12	25	40	74	39	R
24.	Chesterfield FC (Chesterfield)	46	7	15	24	34	63	36	R
		1104	397	310	397	1404	1404	1501	

Promotion Play-offs

Gillingham FC (Gillingham)	3-2 (aet)	Wigan Athletic AFC (Wigan)
Millwall FC (London)	0-0, 0-1	Wigan Athletic AFC (Wigan)
Stoke City FC (Stoke-on-Trent)	3-2, 0-3	Gillingham FC (Gillingham)

Football League Division 3 1999-2000 Season	Barnet	Brighton & H.A.	Carlisle United	Cheltenham Town	Chester City	Darlington	Exeter City	Halifax Town	Hartlepool	Hull City	Leyton Orient	Lincoln City	Macclesfield Town	Mansfield Town	Northampton Town	Peterborough Utd.	Plymouth Argyle	Rochdale	Rotherham United	Shrewsbury Town	Southend United	Swansea City	Torquay United	York City
Barnet FC		0-1	3-0	3-2	2-0	1-0	2-2	0-1	1-1	0-0	2-2	5-3	2-1	0-0	2-1	0-2	1-0	1-0	2-2	1-1	2-1	0-1	1-2	6-3
Brighton & Hove Alb.	1-1		1-0	1-0	2-3	1-1	4-2	2-1	1-0	3-0	0-1	2-2	5-2	6-0	1-3	0-0	1-1	3-4	1-0	1-0	1-0	1-1	0-1	0-1
Carlisle United FC	3-1	0-1		1-1	4-1	1-1	0-0	1-1	0-3	0-4	2-1	1-0	0-1	0-2	0-1	1-1	4-2	1-2	1-1	1-1	1-1	2-0	0-0	0-1
Cheltenham Town	1-2	0-0	3-1		1-0	0-0	3-1	3-0	2-1	1-0	2-0	0-2	1-1	1-0	2-1	2-1	2-0	0-2	0-1	0-1	2-1	0-0	2-0	0-1
Chester City FC	0-2	1-7	0-1	2-1		1-2	1-1	2-1	1-1	0-0	1-5	1-3	1-2	5-0	0-2	0-1	0-1	0-2	0-2	0-0	0-0	0-1	2-1	2-0
Darlington FC	4-0	1-1	3-1	1-0	3-1		1-0	4-0	1-1	0-0	3-1	2-0	3-0	0-0	0-1	2-0	2-0	4-1	0-2	2-2	1-0	1-1	1-1	2-2
Exeter City FC	0-0	0-0	1-1	1-2	0-2	1-4		1-0	1-2	1-0	1-3	3-0	0-3	1-0	1-2	2-2	1-1	2-0	3-1	1-2	0-1	1-1	3-2	2-1
Halifax Town AFC	1-2	2-1	5-2	1-1	0-1	0-1	1-0		1-1	0-1	0-2	3-0	0-1	0-1	2-2	2-1	0-1	0-2	0-0	2-1	0-0	0-1	2-0	0-2
Hartlepool United FC	3-0	0-0	1-0	0-1	1-0	2-0	2-1	0-2		2-0	1-0	2-0	1-4	1-0	2-1	1-0	3-0	3-2	1-2	1-0	1-2	0-1	2-0	2-1
Hull City AFC	1-3	2-0	2-1	1-1	2-1	0-1	4-0	0-1	0-3		2-0	1-1	2-3	2-0	0-1	2-3	0-1	2-2	0-0	0-0	0-0	2-0	0-0	1-1
Leyton Orient FC	0-0	1-2	0-1	1-0	1-2	2-1	4-1	1-0	2-1	0-0		2-3	0-0	1-3	0-0	1-1	3-0	0-0	0-1	1-2	2-1	0-1	2-0	0-0
Lincoln City FC	0-0	1-3	5-0	1-2	4-1	1-0	1-0	1-1	1-2	2-1	0-0		1-1	3-0	2-2	1-2	3-0	1-1	2-1	1-2	1-0	0-1	2-1	4-2
Macclesfield Town	2-0	1-1	2-1	1-2	1-1	2-1	1-0	0-2	3-3	0-2	1-0	1-1		5-2	1-0	1-1	4-1	1-2	1-1	4-2	1-2	1-2	1-2	1-1
Mansfield Town FC	0-1	1-0	1-1	0-1	2-1	1-2	1-1	0-2	2-3	0-1	1-1	5-2	1-0		0-0	3-1	2-2	0-0	1-2	4-0	3-1	0-4	4-3	1-0
Northampton Town	1-0	1-0	0-0	3-2	3-1	0-3	2-1	3-4	2-1	1-0	2-1	1-0	2-0	1-0		0-1	1-1	0-1	0-1	3-0	2-0	2-1	3-0	3-0
Peterborough United	1-2	0-0	0-2	1-0	2-1	4-2	3-1	2-1	2-1	2-1	2-1	2-2	2-2	1-0	1-0		2-0	3-3	0-5	4-1	1-0	2-3	0-2	2-0
Plymouth Argyle FC	4-1	3-3	2-0	1-0	0-0	0-0	1-0	1-1	1-1	0-1	5-0	1-1	3-2	2-1	2-1	2-1		1-1	1-1	0-0	3-1	1-0	2-2	2-0
Rochdale AFC	1-1	1-0	3-2	0-0	2-1	0-0	0-2	0-1	2-0	0-2	1-4	1-1	0-1	2-1	0-3	1-2	0-0		0-1	2-1	2-0	0-0	1-1	2-1
Rotherham United	2-0	1-3	4-2	2-0	4-0	2-1	5-0	0-1	3-0	3-0	0-1	1-1	2-1	2-3	3-0	1-1	1-1	0-1		4-0	0-0	1-1	1-0	1-0
Shrewsbury Town	1-1	1-2	4-1	0-2	0-1	0-1	1-4	0-0	0-0	3-0	1-0	1-2	0-1	1-2	1-0	0-1	0-0	2-4	0-0		2-1	1-1	1-2	0-1
Southend United FC	1-3	2-1	2-0	2-1	3-1	1-2	1-2	4-1	2-1	1-2	1-1	2-2	1-0	1-0	2-2	0-1	2-1	3-3	1-2	3-2		2-1	0-2	0-0
Swansea City FC	1-2	2-0	1-0	0-0	2-1	0-0	3-0	3-1	2-1	0-0	0-0	2-1	1-0	0-1	4-1	0-0	1-0	1-0	2-0	1-1	3-1		2-1	1-0
Torquay United FC	0-1	0-0	4-1	1-1	2-2	1-0	1-0	4-0	0-0	0-1	0-0	5-2	3-2	4-0	1-2	2-1	0-4	1-0	2-1	3-1	0-1	1-0		0-0
York City FC	1-0	0-0	1-1	1-2	2-2	0-0	0-0	2-0	2-1	11-	2-1	2-0	0-2	0-1	0-1	0-0	0-0	0-3	1-2	1-0	2-2	1-0	2-2	

	Football League Division 3	Pd	Wn	Dw	Ls	GF	GA	Pts	
1.	Swansea City FC (Swansea)	46	24	13	9	51	30	85	P
2.	Rotherham United FC (Rotherham)	46	24	12	10	72	36	84	P
3.	Northampton Town FC (Northampton)	46	25	7	14	63	45	82	P
4.	Darlington FC (Darlington)	46	21	16	9	66	36	79	PO
5.	Peterborough United FC (Peterborough)	46	22	12	12	63	54	78	POP
6.	Barnet FC (London)	46	21	12	13	59	53	75	PO
7.	Hartlepool United FC (Hartlepool)	46	21	9	16	60	49	72	PO
8.	Cheltenham Town FC (Cheltenham)	46	20	10	16	50	42	70	
9.	Torquay United FC (Torquay)	46	19	12	15	62	52	69	
10.	Rochdale AFC (Rochdale)	46	18	14	14	57	54	68	
11.	Brighton & Hove Albion FC (Brighton)	46	17	16	13	64	46	67	
12.	Plymouth Argyle FC (Plymouth)	46	16	18	12	55	51	66	
13.	Macclesfield Town FC (Macclesfield)	46	18	11	17	66	61	65	
14.	Hull City AFC (Kingston upon Hull)	46	15	14	17	43	43	59	
15.	Lincoln City FC (Lincoln)	46	15	14	17	67	69	59	
16.	Southend United FC (Southend-on-Sea)	46	15	11	20	53	61	56	
17.	Mansfield Town FC (Mansfield)	46	16	8	22	50	65	56	
18.	Halifax Town AFC (Halifax)	46	15	9	22	44	58	54	
19.	Leyton Orient FC (London)	46	13	13	20	47	52	52	
20.	York City FC (York)	46	12	16	18	39	53	52	
21.	Exeter City FC (Exeter)	46	11	11	24	46	72	44	
22.	Shrewsbury Town FC (Shrewsbury)	46	9	13	24	40	67	40	
23.	Carlisle United FC (Carlisle)	46	9	12	25	42	75	39	
24.	Chester City FC (Chester)	46	10	9	27	44	79	39	R
		1104	406	292	406	1303	1303	1510	

Promotion Play-offs

Peterborough United FC (Peterborough)	1-0	Darlington FC (Darlington)
Barnet FC (London)	1-2, 0-3	Peterborough United FC (Peterborough)
Hartlepool United FC (Hartlepool)	0-2, 0-1	Darlington FC (Darlington)

Promoted to Division 3: Kidderminster Harriers FC (Kidderminster)

F.A. CUP FINAL (Wembley Stadium, London – 20/05/2000 – 78,217)

CHELSEA FC (LONDON)	1-0	Aston Villa FC (Birmingham)

Di Matteo 73'

Chelsea: de Goey, Babayaro, Leboeuf, Desailly, Melchiot, Deschamps, Di Matteo, Poyet, Wise, Zola (Morris 90'), Weah (Flo 88').

Aston Villa: James, Barry, Southgate, Ehiogu, Wright (Hendrie 88'), Boateng, Taylor (Stone 79'), Merson, Delaney, Dublin, Carbone (Joachim 79').

Semi-finals

Bolton Wanderers FC (Bolton)	0-0 (aet)	Aston Villa FC (Birmingham)
Aston Villa won 4-1 on penalties.		
Newcastle United FC (Newcastle upon Tyne)	1-2	Chelsea FC (London)

Quarter-finals

Bolton Wanderers FC (Bolton)	1-0	Charlton Athletic FC (London)
Chelsea FC (London)	5-0	Gillingham FC (Gillingham)
Everton FC (Liverpool)	1-2	Aston Villa FC (Birmingham)
Tranmere Rovers FC (Birkenhead)	2-3	Newcastle United FC (Newcastle upon Tyne)

F.A. Premiership 2000-01 Season	Arsenal	Aston Villa	Bradford City	Charlton Athletic	Chelsea	Coventry City	Derby County	Everton	Ipswich Town	Leeds United	Leicester City	Liverpool	Manchester City	Manchester United	Middlesbrough	Newcastle United	Southampton	Sunderland	Tottenham Hotspur	West Ham United
Arsenal FC		1-0	2-0	5-3	1-1	2-1	0-0	4-1	1-0	2-1	6-1	2-0	5-0	1-0	0-3	5-0	1-0	2-2	2-0	3-0
Aston Villa FC	0-0		2-0	2-1	1-1	3-2	4-1	2-1	2-1	1-2	2-1	0-3	2-2	0-1	1-1	1-1	0-0	0-0	2-0	2-2
Bradford City AFC	1-1	0-3		2-0	2-0	2-1	2-0	0-1	0-2	1-1	0-0	0-2	2-2	0-3	1-1	2-2	0-1	1-4	3-3	1-2
Charlton Athletic FC	1-0	3-3	2-0		2-0	2-2	2-1	1-0	2-1	1-2	2-0	0-4	4-0	3-3	1-0	2-0	1-1	0-1	1-0	1-1
Chelsea FC	2-2	1-0	3-0	0-1		6-1	4-1	2-1	4-1	1-1	0-2	3-0	2-1	1-1	2-1	3-1	1-0	2-4	3-0	4-2
Coventry City FC	0-1	1-1	0-0	2-2	0-0		2-0	1-3	0-1	0-0	1-0	0-2	1-1	1-2	1-3	0-2	1-1	1-0	2-1	0-3
Derby County FC	1-2	1-0	2-0	2-2	0-4	1-0		1-0	1-1	1-1	2-0	0-4	1-1	0-3	3-3	2-0	2-2	1-0	2-1	0-0
Everton FC	2-0	0-1	2-1	3-0	2-1	1-2	2-2		0-3	2-2	2-1	2-3	3-1	1-3	2-2	1-1	1-1	2-2	0-0	1-1
Ipswich Town FC	1-1	1-2	3-1	2-0	2-2	2-0	0-1	2-0		1-2	2-0	1-1	2-1	1-1	2-1	1-0	3-1	1-0	3-0	1-1
Leeds United AFC	1-0	1-2	6-1	3-1	2-0	1-0	0-0	2-0	1-2		3-1	4-3	1-2	1-1	1-1	1-3	2-0	2-0	4-3	0-1
Leicester City FC	0-0	0-0	1-2	3-1	2-1	1-3	2-1	1-1	2-1	3-1		2-0	1-2	0-3	0-3	1-1	1-0	2-0	4-2	2-1
Liverpool FC	4-0	3-1	1-0	3-0	2-2	4-1	1-1	3-1	0-1	1-2	1-0		3-2	2-0	0-0	3-0	2-1	1-1	3-1	3-0
Manchester City FC	0-4	1-3	2-0	1-4	1-2	1-2	0-0	5-0	2-3	0-4	0-1	1-1		0-1	1-1	0-1	0-1	4-2	0-1	1-0
Manchester United FC	6-1	2-0	6-0	2-1	3-3	4-2	0-1	1-0	2-0	3-0	2-0	0-1	1-1		2-1	2-0	5-0	3-0	2-0	3-1
Middlesbrough FC	0-1	1-1	2-2	0-0	1-0	1-1	4-0	1-2	1-2	1-2	0-3	1-0	1-1	0-2		1-3	0-1	0-0	1-1	2-1
Newcastle United FC	0-0	3-0	2-1	0-1	0-0	3-1	3-2	0-1	2-1	2-1	1-0	2-1	0-1	1-1	1-2		1-1	1-2	2-0	2-1
Southampton FC	3-2	2-0	2-0	0-0	3-2	1-2	1-0	1-0	0-3	1-0	1-0	3-3	0-2	2-1	1-3	2-0		0-1	2-0	2-3
Sunderland AFC	1-0	1-1	0-0	3-2	1-0	1-0	2-1	2-0	4-1	0-2	0-0	1-1	1-0	0-1	1-0	1-1	2-2		2-3	1-1
Tottenham Hotspur FC	1-1	0-0	2-1	0-0	0-3	3-0	3-1	3-2	3-1	1-2	3-0	2-1	0-0	3-1	0-0	4-2	0-0	2-1		1-0
West Ham United FC	1-2	1-1	1-1	5-0	0-2	1-1	3-1	0-2	0-1	0-2	0-1	1-1	4-1	2-2	1-0	1-0	3-0	0-2	0-0	

	F.A. Premiership	**Pd**	**Wn**	**Dw**	**Ls**	**GF**	**GA**	**Pts**	
1.	MANCHESTER UNITED FC (MANCHESTER)	38	24	8	6	79	31	80	
2.	Arsenal FC (London)	38	20	10	8	63	38	70	
3.	Liverpool FC (Liverpool)	38	20	9	9	71	39	69	
4.	Leeds United AFC (Leeds)	38	20	8	10	64	43	68	
5.	Ipswich Town FC (Ipswich)	38	20	6	12	57	42	66	
6.	Chelsea FC (London)	38	17	10	11	68	45	61	
7.	Sunderland AFC (Sunderland)	38	15	12	11	46	41	57	
8.	Aston Villa FC (Birmingham)	38	13	15	10	46	43	54	
9.	Charlton Athletic FC (London)	38	14	10	14	50	57	52	
10.	Southampton FC (Southampton)	38	14	10	14	40	48	52	
11.	Newcastle United FC (Newcastle upon Tyne)	38	14	9	15	44	50	51	
12.	Tottenham Hotspur FC (London)	38	13	10	15	47	54	49	
13.	Leicester City FC (Leicester)	38	14	6	18	39	51	48	
14.	Middlesbrough FC (Middlesbrough)	38	9	15	14	44	44	42	
15.	West Ham United FC (London)	38	10	12	16	45	50	42	
16.	Everton FC (Liverpool)	38	11	9	18	45	59	42	
17.	Derby County FC (Derby)	38	10	12	16	37	59	42	
18.	Manchester City FC (Manchester)	38	8	10	20	41	65	34	R
19.	Coventry City FC (Coventry)	38	8	10	20	36	63	34	R
20.	Bradford City AFC (Bradford)	38	5	11	22	30	70	26	R
		760	279	202	279	992	992	1039	

Top Goalscorers

1)	Jimmy Floyd HASSELBAINK	(Chelsea FC)	23
2)	Marcus STEWART	(Ipswich Town FC)	19
3)	Thierry HENRY	(Arsenal FC)	17
	Mark VIDUKA	(Leeds United AFC)	17

Football League Division 1 2000-01 Season	Barnsley	Birmingham City	Blackburn Rovers	Bolton Wanderers	Burnley	Crewe Alexandra	Crystal Palace	Fulham	Gillingham	Grimsby Town	Huddersfield Town	Norwich City	Nottingham Forest	Portsmouth	Preston North End	Q.P.R.	Sheffield United	Sheffield Wed.	Stockport County	Tranmere Rovers	Watford	W.B.A.	Wimbledon	Wolves
Barnsley FC		2-3	1-2	0-1	1-0	3-0	1-0	0-0	3-1	2-0	3-1	1-0	3-4	1-0	0-4	4-2	0-0	1-0	0-2	1-1	0-1	4-1	0-1	1-2
Birmingham City FC	4-1		0-2	1-1	3-2	2-0	2-1	1-3	1-0	1-0	2-1	2-1	0-2	0-0	3-1	0-0	1-0	1-2	4-0	2-0	2-0	2-1	0-3	0-1
Blackburn Rovers FC	0-0	2-1		1-1	5-0	1-0	2-0	1-2	1-2	2-0	2-0	3-2	3-0	3-1	3-2	0-0	1-1	2-0	2-1	3-2	3-4	1-0	1-1	1-0
Bolton Wanderers FC	2-0	2-2	1-4		1-1	4-1	3-3	0-2	3-3	2-2	2-2	1-0	0-0	2-0	2-0	3-1	1-1	2-0	1-1	2-0	2-1	0-1	2-2	2-1
Burnley FC	2-1	0-0	0-2	0-2		1-0	1-2	2-1	1-1	1-1	1-0	2-0	1-0	1-1	3-0	2-1	2-0	1-0	2-1	2-1	2-0	1-1	1-0	1-2
Crewe Alexandra FC	2-2	0-2	0-0	2-1	4-1		1-1	1-2	2-1	2-0	1-0	0-0	1-0	1-0	1-3	2-2	1-0	1-0	1-2	3-1	2-0	0-1	0-4	2-0
Crystal Palace FC	1-0	1-2	2-3	0-2	0-1	1-0		0-2	2-2	0-1	0-0	1-1	2-3	2-3	0-2	1-1	0-1	4-1	2-2	3-2	1-0	2-2	3-1	0-2
Fulham FC	5-1	0-1	2-1	1-1	3-1	2-0	3-1		3-0	2-1	3-0	2-0	1-0	3-1	0-1	2-0	1-1	1-1	4-1	3-1	5-0	0-0	1-1	2-0
Gillingham FC	0-0	1-2	1-1	2-2	0-0	0-1	4-1	0-2		1-0	2-1	4-3	1-3	1-1	4-0	0-1	4-1	2-0	1-3	2-1	0-3	1-2	0-0	1-0
Grimsby Town FC	0-2	1-1	1-4	0-1	1-0	1-3	2-2	1-0	1-0		1-0	2-0	0-2	2-1	1-2	3-1	0-1	0-1	1-1	3-1	2-1	2-0	1-1	0-2
Huddersfield Town	1-1	1-2	0-1	2-3	0-1	3-1	1-2	1-2	2-3	0-0		2-0	1-1	4-1	0-0	2-1	2-1	0-0	0-0	3-0	1-2	0-2	0-2	3-0
Norwich City FC	0-0	1-0	1-1	0-2	2-3	1-1	0-0	0-1	1-0	2-1	1-1		0-0	0-0	1-2	1-0	4-2	1-0	4-0	1-0	2-1	0-1	1-2	1-0
Nottingham Forest	1-0	1-2	2-1	0-2	5-0	1-0	0-3	0-3	0-1	3-1	1-3	0-0		2-0	3-1	1-1	2-0	0-1	1-0	3-1	0-2	1-0	1-2	0-0
Portsmouth FC	3-0	1-1	2-2	1-2	2-0	2-1	2-4	1-1	0-0	1-1	1-1	2-0	0-2		0-1	1-1	0-0	2-1	2-1	2-0	1-3	0-1	2-1	3-1
Preston North End	1-2	0-2	0-1	0-2	2-1	2-1	2-0	1-1	0-0	1-2	0-0	1-0	1-1	1-0		5-0	3-0	2-0	1-1	1-0	3-2	2-1	1-1	2-0
Queen's Park Rangers	2-0	0-0	1-3	1-1	0-1	1-0	1-1	0-2	2-2	0-1	1-1	2-3	1-0	1-1	0-0		1-3	1-2	0-3	2-0	1-1	2-0	2-1	2-2
Sheffield United FC	1-2	3-1	2-0	1-0	2-0	1-0	1-0	1-1	1-2	3-2	3-0	1-1	1-3	2-0	3-2	1-1		1-1	1-0	2-0	0-1	2-0	0-1	1-0
Sheffield Wednesday	2-1	1-0	1-1	0-3	2-0	0-0	4-1	3-3	2-1	1-0	2-3	3-2	0-1	0-0	1-3	5-2	1-2		2-4	1-0	2-3	1-2	0-5	0-1
Stockport County	2-0	2-0	0-0	4-3	0-0	3-0	0-1	2-0	2-2	1-1	0-0	1-3	1-2	1-1	0-1	2-2	0-2	2-1		1-1	2-3	0-0	2-2	1-1
Tranmere Rovers	2-3	1-0	1-1	0-1	2-3	1-3	1-1	1-4	3-2	2-0	2-0	0-1	2-2	1-1	1-1	1-1	1-0	2-0	2-1		2-0	2-2	0-4	0-2
Watford FC	1-0	2-0	0-1	1-0	0-1	3-0	2-2	1-3	0-0	4-0	1-2	4-1	3-0	2-2	2-3	3-1	4-1	1-3	2-2	1-1		3-3	3-1	3-2
West Bromwich Alb.	1-0	1-1	1-0	0-2	1-1	2-2	1-0	1-3	3-1	0-1	1-1	2-3	3-0	2-0	3-1	2-1	2-1	1-2	1-1	2-1	3-0		3-1	1-0
Wimbledon FC	1-1	3-1	0-2	0-1	0-2	3-3	1-0	0-3	4-4	2-2	1-1	0-0	2-1	1-1	3-1	5-0	0-0	4-1	2-0	0-0	0-0	0-1		1-1
Wolverhampton W.	2-0	0-1	0-0	0-2	1-0	0-0	1-3	0-0	1-1	2-0	0-1	4-0	2-0	1-1	0-1	1-1	0-0	1-1	3-2	1-2	2-2	3-1	0-1	

	Football League Division 1	**Pd**	**Wn**	**Dw**	**Ls**	**GF**	**GA**	**Pts**	
1.	Fulham FC (London)	46	30	11	5	90	32	101	P
2.	Blackburn Rovers FC (Blackburn)	46	25	13	7	76	39	91	P
3.	Bolton Wanderers FC (Bolton)	46	24	15	7	76	45	87	POP
4.	Preston North End FC (Preston)	46	23	9	14	64	52	78	PO
5.	Birmingham City FC (Birmingham)	46	23	9	14	59	48	78	PO
6.	West Bromwich Albion FC (West Bromwich)	46	21	11	14	60	52	74	PO
7.	Burnley FC (Burnley)	46	21	9	16	50	54	72	
8.	Wimbledon FC (London)	46	17	18	11	71	50	69	
9.	Watford FC (Watford)	46	20	9	17	76	67	69	
10.	Sheffield United FC (Sheffield)	46	19	11	16	52	49	68	
11.	Nottingham Forest FC (Nottingham)	46	20	8	18	55	53	68	
12.	Wolverhampton Wanderers FC (Wolverhampton)	46	14	13	19	45	48	55	
13.	Gillingham FC (Gillingham)	46	13	16	17	61	66	55	
14.	Crewe Alexandra FC (Crewe)	46	15	10	21	47	62	55	
15.	Norwich City FC (Norwich)	46	14	12	20	46	58	54	
16.	Barnsley FC (Barnsley)	46	15	9	22	49	62	54	
17.	Sheffield Wednesday FC (Sheffield)	46	15	8	23	52	71	53	
18.	Grimsby Town FC (Cleethorpes)	46	14	10	22	43	62	52	
19.	Stockport County FC (Stockport)	46	11	18	17	58	65	51	
20.	Portsmouth FC (Portsmouth)	46	10	19	17	47	59	49	
21.	Crystal Palace FC (London)	46	12	13	21	57	70	49	
22.	Huddersfield Town AFC (Huddersfield)	46	11	15	20	48	57	48	R
23.	Queen's Park Rangers FC (London)	46	7	19	20	45	75	40	R
24.	Tranmere Rovers FC (Birkenhead)	46	9	11	26	46	77	38	R
		1104	404	296	404	1373	1373	1508	

Promotion Play-offs

Bolton Wanderers FC (Bolton)	3-0	Preston North End FC (Preston)
Birmingham City FC (Birmingham)	1-0, 1-2 (aet)	Preston North End FC (Preston)
	(Preston North End won 4-2 on penalties)	
West Bromwich Albion FC (West Bromwich)	2-2, 0-3	Bolton Wanderers FC (Bolton)

Football League Division 2 2000-01 Season	Bournemouth	Brentford	Bristol City	Bristol Rovers	Bury	Cambridge United	Colchester United	Luton Town	Millwall	Northampton Town	Notts County	Oldham Athletic	Oxford United	Peterborough United	Port Vale	Reading	Rotherham United	Stoke City	Swansea City	Swindon Town	Walsall	Wigan Athletic	Wrexham	Wycombe Wanderers
AFC Bournemouth		2-0	4-0	1-2	1-0	1-1	2-2	3-2	1-2	2-0	0-1	1-1	4-3	2-1	1-1	1-2	0-1	1-0	2-0	3-0	2-2	0-0	1-2	2-0
Brentford FC	3-2		2-1	2-6	3-1	2-2	1-0	2-2	1-1	1-1	3-1	1-1	3-0	1-0	1-1	1-2	0-3	2-2	0-0	0-1	2-1	2-2	1-0	0-0
Bristol City FC	3-3	1-2		3-2	4-1	6-2	1-1	3-1	2-1	2-0	4-0	2-2	0-0	2-1	1-1	4-0	0-1	1-2	3-1	0-1	1-3	1-1	2-1	1-2
Bristol Rovers FC	1-1	0-0	1-1		2-0	2-1	2-0	3-3	1-2	0-1	0-0	0-2	6-2	1-2	0-3	2-2	1-1	0-3	1-0	0-0	0-0	0-0	4-0	1-2
Bury FC	2-5	0-1	0-1	1-0		0-1	0-0	1-1	2-1	1-0	1-1	1-1	3-1	2-1	2-0	0-2	0-0	1-0	3-0	1-0	2-0	0-1	1-4	1-1
Cambridge United	0-2	1-1	1-0	0-3	0-1		2-1	2-1	1-5	1-2	2-2	2-0	1-0	0-0	4-0	1-1	6-1	1-1	3-3	0-1	0-1	1-2	2-3	1-0
Colchester United	3-1	3-1	4-0	2-1	1-1	2-0		3-1	0-1	0-2	2-0	1-1	3-2	2-2	0-1	2-1	0-1	0-1	3-0	0-1	0-2	0-2	1-1	0-0
Luton Town FC	1-0	3-1	0-3	0-0	1-2	1-0	0-3		0-1	0-2	0-1	0-0	1-1	3-2	1-1	1-1	0-1	1-2	5-3	2-3	0-0	0-2	3-4	1-2
Millwall FC	0-1	1-0	1-1	3-0	4-0	3-1	6-1	1-0		0-1	2-3	5-0	5-0	0-0	1-0	2-0	4-0	2-0	1-0	1-0	2-0	3-1	1-0	1-2
Northampton Town	0-3	1-1	2-0	2-1	2-1	0-2	2-0	0-1	3-3		1-0	2-1	0-1	0-0	0-2	2-0	0-1	2-2	2-1	0-1	0-3	1-0	2-2	2-2
Notts County FC	0-2	2-2	2-1	1-1	1-0	0-1	2-2	1-3	3-4	2-0		1-0	2-1	3-3	0-1	3-2	4-1	2-2	0-1	3-2	2-0	2-2	1-0	0-2
Oldham Athletic AFC	2-1	3-0	0-0	1-0	1-1	1-3	1-1	2-0	0-1	2-1	0-1		3-2	1-4	4-1	0-2	2-3	1-2	1-1	1-0	0-0	2-1	5-1	2-0
Oxford United FC	1-2	0-1	0-1	0-1	1-0	1-1	0-1	0-0	0-2	3-1	2-3	0-1		0-1	1-1	0-2	4-3	1-1	3-1	0-2	2-1	0-2	3-4	1-2
Peterborough United	1-2	1-1	2-1	2-2	1-1	4-1	3-1	1-1	1-4	1-2	1-0	0-0	4-2		2-0	1-0	1-1	0-4	0-2	4-0	2-0	2-0	1-0	3-2
Port Vale FC	2-1	1-1	1-2	1-0	1-1	4-2	3-1	3-0	1-1	2-2	2-3	0-0	3-0	5-0		0-1	0-2	1-1	1-0	3-0	0-2	0-0	1-1	0-1
Reading FC	3-3	4-0	1-3	1-0	4-1	3-0	0-1	4-1	3-4	1-1	2-1	5-0	4-3	1-1	1-0		2-0	3-3	5-1	2-0	2-2	1-0	4-1	2-0
Rotherham United	3-1	2-1	1-1	3-0	1-2	3-0	3-2	1-1	3-2	1-0	0-0	3-0	3-1	3-0	3-2	1-3		2-1	4-2	4-3	2-3	1-1	2-0	1-0
Stoke City FC	2-1	1-0	1-0	4-1	2-1	2-3	3-1	1-3	3-2	1-1	0-1	0-1	4-0	3-0	1-1	0-0	1-1		1-2	4-1	0-0	2-0	3-1	0-0
Swansea City FC	0-3	6-0	2-2	0-0	0-2	1-1	0-2	4-0	0-0	1-1	0-1	1-2	1-2	2-2	0-1	0-1	0-0	2-1		0-0	3-1	0-0	0-1	3-1
Swindon Town FC	1-1	2-3	1-1	1-3	3-0	3-1	0-0	1-3	0-2	1-1	1-2	3-0	2-1	2-1	0-1	0-1	2-1	0-3	1-1		1-4	2-2	2-2	1-1
Walsall FC	1-1	3-2	0-0	2-1	1-2	3-1	0-1	3-1	0-0	3-0	5-1	3-2	3-2	1-1	2-1	2-1	1-1	3-0	5-1	1-0		2-0	2-3	5-1
Wigan Athletic AFC	1-1	1-3	0-0	0-0	1-0	2-1	3-1	2-1	1-0	2-1	1-1	3-1	3-2	1-0	1-0	1-1	0-1	1-1	2-0	0-0	1-1		0-0	2-1
Wrexham AFC	2-2	2-1	0-2	1-0	0-1	2-2	1-0	3-1	1-1	3-0	1-1	3-1	5-3	2-1	1-0	1-2	1-3	1-2	1-0	1-1	0-1	1-3		0-0
Wycombe Wanderers	0-3	0-0	1-2	0-1	2-1	0-2	1-1	1-1	0-0	1-0	3-1	2-1	3-1	2-0	0-1	1-1	0-1	0-1	2-1	0-0	3-1	1-2	1-1	

	Football League Division 2	Pd	Wn	Dw	Ls	GF	GA	Pts	
1.	Millwall FC (London)	46	28	9	9	89	38	93	P
2.	Rotherham United FC (Rotherham)	46	27	10	9	79	55	91	P
3.	Reading FC (Reading)	46	25	11	10	86	52	86	PO
4.	Walsall FC (Walsall)	46	23	12	11	79	50	81	POP
5.	Stoke City FC (Stoke-on-Trent)	46	21	14	11	74	49	77	PO
6.	Wigan Athletic AFC (Wigan)	46	19	18	9	53	42	75	PO
7.	AFC Bournemouth (Bournemouth)	46	20	13	13	79	55	73	
8.	Notts County FC (Nottingham)	46	19	12	15	62	66	69	
9.	Bristol City FC (Bristol)	46	18	14	14	70	56	68	
10.	Wrexham AFC (Wrexham)	46	17	12	17	65	71	63	
11.	Port Vale FC (Stoke-on-Trent)	46	16	14	16	55	49	62	
12.	Peterborough United FC (Peterborough)	46	15	14	17	61	66	59	
13.	Wycombe Wanderers FC (High Wycombe)	46	15	14	17	46	53	59	
14.	Brentford FC (London)	46	14	17	15	56	70	59	
15.	Oldham Athletic AFC (Oldham)	46	15	13	18	53	65	58	
16.	Bury FC (Bury)	46	16	10	20	45	59	58	
17.	Colchester United FC (Colchester)	46	15	12	19	55	59	57	
18.	Northampton Town FC (Northampton)	46	15	12	19	46	59	57	
19.	Cambridge United FC (Cambridge)	46	14	11	21	61	77	53	
20.	Swindon Town FC (Swindon)	46	13	13	20	47	65	52	
21.	Bristol Rovers FC (Bristol)	46	12	15	19	53	57	51	R
22.	Luton Town FC (Luton)	46	9	13	24	52	80	40	R
23.	Swansea City FC (Swansea)	46	8	13	25	47	73	37	R
24.	Oxford United FC (Oxford)	46	7	6	33	53	100	27	R
		1104	401	302	401	1466	1466	1505	

Promotion Play-offs

Walsall FC (Walsall)	3-2	Reading FC (Reading)
Stoke City FC (Stoke-on-Trent)	0-0, 2-4	Walsall FC (Walsall)
Wigan Athletic AFC (Wigan)	0-0, 1-2	Reading FC (Reading)

Football League Division 3 2000-01 Season	Barnet	Blackpool	Brighton & H.A.	Cardiff City	Carlisle United	Cheltenham T.	Chesterfield	Darlington	Exeter City	Halifax Town	Hartlepool	Hull City	Kidderminster H.	Leyton Orient	Lincoln City	Macclesfield T.	Mansfield Town	Plymouth Argyle	Rochdale	Scunthorpe Utd.	Shrewsbury T.	Southend United	Torquay United	York City
Barnet FC		7-0	0-1	2-2	0-1	2-2	1-1	3-0	1-1	1-0	1-3	1-1	0-0	1-2	4-3	0-2	3-3	1-1	3-0	4-2	3-0	2-1	2-3	2-0
Blackpool FC	3-2		0-2	1-0	3-2	2-2	1-3	2-1	3-0	0-1	1-2	3-1	5-1	2-2	2-0	2-1	2-2	1-0	3-1	6-0	0-1	2-2	5-0	1-0
Brighton & Hove Alb.	4-1	1-0		1-0	4-1	3-0	1-0	2-0	2-0	2-1	4-2	3-0	0-2	2-0	2-0	4-1	2-0	2-0	2-1	0-0	4-0	0-2	6-2	1-1
Cardiff City AFC	1-0	3-1	1-1		4-1	3-1	3-3	2-0	6-1	4-2	3-2	2-0	0-0	1-1	3-2	2-0	2-0	4-1	0-0	3-0	3-1	2-2	2-1	4-0
Carlisle United FC	0-2	1-0	0-0	2-2		1-1	2-4	0-2	0-1	2-2	2-3	0-0	2-0	1-0	1-1	1-0	2-1	1-1	1-2	1-2	1-0	3-1	1-0	1-1
Cheltenham Town	4-3	0-1	3-1	3-1	1-0		0-1	1-0	1-0	4-2	1-2	0-1	1-3	1-1	2-1	1-1	2-2	5-2	0-2	1-0	1-1	2-1	2-0	1-1
Chesterfield FC	1-2	2-1	1-0	2-2	1-1	2-0		2-0	2-0	3-0	0-0	1-0	1-0	4-1	1-2	4-1	4-0	2-1	1-1	1-0	3-0	1-1	3-0	4-1
Darlington FC	1-0	1-3	1-2	2-0	1-0	1-0	0-3		1-1	0-1	1-1	0-2	1-2	1-1	3-0	1-1	2-1	1-0	1-2	2-1	3-0	1-1	2-0	1-1
Exeter City FC	1-0	2-0	1-0	1-2	1-0	0-2	1-1	1-1		0-0	1-1	0-1	2-1	2-3	0-0	0-0	0-0	0-2	0-1	2-1	1-0	2-2	1-1	3-1
Halifax Town AFC	3-0	1-2	0-3	1-2	0-0	1-2	2-2	1-0	3-1		0-1	0-2	3-2	2-2	1-1	3-0	3-4	2-0	1-2	3-4	0-0	0-1	2-1	1-3
Hartlepool United FC	6-1	3-1	2-2	3-1	2-2	0-0	1-2	2-1	2-0	1-1		0-1	3-1	2-1	1-0	2-2	1-1	1-1	1-1	1-0	1-3	1-0	3-1	1-0
Hull City AFC	2-1	0-1	0-2	2-0	2-1	0-2	3-1	2-0	2-1	1-0	0-0		0-0	1-0	1-1	0-0	2-1	1-1	3-2	2-1	1-0	1-1	1-2	0-0
Kidderminster Harr.	2-1	1-4	0-2	2-4	0-1	1-1	0-2	0-0	0-0	2-1	0-1	2-2		2-1	1-3	2-1	1-0	3-0	0-0	0-0	3-1	2-1	2-0	3-1
Leyton Orient FC	3-1	1-0	0-2	2-1	1-0	0-0	2-0	1-0	2-1	3-0	3-1	2-2	0-0		1-0	2-1	2-1	1-1	1-1	1-1	2-0	0-2	0-2	1-1
Lincoln City FC	2-1	1-1	2-0	2-0	1-1	1-0	1-1	2-2	3-1	1-1	0-2	2-0	3-3	2-3		1-2	0-2	2-1	1-1	1-1	2-2	3-0	1-2	2-1
Macclesfield Town	3-0	2-1	0-0	2-5	1-0	2-1	1-2	1-1	0-2	0-0	0-1	0-0	1-0	0-2	2-0		0-1	3-1	0-0	0-1	2-1	1-0	2-1	0-1
Mansfield Town FC	4-1	0-1	2-0	3-1	1-1	2-1	0-1	3-2	1-1	5-1	4-3	1-1	2-1	2-0	2-3	4-4		0-0	1-0	1-0	1-0	1-1	0-0	1-3
Plymouth Argyle FC	2-3	2-0	0-2	2-1	2-0	0-0	3-0	1-1	1-0	1-0	0-2	1-1	4-0	0-1	1-0	0-1	2-0		0-0	1-0	3-1	3-3	3-1	1-0
Rochdale AFC	0-0	1-0	1-1	1-1	6-0	1-1	2-2	1-1	3-0	0-1	2-1	1-0	0-0	3-1	3-1	2-2	1-0	2-1		3-2	1-7	0-1	2-1	0-1
Scunthorpe United	2-1	1-0	2-1	0-2	3-0	1-1	1-1	1-1	0-2	1-0	3-0	0-1	2-0	1-1	2-1	2-2	6-0	4-1	0-0		2-0	1-1	3-0	4-0
Shrewsbury Town	3-2	1-0	3-0	0-4	0-1	1-0	0-0	1-0	2-0	2-1	1-1	0-2	1-0	1-1	3-2	2-2	2-1	4-1	0-4	0-2		0-1	1-1	2-0
Southend United FC	2-0	0-3	2-0	1-1	1-1	0-1	3-2	0-2	1-1	0-3	2-1	1-1	1-1	0-1	1-0	3-1	3-1	2-2	3-0	1-0	0-0		1-1	1-0
Torquay United FC	2-1	3-2	0-1	1-4	4-2	1-2	0-0	2-1	2-1	1-2	1-0	1-1	1-1	1-2	1-1	2-0	2-2	1-1	1-0	0-2	0-0	1-1		2-2
York City FC	1-0	0-2	0-1	3-3	0-0	0-2	0-1	2-0	0-3	2-1	1-1	0-0	1-0	1-1	0-0	1-3	2-1	1-2	0-2	2-0	2-1	1-0	3-2	

	Football League Division 3	**Pd**	**Wn**	**Dw**	**Ls**	**GF**	**GA**	**Pts**	
1.	Brighton & Hove Albion FC (Brighton)	46	28	8	10	73	35	92	P
2.	Cardiff City AFC (Cardiff)	46	23	13	10	95	58	82	P
3.	Chesterfield FC (Chesterfield)	46	25	14	7	79	42	80	P -9
4.	Hartlepool United FC (Hartlepool)	46	21	14	11	71	54	77	PO
5.	Leyton Orient FC (London)	46	20	15	11	59	51	75	PO
6.	Hull City AFC (Kingston upon Hull)	46	19	17	10	47	39	74	PO
7.	Blackpool FC (Blackpool)	46	22	6	18	74	58	72	POP
8.	Rochdale AFC (Rochdale)	46	18	17	11	59	48	71	
9.	Cheltenham Town FC (Cheltenham)	46	18	14	14	59	52	68	
10.	Scunthorpe United FC (Scunthorpe)	46	18	11	17	62	52	65	
11.	Southend United FC (Southend-on-Sea)	46	15	18	13	55	53	63	
12.	Mansfield Town FC (Mansfield)	46	15	13	18	64	72	58	
13.	Plymouth Argyle FC (Plymouth)	46	15	13	18	54	61	58	
14.	Macclesfield Town FC (Macclesfield)	46	14	14	18	51	62	56	
15.	Shrewsbury Town FC (Shrewsbury)	46	15	10	21	49	65	55	
16.	Kidderminster Harriers FC (Kidderminster)	46	13	14	19	47	61	53	
17.	York City FC (York)	46	13	13	20	42	63	52	
18.	Lincoln City FC (Lincoln)	46	12	15	19	58	66	51	
19.	Exeter City FC (Exeter)	46	12	14	20	40	58	50	
20.	Darlington FC (Darlington)	46	12	13	21	44	56	49	
21.	Torquay United FC (Torquay)	46	12	13	21	52	77	49	
22.	Carlisle United FC (Carlisle)	46	11	15	20	42	65	48	
23.	Halifax Town AFC (Halifax)	46	12	11	23	54	68	47	
24.	Barnet FC (London)	46	12	9	25	67	81	45	R
		1104	395	314	395	1397	1397	1490	

Note: Chesterfield FC had 9 points deducted for "financial irregularities".

Promotion Play-offs

Blackpool FC (Blackpool)	4-2	Leyton Orient FC (London)
Blackpool FC (Blackpool)	2-0, 3-1	Hartlepool United FC (Hartlepool)
Hull City AFC (Kingston upon Hull)	1-0, 0-2	Leyton Orient FC (London)

Promoted to Division 3: Rushden & Diamonds FC (Irthlingborough)

F.A. CUP FINAL (Millennium Stadium, Cardiff – 12/05/2001 – 74,200)

LIVERPOOL FC (LIVERPOOL)	2-1	Arsenal FC (London)
Owen 83', 88'		*Ljungberg 72'*

Liverpool: Westerveld, Babbel, Henchoz, Hyypia, Carragher, Murphy (Berger 77'), Gerrard, Hamann (McAllister 60'), Smicer (Fowler 77'), Heskey, Owen.

Arsenal: Seaman, Dixon (Bergkamp 90'), Keown, Adams, Pires, Grimandi, Vieira, Ljungberg (Kanu 85'), Wiltord (Parlour 76'), Henry.

Semi-finals

Arsenal FC (London)	2-1	Tottenham Hotspur FC (London)
Wycombe Wanderers FC (High Wycombe)	1-2	Liverpool FC (Liverpool)

Quarter-finals

Arsenal FC (London)	3-0	Blackburn Rovers FC (Blackburn)
Leicester City FC (Leicester)	1-2	Wycombe Wanderers FC (High Wycombe)
Tranmere Rovers FC (Birkenhead)	2-4	Liverpool FC (Liverpool)
West Ham United FC (London)	2-3	Tottenham Hotspur FC (London)

2001-02

F.A. Premiership 2001-02 Season	Arsenal	Aston Villa	Blackburn Rovers	Bolton Wanderers	Charlton Athletic	Chelsea	Derby County	Everton	Fulham	Ipswich Town	Leeds United	Leicester City	Liverpool	Manchester United	Middlesbrough	Newcastle United	Southampton	Sunderland	Tottenham Hotspur	West Ham United
Arsenal FC		3-2	3-3	1-1	2-4	2-1	1-0	4-3	4-1	2-0	1-2	4-0	1-1	3-1	2-1	1-3	1-1	3-0	2-1	2-0
Aston Villa FC	1-2		2-0	3-2	1-0	1-1	2-1	0-0	2-0	2-1	0-1	0-2	1-2	1-1	0-0	1-1	2-1	0-0	1-1	2-1
Blackburn Rovers FC	2-3	3-0		1-1	4-1	0-0	0-1	1-0	3-0	2-1	1-2	0-0	1-1	2-2	0-1	2-2	2-0	0-3	2-1	7-1
Bolton Wanderers FC	0-2	3-2	1-1		0-0	2-2	1-3	2-2	0-0	4-1	0-3	2-2	2-1	0-4	1-0	0-4	0-1	0-2	1-1	1-0
Charlton Athletic FC	0-3	1-2	0-2	1-2		2-1	1-0	1-2	1-1	3-2	0-2	2-0	0-2	0-2	0-0	1-1	1-1	2-2	3-1	4-4
Chelsea FC	1-1	1-3	0-0	5-1	0-1		2-1	3-0	3-2	2-1	2-0	2-0	4-0	0-3	2-2	1-1	2-4	4-0	4-0	5-1
Derby County FC	0-2	3-1	2-1	1-0	1-1	1-1		3-4	0-1	1-3	0-1	2-3	0-1	2-2	0-1	2-3	1-0	0-1	1-0	0-0
Everton FC	0-1	3-2	1-2	3-1	0-3	0-0	1-0		2-1	1-2	0-0	2-2	1-3	0-2	2-0	1-3	2-0	1-0	1-1	5-0
Fulham FC	1-3	0-0	2-0	3-0	0-0	1-1	0-0	2-0		1-1	0-0	0-0	0-2	2-3	2-1	3-1	2-1	2-0	0-2	0-1
Ipswich Town FC	0-2	0-0	1-1	1-2	0-1	0-0	3-1	0-0	1-0		1-2	2-0	0-6	0-1	1-0	0-1	1-3	5-0	2-1	2-3
Leeds United AFC	1-1	1-1	3-1	0-0	0-0	0-0	3-0	3-2	0-1	2-0		2-2	0-4	3-4	1-0	3-4	2-0	2-0	2-1	3-0
Leicester City FC	1-3	2-2	2-1	0-5	1-1	2-3	0-3	0-0	0-0	1-1	0-2		1-4	0-1	1-2	0-0	0-4	1-0	2-1	1-1
Liverpool FC	1-2	1-3	4-3	1-1	2-0	1-0	2-0	1-1	0-0	5-0	1-1	1-0		3-1	2-0	3-0	1-1	1-0	1-0	2-1
Manchester United FC	0-1	1-0	2-1	1-2	0-0	0-3	5-0	4-1	3-2	4-0	1-1	2-0	0-1		0-1	3-1	6-1	4-1	4-0	0-1
Middlesbrough FC	0-4	2-1	1-3	1-1	0-0	0-2	5-1	1-0	2-1	0-0	2-2	1-0	1-2	0-1		1-4	1-3	2-0	1-1	2-0
Newcastle United FC	0-2	3-0	2-1	3-2	3-0	1-2	1-0	6-2	1-1	2-2	3-1	1-0	0-2	4-3	3-0		3-1	1-1	0-2	3-1
Southampton FC	0-2	1-3	1-2	0-0	1-0	0-2	2-0	0-1	1-1	3-3	0-1	2-2	2-0	1-3	1-1	3-1		2-0	1-0	2-0
Sunderland AFC	1-1	1-1	1-0	1-0	2-2	0-0	1-1	1-0	1-1	1-0	2-0	2-1	0-1	1-3	0-1	0-1	1-1		1-2	1-0
Tottenham Hotspur FC	1-1	0-0	1-0	3-2	0-1	2-3	3-1	1-1	4-0	1-2	2-1	2-1	1-0	3-5	2-1	1-3	2-0	2-1		1-1
West Ham United FC	1-1	1-1	2-0	2-1	2-0	2-1	4-0	1-0	0-2	3-1	0-0	1-0	1-1	3-5	1-0	3-0	2-0	3-0	0-1	

	F.A. Premiership	Pd	Wn	Dw	Ls	GF	GA	Pts	
1.	ARSENAL FC (LONDON)	38	26	9	3	79	36	87	
2.	Liverpool FC (Liverpool)	38	24	8	6	67	30	80	
3.	Manchester United FC (Manchester)	38	24	5	9	87	45	77	
4.	Newcastle United FC (Newcastle upon Tyne)	38	21	8	9	74	52	71	
5.	Leeds United AFC (Leeds)	38	18	12	8	53	37	66	
6.	Chelsea FC (London)	38	17	13	8	66	38	64	
7.	West Ham United FC (London)	38	15	8	15	48	57	53	
8.	Aston Villa FC (Birmingham)	38	12	14	12	46	47	50	
9.	Tottenham Hotspur FC (London)	38	14	8	16	49	53	50	
10.	Blackburn Rovers FC (Blackburn)	38	12	10	16	55	51	46	
11.	Southampton FC (Southampton)	38	12	9	17	46	54	45	
12.	Middlesbrough FC (Middlesbrough)	38	12	9	17	35	47	45	
13.	Fulham FC (London)	38	10	14	14	36	44	44	
14.	Charlton Athletic FC (London)	38	10	14	14	38	49	44	
15.	Everton FC (Liverpool)	38	11	10	17	45	57	43	
16.	Bolton Wanderers FC (Bolton)	38	9	13	16	44	62	40	
17.	Sunderland AFC (Sunderland)	38	10	10	18	29	51	40	
18.	Ipswich Town FC (Ipswich)	38	9	9	20	41	64	36	R
19.	Derby County FC (Derby)	38	8	6	24	33	63	30	R
20.	Leicester City FC (Leicester)	38	5	13	20	30	64	28	R
		760	279	202	279	1001	1001	1039	

Top Goalscorers

1)	Thierry HENRY	(Arsenal FC)	24
2)	Jimmy Floyd HASSELBAINK	(Chelsea FC)	23
	Alan SHEARER	(Newcastle United FC)	23
	Ruud VAN NISTELROOY	(Manchester United FC)	23

Football League Division 1 2001-02 Season	Barnsley	Birmingham City	Bradford City	Burnley	Coventry City	Crewe Alexandra	Crystal Palace	Gillingham	Grimsby Town	Manchester City	Millwall	Norwich City	Nottingham Forest	Portsmouth	Preston North End	Rotherham United	Sheffield United	Sheffield Wed.	Stockport County	Walsall	Watford	W.B.A.	Wimbledon	Wolves
Barnsley FC		1-3	3-3	1-1	1-1	2-0	1-4	4-1	0-0	0-3	1-1	0-2	2-1	1-4	2-1	1-1	1-1	3-0	2-2	4-1	2-0	3-2	1-1	1-0
Birmingham City FC	1-0		4-0	2-3	2-0	3-1	1-0	2-1	4-0	1-2	4-0	4-0	1-1	1-1	0-1	2-2	2-0	2-0	2-1	1-0	3-2	0-1	0-2	2-2
Bradford City AFC	4-0	1-3		2-3	2-1	2-0	1-2	5-1	3-2	0-2	1-2	0-1	2-1	3-1	0-1	3-1	1-2	0-2	2-4	2-0	4-3	0-1	3-3	0-3
Burnley FC	3-3	0-1	1-1		1-0	3-3	1-0	2-0	1-0	2-4	0-0	1-1	1-1	1-1	2-1	3-0	2-0	1-2	3-2	5-2	1-0	0-2	3-2	2-3
Coventry City FC	4-0	1-1	4-0	0-2		1-0	2-0	1-2	0-1	4-3	0-1	2-1	0-0	2-0	2-2	2-0	1-0	2-0	0-0	2-1	0-2	0-1	3-1	0-1
Crewe Alexandra FC	2-0	0-0	2-2	1-2	1-6		0-0	0-0	2-0	1-3	1-0	1-0	0-3	1-1	2-1	2-0	2-2	0-2	0-0	2-1	1-0	1-1	0-4	1-4
Crystal Palace FC	1-0	0-0	2-0	1-2	1-3	4-1		3-1	5-0	2-1	1-3	3-2	1-1	0-0	2-0	2-0	0-1	4-1	4-1	2-0	0-2	0-1	4-0	0-2
Gillingham FC	3-0	1-1	0-4	2-2	1-2	1-0	3-0		2-1	1-3	1-0	0-2	3-1	2-0	5-0	2-1	0-1	2-1	3-3	2-0	0-0	2-1	0-0	2-3
Grimsby Town FC	1-0	3-1	0-1	3-1	0-1	1-0	5-2	1-2		0-2	2-2	0-2	0-0	3-1	2-2	0-2	1-0	0-0	3-1	2-2	0-3	0-0	6-2	1-1
Manchester City FC	5-1	3-0	3-1	5-1	4-2	5-2	1-0	4-1	4-0		2-0	3-1	3-0	3-1	3-2	2-1	0-0	4-0	2-2	3-0	3-0	0-0	0-4	1-0
Millwall FC	3-1	1-1	3-1	0-2	3-2	2-0	3-0	1-2	3-1	2-3		4-0	3-3	1-0	2-1	1-0	2-0	1-2	3-0	2-2	1-0	1-0	0-1	1-0
Norwich City FC	2-1	0-1	1-4	2-1	2-0	2-2	2-1	2-1	1-1	2-0	0-0		1-0	0-0	3-0	0-0	2-1	2-0	2-0	1-1	3-1	2-0	2-1	2-0
Nottingham Forest	0-0	0-0	1-0	1-0	2-1	2-2	4-2	2-2	0-0	1-1	1-2	2-0		0-1	1-1	2-0	1-1	0-1	2-1	2-3	0-0	0-1	0-0	2-2
Portsmouth FC	4-4	1-1	0-1	1-1	1-0	2-4	4-2	2-1	4-2	2-1	3-0	1-2	3-2		0-1	0-0	1-0	0-0	2-0	1-1	0-1	1-2	1-2	2-3
Preston North End	2-2	1-0	1-1	2-3	4-0	2-2	2-1	0-2	0-0	2-1	1-0	4-0	2-1	2-0		2-1	3-0	4-2	6-0	1-1	1-2	1-0	1-1	1-2
Rotherham United	1-1	2-2	1-1	1-1	0-0	2-2	2-3	3-2	1-1	1-1	0-0	1-1	1-2	2-1	1-0		1-1	1-1	3-2	2-0	1-1	2-1	3-2	0-3
Sheffield United FC	1-1	4-0	2-2	3-0	0-1	1-0	1-3	0-0	3-1	1-3	3-2	2-1	0-0	4-3	2-2	2-2		0-0	3-0	0-1	0-2	0-3	0-1	2-2
Sheffield Wednesday	3-1	0-1	1-1	0-2	2-1	1-0	1-3	0-0	0-0	2-6	1-1	0-5	0-2	2-3	1-2	1-2	0-0		5-0	2-1	2-1	1-1	1-2	2-2
Stockport County	1-3	0-3	1-0	0-2	0-2	0-1	0-1	0-2	3-3	2-1	0-4	2-1	1-3	0-1	1-2	0-1	1-2	3-1		0-2	2-1	1-2	1-2	1-4
Walsall FC	2-1	1-2	2-2	1-0	0-1	2-1	2-2	1-1	4-0	0-0	0-0	2-0	2-0	0-0	1-2	3-2	1-2	0-3	1-0		0-3	2-1	2-1	0-3
Watford FC	3-0	3-3	0-0	1-2	3-0	0-1	1-0	2-3	2-0	1-2	1-4	2-1	1-2	3-0	1-1	3-2	0-3	3-1	1-1	2-1		1-2	3-0	1-1
West Bromwich Alb.	3-1	1-0	1-0	1-0	1-0	4-1	2-0	1-0	0-1	4-0	0-2	1-0	1-0	5-0	2-0	1-1	0-1	1-1	4-0	1-0	1-1		0-1	1-1
Wimbledon FC	0-1	3-1	1-2	0-0	0-1	2-0	1-1	3-1	2-1	2-1	2-2	0-1	1-0	3-3	2-0	1-0	1-1	1-1	3-1	2-2	0-0	0-1		0-1
Wolverhampton W.	4-1	2-1	3-1	3-0	3-1	0-1	0-1	2-0	0-1	0-2	1-0	0-0	1-0	2-2	2-3	2-1	1-0	0-0	2-2	3-0	1-0	0-1	1-0	

	Football League Division 1	**Pd**	**Wn**	**Dw**	**Ls**	**GF**	**GA**	**Pts**	
1.	Manchester City FC (Manchester)	46	31	6	9	108	52	99	P
2.	West Bromwich Albion FC (West Bromwich)	46	27	8	11	61	29	89	P
3.	Wolverhampton Wanderers FC (Wolverhampton)	46	25	11	10	76	43	86	PO
4.	Millwall FC (London)	46	22	11	13	69	48	77	PO
5.	Birmingham City FC (Birmingham)	46	21	13	12	70	49	76	POP
6.	Norwich City FC (Norwich)	46	22	9	15	60	51	75	PO
7.	Burnley FC (Burnley)	46	21	12	13	70	62	75	
8.	Preston North End FC (Preston)	46	20	12	14	71	59	72	
9.	Wimbledon FC (London)	46	18	13	15	63	57	67	
10.	Crystal Palace FC (London)	46	20	6	20	70	62	66	
11.	Coventry City FC (Coventry)	46	20	6	20	59	53	66	
12.	Gillingham FC (Gillingham)	46	18	10	10	64	67	64	
13.	Sheffield United FC (Sheffield)	46	15	15	16	53	54	60	
14.	Watford FC (Watford)	46	16	11	19	62	56	59	
15.	Bradford City AFC (Bradford)	46	15	10	21	69	76	55	
16.	Nottingham Forest FC (Nottingham)	46	12	18	16	50	51	54	
17.	Portsmouth FC (Portsmouth)	46	13	14	19	60	72	53	
18.	Walsall FC (Walsall)	46	13	12	21	51	71	51	
19.	Grimsby Town FC (Cleethorpes)	46	12	14	20	50	72	50	
20.	Sheffield Wednesday FC (Sheffield)	46	12	14	20	49	71	50	
21.	Rotherham United FC (Rotherham)	46	10	19	17	52	66	49	
22.	Crewe Alexandra FC (Crewe)	46	12	13	21	47	76	49	R
23.	Barnsley FC (Barnsley)	46	11	15	20	59	86	48	R
24.	Stockport County FC (Stockport)	46	6	8	32	42	102	26	R
		1104	412	280	412	1485	1485	1516	

Promotion Play-offs

Birmingham City FC (Birmingham)	1-1 (aet)	Norwich City FC (Norwich)
	(Birmingham City won 4-2 on penalties)	
Birmingham City FC (Birmingham)	1-1, 1-0	Millwall FC (London)
Norwich City FC (Norwich)	3-1, 0-1	Wolverhampton Wanderers FC (Wolverhampton)

Football League Division 2 2001-02 Season	Blackpool	Bournemouth	Brentford	Brighton & Hove Albion	Bristol City	Bury	Cambridge United	Cardiff City	Chesterfield	Colchester United	Huddersfield Town	Northampton Town	Notts County	Oldham Athletic	Peterborough United	Port Vale	Q.P.R.	Reading	Stoke City	Swindon Town	Tranmere Rovers	Wigan Athletic	Wrexham	Wycombe Wanderers
Blackpool FC		4-3	1-3	2-2	5-1	0-1	1-1	1-1	1-0	2-1	1-2	1-2	0-0	0-2	2-2	4-0	2-2	0-2	2-2	1-0	1-1	3-1	3-0	2-2
AFC Bournemouth	0-1		0-2	1-1	1-3	3-2	2-2	1-3	3-1	0-1	2-3	5-1	4-2	3-2	0-2	0-0	1-2	1-0	3-1	0-0	0-2	2-0	3-0	1-2
Brentford FC	2-0	1-0		4-0	2-2	5-1	2-1	2-1	0-0	4-1	3-0	3-0	2-1	2-2	2-1	2-0	0-0	1-1	1-0	2-0	4-0	0-1	3-0	1-0
Brighton & Hove Alb.	4-0	2-1	1-2		2-1	2-1	4-3	1-0	2-2	1-0	1-0	2-0	2-2	3-0	1-1	1-0	2-1	3-1	1-0	0-0	1-0	2-1	0-0	4-0
Bristol City FC	2-1	1-0	0-2	0-1		2-0	2-0	1-1	3-0	3-1	1-1	1-3	3-2	3-0	1-0	1-1	2-0	3-3	1-1	3-1	2-0	2-2	1-0	0-1
Bury FC	1-1	2-1	2-0	0-2	2-2		2-2	3-0	2-1	1-3	0-0	2-1	0-4	1-1	2-0	1-1	1-2	1-1	0-1	0-3	0-1	0-2	2-2	1-1
Cambridge United FC	0-3	2-2	2-1	0-0	0-3	3-1		2-1	4-1	1-2	0-1	3-3	0-2	1-1	0-0	0-1	2-1	2-2	0-2	1-2	2-1	2-2	0-2	2-0
Cardiff City AFC	2-2	2-2	3-1	1-1	1-3	1-0	2-0		2-1	1-1	1-2	2-0	2-1	3-1	0-2	1-0	1-1	2-2	2-0	3-0	1-1	2-2	3-2	1-0
Chesterfield FC	2-1	2-1	0-1	1-2	2-1	2-0	2-0	0-2		3-6	1-1	2-2	2-1	4-2	0-1	1-1	2-3	0-2	1-2	4-0	0-2	1-2	3-2	0-1
Colchester United FC	1-1	1-2	1-1	1-4	0-0	0-1	3-1	0-1	1-2		3-3	3-1	0-1	2-1	2-1	2-0	3-1	2-0	1-3	1-3	2-1	2-2	2-1	2-2
Huddersfield Town	2-4	1-0	1-1	1-2	1-0	2-0	2-1	2-2	0-0	2-1		2-0	2-2	0-0	3-1	2-1	1-0	0-1	0-0	2-0	2-1	0-0	5-1	2-1
Northampton Town	1-3	1-0	1-0	2-0	0-3	1-0	2-2	1-2	0-2	2-3	0-3		0-2	0-1	2-1	1-0	2-2	0-2	1-1	1-1	4-1	0-2	4-1	4-1
Notts County FC	1-0	2-0	0-0	2-2	2-0	1-2	2-1	0-0	1-1	1-1	2-1	0-3		0-2	1-0	1-3	0-2	3-4	0-0	3-1	3-0	1-3	2-2	0-1
Oldham Athletic AFC	2-1	3-3	3-2	2-0	0-1	4-0	2-2	1-7	1-1	4-1	1-1	4-2	4-1		2-0	2-0	1-0	0-1	2-1	2-0	1-1	1-1	3-1	2-0
Peterborough United	3-2	6-0	1-1	0-1	4-1	2-1	1-0	1-1	1-1	3-1	1-2	2-0	0-1	2-2		3-0	4-1	1-2	1-2	1-1	5-0	0-2	2-3	2-1
Port Vale FC	1-1	0-0	2-1	0-1	1-0	1-0	5-0	0-2	4-1	3-1	1-1	0-1	4-2	3-2	4-1		1-0	0-2	1-1	0-2	1-1	1-0	1-3	1-1
Queen's Park Rangers	2-0	1-1	0-0	0-0	0-0	3-0	0-0	2-1	0-0	2-2	3-2	0-1	3-2	1-1	1-0	4-1		0-0	1-0	4-0	1-2	1-1	2-1	4-3
Reading FC	3-0	2-2	1-2	0-0	3-2	1-1	1-0	1-2	0-1	3-0	1-0	0-0	2-1	2-2	2-2	2-0	1-0		1-0	1-3	4-1	1-1	2-0	2-0
Stoke City FC	2-0	2-0	3-2	3-1	1-0	4-0	5-0	1-1	1-0	3-0	1-1	2-0	1-0	0-0	1-0	0-1	0-1	2-0		2-0	1-2	2-2	1-0	5-1
Swindon Town FC	1-0	0-0	2-0	1-1	1-2	3-1	2-0	0-3	2-1	1-0	0-1	2-1	1-0	0-2	0-0	3-0	0-1	0-0	0-3		2-2	1-1	3-1	1-1
Tranmere Rovers FC	4-0	0-0	1-0	0-0	1-0	1-2	6-1	0-1	0-0	0-0	1-0	2-0	4-2	2-2	1-0	3-1	2-3	2-2	2-2	0-0		1-2	5-0	1-1
Wigan Athletic AFC	0-1	0-0	1-1	3-0	1-2	1-1	4-1	4-0	1-1	2-3	1-0	3-0	1-1	1-0	2-1	0-1	1-2	0-2	6-1	1-0	1-2		2-3	0-0
Wrexham AFC	1-1	2-1	0-3	1-2	0-2	1-0	5-0	1-3	0-1	1-1	1-1	3-2	2-1	3-3	1-2	1-3	1-0	0-2	0-1	2-2	1-1	2-0		0-0
Wycombe Wanderers	1-4	1-1	5-3	1-1	2-1	0-2	2-0	0-1	0-0	0-0	2-4	2-1	3-0	2-1	3-0	3-1	1-0	0-2	1-0	1-1	2-1	1-0	5-2	

	Football League Division 2	Pd	Wn	Dw	Ls	GF	GA	Pts	
1.	Brighton & Hove Albion FC (Brighton)	46	25	15	6	66	42	90	P
2.	Reading FC (Reading)	46	23	15	8	70	43	84	P
3.	Brentford FC (London)	46	24	11	11	77	43	83	PO
4.	Cardiff City AFC (Cardiff)	46	23	14	9	75	50	83	PO
5.	Stoke City FC (Stoke-on-Trent)	46	23	11	12	67	40	80	POP
6.	Huddersfield Town AFC (Huddersfield)	46	21	15	10	65	47	78	PO
7.	Bristol City FC (Bristol)	46	21	10	15	68	53	73	
8.	Queen's Park Rangers FC (London)	46	19	14	13	60	49	71	
9.	Oldham Athletic AFC (Oldham)	46	18	16	12	77	65	70	
10.	Wigan Athletic AFC (Wigan)	46	16	16	14	66	51	64	
11.	Wycombe Wanderers FC (High Wycombe)	46	17	13	16	58	64	64	
12.	Tranmere Rovers FC (Birkenhead)	46	16	15	15	63	60	63	
13.	Swindon Town FC (Swindon)	46	15	14	17	46	56	59	
14.	Port Vale FC (Stoke-on-Trent)	46	16	10	20	51	62	58	
15.	Colchester United FC (Colchester)	46	15	12	19	65	76	57	
16.	Blackpool FC (Blackpool)	46	14	14	18	66	69	56	
17.	Peterborough United FC (Peterborough)	46	15	10	21	64	59	55	
18.	Chesterfield FC (Chesterfield)	46	13	13	20	53	65	52	
19.	Notts County FC (Nottingham)	46	13	11	22	59	71	50	
20.	Northampton Town FC (Northampton)	46	14	7	25	54	79	49	
21.	AFC Bournemouth (Bournemouth)	46	10	14	22	56	71	44	R
22.	Bury FC (Bury)	46	11	11	24	43	75	44	R
23.	Wrexham AFC (Wrexham)	46	11	10	25	56	89	43	R
24.	Cambridge United FC (Cambridge)	46	7	13	26	47	93	34	R
		1104	400	304	400	1472	1472	1504	

Promotion Play-offs

Stoke City FC (Stoke-on-Trent)	2-0	Brentford FC (London)
Huddersfield Town AFC (Huddersfield)	0-0, 1-2	Brentford FC (London)
Stoke City FC (Stoke-on-Trent)	1-2, 2-0 (aet)	Cardiff City AFC (Cardiff)

Football League Division 3 2001-02 Season	Bristol Rovers	Carlisle United	Cheltenham Town	Darlington	Exeter City	Halifax Town	Hartlepool	Hull City	Kidderminster H.	Leyton Orient	Lincoln City	Luton Town	Macclesfield Town	Mansfield Town	Oxford United	Plymouth Argyle	Rochdale	Rushden & Diam.	Scunthorpe United	Shrewsbury Town	Southend United	Swansea City	Torquay United	York City
Bristol Rovers FC		0-0	1-2	1-0	0-0	2-0	0-1	1-1	2-1	5-3	1-2	3-2	0-2	0-1	1-1	1-2	0-2	0-3	1-1	0-0	2-1	4-1	1-0	2-2
Carlisle United FC	1-0		0-0	1-3	1-0	0-0	0-2	0-0	1-0	6-1	2-2	0-2	3-2	0-1	2-1	0-2	1-2	3-0	3-0	0-1	0-0	3-0	2-0	2-1
Cheltenham Town	0-0	2-0		0-0	3-1	2-1	3-0	1-0	2-1	1-1	2-1	1-1	4-1	2-3	2-0	0-0	1-1	1-1	3-3	1-0	1-1	2-2	2-2	4-0
Darlington FC	1-0	2-2	0-2		4-0	5-0	1-1	0-1	2-0	3-0	2-1	3-2	0-1	0-1	1-0	1-4	1-0	0-0	2-1	3-3	2-2	0-0	1-3	3-1
Exeter City FC	1-0	1-0	0-2	4-2		0-0	0-2	1-3	2-1	0-0	1-1	2-2	0-0	0-1	3-2	2-3	1-1	1-1	0-4	2-2	2-1	0-3	0-0	2-1
Halifax Town AFC	0-0	2-2	4-1	2-2	1-1		0-2	0-1	1-0	0-0	3-0	2-4	0-0	1-0	0-2	0-2	1-2	2-4	0-0	1-2	1-1	0-1	2-0	1-1
Hartlepool United FC	1-1	3-1	0-1	1-2	2-0	3-0		4-0	1-1	3-1	1-1	1-2	1-2	1-1	0-1	1-0	1-1	5-1	3-2	2-2	5-1	7-1	4-1	3-0
Hull City AFC	0-0	0-1	5-1	1-2	2-0	3-0	1-1		2-1	1-1	1-1	0-4	0-1	4-1	3-0	0-0	3-1	2-1	0-1	3-0	0-0	2-1	1-0	4-0
Kidderminster Harr.	2-0	2-2	0-0	1-0	3-1	2-0	3-2	3-0		0-1	1-1	1-4	0-1	1-1	0-0	0-0	4-1	3-0	1-0	1-0	2-0	0-2	1-0	4-1
Leyton Orient FC	3-1	0-0	0-2	0-0	1-1	3-1	2-0	0-0	1-3		5-0	1-3	2-0	2-0	3-0	0-0	4-2	2-1	0-0	2-4	2-1	2-2	1-2	1-2
Lincoln City FC	0-1	3-1	0-1	1-1	0-0	1-2	2-0	2-1	0-1	2-0		0-1	1-0	1-4	1-0	0-1	1-1	2-4	3-2	1-2	0-1	3-0	0-0	1-3
Luton Town FC	3-0	1-1	2-1	5-2	3-0	5-0	2-2	0-1	1-0	3-0	1-1		0-0	5-3	1-1	2-0	0-1	1-0	2-3	1-0	2-0	3-0	5-1	2-1
Macclesfield Town	2-1	1-1	1-0	1-1	1-2	1-1	0-1	0-0	0-1	2-1	0-1	4-1		0-1	0-1	1-1	0-1	0-0	4-3	2-1	0-0	1-3	0-2	2-1
Mansfield Town FC	2-0	2-0	2-1	4-2	0-1	2-1	3-0	4-2	1-1	3-2	2-1	4-1	4-0		2-1	0-3	3-1	1-4	2-1	2-1	0-0	3-0	2-0	1-1
Oxford United FC	0-0	1-1	3-0	1-2	1-2	6-1	1-2	1-0	1-1	1-1	2-1	1-2	0-2	3-2		1-1	1-2	3-2	0-1	0-1	2-0	2-1	1-1	2-2
Plymouth Argyle FC	1-0	3-0	2-0	1-0	3-0	3-0	1-0	1-0	2-1	3-0	2-0	2-1	2-0	1-0	4-2		1-2	1-0	2-1	0-1	0-0	3-1	2-2	1-0
Rochdale AFC	2-1	1-1	2-2	3-1	2-0	2-0	0-0	3-2	2-0	3-0	2-2	1-0	1-1	3-1	1-1	1-3		0-0	2-2	1-0	0-1	2-0	2-0	5-4
Rushden & Diamonds	3-1	3-1	1-0	2-1	2-1	2-1	2-1	3-3	0-2	1-0	0-0	1-2	2-0	3-1	2-1	2-3	1-1		0-0	3-0	0-1	4-0	0-0	3-0
Scunthorpe United	1-2	2-1	1-2	7-1	3-4	4-0	1-0	2-1	1-0	4-1	1-1	0-2	1-1	0-0	1-0	2-1	2-1	1-1		3-1	2-0	2-2	1-0	1-0
Shrewsbury Town	0-1	1-0	2-1	3-0	0-1	3-0	1-3	1-1	4-0	1-0	1-1	0-2	1-1	3-0	1-0	3-1	1-0	0-2	2-2		2-0	3-0	0-1	3-2
Southend United	2-1	3-2	0-1	1-0	3-1	4-1	0-0	2-0	1-0	1-2	1-1	1-2	3-0	1-0	2-2	0-1	0-0	4-2	2-0	0-2		4-2	1-1	0-1
Swansea City FC	2-1	0-0	2-2	2-0	4-2	0-2	0-1	1-0	2-1	0-1	0-0	1-3	0-1	2-0	0-0	0-1	0-1	0-0	2-2	3-3	3-2		2-2	0-1
Torquay United FC	2-1	2-1	0-1	2-1	0-2	2-4	1-0	1-1	1-4	1-1	2-0	0-1	1-2	0-0	3-3	0-1	3-0	1-1	0-0	2-1	2-1	1-2		0-3
York City FC	3-0	0-0	1-3	2-0	2-3	1-0	1-0	2-1	0-1	2-1	2-0	1-2	1-0	3-1	1-0	0-0	0-0	0-1	0-2	1-1	2-1	0-2	1-1	

	Football League Division 3	**Pd**	**Wn**	**Dw**	**Ls**	**GF**	**GA**	**Pts**	
1.	Plymouth Argyle FC (Plymouth)	46	31	9	6	71	28	102	P
2.	Luton Town FC (Luton)	46	30	7	9	96	48	97	P
3.	Mansfield Town FC (Mansfield)	46	24	7	15	72	60	79	P
4.	Cheltenham Town FC (Cheltenham)	46	21	15	10	66	49	78	POP
5.	Rochdale AFC (Rochdale)	46	21	15	10	65	52	78	PO
6.	Rushden & Diamonds FC (Irthlingborough)	46	20	13	13	69	53	73	PO
7.	Hartlepool United FC (Hartlepool)	46	20	11	15	74	48	71	PO
8.	Scunthorpe United FC (Scunthorpe)	46	19	14	13	74	56	71	
9.	Shrewsbury Town FC (Shrewsbury)	46	20	10	16	64	53	70	
10.	Kidderminster Harriers FC (Kidderminster)	46	19	9	18	56	47	66	
11.	Hull City AFC (Kingston upon Hull)	46	16	13	17	57	51	61	
12.	Southend United FC (Southend-on-Sea)	46	15	13	18	51	54	58	
13.	Macclesfield Town FC (Macclesfield)	46	15	13	18	41	52	58	
14.	York City FC (York)	46	16	9	21	54	67	57	
15.	Darlington FC (Darlington)	46	15	11	20	60	71	56	
16.	Exeter City FC (Exeter)	46	14	13	19	48	73	55	
17.	Carlisle United FC (Carlisle)	46	12	16	18	49	56	52	
18.	Leyton Orient FC (London)	46	13	13	20	55	71	52	
19.	Torquay United FC (Torquay)	46	12	15	19	46	63	51	
20.	Swansea City FC (Swansea)	46	13	12	21	53	77	51	
21.	Oxford United FC (Oxford)	46	11	14	21	53	62	47	
22.	Lincoln City FC (Lincoln)	46	10	16	20	44	62	46	
23.	Bristol Rovers FC (Bristol)	46	11	12	23	40	60	45	
24.	Halifax Town AFC (Halifax)	46	8	12	26	39	84	36	R
		1104	406	262	406	1397	1397	1510	

Promotion Play-offs

Cheltenham Town FC (Cheltenham)	3-1	Rushden & Diamonds FC (Irthlingborough)
Hartlepool United FC (Hartlepool)	1-1, 1-1 (aet)	Cheltenham Town FC (Cheltenham)
	(Cheltenham Town won 5-4 on penalties)	
Rushden & Diamonds FC (Irthlingborough)	2-2, 2-1	Rochdale AFC (Rochdale)

Promoted to Division 3: Boston United FC (Boston)

F.A. CUP FINAL (Millennium Stadium, Cardiff – 04/05/2002 – 73,963)

ARSENAL FC (LONDON)	2-0	Chelsea FC (London)

Parlour 70', Ljungberg 80'

Arsenal: Seaman, Lauren, Campbell, Adams, Cole, Wiltord (Keown 90'), Parlour, Vieira, Ljungberg, Bergkamp (Edu 72'), Henry (Kanu 81').

Chelsea: Cudicini, Melchiot (Zenden 76'), Gallas, Desailly, Babayaro (Terry 45'), Gronkjaer, Lampard, Petit, Le Saux, Gudjohnsen, Hasselbaink (Zola 68').

Semi-finals

Fulham FC (London)	0-1	Chelsea FC (London)
Middlesbrough FC (Middlesbrough)	0-1	Arsenal FC (London)

Quarter-finals

Middlesbrough FC (Middlesbrough)	3-0	Everton FC (Liverpool)
Newcastle United FC (Newcastle upon Tyne)	1-1, 0-3	Arsenal FC (London)
Tottenham Hotspur FC (London)	0-4	Chelsea FC (London)
West Bromwich Albion FC (West Bromwich)	0-1	Fulham FC (London)

2002-03

F.A. Premiership 2002-03 Season	Arsenal	Aston Villa	Birmingham City	Blackburn Rovers	Bolton Wanderers	Charlton Athletic	Chelsea	Everton	Fulham	Leeds United	Liverpool	Manchester City	Manchester United	Middlesbrough	Newcastle United	Southampton	Sunderland	Tottenham Hotspur	W.B.A.	West Ham United
Arsenal FC		3-1	2-0	1-2	2-1	2-0	3-2	2-1	2-1	2-3	1-1	2-1	2-2	2-0	1-0	6-1	3-1	3-0	5-2	3-1
Aston Villa FC	1-1		0-2	3-0	2-0	2-0	2-1	3-2	3-1	0-0	0-1	1-0	0-1	1-0	0-1	0-1	1-0	0-1	2-1	4-1
Birmingham City FC	0-4	3-0		0-1	3-1	1-1	1-3	1-1	0-0	2-1	2-1	0-2	0-1	3-0	0-2	3-2	2-0	1-1	1-0	2-2
Blackburn Rovers FC	2-0	0-0	1-1		0-0	1-0	2-3	0-1	2-1	1-0	2-2	1-0	1-0	1-0	5-2	1-0	0-0	1-2	1-1	2-2
Bolton Wanderers FC	2-2	1-0	4-2	1-1		1-2	1-1	1-2	0-0	0-3	2-3	2-0	1-1	2-1	4-3	1-1	1-1	1-0	1-1	1-0
Charlton Athletic FC	0-3	3-0	0-2	3-1	1-1		2-3	2-1	0-1	1-6	2-0	2-2	1-3	1-0	0-2	2-1	1-1	0-1	1-0	4-2
Chelsea FC	1-1	2-0	3-0	1-2	1-0	4-1		4-1	1-1	3-2	2-1	5-0	2-2	1-0	3-0	0-0	3-0	1-1	2-0	2-3
Everton FC	2-1	2-1	1-1	2-1	0-0	1-0	1-3		2-0	2-0	1-2	2-2	1-2	2-1	2-1	2-1	2-1	2-2	1-0	0-0
Fulham FC	0-1	2-1	0-1	0-4	4-1	1-0	0-0	2-0		1-0	3-2	0-1	1-1	1-0	2-1	2-2	1-0	3-2	3-0	0-1
Leeds United AFC	1-4	3-1	2-0	2-3	2-4	1-2	2-0	0-1	2-0		0-1	3-0	1-0	2-3	0-3	1-1	0-1	2-2	0-0	1-0
Liverpool FC	2-2	1-1	2-2	1-1	2-0	2-1	1-0	0-0	2-0	3-1		1-2	1-2	1-1	2-2	3-0	0-0	2-1	2-0	2-0
Manchester City FC	1-5	3-1	1-0	2-2	2-0	0-1	0-3	3-1	4-1	2-1	0-3		3-1	0-0	1-0	0-1	3-0	2-3	1-2	0-1
Manchester United FC	2-0	1-1	2-0	3-1	0-1	4-1	2-1	3-0	3-0	2-1	4-0	1-1		1-0	5-3	2-1	2-1	1-0	1-0	3-0
Middlesbrough FC	0-2	2-5	1-0	1-0	2-0	1-1	1-1	1-1	2-2	22-	1-0	3-1	3-1		1-0	2-2	3-0	5-1	3-0	2-2
Newcastle United FC	1-1	1-1	1-0	5-1	1-0	2-1	2-1	2-1	2-0	0-2	1-0	2-0	2-6	2-0		2-1	2-0	2-1	2-1	4-0
Southampton FC	3-2	2-2	2-0	1-1	0-0	0-0	1-1	1-0	4-2	3-2	0-1	2-0	0-2	0-0	1-1		2-1	1-0	1-0	1-1
Sunderland AFC	0-4	1-0	0-1	0-0	0-2	1-3	1-2	0-1	0-3	1-2	2-1	0-3	1-1	1-3	0-1	0-1		2-0	1-2	0-1
Tottenham Hotspur FC	1-1	1-0	2-1	0-4	3-1	2-2	0-0	4-3	1-1	2-0	2-3	0-2	0-2	0-3	0-1	2-1	4-1		3-1	3-2
West Bromwich Albion FC	1-2	0-0	1-1	0-2	1-1	0-1	0-2	1-2	1-0	1-3	0-6	1-2	1-3	1-0	2-2	1-0	2-2	2-3		1-2
West Ham United FC	2-2	2-2	1-2	2-1	1-1	0-2	1-0	0-1	1-1	3-4	0-3	0-0	1-1	1-0	2-2	0-1	2-0	2-0	0-1	

	F.A. Premiership	Pd	Wn	Dw	Ls	GF	GA	Pts	
1.	MANCHESTER UNITED FC (MANCHESTER)	38	25	8	5	74	34	83	
2.	Arsenal FC (London)	38	23	9	6	85	42	78	
3.	Newcastle United FC (Newcastle upon Tyne)	38	21	6	11	63	48	69	
4.	Chelsea FC (London)	38	19	10	9	68	38	67	
5.	Liverpool FC (Liverpool)	38	18	10	10	61	41	64	
6.	Blackburn Rovers FC (Blackburn)	38	16	12	10	52	43	60	
7.	Everton FC (Liverpool)	38	17	8	13	48	49	59	
8.	Southampton FC (Southampton)	38	13	13	12	43	46	52	
9.	Manchester City FC (Manchester)	38	15	6	17	47	54	51	
10.	Tottenham Hotspur FC (London)	38	14	8	16	51	62	50	
11.	Middlesbrough FC (Middlesbrough)	38	13	10	15	48	44	49	
12.	Charlton Athletic FC (London)	38	14	7	17	45	56	49	
13.	Birmingham City FC (Birmingham)	38	13	9	16	41	49	48	
14.	Fulham FC (London)	38	13	9	16	41	50	48	
15.	Leeds United AFC (Leeds)	38	14	5	19	58	57	47	
16.	Aston Villa FC (Birmingham)	38	12	9	17	42	47	45	
17.	Bolton Wanderers FC (Bolton)	38	10	14	14	41	51	44	
18.	West Ham United FC (London)	38	10	12	16	42	59	42	R
19.	West Bromwich Albion FC (West Bromwich)	38	6	8	24	29	65	26	R
20.	Sunderland AFC (Sunderland)	38	4	7	27	21	65	19	R
		760	290	180	290	1000	1000	1050	

Top Goalscorers

1) Ruud Van NISTELROOY (Manchester United FC) 25
2) Thierry HENRY (Arsenal FC) 24
3) James BEATTIE (Southampton FC) 23

Football League Division 1 2002-03 Season	Bradford City	Brighton & H.A.	Burnley	Coventry City	Crystal Palace	Derby County	Gillingham	Grimsby Town	Ipswich Town	Leicester City	Millwall	Norwich City	Nottingham Forest	Portsmouth	Preston North End	Reading	Rotherham United	Sheffield United	Sheffield Wed.	Stoke City	Walsall	Watford	Wimbledon	Wolves
Bradford City AFC		0-1	2-2	1-1	2-1	0-0	1-3	0-0	2-0	0-0	0-1	2-1	1-0	0-5	1-1	0-1	4-2	0-5	1-1	4-2	1-2	2-1	3-5	0-0
Brighton & Hove Alb.	3-2		2-2	0-0	0-0	1-0	2-4	1-2	1-1	0-1	1-0	0-2	1-0	1-1	0-2	0-1	2-0	2-4	1-1	1-2	0-2	4-0	2-3	4-1
Burnley FC	0-2	1-3		3-1	0-0	2-0	2-0	1-1	1-1	1-2	2-2	2-0	1-0	0-3	2-0	2-5	2-6	0-1	2-7	2-1	2-1	4-7	1-0	2-1
Coventry City FC	0-2	0-0	0-1		1-0	3-0	0-0	3-2	2-4	1-2	2-3	1-1	0-1	0-4	1-2	2-0	2-1	2-1	1-1	0-1	0-0	0-1	2-2	0-2
Crystal Palace FC	1-1	5-0	1-1	1-1		0-1	2-2	2-0	1-1	0-0	1-0	2-0	0-0	2-3	2-0	0-1	0-0	2-2	0-0	1-0	2-0	0-1	0-1	4-2
Derby County FC	1-2	1-0	1-2	1-0	0-1		1-1	1-3	1-4	1-1	1-2	2-1	0-0	1-2	0-1	3-0	3-0	2-1	2-2	2-0	2-2	3-0	3-2	1-4
Gillingham FC	1-0	3-0	4-2	0-2	2-1	1-0		3-0	1-3	3-2	1-0	1-0	1-4	1-3	1-1	0-1	1-1	1-1	1-1	1-1	0-1	3-0	3-3	0-4
Grimsby Town FC	1-2	2-2	6-5	0-2	1-4	1-2	1-1		3-0	1-2	0-2	1-1	0-3	0-1	3-3	0-3	0-0	1-4	2-0	2-0	0-1	1-0	0-0	0-1
Ipswich Town FC	1-2	2-2	2-2	2-1	1-2	0-1	0-1	2-2		6-1	4-1	1-1	3-4	3-0	3-0	3-1	1-2	3-2	2-1	0-0	3-2	4-2	1-5	2-4
Leicester City FC	4-0	2-0	0-1	2-1	1-0	3-1	2-0	2-0	1-2		4-1	1-1	1-0	1-1	2-1	2-1	2-1	0-0	1-1	0-0	2-0	2-0	4-0	1-0
Millwall FC	1-0	1-0	1-1	2-0	3-2	3-0	2-2	2-0	1-1	2-2		0-2	1-2	0-5	2-1	0-2	0-6	1-0	3-0	3-1	0-3	4-0	1-1	1-1
Norwich City FC	3-2	0-1	2-0	2-0	2-0	1-0	1-0	4-0	0-2	0-0	3-1		0-0	1-0	2-0	0-1	1-1	2-3	3-0	2-2	2-1	4-0	1-0	0-1
Nottingham Forest	3-0	3-2	2-0	1-1	2-1	3-0	4-1	2-2	2-1	2-2	3-3	4-0		1-2	2-2	2-0	3-2	3-0	4-0	6-0	1-1	0-1	2-0	2-2
Portsmouth FC	3-0	4-2	1-0	1-1	1-1	6-2	1-0	3-0	1-1	0-2	1-0	3-2	2-0		3-2	3-0	3-2	1-2	1-2	3-0	3-2	3-0	4-1	1-0
Preston North End	1-0	2-2	3-1	2-2	1-2	4-2	3-0	3-0	0-0	2-0	2-1	1-2	1-1	1-1		1-0	0-2	2-0	2-2	4-3	5-0	1-1	3-5	0-2
Reading FC	1-0	1-2	3-0	1-2	2-1	2-1	2-1	2-1	3-1	1-3	2-0	0-2	1-0	0-0	5-1		3-0	0-2	2-1	1-1	0-0	1-0	0-1	0-1
Rotherham United	3-2	1-0	0-0	1-0	1-3	2-1	1-1	0-1	2-1	1-1	1-3	1-1	2-2	2-3	0-0	0-0		1-2	0-2	4-0	0-0	2-1	2-1	0-0
Sheffield United FC	3-0	2-1	4-2	0-0	2-1	2-0	2-2	2-1	0-0	2-1	3-1	0-1	1-0	1-1	1-0	1-3	1-0		3-1	2-1	1-1	1-2	1-1	3-3
Sheffield Wednesday	2-1	1-1	1-3	5-1	0-0	1-3	0-2	0-0	0-1	0-0	0-1	2-2	2-0	1-3	0-1	3-2	1-2	2-0		0-0	2-1	2-2	4-2	0-4
Stoke City FC	2-1	1-0	0-1	1-2	1-1	1-3	0-0	1-2	2-1	0-1	0-1	1-1	2-2	1-1	2-1	1-0	2-0	0-0	3-2		1-0	1-2	2-1	0-2
Walsall FC	0-1	1-0	3-2	0-0	3-4	3-2	1-0	3-1	0-2	1-4	1-2	0-0	2-1	1-2	3-3	0-2	3-4	0-1	1-0	4-2		2-0	2-0	0-1
Watford FC	1-0	1-0	2-1	5-2	3-3	2-0	0-1	2-0	0-2	1-2	0-0	2-1	1-1	2-2	0-1	0-3	1-2	2-0	1-0	1-2	2-0		3-2	1-1
Wimbledon FC	2-2	1-0	2-1	0-1	2-2	0-2	0-1	3-3	0-1	2-3	2-0	4-2	2-3	2-1	2-0	2-0	2-1	1-0	3-0	1-1	3-2	0-0		3-2
Wolverhampton W.	1-2	1-1	3-0	0-2	4-0	1-1	6-0	4-1	1-1	1-1	3-0	1-0	2-1	1-1	4-0	0-1	0-0	1-3	2-2	0-0	3-2	0-0	1-1	

	Football League Division 1	**Pd**	**Wn**	**Dw**	**Ls**	**GF**	**GA**	**Pts**	
1.	Portsmouth FC (Portsmouth)	46	29	11	6	97	45	98	P
2.	Leicester City FC (Leicester)	46	26	14	6	73	40	92	P
3.	Sheffield United FC (Sheffield)	46	23	11	12	72	52	80	PO
4.	Reading FC (Reading)	46	25	4	17	61	46	79	PO
5.	Wolverhampton Wanderers FC (Wolverhampton)	46	20	16	10	81	44	76	POP
6.	Nottingham Forest FC (Nottingham)	46	20	14	12	82	50	74	PO
7.	Ipswich Town FC (Ipswich)	46	19	13	14	80	64	70	
8.	Norwich City FC (Norwich)	46	19	12	15	60	49	69	
9.	Millwall FC (London)	46	19	9	18	59	69	66	
10.	Wimbledon FC (London)	46	18	11	17	76	73	65	
11.	Gillingham FC (Gillingham)	46	16	14	16	56	65	62	
12.	Preston North End FC (Preston)	46	16	13	17	68	70	61	
13.	Watford FC (Watford)	46	17	9	20	54	70	60	
14.	Crystal Palace FC (London)	46	14	17	15	59	52	59	
15.	Rotherham United FC (Rotherham)	46	15	14	17	62	62	59	
16.	Burnley FC (Burnley)	46	15	10	21	65	89	55	
17.	Walsall FC (Walsall)	46	15	9	22	57	69	54	
18.	Derby County FC (Derby)	46	15	7	24	55	74	52	
19.	Bradford City AFC (Bradford)	46	14	10	22	51	73	52	
20.	Coventry City FC (Coventry)	46	12	14	20	46	62	50	
21.	Stoke City FC (Stoke-on-Trent)	46	12	14	20	45	69	50	
22.	Sheffield Wednesday FC (Sheffield)	46	10	16	20	56	73	46	R
23.	Brighton & Hove Albion FC (Brighton)	46	11	12	23	49	67	45	R
24.	Grimsby Town FC (Cleethorpes)	46	9	12	25	48	85	39	R
		1104	409	286	409	1512	1512	1513	

Promotion Play-offs

Wolverhampton Wanderers FC	3-0	Sheffield United FC (Sheffield)
Nottingham Forest FC (Nottingham)	1-1, 3-4 (aet)	Sheffield United FC (Sheffield)
Wolverhampton Wanderers FC	2-1, 1-0	Reading FC (Reading)

Football League Division 2 2002-03 Season	Barnsley	Blackpool	Brentford	Bristol City	Cardiff City	Cheltenham Town	Chesterfield	Colchester United	Crewe Alexandra	Huddersfield Town	Luton Town	Mansfield Town	Northampton Town	Notts County	Oldham Athletic	Peterborough United	Plymouth Argyle	Port Vale	Q.P.R.	Stockport County	Swindon Town	Tranmere Rovers	Wigan Athletic	Wycombe Wanderers
Barnsley FC		2-1	1-0	1-4	3-2	1-1	2-1	1-1	1-2	0-1	2-3	0-1	1-2	0-0	2-2	1-2	1-1	2-1	1-0	1-0	1-1	1-1	1-3	1-1
Blackpool FC	1-2		1-0	0-0	1-0	3-1	1-1	3-1	0-1	1-1	5-2	3-3	2-1	1-1	0-0	3-0	1-1	3-2	1-3	1-3	0-0	3-0	0-2	1-0
Brentford FC	1-2	5-0		1-0	0-2	2-2	2-1	1-1	1-2	1-0	0-0	1-0	3-0	1-1	0-0	1-1	0-0	1-1	1-2	1-2	3-1	1-2	0-1	1-0
Bristol City FC	2-0	2-0	0-0		2-0	3-1	4-0	1-2	2-2	1-0	1-1	5-2	3-0	3-2	2-0	1-0	0-0	2-0	1-3	1-1	2-0	2-0	0-1	3-0
Cardiff City AFC	1-1	2-1	2-0	0-2		2-1	1-0	0-3	3-1	4-0	0-0	1-0	1-2	0-2	1-1	3-0	1-1	3-1	1-2	2-1	1-1	4-0	0-0	1-0
Cheltenham Town	1-3	3-0	1-0	2-3	1-1		0-0	1-1	0-4	1-0	2-2	3-1	1-1	1-4	1-1	1-1	1-2	0-1	1-1	0-2	2-0	3-1	0-2	0-0
Chesterfield FC	1-0	1-0	0-2	2-0	0-3	2-2		0-4	0-2	1-0	2-1	1-2	4-0	0-0	0-1	0-0	3-2	2-1	2-4	1-0	2-4	1-0	0-0	4-0
Colchester United FC	1-1	0-2	0-1	2-2	1-2	1-1	2-0		1-2	2-0	0-5	1-0	2-0	1-1	0-1	1-1	0-0	4-1	0-1	1-0	1-0	2-2	1-0	0-1
Crewe Alexandra FC	2-0	3-0	2-1	1-1	1-1	1-0	0-0	2-0		1-0	0-1	2-0	3-3	0-3	1-2	0-1	0-1	1-1	2-0	1-0	0-1	2-0	0-1	4-2
Huddersfield Town	1-0	0-0	0-2	1-2	1-0	3-3	4-0	1-1	1-1		0-1	1-1	2-0	3-0	1-1	0-1	1-0	2-2	0-3	2-1	2-3	1-2	0-0	0-0
Luton Town FC	2-3	1-3	0-1	2-2	2-0	2-1	3-0	1-2	0-4	3-0		2-3	3-2	2-2	0-0	2-3	1-0	0-0	0-0	1-1	3-0	0-0	1-1	1-0
Mansfield Town FC	0-1	4-0	0-0	4-5	0-1	0-2	0-2	4-2	0-5	0-2	3-2		2-1	3-2	0-1	1-5	4-3	0-1	0-4	4-2	2-1	6-1	1-2	0-0
Northampton Town	1-0	0-1	1-2	1-2	0-1	1-2	0-1	4-1	1-1	0-0	3-0	2-0		2-0	0-2	0-1	2-2	3-0	1-1	0-3	1-0	0-4	0-2	0-5
Notts County FC	3-2	3-1	2-2	2-0	0-1	1-0	1-1	2-3	2-2	3-2	2-1	2-2	2-1		1-3	2-2	0-2	1-0	3-0	3-2	1-1	0-1	0-2	1-1
Oldham Athletic AFC	2-1	1-1	2-1	1-0	1-2	0-0	4-0	2-0	1-3	4-0	1-2	6-1	4-0	1-1		0-0	0-1	1-1	0-0	2-0	4-2	2-0	0-2	0-2
Peterborough United	1-3	1-0	5-1	1-3	2-0	4-1	1-0	0-1	0-0	0-1	1-1	0-0	0-0	1-0	0-1		2-0	1-2	0-2	2-0	1-1	0-0	1-1	1-2
Plymouth Argyle FC	1-1	1-3	3-0	2-0	2-2	3-1	0-1	0-0	1-3	2-1	2-1	3-1	0-0	1-0	2-2	6-1		3-0	0-1	4-1	1-1	0-1	1-3	1-0
Port Vale FC	0-0	1-0	1-0	2-3	0-2	1-2	5-2	1-0	1-2	5-1	1-2	4-2	3-2	3-2	1-1	1-0	1-2		0-0	0-1	1-1	1-4	0-1	1-1
Queen's Park Rangers	1-0	2-1	1-1	1-0	0-4	4-1	3-1	2-0	0-0	3-0	2-0	2-2	0-1	2-0	1-2	2-0	2-2	4-0		1-0	2-0	1-2	0-1	2-1
Stockport County	4-1	2-2	2-3	1-4	1-1	1-1	2-1	1-1	1-4	2-1	2-3	2-0	4-0	0-0	1-2	2-1	2-1	1-1	1-1		2-5	2-3	1-1	2-1
Swindon Town FC	3-1	1-1	2-1	1-1	0-1	0-3	3-0	2-2	1-3	0-1	2-1	2-1	2-0	5-0	0-1	1-1	2-0	1-2	3-1	0-1		1-1	2-1	0-3
Tranmere Rovers FC	1-0	2-1	3-1	1-1	3-3	1-0	2-1	1-1	2-1	2-1	1-3	3-1	4-0	2-2	1-2	1-1	2-1	1-0	3-0	1-0	0-1		0-2	1-0
Wigan Athletic AFC	1-0	1-1	2-0	2-0	2-2	0-0	3-1	2-1	2-0	1-0	1-1	3-2	1-0	3-1	3-1	2-2	0-1	0-1	1-1	2-1	2-0	0-0		3-0
Wycombe Wanderers	2-2	1-2	4-0	2-1	0-4	1-1	2-0	0-0	1-2	0-0	1-2	3-3	1-1	3-1	2-2	3-2	2-1	3-1	4-1	1-4	2-3	1-3	0-2	

	Football League Division 2	Pd	Wn	Dw	Ls	GF	GA	Pts	
1.	Wigan Athletic AFC (Wigan)	46	29	13	4	68	25	100	P
2.	Crewe Alexandra FC (Crewe)	46	25	11	10	76	40	86	P
3.	Bristol City FC (Bristol)	46	24	11	11	79	48	83	PO
4.	Queen's Park Rangers FC (London)	46	24	11	11	69	45	83	PO
5.	Oldham Athletic AFC (Oldham)	46	22	16	8	68	38	82	PO
6.	Cardiff City AFC (Cardiff)	46	23	12	11	68	43	81	POP
7.	Tranmere Rovers FC (Birkenhead)	46	23	11	12	66	57	80	
8.	Plymouth Argyle FC (Plymouth)	46	17	14	15	63	52	65	
9.	Luton Town FC (Luton)	46	17	14	15	67	62	65	
10.	Swindon Town FC (Swindon)	46	16	12	18	59	63	60	
11.	Peterborough United FC (Peterborough)	46	14	16	16	51	54	58	
12.	Colchester United FC (Colchester)	46	14	16	16	52	56	58	
13.	Blackpool FC (Blackpool)	46	15	13	18	56	64	58	
14.	Stockport County FC (Stockport)	46	15	10	21	65	70	55	
15.	Notts County FC (Nottingham)	46	13	16	17	62	70	55	
16.	Brentford FC (London)	46	14	12	20	47	56	54	
17.	Port Vale FC (Stoke-on-Trent)	46	14	11	21	54	70	53	
18.	Wycombe Wanderers FC (High Wycombe)	46	13	13	20	59	66	52	
19.	Barnsley FC (Barnsley)	46	13	13	20	51	64	52	
20.	Chesterfield FC (Chesterfield)	46	14	8	24	43	73	50	
21.	Cheltenham Town FC (Cheltenham)	46	10	18	18	53	68	48	R
22.	Huddersfield Town AFC (Huddersfield)	46	11	12	23	39	61	45	R
23.	Mansfield Town FC (Mansfield)	46	12	8	26	66	97	44	R
24.	Northampton Town FC (Northampton)	46	10	9	27	40	79	39	R
		1104	402	300	402	1421	1421	1506	

Promotion Play-offs

Cardiff City AFC (Cardiff)	1-0 (aet)	Queen's Park Rangers FC (London)
Cardiff City AFC (Cardiff)	1-0, 0-0	Bristol City FC(Bristol)
Oldham Athletic AFC (Oldham)	1-1, 0-1	Queen's Park Rangers FC (London)

Football League Division 3 2002-03 Season	Boston United	Bournemouth	Bristol Rovers	Bury	Cambridge Utd.	Carlisle United	Darlington	Exeter City	Hartlepool	Hull City	Kidderminster H.	Leyton Orient	Lincoln City	Macclesfield T.	Oxford United	Rochdale	Rushden & D.	Scunthorpe Utd.	Shrewsbury T.	Southend United	Swansea City	Torquay United	Wrexham	York City
Boston United FC		2-2	0-0	1-1	1-3	0-0	1-0	0-3	0-1	0-1	3-0	0-1	2-0	2-1	1-3	3-1	1-1	1-0	6-0	1-0	1-0	2-1	3-3	3-0
AFC Bournemouth	2-1		1-0	1-2	1-1	3-1	2-0	2-0	2-1	0-0	0-0	3-1	0-1	2-2	1-1	3-3	3-1	2-1	2-1	1-0	3-0	1-1	2-0	1-0
Bristol Rovers FC	1-1	0-0		2-1	3-1	1-2	2-1	1-1	1-0	1-1	1-2	1-2	2-0	1-1	0-2	1-2	1-2	2-1	0-0	0-1	3-1	1-1	0-3	0-1
Bury FC	0-0	2-1	0-1		0-1	1-1	2-2	1-0	1-1	1-0	1-1	0-1	2-0	2-1	1-1	1-1	0-1	0-0	4-3	1-3	3-2	0-1	0-3	2-1
Cambridge United	1-2	2-1	3-1	1-2		2-1	1-2	2-1	0-0	1-2	0-2	2-1	0-0	3-1	1-1	2-2	4-1	1-1	5-0	1-1	1-0	0-1	2-2	3-0
Carlisle United FC	4-2	0-2	0-0	1-2	0-1		2-2	0-2	1-3	1-5	2-2	3-0	1-4	1-0	1-0	0-2	1-2	1-2	1-2	1-0	2-2	1-2	1-2	1-1
Darlington FC	2-3	2-2	1-0	3-1	1-2	2-0		2-2	2-2	2-0	2-1	2-2	0-0	0-0	0-1	0-1	2-2	11-	5-1	2-1	2-2	1-1	0-1	2-1
Exeter City FC	0-2	1-3	0-0	1-2	1-2	1-0	0-4		1-2	3-1	2-5	1-0	2-0	1-1	2-2	1-1	1-1	1-1	1-1	1-0	1-0	1-2	1-0	0-1
Hartlepool United	2-0	0-0	2-0	0-0	3-0	2-1	4-1	2-1		2-0	2-1	4-1	2-1	0-2	3-0	2-2	1-2	2-2	3-0	2-1	4-0	3-2	4-3	0-0
Hull City AFC	1-0	3-1	1-0	1-1	1-1	4-0	0-1	2-2	2-0		4-1	1-1	0-1	1-3	0-0	3-0	1-1	2-0	2-0	2-2	1-1	1-1	1-2	0-0
Kidderminster Harr.	0-0	1-0	1-1	3-2	2-1	1-2	1-1	4-3	2-2	1-0		3-2	1-1	0-2	1-3	0-0	0-2	1-3	2-2	1-0	2-2	2-0	0-2	1-2
Leyton Orient FC	3-2	0-0	1-2	1-2	1-1	2-1	2-1	1-1	1-2	2-0	0-0		1-1	3-2	1-2	0-1	0-0	2-0	0-2	2-1	3-1	2-0	0-1	0-1
Lincoln City FC	1-1	1-2	2-1	1-1	2-2	0-1	1-1	1-0	2-0	1-1	1-0	1-1		3-0	0-1	2-0	1-2	1-0	1-1	2-1	1-0	1-1	1-1	1-0
Macclesfield Town	2-0	0-1	2-1	0-0	1-1	2-2	1-0	1-1	0-1	0-1	2-0	3-1	0-1		2-1	3-2	0-1	2-3	1-2	2-1	1-3	3-3	0-1	1-1
Oxford United FC	2-1	3-0	0-1	2-1	1-1	0-0	1-1	2-2	0-1	0-0	2-1	0-2	1-0	0-1		2-0	3-0	0-1	2-2	0-1	1-0	2-2	0-2	2-0
Rochdale AFC	1-0	1-1	1-1	1-2	4-3	0-1	1-1	3-3	4-0	2-1	0-1	1-0	0-1	3-1	2-1		0-1	1-2	1-1	1-2	1-2	0-2	2-2	0-1
Rushden & Diamonds	1-0	2-1	2-1	0-1	4-1	1-1	2-0	1-0	1-1	4-2	3-1	2-0	1-0	3-0	0-2	3-3		2-0	5-1	3-0	1-1	3-0	2-2	2-1
Scunthorpe United	2-0	0-2	2-2	0-1	1-2	3-1	0-1	1-1	4-0	3-1	1-1	2-1	0-0	1-1	2-0	3-1	0-0		1-1	4-1	2-0	5-1	1-1	2-1
Shrewsbury Town	1-2	0-0	2-5	4-1	3-1	2-3	2-2	1-0	0-1	1-1	2-3	2-1	1-2	2-3	1-2	3-1	1-1	1-2		0-1	0-0	2-3	1-2	2-2
Southend United	4-2	0-1	2-2	1-2	2-1	0-1	2-0	1-0	0-1	3-0	0-2	1-0	0-1	1-0	2-1	1-0	2-1	1-2	2-3		0-2	3-0	0-1	1-0
Swansea City FC	0-0	2-0	0-1	2-3	2-0	1-2	1-0	0-1	2-2	4-2	0-4	0-1	2-0	1-0	3-2	1-1	2-2	1-1	2-0	1-0		0-1	0-0	1-2
Torquay United FC	1-1	4-0	2-1	1-1	3-2	2-3	3-1	1-0	1-1	1-4	2-2	2-2	0-0	2-2	2-3	2-2	1-1	1-1	2-1	3-1	0-0		2-1	3-1
Wrexham AFC	1-1	3-2	3-2	2-2	5-0	6-1	0-0	4-0	2-0	0-0	0-2	0-0	0-2	1-3	1-0	2-5	3-0	2-1	3-3	3-0	4-0	2-1		1-1
York City FC	2-0	1-0	2-2	1-1	3-1	2-1	1-0	0-2	0-0	1-1	0-0	3-2	1-1	2-1	0-1	2-2	0-0	1-3	2-1	2-0	3-1	4-3	1-1	

	Football League Division 3	Pd	Wn	Dw	Ls	GF	GA	Pts	
1.	Rushden & Diamonds FC (Irthlingborough)	46	24	15	7	73	47	87	P
2.	Hartlepool United FC (Hartlepool)	46	24	13	9	71	51	85	P
3.	Wrexham AFC (Wrexham)	46	23	15	8	84	50	84	P
4.	AFC Bournemouth (Bournemouth)	46	20	14	12	60	48	74	POP
5.	Scunthorpe United FC (Scunthorpe)	46	19	15	12	68	49	72	PO
6.	Lincoln City FC (Lincoln)	46	18	16	12	46	37	70	PO
7.	Bury FC (Bury)	46	18	16	12	57	56	70	PO
8.	Oxford United FC (Oxford)	46	19	12	15	57	47	69	
9.	Torquay United FC (Torquay)	46	16	18	12	71	71	66	
10.	York City FC (York)	46	17	15	14	52	53	66	
11.	Kidderminster Harriers FC (Kidderminster)	46	16	15	15	62	63	63	
12.	Cambridge United FC (Cambridge)	46	16	13	17	67	70	61	
13.	Hull City AFC (Kingston upon Hull)	46	14	17	15	58	53	59	
14.	Darlington FC (Darlington)	46	12	18	16	58	59	54	
15.	Boston United FC (Boston)	46	15	13	18	55	56	54	-4
16.	Macclesfield Town FC (Macclesfield)	46	14	12	20	57	63	54	
17.	Southend United FC (Southend-on-Sea)	46	17	3	26	47	59	54	
18.	Leyton Orient FC (London)	46	14	11	21	51	61	53	
19.	Rochdale AFC (Rochdale)	46	12	16	18	63	70	52	
20.	Bristol Rovers FC (Bristol)	46	12	15	19	50	57	51	
21.	Swansea City FC (Swansea)	46	12	13	21	48	65	49	
22.	Carlisle United FC (Carlisle)	46	13	10	23	52	78	49	
23.	Exeter City FC (Exeter)	46	11	15	20	50	64	48	R
24.	Shrewsbury Town FC (Shrewsbury)	46	9	14	23	62	92	41	R
		1104	385	334	385	1419	1419	1485	

Note: Boston United FC had 4 points deducted.

Promotion Play-offs

AFC Bournemouth (Bournemouth)	5-2	Lincoln City FC (Lincoln)
Bury FC (Bury)	0-0, 1-3	AFC Bournemouth (Bournemouth)
Lincoln City FC (Lincoln)	5-3, 1-0	Scunthorpe United FC (Scunthorpe)

Promoted to Division 3: Doncaster Rovers FC (Doncaster), Yeovil Town FC (Yeovil)

F.A. CUP FINAL (Millennium Stadium, Cardiff – 17/05/2003 – 73,726)

ARSENAL FC (LONDON)	1-0	Southampton FC (Southampton)

Pires 38'

Arsenal: Seaman, Lauren, Keown, Luzhny, Cole, Pires, Parlour, Silva, Ljungberg, Henry, Bergkamp (Wiltord 77').

Southampton: Niemi (Jones 66'), Baird (Fernandes 86'), Lundekvam, M.Svensson, Bridge, Telfer, Oakley, A.Svensson (Tessem 75'), Marsden, Ormerod, Beattie.

Semi-finals

Arsenal FC (London)	1-0	Sheffield United FC (Sheffield)
Watford FC (Watford)	1-2	Southampton FC (Southampton)

Quarter-finals

Arsenal FC (London)	2-2, 3-1	Chelsea FC (London)
Sheffield United FC (Sheffield)	1-0	Leeds United AFC (Leeds)
Southampton FC (Southampton)	2-0	Wolverhampton Wanderers FC (Wolverhampton)
Watford FC (Watford)	2-0	Burnley FC (Burnley)

2003-04

F.A. Premiership 2003-04 Season	Arsenal	Aston Villa	Birmingham City	Blackburn Rovers	Bolton Wanderers	Charlton Athletic	Chelsea	Everton	Fulham	Leeds United	Leicester City	Liverpool	Manchester City	Manchester United	Middlesbrough	Newcastle United	Portsmouth	Southampton	Tottenham Hotspur	Wolves
Arsenal FC		2-0	0-0	1-0	2-1	2-1	2-1	2-1	0-0	5-0	2-1	4-2	2-1	1-1	4-1	3-2	1-1	2-0	2-1	3-0
Aston Villa FC	0-2		2-2	0-2	1-1	2-1	3-2	0-0	3-0	2-0	3-1	0-0	1-1	0-2	0-2	0-0	2-1	1-0	1-0	3-2
Birmingham City FC	0-3	0-0		0-4	2-0	1-2	0-0	3-0	2-2	4-1	0-1	0-3	2-1	1-2	3-1	1-1	2-0	2-1	1-0	2-2
Blackburn Rovers FC	0-2	0-2	1-1		3-4	0-1	2-3	2-1	0-2	1-2	1-0	1-3	2-3	1-0	2-2	1-1	1-2	1-1	1-0	5-1
Bolton Wanderers FC	1-1	2-2	0-1	2-2		0-0	0-2	2-0	0-2	4-1	2-2	2-2	1-3	1-2	2-0	1-0	1-0	0-0	2-0	1-1
Charlton Athletic FC	1-1	2-1	1-1	3-2	1-2		4-2	2-2	3-1	0-1	2-2	3-2	0-3	0-2	1-0	0-0	1-1	2-1	2-4	2-0
Chelsea FC	1-2	1-0	0-0	2-2	1-2	1-0		0-0	2-1	1-0	2-1	0-1	1-0	1-0	0-0	5-0	3-0	4-0	4-2	5-2
Everton FC	1-1	2-0	1-0	0-1	1-2	0-1	0-1		3-1	4-0	3-2	0-3	0-0	3-4	1-1	2-2	1-0	0-0	3-1	2-0
Fulham FC	0-1	1-2	0-0	3-4	2-1	2-0	0-1	2-1		2-0	2-0	1-2	2-2	1-1	3-2	2-3	2-0	2-0	2-1	0-0
Leeds United AFC	1-4	0-0	0-2	2-1	0-2	3-3	1-1	1-1	3-2		3-2	2-2	2-1	0-1	0-3	2-2	1-2	0-0	0-1	4-1
Leicester City FC	1-1	0-5	0-2	2-0	1-1	1-1	0-4	1-1	0-2	4-0		0-0	1-1	1-4	0-0	1-1	3-1	2-2	1-2	0-0
Liverpool FC	1-2	1-0	3-1	4-0	3-1	0-1	1-2	0-0	0-0	3-1	2-1		2-1	1-2	2-0	1-1	3-0	1-2	0-0	1-0
Manchester City FC	1-2	4-1	0-0	1-1	6-1	1-1	0-1	5-1	0-0	1-1	0-3	2-2		4-1	0-1	1-0	1-1	1-3	0-0	3-3
Manchester United FC	0-0	4-0	3-0	2-1	4-0	2-0	1-1	3-2	1-3	1-1	1-0	0-1	3-1		2-3	0-0	3-0	3-2	3-0	1-0
Middlesbrough FC	0-4	1-2	5-3	0-1	2-0	0-0	1-2	1-0	2-1	2-3	3-3	0-0	2-1	0-1		0-1	0-0	3-1	1-0	2-0
Newcastle United FC	0-0	1-1	0-1	0-1	0-0	3-1	2-1	4-2	3-1	1-0	3-1	1-1	3-0	1-2	2-1		3-0	1-0	4-0	1-1
Portsmouth FC	1-1	2-1	3-1	1-2	4-0	1-2	0-2	1-2	1-1	6-1	0-2	1-0	4-2	1-0	5-1	1-1		1-0	2-0	0-0
Southampton FC	0-1	1-1	0-0	2-0	1-2	3-2	0-1	3-3	0-0	2-1	0-0	2-0	0-2	1-0	0-1	3-3	3-0		1-0	2-0
Tottenham Hotspur FC	2-2	2-1	4-1	1-0	0-1	0-1	0-1	3-0	0-3	2-1	4-4	2-1	1-1	1-2	0-0	1-0	4-3	1-3		5-2
Wolverhampton Wanderers FC	1-3	0-4	1-1	2-2	1-2	0-4	0-5	2-1	2-1	3-1	4-3	1-1	1-0	1-0	2-0	1-1	0-0	1-4	0-2	

	F.A. Premiership	Pd	Wn	Dw	Ls	GF	GA	Pts	
1.	ARSENAL FC (LONDON)	38	26	12	-	73	26	90	
2.	Chelsea FC (London)	38	24	7	7	67	30	79	
3.	Manchester United FC (Manchester)	38	23	6	9	64	35	75	
4.	Liverpool FC (Liverpool)	38	16	12	10	55	37	60	
5.	Newcastle United FC (Newcastle upon Tyne)	38	13	17	8	52	40	56	
6.	Aston Villa FC (Birmingham)	38	15	11	12	48	44	56	
7.	Charlton Athletic FC (London)	38	14	11	13	51	51	53	
8.	Bolton Wanderers FC (Bolton)	38	14	11	13	48	56	53	
9.	Fulham FC (London)	38	14	10	14	52	46	52	
10.	Birmingham City FC (Birmingham)	38	12	14	12	43	48	50	
11.	Middlesbrough FC (Middlesbrough)	38	13	9	16	44	52	48	
12.	Southampton FC (Southampton)	38	12	11	15	44	45	47	
13.	Portsmouth FC (Portsmouth)	38	12	9	17	47	54	45	
14.	Tottenham Hotspur Fc(London)	38	13	6	19	47	57	45	
15.	Blackburn Rovers FC (Blackburn)	38	12	8	18	51	59	44	
16.	Manchester City FC (Manchester)	38	9	14	15	55	54	41	
17.	Everton FC (Liverpool)	38	9	12	17	45	57	39	
18.	Leicester City FC (Leicester)	38	6	15	17	48	65	33	R
19.	Leeds United AFC (Leeds)	38	8	9	21	40	79	33	R
20.	Wolverhampton Wanderers FC (Wolverhampton)	38	7	12	19	38	77	33	R
		760	272	216	272	1012	1012	1032	

Top Goalscorers

1)	Thierry HENRY	(Arsenal FC)	30
2)	Alan SHEARER	(Newcastle United FC)	22
3)	Louis SAHA	(Fulham/Manchester Utd.)	20
	Ruud VAN NISTELROOY	(Manchester United FC)	20

Football League Division 1 2003-04 Season	Bradford City	Burnley	Cardiff City	Coventry City	Crewe Alexandra	Crystal Palace	Derby County	Gillingham	Ipswich Town	Millwall	Norwich City	Nottingham Forest	Preston North End	Reading	Rotherham United	Sheffield United	Stoke City	Sunderland	Walsall	Watford	W.B.A.	West Ham United	Wigan Athletic	Wimbledon
Bradford City AFC		1-2	0-1	1-0	2-1	1-2	1-2	0-1	0-1	3-2	2-2	1-2	2-1	2-1	0-2	1-2	0-2	0-4	1-1	5-1	0-1	1-2	0-0	2-3
Burnley FC	4-0		1-1	1-2	1-0	2-3	1-0	1-0	4-2	1-1	3-5	0-3	1-1	3-0	1-1	3-2	0-1	1-2	3-1	2-3	1-1	1-1	0-2	2-0
Cardiff City AFC	0-2	2-0		0-1	3-0	0-2	4-1	5-0	2-3	1-3	2-1	0-0	2-2	2-3	3-2	2-1	3-1	4-0	0-1	3-0	1-1	0-0	0-0	1-1
Coventry City FC	0-0	4-0	1-3		2-0	2-1	2-0	2-2	1-1	4-0	0-2	1-3	4-1	1-2	1-1	0-1	4-2	1-1	0-0	0-0	1-0	1-1	1-1	1-0
Crewe Alexandra FC	2-2	3-1	0-1	3-1		2-3	3-0	1-1	1-0	1-2	1-3	3-1	2-1	1-0	0-0	0-1	2-0	3-0	1-0	0-1	1-2	0-3	2-3	1-0
Crystal Palace FC	0-1	0-0	2-1	1-1	1-3		1-1	1-0	3-4	0-1	1-0	1-0	1-1	2-2	1-1	1-2	6-3	3-0	1-0	1-0	2-2	1-0	1-1	3-1
Derby County FC	3-2	2-0	2-2	1-3	0-0	2-1		2-1	2-2	2-0	0-4	4-2	5-1	2-3	1-0	2-0	0-3	1-1	0-1	3-2	0-1	0-1	2-2	3-1
Gillingham FC	1-0	0-3	1-2	2-5	2-0	1-0	0-0		1-2	4-3	1-2	2-1	0-1	0-1	2-0	0-3	3-1	1-3	3-0	1-0	0-2	2-0	0-3	1-2
Ipswich Town FC	3-1	6-1	1-1	1-1	6-4	1-3	2-1	3-4		1-3	0-2	1-2	2-0	1-1	2-1	3-0	1-0	1-0	2-1	4-1	2-3	1-2	1-3	4-1
Millwall FC	1-0	2-0	0-0	2-1	1-1	1-1	0-0	1-2	0-0		0-0	1-0	0-1	0-1	2-1	2-0	1-1	2-1	2-1	1-2	1-1	4-1	2-0	2-0
Norwich City FC	0-1	2-0	41	1-1	1-0	2-1	2-1	3-0	3-1	3-1		1-0	3-2	2-1	2-0	1-0	1-0	1-0	5-0	1-2	0-0	1-1	2-0	3-2
Nottingham Forest	2-1	1-1	1-2	0-1	2-0	3-2	1-1	0-0	1-1	2-2	2-0		0-1	0-1	2-2	3-1	0-0	2-0	3-3	1-1	0-3	0-2	1-0	6-0
Preston North End	1-0	5-3	2-2	4-2	0-0	4-1	3-0	0-0	1-1	1-2	0-0	2-2		2-1	4-1	3-3	1-0	0-2	1-2	2-1	3-0	1-2	2-4	1-0
Reading FC	2-2	2-2	2-1	1-2	1-1	0-3	3-1	2-1	1-1	1-0	0-1	3-0	3-2		0-0	2-1	0-0	0-2	0-1	2-1	1-0	2-0	1-0	0-3
Rotherham United	1-2	3-0	0-0	2-0	0-2	1-2	0-0	1-1	1-3	0-0	4-4	1-1	1-0	5-1		1-1	3-0	0-2	2-0	1-1	0-3	1-0	0-3	3-1
Sheffield United FC	2-0	1-0	5-3	2-1	2-0	0-3	1-1	0-0	1-1	2-1	1-0	1-2	2-0	1-2	5-0		0-1	0-1	2-0	2-2	1-2	3-3	1-1	2-1
Stoke City FC	1-0	1-2	2-3	1-0	1-1	0-1	2-1	0-0	2-0	0-0	1-1	2-1	1-1	3-0	0-2	2-2		3-1	3-2	3-1	4-1	0-2	1-1	2-1
Sunderland AFC	3-0	1-1	0-0	0-0	1-1	2-1	2-1	2-1	3-2	0-1	1-0	1-0	3-3	2-0	0-0	3-0	1-1		1-0	2-0	0-1	2-0	1-1	2-1
Walsall FC	1-0	0-1	1-1	1-6	1-1	0-0	0-1	2-1	1-3	1-1	1-3	4-1	2-1	1-1	3-2	0-1	1-1	1-3		0-1	4-1	1-1	2-0	1-0
Watford FC	1-0	1-1	2-1	1-1	2-1	1-5	2-1	2-2	1-2	3-1	1-2	1-1	2-0	1-0	1-0	0-2	1-3	2-2	1-1		0-1	0-0	1-1	4-0
West Bromwich Alb.	2-0	4-1	2-1	3-0	2-2	2-0	1-1	1-0	4-1	2-1	1-0	0-2	1-0	0-0	0-1	0-2	1-0	0-0	2-0	3-1		1-1	2-1	0-1
West Ham United FC	1-0	2-2	1-0	2-0	4-2	3-0	0-0	2-1	1-2	1-1	1-1	1-1	1-2	1-0	2-1	0-0	0-1	3-2	0-0	4-0	3-4		4-0	2-0
Wigan Athletic AFC	1-0	0-0	3-0	2-1	2-3	5-0	2-0	1-0	1-0	0-0	1-1	2-2	1-1	0-2	1-2	1-1	2-1	0-0	1-0	1-0	1-0	1-1		0-1
Wimbledon FC	2-1	2-2	0-1	0-3	3-1	1-3	1-0	1-2	1-2	0-1	0-1	0-1	3-3	0-3	1-2	1-2	0-1	1-2	0-1	1-3	0-0	1-1	2-4	

	Football League Division 1	Pd	Wn	Dw	Ls	GF	GA	Pts	
1.	Norwich City FC (Norwich)	46	28	10	8	79	39	94	P
2.	West Bromwich Albion FC (West Bromwich)	46	25	11	10	64	42	86	P
3.	Sunderland AFC (Sunderland)	46	22	13	11	62	45	79	PO
4.	West Ham United FC (London)	46	19	17	10	67	45	74	PO
5.	Ipswich Town FC (Ipswich)	46	21	10	15	84	72	73	PO
6.	Crystal Palace FC (London)	46	21	10	15	72	61	73	POP
7.	Wigan Athletic AFC (Wigan)	46	18	17	11	60	45	71	
8.	Sheffield United FC (Sheffield)	46	20	11	15	65	56	71	
9.	Reading FC (Reading)	46	20	10	16	55	57	70	
10.	Millwall FC (London)	46	18	15	13	55	48	69	
11.	Stoke City FC (Stoke-on-Trent)	46	18	12	16	58	55	66	
12.	Coventry City FC(Coventry)	46	17	14	15	67	54	65	
13.	Cardiff City AFC (Cardiff)	46	17	14	15	68	58	65	
14.	Nottingham Forest FC (Nottingham)	46	15	15	16	61	58	60	
15.	Preston North End FC (Preston)	46	15	14	17	69	71	59	
16.	Watford FC (Watford)	46	15	12	19	54	68	57	
17.	Rotherham United FC (Rotherham)	46	13	15	18	53	61	54	
18.	Crewe Alexandra FC (Crewe)	46	14	11	21	57	66	53	
19.	Burnley FC (Burnley)	46	13	14	19	60	77	53	
20.	Derby County FC (Derby)	46	13	13	20	53	67	52	
21.	Gillingham FC (Gillingham)	46	14	9	23	48	67	51	
22.	Walsall FC (Walsall)	46	13	12	21	45	65	51	R
23.	Bradford City AFC (Bradford)	46	10	6	30	38	69	36	R
24.	Wimbledon FC (Milton Keynes)	46	8	5	33	41	89	29	R
		1104	407	290	407	1435	1435	1511	

Promotion Play-offs

Crystal Palace FC (London)	1-0	West Ham United FC (London)
Crystal Palace FC (London)	3-2, 1-2 (aet) (Crystal Palace won 5-4 on penalties)	Sunderland AFC (Sunderland)
Ipswich Town FC (Ipswich)	1-0, 0-2	West Ham United FC (London)

Football League Division 2 2003-04 Season	Barnsley	Blackpool	Bournemouth	Brentford	Brighton & Hove Albion	Bristol City	Chesterfield	Colchester United	Grimsby Town	Hartlepool	Luton Town	Notts County	Oldham Athletic	Peterborough United	Plymouth Argyle	Port Vale	Q.P.R.	Rushden & Diamonds	Sheffield Wednesday	Stockport County	Swindon Town	Tranmere Rovers	Wrexham	Wycombe Wanderers
Barnsley FC		3-0	1-1	0-2	1-0	0-1	0-1	1-0	0-0	2-2	0-0	1-1	1-1	0-1	1-0	0-0	3-3	2-0	1-1	3-3	0-1	2-0	2-1	0-0
Blackpool FC	0-2		1-2	1-1	3-1	1-0	1-0	0-0	0-1	4-0	0-1	2-1	1-1	1-4	0-1	2-1	0-1	2-3	4-1	1-1	2-2	2-1	0-1	3-2
AFC Bournemouth	2-2	1-2		1-0	1-0	0-0	2-2	1-1	0-0	2-2	6-3	1-0	1-0	1-2	0-2	2-1	1-0	2-1	1-0	0-0	2-2	1-5	6-0	1-0
Brentford FC	2-1	0-0	1-0		4-0	1-2	1-1	3-2	1-3	2-1	4-2	2-3	2-1	0-3	1-3	3-2	1-1	3-2	0-3	0-2	0-2	2-2	0-1	1-1
Brighton & Hove Alb.	1-0	3-0	3-0	1-0		1-4	1-0	2-1	3-0	2-0	2-1	1-0	0-0	1-0	2-1	1-1	2-1	0-0	2-0	0-1	2-2	3-0	2-0	4-0
Bristol City FC	2-1	2-1	2-0	3-1	0-0		4-0	1-0	1-0	1-1	1-1	5-0	0-2	1-1	1-0	0-1	1-0	1-0	1-1	1-0	2-1	2-0	1-0	1-1
Chesterfield FC	0-2	1-0	1-1	1-2	0-2	1-1		1-2	4-4	1-2	1-0	0-1	1-1	2-1	1-1	1-0	4-2	2-0	3-1	0-3	3-0	2-2	2-1	2-2
Colchester United FC	1-1	1-1	1-0	1-1	1-0	2-1	1-0		2-0	1-2	1-1	4-1	2-1	0-0	0-2	1-4	2-2	2-0	3-1	2-1	0-1	1-1	3-1	1-1
Grimsby Town FC	6-1	0-2	1-1	1-0	2-1	1-2	4-0	2-0		0-2	3-2	2-0	3-3	1-1	0-0	1-2	0-1	1-0	2-0	1-1	1-2	0-1	3-1	3-1
Hartlepool United FC	1-2	1-1	2-1	1-2	0-0	1-2	2-0	0-0	8-1		4-3	4-0	0-0	1-0	1-3	2-0	1-4	2-1	1-1	2-2	2-0	0-0	2-0	1-1
Luton Town FC	0-1	3-2	1-1	4-1	2-0	3-2	1-0	1-0	1-2	3-2		2-0	1-1	1-1	1-1	2-0	1-1	3-1	3-2	2-2	0-3	3-1	3-2	3-1
Notts County FC	1-1	4-1	0-1	2-0	1-2	1-2	1-1	3-0	3-1	1-0	1-1		1-1	0-1	0-0	1-2	3-3	1-3	0-0	4-1	1-2	2-2	0-1	1-1
Oldham Athletic AFC	0-0	2-3	1-1	1-1	1-3	1-1	2-0	0-0	6-0	0-2	3-0	0-1		1-1	4-1	2-1	2-1	3-2	1-0	2-0	0-1	1-1	1-1	2-3
Peterborough United	2-3	0-1	0-1	0-0	2-2	0-1	0-2	1-2	0-0	3-4	1-2	5-2	2-2		2-2	3-1	0-0	3-1	0-1	1-2	4-2	0-0	6-1	1-1
Plymouth Argyle FC	2-0	1-0	0-0	2-0	3-3	0-1	7-0	2-0	2-2	2-0	2-1	3-0	2-2	2-0		2-1	2-0	3-0	2-0	3-1	2-1	6-0	0-0	2-1
Port Vale FC	3-1	2-1	2-1	1-0	1-1	2-1	1-1	4-3	5-1	2-5	1-0	1-0	1-0	3-0	1-5		2-0	1-1	3-0	2-2	3-3	2-1	1-0	1-1
Queen's Park Rangers	4-0	5-0	1-0	1-0	2-1	1-1	3-0	2-0	3-0	4-1	1-1	3-2	1-1	1-1	3-0	3-2		1-0	3-0	1-1	1-0	1-1	2-0	0-0
Rushden & Diamonds	2-3	0-0	0-3	0-1	1-3	1-1	2-1	4-0	3-1	0-2	2-2	2-1	4-1	0-1	2-1	0-2	3-3		1-2	2-2	2-0	2-1	2-3	2-0
Sheffield Wednesday	2-1	0-1	0-2	1-1	2-1	1-0	0-0	0-1	0-0	1-0	0-0	2-1	2-2	2-0	1-3	2-3	1-3	0-0		2-2	1-1	2-0	2-3	1-1
Stockport County FC	2-3	1-3	3-2	1-1	1-1	2-0	0-0	1-3	2-1	1-2	1-2	2-2	1-1	2-2	0-2	2-2	1-2	2-1	1-0		2-4	1-1	0-1	2-0
Swindon Town FC	1-1	2-2	2-1	2-1	2-1	1-1	2-0	2-0	2-0	1-1	2-2	4-0	1-2	2-0	2-3	0-0	1-1	4-2	2-3	1-2		2-0	1-0	2-0
Tranmere Rovers FC	2-0	1-1	1-1	4-1	1-0	1-0	2-3	1-1	2-1	0-0	1-0	4-0	2-1	0-0	3-0	1-0	0-0	1-2	2-2	3-2	1-0		1-2	2-1
Wrexham AFC	1-0	4-2	0-1	1-0	0-2	0-0	0-0	0-1	3-0	1-2	2-1	0-1	4-0	2-0	2-2	2-1	0-2	1-1	1-2	0-0	3-2	0-1		0-0
Wycombe Wanderers	1-2	0-3	2-0	1-2	1-1	3-0	3-3	1-2	4-1	3-4	0-0	1-1	2-5	1-2	0-0	2-1	2-2	0-2	1-2	1-0	0-3	1-2	1-1	

	Football League Division 2	Pd	Wn	Dw	Ls	GF	GA	Pts	
1.	Plymouth Argyle FC (Plymouth)	46	26	12	8	85	41	90	P
2.	Queen's Park Rangers FC (London)	46	22	17	7	80	45	83	P
3.	Bristol City FC (Bristol)	46	23	13	10	58	37	82	PO
4.	Brighton & Hove Albion FC (Brighton)	46	22	11	13	64	43	77	POP
5.	Swindon Town FC (Swindon)	46	20	13	13	76	58	73	PO
6.	Hartlepool United FC (Hartlepool)	46	20	13	13	76	61	73	PO
7.	Port Vale FC (Stoke-on-Trent)	46	21	10	15	73	63	73	
8.	Tranmere Rovers FC (Birkenhead)	46	17	16	13	59	56	67	
9.	AFC Bournemouth (Bournemouth)	46	17	15	14	56	51	66	
10.	Luton Town FC (Luton)	46	17	15	14	69	66	66	
11.	Colchester United FC (Colchester)	46	17	13	16	52	56	64	
12.	Barnsley FC (Barnsley)	46	15	17	14	54	58	62	
13.	Wrexham AFC (Wrexham)	46	17	9	20	50	60	60	
14.	Blackpool FC (Blackpool)	46	16	11	19	58	65	59	
15.	Oldham Athletic AFC (Oldham)	46	12	21	13	66	60	57	
16.	Sheffield Wednesday FC (Sheffield)	46	13	14	19	48	64	53	
17.	Brentford FC (London)	46	14	11	21	52	69	53	
18.	Peterborough United FC (Peterborough)	46	12	16	18	58	58	52	
19.	Stockport County FC (Stockport)	46	11	19	16	62	70	52	
20.	Chesterfield FC (Chesterfield)	46	12	15	19	49	71	51	
21.	Grimsby Town FC (Cleethorpes)	46	13	11	22	55	81	50	R
22.	Rushden & Diamonds FC (Irthlingborough)	46	13	9	24	60	74	48	R
23.	Notts County FC (Nottingham)	46	10	12	24	50	78	42	R
24.	Wycombe Wanderers FC (High Wycombe)	46	6	19	21	50	75	37	R
		1104	386	332	386	1460	1460	1490	

Promotion Play-offs

Brighton & Hove Albion FC (Brighton)	1-0	Bristol City FC (Bristol)
Hartlepool United FC (Hartlepool)	1-1, 1-2	Bristol City FC (Bristol)
Swindon Town FC (Swindon)	0-1, 2-1 (aet)	Brighton & Hove Albion FC (Brighton)

(Brighton & Hove Albion won 4-3 on penalties)

Football League Division 3 2003-04 Season	Boston United	Bristol Rovers	Bury	Cambridge United	Carlisle United	Cheltenham Town	Darlington	Doncaster Rovers	Huddersfield Town	Hull City	Kidderminster Harriers	Leyton Orient	Lincoln City	Macclesfield Town	Mansfield Town	Northampton Town	Oxford United	Rochdale	Shrewsbury Town	Southend United	Swansea City	Torquay United	Yeovil Town	York City
Boston United FC		1-0	1-0	1-2	1-0	3-1	1-0	0-0	2-2	1-2	2-2	3-0	0-1	3-0	1-2	1-1	1-1	2-0	1-1	0-2	1-1	4-0	3-2	2-0
Bristol Rovers FC	2-0		1-2	0-2	1-0	2-0	0-3	1-2	1-1	2-1	1-0	1-1	3-1	2-2	1-3	1-2	1-1	0-0	1-0	1-1	2-1	2-2	0-1	3-0
Bury FC	1-3	0-0		1-0	1-3	1-1	1-1	1-3	2-1	0-0	0-0	1-1	2-1	2-0	3-0	1-0	0-4	1-2	2-3	1-1	2-0	2-1	2-1	2-0
Cambridge United	0-1	3-1	1-2		2-2	2-1	1-0	3-3	1-2	0-2	0-0	1-4	0-0	3-1	1-2	0-1	1-1	0-0	3-2	0-1	0-1	1-1	1-4	2-0
Carlisle United FC	2-1	0-2	2-1	0-0		1-1	1-1	0-1	1-0	1-1	1-0	0-1	0-2	0-1	0-2	1-1	2-0	3-2	1-4	1-2	1-2	2-0	2-0	1-2
Cheltenham Town	1-0	1-2	1-2	0-3	2-1		2-1	1-3	1-1	0-2	2-1	1-0	3-2	3-2	4-2	4-3	0-0	0-2	2-1	1-1	3-4	1-3	3-1	1-1
Darlington FC	3-0	0-4	1-3	3-4	2-0	2-1		2-1	0-1	0-1	0-2	2-1	0-0	0-1	1-0	1-2	2-0	1-0	2-2	0-0	1-2	1-1	3-2	3-0
Doncaster Rovers	3-0	5-1	3-1	2-0	1-0	1-1	1-1		1-1	0-0	5-0	5-0	0-2	1-0	4-2	1-0	2-0	2-1	1-0	2-0	3-1	1-0	0-1	3-1
Huddersfield Town	2-0	1-2	1-0	2-2	2-1	0-0	0-2	3-1		3-1	1-0	3-0	2-1	4-0	1-3	3-0	1-1	1-1	3-2	1-0	3-0	1-0	3-1	0-1
Hull City AFC	2-1	3-0	2-0	2-0	2-1	3-3	4-1	3-1	0-0		6-1	3-0	3-0	2-2	0-1	2-3	4-2	1-0	2-1	3-2	1-0	0-1	0-0	2-1
Kidderminster Harr.	2-0	1-0	0-2	2-2	2-1	0-0	1-1	0-2	2-1	1-1		2-1	1-2	1-4	2-1	2-1	1-1	0-1	0-2	1-2	2-0	1-2	0-1	4-1
Leyton Orient FC	1-3	1-1	2-0	0-1	1-1	1-45	1-0	1-3	1-1	1-1	1-1		0-2	2-0	3-1	1-1	1-0	2-1	1-1	2-1	1-2	0-0	2-0	2-2
Lincoln City FC	1-1	3-1	2-1	2-2	2-0	0-0	1-1	0-0	3-1	2-0	1-1	0-0		3-2	4-1	0-0	0-1	1-1	1-1	2-2	2-1	1-3	2-3	3-0
Macclesfield Town	0-0	2-1	1-0	0-1	1-1	1-2	0-1	1-3	4-0	1-1	1-1	1-0	0-0		1-1	0-4	2-1	2-1	2-2	1-2	2-1	1-1	4-1	0-0
Mansfield Town FC	2-1	0-0	5-3	1-1	2-3	4-0	3-1	1-2	3-3	1-0	1-0	1-1	1-2	3-2		1-2	3-1	1-0	5-0	1-0	1-1	2-1	0-1	2-0
Northampton Town	2-0	2-0	3-2	1-2	2-0	1-0	1-0	1-0	0-1	1-5	0-1	1-0	1-1	0-0	0-3		2-1	3-1	1-1	2-2	2-1	0-1	2-0	2-1
Oxford United FC	0-0	0-0	1-1	2-2	2-1	1-0	3-1	0-0	0-1	2-1	2-1	2-1	0-0	3-1	1-1	3-0		2-0	3-2	2-0	3-0	1-0	1-0	0-0
Rochdale AFC	1-0	2-2	0-0	2-2	2-0	0-0	4-2	1-1	1-1	0-2	0-1	3-0	0-3	1-2	3-0	1-1	1-2		2-0	1-1	0-1	1-0	1-3	1-2
Scunthorpe United	0-1	1-2	0-0	4-0	2-3	5-2	0-1	2-2	6-2	1-1	0-2	1-1	1-3	1-0	0-0	1-0	1-1	2-2		1-1	2-2	2-1	3-0	0-0
Southend United FC	0-2	0-1	1-0	1-0	2-2	2-0	3-2	0-2	1-2	2-2	3-0	1-2	0-2	1-0	0-3	0-1	0-1	4-0	4-2		1-1	1-2	0-2	0-0
Swansea City FC	3-0	0-0	4-2	0-2	1-2	0-0	1-0	1-1	2-0	2-3	0-0	2-1	2-2	3-0	4-1	0-2	0-0	1-1	4-2	2-3		1-2	3-2	0-0
Torquay United FC	2-0	2-1	3-1	3-0	4-1	3-1	2-2	1-0	0-1	1-1	11-	2-1	1-0	4-1	1-0	3-1	3-0	1-3	1-0	3-0	0-0		2-2	1-1
Yeovil Town FC	2-0	4-0	2-1	4-1	3-0	0-0	1-0	0-1	2-1	1-2	1-2	1-2	3-1	2-2	1-1	0-2	1-0	1-0	2-1	4-0	2-0	0-2		3-0
York City FC	1-1	2-1	1-1	2-0	2-0	0-2	1-1	1-0	0-2	0-2	1-0	1-2	1-4	0-2	1-2	1-0	2-2	1-2	1-3	2-0	0-0	0-0	1-2	

	Football League Division 3	**Pd**	**Wn**	**Dw**	**Ls**	**GF**	**GA**	**Pts**	
1.	Doncaster Rovers FC (Doncaster)	46	27	11	8	79	37	92	P
2.	Hull City AFC (Kingston upon Hull)	46	25	13	8	82	44	88	P
3.	Torquay United FC (Torquay)	46	23	12	11	68	44	81	P
4.	Huddersfield Town AFC (Huddersfield)	46	23	12	11	68	52	81	POP
5.	Mansfield Town FC (Mansfield)	46	22	9	15	76	62	75	PO
6.	Northampton Town FC (Northampton)	46	22	9	15	58	51	75	PO
7.	Lincoln City FC (Lincoln)	46	19	17	10	68	47	74	PO
8.	Yeovil Town FC (Yeovil)	46	23	5	18	70	57	74	
9.	Oxford United FC (Oxford)	46	18	17	11	55	44	71	
10.	Swansea City FC (Swansea)	46	15	14	17	58	61	59	
11.	Boston United FC (Boston)	46	16	11	19	50	54	59	
12.	Bury FC (Bury)	46	15	11	20	54	64	56	
13.	Cambridge United FC (Cambridge)	46	14	14	18	55	67	56	
14.	Cheltenham Town FC (Cheltenham)	46	14	14	18	57	71	56	
15.	Bristol Rovers FC (Bristol)	46	14	13	19	50	61	55	
16.	Kidderminster Harriers FC (Kidderminster)	46	14	13	19	45	59	55	
17.	Southend United FC (Southend-on-Sea)	46	14	12	20	51	63	54	
18.	Darlington FC (Darlington)	46	14	11	21	53	61	53	
19.	Leyton Orient FC (London)	46	13	14	19	48	65	53	
20.	Macclesfield Town FC (Macclesfield)	46	13	13	20	54	69	52	
21.	Rochdale AFC (Rochdale)	46	12	14	20	49	58	50	
22.	Scunthorpe United FC (Scunthorpe)	46	11	16	19	69	72	49	
23.	Carlisle United FC (Carlisle)	46	12	9	25	46	69	45	R
24.	York City FC (York)	46	10	14	22	35	66	44	R
		1104	403	298	403	1398	1398	1507	

Promotion Play-offs

Huddersfield Town AFC (Huddersfield)	0-0 (aet)	Mansfield Town FC (Mansfield)
	(Huddersfield Town won 4-1 on penalties)	
Lincoln City FC (Lincoln)	1-2, 2-2	Huddersfield Town AFC (Huddersfield)
Northampton Town FC (Northampton)	0-2, 3-1 (aet)	Mansfield Town FC (Mansfield)
	(Mansfield Town won 5-4 on penalties)	

Promoted to League 2: Chester City FC (Chester), Shrewsbury Town FC (Shrewsbury)

Note: From the next season the names of Football League Divisions 1, 2 and 3 were changed to "The Championship", "League 1" and "League 2" respectively.

F.A. CUP FINAL (Millennium Stadium, Cardiff – 22/05/2004 – 72,350)

MANCHESTER UNITED FC (MANCHESTER) 3-0 Millwall FC (London)

Ronaldo 42', van Nistelrooy 64' pen., 80'

Man. United: Howard (Carroll 83'), G.Neville, O'Shea, Brown, Keane, Silvestre, Ronaldo (Solskjær 85'), Fletcher (Butt 85'), Van Nistelrooy, Scholes, Giggs.

Millwall: Marshall, Elliott, Ryan (Cogan 75'), Cahill, Lawrence, Ward, Ifill, Wise (Weston 89'), Harris (McCammon 75'), Livermore, Sweeney.

Semi-finals

Arsenal FC (London)	0-1	Manchester United FC (Manchester)
Sunderland AFC (Sunderland)	0-1	Millwall FC (London)

Quarter-finals

Manchester United FC (Manchester)	2-1	Fulham FC (London)
Millwall FC (London)	0-0, 2-1	Tranmere Rovers FC (Birkenhead)
Portsmouth FC (Portsmouth)	1-5	Arsenal FC (London)
Sunderland AFC (Sunderland)	1-0	Sheffield United FC (Sheffield)

2004-05

F.A. Premiership 2004-05 Season	Arsenal	Aston Villa	Birmingham City	Blackburn Rovers	Bolton Wanderers	Charlton Athletic	Chelsea	Crystal Palace	Everton	Fulham	Liverpool	Manchester City	Manchester United	Middlesbrough	Newcastle United	Norwich City	Portsmouth	Southampton	Tottenham Hotspur	West Bromwich Alb.
Arsenal FC		3-1	3-0	3-0	2-2	4-0	2-2	5-1	7-0	2-0	3-1	1-1	2-4	5-3	1-0	4-1	3-0	2-2	1-0	1-1
Aston Villa FC	1-3		1-2	1-0	1-1	0-0	0-0	1-1	1-3	2-0	1-1	1-2	0-1	2-0	4-2	3-0	3-0	2-0	1-0	1-1
Birmingham City FC	2-1	2-0		2-1	1-2	1-1	0-1	0-1	0-1	1-2	2-0	1-0	0-0	2-0	2-2	1-1	0-0	2-1	1-1	4-0
Blackburn Rovers FC	0-1	2-2	3-3		0-1	1-0	0-1	1-0	0-0	1-3	2-2	0-0	1-1	0-4	2-2	3-0	1-0	3-0	0-1	1-1
Bolton Wanderers FC	1-0	1-2	1-1	0-1		4-1	0-2	1-0	3-2	3-1	1-0	0-1	2-2	0-0	2-1	1-0	0-1	1-1	3-1	1-1
Charlton Athletic FC	1-3	3-0	3-1	1-0	1-2		0-4	2-2	2-0	2-1	1-2	2-2	0-4	1-2	1-1	4-0	2-1	0-0	2-0	1-4
Chelsea FC	0-0	1-0	1-1	4-0	2-2	1-0		4-1	1-0	3-1	1-0	0-0	1-0	2-0	4-0	4-0	3-0	2-1	0-0	1-0
Crystal Palace FC	1-1	2-0	2-0	0-0	0-1	0-1	0-2		1-3	2-0	1-0	1-2	0-0	0-1	0-2	3-3	0-1	2-2	3-0	3-0
Everton FC	1-4	1-1	1-1	0-1	3-2	0-1	0-1	4-0		1-0	1-0	2-1	1-0	1-0	2-0	1-0	2-1	1-0	0-1	2-1
Fulham FC	0-3	1-1	2-3	0-2	2-0	0-0	1-4	3-1	2-0		2-4	1-1	1-1	0-2	1-3	6-0	3-1	1-0	2-0	1-0
Liverpool FC	2-1	2-1	0-1	0-0	1-0	2-0	0-1	3-2	2-1	3-1		2-1	0-1	1-1	3-1	3-0	1-1	1-0	2-2	3-0
Manchester City FC	0-1	2-0	3-0	1-1	0-1	4-0	1-0	3-1	0-1	1-1	1-0		0-2	1-1	1-1	1-1	2-0	2-1	0-1	1-1
Manchester United FC	2-0	3-1	2-0	0-0	2-0	2-0	1-3	5-2	0-0	1-0	2-1	0-0		1-1	2-1	2-1	2-1	3-0	0-0	1-1
Middlesbrough FC	0-1	3-0	2-1	1-0	1-1	2-2	0-1	2-1	1-1	1-1	2-0	3-2	0-2		2-2	2-0	1-1	1-3	1-0	4-0
Newcastle United FC	0-1	0-3	2-1	3-0	2-1	1-1	1-1	0-0	1-1	1-4	1-0	4-3	1-3	0-0		2-2	1-1	2-1	0-1	3-1
Norwich City FC	1-4	0-0	1-0	1-1	3-2	1-0	1-3	1-1	2-3	0-1	1-2	2-3	2-0	4-4	2-1		2-2	2-1	0-2	3-2
Portsmouth FC	0-1	1-2	1-1	0-1	1-1	4-2	0-2	3-1	0-1	4-3	1-2	1-3	2-0	2-1	1-1	1-1		4-1	1-0	3-2
Southampton FC	1-1	2-3	0-0	3-2	1-2	0-0	1-3	2-2	2-2	3-3	2-0	0-0	1-2	2-2	1-2	4-3	2-1		1-0	2-2
Tottenham Hotspur FC	4-5	5-1	1-0	0-0	1-2	2-3	0-2	1-1	5-2	2-0	1-1	2-1	0-1	2-0	1-0	0-0	3-1	5-1		1-1
West Bromwich Albion FC	0-2	1-1	2-0	1-1	2-1	0-1	1-4	2-2	1-0	1-1	0-5	2-0	0-3	1-2	0-0	0-0	2-0	0-0	1-1	

	F.A. Premiership	Pd	Wn	Dw	Ls	GF	GA	Pts	
1.	CHELSEA FC (LONDON)	38	29	8	1	72	15	95	
2.	Arsenal FC (London)	38	25	8	5	87	36	83	
3.	Manchester United FC (Manchester)	38	22	11	5	58	26	77	
4.	Everton FC (Liverpool)	38	18	7	13	45	46	61	
5.	Liverpool FC (Liverpool)	38	17	7	14	52	41	58	
6.	Bolton Wanderers FC (Bolton)	38	16	10	12	49	44	58	
7.	Middlesbrough FC (Middlesbrough)	38	14	13	11	53	46	55	
8.	Manchester City FC (Manchester)	38	13	13	12	47	39	52	
9.	Tottenham Hotspur FC (London)	38	14	10	14	47	41	52	
10.	Aston Villa FC (Birmingham)	38	12	11	15	45	52	47	
11.	Charlton Athletic FC (London)	38	12	10	16	42	58	46	
12.	Birmingham City FC (Birmingham)	38	11	12	15	40	46	45	
13.	Fulham FC (London)	38	12	8	18	52	60	44	
14.	Newcastle United FC (Newcastle upon Tyne)	38	10	14	14	47	57	44	
15.	Blackburn Rovers FC (Blackburn)	38	9	15	14	32	43	42	
16.	Portsmouth FC (Portsmouth)	38	10	9	19	43	59	39	
17.	West Bromwich Albion FC (West Bromwich)	38	6	16	16	36	61	34	
18.	Crystal Palace FC (London)	38	7	12	19	41	62	33	R
19.	Norwich City FC (Norwich)	38	7	12	19	42	77	33	R
20.	Southampton FC (Southampton)	38	6	14	18	45	66	32	R
		760	270	220	270	975	975	1030	

Top Goalscorers

1) Thierry HENRY (Arsenal FC) 25

2) Andy JOHNSON (Crystal Palace FC) 21

Football League The Championship 2004-05 Season	Brighton & H.A.	Burnley	Cardiff City	Coventry City	Crewe A.	Derby Co.	Gillingham	Ipswich T.	Leeds Utd.	Leicester C.	Millwall	Not. Forest	Plymouth A.	Preston NE	Q.P.R.	Reading	Rotherham	Sheff. Utd.	Stoke C.	Sunderland	Watford	West Ham	Wigan A.	Wolves
Brighton & H. Albion		0-1	1-1	1-1	1-3	2-3	2-1	1-1	1-0	1-1	1-0	0-0	0-2	1-0	2-3	0-1	1-0	1-1	0-1	2-1	2-1	2-2	2-4	0-1
Burnley FC	1-1		1-0	2-2	3-0	0-2	1-2	0-2	0-1	0-0	1-0	1-0	2-0	2-0	2-0	0-0	2-1	1-1	2-2	0-2	3-1	0-1	1-0	1-1
Cardiff City AFC	2-0	2-0		2-1	1-1	0-2	3-1	0-1	0-0	0-0	0-1	3-0	0-1	0-1	1-0	2-0	2-0	1-0	0-1	0-2	0-3	4-1	0-2	1-1
Coventry City FC	2-1	0-2	1-1		0-1	6-2	2-2	1-2	1-2	1-1	0-1	2-0	2-1	1-1	1-2	3-2	0-0	1-2	0-0	2-0	1-0	2-1	1-2	2-2
Crewe Alexandra FC	3-1	1-1	2-2	2-1		1-2	4-1	2-2	2-2	2-2	2-1	1-1	3-0	1-2	0-2	1-1	1-1	2-3	0-2	0-1	3-0	2-3	1-3	1-4
Derby County FC	3-0	1-1	0-1	2-2	2-4		2-0	3-2	2-0	1-2	0-3	3-0	1-0	3-1	0-0	2-1	3-2	0-1	3-1	0-2	2-2	1-1	1-1	3-3
Gillingham FC	0-1	1-0	1-1	3-1	1-1	0-2		0-0	2-1	0-2	0-0	2-1	1-0	2-1	0-1	0-0	3-1	1-3	2-1	0-4	0-0	0-1	2-1	1-0
Ipswich Town FC	1-0	1-1	3-1	3-2	5-1	3-2	2-1		1-0	2-1	2-0	6-0	3-2	3-0	0-2	1-1	4-3	5-1	1-0	2-2	1-2	0-2	2-1	2-1
Leeds United AFC	1-1	1-2	1-1	3-0	0-2	1-0	1-1	1-1		0-2	1-1	1-1	2-1	1-0	6-1	3-1	0-0	0-4	0-0	0-1	2-2	2-1	0-2	1-1
Leicester City FC	0-1	0-0	1-1	3-0	1-1	1-0	2-0	2-2	2-0		3-1	0-1	2-1	1-1	1-0	0-2	0-1	3-2	1-1	0-1	0-1	0-0	0-2	1-1
Millwall FC	2-0	0-0	2-2	1-1	4-3	3-1	2-1	3-1	1-1	2-0		1-0	3-0	2-1	0-0	1-0	1-2	1-2	0-1	2-0	0-2	1-0	0-2	1-2
Nottingham Forest FC	0-1	1-0	0-0	1-4	2-2	2-2	2-2	1-1	0-0	1-1	1-2		0-3	2-0	2-1	1-0	2-2	1-1	1-0	1-2	1-2	2-1	1-1	1-0
Plymouth Argyle FC	5-1	1-0	1-1	1-1	3-0	0-2	2-1	1-2	0-1	0-0	0-0	3-2		0-2	2-1	2-2	1-1	3-0	0-0	2-1	1-0	1-1	1-2	1-2
Preston North End FC	3-0	1-0	3-0	3-2	1-0	3-0	1-1	1-1	2-4	1-1	1-1	3-2	1-1		2-1	3-0	2-0	0-1	3-0	3-2	2-1	2-1	1-1	2-2
Queen's Park Rangers	0-0	3-0	1-0	4-1	1-2	0-2	1-1	2-4	1-1	3-2	1-1	2-1	3-2	1-2		0-0	1-1	0-1	1-0	1-3	3-1	1-0	1-0	1-1
Reading FC	3-2	0-0	2-1	1-2	4-0	0-1	3-1	1-1	1-1	0-0	2-1	1-0	0-0	3-1	1-0		1-0	0-0	1-0	1-0	3-0	3-1	1-1	1-2
Rotherham United FC	0-1	0-0	2-2	1-2	2-3	1-3	1-3	0-2	1-0	0-2	1-1	0-0	0-1	1-2	0-1	1-0		2-2	1-1	0-1	0-1	2-2	0-2	1-2
Sheffield United FC	1-2	2-1	2-1	1-1	4-0	0-1	0-0	0-2	2-0	2-0	0-1	1-1	2-1	1-1	3-2	0-1	1-0		0-0	1-0	1-1	1-2	0-2	3-3
Stoke City FC	2-0	0-1	1-3	1-0	1-0	1-0	2-0	3-2	0-1	3-2	1-0	0-0	2-0	0-0	0-1	0-1	1-2	2-0		0-1	0-1	0-1	0-1	2-1
Sunderland AFC	2-0	2-1	2-1	1-0	3-1	0-0	1-1	2-0	2-3	2-1	1-0	2-0	5-1	3-1	2-2	1-2	4-1	1-0	1-0		4-2	0-2	1-1	3-1
Watford FC	1-1	0-1	0-0	2-3	3-1	2-2	2-0	2-2	1-2	2-2	1-0	0-2	3-1	0-2	3-0	0-1	0-0	0-0	0-1	1-1		1-2	0-0	1-1
West Ham United FC	0-1	1-0	1-0	3-0	1-1	1-2	3-1	1-1	1-1	2-2	1-1	3-2	5-0	1-2	2-1	1-0	1-0	0-2	2-0	1-2	3-2		1-3	1-0
Wigan Athletic AFC	3-0	0-0	2-1	4-1	4-1	1-2	2-0	1-0	3-0	0-0	2-0	1-1	0-2	5-0	0-0	3-1	2-0	4-0	0-1	0-1	2-2	1-2		2-0
Wolverhampton W.	1-1	2-0	2-3	0-1	1-1	2-0	2-2	2-0	0-0	1-1	1-2	2-1	1-1	2-2	2-1	4-1	2-0	4-2	1-1	1-1	0-0	4-2	3-3	

	Football League "The Championship"	Pd	Wn	Dw	Ls	GF	GA	Pts	
1.	Sunderland AFC (Sunderland)	46	29	7	10	76	41	94	P
2.	Wigan Athletic AFC (Wigan)	46	25	12	9	79	35	87	P
3.	Ipswich Town FC (Ipswich)	46	24	13	9	85	56	85	PO
4.	Derby County FC (Derby)	46	22	10	14	71	60	76	PO
5.	Preston North End FC (Preston)	46	21	12	13	67	58	75	PO
6.	West Ham United FC (London)	46	21	10	15	66	56	73	PO
7.	Reading FC (Reading)	46	19	13	14	51	44	70	
8.	Sheffield United FC (Sheffield)	46	18	13	15	57	56	67	
9.	Wolverhampton Wanderers FC (Wolverhampton)	46	15	21	10	72	59	66	
10.	Millwall FC (London)	46	18	12	16	51	45	66	
11.	Queen's Park Rangers FC (London)	46	17	11	18	54	58	62	
12.	Stoke City FC (Stoke-on-Trent)	46	17	10	19	36	38	61	
13.	Burnley FC (Burnley)	46	15	15	16	38	39	60	
14.	Leeds United AFC (Leeds)	46	14	18	14	49	52	60	
15.	Leicester City FC (Leicester)	46	12	21	13	49	46	57	
16.	Cardiff City AFC (Cardiff)	46	13	15	18	48	51	54	
17.	Plymouth Argyle FC (Plymouth)	46	14	11	21	52	64	53	
18.	Watford FC (Watford)	46	12	16	18	52	59	52	
19.	Coventry City FC (Coventry)	46	13	13	20	61	73	52	
20.	Brighton & Hove Albion FC (Brighton)	46	13	12	21	40	65	51	
21.	Crewe Alexandra FC (Crewe)	46	12	14	20	66	86	50	
22.	Gillingham FC (Gillingham)	46	12	14	20	45	66	50	R
23.	Nottingham Forest FC (Nottingham)	46	9	17	20	42	66	44	R
24.	Rotherham United FC (Rotherham)	46	5	14	27	35	69	29	R
		1104	390	324	390	1342	1342	1494	

Promotion Play-Offs

West Ham United FC (London)	1-0	Preston North End FC (Preston)
Preston North End FC (Preston)	2-0, 0-0	Derby County FC (Derby)
West Ham United FC (London)	2-2, 2-0	Ipswich Town FC (Ipswich)

Football League League 1 2004-05 Season	Barnsley	Blackpool	Bournemouth	Bradford C.	Brentford	Bristol C.	Chesterfield	Colchester	Doncaster	Hartlepool	Huddersfield	Hull City	Luton T.	Milton K.	Oldham A.	Peterborough	Port Vale	Sheff. Wed.	Stockport	Swindon T.	Torquay U.	Tranmere R.	Walsall	Wrexham
Barnsley FC		1-0	0-1	2-2	0-0	2-1	1-0	1-1	1-3	0-0	4-2	1-2	3-4	1-1	2-2	4-0	1-2	0-0	3-3	2-2	4-1	0-0	3-2	2-2
Blackpool FC	0-2		3-3	2-1	2-1	1-1	1-0	1-1	1-1	2-2	1-1	0-2	1-3	1-0	2-0	0-1	0-2	1-2	0-4	1-1	4-0	0-1	2-0	2-1
AFC Bournemouth	1-3	2-3		2-0	3-2	2-2	0-0	1-3	5-0	2-2	2-2	0-4	0-1	0-1	4-0	0-1	4-0	1-1	2-1	2-1	3-0	1-1	2-2	1-0
Bradford City AFC	1-0	2-1	4-2		4-1	4-1	2-3	2-2	2-0	1-2	2-0	0-2	0-1	1-4	1-3	2-2	0-2	3-1	3-1	1-2	2-2	1-1	1-1	1-1
Brentford FC	1-1	0-3	2-1	1-2		1-0	2-2	1-0	4-3	2-1	0-1	2-1	2-0	1-0	2-0	0-0	1-0	3-3	3-0	2-1	1-3	1-0	1-0	1-0
Bristol City FC	0-0	1-1	0-2	0-0	4-1		2-3	0-0	2-2	0-0	3-3	3-1	1-2	4-1	5-1	2-0	2-0	1-4	5-0	1-2	1-1	4-0	0-1	1-0
Chesterfield FC	2-2	1-0	2-3	0-0	3-1	2-2		2-1	0-0	0-1	2-1	1-1	0-1	2-2	1-0	1-3	1-0	1-3	4-0	1-0	1-1	2-2	1-0	2-4
Colchester United	0-2	0-1	3-1	0-0	0-1	0-2	1-0		4-1	1-1	0-0	1-2	0-0	0-1	0-0	2-1	2-1	1-1	3-2	0-1	2-1	1-2	5-0	1-2
Doncaster Rovers	4-0	2-0	1-1	1-1	0-0	1-1	0-1	1-1		2-0	2-1	1-0	3-3	3-0	1-1	2-1	2-0	0-4	3-1	1-1	2-2	0-0	3-1	0-0
Hartlepool United	1-1	1-1	3-2	2-1	3-1	2-1	3-2	2-1	2-1		0-1	2-0	2-3	5-0	2-1	2-2	1-0	3-0	3-1	3-0	4-1	0-1	1-3	4-6
Huddersfield Town	0-2	1-0	3-2	0-1	1-1	2-2	0-0	2-2	3-1	0-2		4-0	1-1	3-1	2-1	2-1	2-1	1-0	5-3	4-0	1-1	1-3	3-1	1-2
Hull City AFC	2-1	2-1	1-0	0-1	2-0	1-1	1-0	2-0	2-1	1-0	2-1		3-0	3-2	2-0	2-2	2-2	1-2	0-0	0-0	2-0	6-1	3-1	2-1
Luton Town FC	1-3	1-0	1-0	4-0	4-2	5-0	1-0	2-2	1-1	3-0	1-2	1-0		1-0	2-1	2-1	1-0	1-1	3-0	3-1	1-0	1-1	1-0	5-1
Milton Keynes Dons	1-1	3-1	1-3	1-2	0-0	1-2	1-1	2-0	0-1	4-2	2-1	1-1	1-4		1-1	1-1	1-1	2-2	2-1	1-1	1-0	2-1	1-1	3-0
Oldham Athletic	3-2	1-2	1-2	2-1	0-2	0-0	4-1	1-1	1-2	3-2	2-1	1-0	2-2	3-0		2-1	3-0	1-1	1-2	1-2	1-2	2-2	5-3	2-3
Peterborough United	1-3	0-0	0-1	2-2	3-0	0-1	1-2	0-3	0-2	3-0	1-2	2-3	2-2	0-3	1-2		4-0	1-1	2-1	0-2	1-1	1-0	0-2	2-2
Port Vale FC	5-0	0-3	2-1	0-1	0-1	3-0	1-0	0-0	2-0	0-1	0-3	3-2	3-1	3-2	3-1	1-0		0-2	0-0	1-0	1-2	3-1	2-0	0-2
Sheffield Wed.	1-0	3-2	0-1	1-2	1-2	2-3	2-2	0-3	2-0	2-0	1-0	2-4	0-0	1-1	1-1	2-1	1-0		0-0	2-0	2-2	1-2	3-2	4-0
Stockport County	2-2	0-1	2-2	0-1	1-2	1-2	1-2	1-2	2-4	1-0	2-3	1-3	1-3	3-1	1-2	1-0	1-2	0-3		3-3	0-2	1-1	0-1	1-4
Swindon Town FC	2-1	2-2	0-3	1-0	3-0	0-0	1-1	0-3	1-1	3-0	1-2	4-2	2-3	2-1	1-0	0-1	1-0	3-2	3-0		3-3	2-1	1-2	4-2
Torquay United FC	0-1	2-0	1-2	0-0	2-2	0-4	2-2	1-3	2-1	1-2	2-1	0-3	1-4	1-0	2-0	2-1	1-0	2-4	1-2	2-2		1-2	0-0	1-0
Tranmere Rovers	1-1	0-0	2-0	4-5	1-0	0-1	1-0	1-1	2-4	2-1	3-0	1-3	1-1	2-0	2-0	5-0	1-0	4-2	1-0	2-1	4-1		2-1	1-1
Walsall FC	2-2	3-2	1-2	1-1	0-1	1-2	3-0	2-1	1-1	2-1	4-3	3-0	2-0	0-0	0-1	2-1	3-2	1-1	3-0	3-2	1-1	0-2		2-2
Wrexham AFC	2-1	1-2	1-2	1-0	1-2	1-3	3-1	2-2	0-0	1-5	0-1	2-2	1-2	0-0	1-0	1-1	1-1	0-3	2-1	2-1	1-1	1-5	1-1	

	Football League "League 1"	Pd	Wn	Dw	Ls	GF	GA	Pts	
1.	Luton Town FC (Luton)	46	29	11	6	87	48	98	P
2.	Hull City AFC (Kingston upon Hull)	46	26	8	12	80	53	86	P
3.	Tranmere Rovers FC (Birkenhead)	46	22	13	11	73	55	79	PO
4.	Brentford FC (London)	46	22	9	15	57	60	75	PO
5.	Sheffield Wednesday FC (Sheffield)	46	19	15	12	77	59	72	PO
6.	Hartlepool United FC (Hartlepool)	46	21	8	17	76	66	71	PO
7.	Bristol City FC (Bristol)	46	18	16	12	74	57	70	
8.	AFC Bournemouth (Bournemouth)	46	20	10	16	77	64	70	
9.	Huddersfield Town AFC (Huddersfield)	46	20	10	16	74	65	70	
10.	Doncaster Rovers FC (Doncaster)	46	16	18	12	65	60	66	
11.	Bradford City AFC (Bradford)	46	17	14	15	64	62	65	
12.	Swindon Town FC (Swindon)	46	17	12	17	66	68	63	
13.	Barnsley FC (Barnsley	46	14	19	13	69	64	61	
14.	Walsall FC (Walsall)	46	16	12	18	65	69	60	
15.	Colchester United FC (Colchester)	46	14	17	15	60	50	59	
16.	Blackpool FC (Blackpool)	46	15	12	19	54	59	57	
17.	Chesterfield FC (Chesterfield)	46	14	15	17	55	62	57	
18.	Port Vale FC (Stoke-on-Trent)	46	17	5	24	49	59	56	
19.	Oldham Athletic AFC (Oldham)	46	14	10	22	60	73	52	
20.	Milton Keynes Dons FC (Milton Keynes)	46	12	15	19	54	68	51	
21.	Torquay United FC (Torquay)	46	12	15	19	55	79	51	R
22.	Wrexham AFC (Wrexham)	46	13	14	19	62	80	43	R-10
23.	Peterborough United FC (Peterborough)	46	9	12	25	49	73	39	R
24.	Stockport County FC (Stockport)	46	6	8	32	49	98	26	R
		1104	407	298	407	1551	1551	1497	

Note: Wrexham AFC (Wrexham) had 10 points deducted after entering administration.

Promotion Play-Offs

Sheffield Wednesday FC (Sheffield)	4-2 (aet)	Hartlepool United FC (Hartlepool)
Hartlepool United FC (Hartlepool)	2-0, 0-2 (aet)	Tranmere Rovers FC (Birkenhead)
	(Hartlepool United won 6-5 on penalties)	
Sheffield Wednesday FC (Sheffield)	1-0, 2-1	Brentford FC (London)

Football League League 2 2004-05 Season	Boston United	Bristol Rovers	Bury	Cambridge Utd.	Cheltenham T.	Chester City	Darlington	Grimsby Town	Kidderminster H.	Leyton Orient	Lincoln City	Macclesfield	Mansfield Town	Northampton	Notts County	Oxford United	Rochdale	Rushden & Diam.	Scunthorpe United	Shrewsbury	Southend United	Swansea City	Wycombe Wands.	Yeovil Town
Boston United FC		2-2	2-2	2-1	2-1	3-1	3-1	1-1	3-0	2-2	0-2	1-1	0-0	0-1	4-0	1-0	1-1	1-0	2-1	2-2	2-0	2-3	2-0	1-2
Bristol Rovers FC	1-1		2-2	1-1	1-1	4-1	3-3	3-0	2-0	1-1	0-0	0-0	4-4	3-1	2-1	2-0	0-0	3-0	0-3	0-0	2-1	2-0	1-0	2-2
Bury FC	1-1	1-1		2-1	3-1	1-1	0-1	3-1	4-0	0-0	0-1	2-1	0-2	2-0	1-0	0-0	0-0	1-1	0-1	0-0	0-1	0-1	2-2	3-1
Cambridge United	0-1	1-0	1-1		1-0	0-0	3-1	0-2	1-3	1-1	0-1	0-1	2-2	0-1	0-0	2-1	0-0	3-1	1-2	1-0	0-2	0-1	2-1	3-5
Cheltenham Town	1-0	1-1	1-0	2-1		0-0	0-2	2-3	2-0	1-2	1-0	3-0	2-0	1-0	0-2	0-1	2-0	4-1	0-2	1-1	0-3	1-2	1-1	1-1
Chester City FC	2-1	2-2	2-1	0-0	0-3		0-3	2-1	3-0	1-1	0-1	1-0	0-3	0-2	3-2	1-3	0-0	3-1	1-1	1-1	2-2	1-1	0-2	0-2
Darlington FC	1-0	0-1	1-2	1-1	3-1	1-0		1-0	0-2	3-0	0-3	3-1	2-1	1-1	1-2	1-1	0-3	2-0	0-0	3-0	4-0	2-1	1-0	2-1
Grimsby Town FC	1-1	0-0	5-1	3-0	1-1	1-0	0-1		2-1	2-0	2-4	0-0	2-0	1-2	3-2	1-1	0-1	0-0	0-0	0-1	1-1	1-1	0-0	2-1
Kidderminster Harr.	0-4	1-1	2-2	1-1	1-0	0-1	1-0	1-4		1-2	2-1	1-0	1-3	0-2	0-0	1-3	2-1	0-0	3-2	0-1	1-3	1-5	0-2	1-1
Leyton Orient FC	0-0	4-2	1-1	1-1	2-3	2-0	1-0	1-2	2-1		1-1	1-3	2-1	3-2	2-0	0-0	2-1	2-2	1-1	4-1	2-2	3-1	1-2	2-3
Lincoln City FC	2-2	1-1	1-0	2-1	0-0	1-1	0-0	0-0	3-0	3-4		2-0	2-0	3-2	1-2	3-0	1-1	1-3	2-0	2-0	1-1	1-0	2-3	3-1
Macclesfield Town	1-1	2-1	2-1	1-1	0-2	1-2	1-0	3-1	2-0	3-1	2-1		3-1	1-3	1-2	1-0	3-0	1-0	2-2	2-1	1-2	1-0	2-1	3-1
Mansfield Town FC	3-2	0-2	0-0	0-0	1-2	0-0	1-1	2-0	2-1	0-1	2-2	0-1		4-1	3-1	1-3	1-0	0-0	1-0	1-1	1-1	1-0	1-4	4-1
Northampton Town	2-1	2-1	2-0	2-2	1-1	1-1	1-1	0-1	3-0	2-2	1-0	1-0	2-1		0-0	1-0	5-1	1-0	1-2	2-0	1-2	2-2	1-1	1-1
Notts County FC	2-1	1-2	0-1	2-1	0-0	1-1	1-1	2-2	1-3	1-2	1-0	0-5	0-1	0-0		0-1	0-0	1-1	2-0	3-0	1-2	1-0	0-1	1-2
Oxford United FC	2-0	3-2	3-1	2-1	1-0	0-1	1-2	1-2	0-2	2-2	0-1	1-1	1-0	1-2	2-1		0-1	0-0	1-1	2-0	2-1	0-1	2-1	2-1
Rochdale AFC	2-0	0-0	0-3	2-1	1-2	2-2	1-1	2-0	1-1	2-0	3-1	3-0	1-1	1-0	0-3	5-1		2-0	0-0	1-1	2-0	0-2	1-1	2-1
Rushden/Diamonds	4-2	0-0	3-0	0-1	1-0	0-1	1-2	1-0	0-0	2-0	1-4	0-2	0-0	3-2	5-1	3-3	0-0		1-3	0-0	1-4	0-2	1-2	2-0
Scunthorpe United	1-1	4-0	3-2	4-0	4-1	1-2	0-1	2-0	2-1	1-0	3-2	0-0	1-1	2-0	0-0	1-1	3-1	1-0		3-1	3-2	1-0	2-0	1-0
Shrewsbury Town	0-0	2-0	2-2	0-0	2-0	5-0	4-0	1-1	4-2	4-1	0-1	0-1	0-2	2-0	1-1	3-0	0-2	0-1	0-0		1-1	2-0	0-1	1-2
Southend United FC	2-1	2-0	1-0	0-0	0-2	1-0	2-0	1-1	1-0	0-1	1-1	2-1	0-1	2-1	0-0	4-0	3-0	3-0	0-0	1-0		4-2	1-2	0-1
Swansea City FC	3-1	1-0	1-3	3-0	1-1	3-0	2-1	0-0	3-0	1-0	1-0	2-0	1-0	0-2	4-0	1-0	2-2	1-0	2-1	1-0	1-1		2-2	0-2
Wycombe Wanderers	1-2	1-0	1-2	2-1	1-1	4-2	1-1	2-0	3-0	3-2	1-0	1-1	1-1	0-1	1-2	1-1	0-3	1-1	2-1	1-1	0-1	0-1		0-1
Yeovil Town FC	2-0	4-2	0-1	2-1	4-1	4-1	1-1	2-1	2-1	1-0	3-0	1-2	5-2	1-1	1-3	6-1	2-2	3-1	4-3	4-2	3-1	1-0	1-1	

	Football League "League 2"	Pd	Wn	Dw	Ls	GF	GA	Pts	
1.	Yeovil Town FC (Yeovil)	46	25	8	13	90	65	83	P
2.	Scunthorpe United FC (Scunthorpe)	46	22	14	10	69	42	80	P
3.	Swansea City FC (Swansea)	46	24	8	14	62	43	80	P
4.	Southend United FC (Southend-on-Sea)	46	22	12	12	65	46	78	PO
5.	Macclesfield Town FC (Macclesfield)	46	22	9	15	60	49	75	PO
6.	Lincoln City FC (Lincoln)	46	20	12	14	64	47	72	PO
7.	Northampton Town FC (Northampton)	46	20	12	14	62	51	72	PO
8.	Darlington FC (Darlington)	46	20	12	14	57	49	72	
9.	Rochdale FC (Rochdale)	46	16	18	12	54	48	66	
10.	Wycombe Wanderers FC (High Wycombe)	46	17	14	15	58	52	65	
11.	Leyton Orient FC (London)	46	16	15	15	65	67	63	
12.	Bristol Rovers FC (Bristol)	46	13	21	12	60	57	60	
13.	Mansfield Town FC (Mansfield)	46	15	15	16	56	56	60	
14.	Cheltenham Town FC (Cheltenham)	46	16	12	18	51	54	60	
15.	Oxford United FC (Oxford)	46	16	11	19	50	63	59	
16.	Boston United FC (Boston)	46	14	16	16	62	58	58	
17.	Bury FC (Bury)	46	14	16	16	54	54	58	
18.	Grimsby Town FC (Cleethorpes)	46	14	16	16	51	52	58	
19.	Notts County FC (Nottingham)	46	13	13	20	46	62	52	
20.	Chester City FC (Chester)	46	12	16	18	43	69	52	
21.	Shrewsbury Town FC (Shrewsbury)	46	11	16	19	48	53	49	
22.	Rushden & Diamonds FC (Irthlingborough)	46	10	14	22	42	63	44	
23.	Kidderminster Harriers FC (Kidderminster)	46	10	8	28	39	85	38	R
24.	Cambridge United FC (Cambridge)	46	8	16	22	39	62	30	R-10
		1104	390	324	390	1347	1347	1484	

Note: Cambridge United FC (Cambridge) had 10 points deducted for entering administration.

Promotion Play-Offs

Southend United FC (Southend-on-Sea)	2-0 (aet)	Lincoln City FC (Lincoln)
Lincoln City FC (Lincoln)	1-0, 1-1	Macclesfield Town FC (Macclesfield)
Northampton Town FC (Northampton)	0-0, 0-1	Southend United FC (Southend-on-Sea)

Promoted to League 2: Barnet FC (London) and Carlisle United FC (Carlisle)

F.A. CUP FINAL (Millennium Stadium, Cardiff – 21/05/2005 – 71,876)

ARSENAL FC (LONDON)	0-0 (aet)	Manchester United FC (Manchester)

(Arsenal won 5-4 on penalties)

Arsenal: Lehmann, Lauren, Touré, Senderos, Cole, Gilberto, Fabregas (van Persie 86'), Vieira, Pires (Edu 106'), Bergkamp (Ljungberg 64'), Reyes.

Man. United: Carroll, Brown, Ferdinand, Silvestre, O'Shea (Fortune 76'), Fletcher (Giggs 91'), Keane, Scholes, Ronaldo, van Nistelrooy, Rooney.

Semi-finals

Arsenal FC (London)	3-0	Blackburn Rovers FC (Blackburn)
Newcastle United FC (Newcastle upon Tyne)	1-4	Manchester United FC (Manchester)

Quarter-finals

Blackburn Rovers FC (Blackburn)	1-0	Leicester City FC (Leicester)
Bolton Wanderers FC (Bolton)	0-1	Arsenal FC (London)
Newcastle United FC (Newcastle upon Tyne)	1-0	Tottenham Hotspur FC (London)
Southampton FC (Southampton)	0-4	Manchester United FC (Manchester)

F.A. Premiership 2005-06 Season	Arsenal	Aston Villa	Birmingham City	Blackburn Rovers	Bolton Wanderers	Charlton Athletic	Chelsea	Everton	Fulham	Liverpool	Manchester City	Manchester United	Middlesbrough	Newcastle United	Portsmouth	Sunderland	Tottenham Hotspur	West Bromwich Albion	West Ham United	Wigan Athletic
Arsenal FC		5-0	1-0	3-0	1-1	3-0	0-2	2-0	4-1	2-1	1-0	0-0	7-0	2-0	4-0	3-1	1-1	3-1	2-3	4-2
Aston Villa FC	0-0		3-1	1-0	2-2	1-0	1-1	4-0	0-0	0-2	0-1	0-2	2-3	1-2	1-0	2-1	1-1	0-0	1-2	0-2
Birmingham City FC	0-2	0-1		2-1	1-0	0-1	0-0	0-1	1-0	2-2	1-2	2-2	0-3	0-0	5-0	1-0	0-2	1-1	1-2	2-0
Blackburn Rovers FC	1-0	2-0	2-0		0-0	4-1	1-0	0-2	2-1	0-1	2-0	4-3	3-2	0-3	2-1	2-0	0-0	2-0	3-2	1-1
Bolton Wanderers FC	2-0	1-1	1-0	0-0		4-1	0-2	0-1	2-1	2-2	2-0	1-2	1-1	2-0	1-0	2-0	1-0	2-0	4-1	1-1
Charlton Athletic FC	0-1	0-0	2-0	0-2	0-1		0-2	0-0	1-1	2-0	2-5	1-3	2-1	3-1	2-1	2-0	2-3	0-0	2-0	1-0
Chelsea FC	1-0	2-1	2-0	4-2	5-1	1-1		3-0	3-2	2-0	2-0	3-0	1-0	3-0	2-0	2-0	2-1	4-0	4-1	1-0
Everton FC	1-0	4-1	0-0	1-0	0-4	3-1	1-1		3-1	1-3	1-0	0-2	1-0	1-0	0-1	2-2	0-1	2-2	1-2	0-1
Fulham FC	0-4	3-3	0-0	2-1	2-1	2-1	1-0	1-0		2-0	2-1	2-3	1-0	1-0	1-3	2-1	1-0	6-1	1-2	1-0
Liverpool FC	1-0	3-1	1-1	1-0	1-0	0-0	1-4	3-1	5-1		1-0	0-0	2-0	2-0	3-0	1-0	1-0	1-0	2-0	3-0
Manchester City FC	1-3	3-1	4-1	0-0	0-1	3-2	0-1	2-0	1-2	0-1		3-1	0-1	3-0	2-1	2-1	0-2	0-0	2-1	0-1
Manchester United FC	2-0	1-0	3-0	1-2	4-1	4-0	1-0	1-1	4-2	1-0	1-1		0-0	2-0	3-0	0-0	1-1	3-0	1-0	4-0
Middlesbrough FC	2-1	0-4	1-0	0-2	4-3	0-3	3-0	0-1	3-2	0-0	0-0	4-1		1-2	1-1	0-2	3-3	2-2	2-0	2-3
Newcastle United FC	1-0	1-1	1-0	0-1	3-1	0-0	1-0	2-0	1-1	1-3	1-0	0-2	2-2		2-0	3-2	3-1	3-0	0-0	3-1
Portsmouth FC	1-1	1-1	1-1	2-2	1-1	1-2	0-2	0-1	1-0	1-3	2-1	1-3	1-0	0-0		2-1	0-2	1-0	1-1	0-2
Sunderland AFC	0-3	1-3	0-1	0-1	0-0	1-3	1-2	0-1	2-1	0-2	1-2	1-3	0-3	1-4	1-4		1-1	1-1	1-1	0-1
Tottenham Hotspur	1-1	0-0	2-0	3-2	1-0	3-1	0-2	2-0	1-0	0-0	2-1	1-2	2-0	2-0	3-1	3-2		2-1	1-1	2-2
West Bromwich Alb.	2-1	1-2	2-3	2-0	0-0	1-2	1-2	4-0	0-0	0-2	2-0	1-2	0-2	0-3	2-1	0-1	2-0		0-1	1-2
West Ham United FC	0-0	4-0	3-0	3-1	1-2	0-0	1-3	2-2	2-1	1-2	1-0	1-2	2-1	2-4	2-4	2-0	2-1	1-0		0-2
Wigan Athletic FC	2-3	3-2	1-1	0-3	2-1	3-0	0-1	1-1	1-0	0-1	4-3	1-2	1-1	1-0	1-2	1-0	1-2	0-1	1-2	

	F.A. Premiership	Pd	Wn	Dw	Ls	GF	GA	Pts	
1.	CHELSEA FC (LONDON)	38	29	4	5	72	22	91	
2.	Manchester United FC (Manchester)	38	25	8	5	72	34	83	
3.	Liverpool FC (Liverpool)	38	25	7	6	57	25	82	
4.	Arsenal FC (London)	38	20	7	11	68	31	67	
5.	Tottenham Hotspur FC (London)	38	18	11	9	53	38	65	
6.	Blackburn Rovers FC (Blackburn)	38	19	6	13	51	42	63	
7.	Newcastle United FC (Newcastle upon Tyne)	38	17	7	14	47	42	58	
8.	Bolton Wanderers FC (Bolton)	38	15	11	12	49	41	56	
9.	West Ham United FC (London)	38	16	7	15	52	55	55	
10.	Wigan Athletic AFC (Wigan)	38	15	6	17	45	52	51	
11.	Everton FC (Liverpool)	38	14	8	16	34	49	50	
12.	Fulham FC (London)	38	14	6	18	48	58	48	
13.	Charlton Athletic FC (London)	38	13	8	17	41	55	47	
14.	Middlesbrough FC (Middlesbrough)	38	12	9	17	48	58	45	
15.	Manchester City FC (Manchester)	38	13	4	21	43	48	43	
16.	Aston Villa FC (Birmingham)	38	10	12	16	42	55	42	
17.	Portsmouth FC (Portsmouth)	38	10	8	20	37	62	38	
18.	Birmingham City FC (Birmingham)	38	8	10	20	28	50	34	R
19.	West Bromwich Albion FC (West Bromwich)	38	7	9	22	31	58	30	R
20.	Sunderland AFC (Sunderland)	38	3	6	29	26	69	15	R
		760	303	144	303	944	944	1063	

Top Goalscorers

1)	Thierry HENRY	(Arsenal FC)	27
2)	Ruud VAN NISTELROOY	(Manchester United FC)	21
3)	Darren BENT	(Charlton Athletic FC)	18

Football League The Championship 2005-06 Season	Brighton & Hove Alb.	Burnley	Cardiff City	Coventry City	Crewe Alexandra	Crystal Palace	Derby County	Hull City	Ipswich Town	Leeds United	Leicester City	Luton Town	Millwall	Norwich City	Plymouth Argyle	Preston North End	Q.P.R.	Reading	Sheffield United	Sheffield Wednesday	Southampton	Stoke City	Watford	Wolverhampton W.
Brighton & Hove Alb.		0-0	1-2	2-2	2-2	2-3	0-0	2-1	1-1	2-1	1-2	1-1	1-2	1-3	2-0	0-0	1-0	0-2	0-1	0-2	0-2	1-5	0-1	1-1
Burnley FC	1-1		3-3	4-0	3-0	0-0	2-2	1-0	3-0	1-2	1-0	1-1	2-1	2-0	1-0	0-2	1-0	0-3	1-2	1-2	1-1	1-0	4-1	0-1
Cardiff City FC	1-1	3-0		0-0	6-1	1-0	0-0	1-0	2-1	2-1	1-0	1-2	1-1	0-1	0-2	2-2	0-0	2-5	0-1	1-0	2-1	3-0	1-3	2-2
Coventry City FC	2-0	1-0	3-1		1-1	1-4	6-1	0-2	1-1	1-1	1-1	1-0	1-0	2-2	3-1	0-1	3-0	1-1	2-0	2-1	1-1	1-2	3-1	2-0
Crewe Alexandra FC	2-1	2-1	1-1	4-1		2-2	1-1	2-2	1-2	1-0	2-2	3-1	4-2	1-2	1-2	0-2	3-4	3-4	1-3	2-0	1-1	1-2	0-0	0-4
Crystal Palace FC	0-1	2-0	1-0	2-0	2-2		2-0	2-0	2-2	1-2	2-0	1-2	1-1	4-1	1-0	1-1	2-1	1-1	2-3	2-0	2-1	2-0	3-1	1-1
Derby County FC	1-1	3-0	2-1	1-1	5-1	2-1		1-1	3-3	0-0	1-1	1-1	1-0	2-0	1-0	1-1	1-2	2-2	0-1	0-2	2-2	2-1	1-2	0-3
Hull City AFC	2-0	0-0	2-0	1-2	1-0	1-2	2-1		2-0	1-0	1-1	0-1	1-1	1-1	1-0	1-1	0-0	1-1	1-3	1-0	1-1	0-1	1-2	2-3
Ipswich Town FC	1-2	2-1	1-0	2-2	2-1	0-2	2-1	1-1		1-1	2-0	1-0	1-1	0-1	3-1	0-4	2-2	0-3	1-1	2-1	2-2	1-4	0-1	1-1
Leeds United FC	3-3	2-0	0-1	3-1	1-0	0-1	3-1	2-0	0-2		2-1	2-1	2-1	2-2	0-0	0-0	2-0	1-1	1-1	3-0	2-1	0-0	2-1	2-0
Leicester City FC	0-0	0-1	1-2	2-1	1-1	2-0	2-2	3-2	0-0	1-1		0-2	1-1	0-1	1-0	1-2	1-2	1-1	4-2	2-0	0-0	4-2	2-2	1-0
Luton Town FC	3-0	2-3	3-3	1-2	4-1	2-0	1-0	2-3	1-0	0-0	1-2		2-1	4-2	1-1	3-0	2-0	3-2	1-1	2-2	3-2	2-3	1-2	1-1
Millwall FC	0-2	1-0	0-0	0-0	1-3	1-1	2-1	1-1	1-2	0-1	0-1	2-1		1-0	1-1	1-2	1-1	0-2	0-4	0-1	0-2	0-1	0-0	0-0
Norwich City FC	3-0	2-1	1-0	1-1	1-1	1-1	2-0	2-1	1-2	0-1	2-1	2-0	1-1		2-0	0-3	3-2	0-1	2-1	0-1	3-1	2-1	2-3	1-2
Plymouth Argyle	1-0	1-0	0-1	3-1	1-1	2-0	0-2	0-1	2-1	0-3	1-0	1-2	0-0	1-1		0-0	3-1	0-2	0-0	1-1	2-1	2-1	3-3	2-0
Preston North End	0-0	0-0	2-1	3-1	1-0	2-0	1-1	3-0	3-1	2-0	0-0	5-1	2-0	2-0	0-0		1-1	0-3	0-0	0-0	1-1	0-1	1-1	2-0
Queen's Park Rang.	1-1	1-1	1-0	0-1	1-2	1-3	1-1	2-2	2-1	0-1	2-3	1-0	1-0	3-0	1-1	0-2		1-2	2-1	0-0	1-0	1-2	1-2	0-0
Reading FC	5-1	2-1	5-1	2-0	1-0	3-2	5-0	3-1	2-0	1-1	2-0	3-0	5-0	4-0	1-2	2-1	2-1		2-1	2-0	2-0	3-1	0-0	1-1
Sheffield United FC	3-1	3-0	0-0	2-1	0-0	1-0	2-1	3-2	2-0	1-1	4-0	4-0	2-2	1-3	2-0	2-1	2-3	1-1		1-0	3-0	2-1	1-4	1-0
Sheffield Wednesday	1-1	0-0	1-3	3-2	3-0	0-0	2-1	1-1	0-1	1-0	2-1	0-2	1-2	1-0	0-0	2-0	1-1	1-1	1-2		0-1	0-2	1-1	0-2
Southampton FC	2-1	1-1	3-2	1-1	2-0	0-0	0-0	1-1	0-2	3-4	2-0	1-0	2-0	1-0	0-0	0-0	1-1	0-0	0-1	3-0		2-0	1-3	0-0
Stoke City FC	3-0	1-0	0-3	0-1	2-0	1-3	1-2	0-3	2-2	0-1	3-2	2-1	2-1	3-1	0-0	0-0	1-2	0-1	1-1	0-0	1-2		0-3	1-3
Watford FC	1-1	3-1	2-1	4-0	4-1	1-2	2-2	0-0	2-1	0-0	1-2	1-1	0-2	2-1	1-1	1-2	3-1	0-0	2-3	2-1	3-0	1-0		3-1
Wolverhampton W.	1-0	0-1	2-0	2-2	1-1	2-1	1-1	1-0	1-0	1-0	0-0	2-1	1-2	2-0	1-1	1-1	3-1	0-2	0-0	1-3	0-0	0-0	1-1	

	Football League "The Championship"	Pd	Wn	Dw	Ls	GF	GA	Pts	
1.	Reading FC (Reading)	46	31	13	2	99	32	106	P
2.	Sheffield United FC (Sheffield)	46	26	12	8	76	46	90	P
3.	Watford FC (Watford)	46	22	15	9	77	53	81	PO/P
4.	Preston North End FC (Preston)	46	20	20	6	59	30	80	PO
5.	Leeds United AFC (Leeds)	46	21	15	10	57	38	78	PO
6.	Crystal Palace FC (London)	46	21	12	13	67	48	75	PO
7.	Wolverhampton Wanderers FC (Wolverhampton)	46	16	19	11	50	42	67	
8.	Coventry City FC (Coventry)	46	16	15	15	62	65	63	
9.	Norwich City FC (Norwich)	46	18	8	20	56	65	62	
10.	Luton Town FC (Luton)	46	17	10	19	66	67	61	
11.	Cardiff City AFC (Cardiff)	46	16	12	18	58	59	60	
12.	Southampton FC (Southampton)	46	13	19	14	49	50	58	
13.	Stoke City FC (Stoke-on-Trent)	46	17	7	22	54	63	58	
14.	Plymouth Argyle FC (Plymouth)	46	13	17	16	39	46	56	
15.	Ipswich Town FC (Ipswich)	46	14	14	18	53	66	56	
16.	Leicester City FC (Leicester)	46	13	15	18	51	59	54	
17.	Burnley FC (Burnley)	46	14	12	20	46	54	54	
18.	Hull City AFC (Kingston upon Hull)	46	12	16	18	49	55	52	
19.	Sheffield Wednesday FC (Sheffield)	46	13	13	20	39	52	52	
20.	Derby County FC (Derby)	46	10	20	16	53	67	50	
21.	Queen's Park Rangers FC (London)	46	12	14	20	50	65	50	
22.	Crewe Alexandra FC (Crewe)	46	9	15	22	57	86	42	R
23.	Millwall FC (London)	46	8	16	22	35	62	40	R
24.	Brighton & Hove Albion FC (Brighton)	46	7	17	22	39	71	38	R
		1104	379	346	379	1341	1341	1483	

Promotion Play-offs

Watford FC (Watford)	3-0	Leeds United AFC (Leeds)
Crystal Palace FC (London)	0-3, 0-0	Watford FC (Watford)
Leeds United AFC (Leeds)	1-1, 2-0	Preston North End FC (Preston)

Football League League 1 2005-06 Season	Barnsley	Blackpool	Bournemouth	Bradford City	Brentford	Bristol City	Chesterfield	Colchester U.	Doncaster R.	Gillingham	Hartlepool	Huddersfield	MK Dons	Nottm. Forest	Oldham Ath.	Port Vale	Rotherham U.	Scunthorpe	Southend U.	Swansea City	Swindon T.	Tranmere R.	Walsall	Yeovil Town
Barnsley FC		2-2	0-0	0-0	1-1	2-0	1-1	1-0	0-2	1-0	1-1	2-2	2-0	2-0	4-0	1-1	1-1	5-2	2-2	2-2	2-0	2-1	2-1	1-0
Blackpool FC	1-1		1-3	1-0	0-0	1-1	1-3	1-2	4-2	3-3	1-2	0-1	3-2	2-2	1-0	1-0	0-0	5-2	1-2	1-0	0-0	1-1	2-0	2-0
AFC Bournemouth	1-1	1-1		0-1	2-2	2-0	1-2	1-2	2-1	2-1	1-1	1-1	2-0	1-1	0-0	1-2	2-0	1-1	1-1	0-1	2-1	0-0	0-0	1-0
Bradford City FC	0-0	1-0	1-2		3-3	1-1	2-0	1-1	2-1	1-0	0-1	1-2	2-0	1-1	1-4	1-0	1-2	4-2	0-2	1-1	1-1	0-0	2-0	1-1
Brentford FC	3-1	1-1	0-2	1-1		2-3	1-1	0-2	0-1	1-1	1-1	2-0	1-0	1-1	3-3	0-1	2-1	2-0	2-0	2-1	0-0	2-0	5-0	3-2
Bristol City FC	3-0	1-1	3-1	0-1	0-1		2-4	0-0	0-0	6-0	0-1	2-0	2-2	1-1	2-1	4-2	3-1	1-1	0-3	1-0	1-1	1-0	3-0	2-1
Chesterfield FC	0-0	1-1	3-0	1-0	1-3	3-0		2-2	0-1	1-1	3-1	4-3	1-2	1-3	1-1	2-0	0-1	1-2	3-4	0-4	1-1	0-2	2-2	0-3
Colchester United FC	1-0	3-2	0-1	3-1	1-1	3-2	1-2		-2	5-0	2-0	1-1	2-0	3-1	0-0	2-1	2-0	1-0	0-3	1-2	1-0	1-0	0-0	3-2
Doncaster Rovers FC	2-0	0-1	4-2	2-2	0-0	2-0	1-1	0-0		2-0	0-1	1-2	1-1	1-2	1-0	1-1	3-1	3-1	2-0	2-1	1-0	0-2	1-0	0-1
Gillingham FC	0-3	2-1	1-0	2-1	3-2	1-1	1-0	2-1	1-0		1-0	2-0	3-0	1-3	0-1	3-0	1-1	1-3	1-2	1-0	3-0	1-1	0-1	0-0
Hartlepool United FC	1-1	0-3	2-1	0-2	1-2	1-2	1-0	0-1	1-1	3-1		3-1	2-1	3-2	1-1	1-1	0-0	3-3	1-2	2-2	1-1	0-0	1-1	0-1
Huddersfield Town FC	1-0	2-0	2-2	0-0	3-2	1-0	1-2	2-0	2-2	0-0	2-1		5-0	2-1	3-2	0-3	4-1	1-4	0-0	3-1	1-1	1-0	3-1	1-2
Milton Keynes Dons	0-0	3-0	2-2	2-1	0-1	0-1	0-0	1-1	2-3	1-2	2-1	2-2		1-0	0-1	0-0	1-1	1-0	2-1	1-3	3-1	1-2	2-1	1-1
Nottingham Forest	0-2	1-1	1-1	1-0	1-2	3-1	0-0	1-0	4-0	1-1	2-0	2-1	3-0		3-0	1-0	2-0	0-1	2-0	1-2	7-1	1-0	1-1	2-1
Oldham Athletic AFC	0-3	3-1	1-0	2-1	0-1	4-3	4-1	1-0	0-1	2-0	2-1	0-3	1-2	3-0		0-1	0-1	1-1	0-0	1-1	2-2	1-0	2-1	2-0
Port Vale FC	3-2	1-2	0-0	0-1	1-0	0-1	3-1	0-1	2-0	0-0	1-2	1-1	3-1	0-2	2-2		2-0	1-2	2-1	3-2	1-1	0-2	3-2	1-0
Rotherham United FC	0-1	4-0	2-0	1-1	2-2	3-1	0-4	1-2	1-0	3-0	0-0	1-1	0-0	1-1	2-0	1-1		1-1	2-4	2-2	0-1	2-0	1-2	1-2
Scunthorpe United	2-1	1-0	2-2	0-0	1-3	0-2	2-2	0-0	1-2	1-1	2-0	2-2	2-0	3-1	4-2	2-0	2-2		1-0	2-2	1-2	1-2	1-3	3-4
Southend United FC	1-1	2-1	2-1	1-1	4-1	1-0	0-0	3-1	0-1	0-1	3-0	1-1	0-0	1-0	2-1	1-2	2-0	3-0		1-2	2-0	3-1	0-0	4-1
Swansea City FC	3-1	3-2	1-0	1-1	2-1	7-1	5-1	1-1	1-2	1-2	1-1	2-2	3-1	1-1	0-0	0-0	0-2	2-0	2-2		2-1	1-0	1-1	2-0
Swindon Town FC	0-3	0-0	4-2	2-3	1-3	2-1	2-0	1-0	2-1	1-0	1-1	0-0	0-1	2-1	2-3	1-2	2-3	1-1	1-2	0-0		1-2	1-0	4-2
Tranmere Rovers FC	0-1	2-2	0-0	2-2	1-4	0-3	4-1	0-0	0-2	2-2	0-0	2-1	1-2	0-1	4-0	3-0	3-2	0-2	0-0	2-2	1-0		1-2	4-1
Walsall FC	1-2	2-0	0-1	2-2	0-0	0-3	2-3	0-2	1-0	2-0	1-0	1-3	1-1	3-2	0-2	1-1	3-1	2-2	2-2	2-5	1-0	0-0		0-2
Yeovil Town FC	2-1	1-1	1-1	0-1	1-2	1-1	1-3	0-0	3-0	4-3	2-0	1-2	1-1	3-0	0-2	1-0	0-0	0-1	0-2	1-0	0-0	2-2	2-1	

	Football League "League 1"	Pd	Wn	Dw	Ls	GF	GA	Pts	
1.	Southend United FC (Southend-on-Sea)	46	23	13	10	72	43	82	P
2.	Colchester United FC (Colchester)	46	22	13	11	58	40	79	P
3.	Brentford FC (London)	46	20	16	10	72	52	76	PO
4.	Huddersfield Town AFC (Huddersfield)	46	19	16	11	72	59	73	PO
5.	Barnsley FC (Barnsley)	46	18	18	10	62	44	72	PO/P
6.	Swansea City FC (Swansea)	46	18	17	11	78	55	71	PO
7.	Nottingham Forest FC (Nottingham)	46	19	12	15	67	52	69	
8.	Doncaster Rovers FC (Doncaster)	46	20	9	17	55	51	69	
9.	Bristol City FC (Bristol)	46	18	11	17	66	62	65	
10.	Oldham Athletic AFC (Oldham)	46	18	11	17	58	60	65	
11.	Bradford City AFC (Bradford)	46	14	19	13	51	49	61	
12.	Scunthorpe United FC (Scunthorpe)	46	15	15	16	68	73	60	
13.	Port Vale FC (Stoke-on-Trent)	46	16	12	18	49	54	60	
14.	Gillingham FC (Gillingham)	46	16	12	18	50	64	60	
15.	Yeovil Town FC (Yeovil)	46	15	11	20	54	62	56	
16.	Chesterfield FC (Chesterfield)	46	14	14	18	63	73	56	
17.	AFC Bournemouth (Bournemouth)	46	12	19	15	49	53	55	
18.	Tranmere Rovers FC (Birkenhead)	46	13	15	18	50	52	54	
19.	Blackpool FC (Blackpool)	46	12	17	17	56	64	53	
20.	Rotherham United FC (Rotherham)	46	12	16	18	52	62	52	
21.	Hartlepool United FC (Hartlepool)	46	11	17	18	44	59	50	R
22.	Milton Keynes Dons FC (Milton Keynes)	46	12	14	20	45	66	50	R
23.	Swindon Town FC (Swindon)	46	11	15	20	46	65	48	R
24.	Walsall FC (Walsall)	46	11	14	21	47	70	47	R
		1104	379	346	379	1384	1384	1483	

Promotion Play-offs

Barnsley FC (Barnsley)	2-2 (aet)	Swansea City FC (Swansea)
	(Barnsley FC won 4-3 on penalties)	
Barnsley FC (Barnsley)	0-1, 3-1	Huddersfield Town AFC (Huddersfield)
Swansea City FC (Swansea)	1-1, 2-0	Brentford FC (London)

Football League League 2 2005-06 Season	Barnet	Boston United	Bristol Rovers	Bury	Carlisle United	Cheltenham T.	Chester City	Darlington	Grimsby Town	Leyton Orient	Lincoln City	Macclesfield T.	Mansfield T.	Northampton	Notts County	Oxford United	Peterborough	Rochdale	Rushden & D.	Shrewsbury T.	Stockport Co.	Torquay Utd.	Wrexham	Wycombe W.
Barnet FC		1-0	1-1	1-1	1-2	1-1	1-3	1-0	0-1	2-3	2-3	1-0	1-0	0-1	2-1	0-0	2-1	1-1	2-1	1-0	0-0	1-0	2-2	0-0
Boston United FC	2-1		3-1	3-1	0-5	0-0	1-3	0-0	1-1	1-2	2-1	3-1	2-2	0-1	1-2	1-0	1-0	3-2	2-0	1-1	2-2	2-0	2-1	1-1
Bristol Rovers FC	2-1	3-1		1-0	1-1	0-1	2-1	1-0	1-2	3-3	0-0	2-3	2-0	0-0	1-2	1-1	2-3	1-2	0-1	2-1	2-2	0-1	2-1	1-2
Bury FC	0-0	1-1	1-0		0-1	0-1	0-0	1-0	1-2	1-2	1-1	0-0	0-0	0-2	2-3	1-1	1-3	2-1	1-1	2-0	0-1	3-2	2-2	2-1
Carlisle United FC	1-3	4-2	1-3	4-0		1-1	5-0	1-1	1-0	2-3	1-0	2-0	1-0	0-1	2-1	2-1	1-0	2-1	5-0	2-2	6-0	1-2	2-1	0-1
Cheltenham Town FC	1-1	3-0	2-3	2-1	2-3		1-0	1-1	0-3	1-1	4-1	2-2	0-2	3-1	2-0	1-2	2-1	1-1	3-1	1-0	3-3	0-1	2-2	2-1
Chester City FC	0-0	0-1	4-0	1-1	2-0	0-1		4-4	1-2	0-2	2-2	2-1	3-1	0-0	0-2	0-1	3-1	2-3	1-2	0-1	1-2	1-1	2-1	1-0
Darlington FC	2-1	0-0	1-1	2-3	0-5	3-1	1-0		0-0	0-1	4-2	1-0	4-0	0-1	1-1	1-2	2-1	2-1	1-1	0-1	2-0	3-2	1-1	1-1
Grimsby Town FC	3-0	1-0	0-1	2-1	1-2	1-0	1-0	0-1		0-1	3-0	3-1	2-1	1-1	4-0	1-1	1-2	4-1	2-0	1-1	1-3	3-0	2-0	0-1
Leyton Orient FC	0-0	2-0	2-3	0-1	0-0	1-0	0-1	1-0	0-0		1-1	2-1	3-1	1-2	1-0	1-0	2-1	1-4	5-1	0-1	2-2	2-1	1-1	1-0
Lincoln City FC	4-1	0-0	1-0	1-1	0-0	0-1	3-1	2-2	5-0	1-1		2-2	1-1	1-1	2-1	2-1	1-2	1-1	2-2	1-1	2-0	2-0	2-0	1-2
Macclesfield Town	1-1	2-2	2-1	1-0	3-0	2-2	1-0	1-0	1-1	0-0	1-1		1-1	1-4	0-0	1-1	0-4	1-3	3-1	2-0	6-0	0-2	3-2	2-1
Mansfield Town FC	4-0	5-0	3-3	0-3	1-1	0-5	1-2	2-2	2-1	0-1	0-0	1-1		1-0	2-3	1-0	0-0	1-0	0-1	4-0	2-1	3-0	2-2	2-3
Northampton Town	1-2	3-2	4-0	1-1	0-3	1-2	1-0	0-0	0-0	1-1	1-1	5-0	1-0		2-0	1-0	0-1	2-2	2-0	1-0	2-0	1-0	0-0	0-0
Notts County FC	1-0	1-2	2-0	2-2	0-0	2-3	1-1	3-2	0-1	1-1	2-1	1-1	2-2	2-2		0-0	1-2	1-1	0-0	2-1	2-0	2-2	1-0	1-2
Oxford United FC	2-0	0-0	1-0	2-1	1-0	1-1	0-1	0-2	2-3	2-3	0-1	1-1	1-2	1-3	3-0		1-0	1-1	2-2	0-3	1-1	1-0	0-3	2-2
Peterborough United	2-2	0-1	1-2	4-1	1-1	1-0	0-1	2-1	0-1	1-1	1-1	3-2	2-0	0-1	2-0	0-0		3-1	2-0	0-2	2-0	0-0	1-1	0-2
Rochdale FC	1-1	1-1	2-0	1-1	0-2	1-1	2-2	0-2	2-2	2-4	1-2	3-1	2-0	1-1	3-0	0-1	1-0		2-1	4-3	0-1	4-1	0-1	1-2
Rushden & Diamonds	1-2	1-0	2-3	0-2	0-4	0-1	1-1	1-1	1-1	1-0	1-1	1-0	1-2	1-3	1-0	3-0	0-2	1-1		3-0	3-2	1-0	0-2	1-3
Shrewsbury Town FC	2-2	1-1	1-0	0-1	2-1	2-0	3-1	3-1	0-0	3-3	0-1	1-1	0-0	1-1	2-0	2-0	2-1	0-1	4-1		2-2	0-1	1-0	1-1
Stockport County FC	1-1	0-1	0-1	0-1	0-0	2-2	0-0	0-3	2-1	1-1	2-3	2-0	2-2	4-2	1-1	2-1	1-1	3-0	2-2	3-1		1-1	2-1	3-3
Torquay United FC	0-0	0-0	2-3	0-0	3-4	1-2	0-1	1-2	2-2	2-0	2-1	1-1	0-2	3-3	0-0	3-3	1-0	1-3	2-1	2-1	4-0		1-0	2-2
Wrexham AFC	3-1	2-0	1-0	0-0	0-1	2-0	2-1	1-0	1-2	1-2	1-1	1-1	4-1	0-1	1-1	1-1	1-1	2-1	2-0	1-2	3-0	4-2		2-0
Wycombe Wanderers	1-0	1-1	1-3	4-0	1-1	0-0	3-3	0-1	3-1	4-2	0-3	4-5	2-2	1-1	2-0	2-1	2-2	3-0	0-0	2-0	1-1	0-1	4-1	

	Football League "League 2"	Pd	Wn	Dw	Ls	GF	GA	Pts	
1.	Carlisle United FC (Carlisle)	46	25	11	10	84	42	86	P
2.	Northampton Town FC (Northampton)	46	22	17	7	63	37	83	P
3.	Leyton Orient FC (London)	46	22	15	9	67	51	81	P
4.	Grimsby Town FC (Cleethorpes)	46	22	12	12	64	44	78	PO
5.	Cheltenham Town FC (Cheltenham)	46	19	15	12	65	53	72	POP
6.	Wycombe Wanderers FC (High Wycombe)	46	18	17	11	72	56	71	PO
7.	Lincoln City FC (Lincoln)	46	15	21	10	65	53	66	PO
8.	Darlington FC (Darlington)	46	16	15	15	58	52	63	
9.	Peterborough United FC (Peterborough)	46	17	11	18	57	49	62	
10.	Shrewsbury Town FC (Shrewsbury)	46	16	13	17	55	55	61	
11.	Boston United FC (Boston)	46	15	16	15	50	60	61	
12.	Bristol Rovers FC (Bristol)	46	17	9	20	59	67	60	
13.	Wrexham AFC (Wrexham)	46	15	14	17	61	54	59	
14.	Rochdale FC (Rochdale)	46	14	14	18	66	69	56	
15.	Chester City FC (Chester)	46	14	12	20	53	59	54	
16.	Mansfield Town FC (Mansfield)	46	13	15	18	59	66	54	
17.	Macclesfield Town FC (Macclesfield)	46	12	18	16	60	71	54	
18.	Barnet FC (London)	46	12	18	16	44	57	54	
19.	Bury FC (Bury)	46	12	17	17	45	57	53	
20.	Torquay United FC (Torquay)	46	13	13	20	53	66	52	
21.	Notts County FC (Nottingham)	46	12	16	18	48	63	52	
22.	Stockport County FC (Stockport)	46	11	19	16	57	78	52	
23.	Oxford United FC (Oxford)	46	11	16	19	43	57	49	R
24.	Rushden & Diamonds FC (Irthlingborough)	46	11	12	23	44	76	45	R
		1104	374	356	374	1392	1392	1478	

Promotion Play-offs

Cheltenham Town FC (Cheltenham)	1-0	Grimsby Town FC (Cleethorpes)
Cheltenham Town FC (Cheltenham)	0-0, 2-1	Wycombe Wanderers FC (High Wycombe)
Lincoln City FC (Lincoln)	0-1, 1-2	Grimsby Town FC (Cleethorpes)

Promoted to League 2: Accrington Stanley FC (Accrington) and Hereford United FC (Hereford)

F.A. CUP FINAL (Millennium Stadium, Cardiff, Wales – 13/05/2006 – 71,410)

LIVERPOOL FC (LIVERPOOL)	3-3 (aet)	West Ham United FC (London)
Cissé 32', Gerrard 54', 90'	*(3-1 penalties)*	*Carragher 21' o.g., Ashton 28', Konchesky 63'*

Liverpool FC: Reina, Finnan, Carragher, Hyypia, Riise, Gerrard, Alonso (Kromkamp 67'), Sissoko, Kewell (Morientes 48'), Cissé, Crouch (Hamann 71').

West Ham United FC: Hislop, Scaloni, Ferdinand, Gabbidon, Konchesky, Benayoun, Fletcher (Dailly 79'), Reo-Coker, Etherington (Sheringham 85'), Ashton (Zamora 71'), Harewood.

Semi-finals

Chelsea FC (London)	1-2	Liverpool FC (Liverpool)
West Ham United FC (London)	1-0	Middlesbrough FC (Middlesbrough)

Quarter-finals

Birmingham City FC (Birmingham)	0-7	Liverpool FC (Liverpool)
Charlton Athletic FC (London)	0-0, 2-4	Middlesbrough FC (Middlesbrough)
Chelsea FC (London)	1-0	Newcastle United FC (Newcastle upon Tyne)
Manchester City FC (Manchester)	1-2	West Ham United FC (London)

F.A. Premiership 2006-07 Season	Arsenal	Aston Villa	Blackburn	Bolton W.	Charlton	Chelsea	Everton	Fulham	Liverpool	Man. City	Man. Utd	Middlesbro	Newcastle	Portsmouth	Reading	Sheff. Utd.	Tottenham	Watford	West Ham	Wigan Ath.
Arsenal FC		1-1	6-2	2-1	4-0	1-1	1-1	3-1	3-0	3-1	2-1	1-1	1-1	2-2	2-1	3-0	3-0	3-0	0-1	2-1
Aston Villa FC	0-1		2-0	0-1	2-0	0-0	1-1	1-1	0-0	1-3	0-3	1-1	2-0	0-0	2-1	3-0	1-1	2-0	1-0	1-1
Blackburn Rovers FC	0-2	1-2		0-1	4-1	0-2	1-1	2-0	1-0	4-2	0-1	2-1	1-3	3-0	3-3	2-1	1-1	3-1	1-2	2-1
Bolton Wanderers FC	3-1	2-2	1-2		1-1	0-1	1-1	2-1	2-0	0-0	0-4	0-0	2-1	3-2	1-3	1-0	2-0	1-0	4-0	0-1
Charlton Athletic FC	1-2	2-1	1-0	2-0		0-1	1-1	2-2	0-3	1-0	0-3	1-3	2-0	0-1	0-0	1-1	0-2	0-0	4-0	1-0
Chelsea FC	1-1	1-1	3-0	2-2	2-1		1-1	2-2	1-0	3-0	0-0	3-0	1-0	2-1	2-2	3-0	1-0	4-0	1-0	4-0
Everton FC	1-0	0-1	1-0	1-0	2-1	2-3		4-1	3-0	1-1	2-4	0-0	3-0	3-0	1-1	2-0	1-2	2-1	2-0	2-2
Fulham FC	2-1	1-1	1-1	1-1	2-1	0-2	1-0		1-0	1-3	1-2	2-1	2-1	1-1	0-1	1-0	1-1	0-0	0-0	0-1
Liverpool FC	4-1	3-1	1-1	3-0	2-2	2-0	0-0	4-0		1-0	0-1	2-0	2-0	0-0	2-0	4-0	3-0	2-0	2-1	2-0
Manchester City FC	1-0	0-2	0-3	0-2	0-0	0-1	2-1	3-1	0-0		0-1	1-0	0-0	0-0	0-2	0-0	1-2	0-0	2-0	0-1
Manchester United FC	0-1	3-1	4-1	4-1	2-0	1-1	3-0	5-1	2-0	3-1		1-1	2-0	3-0	3-2	2-0	1-0	4-0	0-1	3-1
Middlesbrough FC	1-1	1-3	0-1	5-1	2-0	2-1	2-1	3-1	0-0	0-2	1-2		1-0	0-4	2-1	3-1	2-3	4-1	1-0	1-1
Newcastle United FC	0-0	3-1	0-2	1-2	0-0	0-0	1-1	1-2	2-1	0-1	2-2	0-0		1-0	3-2	0-1	3-1	2-1	2-2	2-1
Portsmouth FC	0-0	2-2	3-0	0-1	0-1	0-2	2-0	1-1	2-1	2-1	2-1	0-0	2-1		3-1	3-1	1-1	2-1	2-0	1-0
Reading FC	0-4	2-0	1-2	1-0	2-0	0-1	0-2	1-0	1-2	1-0	1-1	3-2	1-0	0-0		3-1	3-1	0-2	6-0	3-2
Sheffield United FC	1-0	2-2	0-0	2-2	2-1	0-2	1-1	2-0	1-1	0-1	1-2	2-1	1-2	1-1	1-2		2-1	1-0	3-0	1-2
Tottenham Hotspur FC	2-2	2-1	1-1	4-1	5-1	2-1	0-2	0-0	0-1	2-1	0-4	2-1	2-3	2-1	1-0	2-0		3-1	1-0	3-1
Watford FC	1-2	0-0	2-1	0-1	2-2	0-1	0-3	3-3	0-3	1-1	1-2	2-0	1-1	4-2	0-0	0-1	0-0		1-1	1-1
West Ham United FC	1-0	1-1	2-1	3-1	3-1	1-4	1-0	3-3	1-2	0-1	1-0	2-0	0-2	1-2	0-1	1-0	3-4	0-1		0-2
Wigan Athletic FC	0-1	0-0	0-3	1-3	3-2	2-3	0-2	0-0	0-4	4-0	1-3	0-1	1-0	1-0	1-0	0-1	3-3	1-1	0-3	

	F.A. Premiership	**Pd**	**Wn**	**Dw**	**Ls**	**GF**	**GA**	**Pts**	
1.	MANCHESTER UNITED FC (MANCHESTER)	38	28	5	5	83	27	89	
2.	Chelsea FC (London)	38	24	11	3	64	24	83	
3.	Liverpool FC (Liverpool)	38	20	8	10	57	27	68	
4.	Arsenal FC (London)	38	19	11	8	63	35	68	
5.	Tottenham Hotspur FC (London)	38	17	9	12	57	54	60	
6.	Everton FC (Liverpool)	38	15	13	10	52	36	58	
7.	Bolton Wanderers FC (Bolton)	38	16	8	14	47	52	56	
8.	Reading FC (Reading)	38	16	7	15	52	47	55	
9.	Portsmouth FC (Portsmouth)	38	14	12	12	45	42	54	
10.	Blackburn Rovers FC (Blackburn)	38	15	7	16	52	54	52	
11.	Aston Villa FC (Birmingham)	38	11	17	10	43	41	50	
12.	Middlesbrough FC (Middlesbrough)	38	12	10	16	44	49	46	
13.	Newcastle United FC (Newcastle upon Tyne)	38	11	10	17	38	47	43	
14.	Manchester City FC (Manchester)	38	11	9	18	29	44	42	
15.	West Ham United FC (London)	38	12	5	21	35	59	41	
16.	Fulham FC (London)	38	8	15	15	38	60	39	
17.	Wigan Athletic AFC (Wigan)	38	10	8	20	37	59	38	
18.	Sheffield United FC (Sheffield)	38	10	8	20	32	55	38	R
19.	Charlton Athletic FC (London)	38	8	10	20	34	60	34	R
20.	Watford FC (Watford)	38	5	13	20	29	59	28	R
		760	282	196	282	931	931	1042	

Note: Watford 1-1 Wigan played on 30th December 2006 was abandoned after 55 minutes due to a waterlogged pitch. The match was replayed on 21st February 2007 and finished with a 1-1 scoreline.

Top Goalscorers

1)	Didier DROGBA	(Chelsea FC)	20
2)	Benedict McCARTHY	(Blackburn Rovers FC)	18
3)	CRISTIANO RONALDO	(Manchester United FC)	17
4)	Wayne ROONEY	(Manchester United FC)	14
	Mark VIDUKA	(Middlesbrough FC)	14

Football League The Championship 2006-07 Season	Barnsley	Birmingham	Burnley	Cardiff	Colchester U.	Coventry City	Crystal Palace	Derby County	Hull City	Ipswich Town	Leeds United	Leicester City	Luton Town	Norwich City	Plymouth Arg.	Preston N.E.	Q.P.R.	Sheffield Wed.	Southampton	Southend Utd.	Stoke City	Sunderland	West Brom. A.	Wolves
Barnsley FC		1-0	1-0	1-2	0-3	0-1	2-0	1-2	3-0	1-0	3-2	0-1	1-2	1-3	2-2	0-1	2-0	0-3	2-2	2-0	2-2	0-2	1-1	1-0
Birmingham City	2-0		0-1	1-0	2-1	3-0	2-1	1-0	2-1	2-2	1-0	1-1	2-2	0-1	3-0	3-1	2-1	2-0	2-1	1-3	1-0	1-1	2-0	1-1
Burnley FC	4-2	1-2		2-0	1-2	1-2	1-1	0-0	2-0	1-0	2-1	0-1	0-0	3-0	4-0	3-2	2-0	1-1	2-3	0-0	0-1	2-2	3-2	0-1
Cardiff City FC	2-0	2-0	1-0		0-0	1-0	0-0	2-2	0-1	2-2	1-0	3-2	4-1	1-0	2-2	4-1	0-1	1-2	1-0	0-1	1-1	0-1	1-1	4-0
Colchester United FC	1-2	1-1	0-0	3-1		0-0	0-2	4-3	5-1	1-0	2-1	1-1	4-1	3-0	0-1	1-0	2-1	4-0	2-0	3-0	3-0	3-1	1-2	2-1
Coventry City FC	4-1	0-1	1-0	2-2	2-1		2-4	1-2	2-0	1-2	1-0	0-0	1-0	3-0	0-1	0-4	0-1	3-1	2-1	1-1	0-0	2-1	0-1	2-1
Crystal Palace FC	2-0	0-1	2-2	1-2	1-3	1-0		2-0	1-1	2-0	1-0	2-0	2-1	3-1	0-1	3-0	3-0	1-2	0-2	3-1	0-1	1-0	0-2	2-2
Derby County FC	2-1	0-1	1-0	3-1	5-1	1-1	1-0		2-2	2-1	2-0	1-0	1-0	0-0	1-0	1-1	1-1	1-0	2-2	3-0	0-2	1-2	2-1	0-2
Hull City AFC	2-3	2-0	2-0	4-1	1-1	0-1	1-1	1-2		2-5	1-2	1-2	0-0	1-2	1-2	2-0	2-1	2-1	2-4	4-0	0-2	0-1	0-1	2-0
Ipswich Town FC	5-1	1-0	1-1	3-1	3-2	2-1	1-2	2-1	0-0		1-0	0-2	5-0	3-1	3-0	2-3	2-1	0-2	2-1	0-2	0-1	3-1	1-5	0-1
Leeds United FC	2-2	3-2	1-0	0-1	3-0	2-1	2-1	0-1	0-0	1-1		1-2	1-0	1-0	2-1	2-1	0-0	2-3	0-3	2-0	0-4	0-3	2-3	0-1
Leicester City FC	2-0	1-2	0-1	0-0	0-0	3-0	1-1	1-1	0-1	3-1	1-1		1-1	1-2	2-2	0-1	1-3	1-4	3-2	1-0	2-1	0-2	1-1	1-4
Luton Town FC	0-2	3-2	0-2	0-0	1-1	3-1	2-1	0-2	1-2	0-2	5-1	2-0		2-3	1-2	2-0	2-3	3-2	0-2	0-0	2-2	0-5	2-2	2-3
Norwich City FC	5-1	1-0	1-4	1-0	1-1	1-1	0-1	1-2	1-1	1-1	2-1	3-1	3-2		1-3	2-0	1-0	1-2	0-1	0-0	1-0	1-0	1-2	0-1
Plymouth Argyle FC	2-4	0-1	0-0	3-3	3-0	3-2	1-0	3-1	1-0	1-1	1-2	3-0	1-0	3-1		2-0	1-1	1-2	1-1	2-1	1-1	0-2	2-2	1-1
Preston North End FC	1-0	1-0	2-0	2-1	1-0	1-1	0-0	1-2	2-1	1-0	4-1	0-1	3-0	2-1	3-0		1-1	0-0	3-1	2-3	3-2	4-1	1-0	0-1
Queen's Park Rang.	1-0	0-2	3-1	1-0	1-0	0-1	4-2	1-2	2-0	1-3	2-2	1-1	3-2	3-3	1-1	1-0		1-1	0-2	2-0	1-1	1-2	1-2	0-1
Sheffield Wednesday	2-1	0-3	1-1	0-0	2-0	2-1	3-2	1-2	1-2	2-0	0-1	2-1	0-1	3-2	1-1	1-3	3-2		3-3	3-2	1-1	2-4	3-1	2-2
Southampton FC	5-2	4-2	0-0	2-2	1-2	2-0	1-1	0-1	0-0	1-0	1-0	2-0	2-1	2-1	1-0	1-1	1-2	2-1		4-1	1-0	1-2	0-0	2-0
Southend United FC	1-3	0-4	1-0	0-3	0-3	2-3	0-1	0-1	2-3	1-3	1-1	2-2	1-3	3-3	1-1	0-0	5-0	0-0	2-1		1-0	3-1	3-1	0-1
Stoke City FC	0-1	0-0	0-1	3-0	3-1	1-0	2-1	2-0	1-1	0-0	3-1	4-2	0-0	5-0	1-1	1-1	1-0	1-2	2-1	1-1		2-1	1-0	1-1
Sunderland AFC	2-0	0-1	3-2	1-2	3-1	2-0	0-0	2-1	2-0	1-0	2-0	1-1	2-1	1-0	2-3	0-1	2-1	1-0	1-1	4-0	2-2		2-0	2-1
West Bromwich Alb.	7-0	1-1	3-0	1-0	2-1	5-0	2-3	1-0	2-0	2-1	4-2	2-0	3-2	0-1	2-1	4-2	3-3	0-1	1-1	1-1	1-3	1-2		3-0
Wolverhampton W.	2-0	2-3	2-1	1-2	1-0	1-0	1-1	0-1	3-1	1-0	1-0	1-2	1-0	2-2	2-2	1-3	2-0	2-2	0-6	3-1	2-0	1-1	1-0	

	Football League "The Championship"	Pd	Wn	Dw	Ls	GF	GA	Pts	
1.	Sunderland AFC (Sunderland)	46	27	7	12	76	47	88	P
2.	Birmingham City FC (Birmingham)	46	26	8	12	67	42	86	P
3.	Derby County FC (Derby)	46	25	9	12	62	46	84	PO/P
4.	West Bromwich Albion FC (West Bromwich)	46	22	10	14	81	55	76	PO
5.	Wolverhampton Wanderers FC (Wolverhampton)	46	22	10	14	59	56	76	PO
6.	Southampton FC (Southampton)	46	21	12	13	77	53	75	PO
7.	Preston North End FC (Preston)	46	22	8	16	64	53	74	
8.	Stoke City FC (Stoke-on Trent)	46	19	16	11	62	41	73	
9.	Sheffield Wednesday FC (Sheffield)	46	20	11	15	70	66	71	
10.	Colchester United FC (Colchester)	46	20	9	17	70	56	69	
11.	Plymouth Argyle FC (Plymouth)	46	17	16	13	63	62	67	
12.	Crystal Palace FC (London)	46	18	11	17	59	51	65	
13.	Cardiff City AFC (Cardiff)	46	17	13	16	57	53	64	
14.	Ipswich Town FC (Ipswich)	46	18	8	20	64	59	62	
15.	Burnley FC (Burnley)	46	15	12	19	52	49	57	
16.	Norwich City FC (Norwich)	46	16	9	21	56	71	57	
17.	Coventry City FC (Coventry)	46	16	8	22	47	62	56	
18.	Queen's Park Rangers FC (London)	46	14	11	21	54	68	53	
19.	Leicester City FC (Leicester)	46	13	14	19	49	64	53	
20.	Barnsley FC (Barnsley)	46	15	5	26	53	85	50	
21.	Hull City AFC (Kingston upon Hull)	46	13	10	23	51	67	49	
22.	Southend United FC (Southend-on-Sea)	46	10	12	24	47	80	42	R
23.	Luton Town FC (Luton)	46	10	10	26	53	81	40	R
24.	Leeds United AFC (Leeds)	46	13	7	26	46	72	36	R-10
		1104	429	246	429	1439	1439	1523	(-10)

Note: Leeds United AFC (Leeds) had 10 points deducted after entering administration.

Promotion Play-offs

Derby County FC (Derby)	1-0	West Bromwich Albion FC (West Bromwich)
Southampton FC (Southampton)	1-2, 3-2 (aet)	Derby County FC (Derby)
	(Derby County FC won 4-3 on penalties)	
Wolverhampton Wanderers FC	2-3, 0-1	West Bromwich Albion FC (West Bromwich)

Football League League 1 2006-07 Season	Blackpool	Bournemouth	Bradford City	Brentford	Brighton & H.A.	Bristol City	Carlisle United	Cheltenham T.	Chesterfield	Crewe Alex.	Doncaster R.	Gillingham	Huddersfield T.	Leyton Orient	Millwall	Northampton T.	Nottm. Forest	Oldham Athletic	Port Vale	Rotherham Utd.	Scunthorpe U.	Swansea City	Tranmere Rov.	Yeovil Town
Blackpool FC		2-0	4-1	1-3	0-0	0-1	2-1	2-1	1-1	2-1	3-1	1-1	3-1	3-0	0-1	4-1	0-2	2-2	2-1	0-1	3-1	1-1	3-2	1-1
AFC Bournemouth	1-3		1-1	1-0	1-0	0-1	0-1	2-1	6-3	1-0	2-0	1-1	1-2	5-0	1-0	0-0	2-0	3-2	0-4	1-3	1-1	2-2	2-0	0-2
Bradford City FC	1-3	0-0		1-1	2-3	2-1	1-1	2-2	1-0	0-1	0-1	4-2	0-1	0-2	2-2	1-2	2-2	1-1	2-0	1-1	0-1	2-2	2-0	0-2
Brentford FC	1-0	0-0	2-1		1-0	1-1	0-0	0-2	2-1	0-4	0-4	2-2	2-2	2-2	1-4	0-1	2-4	2-2	4-3	0-1	0-2	0-2	1-1	1-2
Brighton & Hove Alb,	0-3	2-2	0-1	2-2		0-2	1-2	2-1	1-2	1-4	0-2	1-0	0-0	4-1	0-1	1-1	2-1	1-2	0-0	0-0	1-1	3-2	0-1	1-3
Bristol City FC	2-4	2-2	2-3	1-0	1-0		1-0	0-1	3-1	2-1	1-0	3-1	1-1	2-1	1-0	1-0	1-1	0-0	2-1	3-1	1-0	0-0	3-2	2-0
Carlisle United FC	2-0	3-1	1-0	2-0	3-1	1-3		2-0	0-0	0-2	1-0	5-0	1-1	3-1	1-2	1-1	1-0	1-1	3-2	1-1	0-2	1-2	1-0	1-4
Cheltenham Town FC	1-2	1-0	1-2	2-0	1-1	2-2	0-1		0-0	1-1	0-2	1-1	2-1	2-1	3-2	0-2	0-2	1-2	0-1	2-0	1-1	2-1	1-0	1-2
Chesterfield FC	2-0	0-1	3-0	3-1	0-1	1-3	0-0	1-0		2-1	1-1	0-1	0-0	0-1	5-1	0-0	1-2	2-1	3-0	2-1	0-1	2-3	0-2	1-1
Crewe Alexandra FC	1-2	2-0	0-3	3-1	1-1	0-1	5-1	3-1	2-2		2-1	4-3	2-0	0-4	1-0	2-2	1-4	2-1	2-1	1-0	1-3	1-3	1-1	2-3
Doncaster Rovers FC	0-0	1-1	3-3	3-0	1-0	0-1	1-2	0-2	1-0	3-1		1-2	3-0	0-0	1-2	2-2	1-0	1-1	1-0	3-2	2-2	2-2	0-0	0-0
Gillingham FC	2-2	1-1	1-0	2-1	0-1	1-0	2-0	2-1	2-1	1-0	0-2		2-1	2-1	2-1	0-1	0-1	0-3	3-2	1-0	0-2	3-1	2-0	0-2
Huddersfield Town	0-2	2-2	2-0	0-2	0-3	2-1	2-1	2-0	1-1	1-2	0-0	3-1		3-1	4-2	1-1	1-1	0-3	2-2	3-0	1-1	3-2	2-2	2-3
Leyton Orient FC	0-1	3-2	1-2	1-1	1-4	1-1	1-1	2-0	0-0	1-1	1-1	3-3	1-0		2-0	0-2	1-3	2-2	2-1	2-3	2-2	0-1	3-1	0-0
Millwall FC	0-0	1-0	2-0	1-1	0-1	1-0	2-0	2-0	2-1	2-2	2-2	4-1	0-0	2-5		0-1	1-0	1-0	1-1	4-0	0-1	2-0	2-2	1-1
Northampton Town	1-1	3-1	0-0	0-1	0-2	1-3	3-2	2-0	1-0	1-2	0-2	1-1	1-1	0-1	3-0		0-1	2-3	0-2	3-0	2-1	1-0	1-3	1-1
Nottingham Forest FC	1-1	3-0	1-0	2-0	2-1	1-0	0-0	3-0	4-0	0-0	0-1	1-0	5-1	1-3	3-1	1-0		0-2	3-0	1-1	0-4	3-1	1-1	1-0
Oldham Athletic FC	0-1	1-2	2-0	3-0	1-1	0-3	0-0	0-2	1-0	1-0	4-0	4-1	1-1	3-3	1-2	3-0	5-0		0-1	2-1	1-0	1-0	1-0	1-0
Port Vale FC	2-1	2-1	0-1	1-0	2-1	0-2	0-2	1-1	3-2	3-0	1-2	2-0	1-2	3-0	2-0	1-0	1-1	3-0		1-3	0-0	0-2	2-3	4-2
Rotherham United FC	1-0	0-2	4-1	2-0	0-1	1-1	0-1	2-4	0-1	5-1	0-0	3-2	2-3	2-2	2-3	1-2	1-1	2-3	1-5		2-1	1-2	2-1	3-2
Scunthorpe United	1-3	3-2	2-0	1-1	1-2	1-0	3-0	1-0	1-0	2-2	2-0	3-1	2-0	3-1	3-0	1-0	1-1	1-1	3-0	1-0		2-2	1-1	1-0
Swansea City FC	3-6	4-2	1-0	2-0	2-1	0-0	5-0	1-2	2-0	2-1	2-0	2-0	1-2	0-0	2-0	2-1	0-0	0-1	3-0	1-1	0-2		0-0	1-1
Tranmere Rovers FC	2-0	1-0	1-1	3-1	2-1	1-0	0-2	2-2	2-0	1-0	1-0	2-3	2-2	3-0	3-1	1-1	0-0	1-0	1-2	2-1	0-2	0-2		2-1
Yeovil Town FC	0-1	0-0	0-0	1-0	2-0	2-1	2-1	0-1	1-0	2-0	1-0	2-0	3-1	2-1	0-1	0-0	0-1	1-0	1-0	1-0	0-2	1-0	0-2	

	Football League "League 1"	Pd	Wn	Dw	Ls	GF	GA	Pts	
1.	Scunthorpe United FC (Scunthorpe)	46	26	13	7	73	35	91	P
2.	Bristol City FC (Bristol)	46	25	10	11	63	39	85	P
3.	Blackpool FC (Blackpool)	46	24	11	11	76	49	83	POP
4.	Nottingham Forest FC (Nottingham)	46	23	13	10	65	41	82	PO
5.	Yeovil Town FC (Yeovil)	46	23	10	13	55	39	79	PO
6.	Oldham Athletic AFC (Oldham)	46	21	12	13	69	47	75	PO
7.	Swansea City FC (Swansea)	46	20	12	14	69	53	72	
8.	Carlisle United FC (Carlisle)	46	19	11	16	54	55	68	
9.	Tranmere Rovers FC (Birkenhead)	46	18	13	15	58	53	67	
10.	Millwall FC (London)	46	19	9	18	59	62	66	
11.	Doncaster Rovers FC (Doncaster)	46	16	15	15	52	47	63	
12.	Port Vale FC (Stoke-on-Trent)	46	18	6	22	64	65	60	
13.	Crewe Alexandra FC (Crewe)	46	17	9	20	66	72	60	
14.	Northampton Town FC (Northampton)	46	15	14	17	48	51	59	
15.	Huddersfield Town AFC (Huddersfield)	46	14	17	15	60	69	59	
16.	Gillingham FC (Gillingham)	46	17	8	21	56	77	59	
17.	Cheltenham Town FC (Cheltenham)	46	15	9	22	49	61	54	
18.	Brighton & Hove Albion FC (Brighton)	46	14	11	21	49	58	53	
19.	AFC Bournemouth (Bournemouth)	46	13	13	20	50	64	52	
20.	Leyton Orient FC (London)	46	12	15	19	61	77	51	
21.	Chesterfield FC (Chesterfield)	46	12	11	23	45	53	47	R
22.	Bradford City AFC (Bradford)	46	11	14	21	47	65	46	R
23.	Rotherham United FC (Rotherham)	46	13	9	24	58	75	38	R-10
24.	Brentford FC (London)	46	8	13	25	40	79	37	R
		1104	413	278	413	1386	1386	1507	(-10)

Note: Rotherham United FC (Rotherham) had 10 points deducted after entering administration.

Promotion Play-off

Yeovil Town FC (Yeovil	0-2	Blackpool FC (Blackpool)
Oldham Athletic AFC (Oldham)	1-2, 1-3	Blackpool FC (Blackpool)
Yeovil Town FC (Yeovil)	0-2, 5-2 (aet)	Nottingham Forest FC (Nottingham)

Football League League Two 2006-07 Season	Accrington	Barnet	Boston United	Bristol Rovers	Bury	Chester City	Darlington	Grimsby Town	Hartlepool U.	Hereford Utd.	Lincoln City	Macclesfield	Mansfield Town	MK Dons	Notts County	Peterborough	Rochdale	Shrewsbury T.	Stockport Co.	Swindon Town	Torquay United	Walsall	Wrexham	Wycombe W.
Accrington Stanley FC		2-1	2-1	1-1	1-1	0-1	0-2	4-1	1-2	2-0	2-2	3-2	3-2	3-4	1-2	3-2	1-1	3-3	0-1	1-1	1-0	1-2	5-0	2-1
Barnet FC	1-2		3-3	1-1	2-1	1-0	2-1	0-1	2-1	3-0	0-5	1-0	2-1	3-3	2-3	1-0	3-2	0-0	3-1	1-0	0-1	1-1	1-2	2-1
Boston United FC	1-0	2-1		2-1	0-1	1-0	4-1	0-6	0-1	1-1	1-0	4-1	1-1	0-1	3-3	0-1	0-3	0-3	2-1	1-3	1-1	1-1	4-0	0-1
Bristol Rovers FC	4-0	2-0	1-0		2-0	0-0	1-2	1-0	0-2	2-1	0-0	0-0	1-0	1-1	2-0	3-2	0-0	1-0	2-1	1-0	1-0	1-2	0-1	1-2
Bury FC	2-2	2-2	2-1	0-2		1-3	1-1	3-0	0-1	2-2	2-2	1-1	1-1	0-2	0-1	0-3	0-1	1-2	2-0	0-1	0-1	1-2	1-0	0-4
Chester City FC	2-0	2-0	3-1	2-0	1-0		1-1	0-2	2-1	1-1	4-1	0-3	1-1	0-3	0-0	1-1	0-1	0-0	1-1	0-2	1-1	0-0	1-2	0-1
Darlington FC	2-1	2-0	2-0	1-1	1-0	1-0		2-2	0-3	1-0	1-1	4-0	0-2	1-0	0-1	3-1	0-5	1-2	0-5	1-2	1-1	0-0	1-1	3-2
Grimsby Town FC	2-0	5-0	3-2	4-3	2-1	0-2	0-1		1-4	2-1	0-0	1-1	1-1	1-3	0-2	0-2	0-4	2-1	0-1	1-0	2-0	2-1	2-1	2-2
Hartlepool United FC	1-0	0-1	2-1	1-2	2-0	3-0	0-0	2-0		3-2	1-1	3-2	2-0	1-0	1-1	1-0	1-0	0-3	1-1	0-1	1-1	3-1	3-0	2-0
Hereford United FC	1-0	2-0	3-0	0-0	1-0	2-0	1-1	0-1	3-1		1-2	1-0	1-3	0-0	3-2	0-0	0-0	0-1	0-2	0-0	1-1	0-1	2-0	1-2
Lincoln City FC	3-1	1-0	2-1	1-0	0-2	2-0	1-3	2-0	2-0	1-4		2-1	1-2	2-3	1-1	1-0	7-1	1-1	0-0	2-3	1-0	2-2	0-3	1-0
Macclesfield Town FC	3-3	2-3	2-3	0-1	2-3	1-1	1-1	2-1	0-0	3-0	2-1		2-3	1-2	1-1	2-1	1-0	2-2	2-0	2-1	3-3	0-2	2-0	0-2
Mansfield Town FC	2-2	2-1	1-2	0-1	0-2	2-1	1-0	1-2	0-1	4-1	2-4	1-2		2-1	2-2	0-2	1-2	1-1	1-1	2-0	5-0	2-1	3-0	3-2
Milton Keynes Dons	3-1	3-1	3-2	2-0	2-1	1-2	1-0	1-2	0-0	1-3	2-2	3-0	1-1		3-2	0-2	2-1	2-0	2-0	0-1	3-2	1-1	2-1	3-1
Notts County	3-2	1-1	2-0	1-2	0-1	1-2	0-1	2-0	0-1	0-1	3-1	1-2	0-0	2-2		0-0	1-2	1-1	1-0	1-1	5-2	1-2	2-1	1-0
Peterborough United	4-2	1-1	1-1	4-1	0-1	0-2	1-3	2-2	3-5	3-0	1-2	3-1	2-0	4-0	2-0		3-3	2-1	0-3	1-1	5-2	0-2	3-0	3-3
Rochdale FC	4-2	0-2	4-0	0-1	1-3	0-0	0-0	1-0	2-0	1-1	2-0	5-0	2-0	5-0	0-1	0-1		1-1	1-3	0-0	2-0	0-1	2-2	0-2
Shrewsbury Town FC	2-1	0-1	5-0	0-0	1-3	2-1	2-2	2-2	1-1	3-0	0-1	2-1	2-2	2-1	2-0	2-1	3-0		4-2	1-2	1-0	1-1	0-1	0-0
Stockport County FC	1-1	2-0	2-0	2-1	0-0	2-0	5-2	3-0	3-3	0-2	2-0	1-1	1-0	1-2	2-0	0-1	2-7	0-3		3-0	1-0	1-0	5-2	2-0
Swindon Town FC	2-0	2-1	1-1	2-1	2-1	1-0	1-1	3-0	0-1	1-2	0-1	2-0	2-0	2-1	1-1	0-1	1-0	2-1	2-0		2-1	1-1	2-1	2-1
Torquay United FC	0-2	1-1	0-1	0-0	2-2	2-2	0-1	4-1	0-1	0-0	1-2	0-1	1-0	0-2	0-1	1-1	1-0	0-0	1-0	0-1		1-2	1-1	3-0
Walsall FC	3-2	4-1	1-1	2-2	0-1	1-0	1-0	2-0	2-0	1-0	1-2	2-0	4-0	0-0	2-1	5-0	1-1	1-0	2-0	0-2	1-0		1-0	2-0
Wrexham AFC	1-3	1-1	3-1	2-0	1-1	0-0	1-0	3-0	1-1	1-0	2-1	0-0	0-0	1-2	0-1	0-0	1-2	1-3	0-1	2-1	1-0	1-1		0-2
Wycombe Wanderers	1-1	1-1	0-0	0-1	3-0	1-0	1-0	1-1	0-1	0-0	1-3	3-0	1-0	0-2	0-0	2-0	1-1	1-1	2-0	1-1	2-0	0-0	1-1	

	Football League "League 2"	Pd	Wn	Dw	Ls	GF	GA	Pts	
1.	Walsall FC (Walsall)	46	25	14	7	66	34	89	P
2.	Hartlepool United FC (Hartlepool)	46	26	10	10	65	40	88	P
3.	Swindon Town FC (Swindon)	46	25	10	11	58	38	85	P
4.	Milton Keynes Dons FC (Milton Keynes)	46	25	9	12	76	58	84	PO
5.	Lincoln City FC (Lincoln)	46	21	11	14	70	59	74	PO
6.	Bristol Rovers FC (Bristol)	46	20	12	14	49	42	72	PO/P
7.	Shrewsbury Town FC (Shrewsbury)	46	18	17	11	68	46	71	PO
8.	Stockport County FC (Stockport)	46	21	8	17	65	54	71	
9.	Rochdale FC (Rochdale)	46	18	12	16	70	50	66	
10.	Peterborough United FC (Peterborough)	46	18	11	17	70	61	65	
11.	Darlington FC (Darlington)	46	17	14	15	52	56	65	
12.	Wycombe Wanderers FC (High Wycombe)	46	16	14	16	52	47	62	
13.	Notts County FC (Nottingham)	46	16	14	16	55	53	62	
14.	Barnet FC (London)	46	16	11	19	55	70	59	
15.	Grimsby Town FC (Cleethorpes)	46	17	8	21	57	73	59	
16.	Hereford United FC (Hereford)	46	14	13	19	45	53	55	
17.	Mansfield Town FC (Mansfield)	46	14	12	20	58	63	54	
18.	Chester City FC (Chester)	46	13	14	19	40	48	53	
19.	Wrexham AFC (Wrexham)	46	13	12	21	43	65	51	
20.	Accrington Stanley FC (Accrington)	46	13	11	22	70	81	50	
21.	Bury FC (Bury)	46	13	11	22	46	61	50	
22.	Macclesfield Town FC (Macclesfield)	46	12	12	22	55	77	48	
23.	Boston United FC (Boston)	46	12	10	24	51	80	46	R
24.	Torquay United FC (Torquay)	46	7	14	25	36	63	35	R
		1104	410	284	410	1372	1372	1514	

Promotion Play-off

Bristol Rovers FC (Bristol)	3-1	Shrewsbury Town FC (Shrewsbury)
Bristol Rovers FC (Bristol)	2-1, 5-3	Lincoln City FC (Lincoln)
Shrewsbury Town FC (Shrewsbury)	0-0, 2-1	Milton Keynes Dons FC (Milton Keynes)

Promoted to League 2: Dagenham & Redbridge FC (Dagenham) and Morecambe FC (Morecambe)

F.A. CUP FINAL (Wembley Stadium, London – 19/05/2007 – 89,826)

CHELSEA FC (LONDON)	1-0	Manchester United FC (Manchester)
Drogba 116'	*(aet)*	

Chelsea FC: Cech, Ferreira, Essien, Terry, Bridge, Mikel, Makélélé, Lampard, Wright-Phillips (Kalou 93'), Drogba, J.Cole (Robben 46' (A. Cole 108')).

Manchester United FC: Van der Saar, Brown, Ferdinand, Vidic, Heinze, Fletcher (Smith 92'), Scholes, Carrick (O'Shea 112'), Ronaldo, Rooney, Giggs (Solskjaer 112').

Semi-finals

Blackburn Rovers FC (Blackburn)	1-2 (aet)	Chelsea FC (London)
Watford FC (Watford)	1-4	Manchester United FC (Manchester)

Quarter-finals

Blackburn Rovers FC (Blackburn)	2-0	Manchester City FC (Manchester)
Chelsea FC (London)	3-3, 2-1	Tottenham Hotspur FC (London)
Middlesbrough FC (Middlesbrough)	2-2, 0-1	Manchester United FC (Manchester)
Plymouth Argyle FC (Plymouth)	0-1	Watford FC (Watford)

2007-08

Premier League 2007-08 Season	Arsenal	Aston Villa	Birmingham City	Blackburn Rovers	Bolton Wanderers	Chelsea	Derby County	Everton	Fulham	Liverpool	Manchester City	Manchester United	Middlesbrough	Newcastle United	Portsmouth	Reading	Sunderland	Tottenham Hotspur	West Ham United	Wigan Athletic
Arsenal FC		1-1	1-1	2-0	2-0	1-0	5-0	1-0	2-1	1-1	1-0	2-2	1-1	3-0	3-1	2-0	3-2	2-1	2-0	2-0
Aston Villa FC	1-2		5-1	1-1	4-0	2-0	2-0	2-0	2-1	1-2	1-1	1-4	1-1	4-1	1-3	3-1	0-1	2-1	1-0	0-2
Birmingham City FC	2-2	1-2		4-1	1-0	0-1	1-1	1-1	1-1	2-2	3-1	0-1	3-0	1-1	0-2	1-1	2-2	4-1	0-1	3-2
Blackburn Rovers FC	1-1	0-4	2-1		4-1	0-1	3-1	0-0	1-1	0-0	1-0	1-1	1-1	3-1	0-1	4-2	1-0	1-1	0-1	3-1
Bolton Wanderers FC	2-3	1-1	3-0	1-2		0-1	1-0	1-2	0-0	1-3	0-0	1-0	0-0	1-3	0-1	3-0	2-0	1-1	1-0	4-1
Chelsea FC	2-1	4-4	3-2	0-0	1-1		6-1	1-1	0-0	0-0	6-0	2-1	1-0	2-1	1-0	1-0	2-0	2-0	1-0	1-1
Derby County FC	2-6	0-6	1-2	1-2	1-1	0-2		0-2	2-2	1-2	1-1	0-1	0-1	1-0	2-2	0-4	0-0	0-3	0-5	0-1
Everton FC	1-4	2-2	3-1	1-1	2-0	0-1	1-0		3-0	1-2	1-0	0-1	2-0	3-1	3-1	1-0	7-1	0-0	1-1	2-1
Fulham FC	0-3	2-1	2-0	2-2	2-1	1-2	0-0	1-0		0-2	3-3	0-3	1-2	0-1	0-2	3-1	1-3	3-3	0-1	1-1
Liverpool FC	1-1	2-2	0-0	3-1	4-0	1-1	6-0	1-0	2-0		1-0	0-1	3-2	3-0	4-1	2-1	3-0	2-2	4-0	1-1
Manchester City FC	1-3	4-0	1-0	2-2	4-2	0-2	1-0	0-2	2-3	0-0		1-0	3-1	3-1	3-1	2-1	1-0	2-1	1-1	0-0
Manchester United FC	2-1	4-0	1-0	2-0	2-0	2-0	4-1	2-1	2-0	3-0	1-2		4-1	6-0	2-0	0-0	1-0	1-0	4-1	4-1
Middlesbrough FC	2-1	0-3	2-0	1-2	0-1	0-2	1-0	0-2	1-0	1-1	8-1	2-2		2-2	2-0	0-1	2-2	1-1	1-2	1-0
Newcastle United FC	1-1	0-0	2-1	0-1	0-0	0-2	2-2	3-2	2-0	0-3	0-2	1-5	1-1		1-4	3-0	2-0	3-1	3-1	1-0
Portsmouth FC	0-0	2-0	4-2	0-1	3-1	1-1	3-1	0-0	0-1	0-0	0-0	1-1	0-1	0-0		7-4	1-0	0-1	0-0	2-0
Reading FC	1-3	1-2	2-1	0-0	0-2	1-2	1-0	1-0	0-2	3-1	2-0	0-2	1-1	2-1	0-2		2-1	0-1	0-3	2-1
Sunderland AFC	0-1	1-1	2-0	1-2	3-1	0-1	1-0	0-1	1-1	0-2	1-2	0-4	3-2	1-1	2-0	2-1		1-0	2-1	2-0
Tottenham Hotspur FC	1-3	4-4	2-3	1-2	1-1	4-4	4-0	1-3	5-1	0-2	2-1	1-1	1-1	1-4	2-0	6-4	2-0		4-0	4-0
West Ham United FC	0-1	2-2	1-1	2-1	1-1	0-4	2-1	0-2	2-1	1-0	0-2	2-1	3-0	2-2	0-1	1-1	3-1	1-1		1-1
Wigan Athletic FC	0-0	1-2	2-0	5-3	1-0	0-2	2-0	1-2	1-1	0-1	1-1	0-2	1-0	1-0	0-2	0-0	3-0	1-1	1-0	

	Premier League	Pd	Wn	Dw	Ls	GF	GA	Pts	
1.	MANCHESTER UNITED FC (MANCHESTER)	38	27	6	5	80	22	87	
2.	Chelsea FC (London)	38	25	10	3	65	26	85	
3.	Arsenal FC (London)	38	24	11	3	74	31	83	
4.	Liverpool FC (Liverpool)	38	21	13	4	67	28	76	
5.	Everton FC (Liverpool)	38	19	8	11	55	33	65	
6.	Aston Villa FC (Birmingham)	38	16	12	10	71	51	60	
7.	Blackburn Rovers FC (Blackburn)	38	15	13	10	50	48	58	
8.	Portsmouth FC (Portsmouth)	38	16	9	13	48	40	57	
9.	Manchester City FC (Manchester)	38	15	10	13	45	53	55	
10.	West Ham United FC (London)	38	13	10	15	42	50	49	
11.	Tottenham Hotspur FC (London)	38	11	13	14	66	61	46	
12.	Newcastle United FC (Newcastle upon Tyne)	38	11	10	17	45	65	43	
13.	Middlesbrough FC (Middlesbrough)	38	10	12	16	43	53	42	
14.	Wigan Athletic AFC (Wigan)	38	10	10	18	34	51	40	
15.	Sunderland AFC (Sunderland)	38	11	6	21	36	59	39	
16.	Bolton Wanderers FC (Bolton)	38	9	10	19	36	54	37	
17.	Fulham FC (London)	38	8	12	18	38	60	36	
18.	Reading FC (Reading)	38	10	6	22	41	66	36	R
19.	Birmingham City FC (Birmingham)	38	8	11	19	46	62	35	R
20.	Derby County FC (Derby)	38	1	8	29	20	89	11	R
		760	280	200	280	1002	1002	1040	

Top Goalscorers

1)	CRISTIANO RONALDO	(Manchester United FC)	31
2)	Emmanuel ADEBAYOR	(Arsenal FC)	24
	FERNANDO José TORRES Sanz	(Liverpool FC)	24
4)	Roque SANTA CRUZ	(Blackburn Rovers FC)	19

Football League The Championship 2007-08 Season	Barnsley	Blackpool	Bristol City	Burnley	Cardiff City	Charlton Athletic	Colchester U.	Coventry City	Crystal Palace	Hull City	Ipswich Town	Leicester City	Norwich City	Plymouth Argyle	Preston N.E.	Q.P.R.	Scunthorpe Utd.	Sheffield United	Sheffield Wed.	Southampton	Stoke City	Watford	West Brom. A.	Wolves
Barnsley FC		2-1	3-0	1-1	1-1	3-0	1-0	1-4	0-0	1-3	4-1	0-1	1-3	3-2	1-0	0-0	2-0	0-1	0-0	2-2	3-3	3-2	2-1	1-0
Blackpool FC	1-1		1-1	3-0	0-1	5-3	2-2	4-0	1-1	2-1	1-1	2-1	1-3	0-0	0-0	1-0	1-0	2-2	2-1	2-2	2-3	1-1	1-3	0-0
Bristol City FC	3-2	1-0		2-2	1-0	0-1	1-1	2-1	1-1	2-1	2-0	0-2	2-1	1-2	3-0	2-2	2-1	2-0	2-1	2-1	1-0	0-0	1-1	0-0
Burnley FC	2-1	2-2	0-1		3-3	1-0	1-1	2-0	1-1	0-1	2-2	1-1	2-1	1-0	2-3	0-2	2-0	1-2	1-1	2-3	0-0	2-2	2-1	1-3
Cardiff City FC	3-0	3-1	2-1	2-1		0-2	4-1	0-1	1-1	1-0	1-0	0-1	1-2	1-0	2-2	3-1	1-1	1-0	1-0	1-0	0-1	1-2	0-0	2-3
Charlton Athletic FC	1-1	4-1	1-1	1-3	3-0		1-2	4-1	2-0	1-1	3-1	2-0	2-0	1-2	1-2	0-1	1-1	0-3	3-2	1-1	1-0	2-2	1-1	2-3
Colchester United	2-2	0-2	1-2	2-3	1-1	2-2		1-5	1-2	1-3	2-0	1-1	1-1	1-1	2-1	4-2	0-1	2-2	1-2	1-1	0-1	2-3	3-2	0-1
Coventry City FC	4-0	3-1	0-3	1-2	0-0	1-1	1-0		0-2	1-1	2-1	2-0	1-0	3-1	2-1	0-0	1-1	0-1	0-0	1-1	1-2	0-3	0-4	1-1
Crystal Palace FC	2-0	0-0	2-0	5-0	0-0	0-1	2-1	1-1		1-1	0-1	2-2	1-1	2-1	2-1	1-1	2-0	3-2	2-1	1-1	1-3	0-2	1-1	0-2
Hull City AFC	3-0	2-2	0-0	2-0	2-2	1-2	1-1	1-0	2-1		3-1	2-0	2-1	2-3	3-0	1-1	2-0	1-1	1-0	5-0	1-1	3-0	1-3	2-0
Ipswich Town FC	0-0	2-1	6-0	0-0	1-1	2-0	3-1	4-1	1-0	1-0		3-1	2-1	0-0	2-1	0-0	3-2	1-1	4-1	2-0	1-1	1-2	2-0	3-0
Leicester City FC	2-0	0-1	0-0	0-1	0-0	1-1	1-1	2-0	1-0	0-2	2-0		4-0	0-1	0-1	1-1	1-0	0-1	1-3	1-2	1-1	4-1	1-2	0-0
Norwich City FC	1-0	1-2	1-3	2-0	1-2	1-1	5-1	2-0	1-0	1-1	2-2	0-0		2-1	1-0	3-0	0-0	1-0	0-1	2-1	0-1	1-3	1-2	1-1
Plymouth Argyle FC	3-0	3-0	1-1	3-1	2-2	1-2	4-1	1-0	1-0	0-1	1-1	0-0	3-0		2-2	2-1	3-0	0-1	1-2	1-1	2-2	1-1	1-2	1-1
Preston North End	1-2	0-1	0-0	2-1	1-2	0-2	0-3	1-0	0-1	3-0	2-2	1-1	0-0	2-0		0-0	0-1	3-1	1-0	5-1	2-0	1-0	2-1	2-1
Queen's Park Rang.	2-0	3-2	3-0	2-4	0-2	1-0	2-1	1-2	1-2	2-0	1-1	3-1	1-0	0-2	2-2		3-1	1-1	0-0	0-3	3-0	1-1	0-2	0-0
Scunthorpe United	2-2	1-1	0-1	2-0	3-2	1-0	3-3	2-1	0-0	1-2	1-2	0-0	0-1	1-0	2-1	2-2		3-2	1-1	1-1	2-3	1-3	2-3	0-2
Sheffield United FC	1-0	1-1	2-1	0-0	3-3	0-2	2-2	2-1	0-1	2-0	3-1	3-0	2-0	0-1	1-1	2-1	0-0		2-2	1-2	0-3	1-1	1-0	3-1
Sheffield Wednesday	1-0	2-1	0-1	0-2	1-0	0-0	1-2	1-1	2-2	1-0	1-2	0-2	4-1	1-1	2-1	2-1	1-2	2-0		5-0	1-1	0-1	0-1	1-3
Southampton FC	2-3	1-0	2-0	0-1	1-0	0-1	1-1	0-0	1-4	4-0	1-1	1-0	0-1	0-2	0-1	2-3	1-0	3-2	0-0		3-2	0-3	3-2	0-0
Stoke City FC	0-0	1-1	2-1	1-1	2-1	2-1	2-1	1-3	1-2	1-1	1-0	0-0	2-1	3-2	3-1	3-1	3-2	0-1	2-4	3-2		0-0	3-1	0-0
Watford FC	0-3	1-1	1-2	1-2	2-2	1-1	2-2	2-1	0-2	1-0	2-0	1-0	1-1	0-1	0-0	2-4	0-1	1-0	2-1	3-2	0-0		0-3	3-0
West Bromwich Alb.	2-0	2-1	4-1	2-1	3-3	4-2	4-3	2-4	1-1	1-2	4-0	1-4	2-0	3-0	2-0	5-1	5-0	0-0	1-1	1-1	1-1	1-1		0-0
Wolverhampton W.	1-0	2-1	1-1	2-3	3-0	2-0	1-0	1-0	0-3	0-1	1-1	1-1	2-0	1-0	1-0	3-3	2-1	0-0	2-1	2-2	2-4	1-2	0-1	

	Football League "The Championship"	Pd	Wn	Dw	Ls	GF	GA	Pts	
1.	West Bromwich Albion FC (West Bromwich)	46	23	12	11	88	55	81	P
2.	Stoke City FC (Stoke-on-Trent)	46	21	16	9	69	55	79	P
3.	Hull City AFC (Kingston upon Hull)	46	21	12	13	65	47	75	PO/P
4.	Bristol City FC (Bristol)	46	20	14	12	54	53	74	PO
5.	Crystal Palace FC (London)	46	18	17	11	58	42	71	PO
6.	Watford FC (Watford)	46	18	16	12	62	56	70	PO
7.	Wolverhampton Wanderers FC (Wolverhampton)	46	18	16	12	53	48	70	
8.	Ipswich Town FC (Ipswich)	46	18	15	13	65	56	69	
9.	Sheffield United FC (Sheffield)	46	17	15	14	56	51	66	
10.	Plymouth Argyle FC (Plymouth)	46	17	13	16	60	50	64	
11.	Charlton Athletic FC (London)	46	17	13	16	63	58	64	
12.	Cardiff City AFC (Cardiff)	46	16	16	14	59	55	64	
13.	Burnley FC (Burnley)	46	16	14	16	60	67	62	
14.	Queen's Park Rangers FC (London)	46	14	16	16	60	66	58	
15.	Preston North End FC (Preston)	46	15	11	20	50	56	56	
16.	Sheffield Wednesday FC (Sheffield)	46	14	13	19	54	55	55	
17.	Norwich City FC (Norwich)	46	15	10	21	49	59	55	
18.	Barnsley FC (Barnsley)	46	14	13	19	52	65	55	
19.	Blackpool FC (Blackpool)	46	12	18	16	59	64	54	
20.	Southampton FC (Southampton)	46	13	15	18	56	72	54	
21.	Coventry City FC (Coventry)	46	14	11	21	52	64	53	
22.	Leicester City FC (Leicester)	46	12	16	18	42	45	52	R
23.	Scunthorpe United FC (Scunthorpe)	46	11	13	22	46	69	46	R
24.	Colchester United FC (Colchester)	46	7	17	22	62	86	38	R
		1104	381	342	381	1394	1394	1485	

Note: Sheffield United 0-0 Coventry City played on 8th December 2007 was abandoned after 27 minutes due to a waterlogged pitch.
The match was replayed on 9th March 2008 and finished with a 2-1 scoreline.

Promotion Play-offs

Bristol City FC (Bristol)	0-1	Hull City AFC (Kingston upon Hull)
Crystal Palace FC (London)	1-2, 1-2 (aet)	Bristol City FC (Bristol)
Watford FC (Watford)	0-2, 1-4	Hull City AFC (Kingston upon Hull)

Football League League 1 2007-08 Season	Bournemouth	Brighton	Bristol Rovers	Carlisle United	Cheltenham T.	Crewe Alex.	Doncaster R.	Gillingham	Hartlepool U.	Huddersfield	Leeds United	Leyton Orient	Luton Town	Millwall	Northampton	Nottm. Forest	Oldham Ath.	Port Vale	Southend Utd.	Swansea City	Swindon Town	Tranmere R.	Walsall	Yeovil Town
AFC Bournemouth		0-2	2-1	1-3	2-2	1-0	0-2	1-0	2-0	0-1	1-3	3-1	4-3	2-0	1-1	2-0	0-3	0-1	1-4	1-4	2-2	2-1	1-1	2-0
Brighton & Hove Alb.	3-2		0-0	2-2	2-1	3-0	1-0	4-2	2-1	1-1	0-1	1-1	3-1	3-0	2-1	0-2	1-0	2-3	3-2	0-1	2-1	0-0	1-1	1-2
Bristol Rovers FC	0-2	0-2		3-0	2-0	1-1	0-1	1-1	0-0	2-3	0-3	2-3	1-1	2-1	1-1	2-2	1-0	3-2	1-1	0-2	0-1	1-1	1-1	1-1
Carlisle United FC	1-1	2-0	1-1		1-0	1-0	1-0	2-0	4-2	2-1	3-1	1-0	2-1	4-0	2-0	0-2	1-0	3-2	1-2	0-0	3-0	0-1	2-1	2-1
Cheltenham Town FC	1-0	2-1	1-0	1-0		2-2	2-1	1-0	1-1	0-2	1-0	1-0	1-0	0-1	1-1	0-3	1-1	1-0	1-1	1-2	1-1	1-1	1-2	1-1
Crewe Alexandra FC	1-4	2-1	1-1	0-1	3-1		0-4	2-3	3-1	2-0	0-1	0-2	2-0	0-0	1-0	0-0	1-4	0-2	1-3	2-2	0-0	4-3	0-0	2-0
Doncaster Rovers FC	1-2	0-0	2-0	1-0	2-0	2-0		2-1	2-0	2-0	0-1	4-2	2-0	0-0	2-0	1-0	1-1	2-1	3-1	0-4	2-0	0-0	2-3	1-2
Gillingham FC	2-1	1-0	3-2	0-0	0-0	0-3	1-1		2-1	1-0	1-1	3-1	2-1	1-1	0-1	3-0	0-0	1-2	1-1	1-2	1-1	0-2	2-1	0-0
Hartlepool United FC	1-1	1-2	1-0	2-2	0-2	3-0	2-1	4-0		2-1	1-1	1-1	4-0	0-1	0-1	0-1	4-1	3-2	4-3	1-3	1-1	3-1	0-1	2-0
Huddersfield Town FC	1-0	2-1	2-1	0-2	2-3	1-1	2-2	1-3	2-0		1-0	0-1	2-0	1-0	1-2	1-1	1-1	3-1	1-2	0-1	1-0	1-0	2-0	1-0
Leeds United FC	2-0	0-0	1-0	3-2	1-2	1-1	0-1	2-1	2-0	4-0		1-1	1-0	4-2	3-0	1-1	1-3	3-0	4-1	2-0	2-1	0-2	2-0	1-0
Leyton Orient FC	1-0	2-2	3-1	0-3	2-0	0-1	1-1	0-0	2-4	0-1	0-2		2-1	0-1	2-2	0-1	1-0	3-1	2-2	0-5	2-1	3-0	1-0	0-0
Luton Town FC	1-4	1-2	1-2	0-0	1-1	2-1	1-1	3-1	2-1	0-1	1-1	0-1		1-1	4-1	2-1	3-0	2-1	1-0	1-3	0-1	1-0	0-1	1-0
Millwall FC	2-1	3-0	0-1	3-0	1-0	2-0	0-3	1-1	0-1	1-2	0-2	0-1	0-0		2-0	2-2	2-3	3-0	2-1	2-2	1-2	0-1	1-2	2-1
Northampton Town	4-1	1-0	0-1	2-2	2-1	0-0	2-0	4-0	1-1	3-0	1-1	2-0	2-1	1-1		1-2	2-0	2-1	0-1	4-2	1-1	2-1	0-2	1-2
Nottingham Forest FC	0-0	0-0	1-1	0-1	3-1	2-0	0-0	4-0	2-1	2-1	1-2	4-0	1-0	2-0	2-2		0-0	2-0	4-1	0-0	1-0	2-0	1-1	3-2
Oldham Athletic FC	2-0	1-1	0-1	2-0	2-1	3-2	1-1	2-1	0-1	4-1	0-1	2-0	1-1	1-1	0-1	0-0		1-1	0-1	2-1	2-2	3-1	0-2	3-0
Port Vale FC	1-3	0-1	1-1	1-1	3-0	0-1	1-3	2-1	0-2	0-0	3-3	2-1	1-2	3-1	2-2	0-2	0-3		1-2	0-2	2-1	0-0	1-1	2-2
Southend United FC	2-1	2-0	0-1	0-1	2-2	3-0	3-2	3-0	2-1	4-1	1-0	1-2	2-0	1-0	1-1	1-1	0-1	1-1		1-1	2-1	1-2	1-0	1-1
Swansea City FC	1-2	0-0	2-2	2-1	4-1	2-1	1-2	1-1	1-0	0-1	3-2	4-1	1-0	1-2	3-0	0-0	2-1	2-0	3-0		2-1	1-1	1-0	1-2
Swindon Town FC	4-1	0-3	1-0	2-2	3-0	1-1	1-2	5-0	2-1	3-2	0-1	1-1	2-1	2-1	1-1	2-1	3-0	6-0	0-1	1-1		1-0	0-3	0-1
Tranmere Rovers FC	3-1	2-0	0-2	2-0	1-0	1-1	0-1	2-0	3-1	3-0	1-2	1-1	2-1	2-0	2-2	0-2	0-1	2-0	1-0	0-1	2-1		0-0	2-1
Walsall FC	1-3	1-2	0-1	1-1	2-0	1-1	1-1	2-1	2-2	4-0	1-1	0-0	0-0	3-0	0-2	1-0	0-3	0-0	0-2	1-3	2-2	2-1		2-0
Yeovil Town FC	2-1	2-1	0-0	2-1	2-1	0-3	2-1	2-1	3-1	0-2	0-1	0-1	0-0	0-1	1-0	0-3	0-0	1-0	0-3	1-2	0-1	1-1	0-2	

	Football League "League 1"	Pd	Wn	Dw	Ls	GF	GA	Pts	
1.	Swansea City FC (Swansea)	46	27	11	8	82	42	92	P
2.	Nottingham Forest FC (Nottingham)	46	22	16	8	64	32	82	P
3.	Doncaster Rovers FC (Doncaster)	46	23	11	12	65	41	80	PO/P
4.	Carlisle United FC (Carlisle)	46	23	11	12	64	46	80	PO
5.	Leeds United AFC (Leeds)	46	27	10	9	72	38	76	PO -15
6.	Southend United FC (Southend-on-Sea)	46	22	10	14	70	55	76	PO
7.	Brighton & Hove Albion FC (Brighton)	46	19	12	15	58	50	69	
8.	Oldham Athletic AFC (Oldham)	46	18	13	15	58	46	67	
9.	Northampton Town FC (Northampton)	46	17	15	14	60	55	66	
10.	Huddersfield Town AFC (Huddersfield)	46	20	6	20	50	62	66	
11.	Tranmere Rovers FC (Birkenhead)	46	18	11	17	52	47	65	
12.	Walsall FC (Walsall)	46	16	16	14	52	46	64	
13.	Swindon Town FC (Swindon)	46	16	13	17	63	56	61	
14.	Leyton Orient FC (London)	46	16	12	18	49	63	60	
15.	Hartlepool United FC (Hartlepool)	46	15	9	22	63	66	54	
16.	Bristol Rovers FC (Bristol)	46	12	17	17	45	53	53	
17.	Millwall FC (London)	46	14	10	22	45	60	52	
18.	Yeovil Town FC (Yeovil)	46	14	10	22	38	59	52	
19.	Cheltenham Town FC (Cheltenham)	46	13	12	21	42	64	51	
20.	Crewe Alexandra FC (Crewe)	46	12	14	20	47	65	50	
21.	AFC Bournemouth (Bournemouth)	46	17	7	22	62	72	48	R-10
22.	Gillingham FC (Gillingham)	46	11	13	22	44	73	46	R
23.	Port Vale FC (Stoke-on-Trent)	46	9	11	26	47	81	38	R
24.	Luton Town FC (Luton)	46	11	10	25	43	63	33	R-10
		1104	412	274	412	1335	1335	1481	(-35)

Note: AFC Bournemouth and Luton Town FC each had 10 points deducted.
Leeds United AFC had 15 points deducted for financial irregularities.

Promotion Play-offs

Doncaster Rovers FC (Doncaster)	1-0	Leeds United AFC (Leeds)
Leeds United AFC (Leeds)	1-2 2-0	Carlisle United FC (Carlisle)
Southend United FC (Southend-on-Sea)	0-0 1-5	Doncaster Rovers FC (Doncaster)

Football League League 2 2007-08 Season	Accrington	Barnet	Bradford City	Brentford	Bury	Chester City	Chesterfield	Dagenham	Darlington	Grimsby Town	Hereford Utd.	Lincoln City	Macclesfield	Mansfield	MK Dons	Morecambe	Notts County	Peterborough	Rochdale	Rotherham	Shrewsbury	Stockport	Wrexham	Wycombe W.
Accrington Stanley		0-2	0-2	1-0	0-2	3-3	2-1	1-0	0-3	4-1	0-2	0-3	3-2	1-0	0-1	3-2	0-2	0-2	1-2	0-1	1-2	0-2	0-2	0-2
Barnet FC	2-2		2-1	1-2	3-0	3-1	0-2	3-1	0-0	0-3	1-2	5-2	2-2	1-1	0-2	0-1	1-1	0-2	0-0	2-0	4-1	2-1	3-2	2-1
Bradford City FC	0-3	1-1		1-2	1-2	2-1	1-0	0-2	0-0	2-1	1-3	2-1	1-1	1-2	1-2	1-0	3-0	1-0	1-2	3-2	4-2	1-1	2-1	0-1
Brentford FC	3-1	2-1	2-2		1-4	3-0	2-1	2-3	0-2	0-1	0-3	1-0	1-0	1-1	0-3	0-1	0-0	1-2	0-2	1-1	1-1	1-3	2-0	1-3
Bury FC	2-1	3-0	2-2	1-2		0-2	0-1	0-2	1-2	1-1	0-1	1-1	1-0	2-0	1-5	2-1	2-1	2-0	1-1	3-0	1-1	2-3	0-1	2-2
Chester City FC	2-3	3-0	0-1	0-2	2-1		0-0	4-0	2-1	0-2	1-1	1-2	0-0	0-1	0-2	0-1	0-1	1-2	0-4	0-1	3-1	0-0	0-2	2-2
Chesterfield FC	4-2	0-1	1-1	1-0	3-1	1-1		1-1	1-1	1-2	4-0	4-1	2-2	2-0	1-2	2-2	1-1	1-2	3-4	0-2	4-1	1-1	2-1	2-0
Dagenham & Red.	1-3	1-1	1-4	1-2	1-1	6-2	0-3		0-3	0-0	1-0	1-0	0-1	2-0	0-1	2-0	1-1	2-3	1-1	0-2	1-1	0-1	3-0	2-2
Darlington FC	1-0	1-0	1-3	3-1	3-0	1-0	0-0	2-3		3-2	0-1	2-0	2-2	1-2	0-1	2-2	2-2	1-1	1-1	1-1	2-0	4-0	2-0	1-0
Grimsby Town FC	1-2	4-1	1-1	1-2	1-0	1-2	4-2	1-4	0-4		2-1	1-0	1-1	1-0	0-1	1-2	1-1	1-4	1-2	0-1	1-1	1-1	1-0	0-1
Hereford United FC	0-0	1-2	4-2	2-0	0-0	2-2	2-0	4-1	5-1	2-0		3-1	0-1	2-1	0-1	0-3	0-0	0-1	1-1	0-0	3-1	0-1	2-0	1-0
Lincoln City FC	2-0	4-1	1-2	3-1	1-1	0-1	2-4	2-0	0-4	1-2	2-1		3-1	1-2	1-2	1-1	2-1	1-1	2-1	1-3	0-4	0-1	2-4	1-0
Macclesfield Town	2-1	3-0	0-1	1-0	2-2	1-2	0-1	1-1	0-0	1-2	0-1	1-2		0-0	3-3	1-2	1-1	0-3	2-2	1-1	2-1	0-2	3-2	1-2
Mansfield Town FC	1-2	2-2	0-0	2-3	1-1	1-3	1-3	0-1	0-1	1-2	0-1	1-3	5-0		1-2	1-2	2-0	2-0	0-4	0-1	3-1	4-2	2-1	0-4
Milton Keynes Dons	5-0	0-1	2-1	1-1	1-2	1-0	1-2	4-0	1-0	2-0	0-0	4-0	1-1	1-0		1-1	3-0	1-1	0-1	1-1	3-0	0-2	4-1	2-2
Morecambe FC	0-1	0-0	2-1	3-1	2-1	5-3	1-1	1-0	0-3	0-4	0-3	1-2	0-1	3-1	0-1		1-1	3-2	1-1	5-1	1-1	2-0	2-2	0-1
Notts County FC	1-0	0-0	1-3	1-1	1-3	1-0	1-0	1-0	0-1	1-1	2-3	0-1	0-1	0-0	1-2	1-1		0-1	1-0	0-1	2-1	1-2	2-1	1-0
Peterborough United	8-2	1-0	2-1	7-0	1-0	1-0	2-3	3-1	0-2	2-1	1-1	4-0	0-1	2-1	1-2	1-1	0-0		3-0	3-1	2-1	0-1	0-0	2-1
Rochdale FC	4-1	3-0	2-1	1-1	1-2	1-2	0-1	1-0	3-1	3-1	2-4	0-2	1-1	1-0	3-2	1-0	4-2	0-2		4-1	1-1	1-2	0-0	0-1
Rotherham United FC	0-1	1-0	1-1	1-2	2-1	1-1	2-1	2-1	0-2	2-1	0-1	3-2	3-0	3-2	0-1	3-1	1-1	3-1	2-4		2-0	1-4	3-0	1-1
Shrewsbury Town	2-0	1-0	1-0	0-1	0-1	0-0	2-3	4-0	0-0	2-1	1-2	1-2	2-0	0-0	3-3	2-0	0-0	0-2	3-4	1-1		3-1	3-0	0-1
Stockport County FC	2-0	2-4	2-1	1-0	1-2	1-2	2-2	1-0	1-0	1-1	2-3	1-3	2-0	2-1	2-3	2-1	1-1	1-2	2-0	2-2	1-1		2-1	6-0
Wrexham AFC	1-3	0-2	1-1	1-3	2-1	2-2	0-4	0-0	2-0	0-0	0-2	1-0	1-1	1-1	1-0	2-1	1-0	0-2	0-2	0-1	0-1	0-1		0-0
Wycombe Wands.	0-1	0-0	2-1	1-0	1-0	1-0	1-0	0-1	2-0	3-0	2-2	1-0	2-1	1-2	1-1	2-0	3-1	2-2	0-1	1-0	1-1	0-0	2-1	

	Football League "League 2"	Pd	Wn	Dw	Ls	GF	GA	Pts	
1.	Milton Keynes Dons FC (Milton Keynes)	46	29	10	7	82	37	97	P
2.	Peterborough United FC (Peterborough)	46	28	8	10	84	43	92	P
3.	Hereford United FC (Hereford)	46	26	10	10	72	41	88	P
4.	Stockport County FC (Stockport)	46	24	10	12	72	54	82	PO/P
5.	Rochdale FC (Rochdale)	46	23	11	12	77	54	80	PO
6.	Darlington FC (Darlington)	46	22	12	12	67	40	78	PO
7.	Wycombe Wanderers FC (High Wycombe)	46	22	12	12	56	42	78	PO
8.	Chesterfield FC (Chesterfield)	46	19	12	15	76	56	69	
9.	Rotherham United FC (Rotherham)	46	21	11	14	62	58	64	(-10)
10.	Bradford City FC (Bradford)	46	17	11	18	63	61	62	
11.	Morecambe FC (Morecambe)	46	16	12	18	59	63	60	
12.	Barnet FC (London)	46	16	12	18	56	63	60	
13.	Bury FC (Bury)	46	16	11	19	58	61	59	
14.	Brentford FC (London)	46	17	8	21	52	70	59	
15.	Lincoln City FC (Lincoln)	46	18	4	24	61	77	58	
16.	Grimsby Town FC (Cleethorpes)	46	15	10	21	55	66	55	
17.	Accrington Stanley FC (Accrington)	46	16	3	27	49	83	51	
18.	Shrewsbury Town FC (Shrewsbury)	46	12	14	20	56	65	50	
19.	Macclesfield Town FC (Macclesfield)	46	11	17	18	47	64	50	
20.	Dagenham & Redbridge FC (Dagenham)	46	13	10	23	49	70	49	
21.	Notts County FC (Nottingham)	46	10	18	18	37	53	48	
22.	Chester City FC (Chester)	46	12	11	23	51	68	47	
23.	Mansfield Town FC (Mansfield)	46	11	9	26	48	68	42	R
24.	Wrexham AFC (Wrexham)	46	10	10	26	38	70	40	R
		1104	424	256	424	1427	1427	1518	(-10)

Note: Rotherham United FC and Wrexham AFC each had 10 points deducted.

Promotion Play-offs

Rochdale FC (Rochdale)	2-3	Stockport County FC (Stockport)
Darlington FC (Darlington)	2-1, 1-2 (aet)	Rochdale FC (Rochdale)
	(Rochdale FC won 5-4 on penalties)	
Wycombe Wanderers FC (High Wycombe)	1-1, 0-1	Stockport County FC (Stockport)

Promoted to League 2: Aldershot Town FC (Aldershot) and Exeter City FC (Exeter)

F.A. CUP FINAL (Wembley Stadium, London – 17/05/08 – 89,874)

PORTSMOUTH FC (PORTSMOUTH)	1-0	Cardiff City AFC (Cardiff)

Kanu 37'

Portsmouth FC: James, G. Johnson, Campbell, Distin, Hreidarsson, Utaka (Nugent 69'), Mendes (Diop 78'), Diarra, Muntari, Kranjcar, Kanu (Baros 87').

Cardiff City FC: Enckelman, McNaughton, R. Johnson, Loovens, Capaldi, Ledley, Rae (Sinclair 86'), McPhail, Whittingham (Ramsey 61'), Parry, Hasselbaink (Thompson 70').

Semi-finals

Barnsley FC (Barnsley)	0-1	Cardiff City AFC (Cardiff)
West Bromwich Albion FC (West Bromwich)	0-1	Portsmouth FC (Portsmouth)

Quarter-finals

Barnsley FC (Barnsley)	1-0	Chelsea FC (London)
Bristol Rovers FC (Bristol)	1-5	West Bromwich Albion FC (West Bromwich)
Manchester United FC (Manchester)	0-1	Portsmouth FC (Portsmouth)
Middlesbrough FC (Middlesbrough)	0-2	Cardiff City AFC (Cardiff)

2008-09

Premier League 2008-09 Season	Arsenal	Aston Villa	Blackburn R.	Bolton W.	Chelsea	Everton	Fulham	Hull City	Liverpool	Manchester City	Manchester Utd.	Middlesbrough	Newcastle Utd.	Portsmouth	Stoke City	Sunderland	Tottenham H.	West Brom. Alb.	West Ham Utd.	Wigan Athletic
Arsenal FC		0-2	4-0	1-0	1-4	3-1	0-0	1-2	1-1	2-0	2-1	2-0	3-0	1-0	4-1	0-0	4-4	1-0	0-0	1-0
Aston Villa FC	2-2		3-2	4-2	0-1	3-3	0-0	1-0	0-0	4-2	0-0	1-2	1-0	0-0	2-2	2-1	1-2	2-1	1-1	0-0
Blackburn Rovers FC	0-4	0-2		2-2	0-2	0-0	1-0	1-1	1-3	2-2	0-2	1-1	3-0	2-0	3-0	1-2	2-1	0-0	1-1	2-0
Bolton Wanderers FC	1-3	1-1	0-0		0-2	0-1	1-3	1-1	0-2	2-0	0-1	4-1	1-0	2-1	3-1	0-0	3-2	0-0	2-1	0-1
Chelsea FC	1-2	2-0	2-0	4-3		0-0	3-1	0-0	0-1	1-0	1-1	2-0	0-0	4-0	2-1	5-0	1-1	2-0	1-1	2-1
Everton FC	1-1	2-3	2-3	3-0	0-0		1-0	2-0	0-2	1-2	1-1	1-1	2-2	0-3	3-1	3-0	0-0	2-0	3-1	4-0
Fulham FC	1-0	3-1	1-2	2-1	2-2	0-2		0-1	0-1	1-1	2-0	3-0	2-1	3-1	1-0	0-0	2-1	2-0	1-2	2-0
Hull City AFC	1-3	0-1	1-2	0-1	0-3	2-2	2-1		1-3	2-2	0-1	2-1	1-1	0-0	1-2	1-4	1-2	2-2	1-0	0-5
Liverpool FC	4-4	5-0	4-0	3-0	2-0	1-1	0-0	2-2		1-1	2-1	2-1	3-0	1-0	0-0	2-0	3-1	3-0	0-0	3-2
Manchester City FC	3-0	2-0	3-1	1-0	1-3	0-1	1-3	5-1	2-3		0-1	1-0	2-1	6-0	3-0	1-0	1-2	4-2	3-0	1-0
Manchester United FC	0-0	3-2	2-1	2-0	3-0	1-0	3-0	4-3	1-4	2-0		1-0	1-1	2-0	5-0	1-0	5-2	4-0	2-0	1-0
Middlesbrough FC	1-1	1-1	0-0	1-3	0-5	0-1	0-0	3-1	2-0	2-0	0-2		0-0	1-1	2-1	1-1	2-1	0-1	1-1	0-0
Newcastle United FC	1-3	2-0	1-2	1-0	0-2	0-0	0-1	1-2	1-5	2-2	1-2	3-1		0-0	2-2	1-1	2-1	2-1	2-2	2-2
Portsmouth FC	0-3	0-1	3-2	1-0	0-1	2-1	1-1	2-2	2-3	2-0	0-1	2-1	0-3		2-1	3-1	2-0	2-2	1-4	1-2
Stoke City FC	2-1	3-2	1-0	2-0	0-2	2-3	0-0	1-1	0-0	1-0	0-1	1-0	1-1	2-2		1-0	2-1	1-0	0-1	2-0
Sunderland AFC	1-1	1-2	0-0	1-4	2-3	0-2	1-0	1-0	0-1	0-3	1-2	2-0	2-1	1-2	2-0		1-1	4-0	0-1	1-2
Tottenham Hotspur FC	0-0	1-2	1-0	2-0	1-0	0-1	0-0	0-1	2-1	2-1	0-0	4-0	1-0	1-1	3-1	1-2		1-0	1-0	0-0
West Bromwich Albion FC	1-3	1-2	2-2	1-1	0-3	1-2	1-0	0-3	0-2	2-1	0-5	3-0	2-3	1-1	0-2	3-0	2-0		3-2	3-1
West Ham United FC	0-2	0-1	4-1	1-3	0-1	1-3	3-1	2-0	0-3	1-0	0-1	2-1	3-1	0-0	2-1	2-0	0-2	0-0		2-1
Wigan Athletic FC	1-4	0-4	3-0	0-0	0-1	1-0	0-0	1-0	1-1	2-1	1-2	0-1	2-1	1-0	0-0	1-1	1-0	2-1	0-1	

	Premier League	**Pd**	**Wn**	**Dw**	**Ls**	**GF**	**GA**	**Pts**	
1.	MANCHESTER UNITED FC (MANCHESTER)	38	28	6	4	68	24	90	
2.	Liverpool FC (Liverpool)	38	25	11	2	77	27	86	
3.	Chelsea FC (London)	38	25	8	5	68	24	83	
4.	Arsenal FC (London)	38	20	12	6	68	37	72	
5.	Everton FC (Liverpool)	38	17	12	9	55	37	63	
6.	Aston Villa FC (Birmingham)	38	17	11	10	54	48	62	
7.	Fulham FC (London)	38	14	11	13	39	34	53	
8.	Tottenham Hotspur FC (London)	38	14	9	15	45	45	51	
9.	West Ham United FC (London)	38	14	9	15	42	45	51	
10.	Manchester City FC (Manchester)	38	15	5	18	58	50	50	
11.	Wigan Athletic AFC (Wigan)	38	12	9	17	34	45	45	
12.	Stoke City FC (Stoke-on-Trent)	38	12	9	17	38	55	45	
13.	Bolton Wanderers FC (Bolton)	38	11	8	19	41	53	41	
14.	Portsmouth FC (Portsmouth)	38	10	11	17	38	57	41	
15.	Blackburn Rovers FC (Blackburn)	38	10	11	17	40	60	41	
16.	Sunderland AFC (Sunderland)	38	9	9	20	34	54	36	
17.	Hull City AFC (Kingston upon Hull)	38	8	11	19	39	64	35	
18.	Newcastle United FC (Newcastle upon Tyne)	38	7	13	18	40	59	34	R
19.	Middlesbrough FC (Middlesbrough)	38	7	11	20	28	57	32	R
20.	West Bromwich Albion FC (West Bromwich)	38	8	8	22	36	67	32	R
		760	283	194	283	942	942	1043	

Top Goalscorers

1)	Nicholas ANELKA	(Chelsea FC)	19
2)	CRISTIANO RONALDO	(Manchester United FC)	18
3)	Steven GERRARD	(Liverpool FC)	16
4)	Robson de Souza "ROBINHO"	(Manchester City FC)	14
	FERNANDO José TORRES Sanz	(Liverpool FC)	14

Football League The Championship 2008-09 Season	Barnsley	Birmingham C.	Blackpool	Bristol City	Burnley	Cardiff City	Charlton Ath.	Coventry City	Crystal Palace	Derby County	Doncaster R.	Ipswich Town	Norwich City	Nottingham F.	Plymouth Arg.	Preston N.E.	Q.P.R.	Reading	Sheffield Utd.	Sheffield Wed.	Southampton	Swansea City	Watford	Wolves
Barnsley FC		1-1	0-1	0-0	3-2	0-1	0-0	1-2	3-1	2-0	4-1	1-2	0-0	1-1	2-0	1-1	2-1	0-1	1-2	2-1	0-1	1-3	2-1	1-1
Birmingham City	2-0		0-1	1-0	1-1	1-1	3-2	0-1	1-0	1-0	1-0	2-1	1-1	2-0	1-1	1-2	1-0	1-3	1-0	3-1	1-0	0-0	3-2	2-0
Blackpool FC	1-0	2-0		0-1	0-1	1-1	2-0	1-1	2-2	3-2	2-3	0-1	2-0	1-1	0-1	1-3	0-3	2-2	1-3	0-2	1-1	1-1	0-2	2-2
Bristol City FC	2-0	1-2	0-0		1-2	1-1	2-1	2-0	1-0	1-1	4-1	1-1	1-0	2-2	2-2	1-1	1-1	1-4	0-0	1-1	2-0	0-0	1-1	2-2
Burnley FC	1-2	1-1	2-0	4-0		2-2	2-1	1-1	4-2	3-0	0-0	0-3	2-0	5-0	0-0	3-1	1-1	1-0	1-0	2-4	3-2	0-2	3-2	1-0
Cardiff City FC	3-1	1-2	2-0	0-0	3-1		2-0	2-1	2-1	4-1	3-0	0-3	2-2	2-0	1-0	2-0	0-0	2-2	0-3	2-0	2-1	2-2	2-1	1-2
Charlton Athletic FC	1-3	0-0	2-2	0-2	1-1	2-2		1-2	1-0	2-2	1-2	2-1	4-2	0-2	2-1	0-0	2-2	4-2	2-5	1-2	0-0	2-0	2-3	1-3
Coventry City FC	1-1	1-0	2-1	0-3	1-3	0-2	0-0		0-2	1-1	1-0	2-2	2-0	2-2	0-1	0-0	1-0	0-0	1-2	2-0	4-1	1-1	2-3	2-1
Crystal Palace FC	3-0	0-0	0-1	4-2	0-0	0-2	1-0	1-1		1-0	2-1	1-4	3-1	1-2	1-2	2-1	0-0	0-0	0-0	1-1	3-0	2-0	0-0	0-1
Derby County FC	0-0	1-1	4-1	2-1	1-1	1-1	1-0	2-1	1-2		0-1	0-1	3-1	1-1	2-1	2-2	0-2	0-2	2-1	3-0	0-1	2-2	1-0	2-3
Doncaster Rovers FC	0-1	0-2	0-0	1-0	2-1	1-1	0-1	1-0	2-0	2-1		1-0	1-1	0-0	1-0	0-2	2-0	0-1	0-2	1-0	0-2	0-0	1-2	0-1
Ipswich Town FC	3-0	0-1	1-1	3-1	1-1	1-2	1-1	2-1	1-1	2-0	1-3		3-2	2-1	0-0	1-2	2-0	2-0	1-1	1-1	0-3	2-2	0-0	0-2
Norwich City FC	4-0	1-1	1-1	1-2	1-1	2-0	1-0	1-2	1-2	1-2	2-1	2-0		2-3	1-0	2-2	0-1	0-2	1-0	0-1	2-2	2-3	2-0	5-2
Nottingham Forest FC	1-0	1-1	0-0	3-2	1-2	0-1	0-0	1-0	0-2	1-3	2-4	1-1	1-2		2-0	2-1	2-2	0-0	0-1	2-1	3-1	1-1	3-2	0-1
Plymouth Argyle FC	1-2	0-1	1-2	0-2	1-2	2-1	2-2	4-0	1-3	0-3	0-3	1-3	1-2	1-0		1-0	1-1	2-2	2-2	4-0	2-0	0-1	2-1	2-2
Preston North End FC	2-1	1-0	0-1	2-0	2-1	6-0	2-1	2-1	2-0	2-0	1-0	3-2	1-0	2-1	1-1		2-1	2-1	0-0	1-1	2-3	0-2	2-0	1-3
Queen's Park Rang.	2-1	1-0	1-1	2-1	1-2	1-0	2-1	1-1	0-0	0-2	2-0	1-3	0-1	2-1	0-0	3-2		0-0	0-0	3-2	4-1	1-0	0-0	1-0
Reading FC	0-0	1-2	1-0	0-2	3-1	1-1	2-2	3-1	4-2	3-0	2-1	0-1	2-0	0-1	2-0	0-0	0-0		0-1	6-0	1-2	4-0	4-0	1-0
Sheffield United FC	2-1	2-1	2-2	3-0	2-3	0-0	3-1	1-1	2-2	4-2	0-1	2-0	1-0	0-0	2-0	1-0	3-0	0-2		1-2	0-0	1-1	2-1	1-3
Sheffield Wednesday	0-1	1-1	1-1	0-0	4-1	1-0	4-1	0-1	2-0	0-1	1-0	0-0	3-2	1-0	0-1	1-1	1-0	1-2	1-0		2-0	0-0	2-0	0-1
Southampton FC	0-0	1-2	0-1	0-1	2-2	1-0	2-3	1-1	1-0	1-1	1-2	2-2	2-0	0-2	0-0	3-1	0-0	1-1	1-2	1-1		2-2	0-3	1-2
Swansea City FC	2-2	2-3	0-1	1-0	1-1	2-2	1-1	0-0	1-3	1-1	3-1	3-0	2-1	3-1	1-0	4-1	0-0	2-0	1-1	1-1	3-0		3-1	3-1
Watford FC	1-1	0-1	3-4	2-4	3-0	2-2	1-0	2-1	2-0	3-1	1-1	2-1	2-1	2-1	1-2	2-1	3-0	2-2	0-2	2-2	2-2	2-0		2-3
Wolverhampton W.	2-0	1-1	2-0	2-0	2-0	2-2	2-1	2-1	2-1	3-0	1-0	0-0	3-3	5-1	0-1	1-3	1-0	0-3	1-1	4-1	3-0	2-1	3-1	

	Football League "The Championship"	Pd	Wn	Dw	Ls	GF	GA	Pts	
1.	Wolverhampton Wanderers FC (Wolverhampton)	46	27	9	10	80	52	90	P
2.	Birmingham City FC (Birmingham)	46	23	14	9	54	37	83	P
3.	Sheffield United FC (Sheffield)	46	22	14	10	64	39	80	PO
4.	Reading FC (Reading)	46	21	14	11	72	40	77	PO
5.	Burnley FC (Burnley)	46	21	13	12	72	60	76	PO/P
6.	Preston North End FC (Preston)	46	21	11	14	66	54	74	PO
7.	Cardiff City AFC (Cardiff)	46	19	17	10	65	53	74	
8.	Swansea City FC (Swansea)	46	16	20	10	63	50	68	
9.	Ipswich Town FC (Ipswich)	46	17	15	14	62	53	66	
10.	Bristol City FC (Bristol)	46	15	16	15	54	54	61	
11.	Queen's Park Rangers FC (London)	46	15	16	15	42	44	61	
12.	Sheffield Wednesday FC (Sheffield)	46	16	13	17	51	58	61	
13.	Watford FC (Watford)	46	16	10	20	68	72	58	
14.	Doncaster Rovers FC (Doncaster)	46	17	7	22	42	53	58	
15.	Crystal Palace FC (London)	46	15	12	19	52	55	57	
16.	Blackpool FC (Blackpool)	46	13	17	16	47	58	56	
17.	Coventry City FC (Coventry)	46	13	15	18	47	58	54	
18.	Derby County FC (Derby)	46	14	12	20	55	67	54	
19.	Nottingham Forest FC (Nottingham)	46	13	14	19	50	65	53	
20.	Barnsley FC (Barnsley)	46	13	13	20	45	58	52	
21.	Plymouth Argyle FC (Plymouth)	46	13	12	21	44	57	51	
22.	Norwich City FC (Norwich)	46	12	10	24	57	70	46	R
23.	Southampton FC (Southampton)	46	10	15	21	46	69	45	R
24.	Charlton Athletic FC (London)	46	8	15	23	52	74	39	R
		1104	390	324	390	1350	1350	1494	

Note: Southampton FC had 10 points deducted with just 2 games left to play. This penalty was applied at the start of the 2009-10 season.

Promotion Play-offs

Burnley FC (Burnley)	1-0	Sheffield United FC (Sheffield)
Burnley FC (Burnley)	1-0, 2-0	Reading FC (Reading)
Preston North End FC (Preston)	1-1, 0-1	Sheffield United FC (Sheffield)

Football League League 1 2008-09 Season	Brighton	Bristol Rovers	Carlisle U.	Cheltenham	Colchester	Crewe Alex.	Hartlepool	Hereford	Huddersfield	Leeds United	Leicester City	Leyton Orient	Millwall	MK Dons	Northampton	Oldham Ath.	Peterborough	Scunthorpe	Southend Utd.	Stockport Co.	Swindon Town	Tranmere R.	Walsall	Yeovil Town
Brighton & Hove Alb.		1-1	0-2	3-3	1-2	0-4	2-1	0-0	0-1	0-2	3-2	0-0	4-1	2-4	1-1	3-1	2-4	1-4	1-3	1-0	2-3	0-0	0-1	5-0
Bristol Rovers FC	1-2		2-3	3-2	0-0	0-0	4-1	6-1	1-2	2-2	0-1	2-1	4-2	1-2	1-0	2-0	0-1	1-2	4-2	2-0	2-2	2-0	1-3	3-0
Carlisle United FC	3-1	1-1		1-0	0-2	4-2	0-1	1-2	3-0	0-2	1-2	1-3	2-0	3-2	1-1	1-1	3-3	1-1	2-1	1-2	1-1	1-2	1-1	4-1
Cheltenham Town FC	2-2	2-1	1-1		4-3	1-0	2-0	2-3	1-2	0-1	0-4	0-1	1-3	3-5	0-1	1-1	3-6	1-2	0-0	2-2	2-0	1-0	0-0	1-0
Colchester United FC	0-1	0-1	5-0	3-1		0-1	1-1	1-2	0-0	0-1	0-1	1-0	1-2	0-3	2-1	2-2	0-1	0-0	0-1	1-0	3-2	0-1	0-2	1-0
Crewe Alexandra FC	1-2	1-1	1-2	1-2	2-0		0-0	2-1	3-1	2-3	0-3	0-2	0-1	2-2	1-3	0-3	1-1	3-2	3-4	0-3	1-0	2-1	2-1	2-0
Hartlepool United FC	1-0	1-1	2-2	4-1	4-2	1-4		4-2	5-3	0-1	2-2	0-1	2-3	1-2	2-0	3-3	1-2	2-3	3-0	0-1	3-3	2-1	2-2	0-0
Hereford United FC	1-2	0-3	1-0	3-0	0-2	2-0	1-1		0-1	2-0	1-3	2-1	0-2	0-1	0-2	5-0	0-1	1-2	0-1	0-1	1-1	2-2	0-0	1-2
Huddersfield Town	2-2	1-1	1-0	2-2	2-2	3-2	1-1	2-0		1-0	2-3	0-1	1-2	1-3	3-2	1-1	1-0	2-0	0-1	1-1	2-1	1-2	2-1	0-0
Leeds United FC	3-1	2-2	0-2	2-0	1-2	5-2	4-1	1-0	1-2		1-1	2-1	2-0	2-0	3-0	0-2	3-1	3-2	2-0	1-0	1-0	3-1	3-0	4-0
Leicester City FC	0-0	2-1	2-2	4-0	1-1	2-1	1-0	2-1	4-2	1-0		3-0	0-1	2-0	0-0	0-0	4-0	2-2	3-0	1-1	1-1	3-1	2-2	1-0
Leyton Orient FC	2-1	1-2	0-0	1-2	2-1	1-0	1-0	2-1	1-1	2-2	1-3		0-0	1-2	1-3	2-1	2-3	2-2	1-1	0-3	1-2	0-1	0-1	0-1
Millwall FC	0-1	3-2	1-0	2-0	0-1	0-0	2-0	1-0	2-1	3-1	0-1	2-1		0-4	1-0	2-3	2-0	1-2	1-1	0-1	1-1	1-0	3-1	1-1
Milton Keynes Dons	2-0	2-1	3-1	3-1	1-1	2-2	3-1	3-0	1-1	3-1	2-2	1-2	0-1		1-0	6-2	1-2	0-2	2-0	1-2	1-2	1-0	0-1	3-0
Northampton Town	2-2	0-0	1-0	4-2	1-2	5-1	1-0	2-1	1-1	2-1	1-2	1-1	0-0	0-1		0-1	1-1	3-3	2-3	4-0	3-4	1-1	0-2	3-0
Oldham Athletic FC	1-1	0-2	0-0	4-0	0-1	1-1	2-1	4-0	1-1	1-1	1-1	1-1	4-3	2-0	2-1		1-2	3-0	1-1	3-1	0-0	0-2	3-2	0-2
Peterborough United	0-0	5-4	1-0	1-1	2-1	4-2	1-2	2-0	4-0	2-0	2-0	3-0	1-0	0-0	1-0	2-2		2-1	1-2	1-0	2-2	2-2	1-0	1-3
Scunthorpe United	2-0	0-2	2-1	3-0	3-0	3-0	3-0	3-0	1-2	1-2	1-2	2-1	3-2	0-1	4-4	2-0	1-0		1-1	2-1	3-3	1-1	1-1	2-0
Southend United	0-2	1-0	3-0	2-0	3-3	0-1	3-2	1-0	0-1	1-0	0-2	3-0	0-1	0-2	1-0	1-2	1-0	2-0		1-1	2-1	2-1	2-0	0-1
Stockport County	2-0	3-1	3-0	1-0	1-2	4-3	2-1	4-1	1-1	1-3	0-0	0-1	2-2	0-1	1-1	3-1	1-3	0-3	3-1		1-1	0-0	1-2	0-0
Swindon Town FC	0-2	2-1	1-1	2-2	1-3	0-0	0-1	3-0	1-3	1-3	2-2	0-1	1-2	1-1	2-1	2-0	2-2	4-2	3-0	1-1		3-1	3-2	2-3
Tranmere Rovers FC	1-0	2-0	4-1	2-0	3-4	2-0	1-0	2-1	3-1	2-1	2-0	0-0	1-3	1-1	4-1	0-1	1-1	2-0	2-2	2-1	1-0		2-1	1-1
Walsall FC	3-0	0-5	2-1	1-1	2-0	1-1	2-2	1-1	2-3	1-0	1-4	0-2	1-2	0-3	3-1	1-2	1-2	2-1	5-2	1-0	2-1	0-1		2-0
Yeovil Town FC	1-1	2-2	1-1	1-1	0-2	3-2	2-3	2-2	1-0	1-1	0-2	0-0	2-0	0-0	1-0	2-2	0-1	1-2	1-2	2-4	1-0	1-0	1-1	

	Football League "League 1"	Pd	Wn	Dw	Ls	GF	GA	Pts	
1.	Leicester City FC (Leicester)	46	27	15	4	84	39	96	P
2.	Peterborough United FC (Peterborough)	46	26	11	9	78	54	89	P
3.	Milton Keynes Dons FC (Milton Keynes)	46	26	9	11	83	47	87	PO
4.	Leeds United AFC (Leeds)	46	26	6	14	77	49	84	PO
5.	Millwall FC (London)	46	25	7	14	63	53	82	PO
6.	Scunthorpe United FC (Scunthorpe)	46	22	10	14	82	63	76	PO/P
7.	Tranmere Rovers FC (Birkenhead)	46	21	11	14	62	49	74	
8.	Southend United FC (Southend-on-Sea)	46	21	8	17	58	61	71	
9.	Huddersfield Town AFC (Huddersfield)	46	18	14	14	62	65	68	
10.	Oldham Athletic AFC (Oldham)	46	16	17	13	66	65	65	
11.	Bristol Rovers FC (Bristol)	46	17	12	17	79	61	63	
12.	Colchester United FC (Colchester)	46	18	9	19	58	58	63	
13.	Walsall FC (Walsall)	46	17	10	19	61	66	61	
14.	Leyton Orient FC (London)	46	15	11	20	45	57	56	
15.	Swindon Town FC (Swindon)	46	12	17	17	68	71	53	
16.	Brighton & Hove Albion FC (Brighton)	46	13	13	20	55	70	52	
17.	Yeovil Town FC (Yeovil)	46	12	15	19	41	66	51	
18.	Stockport County FC (Stockport)	46	16	12	18	59	57	50	-10
19.	Hartlepool United FC (Hartlepool)	46	13	11	22	66	79	50	
20.	Carlisle United FC (Carlisle)	46	12	14	20	56	69	50	
21.	Northampton Town FC (Northampton)	46	12	13	21	61	65	49	R
22.	Crewe Alexandra FC (Crewe)	46	12	10	24	59	82	46	R
23.	Cheltenham Town FC (Cheltenham)	46	9	12	25	51	91	39	R
24.	Hereford United FC (Hereford)	46	9	7	30	42	79	34	R
		1104	415	274	415	1516	1516	1509	(-10)

Note: Stockport County had 10 points deducted after entering administration.

Promotion Play-offs

Scunthorpe United FC (Scunthorpe)	3-2	Millwall FC (London)
Millwall FC (London)	1-0, 1-1	Leeds United AFC (Leeds)
Scunthorpe United FC (Scunthorpe)	1-1, 0-0 (aet)	Milton Keynes Dons FC (Milton Keynes)

(Scunthorpe United won 7-6 on penalties)

Football League League 2 2008-09 Season	Accrington	Aldershot T.	Barnet	Bournemouth	Bradford City	Brentford	Bury	Chester City	Chesterfield	Dagenham	Darlington	Exeter City	Gillingham	Grimsby Town	Lincoln City	Luton Town	Macclesfield	Morecambe	Notts County	Port Vale	Rochdale	Rotherham U.	Shrewsbury	Wycombe W.
Accrington Stanley		0-1	1-1	3-0	2-3	1-1	1-2	0-1	1-0	0-0	1-0	2-1	0-2	3-1	0-2	0-0	2-0	1-0	1-1	2-0	1-3	1-3	2-1	0-1
Aldershot Town FC	3-1		1-1	1-1	3-2	1-1	3-3	2-2	1-1	1-2	2-1	1-0	2-1	2-2	2-0	2-1	1-1	0-2	2-2	1-0	2-4	0-1	0-0	3-2
Barnet FC	2-1	0-3		1-0	4-1	0-1	1-2	3-1	1-3	1-1	0-1	0-1	2-2	3-3	3-2	1-1	1-3	1-1	0-4	1-2	2-1	2-0	0-0	1-1
AFC Bournemouth	1-0	2-0	0-2		4-1	0-1	2-0	1-0	1-1	2-1	3-1	0-1	1-1	2-1	0-1	1-1	0-1	0-0	0-1	0-0	4-0	0-0	1-0	3-1
Bradford City FC	1-1	5-0	3-3	1-3		1-1	1-0	0-0	3-2	1-1	0-0	4-1	2-2	2-0	1-1	1-1	1-0	4-0	2-1	0-1	2-0	3-0	0-0	1-0
Brentford FC	3-0	3-0	1-0	2-0	2-1		1-0	3-0	0-1	2-1	1-1	1-1	1-1	4-0	1-1	2-0	1-0	3-1	1-1	2-0	1-2	0-0	1-1	3-3
Bury FC	1-0	2-1	1-0	1-0	1-0	1-0		1-1	1-2	2-2	2-2	0-1	4-0	0-2	3-1	1-2	3-0	2-1	2-0	3-0	2-1	1-2	2-1	0-0
Chester City FC	2-0	0-1	5-1	0-2	0-0	3-0	1-1		1-3	2-2	1-2	0-0	0-1	1-1	0-2	2-2	0-2	1-2	2-0	1-2	0-2	1-5	1-1	0-2
Chesterfield FC	1-1	5-1	1-1	1-0	0-2	0-1	1-3	1-1		1-1	0-0	2-1	0-1	2-1	1-1	2-2	2-4	1-2	3-1	2-1	3-0	1-0	2-2	0-1
Dagenham & Red.	0-0	3-1	2-0	0-1	3-0	3-1	1-3	6-0	3-0		0-1	1-2	2-0	4-0	0-3	2-1	2-1	0-2	6-1	1-1	3-2	1-1	1-2	0-1
Darlington FC	3-0	2-0	2-2	2-1	2-1	1-3	2-2	1-2	0-0	3-0		1-1	1-2	1-0	2-0	5-1	1-2	0-0	1-0	2-1	1-2	1-0	1-1	1-2
Exeter City FC	2-1	3-2	2-1	1-3	1-0	0-2	0-0	2-0	1-6	2-1	2-0		3-0	0-0	2-1	0-1	4-0	2-2	2-2	1-0	4-1	1-1	0-1	1-0
Gillingham FC	1-0	4-4	0-2	1-0	0-2	1-1	0-0	2-0	2-1	2-1	1-0	1-0		3-0	1-2	0-1	3-1	5-0	2-2	1-0	1-1	4-0	2-2	1-1
Grimsby Town FC	0-1	1-0	0-1	3-3	1-3	0-1	1-2	1-3	0-1	1-1	1-2	2-2	3-0		5-1	2-2	0-0	2-3	0-1	3-0	0-0	3-0	1-0	1-1
Lincoln City FC	5-1	0-2	2-0	3-3	0-0	2-2	1-1	1-1	3-1	1-3	0-1	0-1	2-0	1-1		0-0	1-0	1-1	1-1	0-1	1-1	0-1	0-0	1-0
Luton Town FC	1-2	3-1	3-1	3-3	3-3	0-1	1-2	1-1	0-0	2-1	1-2	1-2	0-0	2-1	3-2		1-0	1-1	1-1	1-3	1-1	2-4	3-1	0-1
Macclesfield Town	0-2	4-2	2-1	0-2	0-2	2-0	1-1	3-1	1-1	0-4	0-6	1-4	0-1	1-0	1-2	2-1		0-1	1-1	0-2	0-1	1-2	3-0	0-0
Morecambe FC	1-1	2-0	2-1	0-4	2-1	2-0	0-0	3-1	2-2	1-2	1-0	1-1	0-1	1-1	1-1	1-2	4-1		1-0	1-1	1-1	1-3	1-0	0-0
Notts County FC	1-1	2-1	2-0	1-1	3-1	1-1	0-1	1-2	0-1	0-3	0-0	2-1	0-1	0-2	0-1	0-2	1-1	1-0		4-2	1-2	0-3	2-2	0-2
Port Vale FC	0-2	0-0	0-0	3-1	0-2	0-3	1-1	3-0	0-1	0-1	3-1	1-3	1-3	2-1	0-1	1-3	1-4	2-1	1-2		2-1	0-0	1-1	1-1
Rochdale FC	3-1	3-1	3-1	1-1	3-0	1-2	1-1	6-1	2-1	0-2	0-2	2-2	0-1	2-0	2-2	2-0	1-1	1-1	3-0	1-0		1-2	2-1	0-1
Rotherham United	0-0	1-2	3-4	1-0	0-2	0-0	1-1	3-1	3-0	1-1	0-1	0-1	2-0	4-1	1-0	1-0	2-0	3-2	2-1	1-0	2-2		1-2	0-0
Shrewsbury Town	2-0	1-0	2-2	4-1	2-0	1-3	1-0	1-0	2-1	2-1	1-0	1-1	7-0	1-1	0-0	3-0	4-0	0-0	3-2	1-2	1-1	1-0		0-1
Wycombe Wanderers	2-1	3-0	1-1	3-1	1-0	0-0	2-1	2-0	1-1	2-1	1-1	1-1	1-0	0-0	1-0	0-0	4-0	1-1	1-2	4-2	0-1	0-0	1-1	

	Football League "League 2"	Pd	Wn	Dw	Ls	GF	GA	Pts	
1.	Brentford FC (London)	46	23	16	7	65	36	85	P
2.	Exeter City FC (Exeter)	46	22	13	11	65	50	79	P
3.	Wycombe Wanderers FC (High Wycombe)	46	20	18	8	54	33	78	P
4.	Bury FC (Bury)	46	21	15	10	63	43	78	PO
5.	Gillingham FC (Gillingham)	46	21	12	13	58	55	75	PO/P
6.	Rochdale FC (Rochdale)	46	19	13	14	70	59	70	PO
7.	Shrewsbury Town FC (Shrewsbury)	46	17	18	11	61	44	69	PO
8.	Dagenham & Redbridge FC (Dagenham)	46	19	11	16	77	53	68	
9.	Bradford City FC (Bradford)	46	18	13	15	66	55	67	
10.	Chesterfield FC (Chesterfield)	46	16	15	15	62	57	63	
11.	Morecambe FC (Morecambe)	46	15	18	13	53	56	63	
12.	Darlington FC (Darlington)	46	20	12	14	61	44	62	-10
13.	Lincoln City FC (Lincoln)	46	14	17	15	53	52	59	
14.	Rotherham United FC (Rotherham)	46	21	12	13	60	46	58	-17
15.	Aldershot Town FC (Aldershot)	46	14	12	20	59	80	54	
16.	Accrington Stanley FC (Accrington)	46	13	11	22	42	59	50	
17.	Barnet FC (London)	46	11	15	20	56	74	48	
18.	Port Vale FC (Stoke-on-Trent)	46	13	9	24	44	66	48	
19.	Notts County FC (Nottingham)	46	11	14	21	49	69	47	
20.	Macclesfield Town FC (Macclesfield)	46	13	8	25	45	77	47	
21.	AFC Bournemouth (Bournemouth)	46	17	12	17	59	51	46	-17
22.	Grimsby Town FC (Cleethorpes)	46	9	14	23	51	69	41	
23.	Chester City FC (Chester)	46	8	13	25	43	81	37	R
24.	Luton Town FC (Luton)	46	13	7	16	58	65	26	R-30
		1104	388	328	388	1374	1374	1418	(-74)

Note: In League 2, AFC Bournemouth had 17 points deducted due to financial irregularities. Darlington FC had 10 points deducted after entering administration. Luton Town FC had 30 points deducted due to financial irregularities and Rotherham United FC had 17 points deducted due to financial irregularities.

Promotion Play-offs

Gillingham FC (Gillingham)	1-0	Shrewsbury Town FC (Shrewsbury)
Rochdale FC (Rochdale)	0-0, 1-2	Gillingham FC (Gillingham)
Shrewsbury Town FC (Shrewsbury)	0-1, 1-0 (aet)	Bury FC (Bury)
	(Shrewsbury Town won 4-3 on penalties)	

Promoted to League 2: Burton Albion FC (Burton-on-Trent) and Torquay United FC (Torquay)

F.A. CUP FINAL (Wembley Stadium, London – 30/05/2009 – 89,391)

CHELSEA FC (LONDON)	2-1	Everton FC (Liverpool)
Drogba 21', Lampard 72'		*Saha 01'*

Chelsea FC: Cech, Bosingwa, Alex, Terry, A.Cole, Essien (Ballack 61'), Mikel, Lampard, Anelka, Drogba, Malouda.

Everton FC: Howard, Hibbert (Jacobsen 46'), Yobo, Lescott, Baines, Osman (Gosling 82'), P.Neville, Pienaar, Cahill, Fellaini, Saha (Vaughan 77').

Semi-finals

Chelsea FC (London)	2-1	Arsenal FC (London)
Manchester United FC (Manchester)	0-0 (aet)	Everton FC (Liverpool)
	(Everton FC won 4-2 on penalties)	

Quarter-finals

Arsenal FC (London)	2-1	Hull City AFC (Kingston upon Hull)
Coventry City FC (Coventry)	0-2	Chelsea FC (London)
Everton FC (Liverpool)	2-1	Middlesbrough FC (Middlesbrough)
Fulham FC (London)	0-4	Manchester United FC (Manchester)

2009-10

Premier League 2009-10 Season	Arsenal	Aston Villa	Birmingham C.	Blackburn R.	Bolton Wands.	Burnley	Chelsea	Everton	Fulham	Hull City	Liverpool	Manchester City	Manchester Utd.	Portsmouth	Stoke City	Sunderland	Tottenham H.	West Ham Utd.	Wigan Athletic	Wolves
Arsenal FC		3-0	3-1	6-2	4-2	3-1	0-3	2-2	4-0	3-0	1-0	0-0	3-1	4-1	2-0	2-0	3-0	2-0	4-0	1-0
Aston Villa FC	0-0		1-0	0-1	5-1	5-2	2-1	2-2	2-0	3-0	0-1	1-1	1-1	2-0	1-0	1-1	1-1	0-0	0-2	2-2
Birmingham City	1-1	0-1		2-1	1-2	2-1	0-0	2-2	1-0	0-0	1-1	0-0	1-1	1-0	0-0	2-1	1-1	1-0	1-0	2-1
Blackburn Rovers FC	2-1	2-1	2-1		3-0	3-2	1-1	2-3	2-0	1-0	0-0	0-2	0-0	3-1	0-0	2-2	0-2	0-0	2-1	3-1
Bolton Wanderers FC	0-2	0-1	2-1	0-2		1-0	0-4	3-2	0-0	2-2	2-3	3-3	0-4	2-2	1-1	0-1	2-2	3-1	4-0	1-0
Burnley FC	1-1	1-1	2-1	0-1	1-1		1-2	1-0	1-1	2-0	0-4	1-6	1-0	1-2	1-1	3-1	4-2	2-1	1-3	1-2
Chelsea FC	2-0	7-1	3-0	5-0	1-0	3-0		3-3	2-1	2-1	2-0	2-4	1-0	2-1	7-0	7-2	3-0	4-1	8-0	4-0
Everton FC	1-6	1-1	1-1	3-0	2-0	2-0	2-1		2-1	5-1	0-2	2-0	3-1	1-0	1-1	2-0	2-2	2-2	2-1	1-1
Fulham FC	0-1	0-2	2-1	3-0	1-1	3-0	0-2	2-1		2-0	3-1	1-2	3-0	1-0	0-1	1-0	0-0	3-2	2-1	0-0
Hull City AFC	1-2	0-2	0-1	0-0	1-0	1-4	1-1	3-2	2-0		0-0	2-1	1-3	0-0	2-1	0-1	1-5	3-3	2-1	2-2
Liverpool FC	1-2	1-3	2-2	2-1	2-0	4-0	0-2	1-0	0-0	6-1		2-2	2-0	4-1	4-0	3-0	2-0	3-0	2-1	2-0
Manchester City FC	4-2	3-1	5-1	4-1	2-0	3-3	2-1	0-2	2-2	1-1	0-0		0-1	2-0	2-0	4-3	0-1	3-1	3-0	1-0
Manchester United FC	2-1	0-1	1-0	2-0	2-1	3-0	1-2	3-0	3-0	4-0	2-1	4-3		5-0	4-0	2-2	3-1	3-0	5-0	3-0
Portsmouth FC	1-4	1-2	1-2	0-0	2-3	2-0	0-5	0-1	0-1	3-2	2-0	0-1	1-4		1-2	1-1	1-2	1-1	4-0	3-1
Stoke City FC	1-3	0-0	0-1	3-0	1-2	2-0	1-2	0-0	3-2	2-0	1-1	1-1	0-2	1-0		1-0	1-2	2-1	2-2	2-2
Sunderland AFC	1-0	0-2	3-1	2-1	4-0	2-1	1-3	1-1	0-0	4-1	1-0	1-1	0-1	1-1	0-0		3-1	2-2	1-1	5-2
Tottenham Hotspur FC	2-1	0-0	2-1	3-1	1-0	5-0	2-1	2-1	2-0	0-0	2-1	3-0	1-3	2-0	0-1	2-0		2-0	9-1	0-1
West Ham United FC	2-2	2-1	2-0	0-0	1-2	5-3	1-1	1-2	2-2	3-0	2-3	1-1	0-4	2-0	0-1	1-0	1-2		3-2	1-3
Wigan Athletic FC	3-2	1-2	2-3	1-1	0-0	1-0	3-1	0-1	1-1	2-2	1-0	1-1	0-5	0-0	1-1	1-0	0-3	1-0		0-1
Wolverhampton Wanderers FC	1-4	1-1	0-1	1-1	2-1	2-0	0-2	0-0	2-1	1-1	0-0	0-3	0-1	0-1	0-0	2-1	1-0	0-2	0-2	

	Premier League	**Pd**	**Wn**	**Dw**	**Ls**	**GF**	**GA**	**Pts**	
1.	CHELSEA FC (LONDON)	38	27	5	6	103	32	86	
2.	Manchester United FC (Manchester)	38	27	4	7	86	28	85	
3.	Arsenal FC (London)	38	23	6	9	83	41	75	
4.	Tottenham Hotspur FC (London)	38	21	7	10	67	41	70	
5.	Manchester City FC (Manchester)	38	18	13	7	73	45	67	
6.	Aston Villa FC (Birmingham)	38	17	13	8	52	39	64	
7.	Liverpool FC (Liverpool)	38	18	9	11	61	35	63	
8.	Everton FC (Liverpool)	38	16	13	9	60	49	61	
9.	Birmingham City FC (Birmingham)	38	13	11	14	38	47	50	
10.	Blackburn Rovers FC (Blackburn)	38	13	11	14	41	55	50	
11.	Stoke City FC (Stoke-on-Trent)	38	11	14	13	34	48	47	
12.	Fulham FC (London)	38	12	10	16	39	46	46	
13.	Sunderland AFC (Sunderland)	38	11	11	16	48	56	44	
14.	Bolton Wanderers FC (Bolton)	38	10	9	19	42	67	39	
15.	Wolverhampton Wanderers FC (Wolverhampton)	38	9	11	18	32	56	38	
16.	Wigan Athletic AFC (Wigan)	38	9	9	20	37	79	36	
17.	West Ham United FC (London)	38	8	11	19	47	66	35	
18.	Burnley FC (Burnley)	38	8	6	24	42	82	30	R
19.	Hull City AFC (Kingston upon Hull)	38	6	12	20	34	75	30	R
20.	Portsmouth FC (Portsmouth)	38	7	7	24	34	66	19	R -9
		760	284	192	284	1053	1053	1035	(-9)

Note: Portsmouth FC had 9 points deducted after entering administration.

Top Goalscorers

1)	Didier DROGBA	(Chelsea FC)	29
2)	Wayne ROONEY	(Manchester United FC)	26
3)	Darren BENT	(Sunderland AFC)	24
4)	Carlos TEVEZ	(Manchester City FC)	23
5)	Frank LAMPARD	(Chelsea FC)	22

Football League The Championship 2009-10 Season	Barnsley	Blackpool	Bristol City	Cardiff City	Coventry	Crystal Palace	Derby County	Doncaster R.	Ipswich Town	Leicester City	Middlesbrough	Newcastle Utd.	Nottingham F.	Peterborough	Plymouth Arg.	Preston N.E.	Q.P.R.	Reading	Scunthorpe	Sheffield Utd.	Sheff. Wed.	Swansea City	Watford	West Brom. A.
Barnsley FC		1-0	2-3	1-0	0-2	0-0	0-0	0-1	2-1	1-0	2-1	2-2	2-1	2-2	1-3	0-3	0-1	1-3	1-1	2-2	1-2	0-0	1-0	3-1
Blackpool FC	1-2		1-1	1-1	3-0	2-2	0-0	2-0	1-0	1-2	2-0	2-1	3-1	2-0	2-0	1-1	2-2	2-0	4-1	3-0	1-2	5-1	3-2	2-3
Bristol City FC	5-3	2-0		0-6	1-1	1-0	2-1	2-5	0-0	1-1	2-1	2-2	1-1	1-1	3-1	4-2	1-0	1-1	1-1	2-3	1-1	1-0	2-2	2-1
Cardiff City FC	0-2	1-1	3-0		2-0	1-1	6-1	2-1	1-2	2-1	1-0	0-1	1-1	2-0	0-1	1-0	0-2	0-0	4-0	1-1	3-2	2-1	3-1	1-1
Coventry City FC	3-1	1-1	1-1	1-2		1-1	0-1	1-0	2-1	1-1	2-2	0-2	1-0	3-2	1-1	1-1	1-0	1-3	2-1	3-2	1-1	0-1	0-4	0-0
Crystal Palace FC	1-1	4-1	0-1	1-2	0-1		1-0	0-3	3-1	0-1	1-0	0-2	1-1	2-0	1-1	3-1	0-2	1-3	0-4	1-0	0-0	0-1	3-0	1-1
Derby County FC	2-3	0-2	1-0	2-0	2-1	1-1		0-2	1-3	1-0	2-2	3-0	1-0	2-1	2-1	5-3	2-4	2-1	1-4	0-1	3-0	0-1	2-0	2-2
Doncaster Rovers	0-1	3-3	1-0	2-0	0-0	1-1	2-1		3-3	0-1	1-4	0-1	1-0	3-1	1-2	1-1	2-0	1-2	4-3	1-1	1-0	0-0	2-1	2-3
Ipswich Town FC	1-0	3-1	0-0	2-0	3-2	1-3	1-0	1-1		0-0	1-1	0-4	1-1	0-0	0-2	1-1	3-0	2-1	1-0	0-3	0-0	1-1	1-1	1-1
Leicester City FC	1-0	2-1	1-3	1-0	2-2	2-0	0-0	0-0	1-1		2-0	0-0	3-0	1-1	1-0	1-2	4-0	1-2	5-1	2-1	3-0	2-1	4-1	1-2
Middlesbrough FC	2-1	0-3	0-0	0-1	1-1	1-1	2-0	2-0	3-1	0-1		2-2	1-1	1-0	0-1	2-0	2-0	1-1	3-0	0-0	1-0	1-1	0-1	0-5
Newcastle United	6-1	4-1	0-0	2-1	4-1	2-0	0-0	2-1	2-2	1-0	2-0		2-0	3-1	3-1	3-0	1-1	3-0	3-0	2-1	1-0	3-0	2-0	2-2
Nottingham Forest	1-0	0-1	1-1	0-0	2-0	2-0	3-2	4-1	3-0	5-1	1-0	1-0		1-0	3-0	3-0	5-0	2-1	2-0	1-0	2-1	1-0	2-4	0-1
Peterborough Utd.	1-2	0-1	0-1	4-4	0-1	1-1	0-3	1-2	3-1	1-2	2-2	2-3	1-2		1-2	0-1	1-0	3-2	3-0	1-0	1-1	2-2	2-1	2-3
Plymouth Argyle FC	0-0	0-2	3-2	1-3	0-1	0-1	1-0	2-1	1-1	1-1	0-2	0-2	0-1	1-2		1-1	1-1	4-1	2-1	0-1	1-3	1-1	0-1	0-1
Preston North End	1-4	0-0	2-2	3-0	3-2	1-1	0-0	1-1	2-0	0-1	2-2	0-1	3-2	2-0	2-0		2-2	1-2	3-2	2-1	2-2	2-0	1-1	0-0
Queen's Park Rang.	5-2	1-1	2-1	0-1	2-2	1-1	1-1	2-1	1-2	1-2	1-5	0-1	1-1	1-1	2-0	4-0		4-1	1-1	1-1	1-1	1-1	1-0	3-1
Reading FC	1-0	2-1	2-0	0-1	3-0	2-4	4-1	0-0	1-1	0-1	0-2	1-2	0-0	6-0	2-1	4-1	1-0		1-1	1-3	5-0	1-1	1-1	1-1
Scunthorpe United	2-1	2-4	3-0	1-1	1-0	1-2	3-2	2-2	1-1	1-1	0-2	2-1	2-2	4-0	2-1	3-1	0-1	2-2		3-1	2-0	0-2	2-2	1-3
Sheffield United FC	0-0	3-0	2-0	3-4	1-0	2-0	1-1	1-1	3-3	1-1	1-0	0-1	0-0	1-0	4-3	1-0	1-1	3-0	0-1		3-2	2-0	2-0	2-2
Sheffield Wednesday	2-2	2-0	0-1	3-1	2-0	2-2	0-0	0-2	0-1	2-0	1-3	2-2	1-1	2-1	2-1	1-2	1-2	0-2	4-0	1-1		0-2	2-1	0-4
Swansea City FC	3-1	0-0	0-0	3-2	0-0	0-0	1-0	0-0	0-0	1-0	0-3	1-1	0-1	1-0	1-0	2-0	2-0	0-0	3-0	2-1	0-0		1-1	0-2
Watford FC	1-0	2-2	2-0	0-4	2-3	1-3	0-1	1-1	2-1	3-3	1-1	1-2	0-0	0-1	1-0	2-0	3-1	3-0	3-0	3-0	4-1	0-1		1-1
West Bromwich Alb.	1-1	3-2	4-1	0-2	1-0	0-1	3-1	3-1	2-0	3-0	2-0	1-1	1-3	2-0	3-1	3-2	2-2	3-1	2-0	3-1	1-0	0-1	5-0	

	Football League "The Championship"	Pd	Wn	Dw	Ls	GF	GA	Pts	
1.	Newcastle United FC (Newcastle upon Tyne)	46	30	12	4	90	35	102	P
2.	West Bromwich Albion FC (West Bromwich)	46	26	13	7	89	48	91	P
3.	Nottingham Forest FC (Nottingham)	46	22	13	11	65	40	79	PO
4.	Cardiff City AFC (Cardiff)	46	22	10	14	73	54	76	PO
5.	Leicester City FC (Leicester)	46	21	13	12	61	45	76	PO
6.	Blackpool FC (Blackpool)	46	19	13	14	74	58	70	PO/P
7.	Swansea City FC (Swansea)	46	17	18	11	40	37	69	
8.	Sheffield United FC (Sheffield)	46	17	14	15	62	55	65	
9.	Reading FC (Reading)	46	17	12	17	68	63	63	
10.	Bristol City FC (Bristol)	46	15	18	13	56	65	63	
11.	Middlesbrough FC (Middlesbrough)	46	16	14	16	58	50	62	
12.	Doncaster Rovers FC (Doncaster)	46	15	15	16	59	58	60	
13.	Queen's Park Rangers FC (London)	46	14	15	17	58	65	57	
14.	Derby County FC (Derby)	46	15	11	20	53	63	56	
15.	Ipswich Town FC (Ipswich)	46	12	20	14	50	61	56	
16.	Watford FC (Watford)	46	14	12	20	61	68	54	
17.	Preston North End FC (Preston)	46	13	15	18	58	73	54	
18.	Barnsley FC (Barnsley)	46	14	12	20	53	69	54	
19.	Coventry City FC (Coventry)	46	13	15	18	47	64	54	
20.	Scunthorpe United FC (Scunthorpe)	46	14	10	22	62	84	52	
21.	Crystal Palace FC (London)	46	14	17	15	50	53	49	-10
22.	Sheffield Wednesday FC (Sheffield)	46	11	14	21	50	70	47	R
23.	Plymouth Argyle FC (Plymouth)	46	11	8	27	43	68	41	R
24.	Peterborough United FC (Peterborough)	46	8	10	28	46	80	34	R
		1104	390	324	390	1426	1426	1484	

Note: Crystal Palace FC had 10 points deducted after entering administration.

Promotion Play-offs

Blackpool FC (Blackpool)	3-2	Cardiff City AFC (Cardiff)
Blackpool FC (Blackpool)	2-1, 4-3	Nottingham Forest FC (Nottingham)
Leicester City FC (Leicester)	0-1, 3-2 (aet)	Cardiff City AFC (Cardiff)
	(Cardiff City AFC won 4-3 on penalties)	

Football League League 1 2009-10 Season	Brentford	Brighton & H.A.	Bristol Rovers	Carlisle United	Charlton Athletic	Colchester Utd.	Exeter City	Gillingham	Hartlepool United	Huddersfield T.	Leeds United	Leyton Orient	Millwall	MK Dons	Norwich City	Oldham Athletic	Southampton	Southend United	Stockport County	Swindon Town	Tranmere Rovers	Walsall	Wycombe Wands.	Yeovil Town
Brentford FC		0-0	1-3	3-1	1-1	1-0	0-0	4-0	0-0	3-0	0-0	1-0	2-2	3-3	2-1	1-1	1-1	2-1	2-0	2-3	2-1	1-1	1-1	1-1
Brighton & Hove Alb.	3-0		2-1	1-2	0-2	1-2	2-1	2-0	3-3	0-0	0-3	0-0	0-1	0-1	1-2	0-2	2-2	2-3	2-4	0-1	3-0	0-1	1-0	1-0
Bristol Rovers FC	0-0	1-1		3-2	2-1	3-2	1-0	2-1	2-1	1-0	0-4	1-2	2-0	1-0	0-3	1-0	1-5	4-3	1-0	3-1	0-0	0-1	2-3	1-2
Carlisle United FC	1-3	0-2	3-1		3-1	2-1	0-1	2-0	3-2	1-2	1-3	2-2	1-3	5-0	0-1	1-2	1-1	2-1	0-0	0-1	3-0	1-1	1-0	1-0
Charlton Athletic FC	2-0	1-2	4-2	1-0		1-0	2-1	2-2	2-1	2-1	1-0	0-1	4-4	5-1	0-1	0-0	1-1	1-0	2-0	2-2	1-1	2-0	3-2	2-0
Colchester United	3-3	0-0	1-0	2-1	3-0		2-2	2-1	2-0	1-0	1-2	1-0	1-2	2-0	0-5	1-0	2-1	2-0	2-0	3-0	1-1	2-1	1-1	2-1
Exeter City FC	3-0	0-1	1-0	2-3	1-1	2-0		1-1	3-1	2-1	2-0	0-0	1-1	1-2	1-1	1-1	1-1	1-0	0-1	1-1	2-1	2-1	1-1	1-1
Gillingham FC	0-1	1-1	1-0	0-0	1-1	0-0	3-0		0-1	2-0	3-2	1-1	2-0	2-2	1-1	1-0	2-0	3-0	3-1	5-0	0-1	0-0	3-2	1-0
Hartlepool United FC	0-0	2-0	1-2	4-1	0-2	3-1	1-1	1-1		0-2	2-2	1-0	3-0	0-5	0-2	2-1	1-3	3-0	3-0	0-1	1-0	3-0	1-1	1-1
Huddersfield Town	0-0	7-1	0-0	1-1	1-1	2-1	4-0	2-1	2-1		2-2	4-0	1-0	1-0	1-3	2-0	3-1	2-1	0-0	2-2	3-3	4-3	6-0	2-1
Leeds United FC	1-1	1-1	2-1	1-1	0-0	2-0	2-1	4-1	3-1	2-2		1-0	0-2	4-1	2-1	2-0	1-0	2-0	2-0	0-3	3-0	1-2	1-1	4-0
Leyton Orient FC	2-1	1-1	5-0	2-2	1-2	0-1	1-1	3-1	1-3	0-2	1-1		1-0	1-2	2-1	1-2	2-2	1-2	2-0	0-0	2-1	2-0	2-1	2-0
Millwall FC	1-1	1-1	2-0	0-0	4-0	2-1	1-0	4-0	1-0	3-1	2-1	2-1		3-2	2-1	2-0	1-1	2-0	5-0	3-2	5-0	2-1	0-2	0-0
Milton Keynes Dons	0-1	0-0	2-1	3-4	0-1	2-1	1-1	2-0	0-0	2-3	0-1	1-0	1-3		2-1	0-0	0-3	3-1	4-1	2-1	1-0	1-0	2-3	2-2
Norwich City FC	1-0	4-1	5-1	0-2	2-2	1-7	3-1	2-0	2-1	3-0	1-0	4-0	2-0	1-1		2-0	0-2	2-1	2-1	1-0	2-0	0-0	5-2	3-0
Oldham Athletic AFC	2-3	0-2	2-1	2-0	0-2	2-2	2-0	1-0	0-3	0-1	0-2	2-0	0-1	2-1	0-1		1-3	2-2	0-0	2-2	0-0	1-0	2-2	0-0
Southampton FC	1-1	1-3	2-3	3-2	1-0	0-0	3-1	4-1	3-2	5-0	1-0	2-1	1-1	3-1	2-2	0-0		3-1	2-0	0-1	3-0	5-1	1-0	2-0
Southend United FC	2-2	0-1	2-1	2-2	1-2	1-2	0-0	1-0	3-2	2-2	0-0	3-0	0-0	2-1	0-3	0-1	1-3		2-1	2-2	1-1	3-0	1-1	0-0
Stockport County FC	0-1	1-1	0-2	1-2	1-2	2-2	1-3	0-0	2-2	0-6	2-4	2-1	0-4	1-3	1-3	0-1	1-1	0-2		0-1	0-3	1-1	4-3	1-3
Swindon Town FC	3-2	2-1	0-4	2-0	1-1	1-1	1-1	3-1	0-2	2-1	3-0	3-2	1-1	0-0	1-1	4-2	1-0	2-1	4-1		3-0	1-1	1-1	3-1
Tranmere Rovers FC	1-0	2-1	2-0	0-0	0-4	1-1	3-1	4-2	0-0	0-2	1-4	2-1	2-0	0-1	3-1	0-1	2-1	2-0	0-1	1-4		2-3	0-3	2-1
Walsall FC	2-1	1-2	0-0	2-2	1-1	1-0	3-0	0-0	3-1	2-1	1-2	2-2	2-2	3-1	1-2	3-0	1-3	2-2	2-0	1-1	2-1		2-1	0-1
Wycombe Wanderers	1-0	2-5	2-1	0-0	1-2	1-1	2-2	3-0	2-0	1-2	0-1	0-1	1-0	0-1	0-1	2-2	0-0	1-1	2-1	2-2	0-1	2-3		1-4
Yeovil Town FC	2-0	2-2	0-3	3-1	1-1	0-1	2-1	0-0	4-0	0-1	1-2	3-3	1-1	1-0	3-3	3-0	0-1	1-0	2-2	0-1	2-0	1-3	4-0	

	Football League "League 1"	Pd	Wn	Dw	Ls	GF	GA	Pts	
1.	Norwich City FC (Norwich)	46	29	8	9	89	47	95	P
2.	Leeds United AFC (Leeds)	46	25	11	10	77	44	86	P
3.	Millwall FC (London)	46	24	13	9	76	44	85	PO/P
4.	Charlton Athletic FC (London)	46	23	15	8	71	48	84	PO
5.	Swindon Town FC (Swindon)	46	22	16	8	73	57	82	PO
6.	Huddersfield Town AFC (Huddersfield)	46	23	11	12	82	56	80	PO
7.	Southampton FC (Southampton)	46	23	14	9	85	47	73	-10
8.	Colchester United FC (Colchester)	46	20	12	14	64	52	72	
9.	Brentford FC (London)	46	14	20	12	55	52	62	
10.	Walsall FC (Walsall)	46	16	14	16	60	63	62	
11.	Bristol Rovers FC (Bristol)	46	19	5	22	59	70	62	
12.	Milton Keynes Dons FC (Milton Keynes)	46	17	9	20	60	68	60	
13.	Brighton & Hove Albion FC (Brighton)	46	15	14	17	56	60	59	
14.	Carlisle United FC (Carlisle)	46	15	13	18	63	66	58	
15.	Yeovil Town FC (Yeovil)	46	13	14	19	55	59	53	
16.	Hartlepool United FC (Hartlepool)	46	14	11	21	59	67	53	
17.	Oldham Athletic AFC (Oldham)	46	13	13	20	39	57	52	
18.	Leyton Orient FC (London)	46	13	12	21	53	63	51	
19.	Exeter City FC (Exeter)	46	11	18	17	48	60	51	
20.	Tranmere Rovers FC (Birkenhead)	46	14	9	23	45	72	51	
21.	Gillingham FC (Gillingham)	46	12	14	20	48	64	50	R
22.	Southend United FC (Southend-on-Sea)	46	10	13	23	51	72	43	R
23.	Wycombe Wanderers FC (High Wycombe)	46	10	15	21	56	76	45	R
24.	Stockport County FC (Stockport)	46	5	10	31	35	95	25	R
		1104	400	304	400	1459	1459	1494	(-10)

Note: Southampton FC had 10 points deducted for entering administration (this punishment was carried forward from the end of the 2008-09 season).

Promotion Play-offs

Millwall FC (London)	1-0	Swindon Town FC (Swindon)
Huddersfield Town AFC (Huddersfield)	0-0, 0-2	Millwall FC (London)
Swindon Town FC (Swindon)	2-1, 1-2 (aet)	Charlton Athletic FC (London)
	(Swindon Town FC won 5-4 on penalties)	

Football League League 2 2009-10 Season	Accrington	Aldershot Town	Barnet	Bournemouth	Bradford City	Burton Albion	Bury	Cheltenham T.	Chesterfield	Crewe Alexandra	Dagenham & Red.	Darlington	Grimsby Town	Hereford United	Lincoln City	Macclesfield Town	Morecambe	Northampton T.	Notts County	Port Vale	Rochdale	Rotherham United	Shrewsbury Town	Torquay United
Accrington Stanley		2-1	1-0	0-1	2-0	0-2	2-4	4-0	2-0	5-3	0-1	2-1	2-3	1-2	1-0	1-1	3-2	0-3	0-3	1-2	2-4	2-1	1-3	4-2
Aldershot Town FC	3-1		4-0	2-1	1-0	0-2	2-3	4-1	1-0	1-1	2-3	3-1	1-1	2-2	3-1	0-0	4-1	2-1	1-1	1-1	1-1	3-0	2-0	0-2
Barnet FC	1-2	3-0		1-1	2-2	1-1	0-0	1-1	3-1	1-2	2-0	3-0	3-0	0-0	1-2	1-2	2-0	0-0	1-0	0-0	1-0	0-1	2-2	1-1
AFC Bournemouth	2-0	1-0	3-0		1-0	1-0	1-2	0-0	1-2	1-0	0-0	2-0	3-1	2-1	3-1	1-1	1-0	0-2	2-1	4-0	0-4	1-0	1-0	2-1
Bradford City FC	1-1	2-1	2-1	1-1		1-1	0-1	1-1	3-0	2-3	3-3	1-0	0-0	1-0	0-2	1-2	2-0	2-0	0-0	0-0	0-3	2-4	1-3	2-0
Burton Albion FC	0-2	6-1	2-0	0-2	1-1		0-0	5-6	2-2	1-2	0-1	1-2	3-0	3-2	1-0	1-1	5-2	3-2	1-4	1-0	1-0	0-1	1-1	0-2
Bury FC	0-2	1-2	2-0	0-3	2-1	3-0		0-1	2-1	3-0	0-0	1-1	0-1	1-0	2-0	2-1	0-0	2-2	3-3	1-1	1-0	2-1	1-0	0-3
Cheltenham Town FC	1-1	1-2	5-1	0-1	4-5	0-1	5-2		0-1	0-4	1-1	3-3	2-1	0-1	1-0	1-2	2-0	2-2	1-1	1-1	1-4	1-1	1-2	1-1
Chesterfield FC	1-0	0-1	1-0	3-1	1-1	5-2	1-0	1-0		2-3	2-2	5-2	3-2	1-2	2-1	4-1	1-1	1-0	2-1	0-5	2-0	0-1	0-1	1-0
Crewe Alexandra FC	5-1	1-2	2-2	1-2	0-1	2-1	2-3	1-2	0-1		1-2	3-0	4-2	1-0	0-0	2-1	1-2	3-2	0-1	1-2	2-2	2-3	0-3	1-1
Dagenham & Red.	3-1	2-5	4-1	1-0	2-1	2-1	3-1	0-2	2-1	2-0		2-0	2-0	2-1	3-0	3-1	1-1	0-1	0-3	1-1	1-2	0-1	5-0	5-3
Darlington FC	0-0	1-2	1-2	0-2	0-1	1-0	0-1	1-1	2-3	0-1	0-2		0-2	0-1	1-1	0-1	0-4	1-2	0-5	1-3	0-2	2-0	2-1	1-3
Grimsby Town FC	2-2	1-2	2-0	3-2	0-3	1-2	1-1	0-0	2-2	0-4	1-1	1-1		1-0	2-2	1-1	1-1	1-2	0-1	1-2	0-2	1-2	3-0	0-3
Hereford United FC	2-0	2-0	2-1	2-1	2-0	3-4	1-3	1-1	1-0	1-1	1-1	2-1	0-1		2-0	0-2	0-1	0-2	0-2	2-2	2-1	3-0	2-1	1-0
Lincoln City FC	2-1	1-0	1-0	2-1	2-1	0-2	1-0	1-1	2-1	1-1	1-1	3-0	0-0	3-1		0-0	1-3	1-1	0-3	1-2	1-3	1-2	0-2	0-0
Macclesfield Town	0-0	1-1	1-1	1-2	2-2	1-1	2-0	1-0	2-0	4-1	2-2	0-2	0-0	3-1	0-1		2-2	0-2	0-4	2-0	0-1	1-3	0-1	2-1
Morecambe FC	1-2	1-0	2-1	5-0	0-0	3-2	3-0	1-0	0-1	4-3	1-0	2-0	1-1	2-2	3-1	2-2		2-4	2-1	1-0	3-3	2-0	1-1	2-0
Northampton Town	4-0	0-3	1-3	2-0	2-2	1-1	1-1	2-1	0-0	2-2	1-0	2-0	0-0	1-3	1-0	0-0	2-0		0-1	1-1	1-2	3-1	2-0	0-0
Notts County FC	1-2	0-0	2-0	2-2	5-0	1-1	5-0	5-0	1-0	2-0	3-0	4-0	1-1	5-0	3-1	1-0	4-1	5-2		3-1	1-0	1-0	1-1	2-2
Port Vale FC	2-2	1-1	0-2	0-0	2-1	3-1	0-1	1-1	1-2	0-1	3-1	1-0	4-0	2-0	4-0	0-0	0-2	1-3	2-1		1-1	1-2	1-1	2-2
Rochdale FC	1-2	1-0	2-1	0-0	1-3	1-2	3-0	0-1	2-3	2-0	3-1	0-1	4-1	4-1	1-1	3-0	4-1	1-0	2-1	0-0		4-0	4-0	2-1
Rotherham United	1-0	0-0	3-0	1-3	1-2	2-2	1-0	0-0	3-1	0-0	2-0	1-2	2-1	1-1	2-0	3-0	0-0	1-0	0-0	1-2	2-1		1-1	1-1
Shrewsbury Town	0-1	3-1	2-0	1-0	1-2	3-1	1-1	0-0	1-1	2-0	2-1	0-2	0-0	3-1	1-0	2-2	2-3	3-0	0-1	0-1	0-1	2-0		1-1
Torquay United	2-1	1-1	0-1	1-2	1-2	2-3	1-1	3-0	2-0	1-1	0-0	5-0	0-2	1-0	2-3	1-0	2-2	1-0	0-0	1-2	5-0	0-2	2-1	

	Football League "League 2"	**Pd**	**Wn**	**Dw**	**Ls**	**GF**	**GA**	**Pts**	
1.	Notts County FC (Nottingham)	46	27	12	7	96	31	93	P
2.	AFC Bournemouth (Bournemouth)	46	25	8	13	61	44	83	P
3.	Rochdale FC (Rochdale)	46	25	7	14	82	48	82	P
4.	Morecambe FC (Morecambe)	46	20	13	13	73	64	73	PO
5.	Rotherham United FC (Rotherham)	46	21	10	15	55	52	73	PO
6.	Aldershot Town FC (Aldershot)	46	20	12	14	69	56	72	PO
7.	Dagenham & Redbridge FC (Dagenham)	46	20	12	14	69	58	72	PO/P
8.	Chesterfield FC (Chesterfield)	46	21	7	18	61	62	70	
9.	Bury FC (Bury)	46	19	12	15	54	59	69	
10.	Port Vale FC (Stoke-on-Trent)	46	17	17	12	61	50	68	
11.	Northampton Town FC (Northampton)	46	18	13	15	62	53	67	
12.	Shrewsbury Town FC (Shrewsbury)	46	17	12	17	55	54	63	
13.	Burton Albion FC (Burton-on-Trent)	46	17	11	18	71	71	62	
14.	Bradford City FC (Bradford)	46	16	14	16	59	62	62	
15.	Accrington Stanley FC (Accrington)	46	18	7	21	62	74	61	
16.	Hereford United FC (Hereford)	46	17	8	21	54	65	59	
17.	Torquay United FC (Torquay)	46	14	15	17	64	55	57	
18.	Crewe Alexandra FC (Crewe)	46	15	10	21	68	73	55	
19.	Macclesfield Town FC (Macclesfield)	46	12	18	16	49	58	54	
20.	Lincoln City FC (Lincoln)	46	13	11	22	42	65	50	
21.	Barnet FC (London)	46	12	12	22	47	63	48	
22.	Cheltenham Town FC (Cheltenham)	46	10	18	18	54	71	48	
23.	Grimsby Town FC (Cleethorpes)	46	9	17	20	45	71	44	R
24.	Darlington FC (Darlington)	46	8	6	32	33	87	30	R
		1104	411	282	411	1446	1446	1515	

Promotion Play-offs

Dagenham & Redbridge FC (Dagenham)	3-2	Rotherham United FC (Rotherham)
Aldershot Town FC (Aldershot)	0-1, 0-2	Rotherham United FC (Rotherham)
Dagenham & Redbridge FC (Dagenham)	6-0, 1-2	Morecambe FC (Morecambe)

Promoted to League 2: Oxford United FC (Oxford) and Stevenage FC (Stevenage)

F.A. CUP FINAL (Wembley Stadium, London – 15/05/2010 – 88,335)

CHELSEA FC (LONDON)	1-0	Portsmouth FC (Portsmouth)

Drogba 59'

Chelsea FC: Cech, Ivanovic, A.Cole, Terry, Alex, Lampard, Ballack (Belletti 44'), Malouda, Drogba, Kalou (J.Cole 71'), Anelka (Sturridge 90')

Portsmouth FC: James, Rocha, Finnan, Mokoena, O'Hara, Mullins (Belhadj 81'), Diop (Kanu 81'), Brown, Boateng (Utaka 73'), Piquionne, Dindane.

Semi-finals

Aston Villa FC (Birmingham)	0-3	Chelsea FC (London)
Tottenham Hotspur FC (London)	0-2 (aet)	Portsmouth FC (Portsmouth)

Quarter-finals

Chelsea FC (London)	2-0	Stoke City FC (Stoke-on-Trent)
Fulham FC (London)	0-0, 1-3	Tottenham Hotspur FC (London)
Portsmouth FC (Portsmouth)	2-0	Birmingham City FC (Birmingham)
Reading FC (Reading)	2-4	Aston Villa FC (Birmingham)

2010-11

Premier League 2010/11 Season	Arsenal	Aston Villa	Birmingham City	Blackburn Rovers	Blackpool	Bolton Wanderers	Chelsea	Everton	Fulham	Liverpool	Manchester City	Manchester United	Newcastle United	Stoke City	Sunderland	Tottenham Hotspur	West Bromwich Albion	West Ham United	Wigan Athletic	Wolverhampton Wanderers
Arsenal FC		1-2	2-1	0-0	6-0	4-1	3-1	2-1	2-1	1-1	0-0	1-0	0-1	1-0	0-0	2-3	2-3	1-0	3-0	2-0
Aston Villa FC	2-4		0-0	4-1	3-2	1-1	0-0	1-0	2-2	1-0	1-0	2-2	1-0	1-1	0-1	1-2	2-1	3-0	1-1	0-1
Birmingham City FC	0-3	1-1		2-1	2-0	2-1	1-0	0-2	0-2	0-0	2-2	1-1	0-2	1-0	2-0	1-1	1-3	2-2	0-0	1-1
Blackburn Rovers FC	1-2	2-0	1-1		2-2	1-0	1-2	1-0	1-1	3-1	0-1	1-1	0-0	0-2	0-0	0-1	2-0	1-1	2-1	3-0
Blackpool FC	1-3	1-1	1-2	1-2		4-3	1-3	2-2	2-2	2-1	2-3	2-3	1-1	0-0	1-2	3-1	2-1	1-3	1-3	2-1
Bolton Wanderers FC	2-1	3-2	2-2	2-1	2-2		0-4	2-0	0-0	0-1	0-2	2-2	5-1	2-1	1-2	4-2	2-0	3-0	1-1	1-0
Chelsea FC	2-0	3-3	3-1	2-0	4-0	1-0		1-1	1-0	0-1	2-0	2-1	2-2	2-0	0-3	2-1	6-0	3-0	1-0	2-0
Everton FC	1-2	2-2	1-1	2-0	5-3	1-1	1-0		2-1	2-0	2-1	3-3	0-1	1-0	2-0	2-1	1-4	2-2	0-0	1-1
Fulham FC	2-2	1-1	1-1	3-2	3-0	3-0	0-0	0-0		2-5	1-4	2-2	1-0	2-0	0-0	1-2	3-0	1-3	2-0	2-1
Liverpool FC	1-1	3-0	5-0	2-1	1-2	2-1	2-0	2-2	1-0		3-0	3-1	3-0	2-0	2-2	0-2	1-0	3-0	1-1	0-1
Manchester City FC	0-3	4-0	0-0	1-1	1-0	1-0	1-0	1-2	1-1	3-0		0-0	2-1	3-0	5-0	1-0	3-0	2-1	1-0	4-3
Manchester United FC	1-0	3-1	5-0	7-1	4-2	1-0	2-1	1-0	2-0	3-2	2-1		3-0	2-1	2-0	2-0	2-2	3-0	2-0	2-1
Newcastle United FC	4-4	6-0	2-1	1-2	0-2	1-1	1-1	1-2	0-0	3-1	1-3	0-0		1-2	5-1	1-1	3-3	5-0	2-2	4-1
Stoke City FC	3-1	2-1	3-2	1-0	0-1	2-0	1-1	2-0	0-2	2-0	1-1	1-2	4-0		3-2	1-2	1-1	1-1	0-1	3-0
Sunderland AFC	1-1	1-0	2-2	3-0	0-2	1-0	2-4	2-2	0-3	0-2	1-0	0-0	1-1	2-0		1-2	2-3	1-0	4-2	1-3
Tottenham Hotspur FC	3-3	2-1	2-1	4-2	1-1	2-1	1-1	1-1	1-0	2-1	0-0	0-0	2-0	3-2	1-1		2-2	0-0	0-1	3-1
West Bromwich Albion FC	2-2	2-1	3-1	1-3	3-2	1-1	1-3	1-0	2-1	2-1	0-2	1-2	3-1	0-3	1-0	1-1		3-3	2-2	1-1
West Ham United FC	0-3	1-2	0-1	1-1	0-0	1-3	1-3	1-1	1-1	3-1	1-3	2-4	1-2	3-0	0-3	1-0	2-2		3-1	2-0
Wigan Athletic FC	2-2	1-2	2-1	4-3	0-4	1-1	0-6	1-1	1-1	1-1	0-2	0-4	0-1	2-2	1-1	0-0	1-0	3-2		2-0
Wolverhampton Wanderers FC	0-2	1-2	1-0	2-3	4-0	2-3	1-0	0-3	1-1	0-3	2-1	2-1	1-1	2-1	3-2	3-3	3-1	1-1	1-2	

	Premier League	Pd	Wn	Dw	Ls	GF	GA	Pts	
1	MANCHESTER UNITED FC (MANCHESTER)	38	23	11	4	78	37	80	
2	Chelsea FC (London	38	21	8	9	69	33	71	
3	Manchester City FC (Manchester)	38	21	8	9	60	33	71	
4	Arsenal FC (London)	38	19	11	8	72	43	68	
5	Tottenham Hotspur FC (London)	38	16	14	8	55	46	62	
6	Liverpool FC (Liverpool)	38	17	7	14	59	44	58	
7	Everton FC (Liverpool)	38	13	15	10	51	45	54	
8	Fulham FC (London)	38	11	16	11	49	43	49	
9	Aston Villa FC (Birmingham)	38	12	12	14	48	59	48	
10	Sunderland AFC (Sunderland)	38	12	11	15	45	56	47	
11	West Bromwich Albion FC (West Bromwich)	38	12	11	15	56	71	47	
12	Newcastle United FC (Newcastle)	38	11	13	14	56	57	46	
13	Stoke City FC (Stoke)	38	13	7	18	46	48	46	
14	Bolton Wanderers FC (Bolton)	38	12	10	16	52	56	46	
15	Blackburn Rovers FC (Blackburn)	38	11	10	17	46	59	43	
16	Wigan Athletic FC (Wigan)	38	9	15	14	40	61	42	
17	Wolverhampton Wanderers FC (Wolverhampton	38	11	7	20	46	66	40	
18	Birmingham City FC (Birmingham)	38	8	15	15	37	58	39	R
19	Blackpool FC (Blackpool)	38	10	9	19	55	78	39	R
20	West Ham United FC (London)	38	7	12	19	43	70	33	R
		760	269	222	269	1063	1063	1029	

Top Goalscorers

1)	Dimitar BERBATOV	(Manchester United FC)	20
	Carlos TEVEZ	(Manchester City FC)	20
3)	Robin VAN PERSIE	(Arsenal FC)	18
4)	Darren BENT	(Sunderland FC & Aston Villa FC)	17

Football League Championship 2010/2011 Season	Barnsley	Bristol City	Burnley	Cardiff City	Coventry City	Crystal Palace	Derby County	Doncaster Rovers	Hull City	Ipswich Town	Leeds United	Leicester City	Middlesbrough	Millwall	Norwich City	Nottingham Forest	Portsmouth	Preston North End	Queen's Park Rangers	Reading	Scunthorpes United	Sheffield United	Swansea City	Watford
Barnsley FC		4-2	1-2	1-2	2-1	1-0	1-1	2-2	1-1	1-1	5-2	0-2	2-0	1-0	0-2	3-1	1-0	2-0	0-1	0-1	2-1	1-0	1-1	0-0
Bristol City FC	3-3		2-0	3-0	1-2	1-1	2-0	1-0	3-0	0-1	0-2	2-0	0-4	0-3	0-3	2-3	2-0	1-1	1-1	1-0	2-0	3-0	0-2	0-2
Burnley FC	3-0	0-0		1-1	2-2	1-0	2-1	1-1	4-0	1-2	2-3	3-0	3-1	0-3	2-1	1-0	1-1	4-3	0-0	0-4	0-2	4-2	2-1	3-2
Cardiff City FC	2-2	3-2	1-1		2-0	0-0	4-1	4-0	2-0	0-2	2-1	2-0	0-3	2-1	3-1	0-2	3-0	1-1	2-2	2-2	1-0	1-1	0-1	4-2
Coventry City FC	3-0	1-4	1-0	1-2		2-1	2-1	2-1	0-1	1-1	2-3	1-1	1-0	2-1	1-2	1-2	2-0	1-2	0-2	0-0	1-1	0-0	0-1	2-0
Crystal Palace FC	2-1	0-0	0-0	1-0	2-0		2-2	1-0	0-0	1-2	1-0	3-2	1-0	0-1	0-0	0-3	4-1	1-0	1-2	3-3	1-2	1-0	0-3	3-2
Derby County FC	0-0	0-2	2-4	1-2	2-2	5-0		1-3	0-1	1-2	2-1	0-2	3-1	0-0	1-2	0-1	2-0	3-0	2-2	1-2	3-2	0-1	2-1	4-1
Doncaster Rovers FC	0-2	1-1	1-0	1-3	1-1	0-0	2-3		3-1	0-6	0-0	1-1	2-1	2-1	3-1	1-1	0-2	1-1	0-1	0-3	3-0	2-0	1-1	1-1
Hull City AFC	2-0	2-0	0-1	0-2	0-0	1-1	2-0	3-1		1-0	2-2	0-1	2-4	0-1	1-1	0-0	1-2	1-0	0-0	1-1	0-1	0-1	2-0	0-0
Ipswich Town FC	1-3	2-0	1-1	2-0	1-2	2-1	0-2	3-2	1-1		2-1	3-0	3-3	2-0	1-5	0-1	0-2	2-1	0-3	1-3	2-0	3-0	1-3	0-3
Leeds United AFC	3-3	3-1	1-0	0-4	1-0	2-1	1-2	5-2	2-2	0-0		1-2	1-1	3-1	2-2	4-1	3-3	4-6	2-0	0-0	4-0	1-0	2-1	2-2
Leicester City FC	4-1	2-1	4-0	2-1	1-1	1-1	2-0	5-1	1-1	4-2	2-2		0-0	4-2	2-3	1-0	0-1	1-0	0-2	1-2	3-1	2-2	2-1	4-2
Middlesbrough FC	1-1	1-2	2-1	1-0	2-1	2-1	2-1	3-0	2-2	1-3	1-2	3-3		0-1	1-1	1-1	2-2	1-1	0-3	3-1	2-0	1-0	3-4	2-1
Millwall FC	2-0	0-0	1-1	3-3	3-1	3-0	2-0	1-0	4-0	2-1	3-2	2-0	2-3		1-1	0-0	0-1	4-0	2-0	0-0	3-0	1-0	0-2	1-6
Norwich City FC	2-1	3-1	2-2	1-1	2-2	1-2	3-2	1-1	0-2	4-1	1-1	4-3	1-0	2-1		2-1	0-2	1-1	1-0	2-1	6-0	4-2	2-0	2-3
Nottingham Forest FC	2-2	1-0	2-0	2-1	2-1	3-0	5-2	0-0	0-1	2-0	1-1	3-2	1-0	1-1	1-1		2-1	2-2	0-0	3-4	5-1	1-1	3-1	1-0
Portsmouth FC	1-0	3-1	1-2	0-2	0-3	1-0	1-1	2-3	2-3	0-0	2-2	6-1	0-0	1-1	0-1	2-1		1-1	1-1	1-1	2-0	1-0	0-0	3-2
Preston North End	1-2	0-4	1-2	0-1	2-1	4-3	1-2	0-2	0-2	1-0	1-2	1-1	1-3	0-0	0-1	1-2	1-0		1-1	1-1	2-3	3-1	2-1	3-1
Queen's Park Rangers	4-0	2-2	1-1	2-1	2-1	2-1	0-0	3-0	1-1	2-0	1-2	1-0	3-0	0-0	0-0	1-1	2-0	3-1		3-1	2-0	3-0	4-0	1-3
Reading FC	3-0	4-1	2-1	1-1	0-0	3-0	2-1	4-3	1-1	1-0	0-0	3-1	5-2	2-1	3-3	1-1	2-0	2-1	0-1		1-2	2-3	0-1	1-1
Scunthorpe United FC	0-0	0-2	0-0	2-4	0-2	3-0	0-0	1-3	1-5	1-1	1-4	0-3	0-2	1-2	0-1	1-0	1-1	0-3	4-1	0-2		3-2	1-0	1-2
Sheffield United FC	2-2	3-2	3-3	0-2	0-1	3-2	0-1	2-2	2-3	1-2	2-0	0-1	1-2	1-1	1-2	2-1	1-0	1-0	0-3	1-1	0-4		1-0	0-1
Swansea City FC	1-0	0-1	1-0	0-1	2-1	3-0	0-0	3-0	1-1	4-1	3-0	2-0	1-0	1-1	3-0	3-2	1-2	4-0	0-0	1-0	2-0	4-0		1-1
Watford FC	1-0	1-3	1-3	4-1	2-2	1-1	3-0	2-2	1-2	2-1	0-1	3-2	3-1	1-0	2-2	1-1	3-0	2-2	0-2	1-1	0-2	3-0	2-3	

	Football League "The Championship"	Pd	Wn	Dw	Ls	GF	GA	Pts	
1	Queens Park Rangers FC (London)	46	24	16	6	71	32	88	P
2	Norwich City FC (Norwich)	46	23	15	8	83	58	84	P
3	Swansea City FC (Swansea)	46	24	8	14	69	42	80	POP
4	Cardiff City FC (Cardiff)	46	23	11	12	76	54	80	PO
5	Reading FC (Reading)	46	20	17	9	77	51	77	PO
6	Nottingham Forest FC (Nottingham)	46	20	15	11	69	50	75	PO
7	Leeds United FC (Leeds)	46	19	15	12	81	70	72	
8	Burnley FC (Burnley)	46	18	14	14	65	61	68	
9	Millwall FC (London)	46	18	13	15	62	48	67	
10	Leicester City FC (Leicester)	46	19	10	17	76	71	67	
11	Hull City AFC (Kingston upon Hull)	46	16	17	13	52	51	65	
12	Middlesbrough FC (Middlesbrough)	46	17	11	18	68	68	62	
13	Ipswich Town FC (Ipswich)	46	18	8	20	62	68	62	
14	Watford FC (Watford)	46	16	13	17	77	71	61	
15	Bristol City FC (Bristol)	46	17	9	20	62	65	60	
16	Portsmouth FC (Portsmouth)	46	15	13	18	53	60	58	
17	Barnsley FC (Barnsley)	46	14	14	18	55	66	56	
18	Coventry City FC (Coventry)	46	14	13	19	54	58	55	
19	Derby County FC (Derby)	46	13	10	23	58	71	49	
20	Crystal Palace FC (London)	46	12	12	22	44	69	48	
21	Doncaster Rovers FC (Doncaster)	46	11	15	20	55	81	48	
22	Preston North End FC (Preston)	46	10	12	24	54	79	42	R
23	Sheffield United FC (Sheffield)	46	11	9	26	44	79	42	R
24	Scunthorpe United FC (Scunthorpe)	46	12	6	28	43	87	42	R
		1104	404	296	404	1510	1510	1508	

Promotion Play-offs

Reading FC (Reading)	2-4	Swansea City FC (Swansea)
Nottingham Forest FC (Nottingham)	0-0, 1-3	Swansea City FC (Swansea)
Reading FC (Reading)	0-0, 3-0	Cardiff City FC (Cardiff)

Football League League 1 2010/2011 Season	Bournemouth	Brentford	Brighton & Hove Albion	Bristol Rovers	Carlisle United	Charlton Athletic	Colchester United	Dagenham & Redbridge	Exeter City	Hartlepool United	Huddersfield Town	Leyton Orient	Milton Keynes Dons	Notts County	Oldham Athletic	Peterborough United	Plymouth Argyle	Rochdale	Sheffield Wednesday	Southampton	Swindon Town	Tranmere Rovers	Walsall	Yeovil Town
AFC Bournemouth		3-1	1-0	2-1	2-0	2-2	1-2	3-0	3-0	0-1	1-1	1-1	3-2	3-3	3-0	5-1	3-0	1-2	0-0	1-3	3-2	1-2	3-0	2-0
Brentford FC	1-1		0-1	1-0	2-1	2-1	1-1	2-1	1-1	0-0	0-1	2-1	0-2	1-1	1-3	2-1	2-0	1-3	1-0	0-3	0-1	2-1	1-2	1-2
Brighton & Hove Alb.	1-1	1-0		2-2	4-3	1-1	2-0	4-3	3-0	4-1	2-3	5-0	2-0	1-0	2-1	3-1	4-0	2-2	2-0	1-2	2-1	2-0	2-1	2-0
Bristol Rovers FC	1-0	0-0	2-4		1-1	2-2	0-1	0-2	0-2	0-0	0-1	0-3	1-2	2-1	1-0	2-2	2-3	2-1	1-1	0-4	3-1	0-1	2-2	2-1
Carlisle United FC	1-0	2-0	0-0	4-0		3-4	4-1	0-2	2-2	1-0	2-2	0-1	4-1	1-0	2-2	0-1	1-1	1-1	0-1	3-2	0-0	2-0	1-3	0-2
Charlton Athletic FC	1-0	0-1	0-4	1-1	1-3		1-0	2-2	1-3	0-0	0-1	3-1	1-0	1-0	1-1	3-2	2-0	3-1	1-0	1-1	2-4	1-1	0-1	3-2
Colchester United FC	2-1	0-2	1-1	2-1	1-1	3-3		2-2	5-1	3-2	0-3	3-2	1-3	2-1	1-0	2-1	1-1	1-0	1-1	0-2	2-1	3-1	2-0	0-0
Dagenham & Red.	1-2	4-1	0-1	0-2	3-0	2-1	1-0		1-1	1-1	1-1	2-0	0-1	3-1	0-1	0-2	0-1	0-1	1-1	1-3	2-1	2-2	1-1	2-1
Exeter City FC	2-0	2-4	1-2	2-2	2-1	1-0	2-2	2-1		1-2	1-4	2-1	1-1	3-1	2-0	2-2	1-0	1-0	5-1	1-2	1-0	1-1	2-1	2-3
Hartlepool United FC	2-2	3-0	3-1	2-2	0-4	2-1	1-0	0-1	2-3		0-1	0-1	0-1	1-1	4-2	2-0	2-0	0-2	0-5	0-0	2-2	1-1	2-1	3-1
Huddersfield Town	2-2	4-4	2-1	0-1	2-0	3-1	0-0	2-1	0-1	0-1		2-2	4-1	3-0	0-0	1-1	3-2	2-1	1-0	2-0	0-0	0-0	1-0	4-2
Leyton Orient FC	2-2	1-0	0-0	4-1	0-0	1-3	4-2	1-1	3-0	1-0	1-2		2-2	2-0	1-0	2-1	2-0	2-1	4-0	0-2	3-0	0-3	0-0	1-5
Milton Keynes Dons	2-0	1-1	1-0	2-0	3-2	2-0	1-1	2-0	1-0	1-0	1-3	2-3		2-1	0-0	1-0	1-3	1-1	1-4	2-0	2-1	2-0	1-1	3-2
Notts County FC	0-2	1-1	1-1	0-1	0-1	1-0	2-0	1-0	0-2	3-0	0-3	3-2	2-0		0-2	0-1	2-0	1-2	0-2	1-3	1-0	0-1	1-1	4-0
Oldham Athletic FC	2-1	2-1	0-1	1-1	0-1	0-0	0-0	1-1	3-3	4-0	1-0	1-1	1-2	3-0		0-5	4-2	1-2	2-3	0-6	2-0	0-0	1-1	0-0
Peterborough United	3-3	2-1	0-3	3-0	6-0	1-5	1-1	5-0	3-0	4-0	4-2	2-2	2-1	2-3	5-2		2-1	2-1	5-3	4-4	5-4	2-1	4-1	2-2
Plymouth Argyle FC	1-2	1-2	0-2	3-1	1-1	2-2	2-1	2-1	2-0	0-1	2-1	1-4	1-0	1-1	0-2	0-3		0-1	3-2	1-3	1-0	1-3	2-0	0-0
Rochdale FC	0-0	0-1	2-2	3-1	2-3	2-0	1-2	3-2	0-1	0-0	3-0	1-1	1-4	1-0	1-1	2-2	1-1		2-1	2-0	3-3	3-2	3-2	0-1
Sheffield Wednesday	1-1	1-3	1-0	6-2	0-1	2-2	2-1	2-0	1-2	2-0	0-2	1-0	2-2	0-1	0-0	1-4	2-4	2-0		0-1	3-1	4-0	3-0	2-2
Southampton FC	2-0	0-2	0-0	1-0	1-0	2-0	0-0	4-0	4-0	2-0	4-1	1-1	3-2	0-0	2-1	4-1	0-1	0-2	2-0		4-1	2-0	3-1	3-0
Swindon Town FC	1-2	1-1	1-2	2-1	0-1	0-3	2-1	1-1	0-0	1-1	1-0	2-2	0-1	1-2	0-2	1-1	2-3	1-1	2-1	1-0		0-0	0-0	0-1
Tranmere Rovers FC	0-3	0-3	1-1	0-1	2-1	1-1	1-0	2-0	4-0	0-1	0-2	1-2	4-2	0-1	1-2	1-0	1-0	1-1	3-0	2-0	0-2		3-3	0-1
Walsall FC	0-1	3-2	1-3	6-1	2-1	2-0	0-1	1-0	2-1	5-2	2-4	0-2	1-2	0-3	1-1	1-3	2-1	0-0	1-1	1-0	1-2	1-4		0-1
Yeovil Town FC	2-2	2-0	0-1	0-1	1-0	0-1	4-2	1-3	1-3	0-2	1-1	2-1	1-0	2-1	1-1	0-2	1-0	0-1	0-2	1-1	3-3	3-1	1-1	

	Football League "League 1"	Pd	Wn	Dw	Ls	GF	GA	Pts	
1	Brighton & Hove Albion FC (Brighton)	46	28	11	7	85	40	95	P
2	Southampton FC (Southampton)	46	28	8	10	86	38	92	P
3	Huddersfield Town FC (Huddersfield)	46	25	12	9	77	48	87	PO
4	Peterborough United FC (Peterborough)	46	23	10	13	106	75	79	POP
5	Milton Keynes Dons FC (Milton Keynes)	46	23	8	15	67	60	77	PO
6	AFC Bournemouth (Bournemouth)	46	19	14	13	75	54	71	PO
7	Leyton Orient FC (London)	46	19	13	14	71	62	70	
8	Exeter City FC (Exeter)	46	20	10	16	66	73	70	
9	Rochdale FC (Rochdale)	46	18	14	14	63	55	68	
10	Colchester United FC (Colchester)	46	16	14	16	57	63	62	
11	Brentford FC (Brentford)	46	17	10	19	55	62	61	
12	Carlisle United FC (Carlisle)	46	16	11	19	60	62	59	
13	Charlton Athletic FC (London)	46	15	14	17	62	66	59	
14	Yeovil Town FC (Yeovil)	46	16	11	19	56	66	59	
15	Sheffield Wednesday FC (Sheffield)	46	16	10	20	67	67	58	
16	Hartlepool United FC (Hartlepool)	46	15	12	19	47	65	57	
17	Oldham Athletic FC (Oldham)	46	13	17	16	53	60	56	
18	Tranmere Rovers FC (Tranmere)	46	15	11	20	53	60	56	
19	Notts County FC (Nottingham)	46	14	8	24	46	60	50	
20	Walsall FC (Walsall)	46	12	12	22	56	75	48	
21	Dagenham & Redbridge FC (Dagenham)	46	12	11	23	52	70	47	R
22	Bristol Rovers FC (Bristol)	46	11	12	23	48	82	45	R
23	Plymouth Argyle FC (Plymouth)	46	15	7	24	51	74	42	R -10
24	Swindon Town FC (Swindon)	46	9	14	23	50	72	41	R
		1104	415	274	415	1509	1509	1509	(-10)

Note: Plymouth Argyle had 10 points deducted after entering administration.

Promotion Play-offs

Huddersfield Town FC (Huddersfield)	0-3	Peterborough United FC (Peterborough)
AFC Bournemouth (Bournemouth)	1-1, 3-3 (aet)	Huddersfield Town FC (Huddersfield)

Huddersfield Town FC won 4-2 on penalties

Milton Keynes Dons FC (Milton Keynes)	3-2, 0-2	Peterborough United FC (Peterborough)

Football League League 2 2010/11 Season	Accrington S.	Aldershot Town	Barnet	Bradford City	Burton Albion	Bury	Cheltenham T.	Chesterfield	Crewe Alex.	Gillingham	Hereford United	Lincoln City	Macclesfield T.	Morecambe	Northampton T.	Oxford United	Port Vale	Rotherham Utd.	Shrewsbury T.	Southend United	Stevenage	Stockport Co.	Torquay United	Wycombe Wands.
Accrington Stanley		0-0	3-1	3-0	3-1	1-0	2-4	2-2	3-2	7-4	4-0	3-0	3-0	1-1	3-1	0-0	3-0	2-3	1-3	3-1	1-0	3-0	1-0	1-1
Aldershot Town FC	1-1		1-0	1-0	1-2	1-3	0-2	0-2	3-2	1-1	1-3	2-2	0-0	2-1	1-1	1-2	1-2	2-2	3-0	1-0	1-1	1-0	1-0	0-0
Barnet FC	2-0	1-2		0-2	0-0	1-1	3-1	2-2	2-1	1-2	2-0	4-2	1-0	1-2	4-1	2-2	1-0	1-4	1-1	0-2	0-3	1-3	0-3	0-1
Bradford City FC	1-1	2-1	1-3		1-1	1-0	3-1	0-1	1-5	0-1	1-0	1-2	0-1	0-1	1-1	5-0	0-2	2-1	1-2	0-2	1-0	3-2	0-3	1-0
Burton Albion FC	1-1	1-2	1-4	3-0		1-3	2-0	1-0	1-1	1-1	3-0	3-1	3-2	3-2	1-1	0-0	0-0	2-4	0-0	3-1	0-2	2-1	3-3	1-2
Bury FC	3-0	1-1	2-0	0-1	1-0		2-3	1-1	3-1	5-4	1-1	1-0	2-2	1-0	1-1	3-0	0-1	1-1	1-0	1-0	3-0	0-1	1-2	1-3
Cheltenham Town FC	1-2	1-2	1-1	4-0	2-1	0-2		0-3	3-2	1-2	0-3	1-2	0-1	1-1	1-0	1-1	0-0	1-1	0-1	0-2	1-0	2-1	2-2	1-2
Chesterfield FC	5-2	2-2	2-1	2-2	1-2	2-3	3-0		5-5	3-1	4-0	2-1	2-1	0-2	2-1	1-2	2-0	5-0	4-3	2-1	1-0	4-1	1-0	4-1
Crewe Alexandra FC	0-0	3-1	7-0	2-1	4-1	3-0	8-1	2-0		1-1	0-1	1-1	1-1	2-1	2-0	1-1	2-1	0-1	1-2	1-0	0-1	2-0	3-3	3-0
Gillingham FC	3-1	2-1	2-4	2-0	1-0	1-1	1-1	0-2	1-3		0-0	0-1	2-4	1-1	1-0	0-0	3-0	3-1	2-0	0-0	1-0	2-1	1-1	0-2
Hereford United FC	1-1	2-2	1-2	1-1	0-0	0-3	1-1	3-0	1-0	0-0		0-1	2-2	2-1	1-1	0-2	1-1	0-1	0-2	1-3	1-4	3-0	2-2	0-0
Lincoln City FC	0-0	0-3	1-0	1-2	0-0	0-5	0-2	0-2	1-1	0-4	3-1		2-1	2-0	0-2	3-1	1-0	0-6	1-5	2-1	0-1	0-0	0-2	1-2
Macclesfield Town	2-2	2-0	1-1	0-1	2-1	2-4	0-2	1-1	1-0	2-4	1-1	1-1		2-0	2-0	3-2	0-3	0-2	0-1	0-0	0-4	0-2	3-3	0-1
Morecambe FC	1-2	1-1	2-2	0-1	2-1	1-4	1-1	1-1	1-2	1-1	1-1	1-2	1-2		1-2	0-3	1-0	0-0	1-0	2-1	0-0	5-0	2-1	0-3
Northampton Town	0-0	1-1	0-0	0-2	2-3	2-4	1-1	1-2	6-2	2-1	3-4	2-1	0-1	3-3		2-1	0-0	2-2	2-3	2-1	2-0	2-0	2-2	1-1
Oxford United FC	0-0	0-1	2-1	2-1	3-0	1-2	1-1	0-0	2-1	0-1	0-1	2-1	2-1	4-0	3-1		2-1	2-1	3-1	0-2	1-2	0-1	0-2	2-2
Port Vale FC	2-0	1-0	0-0	2-1	2-1	0-0	0-1	1-1	2-1	0-0	1-1	2-1	2-1	7-2	1-1	1-2		1-0	1-0	1-1	1-3	1-2	1-2	2-1
Rotherham United FC	2-0	1-0	0-0	0-0	3-3	0-0	6-4	1-0	3-1	0-1	0-0	2-1	1-1	0-1	2-2	2-1	5-0		1-3	1-2	1-1	4-0	3-1	3-4
Shrewsbury Town	0-0	1-1	2-1	3-1	3-0	0-3	1-1	0-0	0-1	0-0	4-0	2-0	4-1	1-3	3-1	3-0	2-2	1-0		1-1	1-0	2-0	1-1	1-1
Southend United FC	1-1	0-0	2-1	4-0	1-1	1-1	1-2	2-3	0-2	2-2	4-0	1-0	4-1	2-3	1-1	2-1	1-3	1-0	0-2		1-0	1-1	2-1	3-2
Stevenage FC	2-2	2-2	4-2	2-1	2-1	3-3	4-0	0-0	1-1	2-2	0-1	2-1	2-2	2-0	0-1	0-0	1-0	3-0	1-1	1-1		3-1	0-0	0-2
Stockport County FC	2-2	2-2	2-1	1-1	0-0	2-1	1-1	1-1	3-3	1-5	0-5	3-4	1-4	0-2	2-2	2-1	0-5	3-3	0-4	2-1	2-2		1-1	0-0
Torquay United FC	0-0	0-1	1-1	2-0	1-0	3-4	2-1	0-0	2-1	1-1	1-3	2-0	1-3	3-1	3-0	3-4	0-0	1-1	5-0	1-1	2-0	2-0		0-0
Wycombe Wanderers	1-2	2-2	4-2	1-0	4-1	1-0	2-1	1-2	2-0	1-0	2-1	2-2	1-2	2-0	2-2	0-0	1-1	1-0	2-2	3-1	0-1	2-0	1-3	

	Football League "League 2"	Pd	Wn	Dw	Ls	GF	GA	Pts	
1	Chesterfield FC (Chesterfield)	46	24	14	8	85	51	86	P
2	Bury FC (Bury)	46	23	12	11	82	50	81	P
3	Wycombe Wanderers FC (High Wycombe)	46	22	14	10	69	50	80	P
4	Shrewsbury Town FC (Shrewsbury)	46	22	13	11	72	49	79	PO
5	Accrington Stanley FC (Accrington)	46	18	19	9	73	55	73	PO
6	Stevenage FC (Stevenage)	46	18	15	13	62	45	69	POP
7	Torquay United FC (Torquay)	46	17	18	11	74	53	68	PO-1
8	Gillingham FC (Gillingham)	46	17	17	12	67	57	68	
9	Rotherham United FC (Rotherham)	46	17	15	14	75	60	66	
10	Crewe Alexandra FC (Crewe)	46	18	11	17	87	65	65	
11	Port Vale FC (Stoke-on-Trent)	46	17	14	15	54	49	65	
12	Oxford United FC (Oxford)	46	17	12	17	58	60	63	
13	Southend United FC (Southend-on-Sea)	46	16	13	17	62	56	61	
14	Aldershot Town FC (Aldershot)	46	14	19	13	54	54	61	
15	Macclesfield Town FC (Macclesfield)	46	14	13	19	59	73	55	
16	Northampton Town FC (Northampton	46	11	19	16	63	71	52	
17	Cheltenham Town FC (Cheltenham)	46	13	13	20	56	77	52	
18	Bradford City FC (Bradford)	46	15	7	24	43	68	52	
19	Burton Albion FC (Burton-on-Trent)	46	12	15	19	56	70	51	
20	Morecambe FC (Morcambe)	46	13	12	21	54	73	51	
21	Hereford United FC (Hereford)	46	12	17	17	50	66	50	-3
22	Barnet FC (Barnet)	46	12	12	22	58	77	48	
23	Lincoln City FC (Lincoln)	46	13	8	25	45	81	47	R
24	Stockport County FC (Stockport)	46	9	14	23	48	96	41	R
		1104	384	336	384	1506	1506	1484	(-4)

Note: Torquay United FC had 1 point deducted and Hereford United FC had 3 points deducted.

Promotion Play-offs

Stevenage FC (Stevenage)	1-0	Torquay United FC (Torquay)
Torquay United FC (Torquay)	2-0, 0-0	Shrewsbury Town FC (Shrewsbury)
Stevenage FC (Stevenage)	2-0, 1-0	Accrington Stanley FC (Accrington)

Promoted to League 2: Crawley Town FC (Crawley) and AFC Wimbledon (Kingston-upon-Thames)

F.A. CUP FINAL (Wembley Stadium, London – 14/05/2011 – 88,643)

MANCHESTER CITY FC (MANCHESTER)	1-0	Stoke City FC (Stoke-on-Trent)

Yaya Touré 74'

Manchester City FC: Hart, Richards, Kompany, Lescott, Kolarov, de Jong, Barry (Johnson 73'), Yaya Touré, Silva (Vieira 90'), Balotelli, Tévez (Zabaleta 88').

Stoke City FC: Sorensen, Wilkinson, Shawcross, Huth, Wilson, Pennant, Whelan (Pugh 85'), Delap (Carew 81'), Etherington (Whitehead 62'), Jones, Walters.

Semi-finals

Manchester City FC (Manchester)	1-0	Manchester United FC (Manchester)
Bolton Wanderers FC (Bolton)	0-5	Stoke City FC (Stoke-on-Trent)

Quarter-finals

Birmingham City FC (Birmingham)	2-3	Bolton Wanderers FC (Bolton)
Manchester United FC (Manchester)	2-0	Arsenal FC (London)
Stoke City FC (Stoke-on-Trent)	2-1	West Ham United FC (London)
Manchester City FC (Manchester)	1-0	Reading FC (Reading)

2011-2012

Premier League 2011-12 Season	Arsenal	Aston Villa	Blackburn Rovers	Bolton Wanderers	Chelsea	Everton	Fulham	Liverpool	Manchester City	Manchester United	Newcastle United	Norwich City	Queen's Park Rangers	Stoke City	Sunderland	Swansea City	Tottenham Hotspur	West Bromwich Albion	Wigan Athletic	Wolverhampton Wands.
Arsenal FC		3-0	7-1	3-0	0-0	1-0	1-1	0-2	1-0	1-2	2-1	3-3	1-0	3-1	2-1	1-0	5-2	3-0	1-2	1-1
Aston Villa FC	1-2		3-1	1-2	2-4	1-1	1-0	0-2	0-1	0-1	1-1	3-2	2-2	1-1	0-0	0-2	1-1	1-2	2-0	0-0
Blackburn Rovers FC	4-3	1-1		1-2	0-1	0-1	3-1	2-3	0-4	0-2	0-2	2-0	3-2	1-2	2-0	4-2	1-2	1-2	0-1	1-2
Bolton Wanderers FC	0-0	1-2	2-1		1-5	0-2	0-3	3-1	2-3	0-5	0-2	1-2	2-1	5-0	0-2	1-1	1-4	2-2	1-2	1-1
Chelsea FC	3-5	1-3	2-1	3-0		3-1	1-1	1-2	2-1	3-3	0-2	3-1	6-1	1-0	1-0	4-1	0-0	2-1	2-1	3-0
Everton FC	0-1	2-2	1-1	1-2	2-0		4-0	0-2	1-0	0-1	3-1	1-1	0-1	0-1	4-0	1-0	1-0	2-0	3-1	2-1
Fulham FC	2-1	0-0	1-1	2-0	1-1	1-3		1-0	2-2	0-5	5-2	2-1	6-0	2-1	2-1	0-3	1-3	1-1	2-1	5-0
Liverpool FC	1-2	1-1	1-1	3-1	4-1	3-0	0-1		1-1	1-1	3-1	1-1	1-0	0-0	1-1	0-0	0-0	0-1	1-2	2-1
Manchester City FC	1-0	4-1	3-0	2-0	2-1	2-0	3-0	3-0		1-0	3-1	5-1	3-2	3-0	3-3	4-0	3-2	4-0	3-0	3-1
Manchester United FC	8-2	4-0	2-3	3-0	3-1	4-4	1-0	2-1	1-6		1-1	2-0	2-0	2-0	1-0	2-0	3-0	2-0	5-0	4-1
Newcastle United FC	0-0	2-1	3-1	2-0	0-3	2-1	2-1	2-0	0-2	3-0		1-0	1-0	3-0	1-1	0-0	2-2	2-3	1-0	2-2
Norwich City FC	1-2	2-0	3-3	2-0	0-0	2-2	1-1	0-3	1-6	1-2	4-2		2-1	1-1	2-1	3-1	0-2	0-1	1-1	2-1
Queens Park Rangers FC	2-1	1-1	1-1	0-4	1-0	1-1	0-1	3-2	2-3	0-2	0-0	1-2		1-0	2-3	3-0	1-0	1-1	3-1	1-2
Stoke City FC	1-1	0-0	3-1	2-2	0-0	1-1	2-0	1-0	1-1	1-1	1-3	1-0	2-3		0-1	2-0	2-1	1-2	2-2	2-1
Sunderland FC	1-2	2-2	2-1	2-2	1-2	1-1	0-0	1-0	1-0	0-1	0-1	3-0	3-1	4-0		2-0	0-0	2-2	1-2	0-0
Swansea City FC	3-2	0-0	3-0	3-1	1-1	0-2	2-0	1-0	1-0	0-1	0-2	2-3	1-1	2-0	0-0		1-1	3-0	0-0	4-4
Tottenham Hotspur FC	2-1	2-0	2-0	3-0	1-1	2-0	2-0	4-0	1-5	1-3	5-0	1-2	3-1	1-1	1-0	3-1		1-0	3-1	1-1
West Bromwich Albion FC	2-3	0-0	3-0	2-1	1-0	0-1	0-0	0-2	0-0	1-2	1-3	1-2	1-0	0-1	4-0	1-2	1-3		1-2	2-0
Wigan Athletic FC	0-4	0-0	3-3	1-3	1-1	1-1	0-2	0-0	0-1	1-0	4-0	1-1	2-0	2-0	1-4	0-2	1-2	1-1		3-2
Wolverhampton Wanderers FC	0-3	2-3	0-2	2-3	1-2	0-0	2-0	0-3	0-2	0-5	1-2	2-2	0-3	1-2	2-1	2-2	0-2	1-5	3-1	

	Premier League	**Pd**	**Wn**	**Dw**	**Ls**	**GF**	**GA**	**Pts**	
1	MANCHESTER CITY FC (MANCHESTER)	38	28	5	5	93	29	89	
2	Manchester United FC (Manchester)	38	28	5	5	89	33	89	
3	Arsenal FC (London)	38	21	7	10	74	49	70	
4	Tottenham Hotspur FC (London)	38	20	9	9	66	41	69	
5	Newcastle United FC (Newcastle upon Tyne)	38	19	8	11	56	51	65	
6	Chelsea FC (London)	38	18	10	10	65	46	64	
7	EvertonFC (Liverpool)	38	15	11	12	50	40	56	
8	Liverpool FC (Liverpool)	38	14	10	14	47	40	52	
9	Fulham FC (London)	38	14	10	14	48	51	52	
10	West Bromwich Albion FC (West Bromwich)	38	13	8	17	45	52	47	
11	Swansea City FC (Swansea)	38	12	11	15	44	51	47	
12	Norwich City FC (Norwich)	38	12	11	15	52	66	47	
13	Sunderland AFC (Sunderland)	38	11	12	15	45	46	45	
14	Stoke City FC (Stoke-on-Trent)	38	11	12	15	36	53	45	
15	Wigan Athletic FC (Wigan)	38	11	10	17	42	62	43	
16	Aston Villa FC (Birmingham)	38	7	17	14	37	53	38	
17	Queens Park Rangers FC (London)	38	10	7	21	43	66	37	
18	Bolton Wanderers FC (Bolton)	38	10	6	22	46	77	36	R
19	Blackburn Rovers FC (Blackburn)	38	8	7	23	48	78	31	R
20	Wolverhampton Wanderers FC (Wolverhampton)	38	5	10	23	40	82	25	R
		760	287	186	287	1066	1066	1047	

Top Goalscorers

1)	Robin VAN PERSIE	(Arsenal FC)	30
2)	Wayne ROONEY	(Manchester United FC)	27
3)	Sergio AGUERO	(Manchester City FC)	23
4)	Clint DEMPSEY	(Fulham FC)	17
	Emmanuel ADEBAYOR	(Tottenham Hotspur FC)	17
	YAKUBU	(Blackburn Rovers FC)	17

Football League Championship 2011-12 Season	Barnsley	Birmingham City	Blackpool	Brighton & H.A.	Bristol City	Burnley	Cardiff City	Coventry City	Crystal Palace	Derby County	Doncaster Rovers	Hull City	Ipswich Town	Leeds United	Leicester City	Middlesbrough	Millwall	Nottingham Forest	Peterborough Utd.	Portsmouth	Reading	Southampton	Watford	West Ham United
Barnsley FC		1-3	1-3	0-0	1-2	2-0	0-1	2-0	2-1	3-2	2-0	2-1	3-5	4-1	1-1	1-3	1-3	1-1	1-0	2-0	0-4	0-1	1-1	0-4
Birmingham City FC	1-1		3-0	0-0	2-2	2-1	1-1	1-0	3-1	2-2	2-1	0-0	2-1	1-0	2-0	3-0	3-0	1-2	1-1	1-0	2-0	0-0	3-0	1-1
Blackpool FC	1-1	2-2		3-1	5-0	4-0	1-1	2-1	2-1	0-1	2-1	1-1	2-0	1-0	3-3	3-0	1-0	1-2	2-1	1-1	1-0	3-0	0-0	1-4
Brighton & Hove Alb.	2-0	1-1	2-2		2-0	0-1	2-2	2-1	1-3	2-0	2-1	0-0	3-0	3-3	1-0	1-1	2-2	1-0	2-0	2-0	0-1	3-0	2-2	0-1
Bristol City FC	2-0	0-2	1-3	0-1		3-1	1-2	3-1	2-2	1-1	2-1	1-1	0-3	0-3	3-2	0-1	1-0	0-0	1-2	0-0	2-3	2-0	0-2	1-1
Burnley FC	2-0	1-3	3-1	1-0	1-1		1-1	1-1	1-1	0-0	3-0	1-0	4-0	1-2	1-3	0-2	1-3	5-1	1-1	0-1	0-1	1-1	2-2	2-2
Cardiff City FC	5-3	1-0	1-3	1-3	3-1	0-0		2-2	2-0	2-0	2-0	0-3	2-2	1-1	0-0	2-3	0-0	1-0	3-1	3-2	3-1	2-1	1-1	0-2
Coventry City FC	1-0	1-1	2-2	2-0	1-0	1-2	1-1		1-1	2-0	0-2	0-1	2-3	2-1	0-1	3-1	0-1	1-0	2-2	2-0	1-1	2-4	0-0	1-2
Crystal Palace FC	1-0	1-0	1-1	1-1	1-0	2-0	1-2	2-1		1-1	1-1	0-0	1-1	1-1	1-2	0-1	0-0	0-3	1-0	0-0	0-0	0-2	4-0	2-2
Derby County FC	1-1	2-1	2-1	0-1	2-1	1-2	0-3	1-0	3-2		3-0	0-2	0-0	1-0	0-1	0-1	3-0	1-0	1-1	3-1	0-1	1-1	1-2	2-1
Doncaster Rovers FC	2-0	1-3	1-3	1-1	1-1	1-2	0-0	1-1	1-0	1-2		1-1	2-3	0-3	2-1	1-3	0-3	0-1	1-1	3-4	1-1	1-0	0-0	0-1
Hull City AFC	3-1	2-1	0-1	0-0	3-0	2-3	2-1	0-2	0-1	0-1	0-0		2-2	0-0	2-1	2-1	2-0	2-1	1-0	1-0	1-0	0-2	3-2	0-2
Ipswich Town FC	1-0	1-1	2-2	3-1	3-0	1-0	3-0	3-0	0-1	1-0	2-3	0-1		2-1	1-2	1-1	0-3	1-3	3-2	1-0	2-3	2-5	1-2	5-1
Leeds United AFC	1-2	1-4	0-5	1-2	2-1	2-1	1-1	1-1	3-2	0-2	3-2	4-1	3-1		1-2	0-1	2-0	3-7	4-1	1-0	0-1	0-1	0-2	1-1
Leicester City FC	1-2	3-1	2-0	1-0	1-2	0-0	2-1	2-0	3-0	4-0	3-0	2-1	1-1	0-1		2-2	0-3	0-0	1-1	1-1	0-2	3-2	2-0	1-2
Middlesbrough FC	2-0	3-1	2-2	1-0	1-1	0-2	0-2	1-1	0-0	2-0	0-0	1-0	0-0	0-2	0-0		1-1	2-1	1-1	2-2	0-2	2-1	1-0	0-2
Millwall FC	0-0	0-6	2-2	1-1	1-2	0-1	0-0	3-0	0-1	0-0	3-2	2-0	4-1	0-1	2-1	1-3		2-0	2-2	1-0	1-2	2-3	0-2	0-0
Nottingham Forest	0-0	1-3	0-0	1-1	0-1	0-2	0-1	2-0	0-1	1-2	1-2	0-1	3-2	0-4	2-2	2-0	3-1		0-1	2-0	1-0	0-3	1-1	1-4
Peterborough United	3-4	1-1	3-1	1-2	3-0	2-1	4-3	1-0	2-1	3-2	1-2	0-1	7-1	2-3	1-0	1-1	0-3	0-1		0-3	3-1	1-3	2-2	0-2
Portsmouth FC	2-0	4-1	1-0	0-1	0-0	1-5	1-1	2-1	2-1	1-2	3-1	2-0	0-1	0-0	1-1	1-3	0-1	3-0	2-3		1-0	1-1	2-0	0-1
Reading FC	1-2	1-0	3-1	3-0	1-0	1-0	1-2	2-0	2-2	2-2	2-0	0-1	1-0	2-0	3-1	0-0	2-2	1-0	3-2	1-0		1-1	0-2	3-0
Southampton FC	2-0	4-1	2-2	3-0	0-1	2-0	1-1	4-0	2-0	4-0	2-0	2-1	1-1	3-1	0-2	3-0	1-0	3-2	2-1	2-2	1-3		4-0	1-0
Watford FC	2-1	2-2	0-2	1-0	2-2	3-2	1-1	0-0	0-2	0-1	4-1	1-1	2-1	1-1	3-2	2-1	2-1	0-1	3-2	2-0	1-2	0-3		0-4
West Ham United FC	1-0	3-3	4-0	6-0	0-0	1-2	0-1	1-0	0-0	3-1	1-1	2-1	0-1	2-2	3-2	1-1	2-1	2-1	1-0	4-3	2-4	1-1	1-1	

	Football League "The Championship"	Pd	Wn	Dw	Ls	GF	GA	Pts	
1	Reading FC (Reading)	46	27	8	11	69	41	89	P
2	Southampton FC (Southampton)	46	26	10	10	85	46	88	P
3	West Ham United FC (London)	46	24	14	8	81	48	86	POP
4	Birmingham City FC (Birmingham)	46	20	16	10	78	51	76	PO
5	Blackpool FC (Blackpool)	46	20	15	11	79	59	75	PO
6	Cardiff City FC (Cardiff)	46	19	18	9	66	53	75	PO
7	Middlesbrough FC (Middlesbrough)	46	18	16	12	52	51	70	
8	Hull City AFC (Kingston upon Hull)	46	19	11	16	47	44	68	
9	Leicester City FC (Leicester)	46	18	12	16	66	55	66	
10	Brighton & Hove Albion FC (Brighton)	46	17	15	14	52	52	66	
11	Watford FC (Watford)	46	16	16	14	56	64	64	
12	Derby County FC (Derby)	46	18	10	18	50	58	64	
13	Burnley FC (Burnley)	46	17	11	18	61	58	62	
14	Leeds United FC (Leeds)	46	17	10	19	65	68	61	
15	Ipswich Town FC (Ipswich)	46	17	10	19	69	77	61	
16	Millwall FC (London)	46	15	12	19	55	57	57	
17	Crystal Palace FC (London)	46	13	17	16	46	51	56	
18	Peterborough United FC (Peterborough)	46	13	11	22	67	77	50	
19	Nottingham Forest FC (Nottingham)	46	14	8	24	48	63	50	
20	Bristol City FC (Bristol)	46	12	13	21	44	68	49	
21	Barnsley FC (Barnsley	46	13	9	24	49	74	48	
22	Portsmouth FC (Portsmouth	46	13	11	22	50	59	40	R-10
23	Coventry City FC (Coventry)	46	9	13	24	41	65	40	R
24	Doncaster Rovers FC (Doncaster)	46	8	12	26	43	80	36	R

Note: Portsmouth FC had 10 points deducted after entering administration.

Promotion Play-offs

Blackpool FC (Blackpool)	1-2	West Ham United FC (London)
Cardiff City FC (Cardiff)	0-2, 0-3	West Ham United FC (London)
Blackpool FC (Blackpool)	1-0, 2-2	Birmingham City FC (Birmingham)

Football League League 1 2011/2012 Season	Bournemouth	Brentford	Bury	Carlisle United	Charlton Athletic	Chesterfield	Colchester United	Exeter City	Hartlepool United	Huddersfield Town	Leyton Orient	Milton Keynes Dons	Notts County	Oldham Athletic	Preston North End	Rochdale	Scunthorpe United	Sheffield United	Sheffield Wednesday	Stevenage	Tranmere Rovers	Walsall	Wycombe Wanderers	Yeovil Town
AFC Bournemouth		1-0	1-2	1-1	0-1	0-3	1-1	2-0	1-2	2-0	1-2	0-1	2-1	0-0	1-0	1-1	2-0	0-2	2-0	1-3	2-1	0-2	2-0	0-0
Brentford FC	1-1		3-0	4-0	0-1	2-1	1-1	2-0	2-1	0-4	5-0	3-3	0-0	2-0	1-3	2-0	0-0	0-2	1-2	0-1	0-2	0-0	5-2	2-0
Bury FC	1-0	1-1		0-2	1-2	1-1	4-1	2-0	1-2	3-3	1-1	0-0	2-2	0-0	1-0	2-4	0-0	0-3	2-1	1-2	2-0	2-1	1-4	3-2
Carlisle United FC	2-1	2-2	4-1		0-1	2-1	1-0	4-1	1-2	2-1	4-1	1-3	0-3	3-3	0-0	2-1	0-0	3-2	3-2	1-0	0-0	1-1	2-2	3-2
Charlton Athletic FC	3-0	2-0	1-1	4-0		3-1	0-2	2-0	3-2	2-0	2-0	2-1	2-4	1-1	5-2	1-1	2-2	1-0	1-1	2-0	1-1	1-0	2-1	3-0
Chesterfield FC	1-0	1-3	1-0	4-1	0-4		0-1	0-2	2-3	0-2	0-0	1-1	1-3	1-1	0-2	2-1	1-4	0-1	1-0	1-1	1-0	1-1	4-0	2-2
Colchester United FC	1-1	2-1	4-1	1-1	0-2	1-2		2-0	1-1	1-1	1-1	1-5	4-2	4-1	3-0	0-0	1-1	1-1	1-1	1-6	4-2	1-0	1-1	1-1
Exeter City FC	0-2	1-2	3-2	0-0	0-1	2-1	1-1		0-0	0-4	3-0	0-2	1-1	2-0	1-2	3-1	0-0	2-2	2-1	1-1	3-0	4-2	1-3	1-1
Hartlepool United FC	0-0	0-0	3-0	4-0	0-4	1-2	0-1	2-0		0-0	2-1	1-1	3-0	0-1	0-1	2-0	1-2	0-1	0-1	0-0	0-2	1-1	1-3	0-1
Huddersfield Town	0-1	3-2	1-1	1-1	1-0	1-0	3-2	2-0	1-0		2-2	1-1	2-1	1-0	3-1	2-2	1-0	0-1	0-2	2-1	2-0	1-1	3-0	2-0
Leyton Orient FC	1-3	2-0	1-0	1-2	1-0	1-1	0-1	3-0	1-1	1-3		0-3	0-3	1-3	2-1	2-1	1-3	1-1	0-1	0-0	0-1	1-1	1-3	2-2
Milton Keynes Dons	2-2	1-2	2-1	1-2	1-1	6-2	1-0	3-0	2-2	1-1	4-1		3-0	5-0	0-1	3-1	0-0	1-0	1-1	1-0	3-0	0-1	4-3	0-1
Notts County FC	3-1	1-1	2-4	2-0	1-2	1-0	4-1	2-1	3-0	2-2	1-2	1-1		1-0	0-0	2-0	3-2	2-5	1-2	1-0	3-2	2-1	1-1	3-1
Oldham Athletic FC	1-0	0-2	0-2	2-1	0-1	5-2	1-1	0-0	0-1	1-1	0-1	2-1	3-2		1-1	2-0	1-2	0-2	0-2	1-1	1-0	2-1	2-0	1-2
Preston North End	1-3	1-3	1-1	3-3	2-2	0-0	2-4	1-0	1-0	1-0	0-2	1-1	2-0	3-3		0-1	0-0	2-4	0-2	0-0	2-1	0-0	3-2	4-3
Rochdale FC	1-0	1-2	3-0	0-0	2-3	1-1	2-2	3-2	1-3	2-2	0-2	1-2	0-1	3-2	1-1		1-0	2-5	0-0	1-5	0-2	3-3	2-1	0-0
Scunthorpe United	1-1	0-0	1-3	1-2	1-1	2-2	1-1	1-0	0-2	2-2	2-3	0-3	0-0	1-2	1-1	1-0		1-1	1-3	1-1	4-2	0-1	4-1	2-1
Sheffield United FC	2-1	2-0	4-0	1-0	0-2	4-1	3-0	4-4	3-1	0-3	3-1	2-1	2-1	2-3	2-1	3-0	2-1		2-2	2-2	1-1	3-2	3-0	4-0
Sheffield Wednesday	3-0	0-0	4-1	2-1	0-1	3-1	2-0	3-0	2-2	4-4	1-0	3-1	2-1	3-0	2-0	2-0	3-2	1-0		0-1	2-1	2-2	2-0	2-1
Stevenage FC	2-2	2-1	3-0	1-0	1-0	2-2	0-0	0-0	2-2	2-2	0-1	4-2	0-2	1-0	1-1	4-2	1-2	2-1	5-1		2-1	0-0	1-1	0-0
Tranmere Rovers FC	0-0	2-2	2-0	1-2	1-1	1-0	0-0	2-0	1-1	1-1	2-0	0-2	1-1	1-0	2-1	0-0	1-1	1-1	1-2	3-0		2-1	2-0	0-0
Walsall FC	2-2	0-1	2-4	1-1	1-1	3-2	3-1	1-2	0-0	1-1	1-0	0-2	0-1	0-1	1-0	0-0	2-2	3-2	2-1	1-1	0-1		2-0	1-1
Wycombe Wanderers	0-1	0-1	0-2	1-1	1-2	3-2	0-0	3-1	5-0	0-6	4-2	1-1	3-4	2-2	3-4	3-0	1-1	1-0	1-2	0-1	2-1	1-1		2-3
Yeovil Town FC	1-3	2-1	1-3	0-3	2-3	3-2	3-2	2-2	0-1	0-1	2-2	0-1	1-0	3-1	2-1	3-1	2-2	0-1	2-3	0-6	2-1	2-1	1-0	

	Football League "League 1"	Pd	Wn	Dw	Ls	GF	GA	Pts	
1	Charlton Athletic FC (London)	46	30	11	5	82	36	101	P
2	Sheffield Wednesday FC (Sheffield)	46	28	9	9	81	48	93	P
3	Sheffield United FC (Sheffield)	46	27	9	10	92	51	90	PO
4	Huddersfield Town FC (Huddersfield)	46	21	18	7	79	47	81	POP
5	Milton Keynes Dons FC (Milton Keynes)	46	22	14	10	84	47	80	PO
6	Stevenage FC (Stevenage)	46	18	19	9	69	44	73	PO
7	Notts County FC (Nottingham)	46	21	10	15	75	63	73	
8	Carlisle United FC (Carlisle)	46	18	15	13	65	66	69	
9	Brentford FC (Brentford)	46	18	13	15	63	52	67	
10	Colchester United FC (Colchester)	46	13	20	13	61	66	59	
11	AFC Bournemouth (Bournemouth)	46	15	13	18	48	52	58	
12	Tranmere Rovers FC (Tranmere)	46	14	14	18	49	53	56	
13	Hartlepool United FC (Hartlepool	46	14	14	18	50	55	56	
14	Bury FC (Bury)	46	15	11	20	60	79	56	
15	Preston North End FC (Preston)	46	13	15	18	54	68	54	
16	Oldham Athletic FC (Oldham)	46	14	12	20	50	66	54	
17	Yeovil Town FC (Yeovil)	46	14	12	20	59	80	54	
18	Scunthorpe United FC (Scunthorpe)	46	10	22	14	55	59	52	
19	Walsall FC (Walsall)	46	10	20	16	51	57	50	
20	Leyton Orient FC (London)	46	13	11	22	48	75	50	
21	Wycombe Wanderers FC (High Wycombe)	46	11	10	25	65	88	43	R
22	Chesterfield FC (Chesterfield)	46	10	12	24	56	81	42	R
23	Exeter City FC (Exeter)	46	10	12	24	46	75	42	R
24	Rochdale FC (Rochdale)	46	8	14	24	47	81	38	R
		1104	387	330	387	1489	1489	1491	

Promotion Play-offs

Huddersfield Town FC (Huddersfield)	0-0 (aet)	Sheffield United FC (Sheffield)
	(Huddersfield Town FC won 8-7 on penalties)	
Stevenage FC (Stevenage)	0-0, 0-1	Sheffield United FC (Sheffield)
Milton Keynes Dons FC (Milton Keynes)	0-2, 2-1	Huddersfield Town FC (Huddersfield)

Football League League 2 2011/2012 Season	Accrington Stanley	AFC Wimbledon	Aldershot Town	Barnet	Bradford City	Bristol Rovers	Burton Albion	Cheltenham Town	Crawley Town	Crewe Alexandra	Dagenham & Red.	Gillingham	Hereford United	Macclesfield Town	Morecambe	Northamtpon Town	Oxford United	Plymouth Argyle	Port Vale	Rotherham United	Shrewsbury Town	Southend United	Swindon Town	Torquay United
Accrington Stanley		2-1	3-2	0-3	1-0	2-1	2-1	0-1	0-1	0-2	3-0	4-3	2-1	4-0	1-1	2-1	0-2	0-4	2-2	1-1	1-1	1-2	0-2	3-1
AFC Wimbledon	0-2		1-2	1-1	3-1	2-3	4-0	4-1	2-5	1-3	2-1	3-1	1-1	2-1	1-1	0-3	0-2	1-2	3-2	1-2	3-1	1-4	1-1	2-0
Aldershot Town	0-0	1-1		4-1	1-0	1-0	2-0	1-0	0-1	3-1	1-1	1-2	1-0	1-2	1-0	0-1	0-3	0-0	1-2	2-2	1-0	2-0	2-1	0-1
Barnet	0-0	4-0	2-1		0-4	2-0	3-6	2-2	1-2	2-0	2-2	2-2	1-1	2-1	0-2	1-2	0-2	2-0	1-3	1-1	1-2	0-3	0-2	0-1
Bradford City	1-1	1-2	1-2	4-2		2-2	1-1	0-1	1-2	3-0	0-1	2-2	1-1	1-0	2-2	2-1	2-1	1-1	1-1	2-3	3-1	2-0	0-0	1-0
Bristol Rovers	5-1	1-0	0-1	0-2	2-1		7-1	1-3	0-0	2-5	2-0	2-2	0-0	0-0	2-1	2-1	0-0	2-3	0-3	5-2	1-0	1-0	1-1	1-2
Burton Albion	0-2	3-2	0-4	1-2	2-2	2-1		0-2	0-0	1-0	1-1	1-0	0-2	1-0	3-2	0-1	1-1	2-1	1-1	1-1	1-1	0-2	2-0	1-4
Cheltenham Town	4-1	0-0	2-0	2-0	3-1	0-2	2-0		3-1	0-1	2-1	0-3	0-0	2-0	1-2	2-2	0-0	2-1	2-0	1-0	0-0	3-0	1-0	0-1
Crawley Town	1-1	1-1	2-2	1-0	3-1	4-1	3-0	4-2		1-1	3-1	1-2	0-3	2-0	1-1	3-1	4-1	2-0	3-2	3-0	2-1	3-0	0-3	0-1
Crewe Alexandra	2-0	3-3	2-2	3-1	1-0	3-0	3-2	1-0	1-1		4-1	1-2	1-0	0-1	0-1	1-1	3-1	3-2	1-1	1-2	1-1	1-3	2-0	0-3
Dagenham & Red.	2-1	0-2	2-5	3-0	1-0	4-0	1-1	0-5	1-1	2-1		2-1	0-1	2-0	1-2	0-1	0-1	2-3	1-2	3-2	0-2	2-3	1-0	1-1
Gillingham	1-1	3-4	1-0	3-1	0-0	4-1	3-1	1-0	0-1	3-4	1-2		5-4	2-0	2-0	4-3	1-0	3-0	1-1	0-0	0-1	1-2	3-1	2-0
Hereford United	1-1	2-1	0-2	1-0	2-0	1-2	2-3	1-1	1-1	0-1	1-0	1-6		0-4	0-3	0-0	0-1	1-1	1-2	2-3	0-2	2-3	1-2	3-2
Macclesfield Town	1-1	4-0	0-1	0-0	1-0	0-0	0-2	1-3	2-2	2-2	0-1	0-0	2-2		1-1	3-1	1-1	1-1	2-1	0-0	1-3	0-2	2-0	1-2
Morecambe	1-2	1-2	2-0	0-1	1-1	2-3	2-2	3-1	6-0	1-2	1-2	2-1	0-1	1-0		1-2	0-0	2-2	0-0	3-3	0-1	1-0	0-1	1-2
Northampton Town	0-0	1-0	3-1	1-2	1-3	3-2	2-3	2-3	0-1	1-1	2-1	1-1	1-3	3-2	0-2		2-1	0-0	1-2	1-1	2-7	2-5	1-2	0-0
Oxford United	1-1	1-0	1-1	2-1	1-1	3-0	2-2	1-3	1-1	0-1	2-1	0-0	2-2	1-1	1-2	2-0		5-1	2-1	2-1	2-0	0-2	2-0	2-2
Plymouth Argyle	2-2	0-2	1-0	0-0	1-0	1-1	2-1	1-2	1-1	0-1	0-0	0-1	1-1	2-0	1-1	4-1	1-1		0-2	1-4	1-0	2-2	0-1	1-2
Port Vale	4-1	1-2	4-0	1-2	3-2	1-0	3-0	1-2	2-2	1-1	0-1	2-1	1-0	1-0	0-4	3-0	3-0	1-0		2-0	2-3	2-3	0-2	0-0
Rotherham United	1-0	1-0	2-0	2-2	3-0	0-1	0-1	1-0	1-2	1-1	3-1	3-0	1-0	4-2	3-2	1-0	1-0	1-0	0-1		1-1	0-4	1-2	0-1
Shrewsbury Town	1-0	0-0	1-1	3-2	1-0	1-0	1-0	2-0	2-1	2-0	1-0	2-0	3-1	1-0	2-0	1-1	2-2	1-1	1-0	3-1		2-1	2-1	2-0
Southend United	2-2	2-0	0-1	3-0	0-1	1-1	0-1	4-0	0-0	1-0	1-1	1-0	1-0	2-0	1-1	2-2	2-1	2-0	3-0	0-2	3-0		1-4	4-1
Swindon Town	2-0	2-0	2-0	4-0	0-0	0-0	2-0	1-0	3-0	3-0	4-0	2-0	3-3	1-0	3-0	1-0	1-2	1-0	5-0	3-2	2-1	2-0		2-0
Torquay United	1-0	4-0	1-0	1-0	1-2	2-2	2-2	2-2	1-3	1-1	1-0	2-5	2-0	3-0	1-1	1-0	0-0	3-1	2-1	3-3	1-0	0-0	1-0	

	Football League "League 2"	Pd	Wn	Dw	Ls	GF	GA	Pts	
1	Swindon Town FC (Swindon)	46	29	6	11	75	32	93	P
2	Shrewsbury Town FC (Shrewsbury)	46	26	10	10	66	41	88	P
3	Crawley Town FC (Crawley)	46	23	15	8	76	54	84	P
4	Southend United FC (Southend-on-Sea)	46	25	8	13	77	48	83	PO
5	Torquay United FC (Torquay)	46	23	12	11	63	50	81	PO
6	Cheltenham Town FC (Cheltenham)	46	23	8	15	66	50	77	PO
7	Crewe Alexandra FC (Crewe)	46	20	12	14	67	59	72	POP
8	Gillingham FC (Gillingham)	46	20	10	16	79	62	70	
9	Oxford United FC (Oxford)	46	17	17	12	59	48	68	
10	Rotherham United FC (Rotherham)	46	18	13	15	67	63	67	
11	Aldershot Town FC (Aldershot)	46	19	9	18	54	52	66	
12	Port Vale FC (Stoke-on-Trent)	46	20	9	17	68	60	59	-10
13	Bristol Rovers FC (Bristol)	46	15	12	19	60	70	57	
14	Accrington Stanley FC (Accrington)	46	14	15	17	54	66	57	
15	Morecambe FC (Morecambe)	46	14	14	18	63	57	56	
16	AFC Wimbledon (Kingston-upon-Thames)	46	15	9	22	62	78	54	
17	Burton Albion FC (Burton-on-Trent)	46	14	12	20	54	81	54	
18	Bradford City FC (Bradford)	46	12	14	20	54	59	50	
19	Dagenham & Redbridge FC (Dagenham)	46	14	8	24	50	72	50	
20	Northampton Town FC (Northampton)	46	12	12	22	56	79	48	
21	Plymouth Argyle FC (Plymouth)	46	10	16	20	47	64	46	
22	Barnet FC (Barnet)	46	12	10	24	52	79	46	
23	Hereford United FC (Hereford)	46	10	14	22	50	70	44	R
24	Macclesfield Town FC (Macclesfield)	46	8	13	25	39	64	37	R
		1104	413	278	413	1458	1458	1507	(-10)

Note: Port Vale FC had 10 points deducted after entering administration.

Promotion Play-offs

Cheltenham Town FC (Cheltenham)	0-2	Crewe Alexandra FC (Crewe)
Crewe Alexandra FC (Crewe)	1-0, 2-2	Southend United FC (Southend-on-Sea)
Cheltenham Town FC (Cheltenham)	2-0, 2-1	Torquay United FC (Torquay)

Promoted to League 2: Fleetwood Town FC (Fleetwood) and York City FC (York)

F.A. CUP FINAL (Wembley Stadium, London – 05/05/2012 – 89,102)

CHELSEA FC (LONDON)	2-1	Liverpool FC (Liverpool)
Ramires 11', Drogba 52'		*Carroll 64'*

Chelsea FC: Cech, Bosingwa, Ivanovic, Terry, Cole, Obi Mikel, Lampard, Ramires (Meireles 75'), Mata (Malouda 90'), Kalou, Drogba.

Liverpool FC: Reina, Johnson, Skrtel, Agger, Enrique, Henderson, Spearing (Carroll 54'), Bellamy (Kuyt 76'), Gerrard, Downing, Suarez.

Semi-finals

Liverpool FC (Liverpool)	2-1	Everton FC (Liverpool)
Tottenham Hotspur FC (London)	1-5	Chelsea FC (London)

Quarter-finals

Everton FC (Liverpool)	1-1, 2-0	Sunderland AFC (Sunderland)
Tottenham Hotspur FC (London)	1-1 (abandoned)	Bolton Wanderers FC (Bolton)
The first match was abandoned after 41 minutes following the collapse of Bolton midfielder, Fabrice Muamba.		
Rematch – Tottenham Hotspur FC (London)	3-1	Bolton Wanderers FC (Bolton)
Chelsea FC (London)	5-2	Leicester City FC (Leicester)
Liverpool FC (Liverpool)	2-1	Stoke City FC (Stoke-on-Trent)

2012-2013

Premier League 2012/2013 Season	Arsenal	Aston Villa	Chelsea	Eveton	Fulham	Liverpool	Manchester City	Manchester United	Newcastle United	Norwich City	Queen's Park Rangers	Reading	Southampton	Stoke City	Sunderland	Swansea City	Tottenham Hotspur	West Bromwich Albion	West Ham United	Wigan Athletic
Arsenal		2-1	1-2	0-0	3-3	2-2	0-2	1-1	7-3	3-1	1-0	4-1	6-1	1-0	0-0	0-2	5-2	2-0	5-1	4-1
Aston Villa	0-0		1-2	1-3	1-1	1-2	0-1	2-3	1-2	1-1	3-2	1-0	0-1	0-0	6-1	2-0	0-4	1-1	2-1	0-3
Chelsea	2-1	8-0		2-1	0-0	1-1	0-0	2-3	2-0	4-1	0-1	4-2	2-2	1-0	2-1	2-0	2-2	1-0	2-0	4-1
Everton	1-1	3-3	1-2		1-0	2-2	2-0	1-0	2-2	1-1	2-0	3-1	3-1	1-0	2-1	0-0	2-1	2-1	2-0	2-1
Fulham	0-1	1-0	0-3	2-2		1-3	1-2	0-1	2-1	5-0	3-2	2-4	1-1	1-0	1-3	1-2	0-3	3-0	3-1	1-1
Liverpool	0-2	1-3	2-2	0-0	4-0		2-2	1-2	1-1	5-0	1-0	1-0	1-0	0-0	3-0	5-0	3-2	0-2	0-0	3-0
Manchester City	1-1	5-0	2-0	1-1	2-0	2-2		2-3	4-0	2-3	3-1	1-0	3-2	3-0	3-0	1-0	2-1	1-0	2-1	1-0
Manchester United	2-1	3-0	0-1	2-0	3-2	2-1	1-2		4-3	4-0	3-1	1-0	2-1	4-2	3-1	2-1	2-3	2-0	1-0	4-0
Newcastle United	0-1	1-1	3-2	1-2	1-0	0-6	1-3	0-3		1-0	1-0	1-2	4-2	2-1	0-3	1-2	2-1	2-1	0-1	3-0
Norwich City	1-0	1-2	0-1	2-1	0-0	2-5	3-4	1-0	0-0		1-1	2-1	0-0	1-0	2-1	2-2	1-1	4-0	0-0	2-1
Queens Park Rangers	0-1	1-1	0-0	1-1	2-1	0-3	0-0	0-2	1-2	0-0		1-1	1-3	0-2	3-1	0-5	0-0	1-2	1-2	1-1
Reading	2-5	1-2	2-2	2-1	3-3	0-0	0-2	3-4	2-2	0-0	0-0		0-2	1-1	2-1	0-0	1-3	3-2	1-0	0-3
Southampton	1-1	4-1	2-1	0-0	2-2	3-1	3-1	2-3	2-0	1-1	1-2	1-0		1-1	0-1	1-1	1-2	0-3	1-1	0-2
Stoke City	0-0	1-3	0-4	1-1	1-0	3-1	1-1	0-2	2-1	1-0	1-0	2-1	3-3		0-0	2-0	1-2	0-0	0-1	2-2
Sunderland	0-1	0-1	1-3	1-0	2-2	1-1	1-0	0-1	1-1	1-1	0-0	3-0	1-1	1-1		0-0	1-2	2-4	3-0	1-0
Swansea City	0-2	2-2	1-1	0-3	0-3	0-0	0-0	1-1	1-0	3-4	4-1	2-2	0-0	3-1	2-2		1-2	3-1	3-0	2-1
Tottenham Hotspur	2-1	2-0	2-4	2-2	0-1	2-1	3-1	1-1	2-1	1-1	2-1	3-1	1-0	0-0	1-0	1-0		1-1	3-1	0-1
West Bromwich Albion	1-2	2-2	2-1	2-0	1-2	3-0	1-2	5-5	1-1	2-1	3-2	1-0	2-0	0-1	2-1	2-1	0-1		0-0	2-3
West Ham United	1-3	1-0	3-1	1-2	3-0	2-3	0-0	2-2	0-0	2-1	1-1	4-2	4-1	1-1	1-1	1-0	2-3	3-1		2-0
Wigan Athletic	0-1	2-2	0-2	2-2	1-2	0-4	0-2	0-4	2-1	1-0	2-2	3-2	2-2	2-2	2-3	2-3	2-2	1-2	2-1	

	Premier League	Pd	Wn	Dw	Ls	GF	GA	Pts	
1.	MANCHESTER UNITED FC (MANCHESTER)	38	28	5	5	86	43	89	
2.	Manchester City FC (Manchester)	38	23	9	6	66	34	78	
3.	Chelsea FC (London)	38	22	9	7	75	39	75	
4.	Arsenal FC (London)	38	21	10	7	72	37	73	
5.	Tottenham Hotspur FC (London)	38	21	9	8	66	46	72	
6.	Everton FC (Liverpool)	38	16	15	7	55	40	63	
7.	Liverpool FC (Liverpool)	38	16	13	9	71	43	61	
8.	West Bromwich Albion FC (West Bromwich)	38	14	7	17	53	57	49	
9.	Swansea City FC (Swansea)	38	11	13	14	47	51	46	
10.	West Ham United FC (London)	38	12	10	16	45	53	46	
11.	Norwich City FC (Norwich)	38	10	14	14	41	58	44	
12.	Fulham FC (London)	38	11	10	17	50	60	43	
13.	Stoke City FC (Stoke-on-Trent)	38	9	15	14	34	45	42	
14.	Southampton FC (Southampton)	38	9	14	15	49	60	41	
15.	Aston Villa FC (Birmingham)	38	10	11	17	47	69	41	
16.	Newcastle United FC (Newcastle upon Tyne)	38	11	8	19	45	68	41	
17.	Sunderland AFC (Sunderland)	38	9	12	17	41	54	39	
18.	Wigan Athletic FC (Wigan)	38	9	9	20	47	73	36	R
19.	Reading FC (Reading)	38	6	10	22	43	73	28	R
20.	Queen's Park Rangers FC (London)	38	4	13	21	30	60	25	R
		760	272	216	272	1063	1063	1032	

Top Goalscorers

1)	Robin VAN PERSIE	Manchester United FC (Manchester)	26
2)	Luis SUÁREZ	Liverpool FC (Liverpool)	23
3)	Gareth BALE	Tottenham Hotspur FC (London)	21
4)	Christian BENTEKE	Aston Villa FC (Birmingham)	19
5)	MICHU	Swansea City FC (Swansea)	18

Football League Championship 2012/2013 Season	Barnsley	Birmingham City	Blackburn Rovers	Blackpool	Bolton Wanderers	Brighton & Hove A.	Bristol City	Burnley	Cardiff City	Charlton Athletic	Crystal Palace	Derby County	Huddersfield Town	Hull City	Ipswich Town	Leeds United	Leicester City	Middlesbrough	Millwall	Nottingham Forest	Peterborough Utd	Sheffield Wednesday	Watford	Wolverhampton W.
Barnsley		1-2	1-3	1-1	2-3	2-1	1-0	1-1	1-2	0-6	1-1	1-1	0-1	2-0	1-1	2-0	2-0	1-0	2-0	1-4	0-2	0-1	1-0	2-1
Birmingham City	0-5		1-1	1-1	2-1	2-2	2-0	2-2	0-1	1-1	2-2	3-1	0-1	2-3	0-1	1-0	1-1	3-2	1-1	2-1	1-0	0-0	0-4	2-3
Blackburn Rovers	2-1	1-1		1-1	1-2	1-1	2-0	1-1	1-4	1-2	1-1	2-0	1-0	1-0	1-0	0-0	2-1	1-2	0-2	3-0	2-3	1-0	1-0	0-1
Blackpool	1-2	1-1	2-0		2-2	1-1	0-0	1-0	1-2	0-2	1-0	2-1	1-3	0-0	6-0	2-1	0-0	4-1	2-1	2-2	0-1	0-0	2-2	1-2
Bolton Wanderers	1-1	3-1	1-0	2-2		1-0	3-2	2-1	2-1	2-0	0-1	2-0	1-0	4-1	1-2	2-2	0-0	2-1	1-1	2-2	1-0	0-1	2-1	2-0
Brighton & Hove Alb.	5-1	0-1	1-1	6-1	1-1		2-0	1-0	0-0	0-0	3-0	2-1	4-1	1-0	1-1	2-2	1-1	0-1	2-2	0-0	1-0	3-0	1-3	2-0
Bristol City	5-3	0-1	3-5	1-1	1-2	0-0		3-4	4-2	0-2	4-1	0-2	1-3	1-2	2-1	2-3	0-4	2-0	1-1	2-0	4-1	1-1	2-0	1-4
Burnley	1-1	1-2	1-1	1-0	2-0	1-3	3-1		1-1	0-1	1-0	2-0	0-1	0-1	2-0	1-0	0-1	0-0	2-2	1-1	5-2	3-3	1-1	2-0
Cardiff City	1-1	2-1	3-0	3-0	1-1	0-2	2-1	4-0		0-0	2-1	1-1	1-0	2-1	0-0	2-1	1-1	1-0	1-0	3-0	1-2	1-0	2-1	3-1
Charlton Athletic	0-1	1-1	1-1	2-1	3-2	2-2	4-1	0-1	5-4		0-1	1-1	1-1	0-0	1-2	2-1	2-1	1-4	0-2	0-2	2-0	1-2	1-2	2-1
Crystal Palace	0-0	0-4	2-0	2-2	0-0	3-0	2-1	4-3	3-2	2-1		3-0	1-1	4-2	5-0	2-2	2-2	4-1	2-2	1-1	3-2	2-1	2-3	3-1
Derby County	2-0	3-2	1-1	4-1	1-1	0-0	3-0	1-2	1-1	3-2	0-1		3-0	1-2	0-1	3-1	2-1	3-1	1-0	1-1	3-1	2-2	5-1	0-0
Huddersfield Town	2-2	1-1	2-2	1-1	2-2	1-2	1-0	2-0	0-0	0-1	1-0	1-0		0-1	0-0	2-4	0-2	2-1	3-0	1-1	2-2	0-0	2-3	2-1
Hull City	1-0	5-2	2-0	2-3	3-1	1-0	0-0	0-1	2-2	1-0	0-0	2-1	2-0		2-1	2-0	0-0	1-0	4-1	1-2	1-3	1-3	0-1	2-1
Ipswich Town	1-1	3-1	1-1	1-0	1-0	0-3	1-1	2-1	1-2	1-2	3-0	1-2	2-2	1-2		3-0	1-0	4-0	3-0	3-1	1-1	0-3	0-2	0-2
Leeds United	1-0	0-1	3-3	2-0	1-0	1-2	1-0	1-0	0-1	1-1	2-1	1-2	1-2	2-3	2-0		1-0	2-1	1-0	2-1	1-1	2-1	1-6	1-0
Leicester City	2-2	2-2	3-0	1-0	3-2	1-0	2-0	2-1	0-1	1-2	1-2	4-1	6-1	3-1	6-0	1-1		1-0	0-1	2-2	2-0	0-1	1-2	2-1
Middlesbrough	2-3	0-1	1-0	4-2	2-1	0-2	1-3	3-2	2-1	2-2	2-1	2-2	3-0	2-0	2-0	1-0	1-2		1-2	1-0	0-0	3-1	1-2	2-0
Millwall	1-2	3-3	1-2	0-2	2-1	1-2	2-1	0-2	0-2	0-0	0-0	2-1	4-0	0-1	0-0	1-0	1-0	3-1		0-1	1-5	1-2	1-0	0-2
Nottingham Forest	0-0	2-2	0-0	1-1	1-1	2-2	1-0	2-0	3-1	2-1	2-2	0-1	6-1	1-2	1-0	4-2	2-3	0-0	1-4		2-1	1-0	0-3	3-1
Peterborough United	2-1	0-2	1-4	1-4	5-4	0-0	1-2	2-2	2-1	2-2	1-2	3-0	3-1	1-1	0-0	1-2	2-1	2-3	1-2	0-1		1-0	3-2	0-2
Sheffield Wednesday	2-1	3-2	3-2	0-2	1-2	3-1	2-3	0-2	0-2	2-0	1-0	2-2	1-3	0-1	1-1	1-1	0-2	2-0	3-2	0-1	2-1		1-4	0-0
Watford	4-1	2-0	4-0	1-2	2-1	0-1	2-2	3-3	0-0	3-4	2-2	2-1	4-0	1-2	0-1	1-2	2-1	1-2	0-0	2-0	1-0	2-1		2-1
Wolverhampton W.	3-1	1-0	1-1	1-2	2-2	3-3	2-1	1-2	1-2	1-1	1-2	1-1	1-3	1-0	0-2	2-2	2-1	3-2	0-1	1-2	0-3	1-0	1-1	

	Football League "The Championship"	Pd	Wn	Dw	Ls	GF	GA	Pts	
1.	Cardiff City FC (Cardiff)	46	25	12	9	72	45	87	P
2.	Hull City AFC (Kingston upon Hull)	46	24	7	15	61	52	79	P
3.	Watford FC (Watford)	46	23	8	15	85	58	77	PO
4.	Brighton & Hove Albion FC (Brighton)	46	19	18	9	69	43	75	PO
5.	Crystal Palace FC (London)	46	19	15	12	73	62	72	POP
6.	Leicester City FC (Leicester)	46	19	11	16	71	48	68	PO
7.	Bolton Wanderers FC (Bolton)	46	18	14	14	69	61	68	
8.	Nottingham Forest FC (Nottingham)	46	17	16	13	63	59	67	
9.	Charlton Athletic FC (London)	46	17	14	15	65	59	65	
10.	Derby County FC (Derby)	46	16	13	17	65	62	61	
11.	Burnley FC (Burnley)	46	16	13	17	62	60	61	
12.	Birmingham City FC (Birmingham)	46	15	16	15	63	69	61	
13.	Leeds United FC (Leeds)	46	17	10	19	57	66	61	
14.	Ipswich Town FC (Ipswich)	46	16	12	18	48	61	60	
15.	Blackpool FC (Blackpool)	46	14	17	15	62	63	59	
16.	Middlesbrough FC (Middlesbrough)	46	18	5	23	61	70	59	
17.	Blackburn Rovers FC (Blackburn)	46	14	16	16	55	62	58	
18.	Sheffield Wednesday FC (Sheffield)	46	16	10	20	53	61	58	
19.	Huddersfield Town FC (Huddersfield)	46	15	13	18	53	73	58	
20.	Millwall FC (London)	46	15	11	20	51	62	56	
21.	Barnsley FC (Barnsley)	46	14	13	19	56	70	55	
22.	Peterborough United FC (Peterborough)	46	15	9	22	66	75	54	R
23.	Wolverhampton Wanderers FC (Wolverhampton)	46	14	9	23	55	69	51	R
24.	Bristol City FC (Bristol)	46	11	8	27	59	84	41	R
		1104	407	290	407	1494	1494	1511	

Promotion Play-offs

Crystal Palace FC (London)	1-0 (aet)	Watford FC (Watford)
Leicester City FC (Leicester)	1-0, 1-3	Watford FC (Watford)
Crystal Palace FC (London)	0-0, 2-0	Brighton & Hove Albion FC (Brighton)

Football League League One 2012/2013 Season	Bournemouth	Brentford	Bury	Carlisle United	Colchester United	Coventry City	Crawley Town	Crewe Alexandra	Doncaster Rovers	Hartlepool United	Leyton Orient	Milton Keynes Dons	Notts County	Oldham Athletic	Portsmouth	Preston North End	Scunthorpe United	Sheffield United	Shrewsbury Town	Stevenage	Swindon Town	Tranmere Rovers	Walsall	Yeovil Town
Bournemouth		2-2	4-1	3-1	1-0	0-2	3-0	3-1	1-2	1-1	2-0	1-1	3-1	4-1	2-0	1-1	1-0	0-1	2-1	1-1	1-1	3-1	1-2	3-0
Brentford	0-0		2-2	2-1	1-0	2-1	2-1	5-1	0-1	2-2	2-2	3-2	2-1	1-0	3-2	1-0	1-0	2-0	0-0	2-0	2-1	1-2	0-0	1-3
Bury	2-2	0-0		1-1	1-2	0-2	0-2	2-2	2-0	2-1	0-2	1-4	0-2	0-1	2-0	1-2	2-1	0-2	2-2	2-0	0-1	0-1	1-1	3-2
Carlisle United	2-4	2-0	2-1		0-2	1-0	0-2	0-0	1-3	3-0	1-4	1-1	0-4	3-1	4-2	1-1	1-1	1-3	2-2	2-1	2-2	0-3	0-3	3-3
Colchester United	0-1	1-3	2-0	2-0		1-3	1-1	1-2	1-2	3-1	2-1	0-2	0-2	0-2	2-2	1-0	1-2	1-1	0-0	1-0	0-1	1-5	2-0	2-0
Coventry City	1-0	1-1	2-2	1-2	2-2		3-1	1-2	1-0	1-0	0-1	1-1	1-2	2-1	1-1	1-1	1-2	1-1	0-1	1-2	1-2	1-0	5-1	0-1
Crawley Town	3-1	1-2	3-2	1-1	3-0	2-0		2-0	1-1	2-2	1-0	2-0	0-0	1-1	0-3	1-0	3-0	0-2	2-2	1-1	1-1	2-5	2-2	0-1
Crewe Alexandra	1-2	0-2	1-0	1-0	3-2	1-0	2-0		1-2	2-1	1-1	2-1	1-2	0-2	1-2	1-0	1-0	1-0	1-1	1-2	2-1	0-0	2-0	0-1
Doncaster Rovers	0-1	2-1	2-1	0-2	1-0	1-4	0-1	0-2		3-0	2-0	0-0	0-1	1-0	1-1	1-3	4-0	2-2	1-0	1-1	1-0	1-0	1-2	1-1
Hartlepool United	1-2	1-1	2-0	1-2	0-0	0-5	0-1	3-0	1-1		2-1	0-2	2-1	1-2	0-0	0-1	2-0	1-2	2-2	0-2	0-0	0-2	0-0	0-0
Leyton Orient	3-1	1-0	2-0	4-1	0-2	0-1	0-1	1-1	0-2	1-0		2-0	2-1	1-1	1-0	2-0	1-3	0-1	2-1	0-1	0-0	2-1	2-1	4-1
Milton Keynes Dons	0-3	2-0	1-1	2-0	5-1	2-3	0-0	1-0	3-0	1-0	1-0		1-1	2-0	2-2	1-1	0-1	1-0	2-3	0-1	2-0	3-0	2-4	1-0
Notts County	3-3	1-2	4-1	1-0	3-1	2-2	1-1	1-1	0-2	2-0	1-1	1-2		1-0	3-0	0-1	1-0	1-1	3-2	1-2	1-0	0-1	0-1	1-2
Oldham Athletic	0-1	0-2	1-2	1-2	1-1	0-1	2-1	1-2	1-2	3-0	2-0	3-1	2-2		1-0	3-1	1-1	0-2	1-0	0-1	0-2	0-1	1-1	1-0
Portsmouth	1-1	0-1	2-0	1-1	2-3	2-0	1-2	2-0	0-1	1-3	2-3	1-1	0-2	0-1		0-0	2-1	3-0	3-1	0-0	1-2	1-0	1-2	1-2
Preston North End	2-0	1-1	0-0	1-1	0-0	2-2	1-2	1-3	0-3	5-0	0-0	0-0	0-0	2-0	1-1		3-0	0-1	1-2	2-0	4-1	1-0	1-3	3-2
Scunthorpe United	1-2	1-1	1-2	3-1	1-0	1-2	2-1	1-2	2-3	1-2	2-1	0-3	2-2	2-2	2-1	2-3		1-1	0-0	1-0	3-1	1-3	1-1	0-4
Sheffield United	5-3	2-2	1-1	0-0	3-0	1-2	0-2	3-3	0-0	2-3	0-0	0-0	1-1	1-1	1-0	0-0	3-0		1-0	4-1	2-0	0-0	1-0	0-2
Shrewsbury Town	0-3	0-0	0-0	2-1	2-2	4-1	3-0	1-0	1-2	1-1	0-2	2-2	2-2	1-0	3-2	1-0	0-1	1-2		2-1	0-1	1-1	1-0	1-3
Stevenage	0-1	1-0	2-2	1-1	0-2	1-3	1-2	2-2	1-2	1-0	0-1	0-2	2-0	1-2	2-1	1-4	1-0	4-0	1-1		0-4	1-1	3-1	0-2
Swindon Town	4-0	0-1	0-1	4-0	0-1	2-2	3-0	4-1	1-1	1-1	0-1	1-0	0-0	1-1	5-0	1-1	1-1	0-0	2-0	3-0		5-0	2-2	4-1
Tranmere Rovers	0-0	1-1	3-0	0-1	4-0	2-0	2-0	2-1	1-2	0-1	3-1	0-1	1-1	1-0	2-2	1-1	1-0	0-1	0-2	3-1	1-3		0-0	3-2
Walsall	3-1	2-2	1-1	1-2	1-0	4-0	2-2	2-2	0-3	1-1	1-2	1-0	1-1	3-1	2-0	3-1	1-4	1-1	3-1	1-0	0-2	2-0		2-2
Yeovil Town	0-1	3-0	2-1	1-3	3-1	1-1	2-2	1-0	2-1	1-0	3-0	2-1	0-0	4-1	1-2	3-1	3-0	0-1	2-1	1-3	0-2	1-0	0-0	

	Football League "League One"	Pd	Wn	Dw	Ls	GF	GA	Pts	
1.	Doncaster Rovers FC (Doncaster)	46	25	9	12	62	44	84	P
2.	AFC Bournemouth (Bournemouth)	46	24	11	11	76	53	83	P
3.	Brentford FC (Brentford)	46	21	16	9	62	47	79	PO
4.	Yeovil Town FC (Yeovil)	46	23	8	15	71	56	77	POP
5.	Sheffield United FC (Sheffield)	46	19	18	9	56	42	75	PO
6.	Swindon Town FC (Swindon)	46	20	14	12	72	39	74	PO
7.	Leyton Orient FC (Leyton)	46	21	8	17	55	48	71	
8.	Milton Keynes Dons FC (Milton Keynes)	46	19	13	14	62	45	70	
9.	Walsall FC (Walsall)	46	17	17	12	65	58	68	
10.	Crawley Town FC (Crawley)	46	18	14	14	59	58	68	
11.	Tranmere Rovers FC (Birkenhead)	46	19	10	17	58	48	67	
12.	Notts County FC (Nottingham)	46	16	17	13	61	49	65	
13.	Crewe Alexandra FC (Crewe)	46	18	10	18	54	62	64	
14.	Preston North End FC (Preston)	46	14	17	15	54	49	59	
15.	Coventry City FC (Coventry)	46	18	11	17	66	59	55	-10
16.	Shrewsbury Town FC (Shrewsbury)	46	13	16	17	54	60	55	
17.	Carlisle United FC (Carlisle)	46	14	13	19	56	77	55	
18.	Stevenage FC (Stevenage)	46	15	9	22	47	64	54	
19.	Oldham Athletic FC (Oldham)	46	14	9	23	46	59	51	
20.	Colchester United FC (Colchester)	46	14	9	23	47	68	51	
21.	Scunthorpe United FC (Scunthorpe)	46	13	9	24	49	73	48	R
22.	Bury FC (Bury)	46	9	14	23	45	73	41	R
23.	Hartlepool United FC (Hartlepool)	46	9	14	23	39	67	41	R
24.	Portsmouth FC (Portsmouth)	46	10	12	24	51	69	32	-10
		1104	403	298	403	1367	1367	1487	(-20)

Coventry City FC had 10 points deducted
Portsmouth FC had 10 points deducted

Promotion Play-offs

Yeovil Town FC (Yeovil)	2-1	Brentford FC (Brentford)
Sheffield United FC (Sheffield)	1-0, 0-2	Yeovil Town FC (Yeovil)
Swindon Town FC (Swindon)	1-1, 3-3 (aet)	Brentford FC (Brentford)

Brentford FC (Brentford) won 5-4 on penalties

Football League League Two 2012/2013 Season	Accrington Stanley	AFC Wimbledon	Aldershot Town	Barnet	Bradford City	Bristol Rovers	Burton Albion	Cheltenham Town	Chesterfield	Dagenham & Red.	Exeter City	Fleetwood Town	Gillingham	Morecambe	Northampton Town	Oxford United	Plymouth Argyle	Port Vale	Rochdale	Rotherham United	Southend United	Torquay United	Wycombe Wanderers	York City
Accrington Stanley		4-0	1-0	3-2	1-1	1-0	3-3	2-2	1-0	0-2	0-3	0-3	1-1	2-0	2-4	0-3	1-1	2-0	2-3	1-2	1-1	0-0	0-2	0-1
AFC Wimbledon	1-2		1-1	0-1	2-1	3-1	1-1	1-2	1-0	2-2	2-2	2-1	0-1	2-0	1-1	0-3	1-1	2-2	1-2	0-1	0-4	0-1	2-2	3-2
Aldershot Town	2-0	0-1		1-0	0-2	2-2	1-2	0-1	0-1	1-0	1-2	2-0	1-1	0-0	1-2	3-2	1-2	1-3	4-2	0-3	0-2	1-0	0-0	0-2
Barnet	1-1	1-1	0-1		2-0	1-1	4-1	0-0	0-2	0-0	1-2	2-0	1-3	4-1	4-0	2-2	1-4	0-0	0-0	0-0	2-0	1-0	1-0	1-3
Bradford City	2-1	5-1	1-1	3-0		4-1	1-0	3-1	0-0	1-1	0-1	1-0	0-1	3-1	1-0	1-2	1-0	0-1	2-4	0-2	2-2	1-0	1-0	1-1
Bristol Rovers	0-1	1-0	2-2	2-1	3-3		3-0	0-1	3-2	0-1	2-0	0-0	0-2	0-3	3-1	0-2	2-1	2-0	2-1	1-2	2-3	3-2	1-0	0-0
Burton Albion	1-0	6-2	0-1	1-0	1-0	1-1		3-1	0-1	3-2	4-2	0-1	3-2	3-2	3-3	4-0	1-0	1-1	3-2	2-0	2-0	2-1	2-0	3-1
Cheltenham Town	0-3	2-1	1-1	1-0	0-0	1-1	1-0		1-0	2-0	3-0	2-2	1-0	2-0	1-0	2-1	2-1	1-1	0-0	3-0	1-3	2-1	4-0	1-1
Chesterfield	4-3	2-0	0-0	0-1	2-2	2-0	1-1	4-1		1-2	4-0	1-2	0-1	1-1	3-0	2-1	1-2	2-2	1-1	1-1	0-1	1-1	3-1	3-0
Dagenham & Red.	1-1	0-1	0-0	1-0	4-3	2-4	1-1	1-0	0-1		1-1	1-0	1-2	1-2	0-1	0-1	0-0	2-3	2-1	5-0	0-3	2-2	3-0	0-1
Exeter City	2-0	2-0	0-0	2-2	4-1	1-2	3-0	0-1	0-1	0-1		2-2	0-0	0-3	3-0	1-3	1-1	0-2	1-2	0-1	3-0	0-1	3-2	1-1
Fleetwood Town	1-3	1-1	4-1	2-1	2-2	0-3	0-4	1-1	1-3	2-1	0-0		2-2	1-0	1-0	3-0	3-0	2-5	0-3	1-1	0-0	0-0	0-1	0-0
Gillingham	1-0	2-2	4-0	0-1	3-1	4-0	4-1	0-0	1-1	2-1	2-3	2-2		2-1	2-0	0-1	2-1	1-2	1-2	1-0	1-0	1-0	0-1	1-1
Morecambe	0-0	3-1	2-1	4-1	0-0	1-1	0-0	0-0	2-0	2-1	0-3	0-4	1-1		1-1	1-1	2-3	1-3	3-0	2-1	1-0	0-2	0-1	2-2
Northampton Town	2-0	2-0	2-0	2-0	0-1	1-0	1-0	2-3	0-0	3-1	3-0	3-1	1-2	3-0		1-0	1-0	2-0	3-1	2-1	3-3	1-0	3-1	0-2
Oxford United	5-0	3-2	1-1	1-0	0-2	0-2	1-1	1-0	0-1	2-3	2-4	1-2	0-0	1-1	2-1		2-1	2-1	3-0	0-4	2-0	0-0	0-1	0-0
Plymouth Argyle	0-0	1-2	0-2	2-1	0-0	1-1	1-2	2-0	0-1	0-0	1-0	2-1	2-2	2-1	3-2	0-1		1-3	3-1	0-1	1-1	1-1	0-1	2-0
Port Vale	3-0	3-0	1-1	3-0	0-0	4-0	7-1	3-2	0-2	1-1	0-2	0-2	0-2	0-1	2-2	3-0	4-0		2-2	6-2	1-2	1-1	4-1	2-2
Rochdale	0-3	0-1	1-1	2-0	0-0	2-1	0-1	4-1	1-1	2-2	2-3	0-0	1-1	1-2	0-0	2-0	1-0	2-2		1-2	4-2	1-0	4-1	2-3
Rotherham United	4-1	1-0	2-0	0-2	4-0	1-3	3-0	4-2	1-0	1-2	4-1	2-1	1-2	2-1	3-1	3-1	1-0	1-2	2-3		0-3	1-0	2-3	1-1
Southend United	0-1	1-3	1-2	2-2	2-2	0-0	0-1	1-2	3-0	3-1	2-1	1-1	0-1	0-1	1-2	1-0	0-2	0-0	3-1	1-1		1-1	1-0	0-0
Torquay United	3-1	2-3	4-3	3-2	1-3	3-3	1-1	2-2	2-1	2-1	1-1	0-1	2-1	1-0	1-1	1-3	0-0	0-1	4-2	1-3	1-4		1-2	2-1
Wycombe Wanderers	0-1	0-1	2-1	0-0	0-3	2-0	3-0	1-1	2-1	1-0	0-1	1-0	0-1	2-2	0-0	1-3	1-1	1-1	1-2	2-2	1-2	2-1		4-0
York City	1-1	0-3	0-0	1-2	0-2	4-1	3-0	0-0	2-2	3-2	1-2	0-2	0-0	1-4	1-1	3-1	2-0	0-2	0-0	0-0	2-1	0-2	1-3	

	<u>Football League "League Two"</u>	Pd	Wn	Dw	Ls	GF	GA	Pts	
1.	Gillingham FC (Gillingham)	46	23	14	9	66	39	83	P
2.	Rotherham United FC (Rotherham)	46	24	7	15	74	59	79	P
3.	Port Vale FC (Stoke-on-Trent)	46	21	15	10	87	52	78	P
4.	Burton Albion FC (Burton-on-Trent)	46	22	10	14	71	65	76	PO
5.	Cheltenham Town FC (Cheltenham)	46	20	15	11	58	51	75	PO
6.	Northampton Town FC (Northampton)	46	21	10	15	64	55	73	PO
7.	Bradford City FC (Bradford)	46	18	15	13	63	52	69	POP
8.	Chesterfield FC (Chesterfield)	46	18	13	15	60	45	67	
9.	Oxford United FC (Oxford)	46	19	8	19	60	61	65	
10.	Exeter City FC (Exeter)	46	18	10	18	63	62	64	
11.	Southend United FC (Southend-on-Sea)	46	16	13	17	61	55	61	
12.	Rochdale AFC (Rochdale)	46	16	13	17	68	70	61	
13.	Fleetwood Town FC (Fleetwood)	46	15	15	16	55	57	60	
14.	Bristol Rovers FC (Bristol)	46	16	12	18	60	69	60	
15.	Wycombe Wanderers FC (High Wycombe)	46	17	9	20	50	60	60	
16.	Morecambe FC (Morecambe)	46	15	13	18	55	61	58	
17.	York City FC (York)	46	12	19	15	50	60	55	
18.	Accrington Stanley FC (Accrington)	46	14	12	20	51	68	54	
19.	Torquay United FC (Torquay)	46	13	14	19	55	62	53	
20.	AFC Wimbledon (Kingston upon Thames)	46	14	11	21	54	76	53	
21.	Plymouth Argyle FC (Plymouth)	46	13	13	20	46	55	52	
22.	Dagenham & Redbridge FC (Dagenham)	46	13	12	21	55	62	51	
23.	Barnet FC (Barnet)	46	13	12	21	47	59	51	R
24.	Aldershot Town FC (Aldershot)	46	11	15	20	42	60	48	R
		1104	402	300	402	1415	1415	1506	

Promotion Play-offs

Bradford City FC (Bradford)	3-0	Northampton Town FC (Northampton)
Bradford City FC (Bradford)	2-3, 3-1	Burton Albion FC (Burton-on-Trent)
Northampton Town FC (Northampton)	1-0, 1-0	Cheltenham Town FC (Cheltenham)

F.A. CUP FINAL (Wembley Stadium, London – 11/05/2013 – 86,254)

Manchester City FC (Manchester)	0-1	WIGAN ATHLETIC FC (WIGAN)
		Watson 90+1'

Manchester City FC: Hart, Zabaleta, Kompany, Nastasic, Clichy, Silva, Yaya Touré, Barry (Dzeko 90+2'), Nasri (Milner 54'), Agüero, Tevez (Rodwell 69').

Wigan Athletic FC: Robles, Boyce, Scharner, Alcaraz, Espinoza, McCarthy, McArthur, Gómez (Watson), McManaman, Koné, Maloney.

Semi-finals

Millwall FC (London)	0-2	Wigan Athletic FC (Wigan)
Chelsea FC (London)	1-2	Manchester City FC (Manchester)

Quarter-finals

Everton FC (Liverpool)	0-3	Wigan Athletic FC (Wigan)
Manchester City FC (Manchester)	5-0	Barnsley FC (Barnsley)
Millwall FC (London)	0-0, 1-0	Blackburn Rovers FC (Blackburn)
Manchester United FC (Manchester)	2-2, 0-1	Chelsea FC (London)

2013-2014

Premier League 2013/2014 Season	Arsenal	Aston Villa	Cardiff City	Chelsea	Crystal Palace	Everton	Fulham	Hull City	Liverpool	Manchester City	Manchester United	Newcastle United	Norwich City	Southampton	Stoke City	Sunderland	Swansea City	Tottenham Hotspur	West Bromwich Albion	West Ham United
Arsenal		1-3	2-0	0-0	2-0	1-1	2-0	2-0	2-0	1-1	0-0	3-0	4-1	2-0	3-1	4-1	2-2	1-0	1-0	3-1
Aston Villa	1-2		2-0	1-0	0-1	0-2	1-2	3-1	0-1	3-2	0-3	1-2	4-1	0-0	1-4	0-0	1-1	0-2	4-3	0-2
Cardiff City	0-3	0-0		1-2	0-3	0-0	3-1	0-4	3-6	3-2	2-2	1-2	2-1	0-3	1-1	2-2	1-0	0-1	1-0	0-2
Chelsea	6-0	2-1	4-1		2-1	1-0	2-0	2-0	2-1	2-1	3-1	3-0	0-0	3-1	3-0	1-2	1-0	4-0	2-2	0-0
Crystal Palace	0-2	1-0	2-0	1-0		0-0	1-4	1-0	3-3	0-2	0-2	0-3	1-1	0-1	1-0	3-1	0-2	0-1	3-1	1-0
Everton	3-0	2-1	2-1	1-0	2-3		4-1	2-1	3-3	2-3	2-0	3-2	2-0	2-1	4-0	0-1	3-2	0-0	0-0	1-0
Fulham	1-3	2-0	1-2	1-3	2-2	1-3		2-2	2-3	2-4	1-3	1-0	1-0	0-3	1-0	1-4	1-2	1-2	1-1	2-1
Hull City	0-3	0-0	1-1	0-2	0-1	0-2	6-0		3-1	0-2	2-3	1-4	1-0	0-1	0-0	1-0	1-0	1-1	2-0	1-0
Liverpool	5-1	2-2	3-1	0-2	3-1	4-0	4-0	2-0		3-2	1-0	2-1	5-1	0-1	1-0	2-1	4-3	4-0	4-1	4-1
Manchester City	6-3	4-0	4-2	0-1	1-0	3-1	5-0	2-0	2-1		4-1	4-0	7-0	4-1	1-0	2-2	3-0	6-0	3-1	2-0
Manchester United	1-0	4-1	2-0	0-0	2-0	0-1	2-2	3-1	0-3	0-3		0-1	4-0	1-1	3-2	0-1	2-0	1-2	1-2	3-1
Newcastle United	0-1	1-0	3-0	2-0	1-0	0-3	1-0	2-3	2-2	0-2	0-4		2-1	1-1	5-1	0-3	1-2	0-4	2-1	0-0
Norwich City	0-2	0-1	0-0	1-3	1-0	2-2	1-2	1-0	2-3	0-0	0-1	0-0		1-0	1-1	2-0	1-1	1-0	0-1	3-1
Southampton	2-2	2-3	0-1	0-3	2-0	2-0	2-0	4-1	0-3	1-1	1-1	4-0	4-2		2-2	1-1	2-0	2-3	1-0	0-0
Stoke City	1-0	2-1	0-0	3-2	2-1	1-1	4-1	1-0	3-5	0-0	2-1	1-0	0-1	1-1		2-0	1-1	0-1	0-0	3-1
Sunderland	1-3	0-1	4-0	3-4	0-0	0-1	0-1	0-2	1-3	1-0	1-2	2-1	0-0	2-2	1-0		1-3	1-2	2-0	1-2
Swansea City	1-2	4-1	3-0	0-1	1-1	1-2	2-0	1-1	2-2	2-3	1-4	3-0	3-0	0-1	3-3	4-0		1-3	1-2	0-0
Tottenham Hotspur	0-1	3-0	1-0	1-1	2-0	1-0	3-1	1-0	0-5	1-5	2-2	0-1	2-0	3-2	3-0	5-1	1-0		1-1	0-3
West Bromwich Albion	1-1	2-2	3-3	1-1	2-0	1-1	1-1	1-1	1-1	2-3	0-3	1-0	0-2	0-1	1-2	3-0	0-2	3-3		1-0
West Ham United	1-3	0-0	2-0	0-3	0-1	2-3	3-0	2-1	1-2	1-3	0-2	1-3	2-0	3-1	0-1	0-0	2-0	2-0	3-3	

	Premier League	Pd	Wn	Dw	Ls	GF	GA	Pts	
1.	MANCHESTER CITY FC (MANCHESTER)	38	27	5	6	102	37	86	
2.	Liverpool FC (Liverpool)	38	26	6	6	101	50	84	
3.	Chelsea FC (London)	38	25	7	6	71	27	82	
4.	Arsenal FC (London)	38	24	7	7	68	41	79	
5.	Everton FC (Liverpool)	38	21	9	8	61	39	72	
6.	Tottenham Hotspur FC (London)	38	21	6	11	55	51	69	
7.	Manchester United FC (Manchester)	38	19	7	12	64	43	64	
8.	Southampton FC (Southampton)	38	15	11	12	54	46	56	
9.	Stoke City FC (Stoke-on-Trent)	38	13	11	14	45	52	50	
10.	Newcastle United FC (Newcastle upon Tyne)	38	15	4	19	43	59	49	
11.	Crystal Palace FC (London)	38	13	6	19	33	48	45	
12.	Swansea City FC (Swansea)	38	11	9	18	54	54	42	
13.	West Ham United FC (London)	38	11	7	20	40	51	40	
14.	Sunderland AFC (Sunderland)	38	10	8	20	41	60	38	
15.	Aston Villa FC (Birmingham)	38	10	8	20	39	61	38	
16.	Hull City AFC (Kingston upon Hull)	38	10	7	21	38	53	37	
17.	West Bromwich Albion FC (West Bromwich)	38	7	15	16	43	59	36	
18.	Norwich City FC (Norwich)	38	8	9	21	28	62	33	R
19.	Fulham FC (London)	38	9	5	24	40	85	32	R
20.	Cardiff City FC (Cardiff)	38	7	9	22	32	74	30	R
		760	302	156	302	1052	1052	1062	

Top goalscorers

1)	Luis SUÁREZ	Liverpool FC (Liverpool)	31
2)	Daniel STURRIDGE	Liverpool FC (Liverpool)	21
3)	Yaya TOURÉ	Manchester City FC (Manchester)	20
4)	Sergio AGÜERO	Manchester City FC (Manchester)	17
	Wayne ROONEY	Manchester United FC (Manchester)	17

Football League Championship 2013/2014 Season	Barnsley	Birmingham City	Blackburn Rovers	Blackpool	Bolton Wanderers	Bournemouth	Brighton & Hove A.	Burnley	Charlton Athletic	Derby County	Doncaster Rovers	Huddersfield Town	Ipswich Town	Leeds United	Leicester City	Middlesbrough	Millwall	Nottingham Forest	Queen's Park Rangers	Reading	Sheffield Wednesday	Watford	Wigan Athletic	Yeovil Town
Barnsley		0-3	2-2	2-0	0-1	0-1	0-0	0-1	2-2	1-2	0-0	2-1	2-2	0-1	0-3	3-2	1-0	1-0	2-3	1-1	1-1	1-5	0-4	1-1
Birmingham City	1-1		2-4	1-1	1-2	2-4	0-1	3-3	0-1	3-3	1-1	1-2	1-1	1-3	1-2	2-2	4-0	0-0	0-2	1-2	4-1	0-1	0-1	0-2
Blackburn Rovers	5-2	2-3		2-0	4-1	0-1	3-3	1-2	0-1	1-1	1-0	0-0	2-0	1-0	1-1	1-0	3-2	0-1	2-0	0-0	0-0	1-0	4-3	0-0
Blackpool	1-0	1-2	2-2		0-0	0-1	0-1	0-1	0-3	1-3	1-1	1-0	2-3	1-1	2-2	0-2	1-0	1-1	0-2	1-0	2-0	1-0	1-0	1-2
Bolton Wanderers	1-0	2-2	4-0	1-0		2-2	0-2	0-1	1-1	2-2	3-0	0-1	1-1	0-1	0-1	2-2	3-1	1-1	0-1	1-1	1-1	2-0	1-1	1-1
Bournemouth	1-0	0-2	1-3	1-2	0-2		1-1	1-1	2-1	0-1	5-0	2-1	1-1	4-1	0-1	0-0	5-2	4-1	2-1	3-1	2-4	1-1	1-0	3-0
Brighton & Hove Alb.	1-2	1-0	3-0	1-1	3-1	1-1		2-0	3-0	1-2	1-0	0-0	0-2	1-0	3-1	0-2	1-1	1-3	2-0	1-1	1-1	1-1	1-2	2-0
Burnley	1-0	3-0	1-1	2-1	1-1	1-1	0-0		3-0	2-0	2-0	3-2	1-0	2-1	0-2	0-1	3-1	3-1	2-0	2-1	1-1	0-0	2-0	2-0
Charlton Athletic	1-2	0-2	1-3	0-0	0-0	1-0	3-2	0-3		0-2	2-0	0-0	0-1	2-4	2-1	0-1	0-1	1-1	1-0	0-1	1-1	3-1	0-0	3-2
Derby County	2-1	1-1	1-1	5-1	0-0	1-0	1-0	0-3	3-0		3-1	3-1	4-4	3-1	0-1	2-1	0-1	5-0	1-0	1-3	3-0	4-2	0-1	3-2
Doncaster Rovers	2-2	1-3	2-0	1-3	1-2	0-1	1-3	0-2	3-0	0-2		2-0	0-3	0-3	1-0	0-0	0-0	2-2	2-1	1-3	1-0	2-1	3-0	2-1
Huddersfield Town	5-0	1-3	2-4	1-1	0-1	5-1	1-1	2-1	2-1	1-1	0-0		0-2	3-2	0-2	2-2	1-0	0-3	1-1	0-1	0-2	1-2	1-0	5-1
Ipswich Town	1-1	1-0	3-1	0-0	1-0	2-2	2-0	0-1	1-1	2-1	2-1	2-1		1-2	1-2	3-1	3-0	1-1	1-3	2-0	2-1	1-1	1-3	2-1
Leeds United	0-0	4-0	1-2	2-0	1-5	2-1	2-1	1-2	0-1	1-1	1-2	5-1	1-1		0-1	2-1	2-1	0-2	0-1	2-4	1-1	3-3	2-0	2-0
Leicester City	2-1	3-2	2-1	3-1	5-3	2-1	1-4	1-1	3-0	4-1	1-0	2-1	3-0	0-0		2-0	3-0	0-2	1-0	1-0	2-1	2-2	2-0	1-1
Middlesbrough	3-1	3-1	0-0	1-1	1-0	3-3	0-1	1-0	1-0	1-0	4-0	1-1	2-0	0-0	1-2		1-2	1-1	1-3	3-0	1-1	2-2	0-0	4-1
Millwall	1-0	2-3	2-2	3-1	1-1	1-0	0-1	2-2	0-0	1-5	0-0	0-1	1-0	2-0	1-3	0-2		2-2	2-2	0-3	1-1	2-2	2-1	0-1
Nottingham Forest	3-2	1-0	4-1	0-1	3-0	1-1	1-2	1-1	0-1	1-0	0-0	1-0	0-0	2-1	2-2	2-2	1-2		2-0	2-3	3-3	4-2	1-4	3-1
Queens Park Rangers	2-0	1-0	0-0	1-1	2-1	3-0	0-0	3-3	1-0	2-1	2-1	2-1	1-0	1-1	0-1	2-0	1-1	5-2		1-3	2-1	2-1	1-0	3-0
Reading	1-3	2-0	0-1	5-1	7-1	1-2	0-0	2-2	1-0	0-0	4-1	1-1	2-1	1-0	1-1	2-0	1-1	1-1	1-1		0-2	3-3	1-2	1-1
Sheffield Wednesday	1-0	4-1	3-3	2-0	1-3	1-2	1-0	1-2	2-3	0-1	0-1	1-2	1-1	6-0	2-1	1-0	2-2	0-1	3-0	5-2		1-4	0-3	1-1
Watford	3-0	1-0	3-3	4-0	0-1	6-1	2-0	1-1	1-1	2-3	2-1	1-4	3-1	3-0	0-3	1-0	4-0	1-1	0-0	0-1	0-1		1-0	0-3
Wigan Athletic	2-0	0-0	2-1	0-2	3-2	3-0	0-1	0-0	2-1	1-3	2-2	2-1	2-0	1-0	2-2	2-2	0-1	2-1	0-0	3-0	1-0	2-1		3-3
Yeovil Town	1-4	0-1	0-1	1-0	2-2	1-1	0-0	1-2	2-2	0-3	1-0	1-2	0-1	1-2	1-2	1-4	1-1	3-1	0-1	0-1	2-0	0-0	0-1	

	Football League "The Championship"	Pd	Wn	Dw	Ls	GF	GA	Pts	
1.	Leicester City FC (Leicester)	46	31	9	6	83	43	102	P
2.	Burnley FC (Burnley)	46	26	15	5	72	37	93	P
3.	Derby County FC (Derby)	46	25	10	11	84	52	85	PO
4.	Queen's Park Rangers FC (London)	46	23	11	12	60	44	80	POP
5.	Wigan Athletic FC (Wigan)	46	21	10	15	61	48	73	PO
6.	Brighton & Hove Albion FC (Brighton)	46	19	15	12	55	40	72	PO
7.	Reading FC (Reading)	46	19	14	13	70	56	71	
8.	Blackburn Rovers FC (Blackburn)	46	18	16	12	70	62	70	
9.	Ipswich Town FC (Ipswich)	46	18	14	14	60	54	68	
10.	AFC Bournemouth (Bournemouth)	46	18	12	16	67	66	66	
11.	Nottingham Forest FC (Nottingham)	46	16	17	13	67	64	65	
12.	Middlesbrough FC (Middlesbrough)	46	16	16	14	62	50	64	
13.	Watford FC (Watford)	46	15	15	16	74	64	60	
14.	Bolton Wanderers FC (Bolton)	46	14	17	15	59	60	59	
15.	Leeds United FC (Leeds)	46	16	9	21	59	67	57	
16.	Sheffield Wednesday FC (Sheffield)	46	13	14	19	63	65	53	
17.	Huddersfield Town FC (Huddersfield)	46	14	11	21	58	65	53	
18.	Charlton Athletic FC (London)	46	13	12	21	41	61	51	
19.	Millwall FC (London)	46	11	15	20	46	74	48	
20.	Blackpool FC (Blackpool)	46	11	13	22	38	66	46	
21.	Birmingham City FC (Birmingham)	46	11	11	24	58	74	44	
22.	Doncaster Rovers FC (Doncaster)	46	11	11	24	39	70	44	R
23.	Barnsley FC (Barnsley)	46	9	12	25	44	77	39	R
24.	Yeovil Town FC (Yeovil)	46	8	13	25	44	75	37	R
		1104	396	312	396	1434	1434	1500	

Promotion Play-offs

Derby County FC (Derby)	0-1	Queen's Park Rangers FC (London)
Brighton & Hove Albion FC (Brighton)	1-2, 1-4	Derby County FC (Derby)
Wigan Athletic FC (Wigan)	0-0, 1-2 (aet)	Queen's Park Rangers FC (London)

Football League League One 2013/2014 Season	Bradford City	Brentford	Bristol City	Carlisle United	Colchester United	Coventry City	Crawley Town	Crewe Alexandra	Gillingham	Leyton Orient	Milton Keynes Dons	Notts County	Oldham Athletic	Peterborough United	Port Vale	Preston North End	Rotherham United	Sheffield United	Shrewsbury Town	Stevenage	Swindon Town	Tranmere Rovers	Walsall	Wolverhampton Wanderers
Bradford City		4-0	1-1	4-0	2-2	3-3	2-1	3-3	1-1	1-1	1-0	1-1	2-3	1-0	1-0	0-0	0-1	2-0	2-1	2-3	1-1	0-1	0-2	1-2
Brentford	2-0		3-1	0-0	3-1	3-1	1-0	5-0	2-1	0-2	3-1	3-1	1-0	3-2	2-0	1-0	0-1	3-1	1-0	2-0	3-2	2-0	1-0	0-3
Bristol City	2-2	1-2		2-1	1-1	1-2	2-0	0-0	2-1	2-2	2-2	2-1	1-1	0-3	5-0	1-1	1-2	0-1	1-1	4-1	0-0	2-2	1-0	1-2
Carlisle United	1-0	0-0	2-4		2-4	0-4	1-1	2-1	1-2	1-5	3-0	2-1	0-1	2-1	0-1	0-1	1-2	1-0	0-0	0-0	1-0	4-1	1-1	2-2
Colchester United	0-2	4-1	2-2	1-1		2-1	1-1	1-2	3-0	1-2	3-1	0-4	0-1	1-0	1-0	1-2	0-0	0-1	1-0	4-0	1-2	1-2	1-1	0-3
Coventry City	0-0	0-2	5-4	1-2	2-0		2-2	2-2	2-1	3-1	1-2	3-0	1-1	4-2	2-2	4-4	0-3	3-2	0-0	1-0	1-2	1-5	2-1	1-1
Crawley Town	1-0	0-1	1-1	0-0	1-0	3-2		1-2	3-2	2-1	0-2	1-0	1-0	1-0	0-3	2-2	1-2	0-2	1-1	1-1	0-0	2-0	0-0	2-1
Crewe Alexandra	0-0	1-3	1-0	2-1	0-0	1-2	1-0		0-3	1-2	2-0	1-3	1-1	2-2	1-2	2-1	3-3	3-0	1-1	0-3	1-1	2-1	0-3	0-2
Gillingham	0-1	1-1	1-1	1-0	0-1	4-2	1-0	1-3		1-2	3-2	2-1	0-1	2-2	3-2	1-2	3-4	0-1	1-1	3-2	2-0	2-0	2-2	1-0
Leyton Orient	0-1	0-1	1-3	4-0	2-1	2-0	2-3	2-0	5-1		2-1	5-1	1-1	1-2	3-2	0-1	1-0	1-1	3-0	2-0	2-0	2-0	1-1	1-3
Milton Keynes Dons	2-3	2-2	2-2	0-1	0-0	1-3	0-2	1-0	0-1	1-3		3-1	2-1	0-2	3-0	0-0	3-2	0-1	3-2	4-1	1-1	0-1	1-0	1-3
Notts County	3-0	0-1	1-1	4-1	2-0	3-0	1-0	4-0	3-1	0-0	1-3		3-2	2-4	4-2	0-1	0-1	2-1	2-3	0-1	2-0	2-0	1-5	0-1
Oldham Athletic	1-1	0-0	1-1	1-0	0-2	0-0	1-0	1-1	1-0	1-1	1-2	1-1		5-4	3-1	1-3	0-2	1-1	1-2	1-0	2-1	0-1	0-1	0-3
Peterborough United	2-1	1-3	1-2	4-1	2-0	1-0	0-2	4-2	2-0	1-3	2-1	4-3	2-1		0-0	2-0	0-1	0-0	1-0	0-1	1-0	3-0	0-0	1-0
Port Vale	2-1	1-1	1-1	2-1	2-0	3-2	2-1	1-3	2-1	0-2	1-0	2-1	1-0	0-1		0-2	2-0	1-2	3-1	2-2	2-3	3-2	1-0	1-3
Preston North End	2-2	0-3	1-0	6-1	1-1	1-1	1-0	0-2	3-1	1-1	2-2	2-0	2-1	3-1	3-2		3-3	0-0	5-2	3-0	2-1	1-1	2-1	0-0
Rotherham United	0-0	3-0	2-1	0-0	2-2	1-3	2-2	4-2	4-1	2-1	2-2	6-0	3-2	0-1	1-0	0-0		3-1	2-2	2-1	0-4	1-1	1-1	3-3
Sheffield United	2-2	0-0	3-0	1-0	1-1	2-1	1-1	3-1	1-2	1-1	0-1	2-1	1-1	2-0	2-1	0-1	1-0		2-0	1-0	1-0	3-1	1-1	0-2
Shrewsbury Town	2-1	1-1	2-3	2-2	1-1	1-1	1-1	1-3	2-0	0-2	0-0	1-0	1-2	2-4	0-0	0-1	0-3	2-0		1-0	2-0	0-1	0-1	0-1
Stevenage	1-1	2-1	1-3	1-3	2-3	0-1	2-0	1-0	3-1	0-1	2-3	0-1	3-4	0-1	1-1	1-1	0-3	0-0	1-3		2-0	3-1	3-2	0-0
Swindon Town	1-0	1-0	3-2	3-1	0-0	2-1	1-1	5-0	2-2	1-3	1-2	2-0	0-1	2-1	5-2	1-0	1-2	2-1	3-1	1-0		1-0	1-3	1-4
Tranmere Rovers	1-2	3-4	1-1	0-0	2-1	3-1	3-3	1-0	1-2	0-4	3-2	3-2	2-1	0-5	0-1	1-2	1-2	0-0	2-1	0-0	1-2		1-1	1-1
Walsall	0-2	1-1	0-1	2-0	0-1	0-1	1-2	1-1	1-1	1-1	0-3	1-1	1-0	2-0	0-2	0-3	1-1	2-1	1-0	2-1	1-1	3-1		0-3
Wolverhampton W.	2-0	0-0	3-1	3-0	4-2	1-1	2-1	2-0	4-0	1-1	0-2	2-0	2-0	2-0	3-0	2-0	6-4	2-0	0-0	2-0	3-2	2-0	0-1	

	Football League "League One"	Pd	Wn	Dw	Ls	GF	GA	Pts	
1.	Wolverhampton Wanderers FC (Wolverhampton)	46	31	10	5	89	31	103	P
2.	Brentford FC (Brentford)	46	28	10	8	72	43	94	P
3.	Leyton Orient FC (Leyton)	46	25	11	10	85	45	86	PO
4.	Rotherham United FC (Rotherham)	46	24	14	8	86	58	86	POP
5.	Preston North End FC (Preston)	46	23	16	7	72	46	85	PO
6.	Peterborough United FC (Peterborough)	46	23	5	18	72	58	74	PO
7.	Sheffield United FC (Sheffield)	46	18	13	15	48	46	67	
8.	Swindon Town FC (Swindon)	46	19	9	18	63	59	66	
9.	Port Vale FC (Stoke-on-Trent)	46	18	7	21	59	73	61	
10.	Milton Keynes Dons FC (Milton Keynes)	46	17	9	20	63	65	60	
11.	Bradford City FC (Bradford)	46	14	17	15	57	54	59	
12.	Bristol City FC (Bristol)	46	13	19	14	70	67	58	
13.	Walsall FC (Walsall)	46	14	16	16	49	49	58	
14.	Crawley Town FC (Crawley)	46	14	15	17	48	54	57	
15.	Oldham Athletic FC (Oldham)	46	14	14	18	50	59	56	
16.	Colchester United FC (Colchester)	46	13	14	19	53	61	53	
17.	Gillingham FC (Gillingham)	46	15	8	23	60	79	53	
18.	Coventry City FC (Coventry)	46	16	13	17	74	77	51	-10
19.	Crewe Alexandra FC (Crewe)	46	13	12	21	54	80	51	
20.	Notts County FC (Nottingham)	46	15	5	26	64	77	50	
21.	Tranmere Rovers FC (Birkenhead)	46	12	11	23	52	79	47	R
22.	Carlisle United FC (Carlisle)	46	11	12	23	43	76	45	R
23.	Shrewsbury Town FC (Shrewsbury)	46	9	15	22	44	65	42	R
24.	Stevenage FC (Stevenage)	46	11	9	26	46	72	42	R
		1104	410	284	410	1473	1473	1504	(-10)

Coventry City FC (Coventry) had 10 points deducted after exiting administration without a CVA.

Promotion Play-offs

Leyton Orient FC (Leyton)	2-2 (aet)	Rotherham United FC (Rotherham)

Rotherham United FC won 4-3 on penalties.

Peterborough United FC (Peterborough)	1-1, 1-2	Leyton Orient FC (Leyton)
Preston North End FC (Preston)	1-1, 1-3	Rotherham United FC (Rotherham)

Football League League Two 2013/2014 Season	Accrington Stanley	AFC Wimbledon	Bristol Rovers	Burton Albion	Bury	Cheltenham Town	Chesterfield	Dagenham & Red.	Exeter City	Fleetwood Town	Hartlepool United	Mansfield Town	Morecambe	Newport County	Northampton Town	Oxford United	Plymouth Argyle	Portsmouth	Rochdale	Scunthorpe United	Southend United	Torquay United	Wycombe Wands.	York City
Accrington Stanley		3-2	2-1	0-1	0-0	0-1	3-1	1-2	2-3	2-0	0-0	1-1	5-1	3-3	0-1	0-0	1-1	2-2	1-2	2-3	1-1	2-1	1-1	1-1
AFC Wimbledon	1-1		0-0	3-1	0-1	4-3	1-1	1-1	2-1	2-0	2-1	0-0	0-3	2-2	0-2	0-2	1-1	4-0	0-3	3-2	0-1	0-2	1-0	0-1
Bristol Rovers	0-1	3-0		2-0	1-1	1-0	0-0	1-2	2-1	1-3	2-2	0-1	1-0	3-1	1-0	1-1	2-1	2-0	1-2	0-0	0-0	1-2	0-1	3-2
Burton Albion	2-1	1-1	1-0		2-2	2-1	0-2	1-1	1-1	2-4	3-0	1-0	0-1	1-0	1-0	0-2	1-0	1-2	1-0	2-2	0-1	2-0	1-0	1-1
Bury	3-0	1-1	2-1	0-0		4-1	0-2	1-1	2-0	2-2	1-0	0-0	0-2	0-0	1-1	1-1	4-0	4-4	0-0	2-2	1-1	1-3	1-0	2-1
Cheltenham Town	1-2	1-0	0-0	2-2	2-1		1-4	2-3	1-0	1-2	2-2	1-2	3-0	0-0	1-1	2-2	1-3	2-2	1-2	0-2	1-2	1-0	1-1	2-2
Chesterfield	1-0	2-0	3-1	0-2	4-0	2-0		1-1	1-1	2-1	1-1	0-1	1-0	1-1	0-0	3-0	2-0	0-0	2-2	1-1	2-1	3-1	2-0	2-2
Dagenham & Red.	0-0	1-0	2-0	2-0	2-1	1-2	0-1		1-1	0-1	0-2	0-0	1-1	1-1	0-3	1-0	1-2	1-4	3-1	3-3	1-1	0-1	2-0	2-0
Exeter City	0-1	2-0	2-1	0-1	2-2	1-1	0-2	1-2		3-0	0-3	0-1	1-1	0-2	0-1	0-0	3-1	1-1	0-1	2-0	0-2	1-2	0-1	2-1
Fleetwood Town	3-1	0-0	3-1	2-3	2-1	0-2	1-1	3-1	1-2		2-0	5-4	2-2	4-1	2-0	1-1	0-4	3-1	0-0	0-1	1-1	4-1	1-0	1-2
Hartlepool United	2-1	3-1	4-0	1-1	0-3	0-1	1-2	2-1	0-2	0-1		2-4	2-1	3-0	2-0	1-3	1-0	0-0	0-3	0-0	0-1	3-0	1-2	2-0
Mansfield Town	2-3	1-0	1-1	0-0	1-4	0-2	0-0	3-0	0-0	1-0	1-4		1-2	2-1	3-0	1-3	0-1	2-2	3-0	0-2	2-1	1-3	2-2	0-1
Morecambe	1-2	1-1	2-1	0-1	0-0	0-1	4-3	2-2	2-0	1-0	1-2	0-1		4-1	1-1	1-1	2-1	2-2	1-2	1-1	2-1	1-1	1-1	0-0
Newport County	4-1	1-2	1-0	1-1	0-0	0-1	3-2	1-2	1-1	0-0	2-0	1-1	2-3		1-2	3-2	1-2	1-2	2-1	2-2	3-1	2-1	2-0	3-0
Northampton Town	1-0	2-2	0-0	1-0	0-3	1-1	1-3	2-2	1-2	1-0	2-0	1-1	0-0	3-1		3-1	0-2	0-1	0-3	1-1	2-1	1-2	1-4	0-2
Oxford United	1-2	2-1	0-1	1-2	2-1	1-1	0-1	2-1	0-0	0-2	1-0	3-0	3-0	0-0	2-0		2-3	0-0	1-1	0-2	0-2	1-0	2-2	0-1
Plymouth Argyle	0-0	1-2	1-0	0-1	2-1	1-1	2-1	2-1	1-2	0-2	1-1	1-1	5-0	0-0	1-0	0-2		1-1	1-0	0-2	1-1	2-0	0-3	0-4
Portsmouth	1-0	1-0	3-2	0-0	1-0	0-0	0-2	1-0	3-2	0-1	1-0	1-1	3-0	0-2	0-0	1-4	3-3		3-0	1-2	1-2	0-1	2-2	0-1
Rochdale	2-1	1-2	2-0	1-1	1-0	2-0	2-2	0-1	3-1	1-2	3-0	3-0	2-1	3-0	3-2	3-0	3-0	3-0		0-4	0-3	1-0	3-2	0-0
Scunthorpe United	0-2	0-0	1-1	1-0	2-2	2-0	1-1	1-1	0-4	0-0	1-0	2-0	2-0	1-1	1-1	1-0	1-0	5-1	3-0		2-2	3-1	0-0	2-2
Southend United	1-0	0-1	1-1	1-0	0-0	1-1	3-0	0-1	2-3	2-0	1-1	3-0	1-3	0-0	2-0	3-0	1-0	2-1	1-1	0-1		1-0	1-1	2-1
Torquay United	0-1	1-1	1-1	1-1	2-1	4-2	0-2	0-1	1-3	0-1	0-0	0-0	1-1	0-1	1-2	1-3	1-1	1-1	2-1	0-1	1-0		0-3	0-3
Wycombe Wanderers	0-0	0-3	1-2	1-2	1-2	1-2	1-0	2-0	1-1	1-1	2-1	0-1	1-0	0-1	1-1	0-1	0-1	0-1	0-2	1-1	2-1	3-2		1-1
York City	1-1	0-2	0-0	0-0	1-0	0-0	0-2	3-1	2-1	0-2	0-0	1-2	1-0	1-0	1-0	0-0	1-1	4-2	0-0	4-1	0-0	1-0	2-0	

	Football League "League Two"	**Pd**	**Wn**	**Dw**	**Ls**	**GF**	**GA**	**Pts**	
1.	Chesterfield FC (Chesterfield)	46	23	15	8	71	40	84	P
2.	Scunthorpe United FC (Scunthorpe)	46	20	21	5	68	44	81	P
3.	Rochdale AFC (Rochdale)	46	24	9	13	69	48	81	P
4.	Fleetwood Town FC (Fleetwood)	46	22	10	14	66	52	76	POP
5.	Southend United FC (Southend-on-Sea)	46	19	15	12	56	39	72	PO
6.	Burton Albion FC (Burton-on-Trent)	46	19	15	12	47	42	72	PO
7.	York City FC (York)	46	18	17	11	52	41	71	PO
8.	Oxford United FC (Oxford)	46	16	14	16	53	50	62	
9.	Dagenham & Redbridge FC (Dagenham)	46	15	15	16	53	59	60	
10.	Plymouth Argyle FC (Plymouth)	46	16	12	18	51	58	60	
11.	Mansfield Town FC (Mansfield)	46	15	15	16	49	58	60	
12.	Bury FC (Bury)	46	13	20	13	59	51	59	
13.	Portsmouth FC (Portsmouth)	46	14	17	15	56	66	59	
14.	Newport County AFC (Newport)	46	14	16	16	56	59	58	
15.	Accrington Stanley FC (Accrington)	46	14	15	17	54	56	57	
16.	Exeter City FC (Exeter)	46	14	13	19	54	57	55	
17.	Cheltenham Town FC (Cheltenham)	46	13	16	17	53	63	55	
18.	Morecambe FC (Morecambe)	46	13	15	18	52	64	54	
19.	Hartlepool United FC (Hartlepool)	46	14	11	21	50	56	53	
20.	AFC Wimbledon (Kingston upon Thames)	46	14	14	18	49	57	53	-3
21.	Northampton Town FC (Northampton)	46	13	14	19	42	57	53	
22.	Wycombe Wanderers FC (High Wycombe)	46	12	14	20	46	54	50	
23.	Bristol Rovers FC (Bristol)	46	12	14	20	43	54	50	R
24.	Torquay United FC (Torquay)	46	12	9	25	42	66	45	R
		1104	379	346	379	1291	1291	1480	(-3)

Note: AFC Wimbledon had 3 points deducted for fielding an ineligible player.

Promotion Play-offs

Burton Albion FC (Burton-on-Trent)	0-1	Fleetwood Town FC (Fleetwood)
Burton Albion FC (Burton-on-Trent)	1-0, 2-2	Southend United FC (Southend-on-Sea)
York City FC (York)	0-1, 0-0	Fleetwood Town FC (Fleetwood)

F.A. CUP FINAL (Wembley Stadium, London – 17/05/2014 – 89,345)

Arsenal FC (London)	3-2 (aet)	Hull City AFC (Kingston upon Hull)
Cazorla 17', Koscielny 71', Ramsey 109'		*Chester 4', Davies 8'*

Arsenal FC: Fabianski, Sagna, Gibbs, Ramsey, Mertesacker, Koscielny, Cazorla (Rosicky 105'), Arteta, Giroud, Özil (Wilshere 105'), Podolski (Sanogo 61').

Hull City AFC: McGregor, El Mohamady, Rosenior (Boyd 102'), Davies, Bruce (McShane 67'), Chester, Livermore, Meyler, Fryatt, Quinn (Aluko 75'), Huddlestone.

Semi-Finals

Wigan Athletic FC (Wigan)	1-1 (aet)	Arsenal FC (London)
	Arsenal FC won 4-2 on penalties.	
Hull City AFC (Kingston upon Hull)	5-3	Sheffield United FC (Sheffield)

Quarter-finals

Arsenal FC (London)	4-1	Everton FC (Liverpool)
Sheffield United FC (Sheffield)	2-0	Charlton Athletic FC (London)
Hull City AFC (Kingston upon Hull)	3-0	Sunderland AFC (Sunderland)
Manchester City FC (Manchester)	1-2	Wigan Athletic FC (Wigan)

2014-2015

Premier League 2014/2015 Season	Arsenal	Aston Villa	Burnley	Chelsea	Crystal Palace	Everton	Hull City	Leicester City	Liverpool	Manchester City	Manchester United	Newcastle United	Queen's Park Rangers	Southampton	Stoke City	Sunderland	Swansea City	Tottenham Hotspur	West Bromwich Albion	West Ham United
Arsenal		5-0	3-0	0-0	2-1	2-0	2-2	2-1	4-1	2-2	1-2	4-1	2-1	1-0	3-0	0-0	0-1	1-1	4-1	3-0
Aston Villa	0-3		0-1	1-2	0-0	3-2	2-1	2-1	0-2	0-2	1-1	0-0	3-3	1-1	1-2	0-0	0-1	1-2	2-1	1-0
Burnley	0-1	1-1		1-3	2-3	1-3	1-0	0-1	0-1	1-0	0-0	1-1	2-1	1-0	0-0	0-0	0-1	0-0	2-2	1-3
Chelsea	2-0	3-0	1-1		1-0	1-0	2-0	2-0	1-1	1-1	1-0	2-0	2-1	1-1	2-1	3-1	4-2	3-0	2-0	2-0
Crystal Palace	1-2	0-1	0-0	1-2		0-1	0-2	2-0	3-1	2-1	1-2	1-1	3-1	1-3	1-1	1-3	1-0	2-1	0-2	1-3
Everton	2-2	3-0	1-0	3-6	2-3		1-1	2-2	0-0	1-1	3-0	3-0	3-1	1-0	0-1	0-2	0-0	0-1	0-0	2-1
Hull City	1-3	2-0	0-1	2-3	2-0	2-0		0-1	1-0	2-4	0-0	0-3	2-1	0-1	1-1	1-1	0-1	1-2	0-0	2-2
Leicester City	1-1	1-0	2-2	1-3	0-1	2-2	0-0		1-3	0-1	5-3	3-0	5-1	2-0	0-1	0-0	2-0	1-2	0-1	2-1
Liverpool	2-2	0-1	2-0	1-2	1-3	1-1	0-0	2-2		2-1	1-2	2-0	2-1	2-1	1-0	0-0	4-1	3-2	2-1	2-0
Manchester City	0-2	3-2	2-2	1-1	3-0	1-0	1-1	2-0	3-1		1-0	5-0	6-0	2-0	0-1	3-2	2-1	4-1	3-0	2-0
Manchester United	1-1	3-1	3-1	1-1	1-0	2-1	3-0	3-1	3-0	4-2		3-1	4-0	0-1	2-1	2-0	1-2	3-0	0-1	2-1
Newcastle United	1-2	1-0	3-3	2-1	3-3	3-2	2-2	1-0	1-0	0-2	0-1		1-0	1-2	1-1	0-1	2-3	1-3	1-1	2-0
Queen's Park Rangers	1-2	2-0	2-0	0-1	0-0	1-2	0-1	3-2	2-3	2-2	0-2	2-1		0-1	2-2	1-0	1-1	1-2	3-2	0-0
Southampton	2-0	6-1	2-0	1-1	1-0	3-0	2-0	2-0	0-2	0-3	1-2	4-0	2-1		1-0	8-0	0-1	2-2	0-0	0-0
Stoke City	3-2	0-1	1-2	0-2	1-2	2-0	1-0	0-1	6-1	1-4	1-1	1-0	3-1	2-1		1-1	2-1	3-0	2-0	2-2
Sunderland	0-2	0-4	2-0	0-0	1-4	1-1	1-3	0-0	0-1	1-4	1-1	1-0	0-2	2-1	3-1		0-0	2-2	0-0	1-1
Swansea City	2-1	1-0	1-0	0-5	1-1	1-1	3-1	2-0	0-1	2-4	2-1	2-2	2-0	0-1	2-0	1-1		1-2	3-0	1-1
Tottenham Hotspur	2-1	0-1	2-1	5-3	0-0	2-1	2-0	4-3	0-3	0-1	0-0	1-2	4-0	1-0	1-2	2-1	3-2		0-1	2-2
West Bromwich Albion	0-1	1-0	4-0	3-0	2-2	0-2	1-0	2-3	0-0	1-3	2-2	0-2	1-4	1-0	1-0	2-2	2-0	0-3		1-2
West Ham United	1-2	0-0	1-0	0-1	1-3	1-2	3-0	2-0	3-1	2-1	1-1	1-0	2-0	1-3	1-1	1-0	3-1	0-1	1-1	

	Premier League	Pd	Wn	Dw	Ls	GF	GA	Pts	
1.	CHELSEA FC (LONDON)	38	26	9	3	73	32	87	
2.	Manchester City FC (Manchester)	38	24	7	7	83	38	79	
3.	Arsenal FC (London)	38	22	9	7	71	36	75	
4.	Manchester United FC (Manchester)	38	20	10	8	62	37	70	
5.	Tottenham Hotspur FC (London)	38	19	7	12	58	53	64	
6.	Liverpool FC (Liverpool)	38	18	8	12	52	48	62	
7.	Southampton FC (Southampton)	38	18	6	14	54	33	60	
8.	Swansea City FC (Swansea)	38	16	8	14	46	49	56	
9.	Stoke City FC (Stoke-on-Trent)	38	15	9	14	48	45	54	
10.	Crystal Palace FC (London)	38	13	9	16	47	51	48	
11.	Everton FC (Liverpool)	38	12	11	15	48	50	47	
12.	West Ham United FC (London)	38	12	11	15	44	47	47	
13.	West Bromwich Albion FC (West Bromwich)	38	11	11	16	38	51	44	
14.	Leicester City FC (Leicester)	38	11	8	19	46	55	41	
15.	Newcastle United FC (Newcastle upon Tyne)	38	10	9	19	40	63	39	
16.	Sunderland AFC (Sunderland)	38	7	17	14	31	53	38	
17.	Aston Villa FC (Birmingham)	38	10	8	20	31	57	38	
18.	Hull City AFC (Kingston upon Hull)	38	8	11	19	33	51	35	R
19.	Burnley FC (Burnley)	38	7	12	19	28	53	33	R
20.	Queen's Park Rangers FC (London)	38	8	6	24	42	73	30	R
		760	287	186	287	975	975	1047	

Top goalscorers

1)	Sergio AGÜERO	Manchester City FC (Manchester)	26
2)	Harry KANE	Tottenham Hotspur FC (London)	21
3)	Diego COSTA	Chelsea FC (London)	20
4)	Charlie AUSTIN	Queen's Park Rangers FC (London)	18
5)	Alexis SÁNCHEZ	Arsenal FC (London)	16

Football League Championship 2014/2015 Season	Birmingham City	Blackburn Rovers	Blackpool	Bolton Wanderers	AFC Bournemouth	Brentford	Brighton & Hove A.	Cardiff City	Charlton Athletic	Derby County	Fulham	Huddersfield Town	Ipswich Town	Leeds United	Middlesbrough	Millwall	Norwich City	Nottingham Forest	Reading	Rotherham United	Sheffield Wednesday	Watford	Wigan Athletic	Wolverhampton W.
Birmingham City		2-2	1-0	0-1	0-8	1-0	1-0	0-0	1-0	0-4	1-2	1-1	2-2	1-1	1-1	0-1	0-0	2-1	6-1	2-1	0-2	2-1	3-1	2-1
Blackburn Rovers	1-0		1-1	1-0	3-2	2-3	0-1	1-1	2-0	2-3	2-1	0-0	3-2	2-1	0-0	2-0	1-2	3-3	3-1	2-1	1-2	2-2	3-1	0-1
Blackpool	1-0	1-2		1-1	1-6	1-2	1-0	1-0	0-3	0-1	0-1	0-0*	0-2	1-1	1-2	1-0	1-3	4-4	1-1	1-1	0-1	0-1	1-3	0-0
Bolton Wanderers	0-1	2-1	1-1		1-2	3-1	1-0	3-0	1-1	0-2	3-1	1-0	0-0	1-1	1-2	2-0	1-2	2-2	1-1	3-2	0-0	3-4	3-1	2-2
Bournemouth	4-2	0-0	4-0	3-0		1-0	3-2	5-3	1-0	2-2	2-0	1-1	2-2	1-3	3-0	2-2	1-2	1-2	3-0	1-1	2-2	2-0	2-0	2-1
Brentford	1-1	3-1	4-0	2-2	3-1		3-2	1-2	1-1	2-1	2-1	4-1	2-4	2-0	0-1	2-2	0-3	2-2	3-1	1-0	0-0	1-2	3-0	4-0
Brighton & Hove Alb.	4-3	1-1	0-0	2-1	0-2	0-1		1-1	2-2	2-0	1-2	0-0	3-2	2-0	1-2	0-1	0-1	2-3	2-2	1-1	0-1	0-2	1-0	1-1
Cardiff City	2-0	1-1	3-2	0-3	1-1	2-3	0-0		1-2	0-2	1-0	3-1	3-1	3-1	0-1	0-0	2-4	2-1	2-1	0-0	2-1	2-4	1-0	0-1
Charlton Athletic	1-1	1-3	2-2	2-1	0-3	3-0	0-1	1-1		3-2	1-1	3-0	0-1	2-1	0-0	0-0	2-3	2-1	3-2	1-1	1-1	1-0	2-1	1-1
Derby County	2-2	2-0	4-0	4-1	2-0	1-1	3-0	2-2	2-0		5-1	3-2	1-1	2-0	0-1	0-0	2-2	1-2	0-3	1-0	3-2	2-2	1-2	5-0
Fulham	1-1	0-1	2-2	4-0	1-5	1-4	0-2	1-1	3-0	2-0		3-1	1-2	0-3	4-3	0-1	1-0	3-2	2-1	1-1	4-0	0-5	2-2	0-1
Huddersfield Town	0-1	2-2	4-2	2-1	0-4	2-1	1-1	0-0	1-1	4-4	0-2		2-1	1-2	1-2	2-1	2-2	3-0	3-0	0-2	0-0	3-1	0-0	1-4
Ipswich Town	4-2	1-1	3-2	1-0	1-1	1-1	2-0	3-1	3-0	0-1	2-1	2-2		4-1	2-0	2-0	0-1	2-1	0-1	2-0	2-1	1-0	0-0	2-1
Leeds United	1-1	0-3	3-1	1-0	1-0	0-1	0-2	1-2	2-2	2-0	0-1	3-0	2-1		1-0	1-0	0-2	0-0	0-0	0-0	1-1	2-3	0-2	1-2
Middlesbrough	2-0	1-1	1-1	1-0	0-0	4-0	0-0	2-1	3-1	2-0	2-0	2-0	4-1	0-1		3-0	4-0	3-0	0-1	2-0	2-3	1-1	1-0	2-1
Millwall	1-3	2-2	2-1	0-1	0-2	2-3	0-0	1-0	2-1	3-3	0-0	1-3	1-3	2-0	1-5		1-4	0-0	0-0	0-1	1-3	0-2	2-0	3-3
Norwich City	2-2	3-1	4-0	2-1	1-1	1-2	3-3	3-2	0-1	1-1	4-2	5-0	2-0	1-1	0-1	6-1		3-1	1-2	1-1	2-0	3-0	0-1	2-0
Nottingham Forest	1-3	1-3	2-0	4-1	2-1	1-3	0-0	1-2	1-1	1-1	5-3	0-1	2-2	1-1	2-1	0-1	2-1		4-0	2-0	0-2	1-3	3-0	1-2
Reading	0-1	0-0	3-0	0-0	0-1	0-2	2-1	1-1	0-1	0-3	3-0	1-2	1-0	0-2	0-0	3-2	2-1	0-3		3-0	2-0	0-1	0-1	3-3
Rotherham United	0-1	2-0	1-1	4-2	0-2	0-2	1-0	1-3	1-1	3-3	3-3	2-2	2-0	2-1	0-3	2-1	1-1	0-0	2-1		2-3	0-2	1-2	1-0
Sheffield Wednesday	0-0	1-2	1-0	1-2	0-2	1-0	0-0	1-1	1-1	0-0	1-1	1-1	1-1	1-2	2-0	1-1	0-0	0-1	1-0	0-0		0-3	2-1	0-1
Watford	1-0	1-0	7-2	3-0	1-1	2-1	1-1	0-1	5-0	1-2	1-0	4-2	0-1	4-1	2-0	3-1	0-3	2-2	4-1	3-0	1-1		2-1	0-1
Wigan Athletic	4-0	1-1	1-0	1-1	1-3	0-0	2-1	0-1	0-3	0-2	3-3	0-1	1-2	0-1	1-1	0-0	0-1	0-0	2-2	1-2	0-1	0-2		0-1
Wolverhampton W.	0-0	3-1	2-0	1-0	1-2	2-1	1-1	1-0	0-0	2-0	3-0	1-3	1-1	4-3	2-0	4-2	1-0	0-3	1-2	5-0	3-0	2-2	2-2	

	Football League "The Championship"	Pd	Wn	Dw	Ls	GF	GA	Pts	
1.	AFC Bournemouth (Bournemouth)	46	26	12	8	98	45	90	P
2.	Watford FC (Watford)	46	27	8	11	91	50	89	P
3.	Norwich City FC (Norwich)	46	25	11	10	88	48	86	POP
4.	Middlesbrough FC (Middlesbrough)	46	25	10	11	68	37	85	PO
5.	Brentford FC (Brentford)	46	23	9	14	78	59	78	PO
6.	Ipswich Town FC (Ipswich)	46	22	12	12	72	54	78	PO
7.	Wolverhampton Wanderers FC (Wolverhampton)	46	22	12	12	70	56	78	
8.	Derby County FC (Derby)	46	21	14	11	85	56	77	
9.	Blackburn Rovers FC (Blackburn)	46	17	16	13	66	59	67	
10.	Birmingham City FC (Birmingham)	46	16	15	15	54	64	63	
11.	Cardiff City FC (Cardiff)	46	16	14	16	57	61	62	
12.	Charlton Athletic FC (London)	46	14	18	14	54	60	60	
13.	Sheffield Wednesday FC (Sheffield)	46	14	18	14	43	49	60	
14.	Nottingham Forest FC (Nottingham)	46	15	14	17	71	69	59	
15.	Leeds United FC (Leeds)	46	15	11	20	50	61	56	
16.	Huddersfield Town FC (Huddersfield)	46	13	16	17	58	75	55	
17.	Fulham FC (London)	46	14	10	22	62	83	52	
18.	Bolton Wanderers FC (Bolton)	46	13	12	21	54	67	51	
19.	Reading FC (Reading)	46	13	11	22	48	69	50	
20.	Brighton & Hove Albion FC (Brighton)	46	10	17	19	44	54	47	
21.	Rotherham United FC (Rotherham)	46	11	16	19	46	67	46	-3
22.	Millwall FC (London)	46	9	14	23	42	76	41	R
23.	Wigan Athletic FC (Wigan)	46	9	12	25	39	64	39	R
24.	Blackpool FC (Blackpool)	46	4	14	28	36	91	26	R
		1104	394	316	394	1474	1474	1495	(-3)

Rotherham United FC (Rotherham) had 3 points deducted for fielding an ineligible player.

Note: Blackpool vs Huddersfield Town played on 2nd May 2015 was abandoned after 48 minutes following a pitch invasion by the home fans. The game was subsequently recorded as a 0-0 draw.

Promotion Play-offs

Middlesbrough FC (Middlesbrough)	0-2	Norwich City FC (Norwich)
Brentford FC (Brentford)	1-2, 0-3	Middlesbrough FC (Middlesbrough)
Ipswich Town FC (Ipswich)	1-1, 1-3	Norwich City FC (Norwich)

Football League League One 2014/2015 Season	Barnsley	Bradford City	Bristol City	Chesterfield	Colchester United	Coventry City	Crawley Town	Crewe Alexandra	Doncaster Rovers	Fleetwood Town	Gillingham	Leyton Orient	Milton Keynes Dons	Notts County	Oldham Athletic	Peterborough	Port Vale	Preston North End	Rochdale	Scunthorpe United	Sheffield United	Swindon Town	Walsall	Yeovil Town
Barnsley		3-1	2-2	1-1	3-2	1-0	0-1	2-0	1-1	1-2	4-1	2-0	3-5	2-3	1-0	1-1	2-1	1-1	5-0	1-2	0-2	0-3	3-0	2-0
Bradford City	1-0		0-6	0-1	1-1	3-2	1-0	2-0	1-2	2-2	1-1	3-1	2-1	1-0	2-0	0-1	1-1	0-3	1-2	1-1	0-2	1-2	1-1	1-3
Bristol City	2-2	2-2		3-2	2-1	0-0	1-0	3-0	3-0	2-0	0-0	0-0	3-2	4-0	1-0	2-0	3-1	0-1	1-0	2-0	1-3	3-0	8-2	2-1
Chesterfield	2-1	0-1	0-2		6-0	2-3	3-0	1-0	2-2	3-0	3-0	2-3	0-1	1-1	1-1	3-2	3-0	0-2	2-1	4-1	3-2	0-3	1-0	0-0
Colchester United	3-1	0-0	3-2	2-1		0-1	2-3	2-3	0-1	2-1	1-2	2-0	0-1	0-1	2-2	1-3	1-2	1-0	1-4	2-2	2-3	1-1	0-2	2-0
Coventry City	2-2	1-0	1-3	0-0	1-0		2-2	1-3	1-3	1-1	1-0	0-1	2-1	0-1	1-1	3-2	2-3	0-2	2-2	1-1	1-0	0-3	0-0	2-1
Crawley Town	5-1	1-3	1-2	1-1	0-0	1-2		1-1	0-5	1-0	1-2	1-0	2-2	2-0	2-0	1-4	1-2	2-1	0-4	2-2	1-1	1-0	1-0	2-0
Crewe Alexandra	1-2	0-1	1-0	0-0	0-3	2-1	0-0		1-1	2-0	3-1	1-1	0-5	0-3	0-1	1-0	2-1	1-1	2-5	2-0	0-1	0-0	1-1	1-0
Doncaster Rovers	1-0	0-3	1-3	3-2	2-0	2-0	0-0	2-1		0-0	1-2	0-2	0-0	0-0	0-2	0-2	1-3	1-1	1-1	5-2	0-1	1-2	0-2	3-0
Fleetwood Town	0-0	0-2	3-3	0-0	2-3	0-2	1-0	2-1	3-1		1-0	1-1	0-3	2-1	0-2	1-1	1-0	1-1	1-0	2-2	1-1	2-2	0-1	4-0
Gillingham	0-1	1-0	1-3	2-3	2-2	3-1	1-1	2-0	1-1	0-1		3-2	4-2	3-1	3-2	2-1	2-2	0-1	1-0	0-3	2-0	2-2	0-0	2-0
Leyton Orient	0-0	0-2	1-3	1-2	0-2	2-2	4-1	4-1	0-1	0-1	3-3		0-0	0-1	3-0	1-2	3-1	0-2	2-3	1-4	1-1	1-2	0-0	3-0
Milton Keynes Dons	2-0	1-2	0-0	1-2	6-0	0-0	2-0	6-1	3-0	2-1	4-2	6-1		4-1	7-0	3-0	1-0	0-2	2-2	2-0	1-0	2-1	0-3	5-1
Notts County	1-1	1-1	1-2	0-1	2-1	0-0	5-3	2-1	2-0	0-1	1-0	1-1	0-1		0-0	1-2	0-1	1-3	1-2	2-2	1-2	0-3	1-2	1-2
Oldham Athletic	1-3	2-1	1-1	0-0	0-1	4-1	1-1	1-2	2-2	1-0	0-0	1-3	1-3	3-0		1-1	1-1	0-4	3-0	3-2	2-2	2-1	2-1	0-4
Peterborough United	2-1	2-0	0-3	1-0	0-2	0-1	4-3	1-1	0-0	1-0	1-2	1-0	3-2	0-0	2-2		3-1	0-1	2-1	1-2	1-2	1-2	0-0	1-0
Port Vale	2-1	2-2	0-3	1-2	1-2	0-2	2-3	0-1	3-0	1-2	2-1	3-0	0-0	0-2	0-1	2-1		2-2	1-0	2-2	2-1	0-1	1-1	4-1
Preston North End	1-0	1-2	1-1	3-3	4-2	1-0	2-0	5-1	2-2	3-2	2-2	2-2	1-1	1-1	1-0	2-0	2-0		1-0	2-0	1-1	3-0	1-0	1-1
Rochdale	0-1	0-2	1-1	1-0	2-1	1-0	4-1	4-0	1-3	0-2	1-1	1-0	2-3	2-2	0-3	0-1	1-0	3-0		3-1	1-2	2-4	4-0	2-1
Scunthorpe United	0-1	1-1	0-2	2-0	1-1	2-1	2-1	2-1	1-2	0-2	2-1	1-2	1-1	0-1	0-1	2-0	1-1	0-4	2-1		1-1	3-1	2-1	1-1
Sheffield United	0-1	1-1	1-2	1-1	4-1	2-2	1-0	1-2	3-2	1-2	2-1	2-2	0-1	1-1	1-1	1-2	1-0	2-1	1-0	4-0		2-0	1-1	2-0
Swindon Town	2-0	2-1	1-0	3-1	2-2	1-1	1-2	2-0	0-1	1-0	0-3	2-2	0-3	3-0	2-2	1-0	1-0	1-0	2-3	3-1	5-2		3-3	0-1
Walsall	3-1	0-0	1-1	1-0	0-0	0-2	5-0	0-1	3-0	1-0	1-1	0-2	1-1	0-0	2-0	0-0	0-1	3-1	3-2	1-4	1-1	1-4		1-2
Yeovil Town	1-1	1-0	0-3	2-3	0-1	0-0	2-1	1-1	0-3	0-1	2-2	0-3	0-2	1-1	2-1	1-0	1-2	0-2	0-3	1-1	1-0	1-1	0-1	

	Football League "League One"	Pd	Wn	Dw	Ls	GF	GA	Pts	
1.	Bristol City FC (Bristol)	46	29	12	5	96	38	99	P
2.	Milton Keynes Dons FC (Milton Keynes)	46	27	10	9	101	44	91	P
3.	Preston North End FC (Preston)	46	25	14	7	79	40	89	POP
4.	Swindon Town FC (Swindon)	46	23	10	13	76	57	79	PO
5.	Sheffield United FC (Sheffield)	46	19	14	13	66	53	71	PO
6.	Chesterfield FC (Chesterfield)	46	19	12	15	68	55	69	PO
7.	Bradford City FC (Bradford)	46	17	14	15	55	55	65	
8.	Rochdale AFC (Rochdale)	46	19	6	21	72	66	63	
9.	Peterborough United FC (Peterborough)	46	18	9	19	53	56	63	
10.	Fleetwood Town FC (Fleetwood)	46	17	12	17	49	52	63	
11.	Barnsley FC (Barnsley)	46	17	11	18	62	61	62	
12.	Gillingham FC (Gillingham)	46	16	14	16	65	66	62	
13.	Doncaster Rovers FC (Doncaster)	46	16	13	17	58	62	61	
14.	Walsall FC (Walsall)	46	14	17	15	50	54	59	
15.	Oldham Athletic FC (Oldham)	46	14	15	17	54	67	57	
16.	Scunthorpe United FC (Scunthorpe)	46	14	14	18	62	75	56	
17.	Coventry City FC (Coventry)	46	13	16	17	49	60	55	
18.	Port Vale FC (Stoke-on-Trent)	46	15	9	22	55	65	54	
19.	Colchester United FC (Colchester)	46	14	10	22	58	77	52	
20.	Crewe Alexandra FC (Crewe)	46	14	10	22	43	75	52	
21.	Notts County FC (Nottingham)	46	12	14	20	45	63	50	R
22.	Crawley Town FC (Crawley)	46	13	11	22	53	79	50	R
23.	Leyton Orient FC (Leyton)	46	12	13	21	59	69	49	R
24.	Yeovil Town FC (Yeovil)	46	10	10	26	36	75	40	R
		1104	407	290	407	1464	1464	1511	

Promotion Play-offs

Preston North End FC (Preston)	4-0	Swindon Town FC (Swindon)
Chesterfield FC (Chesterfield)	0-1, 0-3	Preston North End FC (Preston)
Sheffield United FC (Sheffield)	1-2, 5-5	Swindon Town FC (Swindon)

Football League League Two 2014/2015 Season	Accrington Stanley	AFC Wimbledon	Burton Albion	Bury	Cambridge United	Carlisle United	Cheltenham Town	Dagenham & Red.	Exeter City	Hartlepool United	Luton Town	Mansfield Town	Morecambe	Newport County	Northampton Town	Oxford United	Plymouth Argyle	Portsmouth	Shrewsbury Town	Southend United	Stevenage	Tranmere Rovers	Wycombe Wands.	York City
Accrington Stanley		1-0	1-0	0-1	2-1	3-1	1-1	1-2	2-3	3-1	2-2	2-1	2-1	0-2	1-5	1-0	1-0	1-1	1-2	0-1	2-2	3-2	1-1	2-2
AFC Wimbledon	2-1		3-0	3-2	1-2	1-3	1-1	1-0	4-1	1-2	3-2	0-1	1-0	2-0	2-2	0-0	0-0	1-0	2-2	0-0	2-3	2-2	0-0	2-1
Burton Albion	3-0	0-0		1-0	1-3	1-1	1-0	2-1	1-0	4-0	1-0	2-1	0-2	0-1	3-1	2-0	1-1	2-0	1-0	2-1	1-1	2-0	1-0	2-0
Bury	2-1	2-0	3-1		2-0	2-1	0-1	0-2	1-1	1-0	1-0	2-0	1-2	1-3	2-1	0-1	2-1	3-0	1-0	0-1	2-1	2-0	1-1	2-2
Cambridge United	2-2	0-0	2-3	0-2		5-0	1-2	1-1	1-2	2-1	0-1	3-1	1-2	4-0	2-1	5-1	1-0	2-6	0-0	0-1	1-1	1-2	0-1	0-3
Carlisle United	1-0	4-4	3-4	0-3	0-1		1-0	1-0	1-3	3-3	0-1	2-1	1-1	2-3	2-1	2-1	2-0	2-2	1-2	1-1	3-0	1-0	2-3	0-3
Cheltenham Town	2-1	1-1	1-3	1-2	3-1	0-0		1-1	1-2	1-0	1-1	1-1	1-1	0-1	3-2	1-1	0-3	1-1	0-1	0-1	0-1	2-0	1-4	0-1
Dagenham & Red.	4-0	4-0	1-3	1-0	2-3	4-2	3-1		1-2	2-0	0-0	2-0	0-3	0-1	0-2	0-0	2-0	0-0	1-2	1-3	0-2	0-1	0-1	2-0
Exeter City	1-2	3-2	1-1	2-1	2-2	2-0	1-0	2-1		1-2	1-1	1-2	1-1	2-0	0-2	1-1	1-3	1-1	3-2	0-1	0-0	1-2	2-1	1-1
Hartlepool United	1-1	1-0	0-1	0-2	2-1	0-3	2-0	0-2	2-1		1-2	1-0	0-2	2-2	1-0	1-1	3-2	0-0	2-0	0-1	1-3	0-0	1-3	1-3
Luton Town	2-0	0-1	0-1	1-1	3-2	1-0	1-0	3-1	2-3	3-0		3-0	2-3	3-0	1-0	2-0	0-1	1-1	0-0	2-0	2-0	1-0	2-3	2-2
Mansfield Town	0-1	2-1	1-2	0-1	0-0	3-2	1-1	2-1	2-3	1-1	1-0		1-0	1-0	1-1	2-1	1-0	1-2	0-1	1-2	1-0	1-0	0-0	1-4
Morecambe	1-1	1-1	1-2	1-0	0-2	0-1	0-0	2-3	0-2	0-1	3-0	2-1		3-2	0-1	1-0	2-1	3-1	1-4	3-1	0-0	0-0	1-3	1-1
Newport County	1-1	4-1	1-1	0-2	1-1	2-1	1-1	2-3	2-2	2-2	1-0	0-1	0-1		3-2	0-1	2-0	1-0	0-1	1-0	2-0	1-1	0-2	3-1
Northampton Town	4-5	2-0	1-2	2-3	0-1	0-2	2-0	1-0	1-0	5-1	2-1	1-0	2-1	3-0		1-3	2-3	1-0	1-1	1-1	1-0	1-0	2-3	3-0
Oxford United	3-1	0-0	0-1	2-1	2-0	2-1	1-2	3-3	2-2	0-2	1-1	3-0	1-1	1-0	1-1		0-0	0-1	0-2	2-3	0-0	2-0	1-2	0-0
Plymouth Argyle	1-0	1-1	1-1	0-2	2-0	1-0	3-0	3-0	3-0	2-0	0-1	2-1	1-1	0-0	2-0	1-2		3-0	1-0	2-0	1-1	3-2	0-1	1-1
Portsmouth	2-3	0-2	1-1	0-1	2-1	3-0	2-2	3-0	1-0	1-0	2-0	1-1	3-0	0-1	2-0	0-0	2-1		0-2	1-2	3-2	3-2	1-1	1-1
Shrewsbury Town	4-0	2-0	1-0	5-0	1-1	1-0	3-1	2-0	4-0	3-0	2-0	2-0	1-0	0-0	1-2	2-0	0-2	2-1		1-1	3-2	2-1	0-0	1-0
Southend United	1-2	0-1	0-0	1-1	0-0	2-0	2-0	0-0	1-1	1-0	1-0	2-0	0-1	2-0	2-0	1-1	0-0	2-0	1-0		2-0	1-0	2-2	1-0
Stevenage	2-1	2-1	1-0	0-0	3-2	1-0	5-1	0-1	1-0	1-0	1-2	3-0	1-1	2-1	2-1	0-2	1-0	1-0	1-0	4-2		2-2	1-3	2-3
Tranmere Rovers	3-0	1-1	1-4	0-1	1-1	0-2	2-3	2-3	1-2	1-1	0-1	0-0	2-1	0-0	2-1	0-3	0-1	3-1	2-1	1-2	2-2		1-2	1-1
Wycombe Wanderers	2-2	2-0	1-3	0-0	1-0	3-1	2-1	1-1	2-1	1-0	1-1	2-1	0-1	1-2	1-1	2-3	0-2	0-0	1-0	4-1	2-2	0-2		1-0
York City	1-0	2-3	1-1	0-1	2-2	0-0	1-0	0-2	0-0	1-0	0-0	1-1	2-1	0-2	1-1	0-1	0-0	0-0	0-1	2-3	0-2	2-0	0-0	

	Football League "League Two"	Pd	Wn	Dw	Ls	GF	GA	Pts	
1.	Burton Albion FC (Burton-on-Trent)	46	28	10	8	69	39	94	P
2.	Shrewsbury Town FC (Shrewsbury)	46	27	8	11	67	31	89	P
3.	Bury FC (Bury)	46	26	7	13	60	40	85	P
4.	Wycombe Wanderers FC (High Wycombe)	46	23	15	8	67	45	84	PO
5.	Southend United FC (Southend-on-Sea)	46	24	12	10	54	38	84	POP
6.	Stevenage FC (Stevenage)	46	20	12	14	62	54	72	PO
7.	Plymouth Argyle FC (Plymouth)	46	20	11	15	55	37	71	PO
8.	Luton Town FC (Luton)	46	19	11	16	54	44	68	
9.	Newport County AFC (Newport)	46	18	11	17	51	54	65	
10.	Exeter City FC (Exeter)	46	17	13	16	61	65	64	
11.	Morecambe FC (Morecambe)	46	17	12	17	53	52	63	
12.	Northampton Town FC (Northampton)	46	18	7	21	67	62	61	
13.	Oxford United FC (Oxford)	46	15	16	15	50	49	61	
14.	Dagenham & Redbridge FC (Dagenham)	46	17	8	21	58	59	59	
15.	AFC Wimbledon (Kingston upon Thames)	46	14	16	16	54	60	58	
16.	Portsmouth FC (Portsmouth)	46	14	15	17	52	54	57	
17.	Accrington Stanley FC (Accrington)	46	15	11	20	58	77	56	
18.	York City FC (York)	46	11	19	16	46	51	52	
19.	Cambridge United FC (Cambridge)	46	13	12	21	61	66	51	
20.	Carlisle United FC (Carlisle)	46	14	8	24	56	74	50	
21.	Mansfield Town FC (Mansfield)	46	13	9	24	38	62	48	
22.	Hartlepool United FC (Hartlepool)	46	12	9	25	39	70	45	
23.	Cheltenham Town FC (Cheltenham)	46	9	14	23	40	67	41	R
24.	Tranmere Rovers FC (Birkenhead)	46	9	12	25	45	67	39	R
		1104	413	278	413	1317	1317	1517	

Promotion Play-offs

Southend United FC (Southend-on-Sea)	1-1 (aet)	Wycombe Wanderers FC (High Wycombe)
	Southend United FC won 7-6 on penalties.	
Plymouth Argyle FC (Plymouth)	2-3, 1-2	Wycombe Wanderers FC (High Wycombe)
Stevenage FC (Stevenage)	1-1, 1-3	Southend United FC (Southend-on-Sea)

F.A. CUP FINAL (Wembley Stadium, London – 30/05/2015 –89,283)

Arsenal FC (London)	4-0	Aston Villa FC (Birmingham)

Walcott 40', Sánchez 50', Mertesacker 62', Giroud 90+3'

Arsenal FC: Szczesny, Bellerin, Mertesacker, Koscielny, Monreal, Coquelin, Cazorla, Ramsey, Özil (Wilshere 77'), A. Sánchez (Oxlade-Chamberlain 90'), Walcott (Giroud 77').

Aston Villa FC: Given, Hutton, Okore, Vlaar, Richardson (Bacuna 68'), Cleverley, Westwood (C. Sánchez 71'), Delph, N'Zogbia (Agbonlahor 53'), Benteke, Grealish.

Semi-finals

Reading FC (Reading)	1-2 (aet)	Arsenal FC (London)
Aston Villa FC (Birmingham)	2-1	Liverpool FC (Liverpool)

Quarter-finals

Bradford City FC (Bradford)	0-0, 0-3	Reading FC (Reading)
Aston Villa FC (Birmingham)	2-0	West Bromwich Albion FC (West Bromwich)
Liverpool FC (Liverpool)	0-0, 1-0	Blackburn Rovers FC (Blackburn)
Manchester United FC (Manchester)	1-2	Arsenal FC (London)

2015-2016

Premier League 2015/2016 Season	Arsenal	Aston Villa	AFC Bournemouth	Chelsea	Crystal Palace	Everton	Leicester City	Liverpool	Manchester City	Manchester United	Newcastle United	Norwich City	Southampton	Stoke City	Sunderland	Swansea City	Tottenham Hotspur	Watford	West Bromwich Albion	West Ham United
Arsenal		4-0	2-0	0-1	1-1	2-1	2-1	0-0	2-1	3-0	1-0	1-0	0-0	2-0	3-1	1-2	1-1	4-0	2-0	0-2
Aston Villa	0-2		1-2	0-4	1-0	1-3	1-1	0-6	0-0	0-1	0-0	2-0	2-4	0-1	2-2	1-2	0-2	2-3	0-1	1-1
AFC Bournemouth	0-2	0-1		1-4	0-0	3-3	1-1	1-2	0-4	2-1	0-1	3-0	2-0	1-3	2-0	3-2	1-5	1-1	1-1	1-3
Chelsea	2-0	2-0	0-1		1-2	3-3	1-1	1-3	0-3	1-1	5-1	1-0	1-3	1-1	3-1	2-2	2-2	2-2	2-2	2-2
Crystal Palace	1-2	2-1	1-2	0-3		0-0	0-1	1-2	0-1	0-0	5-1	1-0	1-0	2-1	0-1	0-0	1-3	1-2	2-0	1-3
Everton	0-2	4-0	2-1	3-1	1-1		2-3	1-1	0-2	0-3	3-0	3-0	1-1	3-4	6-2	1-2	1-1	2-2	0-1	2-3
Leicester City	2-5	3-2	0-0	2-1	1-0	3-1		2-0	0-0	1-1	1-0	1-0	1-0	3-0	4-2	4-0	1-1	2-1	2-2	2-2
Liverpool	3-3	3-2	1-0	1-1	1-2	4-0	1-0		3-0	0-1	2-2	1-1	1-1	4-1	2-2	1-0	1-1	2-0	2-2	0-3
Manchester City	2-2	4-0	5-1	3-0	4-0	0-0	1-3	1-4		0-1	6-1	2-1	3-1	4-0	4-1	2-1	1-2	2-0	2-1	1-2
Manchester United	3-2	1-0	3-1	0-0	2-0	1-0	1-1	3-1	0-0		0-0	1-2	0-1	3-0	3-0	2-1	1-0	1-0	2-0	0-0
Newcastle United	0-1	1-1	1-3	2-2	1-0	0-1	0-3	2-0	1-1	3-3		6-2	2-2	0-0	1-1	3-0	5-1	1-2	1-0	2-1
Norwich City	1-1	2-0	3-1	1-2	1-3	1-1	1-2	4-5	0-0	0-1	3-2		1-0	1-1	0-3	1-0	0-3	4-2	0-1	2-2
Southampton	4-0	1-1	2-0	1-2	4-1	0-3	2-2	3-2	4-2	2-3	3-1	3-0		0-1	1-1	3-1	0-2	2-0	3-0	1-0
Stoke City	0-0	2-1	2-1	1-0	1-2	0-3	2-2	0-1	2-0	2-0	1-0	3-1	1-2		1-1	2-2	0-4	0-2	0-1	2-1
Sunderland	0-0	3-1	1-1	3-2	2-2	3-0	0-2	0-1	0-1	2-1	3-0	1-3	0-1	2-0		1-1	0-1	0-1	0-0	2-2
Swansea City	0-3	1-0	2-2	1-0	1-1	0-0	0-3	3-1	1-1	2-1	2-0	1-0	0-1	0-1	2-4		2-2	1-0	1-0	0-0
Tottenham Hotspur	2-2	3-1	3-0	0-0	1-0	0-0	0-1	0-0	4-1	3-0	1-2	3-0	1-2	2-2	4-1	2-1		1-0	1-1	4-1
Watford	0-3	3-2	0-0	0-0	0-1	1-1	0-1	3-0	1-2	1-2	2-1	2-0	0-0	1-2	2-2	1-0	1-2		0-0	2-0
West Bromwich Albion	2-1	0-0	1-2	2-3	3-2	2-3	2-3	1-1	0-3	1-0	1-0	0-1	0-0	2-1	1-0	1-1	1-1	0-1		0-3
West Ham United	3-3	2-0	3-4	2-1	2-2	1-1	1-2	2-0	2-2	3-2	2-0	2-2	2-1	0-0	1-0	1-4	1-0	3-1	1-1	

	Premier League	Pd	Wn	Dw	Ls	GF	GA	Pts	
1.	LEICESTER CITY FC (LEICESTER)	38	23	12	3	68	36	81	
2.	Arsenal FC (London)	38	20	11	7	65	36	71	
3.	Tottenham Hotspur FC (London)	38	19	13	6	69	35	70	
4.	Manchester City FC (Manchester)	38	19	9	10	71	41	66	
5.	Manchester United FC (Manchester)	38	19	9	10	49	35	66	
6.	Southampton FC (Southampton)	38	18	9	11	59	41	63	
7.	West Ham United FC (London)	38	16	14	8	65	51	62	
8.	Liverpool FC (Liverpool)	38	16	12	10	63	50	60	
9.	Stoke City FC (Stoke-on-Trent)	38	14	9	15	41	55	51	
10.	Chelsea FC (London)	38	12	14	12	59	53	50	
11.	Everton FC (Liverpool)	38	11	14	13	59	55	47	
12.	Swansea City FC (Swansea)	38	12	11	15	42	52	47	
13.	Watford FC (Watford)	38	12	9	17	40	50	45	
14.	West Bromwich Albion FC (West Bromwich)	38	10	13	15	34	48	43	
15.	Crystal Palace FC (London)	38	11	9	18	39	51	42	
16.	AFC AFC Bournemouth (Bournemouth)	38	11	9	18	45	67	42	
17.	Sunderland AFC (Sunderland)	38	9	12	17	48	62	39	
18.	Newcastle United FC (Newcastle upon Tyne)	38	9	10	19	44	65	37	R
19.	Norwich City FC (Norwich)	38	9	7	22	39	67	34	R
20.	Aston Villa FC (Birmingham)	38	3	8	27	27	76	17	R
		760	273	214	273	1026	1026	1033	

Top goalscorers

1)	Harry KANE	Tottenham Hotspur FC (London)	25
2)	Sergio AGÜERO	Manchester City FC (Manchester)	24
	Jamie VARDY	Leicester City FC (Leicester)	24
4)	Romelu LUKAKU	Everton FC (Liverpool)	18
5)	Riyad MAHREZ	Leicester City FC (Leicester)	17

Football League Championship 2015/2016 Season	Birmingham City	Blackburn Rovers	Bolton Wanderers	Brentford	Brighton & Hove A.	Bristol City	Burnley	Cardiff City	Charlton Athletic	Derby County	Fulham	Huddersfield Town	Hull City	Ipswich Town	Leeds United	Middlesbrough	Milton Keynes Dons	Nottingham Forest	Preston North End	Queen's Park Rangers	Reading	Rotherham United	Sheffield Wednesday	Wolverhampton W.
Birmingham City		0-0	1-0	2-1	1-2	4-2	1-2	1-0	0-1	1-1	1-1	0-2	1-0	3-0	1-2	2-2	1-0	0-1	2-2	2-1	2-1	0-2	1-2	0-2
Blackburn Rovers	2-0		0-0	1-1	0-1	2-2	0-1	1-1	3-0	0-0	3-0	0-2	0-2	2-0	1-2	2-1	3-2	0-0	1-2	1-1	3-1	1-0	2-2	1-2
Bolton Wanderers	0-1	1-0		1-1	2-2	0-0	1-2	2-3	0-0	0-0	2-2	0-2	1-0	2-2	1-1	1-2	3-1	1-1	1-2	1-1	0-1	2-1	0-0	2-1
Brentford	0-2	0-1	3-1		0-0	1-1	1-3	2-1	1-2	1-3	3-0	4-2	0-2	2-2	1-1	0-1	2-0	2-1	2-1	1-0	1-3	2-1	1-2	3-0
Brighton & Hove Alb.	2-1	1-0	3-2	3-0		2-1	2-2	1-1	3-2	1-1	5-0	2-1	1-0	0-1	4-0	0-3	2-1	1-0	0-0	4-0	1-0	2-1	0-0	0-1
Bristol City	0-0	0-2	6-0	2-4	0-4		1-2	0-2	1-1	2-3	1-4	4-0	1-1	2-1	2-2	1-0	1-1	2-0	1-2	1-1	0-2	1-1	4-1	1-0
Burnley	2-2	1-0	2-0	1-0	1-1	4-0		0-0	4-0	4-1	3-1	2-1	1-0	0-0	1-0	1-1	2-1	1-0	0-2	1-0	1-2	2-0	3-1	1-1
Cardiff City	1-1	1-0	2-1	3-2	4-1	0-0	2-2		2-1	2-1	1-1	2-0	0-2	1-0	0-2	1-0	0-0	1-1	2-1	0-0	2-0	2-2	2-2	2-0
Charlton Athletic	2-1	1-1	2-2	0-3	1-3	0-1	0-3	0-0		0-1	2-2	1-2	2-1	0-3	0-0	2-0	0-0	1-1	0-3	2-0	3-4	1-1	3-1	0-2
Derby County	0-3	1-0	4-1	2-0	2-2	4-0	0-0	2-0	1-1		2-0	2-0	4-0	0-1	1-2	1-1	0-1	1-0	0-0	1-0	1-1	3-0	1-1	4-2
Fulham	2-5	2-1	1-0	2-2	1-2	1-2	2-3	2-1	3-0	1-1		1-1	0-1	1-2	1-1	0-2	2-1	1-3	1-1	4-0	4-2	4-1	0-1	0-3
Huddersfield Town	1-1	1-1	4-1	1-5	1-1	1-2	1-3	2-3	5-0	1-2	1-1		2-2	0-1	0-3	0-2	2-0	1-1	3-1	0-1	3-1	2-0	0-1	1-0
Hull City	2-0	1-1	1-0	2-0	0-0	4-0	3-0	2-0	6-0	0-2	2-1	2-0		3-0	2-2	3-0	1-1	1-1	2-0	1-1	2-1	5-1	0-0	2-1
Ipswich Town	1-1	2-0	2-0	1-3	2-3	2-2	2-0	0-0	0-0	0-1	1-1	0-0	0-1		2-1	0-2	3-2	1-0	1-1	2-1	2-1	0-1	2-1	2-2
Leeds United	0-2	0-2	2-1	1-1	1-2	1-0	1-1	1-0	1-2	2-2	1-1	1-4	2-1	0-1		0-0	1-1	0-1	1-0	1-1	3-2	0-1	1-1	2-1
Middlesbrough	0-0	1-1	3-0	3-1	1-1	0-1	1-0	3-1	3-0	2-0	0-0	3-0	1-0	0-0	3-0		2-0	0-1	1-0	1-0	2-1	1-0	1-0	2-1
Milton Keynes Dons	0-2	3-0	1-0	1-4	1-2	0-2	0-5	2-1	1-0	1-3	1-1	1-1	0-2	0-1	1-2	1-1		1-2	0-1	2-0	1-0	0-4	2-1	1-2
Nottingham Forest	1-1	1-1	3-0	0-3	1-2	1-2	1-1	1-2	0-0	1-0	3-0	0-2	0-1	1-1	1-1	1-2	2-1		1-0	0-0	3-1	2-1	0-3	1-1
Preston North End	1-1	1-2	0-0	1-3	0-0	1-1	0-1	0-0	2-1	1-2	1-2	2-1	1-0	1-2	1-1	0-0	1-1	1-0		1-1	1-0	2-1	1-0	1-1
Queens Park Rangers	2-0	2-2	4-3	3-0	2-2	1-0	0-0	2-2	2-1	2-0	1-3	1-1	1-2	1-0	1-0	2-3	3-0	1-2	0-0		1-1	4-2	0-0	1-1
Reading	0-2	1-0	2-1	1-2	1-1	1-0	0-0	1-1	1-0	0-1	2-2	2-2	1-2	5-1	0-0	2-0	0-0	2-1	1-2	0-1		1-0	1-1	0-0
Rotherham United	0-0	0-1	4-0	2-1	2-0	3-0	1-2	2-1	1-4	3-3	1-3	1-1	2-0	2-5	2-1	1-0	1-4	0-0	0-0	0-3	1-1		1-2	1-2
Sheffield Wednesday	3-0	2-1	3-2	4-0	0-0	2-0	1-1	3-0	3-0	0-0	3-2	3-1	1-1	1-1	2-0	1-3	0-0	1-0	3-1	1-1	1-1	0-1		4-1
Wolverhampton W.	0-0	0-0	2-2	0-2	0-0	2-1	0-0	1-3	2-1	2-1	3-2	3-0	1-1	0-0	2-3	1-3	0-0	1-1	1-2	2-3	1-0	0-0	2-1	

	Football League "The Championship"	Pd	Wn	Dw	Ls	GF	GA	Pts	
1.	Burnley FC (Burnley)	46	26	15	5	72	35	93	P
2.	Middlesbrough FC (Middlesbrough)	46	26	11	9	63	31	89	P
3.	Brighton & Hove Albion FC (Brighton)	46	24	17	5	72	42	89	PO
4.	Hull City AFC (Kingston upon Hull)	46	24	11	11	69	35	83	PO
5.	Derby County FC (Derby)	46	21	15	10	66	43	78	PO
6.	Sheffield Wednesday FC (Sheffield)	46	19	17	10	66	45	74	PO
7.	Ipswich Town FC (Ipswich)	46	18	15	13	53	51	69	
8.	Cardiff City FC (Cardiff)	46	17	17	12	56	51	68	
9.	Brentford FC (Brentford)	46	19	8	19	72	67	65	
10.	Birmingham City FC (Birmingham)	46	16	15	15	53	49	63	
11.	Preston North End FC (Preston)	46	15	17	14	45	45	62	
12.	Queen's Park Rangers FC (London)	46	14	18	14	54	54	60	
13.	Leeds United FC (Leeds)	46	14	17	15	50	58	59	
14.	Wolverhampton Wanderers FC (Wolverhampton)	46	14	16	16	53	58	58	
15.	Blackburn Rovers FC (Blackburn)	46	13	16	17	46	46	55	
16.	Nottingham Forest FC (Nottingham)	46	13	16	17	43	47	55	
17.	Reading FC (Reading)	46	13	13	20	52	59	52	
18.	Bristol City FC (Bristol)	46	13	13	20	54	71	52	
19.	Huddersfield Town FC (Huddersfield)	46	13	12	21	59	70	51	
20.	Fulham FC (London)	46	12	15	19	66	79	51	
21.	Rotherham United FC (Rotherham)	46	13	10	23	53	71	49	
22.	Charlton Athletic FC (London)	46	9	13	24	40	80	40	R
23.	Milton Keynes Dons FC (Milton Keynes)	46	9	12	25	39	69	39	R
24.	Bolton Wanderers FC (Bolton)	46	5	15	26	41	81	30	R
		1104	380	344	380	1337	1337	1484	

Promotion Play-offs

Hull City AFC (Kingston upon Hull)	1-0	Sheffield Wednesday FC (Sheffield)
Sheffield Wednesday FC (Sheffield)	2-0, 1-1	Brighton & Hove Albion FC (Brighton)
Derby County FC (Derby)	0-3, 2-0	Hull City AFC (Kingston upon Hull)

Football League One 2015/2016 Season	Barnsley	Blackpool	Bradford City	Burton Albion	Bury	Chesterfield	Colchester United	Coventry City	Crewe Alexandra	Doncaster Rovers	Fleetwood Town	Gillingham	Millwall	Oldham Athletic	Peterborough United	Port Vale	Rochdale	Scunthorpe United	Sheffield United	Shrewsbury Town	Southend United	Swindon Town	Walsall	Wigan Athletic
Barnsley		4-2	0-0	1-0	3-0	1-2	2-2	2-0	1-2	1-0	0-1	2-0	2-1	2-1	1-0	1-2	6-1	0-0	1-1	1-2	0-2	4-1	0-2	0-2
Blackpool	1-1		0-1	1-2	1-1	2-0	0-1	0-1	2-0	0-2	1-0	1-0	1-1	0-0	2-0	0-1	0-2	5-0	0-0	2-3	2-0	1-0	0-4	0-4
Bradford City	0-1	1-0		2-0	2-1	2-0	1-2	0-0	2-0	2-1	2-1	1-2	1-0	1-0	0-2	1-0	2-2	1-0	2-2	1-1	2-0	1-0	4-0	1-1
Burton Albion	0-0	1-0	3-1		1-1	1-0	5-1	1-2	0-0	3-3	2-1	2-1	2-1	0-0	2-1	2-0	1-0	2-1	0-0	1-2	1-0	1-0	0-0	1-1
Bury	0-0	4-3	0-0	1-0		1-0	5-2	2-1	0-0	1-0	3-4	0-1	1-3	1-1	3-1	1-0	0-0	1-2	1-0	2-2	3-2	2-2	2-3	2-2
Chesterfield	3-1	1-1	0-1	1-2	3-0		3-3	1-1	3-1	1-1	0-0	1-3	1-2	1-2	0-1	4-2	0-0	0-3	0-3	7-1	3-0	0-4	1-4	2-3
Colchester United	2-3	2-2	2-0	0-3	0-1	1-1		1-3	2-3	4-1	1-1	2-1	0-0	0-0	1-4	2-1	1-2	2-2	1-2	0-0	0-2	1-4	4-4	3-3
Coventry City	4-3	0-0	1-0	0-2	6-0	1-0	0-1		3-2	2-2	1-2	4-1	2-1	1-1	3-2	1-0	0-1	1-2	3-1	3-0	2-2	0-0	1-1	2-0
Crewe Alexandra	1-2	1-2	0-1	1-1	3-3	1-2	1-1	0-5		3-1	1-1	0-1	1-3	1-0	1-5	0-0	2-0	2-3	1-0	1-2	1-2	1-3	1-1	1-1
Doncaster Rovers	2-1	0-1	0-1	0-0	1-1	3-0	2-0	2-0	3-2		2-0	2-2	1-1	1-1	1-2	1-2	0-2	0-1	0-1	0-1	0-0	2-2	1-2	3-1
Fleetwood Town	0-2	0-0	1-1	4-0	2-0	0-1	4-0	0-1	2-0	0-0		2-1	2-1	1-1	2-0	1-2	1-1	2-1	2-2	0-0	1-1	5-1	0-1	1-3
Gillingham	2-1	2-1	3-0	0-3	3-1	1-2	1-0	0-0	3-0	1-0	5-1		1-2	3-3	2-1	0-2	2-0	2-1	4-0	2-3	1-1	0-0	1-2	2-0
Millwall	2-3	3-0	0-0	2-0	1-0	0-2	4-1	0-4	1-1	2-0	1-0	0-3		3-0	3-0	3-1	3-1	0-2	1-0	3-1	0-2	2-0	0-1	0-0
Oldham Athletic	1-2	1-0	1-2	0-1	0-1	1-0	1-1	0-2	1-0	1-2	1-0	2-1	1-2		1-5	1-1	2-3	2-4	1-1	1-1	2-5	2-0	1-0	1-1
Peterborough United	3-2	5-1	0-4	0-1	2-3	2-0	2-1	3-1	3-0	4-0	2-1	1-1	5-3	1-2		2-3	1-2	0-2	1-3	1-1	0-0	1-2	1-1	2-3
Port Vale	0-1	2-0	1-1	0-4	1-0	3-2	2-0	1-1	3-0	3-0	0-0	1-1	0-2	1-1	1-1		4-1	1-1	2-1	2-0	3-1	1-0	0-5	3-2
Rochdale	3-0	3-0	1-3	2-1	3-0	2-3	3-1	0-0	2-2	2-2	1-0	1-1	0-1	0-0	2-0	2-1		2-1	2-0	3-2	4-1	2-2	1-2	0-2
Scunthorpe United	2-0	0-1	0-2	1-0	2-1	1-1	3-0	1-0	2-0	2-0	1-0	0-0	0-0	1-1	0-4	1-0	1-1		0-1	2-1	1-0	6-0	0-1	1-1
Sheffield United	0-0	2-0	3-1	0-1	1-3	2-0	2-3	1-0	3-2	3-1	3-0	0-0	1-2	3-0	2-3	1-0	3-2	0-2		2-4	2-2	1-1	2-0	0-2
Shrewsbury Town	0-3	2-0	1-1	0-1	2-0	1-2	4-2	2-1	0-1	1-2	1-1	2-2	1-2	0-1	3-4	1-1	2-0	2-2	1-2		1-2	0-1	1-3	1-5
Southend United	2-1	1-0	0-1	3-1	4-1	0-1	3-0	3-0	1-1	0-3	2-2	1-1	0-4	0-1	2-1	1-0	2-2	2-1	3-1	0-1		0-1	0-2	0-0
Swindon Town	0-1	3-2	4-1	0-1	0-1	1-0	1-2	2-2	4-3	2-0	1-1	1-3	2-2	1-2	1-2	2-2	2-1	2-1	0-2	3-0	4-2		2-1	1-4
Walsall	1-3	1-1	2-1	2-0	0-1	1-2	2-1	2-1	1-1	2-0	3-1	3-2	0-3	1-1	2-0	2-0	0-3	0-0	1-1	2-1	1-0	1-1		1-2
Wigan Athletic	1-4	0-1	1-0	0-1	3-0	3-1	5-0	1-0	1-0	0-0	2-1	3-2	2-2	0-0	1-1	3-0	1-0	3-0	3-3	1-0	4-1	1-0	0-0	

	Football League "League One"	Pd	Wn	Dw	Ls	GF	GA	Pts	
1.	Wigan Athletic FC (Wigan)	46	24	15	7	82	45	87	P
2.	Burton Albion FC (Burton-on-Trent)	46	25	10	11	57	37	85	P
3.	Walsall FC (Walsall)	46	24	12	10	71	49	84	PO
4.	Millwall FC (London)	46	24	9	13	73	49	81	PO
5.	Bradford City FC (Bradford)	46	23	11	12	55	40	80	PO
6.	Barnsley FC (Barnsley)	46	22	8	16	70	54	74	POP
7.	Scunthorpe United FC (Scunthorpe)	46	21	11	14	60	47	74	
8.	Coventry City FC (Coventry)	46	19	12	15	67	49	69	
9.	Gillingham FC (Gillingham)	46	19	12	15	71	56	69	
10.	Rochdale AFC (Rochdale)	46	19	12	15	68	61	69	
11.	Sheffield United FC (Sheffield)	46	18	12	16	64	59	66	
12.	Port Vale FC (Stoke-on-Trent)	46	18	11	17	56	58	65	
13.	Peterborough United FC (Peterborough)	46	19	6	21	82	73	63	
14.	Bury FC (Bury)	46	16	12	18	56	73	60	
15.	Southend United FC (Southend-on-Sea)	46	16	11	19	58	64	59	
16.	Swindon Town FC (Swindon)	46	16	11	19	64	71	59	
17.	Oldham Athletic FC (Oldham)	46	12	18	16	44	58	54	
18.	Chesterfield FC (Chesterfield)	46	15	8	23	58	70	53	
19.	Fleetwood Town FC (Fleetwood)	46	12	15	19	52	56	51	
20.	Shrewsbury Town FC (Shrewsbury)	46	13	11	22	58	79	50	
21.	Doncaster Rovers FC (Doncaster)	46	11	13	22	48	64	46	R
22.	Blackpool FC (Blackpool)	46	12	10	24	40	63	46	R
23.	Colchester United FC (Colchester)	46	9	13	24	57	99	40	R
24.	Crewe Alexandra FC (Crewe)	46	7	13	26	46	83	34	R
		1104	414	276	414	1457	1457	1518	

Promotion Play-offs

Barnsley FC (Barnsley)	3-1	Millwall FC (London)
Barnsley FC (Barnsley)	3-0, 3-1	Walsall FC (Walsall)
Bradford City FC (Bradford)	1-3, 1-1	Millwall FC (London)

Football League Two 2015/2016 Season	Accrington Stanley	AFC Wimbledon	Barnet	Bristol Rovers	Cambridge United	Carlisle United	Crawley Town	Dagenham & Red.	Exeter City	Hartlepool United	Leyton Orient	Luton Town	Mansfield	Morecambe	Newport County	Northampton Town	Notts County	Oxford United	Plymouth Argyle	Portsmouth	Stevenage	Wycombe Wands.	Yeovil Town	York City
Accrington Stanley		3-4	2-2	1-0	1-1	1-1	4-1	3-1	4-2	3-1	1-0	1-1	1-0	2-2	2-2	1-1	3-2	1-3	2-1	1-3	0-0	1-1	2-1	3-0
AFC Wimbledon	0-0		2-0	0-0	1-2	1-0	1-0	0-1	2-1	2-0	1-0	4-1	3-1	2-5	1-0	1-1	2-1	1-2	0-2	0-1	1-2	1-1	2-3	2-1
Barnet	1-2	1-2		1-0	0-0	0-0	4-2	3-1	2-0	1-3	3-0	2-1	1-3	0-0	2-0	2-0	3-1	0-3	1-0	1-0	3-2	0-2	3-4	3-1
Bristol Rovers	0-1	3-1	3-1		3-0	2-0	3-0	2-1	3-1	4-1	2-1	2-0	1-0	2-1	1-4	0-1	0-0	0-1	1-1	1-2	1-2	3-0	2-1	2-1
Cambridge United	2-3	1-4	2-1	1-2		0-0	0-3	1-0	0-1	1-1	1-1	1-3	1-1	7-0	3-0	2-1	3-1	0-0	2-2	1-3	1-0	1-0	3-0	3-1
Carlisle United	2-0	1-1	3-2	3-2	4-4		3-1	2-1	1-0	1-0	2-2	1-2	1-2	2-3	0-1	1-4	3-0	0-2	0-2	2-2	1-0	1-1	3-2	1-1
Crawley Town	0-3	1-2	0-3	2-1	1-0	0-1		3-2	0-2	0-0	3-2	2-1	0-1	1-1	2-0	1-2	0-1	1-5	1-1	0-0	2-1	0-0	0-1	1-0
Dagenham & Red.	0-1	0-2	0-2	0-3	0-3	0-0	3-0		1-2	0-1	1-3	0-2	3-4	2-1	0-0	1-2	1-1	0-1	1-1	1-4	1-1	1-2	0-1	1-0
Exeter City	2-1	0-2	1-1	1-1	1-0	2-2	2-2	1-2		1-0	4-0	2-3	2-3	1-1	1-1	0-0	1-1	1-4	2-1	1-1	3-3	0-2	3-2	0-0
Hartlepool United	1-2	1-0	1-1	0-3	0-0	2-3	1-2	3-1	0-2		3-1	1-4	2-1	2-0	1-0	0-0	2-3	0-1	1-2	0-2	1-2	1-0	2-1	2-1
Leyton Orient	0-1	1-1	2-0	2-0	1-3	1-2	2-0	3-2	1-3	0-2		0-1	1-0	1-0	1-0	0-4	3-1	2-2	1-3	3-2	3-0	1-1	1-1	3-2
Luton Town	0-2	2-0	2-0	0-1	0-0	3-4	0-1	1-0	4-1	2-1	1-1		1-0	1-0	1-1	3-4	0-2	2-2	1-2	1-2	0-1	0-2	1-1	1-1
Mansfield Town	2-3	1-1	1-1	1-2	0-0	1-1	4-0	3-2	0-2	3-1	1-1	0-2		2-1	3-0	2-2	5-0	1-1	0-0	1-1	2-1	0-2	0-1	1-1
Morecambe	1-0	2-1	4-2	3-4	2-4	1-2	3-1	1-0	1-1	2-5	0-1	1-3	1-2		1-2	2-4	4-1	2-4	0-2	1-1	1-4	0-1	2-1	1-1
Newport County	0-2	2-2	0-3	1-4	0-1	1-0	0-3	2-2	1-1	0-0	2-3	3-0	1-0	1-2		2-2	0-1	1-1	1-2	0-1	2-2	1-0	0-0	0-3
Northampton Town	1-0	1-1	3-0	2-2	1-1	3-2	2-1	1-2	3-0	2-1	1-1	2-0	1-0	3-1	1-0		2-2	1-0	0-2	1-2	2-1	1-0	2-0	2-0
Notts County	1-1	0-2	4-2	0-2	1-2	0-5	4-1	0-0	1-4	1-0	0-1	3-2	0-2	2-2	4-3	1-2		2-4	0-2	2-1	1-0	0-0	2-0	1-0
Oxford United	1-2	1-0	2-3	1-2	1-0	1-1	1-1	4-0	3-0	2-0	0-1	2-3	2-2	0-0	1-1	0-1	3-1		1-0	1-1	1-1	3-0	2-0	4-0
Plymouth Argyle	1-0	1-2	2-1	1-1	1-2	4-1	2-1	2-3	1-2	5-0	1-1	0-1	3-0	2-0	1-0	1-2	1-0	2-2		1-2	3-2	0-1	1-0	3-2
Portsmouth	0-0	0-0	3-1	3-1	2-1	1-0	3-0	3-0	1-2	4-0	0-1	0-0	0-0	3-3	0-3	1-2	4-0	0-1	1-2		1-1	2-1	0-0	6-0
Stevenage	1-1	0-0	0-0	0-0	2-0	0-1	0-1	1-3	0-2	2-0	2-2	0-0	0-2	4-3	2-1	2-3	0-2	1-5	2-1	0-2		2-1	0-0	2-2
Wycombe Wanderers	0-1	1-2	1-1	1-0	1-0	1-1	2-0	1-1	1-0	2-1	0-2	0-1	1-0	0-2	0-2	2-3	2-2	2-1	1-2	2-2	1-0		0-0	3-0
Yeovil Town	1-0	1-1	2-2	0-1	2-3	0-0	2-1	2-2	0-2	1-2	0-1	3-2	0-1	2-4	1-0	1-1	1-0	0-0	0-0	1-1	2-2	0-1		1-0
York City	1-5	1-3	1-1	1-4	2-2	2-2	2-2	2-2	2-0	1-2	1-1	2-3	1-3	2-1	0-1	1-2	2-1	1-2	1-2	3-1	2-1	1-1	1-0	

	Football League "League Two"	Pd	Wn	Dw	Ls	GF	GA	Pts	
1.	Northampton Town FC (Northampton)	46	29	12	5	82	46	99	P
2.	Oxford United FC (Oxford)	46	24	14	8	84	41	86	P
3.	Bristol Rovers FC (Bristol)	46	26	7	13	77	46	85	P
4.	Accrington Stanley FC (Accrington)	46	24	13	9	74	48	85	PO
5.	Plymouth Argyle FC (Plymouth)	46	24	9	13	72	46	81	PO
6.	Portsmouth FC (Portsmouth)	46	21	15	10	75	44	78	PO
7.	AFC Wimbledon (Kingston upon Thames)	46	21	12	13	64	50	75	POP
8.	Leyton Orient FC (Leyton)	46	19	12	15	60	61	69	
9.	Cambridge United FC (Cambridge)	46	18	14	14	66	55	68	
10.	Carlisle United FC (Carlisle)	46	17	16	13	67	62	67	
11.	Luton Town FC (Luton)	46	19	9	18	63	61	66	
12.	Mansfield Town FC (Mansfield)	46	17	13	16	61	53	64	
13.	Wycombe Wanderers FC (High Wycombe)	46	17	13	16	45	44	64	
14.	Exeter City FC (Exeter)	46	17	13	16	63	65	64	
15.	Barnet FC (Barnet)	46	17	11	18	67	68	62	
16.	Hartlepool United FC (Hartlepool)	46	15	6	25	49	72	51	
17.	Notts County FC (Nottingham)	46	14	9	23	54	83	51	
18.	Stevenage FC (Stevenage)	46	11	15	20	52	67	48	
19.	Yeovil Town FC (Yeovil)	46	11	15	20	43	59	48	
20.	Crawley Town FC (Crawley)	46	13	8	25	45	78	47	
21.	Morecambe FC (Morecambe)	46	12	10	24	69	91	46	
22.	Newport County AFC (Newport)	46	10	13	23	43	64	43	
23.	Dagenham & Redbridge FC (Dagenham)	46	8	10	28	46	81	34	R
24.	York City FC (York)	46	7	13	26	51	87	34	R
		1104	411	282	411	1472	1472	1515	

Promotion Play-offs

AFC Wimbledon (Kingston upon Thames)	2-0	Plymouth Argyle FC (Plymouth)
Portsmouth FC (Portsmouth)	2-2, 0-1	Plymouth Argyle FC (Plymouth)
AFC Wimbledon (Kingston upon Thames)	1-0, 2-2	Accrington Stanley FC (Accrington)

F.A. CUP FINAL (Wembley Stadium, London – 21/05/2016)

Crystal Palace FC (London)	1–2 (aet)	MANCHESTER UNITED FC
Puncheon 78'		*Mata 81', Lingard 110'*

Crystal Palace FC: Hennessey, Ward, Dann (Mariappa 90+4'), Delaney, Souaré, Cabaye (Puncheon 72'), Jedinak, Zaha, McArthur, Bolasie, Wickham (Gayle 86').

Manchester United FC: De Gea, A. Valencia, Smalling, Blind, Rojo (Darmian 66'), Carrick, Mata (Lingard 90'), Fellaini, Rooney, Martial, Rashford (Young 72').

Semi-finals

Everton FC (Liverpool)	1-2	Manchester United FC (Manchester)
Crystal Palace FC (London)	2-1	Watford FC (Watford)

Quarter-finals

Reading FC (Reading)	0-2	Crystal Palace FC (London)
Everton FC (Liverpool)	2-0	Chelsea FC (London)
Arsenal FC (London)	1-2	Watford FC (Watford)
Manchester United FC (Manchester)	1-1, 2-1	West Ham United FC (London)

2016-2017

Premier League 2016/2017 Season	Arsenal	AFC Bournemouth	Burnley	Chelsea	Crystal Palace	Everton	Hull City	Leicester City	Liverpool	Manchester City	Manchester United	Middlesbrough	Southampton	Stoke City	Sunderland	Swansea City	Tottenham Hotspur	Watford	West Bromwich Albion	West Ham United
Arsenal		3-1	2-1	3-0	2-0	3-1	2-0	1-0	3-4	2-2	2-0	0-0	2-1	3-1	2-0	3-2	1-1	1-2	1-0	3-0
AFC Bournemouth	3-3		2-1	1-3	0-2	1-0	6-1	1-0	4-3	0-2	1-3	4-0	1-3	2-2	1-2	2-0	0-0	2-2	1-0	3-2
Burnley	0-1	3-2		1-1	3-2	2-1	1-1	1-0	2-0	1-2	0-2	1-0	1-0	1-0	4-1	0-1	0-2	2-0	2-2	1-2
Chelsea	3-1	3-0	3-0		1-2	5-0	2-0	3-0	1-2	2-1	4-0	3-0	4-2	4-2	5-1	3-1	2-1	4-3	1-0	2-1
Crystal Palace	3-0	1-1	0-2	0-1		0-1	4-0	2-2	2-4	1-2	1-2	1-0	3-0	4-1	0-4	1-2	0-1	1-0	0-1	0-1
Everton	2-1	6-3	3-1	0-3	1-1		4-0	4-2	0-1	4-0	1-1	3-1	3-0	1-0	2-0	1-1	1-1	1-0	3-0	2-0
Hull City	1-4	3-1	1-1	0-2	3-3	2-2		2-1	2-0	0-3	0-1	4-2	2-1	0-2	0-2	2-1	1-7	2-0	1-1	2-1
Leicester City	0-0	1-1	3-0	0-3	3-1	0-2	3-1		3-1	4-2	0-3	2-2	0-0	2-0	2-0	2-1	1-6	3-0	1-2	1-0
Liverpool	3-1	2-2	2-1	1-1	1-2	3-1	5-1	4-1		1-0	0-0	3-0	0-0	4-1	2-0	2-3	2-0	6-1	2-1	2-2
Manchester City	2-1	4-0	2-1	1-3	5-0	1-1	3-1	2-1	1-1		0-0	1-1	1-1	0-0	2-1	2-1	2-2	2-0	3-1	3-1
Manchester United	1-1	1-1	0-0	2-0	2-0	1-1	0-0	4-1	1-1	1-2		2-1	2-0	1-1	3-1	1-1	1-0	2-0	0-0	1-1
Middlesbrough	1-2	2-0	0-0	0-1	1-2	0-0	1-0	0-0	0-3	2-2	1-3		1-2	1-1	1-0	3-0	1-2	0-1	1-1	1-3
Southampton	0-2	0-0	3-1	0-2	3-1	1-0	0-0	3-0	0-0	0-3	0-0	1-0		0-1	1-1	1-0	1-4	1-1	1-2	1-3
Stoke City	1-4	0-1	2-0	1-2	1-0	1-1	3-1	2-2	1-2	1-4	1-1	2-0	0-0		2-0	3-1	0-4	2-0	1-1	0-0
Sunderland	1-4	0-1	0-0	0-1	2-3	0-3	3-0	2-1	2-2	0-2	0-3	1-2	0-4	1-3		0-2	0-0	1-0	1-1	2-2
Swansea City	0-4	0-3	3-2	2-2	5-4	1-0	0-2	2-0	1-2	1-3	1-3	0-0	2-1	2-0	3-0		1-3	0-0	2-1	1-4
Tottenham Hotspur	2-0	4-0	2-1	2-0	1-0	3-2	3-0	1-1	1-1	2-0	2-1	1-0	2-1	4-0	1-0	5-0		4-0	4-0	3-2
Watford	1-3	2-2	2-1	1-2	1-1	3-2	1-0	2-1	0-1	0-5	3-1	0-0	3-4	0-1	1-0	1-0	1-4		2-0	1-1
West Bromwich Albion	3-1	2-1	4-0	0-1	0-2	1-2	3-1	0-1	0-1	0-4	0-2	0-0	0-1	1-0	2-0	3-1	1-1	3-1		4-2
West Ham United	1-5	1-0	1-0	1-2	3-0	0-0	1-0	2-3	0-4	0-4	0-2	1-1	0-3	1-1	1-0	1-0	1-0	2-4	2-2	

	Premier League	**Pd**	**Wn**	**Dw**	**Ls**	**GF**	**GA**	**Pts**	
1.	CHELSEA FC (LONDON)	38	30	3	5	85	33	93	
2.	Tottenham Hotspur FC (London)	38	26	8	4	86	26	86	
3.	Manchester City FC (Manchester)	38	23	9	6	80	39	78	
4.	Liverpool FC (Liverpool)	38	22	10	6	78	42	76	
5.	Arsenal FC (London)	38	23	6	9	77	44	75	
6.	Manchester United FC (Manchester)	38	18	15	5	54	29	69	
7.	Everton FC (Liverpool)	38	17	10	11	62	44	61	
8.	Southampton FC (Southampton)	38	12	10	16	41	48	46	
9.	AFC AFC Bournemouth (Bournemouth)	38	12	10	16	55	67	46	
10.	West Bromwich Albion FC (West Bromwich)	38	12	9	17	43	51	45	
11.	West Ham United FC (London)	38	12	9	17	47	64	45	
12.	Leicester City FC (Leicester)	38	12	8	18	48	63	44	
13.	Stoke City FC (Stoke-on-Trent)	38	11	11	16	41	56	44	
14.	Crystal Palace FC (London)	38	12	5	21	50	63	41	
15.	Swansea City FC (Swansea)	38	12	5	21	45	70	41	
16.	Burnley FC (Burnley)	38	11	7	20	39	55	40	
17.	Watford FC (Watford)	38	11	7	20	40	68	40	
18.	Hull City AFC (Kingston upon Hull)	38	9	7	22	37	80	34	R
19.	Middlesbrough FC (Middlesbrough)	38	5	13	20	27	53	28	R
20.	Sunderland AFC (Sunderland)	38	6	6	26	29	69	24	R
		760	296	168	296	1064	1064	1056	

Top goalscorers

1)	Harry KANE	Tottenham Hotspur FC (London)	29
2)	Romelu LUKAKU	Everton FC (Liverpool)	25
3)	Alexis SÁNCHEZ	Arsenal FC (London)	24
4)	Sergio AGÜERO	Manchester City FC (Manchester)	20
	Diego COSTA	Chelsea FC (London)	20
6)	Dele ALLI	Tottenham Hotspur FC (London)	18

EFL Championship 2016/2017 Season	Aston Villa	Barnsley	Birmingham City	Blackburn Rovers	Brentford	Brighton & Hove A.	Bristol City	Burton Albion	Cardiff City	Derby County	Fulham	Huddersfield Town	Ipswich Town	Leeds United	Newcastle United	Norwich City	Nottingham Forest	Preston North End	Queen's Park Rangers	Reading	Rotherham United	Sheffield Wednesday	Wigan Athletic	Wolverhampton W.
Aston Villa		1-3	1-0	2-1	1-1	1-1	2-0	2-1	3-1	1-0	1-0	1-1	0-1	1-1	1-1	2-0	2-2	2-2	1-0	1-3	3-0	2-0	1-0	1-1
Barnsley	1-1		2-2	2-0	1-1	0-2	2-2	1-1	0-0	2-0	2-4	1-1	1-1	3-2	0-2	2-1	2-5	0-0	3-2	1-2	4-0	1-1	0-0	1-3
Birmingham City	1-1	0-3		1-0	1-3	1-2	1-0	0-2	0-0	1-2	1-0	2-0	2-1	1-3	0-0	3-0	0-0	2-2	1-4	0-1	4-2	2-1	0-1	1-3
Blackburn Rovers	1-0	0-2	1-1		3-2	2-3	1-1	2-2	1-1	1-0	0-1	1-1	0-0	1-2	1-0	1-4	2-1	2-2	1-0	2-3	4-2	0-1	1-0	1-1
Brentford	3-0	0-2	1-2	1-3		3-3	2-0	2-1	2-2	4-0	0-2	0-1	2-0	2-0	1-2	0-0	1-0	5-0	3-1	4-1	4-2	1-1	0-0	1-2
Brighton & Hove Alb.	1-1	2-0	3-1	1-0	0-2		0-1	4-1	1-0	3-0	2-1	1-0	1-1	2-0	1-2	5-0	3-0	2-2	3-0	3-0	3-0	2-1	2-1	1-0
Bristol City	3-1	3-2	0-1	1-0	0-1	0-2		0-0	2-3	1-1	0-2	4-0	2-0	1-0	0-1	1-1	2-1	1-2	2-1	2-3	1-0	2-2	2-1	3-1
Burton Albion	1-1	0-0	2-0	1-1	3-5	0-1	1-2		2-0	1-0	0-2	0-1	1-2	2-1	1-2	2-1	1-0	0-1	1-1	2-4	2-1	3-1	0-2	2-1
Cardiff City	1-0	3-4	1-1	2-1	2-1	0-0	2-1	1-0		0-2	2-2	3-2	3-1	0-2	0-2	0-1	1-0	2-0	0-2	0-1	5-0	1-1	0-1	2-1
Derby County	0-0	2-1	1-0	1-2	0-0	0-0	3-3	0-0	3-4		4-2	1-1	0-1	1-0	0-2	1-0	3-0	1-1	1-0	3-2	3-0	2-0	0-0	3-1
Fulham	3-1	2-0	0-1	2-2	1-1	1-2	0-4	1-1	2-2	2-2		5-0	3-1	1-1	1-0	2-2	3-2	3-1	1-2	5-0	2-1	1-1	3-2	1-3
Huddersfield Town	1-0	2-1	1-1	1-1	2-1	3-1	2-1	0-1	0-3	1-0	1-4		2-0	2-1	1-3	3-0	2-1	3-2	2-1	1-0	2-1	0-1	1-2	1-0
Ipswich Town	0-0	4-2	1-1	3-2	1-1	0-0	2-1	2-0	1-1	0-3	0-2	0-1		1-1	3-1	1-1	0-2	1-0	3-0	2-2	2-2	0-1	3-0	0-0
Leeds United	2-0	2-1	1-2	2-1	1-0	2-0	2-1	2-0	0-2	1-0	1-1	0-1	1-0		0-2	3-3	2-0	3-0	0-0	2-0	3-0	1-0	1-1	0-1
Newcastle United	2-0	3-0	4-0	0-1	3-1	2-0	2-2	1-0	2-1	1-0	1-3	1-2	3-0	1-1		4-3	3-1	4-1	2-2	4-1	4-0	0-1	2-1	0-2
Norwich City	1-0	2-0	2-0	2-2	5-0	2-0	1-0	3-1	3-2	3-0	1-3	1-2	1-1	2-3	2-2		5-1	0-1	4-0	7-1	3-1	0-0	2-1	3-1
Nottingham Forest	2-1	0-1	3-1	0-1	2-3	3-0	1-0	4-3	1-2	2-2	1-1	2-0	3-0	3-1	2-1	1-2		1-1	1-1	3-2	2-0	1-2	4-3	0-2
Preston North End	2-0	1-2	2-1	3-2	4-2	2-0	5-0	1-1	3-0	0-1	1-2	3-1	1-1	1-4	1-2	1-3	1-1		2-1	3-0	1-1	1-1	1-0	0-0
Queens Park Rangers	0-1	2-1	1-1	1-1	0-2	1-2	1-0	1-2	2-1	0-1	1-1	1-2	2-1	3-0	0-6	2-1	2-0	0-2		1-1	5-1	1-2	2-1	1-2
Reading	1-2	0-0	0-0	3-1	3-2	2-2	2-1	3-0	2-1	1-1	1-0	1-0	2-1	1-0	0-0	3-1	2-0	1-0	0-1		2-1	2-1	1-0	2-1
Rotherham United	0-2	0-1	1-1	1-1	1-0	0-2	2-2	1-2	1-2	1-1	0-1	2-3	1-0	1-2	0-1	2-1	2-2	1-3	1-0	0-1		0-2	3-2	2-2
Sheffield Wednesday	1-0	2-0	3-0	2-1	1-2	1-2	3-2	1-1	1-0	2-1	1-2	2-0	1-2	0-2	2-1	5-1	2-1	2-1	1-0	0-2	1-0		2-1	0-0
Wigan Athletic	0-2	3-2	1-1	3-0	2-1	0-1	0-1	0-0	0-0	0-1	0-0	0-1	2-3	1-1	0-2	2-2	0-0	0-0	0-1	0-3	3-2	0-1		2-1
Wolverhampton W.	1-0	0-4	1-2	0-0	3-1	0-2	3-2	1-1	3-1	2-3	4-4	0-1	0-0	0-1	0-1	1-2	1-0	1-0	1-2	2-0	1-0	0-2	0-1	

	EFL Championship	Pd	Wn	Dw	Ls	GF	GA	Pts	
1.	Newcastle United FC (Newcastle upon Tyne)	46	29	7	10	85	40	94	P
2.	Brighton & Hove Albion FC (Brighton)	46	28	9	9	74	40	93	P
3.	Reading FC (Reading)	46	26	7	13	68	64	85	PO
4.	Sheffield Wednesday FC (Sheffield)	46	24	9	13	60	45	81	PO
5.	Huddersfield Town FC (Huddersfield)	46	25	6	15	56	58	81	POP
6.	Fulham FC (London)	46	22	14	10	85	57	80	PO
7.	Leeds United FC (Leeds)	46	22	9	15	61	47	75	
8.	Norwich City FC (Norwich)	46	20	10	16	85	69	70	
9.	Derby County FC (Derby)	46	18	13	15	54	50	67	
10.	Brentford FC (Brentford)	46	18	10	18	75	65	64	
11.	Preston North End FC (Preston)	46	16	14	16	64	63	62	
12.	Cardiff City FC (Cardiff)	46	17	11	18	60	61	62	
13.	Aston Villa FC (Birmingham)	46	16	14	16	47	48	62	
14.	Barnsley FC (Barnsley)	46	15	13	18	64	67	58	
15.	Wolverhampton Wanderers FC (Wolverhampton)	46	16	10	20	54	58	58	
16.	Ipswich Town FC (Ipswich)	46	13	16	17	48	58	55	
17.	Bristol City FC (Bristol)	46	15	9	22	60	66	54	
18.	Queen's Park Rangers FC (London)	46	15	8	23	52	66	53	
19.	Birmingham City FC (Birmingham)	46	13	14	19	45	64	53	
20.	Burton Albion FC (Burton-on-Trent)	46	13	13	20	49	63	52	
21.	Nottingham Forest FC (Nottingham)	46	14	9	23	62	72	51	
22.	Blackburn Rovers FC (Blackburn)	46	12	15	19	53	65	51	R
23.	Wigan Athletic FC (Wigan)	46	10	12	24	40	57	42	R
24.	Rotherham United FC (Rotherham)	46	5	8	33	40	98	23	R
		1104	422	260	422	1441	1441	1526	

Promotion Play-offs

Huddersfield Town FC (Huddersfield)	0-0 (aet)	Reading FC (Reading)
	Huddersfield Town FC won 4-3 on penalties.	
Fulham FC (London)	1-1, 0-1	Reading FC (Reading)
Huddersfield Town FC (Huddersfield)	0-0, 1-1 (aet)	Sheffield Wednesday FC (Sheffield)
	Huddersfield Town FC won 4-3 on penalties	

EFL League One 2016/2017 Season	AFC Wimbledon	Bolton Wanderers	Bradford City	Bristol Rovers	Bury	Charlton Athletic	Chesterfield	Coventry City	Fleetwood Town	Gillingham	Millwall	Milton Keynes Dons	Northampton Town	Oldham Athletic	Oxford United	Peterborough United	Port Vale	Rochdale	Scunthorpe United	Sheffield United	Shrewsbury Town	Southend United	Swindon Town	Walsall
AFC Wimbledon		1-2	2-3	0-1	5-1	1-1	2-1	1-1	2-2	2-0	2-2	2-0	0-1	0-0	2-1	0-0	4-0	3-1	1-2	2-3	1-1	0-2	0-0	1-0
Bolton Wanderers	1-1		0-0	1-1	0-0	1-2	0-0	1-0	2-1	4-0	2-0	1-1	2-1	2-0	0-2	3-0	3-1	1-0	2-1	1-0	2-1	1-1	1-2	4-1
Bradford City	3-0	2-2		1-1	1-1	0-0	2-0	3-1	2-1	2-2	1-1	2-2	1-0	1-1	1-0	1-0	0-0	4-0	0-0	3-3	2-0	1-1	2-1	1-0
Bristol Rovers	2-0	1-2	1-1		4-2	1-5	2-1	4-1	2-1	2-1	3-4	0-0	5-0	1-0	2-1	1-2	2-1	2-2	1-1	0-0	2-0	2-0	1-0	1-1
Bury	1-2	0-2	0-2	3-0		2-0	2-1	2-1	0-0	1-2	2-3	0-0	3-0	0-1	2-3	5-1	4-1	0-1	1-2	1-3	2-1	1-4	1-0	3-3
Charlton Athletic	1-2	1-1	1-1	4-1	0-1		1-0	3-0	1-1	3-0	0-0	0-2	1-1	1-1	0-1	0-2	2-0	0-1	2-1	1-1	3-0	2-1	3-0	1-1
Chesterfield	0-0	1-0	0-1	3-2	1-2	1-2		1-0	0-1	3-3	1-3	0-0	3-1	0-1	0-4	3-3	1-0	1-3	0-3	1-4	1-1	0-4	3-1	2-0
Coventry City	2-2	2-2	0-2	1-0	0-0	1-1	2-0		0-1	2-1	0-2	1-2	1-1	0-0	2-1	1-0	2-1	2-0	0-1	1-2	0-0	0-2	1-3	1-0
Fleetwood Town	0-0	2-4	2-1	3-1	0-0	2-2	2-1	2-0		2-1	1-0	1-4	3-0	1-0	2-0	2-0	0-0	0-0	2-2	1-1	3-0	1-1	0-1	2-1
Gillingham	2-2	0-4	1-1	3-1	2-1	1-1	1-1	2-1	2-3		1-1	1-0	2-1	1-2	0-1	0-1	1-1	3-0	3-2	1-2	1-1	2-1	1-1	1-1
Millwall	0-0	0-2	1-1	4-0	0-0	3-1	0-0	1-1	2-1	2-1		2-1	3-0	3-0	0-3	1-0	2-0	2-3	3-1	2-1	0-1	1-0	2-0	0-0
Milton Keynes Dons	1-0	1-1	1-2	3-3	1-3	0-1	2-3	1-0	0-1	3-2	2-2		5-3	1-0	0-0	0-2	0-1	2-2	0-1	0-3	2-1	0-3	3-2	1-1
Northampton Town	0-0	0-1	1-2	2-3	3-2	2-1	3-1	3-0	1-1	0-0	1-3	3-2		1-2	0-0	0-1	2-1	2-3	1-2	1-2	1-1	4-0	2-1	2-0
Oldham Athletic	0-0	1-0	1-2	0-2	0-0	1-0	0-0	3-2	2-0	1-0	0-0	0-2	0-0		2-1	2-0	0-0	1-1	2-0	1-1	2-3	0-2	0-2	0-0
Oxford United	1-3	2-4	1-0	0-2	5-1	1-1	1-1	4-1	1-3	1-0	1-2	1-0	0-1	1-1		2-1	2-0	1-0	2-1	2-3	2-0	0-2	2-0	0-0
Peterborough United	0-1	1-0	0-1	4-2	3-1	2-0	5-2	1-1	1-2	1-1	5-1	0-4	3-0	1-1	1-2		2-2	3-1	0-2	0-1	2-1	1-4	2-2	1-1
Port Vale	2-0	0-2	1-2	1-1	2-2	1-1	1-0	0-2	2-1	2-1	3-1	0-0	2-3	2-2	2-2	0-3		1-0	3-1	0-3	2-1	2-0	3-2	0-1
Rochdale	1-1	1-0	1-1	0-0	2-0	3-3	3-0	2-0	2-1	4-1	3-3	0-1	1-1	1-0	0-4	2-3	3-0		3-2	3-3	2-1	3-0	4-0	4-0
Scunthorpe United	1-2	1-0	3-2	3-1	3-2	0-0	3-1	3-1	0-2	5-0	3-0	2-1	1-1	1-0	1-1	1-1	3-2	2-1		2-2	0-1	4-0	4-1	0-0
Sheffield United	4-0	2-0	3-0	1-0	1-0	2-1	3-2	2-0	0-2	2-2	2-0	2-1	1-0	2-0	2-1	1-0	4-0	1-1	1-1		2-1	0-3	4-0	0-1
Shrewsbury Town	2-1	0-2	1-0	2-0	2-1	4-3	2-1	0-0	0-1	2-3	1-2	0-1	2-4	1-0	2-0	1-1	0-0	1-0	0-1	0-3		1-0	1-1	1-1
Southend United	3-0	0-1	3-0	1-1	1-0	1-1	1-0	3-1	0-2	1-3	3-1	1-2	2-2	3-0	2-1	1-1	1-1	2-1	3-1	2-4	1-1		1-1	3-2
Swindon Town	0-0	0-1	1-0	1-2	1-2	3-0	0-1	1-0	1-1	3-1	1-0	1-1	1-3	0-0	1-2	0-1	1-0	3-0	1-2	2-4	1-1	0-0		0-2
Walsall	3-1	1-0	1-1	3-1	3-3	1-2	1-0	1-1	0-1	1-2	2-1	1-4	2-1	2-0	1-1	2-0	0-1	0-2	1-4	4-1	3-2	0-0	1-0	

	EFL League One	Pd	Wn	Dw	Ls	GF	GA	Pts	
1.	Sheffield United FC (Sheffield)	46	30	10	6	92	47	100	P
2.	Bolton Wanderers FC (Bolton)	46	25	11	10	68	36	86	P
3.	Scunthorpe United FC (Scunthorpe)	46	24	10	12	80	54	82	PO
4.	Fleetwood Town FC (Fleetwood)	46	23	13	10	64	43	82	PO
5.	Bradford City FC (Bradford)	46	20	19	7	62	43	79	PO
6.	Millwall FC (London)	46	20	13	13	66	57	73	POP
7.	Southend United FC (Southend-on-Sea)	46	20	12	14	70	53	72	
8.	Oxford United FC (Oxford)	46	20	9	17	65	52	69	
9.	Rochdale AFC (Rochdale)	46	19	12	15	71	62	69	
10.	Bristol Rovers FC (Bristol)	46	18	12	16	68	70	66	
11.	Peterborough United FC (Peterborough)	46	17	11	18	62	62	62	
12.	Milton Keynes Dons FC (Milton Keynes)	46	16	13	17	60	58	61	
13.	Charlton Athletic FC (London)	46	14	18	14	60	53	60	
14.	Walsall FC (Walsall)	46	14	16	16	51	58	58	
15.	AFC Wimbledon (Kingston upon Thames)	46	13	18	15	52	55	57	
16.	Northampton Town FC (Northampton)	46	14	11	21	60	73	53	
17.	Oldham Athletic FC (Oldham)	46	12	17	17	31	44	53	
18.	Shrewsbury Town FC (Shrewsbury)	46	13	12	21	46	63	51	
19.	Bury FC (Bury)	46	13	11	22	61	73	50	
20.	Gillingham FC (Gillingham)	46	12	14	20	59	79	50	
21.	Port Vale FC (Stoke-on-Trent)	46	12	13	21	45	70	49	R
22.	Swindon Town FC (Swindon)	46	11	11	24	44	66	44	R
23.	Coventry City FC (Coventry)	46	9	12	25	37	68	39	R
24.	Chesterfield FC (Chesterfield)	46	9	10	27	43	78	37	R
		1104	398	308	398	1417	1417	1502	

Promotion Play-offs

Bradford City FC (Bradford)	0-1	Millwall FC (London)
Millwall FC (London)	0-0, 3-2	Scunthorpe United FC (Scunthorpe)
Bradford City FC (Bradford)	1-0, 0-0	Fleetwood Town FC (Fleetwood)

EFL League Two 2016/2017 Season	Accrington Stanley	Barnet	Blackpool	Cambridge United	Carlisle United	Cheltenham Town	Colchester United	Crawley Town	Crewe Alexandra	Doncaster Rovers	Exeter City	Grimsby Town	Hartlepool United	Leyton Orient	Luton Town	Mansfield Town	Morecambe	Newport County	Notts County	Plymouth Argyle	Portsmouth	Stevenage	Wycombe Wands.	Yeovil Town
Accrington Stanley		1-0	2-1	2-0	1-1	1-1	2-1	1-0	3-2	3-2	1-2	1-1	2-2	5-0	1-4	1-1	2-3	1-3	2-0	0-1	1-0	0-1	2-2	1-1
Barnet	2-0		1-1	0-1	0-1	3-1	1-1	2-2	0-0	1-3	1-4	3-1	3-2	0-0	0-1	0-2	2-2	0-0	3-2	1-0	1-1	1-2	0-2	2-2
Blackpool	0-0	2-2		1-1	2-2	3-0	1-1	0-0	2-2	4-2	2-0	1-3	2-1	3-1	0-2	0-1	3-1	4-1	4-0	0-1	3-1	1-0	0-0	2-2
Cambridge United	2-1	1-1	0-0		2-2	3-1	1-1	2-0	2-1	2-3	1-0	0-1	0-1	3-0	0-3	1-3	1-2	3-2	4-0	0-1	0-1	0-0	1-2	1-0
Carlisle United	1-1	1-1	1-4	0-3		1-1	2-0	3-1	0-2	2-1	3-2	1-3	3-2	2-2	0-0	5-2	1-1	2-1	1-2	1-0	0-3	1-1	1-0	2-1
Cheltenham Town	3-0	1-2	2-2	0-1	1-0		0-3	2-1	2-0	0-1	1-3	2-1	1-0	1-1	1-1	0-0	3-1	1-1	2-3	1-2	1-1	0-0	0-1	2-0
Colchester United	1-2	2-1	3-2	2-0	4-1	2-0		2-3	4-0	1-1	2-3	3-2	2-1	0-3	2-1	2-0	2-2	0-0	2-1	0-0	0-4	4-0	1-0	2-0
Crawley Town	0-0	1-1	1-0	1-3	3-3	0-0	1-1		0-3	0-0	1-2	3-2	1-0	3-0	2-0	2-2	1-3	3-1	1-3	1-2	0-2	1-2	1-0	2-0
Crewe Alexandra	0-1	4-1	1-1	1-2	1-1	0-0	2-0	0-2		2-1	2-0	5-0	3-3	3-0	1-2	1-1	2-1	1-2	2-2	1-2	0-0	1-2	2-1	0-1
Doncaster Rovers	2-2	3-2	0-1	1-0	2-2	2-0	1-0	1-1	3-1		1-3	1-0	2-1	3-1	1-1	1-0	1-1	2-0	3-1	0-1	3-1	1-0	2-2	4-1
Exeter City	0-2	2-1	2-2	1-2	2-3	3-0	3-0	0-1	4-0	1-3		0-0	1-2	4-0	0-0	2-0	3-1	0-1	0-2	0-2	0-1	1-1	4-2	3-3
Grimsby Town	2-0	2-2	0-0	2-1	2-2	0-1	1-0	1-1	0-2	1-5	0-3		0-3	1-2	1-1	3-0	2-0	1-0	2-0	1-1	0-1	5-2	1-2	4-2
Hartlepool United	2-0	0-2	0-1	0-5	1-1	2-0	1-1	1-1	4-0	2-1	3-1	0-1		1-3	1-1	0-0	3-2	2-2	1-2	1-1	0-2	2-0	0-2	1-1
Leyton Orient	1-0	1-3	1-2	1-1	1-2	0-1	1-3	3-2	0-2	1-4	0-1	0-3	2-1		1-2	1-2	0-1	0-1	2-3	0-2	0-1	3-0	0-2	0-1
Luton Town	1-0	3-1	1-0	2-0	1-1	2-3	0-1	2-1	1-1	3-1	1-1	1-2	3-0	2-2		1-1	3-1	2-1	2-1	1-1	1-3	0-2	4-1	1-1
Mansfield Town	4-4	0-1	1-0	0-0	2-0	1-1	0-0	3-1	3-0	1-1	1-2	0-1	4-0	2-0	1-1		0-1	2-1	3-1	0-2	0-1	1-2	1-1	1-0
Morecambe	1-2	0-1	2-1	2-0	0-3	1-2	1-1	2-3	0-0	1-5	0-3	1-0	1-1	1-2	0-2	1-3		0-1	4-1	2-1	2-0	0-2	1-1	1-3
Newport County	1-0	2-2	1-3	1-2	2-0	2-2	1-1	1-0	1-1	0-0	1-4	0-0	3-1	0-4	1-1	2-3	1-1		2-1	1-3	2-3	0-2	0-1	1-0
Notts County	0-2	1-0	1-0	0-1	2-3	2-1	3-1	2-1	1-1	0-1	2-2	2-2	2-1	3-1	0-0	0-0	1-2	0-3		1-2	1-3	1-1	0-2	0-0
Plymouth Argyle	0-1	0-2	0-3	2-1	2-0	1-0	2-1	2-0	2-1	2-0	3-0	0-3	1-1	2-3	0-3	2-0	1-0	6-1	0-1		2-2	4-2	3-3	4-1
Portsmouth	2-0	5-1	2-0	2-1	1-1	6-1	2-0	3-0	0-1	1-2	0-1	4-0	0-0	2-1	1-0	4-0	1-1	2-1	1-2	1-1		1-2	4-2	3-1
Stevenage	0-3	1-0	0-2	1-2	1-2	2-1	2-4	2-1	1-2	3-4	0-2	2-0	6-1	4-1	2-1	0-1	0-1	3-1	3-0	1-2	3-0		3-0	2-2
Wycombe Wanderers	1-1	0-2	0-0	1-0	1-2	3-3	0-2	1-2	5-1	2-1	1-0	2-1	2-0	1-0	1-1	0-1	2-0	2-1	0-1	1-1	1-0	1-0		1-1
Yeovil Town	1-1	0-1	0-3	1-1	0-2	4-2	2-1	5-0	3-0	0-3	0-0	0-0	1-2	1-1	0-4	0-0	0-1	1-0	2-0	2-1	0-0	1-1	1-0	

	EFL League Two	Pd	Wn	Dw	Ls	GF	GA	Pts	
1.	Portsmouth FC (Portsmouth)	46	26	9	11	79	40	87	P
2.	Plymouth Argyle FC (Plymouth)	46	26	9	11	71	46	87	P
3.	Doncaster Rovers FC (Doncaster)	46	25	10	11	85	55	85	P
4.	Luton Town FC (Luton)	46	20	17	9	70	43	77	PO
5.	Exeter City FC (Exeter)	46	21	8	17	75	56	71	PO
6.	Carlisle United FC (Carlisle)	46	18	17	11	69	68	71	PO
7.	Blackpool FC (Blackpool)	46	18	16	12	69	46	70	POP
8.	Colchester United FC (Colchester)	46	19	12	15	67	57	69	
9.	Wycombe Wanderers FC (High Wycombe)	46	19	12	15	58	53	69	
10.	Stevenage FC (Stevenage)	46	20	7	19	67	63	67	
11.	Cambridge United FC (Cambridge)	46	19	9	18	58	50	66	
12.	Mansfield Town FC (Mansfield)	46	17	15	14	54	50	66	
13.	Accrington Stanley FC (Accrington)	46	17	14	15	59	56	65	
14.	Grimsby Town FC (Cleethorpes)	46	17	11	18	59	63	62	
15.	Barnet FC (Barnet)	46	14	15	17	57	64	57	
16.	Notts County FC (Nottingham)	46	16	8	22	54	76	56	
17.	Crewe Alexandra FC (Crewe)	46	14	13	19	58	67	55	
18.	Morecambe FC (Morecambe)	46	14	10	22	53	73	52	
19.	Crawley Town FC (Crawley)	46	13	12	21	53	71	51	
20.	Yeovil Town FC (Yeovil)	46	11	17	18	49	64	50	
21.	Cheltenham Town FC (Cheltenham)	46	12	14	20	49	69	50	
22.	Newport County AFC (Newport)	46	12	12	22	51	73	48	
23.	Hartlepool United FC (Hartlepool)	46	11	13	22	54	75	46	R
24.	Leyton Orient FC (Leyton)	46	10	6	30	47	87	36	R
		1104	409	286	409	1465	1465	1513	

Promotion Play-offs

Blackpool FC (Blackpool)	2-1	Exeter City FC (Exeter)
Luton Town FC (Luton)	2-3, 3-3	Blackpool FC (Blackpool)
Exeter City FC (Exeter)	3-3, 3-2	Carlisle United FC (Carlisle)

F.A. CUP FINAL (Wembley Stadium, London – 27/05/2017 – 89,472)

ARSENAL FC (LONDON)	2-1	Chelsea FC (London)
Sánchez 4', Ramsey 79'		*Costa 76'*

Arsenal FC: Ospina, Holding, Mertesacker, Monreal, Bellerín, Ramsey, Xhaka, Oxlade-Chamberlain (Coquelin 82'), Özil, Sánchez (Elneny 90+3'), Welbeck (Giroud 78').

Chelsea FC: Courtois, Azpilicueta, Luiz, Cahill, Moses, Kanté, Matic (Fàbregas 61'), Alonso, Pedro (Willian 72'), Costa (Batshuayi 88'), Hazard.

Semi-finals

Chelsea FC (London)	4-2	Tottenham Hotspur FC (London)
Arsenal FC (London)	2-1 (aet)	Manchester City FC (Manchester)

Quarter-finals

Middlesbrough FC (Middlesbrough)	0-2	Manchester City FC (Manchester)
Arsenal FC (London)	5-0	Lincoln City FC (Lincoln)
Tottenham Hotspur FC (London)	6-0	Millwall FC (London)
Chelsea FC (London)	1-0	Manchester United FC (Manchester)

2017-2018

Premier League 2017/2018 Season	Arsenal	AFC Bournemouth	Brighton & Hove Albion	Burnley	Chelsea	Crystal Palace	Everton	Huddersfield Town	Leicester City	Liverpool	Manchester City	Manchester United	Newcastle United	Southampton	Stoke City	Swansea City	Tottenham Hotspur	Watford	West Bromwich Albion	West Ham United
Arsenal		3-0	2-0	5-0	2-2	4-1	5-1	5-0	4-3	3-3	0-3	1-3	1-0	3-2	3-0	2-1	2-0	3-0	2-0	4-1
AFC Bournemouth	2-1		2-1	1-2	0-1	2-2	2-1	4-0	0-0	0-4	1-2	0-2	2-2	1-1	2-1	1-0	1-4	0-2	2-1	3-3
Brighton & Hove Albion	2-1	2-2		0-0	0-4	0-0	1-1	1-1	0-2	1-5	0-2	1-0	1-0	1-1	2-2	4-1	1-1	1-0	3-1	3-1
Burnley	0-1	1-2	0-0		1-2	1-0	2-1	0-0	2-1	1-2	1-1	0-1	1-0	1-1	1-0	2-0	0-3	1-0	0-1	1-1
Chelsea	0-0	0-3	2-0	2-3		2-1	2-0	1-1	0-0	1-0	0-1	1-0	3-1	1-0	5-0	1-0	1-3	4-2	3-0	1-1
Crystal Palace	2-3	2-2	3-2	1-0	2-1		2-2	0-3	5-0	1-2	0-0	2-3	1-1	0-1	2-1	0-2	0-1	2-1	2-0	2-2
Everton	2-5	2-1	2-0	0-1	0-0	3-1		2-0	2-1	0-0	1-3	0-2	1-0	1-1	1-0	3-1	0-3	3-2	1-1	4-0
Huddersfield Town	0-1	4-1	2-0	0-0	1-3	0-2	0-2		1-1	0-3	1-2	2-1	1-0	0-0	1-1	0-0	0-4	1-0	1-0	1-4
Leicester City	3-1	1-1	2-0	1-0	1-2	0-3	2-0	3-0		2-3	0-2	2-2	1-2	0-0	1-1	1-1	2-1	2-0	1-1	0-2
Liverpool	4-0	3-0	4-0	1-1	1-1	1-0	1-1	3-0	2-1		4-3	0-0	2-0	3-0	0-0	5-0	2-2	5-0	0-0	4-1
Manchester City	3-1	4-0	3-1	3-0	1-0	5-0	1-1	0-0	5-1	5-0		2-3	3-1	2-1	7-2	5-0	4-1	3-1	3-0	2-1
Manchester United	2-1	1-0	1-0	2-2	2-1	4-0	4-0	2-0	2-0	2-1	1-2		4-1	0-0	3-0	2-0	1-0	1-0	0-1	4-0
Newcastle United	2-1	0-1	0-0	1-1	3-0	1-0	0-1	1-0	2-3	1-1	0-1	1-0		3-0	2-1	1-1	0-2	0-3	0-1	3-0
Southampton	1-1	2-1	1-1	0-1	2-3	1-2	4-1	1-1	1-4	0-2	0-1	0-1	2-2		0-0	0-0	1-1	0-2	1-0	3-2
Stoke City	1-0	1-2	1-1	1-1	0-4	1-2	1-2	2-0	2-2	0-3	0-2	2-2	0-1	2-1		2-1	1-2	0-0	3-1	0-3
Swansea City	3-1	0-0	0-1	1-0	0-1	1-1	1-1	2-0	1-2	1-0	0-4	0-4	0-1	0-1	1-2		0-2	1-2	1-0	4-1
Tottenham Hotspur	1-0	1-0	2-0	1-1	1-2	1-0	4-0	2-0	5-4	4-1	1-3	2-0	1-0	5-2	5-1	0-0		2-0	1-1	1-1
Watford	2-1	2-2	0-0	1-2	4-1	0-0	1-0	1-4	2-1	3-3	0-6	2-4	2-1	2-2	0-1	1-2	1-1		1-0	2-0
West Bromwich Albion	1-1	1-0	2-0	1-2	0-4	0-0	0-0	1-2	1-4	2-2	2-3	1-2	2-2	2-3	1-1	1-1	1-0	2-2		0-0
West Ham United	0-0	1-1	0-3	0-3	1-0	1-1	3-1	2-0	1-1	1-4	1-4	0-0	2-3	3-0	1-1	1-0	2-3	2-0	2-1	

	Premier League	**Pd**	**Wn**	**Dw**	**Ls**	**GF**	**GA**	**Pts**	
1.	MANCHESTER CITY FC (MANCHESTER)	38	32	4	2	106	27	100	
2.	Manchester United FC (Manchester)	38	25	6	7	68	28	81	
3.	Tottenham Hotspur FC (London)	38	23	8	7	74	36	77	
4.	Liverpool FC (Liverpool)	38	21	12	5	84	38	75	
5.	Chelsea FC (London)	38	21	7	10	62	38	70	
6.	Arsenal FC (London)	38	19	6	13	74	51	63	
7.	Burnley FC (Burnley)	38	14	12	12	36	39	54	
8.	Everton FC (Liverpool)	38	13	10	15	44	58	49	
9.	Leicester City FC (Leicester)	38	12	11	15	56	60	47	
10.	Newcastle United FC (Newcastle upon Tyne)	38	12	8	18	39	47	44	
11.	Crystal Palace FC (London)	38	11	11	16	45	55	44	
12.	AFC Bournemouth (Bournemouth)	38	11	11	16	45	61	44	
13.	West Ham United FC (London)	38	10	12	16	48	68	42	
14.	Watford FC (Watford)	38	11	8	19	44	64	41	
15.	Brighton & Hove Albion FC (Brighton)	38	9	13	16	34	54	40	
16.	Huddersfield Town FC (Huddersfield)	38	9	10	19	28	58	37	
17.	Southampton FC (Southampton)	38	7	15	16	37	56	36	
18.	Swansea City FC (Swansea)	38	8	9	21	28	56	33	R
19.	Stoke City FC (Stoke-on-Trent)	38	7	12	19	35	68	33	R
20.	West Bromwich Albion FC (West Bromwich)	38	6	13	19	31	56	31	R
		760	281	198	281	1018	1018	1041	

Top goalscorers

1)	Mohamed SALAH	Liverpool FC (Liverpool)	32
2)	Harry KANE	Tottenham Hotspur FC (London)	30
3)	Sergio AGÜERO	Manchester City FC (Manchester)	21
4)	Jamie VARDY	Leicester City FC (Leicester)	20
5)	Raheem STERLING	Manchester City FC (Manchester)	18

EFL Championship 2017/2018 Season	Aston Villa	Barnsley	Birmingham City	Bolton Wanderers	Brentford	Bristol City	Burton Albion	Cardiff City	Derby County	Fulham	Hull City	Ipswich Town	Leeds United	Middlesbrough	Millwall	Norwich City	Nottingham Forest	Preston North End	Queen's Park Rangers	Reading	Sheffield United	Sheffield Wednesday	Sunderland	Wolverhampton Wands.
Aston Villa		3-1	2-0	1-0	0-0	5-0	3-2	1-0	1-1	2-1	1-1	2-0	1-0	0-0	0-0	4-2	2-1	1-1	1-3	3-0	2-2	1-2	2-1	4-1
Barnsley	0-3		2-0	2-2	2-0	2-2	1-2	0-1	0-3	1-3	0-1	1-2	0-2	2-2	0-2	1-1	2-1	0-0	1-1	1-1	3-2	1-1	3-0	0-0
Birmingham City	0-0	0-2		0-0	0-2	2-1	1-1	1-0	0-3	3-1	3-0	1-0	1-0	0-1	0-1	0-2	1-0	1-3	1-2	0-2	2-1	1-0	3-1	0-1
Bolton Wanderers	1-0	3-1	0-1		0-3	1-0	0-1	2-0	1-2	1-1	1-0	1-1	2-3	0-3	0-2	2-1	3-2	1-3	1-1	2-2	0-1	2-1	1-0	0-4
Brentford	2-1	0-0	5-0	2-0		2-2	1-1	1-3	1-1	3-1	1-1	1-0	3-1	1-1	1-0	0-1	3-4	1-1	2-1	1-1	1-1	2-0	3-3	0-0
Bristol City	1-1	3-1	3-1	2-0	0-1		0-0	2-1	4-1	1-1	5-5	1-0	0-3	2-1	0-0	0-1	2-1	1-2	2-0	2-0	2-3	4-0	3-3	1-2
Burton Albion	0-4	2-4	2-1	2-0	0-2	0-0		0-1	3-1	2-1	0-5	1-2	1-2	1-1	0-1	0-0	0-0	1-2	1-3	1-3	1-3	1-1	0-2	0-4
Cardiff City	3-0	2-1	3-2	2-0	2-0	1-0	3-1		0-0	2-4	1-0	3-1	3-1	1-0	0-0	3-1	2-1	0-1	2-1	0-0	2-0	1-1	4-0	0-1
Derby County	2-0	4-1	1-1	3-0	3-0	0-0	1-0	3-1		1-2	5-0	0-1	2-2	1-2	3-0	1-1	2-0	1-0	2-0	2-4	1-1	2-0	1-4	0-2
Fulham	2-0	2-1	1-0	1-1	1-1	0-2	6-0	1-1	1-1		2-1	4-1	2-0	1-1	1-0	1-1	2-0	2-2	2-2	1-0	3-0	0-1	2-1	2-0
Hull City	0-0	1-1	6-1	4-0	3-2	2-3	4-1	0-2	0-0	2-2		2-2	0-0	1-3	1-2	4-3	2-3	1-2	4-0	0-0	1-0	0-1	1-1	2-3
Ipswich Town	0-4	1-0	1-0	2-0	2-0	1-3	0-0	0-1	1-2	0-2	0-3		1-0	2-2	2-2	0-1	4-2	3-0	0-0	2-0	0-0	2-2	5-2	0-1
Leeds United	1-1	2-1	2-0	2-1	1-0	2-2	5-0	1-4	1-2	0-0	1-0	3-2		2-1	3-4	1-0	0-0	0-0	2-0	0-1	1-2	1-2	1-1	0-3
Middlesbrough	0-1	3-1	2-0	2-0	2-2	2-1	2-0	0-1	0-3	0-1	3-1	2-0	3-0		2-0	0-1	2-0	0-0	3-2	2-1	1-0	0-0	1-0	1-2
Millwall	1-0	1-3	2-0	1-1	1-0	2-0	0-1	1-1	0-0	0-3	0-0	3-4	1-0	2-1		4-0	2-0	1-1	1-0	2-1	3-1	2-1	1-1	2-2
Norwich City	3-1	1-1	1-0	0-0	1-2	0-0	0-0	0-2	1-2	0-2	1-1	1-1	2-1	1-0	2-1		0-0	1-1	2-0	3-2	1-2	3-1	1-3	0-2
Nottingham Forest	0-1	3-0	2-1	3-2	0-1	0-0	2-0	0-2	0-0	1-3	0-2	2-1	0-2	2-1	1-0	1-0		0-3	4-0	1-1	2-1	0-3	0-1	1-2
Preston North End	0-2	1-1	1-1	0-0	2-3	2-1	2-1	3-0	0-1	1-2	2-1	0-1	3-1	2-3	0-0	0-0	1-1		1-0	1-0	1-0	1-0	2-2	1-1
Queens Park Rangers	1-2	1-0	3-1	2-0	2-2	1-1	0-0	2-1	1-1	1-2	2-1	2-1	1-3	0-3	2-2	4-1	2-5	1-2		2-0	1-0	4-2	1-0	2-1
Reading	2-1	3-0	0-2	1-1	0-1	0-1	1-2	2-2	3-3	1-1	1-1	0-4	2-2	0-2	0-2	1-2	3-1	1-0	1-0		1-3	0-0	2-2	0-2
Sheffield United	0-1	1-0	1-1	0-1	1-0	1-2	2-0	1-1	3-1	4-5	4-1	1-0	2-1	2-1	1-1	0-1	0-0	0-1	2-1	2-1		0-0	3-0	2-0
Sheffield Wednesday	2-4	1-1	1-3	1-1	2-1	0-0	0-3	0-0	2-0	0-1	2-2	1-2	3-0	1-2	2-1	5-1	3-1	4-1	1-1	3-0	2-4		1-1	0-1
Sunderland	0-3	0-1	1-1	3-3	0-2	1-2	1-2	1-2	1-1	1-0	1-0	0-2	0-2	3-3	2-2	1-1	0-1	0-2	1-1	1-3	1-2	1-3		3-0
Wolverhampton W.	2-0	2-1	2-0	5-1	3-0	3-3	3-1	1-2	2-0	2-0	2-2	1-0	4-1	1-0	1-0	2-2	0-2	3-2	2-1	3-0	3-0	0-0	0-0	

	EFL Championship	**Pd**	**Wn**	**Dw**	**Ls**	**GF**	**GA**	**Pts**	
1.	Wolverhampton Wanderers FC (Wolverhampton)	46	30	9	7	82	39	99	P
2.	Cardiff City FC (Cardiff)	46	27	9	10	69	39	90	P
3.	Fulham FC (London)	46	25	13	8	79	46	88	POP
4.	Aston Villa FC (Birmingham)	46	24	11	11	72	42	83	PO
5.	Middlesbrough FC (Middlesbrough)	46	22	10	14	67	45	76	PO
6.	Derby County FC (Derby)	46	20	15	11	70	48	75	PO
7.	Preston North End FC (Preston)	46	19	16	11	57	46	73	
8.	Millwall FC (London)	46	19	15	12	56	45	72	
9.	Brentford FC (Brentford)	46	18	15	13	62	52	69	
10.	Sheffield United FC (Sheffield)	46	20	9	17	62	55	69	
11.	Bristol City FC (Bristol)	46	17	16	13	67	58	67	
12.	Ipswich Town FC (Ipswich)	46	17	9	20	57	60	60	
13.	Leeds United FC (Leeds)	46	17	9	20	59	64	60	
14.	Norwich City FC (Norwich)	46	15	15	16	49	60	60	
15.	Sheffield Wednesday FC (Sheffield)	46	14	15	17	59	60	57	
16.	Queen's Park Rangers FC (London)	46	15	11	20	58	70	56	
17.	Nottingham Forest FC (Nottingham)	46	15	8	23	51	65	53	
18.	Hull City AFC (Kingston upon Hull)	46	11	16	19	70	70	49	
19.	Birmingham City FC (Birmingham)	46	13	7	26	38	68	46	
20.	Reading FC (Reading)	46	10	14	22	48	70	44	
21.	Bolton Wanderers FC (Bolton)	46	10	13	23	39	74	43	
22.	Barnsley FC (Barnsley)	46	9	14	23	48	72	41	R
23.	Burton Albion FC (Burton-on-Trent)	46	10	11	25	38	81	41	R
24.	Sunderland AFC (Sunderland)	46	7	16	23	52	80	37	R
		1104	404	296	404	1409	1409	1508	

Promotion Play-offs

Fulham FC (London)	1-0	Aston Villa FC (Birmingham)
Derby County FC (Derby)	1-0, 0-2	Fulham FC (London)
Middlesbrough FC (Middlesbrough)	0-1, 0-0	Aston Villa FC (Birmingham)

EFL League One 2017/2018 Season	AFC Wimbledon	Blackburn Rovers	Blackpool	Bradford City	Bristol Rovers	Bury	Charlton Athletic	Doncaster Rovers	Fleetwood Town	Gillingham	Milton Keynes Dons	Northampton Town	Oldham Athletic	Oxford United	Peterborough United	Plymouth Argyle	Portsmouth	Rochdale	Rotherham United	Scunthorpe United	Shrewsbury Town	Southend United	Walsall	Wigan Athletic
AFC Wimbledon		0-3	2-0	2-1	1-0	2-2	1-0	2-0	0-1	1-1	0-2	1-3	2-2	2-1	2-2	0-1	0-2	0-0	3-1	1-1	0-1	2-0	1-2	0-4
Blackburn Rovers	0-1		3-0	2-0	2-1	2-0	2-0	1-3	2-2	1-0	4-1	1-1	2-2	2-1	3-1	1-1	3-0	2-0	2-0	2-2	3-1	1-0	3-1	2-2
Blackpool	1-0	2-4		5-0	0-0	2-1	1-0	1-2	2-1	1-1	1-0	3-0	2-1	3-1	1-1	2-2	2-3	0-0	1-2	2-3	1-1	1-1	2-2	1-3
Bradford City	0-4	0-1	2-1		3-1	2-2	0-1	2-0	0-3	1-0	2-0	1-2	1-1	3-2	1-3	0-1	3-1	4-3	1-0	1-2	0-0	0-2	1-1	0-1
Bristol Rovers	1-3	1-1	3-1	3-1		2-1	1-1	0-1	3-1	1-1	2-0	1-1	2-3	0-1	1-4	2-1	2-1	3-2	2-1	1-1	1-2	3-0	2-1	1-1
Bury	2-1	0-3	1-1	3-1	2-3		0-1	0-1	0-2	2-1	0-2	2-3	2-2	3-0	0-1	0-0	1-0	0-2	0-3	0-1	1-0	0-0	1-0	0-2
Charlton Athletic	1-0	1-0	1-1	1-1	1-0	1-1		1-0	0-0	1-2	2-2	4-1	1-0	2-3	2-2	2-0	0-1	2-1	3-1	0-1	0-2	2-1	3-1	0-3
Doncaster Rovers	0-0	0-1	3-3	2-0	1-3	3-3	1-1		3-0	0-0	2-1	3-0	1-1	0-1	0-0	1-1	2-1	2-0	1-1	0-1	1-2	4-1	0-3	0-1
Fleetwood Town	2-0	1-2	0-0	1-2	2-0	3-2	1-3	0-0		0-2	1-1	2-0	2-2	2-0	2-3	1-1	1-2	2-2	2-0	2-3	1-2	2-4	2-0	0-4
Gillingham	2-2	0-0	0-3	0-1	4-1	1-1	1-0	0-0	2-1		1-2	1-2	0-0	1-1	1-1	5-2	0-1	2-1	0-1	0-0	1-2	3-3	0-0	1-1
Milton Keynes Dons	0-0	1-2	0-0	1-4	0-1	2-1	1-2	1-2	1-0	1-0		0-0	4-4	1-1	1-0	0-1	1-2	3-2	3-2	0-2	1-1	1-1	1-1	0-1
Northampton Town	0-1	1-1	1-0	0-1	0-6	0-0	0-4	1-0	0-1	1-2	2-1		2-2	0-0	1-4	2-0	3-1	0-1	0-3	0-3	1-1	3-1	2-1	0-1
Oldham Athletic	0-0	1-0	2-1	2-1	1-1	2-1	3-4	0-0	1-2	1-1	1-0	5-1		0-2	3-2	1-2	0-2	3-1	1-1	2-3	1-2	0-3	1-1	0-2
Oxford United	3-0	2-4	1-0	2-2	1-2	1-2	1-1	1-0	0-1	3-0	3-1	1-2	0-0		2-1	0-1	3-0	2-1	3-3	1-1	1-1	2-0	1-2	0-7
Peterborough United	1-1	2-3	0-1	1-3	1-1	3-0	4-1	1-1	2-0	0-1	2-0	2-0	3-0	1-4		2-1	2-1	0-1	2-1	2-2	1-0	0-1	2-1	3-2
Plymouth Argyle	4-2	2-0	1-3	1-0	3-2	3-0	2-0	0-3	1-2	2-1	0-1	2-0	4-1	0-4	2-1		0-0	1-1	2-1	0-4	1-1	4-0	1-0	1-3
Portsmouth	2-1	1-2	0-2	0-1	3-0	1-0	0-1	2-2	4-1	1-3	2-0	3-1	1-2	3-0	2-0	1-0		2-0	0-1	1-1	0-1	1-0	1-1	2-1
Rochdale	1-1	0-3	1-2	1-1	1-0	0-0	1-0	2-1	0-2	3-0	0-0	2-2	0-0	0-0	2-0	1-1	3-3		0-1	1-1	3-1	0-0	1-1	1-4
Rotherham United	2-0	1-1	1-0	2-0	2-0	3-2	0-2	2-1	3-2	1-3	2-1	1-0	5-1	3-1	1-1	1-1	1-0	0-1		2-0	1-2	5-0	5-1	1-3
Scunthorpe United	1-1	0-1	0-0	1-1	1-0	1-0	2-0	1-1	1-1	1-3	2-2	2-2	0-2	1-0	2-1	2-0	2-0	1-1	1-2		1-2	3-1	1-0	1-2
Shrewsbury Town	1-0	1-1	1-0	0-1	4-0	1-1	0-2	2-2	1-0	1-1	0-1	1-0	1-0	3-2	3-1	1-2	2-0	3-2	0-1	2-0		1-0	2-0	1-0
Southend United	1-0	2-1	2-1	1-2	0-0	1-0	3-1	0-0	1-2	4-0	4-0	2-2	2-0	1-1	1-1	1-1	3-1	0-0	2-0	3-2	1-2		0-3	3-1
Walsall	2-3	1-2	1-1	3-3	0-0	1-0	2-2	4-2	4-2	0-1	1-0	1-0	2-1	2-1	1-1	2-1	0-1	0-3	1-2	1-0	1-1	0-1		0-3
Wigan Athletic	1-1	0-0	0-2	1-2	3-0	4-1	0-0	3-0	2-0	2-0	5-1	1-0	3-0	1-0	0-0	1-0	1-1	1-0	0-0	3-3	0-0	3-0	2-0	

	EFL League One	Pd	Wn	Dw	Ls	GF	GA	Pts	
1.	Wigan Athletic FC (Wigan)	46	29	11	6	89	29	98	P
2.	Blackburn Rovers FC (Blackburn)	46	28	12	6	82	40	96	P
3.	Shrewsbury Town FC (Shrewsbury)	46	25	12	9	60	39	87	PO
4.	Rotherham United FC (Rotherham)	46	24	7	15	73	53	79	POP
5.	Scunthorpe United FC (Scunthorpe)	46	19	17	10	65	50	74	PO
6.	Charlton Athletic FC (London)	46	20	11	15	58	51	71	PO
7.	Plymouth Argyle FC (Plymouth)	46	19	11	16	58	59	68	
8.	Portsmouth FC (Portsmouth)	46	20	6	20	57	56	66	
9.	Peterborough United FC (Peterborough)	46	17	13	16	68	60	64	
10.	Southend United FC (Southend-on-Sea)	46	17	12	17	58	62	63	
11.	Bradford City FC (Bradford)	46	18	9	19	57	67	63	
12.	Blackpool FC (Blackpool)	46	15	15	16	60	55	60	
13.	Bristol Rovers FC (Bristol)	46	16	11	19	60	66	59	
14.	Fleetwood Town FC (Fleetwood)	46	16	9	21	59	68	57	
15.	Doncaster Rovers FC (Doncaster)	46	13	17	16	52	52	56	
16.	Oxford United FC (Oxford)	46	15	11	20	61	66	56	
17.	Gillingham FC (Gillingham)	46	13	17	16	50	55	56	
18.	AFC Wimbledon (Kingston upon Thames)	46	13	14	19	47	58	53	
19.	Walsall FC (Walsall)	46	13	13	20	53	66	52	
20.	Rochdale AFC (Rochdale)	46	11	18	17	49	57	51	
21.	Oldham Athletic FC (Oldham)	46	11	17	18	58	75	50	R
22.	Northampton Town FC (Northampton)	46	12	11	23	43	77	47	R
23.	Milton Keynes Dons FC (Milton Keynes)	46	11	12	23	43	69	45	R
24.	Bury FC (Bury)	46	8	12	26	41	71	36	R
		1104	403	298	403	1401	1401	1507	

Promotion Play-offs

Shrewsbury Town FC (Shrewsbury)	1-2 (aet)	Rotherham United FC (Rotherham)
Charlton Athletic FC (London)	0-1, 0-1	Shrewsbury Town FC (Shrewsbury)
Scunthorpe United FC (Scunthorpe)	2-2, 0-2	Rotherham United FC (Rotherham)

EFL League Two 2017/2018 Season	Accrington Stanley	Barnet	Cambridge United	Carlisle United	Cheltenham Town	Chesterfield	Colchester United	Coventry City	Crawley Town	Crewe Alexandra	Exeter City	Forest Green Rov.	Grimsby Town	Lincoln City	Luton Town	Mansfield Town	Morecambe	Newport County	Notts County	Port Vale	Stevenage	Swindon Town	Wycombe Wands.	Yeovil Town
Accrington Stanley		4-1	1-0	3-0	1-1	4-0	3-1	1-0	2-3	1-0	1-1	3-1	1-2	1-0	0-2	2-1	1-0	1-1	1-0	3-2	3-2	2-1	1-0	2-0
Barnet	1-1		3-1	1-3	0-2	3-0	0-1	0-0	1-2	2-1	1-2	1-0	0-2	1-1	1-0	1-1	2-1	2-0	1-0	1-1	0-1	1-2	0-2	1-1
Cambridge United	0-0	1-0		1-2	4-3	2-1	1-0	2-1	3-1	3-1	2-3	3-0	3-1	0-0	1-1	0-0	0-0	1-2	1-0	5-0	1-0	1-3	1-3	2-1
Carlisle United	3-1	1-1	1-1		3-0	2-0	1-1	0-1	2-2	1-0	0-1	1-0	2-0	0-1	1-1	1-1	1-1	1-1	1-1	1-2	0-2	1-2	3-3	4-0
Cheltenham Town	0-2	1-1	0-0	0-1		1-1	3-1	1-6	1-0	1-0	3-4	0-1	2-3	1-0	2-2	3-0	3-0	1-1	1-1	5-1	0-1	2-1	0-2	0-2
Chesterfield	1-2	2-1	2-3	2-2	0-2		0-0	0-0	1-2	0-2	1-0	3-2	1-3	1-3	2-0	0-1	0-2	1-0	3-1	2-0	0-1	2-1	1-2	2-3
Colchester United	0-1	0-1	0-0	0-1	1-4	1-1		2-1	3-1	3-1	3-1	5-1	1-1	1-0	2-1	2-0	0-0	2-0	1-3	1-1	1-1	0-0	1-2	0-1
Coventry City	0-2	1-0	3-1	2-0	2-1	1-0	0-0		1-1	1-0	2-0	0-1	4-0	2-4	2-2	0-1	0-0	0-1	3-0	1-0	3-1	3-1	3-2	2-6
Crawley Town	2-1	2-0	0-1	0-1	3-5	0-2	0-2	1-2		1-2	3-1	1-1	3-0	3-1	0-0	2-0	1-1	1-2	0-1	1-3	1-0	1-1	2-3	2-0
Crewe Alexandra	0-2	1-0	0-1	0-5	2-1	5-1	1-0	1-2	3-0		1-2	3-1	2-0	1-4	1-2	2-2	1-0	1-1	2-0	2-2	1-0	0-3	2-3	0-0
Exeter City	2-0	2-1	1-0	1-1	2-1	2-1	1-0	1-0	2-2	3-0		2-0	2-0	1-0	1-4	0-1	4-1	1-0	0-3	0-1	2-1	3-1	1-1	0-0
Forest Green Rovers	0-1	2-2	5-2	0-1	1-1	4-1	1-2	2-1	2-0	3-2	1-3		0-3	0-1	0-2	2-0	2-0	0-4	1-2	1-0	3-1	0-2	1-2	4-3
Grimsby Town	0-3	2-2	0-0	0-1	1-1	1-0	2-2	0-2	0-0	1-0	0-1	1-0		0-0	0-1	1-1	0-2	1-2	2-1	1-1	0-0	3-2	2-3	2-1
Lincoln City	2-0	2-1	0-0	4-1	1-0	2-1	2-1	1-2	0-0	1-4	3-2	2-1	3-1		0-0	0-1	1-1	3-1	2-2	3-1	3-0	2-2	0-0	1-1
Luton Town	1-2	2-0	7-0	3-0	2-2	1-0	3-0	0-3	4-1	3-1	1-0	3-1	2-0	4-2		2-1	1-0	3-1	1-1	2-0	7-1	0-3	2-3	8-2
Mansfield Town	0-1	3-1	2-1	3-1	3-2	2-2	1-1	1-1	1-1	3-4	1-1	2-0	4-1	1-1	2-2		2-1	5-0	3-1	1-1	1-0	1-3	0-0	0-0
Morecambe	1-2	0-1	0-0	1-1	2-1	2-2	0-0	2-0	0-1	0-1	2-1	1-1	0-0	0-0	0-0	1-2		2-1	1-4	0-3	1-1	0-1	2-1	4-3
Newport County	2-1	1-2	2-1	3-3	1-0	4-1	1-2	1-1	2-1	1-2	2-1	3-3	1-0	0-0	1-1	1-1	1-1		0-0	1-1	0-1	2-1	0-0	2-0
Notts County	2-2	2-1	3-3	2-1	3-1	2-0	2-1	2-1	1-2	4-1	1-2	1-1	0-0	4-1	0-0	1-1	2-0	3-0		1-0	2-0	1-0	0-0	4-1
Port Vale	1-2	1-0	2-0	1-2	3-1	2-1	2-2	1-0	1-2	0-1	0-1	1-1	1-2	1-0	4-0	0-4	0-0	0-0	0-1		2-2	0-3	2-3	1-1
Stevenage	3-2	4-1	0-2	0-0	4-1	5-1	0-1	1-1	1-1	2-2	3-1	1-2	3-1	1-2	1-1	1-1	2-1	3-3	1-1	2-0		0-1	0-0	4-1
Swindon Town	3-0	1-4	2-0	0-0	0-3	2-2	2-3	1-2	0-3	4-3	1-1	1-0	0-1	0-1	0-5	1-0	1-1	0-1	1-0	3-2	3-2		1-0	2-2
Wycombe Wanderers	0-4	3-1	1-1	4-3	3-3	1-0	3-1	0-1	4-0	3-2	0-0	3-1	2-1	2-2	1-2	1-2	2-4	2-0	2-4	0-0	1-0	3-2		2-1
Yeovil Town	3-2	2-0	2-0	0-1	0-0	1-2	0-1	2-0	1-2	2-0	3-1	0-0	3-0	0-2	0-3	2-3	2-2	0-2	1-1	1-1	3-0	1-2	0-1	

	EFL League Two	Pd	Wn	Dw	Ls	GF	GA	Pts	
1.	Accrington Stanley FC (Accrington)	46	29	6	11	76	46	93	P
2.	Luton Town FC (Luton)	46	25	13	8	94	46	88	P
3.	Wycombe Wanderers FC (High Wycombe)	46	24	12	10	79	60	84	P
4.	Exeter City FC (Exeter)	46	24	8	14	64	54	80	PO
5.	Notts County FC (Nottingham)	46	21	14	11	71	48	77	PO
6.	Coventry City FC (Coventry)	46	22	9	15	64	47	75	POP
7.	Lincoln City FC (Lincoln)	46	20	15	11	64	48	75	PO
8.	Mansfield Town FC (Mansfield)	46	18	18	10	67	52	72	
9.	Swindon Town FC (Swindon)	46	20	8	18	67	65	68	
10.	Carlisle United FC (Carlisle)	46	17	16	13	62	54	67	
11.	Newport County AFC (Newport)	46	16	16	14	56	58	64	
12.	Cambridge United FC (Cambridge)	46	17	13	16	56	60	64	
13.	Colchester United FC (Colchester)	46	16	14	16	53	52	62	
14.	Crawley Town FC (Crawley)	46	16	11	19	58	66	59	
15.	Crewe Alexandra FC (Crewe)	46	17	5	24	62	75	56	
16.	Stevenage FC (Stevenage)	46	14	13	19	60	65	55	
17.	Cheltenham Town FC (Cheltenham)	46	13	12	21	67	73	51	
18.	Grimsby Town FC (Cleethorpes)	46	13	12	21	42	66	51	
19.	Yeovil Town FC (Yeovil)	46	12	12	22	59	75	48	
20.	Port Vale FC (Stoke-on-Trent)	46	11	14	21	49	67	47	
21.	Forest Green Rovers FC (Nailsworth)	46	13	8	25	54	77	47	
22.	Morecambe FC (Morecambe)	46	9	19	18	41	56	46	
23.	Barnet FC (Barnet)	46	12	10	24	46	65	46	R
24.	Chesterfield FC (Chesterfield)	46	10	8	28	47	83	38	R
		1104	409	286	409	1458	1458	1513	

Promotion Play-offs

Exeter City FC (Exeter)	1-3	Coventry City FC (Coventry)
Lincoln City FC (Lincoln)	0-0, 1-3	Exeter City FC (Exeter)
Coventry City FC (Coventry)	1-1, 4-1	Notts County FC (Nottingham)

F.A. CUP FINAL (Wembley Stadium, London – 19/05/2018 – 87,647)

CHELSEA FC (LONDON)	1–0	Manchester United FC (Manchester)

Hazard 22' pen.

Chelsea FC: Courtois, Azpilicueta, Cahill, Rüdiger, Moses, Fàbregas, Kanté, Bakayoko, Alonso, Hazard (Willian 90+1'), Giroud (Morata 89').

Manchester United FC: De Gea, A. Valencia, Smalling, Jones (Mata 87'), Young, Herrera, Matic, Pogba, Lingard (Martial 73'), Sánchez, Rashford (Lukaku 73').

Semi-finals

Manchester United FC (Manchester)	2-1	Tottenham Hotspur FC (London)
Chelsea FC (London)	2-0	Southampton FC (Southampton)

Quarter-finals

Swansea City FC (Swansea)	0-3	Tottenham Hotspur FC (London)
Manchester United FC (Manchester)	2-0	Brighton & Hove Albion FC (Brighton)
Wigan Athletic FC (Wigan)	0-2	Southampton FC (Southampton)
Leicester City FC (Leicester)	1-2 (aet)	Chelsea FC (London)

2018-2019

Premier League 2018/2019 Season	Arsenal	Bournemouth	Brighton & Hove A.	Burnley	Cardiff City	Chelsea	Crystal Palace	Everton	Fulham	Huddersfield Town	Leicester City	Liverpool	Manchester City	Manchester United	Newcastle United	Southampton	Tottenham Hotspur	Watford	West Ham United	Wolverhampton W.
Arsenal		5-1	1-1	3-1	2-1	2-0	2-3	2-0	4-1	1-0	3-1	1-1	0-2	2-0	2-0	2-0	4-2	2-0	3-1	1-1
Bournemouth	1-2		2-0	1-3	2-0	4-0	2-1	2-2	0-1	2-1	4-2	0-4	0-1	1-2	2-2	0-0	1-0	3-3	2-0	1-1
Brighton & Hove Albion	1-1	0-5		1-3	0-2	1-2	3-1	1-0	2-2	1-0	1-1	0-1	1-4	3-2	1-1	0-1	1-2	0-0	1-0	1-0
Burnley	1-3	4-0	1-0		2-0	0-4	1-3	1-5	2-1	1-1	1-2	1-3	0-1	0-2	1-2	1-1	2-1	1-3	2-0	2-0
Cardiff City	2-3	2-0	2-1	1-2		1-2	2-3	0-3	4-2	0-0	0-1	0-2	0-5	1-5	0-0	1-0	0-3	1-5	2-0	2-1
Chelsea	3-2	2-0	3-0	2-2	4-1		3-1	0-0	2-0	5-0	0-1	1-1	2-0	2-2	2-1	0-0	2-0	3-0	2-0	1-1
Crystal Palace	2-2	5-3	1-2	2-0	0-0	0-1		0-0	2-0	2-0	1-0	0-2	1-3	1-3	0-0	0-2	0-1	1-2	1-1	0-1
Everton	1-0	2-0	3-1	2-0	1-0	2-0	2-0		3-0	1-1	0-1	0-0	0-2	4-0	1-1	2-1	2-6	2-2	1-3	1-3
Fulham	1-5	0-3	4-2	4-2	1-0	1-2	0-2	2-0		1-0	1-1	1-2	0-2	0-3	0-4	3-2	1-2	1-1	0-2	1-1
Huddersfield Town	1-2	0-2	1-2	1-2	0-0	0-3	0-1	0-1	1-0		1-4	0-1	0-3	1-1	0-1	1-3	0-2	1-2	1-1	1-0
Leicester City	3-0	2-0	2-1	0-0	0-1	0-0	1-4	1-2	3-1	3-1		1-2	2-1	0-1	0-1	1-2	0-2	2-0	1-1	2-0
Liverpool	5-1	3-0	1-0	4-2	4-1	2-0	4-3	1-0	2-0	5-0	1-1		0-0	3-1	4-0	3-0	2-1	5-0	4-0	2-0
Manchester City	3-1	3-1	2-0	5-0	2-0	6-0	2-3	3-1	3-0	6-1	1-0	2-1		3-1	2-1	6-1	1-0	3-1	1-0	3-0
Manchester United	2-2	4-1	2-1	2-2	0-2	1-1	0-0	2-1	4-1	3-1	2-1	0-0	0-2		3-2	3-2	0-3	2-1	2-1	1-1
Newcastle United	1-2	2-1	0-1	2-0	3-0	1-2	0-1	3-2	0-0	2-0	0-2	2-3	2-1	0-2		3-1	1-2	1-0	0-3	1-2
Southampton	3-2	3-3	2-2	0-0	1-2	0-3	1-1	2-1	2-0	1-1	1-2	1-3	1-3	2-2	0-0		2-1	1-1	1-2	3-1
Tottenham Hotspur	1-1	5-0	1-0	1-0	1-0	3-1	2-0	2-2	3-1	4-0	3-1	1-2	0-1	0-1	1-0	3-1		2-1	0-1	1-3
Watford	0-1	0-4	2-0	0-0	3-2	1-2	2-1	1-0	4-1	3-0	2-1	0-3	1-2	1-2	1-1	1-1	2-1		1-4	1-2
West Ham United	1-0	1-2	2-2	4-2	3-1	0-0	3-2	0-2	3-1	4-3	2-2	1-1	0-4	3-1	2-0	3-0	0-1	0-2		0-1
Wolverhampton Wanderers	3-1	2-0	0-0	1-0	2-0	2-1	0-2	2-2	1-0	0-2	4-3	0-2	1-1	2-1	1-1	2-0	2-3	0-2	3-0	

	Premier League	Pd	Wn	Dw	Ls	GF	GA	Pts	
1.	MANCHESTER CITY FC (MANCHESTER)	38	32	2	4	95	23	98	
2.	Liverpool FC (Liverpool)	38	30	7	1	89	22	97	
3.	Chelsea FC (London)	38	21	9	8	63	39	72	
4.	Tottenham Hotspur FC (London)	38	23	2	13	67	39	71	
5.	Arsenal FC (London)	38	21	7	10	73	51	70	
6.	Manchester United FC (Manchester)	38	19	9	10	65	54	66	
7.	Wolverhampton Wanderers FC (Wolverhampton)	38	16	9	13	47	46	57	
8.	Everton FC (Liverpool)	38	15	9	14	54	46	54	
9.	Leicester City FC (Leicester)	38	15	7	16	51	48	52	
10.	West Ham United FC (London)	38	15	7	16	52	55	52	
11.	Watford FC (Watford)	38	14	8	16	52	59	50	
12.	Crystal Palace FC (London)	38	14	7	17	51	53	49	
13.	Newcastle United FC (Newcastle upon Tyne)	38	12	9	17	42	48	45	
14.	AFC Bournemouth (Bournemouth)	38	13	6	19	56	70	45	
15.	Burnley FC (Burnley)	38	11	7	20	45	68	40	
16.	Southampton FC (Southampton)	38	9	12	17	45	65	39	
17.	Brighton & Hove Albion FC (Brighton)	38	9	9	20	35	60	36	
18.	Cardiff City FC (Cardiff)	38	10	4	24	34	69	34	R
19.	Fulham FC (London)	38	7	5	26	34	81	26	R
20.	Huddersfield Town FC (Huddersfield)	38	3	7	28	22	76	16	R
		760	309	142	309	1072	1072	1069	

Top goalscorers

1)	Pierre-Emerick AUBAMEYANG	Arsenal FC (London)	22
	Sadio MANÉ	Liverpool FC (Liverpool)	22
	Mohamed SALAH	Liverpool FC (Liverpool)	22
4)	Sergio AGÜERO	Manchester City FC (Manchester)	21
5)	Jamie VARDY	Leicester City FC (Leicester)	18
6)	Harry KANE	Tottenham Hotspur FC (London)	17
	Raheem STERLING	Manchester City FC (Manchester)	17

EFL Championship 2018/2019 Season	Aston Villa	Birmingham City	Blackburn Rovers	Bolton Wanderers	Brentford	Bristol City	Derby County	Hull City	Ipswich Town	Leeds United	Middlesbrough	Millwall	Norwich City	Nottingham Forest	Preston North End	Queens Park Rangers	Reading	Rotherham United	Sheffield United	Sheffield Wednesday	Stoke City	Swansea City	West Bromwich A.	Wigan Athletic
Aston Villa		4-2	2-1	2-0	2-2	2-1	4-0	2-2	2-1	2-3	3-0	1-0	1-2	5-5	3-3	2-2	1-1	2-0	3-3	1-2	2-2	1-0	0-2	3-2
Birmingham City	0-1		2-2	0-1	0-0	0-1	2-2	3-3	2-2	1-0	1-2	0-2	2-2	2-0	3-0	0-0	2-1	3-1	1-1	3-1	2-0	0-0	1-1	1-1
Blackburn Rovers	1-1	2-2		2-0	1-0	0-1	2-0	3-0	2-0	2-1	0-1	0-0	0-1	2-2	0-1	1-0	2-2	1-1	0-2	4-2	0-1	2-2	2-1	3-0
Bolton Wanderers	0-2	1-0	0-1		0-1*	2-2	1-0	0-1	1-2	0-1	0-2	2-1	0-4	0-3	1-2	1-2	1-1	2-1	0-3	0-2	0-0	0-1	0-2	1-1
Brentford	1-0	1-1	5-2	1-0		0-1	3-3	5-1	2-0	2-0	1-2	2-0	1-1	2-1	3-0	3-0	2-2	5-1	2-3	2-0	3-1	2-3	0-1	2-0
Bristol City	1-1	1-2	4-1	2-1	1-1		0-2	1-0	1-1	0-1	0-2	1-1	2-2	1-1	0-1	2-1	1-1	1-0	1-0	1-2	0-1	2-0	3-2	2-2
Derby County	0-3	3-1	0-0	4-0	3-1	1-1		2-0	2-0	1-4	1-1	0-1	1-1	0-0	2-0	2-0	2-1	6-1	2-1	1-1	0-0	2-1	3-1	2-1
Hull City	1-3	2-0	0-1	6-0	2-0	1-1	1-2		2-0	0-1	1-1	2-1	0-0	0-2	1-1	2-2	3-1	2-2	0-3	3-0	2-0	3-2	1-0	2-1
Ipswich Town	1-1	1-1	2-2	0-0	1-1	2-3	1-1	0-2		3-2	0-2	2-3	1-1	1-1	1-1	0-2	1-2	1-0	1-1	0-1	1-1	0-1	1-2	1-0
Leeds United	1-1	1-2	3-2	2-1	1-1	2-0	2-0	0-2	2-0		0-0	3-2	1-3	1-1	3-0	2-1	1-0	2-0	0-1	1-0	3-1	2-1	4-0	1-2
Middlesbrough	0-3	1-0	1-1	2-0	1-2	0-1	1-1	1-0	2-0	1-1		1-1	0-1	0-2	1-2	2-0	2-1	0-0	3-0	0-1	1-0	0-0	1-0	2-0
Millwall	2-1	0-2	0-2	1-1	1-1	1-2	2-1	2-2	3-0	1-1	2-2		1-3	1-0	1-3	0-0	1-0	0-0	2-3	0-0	0-0	1-2	2-0	2-1
Norwich City	2-1	3-1	2-1	3-2	1-0	3-2	3-4	3-2	3-0	0-3	1-0	4-3		3-3	2-0	4-0	2-2	3-1	2-2	2-2	0-1	1-0	3-4	1-0
Nottingham Forest	1-3	2-2	1-2	1-0	2-1	0-1	1-0	3-0	2-0	4-2	3-0	2-2	1-2		0-1	0-1	1-0	1-0	1-0	2-1	0-0	2-1	1-1	3-1
Preston North End	1-1	1-0	4-1	2-2	4-3	1-1	0-0	1-2	4-0	0-2	1-1	3-2	3-1	0-0		1-0	2-3	1-1	0-1	3-3	2-2	1-1	2-3	4-0
Queens Park Rangers	1-0	3-4	1-2	1-2	3-2	0-3	1-1	2-3	3-0	1-0	2-1	2-0	0-1	0-1	1-4		0-0	1-2	1-2	3-0	0-0	4-0	2-3	1-0
Reading	0-0	0-0	2-1	0-1	2-1	3-2	1-2	3-0	2-2	0-3	0-1	3-1	1-2	2-0	2-1	0-1		1-1	0-2	1-2	2-2	1-4	0-0	3-2
Rotherham United	1-2	1-3	3-2	1-1	2-4	0-0	1-0	2-3	1-0	1-2	1-2	1-0	1-2	2-1	2-1	2-2	1-1		2-2	2-2	2-2	2-1	0-4	1-1
Sheffield United	4-1	0-0	3-0	2-0	2-0	2-3	3-1	1-0	2-0	0-1	1-0	1-1	2-1	2-0	3-2	1-0	4-0	2-0		0-0	1-1	1-2	1-2	4-2
Sheffield Wednesday	1-3	1-1	4-2	1-0	2-0	2-0	1-2	1-1	2-1	1-1	1-2	2-1	0-4	3-0	1-0	1-2	0-0	2-2	0-0		2-2	3-1	2-2	1-0
Stoke City	1-1	0-1	2-3	2-0	1-1	0-2	2-1	2-0	2-0	2-1	0-0	1-0	2-2	2-0	0-2	2-2	0-0	2-2	2-2	0-0		1-0	0-1	0-3
Swansea City	0-1	3-3	3-1	2-0	3-0	0-1	1-1	2-2	2-3	2-2	3-1	1-0	1-4	0-0	1-0	3-0	2-0	4-3	1-0	2-1	3-1		1-2	2-2
West Bromwich Alb.	2-2	3-2	1-1	1-2	1-1	4-2	1-4	3-2	1-1	4-1	2-3	2-0	1-1	2-2	4-1	7-1	4-1	2-1	0-1	1-1	2-1	3-0		2-0
Wigan Athletic	3-0	0-3	3-1	5-2	0-0	1-0	0-1	2-1	1-1	1-2	0-0	1-0	1-1	2-2	2-0	2-1	0-0	1-0	0-3	3-2	0-0	0-0	1-0	

	EFL Championship	Pd	Wn	Dw	Ls	GF	GA	Pts	
1.	Norwich City FC (Norwich)	46	27	13	6	93	57	94	P
2.	Sheffield United FC (Sheffield)	46	26	11	9	78	41	89	P
3.	Leeds United FC (Leeds)	46	25	8	13	73	50	83	PO
4.	West Bromwich Albion FC (West Bromwich)	46	23	11	12	87	62	80	PO
5.	Aston Villa FC (Birmingham)	46	20	16	10	82	61	76	POP
6.	Derby County FC (Derby)	46	20	14	12	69	54	74	PO
7.	Middlesbrough FC (Middlesbrough)	46	20	13	13	49	41	73	
8.	Bristol City FC (Bristol)	46	19	13	14	59	53	70	
9.	Nottingham Forest FC (Nottingham)	46	17	15	14	61	54	66	
10.	Swansea City FC (Swansea)	46	18	11	17	65	62	65	
11.	Brentford FC (Brentford)	46	17	13	16	73	59	64	
12.	Sheffield Wednesday FC (Sheffield)	46	16	16	14	60	62	64	
13.	Hull City AFC (Kingston upon Hull)	46	17	11	18	66	68	62	
14.	Preston North End FC (Preston)	46	16	13	17	67	67	61	
15.	Blackburn Rovers FC (Blackburn)	46	16	12	18	64	69	60	
16.	Stoke City FC (Stoke-on-Trent)	46	11	22	13	45	52	55	
17.	Birmingham City FC (Birmingham)	46	14	19	13	64	58	52	-9
18.	Wigan Athletic FC (Wigan)	46	13	13	20	51	64	52	
19.	Queens Park Rangers FC (London)	46	14	9	23	53	71	51	
20.	Reading FC (Reading)	46	10	17	19	49	66	47	
21.	Millwall FC (London)	46	10	14	22	48	64	44	
22.	Rotherham United FC (Rotherham)	46	8	16	22	52	83	40	R
23.	Bolton Wanderers FC (Bolton)	46	8	8	30	29	78	32	R
24.	Ipswich Town FC (Ipswich)	46	5	16	25	36	77	31	R
		1104	390	324	390	1473	1473	1485	

Note: Bolton Wanderers FC vs Brentford FC was cancelled after Bolton could not fulfil the fixture due to financial difficulties. The match was awarded to Brentford FC with a 1-0 scoreline.

Birmingham City FC had 9 points deducted for failure to comply with the EFL Profitability and Sustainability rules.

Promotion Play-offs

Aston Villa FC (Birmingham)	2-1	Derby County FC (Derby)
Aston Villa FC (Birmingham)	2-1, 0-1 (aet)	West Bromwich Albion FC (West Bromwich)
	Aggregate 2-2. Aston Villa won 4-3 on penalties.	
Derby County FC (Derby)	0-1, 4-2	Leeds United FC (Leeds)

EFL League One 2018/2019 Season	Accrington Stanley	AFC Wimbledon	Barnsley	Blackpool	Bradford City	Bristol Rovers	Burton Albion	Charlton Athletic	Coventry City	Doncaster Rovers	Fleetwood Town	Gillingham	Luton Town	Oxford United	Peterborough United	Plymouth Argyle	Portsmouth	Rochdale	Scunthorpe United	Shrewsbury Town	Southend United	Sunderland	Wallsall	Wycombe Wanderers
Accrington Stanley		2-1	0-2	1-2	3-1	0-0	1-1	1-1	0-1	1-0	0-1	0-2	0-3	4-2	0-4	5-1	1-1	0-1	1-1	2-1	1-1	0-3	2-1	1-2
AFC Wimbledon	1-1		1-4	0-0	0-1	1-1	0-2	1-2	0-0	2-0	0-3	2-4	0-2	2-1	1-0	2-1	1-2	1-1	2-3	1-2	2-1	1-2	1-3	2-1
Barnsley	2-0	0-0		2-1	3-0	1-0	0-0	2-1	2-2	1-1	4-2	2-1	3-2	4-0	2-0	1-1	1-1	2-1	2-0	2-1	1-0	0-0	1-1	2-1
Blackpool	1-1	2-0	0-1		3-2	0-3	3-0	2-1	2-0	1-1	2-1	0-3	0-0	0-1	0-1	2-2	1-2	2-2	1-0	0-0	2-2	0-1	2-0	2-2
Bradford City	3-0	0-0	0-2	1-4		0-0	1-0	0-2	2-4	0-1	0-1	1-1	0-1	2-0	3-1	0-0	0-1	0-2	2-0	4-3	0-4	1-2	4-0	1-2
Bristol Rovers	1-2	2-0	2-1	4-0	3-2		0-0	0-0	3-1	0-4	2-1	1-2	1-2	0-0	2-2	0-0	1-2	0-1	1-2	1-1	0-1	0-2	0-1	0-1
Burton Albion	5-2	3-0	3-1	3-0	1-1	1-0		1-2	1-0	1-0	0-1	2-3	2-1	0-0	1-2	1-1	1-2	1-2	0-0	2-1	1-2	2-1	0-0	3-1
Charlton Athletic	1-0	2-0	2-0	0-0	1-0	3-1	2-1		1-2	2-0	0-0	2-0	3-1	1-1	0-1	2-1	2-1	4-0	4-0	2-1	1-1	1-1	2-1	3-2
Coventry City	1-1	1-1	1-0	0-2	2-0	0-0	1-2	2-1		2-1	2-1	1-1	1-2	0-1	1-1	1-0	0-1	0-1	1-2	1-1	1-0	1-1	3-0	1-0
Doncaster Rovers	1-2	2-1	0-0	2-0	2-1	4-1	2-2	1-1	2-0		0-4	3-3	2-1	2-2	3-1	2-0	0-0	5-0	3-0	0-0	3-0	0-1	3-1	3-0
Fleetwood Town	1-1	0-1	1-3	3-2	2-1	0-0	1-0	1-0	3-0	3-0		1-1	1-2	2-2	1-1	2-0	2-5	2-2	0-1	2-1	2-2	2-1	0-0	1-1
Gillingham	0-0	0-1	1-4	0-1	4-0	0-1	3-1	0-2	1-1	1-3	3-0		1-3	1-0	2-4	3-1	2-0	1-1	1-0	0-2	0-2	1-4	0-3	2-2
Luton Town	4-1	2-2	0-0	2-2	4-0	1-0	2-0	2-2	1-1	4-0	2-0	2-2		3-1	4-0	5-1	3-2	2-0	3-2	3-2	2-0	1-1	2-0	3-0
Oxford United	2-3	0-0	2-2	2-0	1-0	0-2	3-1	2-1	1-2	2-2	0-2	1-0	1-2		0-1	2-0	2-1	4-2	2-1	3-0	0-1	1-1	1-2	2-1
Peterborough United	0-1	1-0	0-4	2-2	1-1	2-1	3-1	0-0	1-2	1-1	1-0	2-0	3-1	2-2		0-1	1-2	2-1	0-2	1-2	2-0	1-1	1-1	4-2
Plymouth Argyle	0-3	1-0	0-3	0-1	3-3	2-2	2-3	0-2	2-1	2-3	2-1	3-1	0-0	3-0	1-5		1-1	5-1	3-2	2-1	1-1	0-2	2-1	1-1
Portsmouth	1-1	2-1	0-0	0-1	5-1	1-1	2-2	1-2	2-1	1-1	1-0	0-2	1-0	4-1	2-3	3-0		4-1	2-0	1-1	2-0	3-1	2-0	2-2
Rochdale	1-0	3-4	0-4	2-1	0-4	0-0	0-4	1-0	0-1	2-3	1-1	3-0	0-0	0-0	1-4	1-2	1-3		3-1	2-1	1-0	1-2	1-2	1-0
Scunthorpe United	2-0	1-2	2-2	0-0	2-3	0-1	0-3	5-3	2-1	1-1	0-5	0-2	0-2	3-3	0-2	1-4	1-2	3-3		1-0	4-1	1-1	1-1	1-0
Shrewsbury Town	1-0	0-0	3-1	0-0	0-1	1-1	1-1	0-3	1-0	2-0	0-0	2-2	0-3	2-3	2-2	2-0	0-2	3-2	1-1		2-0	0-2	0-0	2-1
Southend United	3-0	0-1	0-3	1-2	2-0	1-2	3-2	1-2	1-2	2-3	1-0	2-0	0-1	0-0	2-3	2-3	3-3	1-2	2-0	0-2		2-1	3-0	0-2
Sunderland	2-2	1-0	4-2	1-1	1-0	2-1	1-1	2-1	4-5	2-0	1-1	4-2	1-1	1-1	2-2	2-0	1-1	4-1	3-0	1-1	3-0		2-1	1-1
Walsall	0-1	0-1	0-1	0-0	3-2	1-3	1-3	0-2	2-1	1-4	2-0	2-1	2-2	1-3	3-0	2-1	2-3	1-2	1-2	0-0	1-1	2-2		3-2
Wycombe Wanderers	1-3	1-2	1-0	0-0	0-0	1-2	2-1	0-1	0-2	3-2	1-0	0-1	1-1	0-0	1-0	1-0	2-3	3-0	3-2	3-2	2-3	1-1	1-0	

	EFL League One	Pd	Wn	Dw	Ls	GF	GA	Pts	
1.	Luton Town FC (Luton)	46	27	13	6	90	42	94	P
2.	Barnsley FC (Barnsley)	46	26	13	7	80	39	91	P
3.	Charlton Athletic FC (London)	46	26	10	10	73	40	88	POP
4.	Portsmouth FC (Portsmouth)	46	25	13	8	83	51	88	PO
5.	Sunderland AFC (Sunderland)	46	22	19	5	80	47	85	PO
6.	Doncaster Rovers FC (Doncaster)	46	20	13	13	76	58	73	PO
7.	Peterborough United FC (Peterborough)	46	20	12	14	71	62	72	
8.	Coventry City FC (Coventry)	46	18	11	17	54	54	65	
9.	Burton Albion FC (Burton-on-Trent)	46	17	12	17	66	57	63	
10.	Blackpool FC (Blackpool)	46	15	17	14	50	52	62	
11.	Fleetwood Town FC (Fleetwood)	46	16	13	17	58	52	61	
12.	Oxford United FC (Oxford)	46	15	15	16	58	64	60	
13.	Gillingham FC (Gillingham)	46	15	10	21	61	72	55	
14.	Accrington Stanley FC (Accrington)	46	14	13	19	51	67	55	
15.	Bristol Rovers FC (Bristol)	46	13	15	18	47	50	54	
16.	Rochdale AFC (Rochdale)	46	15	9	22	54	87	54	
17.	Wycombe Wanderers FC (High Wycombe)	46	14	11	21	55	67	53	
18.	Shrewsbury Town FC (Shrewsbury)	46	12	16	18	51	59	52	
19.	Southend United FC (Southend-on-Sea)	46	14	8	24	55	68	50	
20.	AFC Wimbledon (Kingston upon Thames)	46	13	11	22	42	63	50	
21.	Plymouth Argyle FC (Plymouth)	46	13	11	22	56	80	50	R
22.	Walsall FC (Walsall)	46	12	11	23	49	71	47	R
23.	Scunthorpe United FC (Scunthorpe)	46	12	10	24	53	83	46	R
24.	Bradford City FC (Bradford)	46	11	8	27	49	77	41	R
		1104	405	294	405	1462	1462	1509	

Promotion Play-offs

Charlton Athletic FC (London)	2-1	Sunderland AFC (Sunderland)
Sunderland AFC (Sunderland)	1-0, 0-0	Portsmouth FC (Portsmouth)
Doncaster Rovers FC (Doncaster)	1-2, 3-2 (aet)	Charlton Athletic FC (London)

Aggregate 4-4. Charlton Athletic won 4-3 on penalties

EFL League Two 2018/2019 Season	Bury	Cambridge United	Carlisle United	Cheltenham Town	Colchester United	Crawley Town	Crewe Alexandra	Exeter City	Forest Green Rovers	Grimsby Town	Lincoln City	Macclesfield Town	Mansfield Town	Milton Keynes Dons	Morecambe	Newport County	Northampton Town	Notts County	Oldham Athletic	Port Vale	Stevenage	Swindon Town	Tranmere Rovers	Yeovil Town
Bury		0-3	0-1	4-1	2-0	1-1	3-1	2-0	1-1	4-0	3-3	3-0	2-2	4-3	3-2	1-1	3-1	4-0	3-1	1-1	4-0	1-3	2-1	1-0
Cambridge United	2-2		1-2	0-1	0-1	2-1	0-0	0-2	1-3	1-0	1-2	1-0	1-1	0-1	1-2	0-3	3-2	3-2	1-1	1-0	2-0	0-0	0-0	0-0
Carlisle United	3-2	2-2		2-0	4-0	4-2	1-0	1-1	1-2	0-1	1-0	2-1	3-2	2-3	0-2	3-2	2-2	1-3	6-0	2-1	0-1	2-1	0-2	0-1
Cheltenham Town	1-1	2-0	0-1		1-3	0-1	0-0	1-1	2-2	2-1	0-2	3-2	2-2	3-1	2-2	2-1	3-1	4-1	0-0	1-0	0-2	3-2	1-3	1-0
Colchester United	1-2	3-0	1-1	3-0		3-1	6-0	1-1	0-3	1-0	1-0	1-0	2-3	2-0	0-0	3-0	1-2	3-3	0-2	2-0	1-2	1-0	0-2	3-1
Crawley Town	3-2	2-0	2-3	1-0	2-0		3-0	1-1	1-2	2-1	0-3	1-1	0-0	0-4	2-0	4-1	0-1	1-1	0-3	0-1	1-3	2-2	3-1	3-1
Crewe Alexandra	1-1	2-0	2-1	1-3	2-1	6-1		1-2	4-3	2-0	2-1	3-0	0-3	0-0	6-0	3-2	0-2	3-0	0-2	0-1	1-0	1-0	3-2	2-0
Exeter City	0-1	1-0	3-1	3-1	3-0	1-3	1-0		1-2	1-2	0-3	0-1	1-4	3-1	0-0	1-1	2-2	5-1	1-0	2-0	1-0	2-0	0-1	2-1
Forest Green Rovers	1-2	2-1	1-1	1-1	0-1	1-0	1-0	0-0		3-0	1-2	2-0	1-1	1-2	0-1	1-1	2-1	1-2	1-1	1-1	0-0	1-1	3-1	3-0
Grimsby Town	0-0	0-2	1-0	1-0	1-0	1-0	2-0	0-0	1-4		1-1	0-2	0-1	1-0	1-2	3-0	0-0	4-0	0-3	2-0	0-2	2-1	5-2	0-1
Lincoln City	2-1	1-1	2-2	1-1	0-3	0-1	1-0	1-1	2-1	1-0		1-1	1-1	2-1	3-1	3-2	1-1	3-1	2-0	1-1	2-2	4-1	0-0	1-0
Macclesfield Town	1-4	1-1	2-1	1-1	1-1	2-0	3-3	3-2	1-1	0-2	1-2		1-1	1-3	1-1	0-0	0-5	0-1	2-1	0-0	2-2	1-2	1-1	1-0
Mansfield Town	2-1	1-0	1-0	4-2	1-1	1-0	1-2	1-2	1-0	2-1	1-1	3-1		1-1	4-0	3-0	4-0	2-0	0-0	1-0	1-2	0-0	3-0	0-1
Milton Keynes Dons	1-0	6-0	2-0	3-0	0-1	1-0	0-1	1-0	1-1	1-1	0-2	2-0	1-0		2-0	2-0	1-0	2-1	2-1	1-1	1-1	2-3	1-1	2-0
Morecambe	2-3	3-0	0-2	4-0	0-1	1-0	2-2	0-2	3-0	1-1	0-2	2-1	0-1	4-2		1-1	1-0	1-1	0-2	2-2	1-2	0-1	3-4	2-1
Newport County	3-1	4-2	2-0	1-0	2-0	0-0	1-0	1-0	1-4	1-0	1-0	3-3	1-0	0-1	1-1		3-1	3-2	2-0	0-0	2-1	0-0	0-0	0-6
Northampton Town	0-0	2-2	3-0	1-3	0-4	0-0	2-0	2-1	2-1	2-2	0-1	3-1	1-1	2-2	1-1	1-0		0-0	2-1	1-2	1-1	1-1	1-1	2-2
Notts County	0-0	0-1	1-1	0-3	0-0	3-1	2-1	0-1	1-3	2-1	1-1	1-2	1-0	1-2	0-0	1-4	2-2		0-0	0-0	3-3	1-2	3-2	0-4
Oldham Athletic	4-2	3-1	1-3	2-0	3-3	2-1	1-1	2-3	0-0	2-0	1-1	3-1	3-2	1-2	1-2	0-1	2-5	2-0		0-1	1-1	2-2	2-0	4-1
Port Vale	1-0	3-0	0-1	2-2	0-3	1-0	1-0	1-1	0-2	0-1	2-6	0-1	2-1	0-2	0-1	1-2	2-0	2-2	1-4		1-4	0-1	1-2	3-0
Stevenage	0-1	0-1	3-0	2-0	3-1	2-1	0-1	1-1	0-2	1-0	0-1	1-0	1-3	3-2	1-0	1-0	1-2	0-3	3-2	0-0		2-0	2-2	1-0
Swindon Town	1-2	0-2	0-4	0-0	3-0	0-1	1-2	0-2	2-0	1-1	2-2	3-2	0-0	1-1	4-0	2-1	1-1	3-1	0-0	0-0	3-2		3-2	1-1
Tranmere Rovers	1-1	1-0	3-0	1-0	1-1	5-1	1-0	2-0	0-1	4-1	1-0	1-0	0-0	2-1	3-1	0-1	1-2	1-0	1-1	1-0	2-0	1-2		0-0
Yeovil Town	0-1	1-0	0-0	1-4	1-1	0-1	1-1	2-2	1-2	1-3	0-2	0-2	2-2	1-1	3-2	1-3	1-1	2-0	0-0	0-3	2-0	0-3	0-0	

	EFL League Two	Pd	Wn	Dw	Ls	GF	GA	Pts	
1.	Lincoln City FC (Lincoln)	46	23	16	7	73	43	85	P
2.	Bury FC (Bury)	46	22	13	11	82	56	79	P
3.	Milton Keynes Dons FC (Milton Keynes)	46	23	10	13	71	49	79	P
4.	Mansfield Town FC (Mansfield)	46	20	16	10	69	41	76	PO
5.	Forest Green Rovers FC (Nailsworth)	46	20	14	12	68	47	74	PO
6.	Tranmere Rovers FC (Birkenhead)	46	20	13	13	63	50	73	POP
7.	Newport County AFC (Newport)	46	20	11	15	59	59	71	PO
8.	Colchester United FC (Colchester)	46	20	10	16	65	53	70	
9.	Exeter City FC (Exeter)	46	19	13	14	60	49	70	
10.	Stevenage FC (Stevenage)	46	20	10	16	59	55	70	
11.	Carlisle United FC (Carlisle)	46	20	8	18	67	62	68	
12.	Crewe Alexandra FC (Crewe)	46	19	8	19	60	59	65	
13.	Swindon Town FC (Swindon)	46	16	16	14	59	56	64	
14.	Oldham Athletic FC (Oldham)	46	16	14	16	67	60	62	
15.	Northampton Town FC (Northampton)	46	14	19	13	64	63	61	
16.	Cheltenham Town FC (Cheltenham)	46	15	12	19	57	68	57	
17.	Grimsby Town FC (Cleethorpes)	46	16	8	22	45	56	56	
18.	Morecambe FC (Morecambe)	46	14	12	20	54	70	54	
19.	Crawley Town FC (Crawley)	46	15	8	23	51	68	53	
20.	Port Vale FC (Stoke-on-Trent)	46	12	13	21	39	55	49	
21.	Cambridge United FC (Cambridge)	46	12	11	23	40	66	47	
22.	Macclesfield Town FC (Macclesfield)	46	10	14	22	48	74	44	
23.	Notts County FC (Nottingham)	46	9	14	23	48	84	41	R
24.	Yeovil Town FC (Yeovil)	46	9	13	24	41	66	40	R
		1104	404	296	404	1409	1409	1508	

Promotion Play-offs

Newport County AFC (Newport)	0-1 (aet)	Tranmere Rovers FC (Birkenhead)
Newport County AFC (Newport)	1-1, 0-0 (aet)	Mansfield Town FC (Mansfield)

Aggregate 1-1. Newport County won 5-3 on penalties.

Tranmere Rovers FC (Birkenhead)	1-0, 1-1	Forest Green Rovers FC (Nailsworth)

F.A. CUP FINAL (Wembley Stadium, London – 18/05/2019 – 85,854)

MANCHESTER CITY FC (MANCHESTER)	6-0	Watford FC (Watford)

D. Silva 26', Jesus 38', 68', De Bruyne 61', Sterling 81', 87'

Manchester City FC: Ederson, Walker, Kompany, Laporte, Zinchenko, B. Silva, Gündogan (Sané 73'), D. Silva (Stones 79'), Mahrez (De Bruyne 55'), Jesus, Sterling.

Watford FC: Gomes, Femenía, Mariappa, Cathcart, Holebas, Deulofeu (Gray 66'), Hughes (Cleverley 73'), Capoue, Doucouré, Pereyra (Success 66'), Deeney.

Semi-finals

Manchester City FC (Manchester)	1-0	Brighton & Hove Albion FC (Brighton)
Watford FC (Watford)	3-2 (aet)	Wolverhampton Wanderers FC (Wolverhampton)

Quarter-finals

Swansea City FC (Swansea)	2-3	Manchester City FC (Manchester)
Wolverhampton Wanderers FC (Wolverhampton)	2-1	Manchester United FC (Manchester)
Millwall FC (London)	2-2 (aet)	Brighton & Hove Albion FC (Brighton)

Brighton & Hove Albion FC won 5-4 on penalties.

2019-2020

English professional football was suspended on 13th March 2020 following an agreement between the F.A. Premier League, Football League and F.A. Women's Super League. The rapid spread of the COVID-19 virus meant it was impossible to continue to play without significant risk to players and fans alike. The suspension, initially to 4th April, was soon extended after it became clear that no play would be possible for some months.

The F.A. Premier League was able to resume play on 17th June and the season was completed on 26th July 2020.

Premier League 2019/2020 Season	Arsenal	Aston Villa	AFC Bournemouth	Brighton & Hove A.	Burnley	Chelsea	Crystal Palace	Everton	Leicester City	Liverpool	Manchester City	Manchester United	Newcastle United	Norwich City	Sheffield United	Southampton	Tottenham Hotspur	Watford	West Ham United	Wolverhampton W.
Arsenal		3-2	1-0	1-2	2-1	1-2	2-2	3-2	1-1	2-1	0-3	2-0	4-0	4-0	1-1	2-2	2-2	3-2	1-0	1-1
Aston Villa	1-0		1-2	2-1	2-2	1-2	2-0	2-0	1-4	1-2	1-6	0-3	2-0	1-0	0-0	1-3	2-3	2-1	0-0	0-1
Bournemouth	1-1	2-1		3-1	0-1	2-2	0-2	3-1	4-1	0-3	1-3	1-0	1-4	0-0	1-1	0-2	0-0	0-3	2-2	1-2
Brighton & Hove Albion	2-1	1-1	2-0		1-1	1-1	0-1	3-2	0-2	1-3	0-5	0-3	0-0	2-0	0-1	0-2	3-0	1-1	1-1	2-2
Burnley	0-0	1-2	3-0	1-2		2-4	0-2	1-0	2-1	0-3	1-4	0-2	1-0	2-0	1-1	3-0	1-1	1-0	3-0	1-1
Chelsea	2-2	2-1	0-1	2-0	3-0		2-0	4-0	1-1	1-2	2-1	0-2	1-0	1-0	2-2	0-2	2-1	3-0	0-1	2-0
Crystal Palace	1-1	1-0	1-0	1-1	0-1	2-3		0-0	0-2	1-2	0-2	0-2	1-0	2-0	0-1	0-2	1-1	1-0	2-1	1-1
Everton	0-0	1-1	1-3	1-0	1-0	3-1	3-1		2-1	0-0	1-3	1-1	2-2	0-2	0-2	1-1	1-1	1-0	2-0	3-2
Leicester City	2-0	4-0	3-1	0-0	2-1	2-2	3-0	2-1		0-4	0-1	0-2	5-0	1-1	2-0	1-2	2-1	2-0	4-1	0-0
Liverpool	3-1	2-0	2-1	2-1	1-1	5-3	4-0	5-2	2-1		3-1	2-0	3-1	4-1	2-0	4-0	2-1	2-0	3-2	1-0
Manchester City	3-0	3-0	2-1	4-0	5-0	2-1	2-2	2-1	3-1	4-0		1-2	5-0	5-0	2-0	2-1	2-2	8-0	2-0	0-2
Manchester United	1-1	2-2	5-2	3-1	0-2	4-0	1-2	1-1	1-0	1-1	2-0		4-1	4-0	3-0	2-2	2-1	3-0	1-1	0-0
Newcastle United	0-1	1-1	2-1	0-0	0-0	1-0	1-0	1-2	0-3	1-3	2-2	1-0		0-0	3-0	2-1	1-3	1-1	2-2	1-1
Norwich City	2-2	1-5	1-0	0-1	0-2	2-3	1-1	0-1	1-0	0-1	3-2	1-3	3-1		1-2	0-3	2-2	0-2	0-4	1-2
Sheffield United	1-0	2-0	2-1	1-1	3-0	3-0	1-0	0-1	1-2	0-1	0-1	3-3	0-2	1-0		0-1	3-1	1-1	1-0	1-0
Southampton	0-2	2-0	1-3	1-1	1-2	1-4	1-1	1-2	0-9	1-2	1-0	1-1	0-1	2-1	3-1		1-0	2-1	0-1	2-3
Tottenham Hotspur	2-1	3-1	3-2	2-1	5-0	0-2	4-0	1-0	3-0	0-1	2-0	1-1	0-1	2-1	1-1	2-1		1-1	2-0	2-3
Watford	2-2	3-0	0-0	0-3	0-3	1-2	0-0	2-3	1-1	3-0	0-4	2-0	2-1	2-1	0-0	1-3	0-0		1-3	2-1
West Ham United	1-3	1-1	4-0	3-3	0-1	3-2	1-2	1-1	1-2	0-2	0-5	2-0	2-3	2-0	1-1	3-1	2-3	3-1		0-2
Wolverhampton Wanderers	0-2	2-1	1-0	0-0	1-1	2-5	2-0	3-0	0-0	1-2	3-2	1-1	1-1	3-0	1-1	1-1	1-2	2-0	2-0	

	Premier League	Pd	Wn	Dw	Ls	GF	GA	Pts	
1.	LIVERPOOL FC (LIVERPOOL)	38	32	3	3	85	33	99	
2.	Manchester City FC (Manchester)	38	26	3	9	102	35	81	
3.	Manchester United FC (Manchester)	38	18	12	8	66	36	66	
4.	Chelsea FC (London)	38	20	6	12	69	54	66	
5.	Leicester City FC (Leicester)	38	18	8	12	67	41	62	
6.	Tottenham Hotspur FC (London)	38	16	11	11	61	47	59	
7.	Wolverhampton Wanderers FC (Wolverhampton)	38	15	14	9	51	40	59	
8.	Arsenal FC (London)	38	14	14	10	56	48	56	
9.	Sheffield United FC (Sheffield)	38	14	12	12	39	39	54	
10.	Burnley FC (Burnley)	38	15	9	14	43	50	54	
11.	Southampton FC (Southampton)	38	15	7	16	51	60	52	
12.	Everton FC (Liverpool)	38	13	10	15	44	56	49	
13.	Newcastle United FC (Newcastle upon Tyne)	38	11	11	16	38	58	44	
14.	Crystal Palace FC (London)	38	11	10	17	31	50	43	
15.	Brighton & Hove Albion FC (Brighton)	38	9	14	15	39	54	41	
16.	West Ham United FC (London)	38	10	9	19	49	62	39	
17.	Aston Villa FC (Birmingham)	38	9	8	21	41	67	35	
18.	AFC Bournemouth (Bournemouth)	38	9	7	22	40	65	34	R
19.	Watford FC (Watford)	38	8	10	20	36	64	34	R
20.	Norwich City FC (Norwich)	38	5	6	27	26	75	21	R
		760	288	184	288	1034	1034	1048	

Top goalscorers

1)	Jamie VARDY	Leicester City FC (Leicester)	23
2)	Pierre-Emerick AUBAMEYANG	Arsenal FC (London)	22
	Danny INGS	Southampton FC (Southampton)	22
4)	Raheem STERLING	Manchester City FC (Manchester)	20
5)	Mohamed SALAH	Liverpool FC (Liverpool)	19
6)	Harry KANE	Tottenham Hotspur FC (London)	18
	Sadio MANÉ	Liverpool FC (Liverpool)	18

Play in the EFL Championship was suspended on 13th March 2020 due to the impact of the COVID-19 pandemic. Matches resumed on 20th June and the season was then played to completion with the last game of the English season, the play-off final, taking place on 4th August 2020.

EFL Championship 2019/2020 Season	Barnsley	Birmingham City	Blackburn Rovers	Brentford	Bristol City	Cardiff City	Charlton Athletic	Derby County	Fulham	Huddersfield Town	Hull City	Leeds United	Luton Town	Middlesbrough	Millwall	Nottingham Forest	Preston North End	Queen's Park Rangers	Reading	Sheffield Wednesday	Stoke City	Swansea City	West Bromwich Albion	Wigan Athletic
Barnsley		0-1	2-0	1-3	2-2	0-2	2-2	2-2	1-0	2-1	3-1	0-2	1-3	1-0	0-0	1-0	0-3	5-3	1-1	1-1	2-4	1-1	1-1	0-0
Birmingham City	2-0		1-0	1-1	1-1	1-1	1-1	1-3	0-1	0-3	3-3	4-5	2-1	2-1	1-1	2-1	0-1	0-2	1-3	3-3	2-1	1-3	2-3	2-3
Blackburn Rovers	3-2	1-1		1-0	3-1	0-0	1-2	1-0	0-1	2-2	3-0	1-3	1-2	1-0	2-0	1-1	1-1	2-1	4-3	2-1	0-0	2-2	1-1	0-0
Brentford	1-2	0-1	2-2		1-1	2-1	2-1	3-0	1-0	0-1	1-1	1-1	7-0	3-2	3-2	0-1	1-0	3-1	1-0	5-0	0-0	3-1	1-0	3-0
Bristol City	1-0	1-3	0-2	0-4		0-1	2-1	3-2	1-1	5-2	2-1	1-3	3-0	2-2	1-2	0-0	1-1	2-0	1-0	1-2	1-1	0-0	0-3	2-2
Cardiff City	3-2	4-2	2-3	2-2	0-1		0-0	2-1	1-1	2-1	3-0	2-0	2-1	1-0	1-1	0-1	0-0	3-0	1-1	1-1	1-0	0-0	2-1	2-2
Charlton Athletic	2-1	0-1	0-2	1-0	3-2	2-2		3-0	0-0	0-1	2-2	1-0	3-1	0-1	0-1	1-1	0-1	1-0	0-1	1-3	3-1	1-2	2-2	2-2
Derby County	2-1	3-2	3-0	1-3	1-2	1-1	2-1		1-1	1-1	1-0	1-3	2-0	2-0	0-1	1-1	1-0	1-1	2-1	1-1	4-0	0-0	1-1	1-0
Fulham	0-3	1-0	2-0	0-2	1-2	2-0	2-2	3-0		3-2	0-3	2-1	3-2	1-0	4-0	1-2	2-0	2-1	1-2	5-3	1-0	1-0	1-1	2-0
Huddersfield Town	2-1	1-1	2-1	0-0	2-1	0-3	4-0	1-2	1-2		3-0	0-2	0-2	0-0	1-1	2-1	0-0	2-0	0-2	0-2	2-5	1-1	2-1	0-2
Hull City	0-1	3-0	0-1	1-5	1-3	2-2	0-1	2-0	0-1	1-2		0-4	0-1	2-1	0-1	0-2	4-0	2-3	2-1	1-0	2-1	4-4	0-1	2-2
Leeds United	1-0	1-0	2-1	1-0	1-0	3-3	4-0	1-1	3-0	2-0	2-0		1-1	4-0	3-2	1-1	1-1	2-0	1-0	0-2	5-0	0-1	1-0	0-1
Luton Town	1-1	1-2	3-2	2-1	3-0	0-1	2-1	3-2	3-3	2-1	0-3	1-2		3-3	1-1	1-2	1-1	1-1	0-5	1-0	1-1	0-1	1-2	2-1
Middlesbrough	1-0	1-1	1-1	0-1	1-3	1-3	1-0	2-2	0-0	1-0	2-2	0-1	0-1		1-1	2-2	1-1	0-1	1-0	1-4	2-1	0-3	0-1	1-0
Millwall	1-2	0-0	1-0	1-0	1-1	2-2	2-1	2-3	1-1	4-1	1-1	2-1	3-1	0-2		2-2	1-0	1-2	2-0	1-0	2-0	1-1	0-2	2-2
Nottingham Forest	1-0	3-0	3-2	1-0	1-0	0-1	0-1	1-0	0-1	3-1	1-2	2-0	3-1	1-1	0-3		1-1	0-0	1-1	0-4	1-4	2-2	1-2	1-0
Preston North End	5-1	2-0	3-2	2-0	3-3	1-3	2-1	0-1	2-1	3-1	2-1	1-1	2-1	0-2	0-1	1-1		1-3	0-2	2-1	3-1	1-1	0-1	3-0
Queens Park Rangers	0-1	2-2	4-2	1-3	0-1	6-1	2-2	2-1	1-2	1-1	1-2	1-0	3-2	2-2	4-3	0-4	2-0		2-2	0-3	4-2	1-3	0-2	3-1
Reading	2-0	2-3	1-2	0-3	0-1	3-0	0-2	3-0	1-4	0-0	1-1	0-1	3-0	1-2	2-1	1-1	1-0	1-0		1-3	1-1	1-4	1-2	0-3
Sheffield Wednesday	2-0	1-1	0-5	2-1	1-0	1-2	1-0	1-3	1-1	0-0	0-1	0-0	1-0	1-2	0-0	1-1	1-3	1-2	0-3		1-0	2-2	0-3	1-0
Stoke City	4-0	2-0	1-2	1-0	1-2	2-0	3-1	2-2	2-0	0-1	5-1	0-3	3-0	0-2	0-0	2-3	0-2	1-2	0-0	3-2		2-0	0-2	2-1
Swansea City	0-0	3-0	1-1	0-3	1-0	1-0	1-0	2-3	1-2	3-1	2-1	0-1	0-1	3-1	0-1	0-1	3-2	0-0	1-1	2-1	1-2		0-0	2-1
West Bromwich Alb.	2-2	0-0	3-2	1-1	4-1	4-2	2-2	2-0	0-0	4-2	4-2	1-1	2-0	0-2	1-1	2-2	2-0	2-2	1-1	2-1	0-1	5-1		0-1
Wigan Athletic	0-0	1-0	2-0	0-3	0-2	3-2	2-0	1-1	1-1	1-1	8-0	0-2	0-0	2-2	1-0	1-0	1-2	1-0	1-3	2-1	3-0	1-2	1-1	

	EFL Championship	Pd	Wn	Dw	Ls	GF	GA	Pts	
1.	Leeds United FC (Leeds)	46	28	9	9	77	35	93	P
2.	West Bromwich Albion FC (West Bromwich)	46	22	17	7	77	45	83	P
3.	Brentford FC (Brentford)	46	24	9	13	80	38	81	PO
4.	Fulham FC (London)	46	23	12	11	64	48	81	POP
5.	Cardiff City FC (Cardiff)	46	19	16	11	68	58	73	PO
6.	Swansea City FC (Swansea)	46	18	16	12	62	53	70	PO
7.	Nottingham Forest FC (Nottingham)	46	18	16	12	58	50	70	
8.	Millwall FC (London)	46	17	17	12	57	51	68	
9.	Preston North End FC (Preston)	46	18	12	16	59	54	66	
10.	Derby County FC (Derby)	46	17	13	16	62	64	64	
11.	Blackburn Rovers FC (Blackburn)	46	17	12	17	66	63	63	
12.	Bristol City FC (Bristol)	46	17	12	17	60	65	63	
13.	Queens Park Rangers FC (London)	46	16	10	20	67	76	58	
14.	Reading FC (Reading)	46	15	11	20	59	58	56	
15.	Stoke City FC (Stoke-on-Trent)	46	16	8	22	62	68	56	
16.	Sheffield Wednesday FC (Sheffield)	46	15	11	20	58	66	56	
17.	Middlesbrough FC (Middlesbrough)	46	13	14	19	48	61	53	
18.	Huddersfield Town FC (Huddersfield)	46	13	12	21	52	70	51	
19.	Luton Town FC (Luton)	46	14	9	23	54	82	51	
20.	Birmingham City FC (Birmingham)	46	12	14	20	54	75	50	
21.	Barnsley FC (Barnsley)	46	12	13	21	49	69	49	
22.	Charlton Athletic FC (London)	46	12	12	22	50	65	48	R
23.	Wigan Athletic FC (Wigan)	46	15	14	17	57	56	47	-12
24.	Hull City AFC (Kingston upon Hull)	46	12	9	25	57	87	45	R
		1104	403	298	403	1457	1457	1495	

As a result of Wigan Athletic FC entering administration, the club was subject to a 12-point deduction. In accordance with EFL regulations, the timing of the sporting sanction was only decided once final league placings in the Championship were determined. Since the club did not finish in the relegation places at the end of season, the sanction was applied to their 2019-2020 season total and final league standings were amended as appropriate.

Promotion Play-offs

Brentford FC (Brentford)	1-2 (aet)	Fulham FC (Fulham)
Swansea City FC (Swansea)	1-0, 1-3	Brentford FC (Brentford)
Cardiff City FC (Cardiff)	0-2, 2-1	Fulham FC (London)

Play in the EFL League One was suspended on 13th March 2020 due to the impact of the COVID-19 pandemic. It soon became clear that it would not be possible to safely resume the season in the lower divisions as clubs were unable to afford the expensive testing and isolation regime required to ensure the health of the players and staff and also the cost of playing the remaining matches behind closed doors would be too great to bear. On 9th June 2020, the clubs voted to end the season immediately with final league position (and therefore promotion and relegation) calculated on a points won per game basis. The final promotion places in each division were subsequently decided in the play-offs which took place behind closed doors.

EFL League One 2019/2020 Season	Accrington Stanley	AFC Wimbledon	Blackpool	Bolton Wanderers	Bristol Rovers	Burton Albion	Coventry City	Doncaster Rovers	Fleetwood Town	Gillingham	Ipswich Town	Lincoln City	Milton Keynes Dons	Oxforder United	Peterborough United	Portsmouth	Rochdale	Rotherham United	Shrewsbury Town	Southend United	Sunderland	Tranmere Rovers	Wycombe Wanderers
Accrington Stanley		2-1	1-1	7-1	2-1	2-0		4-0	0-1	0-1	2-0	4-3	2-1	2-2	0-2	4-1	1-2	1-2	2-3	1-2	1-3	1-2	2-3
AFC Wimbledon	1-1		0-0	0-0	1-3	2-2		2-1	1-2	1-0	0-0	1-1	a	1-2	1-0	1-0	3-2	1-2	1-1	1-1			0-0
Blackpool	0-1	2-0		2-1	2-0				3-1	2-3	2-1	2-1	0-3	2-1	4-3	1-1		1-2	0-1	2-1		1-2	1-1
Bolton Wanderers	0-0	2-2	0-0		1-1	3-4	0-0		2-1		0-5		1-0	0-0		0-1	1-3		1-1	3-2	1-1	2-0	0-2
Bristol Rovers	3-3	1-2	2-1	0-2			1-2	0-2	0-0	1-1			1-0	3-1	0-0	2-2		1-0	0-1	4-2	2-0	2-0	0-0
Burton Albion	1-1	1-0	0-0	2-2	2-0		0-0		1-0	0-0	0-1	0-2	1-0	2-2	1-1		3-1	0-1		1-1		4-2	
Coventry City	0-0	2-1	3-2	2-1	2-0			1-1	2-1	1-0	1-1	1-0	1-1			1-0	2-1	1-1		1-0	1-0	0-1	
Doncaster Rovers	1-1		0-1	2-1	2-0	2-2	0-1		3-2	1-1		2-1	1-1	1-0	2-0	1-2	1-1	2-1	2-0	3-1	1-2		3-1
Fleetwood Town	2-0	2-1	0-0		0-0	4-1	0-0	2-1		1-1	0-1		1-0	2-1	2-1	1-0	2-1		2-2		1-1	2-1	1-1
Gillingham		1-2	2-2	5-0		1-2		2-1			0-1	1-0	3-1	1-1	1-2	1-1	1-0	0-3	2-0	3-1	1-0		2-0
Ipswich Town	4-1	2-1	2-2		1-2	4-1	0-1	0-0	0-1	0-0		1-0		0-1	1-4			0-2	3-0		1-1	4-1	0-0
Lincoln City	2-0		1-0	5-1	0-1	3-2			2-0	0-0	5-3		1-1	0-6	2-1	0-2		0-1	0-0	4-0	2-0	1-0	
MK Dons		2-1		1-0	3-0	0-3	0-0	0-1			0-1	2-1		1-0	0-4	3-1	2-1	2-3	1-0	0-1	0-1	1-3	2-0
Oxford United	3-0	5-0	2-1			2-4	3-3	3-0		3-0	0-0	1-0			1-0		3-0	1-3	0-0	2-1	0-1	3-0	1-0
Peterborough United	4-0	3-2		1-0		1-0	2-2	0-3	1-3	0-0	2-2	2-0		4-0		2-0	6-0	2-1		4-0	3-0		4-0
Portsmouth		2-1		1-0		2-2	3-3		2-2	0-0	1-0	1-0	3-1	1-1	2-2		3-0	3-2	2-0	4-1	2-0	2-0	2-0
Rochdale	2-1		0-0	2-0	1-2		1-2	1-1	2-3	2-2	0-1	1-1	2-0			0-3		3-1	1-0		1-2		0-3
Rotherham United	1-0	2-2	2-1	6-1	3-0	3-2	4-0		2-2		1-0	0-2	1-1	1-2	4-0		0-1		0-0			1-1	0-1
Shrewsbury Town	0-2				3-4	0-0	2-1	1-0	0-3	1-1		1-1	1-1	2-3	1-0	1-0	0-0	1-2		4-3	1-0	2-3	
Southend United	0-1	1-4	1-3		3-1	2-3	0-2	1-7	3-3	0-1	1-3	2-1	2-2	0-4	0-2		0-3	2-2				0-0	
Sunderland		3-1	1-1	0-0	3-0	1-2	1-1	0-0	1-1	2-2	1-0	3-1	2-1	1-1		2-1	3-0	1-1		1-0		5-0	4-0
Tranmere Rovers	1-1	1-0	1-1	5-0	0-0	2-1	1-4	0-3		2-2	1-2				2-2	0-2	2-3		0-1	1-1	0-1		0-2
Wycombe Wanderers	1-1		2-1	2-0	3-1	2-0	1-4	1-0	0-1		1-1	3-1	3-2		3-3	1-0	2-1		1-0	4-3	1-0	3-1	

	EFL League One	Pd	Wn	Dw	Ls	GF	GA	Pts	PPG	
1.	Coventry City FC (Coventry)	34	18	13	3	48	30	67	1.97	P
2.	Rotherham United FC (Rotherham)	35	18	8	9	61	38	62	1.77	P
3.	Wycombe Wanderers FC (High Wycombe)	34	17	8	9	45	40	59	1.74	POP
4.	Oxford United FC (Oxford)	35	17	9	9	61	37	60	1.71	PO
5.	Portsmouth FC (Portsmouth)	35	17	9	9	53	36	60	1.71	PO
6.	Fleetwood Town FC (Fleetwood)	35	16	12	7	51	38	60	1.71	PO
7.	Peterborough United FC (Peterborough)	35	17	8	10	68	40	59	1.69	
8.	Sunderland AFC (Sunderland)	36	16	11	9	48	32	59	1.64	
9.	Doncaster Rovers FC (Doncaster)	34	15	9	10	51	33	54	1.59	
10.	Gillingham FC (Gillingham)	35	12	15	8	42	34	51	1.46	
11.	Ipswich Town FC (Ipswich)	36	14	10	12	46	36	52	1.44	
12.	Burton Albion FC (Burton-on-Trent)	35	12	12	11	50	50	48	1.37	
13.	Blackpool FC (Blackpool)	35	11	12	12	44	43	45	1.29	
14.	Bristol Rovers FC (Bristol)	35	12	9	14	38	49	45	1.29	
15.	Shrewsbury Town FC (Shrewsbury)	34	10	11	13	31	42	41	1.21	
16.	Lincoln City FC (Lincoln)	35	12	6	17	44	46	42	1.20	
17.	Accrington Stanley FC (Accrington)	35	10	10	15	47	53	40	1.14	
18.	Rochdale AFC (Rochdale)	34	10	6	18	39	57	36	1.06	
19.	Milton Keynes Dons FC (Milton Keynes)	35	10	7	18	36	47	37	1.06	
20.	AFC Wimbledon (Kingston upon Thames)	35	8	11	16	39	52	35	1.00	
21.	Tranmere Rovers FC (Birkenhead)	34	8	8	18	36	60	32	0.94	
22.	Southend United FC (Southend-on-Sea)	35	4	7	24	39	85	19	0.54	
23.	Bolton Wanderers FC (Bolton)	34	5	11	18	27	66	14	0.41	-12
		800	289	222	289	1044	1044	1077		

Bolton Wanderers FC had 12 points deducted after entering administration.

Bury FC started the season with a 12 point deduction after entering insolvency. Due to ongoing financial issues, the club were unable to field a team for the first 5 League games of the season, all of which were suspended. Attempts to find a new buyer to provide the necessary financial support for Bury FC fell through and the club was expelled from the EFL on 27th August 2019. At the time of expulsion, the club had played no matches.

Promotion Play-offs

Oxford United FC (Oxford)	1-2	Wycombe Wanderers FC (High Wycombe)
Fleetwood Town FC (Fleetwood)	1-4, 2-2	Wycombe Wanderers FC (High Wycombe)
Portsmouth FC (Portsmouth)	1-1, 1-1 (aet)	Oxford United FC (Oxford)

Aggregate 2-2. Oxford United FC won 5-4 on penalties.

EFL League Two 2019/2020 Season	Bradford City	Cambridge United	Carlisle United	Cheltenham Town	Colchester United	Crawley Town	Crewe Alexandra	Exeter City	Forest Green Rovers	Grimsby Town	Leyton Orient	Macclesfield Town	Mansfield Town	Morecambe	Newport County	Northampton Town	Oldham Athletic	Plymouth Argyle	Port Vale	Salford City	Scunthorpe United	Stevenage	Swindon Town	Walsall
Bradford City		0-0	3-1	1-1		2-1		2-0	0-1	1-1			2-0	1-0	1-0	2-1	3-0	2-1	1-2	1-1	2-2	3-1	2-1	
Cambridge United	2-1		1-2		2-1	2-1		4-0	0-1	0-0	2-3	2-2	2-3	1-0	0-0		1-2	1-0		0-4	3-2	0-4	0-1	
Carlisle United	0-0	0-0		0-1	0-3	2-1	2-4	1-3	0-0	0-0		2-1	0-2	2-2	2-0	0-2	1-0	0-3		2-2			1-1	2-1
Cheltenham Town	3-2	1-1	2-0		1-1		1-1		1-2		2-1	3-0	1-0	2-1		2-1	3-0	0-1	0-0		4-1	4-2	2-2	3-1
Colchester United	0-0	1-2	3-0	0-2		1-1		2-2		2-3	2-1	2-1		0-1	3-1	1-0		3-0	1-1	1-0		3-1	3-1	0-0
Crawley Town	2-1		0-0	1-0	2-1		1-2	0-1	1-1	3-2			1-0	1-1		4-0	3-0	2-2	0-0	2-0	3-1	2-0	0-4	2-3
Crewe Alexandra	2-1	2-3	4-1	1-0	0-0	2-1		1-1			2-0	2-0	1-1	5-0			2-1	0-3	0-1	4-1	3-1	3-1	3-1	1-0
Exeter City		2-0		0-0	0-0	1-1	1-1		1-0	1-3	2-2	1-0	1-0		1-0	3-2	5-1	4-0	2-0			2-1	1-1	3-3
Forest Green Rovers			1-4		1-0	3-1	0-0	0-1		1-0		1-0	2-2		0-2		1-0	0-1	2-3	1-2	0-2	0-0	2-2	1-2
Grimsby Town	1-1			0-0	2-2	1-1	0-2	0-1	2-2		0-4	1-0	0-1	2-1	4-2	0-3			5-2	1-0	0-1	3-1	0-3	
Leyton Orient	0-0	2-1	1-1	1-0	1-3	2-3	1-2		2-4	1-1		1-1	2-1		2-1	1-1	2-2		3-3		0-2	0-0	1-3	3-1
Macclesfield Town	1-1	1-0			1-1	1-1	1-1	2-3	2-1	1-1	3-0		0-0	0-1	1-1	0-1	1-1	1-1	2-1	0-2	1-0			
Mansfield Town	3-0	0-4	2-2	0-3	2-3				3-4	0-1	2-3			2-2	1-0	1-1	6-1	0-1	2-2	1-2	2-0	0-0		
Morecambe	1-2	1-1	1-1	0-0	1-1		1-1	2-3	0-2	0-2	1-0	2-0	1-1		2-1	2-2	1-2		2-1	2-2				0-1
Newport County	2-1	0-1	1-0	1-1		1-1	1-0	1-1			1-1	1-0	2-2	1-0			0-1	1-0	1-0	1-2	2-1	1-1	2-0	0-0
Northampton Town		2-0		1-1		2-2	4-1	2-0	1-0	2-0	0-1	1-2	1-2	4-1	2-0			3-1	0-1	2-0	3-0	1-0	0-1	0-1
Oldham Athletic	3-0		1-1	1-1	0-1	2-1	1-2	0-0	1-1	2-2	1-1	0-1	3-1	3-1	5-0	2-2				1-4	0-2			2-0
Plymouth Argyle	2-1	0-0	2-0	0-2	1-0	2-2	2-1			3-0	4-0	3-0	3-1	3-0	1-0		2-2			2-2	2-2	2-1	1-2	3-0
Port Vale		1-0	2-1	1-1	3-0			3-1	2-1		1-0	2-2	2-2	3-1		1-1	0-0	1-0		1-1	2-2	1-1	2-0	0-1
Salford City	2-0	1-0		0-2	1-2	0-0	3-1	0-1	0-4	1-0	1-1	0-0				1-2	1-1	2-3	1-1		1-1	2-0	2-3	1-2
Scunthorpe United	1-1	0-2	0-1	1-0	2-2	2-2	2-2	3-1	1-0	0-2				3-0	1-2	3-0	2-2	1-3	2-1			0-0	0-2	0-2
Stevenage	0-1	1-1	2-3		0-0	0-0	1-5	0-1	0-0	2-1	0-3	2-2		1-0		0-1	0-0	1-2	0-1	0-1				
Swindon Town	1-1	4-0	3-2		0-3		3-1	2-1	0-2	3-1		3-0	1-0	3-1	0-2	0-1	2-0	1-1	3-0		2-0	1-0		2-1
Walsall	0-1	2-1	1-2	1-2		2-1	1-2	3-1	1-1	1-3	1-0	1-1	1-2	0-2	0-0	3-2			2-2	0-3	1-0	0-0		

	EFL League Two	Pd	Wn	Dw	Ls	GF	GA	Pts	PPG	
1.	Swindon Town FC (Swindon)	36	21	6	9	62	39	69	1.92	P
2.	Crewe Alexandra FC (Crewe)	37	20	9	8	67	43	69	1.86	P
3.	Plymouth Argyle FC (Plymouth)	37	20	8	9	61	39	68	1.84	P
4.	Cheltenham Town FC (Cheltenham)	36	17	13	6	52	27	64	1.78	PO
5.	Exeter City FC (Exeter)	37	18	11	8	53	43	65	1.76	PO
6.	Colchester United FC (Colchester)	37	15	13	9	52	37	58	1.57	PO
7.	Northampton Town FC (Northampton)	37	17	7	13	54	40	58	1.57	POP
8.	Port Vale FC (Stoke-on-Trent)	37	14	15	8	50	44	57	1.54	
9.	Bradford City FC (Bradford)	37	14	12	11	44	40	54	1.46	
10.	Forest Green Rovers FC (Nailsworth)	36	13	10	13	43	40	49	1.36	
11.	Salford City FC (Salford)	37	13	11	13	49	46	50	1.35	
12.	Walsall FC (Walsall)	36	13	8	15	40	49	47	1.31	
13.	Crawley Town FC (Crawley)	37	11	15	11	51	47	48	1.30	
14.	Newport County AFC (Newport)	36	12	10	14	32	39	46	1.28	
15.	Grimsby Town FC (Cleethorpes)	37	12	11	14	45	51	47	1.27	
16.	Cambridge United FC (Cambridge)	37	12	9	16	40	48	45	1.22	
17.	Leyton Orient FC (Leyton)	36	10	12	14	47	55	42	1.17	
18.	Carlisle United FC (Carlisle)	37	10	12	15	39	56	42	1.14	
19.	Oldham Athletic FC (Oldham)	37	9	14	14	44	57	41	1.11	
20.	Scunthorpe United FC (Scunthorpe)	37	10	10	17	44	56	40	1.08	
21.	Mansfield Town FC (Mansfield)	36	9	11	16	48	55	38	1.06	
22.	Morecambe FC (Morecambe)	37	7	11	19	35	60	32	0.86	
23.	Stevenage FC (Stevenage)	36	3	13	20	24	50	22	0.61	
24.	Macclesfield Town FC (Macclesfield)	37	7	15	15	32	47	19	0.51	-17
		880	307	266	307	1108	1108	1174		(-17)

Macclesfield Town had 6 points deducted on 19th December 2019 after failing to pay their players' wages and being unable to fulfil a fixture. This was reduced to 4 points on appeal. A further 7 point deduction was applied after the club failed to field a team for another match in December and a 2 point deduction was subsequently given for breaches of regulations over non-payment of wages with a further 4 point deduction suspended, to be applied the following season. However, on 3rd July 2020 the EFL announced an appeal against the disciplinary panel's sanctions on Macclesfield Town. On 11th August, an arbitration panel ruled that the suspended 4 point deduction should be applied immediately so Macclesfield Town finished bottom of the league and were relegated. As a knock-on effect of Bury FC's expulsion from the League, there was just one relegation place from League Two this season so Stevenage FC received a reprieve from relegation.

Promotion Play-offs

Exeter City FC (Exeter)	0-4	Northampton Town FC (Northampton)
Colchester United FC (Colchester)	1-0, 1-3 (aet)	Exeter City FC (Exeter)
Northampton Town FC (Northampton)	0-2, 3-2	Cheltenham Town FC (Cheltenham)

F.A. CUP FINAL (Wembley Stadium, London – 01/08/2020 – Behind closed doors)

ARSENAL FC (LONDON)	2-0	Chelsea FC (London)

Aubameyang 28' pen, 67'

Arsenal FC: Martínez, Holding, Luiz (Sokratis 88'), Tierney (Kolašinac 90+13'), Bellerín, Ceballos, Xhaka, Maitland-Niles, Pépé, Lacazette (Nketiah 82'), Aubameyang.

Chelsea FC: Caballero, Azpilicueta, Zouma, Rüdiger (Hudson-Odoi 78'), James, Jorginho, Kovacic, Alonso, Mount (Barkley 78'), Giroud (Abraham 78'), Pulisic (Pedro 49').

Semi-finals

Arsenal FC (London)	2-0	Manchester City FC (Manchester)
Manchester United FC (Manchester)	1-3	Chelsea FC (London)

Quarter-finals

Norwich City FC (Norwich)	1-2 (aet)	Manchester United FC (Manchester)
Sheffield United FC (Sheffield)	1-2	Arsenal FC (London)
Leicester City FC (Leicester)	0-1	Chelsea FC (London)
Newcastle United FC (Newcastle upon Tyne)	0-2	Manchester City FC (Manchester)

2020-2021

Premier League 2020/2021 Season	Arsenal	Aston Villa	Brighton & H.A.	Burnley	Chelsea	Crystal Palace	Everton	Fulham	Leeds United	Leicester City	Liverpool	Manchester City	Manchester United	Newcastle United	Sheffield United	Southampton	Tottenham Hotspur	West Bromwich Albion	West Ham United	Wolverhampton W.
Arsenal		0-3	2-0	0-1	3-1	0-0	0-1	1-1	4-2	0-1	0-3	0-1	0-0	3-0	2-1	1-1	2-1	3-1	2-1	1-2
Aston Villa	1-0		1-2	0-0	2-1	3-0	0-0	3-1	0-3	1-2	7-2	1-2	1-3	2-0	1-0	3-4	0-2	2-2	1-3	0-0
Brighton & Hove Albion	0-1	0-0		0-0	1-3	1-2	0-0	0-0	2-0	1-2	1-1	3-2	2-3	3-0	1-1	1-2	1-0	1-1	1-1	3-3
Burnley	1-1	3-2	1-1		0-3	1-0	1-1	1-1	0-4	1-1	0-3	0-2	0-1	1-2	1-0	0-1	0-1	0-0	1-2	2-1
Chelsea	0-1	1-1	0-0	2-0		4-0	2-0	2-0	3-1	2-1	0-2	1-3	0-0	2-0	4-1	3-3	0-0	2-5	3-0	0-0
Crystal Palace	1-3	3-2	1-1	0-3	1-4		1-2	0-0	4-1	1-1	0-7	0-2	0-0	0-2	2-0	1-0	1-1	1-0	2-3	1-0
Everton	2-1	1-2	4-2	1-2	1-0	1-1		0-2	0-1	1-1	2-2	1-3	1-3	0-2	0-1	1-0	2-2	5-2	0-1	1-0
Fulham	0-3	0-3	0-0	0-2	0-1	1-2	2-3		1-2	0-2	1-1	0-3	1-2	0-2	1-0	0-0	0-1	2-0	0-0	0-1
Leeds United	0-0	0-1	0-1	1-0	0-0	2-0	1-2	4-3		1-4	1-1	1-1	0-0	5-2	2-1	3-0	3-1	3-1	1-2	0-1
Leicester City	1-3	0-1	3-0	4-2	2-0	2-1	0-2	1-2	1-3		3-1	0-2	2-2	2-4	5-0	2-0	2-4	3-0	0-3	1-0
Liverpool	3-1	2-1	0-1	0-1	0-1	2-0	0-2	0-1	4-3	3-0		1-4	0-0	1-1	2-1	2-0	2-1	1-1	2-1	4-0
Manchester City	1-0	2-0	1-0	5-0	1-2	4-0	5-0	2-0	1-2	2-5	1-1		0-2	2-0	1-0	5-2	3-0	1-1	2-1	4-1
Manchester United	0-1	2-1	2-1	3-1	0-0	1-3	3-3	1-1	6-2	1-2	2-4	0-0		3-1	1-2	9-0	1-6	1-0	1-0	1-0
Newcastle United	0-2	1-1	0-3	3-1	0-2	1-2	2-1	1-1	1-2	1-2	0-0	3-4	1-4		1-0	3-2	2-2	2-1	3-2	1-1
Sheffield United	0-3	1-0	1-0	1-0	1-2	0-2	0-1	1-1	0-1	1-2	0-2	0-1	2-3	1-0		0-2	1-3	2-1	0-1	0-2
Southampton	1-3	0-1	1-2	3-2	1-1	3-1	2-0	3-1	0-2	1-1	1-0	0-1	2-3	2-0	3-0		2-5	2-0	0-0	1-2
Tottenham Hotspur	2-0	1-2	2-1	4-0	0-1	4-1	0-1	1-1	3-0	0-2	1-3	2-0	1-3	1-1	4-0	2-1		2-0	3-3	2-0
West Bromwich Albion	0-4	0-3	1-0	0-0	3-3	1-5	0-1	2-2	0-5	0-3	1-2	0-5	1-1	0-0	1-0	3-0	0-1		1-3	1-1
West Ham United	3-3	2-1	2-2	1-0	0-1	1-1	0-1	1-0	2-0	3-2	1-3	1-1	1-3	0-2	3-0	3-0	2-1	2-1		4-0
Wolverhampton Wanderers	2-1	0-1	2-1	0-4	2-1	2-0	1-2	1-0	1-0	0-0	0-1	1-3	1-2	1-1	1-0	1-1	1-1	2-3	2-3	

	Premier League	Pd	Wn	Dw	Ls	GF	GA	Pts	
1.	MANCHESTER CITY FC (MANCHESTER)	38	27	5	6	83	32	86	
2.	Manchester United FC (Manchester)	38	21	11	6	73	44	74	
3.	Liverpool FC (Liverpool)	38	20	9	9	68	42	69	
4.	Chelsea FC (London)	38	19	10	9	58	36	67	
5.	Leicester City FC (Leicester)	38	20	6	12	68	50	66	
6.	West Ham United FC (London)	38	19	8	11	62	47	65	
7.	Tottenham Hotspur FC (London)	38	18	8	12	68	45	62	
8.	Arsenal FC (London)	38	18	7	13	55	39	61	
9.	Leeds United FC (Leeds)	38	18	5	15	62	54	59	
10.	Everton FC (Liverpool)	38	17	8	13	47	48	59	
11.	Aston Villa FC (Birmingham)	38	16	7	15	55	46	55	
12.	Newcastle United FC (Newcastle-upon-Tyne)	38	12	9	17	46	62	45	
13.	Wolverhampton Wanderers FC (Wolverhampton)	38	12	9	17	36	52	45	
14.	Crystal Palace FC (London)	38	12	8	18	41	66	44	
15.	Southampton FC (Southampton)	38	12	7	19	47	68	43	
16.	Brighton & Hove Albion FC (Brighton)	38	9	14	15	40	46	41	
17.	Burnley FC (Burnley)	38	10	9	19	33	55	39	
18.	Fulham FC (London)	38	5	13	20	27	53	28	R
19.	West Bromwich Albion FC (West Bromwich)	38	5	11	22	35	76	26	R
20.	Sheffield United FC (Sheffield)	38	7	2	29	20	63	23	R
		760	297	166	297	1024	1024	1057	

Top goalscorers

1)	Harry KANE	Tottenham Hotspur FC (London)	23
2)	Mohamed SALAH	Liverpool FC (Liverpool)	22
3)	Bruno FERNANDES	Manchester United FC (Manchester)	18
4)	Patrick BAMFORD	Leeds United FC (Leeds)	17
	SON Heung-min	Tottenham Hotspur FC (London)	17

EFL Championship 2020/2021 Season	Barnsley	Birmingham City	Blackburn	AFC Bournemouth	Brentford	Bristol City	Cardiff City	Coventry City	Derby County	Huddersfield Town	Luton Town	Middlesbrough	Millwall	Norwich City	Nottingham Forest	Preston North End	Queen's Park Rangers	Reading	Rotherham United	Sheffield Wednesday	Stoke City	Swansea City	Watford	Wycombe Wanderers
Barnsley		1-0	2-1	0-4	0-1	2-2	2-2	0-0	0-0	2-1	0-1	2-0	2-1	2-2	2-0	2-1	3-0	1-1	1-0	1-2	2-0	0-2	1-0	2-1
Birmingham City	1-2		0-2	1-3	1-0	0-3	0-4	1-1	0-4	2-1	0-1	1-4	0-0	1-3	1-1	0-1	2-1	2-1	1-1	0-1	2-0	1-0	0-1	1-2
Blackburn Rovers	2-1	5-2		0-2	0-1	0-0	0-0	1-1	2-1	5-2	1-0	0-0	2-1	1-2	0-1	1-2	3-1	2-4	2-1	1-1	1-1	1-1	2-3	5-0
Bournemouth	2-3	3-2	3-2		0-1	1-0	1-2	4-1	1-1	5-0	0-1	3-1	1-1	1-0	2-0	2-3	0-0	4-2	1-0	1-2	0-2	3-0	1-0	1-0
Brentford	0-2	0-0	2-2	2-1		3-2	1-1	2-0	0-0	3-0	1-0	0-0	0-0	1-1	1-1	2-4	2-1	3-1	1-0	3-0	2-1	1-1	2-0	7-2
Bristol City	0-1	0-1	1-0	1-2	1-3		0-2	2-1	1-0	2-1	2-3	0-1	0-2	1-3	0-0	2-0	0-2	0-2	0-2	2-0	0-2	1-1	0-0	2-1
Cardiff City	3-0	3-2	2-2	1-1	2-3	0-1		3-1	4-0	3-0	4-0	1-1	1-1	1-2	0-1	4-0	0-1	1-2	1-1	0-2	0-0	0-2	1-2	2-1
Coventry City	2-0	0-0	0-4	1-3	2-0	3-1	1-0		1-0	0-0	0-0	1-2	6-1	0-2	1-2	0-1	3-2	3-2	3-1	2-0	0-0	1-1	0-0	0-0
Derby County	0-2	1-2	0-4	1-0	2-2	1-0	1-1	1-1		2-0	2-0	2-1	0-1	0-1	1-1	0-1	0-1	0-2	0-1	3-3	0-0	2-0	0-1	1-1
Huddersfield Town	0-1	1-1	2-1	1-2	1-1	1-2	0-0	1-1	1-0		1-1	3-2	0-1	0-1	1-0	1-2	2-0	1-2	0-0	2-0	1-1	4-1	2-0	2-3
Luton Town	1-2	1-1	1-1	0-0	0-3	2-1	0-2	2-0	2-1	1-1		1-1	1-1	3-1	1-1	3-0	0-2	0-0	0-0	3-2	0-2	0-1	1-0	2-0
Middlesbrough	2-1	0-1	0-1	1-1	1-4	1-3	1-1	2-0	3-0	2-1	1-0		3-0	0-1	1-0	2-0	1-2	0-0	0-3	3-1	3-0	2-1	1-1	0-3
Millwall	1-1	2-0	0-2	1-4	1-1	4-1	1-1	1-2	0-1	0-3	2-0	1-0		0-0	1-1	2-1	1-1	1-1	1-0	4-1	0-0	0-3	0-0	0-0
Norwich City	1-0	1-0	1-1	1-3	1-0	2-0	2-0	1-1	0-1	7-0	3-0	0-0	0-0		2-1	2-2	1-1	4-1	1-0	2-1	4-1	1-0	0-1	2-1
Nottingham Forest	0-0	0-0	1-0	0-0	1-3	1-2	0-2	2-1	1-1	0-2	0-1	1-2	3-1	0-2		1-2	3-1	1-1	1-1	2-0	1-1	0-1	0-0	2-0
Preston North End	2-0	1-2	0-3	1-1	0-5	1-0	0-1	2-0	3-0	3-0	0-1	3-0	0-2	1-1	0-1		0-0	0-0	1-2	1-0	0-1	0-1	0-1	2-2
Queens Park Rangers	1-3	0-0	1-0	2-1	2-1	1-2	3-2	3-0	0-1	0-1	3-1	1-1	3-2	1-3	2-0	0-2		0-1	3-2	4-1	0-0	0-2	1-1	1-0
Reading	2-0	1-2	1-0	3-1	1-3	3-1	1-1	3-0	3-1	2-2	2-1	0-2	1-2	1-2	2-0	0-3	1-1		3-0	3-0	0-3	2-2	1-0	1-0
Rotherham United	1-2	0-1	1-1	2-2	0-2	2-0	1-2	0-1	3-0	1-1	0-1	1-2	0-1	1-2	0-1	2-1	3-1	0-1		3-0	3-3	1-3	1-4	0-3
Sheffield Wednesday	1-2	0-1	1-0	1-0	1-2	1-1	5-0	1-0	1-0	1-1	0-1	2-1	0-0	1-2	0-0	1-0	1-1	1-1	1-2		0-0	0-2	0-0	2-0
Stoke City	2-2	1-1	1-0	0-1	3-2	0-2	1-2	2-3	1-0	4-3	3-0	1-0	1-2	2-3	1-1	0-0	0-2	0-0	1-0	1-0		1-2	1-2	2-0
Swansea City	2-0	0-0	2-0	0-0	1-1	1-3	0-1	1-0	2-1	1-2	2-0	2-1	2-1	2-0	1-0	0-1	0-1	0-0	1-0	1-1	2-0		2-1	2-2
Watford	1-0	3-0	3-1	1-1	1-1	6-0	0-1	3-2	2-1	2-0	1-0	1-0	1-0	1-0	1-0	4-1	1-2	2-0	2-0	1-0	3-2	2-0		2-0
Wycombe Wanderers	1-3	0-0	1-0	1-0	0-0	2-1	2-1	1-2	1-2	0-0	1-3	1-3	1-2	0-2	0-3	1-0	1-1	1-0	0-1	1-0	0-1	0-2	1-1	

	EFL Championship	Pd	Wn	Dw	Ls	GF	GA	Pts	
1.	Norwich City FC (Norwich)	46	29	10	7	75	36	97	P
2.	Watford FC (Watford)	46	27	10	9	63	30	91	P
3.	Brentford FC (Brentford)	46	24	15	7	79	42	87	POP
4.	Swansea City FC (Swansea)	46	23	11	12	56	39	80	PO
5.	Barnsley FC (Barnsley)	46	23	9	14	58	50	78	PO
6.	AFC Bournemouth (Bournemouth)	46	22	11	13	73	46	77	PO
7.	Reading FC (Reading)	46	19	13	14	62	54	70	
8.	Cardiff City FC (Cardiff)	46	18	14	14	66	49	68	
9.	Queens Park Rangers FC (London)	46	19	11	16	57	55	68	
10.	Middlesbrough FC (Middlesbrough)	46	18	10	18	55	53	64	
11.	Millwall FC (London)	46	15	17	14	47	52	62	
12.	Luton Town FC (Luton)	46	17	11	18	41	52	62	
13.	Preston North End FC (Preston)	46	18	7	21	49	56	61	
14.	Stoke City FC (Stoke-on-Trent)	46	15	15	16	50	52	60	
15.	Blackburn Rovers FC (Blackburn)	46	15	12	19	65	54	57	
16.	Coventry City FC (Coventry)	46	14	13	19	49	61	55	
17.	Nottingham Forest FC (Nottingham)	46	12	16	18	37	45	52	
18.	Birmingham City FC (Birmingham)	46	13	13	20	37	61	52	
19.	Bristol City FC (Bristol)	46	15	6	25	46	68	51	
20.	Huddersfield Town FC (Huddersfield)	46	12	13	21	50	71	49	
21.	Derby County FC (Denmark)	46	11	11	24	36	58	44	
22.	Wycombe Wanderers FC (Wycombe)	46	11	10	25	39	69	43	R
23.	Rotherham United FC (Rotherham)	46	11	9	26	44	60	42	R
24.	Sheffield Wednesday FC (Sheffield)	46	12	11	23	40	61	41	R -6
		1104	413	278	413	1274	1274	1511	(-6)

Sheffield Wednesday received a 12 point deduction for breaching the Profitability and Sustainability Rules. Following an appeal, this was reduced to 6 points.

Promotion Play-offs

Brentford FC (Brentford)	2-0	Swansea City FC (Swansea)
AFC Bournemouth (Bournemouth)	1-0, 1-3	Brentford FC (Brentford)
Barnsley FC (Barnsley)	0-1, 1-1	Swansea City FC (Swansea)

EFL League One 2020/2021 Season	Accrington Stanley	AFC Wimbledon	Blackpool	Bristol Rovers	Burton Albion	Charlton Athletic	Crewe Alexandra	Doncaster Rovers	Fleetwood Town	Gillingham	Hull City	Ipswich Town	Lincoln City	Milton Keynes Dons	Northampton Town	Oxford City	Peterborough United	Plymouth Argyle	Portsmouth	Rochdale	Shrewsbury Town	Sunderland	Swindon Town	Wigan Athletic
Accrington Stanley		1-5	0-0	6-1	0-0	1-1	1-0	2-1	1-0	0-1	2-0	1-2	0-0	2-1	0-0	1-4	2-0	0-1	3-3	2-1	1-1	0-2	2-1	3-1
AFC Wimbledon	1-2		1-0	2-4	0-1	2-2	1-2	2-2	0-1	1-0	0-3	3-0	1-2	0-2	1-0	2-1	2-1	4-4	1-3	3-3	0-1	0-3	4-1	1-1
Blackpool	0-0	1-1		1-0	1-1	0-1	1-1	2-0	0-0	4-1	3-2	1-4	2-3	1-0	2-0	0-0	3-1	2-2	1-0	1-0	0-1	1-0	2-0	1-0
Bristol Rovers	4-1	0-0	2-1		1-1	0-1	0-1	2-1	1-4	0-2	1-3	0-2	0-1	0-2	2-0	0-2	0-2	3-0	3-1	1-2	2-1	0-1	0-1	1-2
Burton Albion	2-1	1-1	1-2	1-0		4-2	1-1	1-3	5-2	1-1	1-0	0-1	0-1	1-2	1-3	1-5	2-1	1-1	2-4	0-1	1-2	0-3	2-1	3-4
Charlton Athletic	0-2	5-2	0-3	3-2	1-2		2-2	1-3	3-2	2-3	1-0	0-0	3-1	0-1	2-1	2-0	0-1	2-2	1-3	4-4	1-1	0-0	2-2	1-0
Crewe Alexandra	2-0	1-1	1-1	3-2	0-3	0-2		1-0	1-1	0-1	1-2	1-1	0-1	2-0	2-1	0-6	2-0	2-1	0-0	1-1	3-2	2-2	4-2	3-0
Doncaster Rovers	0-1	2-0	3-2	4-1	0-3	0-1	1-2		0-1	2-1	3-3	4-1	1-0	1-1	0-0	3-2	1-4	2-1	2-1	1-0	0-1	1-1	2-1	1-4
Fleetwood Town	1-1	0-1	0-1	0-0	2-1	1-1	0-2	3-1		1-0	4-1	2-0	0-0	1-1	0-0	2-0	0-1	5-1	0-1	1-0	1-0	1-1	0-2	1-1
Gillingham	0-2	2-1	2-0	2-0	0-1	1-1	4-1	2-2	0-2		0-2	3-1	0-3	3-2	2-2	3-1	1-3	1-0	0-2	2-2	0-0	0-2	2-0	1-0
Hull City	3-0	1-0	1-1	2-0	2-0	2-0	1-0	2-1	2-1	1-1		0-1	0-0	0-1	3-0	2-0	1-2	1-0	0-2	2-0	0-1	2-2	1-0	3-1
Ipswich Town	2-0	0-0	2-0	2-1	2-1	0-2	1-0	2-1	3-1	1-0	0-3		1-1	0-0	0-0	0-0	0-1	1-0	0-2	2-0	2-1	0-1	2-3	2-0
Lincoln City	2-2	0-0	2-2	1-2	5-1	2-0	3-0	0-1	1-2	0-3	1-2	1-0		4-0	2-1	2-0	1-1	2-0	1-3	1-2	0-1	0-4	2-2	2-1
Milton Keynes Dons	3-2	1-1	0-1	2-0	1-1	0-1	0-2	1-0	3-1	2-0	1-3	1-1	1-2		4-3	1-1	1-1	2-1	1-0	0-3	2-2	2-2	5-0	2-0
Northampton Town	0-1	2-2	0-3	1-1	0-2	0-2	0-1	0-2	1-0	3-1	0-2	3-0	0-4	0-0		1-0	0-2	2-0	4-1	0-0	1-0	0-0	2-1	0-1
Oxford United	1-2	2-0	0-2	2-0	4-0	0-0	0-2	3-0	1-0	3-2	1-1	0-0	2-1	3-2	4-0		0-0	3-1	0-1	3-1	4-1	0-2	1-2	2-1
Peterborough United	7-0	3-0	1-2	0-0	2-2	2-1	2-0	2-2	2-1	0-1	1-3	2-1	3-3	3-0	3-1	2-0		1-0	1-0	4-1	5-1	1-1	3-1	2-1
Plymouth Argyle	2-2	1-0	1-0	2-0	2-0	0-6	1-1	2-1	1-0	1-0	0-3	1-2	4-3	1-0	2-1	2-3	0-3		2-2	0-4	1-1	1-3	4-2	0-2
Portsmouth	0-1	4-0	0-1	1-0	1-2	0-2	4-1	0-1	0-0	1-1	0-4	2-1	0-1	2-1	4-0	1-1	2-0	2-2		2-1	0-0	0-2	2-0	1-2
Rochdale	3-1	0-1	1-0	1-1	0-2	0-2	3-3	1-2	2-1	1-4	0-3	0-0	0-2	1-4	1-1	3-4	3-3	0-0	0-0		0-2	2-2	2-1	3-3
Shrewsbury Town	2-2	1-1	1-0	0-1	1-1	1-1	0-1	0-2	0-2	1-1	1-1	0-0	0-1	4-2	1-2	2-3	2-0	3-0	1-2	1-2		2-1	3-3	1-2
Sunderland	3-3	1-1	0-1	1-1	1-1	1-2	1-0	4-1	2-0	2-2	1-1	2-1	1-1	1-2	1-1	3-1	1-0	1-2	1-3	2-0	1-0		1-0	0-1
Swindon Town	0-3	0-1	0-2	1-0	4-2	2-2	2-1	1-2	0-1	1-3	2-1	1-2	0-1	1-4	2-1	1-2	0-3	0-2	3-1	3-1	0-1	0-2		1-0
Wigan Athletic	4-3	2-3	0-5	0-0	1-1	0-1	2-0	1-0	0-0	2-3	0-5	0-0	1-2	3-0	2-3	1-2	0-1	1-1	0-1	0-5	1-1	2-1	3-4	

	EFL League One	Pd	Wn	Dw	Ls	GF	GA	Pts	
1.	Hull City FC (Kingston upon Hull)	46	27	8	11	80	38	89	P
2.	Peterborough United FC (Peterborough)	46	26	9	11	83	46	87	P
3.	Blackpool FC (Blackpool)	46	23	11	12	60	37	80	POP
4.	Sunderland FC (Sunderland)	46	20	17	9	70	42	77	PO
5.	Lincoln City FC (Lincoln)	46	22	11	13	69	50	77	PO
6.	Oxford United FC (Oxford United)	46	22	8	16	77	56	74	PO
7.	Charlton Athletic FC (London)	46	20	14	12	70	56	74	
8.	Portsmouth FC (Portsmouth)	46	21	9	16	65	51	72	
9.	Ipswich Town FC (Ipswich)	46	19	12	15	46	46	69	
10.	Gillingham FC (Gillingham)	46	19	10	17	63	60	67	
11.	Accrington Stanley FC (Accrington)	46	18	13	15	63	68	67	
12.	Crewe Alexandra FC (Crewe)	46	18	12	16	56	61	66	
13.	Milton Keynes Dons FC (Milton Keynes)	46	18	11	17	64	62	65	
14.	Doncaster Rovers FC (Doncaster)	46	19	7	20	63	67	64	
15.	Fleetwood Town FC (Fleetwood)	46	16	12	18	49	46	60	
16.	Burton Albion FC (Burton upon Trent)	46	15	12	19	61	73	57	
17.	Shrewsbury Town FC (Shrewsbury)	46	13	15	18	50	57	54	
18.	Plymouth Argyle FC (Plymouth)	46	14	11	21	53	80	53	
19.	AFC Wimbledon (London)	46	12	15	19	54	70	51	
20.	Wigan Athletic FC (Wigan)	46	13	9	24	54	77	48	
21.	Rochdale FC (Rochdale)	46	11	14	21	61	78	47	R
22.	Northampton Town FC (Northampton)	46	11	12	23	41	67	45	R
23.	Swindon Town FC (Swindon)	46	13	4	29	55	89	43	R
24.	Bristol Rovers FC (Bristol)	46	10	8	28	40	70	38	R
		1104	420	264	420	1447	1447	1524	

Promotion Play-offs

Blackpool FC (Blackpool)	2-1	Lincoln City FC (Lincoln)
Oxford United FC (Oxford)	0-3, 3-3	Blackpool FC (Blackpool)
Lincoln City FC (Lincoln)	2-0, 1-2	Sunderland AFC (Sunderland)

EFL League Two 2020/2021 Season	Barrow	Bolton Wanderers	Bradford City	Cambridge United	Carlisle United	Cheltenham Town	Colchester United	Crawley Town	Exeter City	Forest Green Rovers	Grimsby Town	Harrogate Town	Leyton Orient	Mansfield Town	Morecambe	Newport County	Oldham Athletic	Port Vale	Salford City	Scunthorpe United	Southend United	Stevenage	Tranmere Rovers	Walsall
Barrow		3-3	1-0	0-2	2-2	3-0	1-1	3-2	2-1	2-2	0-1	0-1	1-1	2-0	1-2	2-1	3-4	0-2	0-1	1-0	1-2	1-1	1-1	2-2
Bolton Wanderers	1-0		1-0	2-1	1-0	1-1	0-0	0-1	1-2	0-1	0-0	2-1	2-0	1-1	1-1	0-2	1-2	3-6	2-0	2-0	3-0	1-0	0-3	2-1
Bradford City	2-1	1-1		1-0	0-1	1-2	0-0	0-2	2-2	4-1	1-0	0-1	1-0	1-0	2-1	0-3	0-0	0-0	0-1	0-0	3-0	2-1	0-1	1-1
Cambridge United	1-1	1-1	0-0		3-0	0-1	2-1	3-1	1-4	1-0	3-0	2-1	2-1	0-1	2-1	2-1	1-2	3-1	2-1	0-1	0-0	0-1	0-0	1-0
Carlisle United	1-0	3-3	3-1	1-2		1-2	3-2	2-0	1-0	1-2	1-1	1-1	0-1	1-0	3-1	3-2	1-3	0-0	2-1	2-0	2-0	4-0	2-3	0-0
Cheltenham Town	0-2	0-1	0-2	1-1	1-1		1-0	2-0	5-3	2-1	1-3	4-1	1-0	0-0	1-2	1-1	2-0	3-2	2-0	1-0	1-0	1-1	4-0	3-0
Colchester United	1-1	2-0	1-2	1-1	2-1	0-0		1-1	1-2	1-0	2-1	2-1	2-1	2-2	1-2	0-2	3-3	0-1	1-0	0-1	2-0	3-1	2-2	2-1
Crawley Town	4-2	1-4	1-1	2-1	0-3	1-0	1-0		2-0	0-0	1-2	1-3	0-0	1-0	4-0	1-1	1-4	1-3	1-0	1-0	1-1	0-1	4-0	1-1
Exeter City	1-1	1-1	3-2	2-0	1-0	0-1	6-1	2-1		1-1	3-2	1-2	4-0	0-0	0-2	0-0	1-2	0-2	1-0	3-1	0-0	3-1	5-0	0-0
Forest Green Rovers	0-2	0-1	2-2	2-0	1-0	0-0	3-0	1-2	0-0		1-0	2-1	2-1	1-2	2-2	1-1	4-3	1-1	0-2	3-2	1-3	1-0	2-1	1-1
Grimsby Town	1-0	2-1	1-2	1-2	1-1	1-1	0-0	2-1	1-4	1-2		1-2	0-1	1-1	0-3	0-2	0-0	1-0	0-4	1-0	0-0	1-2	0-0	1-1
Harrogate Town	1-0	1-2	2-1	5-4	1-0	0-1	3-0	1-1	0-0	0-1	1-0		2-2	1-0	0-1	2-1	0-3	0-2	0-1	2-5	0-1	0-0	0-1	2-2
Leyton Orient	2-0	4-0	1-0	2-4	2-3	0-2	0-0	1-2	1-1	0-1	2-3	3-0		2-2	2-0	2-1	2-1	1-1	1-0	1-1	2-0	0-0	1-3	0-0
Mansfield Town	2-4	2-3	1-3	0-3	1-1	3-1	1-1	3-3	1-2	0-0	2-2	0-1	0-2		1-0	1-1	4-1	4-0	2-1	3-0	1-1	0-0	0-0	1-1
Morecambe	1-0	0-1	2-0	0-5	3-1	1-0	3-0	3-1	2-2	1-2	3-1	1-0	2-1	1-1		1-3	4-3	1-0	2-1	4-1	1-1	1-1	0-1	1-1
Newport County	2-1	1-0	2-1	0-1	0-0	1-0	2-1	2-0	1-1	0-2	1-0	2-1	0-1	2-1	2-1		2-4	1-0	0-0	4-0	0-1	0-0	1-0	1-1
Oldham Athletic	0-1	0-2	3-1	2-4	1-1	2-1	5-2	2-3	2-1	0-3	1-2	1-2	0-1	2-3	2-3	3-2		1-2	2-1	0-2	0-0	0-1	0-1	2-3
Port Vale	0-2	0-1	2-1	0-1	0-1	2-1	1-1	2-0	1-0	1-1	3-0	0-0	2-3	0-3	1-0	2-1	0-0		1-0	0-1	5-1	0-0	3-4	1-3
Salford City	1-0	0-1	3-0	4-1	1-1	0-0	0-0	1-1	2-2	0-0	1-1	2-2	3-0	2-0	2-1	1-1	2-0	1-0		1-1	3-0	2-1	2-2	2-0
Scunthorpe United	2-1	0-1	2-0	0-5	1-0	0-2	0-1	0-0	0-2	1-4	3-0	3-1	2-0	2-3	1-1	1-1	1-1	2-0	0-1		1-1	0-1	0-0	0-2
Southend United	1-0	0-1	1-3	1-2	0-2	0-2	2-0	0-0	2-2	0-1	3-1	0-4	2-1	0-1	1-2	1-1	1-2	0-2	0-0	1-0		0-0	0-2	0-0
Stevenage	2-1	1-2	1-1	1-0	3-1	0-1	0-0	3-3	0-1	3-0	0-0	1-0	0-2	0-1	2-2	0-1	3-0	2-1	0-1	3-1	0-0		0-0	1-1
Tranmere Rovers	1-0	2-1	0-1	1-1	1-0	0-3	0-0	0-1	2-1	3-2	5-0	3-2	0-1	1-1	0-1	1-0	2-2	3-1	0-0	2-0	2-0	0-1		1-3
Walsall	0-1	2-1	1-2	0-2	0-2	1-2	1-1	1-0	0-0	2-1	1-0	0-0	2-1	1-1	0-2	0-1	1-1	4-3	0-2	1-2	0-1	1-1	1-0	

	EFL League Two	**Pd**	**Wn**	**Dw**	**Ls**	**GF**	**GA**	**Pts**	
1.	Cheltenham Town FC (Cheltenham)	46	24	10	12	61	39	82	P
2.	Cambridge United FC (Cambridge)	46	24	8	14	73	49	80	P
3.	Bolton Wanderers FC (Bolton)	46	23	10	13	59	50	79	P
4.	Morecambe FC (Morecambe)	46	23	9	14	69	58	78	POP
5.	Newport County FC (Newport)	46	20	13	13	57	42	73	PO
6.	Forest Green Rovers FC (Nailsworth)	46	20	13	13	59	51	73	PO
7.	Tranmere Rovers FC (Birkenhead)	46	20	13	13	55	50	73	PO
8.	Salford City FC (Salford)	46	19	14	13	54	34	71	
9.	Exeter City FC (Exeter)	46	18	16	12	71	50	70	
10.	Carlisle United FC (Carlisle)	46	18	12	16	60	51	66	
11.	Leyton Orient FC (London)	46	17	10	19	53	55	61	
12.	Crawley Town FC (Crawley)	46	16	13	17	56	62	61	
13.	Port Vale FC (Stoke-on-Trent)	46	17	9	20	57	57	60	
14.	Stevenage FC (Stevenage)	46	14	18	14	41	41	60	
15.	Bradford City FC (Bradford)	46	16	11	19	48	53	59	
16.	Mansfield Town FC (Mansfield)	46	13	19	14	57	55	58	
17.	Harrogate Town AFC (Harrogate)	46	16	9	21	52	61	57	
18.	Oldham Athletic FC (Oldham)	46	15	9	22	72	81	54	
19.	Walsall FC (Walsall)	46	11	20	15	45	53	53	
20.	Colchester United FC (Colchester)	46	11	18	17	44	61	51	
21.	Barrow AFC (Barrow-in-Furness)	46	13	11	22	53	59	50	
22.	Scunthorpe United FC (Scunthorpe)	46	13	9	24	41	64	48	
23.	Southend United FC (Southend)	46	10	15	21	29	58	45	R
24.	Grimsby Town FC (Cleethorpes)	46	10	13	23	37	69	43	R
		1104	401	302	401	1303	1303	1505	

Promotion Play-offs

Morecambe FC (Morecambe)	1-0 (aet)	Newport County FC (Newport)
Newport County FC (Newport)	2-0, 3-4 (aet)	Forest Green Rovers FC (Nailsworth)
Tranmere Rovers FC (Birkenhead)	1-2, 1-1	Morecambe FC (Morecambe)

2021 F.A. CUP FINAL (Wembley Stadium, London – 15/05/2021 – 20,000)

Chelsea FC (London)	0-1	LEICESTER CITY FC (LEICESTER)
		Tielemans 63'

Chelsea: Arrizabalaga, César Azpilicueta (Callum Hudson-Odoi 76'), Thiago Silva, Antonio Rüdiger, Reece James, N'Golo Kanté, Jorginho (Kai Havertz 75'), Marcos Alonso (Ben Chilwell 68'), Hakim Ziyech (Christian Pulisic 68'), Mason Mount, Timo Werner (Olivier Giroud 82').

Leicester City: Kasper Schmeichel, Wesley Fofana, Jonny Evans (Marc Albrighton 34'), Çaglar Söyüncü, Timothy Castagne, Youri Tielemans, Wilfred Ndidi, Luke Thomas (Hamza Choudhury 82'), Ayoze Pérez (Wes Morgan 82'), Kelechi Iheanacho (James Maddison 67'), Jamie Vardy.

The attendance for was capped at 20,000 due to government regulations in place because of the COVID-19 pandemic

Semi-finals

Chelsea FC (London)	1-0	Manchester City FC (Manchester)
Leicester City FC (Leicester)	1-0	Southampton FC (Southampton)

Quarter-finals

AFC Bournemouth (Bournemouth)	0-3	Southampton FC (Southampton)
Everton FC (Liverpool)	0-2	Manchester City FC (Manchester)
Chelsea FC (London)	2-0	Sheffield United FC (Sheffield)
Leicester City FC (Leicester)	3-1	Manchester United FC (Manchester

2021-2022

Premier League 2021/2022 Season	Arsenal	Aston Villa	Brentford	Brighton & Hove A.	Burnley	Chelsea	Crystal Palace	Everton	Leeds United	Leicester City	Liverpool	Manchester City	Manchester United	Newcastle United	Norwich City	Southampton	Tottenham Hotspur	Watford	West Ham United	Wolverhampton W.
Arsenal		3-1	2-1	1-2	0-0	0-2	2-2	5-1	2-1	2-0	0-2	1-2	3-1	2-0	1-0	3-0	3-1	1-0	2-0	2-1
Aston Villa	0-1		1-1	2-0	1-1	1-3	1-1	3-0	3-3	2-1	1-2	1-2	2-2	2-0	2-0	4-0	0-4	0-1	1-4	2-3
Brentford	2-0	2-1		0-1	2-0	0-1	0-0	1-0	1-2	1-2	3-3	0-1	1-3	0-2	1-2	3-0	0-0	2-1	2-0	1-2
Brighton & Hove Albion	0-0	0-2	2-0		0-3	1-1	1-1	0-2	0-0	2-1	0-2	1-4	4-0	1-1	0-0	2-2	0-2	2-0	3-1	0-1
Burnley	0-1	1-3	3-1	1-2		0-4	3-3	3-2	1-1	0-2	0-1	0-2	1-1	1-2	0-0	2-0	1-0	0-0	0-0	1-0
Chelsea	2-4	3-0	1-4	1-1	1-1		3-0	1-1	3-2	1-1	2-2	0-1	1-1	1-0	7-0	3-1	2-0	2-1	1-0	2-2
Crystal Palace	3-0	1-2	0-0	1-1	1-1	0-1		3-1	0-0	2-2	1-3	0-0	1-0	1-1	3-0	2-2	3-0	1-0	2-3	2-0
Everton	2-1	0-1	2-3	2-3	3-1	1-0	3-2		3-0	1-1	1-4	0-1	1-0	1-0	2-0	3-1	0-0	2-5	0-1	0-1
Leeds United	1-4	0-3	2-2	1-1	3-1	0-3	1-0	2-2		1-1	0-3	0-4	2-4	0-1	2-1	1-1	0-4	1-0	1-2	1-1
Leicester City	0-2	0-0	2-1	1-1	2-2	0-3	2-1	1-2	1-0		1-0	0-1	4-2	4-0	3-0	4-1	2-3	4-2	2-2	1-0
Liverpool	4-0	1-0	3-0	2-2	2-0	1-1	3-0	2-0	6-0	2-0		2-2	4-0	3-1	3-1	4-0	1-1	2-0	1-0	3-1
Manchester City	5-0	3-2	2-0	3-0	2-0	1-0	0-2	3-0	7-0	6-3	2-2		4-1	5-0	5-0	0-0	2-3	5-1	2-1	1-0
Manchester United	3-2	0-1	3-0	2-0	3-1	1-1	1-0	1-1	5-1	1-1	0-5	0-2		4-1	3-2	1-1	3-2	0-0	1-0	0-1
Newcastle United	2-0	1-0	3-3	2-1	1-0	0-3	1-0	3-1	1-1	2-1	0-1	0-4	1-1		1-1	2-2	2-3	1-1	2-4	1-0
Norwich City	0-5	0-2	1-3	0-0	2-0	1-3	1-1	2-1	1-2	1-2	0-3	0-4	0-1	0-3		2-1	0-5	1-3	0-4	0-0
Southampton	1-0	1-0	4-1	1-1	2-2	0-6	1-2	2-0	1-0	2-2	1-2	1-1	1-1	1-2	2-0		1-1	1-2	0-0	0-1
Tottenham Hotspur	3-0	2-1	2-0	0-1	1-0	0-3	3-0	5-0	2-1	3-1	2-2	1-0	0-3	5-1	3-0	2-3		1-0	3-1	0-2
Watford	2-3	3-2	1-2	0-2	1-2	1-2	1-4	0-0	0-3	1-5	0-5	1-3	4-1	1-1	0-3	0-1	0-1		1-4	0-2
West Ham United	1-2	2-1	1-2	1-1	1-1	3-2	2-2	2-1	2-3	4-1	3-2	2-2	1-2	1-1	2-0	2-3	1-0	1-0		1-0
Wolverhampton Wanderers	0-1	2-1	0-2	0-3	0-0	0-0	0-2	2-1	2-3	2-1	0-1	1-5	0-1	2-1	1-1	3-1	0-1	4-0	1-0	

	Premier League	Pd	Wn	Dw	Ls	GF	GA	Pts	
1.	MANCHESTER CITY FC (MANCHESTER)	38	29	6	3	99	26	93	
2.	Liverpool FC (Liverpool)	38	28	8	2	94	26	92	
3.	Chelsea FC (Chelsea)	38	21	11	6	76	33	74	
4.	Tottenham Hotspur FC (London)	38	22	5	11	69	40	71	
5.	Arsenal FC (London)	38	22	3	13	61	48	69	
6.	Manchester United FC (Manchester)	38	16	10	12	57	57	58	
7.	West Ham United FC (London)	38	16	8	14	60	51	56	
8.	Leicester City FC (Leicester)	38	14	10	14	62	59	52	
9.	Brighton & Hove Albion FC (Brighton)	38	12	15	11	42	44	51	
10.	Wolverhampton Wanderers FC (Wolverhampton)	38	15	6	17	38	43	51	
11.	Newcastle United FC (Newcastle upon Tyne)	38	13	10	15	44	62	49	
12.	Crystal Palace FC (London)	38	11	15	12	50	46	48	
13.	Brentford FC (Brentford)	38	13	7	18	48	56	46	
14.	Aston Villa FC (Birmingham)	38	13	6	19	52	54	45	
15.	Southampton FC (Southampton)	38	9	13	16	43	67	40	
16.	Everton FC (Liverpool)	38	11	6	21	43	66	39	
17.	Leeds United FC (Leeds)	38	9	11	18	42	79	38	
18.	Burnley FC (Burnley)	38	7	14	17	34	53	35	R
19.	Watford FC (Watford	38	6	5	27	34	77	23	R
20.	Norwich City FC (Norwich)	38	5	7	26	23	84	22	R
		760	292	176	292	1071	1071	1052	

Top goalscorers

1)	Mohamed SALAH	Liverpool FC (Liverpool)	23
	SON Heung-min	Tottenham Hotspur FC (London)	23
3)	CRISTIANO RONALDO	Manchester United FC (Manchester)	18
4)	Harry KANE	Tottenham Hotspur FC (London)	17
5)	Sadio MANÉ	Liverpool FC (Liverpool)	16

EFL Championship 2021/2022 Season	AFC Bournemouth	Barnsley	Birmingham City	Blackburn Rovers	Blackpool	Bristol City	Cardiff City	Coventry City	Derby County	Fulham	Huddersfield Town	Hull City	Luton Town	Middlesbrough	Millwall	Nottingham Forest	Peterborough United	Preston North End	Queen's Park Rangers	Reading	Sheffield United	Stoke City	Swansea City	West Bromwich Albion
Bournemouth		3-0	3-1	0-2	2-2	3-2	3-0	2-2	2-0	1-1	3-0	0-1	2-1	0-0	1-0	1-0	1-1	1-2	2-1	1-1	2-1	2-1	4-0	2-2
Barnsley	0-1		1-1	0-0	0-2	2-0	0-1	1-0	2-1	1-1	1-1	0-2	0-1	3-2	0-1	1-3	0-2	1-3	1-0	1-1	2-3	1-1	0-2	0-0
Birmingham City	0-2	2-1		1-2	1-0	3-0	2-2	2-4	2-0	1-4	0-2	0-0	3-0	0-2	2-2	0-3	2-2	0-0	1-2	1-2	1-2	0-0	2-1	1-0
Blackburn Rovers	0-3	2-1	4-0		1-1	0-1	5-1	2-2	3-1	0-7	0-0	2-0	2-2	1-0	0-0	0-2	4-0	1-0	1-0	2-0	3-1	0-1	2-1	1-2
Blackpool	1-2	1-0	6-1	2-1		3-1	0-2	0-1	0-2	1-0	0-3	1-0	0-3	1-2	1-0	1-4	3-1	2-0	1-1	4-1	0-0	0-1	1-0	0-0
Bristol City	0-2	2-1	1-2	1-1	1-1		3-2	1-2	1-0	1-1	2-3	5-0	1-1	2-1	3-2	1-2	1-1	0-0	1-2	2-1	1-1	1-0	0-1	2-2
Cardiff City	0-1	1-1	1-1	0-1	1-1	1-2		2-0	1-0	0-1	2-1	0-1	0-1	0-2	3-1	2-1	4-0	0-0	0-1	0-1	2-3	2-1	0-4	0-4
Coventry City	0-3	1-0	0-0	2-2	1-1	3-2	1-0		1-1	4-1	1-2	0-2	0-1	2-0	0-1	2-1	3-0	1-1	1-2	2-1	4-1	1-0	1-2	1-2
Derby County	3-2	2-0	2-2	1-2	1-0	1-3	0-1	1-1		2-1	1-1	3-1	2-2	0-0	1-2	1-1	1-0	1-0	1-2	1-0	2-0	2-1	0-0	1-0
Fulham	1-1	4-1	6-2	2-0	1-1	6-2	2-0	1-3	0-0		1-2	2-0	7-0	1-1	3-0	0-1	2-1	3-0	4-1	1-2	0-1	3-0	3-1	3-0
Huddersfield Town	0-3	2-1	0-0	3-2	3-2	2-0	2-1	1-1	2-0	1-5		2-0	2-0	1-2	1-0	0-2	3-0	1-0	2-2	4-0	0-0	1-1	1-1	1-0
Hull City	0-0	0-2	2-0	2-0	1-1	2-2	2-1	0-1	0-1	0-1	0-1		1-3	2-0	2-1	1-1	1-2	0-1	0-3	3-0	1-3	0-2	2-0	0-2
Luton Town	3-2	2-1	0-5	0-0	1-1	2-1	1-2	5-0	1-0	1-1	0-0	1-0		3-1	2-2	1-0	3-0	4-0	1-2	1-0	0-0	0-1	3-3	2-0
Middlesbrough	1-0	2-0	0-2	1-1	1-2	2-1	2-0	1-0	4-1	0-1	0-2	0-1	2-1		1-1	2-0	2-0	1-2	2-3	2-1	2-0	3-1	1-0	2-1
Millwall	1-1	4-1	3-1	1-1	2-1	1-0	2-1	1-1	1-1	1-2	2-0	2-1	0-2	0-0		0-1	3-0	0-0	2-0	1-0	1-0	2-1	0-1	2-0
Nottingham Forest	1-2	3-0	2-0	1-2	2-1	2-0	1-2	2-0	2-1	0-4	0-1	2-1	0-0	0-2	1-1		2-0	3-0	3-1	4-0	1-1	2-2	5-1	4-0
Peterborough United	0-0	0-0	3-0	2-1	5-0	2-3	2-2	1-4	2-1	0-1	1-1	0-3	1-1	0-4	2-1	0-1		0-1	2-1	0-0	0-2	2-2	2-3	0-1
Preston North End	2-1	2-1	1-1	1-4	1-0	2-2	1-2	2-1	0-0	1-1	0-0	1-4	2-0	4-1	1-1	0-0	1-0		2-1	2-3	2-2	1-1	3-1	1-1
Queens Park Rangers	0-1	2-2	2-0	1-0	2-1	1-2	1-2	2-0	1-0	0-2	1-0	1-1	2-0	2-2	1-1	1-1	1-3	3-2		4-0	1-3	0-2	0-0	1-0
Reading	0-2	1-0	2-1	1-0	2-3	2-3	1-2	2-3	2-2	0-7	3-4	1-1	0-2	1-0	0-1	1-1	3-1	2-1	3-3		0-1	2-1	4-4	0-1
Sheffield United	0-0	2-0	0-1	1-0	0-1	2-0	1-0	0-0	1-0	4-0	1-2	0-0	2-0	4-1	1-2	1-1	6-2	2-2	1-0	1-2		2-1	4-0	2-0
Stoke City	0-1	1-1	2-2	0-1	0-1	0-1	3-3	1-1	1-2	2-3	2-1	2-0	1-2	0-0	2-0	1-0	2-0	1-2	1-0	3-2	1-0		3-0	1-0
Swansea City	3-3	1-1	0-0	1-0	1-1	3-1	3-0	3-1	2-1	1-5	1-0	0-0	0-1	1-1	0-0	1-4	3-0	1-0	0-1	2-3	0-0	1-3		2-1
West Bromwich Albion	2-0	4-0	1-0	0-0	2-1	3-0	1-1	0-0	0-0	1-0	2-2	1-0	3-2	1-1	1-1	0-0	3-0	0-2	2-1	1-0	4-0	1-3	0-2	

	EFL Championship	Pd	Wn	Dw	Ls	GF	GA	Pts	
1.	Fulham FC (London)	46	27	9	10	106	43	90	P
2.	AFC Bournemouth (Bournemouth)	46	25	13	8	74	39	88	P
3.	Huddersfield Town FC (Huddersfield)	46	23	13	10	64	47	82	PO
4.	Nottingham Forest FC (Nottingham)	46	23	11	12	73	40	80	POP
5.	Sheffield United FC (Sheffield)	46	21	12	13	63	45	75	PO
6.	Luton Town FC (Luton)	46	21	12	13	63	55	75	PO
7.	Middlesbrough FC (Middlesbrough)	46	20	10	16	59	50	70	
8.	Blackburn Rovers FC (Blackburn)	46	19	12	15	59	50	69	
9.	Millwall FC (London)	46	18	15	13	53	45	69	
10.	West Bromwich Albion FC (West Bromwich)	46	18	13	15	52	45	67	
11.	Queens Park Rangers FC (London)	46	19	9	18	60	59	66	
12.	Coventry City FC (Coventry)	46	17	13	16	60	59	64	
13.	Preston North End FC (Preston)	46	16	16	14	52	56	64	
14.	Stoke City FC (Stoke-on-Trent)	46	17	11	18	57	52	62	
15.	Swansea City FC (Swansea)	46	16	13	17	58	68	61	
16.	Blackpool FC (Blackpool)	46	16	12	18	54	58	60	
17.	Bristol City FC (Bristol)	46	15	10	21	62	77	55	
18.	Cardiff City FC (Cardiff)	46	15	8	23	50	68	53	
19.	Hull City FC (Kingston upon Hull)	46	14	9	23	41	54	51	
20.	Birmingham City FC (Birmingham)	46	11	14	21	50	75	47	
21.	Reading FC (Reading)	46	13	8	25	54	87	41	-6
22.	Peterborough United FC (Peterborough)	46	9	10	27	43	87	37	R
23.	Derby County FC (Derby)	46	14	13	19	45	53	34	R-21
24.	Barnsley FC (Barnsley)	46	6	12	28	33	73	30	R
		1104	413	278	413	1385	1385	1490	(-27)

Reading had 6 points deducted after breaching profit and sustainability regulations.

Derby County had 12 points deducted for entering administration and a further 9 points deducted for financial irregularities.

Promotion Play-offs

Huddersfield Town FC (Huddersfield)	0-1	Nottingham Forest FC (Nottingham)
Luton Town FC (Luton)	1-1, 0-1	Huddersfield Town FC (Huddersfield)
Sheffield United FC (Sheffield)	1-2, 2-1 (aet)	Nottingham Forest FC (Nottingham)

Aggregate 2-2. Nottingham Forest won 3-2 on penalties.

EFL League One 2021/2022 Season	Accrington Stanley	AFC Wimbledon	Bolton Wanderers	Burton Albion	Cambridge United	Charlton Athletic	Cheltenham Town	Crewe Alexandra	Doncaster Rovers	Fleetwood Town	Gillingham	Ipswich Town	Lincoln City	Milton Keynes Dons	Morecambe	Oxford City	Plymouth Argyle	Portsmouth	Rotherham United	Sheffield Wednesday	Shrewsbury Town	Sunderland	Wigan Athletic	Wycombe Wanderers
Accrington Stanley		0-2	1-0	0-0	2-1	2-1	4-4	4-1	1-0	5-1	1-2	2-1	2-1	1-1	2-2	2-0	1-4	2-2	1-0	2-3	1-0	1-1	1-4	3-2
AFC Wimbledon	3-4		3-3	1-1	0-1	1-1	2-2	3-2	2-2	2-2	1-1	0-2	0-2	1-1	0-0	3-1	0-1	0-0	0-1	2-2	1-1	1-1	0-2	1-1
Bolton Wanderers	3-1	4-0		0-0	2-0	2-1	2-2	2-0	3-0	4-2	2-2	2-0	3-1	3-3	1-1	2-1	0-1	1-1	0-2	1-1	2-1	6-0	0-4	0-2
Burton Albion	4-0	1-1	3-1		2-2	0-1	1-1	4-1	2-0	3-2	1-1	2-1	1-2	0-1	3-2	1-3	0-0	2-1	2-0	0-2	0-2	1-0	0-0	1-2
Cambridge United	2-0	1-0	1-0	3-0		0-2	2-2	1-0	3-1	2-2	0-2	2-2	1-5	0-1	2-1	1-1	2-0	0-0	0-1	1-1	0-0	1-2	2-2	1-4
Charlton Athletic	2-3	3-2	1-4	2-0	2-0		1-2	2-0	4-0	2-0	1-0	2-0	1-2	0-2	2-3	0-4	2-0	2-2	1-1	0-0	2-0	0-0	0-2	0-1
Cheltenham Town	1-0	3-1	1-2	1-1	0-5	1-1		1-2	4-0	2-0	2-2	2-1	2-2	1-1	3-1	1-0	0-2	1-0	0-2	2-2	2-1	2-1	0-0	1-3
Crewe Alexandra	0-1	3-1	0-1	2-0	2-2	2-1	1-1		1-1	1-3	2-0	1-1	2-0	1-4	1-3	0-1	1-4	1-3	0-2	0-2	0-0	0-4	0-2	1-3
Doncaster Rovers	2-0	1-2	1-2	2-0	1-1	0-1	3-2	2-0		0-1	0-1	0-1	0-0	2-1	1-0	1-2	1-3	0-0	0-5	1-3	1-0	0-3	1-2	0-2
Fleetwood Town	1-2	1-1	3-0	0-1	1-1	1-2	3-2	3-0	0-0		2-1	0-2	1-1	1-1	1-2	2-3	3-3	0-1	1-0	2-3	0-3	2-2	2-3	3-3
Gillingham	0-0	0-0	0-3	1-3	1-0	1-1	0-2	1-0	1-0	0-0		0-4	1-1	1-4	2-1	2-7	0-2	0-1	0-2	0-0	0-0	1-2	0-2	1-1
Ipswich Town	2-1	2-2	2-5	3-0	0-1	4-0	0-0	2-1	6-0	2-1	1-0		2-0	2-2	2-2	0-0	1-0	0-0	0-2	1-1	2-1	1-1	2-2	1-0
Lincoln City	0-1	0-1	0-1	1-2	0-1	2-1	3-0	2-1	0-1	2-1	0-2	0-1		2-3	2-1	2-0	2-2	0-3	1-1	3-1	1-1	0-0	1-3	1-1
Milton Keynes Dons	2-0	1-0	2-0	1-0	4-1	2-1	3-1	2-1	0-1	3-3	0-0	0-0	2-1		2-0	1-2	1-1	1-0	0-3	2-3	2-0	1-2	1-1	1-0
Morecambe	3-3	3-4	1-1	3-0	0-2	2-2	1-3	1-2	4-3	0-0	1-1	1-1	2-0	0-4		2-1	1-1	1-1	0-1	1-0	2-0	0-1	1-2	3-2
Oxford United	5-1	3-0	2-3	4-1	4-2	2-1	1-1	1-0	1-1	3-1	1-1	1-1	3-1	1-0	3-1		1-3	3-2	0-0	3-2	2-0	1-2	2-3	0-0
Plymouth Argyle	4-0	2-0	3-0	2-1	1-1	1-0	2-0	1-1	2-1	1-1	1-0	2-1	1-2	0-5	2-0	1-0		1-0	0-1	3-0	1-0	0-0	1-2	0-3
Portsmouth	4-0	2-1	1-0	2-1	1-2	1-2	1-1	2-0	4-0	3-3	3-1	0-4	3-2	1-2	2-0	3-2	2-2		3-0	0-0	1-0	4-0	3-2	0-0
Rotherham United	1-0	3-0	2-1	3-1	3-1	0-1	1-0	1-1	2-0	2-4	5-1	1-0	2-1	1-2	2-0	2-1	2-0	4-1		0-2	0-3	5-1	1-1	0-0
Sheffield Wednesday	1-1	2-1	1-0	5-2	6-0	2-0	4-1	1-0	2-0	1-0	1-1	1-0	1-1	2-1	2-0	1-2	4-2	4-1	0-2		1-1	3-0	1-0	2-2
Shrewsbury Town	0-0	2-1	0-1	0-1	4-1	1-0	3-1	1-1	3-3	1-1	2-1	1-1	1-0	1-0	5-0	1-2	0-3	1-2	0-0	1-0		1-1	0-3	1-2
Sunderland	2-1	1-0	1-0	1-1	5-1	0-1	5-0	2-0	1-2	3-1	1-0	2-0	1-3	1-2	5-0	1-1	2-1	1-0	1-1	5-0	3-2		2-1	3-1
Wigan Athletic	3-0	1-0	1-1	2-0	1-2	2-1	2-0	2-0	2-1	2-0	3-2	1-1	1-2	1-2	4-1	1-1	1-1	1-0	1-0	1-2	2-1	0-3		1-1
Wycombe Wanderers	2-1	2-2	1-0	2-1	3-0	2-1	5-5	2-1	2-0	1-0	2-0	1-4	1-0	0-1	4-3	2-0	2-0	0-1	0-0	1-0	0-0	3-3	1-3	

	EFL League One	Pd	Wn	Dw	Ls	GF	GA	Pts	
1.	Wigan Athletic FC (Wigan)	46	27	11	8	82	44	92	P
2.	Rotherham United FC (Rotherham)	46	27	9	10	70	33	90	P
3.	Milton Keynes Dons FC (Milton Keynes)	46	26	11	9	78	44	89	PO
4.	Sheffield Wednesday FC (Sheffield)	46	24	13	9	78	50	85	PO
5.	Sunderland AFC (Sunderland)	46	24	12	10	79	53	84	POP
6.	Wycombe Wanderers FC (Wycombe)	46	23	14	9	75	51	83	PO
7.	Plymouth Argyle FC (Plymouth)	46	23	11	12	68	48	80	
8.	Oxford United FC (Oxford)	46	22	10	14	82	59	76	
9.	Bolton Wanderers FC (Bolton)	46	21	10	15	74	57	73	
10.	Portsmouth FC (Portsmouth)	46	20	13	13	68	51	73	
11.	Ipswich Town FC (Ipswich)	46	18	16	12	67	46	70	
12.	Accrington Stanley FC (Accrington)	46	17	10	19	61	80	61	
13.	Charlton Athletic FC (London)	46	17	8	21	55	59	59	
14.	Cambridge United FC (Cambridge)	46	15	13	18	56	74	58	
15.	Cheltenham Town FC (Cheltenham)	46	13	17	16	66	80	56	
16.	Burton Albion FC (Burton upon Trent)	46	14	11	21	51	67	53	
17.	Lincoln City FC (Lincoln)	46	14	10	22	55	63	52	
18.	Shrewsbury Town FC (Shrewsbury)	46	12	14	20	47	51	50	
19.	Morecambe FC (Morecambe)	46	10	12	24	57	88	42	
20.	Fleetwood Town FC (Fleetwood)	46	8	16	22	62	82	40	
21.	Gillingham FC (Gillingham	46	8	16	22	35	69	40	R
22.	Doncaster Rovers FC (Doncaster)	46	10	8	28	37	82	38	R
23.	AFC Wimbledon (London)	46	6	19	21	49	75	37	R
24.	Crewe Alexandra FC (Crewe)	46	7	8	31	37	83	29	R
		1104	406	292	406	1489	1489	1510	

Promotion Play-offs

Wycombe Wanderers FC (Wycombe)	0-2	Sunderland AFC (Sunderland)
Wycombe Wanderers FC (Wycombe)	2-0, 0-1	Milton Keynes Dons FC (Milton Keynes)
Sunderland AFC (Sunderland)	1-0, 1-1	Sheffield Wednesday FC (Sheffield)

EFL League Two 2021/2022 Season	Barrow	Bradford City	Bristol Rovers	Carlisle United	Colchester United	Crawley Town	Exeter City	Forest Green Rovers	Harrogate Town	Hartlepool United	Leyton Orient	Mansfield Town	Newport County	Northampton Town	Oldham Athletic	Port Vale	Rochdale	Salford City	Scunthorpe United	Stevenage	Sutton United	Swindon Town	Tranmere Rovers	Walsall
Barrow		1-2	1-1	1-2	2-3	0-1	0-0	4-0	0-0	3-2	1-1	1-3	2-1	1-3	0-0	1-2	1-2	0-2	1-1	0-0	1-0	2-0	1-1	1-1
Bradford City	1-1		2-2	2-0	0-0	1-2	0-1	1-1	1-3	1-3	1-1	0-2	0-0	1-1	2-1	1-2	2-0	2-1	2-1	4-1	2-2	1-2	1-1	1-1
Bristol Rovers	1-0	2-1		3-0	1-0	1-0	1-1	0-0	3-0	2-0	1-3	0-0	1-3	2-1	1-0	1-2	4-2	1-0	7-0	0-2	2-0	1-3	2-2	1-0
Carlisle United	0-0	2-0	1-0		0-0	1-1	0-1	0-2	0-2	0-0	1-1	1-0	1-2	2-1	0-0	1-3	2-0	2-1	2-2	2-1	0-2	0-3	0-1	1-0
Colchester United	0-2	3-0	1-1	2-2		0-1	3-1	0-1	1-0	1-2	2-2	1-1	1-1	0-1	1-1	1-0	1-1	0-2	2-1	0-2	1-3	1-1	1-0	2-2
Crawley Town	1-0	2-1	1-2	2-1	3-1		1-3	2-1	2-2	0-1	0-2	1-2	1-1	0-0	2-2	1-4	1-0	2-1	0-0	2-2	0-1	3-1	0-1	1-0
Exeter City	2-1	0-0	4-1	2-1	2-0	2-1		0-0	4-3	0-0	1-0	2-1	2-2	1-2	2-1	0-1	2-0	0-0	2-0	2-1	2-0	3-1	0-1	2-2
Forest Green Rovers	2-0	0-2	2-0	3-0	2-0	6-3	0-0		1-3	1-1	1-1	1-0	2-0	1-0	2-0	0-2	2-1	3-1	1-0	2-0	2-1	0-2	0-0	0-1
Harrogate Town	2-1	2-0	0-1	3-0	1-2	1-3	1-1	1-4		1-2	0-3	0-0	2-2	1-2	3-0	1-1	3-2	0-2	6-1	0-0	0-2	1-4	2-2	1-1
Hartlepool United	3-1	0-2	1-0	2-1	0-2	1-0	1-1	1-3	3-2		0-0	2-2	1-2	2-1	0-0	0-1	2-1	0-2	0-0	1-1	1-1	0-3	1-0	2-0
Leyton Orient	2-0	2-0	0-2	0-1	0-1	1-2	3-0	1-1	0-2	5-0		0-0	0-1	2-4	4-0	0-0	3-1	0-2	3-0	2-2	4-1	4-1	0-1	0-0
Mansfield Town	0-1	2-3	2-1	1-0	2-1	2-0	2-1	2-2	1-3	3-2	2-0		2-1	1-0	0-0	1-1	1-1	2-1	3-1	2-0	2-3	3-2	2-0	2-0
Newport County	2-1	0-0	1-0	2-2	1-2	1-2	0-1	1-1	4-0	2-3	2-2	1-1		0-1	3-3	2-1	0-2	0-2	3-0	5-0	3-2	1-2	4-2	2-1
Northampton Town	0-1	0-0	0-1	3-0	3-0	0-1	1-1	1-1	3-0	2-0	1-0	2-0	1-0		2-1	1-0	1-3	1-0	2-0	3-0	0-2	1-1	3-2	1-1
Oldham Athletic	0-3	2-0	2-1	1-2	1-2	3-3	0-2	5-5	1-2	0-0	2-0	1-2	0-1	0-2		3-2	0-0	1-2	1-3	3-0	1-3	1-3	0-1	1-3
Port Vale	3-1	1-1	1-3	0-0	3-0	4-1	0-0	1-1	2-0	2-0	3-2	3-1	1-2	0-0	3-2		2-3	0-1	1-0	2-0	2-0	1-3	0-0	0-1
Rochdale	0-0	0-0	3-4	2-0	1-1	0-1	1-1	1-2	3-3	2-1	2-2	0-1	3-0	1-0	0-1	1-1		1-1	0-0	2-2	3-2	0-0	1-0	1-0
Salford City	2-2	1-0	1-1	2-1	0-3	2-1	1-2	1-1	2-0	2-0	1-1	2-2	3-0	2-2	2-0	0-1	0-0		5-1	1-0	0-0	0-1	1-1	2-1
Scunthorpe United	0-1	1-1	2-3	0-1	1-3	2-1	0-4	0-2	0-3	1-1	1-1	0-4	0-1	0-0	0-1	0-1	1-2	1-1		1-1	1-1	1-3	1-0	1-0
Stevenage	1-0	0-1	0-4	0-2	1-0	2-1	2-2	0-4	3-0	2-0	0-0	1-2	0-2	1-2	0-1	1-1	1-0	4-2	1-1		3-3	1-1	2-0	3-1
Sutton United	1-0	1-4	1-1	4-0	3-2	3-0	2-1	1-1	1-0	1-0	1-0	2-0	1-0	0-0	1-2	4-3	3-0	0-0	4-1	2-1		1-2	1-1	0-1
Swindon Town	2-1	1-3	1-1	1-2	0-0	1-1	1-2	2-1	1-1	3-1	1-2	1-0	0-1	5-2	1-0	1-2	2-2	1-2	3-0	0-0	2-1		0-0	5-0
Tranmere Rovers	2-0	2-1	1-1	2-2	2-0	2-1	2-0	0-4	2-0	1-0	1-0	3-2	0-1	0-2	2-0	1-1	2-0	2-0	4-0	1-0	0-1	3-0		1-0
Walsall	2-2	1-2	1-2	1-0	3-0	1-1	0-2	1-3	1-3	3-1	0-2	3-1	3-3	0-1	2-1	2-0	0-0	2-1	1-1	1-0	1-0	0-3	1-0	

	EFL League Two	**Pd**	**Wn**	**Dw**	**Ls**	**GF**	**GA**	**Pts**	
1.	Forest Green Rovers FC (Nailsworth)	46	23	15	8	75	44	84	P
2.	Exeter City FC (Exeter)	46	23	15	8	65	41	84	P
3.	Bristol Rovers FC (Bristol)	46	23	11	12	71	49	80	P
4.	Northampton Town FC (Northampton)	46	23	11	12	60	38	80	PO
5.	Port Vale FC (Stoke-on-Trent)	46	22	12	12	67	46	78	POP
6.	Swindon Town FC (Swindon)	46	22	11	13	77	54	77	PO
7.	Mansfield Town FC (Mansfield)	46	22	11	13	67	52	77	PO
8.	Sutton United FC (London)	46	22	10	14	69	53	76	
9.	Tranmere Rovers FC (Birkenhead)	46	21	12	13	53	40	75	
10.	Salford City FC (Salford)	46	19	13	14	60	46	70	
11.	Newport County FC (Newport)	46	19	12	15	67	58	69	
12.	Crawley Town FC (Crawley)	46	17	10	19	56	66	61	
13.	Leyton Orient FC (London)	46	14	16	16	62	47	58	
14.	Bradford City FC (Bradford)	46	14	16	16	53	55	58	
15.	Colchester United FC (Colchester)	46	14	13	19	48	60	55	
16.	Walsall FC (Walsall)	46	14	12	20	47	60	54	
17.	Hartlepool United FC (Hartlepool)	46	14	12	20	44	64	54	
18.	Rochdale FC (Rochdale)	46	12	17	17	51	59	53	
19.	Harrogate Town FC (Harrogate)	46	14	11	21	64	75	53	
20.	Carlisle United FC (Carlisle)	46	14	11	21	39	62	53	
21.	Stevenage FC (Stevenage)	46	11	14	21	45	68	47	
22.	Barrow AFC (Barrow-in-Furness)	46	10	14	22	44	57	44	
23.	Oldham Athletic FC (Oldham)	46	9	11	26	46	75	38	
24.	Scunthorpe United FC (Scunthorpe)	46	4	14	28	29	90	26	
		1104	400	304	400	1359	1359	1504	

Promotion Play-offs

Mansfield Town FC (Mansfield)	0-3	Port Vale FC (Stoke-on-Trent)
Mansfield Town FC (Mansfield)	2-1, 1-0	Northampton Town FC (Northampton)
Swindon Town FC (Swindon)	2-1, 0-1 (aet)	Port Vale FC (Stoke-on-Trent)

Aggregate 2-2. Port Vale won 6-5 on penalties.

2022 F.A. CUP FINAL (Wembley Stadium, London – 14/05/2022 – 84,897)

Chelsea FC (London)	0-0 (aet)	LIVERPOOL FC (LIVERPOOL)

Liverpool won 6-5 on penalties.

Chelsea: Édouard Mendy, Trevoh Chalobah (César Azpilicueta 106'), Thiago Silva, Antonio Rüdiger, Reece James, Jorginho, Mateo Kovacic (N'Golo Kanté 66'), Marcos Alonso, Mason Mount, Christian Pulisic (Ruben Loftus-Cheek 106' (Ross Barkley 120')), Romelu Lukaku (Hakim Ziyech 85').

Liverpool: Alisson, Alexander-Arnold, Ibrahima Konaté, Virgil van Dijk (Joël Matip 91'), Andrew Robertson (Kostas Tsimikas 111'), Naby Keïta (James Milner 74'), Jordan Henderson, Thiago Alcântara, Mohamed Salah (Diogo Jota 33'), Sadio Mané, Luis Díaz (Roberto Firmino 98').

Semi-finals

Manchester City FC (Manchester)	2-3	Liverpool FC (Liverpool)
Chelsea FC (London)	2-0	Crystal Palace FC (London)

Quarter-Finals

Middlesbrough FC (Middlesbrough)	0-2	Chelsea FC (London)
Crystal Palace FC (London)	4-0	Everton FC (Liverpool)
Southampton FC (Southampton)	1-4	Manchester City FC (Manchester)
Nottingham Forest FC (Nottingham)	0-1	Liverpool FC (Liverpool)

2022-2023

Premier League 2022/2023 Season	Arsenal	Aston Villa	AFC Bournemouth	Brentford	Brighton & Hove A.	Chelsea	Crystal Palace	Everton	Fulham	Leeds United	Leicester City	Liverpool	Manchester City	Manchester United	Newcastle United	Nottingham Forest	Southampton	Tottenham Hotspur	West Ham United	Wolverhampton W.
Arsenal		2-1	3-2	1-1	0-3	3-1	4-1	4-0	2-1	4-1	4-2	3-2	1-3	3-2	0-0	5-0	3-3	3-1	3-1	5-0
Aston Villa	2-4		3-0	4-0	2-1	0-2	1-0	2-1	1-0	2-1	2-4	1-3	1-1	3-1	3-0	2-0	1-0	2-1	0-1	1-1
Bournemouth	0-3	2-0		0-0	0-2	1-3	0-2	3-0	2-1	4-1	2-1	1-0	1-4	0-1	1-1	1-1	0-1	2-3	0-4	0-0
Brentford	0-3	1-1	2-0		2-0	0-0	1-1	1-1	3-2	5-2	1-1	3-1	1-0	4-0	1-2	2-1	3-0	2-2	2-0	1-1
Brighton & Hove Albion	2-4	1-2	1-0	3-3		4-1	1-0	1-5	0-1	1-0	5-2	3-0	1-1	1-0	0-0	0-0	3-1	0-1	4-0	6-0
Chelsea	0-1	0-2	2-0	0-2	1-2		1-0	2-2	0-0	1-0	2-1	0-0	0-1	1-1	1-1	2-2	0-1	2-2	2-1	3-0
Crystal Palace	0-2	3-1	2-0	1-1	1-1	1-2		0-0	0-3	2-1	2-1	0-0	0-1	1-1	0-0	1-1	1-0	0-4	4-3	2-1
Everton	1-0	0-2	1-0	1-0	1-4	0-1	3-0		1-3	1-0	0-2	0-0	0-3	1-2	1-4	1-1	1-2	1-1	1-0	1-2
Fulham	0-3	3-0	2-2	3-2	2-1	2-1	2-2	0-0		2-1	5-3	2-2	1-2	1-2	1-4	2-0	2-1	0-1	0-1	1-1
Leeds United	0-1	0-0	4-3	0-0	2-2	3-0	1-5	1-1	2-3		1-1	1-6	1-3	0-2	2-2	2-1	1-0	1-4	2-2	2-1
Leicester City	0-1	1-2	0-1	2-2	2-2	1-3	0-0	2-2	0-1	2-0		0-3	0-1	0-1	0-3	4-0	1-2	4-1	2-1	2-1
Liverpool	2-2	1-1	9-0	1-0	3-3	0-0	1-1	2-0	1-0	1-2	2-1		1-0	7-0	2-1	3-2	3-1	4-3	1-0	2-0
Manchester City	4-1	3-1	4-0	1-2	3-1	1-0	4-2	1-1	2-1	2-1	3-1	4-1		6-3	2-0	6-0	4-0	4-2	3-0	3-0
Manchester United	3-1	1-0	3-0	1-0	1-2	4-1	2-1	2-0	2-1	2-2	3-0	2-1	2-1		0-0	3-0	0-0	2-0	1-0	2-0
Newcastle United	0-2	4-0	1-1	5-1	4-1	1-0	0-0	1-0	1-0	0-0	0-0	0-2	3-3	2-0		2-0	3-1	6-1	1-1	2-1
Nottingham Forest	1-0	1-1	2-3	2-2	3-1	1-1	1-0	2-2	2-3	1-0	2-0	1-0	1-1	0-2	1-2		4-3	0-2	1-0	1-1
Southampton	1-1	0-1	0-1	0-2	1-3	2-1	0-2	1-2	0-2	2-2	1-0	4-4	1-4	0-1	1-4	0-1		3-3	1-1	1-2
Tottenham Hotspur	0-2	0-2	2-3	1-3	2-1	2-0	1-0	2-0	2-1	4-3	6-2	1-2	1-0	2-2	1-2	3-1	4-1		2-0	1-0
West Ham United	2-2	1-1	2-0	0-2	0-2	1-1	1-2	2-0	3-1	3-1	0-2	1-2	0-2	1-0	1-5	4-0	1-0	1-1		2-0
Wolverhampton Wanderers	0-2	1-0	0-1	2-0	2-3	1-0	2-0	1-1	0-0	2-4	0-4	3-0	0-3	0-1	1-1	1-0	1-0	1-0	1-0	

	Premier League	Pd	Wn	Dw	Ls	GF	GA	Pts	
1.	MANCHESTER CITY FC (MANCHESTER)	38	28	5	5	94	33	89	
2.	Arsenal FC (London)	38	26	6	6	88	43	84	
3.	Manchester United FC (Manchester)	38	23	6	9	58	43	75	
4.	Newcastle United FC (Newcastle upon Tyne)	38	19	14	5	68	33	71	
5.	Liverpool FC (Liverpool)	38	19	10	9	75	47	67	
6.	Brighton & Hove Albion FC (Brighton)	38	18	8	12	72	53	62	
7.	Aston Villa FC (Birmingham)	38	18	7	13	51	46	61	
8.	Tottenham Hotspur FC (London)	38	18	6	14	70	63	60	
9.	Brentford FC (Brentford)	38	15	14	9	58	46	59	
10.	Fulham FC (London)	38	15	7	16	55	53	52	
11.	Crystal Palace FC (London)	38	11	12	15	40	49	45	
12.	Chelsea FC (London)	38	11	11	16	38	47	44	
13.	Wolverhampton Wanderers FC (Wolverhampton)	38	11	8	19	31	58	41	
14.	West Ham United FC (London)	38	11	7	20	42	55	40	
15.	AFC Bournemouth (Bournemouth)	38	11	6	21	37	71	39	
16.	Nottingham Forest FC (Nottingham)	38	9	11	18	38	68	38	
17.	Everton FC (Liverpool)	38	8	12	18	34	57	36	
18.	Leicester City FC (Leicester)	38	9	7	22	51	68	34	R
19.	Leeds United FC (Leeds)	38	7	10	21	48	78	31	R
20.	Southampton FC (Southampton)	38	6	7	25	36	73	25	R
		760	293	174	293	1084	1084	1053	

Top goalscorers

1)	Erling HAALAND	Manchester City FC (Manchester)	36
2)	Harry KANE	Tottenham Hotspur FC (London)	30
3)	Ivan TONEY	Brentford FC (Brentford)	20
4)	Mohamed SALAH	Liverpool FC (Liverpool)	19
5)	Callum WILSON	Newcastle United FC (Newcastle upon Tyne)	18

EFL Championship 2022/2023 Season	Birmingham City	Blackburn Rovers	Blackpool	Bristol City	Burnley	Cardiff City	Coventry City	Huddersfield Town	Hull City	Luton Town	Middlesbrough	Millwall	Norwich City	Preston North End	Queen's Park Rangers	Reading	Rotherham United	Sheffield United	Stoke City	Sunderland	Swansea City	Watford	West Bromwich Albion	Wigan Athletic
Birmingham City		1-0	0-1	3-0	1-1	0-2	0-0	2-1	0-1	0-1	1-3	0-0	1-2	1-2	2-0	3-2	2-0	1-2	0-0	1-2	2-2	1-1	2-0	0-1
Blackburn Rovers	2-1		1-0	2-3	0-1	1-0	1-1	1-0	0-0	1-1	1-2	2-1	0-2	1-4	1-0	2-1	3-0	1-0	0-1	2-0	1-0	2-0	2-1	0-0
Blackpool	0-0	0-1		3-3	0-0	1-3	1-4	2-2	1-3	0-1	0-3	2-3	0-1	4-2	6-1	1-0	0-0	1-2	1-0	1-1	0-1	3-1	0-2	1-0
Bristol City	4-2	1-1	2-0		1-2	2-0	0-0	2-0	1-0	2-0	2-2	1-2	1-0	2-1	1-2	1-1	2-1	0-1	1-2	2-3	1-1	0-0	0-2	1-1
Burnley	3-0	3-0	3-3	2-1		3-0	1-0	4-0	1-1	1-1	3-1	2-0	1-0	3-0	1-2	2-1	3-2	2-0	1-1	0-0	4-0	1-1	2-1	3-0
Cardiff City	1-0	1-0	1-1	2-0	1-1		0-1	1-2	2-3	1-2	1-3	0-1	1-0	0-0	0-0	1-0	1-0	0-1	1-1	0-1	2-3	1-2	1-1	1-1
Coventry City	2-0	1-0	1-2	1-1	0-1	0-0		2-0	1-1	1-1	1-0	1-0	2-4	0-1	2-0	2-1	2-2	1-0	0-4	2-1	3-3	2-2	1-0	2-0
Huddersfield Town	2-1	2-2	0-1	0-0	0-1	1-0	0-4		2-0	1-2	4-2	1-0	1-1	0-1	1-1	2-0	2-0	1-0	3-1	0-2	0-0	0-2	2-2	1-2
Hull City	0-2	0-1	1-1	2-1	1-3	1-0	3-2	1-1		0-2	1-3	1-0	2-1	0-0	3-0	1-2	0-0	0-2	0-3	1-1	1-1	1-0	2-0	2-1
Luton Town	0-0	2-0	3-1	1-0	0-1	1-0	2-2	3-3	0-0		2-1	2-2	2-1	0-1	3-1	0-0	1-1	1-1	1-0	1-1	1-0	2-0	2-3	1-2
Middlesbrough	1-0	1-2	3-0	1-1	1-2	2-3	1-1	0-0	3-1	2-1		1-0	5-1	4-0	3-1	5-0	0-0	2-2	1-1	1-0	2-1	2-0	1-1	4-1
Millwall	0-1	3-4	2-1	0-0	1-1	2-0	3-2	0-1	0-0	0-0	2-0		2-3	2-0	0-2	0-1	3-0	3-2	2-0	1-1	2-1	3-0	2-1	1-1
Norwich City	3-1	0-2	0-1	3-2	0-3	2-0	3-0	2-1	3-1	0-1	1-2	2-0		2-3	0-0	1-1	0-0	0-1	3-1	0-1	0-3	0-1	1-1	1-1
Preston North End	0-1	1-1	3-1	1-2	1-1	2-0	0-0	1-2	0-0	1-1	2-1	2-4	0-4		0-1	2-1	0-0	0-2	0-2	0-3	1-0	0-0	1-0	2-1
Queens Park Rangers	0-1	1-3	0-1	0-2	0-3	3-0	0-3	1-2	3-1	0-3	3-2	1-2	1-1	0-2		2-1	1-1	1-1	0-0	0-3	1-1	1-0	0-1	2-1
Reading	1-1	3-0	3-1	2-0	0-0	2-1	1-0	3-1	1-1	1-1	1-0	0-1	1-1	1-2	2-2		2-1	0-1	2-1	0-3	2-1	2-2	0-2	1-1
Rotherham United	2-0	4-0	3-0	1-3	2-2	1-2	0-2	2-1	2-4	0-2	1-0	1-1	1-2	1-2	3-1	4-0		0-0	2-2	2-1	1-1	1-1	3-1	0-2
Sheffield United	1-1	3-0	3-3	1-0	5-2	4-1	3-1	1-0	1-0	0-1	1-3	2-0	2-2	4-1	0-1	4-0	0-1		3-1	2-1	3-0	1-0	2-0	1-0
Stoke City	1-2	3-2	2-0	1-2	0-1	2-2	0-2	3-0	0-0	2-0	2-2	0-1	0-0	0-1	0-1	4-0	0-1	3-1		0-1	1-1	0-4	1-2	0-1
Sunderland	2-1	2-1	0-0	1-1	2-4	0-1	1-1	1-1	4-4	1-1	2-0	3-0	0-1	0-0	2-2	1-0	3-0	1-2	1-5		1-3	2-2	1-2	2-1
Swansea City	3-4	0-3	2-1	2-0	1-2	2-0	0-0	1-0	3-0	0-2	1-3	2-2	0-1	4-2	1-0	3-2	1-1	0-1	1-3	2-1		4-0	3-2	2-2
Watford	3-0	1-1	2-0	2-0	1-0	1-3	0-1	2-3	0-0	4-0	2-1	0-2	2-1	0-0	2-3	2-0	1-1	1-0	2-0	2-2	1-2		3-2	1-1
West Bromwich Albion	2-3	1-1	1-0	0-2	1-1	0-0	1-0	1-0	5-2	0-0	2-0	0-0	2-1	2-0	2-2	1-0	3-0	0-2	2-0	1-2	2-3	1-1		1-0
Wigan Athletic	1-1	1-0	2-1	1-1	1-5	1-3	1-1	1-0	1-4	0-2	1-4	2-1	0-0	0-0	1-0	0-1	0-0	1-2	0-1	1-4	0-2	0-1	1-1	

	EFL Championship	Pd	Wn	Dw	Ls	GF	GA	Pts	
1.	Burnley FC (Burnley)	46	29	14	3	87	35	101	P
2.	Sheffield United FC (Sheffield)	46	28	7	11	73	39	91	P
3.	Luton Town FC (Luton)	46	21	17	8	57	39	80	POP
4.	Middlesbrough FC (Middlesbrough)	46	22	9	15	84	56	75	PO
5.	Coventry City FC (Coventry)	46	18	16	12	58	46	70	PO
6.	Sunderland AFC (Sunderland)	46	18	15	13	68	55	69	PO
7.	Blackburn Rovers FC (Blackburn)	46	20	9	17	52	54	69	
8.	Millwall FC (Millwall)	46	19	11	16	57	50	68	
9.	West Bromwich Albion FC (West Bromwich)	46	18	12	16	59	53	66	
10.	Swansea City FC (Swansea)	46	18	12	16	68	64	66	
11.	Watford FC (Watford)	46	16	15	15	56	53	63	
12.	Preston North End FC (Preston)	46	17	12	17	45	59	63	
13.	Norwich City FC (Norwich)	46	17	11	18	57	54	62	
14.	Bristol City FC (Bristol)	46	15	14	17	55	56	59	
15.	Hull City FC (Kingston upon Hull)	46	14	16	16	51	61	58	
16.	Stoke City FC (Stoke-on-Trent)	46	14	11	21	55	54	53	
17.	Birmingham City FC (Birmingham)	46	14	11	21	47	58	53	
18.	Huddersfield Town FC (Huddersfield)	46	14	11	21	47	62	53	
19.	Rotherham United FC (Rotherham)	46	11	17	18	49	60	50	
20.	Queens Park Rangers FC (London)	46	13	11	22	44	71	50	
21.	Cardiff City FC (Cardiff)	46	13	10	23	41	58	49	
22.	Reading FC (Reading)	46	13	11	22	46	68	44	R-6
23.	Blackpool FC (Blackpool)	46	11	11	24	48	72	44	R
24.	Wigan Athletic FC (Wigan)	46	10	15	21	38	65	42	R-3
		1104	403	298	403	1342	1342	1498	

Reading had 6 points deducted following a breach of the rules.

Wigan Athletic had 3 points deducted for failing to pay players and staff on time.

Promotion Play-offs

Coventry City FC (Coventry)	1-1 (aet)	Luton Town FC (Luton)
	Luton Town won 6-5 on penalties.	
Sunderland AFC (Sunderland)	2-1, 0-2	Luton Town FC (Luton)
Coventry City FC (Coventry)	0-0, 1-0	Middlesbrough FC (Middlesbrough)

EFL League One 2022/2023 Season	Accrington Stanley	Barnsley	Bolton Wanderers	Bristol Rovers	Burton Albion	Cambridge United	Charlton Athletic	Cheltenham Town	Derby County	Exeter City	Fleetwood Town	Forest Green Rovers	Ipswich Town	Lincoln City	Milton Keynes Dons	Morecambe	Oxford City	Peterborough United	Plymouth Argyle	Portsmouth	Port Vale	Sheffield United	Shrewsbury Town	Wycombe Wanderers
Accrington Stanley		1-1	2-3	2-0	4-4	1-2	2-2	1-0	0-3	0-0	2-5	2-1	0-2	0-3	0-1	3-1	1-1	1-2	0-2	1-3	3-0	0-1	1-0	0-2
Barnsley	3-1		0-3	3-0	2-0	2-0	3-1	1-0	4-1	0-2	2-1	2-0	0-3	0-1	3-1	5-0	2-0	0-2	3-0	3-1	1-1	4-2	2-1	0-3
Bolton Wanderers	0-1	0-0		1-1	2-1	1-1	3-1	1-0	0-0	2-0	2-0	1-0	0-2	2-0	5-0	1-0	1-3	1-0	0-0	3-0	2-1	0-2	1-0	3-0
Bristol Rovers	0-1	0-0	2-3		1-2	2-1	1-0	2-1	1-1	3-4	2-2	1-2	0-0	3-6	0-2	2-2	1-0	1-0	2-2	0-2	1-0	1-2	1-1	0-2
Burton Albion	0-0	2-1	1-1	0-4		1-0	3-3	1-0	1-1	1-0	0-1	3-2	0-1	3-0	0-0	1-1	2-0	2-5	2-2	0-2	0-2	3-2	0-4	2-1
Cambridge United	0-1	0-3	0-0	1-2	4-3		1-2	1-2	0-2	2-1	2-1	2-0	1-1	2-0	1-0	1-1	1-0	2-0	0-0	0-1	0-1	0-2	2-1	1-2
Charlton Athletic	1-1	2-0	1-2	1-2	3-2	1-1		0-1	1-0	4-2	1-2	1-1	4-4	2-1	0-2	2-3	1-1	1-1	5-1	3-0	3-2	0-1	6-0	1-1
Cheltenham Town	0-0	0-4	1-0	1-4	0-0	2-1	2-2		2-3	3-1	1-0	3-1	1-1	0-0	0-0	1-0	1-2	2-3	0-1	0-2	0-0	2-2	2-0	1-0
Derby County	4-0	2-1	2-1	4-2	1-0	1-0	2-0	2-0		0-0	0-2	4-0	0-2	1-1	1-1	5-0	1-0	2-1	2-3	1-1	1-2	0-0	2-2	2-1
Exeter City	5-0	3-1	0-1	2-2	0-2	2-0	1-2	0-1	1-2		2-1	1-1	0-2	2-1	1-0	3-2	2-4	3-2	0-1	0-0	4-0	1-1	0-0	3-1
Fleetwood Town	3-0	0-1	1-2	1-2	2-3	1-0	1-1	0-0	0-0	2-2		1-1	2-2	2-1	1-0	1-0	1-2	1-0	2-1	0-2	1-1	1-2	0-1	1-1
Forest Green Rovers	2-1	1-5	1-0	1-3	1-2	2-1	0-1	1-0	0-2	0-4	0-0		1-2	1-1	1-2	1-2	0-3	0-2	0-3	0-1	1-3	1-0	0-2	0-2
Ipswich Town	3-0	2-2	1-1	2-0	4-0	3-0	6-0	1-1	1-0	6-0	1-1	4-0		0-1	3-0	4-0	3-0	2-1	1-1	3-2	2-1	2-2	2-0	4-0
Lincoln City	1-1	0-0	1-1	1-0	0-1	0-0	0-0	2-0	2-0	1-1	2-2	1-1	1-1		1-1	2-1	1-0	0-3	1-1	0-0	3-2	1-1	1-0	0-0
Milton Keynes Dons	1-1	4-4	0-2	0-1	1-1	1-0	0-1	2-2	1-3	0-2	1-2	1-0	0-1	0-0		1-0	1-1	2-3	1-4	1-1	2-1	0-1	0-1	0-1
Morecambe	2-0	1-0	0-0	5-1	5-0	1-2	1-4	2-1	1-1	1-1	1-1	1-1	1-2	3-2	0-4		1-1	0-3	1-3	1-1	1-0	0-3	0-0	1-0
Oxford United	1-2	1-2	0-1	0-3	2-1	1-0	3-1	4-0	2-3	0-1	1-1	1-1	2-1	1-2	1-2	1-1		1-2	1-3	1-1	4-0	1-1	0-1	0-1
Peterborough United	3-1	1-2	0-5	0-0	1-1	1-0	0-0	0-3	2-0	3-1	0-1	4-1	0-3	4-0	2-0	3-0	0-0		5-2	2-1	3-0	2-0	2-1	0-3
Plymouth Argyle	3-0	1-0	2-0	2-0	1-0	3-1	2-0	4-2	2-1	4-2	0-0	2-0	2-1	0-2	3-1	2-1	1-0	2-0		3-1	0-2	2-1	2-1	1-0
Portsmouth	1-0	1-1	3-1	3-1	1-0	4-1	1-3	4-0	0-0	2-0	1-1	1-0	2-2	0-0	0-2	0-0	1-1	2-1	2-2		2-2	0-1	1-1	2-2
Port Vale	1-1	1-3	0-0	2-0	2-3	0-2	1-0	2-2	1-2	1-0	2-1	2-2	2-3	1-0	1-0	1-0	0-0	0-2	1-3	0-1		0-1	2-1	0-3
Sheffield Wednesday	3-0	0-2	1-1	1-1	4-2	5-0	1-0	3-0	1-0	2-1	1-0	5-0	2-2	1-1	5-2	3-0	0-0	1-0	1-0	3-3	2-0		1-0	3-1
Shrewsbury Town	0-1	0-1	3-2	2-1	2-1	5-1	0-1	0-1	0-0	3-2	0-3	2-1	0-3	2-0	2-1	3-1	1-1	0-3	1-2	1-1	3-2	0-3		2-0
Wycombe Wanderers	1-0	0-1	1-0	2-1	3-0	2-3	1-1	0-3	3-2	1-1	2-0	2-0	1-0	0-2	2-2	1-1	2-0	3-1	0-1	2-0	2-2	0-1	1-2	

	EFL League One	Pd	Wn	Dw	Ls	GF	GA	Pts	
1.	Plymouth Argyle FC (Plymouth)	46	31	8	7	82	47	101	P
2.	Ipswich Town FC (Ipswich)	46	28	14	4	101	35	98	P
3.	Sheffield Wednesday FC (Sheffield)	46	28	12	6	81	37	96	POP
4.	Barnsley FC (Barnsley)	46	26	8	12	80	47	86	PO
5.	Bolton Wanderers FC (Bolton)	46	23	12	11	62	36	81	PO
6.	Peterborough United FC (Peterborough)	46	24	5	17	75	54	77	PO
7.	Derby County FC (Derby)	46	21	13	12	67	46	76	
8.	Portsmouth FC (Portsmouth)	46	17	19	10	61	50	70	
9.	Wycombe Wanderers FC (Wycombe)	46	20	9	17	59	51	69	
10.	Charlton Athletic FC (London)	46	16	14	16	70	66	62	
11.	Lincoln City FC (Lincoln)	46	14	20	12	47	47	62	
12.	Shrewsbury Town FC (Shrewsbury)	46	17	8	21	52	61	59	
13.	Fleetwood Town FC (Fleetwood)	46	14	16	16	53	51	58	
14.	Exeter City FC (Exeter)	46	15	11	20	64	68	56	
15.	Burton Albion FC (Burton-on-Trent)	46	15	11	20	57	79	56	
16.	Cheltenham Town FC (Cheltenham)	46	14	12	20	45	61	54	
17.	Bristol Rovers FC (Bristol)	46	14	11	21	58	73	53	
18.	Port Vale FC (Stoke-on-Trent)	46	13	10	23	48	71	49	
19.	Oxford United FC (Oxford)	46	11	14	21	49	56	47	
20.	Cambridge United FC (Cambridge)	46	13	7	26	41	68	46	
21.	Milton Keynes Dons FC (Milton Keynes)	46	11	12	23	44	66	45	R
22.	Morecambe FC (Morecambe)	46	10	14	22	47	78	44	R
23.	Accrington Stanley FC (Accrington)	46	11	11	24	40	77	44	R
24.	Forest Green Rovers FC (Nailsworth)	46	6	9	31	31	89	27	R
		1104	412	280	412	1414	1414	1516	

Promotion Play-offs

Barnsley FC (Barnsley) 0-1 (aet) Sheffield Wednesday FC (Sheffield)

Peterborough United FC (Peterborough) 4-0, 1-5 (aet) Sheffield Wednesday FC (Sheffield)

Aggregate 5-5. Sheffield Wednesday won 5-3 on penalties.

Bolton Wanderers FC (Bolton) 1-1, 0-1 Barnsley FC (Barnsley)

EFL League Two 2022/2023 Season	AFC Wimbledon	Barnsley	Bradford City	Carlisle United	Colchester United	Crawley Town	Crewe Alexandra	Doncaster Rovers	Gillingham	Grimsby Town	Harrogate Town	Hartlepool United	Leyton Orient	Mansfield Town	Newport County	Northampton Town	Rochdale	Salford City	Stevenage	Stockport County	Sutton United	Swindon Town	Tranmere Rovers	Walsall
AFC Wimbledon		0-1	0-0	0-0	2-1	0-1	1-1	2-2	2-0	1-0	3-2	2-2	2-0	1-3	1-1	0-2	0-1	2-3	2-3	1-0	0-1	1-5	1-1	2-0
Barrow	2-1		3-2	0-1	3-1	4-0	3-0	2-0	2-1	1-0	1-0	3-1	0-2	0-1	0-1	0-2	0-0	1-1	0-1	1-0	0-0	0-1	1-2	2-1
Bradford City	2-2	0-1		0-0	2-0	1-1	0-0	0-0	2-2	3-2	1-0	2-2	1-1	1-1	2-0	1-3	1-2	3-2	3-0	0-1	3-1	1-1	2-0	2-1
Carlisle United	2-1	5-1	1-0		1-0	1-0	0-0	3-0	1-0	2-0	0-1	3-1	2-3	0-4	2-1	0-0	3-3	2-3	0-0	2-2	1-1	1-1	2-0	0-0
Colchester United	1-2	1-1	1-0	1-1		2-2	4-0	3-0	0-2	0-1	2-1	1-1	1-3	0-2	0-0	0-1	0-1	1-1	1-1	0-1	4-1	1-0	1-1	0-0
Crawley Town	0-2	1-0	0-0	2-5	0-0		2-2	1-1	0-0	1-1	3-1	0-2	0-1	3-2	2-1	2-3	2-0	3-2	1-2	3-2	1-2	2-0	2-1	0-0
Crewe Alexandra	0-0	3-0	3-2	0-3	1-0	1-0		1-1	1-1	0-3	3-0	2-0	0-2	1-2	1-2	2-2	1-1	4-3	1-2	1-1	1-0	2-1	1-0	2-0
Doncaster Rovers	2-1	1-0	0-1	2-1	1-0	4-1	0-2		1-0	1-2	0-2	0-1	1-1	1-3	1-3	0-2	4-3	2-1	0-1	2-1	2-1	0-1	2-0	0-2
Gillingham	2-1	1-1	0-2	1-0	0-1	1-0	2-1	1-0		2-1	0-2	2-0	2-0	0-2	1-2	0-2	1-0	0-3	1-1	1-1	1-0	0-0	2-0	0-0
Grimsby Town	1-0	1-0	0-0	1-2	0-1	3-0	2-0	1-3	1-1		0-0	1-4	2-2	1-1	1-1	1-1	1-0	1-4	1-1	1-0	0-0	1-2	2-1	1-1
Harrogate Town	2-2	1-0	1-2	3-3	1-3	0-0	2-2	2-2	0-0	3-2		2-1	0-2	3-0	0-4	1-1	1-1	0-1	1-1	1-3	0-1	3-0	1-1	3-0
Hartlepool United	0-0	3-1	1-3	1-3	1-2	0-2	1-1	2-1	0-0	2-1	3-3		1-1	1-2	0-1	1-1	2-0	0-2	1-1	0-5	2-2	2-1	0-0	3-3
Leyton Orient	1-0	0-0	3-0	1-0	2-2	1-0	2-0	1-0	2-0	2-0	2-2	4-2		1-0	1-2	0-0	2-1	1-0	0-0	0-3	2-0	1-1	2-0	1-0
Mansfield Town	5-2	2-3	1-2	0-0	2-1	4-1	1-1	4-1	2-0	0-0	1-2	2-2	1-2		0-0	1-1	1-1	2-5	1-0	2-1	0-0	2-5	1-0	2-1
Newport County	1-1	0-2	1-1	1-1	1-0	2-2	2-2	0-1	2-0	0-2	2-3	2-0	0-0	1-2		3-0	0-1	2-3	2-2	1-2	0-2	2-1	2-1	0-1
Northampton Town	0-0	3-1	1-2	2-1	3-2	1-0	1-0	0-1	2-1	1-2	3-1	2-1	1-0	1-0	1-1		3-0	0-1	1-1	2-1	2-2	1-2	0-0	0-0
Rochdale	1-2	2-1	0-3	0-1	1-2	1-1	1-2	1-2	0-2	0-1	1-2	1-2	0-1	0-1	1-1	1-1		1-0	2-0	1-2	4-1	4-4	2-2	4-2
Salford City	0-0	1-1	0-1	1-4	0-1	2-2	3-0	3-1	0-1	1-1	1-1	2-0	0-2	2-0	3-1	2-1	2-1		1-0	0-2	2-0	1-2	0-1	1-0
Stevenage	2-1	5-0	2-3	2-1	1-1	3-1	1-0	1-0	1-0	2-0	1-0	1-0	3-0	0-0	1-0	2-3	1-0	1-3		2-1	3-0	2-0	0-1	3-1
Stockport County	1-0	2-3	0-0	2-0	1-0	2-1	2-0	0-0	0-0	1-3	0-0	1-1	1-2	1-1	4-0	2-0	1-0	1-1	2-0		3-0	1-1	3-2	1-1
Sutton United	2-1	1-0	0-2	1-1	1-0	3-0	1-1	2-0	2-1	0-1	2-1	2-0	0-2	2-1	1-1	1-2	1-0	1-2	0-0	0-1		2-1	0-2	1-1
Swindon Town	0-0	0-0	1-0	1-2	1-0	2-1	0-1	0-2	3-3	5-0	3-0	2-1	1-1	2-4	1-0	1-2	3-0	0-0	0-1	0-1	3-2		1-1	1-2
Tranmere Rovers	0-2	1-0	1-2	0-2	2-0	1-0	3-0	3-0	3-0	2-0	1-1	1-1	1-0	0-2	1-3	0-1	1-1	1-0	1-2	0-0	2-2	1-0		1-1
Walsall	3-1	0-1	0-0	0-0	1-1	2-1	0-0	2-1	2-0	1-2	3-1	4-0	1-1	2-1	1-1	1-0	1-0	2-3	1-1	0-2	1-1	0-0	0-1	

	EFL League Two	Pd	Wn	Dw	Ls	GF	GA	Pts	
1.	Leyton Orient FC (London)	46	26	13	7	61	34	91	P
2.	Stevenage FC (Stevenage)	46	24	13	9	61	39	85	P
3.	Northampton Town FC (Northampton)	46	23	14	9	62	42	83	P
4.	Stockport County FC (Stockport)	46	22	13	11	65	37	79	PO
5.	Carlisle United FC (Carlisle)	46	20	16	10	66	43	76	POP
6.	Bradford City FC (Bradford)	46	20	16	10	61	43	76	PO
7.	Salford City FC (Salford)	46	22	9	15	72	54	75	PO
8.	Mansfield Town FC (Mansfield)	46	21	12	13	72	55	75	
9.	Barrow AFC (Barrow-in-Furness)	46	18	8	20	47	53	62	
10.	Swindon Town FC (Swindon)	46	16	13	17	61	55	61	
11.	Grimsby Town FC (Cleethorpes)	46	16	13	17	49	56	61	
12.	Tranmere Rovers FC (Birkenhead)	46	15	13	18	45	48	58	
13.	Crewe Alexandra FC (Crewe)	46	14	16	16	48	60	58	
14.	Sutton United FC (London)	46	15	13	18	46	58	58	
15.	Newport County FC (Newport)	46	14	15	17	53	56	57	
16.	Walsall FC (Walsall)	46	12	19	15	46	49	55	
17.	Gillingham FC (Gillingham)	46	14	13	19	36	49	55	
18.	Doncaster Rovers FC (Doncaster)	46	16	7	23	46	65	55	
19.	Harrogate Town FC (Harrogate)	46	12	16	18	59	68	52	
20.	Colchester United FC (Colchester)	46	12	13	21	44	51	49	
21.	AFC Wimbledon (London)	46	11	15	20	48	60	48	
22.	Crawley Town FC (Crawley)	46	11	13	22	48	71	46	
23.	Hartlepool United FC (Hartlepool)	46	9	16	21	52	78	43	R
24.	Rochdale FC (Rochdale)	46	9	11	26	46	70	38	R
		1104	392	320	392	1294	1294	1496	

Promotion Play-offs

Stockport County FC (Stockport)	1-1 (aet)	Carlisle United FC (Carlisle)
	Carlisle United won 5-4 on penalties.	
Salford City FC (Salford)	1-0, 1-2 (aet)	Stockport County FC (Stockport)
	Aggregate 2-2. Stockport County won 3-1 on penalties.	
Bradford City FC (Bradford)	1-0, 1-3 (aet)	Carlisle United FC (Carlisle)

2023 F.A. CUP FINAL (Wembley Stadium, London – 03/06/2023 – 83,179)

MANCHESTER CITY FC (MANCHESTER)	2-1	Manchester United FC (Manchester)
Gündogan 1', 51'		*Fernandes 33' pen*

Manchester City: Stefan Ortega, Kyle Walker (Aymeric Laporte 90+5'), Rúben Dias, Manuel Akanji, John Stones, Rodri, Bernardo Silva, Kevin De Bruyne (Phil Foden 76'), Ilkay Gündogan, Jack Grealish (Nathan Aké 89'), Erling Haaland.

Manchester United: David de Gea, Aaron Wan-Bissaka, Raphaël Varane, Victor Lindelöf (Scott McTominay 83'), Luke Shaw, Casemiro, Fred, Bruno Fernandes, Christian Eriksen (Alejandro Garnacho 62'), Jadon Sancho (Wout Weghorst 78').

Semi-finals

Manchester City	3-0	Sheffield United FC (Sheffield)
Brighton & Hove Albion	0-0 (aet)	Manchester United FC (Manchester)
	Manchester United won 7-6 on penalties.	

Quarter-finals

Manchester City FC (Manchester)	6-0	Burnley FC (Burnley)
Sheffield United FC (Sheffield)	3-2	Blackburn Rovers FC (Blackburn)
Brighton & Hove Albion FC (Brighton)	5-0	Grimsby Town FC (Cleethorpes)
Manchester United FC (Manchester)	3-1	Fulham FC (London)

2023-2024

Premier League 2023/2024 Season	Arsenal	Aston Villa	AFC Bournemouth	Brentford	Brighton & Hove Albion	Burnley	Chelsea	Crystal Palace	Everton	Fulham	Liverpool	Luton Town	Manchester City	Manchester United	Newcastle United	Nottingham Forest	Sheffield United	Tottenham Hotspur	West Ham United	Wolverhampton Wanderers
Arsenal		0-2	3-0	2-1	2-0	3-1	5-0	5-0	2-1	2-2	3-1	2-0	1-0	3-1	4-1	2-1	5-0	2-2	0-2	2-1
Aston Villa	1-0		3-1	3-3	6-1	3-2	2-2	3-1	4-0	3-1	3-3	3-1	1-0	1-2	1-3	4-2	1-1	0-4	4-1	2-0
Bournemouth	0-4	2-2		1-2	3-0	2-1	0-0	1-0	2-1	3-0	0-4	4-3	0-1	2-2	2-0	1-1	2-2	0-2	1-1	1-2
Brentford	0-1	1-2	2-2		0-0	3-0	2-2	1-1	1-3	0-0	1-4	3-1	1-3	1-1	2-4	3-2	2-0	2-2	3-2	1-4
Brighton & Hove Albion	0-3	1-0	3-1	2-1		1-1	1-2	4-1	1-1	1-1	2-2	4-1	0-4	0-2	3-1	1-0	1-1	4-2	1-3	0-0
Burnley	0-5	1-3	0-2	2-1	1-1		1-4	0-2	0-2	2-2	0-2	1-1	0-3	0-1	1-4	1-2	5-0	2-5	1-2	1-1
Chelsea	2-2	0-1	2-1	0-2	3-2	2-2		2-1	6-0	1-0	1-1	3-0	4-4	4-3	3-2	0-1	2-0	2-0	5-0	2-4
Crystal Palace	0-1	5-0	0-2	3-1	1-1	3-0	1-3		2-3	0-0	1-2	1-1	2-4	4-0	2-0	0-0	3-2	1-2	5-2	3-2
Everton	0-1	0-0	3-0	1-0	1-1	1-0	2-0	1-1		0-1	2-0	1-2	1-3	0-3	3-0	2-0	1-0	2-2	1-3	0-1
Fulham	2-1	1-2	3-1	0-3	3-0	0-2	0-2	1-1	0-0		1-3	1-0	0-4	0-1	0-1	5-0	3-1	3-0	5-0	3-2
Liverpool	1-1	3-0	3-1	3-0	2-1	3-1	4-1	0-1	2-0	4-3		4-1	1-1	0-0	4-2	3-0	3-1	4-2	3-1	2-0
Luton Town	3-4	2-3	2-1	1-5	4-0	1-2	2-3	2-1	1-1	2-4	1-1		1-2	1-2	1-0	1-1	1-3	0-1	1-2	1-1
Manchester City	0-0	4-1	6-1	1-0	2-1	3-1	1-1	2-2	2-0	5-1	1-1	5-1		3-1	1-0	2-0	2-0	3-3	3-1	5-1
Manchester United	0-1	3-2	0-3	2-1	1-3	1-1	2-1	0-1	2-0	1-2	2-2	1-0	0-3		3-2	3-2	4-2	2-2	3-0	1-0
Newcastle United	1-0	5-1	2-2	1-0	1-1	2-0	4-1	4-0	1-1	3-0	1-2	4-4	2-3	1-0		1-3	5-1	4-0	4-3	3-0
Nottingham Forest	1-2	2-0	2-3	1-1	2-3	1-1	2-3	1-1	0-1	3-1	0-1	2-2	0-2	2-1	2-3		2-1	0-2	2-0	2-2
Sheffield United	0-6	0-5	1-3	1-0	0-5	1-4	2-2	0-1	2-2	3-3	0-2	2-3	1-2	1-2	0-8	1-3		0-3	2-2	2-1
Tottenham Hotspur	2-3	1-2	3-1	3-2	2-1	2-1	1-4	3-1	2-1	2-0	2-1	2-1	0-2	2-0	4-1	3-1	2-1		1-2	1-2
West Ham United	0-6	1-1	1-1	4-2	0-0	2-2	3-1	1-1	0-1	0-2	2-2	3-1	1-3	2-0	2-2	3-2	2-0	1-1		3-0
Wolverhampton Wanderers	0-2	1-1	0-1	0-2	1-4	1-0	2-1	1-3	3-0	2-1	1-3	2-1	2-1	3-4	2-2	1-1	1-0	2-1	1-2	

	Premier League	Pd	Wn	Dw	Ls	GF	GA	Pts	
1.	MANCHESTER CITY FC (MANCHESTER)	38	28	7	3	96	34	91	
2.	Arsenal FC (London)	38	28	5	5	91	29	89	
3.	Liverpool FC (Liverpool)	38	24	10	4	86	41	82	
4.	Aston Villa FC (Birmingham)	38	20	8	10	76	61	68	
5.	Tottenham Hotspur FC (London)	38	20	6	12	74	61	66	
6.	Chelsea FC (London)	38	18	9	11	77	63	63	
7.	Newcastle United FC (Newcastle upon Tyne)	38	18	6	14	85	62	60	
8.	Manchester United FC (Manchester)	38	18	6	14	57	58	60	
9.	West Ham United FC (London)	38	14	10	14	60	74	52	
10.	Crystal Palace FC (London)	38	13	10	15	57	58	49	
11.	Brighton & Hove Albion FC (Brighton)	38	12	12	14	55	62	48	
12.	AFC Bournemouth (Bournemouth)	38	13	9	16	54	67	48	
13.	Fulham FC (London)	38	13	8	17	55	61	47	
14.	Wolverhampton Wanderers FC (Wolverhampton)	38	13	7	18	50	65	46	
15.	Everton FC (Liverpool)	38	13	9	16	40	51	40	-10
16.	Brentford FC (London)	38	10	9	19	56	65	39	
17.	Nottingham Forest FC (Nottingham)	38	9	9	20	49	67	32	-4
18.	Luton Town FC (Luton)	38	6	8	24	52	85	26	R
19.	Burnley FC (Burnley)	38	5	9	24	41	78	24	R
20.	Sheffield United FC (Sheffield)	38	3	7	28	35	104	16	R
		760	298	164	298	1246	1246	1046	(-14)

Everton had 8 points deducted after breaching profitability and sustainability rules. The deduction was intially 10 points, but this was reduced to 6 points on appeal. However, the club subsequently another 2 points deducted for further breaches.

Nottingham Forest had 4 points deducted after breaching profitability and sustainability rules. An appeal against the penalty by the club was unsuccessful.

Top goalscorers

1)	Erling HAALAND	Manchester City FC (Manchester)	27
2)	Cole PALMER	Chelsea FC (London)	22
3)	Alexander ISAK	Newcastle United FC (Newcastle upon Tyne	21
4)	Phil FODEN	Manchester City FC (Manchester)	19
	Dominic SOLANKE	AFC Bournemouth (Bournemouth)	19
	Ollie WATKINS	Aston Villa FC (Birmingham)	19

EFL Championship 2023/2024 Season	Birmingham City	Blackburn Rovers	Bristol City	Carlisle United	Coventry City	Huddersfield Town	Hull City	Ipswich Town	Leeds United	Leicester City	Middlesbrough	Millwall	Norwich City	Plymouth Argyle	Preston North End	Queen's Park Rangers	Rotherham United	Sheffield Wednesday	Southampton	Stoke City	Sunderland	Swansea City	Watford	West Bromwich Albion
Birmingham City		1-0	0-0	0-1	3-0	4-1	0-2	2-2	1-0	2-3	0-1	1-1	1-0	2-1	1-0	0-0	0-0	2-1	3-4	1-3	2-1	2-2	0-1	3-1
Blackburn Rovers	4-2		2-1	1-0	0-0	1-1	1-2	0-1	0-2	1-4	2-1	1-1	1-1	1-1	1-2	1-2	2-2	1-3	0-0	3-1	1-3	0-1	1-2	2-1
Bristol City	0-2	5-0		0-1	1-0	1-1	3-2	0-1	0-1	1-0	3-2	0-1	1-2	4-1	1-1	0-1	2-0	1-0	3-1	2-3	1-0	1-0	1-1	0-0
Cardiff City	0-1	0-0	2-0		3-2	1-0	1-3	2-1	0-3	0-2	1-4	1-0	2-3	2-2	0-2	1-2	2-0	2-1	2-1	2-1	0-2	2-0	1-1	0-1
Coventry City	2-0	1-0	2-2	1-2		1-1	2-3	1-2	2-1	3-1	3-0	2-1	1-1	1-0	0-3	1-2	5-0	2-0	1-1	0-0	0-0	2-2	3-3	0-2
Huddersfield Town	1-1	3-0	1-1	0-4	1-3		1-2	1-1	1-1	0-1	1-2	1-0	0-4	1-1	1-3	2-1	2-0	4-0	1-1	2-2	1-0	0-4	0-0	1-4
Hull City	1-1	3-2	1-1	3-0	1-1	1-0		3-3	0-0	2-2	2-2	1-0	1-2	1-1	1-0	3-0	4-1	4-2	1-2	0-2	0-1	0-1	1-2	1-1
Ipswich Town	3-1	4-3	3-2	3-2	2-1	2-0	3-0		3-4	1-1	1-1	3-1	2-2	3-2	4-2	0-0	4-3	6-0	3-2	2-0	2-1	3-2	0-0	2-2
Leeds United	3-0	0-1	2-1	2-2	1-1	4-1	3-1	4-0		3-1	3-2	2-0	1-0	2-1	2-1	1-0	3-0	0-0	1-2	1-0	0-0	3-1	3-0	1-1
Leicester City	2-1	0-2	1-0	2-1	2-1	4-1	0-1	1-1	0-1		1-2	3-2	3-1	4-0	3-0	1-2	3-0	2-0	5-0	2-0	1-0	3-1	2-0	2-1
Middlesbrough	1-0	0-0	1-2	2-0	1-3	1-1	1-2	0-2	3-4	1-0		0-1	3-1	0-2	4-0	0-2	1-1	2-0	2-1	0-2	1-1	2-0	3-1	1-0
Millwall	1-0	1-2	0-1	3-1	0-3	1-1	2-2	0-4	0-3	1-0	1-3		1-0	1-0	1-1	2-0	3-0	0-2	0-1	1-0	1-1	0-3	1-0	1-1
Norwich City	2-0	1-3	1-1	4-1	2-1	2-0	2-1	1-0	2-3	0-2	1-2	3-1		2-1	0-0	1-0	5-0	3-1	1-1	1-0	1-0	2-2	4-2	2-0
Plymouth Argyle	3-3	3-0	0-1	3-1	2-2	3-1	1-0	0-2	0-2	1-0	3-3	0-2	6-2		0-1	1-1	3-2	3-0	1-2	2-1	2-0	1-3	3-3	0-3
Preston North End	2-1	2-2	2-0	1-2	3-2	4-1	0-0	3-2	2-1	0-3	2-1	1-1	0-1	2-1		0-2	3-0	0-1	2-2	1-2	2-1	2-1	1-5	0-4
Queens Park Rangers	2-1	0-4	0-0	1-2	1-3	1-1	2-0	0-1	4-0	1-2	0-2	2-0	2-2	0-0	1-0		2-1	0-2	0-1	4-2	1-3	1-1	1-2	2-2
Rotherham United	0-0	2-2	1-2	5-2	2-0	0-0	1-2	2-2	1-1	1-2	1-0	2-1	2-1	0-1	1-1	1-1		0-1	0-2	0-1	1-1	1-2	0-1	0-2
Sheffield Wednesday	2-0	3-1	2-1	1-2	1-2	0-0	3-1	0-1	0-2	1-1	1-1	0-4	2-2	1-0	0-1	2-1	2-0		1-2	1-1	0-3	1-1	0-0	3-0
Southampton	3-1	4-0	1-0	2-0	2-1	5-3	1-2	0-1	3-1	1-4	1-1	1-2	4-4	2-1	3-0	2-1	1-1	4-0		0-1	4-2	5-0	3-2	2-1
Stoke City	1-2	0-3	4-0	0-0	0-1	1-1	1-3	0-0	1-0	0-5	2-0	0-0	0-3	3-0	0-2	1-0	4-1	0-1	0-1		2-1	1-1	1-0	2-2
Sunderland	3-1	1-5	0-0	0-1	0-3	1-2	0-1	1-2	1-0	0-1	0-4	0-1	3-1	3-1	2-0	0-0	2-1	0-2	5-0	3-1		1-2	2-0	2-1
Swansea City	1-1	2-1	1-2	2-0	1-1	1-1	2-2	1-2	0-4	1-3	1-2	0-1	2-1	0-1	2-1	0-1	1-0	3-0	1-3	3-0	0-0		0-1	1-0
Watford	2-0	0-1	1-4	0-1	1-2	1-2	0-0	1-2	2-2	1-2	2-3	2-2	3-2	0-0	0-0	4-0	5-0	1-0	1-1	1-1	1-0	1-1		2-2
West Bromwich Albion	1-0	4-1	2-0	2-0	2-1	1-2	3-1	2-0	1-0	1-2	4-2	0-0	1-0	0-0	3-0	2-0	2-0	1-0	0-2	1-1	0-1	3-2	2-2	

	EFL Championship	Pd	Wn	Dw	Ls	GF	GA	Pts	
1.	Leicester City FC (Leicester)	46	31	4	11	89	41	97	P
2.	Ipswich Town FC (Ipswich)	46	28	12	6	92	57	96	P
3.	Leeds United FC (Leeds)	46	27	9	10	81	43	90	PO
4.	Southampton FC (Southampton)	46	26	9	11	87	63	87	POP
5.	West Bromwich Albion FC (West Bromwich)	46	21	12	13	70	47	75	PO
6.	Norwich City FC (Norwich)	46	21	10	15	79	64	73	PO
7.	Hull City FC (Kingston upon Hull)	46	19	13	14	68	60	70	
8.	Middlesbrough FC (Middlesbrough)	46	20	9	17	71	62	69	
9.	Coventry City FC (Coventry)	46	17	13	16	70	59	64	
10.	Preston North End FC (Preston)	46	18	9	19	56	67	63	
11.	Bristol City FC (Bristol)	46	17	11	18	53	51	62	
12.	Cardiff City FC (Cardiff)	46	19	5	22	53	70	62	
13.	Millwall FC (Millwall)	46	16	11	19	45	55	59	
14.	Swansea City FC (Swansea)	46	15	12	19	59	65	57	
15.	Watford FC (Watford)	46	13	17	16	61	61	56	
16.	Sunderland AFC (Sunderland)	46	16	8	22	52	54	56	
17.	Stoke City FC (Stoke-on-Trent)	46	15	11	20	49	60	56	
18.	Queens Park Rangers FC (London)	46	15	11	20	47	58	56	
19.	Blackburn Rovers FC (Blackburn)	46	14	11	21	60	74	53	
20.	Sheffield Wednesday FC (Sheffield)	46	15	8	23	44	68	53	
21.	Plymouth Argyle FC (Plymouth)	46	13	12	21	59	70	51	
22.	Birmingham City FC (Birmingham)	46	13	11	22	50	65	50	R
23.	Huddersfield Town FC (Huddersfield)	46	9	18	19	48	77	45	R
24.	Rotherham United FC (Rotherham)	46	5	12	29	37	89	27	R
		1104	423	258	423	1480	1480	1527	

Promotion Play-offs

Leeds United FC (Leeds)	0-1	Southampton FC (Southampton)
Norwich City FC (Norwich)	0-0, 0-4	Leeds United FC (Leeds)
West Bromwich Albion FC (West Bromwich)	0-0, 1-3	Southampton FC (Southampton)

EFL League One 2023/2024 Season	Barnsley	Blackpool	Bolton Wanderers	Bristol Rovers	Burton Albion	Cambridge United	Carlisle United	Charlton Athletic	Cheltenham Town	Derby County	Exeter City	Fleetwood Town	Leyton Orient	Lincoln City	Northampton Town	Oxford City	Peterborough United	Portsmouth	Port Vale	Reading	Shrewsbury Town	Stevenage	Wigan Athletic	Wycombe Wanderers
Barnsley		0-1	2-2	2-1	2-0	0-2	2-1	1-1	0-0	2-1	1-2	2-2	2-1	1-5	1-1	1-3	1-3	2-3	7-0	2-2	3-0	2-1	1-1	1-0
Blackpool	3-2		4-1	3-1	2-0	1-0	3-0	1-1	3-2	1-3	2-0	1-0	0-0	2-0	1-2	1-1	2-4	0-0	0-0	4-1	4-0	3-0	2-1	0-0
Bolton Wanderers	1-1	1-0		1-2	1-0	2-0	1-3	3-3	1-0	2-1	7-0	3-1	3-2	3-0	2-1	5-0	1-1	1-1	2-0	5-2	2-2	3-2	0-4	2-1
Bristol Rovers	1-1	1-2	0-2		1-2	1-0	2-1	2-1	1-1	0-3	0-1	0-2	1-1	1-1	2-1	3-1	0-2	2-1	3-0	0-2	0-0	1-1	4-1	1-2
Burton Albion	1-3	1-0	1-1	4-1		2-1	0-1	2-0	1-2	0-3	0-1	1-1	0-0	0-1	0-2	0-4	1-3	0-2	0-1	3-2	1-0	1-2	2-1	1-1
Cambridge United	0-4	2-1	1-2	2-0	0-0		1-0	1-1	0-1	0-1	2-0	2-1	0-2	0-3	1-1	2-0	0-1	0-0	1-1	1-0	1-1	1-2	3-1	1-1
Carlisle United	2-3	0-1	1-4	0-1	2-1	0-4		1-1	0-1	0-2	0-2	1-1	0-1	1-3	2-2	1-3	1-1	0-1	2-1	1-3	2-0	2-2	1-1	1-3
Charlton Athletic	2-1	2-2	0-2	1-2	1-1	2-2	3-2		2-1	0-1	4-1	2-1	1-0	1-1	2-3	1-2	1-2	0-0	2-3	4-0	1-1	0-0	2-2	3-1
Cheltenham Town	0-2	2-0	0-3	1-3	0-0	1-0	0-1	1-3		1-1	1-2	0-2	1-2	1-2	0-1	2-0	2-0	2-1	3-2	2-2	2-0	0-3	1-1	1-3
Derby County	3-0	1-0	1-0	2-1	3-2	0-0	2-0	1-2	2-1		2-0	1-0	3-0	3-1	4-0	1-2	2-3	1-1	3-0	2-1	1-1	1-0	1-2	1-1
Exeter City	0-1	0-0	2-2	0-1	1-0	0-0	2-1	1-1	1-0	0-3		1-1	1-2	1-1	0-2	1-2	2-1	0-0	0-1	2-1	0-0	1-0	0-2	1-0
Fleetwood Town	1-2	3-3	0-2	0-0	3-0	0-2	1-1	1-1	1-2	1-3	3-0		1-0	0-1	2-0	0-3	0-1	0-1	3-0	1-1	0-1	0-3	4-2	1-4
Leyton Orient	1-1	1-0	1-0	0-1	1-2	2-0	3-2	1-0	3-1	0-3	2-2	0-1		0-1	4-3	2-3	1-2	0-4	0-0	2-1	1-0	0-3	1-1	0-0
Lincoln City	2-2	3-0	0-1	5-0	0-1	6-0	1-1	3-1	2-0	0-0	1-0	2-1	1-0		1-2	0-2	0-0	0-2	1-1	1-1	3-0	0-0	1-2	3-0
Northampton Town	1-2	0-1	1-1	3-1	2-0	2-1	2-0	1-1	1-0	1-0	1-2	3-0	2-2	2-2		2-1	1-0	0-3	2-0	3-1	0-2	0-1	1-1	0-1
Oxford United	0-1	1-1	0-0	2-1	3-0	2-1	1-0	2-1	2-1	2-3	3-0	4-0	1-2	0-1	2-2		5-0	2-2	1-2	1-1	3-0	1-1	4-2	2-2
Peterborough United	2-2	1-2	3-3	2-0	4-0	5-0	1-3	1-0	3-0	2-4	2-1	4-1	1-1	2-0	5-1	3-0		0-1	3-0	2-2	2-1	3-1	2-3	2-2
Portsmouth	3-2	0-4	2-0	1-1	2-1	3-1	1-0	2-2	0-0	2-2	1-0	1-1	0-3	2-1	4-1	2-1	3-1		2-0	4-1	3-1	2-1	1-2	2-1
Port Vale	2-3	3-0	0-1	2-0	2-3	0-0	1-0	3-3	1-2	0-1	2-4	2-2	0-1	0-2	1-0	0-2	0-1	0-1		1-0	1-2	2-2	3-2	1-2
Reading	1-3	3-2	2-1	1-1	0-0	4-0	5-1	2-0	1-0	1-0	3-2	1-2	1-1	1-1	1-0	1-1	0-1	2-3	2-0		2-3	2-0	2-0	1-2
Shrewsbury Town	1-1	0-2	0-2	0-2	2-1	1-2	1-0	0-0	1-0	1-0	0-3	3-1	1-3	0-1	1-0	1-1	1-2	0-3	2-1	3-2		0-1	0-1	0-2
Stevenage	2-1	1-0	0-0	2-3	1-2	1-0	2-2	1-1	2-1	3-1	1-1	0-0	0-1	1-0	3-0	1-3	2-2	0-0	0-0	0-1	2-0		1-0	1-0
Wigan Athletic	0-2	1-0	1-0	2-0	1-1	2-1	2-0	2-3	1-1	0-1	1-2	3-0	1-0	0-0	2-1	2-0	2-1	1-2	0-0	1-0	2-0	2-3		1-0
Wycombe Wanderers	2-4	2-0	2-4	3-2	0-0	0-0	2-0	1-0	2-0	0-0	0-3	2-2	3-2	1-1	2-0	0-0	5-2	1-3	1-1	1-2	0-1	0-1	1-0	

	EFL League One	**Pd**	**Wn**	**Dw**	**Ls**	**GF**	**GA**	**Pts**	
1.	Portsmouth FC (Portsmouth)	46	28	13	5	78	41	97	P
2.	Derby County FC (Derby)	46	28	8	10	78	37	92	P
3.	Bolton Wanderers FC (Bolton)	46	25	12	9	86	51	87	PO
4.	Peterborough United FC (Peterborough)	46	25	9	12	89	61	84	PO
5.	Oxford United FC (Oxford)	46	22	11	13	79	56	77	POP
6.	Barnsley FC (Barnsley)	46	21	13	12	82	64	76	PO
7.	Lincoln City FC (Lincoln)	46	20	14	12	65	40	74	
8.	Blackpool FC (Blackpool)	46	21	10	15	65	48	73	
9.	Stevenage FC (Stevenage)	46	19	14	13	57	46	71	
10.	Wycombe Wanderers FC (Wycombe)	46	17	14	15	60	55	65	
11.	Leyton Orient FC (London)	46	18	11	17	53	55	65	
12.	Wigan Athletic FC (Wigan)	46	20	10	16	63	56	62	-8
13.	Exeter City FC (Exeter)	46	17	10	19	46	61	61	
14.	Northampton Town FC (Northampton)	46	17	9	20	57	66	60	
15.	Bristol Rovers FC (Bristol)	46	16	9	21	52	68	57	
16.	Charlton Athletic FC (Charlton)	46	11	20	15	64	65	53	
17.	Reading FC (Reading)	46	16	11	19	68	70	53	-6
18.	Cambridge United FC (Cambridge)	46	12	12	22	39	61	48	
19.	Shrewsbury Town FC (Shrewsbury)	46	13	9	24	35	67	48	
20.	Burton Albion FC (Burton-on-Trent)	46	12	10	24	39	67	46	
21.	Cheltenham Town FC (Cheltenham)	46	12	8	26	41	65	44	R
22.	Fleetwood Town FC (Fleetwood)	46	10	13	23	49	72	43	R
23.	Port Vale FC (Stoke-on-Trent)	46	10	11	25	41	74	41	R
24.	Carlisle United FC (Carlisle)	46	7	9	30	41	81	30	R
		1104	417	270	417	1427	1427	1507	(-14)

Wigan Athletic had 4 points deducted after failing to pay players and staff on time following previous EFL rule breaches during the 2022-23 season. A further 4 point deduction was subsequently applied after the club failed to make a required deposit to cover wages.

Reading had 1 point deducted for failing to pay players on time and in full on three occasions during the 2022-23 season.
A further 3 point deduction was applied for failing to deposit wages on time then another 2 point deduction was applied due to late payments to HMRC.

Leyton Orient vs Lincoln City played on 3rd October 2023 was abandoned after 84 minutes due to a medical emergency in the crowd which sadly led to the death of a spectator. The F.A. subsequently ruled that the match should be replayed in full.

Promotion Play-offs

Bolton Wanderers FC (Bolton)	0-2	Oxford United FC (Oxford)
Barnsley FC (Barnsley)	1-3, 3-2	Bolton Wanderers FC (Bolton)
Oxford United FC (Oxford)	1-0, 1-1	Peterborough United FC (Peterborough)

EFL League Two 2023/2024 Season	Accrington Stanley	AFC Wimbledon	Barrow	Bradford City	Colchester United	Crawley Town	Crewe Alexandra	Doncaster Rovers	Forest Green Rovers	Gillingham	Grimsby Town	Harrogate Town	Mansfield Town	Milton Keynes Dons	Morecambe	Newport County	Notts County	Salford City	Stockport County	Sutton United	Swindon Town	Tranmere Rovers	Walsall	Wrexham
Accrington Stanley		2-0	1-1	0-3	0-1	0-1	0-0	0-0	2-1	1-2	0-0	2-1	0-3	1-0	1-2	3-0	2-2	3-0	1-3	4-1	3-4	4-1	2-1	2-0
AFC Wimbledon	2-4		2-0	0-1	5-3	0-1	2-2	2-0	1-1	2-0	0-0	1-1	2-1	1-0	1-1	0-2	4-2	1-0	1-2	0-1	4-0	4-1	5-1	1-1
Barrow	1-1	0-0		1-2	2-0	1-0	1-3	3-2	1-2	2-0	3-1	0-0	1-1	1-0	1-0	1-0	1-1	0-0	2-2	2-1	0-2	1-0	2-0	1-1
Bradford City	1-0	0-0	1-2		2-1	2-4	1-0	1-1	0-2	1-0	1-1	1-1	1-5	4-0	2-2	4-1	0-3	1-1	0-0	1-0	1-0	2-0	1-3	1-1
Colchester United	1-1	0-2	1-4	1-1		1-2	1-1	1-4	3-3	0-1	2-0	1-2	1-1	2-3	1-3	2-1	5-4	2-1	1-2	1-1	3-1	2-0	1-1	1-2
Crawley Town	3-1	1-2	1-1	1-0	2-3		2-4	0-2	2-0	0-1	2-0	2-1	1-3	2-1	1-2	4-1	2-1	0-1	1-1	3-0	3-1	3-2	1-1	0-1
Crewe Alexandra	3-3	1-1	1-3	1-0	2-1	1-0		3-2	0-3	2-0	0-3	0-0	2-2	3-1	2-3	4-2	1-0	2-3	0-2	1-0	2-1	2-0	2-2	0-3
Doncaster Rovers	4-0	1-0	4-2	1-3	3-1	2-0	2-0		2-0	2-1	1-0	0-1	2-2	3-0	0-5	0-1	1-3	0-3	1-5	4-1	0-0	2-1	2-1	1-0
Forest Green Rovers	0-1	1-1	0-2	0-3	5-0	2-1	1-4	1-2		0-0	2-2	0-2	0-4	0-2	1-2	0-3	1-0	0-2	0-3	0-1	1-2	1-0	2-0	1-1
Gillingham	1-0	1-0	3-0	0-2	0-3	0-2	0-0	2-2	1-1		1-1	1-0	1-1	2-1	2-1	0-2	1-2	3-1	0-0	1-0	2-2	1-1	1-1	1-0
Grimsby Town	0-2	0-0	2-1	1-1	2-3	2-3	2-1	1-5	1-0	2-0		1-2	1-1	1-0	3-2	1-0	5-5	2-0	1-3	1-1	2-0	1-2	1-6	1-3
Harrogate Town	2-1	0-1	0-1	3-0	1-0	1-2	0-1	3-1	0-1	5-1	1-0		1-4	3-5	2-0	1-4	3-1	3-2	1-3	2-2	1-1	0-2	0-2	2-2
Mansfield Town	2-1	0-0	1-0	0-0	1-1	1-4	0-1	1-1	1-0	2-1	2-0	9-2		1-2	3-0	2-0	1-0	5-1	3-2	1-1	3-2	2-2	2-1	0-0
Milton Keynes Dons	2-1	3-1	2-2	4-1	1-0	2-0	3-1	2-1	2-0	2-1	1-1	0-1	1-4		1-2	3-0	1-1	3-1	1-2	4-4	3-2	1-0	5-0	1-1
Morecambe	1-1	4-1	2-1	3-0	0-1	1-0	0-1	0-3	1-2	2-3	1-1	2-2	1-1	1-3		1-2	0-0	1-0	1-1	1-0	2-2	1-0	2-1	1-3
Newport County	1-3	2-2	1-1	1-4	2-1	0-4	1-1	4-0	4-2	1-0	1-1	1-2	0-1	0-0	5-3		1-3	0-1	2-1	3-1	2-1	1-2	3-3	1-0
Notts County	3-1	0-2	1-1	4-2	1-0	3-1	1-3	3-0	4-3	1-3	3-2	3-0	1-4	3-3	5-0	3-0		1-2	2-5	3-4	3-1	2-1	1-2	0-2
Salford City	1-2	0-0	5-3	1-2	1-1	1-1	4-2	2-2	2-2	0-2	0-3	2-2	1-2	2-4	3-1	2-1	0-2		2-2	1-2	2-2	1-5	1-2	3-1
Stockport County	4-2	1-0	1-0	1-1	2-0	3-3	1-3	1-0	2-0	0-1	3-2	1-1	0-2	5-0	2-0	1-0	2-1	0-0		8-0	0-0	2-0	3-1	5-0
Sutton United	3-1	0-3	2-2	2-1	1-1	2-2	1-1	1-1	0-1	0-1	1-1	1-2	0-2	1-1	2-3	1-1	5-1	0-2	1-3		3-1	1-1	4-0	1-2
Swindon Town	1-2	3-2	0-3	2-0	2-2	6-0	2-2	1-2	2-1	0-1	2-1	1-1	2-1	1-2	3-3	2-0	2-1	1-1	2-4	5-3		3-1	2-0	0-1
Tranmere Rovers	2-0	3-2	1-2	2-1	1-1	1-3	0-0	1-2	3-0	3-1	2-2	3-0	2-1	1-2	2-3	2-1	4-2	3-4	4-0	1-0	2-1		1-3	0-1
Walsall	2-1	1-3	1-1	2-3	1-0	1-1	2-0	3-1	0-0	4-1	1-1	0-1	2-1	0-0	3-0	0-3	1-3	2-1	2-1	1-1	2-1	1-0		3-1
Wrexham	4-0	2-0	4-1	0-1	2-1	4-1	3-3	2-1	6-0	2-0	3-0	0-0	2-0	3-5	6-0	2-0	1-0	3-2	2-1	2-1	5-5	0-1	4-2	

	EFL League Two	Pd	Wn	Dw	Ls	GF	GA	Pts	
1.	Stockport County FC (Stockport)	46	27	11	8	96	48	92	P
2.	Wrexham FC (Wrexham)	46	26	10	10	89	52	88	P
3.	Mansfield Town FC (Mansfield)	46	24	14	8	90	47	86	P
4.	Milton Keynes Dons FC (Milton Keynes)	46	23	9	14	83	68	78	PO
5.	Doncaster Rovers FC (Doncaster)	46	21	8	17	73	68	71	PO
6.	Crewe Alexandra FC (Crewe)	46	19	14	13	69	65	71	PO
7.	Crawley Town FC (Crawley)	46	21	7	18	73	67	70	POP
8.	Barrow AFC (Barrow-in-Furness)	46	18	15	13	62	56	69	
9.	Bradford City FC (Bradford)	46	19	12	15	61	59	69	
10.	AFC Wimbledon (London)	46	17	14	15	64	51	65	
11.	Walsall FC (Walsall)	46	18	11	17	69	73	65	
12.	Gillingham FC (Gillingham)	46	18	10	18	46	57	64	
13.	Harrogate Town FC (Harrogate)	46	17	12	17	60	69	63	
14.	Notts County FC (Nottingham)	46	18	7	21	89	86	61	
15.	Morecambe FC (Morecambe)	46	17	10	19	67	81	58	-3
16.	Tranmere Rovers FC (Birkenhead)	46	17	6	23	67	70	57	
17.	Accrington Stanley FC (Accrington)	46	16	9	21	63	71	57	
18.	Newport County FC (Newport)	46	16	7	23	62	76	55	
19.	Swindon Town FC (Swindon)	46	14	12	20	77	83	54	
20.	Salford City FC (Salford)	46	13	12	21	66	82	51	
21.	Grimsby Town FC (Cleethorpes)	46	11	16	19	57	74	49	
22.	Colchester United FC (Colchester)	46	11	12	23	59	80	45	
23.	Sutton United FC (London)	46	9	15	22	59	84	42	R
24.	Forest Green Rovers FC (Nailsworth)	46	11	9	26	44	78	42	R
		1104	421	262	421	1645	1645	1522	(-3)

Morecambe had 3 points deducted after failing to pay players and staff on time following previous rules breaches during the season.

Promotion Play-offs

Crewe Alexandra FC (Crewe) 0-2 Crawley Town FC (Crawley)

Crewe Alexandra FC (Crewe) 0-2, 2-0 (aet) Doncaster Rovers FC (Doncaster)

Aggregate 2-2. Crewe Alexandra won 4-3 on penalties.

Crawley Town FC (Crawley) 3-0, 5-1 Milton Keynes Dons FC (Milton Keynes)

2024 F.A. CUP FINAL (Wembley Stadium, London – 25/05/2024 – 84,814)

Manchester City FC (Manchester) 1-2 MANCHESTER UNITED FC (Manchester)

Doku 87' — *Garnacho 30', Mainoo 39'*

Manchester City: Stefan Ortega, Kyle Walker, John Stones, Nathan Aké (Manuel Akanji 46'), Josko Gvardiol, Rodri, Mateo Kovacic (Jérémy Doku 46'), Bernardo Silva, Kevin De Bruyne (Julián Álvarez 56'), Phil Foden, Erling Haaland.

Manchester United: André Onana, Aaron Wan-Bissaka, Raphaël Varane, Lisandro Martínez (Jonny Evans 73'), Diogo Dalot, Kobbie Mainoo, Sofyan Amrabat, Alejandro Garnacho (Mason Mount 90+3'), Marcus Rashford (Rasmus Højlund 74'), Bruno Fernandes, Scott McTominay (Victor Lindelöf 90+3').

Semi-finals

Manchester City FC (Manchester) 1-0 Chelsea FC (London)

Coventry City FC (Coventry) 3-3 (aet) Manchester United FC (Manchester)

Manchester United won 4-2 on penalties.

Quarter-finals

Wolverhampton Wanderers FC (Wolverhampton) 2-3 Coventry City FC (Coventry)

Manchester City FC (Manchester) 2-0 Newcastle United FC (Newcastle upon Tyne)

Chelsea FC (London) 4-2 Leicester City FC (Leicester)

Manchester United FC (Manchester) 4-3 (aet) Liverpool FC (Liverpool)